国家通用手语系列
中国残疾人联合会 组编

国家通用手语词典

中 国 聋 人 协 会 编
国家手语和盲文研究中心

第❶册

图书在版编目（CIP）数据

国家通用手语词典：全四册 / 中国残疾人联合会组编；中国聋人协会，国家手语和盲文研究中心编 . -- 北京：华夏出版社，2019.10（2022.9重印）
（国家通用手语系列）
ISBN 978-7-5080-9648-3

Ⅰ.①国… Ⅱ.①中… ②中… ③国… Ⅲ.①手势语—中国—词典 Ⅳ.① H126.3-61

中国版本图书馆 CIP 数据核字 (2019) 第 004905 号

© 华夏出版社有限公司　未经许可，不得以任何方式使用本书全部及任何部分内容，违者必究。

国家通用手语词典

组 编 者	中国残疾人联合会
编　　者	中国聋人协会　国家手语和盲文研究中心
项目统筹	曾令真
策划编辑	刘　娲
责任编辑	王一博
美术编辑	徐　聪
装帧设计	王　颖
责任印制	顾瑞清
出版发行	华夏出版社
经　　销	新华书店
印　　装	三河市少明印务有限公司
版　　次	2019 年 10 月北京第 1 版 2022 年 9 月北京第 6 次印刷
开　　本	787×1092　1/16 开
印　　张	82
字　　数	1535 千字
定　　价	298.00 元（全四册）

华夏出版社　地址：北京市东直门外香河园北里 4 号　邮编：100028
　　　　　网址：www.hxph.com.cn　电话：（010）64663331（转）
若发现本版图书有印装质量问题，请与我社营销中心联系调换。

前　　言

手语是听力残疾人（以下简称聋人）在社会生活中形成和使用的视觉语言。我国地域广阔、民族众多、文化多样，各地聋人在表示同一个概念或事物时既存在相同也存在不同的手语，这是一种客观的语言现象。随着社会的发展，聋人交往范围扩大，需要获取的信息的深度和广度日益增加，各地手语的差异性已不能完全满足聋人生活、学习的需要，亦不能快捷有效地传递信息。因此，在整理、研究各地手语的基础上，形成能在全国范围通行的通用手语，一直是我国语言文字工作的一项基本政策和重要组成部分。

一、国家通用手语的研究背景

1958年7月29日，中国聋哑人福利会成立聋人手语改革委员会，标志着我国手语规范化工作迈出了第一步。该委员会相继编印出《聋人手语草图》《聋哑人通用手语草图》共4本，收词1991个，经内务部、教育部、中国文字改革委员会批准在全国试行，奠定了我国通用手语的基础。

改革开放40年来，我国通用手语规范化工作进入了一个新的阶段。1979年，中国盲人聋哑人协会将《聋哑人通用手语草图》修订为《聋哑人通用手语图》第一辑、第二辑。1980年和1982年又编印出第三辑、第四辑。这四辑通用手语书共收词3169个，在全国试行。1985年，中国盲人聋哑人协会委托上海市盲人聋哑人协会组织编辑小组对《聋哑人通用手语图》进行修订。1987年5月，全国第三次手语工作会议通过编辑小组的报告，并决定将《聋哑人通用手语图》易名为《中国手语》。1990年5月，《中国手语》首集以中国聋人协会的名义出版。1994年，中国残疾人联合会在哈尔滨组织讨论新词手语，1995年8月出版《中国手语》续集。2003年4月，《中国手语》（修订版）出版，共收词5586个。之后，中国手语系列丛书《计算机专业手语》《体育专业手语》《理科专业手语》《美术专业手语》相继出版。

由于受到当时主客观条件的制约，以往通用手语的研究成果存在着一些历史局限性。主要有：缺少手语语言学理论的指导，缺少对聋人手语语料大范围的田野调查，导致手语书中相当一部分手语动作背离了手语自身的特点；只有手语词，缺少从语法层面说明如何正确理解和使用手语词，使得初学者（特别是听人）误以为只要将书中的手语词按照汉语的语序打出来就是掌握了手语。此外，伴随现代化、城镇化、信息化、全球化带来的深刻变化，聋人表达新事物、新概念的新手语不断涌现，亟需补充到手语书中。因此，吸收手语语言学的研究成果，全面修订原《中国手语》，大量补充新手语，形成新的国家通用手语，成为广大聋人和聋人工作者的迫切要求，也是当前我国手语规范化工作面临的新的历史任务。

2011年6月，国务院批转的《中国残疾人事业"十二五"发展纲要》提出："将手语、盲文研究与推广工作纳入国家语言文字工作规划，建立手语、盲文研究机构，规范、推广国家通用手语"。2012年12月，教育部发布的《国家中长期语言文字事业改革和发展规划纲要（2012—2020年）》提出："加强国家通用手语和盲文规范化、标准化、信息化建设"。为此，国家通用手语研究被列为国家语言文字工作委员会2012年度重大课题。

二、国家通用手语研究工作的组织

此次国家通用手语研究工作分为词汇研究和句法研究两个课题组，由国家手语和盲文研究中心专兼职研究人员、中国聋人协会手语研究和推广委员会成员、地方聋协成员、聋人学校教师、残联手语工作者等多方面构成。其中，聋人占总人数的四分之三。

先后参加本课题研究的人员有：国家手语和盲文研究中心顾定倩、魏丹、王晨华、于缘缘、高辉、乌永胜、恒淼、仇冰，中国聋人协会手语研究和推广委员会邱丽君、陈华铭、仰国维、胡晓云、徐聪、沈刚，北京市聋人协会成海、秦岚、刘丽娜、周旋、赵杰，上海市聋人协会陈捷，沈阳市铁西区聋人协会周艳艳，武汉市聋人协会李俊鹏、张鹏，广州市聋人协会方磊，成都市聋人协会黄燕，兰州市聋人协会吴明哲，浙江省残疾人劳动就业服务中心董慧芳，郑州工程技术学院周晓宁、关雪松，贵阳市盲聋哑学校刘平，北京市东城区特殊教育学校宋晓华，北京启喑实验学校孙联群、张洋、李晓民、刘可研、吕强、王玉玲，原北京市第三聋人学校赵燕芃、傅昆、高爽、王昆、邓利，天津市聋人学校王健以及江苏省聋人协会谭京生、烟台市特殊教育学校杨文华。

三、国家通用手语的研究过程

这次国家通用手语研究的目标是：丰富手语词汇，规范手语动作；介绍手语语法的一些基本特点，引导手语学习者、使用者正确认识手语的性质和特点；满足聋人平等参与社会生活、接受优质教育，以及社会各界学习手语的基本需要；为今后我国通用手语的研究与发展奠定基础。

为此，通用手语研究工作确定了以下基本原则：第一，尊重手语的语言地位的原则。发挥聋人在手语研究中的主体作用，广泛收集聋人以及聋教育中约定俗成、普遍使用的手语，体现手语的视觉语言规律和特点。第二，实用性原则。手语词目尽量贴近社会生活，贴近交往需要，贴近教学需要。第三，求同存异原则。根据聋人手语使用的现实情况，既重在收集全国范围的聋人趋同或基本趋同的常用手语，也注意保存一些因地域差异尚不能趋同，但具有代表性的手语，在手语书中并列呈现。第四，有利教育的原则。作为一种语言工具，通用手语承载着向聋人特别是聋生进行社会主义核心价值观教育、文化科学知识教育的重要功能。因此，通用手语要包括一些聋人日常手语交流中不用或较少使用，而学校教育中不可缺少的常用词。

整个研究过程分为四个阶段：第一，调研阶段（2011.4—2011.12）。在全国18个省（自治区、直辖市）对949名成年聋人和2709名聋人工作者进行问卷调查，全面了解手语使用的现状及其对开展国家通用手语研究的意见。第二，立项实施阶段（2011.12—2015.12）。集中进行选词、手语动作讨论，手语语料的采集与分析，建立手语词汇语料库和手语句法数据库，形成通用手语词汇的试点方案和手语语法例举初稿。第三，试点阶段（2016.1—2017.8）。在全国18所招收聋生的聋校或大学、15个省级聋协进行手语词汇的使用试点，向境内外20多位手语语言学专家、学者征询对手语语法例举文稿的意见。第四，完善阶段（2017.9—2018.6）。认真分析各方面的意见和建议，对国家通用手语词汇和手语语法例举文稿进行进一步的修订和完善。2017年12月，本研究的第一个成果《国家通用手语常用词表》，经国家语言文字工作委员会语言文字规范标准审定委员会审定通过。《国家通用手语常用词表》作为国家的语言文字规范，2018年6月由教育部、国家语言文字工作委员会、中国残疾人联合会联合发布，自同年7月1日起正式施行。本研究的第二个成果是在《国家通用手语常用词表》的基础上进一步丰富内容，出版本《国家通用手语词典》。

2015年2月，国务院在《关于加快推进残疾人小康进程的意见》中要求"制定实施国家手语、盲文规范化行动计划，推广国家通用手语和通用盲文"。同年12月底，中国残疾人联合会、教育部、国家语言文字工作委员会、国家新闻出版广电总局联合发布《国家手语和盲文规范化行动计划（2015—2020年）》。2016年8月，国务院在《关于印发"十三五"加快残疾人小康进程规划纲要的通知》中要求"组织实施《国家手语和盲文规范化行动计划（2015—2020年）》，推广国家通用手语和通用盲文，提高手语、盲文信息化水平"。2018年6月，中共中央宣传部、中国残疾人联合会、教育部、国家语言文字工作委员会、国家广播电视总局发出《关于推广国家通用手语和国家通用盲文的通知》，要求"提高认识，统一思想，增强推广国家通用手语和国家通用盲文的责任感和使命感"。此外，2015年8月实施的《特殊教育教师专业标准（试行）》要求特殊教育教师正确使用国家推行的手语进行教学。这一切说明，党和国家将通用手语的研究、规范、推广工作的意义和作用，提高到了关乎聋人语言权益的保障与实现、文化素质的提高和与社会融合发展、同步迈入全面小康社会的政治高度。

四、《国家通用手语词典》的主要特点

第一，保存我国聋人已经约定俗成并长期使用的手语。原《中国手语》书中2200余个词（含括号词）的手语没有变，其中，从20世纪50年代至今一直未改变的手语词目600余个，继续收在本词典中。

第二，删除了原《中国手语》书中532个已经过时或手语动作目前没有得到聋人认可，尚未在全国通行的词目。同时，对原《中国手语》书中不符合聋人表达习惯的手语动作进行修改，包括部分改变或全部改变手语动作。最明显的修改包括：

1. 呈现教育部、国家语言文字工作委员会、中国残疾人联合会发布的新修订的《汉语手指字母方案》。

2. 呈现中华人民共和国国歌国家通用手语版。

3. 大量减少手指字母的使用，尽量采用形象的手语动作。含有手指字母的手语词由原来上千个减少到150个左右，其中，绝大多数手指字母已成为手语构词的词素，在聋人中普遍使用。减少手指字母的使用，是对过去通用手语研究指导思想的一个重大修正。因为，手语作为视觉性语言，重在表形表意，而非表音。

4. 词目相同但指代物不同，用不同的手语表达。例如，飞机上的安全带与汽车上的安全带都叫"安全带"，但样式不同，因此，用两种不同的表形手语表达。对于有多个义项的词，也用不同的手语表达不同的义项。

5. 根据手语的视觉语言特点，一些手语词体现了不同于汉语的词序。例如，汉语表达"脱贫"，是先说"脱"后说"贫"；手语则先打"贫穷"的手势，后打"脱离"的手势。

6. 体现手语表达中不可缺少的体位和表情要素。例如，在"是……还是……"等词目的说明中强调了头的转位变化；在表示心理活动、事物状态等词目的说明中有相应的表情描述。

7. 按照"名从主人"的原则，采用本民族聋人或当地聋人使用的手语表达民族名称或地名。外国国（地区、城市）名引用国际聋人通行的手语。

第三，补充大量新词。本词典收入表达我国政治、经济、文化、教育、科技等方方面面的新事物、新概念的手语词3112个，如24字的社会主义核心价值观、"支付宝""共享单车"等新词的手语。

第四，附录例举了手语语法的若干特点，帮助读者进一步认识和理解如何在句子中正确表达手语词。

第五，采用与《国家通用手语常用词表》一致的音序编排体例，提供汉语拼音索引和笔画索引，便于读者检索。

本词典共有词目8214个。其中，括号外的词目6028个，括号内的词目1721个；用❶❷标示的词目117个，用①②标示的词目356个。

本词典词汇部分的文字说明由顾定倩执笔，图片由孙联群绘制。附录手语语法特点例举的文字由魏丹执笔，图片由孙联群、徐聪、高向昱绘制。

教育部、国家语言文字工作委员会有关领导李卫红、杜占元、田学军、王登峰、李宇明、姚喜双、张浩明、田立新、李天顺、彭兴颀、刘宏、周道娟、易军、陈敏、王琦、王丹卉、黄伟，中国残疾人联合会有关领导程凯、唐淑芬、李东梅、韩咏梅、林帅华，国家手语和盲文研究中心专家咨询委员会陈章太、朴永馨、王理嘉、袁毓林、丁勇始终关心和指导国家通用手语的研究工作。

国家通用手语研究工作得到课题组成员所在单位的全力支持，使得课题组成员能频繁开展研讨活动。手语词汇试点得到33个单位的积极配合，使得上千人参与讨论并提出建议。手语语法研究得到香港中文大学手语及聋人研究中心邓慧兰教授、施婉萍教授，何佳、李佳、李群博士和其他研究人员，复旦大学文学院龚群虎教授及其门下倪兰、李线宜、陈晓红、刘鸿宇、郑璇、林皓博士，北京语言大学戴红亮教授、高立群教授，北京外国语大学郭洁教授，北京联合大学吴铃教授、吕会华副教授，首都经济贸易大学刘润楠副教授，教育部语言文字应用研究所孟晖副研究员，北京邮电大学网络教育学院高廷丽工程师以及在海外的杨军辉博士的多方指导；姜荃、张海伦、石建华、牛子儒、鲍大鹏、冯刚、韩卫丽、陈继东、赵伟、阮明昊、刘叔礼等109位聋人为此提供了宝贵的手语语料。这次国家通用手语的研究时间之长、人员参与面之广、社会关注度之高前所未有，其成果凝聚了各方面人员的智慧，是共同努力取得的。

本书的出版得到华夏出版社社长黄金山、副总编辑曾令真、总监李欣利的高度关注和倾力支持，特殊教育编辑出版中心刘娲、王一博、李苗、薛永洁、贾晨娜，数字出版部刘怡康、徐聪，信息中心臧明云为此书的编辑、出版工作付出了艰辛的努力。淮北师范大学2018级研究生徐子淇，辽宁师范大学2017级研究生李亚飞，北京师范大学2015级本科生刘艳，2016级本科生王琪、刘羽笳、张雨诗、高语晨，2017级本科生王欣苗、褚邈、王丹阳参与了本书的部分编辑工作。

在此，谨向所有关心、支持、帮助国家通用手语研究的单位和人士表示衷心的感谢！

语言生活丰富多彩，手语发展永无止境，国家通用手语的研究和规范工作永远在路上。限于我们的专业水平和能力，本书难免存在不完善之处，希望广大读者提出意见，以便今后进一步完善。

中国聋人协会　国家手语和盲文研究中心
2019年6月

凡　例

一、括号外为主词，括号内为表达主词的手语同时可以表达的其他同义词、近义词、短语等。

二、❶❷为词目相同，但词义不同的词。例如，"位置❶"表示人的地位或职位，"位置❷"表示物体的空间位置。①②为词目和词义相同，但手语动作有差异的词。例如，"政府①"是北方聋人普遍使用的手语，"政府②"是南方聋人普遍使用的手语。

三、以数字或英文字母开头的手语词，编排在"其他"部分。

四、需要一手连续表达、不宜拆分的手语词素，其起始动作用虚线手语图表示，结束动作用实线手语图表示。

五、一些词目的手语动作细节，以局部放大的圆形图呈现。

六、手语动作一般以右手为主动手，左手为辅助手。

七、文字说明未对手的位置、掌心（或手背、虎口）朝向、移动方向以及双手交替动作的先后顺序作具体规定的，可按手语图示表达，也可根据个人习惯表达。

八、仿汉字或书空汉字的手语，一般以手语表达者观看和书空正确字形的方向为正方向。

九、词目排序和汉语拼音索引参照《现代汉语词典》（第7版）。词目按首字的拼音字母次序排列，同音字按笔画从少到多排列。笔画数相同的，按起笔笔形横（一）、竖（丨）、撇（丿）、点（、）、折（𠃍）的次序排列。起笔笔形相同的按第二笔笔形的次序排列，以此类推。汉语拼音索引只提供注音，供检索时参考，不作为注音规范。

十、笔画索引按词目首字的总笔画数排序。笔画数相同的，按起笔笔形横（一）、竖（丨）、撇（丿）、点（、）、折（𠃍）的次序排列。起笔笔形相同的按第二笔笔形的次序排列，以此类推。

目　录

前言

凡例

汉语手指字母方案……………………………………………………………… 1

手势动作图解符号说明………………………………………………………… 11

手位和朝向图示说明…………………………………………………………… 13

中华人民共和国国歌…………………………………………………………… 15

正文

　　第一册（A—F）…………………………………………………………… 1

　　第二册（G—M）…………………………………………………………… 297

　　第三册（N—X）…………………………………………………………… 625

　　第四册（Y—其他）………………………………………………………… 975

附录：手语语法特点例举……………………………………………………… 1139

汉语拼音索引…………………………………………………………………… 1165

笔画索引………………………………………………………………………… 1221

语言文字规范　GF 0021—2019

汉语手指字母方案

（中华人民共和国教育部、国家语言文字工作委员会、中国残疾人联合会
2019年7月15日发布，2019年11月1日实施）

前　　言

本规范按照 GB/T1.1—2009 给出的规则起草。

本规范遵循下列原则起草：

稳定性原则。汉语手指字母在我国聋人教育和通用手语中已使用半个多世纪，影响深远。其简单、清楚、象形、通俗的设计原则和手指字母图示风格具有中国特色，被使用者熟识和接受。本规范保持原方案的设计原则、内容框架和图示风格。

实践性原则。本规范所作的所有修订均来自汉语手指字母使用过程中发现的问题。

时代性原则。本规范吸收现代语言学和手语语言学理论的最新成果。

规范性原则。本规范力求全面、准确地图示和说明每个手指字母的指式、位置、朝向及附加动作，图文体例、风格与 GF0020—2018《国家通用手语常用词表》保持一致。

本规范代替 1963 年 12 月 29 日中华人民共和国内务部、中华人民共和国教育部、中国文字改革委员会公布施行的《汉语手指字母方案》，与原《汉语手指字母方案》相比，主要变化如下：

——根据语言文字规范编写规则，采用新的编排体例；
——调整了术语"汉语手指字母"的定义；
——调整了字母"CH"的指式；
——调整了字母"A、B、C、D、H、I、L、Q、U"指式的呈现角度；
——增加了术语"远节指""近节指""中节指""书空"的定义；
——增加了表示每个汉语手指字母指式的位置说明；
——增加了《汉语拼音方案》规定的两个加符字母"Ê、Ü"指式的图示和"Ü"指式的使用说明。

本规范由中国残疾人联合会教育就业部提出。

本规范由国家语言文字工作委员会语言文字规范标准审定委员会审定。

本规范起草单位：北京师范大学、国家手语和盲文研究中心。

本规范起草人：顾定倩、魏丹、王晨华、高辉、于缘缘、恒淼、仇冰、乌永胜。

汉语手指字母方案

1 范围

本规范规定了代表汉语拼音字母的指式和表示规则。适用于全国范围内的公务活动、各级各类教育、电视和网络媒体、图书出版、公共服务、信息处理中的汉语手指字母的使用以及手语水平等级考试。

2 规范性引用文件

下列注日期的引用文件均适用于本规范。

《汉语拼音方案》（1958年2月11日第一届全国人民代表大会第五次会议批准）

GF0020—2018《国家通用手语常用词表》（2018年3月9日中华人民共和国教育部、国家语言文字工作委员会、中国残疾人联合会发布，2018年7月1日实施）

3 术语和定义

下列术语和定义适用于本规范。

3.1

汉语拼音方案 scheme for the Chinese phonetic alphabet

给汉字注音和拼写普通话语音的方案。1958年2月11日第一届全国人民代表大会第五次会议批准。采用拉丁字母，并用附加符号表示声调，是帮助学习汉字和推广普通话的工具。

3.2

手形 handshape

表达汉语手指字母时手指的屈、伸、开、合的形状。

3.3

位置 location

表达汉语手指字母时手的空间位置。

3.4

朝向 orientation

表达汉语手指字母时手指所指的方向和掌心（手背、虎口）所对的方向。

3.5

动作 movement

表达加符字母 Ê、Ü 时手的晃动作。

3.6

指式 finger shape

含有位置、朝向和附加动作的代表拼音字母的手形。

3.7
汉语手指字母 Chinese manual alphabet

用指式代表汉语拼音字母,按照《汉语拼音方案》拼成普通话;也可构成手语词或充当手语词的语素,是手语的组成部分。

3.8
远节指 distal phalanx

带有指甲的手指节。

3.9
近节指 proximal phalanx

靠近手掌的手指节。

3.10
中节指 middle phalanx

远节指与近节指之间的手指节。

3.11
书空 tracing the character in the air

用手指在空中比画汉语拼音声调符号或隔音符号。

4 汉语手指字母指式

4.1
单字母指式

《汉语拼音方案》所规定的二十六个字母,用下列指式表示:

Aa	右手伸拇指,指尖朝上,食、中、无名、小指弯曲,指尖抵于掌心,手背向右。
Bb	右手拇指向掌心弯曲,食、中、无名、小指并拢直立,掌心向前偏左。
Cc	右手拇指向上弯曲,食、中、无名、小指并拢向下弯曲,指尖相对成 C 形,虎口朝内。

D d		右手握拳，拇指搭在中指中节指上，虎口朝后上方。
E e		右手拇、食指搭成圆形，中、无名、小指横伸，稍分开，指尖朝左，手背向外。
F f		右手食、中指横伸，稍分开，指尖朝左，拇、无名、小指弯曲，拇指搭在无名指远节指上，手背向外。
G g		右手食指横伸，指尖朝左，中、无名、小指弯曲，指尖抵于掌心，拇指搭在中指中节指上，手背向外。
H h		右手食、中指并拢直立，拇、无名、小指弯曲，拇指搭在无名指远节指上，掌心向前偏左。
I i		右手食指直立，中、无名、小指弯曲，指尖抵于掌心，拇指搭在中指中节指上，掌心向前偏左。
J j		右手食指弯曲，中节指指背向上，中、无名、小指弯曲，指尖抵于掌心，拇指搭在中指中节指上，虎口朝内。

K k	右手食指直立,中指横伸,拇指搭在中指中节指上,无名、小指弯曲,指尖抵于掌心,虎口朝内。
L l	右手拇、食指张开,食指指尖朝上,中、无名、小指弯曲,指尖抵于掌心,掌心向前偏左。
M m	右手拇、小指弯曲,拇指搭在小指中节指上,食、中、无名指并拢弯曲搭在拇指上,指尖朝前下方,掌心向前偏左。
N n	右手拇、无名、小指弯曲,拇指搭在无名指中节指上,食、中指并拢弯曲搭在拇指上,指尖朝前下方,掌心向前偏左。
O o	右手拇指向上弯曲,食、中、无名、小指并拢向下弯曲,拇、食、中指指尖相抵成O形,虎口朝内。
P p	右手拇、食指搭成圆形,中、无名、小指并拢伸直,指尖朝下,虎口朝前偏左。
Q q	右手拇指在下,食、中指并拢在上,拇、食、中指指尖相捏,指尖朝前偏左,无名、小指弯曲,指尖抵于掌心。

R r	右手拇、食指张开，食指指尖朝左，拇指指尖朝上，中、无名、小指弯曲，指尖抵于掌心，手背向外。
S s	右手拇指贴近手掌，食、中、无名、小指并拢微曲与手掌成 90 度角，掌心向前偏左。
T t	右手拇、中、无名指指尖相抵，食、小指直立，掌心向前偏左。
U u	右手拇指贴近手掌，食、中、无名、小指并拢直立，掌心向前偏左。
V v	右手食、中指直立分开成 V 形，拇、无名、小指弯曲，拇指搭在无名指远节指上，掌心向前偏左。
W w	右手食、中、无名指直立分开成 W 形，拇、小指弯曲，拇指搭在小指远节指上，掌心向前偏左。
X x	右手食、中指直立，中指搭在食指上，拇、无名、小指弯曲，拇指搭在无名指远节指上，掌心向前偏左。

Y y	右手伸拇、小指，指尖朝上，食、中、无名指弯曲，掌心向前偏左。
Z z	右手食、小指横伸，指尖朝左，拇、中、无名指弯曲，拇指搭在中、无名指远节指上，手背向外。

4.2

双字母指式

《汉语拼音方案》所规定的四组双字母（ZH，CH，SH，NG），用下列指式表示：

ZH zh	右手食、中、小指横伸，食、中指并拢，指尖朝左，拇、无名指弯曲，拇指搭在无名指远节指上，手背向外。
CH ch	右手拇指在下，食、中、无名、小指并拢在上，指尖朝左成扁"⊐"形，虎口朝内。
SH sh	右手拇指贴近手掌，食、中指并拢微曲与手掌成90度角，无名、小指弯曲，指尖抵于掌心，掌心向前偏左。
NG ng	右手小指横伸，指尖朝左，拇、食、中、无名指弯曲，拇指搭在食、中、无名指上，手背向外。

4.3

加符字母指式

《汉语拼音方案》所规定的两个加符字母（Ê、Ü）用原字母（E、U）指式附加如下动作表示：

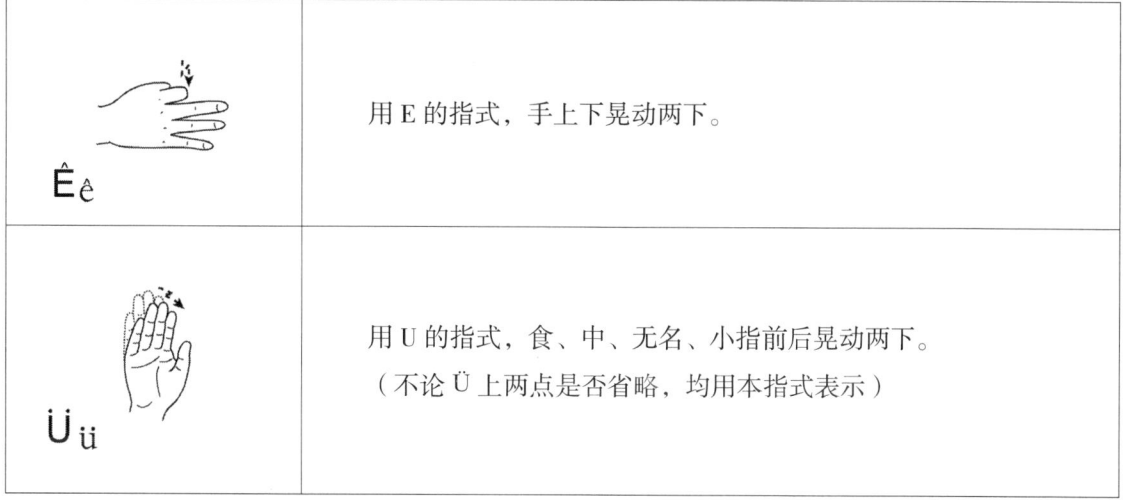

Ê ê	用 E 的指式，手上下晃动两下。
Ü ü	用 U 的指式，食、中、无名、小指前后晃动两下。 （不论 ü 上两点是否省略，均用本指式表示）

4.4

声调符号和隔音符号表示方式

阴平（—）、阳平（ˊ）、上声（ˇ）、去声（ˋ）四种声调符号，用书空方式表示。隔音符号"'"也用书空方式表示。

5 使用规则

5.1

使用手

汉语手指字母、声调符号和隔音符号一般用右手表示；如用左手表示，方向作相应的改变。

5.2

手的位置

表示汉语手指字母时，手自然抬起，不超过肩宽。

表示手指字母"A、B、C、D、H、I、J、K、L、M、N、O、Q、S、T、U、V、W、X、Y、SH"时，手的位置在同侧胸前；表示手指字母"E、F、G、R、Z、ZH、CH、NG"时，手的位置在胸前正中；表示手指字母"P"时，手的位置在同侧腹部前。

5.3

图示角度

本规范的汉语手指字母图为平视图，以观看者的角度呈现。

手势动作图解符号说明

	表示沿箭头方向做直线、弧线移动，或圆形、螺旋形转动。
	表示沿箭头方向做曲线或折线移动。
	表示向同一方向重复移动。
	表示双手或双指同时向相反方向交替或交错移动。
	表示上下或左右、前后来回移动。
	表示沿箭头方向反复转动。
	表示沿箭头方向一顿，或到此终止。
	表示沿箭头方向一顿一顿移动。
	表示手指交替点动、手掌抖动或手臂颤动。
	表示双手先相碰再分开。
	表示拇指与其他手指互捻。
	表示手指沿箭头方向边移动边捏合。
	表示手指沿箭头方向收拢，但不捏合。
	表示双手沿箭头方向同时向相反方拧动，并向两侧拉开。
	表示握拳的手按顺序依次伸出手指。

手位和朝向图示说明

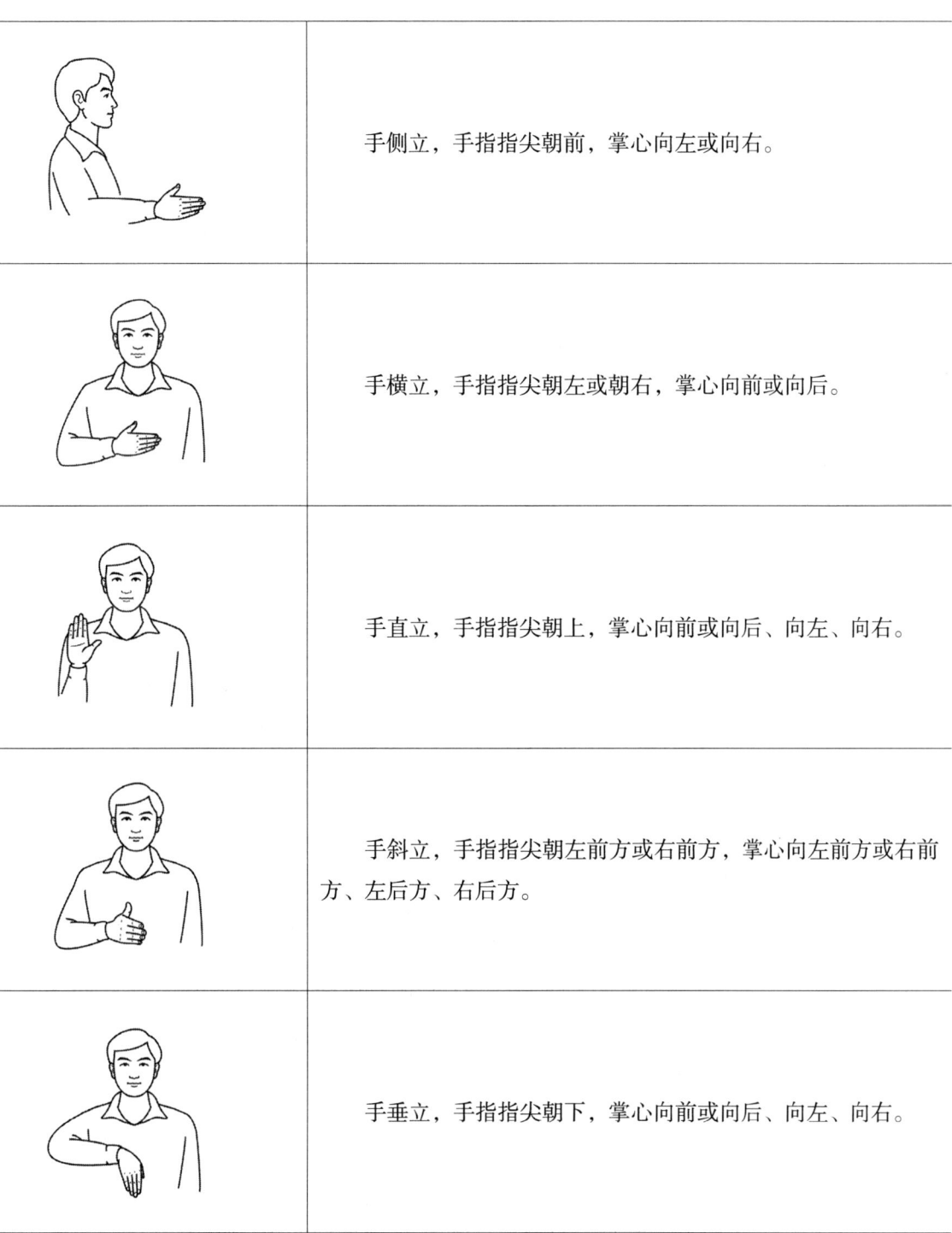

	手侧立，手指指尖朝前，掌心向左或向右。
	手横立，手指指尖朝左或朝右，掌心向前或向后。
	手直立，手指指尖朝上，掌心向前或向后、向左、向右。
	手斜立，手指指尖朝左前方或右前方，掌心向左前方或右前方、左后方、右后方。
	手垂立，手指指尖朝下，掌心向前或向后、向左、向右。

	手平伸,手指指尖朝前,掌心向上或向下。
	手横伸,手指指尖朝左或朝右,掌心向上或向下。
	手侧伸,手指指尖朝左侧、右侧的斜上方或斜下方,掌心向左侧、右侧的斜上方或斜下方。
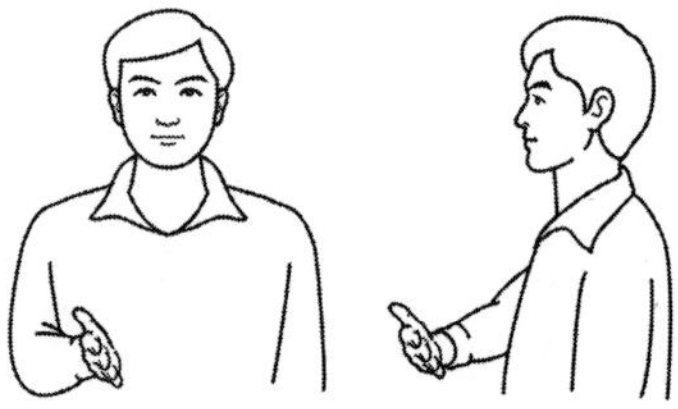	手斜伸,手指指尖朝前、后、左、右的斜上方或斜下方,掌心向前、后、左、右的斜上方或斜下方。
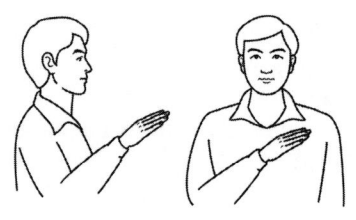	手斜伸,手指指尖朝前、后、左、右的斜上方或斜下方,掌心向前、后、左、右的斜上方或斜下方。

中华人民共和国国歌

（义勇军进行曲）

进行曲速度

田汉 词
聂耳 曲

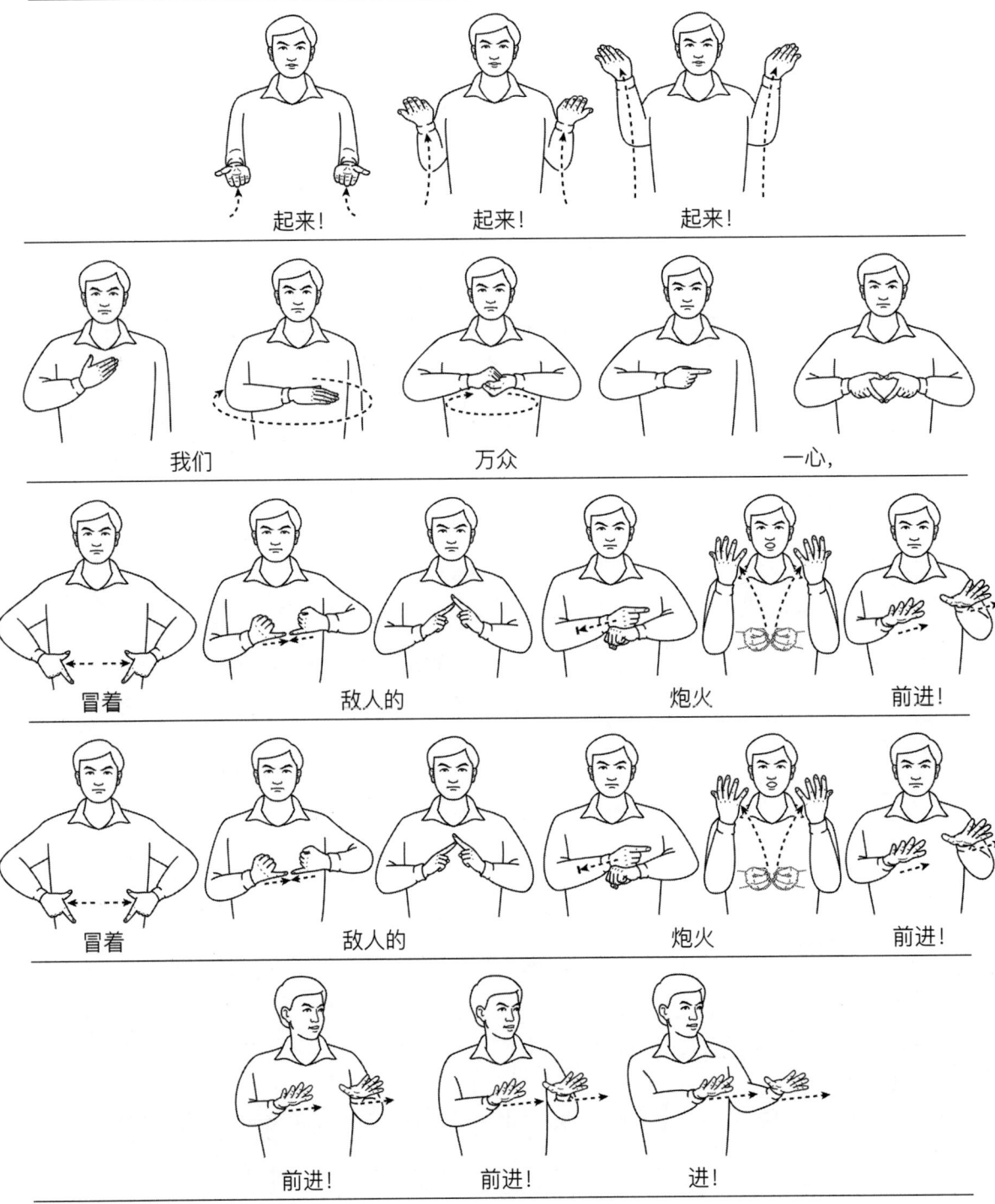

A

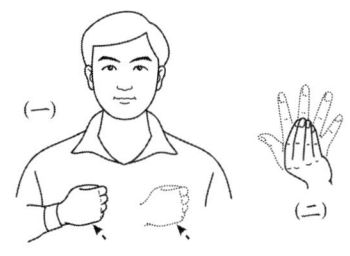

阿昌族 Āchāngzú
（一）一手握拳，手背向外，先在左胸部捶一下，再在右胸部捶一下。
（二）一手五指张开，指尖朝上，然后撮合。

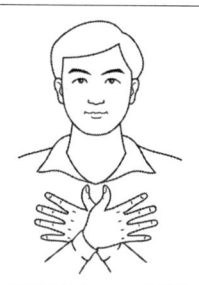

阿尔巴尼亚 Ā'ěrbāníyà
双手横立，手背向外，手腕交叉相搭，五指张开，表示阿尔巴尼亚国旗上的双鹰。
（此为国外聋人手语）

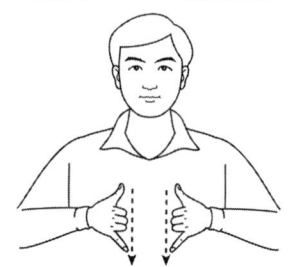

阿尔及利亚 Ā'ěrjílìyà
双手伸拇、小指，指尖相对，手背向外，从胸部同时向下移动一下。
（此为国外聋人手语）

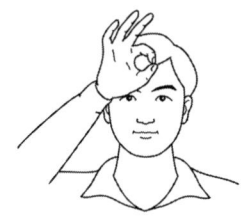

阿富汗 Āfùhàn
一手拇、食指相捏，其他三指伸出，虎口朝内，贴于前额。
（此为国外聋人手语）

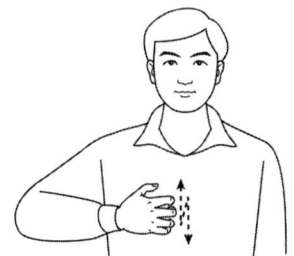

阿根廷 Āgēntíng
右手五指微曲，指尖贴于右胸部，上下移动两下。
（此为国外聋人手语）

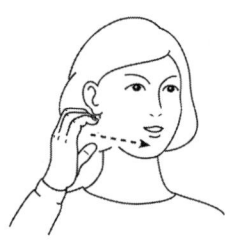

阿拉伯联合酋长国 Ālābóliánhéqiúzhǎngguó

右手五指微曲，指尖抵于右耳下部，然后向颏部划动一下，仿阿拉伯男子胡子的样子。

（此为国外聋人手语）

阿曼 Āmàn

一手横立，掌心向内，五指张开，从下向上移动，拇指尖碰一下颏部。

（此为国外聋人手语）

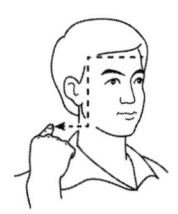

阿塞拜疆 Āsàibàijiāng

右手伸食指，虎口朝内，从前额左侧划向右侧，再向下划至齐右嘴角高度，然后向后移动。

（此为国外聋人手语）

阿姨 āyí

（一）一手打手指字母"A"的指式。

（二）一手打手指字母"Y"的指式。

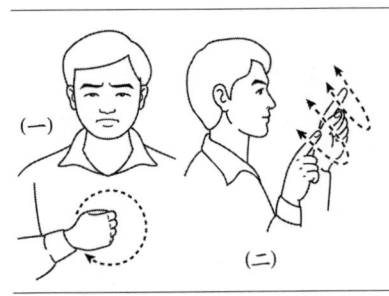

哀乐 āiyuè

（一）一手虚握，手背向外，贴于胸部，转动一圈，头微低，面露难受的表情。

（二）双手伸食指，指尖朝前上方，模仿指挥乐曲的动作。

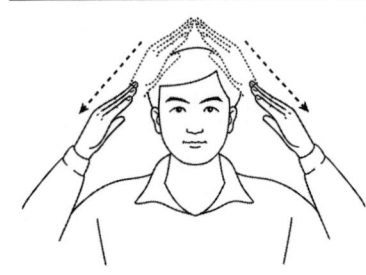

埃及（金字塔） Āijí (jīnzìtǎ)

双手搭成"∧"形，置于头前上方，然后向两侧斜下方移动一下。

（此为国外聋人手语）

埃塞俄比亚 Āisài'ébǐyà
　　右手伸拇指，手背向外，自右嘴角顺时针绕脸部转动一圈。
　　（此为国外聋人手语）

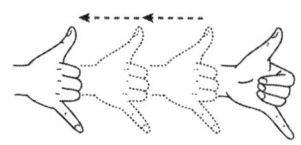
挨个儿 āigèr
　　双手伸拇、小指，前后相挨，左手在前不动，右手从左手腕处向后一顿一顿移动两下。

唉叹（哀叹、叹气） āitàn（āitàn、tànqì）
　　一手五指微曲，贴于胸部，头歪向一侧，点动一下，如叹气状，面露为难的表情。

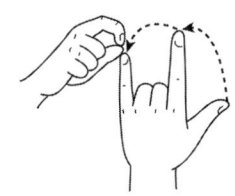
癌 ái
　　左手拇、食、小指直立，手背向外；右手拇、食指捏成圆形，从左手拇指依次移向食、小指，仿"癌"字部分字形。

矮（低） ǎi（dī）
　　一手横伸，掌心向下，自腹部向下一按。
　　（可根据实际表示矮、低的状态）

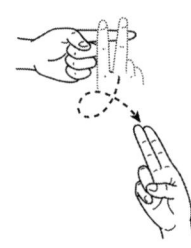
艾 ài
　　左手食指横伸；右手食、中指直立分开，掌心向外，贴于左手食指，然后边并拢边向下做"乂"形转动，掌心向内，仿"艾"字形。

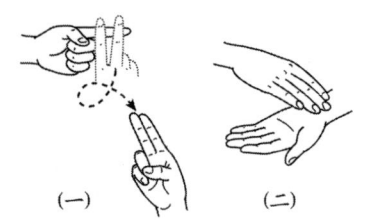

艾滋病 àizībìng

（一）左手食指横伸；右手食、中指直立分开，掌心向外，贴于左手食指，然后边并拢边向下做"乂"形转动，掌心向内，仿"艾"字形。

（二）左手平伸，掌心向上；右手五指并拢，食、中、无名指指尖按于左手腕的脉门处。

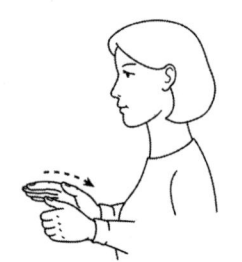

爱 ài

左手伸拇指；右手轻轻抚摸左手拇指背，面露怜爱的表情。

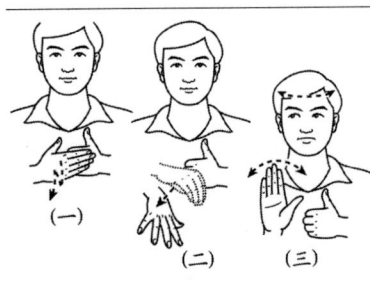

爱不释手 àibùshìshǒu

（一）左手伸拇指，手背向外；右手摸两下左手背，面露喜爱的表情。

（二）左手伸拇指，手背向外；右手五指撮合，指尖朝下，边向下移动边张开。

（三）左手伸拇指，手背向外；右手直立，掌心向外，左右摆动两下，头同时左右摇晃，面露否定的表情。

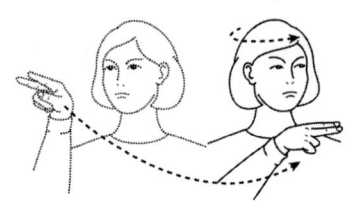

爱搭不理 àidā-bùlǐ

右手食、中指分开，指尖朝前，手背向上，边从右向左一甩边并拢，指尖朝左，头随之移向左侧。

 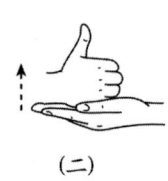

爱戴 àidài

（一）左手伸拇指；右手轻轻抚摸左手拇指背，面露怜爱的表情。

（二）左手横伸；右手伸拇指，置于左手掌心上，左手向上一抬。

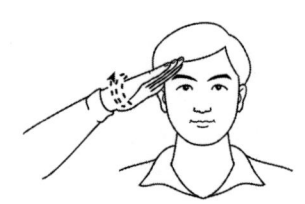

爱尔兰 Ài'ěrlán

一手五指并拢，掌心向下，贴于前额一侧，然后向外翻动两下，表示军帽帽檐上翻的式样。

（此为国外聋人手语）

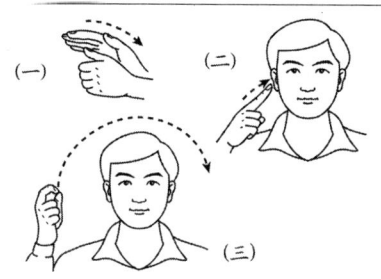

爱耳日　Ài'ěrrì
（一）左手伸拇指；右手轻轻抚摸左手拇指背，面露怜爱的表情。
（二）一手伸食指，指一下耳朵。
（三）右手拇、食指捏成圆形，虎口朝内，从右向左做弧形移动，越过头顶。

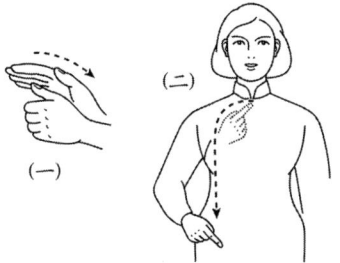

爱国①　àiguó ①
（一）左手伸拇指；右手轻轻抚摸左手拇指背，面带微笑。
（二）一手伸食指，自咽喉部顺肩胸部划至右腰部，以民族服装"旗袍"的前襟线表示中国。
（此手势专用于表示爱中国的意思）

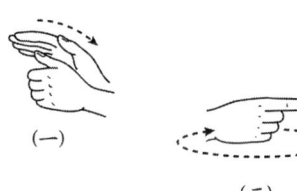

爱国②　àiguó ②
（一）左手伸拇指；右手轻轻抚摸左手拇指背，面带微笑。
（二）一手打手指字母"G"的指式，顺时针平行转动一圈。
（此手势表示泛指的爱国的意思）

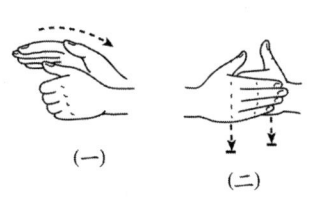

爱护　àihù
（一）左手伸拇指；右手轻轻抚摸左手拇指背，面露怜爱的表情。
（二）左手伸拇指；右手横立，掌心向内，五指微曲，置于左手前，然后双手同时向下一顿。

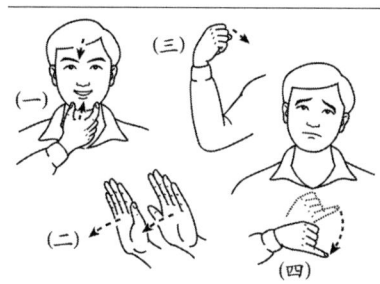

爱莫能助　àimònéngzhù
（一）一手拇、食指弯曲，指尖朝颊部点一下，头同时微点一下。
（二）双手斜伸，掌心向外，按动一下，表示给人帮助。
（三）一手握拳屈肘，用力向内弯动一下。
（四）右手伸小指，指尖朝左，向下甩动一下。

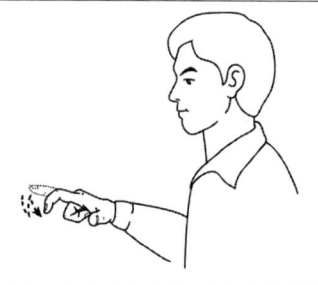

爱慕　àimù
一手伸拇、食指，掌心向下，食指尖朝前，弯动两下，面露爱慕的表情。

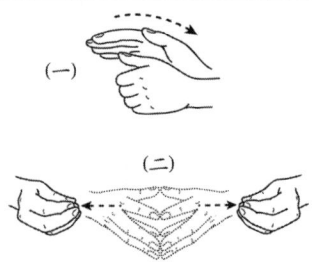

爱情　àiqíng

（一）左手伸拇指；右手轻轻抚摸左手拇指背，面露怜爱的表情。

（二）双手五指张开，指尖相对，虎口朝上，边从中间向两侧拉开边撮合。

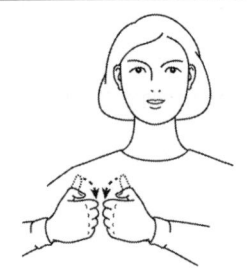

爱人（丈夫、妻子、媳妇）　ài·ren (zhàng·fu、qī·zi、xí·fu)

双手伸拇指，指面相对，手背向外，置于身体一侧，弯动一下。

（可根据语境决定所指的对象，如男人指一下女人或先指自己，再在身体一侧打此手势表示的是妻子；反之，表示的是丈夫）

爱沙尼亚　Àishāníyà

一手伸拇指，指尖抵于颏部，然后向下移动一下。

（此为国外聋人手语）

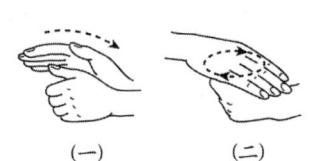

爱惜　àixī

（一）左手伸拇指；右手轻轻抚摸左手拇指背，面露怜爱的表情。

（二）左手拇、食指捏成圆形，虎口朝上；右手平伸，掌心贴于左手虎口，转动两下。

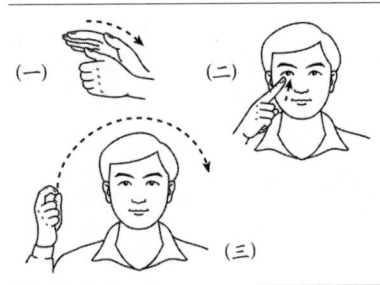

爱眼日　Àiyǎnrì

（一）左手伸拇指；右手轻轻抚摸左手拇指背，面露怜爱的表情。

（二）一手伸食指，指一下眼睛。

（三）右手拇、食指捏成圆形，虎口朝内，从右向左做弧形移动，越过头顶。

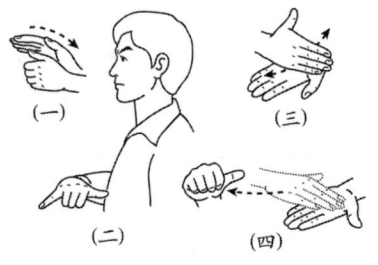

爱憎分明　àizēng-fēnmíng

（一）左手伸拇指；右手轻轻抚摸左手拇指背，面露怜爱的表情。

（二）一手伸拇、小指，拇指尖抵于腹部，面露怨恨的表情。

（三）左手横伸；右手侧立，置于左手掌心上，并左右拨动一下。

（四）左手横伸；右手平伸，掌心向下，贴于左手掌心，边向左手指尖方向移动边食、中、无名、小指弯曲，指尖抵于掌心。

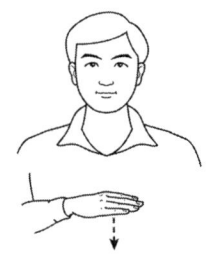

安 ān
　一手横伸，掌心向下，自胸部向下一按。

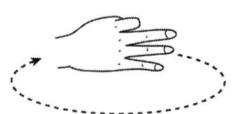

安道尔 Āndào'ěr
　一手中、无名、小指横伸分开，手背向外，顺时针平行转动一圈。
　（此为国外聋人手语）

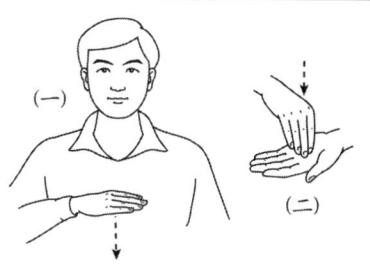

安定 āndìng
　（一）一手横伸，掌心向下，自胸部向下一按。
　（二）左手横伸；右手五指撮合，指尖朝下，按向左手掌心。

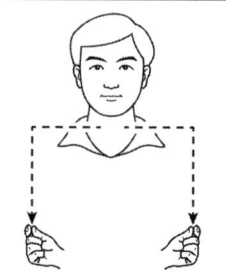

安分（本分） ānfèn (běnfèn)
　双手拇、食指相捏，指尖朝前，从中间向两侧移动再折而下移，表示言谈举止都在一定范围之内。

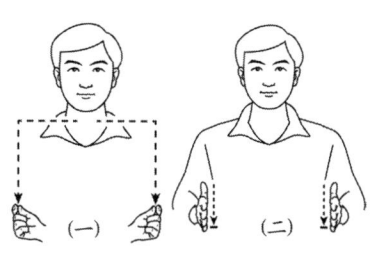

安分守己 ānfèn-shǒujǐ
　（一）双手拇、食指相捏，指尖朝前，从中间向两侧移动再折而下移，表示言谈举止都在一定范围之内。
　（二）双手侧立，掌心相对，沿身体两侧向下一顿。

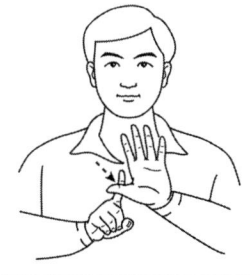

安哥拉 Āngēlā
　左手直立，掌心向外，五指张开；右手食指直立，从后向前敲一下左手拇指。
　（此为国外聋人手语）

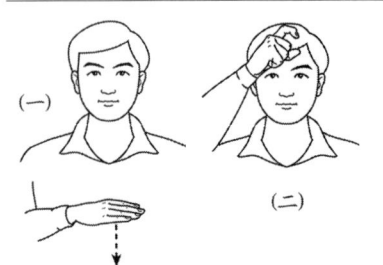

安徽 Ānhuī
（一）一手横伸，掌心向下，自胸部向下一按。
（二）一手拇、食指成半圆形，虎口朝内，贴于前额。

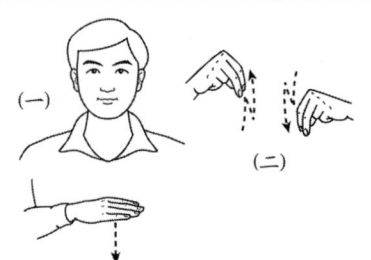

安检 ānjiǎn
（一）一手横伸，掌心向下，自胸部向下一按。
（二）双手拇、食、中指相捏，指尖朝下，上下交替动两下。

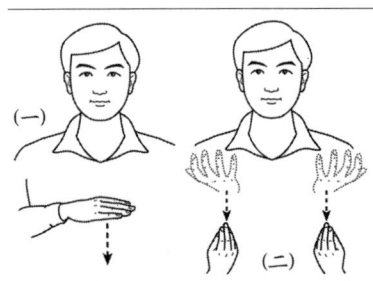

安静 ānjìng
（一）一手横伸，掌心向下，自胸部向下一按。
（二）双手五指微曲，指尖朝上，边向下微移边撮合，面露舒缓的表情。

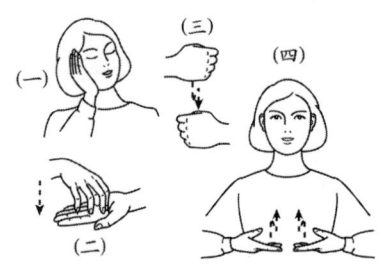

安居乐业 ānjū-lèyè
（一）一手掌心贴于脸部，头微侧，闭眼，如睡觉状。
（二）左手横伸；右手五指弯曲，指尖朝下，抵于左手掌心，向下一按。
（三）双手握拳，一上一下，右拳向下砸两下左拳。
（四）双手横伸，掌心向上，在胸前同时向上移动两下，面带笑容。

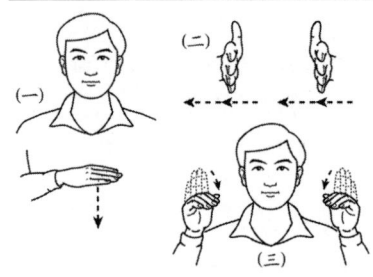

安理会 Ānlǐhuì
（一）一手横伸，掌心向下，自胸部向下一按。
（二）双手侧立，掌心相对，向一侧一顿一顿移动几下。
（三）双手直立，掌心分别向左右斜前方，食、中、无名、小指弯动一下。

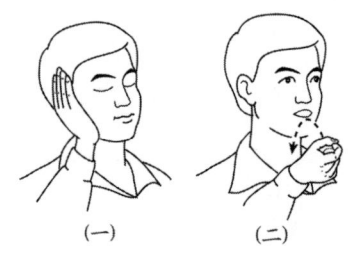

安眠药 ānmiányào
（一）一手掌心贴于脸部，头微侧，闭眼，如睡觉状。
（二）口张开，一手拇、食指捏成小圆形，从嘴部移向喉部。

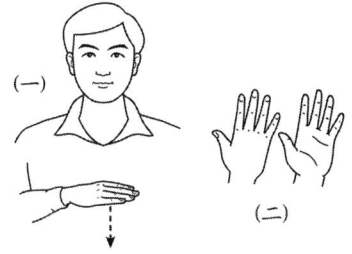

安排　ānpái
（一）一手横伸，掌心向下，自胸部向下一按。
（二）双手直立，五指张开，一前一后排成一列。

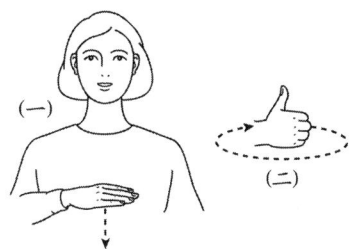

安全　ānquán
（一）一手横伸，掌心向下，自胸部向下一按。
（二）一手伸拇指，顺时针平行转动一圈。

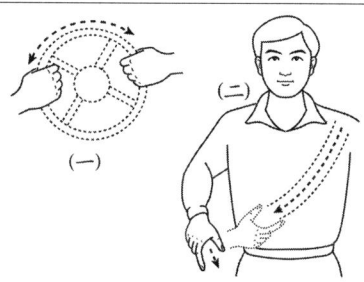

安全带①　ānquándài ①
（一）双手虚握，左右转动，如操纵方向盘状。
（二）一手拇、食指张开，指尖朝内，抵于左肩，然后划至右腰下部，指尖朝下一插。
（此手势表示汽车安全带）

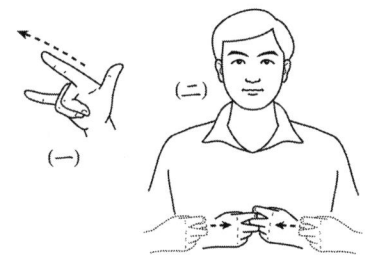

安全带②　ānquándài ②
（一）一手伸拇、食、小指，手背向上，从低向高移动，如飞机起飞状。
（二）双手食、中指弯曲，从两侧向中间移动并相互咬合。
（此手势表示飞机安全带）

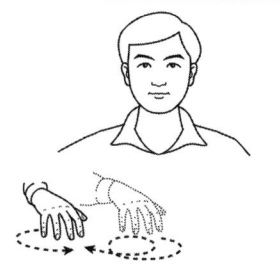

安提瓜和巴布达　Āntíguā hé Bābùdá
一手五指弯曲，指尖朝下，先边向右移动边顺时针转动两下，再向左逆时针转动一下，表示安提瓜和巴布达是多岛国。
（此为国外聋人手语）

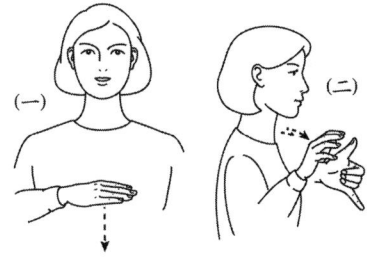

安慰　ānwèi
（一）一手横伸，掌心向下，自胸部向下一按。
（二）左手伸拇、小指；右手五指微曲，掌心向外，朝左手微移两下，面露慈祥的表情。

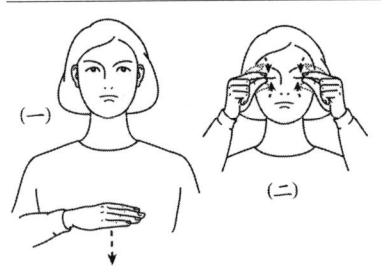

安息　ānxī

（一）一手横伸，掌心向下，自胸部向下一按。

（二）双手拇、食指张开，指尖左右相对，置于眼部，然后相捏，眼睛随之闭拢。

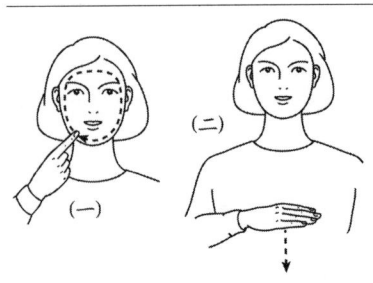

安详　ānxiáng

（一）一手伸食指，绕脸部转动一圈。

（二）一手横伸，掌心向下，自胸部向下一按。

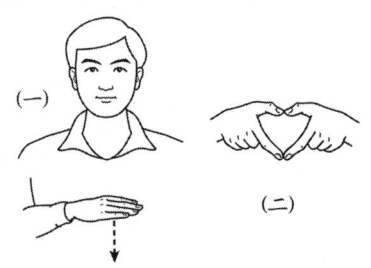

安心　ānxīn

（一）一手横伸，掌心向下，自胸部向下一按。

（二）双手拇、食指张开仿"♡"形，手背向外，置于胸部。

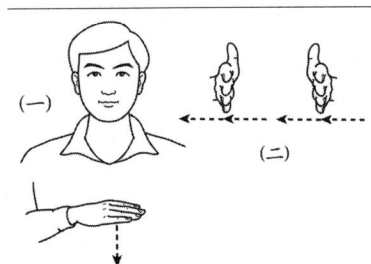

安置（安顿）　ānzhì（āndùn）

（一）一手横伸，掌心向下，自胸部向下一按。

（二）双手侧立，掌心相对，向一侧一顿一顿移动几下。

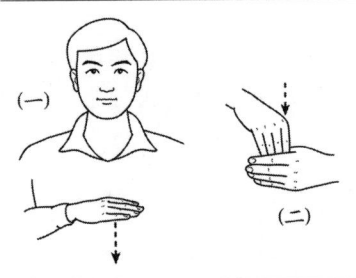

安装　ānzhuāng

（一）一手横伸，掌心向下，自胸部向下一按。

（二）左手五指成"⊏"形，虎口朝上；右手五指撮合，从上向下移入左手。

（可根据实际表示安装的动作）

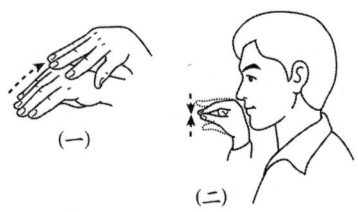

鹌鹑　ān·chún

（一）左手平伸，手背拱起；右手五指稍张开，置于左手背上，然后向后移动一下，仿鹌鹑的外形。

（二）一手手背贴于嘴部，拇、食指先张开再相捏。

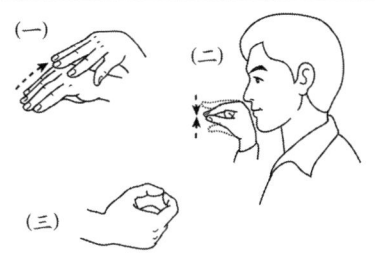

鹌鹑蛋　ān·chúndàn

（一）左手平伸，手背拱起；右手五指稍张开，置于左手背上，然后向后移动一下，仿鹌鹑的外形。

（二）一手手背贴于嘴部，拇、食指先张开再相捏。

（三）一手拇、食指捏成圆形，虎口朝上。

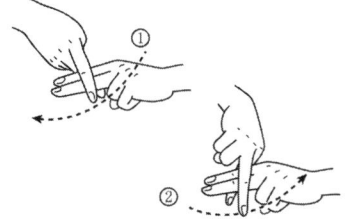

鞍马　ānmǎ

左手食、中指横伸并拢；右手食、中指分开，指尖朝下，在左手食、中指指背上左右转动手腕，交叉摆动，模仿在鞍马上的摆腿动作。

鞍子　ān·zi

（一）一手食、中指直立并拢，虎口贴于太阳穴，向前微动两下，仿马的耳朵。

（二）左手伸拇指；右手五指成"∩"形，虎口朝内，置于左手上。

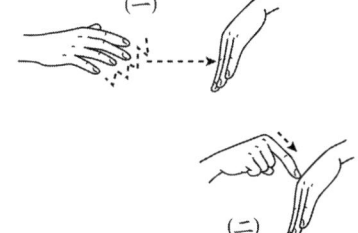

岸　àn

（一）左手斜伸，手背向右上方；右手横伸，掌心向下，五指张开，边交替点动边从右向左移动，直至碰到左手指背。

（二）左手斜伸，手背向右上方；右手伸食指，指尖朝下，指一下左手。

按摩（推拿）　ànmó (tuīná)

左手伸拇、小指，手背向外；右手在左手上捏动几下，表示给身体按摩。

（可根据实际表示按摩的动作）

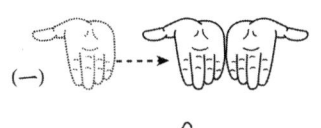

按时（如期）　ànshí (rúqī)

（一）双手平伸，掌心向上，左手不动，右手移向左手并相碰。

（二）左手侧立；右手伸拇、食指，拇指尖抵于左手掌心，食指向下转动。

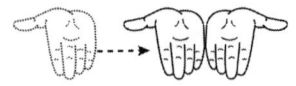

按照（参照、本着） ànzhào (cānzhào、běn·zhe)
　　双手平伸，掌心向上，左手不动，右手移向左手并相碰。

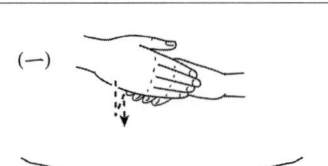

案板 ànbǎn
　　（一）左手横伸，手背拱起；右手侧立，在左手指尖旁向下动几下，如切菜状。
　　（二）双手拇、食指张开，指尖朝下，虎口相对，从中间向两侧移动。

暗地（背地里、私下） àndì (bèidì·lǐ、sīxià)
　　身体偏向一侧；双手直立，掌心向外，左右交叉移动一下，面露诡秘的表情。

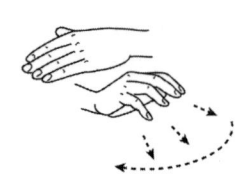

暗访 ànfǎng
　　左手横伸；右手五指微曲，掌心向外，置于左手掌心下，边从左向右移动边向前点动。

暗礁 ànjiāo
　　左手横伸，掌心向下，五指张开，交替点动几下；右手五指弯曲，指尖朝下，在左手掌心下随意按动几下，表示水面下的礁石。

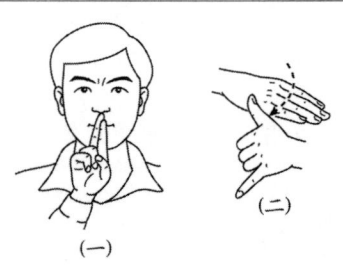

暗杀 ànshā
　　（一）一手食、中指直立相叠，手背向斜后方，贴于嘴部，嘴闭拢。
　　（二）左手伸拇、小指；右手五指并拢，掌心向下，向左手拇指背砍一下。
　　（可根据实际表示暗杀的动作）

暗示❶ ànshì ❶
左手直立,掌心向右,置于左脸外侧;右手食指横伸,在左臂前向左指两下,表示暗示别人。

暗示❷ ànshì ❷
(一)双手直立,掌心向外,左右交叉移动一下。
(二)一手平伸,手背向下,拇、中指先相捏,然后弹动两下。
(此手势表示暗示所含的意思)

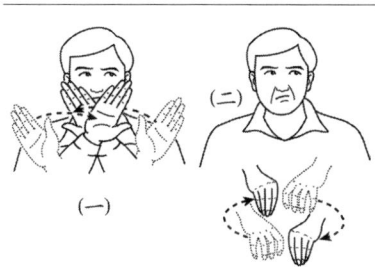

暗箱操作 ànxiāng cāozuò
(一)双手直立,掌心向外,左右交叉移动一下。
(二)双手五指微曲,指尖朝下,一前一后,边顺时针转动交换位置边撮合,表示在捣鼓东西。

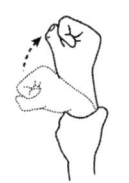

昂首(昂扬、振作、焕发、仰)
ángshǒu (ángyáng、zhènzuò、huànfā、Yǎng)
左手握住右手腕;右手握拳,向前垂下,再用力向上抬起,同时挺胸抬头。也用于表示姓氏"仰"。

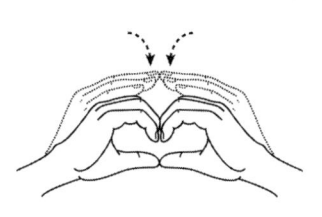

凹 āo
双手五指成"⌐⌐"形,虎口朝内,然后食、中、无名、小指向内凹进。
(可根据实际表示凹的状态)

熬夜 áoyè
右手直立,掌心向左,拇指张开,置于面前,然后向下转腕并五指撮合,指尖朝下。

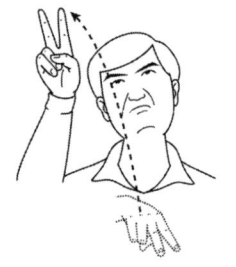

傲慢① (目中无人、目空一切)
àomàn① (mùzhōng-wúrén、mùkōngyīqiè)

一手食、中指分开，指尖朝前，手背向上，然后向上移动，指尖朝上，歪头，眼睛上挑，面露轻蔑的表情，表示目中无人。

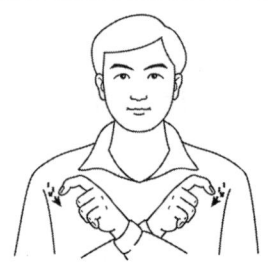

奥地利　Àodìlì

双手手腕交叉相搭，置于胸前，食指（或食、中指）弯曲，指尖弯动两下。

（此为国外聋人手语）

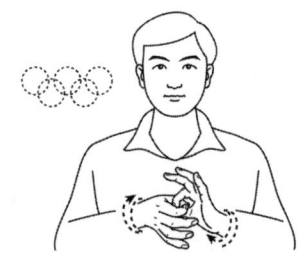

奥林匹克　Àolínpǐkè

双手拇、食指套环，其他三指微曲，向右侧微移，边转腕边做一次套环动作，然后向下微移，再边转腕边做一次套环动作，表示奥林匹克五环标志。

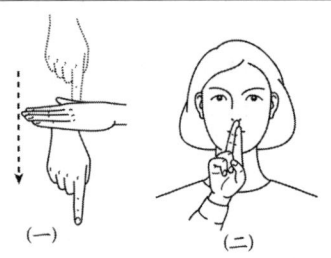

奥秘　àomì

（一）左手横伸，掌心向下；右手伸食指，指尖朝下，从左手内侧向下移动较长距离。

（二）一手食、中指直立相叠，手背向斜后方，贴于嘴部，嘴闭拢。

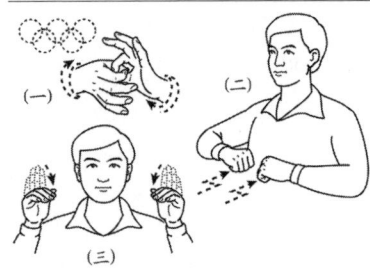

奥运会　Àoyùnhuì

（一）双手拇、食指套环，其他三指微曲，向右侧微移，边转腕边做一次套环动作，然后向下微移，再边转腕边做一次套环动作，表示奥林匹克五环标志。

（二）双手握拳屈肘，手背向上，虎口朝内，用力向后移动两下。

（三）双手直立，掌心分别向左右斜前方，食、中、无名、小指弯动一下。

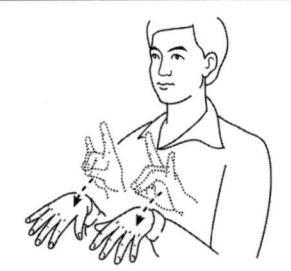

澳大利亚　Àodàlìyà

双手拇、中、无名指相捏，食、小指直立，然后向前一跃，同时张开五指。

（此为国外聋人手语）

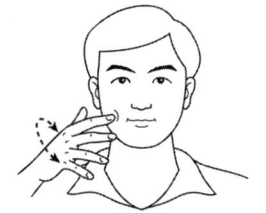
澳门(澳) Àomén (Ào)

一手五指张开,食指尖抵于脸颊处,并钻动两下。

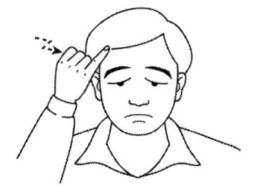
懊悔(后悔) àohuǐ (hòuhuǐ)

一手伸小指,指尖朝头一侧点两下,面露愧色。

B

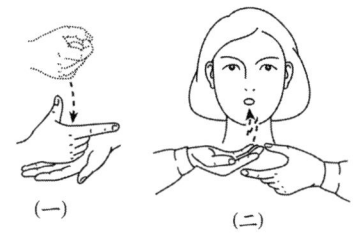

八宝粥 bābǎozhōu
（一）左手横伸；右手拇、食指相捏，边砸向左手掌心边张开，食指尖朝左前方。
（二）左手拇、食指成半圆形，虎口朝上；右手横伸，掌心凹进，向嘴部拨动两下，口微张，表示喝粥。

八卦 bāguà
（一）一手伸拇、食指，掌心向外。
（二）双手食、中、无名、小指分开，拇指弯回，掌心向外，从上向两侧再向下一顿一顿分别移动四下，仿八卦图形。

八路军 Bā Lù Jūn
（一）一手伸拇、食指，手背向外，贴于左上臂，表示八路军的臂章。
（二）右手横伸，掌心向下，置于前额，表示军帽帽檐。

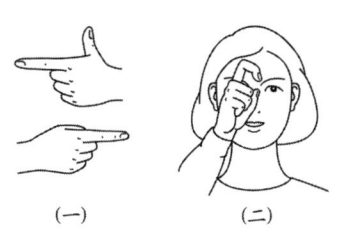

八一建军节（八一节） Bā-Yī Jiànjūn Jié (Bā-Yī Jié)
（一）左手伸拇、食指，手背向外，在上；右手食指横伸，在下，表示公历八月一日。
（二）一手打手指字母"J"的指式，置于前额。

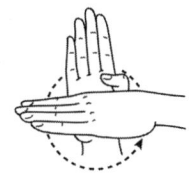

巴巴多斯 Bābāduōsī
左手横伸，手背向上；右手打手指字母"B"的指式，表示巴巴多斯英文国名首字母，在左手拇指边缘顺时针上下转动一圈。
（此为国外聋人手语）

巴布亚新几内亚 Bābùyàxīnjǐnèiyà

左手直立，掌心向右；右手伸拇、食、中指，指尖抵于左手，然后边向右移动边相捏。

（此为国外聋人手语）

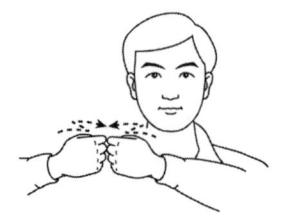

巴哈马 Bāhāmǎ

双手握拳，手背向外，虎口朝上，置于右肩前，然后互碰两下，模仿当地民族舞蹈双手握棒击打的动作。

（此为国外聋人手语）

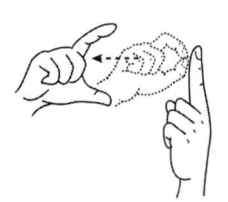

巴基斯坦 Bājīsītǎn

左手食指直立，手背向左；右手拇、食指相捏，先置于左手食指边，然后向右移动，两指张开成半圆形，表示巴基斯坦国旗上的星月图案。

（此为国外聋人手语）

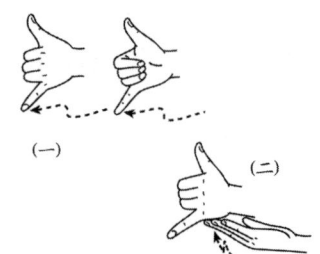

巴结 bā·jie

（一）双手伸拇、小指，一前一后，同时向前做曲线形移动，表示别人走到哪就跟到哪。

（二）左手伸拇、小指；右手掌在左手下向上拍两下，表示俗语"拍马屁"的意思。

巴拉圭 Bālāguī

左手横伸；右手打手指字母"K"指式，中指尖朝下，在左手背上点两下。

（此为国外聋人手语）

巴勒斯坦 Bālèsītǎn

右手五指张开，拇指尖抵于左胸部，掌心向左，然后依次弯回小、无名、中、食指。

（此为国外聋人手语）

巴黎（埃菲尔铁塔） Bālí (Āifēi'ěrtiětǎ)
　　双手食、中指分开，指尖朝上，斜向相对，虎口朝内，然后边向上移动边逐渐靠近，仿埃菲尔铁塔的形状。
　　（此为国外聋人手语）

巴林 Bālín
　　右手握拳，手背向下，朝右腹部捶两下。
　　（此为国外聋人手语）

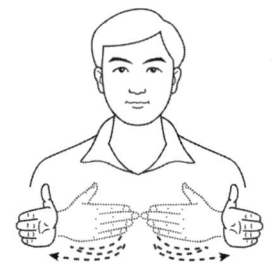
巴拿马 Bānámǎ
　　双手横立，掌心向内，中指尖相抵，然后向外打开，重复一次。
　　（此为国外聋人手语）

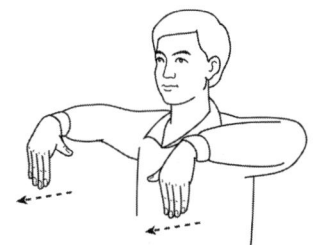
巴士 bāshì
　　双手垂立，掌心向内，从后向前移动，表示巴士汽车的反光镜。

巴西 Bāxī
　　右手打手指字母"B"的指式，掌心向左，置于头右侧，然后向下做曲线形移动。
　　（此为国外聋人手语）

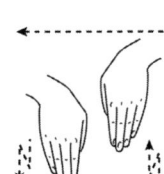
芭蕾舞 bālěiwǔ
　　双手垂立，掌心向内，五指并拢，边交替点动边向一侧移动，模仿芭蕾舞以足尖点地的舞蹈动作。

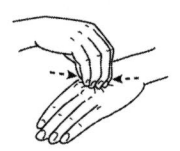

疤　bā
左手横伸；右手五指将左手背一处皮肤捏合，表示皮肤上的疤痕。
（可根据实际表示疤的样子）

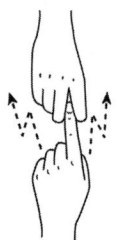

拔　bá
左手食指直立；右手食、中指弯曲，夹住左手食指，然后向上提两下，如拔钉子状。
（可根据实际表示拔的动作）

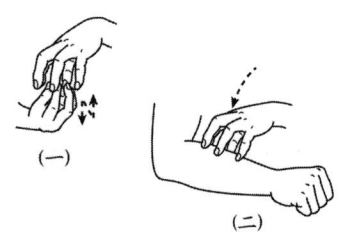

拔罐子　bá guàn·zi
（一）左手五指弯曲，指尖朝下；右手五指撮合，指尖朝上，在左手内上下微动几下，表示在小罐内燃火将其加热。
（二）左手五指弯曲，指尖朝下，扣向右小臂，表示将烧热的小罐扣在皮肤上。
（可根据实际表示拔罐子的不同部位）

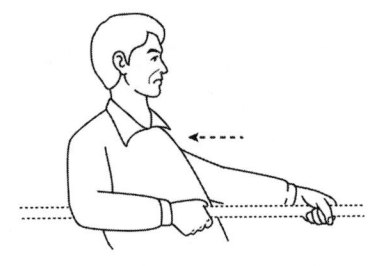

拔河　báhé
双手虚握，一前一后，向自己方向拉动，身体随之后仰，面露用力的表情。

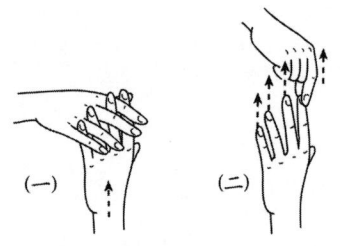

拔苗助长（揠苗助长）　bámiáo-zhùzhǎng（yàmiáo-zhùzhǎng）
（一）右手横伸，掌心向下，五指张开；左手直立，掌心向右，五指张开，从下向上插入右手各指指缝间并钻出少许。
（二）左手直立，掌心向右，五指张开；右手拇、食指边依次捏左手食、中、无名、小指边向上拔动。

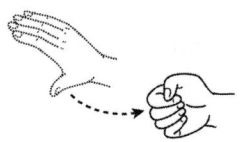

把　bǎ
一手斜伸，掌心向前下方，然后边向内移动边握拳。

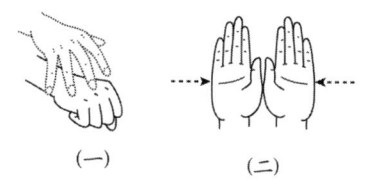

把关　bǎguān

（一）一手五指张开，指尖朝下，然后握拳。
（二）双手直立，掌心向外，从两侧向中间移动并互碰。

把手　bǎ·shou

右手虚握，手背向上，向右转腕，再向内拉动。
（可根据实际表示把手的形状）

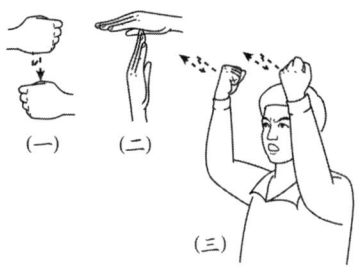

罢工　bàgōng

（一）双手握拳，一上一下，右拳向下砸两下左拳。
（二）左手横伸，掌心向下；右手直立，掌心向左，指尖抵于左手掌心。
（三）双手握拳，边向前上方挥动边张口，如呼口号状，重复一次。

罢官①　bàguān①

双手横立，掌心向内，指尖抵于太阳穴两侧，然后同时向一侧下方移动，表示古代官员被罢官。

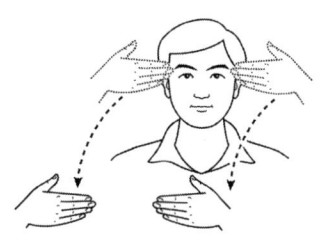

霸道　bàdào

（一）双手五指微曲，指尖朝下一顿，面露蛮横的表情。
（二）一手伸拇指，指尖置于鼻尖下，然后将鼻子向上顶起，面露蛮横的表情。

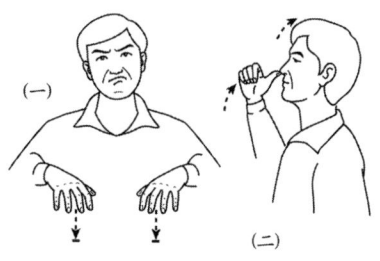

霸权　bàquán

（一）双手五指微曲，指尖朝下一顿，面露蛮横的表情。
（二）右手侧立，五指微曲张开，边向左做弧形移动边握拳，面露蛮横的表情。

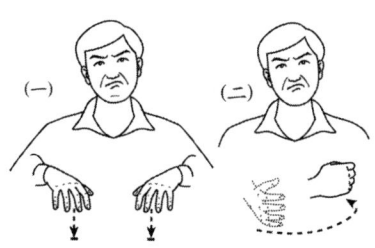

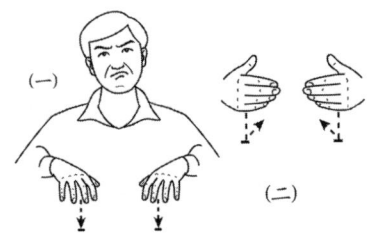

霸占　bàzhàn

（一）双手五指微曲，指尖朝下一顿，面露蛮横的表情。

（二）双手横立，掌心向内，五指微曲，先向下一顿，再向内一搂。

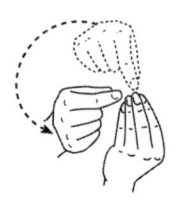

掰（拆❶）　bāi（chāi❶）

左手五指撮合，指尖朝上；右手拇、食指相捏，在左手指尖处做掰物状。

（可根据实际表示掰的动作）

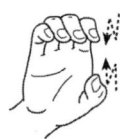

白　bái

一手五指弯曲，掌心向外，指尖弯动两下，表示上下牙齿。

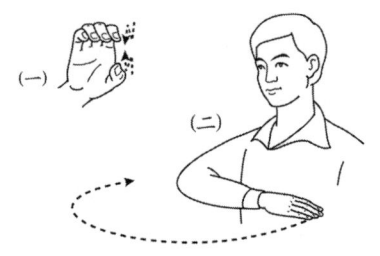

白皑皑（白茫茫）　bái'ái'ái（báimángmáng）

（一）一手五指弯曲，掌心向外，指尖弯动两下。

（二）一手横伸，掌心向下，五指并拢，齐胸部从一侧向另一侧做大范围的弧形移动。

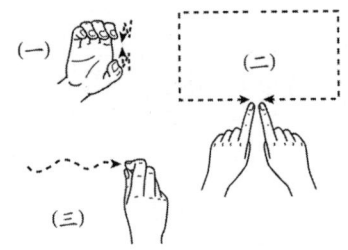

白板笔　báibǎnbǐ

（一）一手五指弯曲，掌心向外，指尖弯动两下。

（二）双手伸食指，指尖朝前，在面前划一个"□"形。

（三）一手拇、食指相捏，指尖朝前，如执白板笔在白板上写字状。

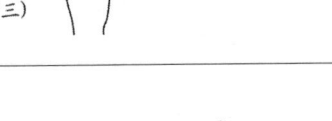

白菜　báicài

（一）一手五指弯曲，掌心向外，指尖弯动两下。

（二）一手五指撮合，指尖朝上，边向上微移边张开。

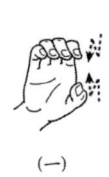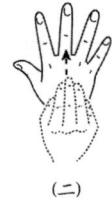

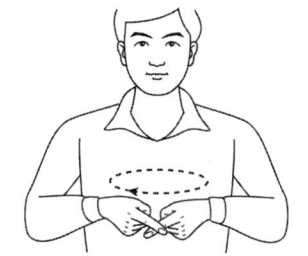

白俄罗斯 Bái'éluósī

　　双手食指交叉相搭，虎口朝上，顺时针平行转动一圈。（此为国外聋人手语）

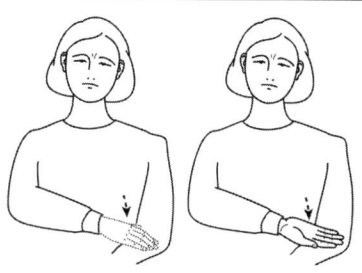

白费 báifèi

　　右手横伸，先掌心拍一下左臂内侧，再手背拍一下左臂内侧。

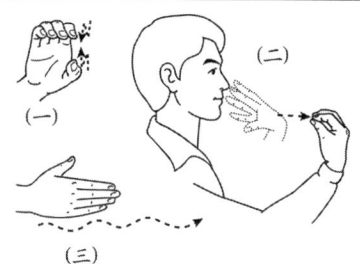

白鱀豚 báijìtún

　　（一）一手五指弯曲，掌心向外，指尖弯动两下。
　　（二）一手五指微曲，指尖对着嘴部，边向外移动边撮合，表示白暨豚狭长的吻部。
　　（三）一手横立，手背向外，向一侧做曲线形移动（或一手侧立，向前做曲线形移动）。

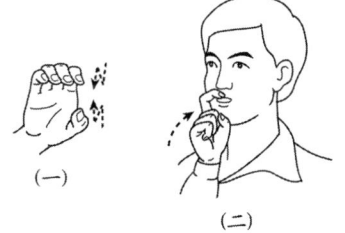

白酒 báijiǔ

　　（一）一手五指弯曲，掌心向外，指尖弯动两下。
　　（二）一手打手指字母"J"的指式，移向嘴部，如喝酒状。

白露 báilù

　　（一）一手五指弯曲，掌心向外，指尖弯动两下。
　　（二）左手横伸；右手拇、食指捏成圆形，置于左手掌心上，微晃几下。

白萝卜 báiluó·bo

　　（一）一手五指弯曲，掌心向外，指尖弯动两下。
　　（二）双手五指成半圆形，虎口朝上，上下相叠，左手向上微动，右手边向下移动边收拢。
　　（可根据实际表示白萝卜的形状）

 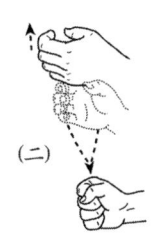

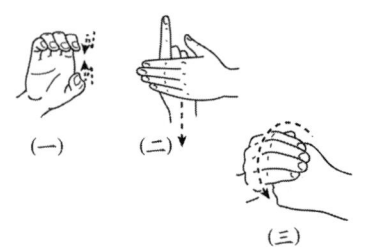

白内障　báinèizhàng
（一）一手五指弯曲，掌心向外，指尖弯动两下。
（二）左手横立；右手食指直立，在左手掌心内从上向下移动。
（三）左手握拳；右手手背微拱，从上向下沿左拳转动半圈。

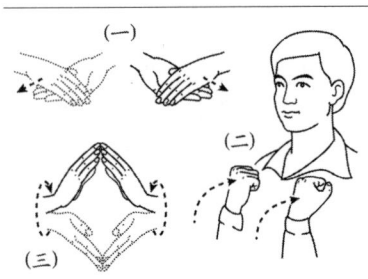

白手起家　báishǒu-qǐjiā
（一）双手掌心相贴，上下交替互蹭两下。
（二）双手握拳屈肘，用力向内弯动一下。
（三）双手先搭成"∨"形，指尖朝前下方，然后转腕，成"∧"形。

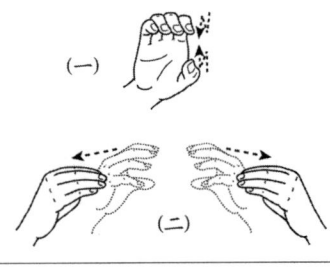

白薯　báishǔ
（一）一手五指弯曲，掌心向外，指尖弯动两下。
（二）双手五指弯曲，指尖左右相对，边从中间向两侧移动边撮合，仿白薯形状。

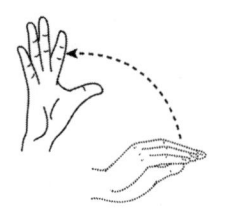

白天　báitiān
右手五指撮合，手背向上，虎口朝内，置于面前，边向右做弧形移动边张开。

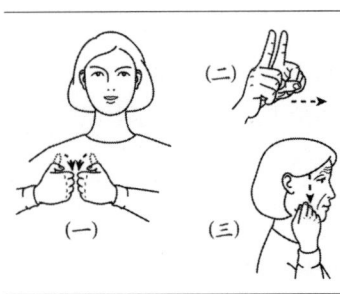

白头偕老　báitóu-xiélǎo
（一）双手伸拇指，指面相对，手背向外，置于身体一侧，弯动一下。
（二）双手食指并排直立，手背向内，同时向前移动。
（三）一手五指弯曲，食、中、无名、小指指背贴于脸颊，从上向下移动，表示脸上的皱纹。

白族　Báizú
（一）一手五指弯曲，掌心向外，指尖弯动两下。
（二）一手五指张开，指尖朝上，然后撮合。

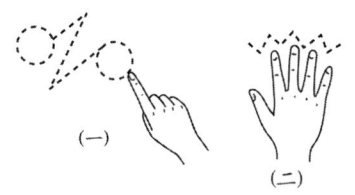

百分数（百分率） bǎifēnshù (bǎifēnlǜ)
（一）一手伸食指，指尖朝前，书空"%"。
（二）一手直立，掌心向内，五指张开，交替点动几下。

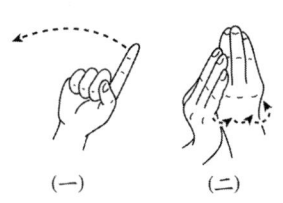

百合 bǎihé
（一）右手伸食指，从左向右挥动一下。
（二）左手五指撮合，指尖朝上；右手手背拱起，指尖朝上，指面在左手指背不同位置贴几下，表示百合有很多层。

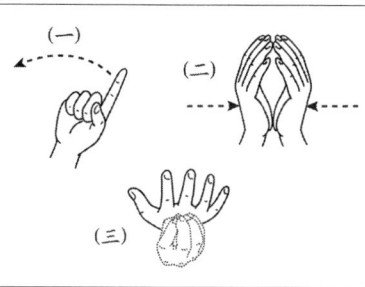

百合花 bǎihéhuā
（一）右手伸食指，从左向右挥动一下。
（二）双手直立，掌心左右相对，五指微曲，从两侧向中间移动。
（三）一手五指撮合，指尖朝上，然后张开。

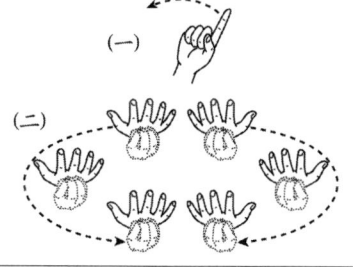

百花齐放 bǎihuā-qífàng
（一）右手伸食指，从左向右挥动一下。
（二）双手五指撮合，指尖朝上，边任意移动边连续开合，表示朵朵鲜花开放。

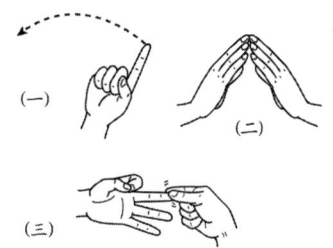

百家姓 bǎijiāxìng
（一）右手伸食指，从左向右挥动一下。
（二）双手搭成"∧"形。
（三）左手中、无名、小指横伸分开，掌心向内；右手拇、食指捏住左手中指尖，前后微晃。

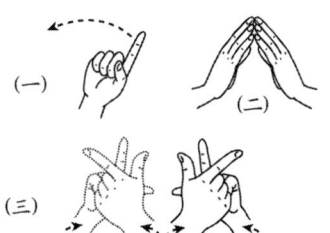

百家争鸣 bǎijiā-zhēngmíng
（一）右手伸食指，从左向右挥动一下。
（二）双手搭成"∧"形。
（三）双手伸拇、食指，食指尖朝上，中、无名、小指的中节指相贴，手腕前后交替转动两下，表示辩论。

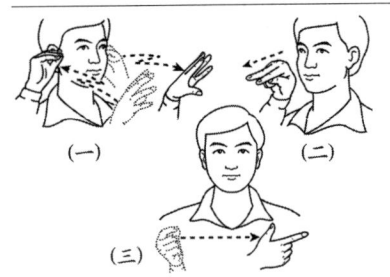

百闻不如一见 bǎi wén bù rú yī jiàn

（一）头偏向左侧；双手五指张开，指尖朝外，边交替移向耳部边撮合。

（二）头偏向右侧；右手食、中指分开，指尖朝前，手背向上，从眼部向前一指。

（三）右手拇、食指相捏，边从右向左移动边张开，头随之从右向左转动，表示右边胜过左边。

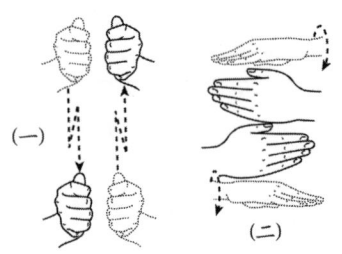

百叶窗 bǎiyèchuāng

（一）双手拇指压在食指上，虎口朝上，上下交替拉动，如拉百叶窗的滑链状。

（二）双手横伸，掌心向下，五指并拢，一上一下，然后翻转为双手横立，掌心向内。

（可根据实际表示关启百叶窗的动作）

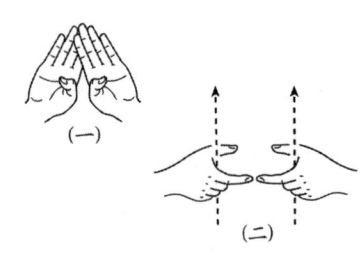

柏树 bǎishù

（一）双手打手指字母"B"的指式，掌心向外，手指斜向相贴，仿柏树形状。

（二）双手拇、食指成大圆形，虎口朝上，同时向上移动。

摆❶ bǎi❶

一手垂立，手背向外，五指并拢，左右摆动几下，表示物体摆动。

（可根据实际表示摆动的动作）

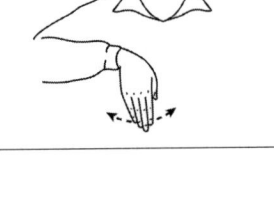

摆❷ bǎi❷

双手平伸，掌心向上，左手不动，右手向右一顿一顿移动几下，表示摆放东西。

（可根据实际表示摆放的动作）

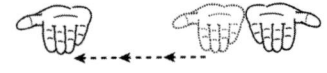

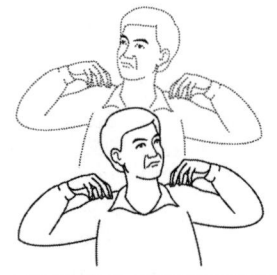

摆架子 bǎi jià·zi

双手五指弯曲，指尖朝下，置于肩头，肩膀交替扭动两下，头随之分别向两侧歪斜，面露傲慢的表情。

摆脱（解脱） bǎituō (jiětuō)
左手五指成半圆形，虎口朝上；右手伸拇、小指，从左手虎口内迅速向外移出。

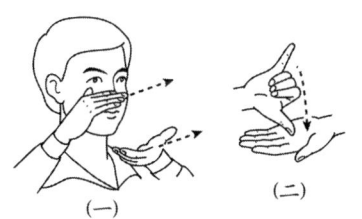
败诉 bàisù
（一）双手横伸，掌心上下相对，从嘴前向前上方移出。
（二）左手横伸；右手伸拇、小指，拇指尖朝下，落至左手掌心。

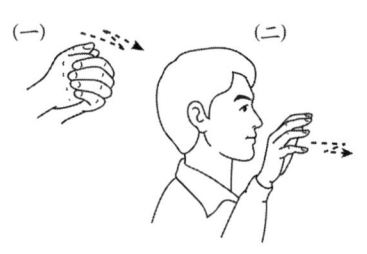
拜访 bàifǎng
（一）双手作揖，向前晃动两下。
（二）一手五指微曲，掌心向外，从嘴前向外微移两下。

拜师 bàishī
左手伸拇指，手背向外；右手食、中指弯曲，手背向左上方，在左手旁向下按动两下，表示徒弟跪拜求师。

扳 bān
右手虚握，虎口朝左，然后用力向下转腕，虎口朝上，如用扳手紧固螺母状。
（可根据实际表示扳的动作）

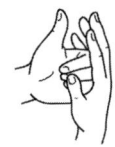
班① bān①
左手伸拇指，手背向外；右手直立，掌心向左，五指微曲，贴于左手，表示学生围着老师，引申为班。

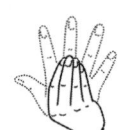
班② (组、族)　bān② (zǔ、zú)
　　一手五指张开，指尖朝上，然后撮合。

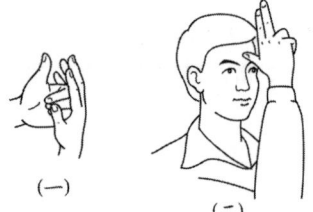
班长　bānzhǎng
　　（一）左手伸拇指，手背向外；右手直立，掌心向左，五指微曲，贴于左手。
　　（二）一手伸拇、食、中指，拇指尖抵于前额，食、中指直立并拢。

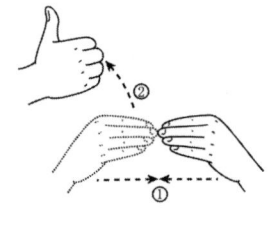
般配　bānpèi
　　双手五指撮合，手背向外，从两侧向中间互碰一下后右手伸出拇指。

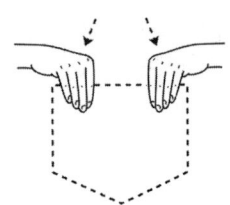
颁发（颁奖①）　bānfā (bānjiǎng①)
　　双手五指撮合，指尖朝下，同时向前移动一下，表示颁发奖状、证书等物品的意思。
　　（可根据实际表示颁发的动作）

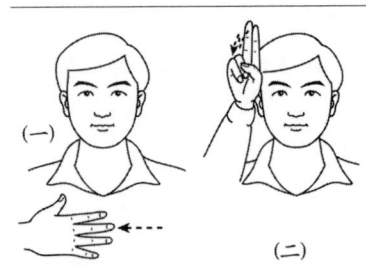
斑马　bānmǎ
　　（一）右手五指张开，掌心贴于左胸部，然后向右划过，表示斑马身上的条纹。
　　（二）一手食、中指直立并拢，虎口贴于太阳穴，向前微动两下。

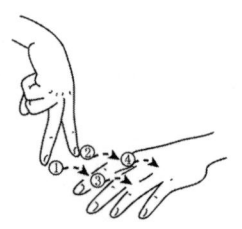
斑马线（人行横道）　bānmǎxiàn (rénxíng-héngdào)
　　左手横伸，五指张开；右手食、中指分开，指尖朝下，交替向前移动，移过左手食、中、无名、小指指背。

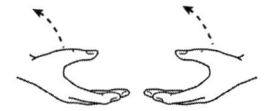

搬（搬运、传送） bān (bānyùn、chuánsòng)
　　双手五指成"⊏⊐"形，虎口朝外，向斜上方移动一下，如搬物状。
　　（可根据实际表示搬的动作）

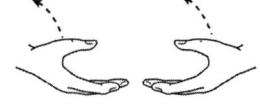

搬家 bānjiā
　　双手搭成"∧"形，从一侧向另一侧移动一下。

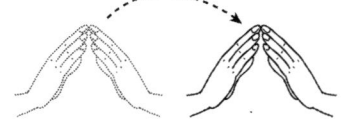

板报 bǎnbào
　　（一）双手伸食指，指尖朝前，在面前划一个"□"形，表示黑板。
　　（二）双手侧立，掌心相贴，然后向两侧打开，动作幅度大些。

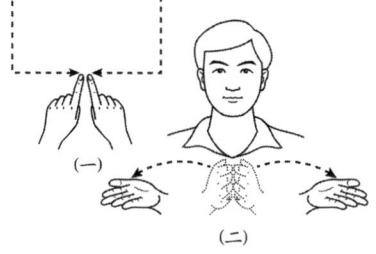

板块❶ bǎnkuài ❶
　　双手平伸，掌心向下，拇指弯回，互碰两下，表示地球板块。

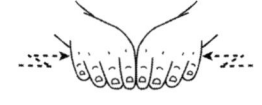

板块❷ bǎnkuài ❷
　　左手横立，掌心向内；右手五指弯曲，指尖朝前，在左手旁随意移动几下，表示页面上的板块。

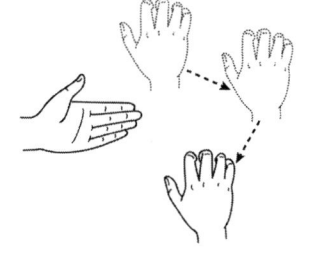

板书 bǎnshū
　　（一）双手伸食指，指尖朝前，在面前划一个"□"形。
　　（二）一手拇、食指相捏，指尖朝前，如持粉笔在黑板上写字状。

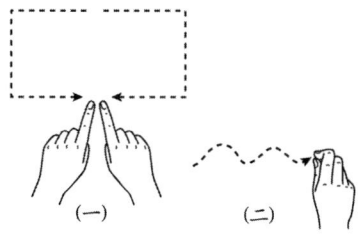

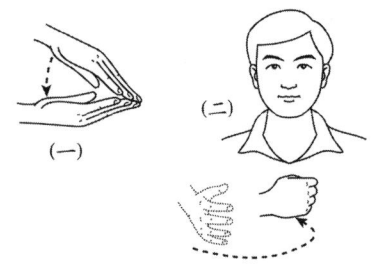

版权　bǎnquán

（一）左手平伸，掌心向上，在下；右手斜伸，手背向前上方，指尖抵于左手指尖，然后向下一按。

（二）右手侧立，五指微曲张开，边向左做弧形移动边握拳。

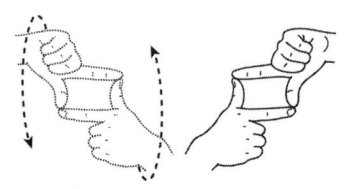

办法（窍门、措施）　bànfǎ (qiàomén、cuòshī)

双手伸拇、食指，先一正一反，再一反一正，交替搭成方形。

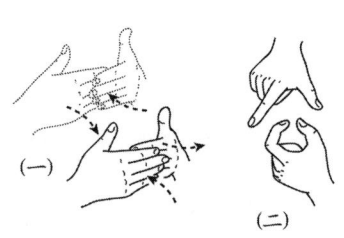

办公　bàngōng

（一）双手横立，掌心向内，互拍手背。

（二）双手拇、食指搭成"公"字形，虎口朝外。

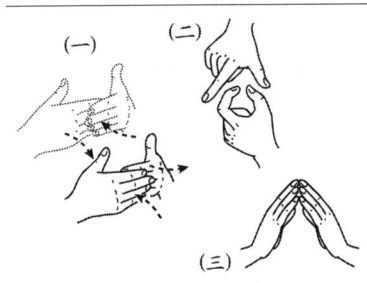

办公室　bàngōngshì

（一）双手横立，掌心向内，互拍手背。

（二）双手拇、食指搭成"公"字形，虎口朝外。

（三）双手搭成"∧"形。

半（一半）　bàn (yībàn)

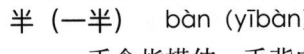

一手食指横伸，手背向外，拇指在食指中部划一下。

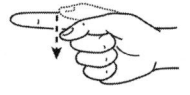

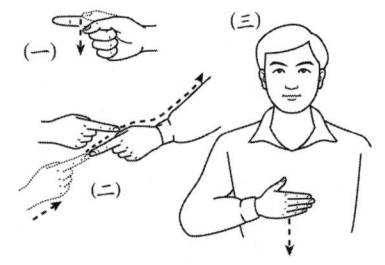

半导体　bàndǎotǐ

（一）一手食指横伸，手背向外，拇指在食指中部划一下。

（二）双手伸食指，指尖左右相对，左手不动，右手食指移动并触到左手食指，然后向左手臂方向移动。

（三）一手掌心贴于胸部，向下移动一下。

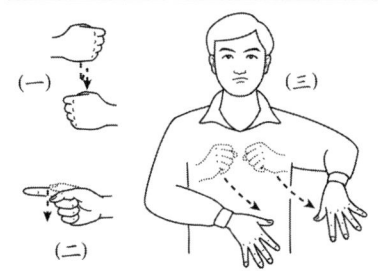

半途而废 bàntú'érfèi
（一）双手握拳，一上一下，右拳向下砸两下左拳。
（二）一手食指横伸，手背向外，拇指在食指中部划一下。
（三）双手虚握，虎口朝上，边向斜下方移动边张开五指。

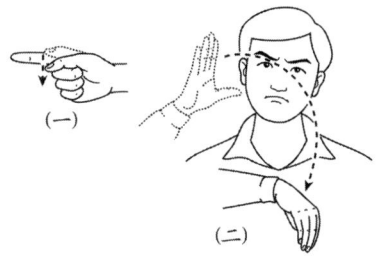

半夜（半夜三更） bànyè (bànyè-sāngēng)
（一）一手食指横伸，手背向外，拇指在食指中部划一下。
（二）右手直立，掌心向左，拇指张开，置于面前，然后向下转腕并五指撮合，指尖朝下。

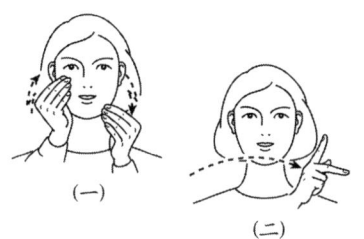

扮酷 bànkù
（一）双手五指撮合，在脸颊两侧交替做擦粉的动作。
（二）右手打手指字母"K"的指式，中指尖朝左，从右向左（或从左向右）用力划过面部，面露羡慕的表情。

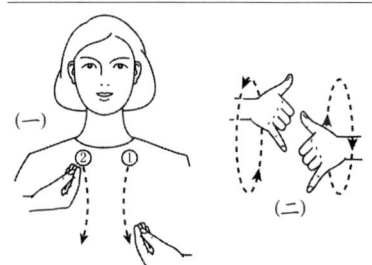

扮演 bànyǎn
（一）双手五指撮合，指尖朝上，在胸前交替向下移动一下，表示换了装束。
（二）双手伸拇、小指，手背向外，前后交替转动两下。

伴郎 bànláng
（一）双手伸拇指，指面相对，手背向外，弯动一下。
（二）双手食指直立，前后错开少许距离，手背向内，同时向前移动。
（三）一手直立，掌心贴于头一侧，前后移动两下。

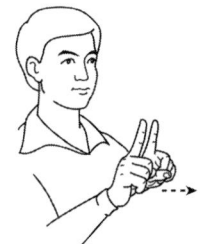

伴侣 bànlǚ
双手食指并排直立，手背向内，同时向前移动。

伴娘　bànniáng

（一）双手伸拇指，指面相对，手背向外，弯动一下。
（二）双手食指直立，前后错开少许距离，手背向内，同时向前移动。
（三）一手拇、食指捏一下耳垂。

拌　bàn

左手五指成半圆形，虎口朝上；右手伸食指，指尖朝下，在左手半圆形中搅拌几下。
（可根据实际表示拌的动作）

绊　bàn

左手食指横伸；右手食、中指分开，指尖朝下，置于左手食指内侧，然后向前歪动一下。
（可根据实际表示绊的动作）

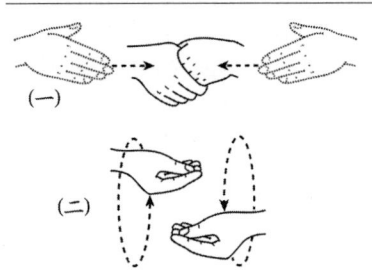

邦交　bāngjiāo

（一）双手横立，掌心向内，从两侧向中间移动并互握。
（二）双手五指撮合，掌心向上，前后交替转动。

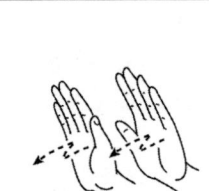

帮助　bāngzhù

双手斜伸，掌心向外，按动两下，表示给人帮助。
（可根据实际决定手的朝向）

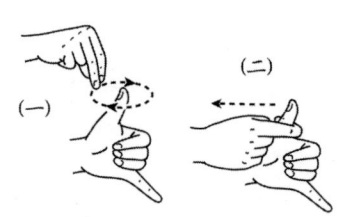

绑架　bǎngjià

（一）左手伸拇、小指；右手拇、食、中指相捏，在左手拇指上转动两圈。
（二）左手伸拇、小指；右手食指钩住左手拇指，再向后一拉。

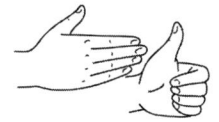

榜样（表率） bǎngyàng (biǎoshuài)

左手伸拇指；右手侧立，指向左手拇指。

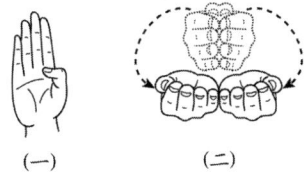

蚌 bàng

（一）一手打手指字母"B"的指式。
（二）双手侧立，掌心相合，手背拱起，然后打开。

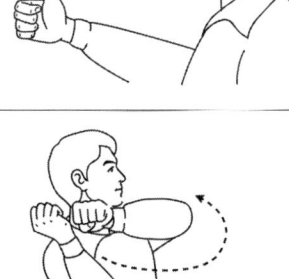

棒（了不起、正确） bàng (liǎo·buqǐ、zhèngquè)

一手伸拇指，用力向前下方一顿，口同时张开，面露赞赏的表情。

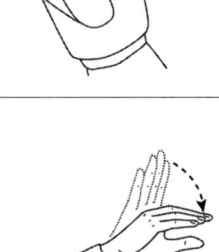

棒球（垒球） bàngqiú (lěiqiú)

双手虚握，置于右肩上，然后横着向前一挥，如挥棒击球状。

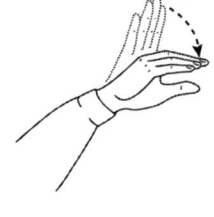

傍晚（黄昏） bàngwǎn (huánghūn)

右手直立，掌心向左，拇指张开，置于面前，其他四指向下弯动成"⊐"形，表示天色由明转暗。

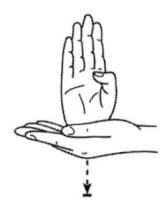

磅 bàng

左手横伸；右手打手指字母"B"的指式，置于左手掌心上，双手同时向下一顿。

包❶ bāo❶

左手握拳，虎口朝上；右手手背拱起，从上向下绕左拳转动半圈。

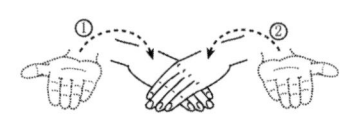

包❷（包装、折、叠❶） bāo❷ (bāozhuāng、zhé、dié❶)

双手平伸，掌心向上，然后交替翻动，手背相叠，如包物品状。

（可根据实际表示包的动作）

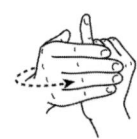

包庇 bāobì

左手伸小指，指尖朝上；右手五指弯曲，从右向左绕左手小指转动半圈，表示护住不好的。

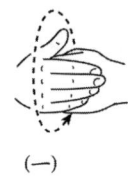 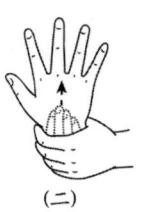

（一） （二）

包产 bāochǎn

（一）左手握拳，虎口朝上；右手手背拱起，从上向下绕左拳转动半圈。

（二）左手五指成半圆形，虎口朝上；右手五指撮合，指尖朝上，手背向外，边从左手虎口内伸出边张开。

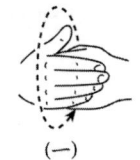 

（一） （二）

包房（包间） bāofáng (bāojiān)

（一）左手握拳，虎口朝上；右手手背拱起，从上向下绕左拳转动半圈。

（二）双手搭成"∧"形。

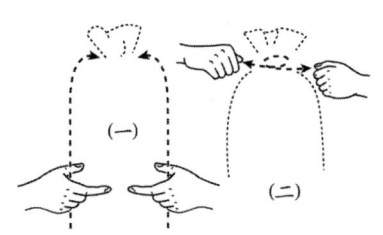

包袱① bāo·fu①

（一）双手拇、食指成大圆形，虎口朝上，从下向上移动，如口袋状。

（二）双手虚握，做扎口袋的动作。

（此手势表示包起来的包袱）

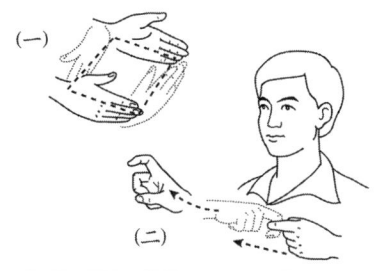

包裹❶ bāoguǒ ❶
（一）双手先横立再侧立，表示包裹箱。
（二）双手食指相勾，边从左下方向右上方移动边松开。
（此手势既表示包裹的名词意思，又表示托运或邮寄包裹物品的意思）

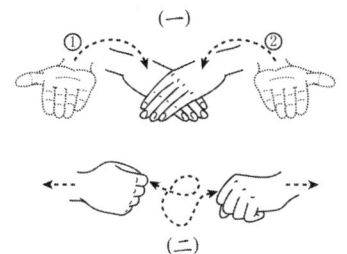

包裹❷ bāoguǒ ❷
（一）双手平伸，掌心向上，然后交替翻动，手背相叠，如包物品状。
（二）双手握拳，做捆扎绳子的动作，表示包裹物品的意思。
（可根据实际表示封装包裹的动作）

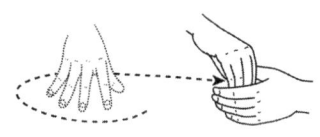

包含（包括①） bāohán (bāokuò ①)
左手五指成半圆形，虎口朝上；右手五指张开，指尖朝下，边在左手右侧转动半圈边撮合，并移向左手虎口内。

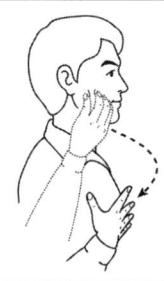

包涵① bāo·hán ①
一手五指捏一下脸颊，然后朝胸部一甩，五指张开，表示请别人给自己脸面。

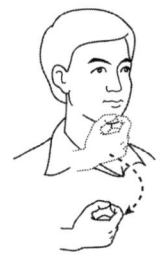

包涵②（原谅） bāo·hán ②(yuánliàng)
一手拇、食指捏成圆形，虎口朝上，从颔部向胸部移动，表示请别人原谅自己。
（可根据实际决定手的移动方向）

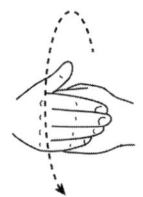

包揽 bāolǎn
左手握拳，虎口朝上；右手手背拱起，从上向下绕左拳转动半圈，动作幅度比"包"的手势大。

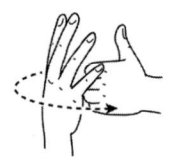

包围（围绕） bāowéi (wéirào)

左手伸拇指，手背向外；右手直立，五指微曲张开，绕左手逆时针转动半圈。

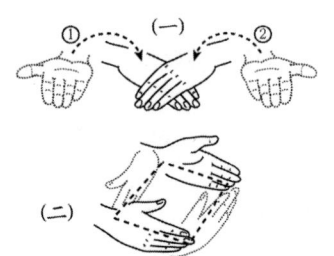

包装箱 bāozhuāngxiāng

（一）双手平伸，掌心向上，然后交替翻动，手背相叠，如包物品状。
（二）双手先横立再侧立，表示包装箱。

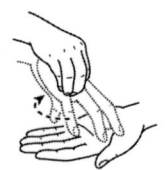

包子 bāo·zi

左手横伸；右手五指微曲，指尖朝下，在左手掌心上边向上微转边捏合，模仿做包子的动作。
（可根据实际表示做包子的动作）

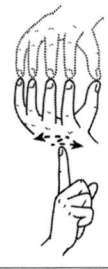
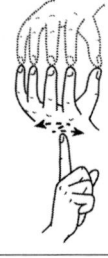

煲 bāo

双手五指微曲，指尖上下相抵，左手在下，右手在上，然后右手食指直立，在左手下轻轻晃动。

褒贬（好不好） bāobiǎn (hǎo·buhǎo)

一手伸拇、小指，手背向下，交替弯动两下。

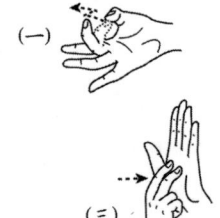

褒义词 bāoyìcí

（一）一手平伸，手背向下，拇、中指先相捏，然后弹动两下。
（二）一手伸拇指。
（三）左手直立，掌心向外；右手食、中指弯曲，指尖朝内，点一下左手掌心。

薄 báo
右手五指成"冖"形,指间留有很小的空隙,表示薄。
(可根据实际表示薄的状态)

饱① bǎo①
一手横立,掌心向内,先贴于胃部,然后向外微移。

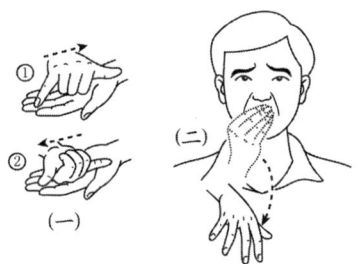

饱经沧桑(饱经风霜)
bǎojīng-cāngsāng(bǎojīng-fēngshuāng)
(一)左手横伸;右手伸拇、小指,先手背向上,再手背向下,在左手掌心上左右来回擦动几下。
(二)一手五指撮合,置于嘴部,然后边向下移动边张开,面露痛苦的表情。

宝贝 bǎo·bèi
左手伸拇指,手背向外;右手轻摸两下左手背,面露喜爱的表情。

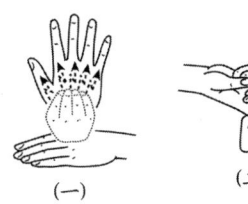

宝石 bǎoshí
(一)左手横伸;右手五指撮合,指尖朝上,置于左手背上,然后开合两下,表示宝石闪烁的光。
(二)左手握拳;右手食、中指弯曲,以指背关节在左手背上敲两下。
(可根据实际决定手的位置)

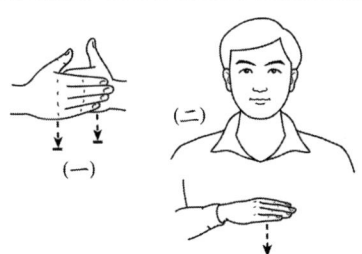

保安 bǎo'ān
(一)左手伸拇指;右手横立,掌心向内,五指微曲,置于左手前,然后双手同时向下一顿。
(二)一手横伸,掌心向下,自胸部向下一按。

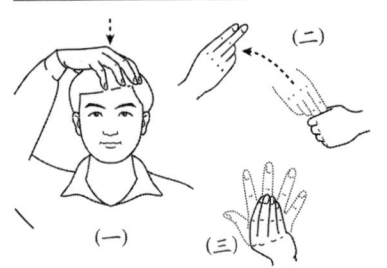

保安族　Bǎo'ānzú
（一）一手五指弯曲，指尖朝下，扣于头顶。
（二）左手虚握，虎口朝斜上方，置于腰部；右手食、中指并拢，手背向外，从左手虎口内向外拔出，表示保安族男子的佩剑。
（三）一手五指张开，指尖朝上，然后撮合。

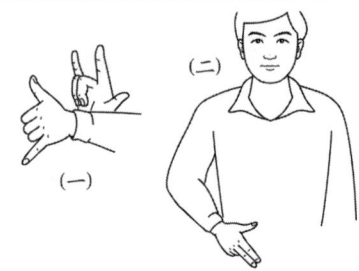

保镖　bǎobiāo
（一）左手伸拇、小指；右手拇、食、小指直立，掌心向外，置于左手旁。
（二）一手伸拇、食、中指，食、中指并拢，指尖朝下，如手枪状，贴于右腰部。

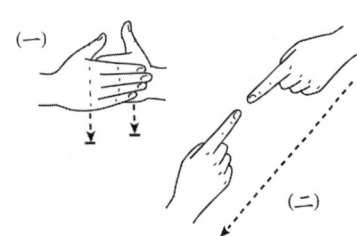

保持（维持）　bǎochí（wéichí）
（一）左手伸拇指；右手横立，掌心向内，五指微曲，置于左手前，然后双手同时向下一顿。
（二）双手伸食指，指尖斜向相对，同时向斜下方移动。

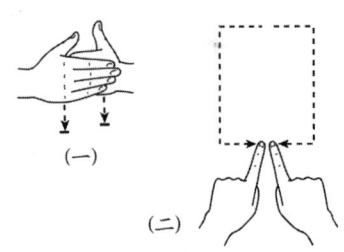

保单①　bǎodān①
（一）左手伸拇指；右手横立，掌心向内，五指微曲，置于左手前，然后双手同时向下一顿。
（二）双手伸食指，指尖朝前，在面前划一个"□"形。

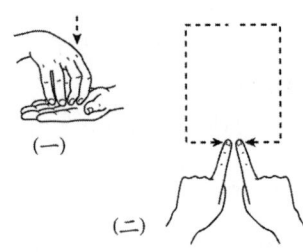

保单②　bǎodān②
（一）左手横伸；右手五指弯曲，指尖朝下，按向左手掌心，表示盖印章。
（二）双手伸食指，指尖朝前，在面前划一个"□"形。

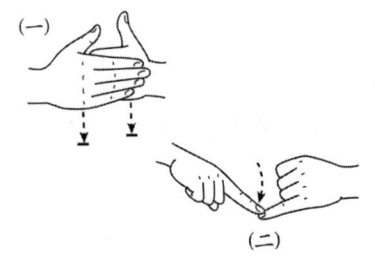

保底　bǎodǐ
（一）左手伸拇指；右手横立，掌心向内，五指微曲，置于左手前，然后双手同时向下一顿。
（二）左手伸小指；右手伸食指，敲一下左手小指。

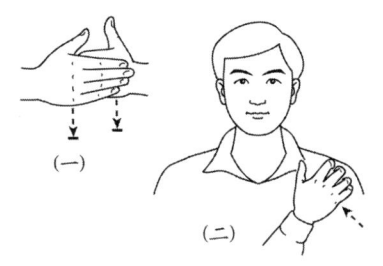

保管 bǎoguǎn

（一）左手伸拇指；右手横立，掌心向内，五指微曲，置于左手前，然后双手同时向下一顿。

（二）右手五指微曲，指尖朝内，按向左肩。

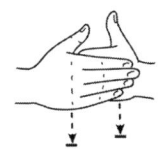

保护①（保障①、维护①）

bǎohù ①（bǎozhàng ①、wéihù ①）

左手伸拇指；右手横立，掌心向内，五指微曲，置于左手前，然后双手同时向下一顿。

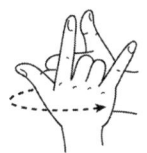

保护②（保障②、维护②）

bǎohù ②（bǎozhàng ②、wéihù ②）

左手伸拇指；右手拇、食、小指直立，绕左手转动半圈。

保加利亚 Bǎojiālìyà

一手五指成半圆形，虎口朝内，置于鼻部，然后向下移动并握拳，虎口朝上。

（此为国外聋人手语）

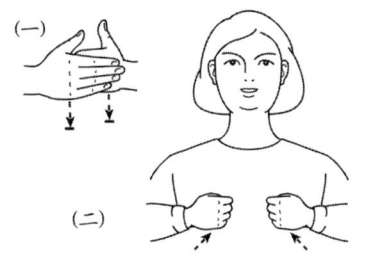

保健 bǎojiàn

（一）左手伸拇指；右手横立，掌心向内，五指微曲，置于左手前，然后双手同时向下一顿。

（二）双手握拳，捶一下胸部，挺胸抬头。

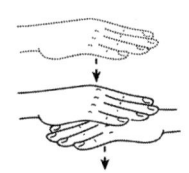

保留（搁置） bǎoliú（gēzhì）

双手横伸，掌心向下，右手边拍一下左手背边向下一按。

保姆（仆人） bǎomǔ (púrén)
左臂抬起，左手握拳，手背向外；右手伸拇指，指尖在左手肘部向下划两下。

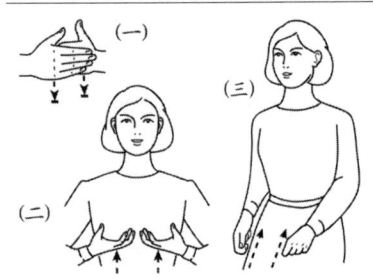

保暖裤 bǎonuǎnkù
（一）左手伸拇指；右手横立，掌心向内，五指微曲，置于左手前，然后双手同时向下一顿。
（二）双手横伸，掌心向上，五指微曲，从腹部慢慢上移。
（三）双手拇、食指相捏，在腿部向上提，如穿裤子状。

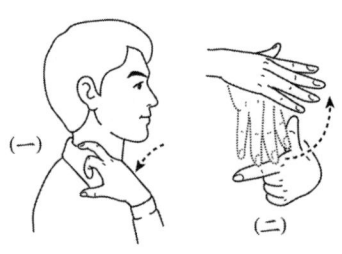

保释 bǎoshì
（一）一手拇、中指成"⊐"形，食指弯曲，指尖朝内，移至同侧肩上，表示担保。
（二）左手伸拇、食指，食指尖朝右，手背向外；右手五指张开，指尖朝下，手背向外，置于左手食指上，然后向前抬起，指尖朝前。

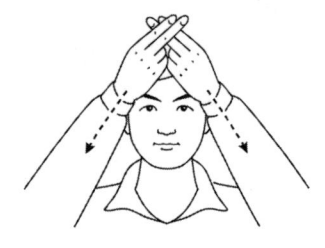

保守（封建、封闭） bǎoshǒu (fēngjiàn、fēngbì)
双手食、中指并拢，手背向外，搭成"×"形，置于前额，然后同时向两侧斜下方移动，表示思想封闭守旧的意思。

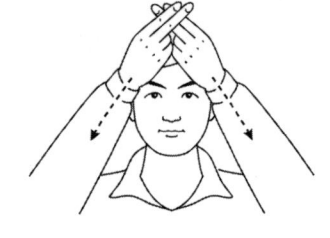

保卫 bǎowèi
双手拇、食、小指直立，掌心向外，从中间向两侧移动。

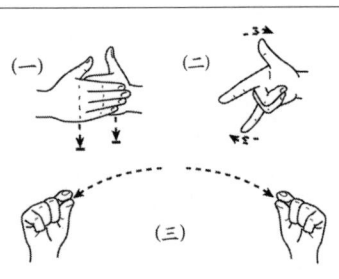

保鲜膜 bǎoxiānmó
（一）左手伸拇指；右手横立，掌心向内，五指微曲，置于左手前，然后双手同时向下一顿。
（二）一手伸拇、食、小指，指尖朝斜前方，左右晃动几下。
（三）双手拇、食指微张，指尖朝外，从中间向两侧做弧形移动。

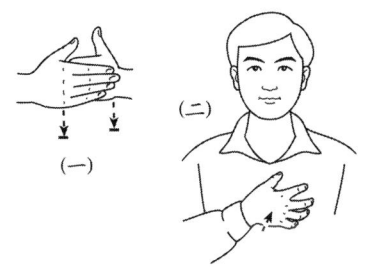

保险 bǎoxiǎn

（一）左手伸拇指；右手横立，掌心向内，五指微曲，置于左手前，然后双手同时向下一顿。

（二）一手五指微曲，掌心向内，按一下胸部。

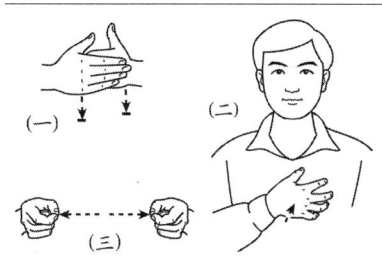

保险丝 bǎoxiǎnsī

（一）左手伸拇指；右手横立，掌心向内，五指微曲，置于左手前，然后双手同时向下一顿。

（二）一手五指微曲，掌心向内，按一下胸部。

（三）双手拇、食指相捏，虎口朝上，从中间向两侧拉开。

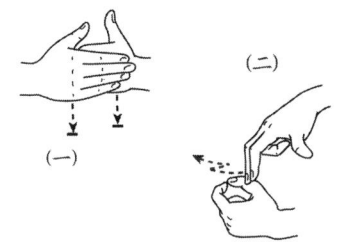

保养 bǎoyǎng

（一）左手伸拇指；右手横立，掌心向内，五指微曲，置于左手前，然后双手同时向下一顿。

（二）左手拇、食指捏成圆形，虎口朝上；右手伸拇、食、中指，食、中指并拢弯曲，指尖朝下，在左手虎口处向外拨动两下。

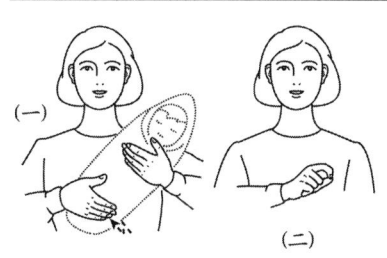

保育员 bǎoyùyuán

（一）双手五指微曲，手背向外，一上一下，置于胸前，下边的手拍动两下，如拍怀抱里的婴儿状。

（二）右手拇、食指捏成圆形，虎口朝内，贴于左胸部。

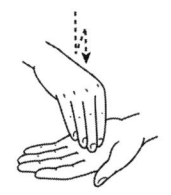

保证 bǎozhèng

左手横伸；右手五指撮合，指尖朝下，在左手掌心上按两下。

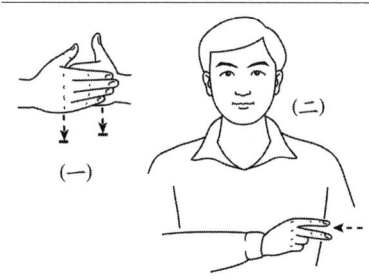

保值 bǎozhí

（一）左手伸拇指；右手横立，掌心向内，五指微曲，置于左手前，然后双手同时向下一顿。

（二）右手食、中指分开，手背向外，在左臂上向右横划一下。

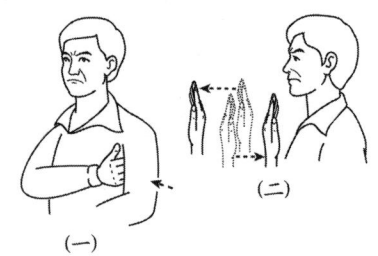

报仇（报复）　bàochóu (bào·fù)

（一）右手置于左腋下，左腋夹一下右手，面露仇恨的表情。

（二）双手直立，掌心朝向一前一后，然后前后交错移动一下。

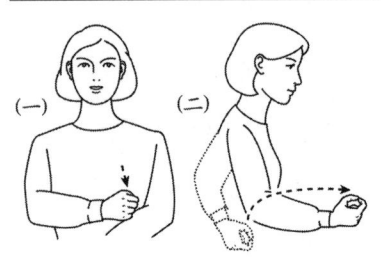

报酬（佣金、劳务费）　bào·chou (yòngjīn、láowùfèi)

（一）右手握拳，手背向外，捶一下左肘窝处。

（二）一手拇、食指捏成圆形，虎口朝前上方，从腰部向前移出，表示掏钱。

（可根据实际表示报酬的形式）

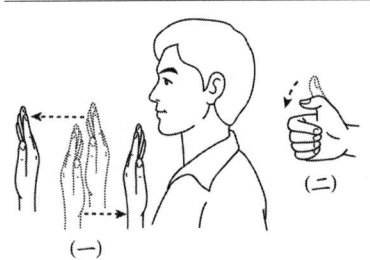

报答　bàodá

（一）双手直立，掌心朝向一前一后，然后前后交错移动一下。

（二）一手伸拇指，弯动一下。

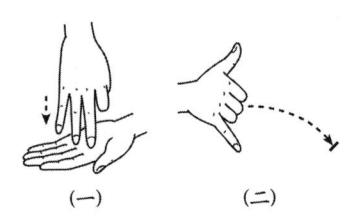

报到（签到）　bàodào (qiāndào)

（一）左手横伸；右手伸中、无名、小指，指尖朝下，在左手掌心上点一下。

（二）一手伸拇、小指，向前做弧形移动，然后向下一顿。

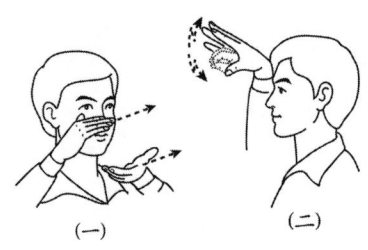

报警（报案）　bàojǐng (bào'àn)

（一）双手横伸，掌心上下相对，从嘴前向前上方移出。

（二）一手手腕贴于前额，五指撮合，然后开合两下，表示警察的帽徽。

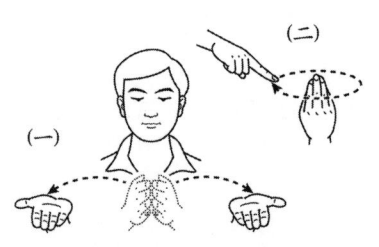

报社　bàoshè

（一）双手侧立，掌心相贴，然后向两侧打开，动作幅度大些，如打开报纸状。

（二）左手五指撮合，指尖朝上；右手伸食指，指尖朝下，绕左手转动一圈。

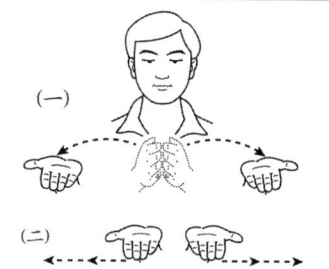

报摊 bàotān

（一）双手侧立，掌心相贴，然后向两侧打开，动作幅度大些，如打开报纸状。

（二）双手平伸，掌心向上，从中间向两侧一顿一顿移动几下。

（此手势表示报摊上摆放的各种报纸期刊）

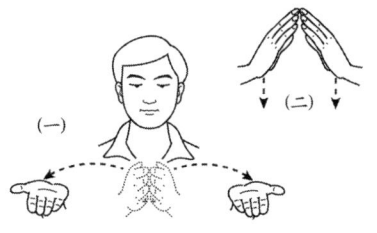

报亭 bàotíng

（一）双手侧立，掌心相贴，然后向两侧打开，动作幅度大些，如打开报纸状。

（二）双手搭成"∧"形，向下微动。

（可根据实际表示亭子的形状）

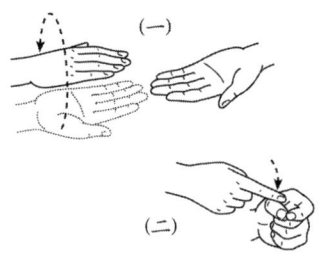

报销 bàoxiāo

（一）双手横伸，掌心向上，指尖相对，左手不动，右手向内翻转，如撕发票状。

（二）左手拇、食指捏成圆形，虎口朝上；右手伸食指，敲一下左手拇指。

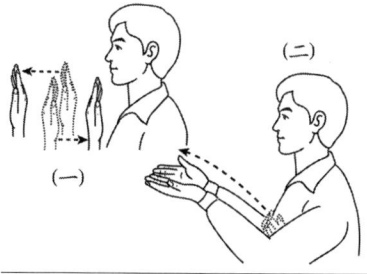

报效 bàoxiào

（一）双手直立，掌心朝向一前一后，然后前后交错移动一下。

（二）双手横立，掌心向内，贴于身上，向前上方移动，手平伸，掌心向上，表示将全部身心都奉献出来。

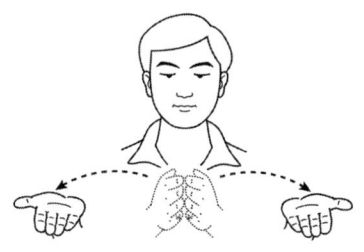

报纸 bàozhǐ

双手侧立，掌心相贴，然后向两侧打开，动作幅度大些，如打开报纸状。

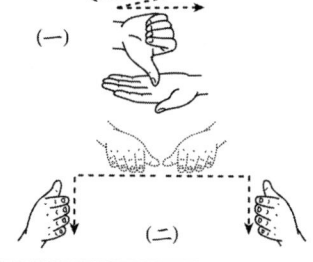

刨床 bàochuáng

（一）左手横伸；右手伸拇指，指尖朝下，在左手掌心上左右移动，如刨床走刀状。

（二）双手平伸，掌心向下，先从中间向两侧平移，再折而下移成"⊓"形。

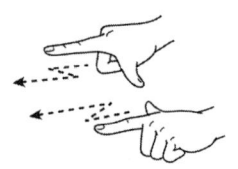
刨子　bào·zi
　　双手伸拇、食指，掌心向下，向前移动两下，动作幅度要大，如持刨子刨木料状。

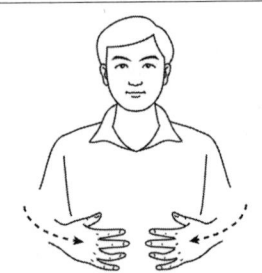
抱（搂、包容）　bào（lǒu、bāoróng）
　　双手侧立，五指微曲，从两侧向中间一搂。
（可根据实际表示搂抱的动作）

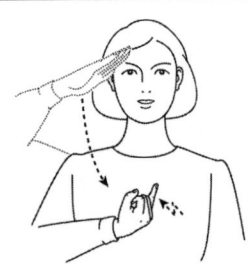
抱歉（道歉、赔礼、对不起①）
　　bàoqiàn（dàoqiàn、péilǐ、duì·buqǐ①）
　　一手五指并拢，掌心向下，贴于前额一侧，如军人行军礼状，然后伸小指，向胸部点几下，表示向人道歉并自责。

抱养　bàoyǎng
　　（一）双手五指微曲，手背向外，一上一下，从外向内移动。
　　（二）左手拇、食指捏成圆形，虎口朝上；右手伸拇、食、中指，食、中指并拢弯曲，指尖朝下，在左手虎口处向外拨动两下。

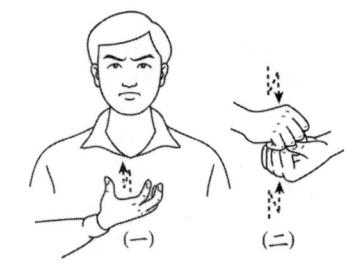
抱怨（埋怨）　bào·yuàn（mányuàn）
　　（一）一手五指弯曲，指尖朝上，在胸部向上动两下，面露不满的表情。
　　（二）双手握拳，拳心上下相对，互碰几下，面露不满的表情。

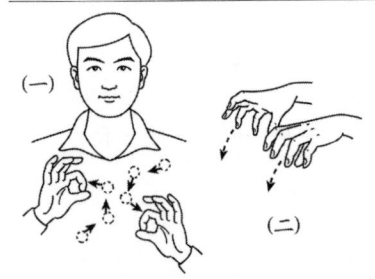
豹（金钱豹）　bào（jīnqiánbào）
　　（一）双手拇、食指捏成圆形，虎口朝内，在胸部贴几下，仿豹身上的金钱斑。
　　（二）双手五指弯曲，指尖朝下，如兽爪，同时向前下方按动一下。

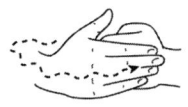

鲍 Bào
　　左手握拳；右手食、中、无名、小指并拢，边摆动边从右向左绕左拳转动半圈，表示姓氏"鲍"。

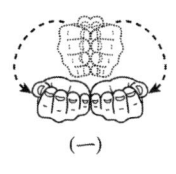

鲍鱼 bàoyú
　　（一）双手侧立，掌心相合，手背拱起，然后打开。
　　（二）左手平伸；右手拇、食指捏成圆形，置于左手掌心上。

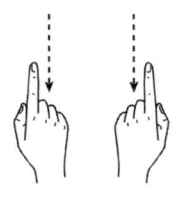

暴跌 bàodiē
　　双手食指直立，拇指尖按于食指根部，手背向外，同时从上向下快速移动。

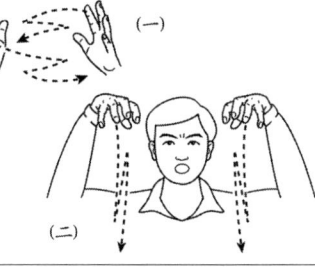

暴风骤雨 bàofēng-zhòuyǔ
　　（一）双手直立，掌心左右相对，五指微曲，左右来回扇动，动作迅猛，幅度要大，同时张口皱眉。
　　（二）双手五指微曲，指尖朝下，在头前快速向下动几下，动作猛而急，表示雨大且迅猛，同时张口皱眉。

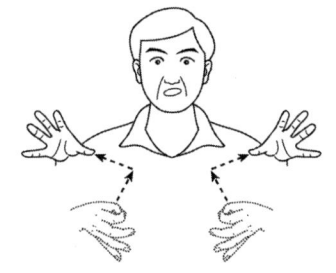

暴富（暴发户） bàofù (bàofāhù)
　　双手拇、食指相捏，其他三指伸出，边猛然碰向胸部边弹开拇、食指，五指张开，再向外移出，面露惊奇的表情，表示突然富起来。

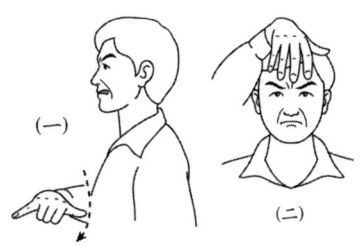

暴君 bàojūn
　　（一）一手伸拇、小指，拇指尖抵于胸部，用力向下一划，面露凶恶的表情。
　　（二）一手手腕贴于前额，五指微曲，指尖朝下，面露凶恶的表情。

暴力　bàolì

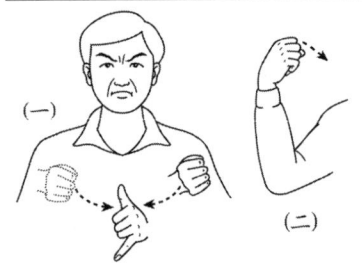

（一）左手伸拇、小指；右手握拳，朝左手左右挥动，如打人状，面露凶恶的表情。
（二）一手握拳屈肘，用力向内弯动一下。

暴利　bàolì

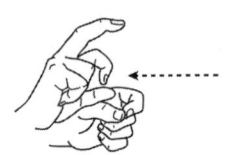

左手拇、食指捏成圆形，虎口朝上；右手拇、中指张开，食指弯曲，指尖朝前，置于左手拇指上，然后双手同时向内移动，表示赚了一大笔钱。

暴露　bàolù

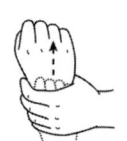

左手五指成半圆形，虎口朝上；右手握拳，手背向外，从左手虎口内伸出。

暴徒（歹徒）　bàotú（dǎitú）

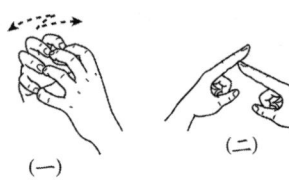

（一）双手五指弯曲，指尖左右相抵，前后晃动几下。
（二）双手食指搭成"人"字形。

暴躁　bàozào

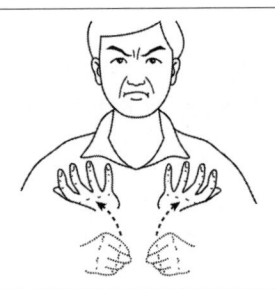

双手虚握，虎口朝上，贴于胸部，然后用力向上移动并张开五指，面露急躁的表情。

爆米花　bàomǐhuā

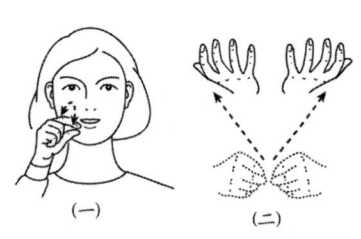

（一）一手拇、食指微张，在嘴角处前后微转几下。
（二）双手虚握，虎口朝上，然后迅速向上弹起并张开五指。

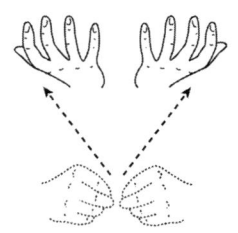

爆炸（爆发） bàozhà (bàofā)
　　双手虚握，虎口朝上，然后迅速向上弹起并张开五指，口同时张开，动作幅度要大。

爆竹 bàozhú
　　左手齐肩，食指弯曲如钩，指尖朝上；右手五指撮合，指尖朝下，从腰部向上连续做开合的动作，如鞭炮燃放状，口随之开合。

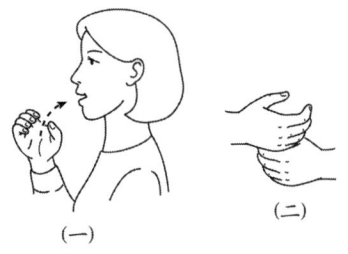

杯子 bēi·zi
　　（一）一手五指成半圆形，如拿杯子状，模仿喝水的动作。
　　（二）双手五指成半圆形，虎口朝上，上下相叠，表示杯子。

背（包袱②） bēi (bāo·fu ②)
　　双手虚握，一上一下，上身向前微倾，如背东西状；也用于表示有思想包袱的意思。
　　（可根据实际表示背的动作）

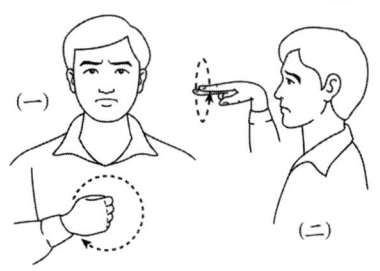

悲观 bēiguān
　　（一）一手虚握，手背向外，贴于胸部，转动一圈，面露愁容。
　　（二）一手食、中指分开，指尖朝前，手背向上，在面前转动一圈。

碑 bēi
　　左手横伸；右手打手指字母"B"的指式，指尖朝下，手背向外，置于左手掌心上。

北① běi①

右手直立，掌心向左，五指并拢，置于胸前正中。

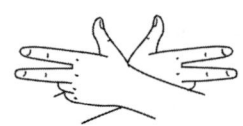

北②（冀） běi②（Jì）

双手伸拇、食、中指，手背向外，手腕交叉相搭，仿"北"字形；也用于表示河北的简称"冀"。

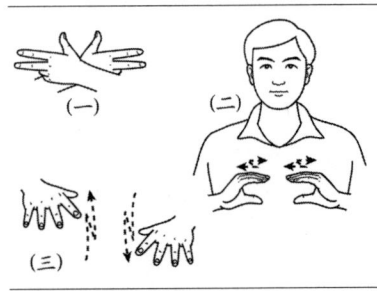

北冰洋 Běibīngyáng

（一）双手伸拇、食、中指，手背向外，手腕交叉相搭，仿"北"字形。
（二）双手五指成"匚コ"形，虎口朝内，左右微动几下，表示结冰。
（三）双手平伸，掌心向下，五指张开，上下交替移动，表示起伏的波浪。

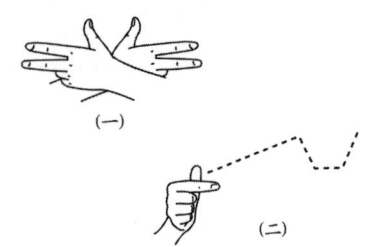

北斗星 běidǒuxīng

（一）双手伸拇、食、中指，手背向外，手腕交叉相搭，仿"北"字形。
（二）一手拇、食指搭成"十"字形，在头前上方做勺形移动，仿北斗七星的形状，眼睛注视手的动作。

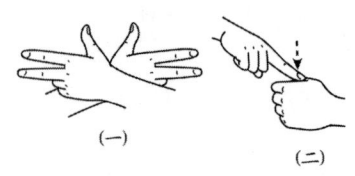

北极 běijí

（一）双手伸拇、食、中指，手背向外，手腕交叉相搭，仿"北"字形。
（二）左手握拳，虎口朝上；右手伸食指，指一下左手虎口，表示地球上的北极。

北京（京） Běijīng（Jīng）

右手伸食、中指，指尖先点一下左胸部，再点一下右胸部（表示北京的简称"京"时，右手伸食、中指，指尖抵于左胸部，然后划至右胸部）。

北马其顿共和国 Běimǎqídùn Gònghéguó
　　一手横立，手背向外，五指张开，拇指尖抵于颏部，其他四指交替点动几下。
　　（此为国外聋人手语）

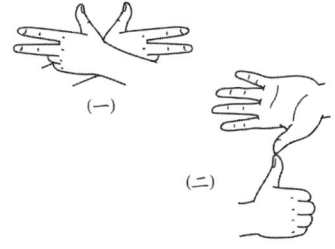

北美洲 Běiměizhōu
　　（一）双手伸拇、食、中指，手背向外，手腕交叉相搭，仿"北"字形。
　　（二）左手横立，掌心向外，五指张开（或食、中、无名、小指并拢），在上；右手伸拇指，指尖朝上，掌心向内，抵于左手拇指尖，在下。

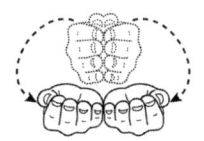

贝（蛤蜊） bèi (gé·lí)
　　双手侧立，掌心相合，手背拱起，然后打开；也用于表示姓氏"贝"。

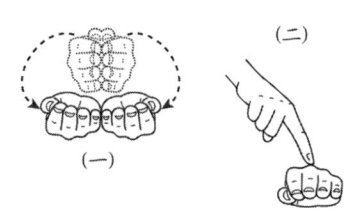

贝壳 bèiké
　　（一）双手侧立，掌心相合，手背拱起，然后打开。
　　（二）左手平伸，手背拱起；右手伸食指，点一下左手背。

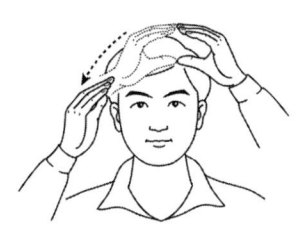

贝雷帽 bèiléimào
　　双手五指成"⊏⊐"形，虎口朝内，置于头左侧，然后左手不动，右手边向头右下方移动边撮合，仿贝雷帽样式。

贝宁 Bèiníng
　　右手打手指字母"B"的指式，表示贝宁英文国名首字母，掌心向左，从上向下做两次曲线形移动。
　　（此为国外聋人手语）

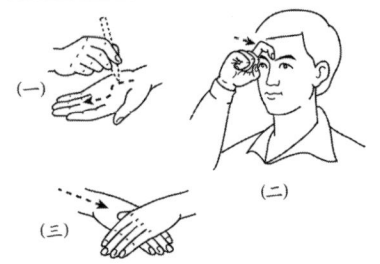

备忘录 bèiwànglù

（一）左手横伸；右手如执笔状，在左手掌心上做写字的动作。
（二）一手打手指字母"J"的指式，碰一下前额。
（三）左手横伸；右手平伸，手背向上，从后向前移入左手掌心下。

背景 bèijǐng

（一）一手拍一下同侧背部。
（二）一手直立，掌心向内，从一侧向另一侧做弧形移动。

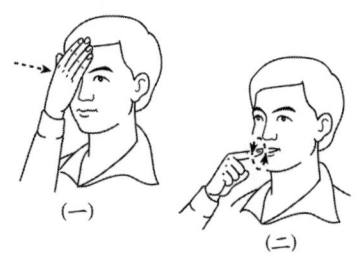

背诵 bèisòng

（一）一手直立，掌心向内，拍一下前额。
（二）一手食指横伸，在嘴前前后转动两下。

背心 bèixīn

双手拇、食指张开，指尖抵于肩部，同时向下做弧形移动。

背影 bèiyǐng

左手伸拇、小指；右手直立，掌心向外，五指张开，在左手后左右晃动两下。

倍 bèi

双手拇、食指张开，虎口朝内，右手拇指从上向下移至左手食指上，表示一倍（表示二倍时，右手拇指在左手食指上向上叠两下；超过三倍时，先打相应的数字手势，再打此手势）。

被 bèi
右手拇、食指向左揪一下左上臂衣袖,身体随之向左微倾。

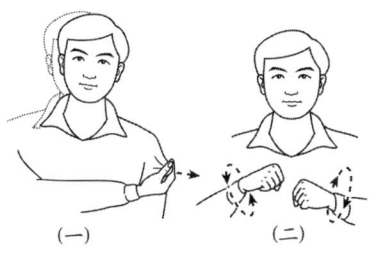

被动 bèidòng
(一)右手拇、食指向左揪一下左上臂衣袖,身体随之向左微倾。
(二)双手握拳屈肘,前后交替转动两下。

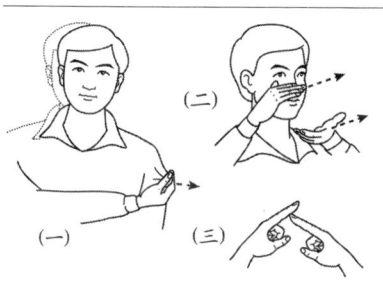

被告人(被告) bèigàorén (bèigào)
(一)右手拇、食指向左揪一下左上臂衣袖,身体随之向左微倾。
(二)双手横伸,掌心上下相对,从嘴前向前上方移出。
(三)双手食指搭成"人"字形。

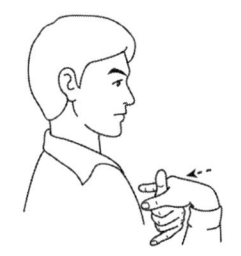

被迫① (强迫①) bèipò① (qiǎngpò①)
左手伸拇、小指,指尖朝后;右手伸拇、食指,卡在左手拇指背,然后用力向后下方一按,表示自己被别人强迫。
(可根据实际决定手的位置和移动方向)

被迫② bèipò②
双手横伸,五指微曲,指尖上下相对,左手在下不动,右手猛然向上翻动,掌心向左,面露愤怒的表情。

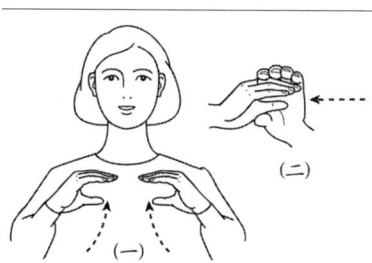

被罩 bèizhào
(一)双手五指成"⊏⊐"形,虎口朝内,从腹部移至胸部,如盖被子状。
(二)左手五指成"⊏"形,虎口朝内,在前;右手五指成"⊐"形,指尖朝前,在后,左手向后移动,套向右手。

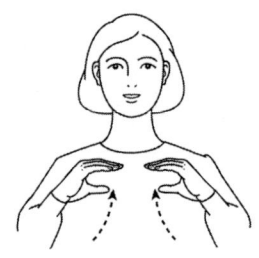

被子 bèi·zi
双手五指成"⌐⌐"形,虎口朝内,从腹部移至胸部,如盖被子状。

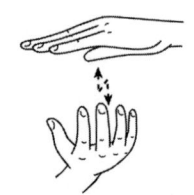

焙 bèi
左手横伸,掌心向下;右手五指微曲,指尖朝上,在左手下上下微动几下。

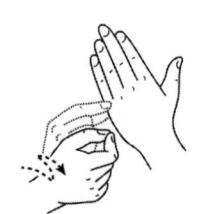

锛 bēn
左手食、中、无名、小指并拢,掌心向内;右手拇、食指在左手小鱼际部掰两下,表示刀刃锛了有豁口。

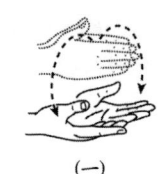 

本科 běnkē
(一)双手侧立,掌心相贴,然后向两侧打开。
(二)一手打手指字母"K"的指式。

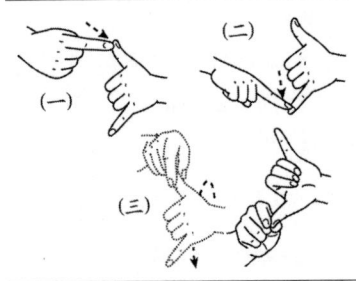

本末倒置 běnmò-dàozhì
(一)左手伸拇、小指;右手伸食指,点一下左手拇指。
(二)左手伸拇、小指;右手伸食指,点一下左手小指。
(三)左手伸拇、小指;右手拇、食指捏住左手拇指,左手向下一翻,小指尖朝上。

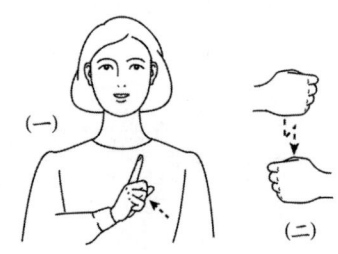

本职 běnzhí
(一)右手食指直立,虎口朝内,贴向左胸部。
(二)双手握拳,一上一下,右拳向下砸两下左拳。

本质 běnzhì

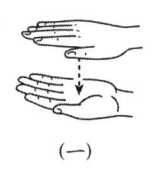 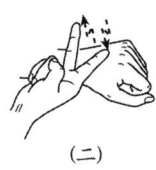

（一）双手平伸，掌心相对，左手在下不动，右手向下拍一下左手。
（二）左手握拳；右手食、中指横伸，指背交替弹左手背。

笨 bèn

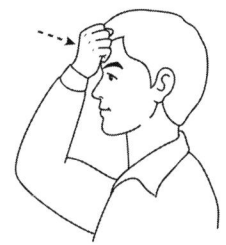

一手握拳，手背向外，敲一下前额。

崩溃 bēngkuì

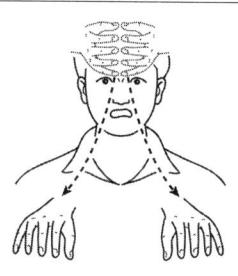

双手五指弯曲，指尖相对，搭成球状，置于前额，然后向两侧下方移动，指尖朝下。

崩盘 bēngpán

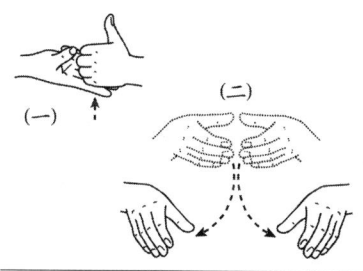

（一）左手伸拇指，手背向外；右手食、中指并拢，掌心向上，碰一下左手小鱼际处。
（二）双手五指搭成圆形，虎口朝上，然后猛然向下移动，掌心向下，表示股市崩盘。

绷带 bēngdài

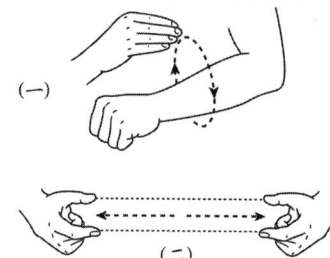

（一）左臂抬起，左手握拳；右手五指撮合，绕左臂转动两圈，如缠绷带状。
（二）双手拇、食指张开，指尖相对，虎口朝上，从中间向两侧拉开。

蹦极 bèngjí

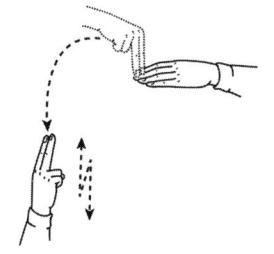

左手横伸，掌心向下；右手食、中指并拢，立于左手指尖处，然后转腕，向下落下，再上下移动几下，如蹦极状。

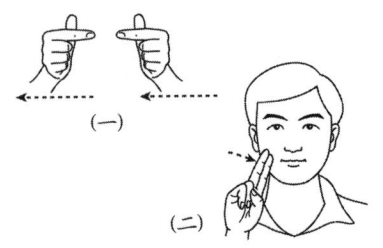

逼真 bīzhēn

（一）双手拇、食指搭成"十"字形，同时向一侧移动一下。

（二）一手食、中指直立并拢，掌心向斜前方，朝脸颊碰一下。

荸荠 bí·qi

左手拇、食指捏成圆形；右手五指弯曲，自左手虎口处边向上微移边撮合，仿荸荠的形状。

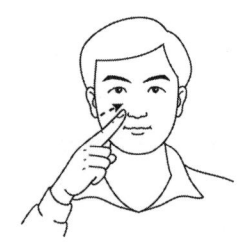

鼻 bí

一手伸食指，指一下鼻子。

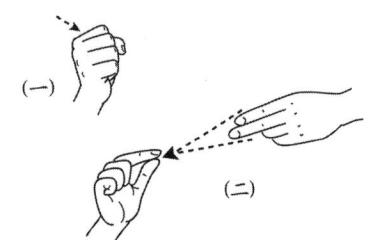

匕首 bǐshǒu

（一）一手握拳，虎口朝后上方，如握匕首状，向前下方微移一下。

（二）左手食、中指并拢，指尖朝前；右手拇、食指张开，沿左手食、中指边向前移动边相捏，仿匕首形状。

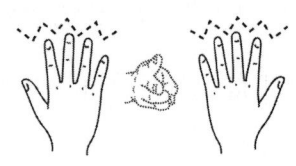

比 bǐ

左手直立，掌心向内，五指张开，交替点动几下；右手食、中指分开，指尖朝前，先在左手旁向前一点，表示比号，然后直立，掌心向内，五指张开，交替点动几下。专用于表示两个同类量之间的倍数关系。

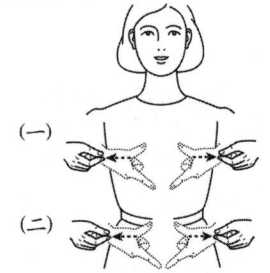

比基尼 bǐjīní

（一）双手拇、食指张开，置于胸部，边向两侧拉开边相捏。

（二）双手拇、食指张开，置于下腹部，边向两侧拉开边相捏。

比较（比赛、攀比、考试①）
bǐjiào (bǐsài、pānbǐ、kǎoshì①)
双手伸拇指，上下交替动两下。
（"考试"的手语存在地域差异，可根据实际选择使用）

比利时 Bǐlìshí
右手打手指字母"B"的指式，掌心向左，置于嘴前，然后向前一挥。
（此为国外聋人手语）

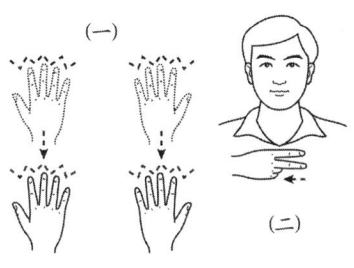

比例❶ bǐlì❶
（一）双手直立，掌心向内，五指张开，先在上方交替点动几下，然后下移，再交替点动几下。
（二）右手食、中指横伸分开，仿等号形状，从左向右微移一下。

比例❷ bǐlì❷
（一）双手伸拇指，上下交替动两下。
（二）一手打手指字母"L"的指式。

比喻（比如） bǐyù (bǐrú)
（一）双手伸拇指，上下交替动两下。
（二）一手食、中指直立并拢，掌心向斜前方，朝脸颊碰一下。

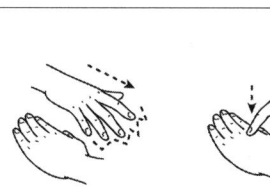

彼岸 bǐ'àn
（一）双手横伸，掌心向下，左手在前，五指并拢，不动，右手在后，五指张开，边交替点动边向一侧移动。
（二）左手横伸；右手伸食指，指尖朝下，点一下左手背。

笔　bǐ
一手如执笔写字状。

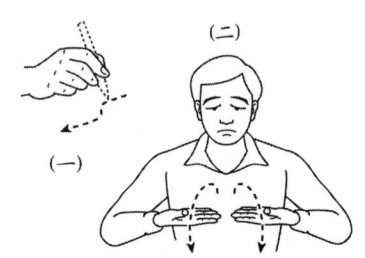
笔供　bǐgòng
（一）一手如执笔写字状。
（二）双手横伸，掌心向上，指尖相对，置于胸前，然后向前伸出，身体随之前倾，低头，面露愧疚的表情。

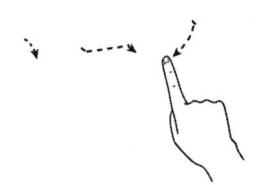
笔画（笔划）　bǐhuà (bǐhuà)
一手伸食指，指尖朝前，书空"、""一""丿"笔画。

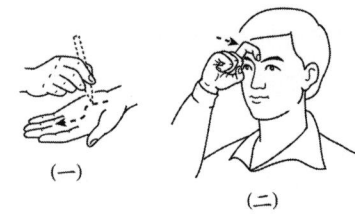
笔记　bǐjì
（一）左手横伸；右手如执笔状，在左手掌心上做写字的动作。
（二）一手打手指字母"J"的指式，碰一下前额。
（此手势既表示笔记的名词意思，又表示记笔记的意思）

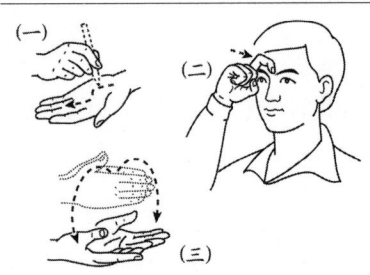
笔记本　bǐjìběn
（一）左手横伸；右手如执笔状，在左手掌心上做写字的动作。
（二）一手打手指字母"J"的指式，碰一下前额。
（三）双手侧立，掌心相贴，然后向两侧打开。

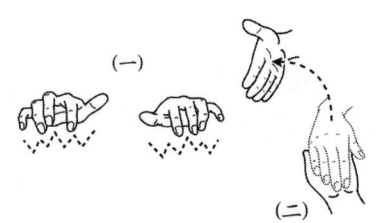
笔记本电脑　bǐjìběn diànnǎo
（一）双手五指弯曲，指尖朝下，交替点动几下，如敲击计算机键盘状。
（二）双手横伸，掌心相贴，然后右手做向上打开的动作。

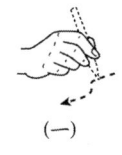 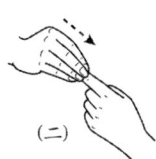

笔帽 bǐmào

（一）一手如执笔写字状。

（二）左手伸食指，指尖朝右上方；右手五指撮合，套向左手食指。

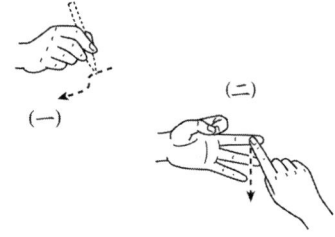

笔名 bǐmíng

（一）一手如执笔写字状。

（二）左手中、无名、小指横伸分开，掌心向内；右手伸食指，自左手中指尖向下划动。

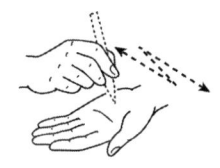

笔谈 bǐtán

左手横伸；右手如执笔状，置于左手掌心上方，然后双手同时前后移动两下。

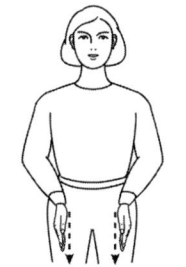

笔挺 bǐtǐng

双手五指并拢，指尖朝下，沿两条裤线向下移动，表示衣服笔挺。

（可根据实际表示笔挺的状态）

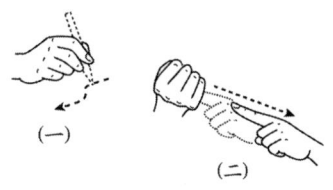

笔芯 bǐxīn

（一）一手如执笔写字状。

（二）左手伸食指，指尖朝右上方；右手握住左手食指，然后左手向下移出。

笔直 bǐzhí

左手伸食指，指尖朝前；右手侧立，置于左手食指上，然后沿左手食指向前移动。

（可根据实际表示笔直的状态）

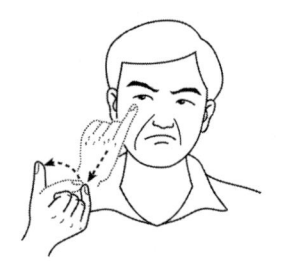

鄙视（歧视） bǐshì (qíshì)
一手伸小指，指一下眼部，然后边向前移动边拇指尖弹一下小指，面露鄙夷的表情。

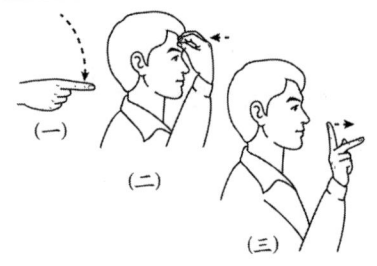

必修课 bìxiūkè
（一）一手食指直立，向下挥动一下。
（二）一手五指撮合，指尖朝内，按向前额。
（三）一手打手指字母"K"的指式，中指尖朝前，向前微动一下。

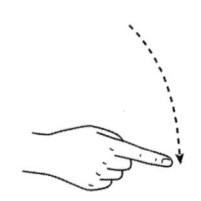

必须（必定、必然、一定①）
bìxū (bìdìng、bìrán、yīdìng ①)
一手食指直立，向下挥动一下。

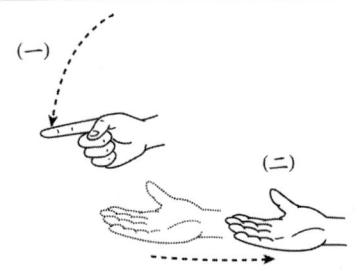

必要（必需） bìyào (bìxū)
（一）一手食指直立，向下挥动一下。
（二）一手平伸，掌心向上，向后移动一下。

毕恭毕敬 bìgōng-bìjìng
左手横伸，五指微曲；右手伸拇指，置于左手掌心上，然后双手向上微移两下，头微低，面露崇敬的表情。

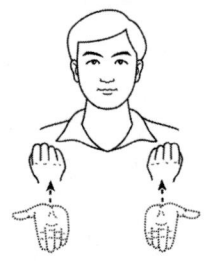

毕业 bìyè
双手平伸，掌心向上，边从下向上移动边握拳，手背向外。

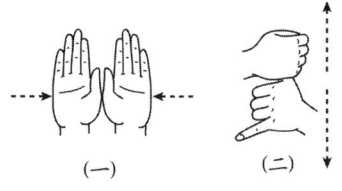

闭关自守　bìguān-zìshǒu

（一）双手直立，掌心向外，从两侧向中间移动并互碰。
（二）左手伸拇、小指，手背向外；右手握住左手拇指，然后双手边分开边分别向上下方向移动。

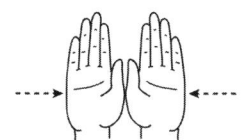

闭幕（闭合、关）　bìmù（bìhé、Guān）

双手直立，掌心向外，从两侧向中间移动并互碰；也用于表示姓氏"关"。

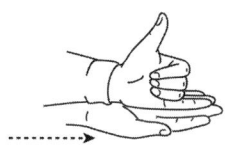

庇护（袒护）　bìhù（tǎnhù）

左手伸拇、小指；右手平伸，掌心向上，向前蹭一下左手小指。

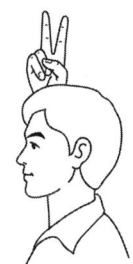

秘鲁　Bìlǔ

右手食、中指直立分开，掌心向左，置于头右侧。
（此为国外聋人手语）

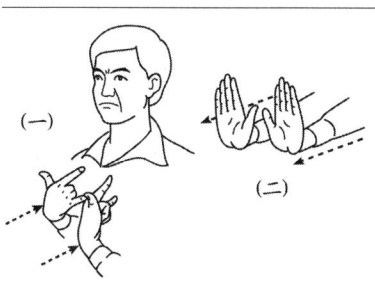

辟邪　bìxié

（一）双手伸拇、食、小指，食、小指指尖朝内，手背相对，从外向内移动一下，表示迎面而来的鬼怪。
（二）双手直立，掌心向外推出。

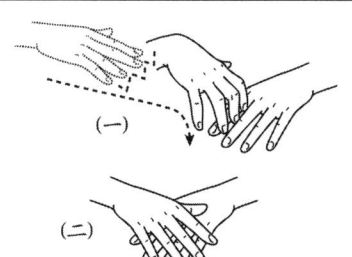

箅子　bì·zi

（一）左手横伸，掌心向下，五指张开；右手平伸，掌心向下，五指张开，边交替点动边从后向前移动，然后从左手食、中指指缝间向下移动，表示水流入箅子。
（二）双手五指张开，掌心向下，一横一竖相搭。
（可根据实际表示箅子的式样）

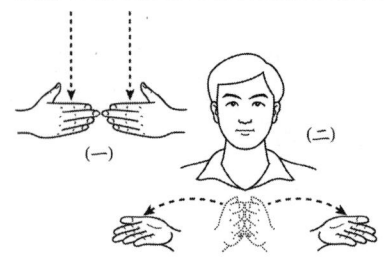

壁报　bìbào
（一）双手横立，掌心向内，从上向下移动。
（二）双手侧立，掌心相贴，然后向两侧打开，动作幅度大些。

壁虎　bìhǔ
左手直立，掌心向右；右手拇、食、中指直立分开，边微晃边从左手腕向上移动，表示壁虎在墙上爬行。

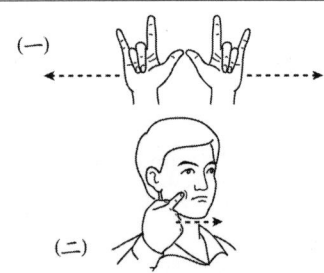

壁垒森严　bìlěi-sēnyán
（一）双手伸拇、食、小指，掌心向外，从中间向两侧移动。
（二）一手食指横伸，拇指尖按于食指根部，先置于腮部，然后向前移出。

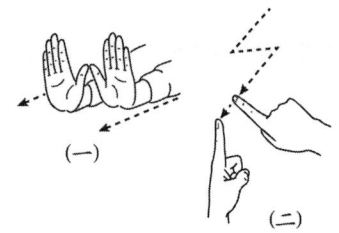

避雷针　bìléizhēn
（一）双手直立，掌心向外推出。
（二）左手食指直立；右手伸食指，在左手上方书空"ㄣ"形，然后点一下左手食指尖。

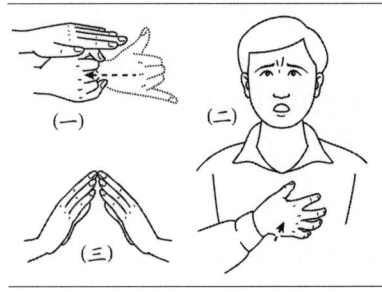

避难所　bìnànsuǒ
（一）左手平伸；右手拇、小指伸出，手背向右，边向左手掌心下移动边蜷曲。
（二）一手五指微曲，掌心向内，按一下胸部，面露害怕的表情。
（三）双手搭成"∧"形。

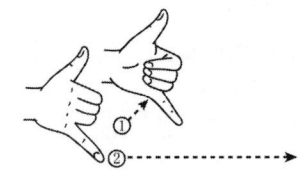

避让　bìràng
双手伸拇、小指，左手在前，右手在后，然后左手向左移动，右手向前移动。
（可根据实际表示避让的动作）

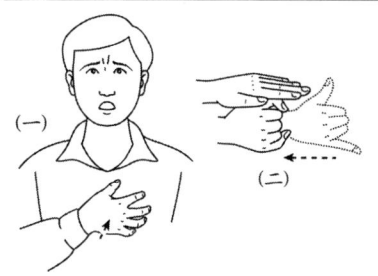

避险 bìxiǎn
（一）一手五指微曲，掌心向内，按一下胸部，面露害怕的表情。
（二）左手平伸；右手拇、小指伸出，手背向右，边向左手掌心下移动边蜷曲。

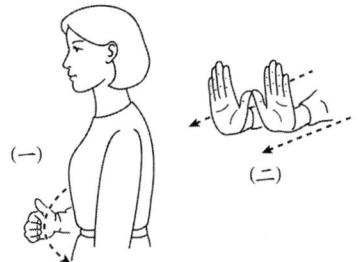

避孕 bìyùn
（一）一手五指微曲，掌心向内，在腹部做弧形移动。
（二）双手直立，掌心向外推出。

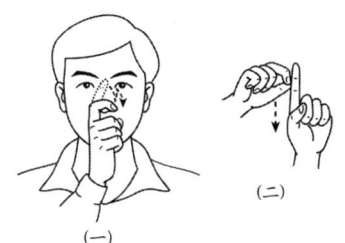

避孕套 bìyùntào
（一）右手食指直立，置于鼻翼一侧，然后向左弯动两下。
（二）左手食指直立；右手拇、食指相捏，从左手食指尖处向下移动。

臂章 bìzhāng
右手拇、食指张开，虎口朝外，在左上臂上边向下微移边相捏，表示臂章。

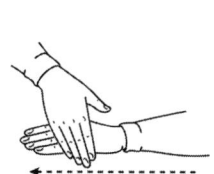

边（边缘、边界） biān (biānyuán、biānjiè)
左手横伸，掌心向下；右手食、中、无名、小指并拢，指尖朝下，沿左小臂向指尖方向划动一下。

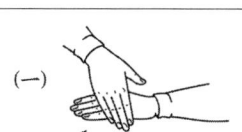

边防 biānfáng
（一）左手横伸，掌心向下；右手食、中、无名、小指并拢，指尖朝下，沿左小臂向指尖方向划动一下。
（二）双手拇、食、小指直立，掌心向外一推。

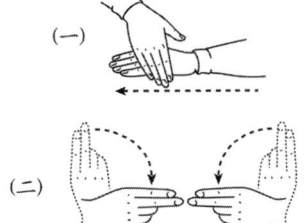

边关 biānguān
（一）左手横伸，掌心向下；右手食、中、无名、小指并拢，指尖朝下，沿左小臂向指尖方向划动一下。
（二）双手食、中指直立并拢，手背向外，然后转腕，指尖相对。

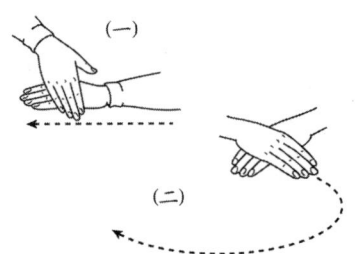

边疆 biānjiāng
（一）左手横伸，掌心向下；右手食、中、无名、小指并拢，指尖朝下，沿左小臂向指尖方向划动一下。
（二）左手横伸；右手平伸，掌心向下，贴于左手背，然后向外做弧形移动。

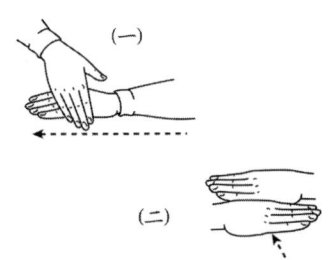

边境（边陲） biānjìng (biānchuí)
（一）左手横伸，掌心向下；右手食、中、无名、小指并拢，指尖朝下，沿左小臂向指尖方向划动一下。
（二）双手横伸，掌心向下，左手在后不动，右手向后碰一下左手。

编辑 biānjí
双手斜立，五指交叉相搭，交替扭动两下。

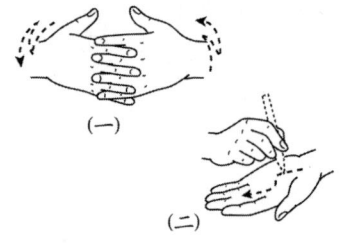

编写（编撰） biānxiě (biānzhuàn)
（一）双手斜立，五指交叉相搭，交替扭动两下。
（二）左手横伸；右手如执笔状，在左手掌心上做写字的动作。

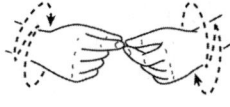

编织 biānzhī
双手拇、食指相捏，指尖相对，前后反向拧动两下，如编物状。

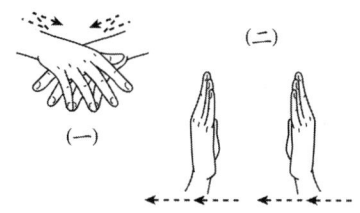

编制 biānzhì
（一）双手五指张开,掌心向下,交叉相搭,然后手腕向中间微动两下。
（二）双手直立,掌心左右相对,向一侧一顿一顿移动几下。
（此手势表示机构的人员定额）

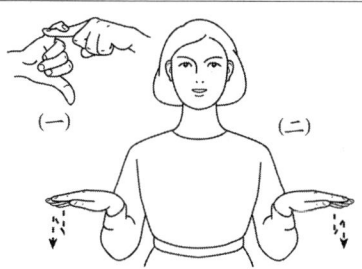

蝙蝠 biānfú
（一）左手食指横伸；右手伸拇、小指,小指弯曲,挂在左手食指上,表示蝙蝠睡觉时头朝下倒挂的样子。
（二）双手侧伸,小臂抬起,掌心向下扇动几下。

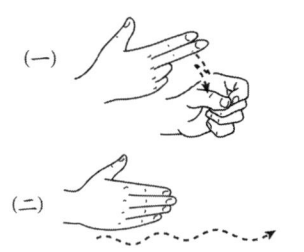

鳊鱼（武昌鱼） biānyú (wǔchāngyú)
（一）左手拇、食指捏成圆形,虎口朝上；右手伸拇、食、中指,食、中指并拢,敲两下左手拇指。
（二）一手横立,手背向外,向一侧做曲线形移动（或一手侧立,向前做曲线形移动）,如鱼游动状。

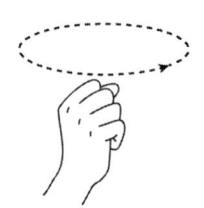

鞭子 biān·zi
一手握拳上举,做扬鞭的动作。

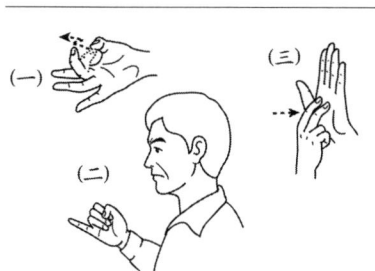

贬义词 biǎnyìcí
（一）一手平伸,手背向下,拇、中指先相捏,然后弹动两下。
（二）一手伸小指,指尖朝前上方。
（三）左手直立,掌心向外；右手食、中指弯曲,指尖朝内,点一下左手掌心。

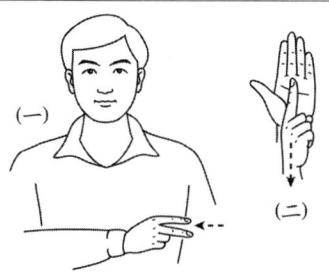

贬值 biǎnzhí
（一）右手食、中指分开,手背向外,在左臂上向右横划一下。
（二）左手直立,掌心向外；右手食指直立,贴于左手掌心,向下移动。

贬职（降职） biǎnzhí (jiàngzhí)

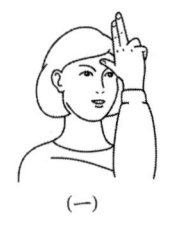 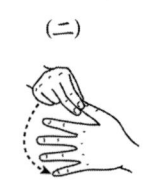

（一）一手伸拇、食、中指，拇指尖抵于前额，食、中指直立并拢。
（二）左手横立，掌心向内，五指张开；右手拇、食、中指捏一下左手拇指，然后移至小指。

扁担 biǎn·dan

（一）双手五指微张成"⊏⊐"形，前后相挨，然后分别向前后方向移动，仿扁担的外形。
（二）一手虚握，虎口朝内，上举与肩平，并上下微动两下，如用扁担挑物状。

扁豆 biǎndòu

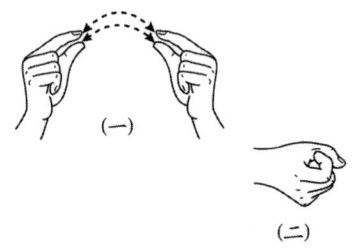

（一）双手拇、食指相距约1厘米，指尖左右相对，向两侧做弧形微移，仿扁豆的外形。
（二）一手拇、食指捏成小圆形，虎口朝上，如豆子大小。

扁桃体 biǎntáotǐ

双手拇、食指捏成小圆形，虎口朝上，置于颏部后端两侧。

卞 Biàn

左手伸拇、食指，拇指尖朝右，手背向外；右手伸食指，指尖朝前，在左手拇指上方点一下，仿"卞"字部分字形，表示姓氏"卞"。

变法 biànfǎ

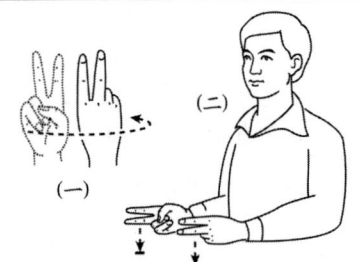

（一）一手食、中指直立分开，由掌心向外翻转为掌心向内。
（二）双手打手指字母"F"的指式，指尖朝前，向下一顿。

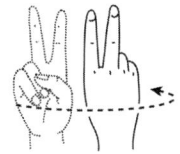

变化（改变） biànhuà (gǎibiàn)

一手食、中指直立分开，由掌心向外翻转为掌心向内。

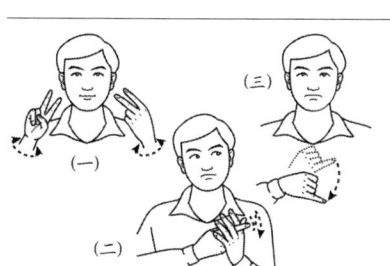

变幻莫测 biànhuàn-mòcè

（一）双手食、中指分开，指尖朝上，在身前交替转动手腕。

（二）左手直立，手背向外，五指张开；右手食指在左手食、中指指缝间点动两下，面露思考的表情。

（三）右手伸小指，指尖朝左，向下甩动一下。

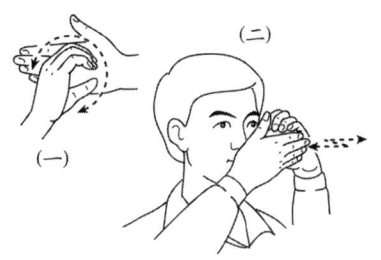

变焦 biànjiāo

（一）左手横立，手背向外；右手五指成半圆形，虎口贴于左手背，左右转动两下。

（二）左手五指成半圆形，虎口朝内，置于左眼前；右手横立，手背向外，在左手前前后移动两下。

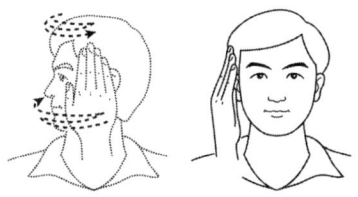

变脸 biànliǎn

头偏向右侧，右手直立，掌心向内，置于头前，然后向右耳移动，头同时向正前方甩动，重复一次，表示川剧变脸艺术。

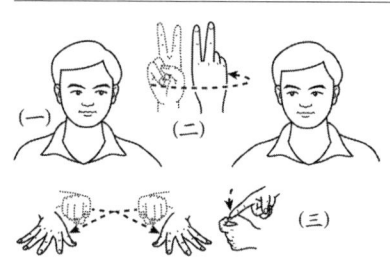

变现 biànxiàn

（一）头偏向左侧；双手食指指尖朝前，手背向上，先互碰一下，再分开并张开五指。

（二）一手食、中指直立分开，由掌心向外翻转为掌心向内。

（三）头偏向右侧；左手拇、食指捏成圆形，虎口朝上；右手伸食指，敲一下左手拇指。

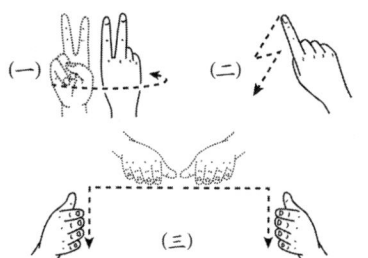

变压器 biànyāqì

（一）一手食、中指直立分开，由掌心向外翻转为掌心向内。

（二）一手食指书空"与"形。

（三）双手平伸，掌心向下，先从中间向两侧平移，再折而下移成"冂"形。

（可根据实际表示变压器的形状）

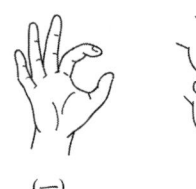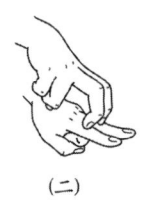

便池 biànchí
（一）一手拇、食指弯曲，其他三指直立，掌心向前。
（二）左手食、中指分开，指尖朝前，手背向上；右手食、中指弯曲，指尖抵于左手食、中指上。
（可根据实际表示便池的样式）

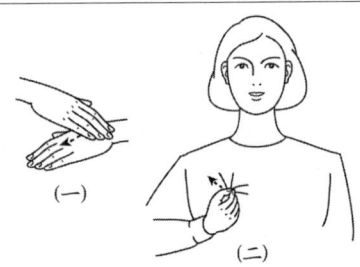

便服 biànfú
（一）左手横伸；右手平伸，摸一下左手背。
（二）一手拇、食指揪一下胸前衣服。

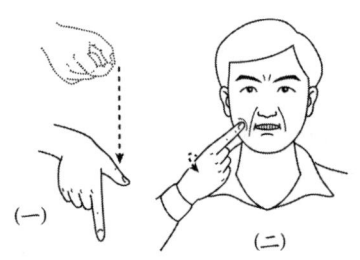

便秘 biànmì
（一）一手拇、食指相捏，然后边向下移动边张开，食指尖朝下。
（二）一手食指抵于脸颊，向前微转一下，同时牙关紧咬。

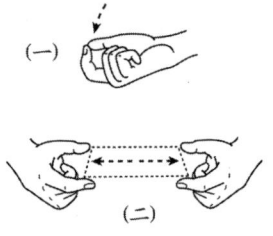

便条 biàntiáo
（一）一手拇、食指相捏，指尖朝上，向下晃动一下。
（二）双手拇、食指张开，指尖相对，虎口朝上，从中间向两侧移动。
（可根据实际表示便条的样式）

便衣 biànyī
右手伸食指，指尖朝后，在左上臂处向后划动一下；专用于表示身着便服执行任务的军人或执法人员。

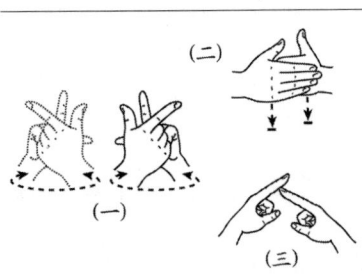

辩护人 biànhùrén
（一）双手伸拇、食指，食指尖朝上，中、无名、小指的中节指相贴，手腕前后交替转动两下。
（二）左手伸拇指；右手横立，掌心向内，五指微曲，置于左手前，然后双手同时向下一顿。
（三）双手食指搭成"人"字形。

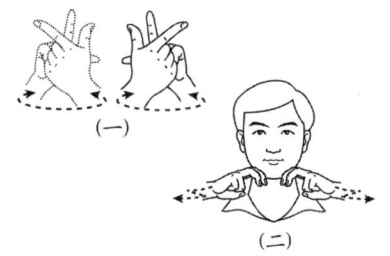

辩解　biànjiě
（一）双手伸拇、食指，食指尖朝上，中、无名、小指的中节指相贴，手腕前后交替转动两下。
（二）双手食、中指弯曲，手背向上，在嘴前同时从中间向两侧扒动两下。

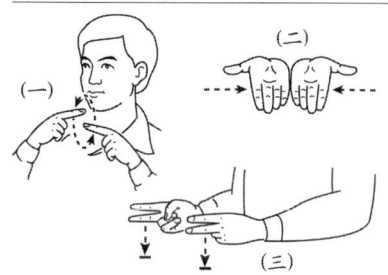

辩证法　biànzhèngfǎ
（一）双手食指横伸，在嘴前前后交替转动两下。
（二）双手平伸，掌心向上，从两侧向中间移动并互碰。
（三）双手打手指字母"F"的指式，指尖朝前，向下一顿。

辫子　biàn·zi
双手拇、食指相捏，在耳边交替向下扭动，如编辫子状。

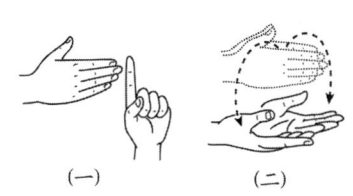

标本　biāoběn
（一）左手食指直立；右手侧立，指向左手食指。
（二）双手侧立，掌心相贴，然后向两侧打开。

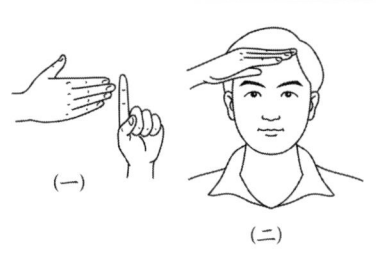

标兵　biāobīng
（一）左手食指直立；右手侧立，指向左手食指。
（二）右手横伸，掌心向下，置于前额，表示军帽帽檐。

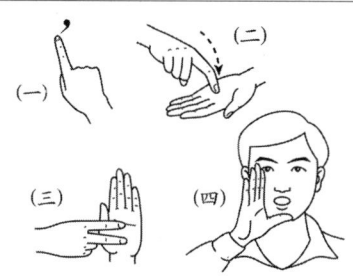

标点符号　biāodiǎn fúhào
（一）一手伸食指，指尖朝前，书空"，"。
（二）左手横伸；右手伸食指，指尖朝下，在左手掌心上点一下。
（三）左手直立，掌心向外；右手打手指字母"F"的指式，贴于左手掌心上。
（四）一手五指成"⌐"形，虎口贴于嘴边，口张开。

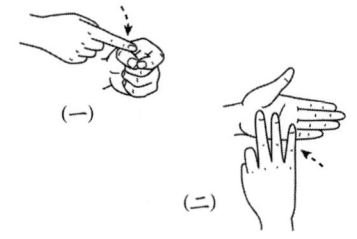

标价　biāojià

（一）左手拇、食指捏成圆形，虎口朝上；右手伸食指，敲一下左手拇指。

（二）左手侧立；右手伸中、无名、小指，指尖朝左，点一下左手掌心。

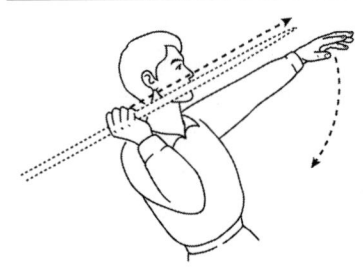

标枪（投掷）　biāoqiāng（tóuzhì）

左手向前抬起，身体后仰；右手虚握屈肘，从肩部向前抛出，左手同时自然向后摆动，如掷标枪状。

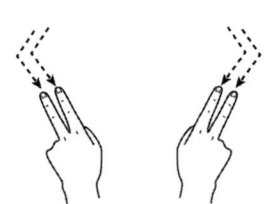

标题①（题目①、书名号）　biāotí①（tímù①、shūmínghào）

双手伸食、中指，指尖朝前上方，书空书名号，多表示演讲的标题、题目和书名。

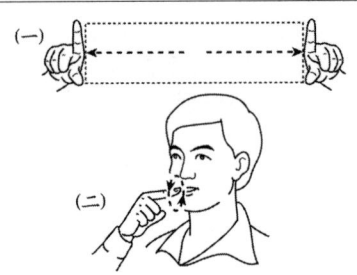

标语　biāoyǔ

（一）双手拇、食指张开，指尖朝前，虎口相对，从中间向两侧移动。

（二）一手食指横伸，在嘴前前后转动两下。

（可根据实际表示标语的样式）

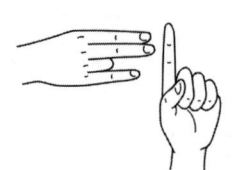

标志　biāozhì

左手食指直立；右手打手指字母"ZH"的指式，指尖指向左手食指。

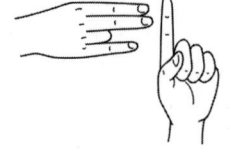

标准（规范❶）　biāozhǔn（guīfàn❶）

左手食指直立；右手侧立，指向左手食指。也用于表示规范的名词意思。

彪悍 biāohàn
　　双手五指弯曲,指尖朝下,置于肩两侧,然后向上移动,表示肩头的肌肉发达,头同时偏向一侧,面露有劲的表情。

飙车(疾驰) biāochē (jíchí)
　　左手五指成"冂"形,指尖朝前;右手横立,在左手下快速向后扇动几下,表示车速很快。
　　(可根据实际表示飙车的情况)

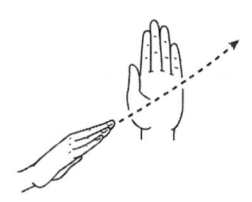
飙升(飞跃) biāoshēng (fēiyuè)
　　左手直立,掌心向外;右手斜伸,掌心向左下方,从右下方快速移向左手左上方。

表达①(表述) biǎodá ① (biǎoshù)
　　(一)双手拇、食指成"冖"形,置于脸颊两侧,向前移动一下。
　　(二)一手食指横伸,在嘴前前后转动两下。

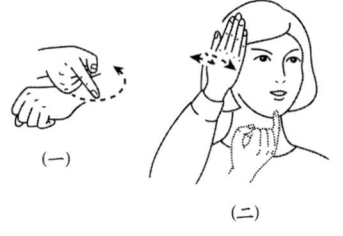
表弟 biǎodì
　　(一)左手横伸握拳,手背向上;右手伸食指,置于左手腕处,食指向左转动一下。
　　(二)一手伸小指,指尖朝上,指面贴于颊部,然后手直立,掌心贴于头一侧,前后移动两下。

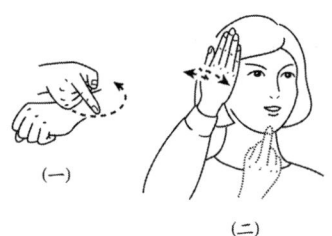
表哥 biǎogē
　　(一)左手横伸握拳,手背向上;右手伸食指,置于左手腕处,食指向左转动一下。
　　(二)一手伸中指,指尖朝上,指面贴于颊部,然后手直立,掌心贴于头一侧,前后移动两下。

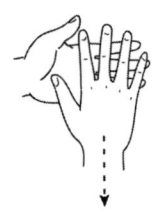

表格 biǎogé

双手五指张开，一横一竖搭成方格形，然后左手不动，右手向下移。

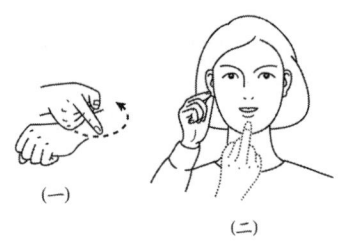

表姐 biǎojiě

（一）左手横伸握拳，手背向上；右手伸食指，置于左手腕处，食指向左转动一下。

（二）一手伸中指，指尖朝上，指面贴于颊部，然后拇、食指捏一下耳垂。

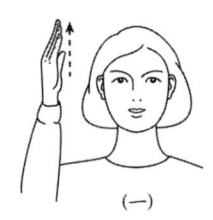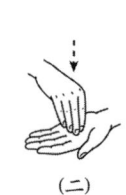

表决 biǎojué

（一）右手直立，掌心向左，上举。

（二）左手横伸；右手五指撮合，指尖朝下，按向左手掌心。

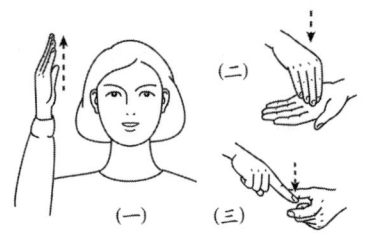

表决器 biǎojuéqì

（一）右手直立，掌心向左，上举。

（二）左手横伸；右手五指撮合，指尖朝下，按向左手掌心。

（三）左手拇、食指成"匚"形，虎口朝上；右手伸食指，指尖朝下，在左手虎口处按一下。

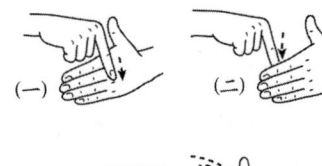

表里如一 biǎolǐ-rúyī

（一）左手横立；右手伸食指，指尖朝下，在左手外点一下。

（二）左手横立；右手伸食指，指尖朝下，在左手内点一下。

（三）左手横立；右手食、中指横伸分开，指尖朝左，手背向上，在左手上向前移动两下。

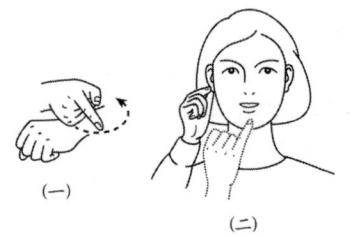

表妹 biǎomèi

（一）左手横伸握拳，手背向上；右手伸食指，置于左手腕处，食指向左转动一下。

（二）一手伸小指，指尖朝上，指面贴于颊部，然后拇、食指捏一下耳垂。

表面　biǎomiàn
　　左手横立，手背向外；右手摸一下左手背。

表明（声明）　biǎomíng (shēngmíng)
　　（一）双手拇、食指成"⌊⌋"形，置于脸颊两侧，向前移动一下。
　　（二）左手横伸；右手平伸，掌心向下，贴于左手掌心，边向左手指尖方向移动边食、中、无名、小指弯曲，指尖抵于掌心。

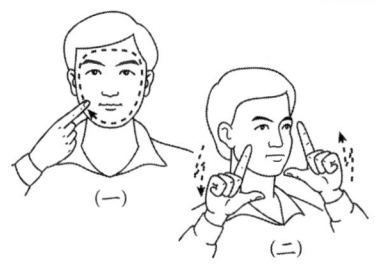

表情　biǎoqíng
　　（一）一手伸食指，绕脸部转动一圈。
　　（二）双手拇、食指成"⌊⌋"形，置于脸颊两侧，上下交替动两下。

表示（表态、表达②）　biǎoshì (biǎotài、biǎodá②)
　　双手拇、食指成"⌊⌋"形，置于脸颊两侧，向前移动一下。

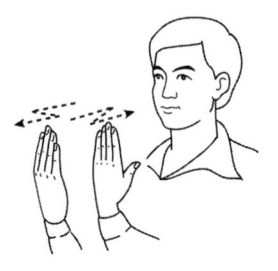

表现①　biǎoxiàn①
　　双手直立，掌心向内，前后交替移动两下。

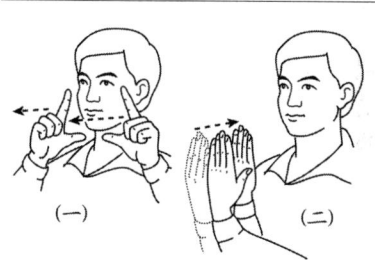

表现②　biǎoxiàn②
　　（一）双手拇、食指成"⌊⌋"形，置于脸颊两侧，向前移动一下。
　　（二）双手直立，掌心向内，左手不动，右手向内移动一下。

表象 biǎoxiàng
（一）左手横立，手背向外；右手摸一下左手背。
（二）一手食、中指直立并拢，掌心向斜前方，朝脸颊碰一下。

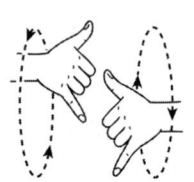

表演（演出） biǎoyǎn (yǎnchū)
双手伸拇、小指，手背向外，前后交替转动两下。

憋闷 biē·men
一手拇、食指捏住鼻子，同时低头闭眼。

憋屈 biē·qū
左手五指弯曲，指尖朝上；右手横伸，掌心向下，按一下左手，嘴紧闭。

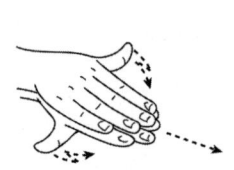

鳖（甲鱼） biē (jiǎyú)
双手平伸，手背向上，上下相叠，拇指弯动几下，手同时向前移动。

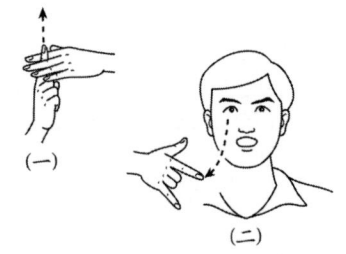

别出心裁（别具一格） biéchū-xīncái (biéjù-yīgé)
（一）左手横伸，掌心向下，五指稍张开；右手食指直立，从左手食、中指指缝间用力伸出。
（二）一手伸拇、食、小指，食指尖朝内，手背向外，然后从同侧眼部向外甩动，面露惊奇的表情。

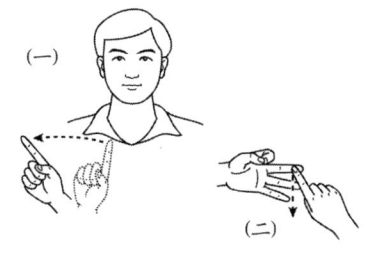

别名（曾用名） biémíng (céngyòngmíng)

（一）右手食指直立，然后手腕向右一转。
（二）左手中、无名、小指横伸分开，掌心向内；右手伸食指，自左手中指尖向下划动。

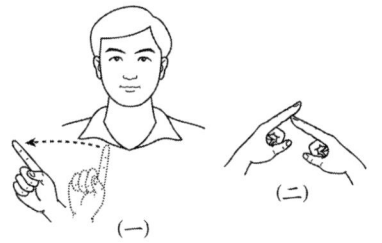

别人（他人） biérén (tārén)

（一）右手食指直立，然后手腕向右一转。
（二）双手食指搭成"人"字形。

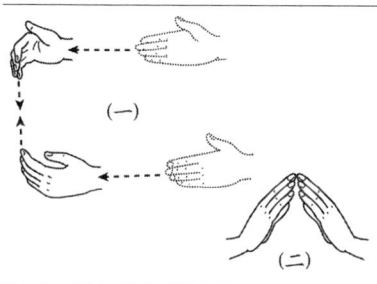

别墅 biéshù

（一）双手侧立，掌心相对，先向前移动再折向中间，指尖相抵，表示别墅有自己的院落。
（二）双手搭成"∧"形。

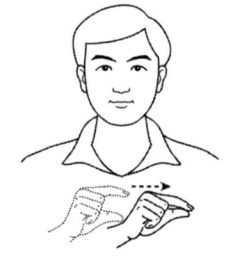

别针 biézhēn

右手拇、食指微张，虎口朝内，置于胸前，边向左微移边相捏，如用别针别东西状。
（可根据实际表示别针的使用状态）

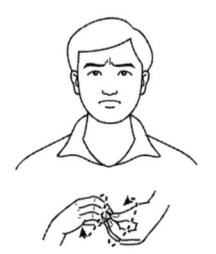

别扭 biè·niu

双手五指撮合，指尖左右相抵，贴于胸部，前后反向拧动，面露抑郁的表情。

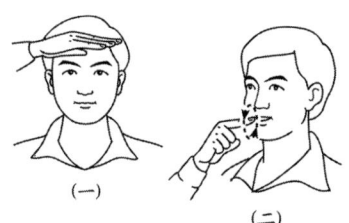

宾语 bīnyǔ

（一）右手横伸，掌心向下，置于前额。
（二）一手食指横伸，在嘴前前后转动两下。

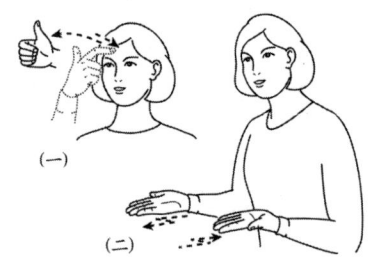

彬彬有礼 bīnbīnyǒulǐ
（一）一手伸拇、食指，食指点一下前额，边向外移出边缩回食指。
（二）双手平伸，掌心向上，前后交替移动两下。

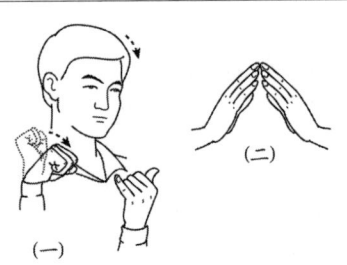

殡仪馆（灵堂） bìnyíguǎn (língtáng)
（一）左手伸拇、小指，指尖朝上，手背向外；右手直立握拳，对着左手弯动一下，头同时低下，表示向逝者默哀。
（二）双手搭成"∧"形。

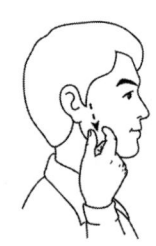

鬓角 bìnjiǎo
一手拇、食指微张，指尖贴于耳前发际处，然后向下微移一下。

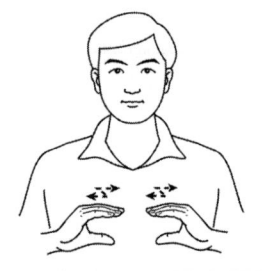

冰① bīng①
双手五指成"⊏⊐"形，虎口朝内，左右微动几下，表示结冰。

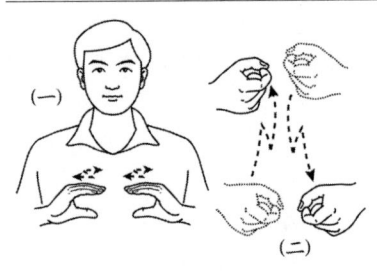

冰雹 bīngbáo
（一）双手五指成"⊏⊐"形，虎口朝内，左右微动几下，表示结冰。
（二）双手拇、食指捏成圆形，上下交替动几下，动作要快，如冰雹落下状。

冰岛 Bīngdǎo
一手伸拇指，指尖贴于颏部，然后向下移动两下。
（此为国外聋人手语）

冰毒 bīngdú
（一）一手食、中、无名、小指弯曲，指背贴于脸颊，面无表情。
（二）左手横伸；右手伸拇、小指，拇指尖在鼻下，小指尖在左手掌心上向右划动两下。

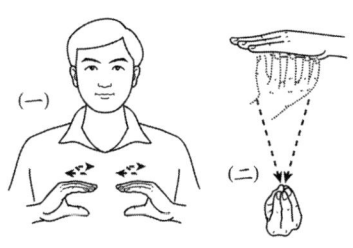
冰挂 bīngguà
（一）双手五指成"冂冂"形，虎口朝内，左右微动几下，表示结冰。
（二）左手横伸；右手五指微曲，指尖朝上，自左手掌心下边向下移动边撮合。

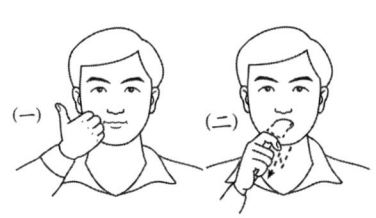
冰棍儿（雪糕） bīnggùnr（xuěgāo）
（一）一手食、中、无名、小指弯曲，指背贴于脸颊。
（二）一手拇、食指相捏，放在嘴边，模仿吃冰棍的动作。
（可根据实际表示吃冰棍的动作）

冰壶 bīnghú
（一）双手五指成"冂冂"形，虎口朝内，左右微动几下，表示结冰。
（二）一手虚握，虎口朝前，边向前缓慢移动边张开五指，身体前倾，模仿推冰壶的动作。

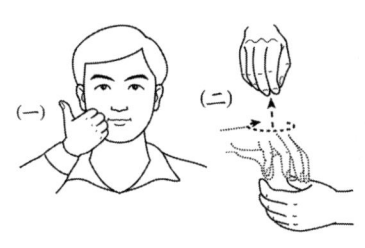
冰淇淋 bīngqílín
（一）一手食、中、无名、小指弯曲，指背贴于脸颊。
（二）左手五指成半圆形，虎口朝上；右手五指弯曲，指尖朝下，自左手虎口处边向上转动边撮合。

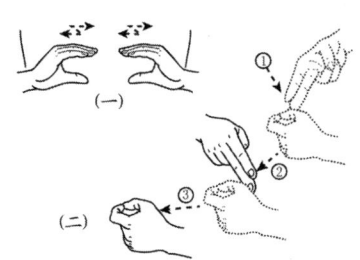
冰球 bīngqiú
（一）双手五指成"冂冂"形，虎口朝内，左右微动几下，表示结冰。
（二）左手拇、食指捏成圆形，虎口朝上；右手食、中指并拢，指尖朝下，边拨动左手边双手同时向前移动。

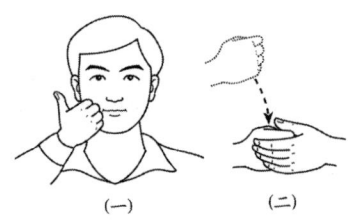

冰镇 bīngzhèn

（一）一手食、中、无名、小指弯曲，指背贴于脸颊。
（二）左手五指成半圆形，虎口朝上；右手虚握，移入左手虎口内。

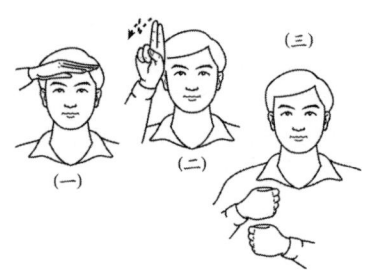

兵马俑 Bīngmǎyǒng

（一）右手横伸，掌心向下，置于前额，表示军帽帽檐。
（二）一手食、中指直立并拢，虎口贴于太阳穴，向前微动两下。
（三）双手虚握，一上一下，置于胸一侧，如持兵器状。

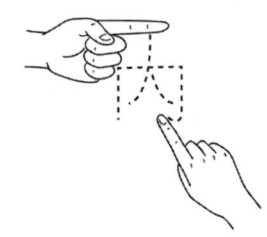

丙 bǐng

左手食指横伸，手背向外；右手伸食指，指尖朝前，在左手食指下书空"丙"的其他笔画。

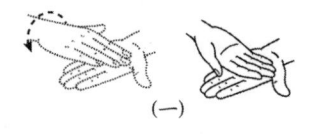
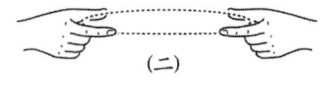

饼（烙饼） bǐng (làobǐng)

（一）左手横伸；右手平伸，掌心、手背在左手掌心上各贴一下。
（二）双手拇、食指成大圆形，虎口朝上，仿饼的外形。

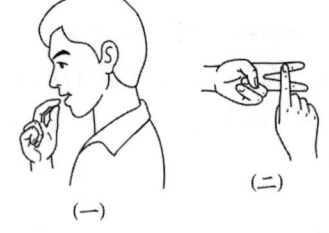

饼干 bǐnggān

（一）一手拇、食、中指相捏，置于嘴边，嘴做嚼物状。
（二）左手食、中指与右手食指搭成"干"字形。
（可根据实际表示饼干的形状）

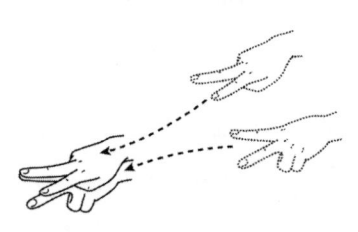

并轨 bìngguǐ

双手食、中指分开，指尖朝前，手背向上，从两侧向中间移动，上下相叠。

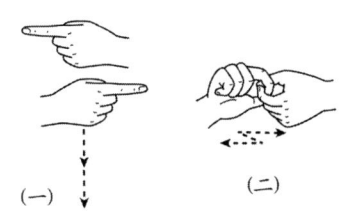

并联 bìnglián
（一）双手食指横伸，手背向外，一上一下，左手在上不动，右手向下一顿一顿移动几下。
（二）双手拇、食指套环，左右移动两下。

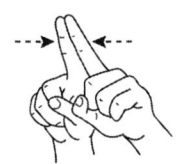

并列 bìngliè
双手食指直立，手背向内，从两侧向中间并拢。
（可根据实际表示并列的状态）

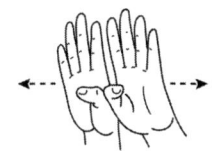

并排 bìngpái
双手拇指贴于掌心，其他四指直立分开，掌心向外，靠在一起，然后分别向两侧移动。
（可根据实际表示并排的状态）

病 bìng
左手平伸，掌心向上；右手五指并拢，食、中、无名指指尖按于左手腕的脉门处。

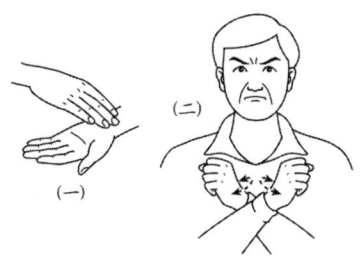

病毒 bìngdú
（一）左手平伸，掌心向上；右手五指并拢，食、中、无名指指尖按于左手腕的脉门处。
（二）双手握拳屈肘，手腕交叉相搭，置于身前，前后微转两下。

病房 bìngfáng
（一）左手平伸，掌心向上；右手五指并拢，食、中、无名指指尖按于左手腕的脉门处。
（二）双手搭成"∧"形。

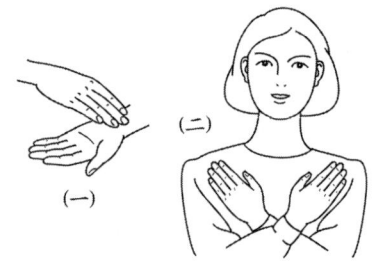

病假 bìngjià

（一）左手平伸，掌心向上；右手五指并拢，食、中、无名指指尖按于左手腕的脉门处。

（二）双手交叉，手背向外，贴于胸部，表示休息的意思。

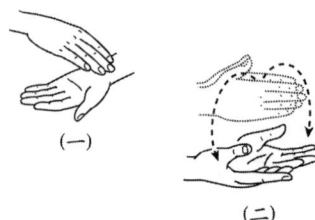

病历（病案） bìnglì (bìng'àn)

（一）左手平伸，掌心向上；右手五指并拢，食、中、无名指指尖按于左手腕的脉门处。

（二）双手侧立，掌心相贴，然后向两侧打开。

（可根据实际表示病历本的样式）

病史 bìngshǐ

（一）左手平伸，掌心向上；右手五指并拢，食、中、无名指指尖按于左手腕的脉门处。

（二）双手伸拇、小指，指尖朝上，交替向肩后转动。

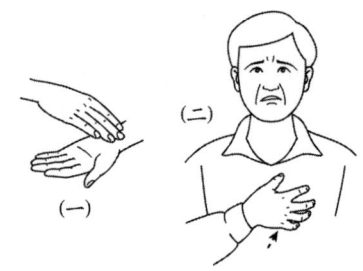

病危 bìngwēi

（一）左手平伸，掌心向上；右手五指并拢，食、中、无名指指尖按于左手腕的脉门处。

（二）一手五指微曲，掌心向内，按一下胸部，面露焦急的表情。

（可根据实际用动作力度的大小表示危急程度的差异）

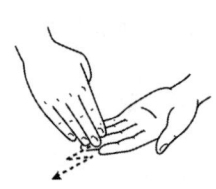

拨 bō

左手平伸，掌心向上；右手拇指贴于掌心，其他四指并拢，指尖朝下，立于左手指尖处，然后向外划动几下。

（可根据实际表示拨的动作）

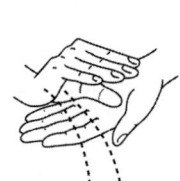

拨款 bōkuǎn

左手横伸；右手五指成"⊐"形，指尖朝前，置于左手掌心上，然后向前方不同方向拨动两下。

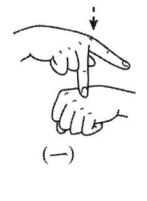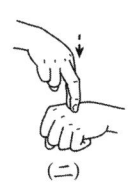

波多黎各 Bōduōlígè
（一）左手握拳，手背向上；右手伸食、中指，食指尖朝前，中指尖朝下，拇指抵于中指中部，中指尖点一下左手背。
（二）左手握拳，手背向上；右手食、中指相叠，指尖朝下，点一下左手背。
（此为国外聋人手语）

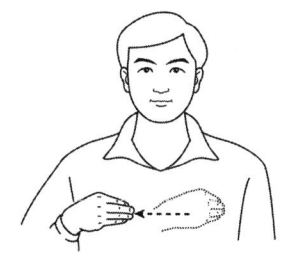

波兰 Bōlán
右手五指撮合，指尖贴于左胸部，然后移向右胸部。
（此为国外聋人手语）

波浪（洪水、奔腾、汹涌）bōlàng (hóngshuǐ、bēnténg、xiōngyǒng)
双手平伸，掌心向下，五指张开，一前一后，一高一低，同时向前做大的起伏状移动，表示激流汹涌奔腾。

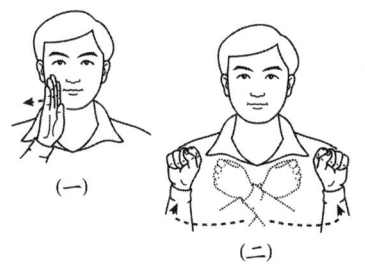

波斯尼亚和黑塞哥维那（波黑）Bōsīníyà hé Hēisàigēwéinà (Bōhēi)
（一）右手打手指字母"B"的指式，掌心向左，置于嘴角一侧，然后向外移动一下。
（二）双手握拳，手背向外，手腕交叉相搭，然后边转腕边向两侧移动，手背向内。
（此为国外聋人手语）

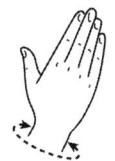

玻璃 bō·li
右手直立，掌心向左，食、中、无名、小指并拢，手腕微转几下，表示玻璃的闪光。

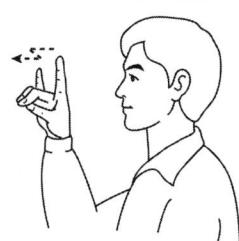

玻利维亚 Bōlìwéiyà
一手拇、中、无名指相捏，指尖朝前，食、小指直立，向前点动两下。
（此为国外聋人手语）

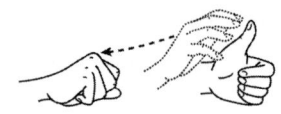

剥夺 bōduó

左手伸拇指;右手五指微曲,置于左手拇指背,边向内移动边用力握拳,表示用强制的方法剥夺他人的权益。

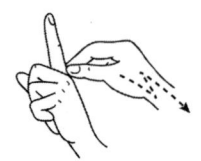

剥削① bōxuē ①

左手食指直立;右手拇、食指捏住左手食指根部,然后向后下方揪动两下。

(可根据实际决定手的位置和移动方向)

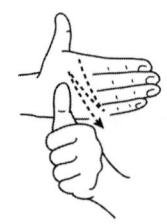

剥削② bōxuē ②

左手伸拇指;右手横立,掌心向内,在左手拇指背上向下刮两下。

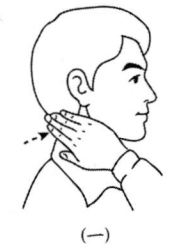 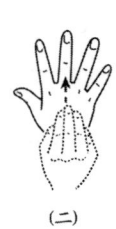

(一) (二)

菠菜 bōcài

(一)一手手掌拍一下脖颈儿。"脖"与"菠"音近,借代。

(二)一手五指撮合,指尖朝上,边向上微移边张开。

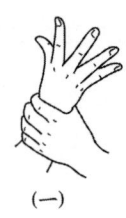 

(一) (二)

菠萝 bōluó

(一)左手握住右手腕;右手五指张开,指尖朝上。

(二)双手五指张开,掌心向内,交叉相搭,然后向后转动,仿菠萝外形。

播音(呼叫) bōyīn (hūjiào)

右手五指弯曲张开,指尖对着嘴部,嘴微动几下,如播音员播音状。

播种 bōzhòng

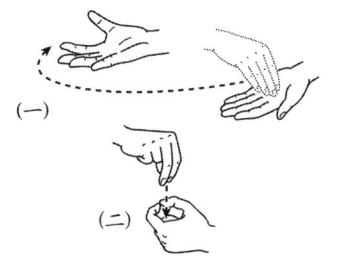

（一）左手平伸；右手五指撮合，指尖朝下，置于左手掌心上，然后边向前做弧形移动边张开，掌心向上，如撒种状。
（二）左手拇、食指捏成圆形，虎口朝上；右手拇、食、中指相捏，指尖朝下，插入左手虎口内。
（可根据实际表示播种的状态）

伯父 bófù

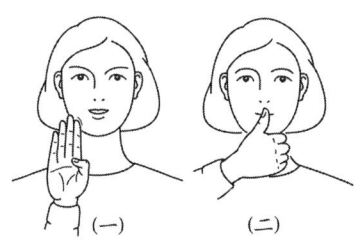

（一）一手打手指字母"B"的指式，掌心向外，置于颏部一侧。
（二）右手伸拇指，指尖左侧贴在嘴唇上。

伯利兹 Bólìzī

一手打手指字母"B"的指式，在面前做"Z"字形移动，表示伯利兹英文国名中的两个字母。
（此为国外聋人手语）

伯母 bómǔ

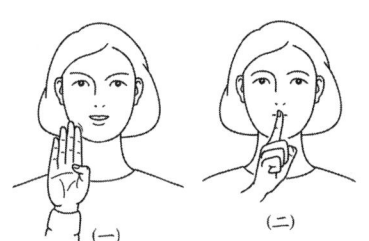

（一）一手打手指字母"B"的指式，掌心向外，置于颏部一侧。
（二）右手食指直立，指尖左侧贴在嘴唇上。

帛画 bóhuà

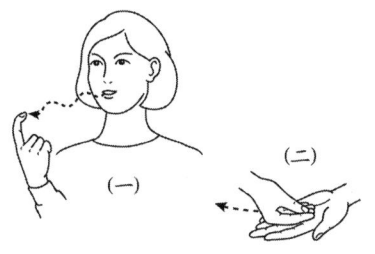

（一）一手伸食指，指尖朝内，从嘴部向外做波纹状移动，表示蚕丝。
（二）左手横伸；右手五指撮合，指背在左手掌心上抹一下。

泊位 bówèi

双手平伸，掌心凹进，仿船形，左手不动，右手向右一顿一顿移动几下，表示船的泊位。
（可根据实际表示泊位）

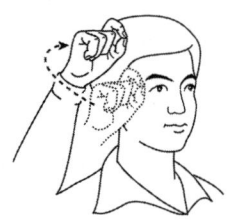

柏林 Bólín
　　一手拇、食指捏成圆形，虎口贴于太阳穴，然后向上移至头顶一侧。
　　（此为国外聋人手语）

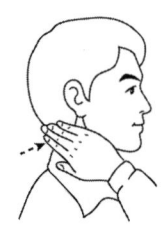

脖子 bó·zi
　　一手手掌拍一下脖颈儿。

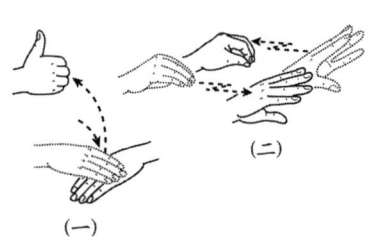

博采众长 bócǎi-zhòngcháng
　　（一）左手横伸，掌心向下；右手拍一下左手背，再伸出拇指。
　　（二）双手五指张开，掌心向外，在不同位置边交替做开合的动作边向内移动，表示吸收不同地方的经验。

博茨瓦纳 Bócíwǎnà
　　右手打手指字母"B"的指式，掌心向左，在面前前后晃动两下。
　　（此为国外聋人手语）

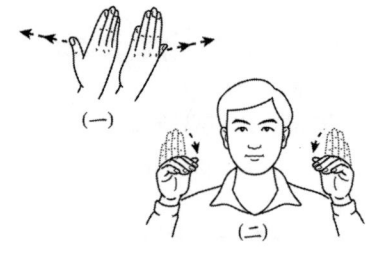

博览会 bólǎnhuì
　　（一）双手直立，掌心向内，置于面前，从中间向两侧一顿一顿移动几下。
　　（二）双手直立，掌心分别向左右斜前方，食、中、无名、小指弯动一下。

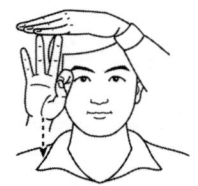

博士 bóshì
　　左手横伸，掌心向下，置于头顶；右手中、无名、小指直立分开，掌心向外，从左手指尖处向下移动。

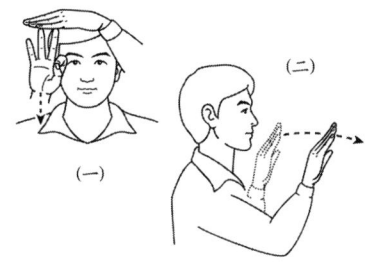

博士后 bóshìhòu
（一）左手横伸，掌心向下，置于头顶；右手中、无名、小指直立分开，掌心向外，在左手指尖处向下移动。
（二）一手直立，掌心向外，向前挥动一下。

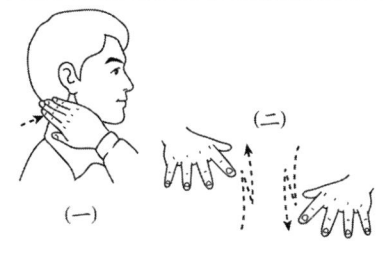

渤海 Bóhǎi
（一）一手手掌拍一下脖颈儿。"脖"与"渤"音同，同时寓意渤海处于中国雄鸡状版图的"鸡脖"位置。
（二）双手平伸，掌心向下，五指张开，上下交替移动，表示起伏的波浪。

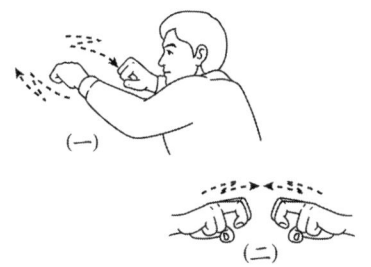

搏斗 bódòu
（一）双手握拳，一前一后，然后交替出拳。
（二）双手食、中指弯曲，手背向上，指关节互碰两下。
（可根据实际表示搏斗的样子）

簸箕 bò·ji
左手五指成"凵"形，掌心向上，仿簸箕外形；右手食、中、无名、小指并拢，指尖朝下，向左手移动两下，如向簸箕内扫物状。既表示簸箕的名词意思，又表示扫垃圾的意思。

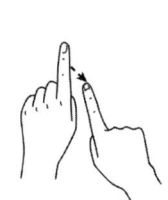

卜 Bǔ
左手食指直立，手背向内；右手伸食指，指尖朝前，在左手旁书空"、"，仿"卜"字形，表示姓氏"卜"。

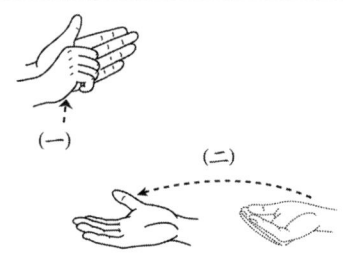

补偿 bǔcháng
（一）左手侧立；右手虚握，虎口朝左，贴向左手掌心。
（二）一手五指撮合，掌心向上，边向外移动边变为手平伸。
（此手势表示补偿损失的意思）

补贴（津贴） bǔtiē (jīntiē)

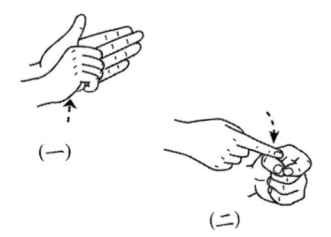

（一）左手侧立；右手虚握，虎口朝左，贴向左手掌心。
（二）左手拇、食指捏成圆形，虎口朝上；右手伸食指，敲一下左手拇指。

补选 bǔxuǎn

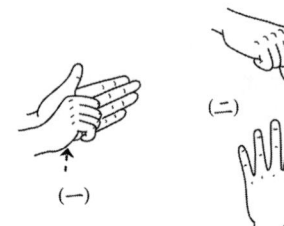

（一）左手侧立；右手虚握，虎口朝左，贴向左手掌心。
（二）左手直立，掌心向内，五指张开；右手拇、食指捏一下左手食指，然后向上移动。

补语 bǔyǔ

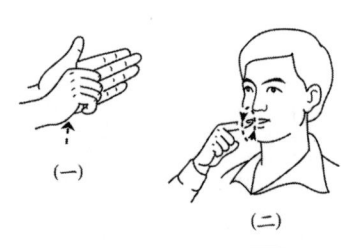

（一）左手侧立；右手虚握，虎口朝左，贴向左手掌心。
（二）一手食指横伸，在嘴前前后转动两下。

补种 bǔzhòng

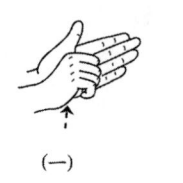

（一）左手侧立；右手虚握，虎口朝左，贴向左手掌心。
（二）左手拇、食指捏成圆形，虎口朝上；右手拇、食、中指相捏，指尖朝下，插入左手虎口内。

补助 bǔzhù

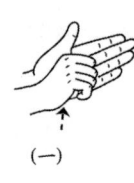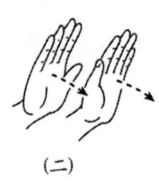

（一）左手侧立；右手虚握，虎口朝左，贴向左手掌心。
（二）双手斜伸，掌心向外，按动一下，表示给人帮助。

捕 bǔ

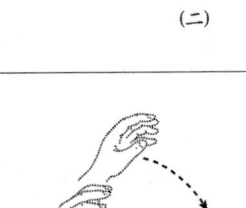

双手五指微曲，掌心向外，边向下移动边握拳。
（可根据实际表示捕的动作）

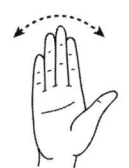
不(别、甭、勿) bù (bié、béng、wù)
一手直立,掌心向外,左右摆动几下。

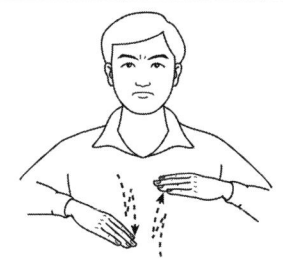
不安 bù'ān
双手横伸,掌心向下,自胸部上下交替移动,面露不安的表情。

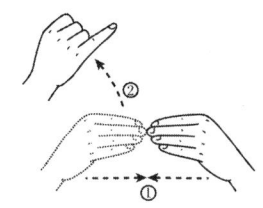
不般配 bùbānpèi
双手五指撮合,手背向外,从两侧向中间互碰一下后右手伸出小指。

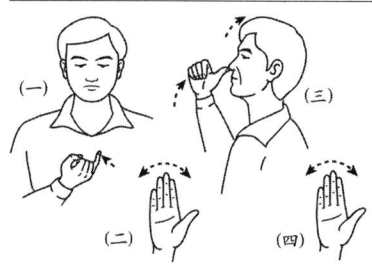
不卑不亢 bùbēi-bùkàng
(一)一手伸小指,指尖点一下胸部,低头,面露自卑的表情。
(二)一手直立,掌心向外,左右摆动几下。
(三)一手伸拇指,指尖置于鼻尖下,然后将鼻子向上顶起。
(四)一手直立,掌心向外,左右摆动几下。

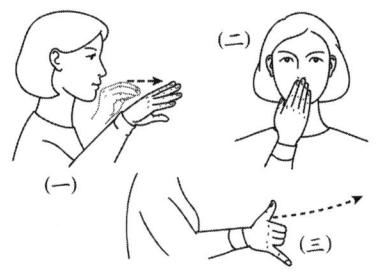
不辞而别 bùcí'érbié
(一)一手五指撮合,指尖朝前,置于嘴部,边向前移动边张开。
(二)一手捂于嘴部。
(三)一手伸拇、小指,指尖朝外,向斜前方做弧形移动。

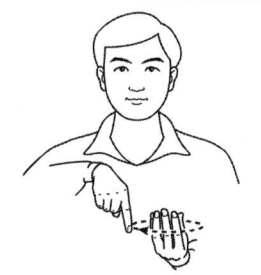
不丹 Bùdān
左手五指收拢,指尖朝上;右手伸食指,指尖朝下,绕左手顺时针转动一圈。
(此为国外聋人手语)

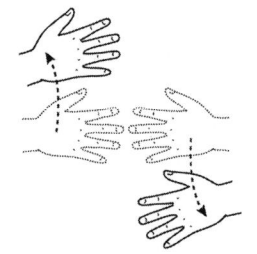

不符合（不称心） bùfúhé (bùchènxīn)

双手横立，手背向外，五指张开，指尖相对，分别向上下方向移动。

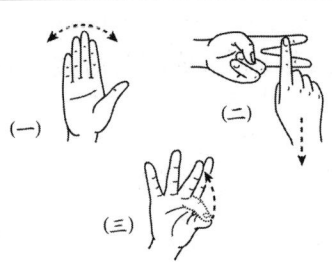

不干胶 bùgānjiāo

（一）一手直立，掌心向外，左右摆动几下。
（二）左手食、中指与右手食指搭成"干"字形，右手食指向下移动一下。
（三）一手拇、中指相捏，然后缓慢张开，指尖朝前。

不公平 bùgōngpíng

双手拇、食指搭成"公"字形，虎口朝上，上下交替歪斜两下。

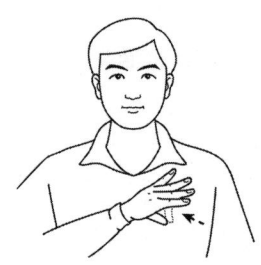

不够 bùgòu

一手拇、食指相捏，虎口朝内，边碰向左胸部边张开。

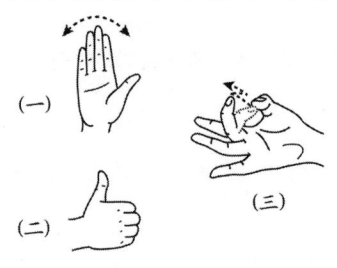

不好意思 bù hǎoyì·si

（一）一手直立，掌心向外，左右摆动几下。
（二）一手伸拇指。
（三）一手平伸，手背向下，拇、中指先相捏，然后弹动两下，面露歉意或害羞的表情。

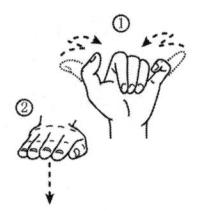

不及格 bùjígé

左手拇、小指直立，弯动两下，表示 60 分，然后右手平伸，掌心向下，在左手旁向下移动一下，表示不到 60 分。
（可根据实际表示不及格的数字）

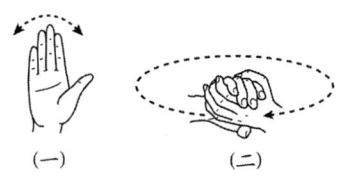

不结盟 bùjiéméng

（一）一手直立，掌心向外，左右摆动几下。
（二）双手一横一竖，相互握住，顺时针平行转动一圈。

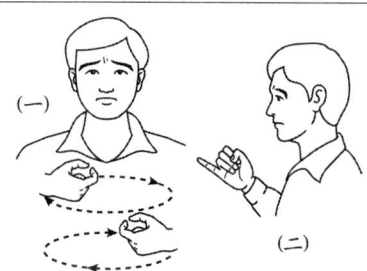

不景气 bùjǐngqì

（一）双手拇、食指成圆形，指尖稍分开，虎口朝上，交替顺时针平行转动。
（二）一手伸小指，指尖朝前上方。

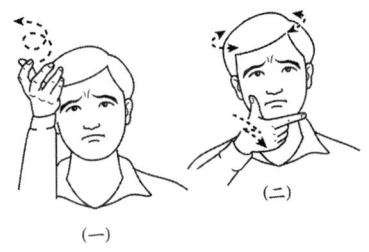

不堪回首 bùkān-huíshǒu

（一）一手五指微曲，掌心向上，置于太阳穴，边微转边向外上方移动。
（二）一手拇、食指张开，手背向外，拇指尖在嘴角一侧向前下方划动两下，同时摇头，面露难过的表情。

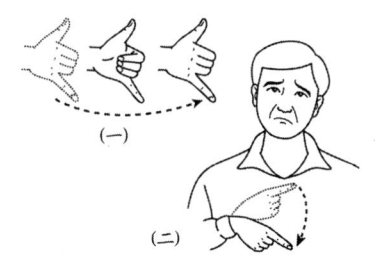

不可逾越 bùkě-yúyuè

（一）双手伸拇、小指，左手在前不动，右手从后移至左手前。
（二）一手食指横伸，向下甩动一下。

不理睬（冷落） bùlǐcǎi (lěngluò)

右手打手指字母"B"的指式，掌心向外，置于右脸颊处，头偏向左侧。

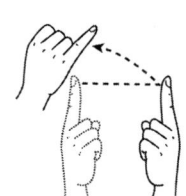

不利于 bùlìyú

双手食指直立，指面相对，左手在前不动，右手食指碰一下左手食指，然后伸出小指。

不论（无论、不管） bùlùn (wúlùn、bùguǎn)
右手五指并拢，从左肩部向下一划。

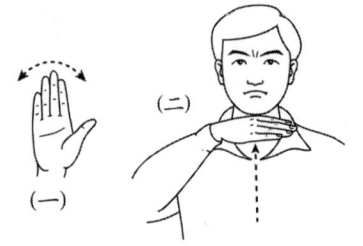

不满 bùmǎn
（一）一手直立，掌心向外，左右摆动几下。
（二）一手横伸，掌心向下，从腹部向颏部移动。

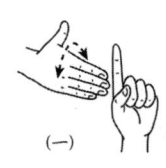 

不偏不倚 bùpiān-bùyǐ
（一）左手食指直立；右手侧立，指尖对着左手食指，先向左歪，再向右歪。
（二）一手直立，掌心向外，左右摆动几下。

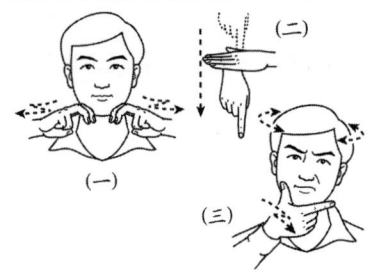

不求甚解 bùqiú-shènjiě
（一）双手食、中指弯曲，手背向上，在嘴前同时从中间向两侧扒动两下。
（二）左手横伸，掌心向下；右手伸食指，指尖朝下，从左手内侧向下移动。
（三）一手拇、食指张开，手背向外，拇指尖在嘴角一侧向前下方划动两下，同时摇头，表示不愿意做某件事的意思。

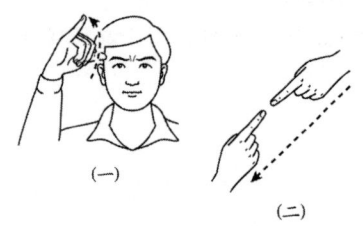

不屈不挠 bùqū-bùnáo
（一）一手伸拇、小指，拇指尖抵于太阳穴，小指向上一翘，面露坚毅的表情。
（二）双手伸食指，指尖斜向相对，同时向斜下方移动。

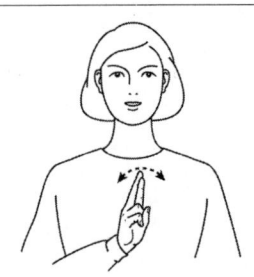

不是 bùshì
一手食、中指相叠，指尖朝上，左右晃动两下。

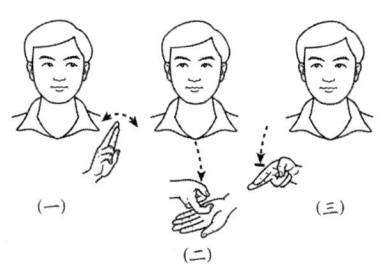

不是……就是…… bùshì…jiùshì…
（一）头偏向左侧；一手食、中指相叠，指尖朝上，掌心向左前方，左右晃动两下。
（二）头偏向右侧；左手横伸；右手打手指字母"J"的指式，然后贴向左手掌心。
（三）头偏向右侧；一手食、中指相叠，指尖朝右前上方，向下一顿。

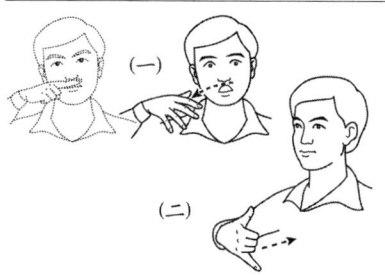

不速之客 bùsùzhīkè
（一）一手食指横伸，置于鼻下，然后突然向一侧移动并张开五指，面露惊讶的表情。
（二）一手伸拇、小指，指尖朝内，从外向内移动。

不听话 bùtīnghuà
一手直立，掌心向外，在脸颊一侧向前扇动几下，面露不满的表情。

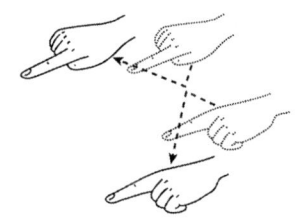

不同（不一样） bùtóng (bùyīyàng)
双手伸食指，指尖朝前，先互碰一下，再分别向两侧移动。

不喜欢（不愿意） bùxǐhuān (bùyuànyì)
一手拇、食指张开，手背向外，拇指尖在嘴角一侧向前下方划动两下，同时摇头，面露不满的表情。

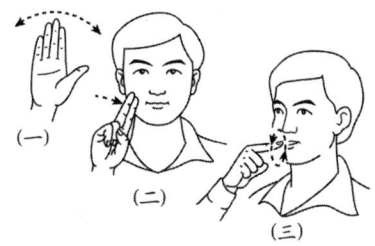

不像话 bùxiànghuà
（一）一手直立，掌心向外，左右摆动几下。
（二）一手食、中指直立并拢，掌心向斜前方，朝脸颊碰一下。
（三）一手食指横伸，在嘴前前后转动两下。

不孝① bùxiào ①

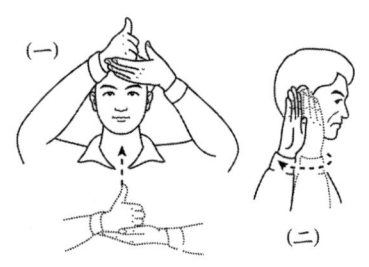

（一）左手横伸；右手伸拇指，置于左手掌心上，然后左手向上抬至前额。

（二）右手手掌贴于耳部，然后转腕，掌心向前，表示不服从。

不信（不信任） bùxìn (bùxìnrèn)

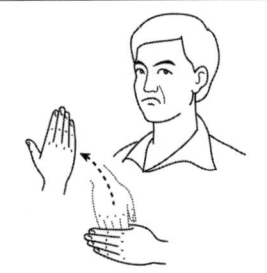

左手五指成"匚"形，虎口朝上；右手五指并拢，指尖朝下，置于左手虎口内，然后抽出，指尖朝上，面露不信任的表情。

（可根据实际决定手的位置）

不行❶（不能❶） bùxíng ❶ (bùnéng ❶)

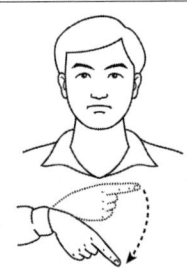

一手食指横伸，向下甩动一下，表示外界条件不允许或禁止某种行为的意思。

不行❷（不能❷） bùxíng ❷ (bùnéng ❷)

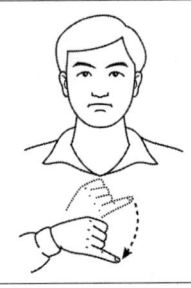

右手伸小指，指尖朝左，向下甩动一下，表示自身条件不允许的意思。

（可根据实际决定手指的朝向）

不幸（灾、祸、倒霉） bùxìng (zāi、huò、dǎoméi)

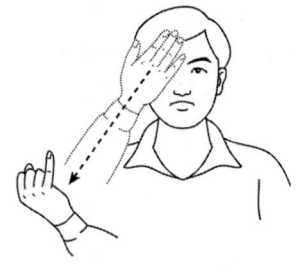

一手拍一下前额，然后边向前下方移动边伸出小指。

不言而喻 bùyán'éryù

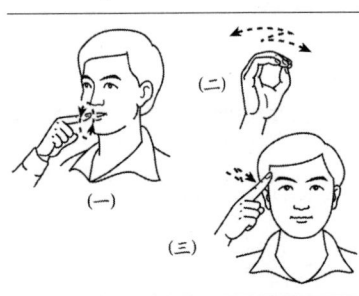

（一）一手食指横伸，在嘴前前后转动两下。

（二）一手五指捏成圆形，虎口朝内，左右晃动几下。

（三）一手伸食指，点两下太阳穴。

不一定① bùyīdìng ①

左手横伸；右手五指撮合，先按向左手掌心，再直立，掌心向外，左右摆动几下，面露疑问的表情。

不一定② bùyīdìng ②

一手食、中指分开，指尖朝前，手腕左右转动几下，面露不确定的表情。

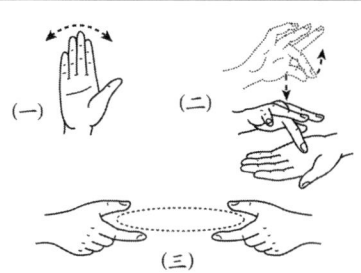

不粘锅 bùzhānguō

（一）一手直立，掌心向外，左右摆动几下。
（二）左手横伸；右手拇、中指相捏，然后张开，中指贴一下左手掌心。
（三）双手拇、食指成大圆形，虎口朝上。

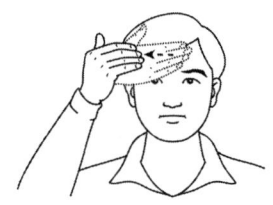

不知道①（不懂、不明白、不会）
bùzhīdào ①（bùdǒng、bùmíng·bai、bùhuì）

一手横立，食、中、无名、小指并拢，从前额一侧边向另一侧移动边弯曲，面露疑惑的表情。

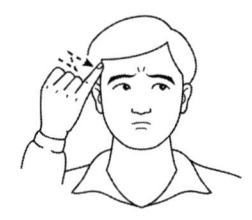

不知道② bùzhīdào ②

一手伸小指，点两下太阳穴，面露疑惑的表情。

不值（不合算、划不来） bùzhí（bùhésuàn、huá·bulái）

（一）一手直立，掌心向外，左右摆动几下。
（二）右手食、中指分开，手背向外，在左臂上向右横划一下，面露不情愿的表情。

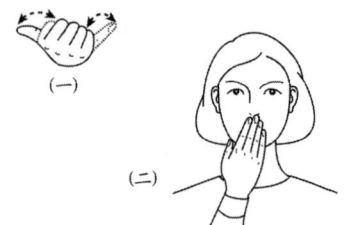

不置可否 bùzhì-kěfǒu
（一）一手伸拇、小指，手背向下，交替弯动两下。
（二）一手捂于嘴部，表示什么话都不说。

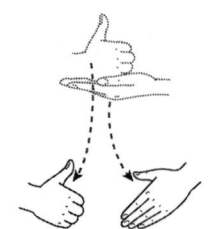

不尊重（不敬、侮辱） bùzūnzhòng (bùjìng、wǔrǔ)
左手横伸；右手伸拇指，置于左手掌心上，然后左手转腕，向左下方移动，手背向外，指尖朝斜下方，右手落下，表示不尊重。

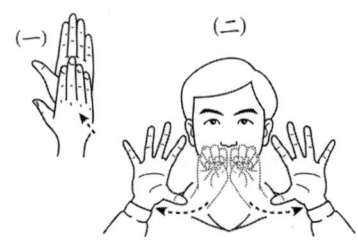

布告 bùgào
（一）左手直立，掌心向外；右手直立，掌心向内，贴向左手掌心。
（二）双手虚握，掌心向外，置于嘴部，然后边向前方两侧移动边张开五指。

布基纳法索 Bùjīnàfǎsuǒ
左手横伸；右手打手指字母"B"的指式，手腕贴于左小臂，然后边向左手指尖方向移动边拇、食指相捏，其他三指伸出，表示布基纳法索英文国名的两个首字母"B"和"F"。
（此为国外聋人手语）

布局（部署、布置） bùjú (bùshǔ、bùzhì)
双手平伸，掌心向下，五指张开，前后交替移动两下。

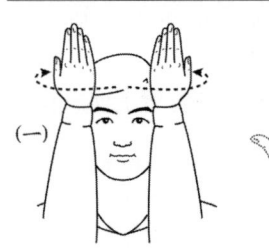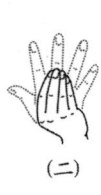

布朗族 Bùlǎngzú
（一）双手直立，掌心向内，五指并拢，置于前额，然后沿头两侧移动，仿布朗族头饰。
（二）一手五指张开，指尖朝上，然后撮合。

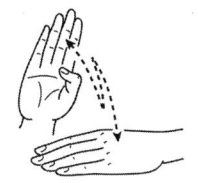

布隆迪 Bùlóngdí
左手横伸；右手打手指字母"B"的指式，表示布隆迪英文国名的首字母，拍两下左手背。
（此为国外聋人手语）

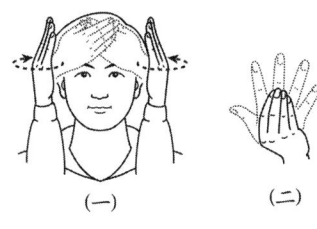

布依族 Bùyīzú
（一）双手五指并拢，掌心向内，交叉相搭，贴于前额，然后向两侧移动再折而向后移动，掌心相对，仿布依族头饰。
（二）一手五指张开，指尖朝上，然后撮合。

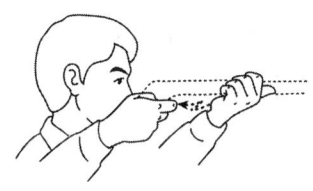

步枪（射击） bùqiāng (shèjī)
双手如托步枪状，右手食指连续做勾动扳机的动作。
（可根据实际表示射击的状态）

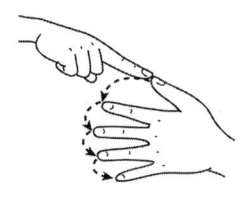

步骤（程序、顺序、依次）
bùzhòu (chéngxù、shùnxù、yīcì)
左手横立，掌心向内，五指张开；右手伸食指，从左手拇指依次向下点至小指。

部 bù
一手打手指字母"B"的指式，表示机构名称。

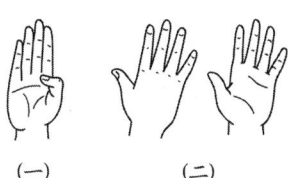

部队 bùduì
（一）一手打手指字母"B"的指式。
（二）双手直立，五指张开，一前一后排成一列。

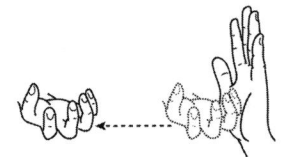

部分 bù·fen

左手直立,掌心向右,五指张开;右手五指弯曲,指尖朝上,从左手旁向右移动。

部落 bùluò

一手五指弯曲,指尖朝下,在身前不同位置按动几下。

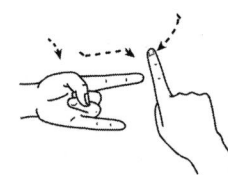

部首 bùshǒu

左手打手指字母"Z"的指式;右手伸食指,指尖朝前,在左手上书空"、""一""丿"笔画。

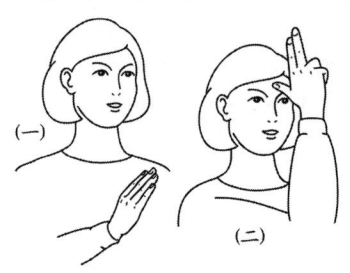

部长 bùzhǎng

(一)右手打手指字母"B"的指式,虎口贴于左胸部,表示职务名称。

(二)一手伸拇、食、中指,拇指尖抵于前额,食、中指直立并拢。

C

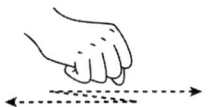

擦　cā
　　一手虚握,手背向上,平行来回移动。
　　(可根据实际表示擦的动作)

擦子　cā·zi
　　左手斜伸,掌心向前上方;右手虚握,在左手掌心上擦两下。
　　(可根据实际表示擦蔬菜丝的动作)

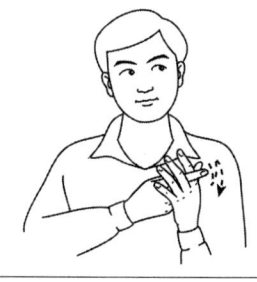

猜(猜测)　cāi(cāicè)
　　左手直立,手背向外,五指张开;右手食指在左手食、中指指缝间点动两下,面露思考的表情。

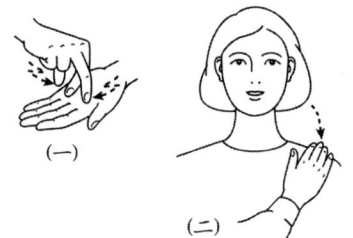

财务　cáiwù
　　(一)左手横伸;右手伸拇、食、中指,指尖朝下,在左手掌心上做打算盘的动作。
　　(二)右手拍一下左肩。

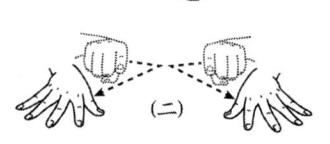

财物(财产)　cáiwù(cáichǎn)
　　(一)左手拇、食指捏成圆形,虎口朝上;右手伸食指,敲一下左手拇指。
　　(二)双手食指指尖朝前,手背向上,先互碰一下,再分开并张开五指。

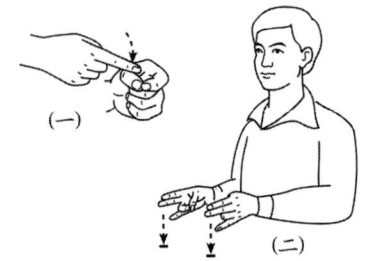
财政 cáizhèng
（一）左手拇、食指捏成圆形，虎口朝上；右手伸食指，敲一下左手拇指。
（二）双手打手指字母"ZH"的指式，指尖朝前，向下一顿。

裁缝 cái·feng
（一）左手平伸，掌心向下；右手食、中指分开，沿左手边缘做裁剪的动作。
（二）双手平伸，掌心向下，边颤动边向前移动。

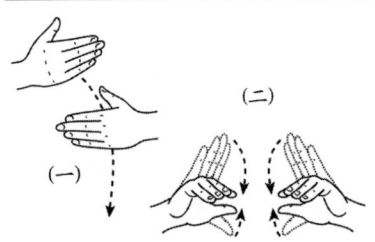
裁减 cáijiǎn
（一）双手横立；右手在左手掌心内向下刮一下。
（二）双手直立，掌心向斜前方，拇指张开，其他四指向下弯动，表示减少。

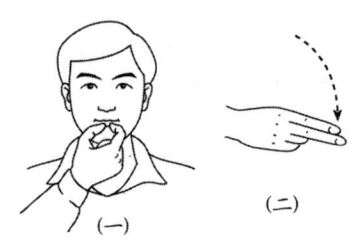
裁判 cáipàn
（一）一手拇、食指相捏如捏哨子状，放在嘴边做吹哨子的动作。
（二）一手食、中指并拢，向下一挥。

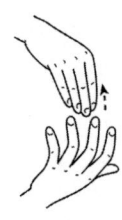
采（采取） cǎi（cǎiqǔ）
左手五指微曲，掌心向上；右手五指在左手指尖上向上揪一下。
（可根据实际表示采的动作）

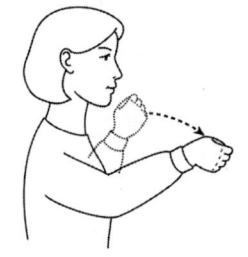
采访 cǎifǎng
一手虚握，虎口朝上，先置于嘴前，再向外移出，如记者持话筒采访状。
（可根据实际决定手的移动方向）

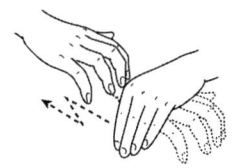

采矿（挖掘、发掘） cǎikuàng (wājué、fājué)

左手横伸，手背拱起；右手五指微曲，掌心向下，在左手掌心下向后刨动两下，表示采矿。

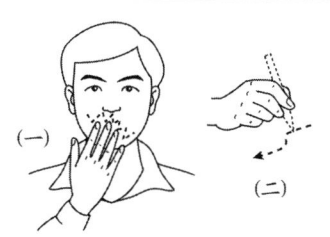

彩笔 cǎibǐ

（一）一手直立，掌心向内，五指张开，在嘴唇部交替点动。
（二）一手如执笔写字状。

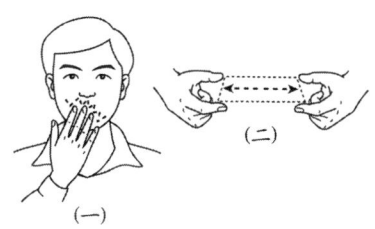

彩票 cǎipiào

（一）一手直立，掌心向内，五指张开，在嘴唇部交替点动。
（二）双手拇、食指张开，指尖相对，虎口朝上，从中间向两侧移动。

彩云 cǎiyún

（一）一手直立，掌心向内，五指张开，在嘴唇部交替点动。
（二）双手平伸，掌心向下，五指张开，在头前上方交替平行转动两下。

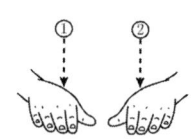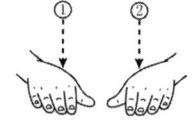

踩（跺） cǎi (duò)

双手平伸，掌心向下，先后做踩的动作。
（可根据实际表示踩的动作）

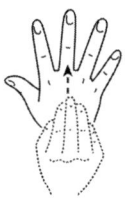

菜（蔬菜、华） cài (shūcài、Huá)

一手五指撮合，指尖朝上，边向上微移边张开，表示蔬菜时重复一次；也用于表示姓氏"华"。

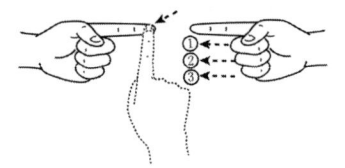

菜单❶（下拉菜单） càidān❶ (xiàlācàidān)

左手食指横伸，手背向外；右手食指点一下左手食指尖，然后在左手旁依次伸出中、无名、小指，表示计算机中的文件菜单。

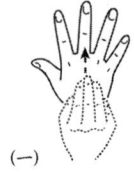 

菜花①（花菜①、花椰菜①） càihuā① (huācài①、huāyēcài①)

（一）一手五指撮合，指尖朝上，边向上微移边张开。

（二）左手五指微曲张开，指尖朝上；右手五指撮合，指尖朝下，在左手各指指尖上点几下，仿菜花形状。

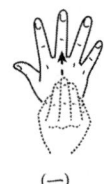 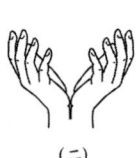

菜花②（花菜②、花椰菜②） càihuā② (huācài②、huāyēcài②)

（一）一手五指撮合，指尖朝上，边向上微移边张开。

（二）双手五指弯曲，指尖朝上，手腕相挨，仿菜花形状。

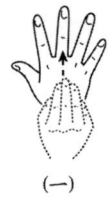 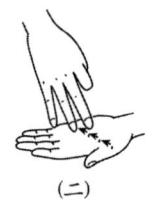

菜谱（菜单❷） càipǔ (càidān❷)

（一）一手五指撮合，指尖朝上，边向上微移边张开。

（二）左手横伸；右手伸中、无名、小指，指尖朝下，在左手掌心上从上向下点几下。

（此手势表示饭店提供的菜单）

菜薹 càitái

（一）一手五指撮合，指尖朝上，边向上微移边张开。

（二）左手食指直立；右手打手指字母"T"的指式，拇、中、无名指指尖抵于左手食指，然后向前微转一下。

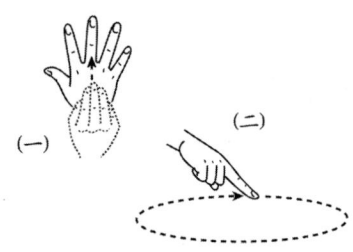

菜园 càiyuán

（一）一手五指撮合，指尖朝上，边向上微移边张开。

（二）一手伸食指，指尖朝下划一大圈。

参观（视察、考察、观察）
cānguān (shìchá, kǎochá, guānchá)
　一手食、中指分开，指尖朝前，手背向上，在面前转动半圈，目光随之移动。

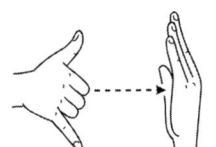

参加（出席） cānjiā (chūxí)
　左手直立，掌心向右；右手伸拇、小指，移至左手掌心。

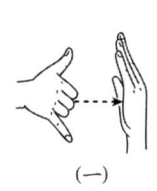 

参军 cānjūn
　（一）左手直立，掌心向右；右手伸拇、小指，移至左手掌心。
　（二）右手横伸，掌心向下，置于前额，表示军帽帽檐。

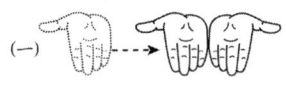
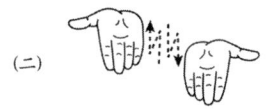

参考 cānkǎo
　（一）双手平伸，掌心向上，左手不动，右手移向左手并相碰。
　（二）双手平伸，掌心向上，上下交替移动。

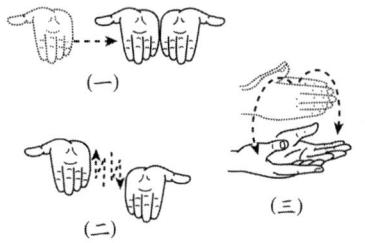

参考书 cānkǎoshū
　（一）双手平伸，掌心向上，左手不动，右手移向左手并相碰。
　（二）双手平伸，掌心向上，上下交替移动。
　（三）双手侧立，掌心相贴，然后向两侧打开。

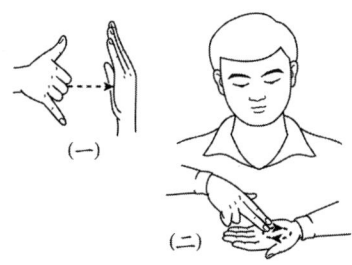

参谋 cānmóu
　（一）左手直立，掌心向右；右手伸拇、小指，移至左手掌心。
　（二）左手横伸；右手伸拇、食、中指，食、中指并拢，在左手掌心上转动两下。

参赞 cānzàn

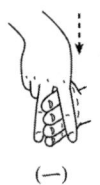
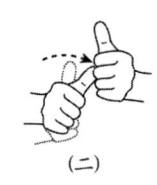

（一）左手侧立；右手食、中指分开，指尖朝下，插向左手。
（二）双手伸拇指，左手在上不动，右手向左转动，拇指靠向左手掌心。

参照物（参照系） cānzhàowù (cānzhàoxì)

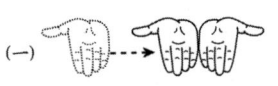
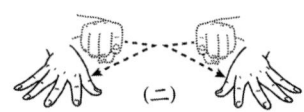

（一）双手平伸，掌心向上，左手不动，右手移向左手并相碰。
（二）双手食指指尖朝前，手背向上，先互碰一下，再分开并张开五指。

残奥会 Cán'àohuì

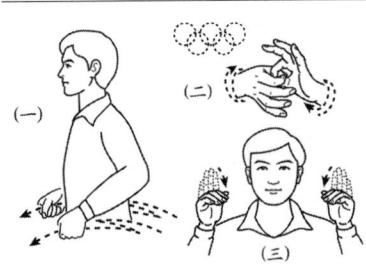

（一）双手虚握，虎口朝前，在腰部两侧做向前转动轮子的动作。
（二）双手拇、食指套环，其他三指微曲，向右侧微移，边转腕边做一次套环动作，然后向下微移，再边转腕边做一次套环动作，表示奥林匹克五环标志。
（三）双手直立，掌心分别向左右斜前方，食、中、无名、小指弯动一下。

残疾人① cánjírén ①

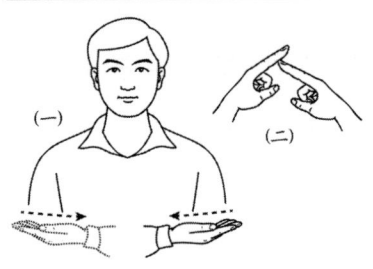

（一）双手横伸，掌心向上，交替在对侧上臂划一下，表示肢体不健全。
（二）双手食指搭成"人"字形。
（此手势适用于国内场合）

残疾人②（肢残人①） cánjírén ② (zhīcánrén ①)

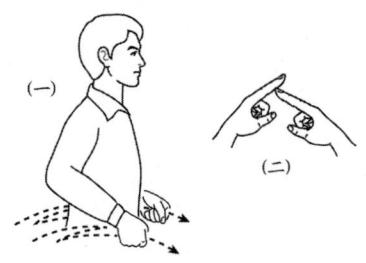

（一）双手虚握，虎口朝前，在腰部两侧做向前转动轮子的动作。
（二）双手食指搭成"人"字形。
（此手势适用于国际场合）

残疾人代步车 cánjíréndàibùchē

（一）双手横伸，掌心向上，交替在对侧上臂划一下，表示肢体不健全。
（二）双手食指搭成"人"字形。
（三）双手虚握，虎口左右相对，手背向外，边向下转动一下手腕边向前移动。

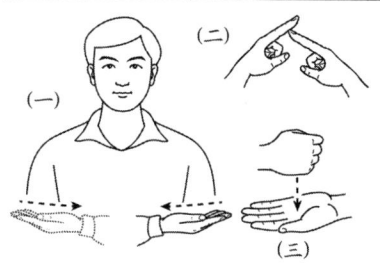

残疾人证　cánjírénzhèng

（一）双手横伸，掌心向上，交替在对侧上臂划一下，表示肢体不健全。
（二）双手食指搭成"人"字形。
（三）左手横伸；右手虚握，虎口朝上，在左手掌心上砸一下，如盖章状。

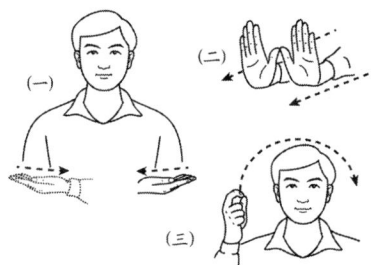

残疾预防日　Cánjíyùfángrì

（一）双手横伸，掌心向上，交替在对侧上臂划一下，表示肢体不健全。
（二）双手直立，掌心向外一推。
（三）右手拇、食指捏成圆形，虎口朝内，从右向左做弧形移动，越过头顶。

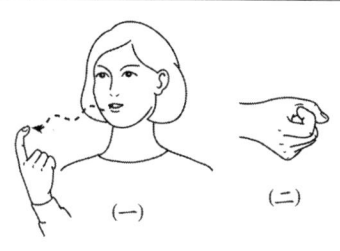

蚕豆　cándòu

（一）一手伸食指，指尖朝内，从嘴部向外做波纹状移动，表示蚕丝。
（二）一手拇、食指捏成小圆形，虎口朝上，如蚕豆大小。

惭愧　cánkuì

一手伸小指，指尖朝鼻尖点两下，面露愧疚的表情，头微低。

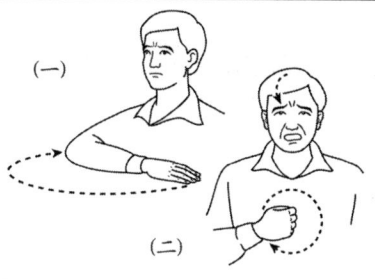

惨景　cǎnjǐng

（一）一手横伸，掌心向下，五指并拢，齐胸部从一侧向另一侧做大范围的弧形移动。
（二）一手虚握，手背向外，贴于胸部，转动一圈，头微低，面露难受的表情。

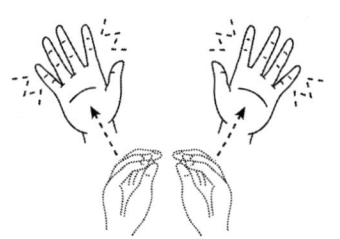

灿烂（辉煌）　cànlàn (huīhuáng)

双手五指撮合，指尖相对，然后边张开边抖动，并向两侧上方移动。

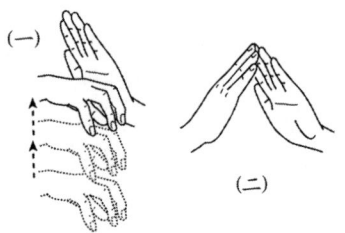

仓储 cāngchǔ
（一）双手搭成"∧"形。
（二）左手斜伸，掌心向右下方；右手五指弯曲，指尖朝下，在左手内从下向上一顿一顿移动几下，表示码放的物资。

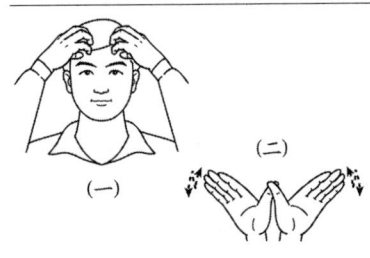

仓库 cāngkù
（一）左手斜伸，掌心向右下方；右手五指弯曲，指尖朝下，在左手内从下向上一顿一顿移动几下，表示码放的物资。
（二）双手搭成"∧"形。

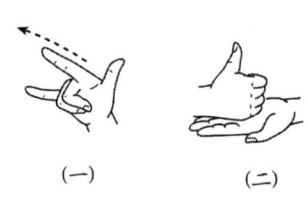

苍蝇 cāng·ying
（一）双手五指弯曲，指尖抵于额部，表示苍蝇的眼睛。
（二）双手拇指相搭，其他四指扇动，如苍蝇飞行状。

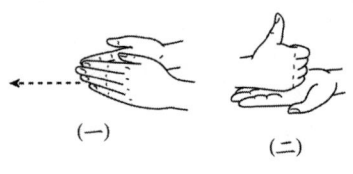

舱位① cāngwèi①
（一）一手伸拇、食、小指，手背向上，从低向高移动，如飞机起飞状。
（二）左手横伸；右手伸拇指，置于左手掌心上。

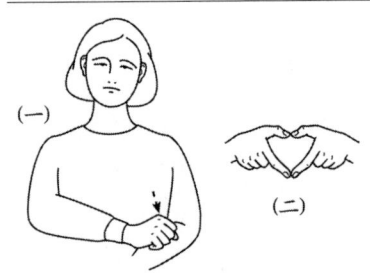

舱位② cāngwèi②
（一）双手斜立，指尖相抵，向前移动，如船向前行驶状。
（二）左手横伸；右手伸拇指，置于左手掌心上。

操心（费心、累心） cāoxīn（fèixīn、lèixīn）
（一）右手握拳，手背向上，捶一下左肘窝处，面露疲劳的表情。
（二）双手拇、食指张开仿"♡"形，手背向外，置于胸部。

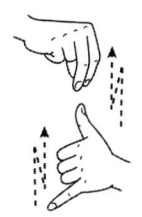

操纵（摆布） cāozòng (bǎi·bù)

左手伸拇、小指；右手拇、食、中指相捏，在左手上方向上移动两下，左手随之向上移动两下。

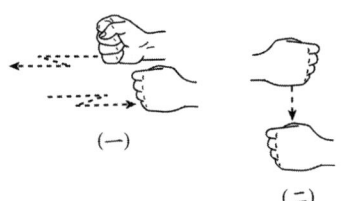

操作 cāozuò

（一）双手虚握，虎口朝上，前后交替扳动几下。
（二）双手握拳，一上一下，右拳向下砸一下左拳。
（可根据实际表示操作的样子）

曹 Cáo

一手打手指字母"C"的指式，指尖抵于脸颊一侧，表示姓氏"曹"。

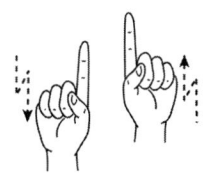

草 cǎo

双手食指直立，手背向内，上下交替动几下。

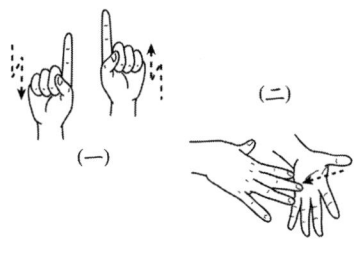

草稿（草案） cǎogǎo (cǎo'àn)

（一）双手食指直立，手背向内，上下交替动几下。
（二）左手斜伸，掌心向后上方，五指张开；右手平伸，掌心向下，五指张开，在左手掌心上从上向下移动。

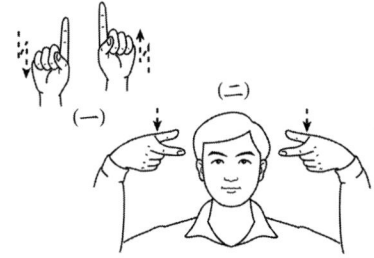

草帽 cǎomào

（一）双手食指直立，手背向内，上下交替动几下。
（二）双手拇、食指成大圆形，虎口朝上，在头两侧向下微动一下。

草莓 cǎoméi

（一）双手食指直立，手背向内，上下交替动几下。
（二）左手五指撮合，指尖朝上，仿草莓的形状；右手五指弯曲，指尖在左手指背上点几下，表示草莓上的小黑点。

草拟 cǎonǐ

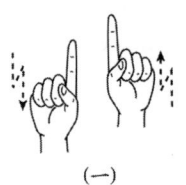 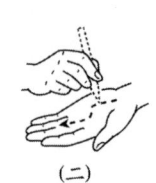

（一）双手食指直立，手背向内，上下交替动几下。
（二）左手横伸；右手如执笔状，在左手掌心上做写字的动作。

草坪 cǎopíng

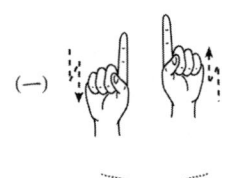

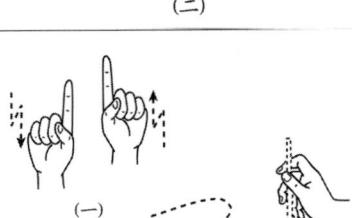

（一）双手食指直立，手背向内，上下交替动几下。
（二）双手五指并拢，掌心向下，交叉相搭，然后分别向两侧移动。

草书 cǎoshū

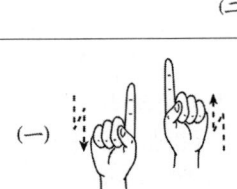

（一）双手食指直立，手背向内，上下交替动几下。
（二）一手如执毛笔写草书状。

草鱼 cǎoyú

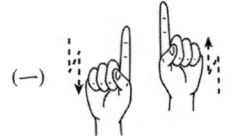

（一）双手食指直立，手背向内，上下交替动几下。
（二）一手横立，手背向外，向一侧做曲线形移动（或一手侧立，向前做曲线形移动），如鱼游动状。

草原 cǎoyuán

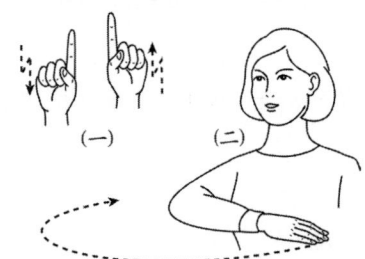

（一）双手食指直立，手背向内，上下交替动几下。
（二）一手横伸，掌心向下，五指并拢，齐胸部从一侧向另一侧做大范围的弧形移动。

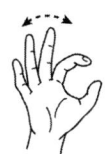

厕所（卫生间） cèsuǒ (wèishēngjiān)

一手拇、食指弯曲，其他三指直立，掌心向前，左右微晃。

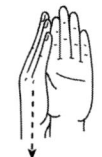

侧面 cèmiàn

左手直立，掌心向外；右手直立，掌心贴于左手拇指，从上向下动一下。

侧身 cèshēn

身体向右微转，右手在左臂处从上向下划动一下。

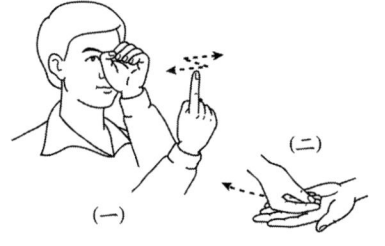

测绘 cèhuì

（一）左手虚握，虎口朝内，贴于眼部；右手食指直立，在左手前左右移动，模仿测量的动作。

（二）左手横伸；右手五指撮合，指背在左手掌心上抹一下。

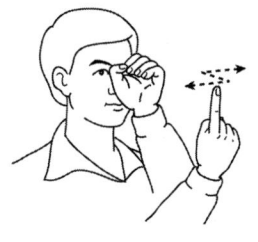

测量① cèliáng ①

左手虚握，虎口朝内，贴于眼部；右手食指直立，在左手前左右移动，模仿测量的动作。

（可根据实际表示测量的动作）

测量② cèliáng ②

双手拇、食指相捏，指尖相对，左手不动，右手向一侧（可向右、向上、向下）拉动。既表示测量工具尺，又表示用尺子测量的意思。

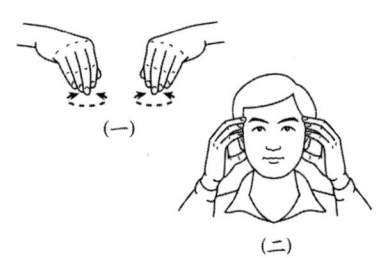

测听　cètīng

（一）双手五指指尖朝下，做拧旋钮的动作，如操作测听仪状。

（二）双手五指微曲，分别扣在两耳上，表示戴着耳机。

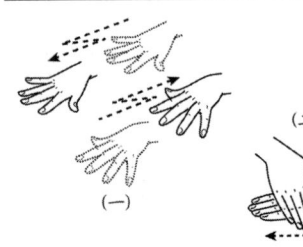

策划　cèhuà

（一）双手平伸，掌心向下，五指张开，前后交替移动两下，面露思考的表情。

（二）左手横伸，掌心向下；右手食、中、无名、小指并拢，指尖朝下，沿左手小指外侧划一下。

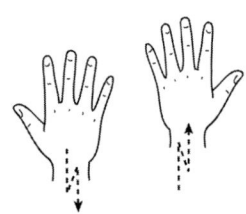

参差不齐①　cēncī-bùqí ①

双手直立，掌心向内，五指张开，上下交替微移几下，表示物体高低参差不齐。

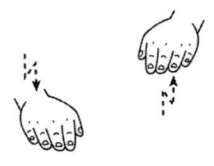

参差不齐②　cēncī-bùqí ②

双手平伸，掌心向下，上下交替微移几下，表示水平参差不齐。

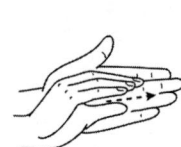

蹭　cèng

左手侧立；右手五指成"冂"形，虎口贴于左手掌心，向前蹭一下。

（可根据实际表示蹭的动作）

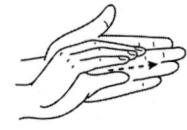

叉　chā

一手食、中、无名指分开，指尖朝下一叉，再向上一挑，如用叉叉物状。

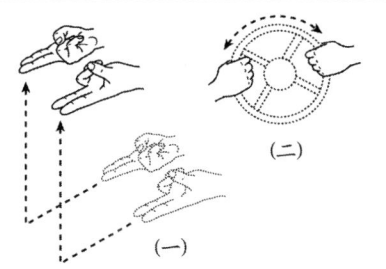

叉车 chāchē
（一）双手食、中指并拢，指尖朝前，手背向下，向前移动一下再抬起，如叉车工作状。
（二）双手虚握，左右转动，如操纵方向盘状。

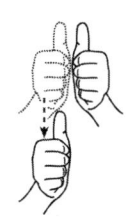

差（差距） chā (chājù)
双手伸拇指，左手不动，右手向下移动一下。

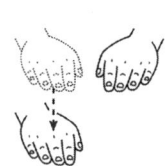

差别（不平等） chābié (bùpíngděng)
双手平伸，掌心向下，左手不动，右手向下一沉。

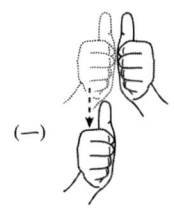 

差额 chā'é
（一）双手伸拇指，左手不动，右手向下移动一下。
（二）一手直立，掌心向内，五指张开，交替点动几下。
（此手势表示相差的数额）

 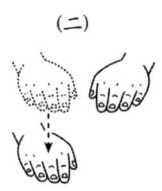

差价 chājià
（一）左手拇、食指捏成圆形，虎口朝上；右手伸食指，敲一下左手拇指。
（二）双手平伸，掌心向下，左手不动，右手向下一沉。

插（安插） chā (ānchā)
左手直立，掌心向右；右手横立，掌心向内，插入左手中、无名指指缝间。
（可根据实际表示插的动作）

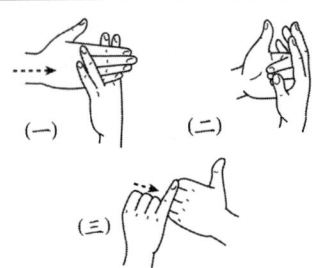

插班生 chābānshēng

（一）左手直立，掌心向右；右手横立，掌心向内，插入左手中、无名指指缝间。

（二）左手伸拇指，手背向外；右手直立，掌心向左，五指微曲，贴于左手。

（三）左手伸拇指，手背向外；右手伸小指，小指外侧在左手食、中、无名、小指指背上碰一下。

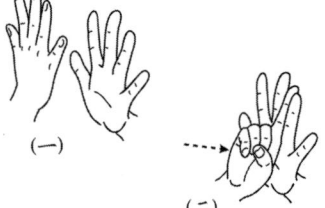

插队（加塞儿） chāduì (jiāsāir)

（一）双手直立，五指张开，一前一后排成一列。

（二）左手直立，掌心向右，五指张开；右手食指直立，插入左手中、无名指指缝间。

（可根据实际表示插队的情况）

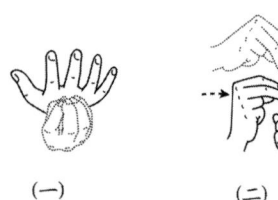

插花 chāhuā

（一）一手五指撮合，指尖朝上，然后张开。

（二）左手食指直立；右手拇、食、中指相捏，在左手食指上随意插几下。

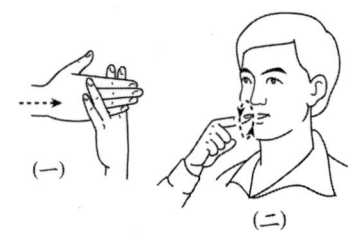

插话（插叙） chāhuà (chāxù)

（一）左手直立，掌心向右；右手横立，掌心向内，插入左手中、无名指指缝间。

（二）一手食指横伸，在嘴前前后转动两下。

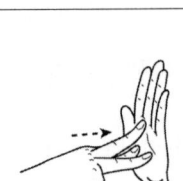

插头 chātóu

左手直立，掌心向右；右手食、中、无名指分开成三角形，移至左手掌心，仿三相插头（表示两相插头时，右手食、中指分开，移至左手掌心）。

插销 chāxiāo

左手直立，掌心向外；右手食指横伸，在左手背处从右向左移动一下。

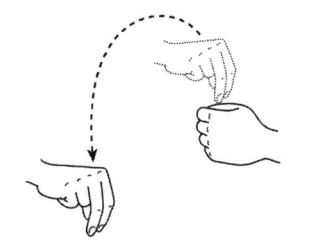

插秧 chāyāng

左手虚握,虎口朝上,如持秧苗状;右手拇、食、中指相捏,在左手拇指处向外揪一下,然后向下插,如插秧状。

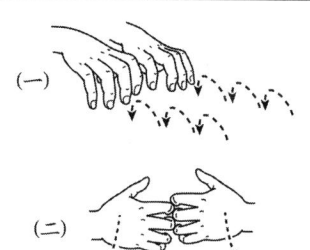

插秧机 chāyāngjī

(一)双手五指弯曲,掌心向下,从前向后点动几下,如插秧机工作状。
(二)双手五指弯曲,食、中、无名、小指关节交错相触,向下转动一下。

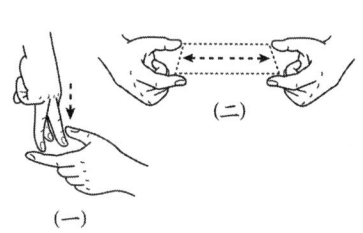

插座 chāzuò

(一)左手拇、食指成"⊏"形,虎口朝上;右手食、中、无名指分开成三角形,指尖朝下,插入左手虎口内。
(二)双手拇、食指张开,指尖相对,虎口朝上,从中间向两侧移动,如插座大小。
(可根据实际表示插座)

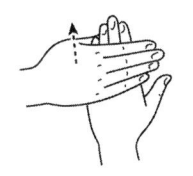

茶(绿、叶①、茶叶①) chá (lǜ、yè①、cháyè①)

左手食、中、无名、小指并拢,指尖朝右上方,手背向外;右手五指向上捋一下左手四指。

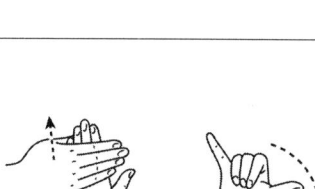

茶壶 cháhú

(一)左手食、中、无名、小指并拢,指尖朝右上方,手背向外;右手五指向上捋一下左手四指。
(二)一手伸拇、小指,指尖朝上,手背向内,然后拇指尖朝下,如倒水状。

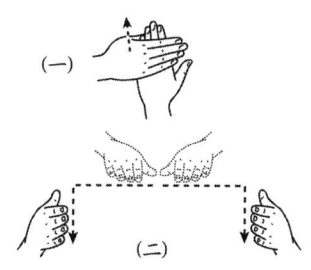

茶几 chájī

(一)左手食、中、无名、小指并拢,指尖朝右上方,手背向外;右手五指向上捋一下左手四指。
(二)双手平伸,掌心向下,先从中间向两侧平移,再折而下移成"⊓"形,如茶几状。

茶叶② cháyè②

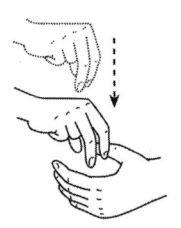

左手五指成半圆形,虎口朝上;右手拇、食、中指相捏,指尖朝下,边移向左手虎口边分开,模仿向杯中放茶叶的动作。

查处 cháchǔ

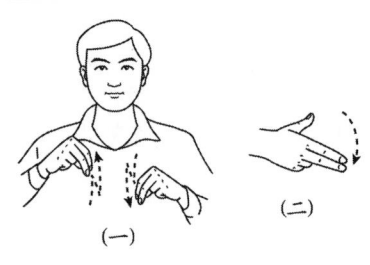

(一)双手拇、食、中指相捏,指尖朝下,上下交替动两下。
(二)一手伸拇、食、中指,食、中指并拢,向下一挥。

查封 cháfēng

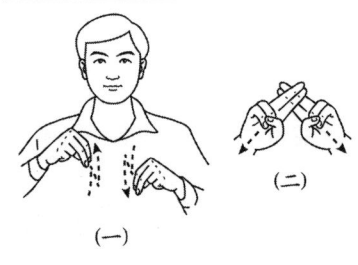

(一)双手拇、食、中指相捏,指尖朝下,上下交替动两下。
(二)双手食、中指并拢,掌心向外,搭成"×"形,然后向两侧斜下方移动。

查询 cháxún

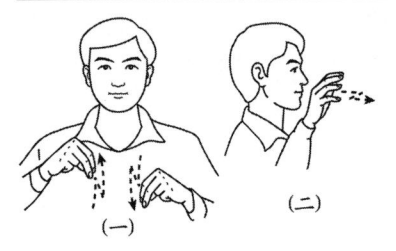

(一)双手拇、食、中指相捏,指尖朝下,上下交替动两下。
(二)一手五指微曲,掌心向外,从嘴前向外微移两下。

查账 cházhàng

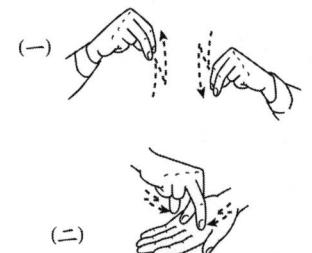

(一)双手拇、食、中指相捏,指尖朝下,上下交替动两下。
(二)左手横伸;右手伸拇、食、中指,指尖朝下,在左手掌心上做打算盘的动作。

搽 chá

左手横伸;右手食、中指并拢,在左手背上抹几下,如搽护肤霜状。
(可根据实际表示搽的动作)

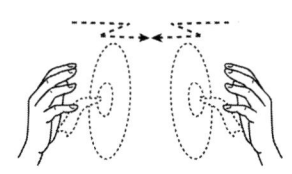

镲　chǎ
　　双手五指弯曲,掌心左右相对,从两侧向中间互碰两下,模仿打镲的动作。既表示镲的名词意思,又表示打镲的意思。

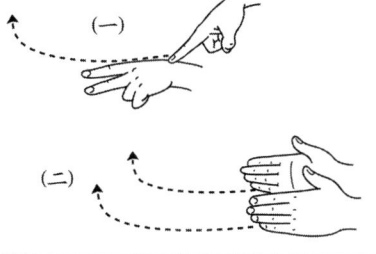

岔路　chàlù
　　(一)左手食、中指分开,指尖朝前,手背向上;右手伸食指,指尖朝下,从左手背移至食指根部,再沿食指向右移动。
　　(二)双手侧立,向右前方移动。
　　(可根据实际表示岔路的情况)

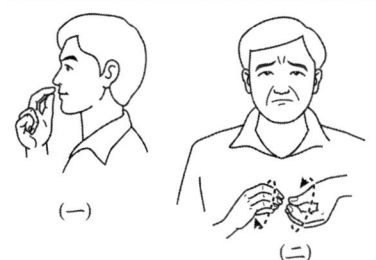

岔气　chàqì
　　(一)一手打手指字母"Q"的指式,指尖朝内,置于鼻孔处。
　　(二)双手五指撮合,指尖斜向相对,前后反向拧动。

差　chà
　　左手小指横伸;右手平伸,掌心向下,拍一下左手小指尖,面露不满的表情。

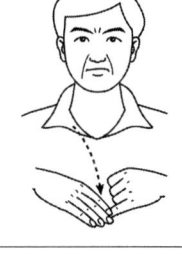

差不多(蓝①)　chà·buduō (lán①)
　　一手食、中指分开,指尖朝前,手背向上,交替点动几下。
　　("蓝"的手语存在地域差异,可根据实际选择使用)

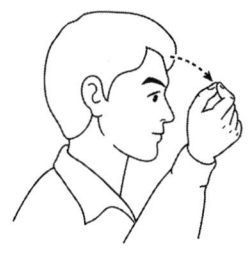

差点儿❶　chàdiǎnr❶
　　右手拇、食指相捏,指尖朝内,边从前额向外一甩边指尖朝左,表示侥幸没有错过时间的意思。

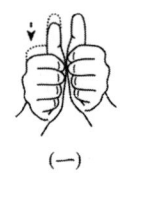

差点儿❷ chàdiǎnr❷

（一）双手伸拇指，靠在一起，左手不动，右手向下微动一下。

（二）一手拇、食指相捏，拇指尖微弹一下。

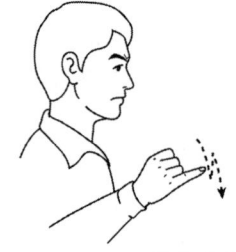

差劲 chàjìn

一手伸小指，指尖朝前，向下晃动几下，面露鄙夷的表情。

（可根据实际决定手指的朝向）

拆❷（拆解） chāi❷（chāijiě）

双手五指撮合，指尖左右相对，边从中间向两侧移动边张开，表示拆解东西。

（可根据实际表示拆的动作）

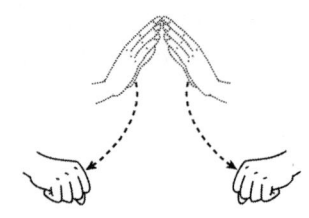

拆除 chāichú

双手搭成"∧"形，然后边向两侧下方移动边握拳，手背向上，如拆房子状，表示拆除大型物体。

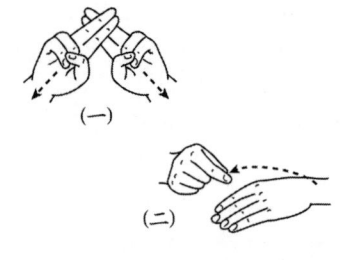

拆封 chāifēng

（一）双手食、中指并拢，掌心向外，搭成"×"形，然后向两侧斜下方移动。

（二）左手横伸；右手拇、食指相捏，在左手背上做撕扯胶条的动作。

（可根据实际表示拆封的动作）

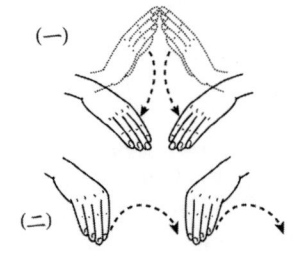

拆迁 chāiqiān

（一）双手先搭成"∧"形，然后同时向下移动，掌心向下。

（二）双手五指撮合，指尖朝下，从一侧向另一侧做弧形移动。

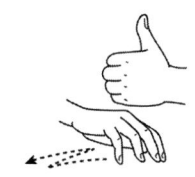
拆台 chāitái
左手伸拇指；右手五指微曲，指尖朝下，在左手下方向一侧刨动两下。

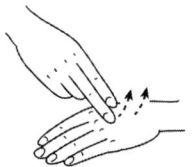
拆线 chāixiàn
左手横伸；右手食、中指并拢，在左手背上边向上挑动边向一侧微移，模仿拆线的动作。

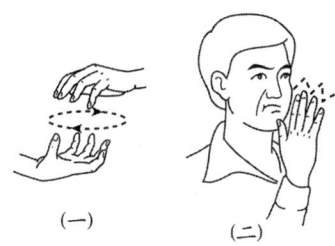
掺假 chānjiǎ
（一）双手五指弯曲，指尖上下相对，交替平行转动两下。
（二）右手直立，掌心向左，拇指尖抵于颊部，其他四指交替点动几下，面露怀疑的表情。

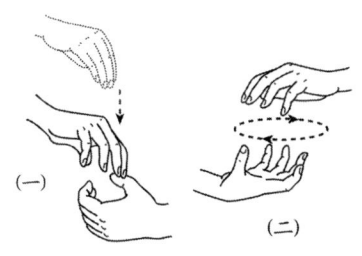
掺杂 chānzá
（一）左手五指成半圆形，虎口朝上；右手五指撮合，指尖朝下，向左手虎口做撒东西的动作。
（二）双手五指弯曲，指尖上下相对，交替平行转动两下。

搀（挎、挽） chān (kuà、wǎn)
一手握拳抬肘，模仿挽着他人手臂的动作。
（可根据实际表示搀的动作）

馋（羡慕） chán (xiànmù)
一手伸食指，指尖朝下，贴于嘴角向下划动，表示流口水。
（可根据实际表示馋的状态）

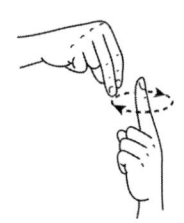
缠（绕、纠缠、拴、包扎） chán (rào、jiūchán、shuān、bāozā)
左手食指直立；右手拇、食、中指相捏，指尖朝下，在左手食指上绕两圈。
（可根据实际表示缠绕的动作）

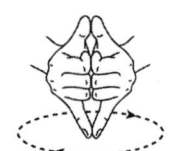
缠绵 chánmián
双手伸拇、小指，靠在一起，顺时针缓慢平行转动两圈，面露依恋不舍的表情。

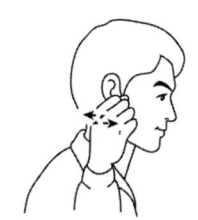
蝉（知了） chán (zhīliǎo)
右手虚握，虎口朝上，在耳边晃动几下，表示听手中蝉的鸣叫声。

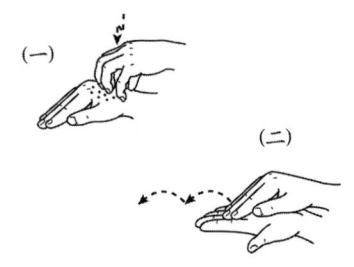
蟾蜍（癞蛤蟆） chánchú (làihá·ma)
（一）右手平伸，手背拱起；左手五指微曲，指尖朝下，在右手背上点几下。
（二）左手平伸；右手平伸，手背拱起，置于左手掌心上，然后向前跳动，模仿蟾蜍跳跃的动作。

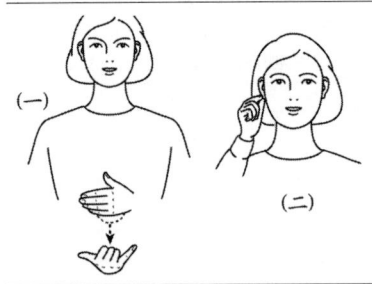
产妇 chǎnfù
（一）左手横立，五指微曲，置于腹前；右手伸拇、小指，手背向下，先置于左手掌心内，再向下移出。
（二）一手拇、食指捏一下耳垂。

产假 chǎnjià
（一）左手横立，五指微曲，置于腹前；右手伸拇、小指，手背向下，先置于左手掌心内，再向下移出。
（二）双手交叉，手背向外，贴于胸部，表示休息的意思。

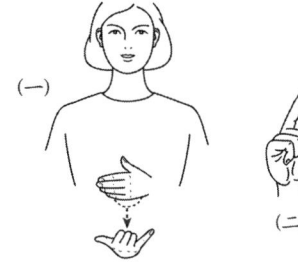
产科 chǎnkē
（一）左手横立，五指微曲，置于腹前；右手伸拇、小指，手背向下，先置于左手掌心内，再向下移出。
（二）一手打手指字母"K"的指式。

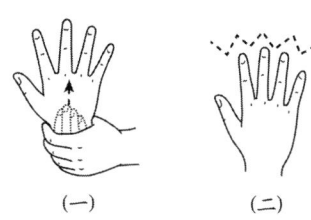
产量 chǎnliàng
（一）左手五指成半圆形，虎口朝上；右手五指撮合，指尖朝上，手背向外，边从左手虎口内伸出边张开。
（二）一手直立，掌心向内，五指张开，交替点动几下。

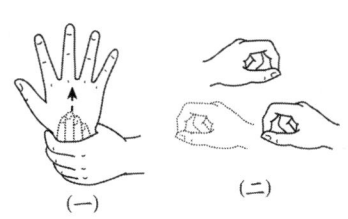
产品 chǎnpǐn
（一）左手五指成半圆形，虎口朝上；右手五指撮合，指尖朝上，手背向外，边从左手虎口内伸出边张开。
（二）双手拇、食指捏成圆形，虎口朝内，左手在上不动，右手在下连打两下，仿"品"字形。

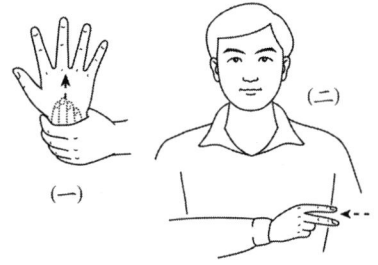
产值 chǎnzhí
（一）左手五指成半圆形，虎口朝上；右手五指撮合，指尖朝上，手背向外，边从左手虎口内伸出边张开。
（二）右手食、中指分开，手背向外，在左臂上向右横划一下。

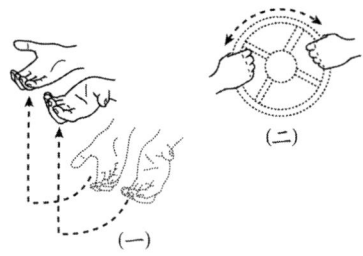
铲车 chǎnchē
（一）双手五指微曲，指尖朝前，掌心向外，边向前移动一下边转腕，指尖朝上，向上移动，如铲车工作状。
（二）双手虚握，左右转动，如操纵方向盘状。

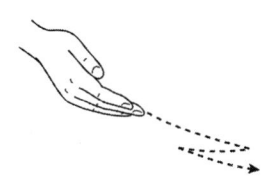
铲子 chǎn·zi
一手平伸，掌心向上，向前铲动几下，模仿用铲子铲东西的动作。

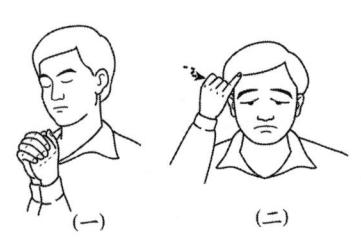

忏悔　chànhuǐ
（一）双手抱拳，头微低，闭眼。
（二）一手伸小指，指尖朝头一侧点两下，面露愧色。

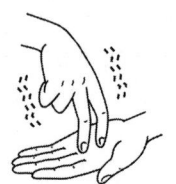

颤抖（哆嗦）　chàndǒu (duō·suo)
左手横伸；右手食、中指微曲，指尖抵于左手掌心，晃动几下。
（可根据实际表示颤抖的样子）

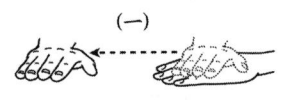

鲳鱼①（平鱼①）　chāngyú ①（píngyú ①）
（一）左手横伸；右手平伸，掌心向下，从左手背上向右移动一下。
（二）一手横立，手背向外，向一侧做曲线形移动（或一手侧立，向前做曲线形移动），如鱼游动状。

鲳鱼②（平鱼②）　chāngyú ②（píngyú ②）
一手伸拇、食、小指，手背向外，向一侧做曲线形移动。

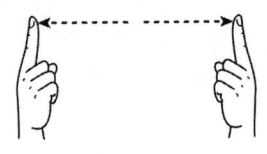

长　cháng
双手食指直立，指面相对，从中间向两侧拉开。
（可根据实际表示长的状态）

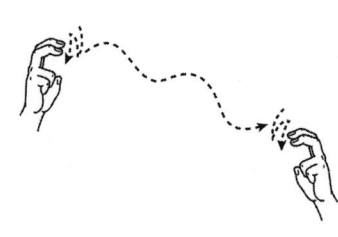

长城　Chángchéng
双手食、中指弯曲，边弯动边从中间向两侧做一高一低的起伏状移动，表示绵延起伏的长城形状。

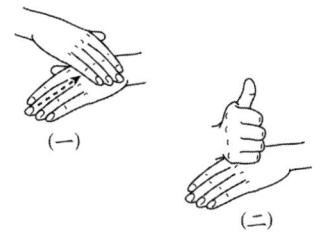

长春 Chángchūn
（一）左手横伸；右手平伸，从右向左摸一下左手背。
（二）左手横伸；右手伸拇指，置于左手背上。

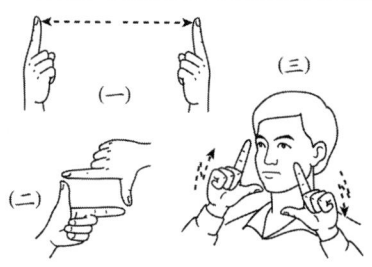

长方形 chángfāngxíng
（一）双手食指直立，指面相对，从中间向两侧拉开。
（二）双手拇、食指搭成"□"形。
（三）双手拇、食指成"⌊ ⌋"形，置于脸颊两侧，上下交替动两下。

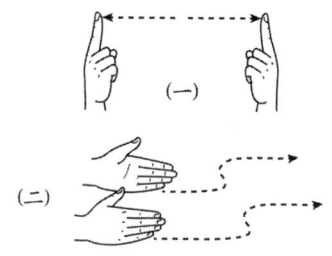

长江 Chángjiāng
（一）双手食指直立，指面相对，从中间向两侧拉开。
（二）双手侧立，掌心相对，相距宽些，向前做曲线形移动。

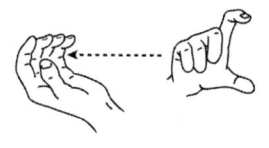

长焦镜头 chángjiāojìngtóu
右手拇、食指成"⊐"形，虎口朝内；左手五指成半圆形，指尖朝上，从右手前向前移动一下。

长颈鹿 chángjǐnglù
左手握住右手肘部；右手抬起，拇、中、无名指相捏，食、小指直立，向前点动两下。

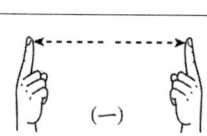

长廊 chángláng
（一）双手食指直立，指面相对，从中间向两侧拉开。
（二）双手搭成"∧"形，从内向外移动。
（可根据实际表示长廊的式样）

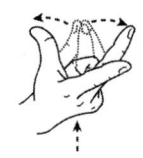

长沙　Chángshā
　　一手拇、食、中指相捏，指尖朝上，边向上微移边分开，重复一次。

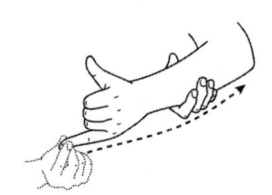

长筒袜　chángtǒngwà
　　左手伸拇、小指；右手拇、食指捏一下左手小指尖，然后右手五指成半圆形，指尖朝上，沿左手一直上移至左上臂，表示长筒袜。

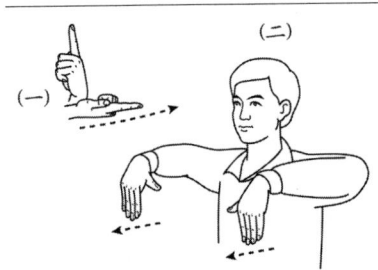

长途汽车　chángtúqìchē
　　（一）左手食指直立，不动；右手伸食指，指尖朝前，拇指尖按于食指根部，掌心向上，向前移动。
　　（二）双手食、中、无名、小指并拢，指尖朝下，从后向前移动，表示巴士汽车的反光镜。

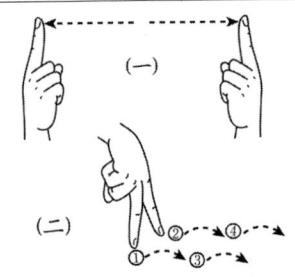

长征　chángzhēng
　　（一）双手食指直立，指面相对，从中间向两侧拉开。
　　（二）一手食、中指分开，指尖朝下，交替向前移动。

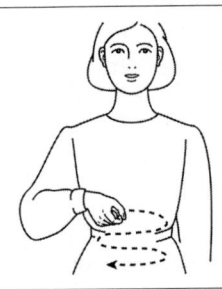

肠　cháng
　　一手拇、食指捏成小圆形，手背向外，置于下腹部，从右向左、从上向下做曲线形移动。

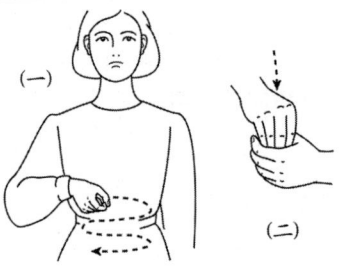

肠梗阻　chánggěngzǔ
　　（一）一手拇、食指捏成小圆形，手背向外，置于下腹部，从右向左、从上向下做曲线形移动。
　　（二）左手五指成圆形，虎口朝上；右手五指撮合，指尖朝下，插入左手虎口内。

常常（经常） chángcháng (jīngcháng)

一手食、中指直立并拢，掌心向外，向太阳穴碰两下。

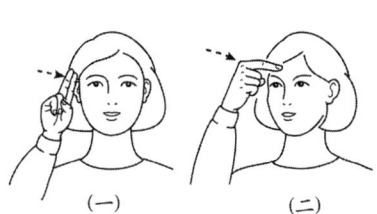

常识 chángshí

（一）一手食、中指直立并拢，掌心向外，向太阳穴碰一下。

（二）一手伸食指，点一下前额。

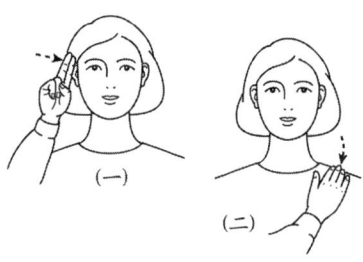

常委 chángwěi

（一）一手食、中指直立并拢，掌心向外，向太阳穴碰一下。

（二）右手拍一下左肩。

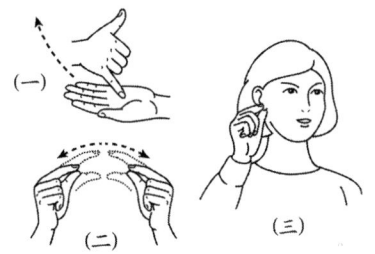

嫦娥 Cháng'é

（一）左手横伸；右手伸拇、小指，置于左手掌心上，双手同时向斜上方移动。

（二）双手拇、食指张开，指尖相对，虎口朝内，边从中间向两侧做弧形移动边相捏，如弯月状。

（三）一手拇、食指捏一下耳垂。

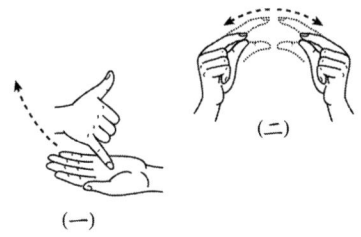

嫦娥奔月 Cháng'é bēnyuè

（一）左手横伸；右手伸拇、小指，置于左手掌心上，双手同时向斜上方移动。

（二）双手拇、食指张开，指尖相对，虎口朝内，边从中间向两侧做弧形移动边相捏，如弯月状。

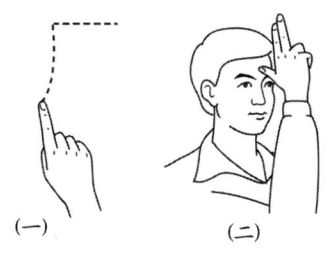

厂长 chǎngzhǎng

（一）一手伸食指，指尖朝前，书空"厂"字形。

（二）一手伸拇、食、中指，拇指尖抵于前额，食、中指直立并拢。

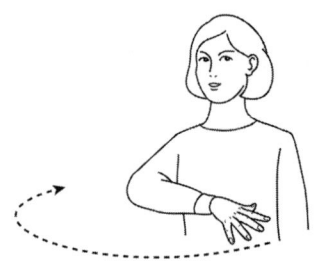

场面　chǎngmiàn
　　一手横伸,掌心向下,五指张开,从一侧向另一侧做弧形移动,头同时随手的移动而转动。

敞开　chǎngkāi
　　双手横立,掌心向内,然后向外打开,掌心相对。
（可根据实际表示敞开的状态）

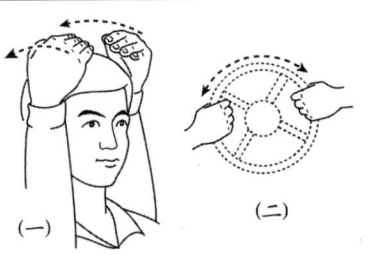

敞篷车　chǎngpéngchē
　　（一）双手横伸,掌心向下,五指并拢,置于头顶,然后向后移动一下,表示开启车顶上的天窗。
　　（二）双手虚握,左右转动,如操纵方向盘状。

畅所欲言　chàngsuǒyùyán
　　（一）左手横立;右手五指弯曲,掌心向上,从左手掌心内向外移出两下。
　　（二）一手食指横伸,在嘴前前后转动两下。

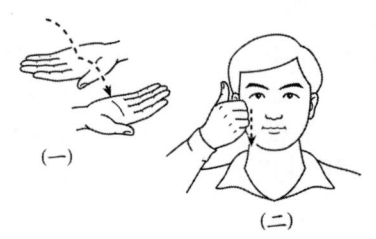

畅销　chàngxiāo
　　（一）双手横伸,右手背在左手掌心上拍一下,然后向外移动。
　　（二）一手食、中、无名、小指弯曲,指背贴于脸颊,向下一划。

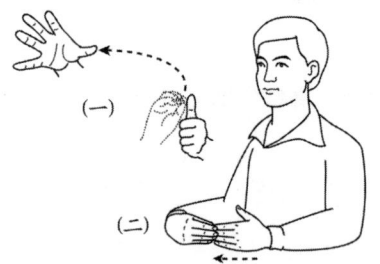

倡导（弘扬）　chàngdǎo（hóngyáng）
　　（一）左手伸拇指;右手五指撮合,指尖朝前,置于左手旁,然后边向前做弧形移动边张开,表示将好东西宣传出去。
　　（二）左手斜立,指尖朝右前方;右手捏住左手指尖,虎口朝上,双手同时向右前方移动。

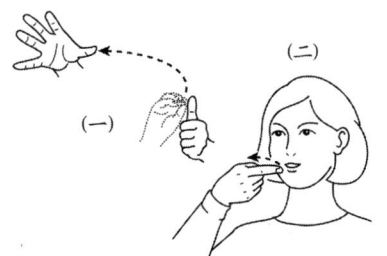

倡议　chàngyì
（一）左手伸拇指；右手五指撮合，指尖朝前，置于左手旁，然后边向前做弧形移动边张开，表示将好东西宣传出去。
（二）一手食指横伸，手背向外，从嘴部向前移出。

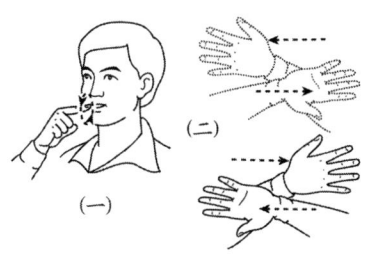

唱反调　chàng fǎndiào
（一）一手食指横伸，在嘴前前后转动两下。
（二）双手横立，掌心朝向一前一后，从两侧向中间移动，然后互换位置和掌心朝向，再从两侧向中间移动一下。

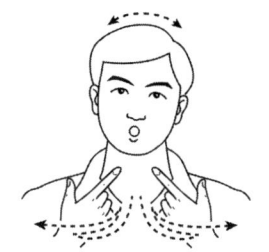

唱歌（歌唱）　chànggē（gēchàng）
双手伸拇、食指，食指尖对着喉部，然后同时向外移出两下，口张开，头随之左右晃动。
（可根据实际表示唱歌的样子）

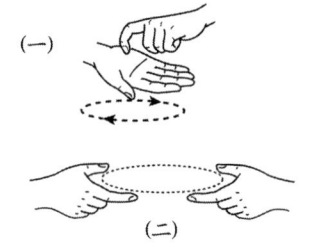

唱片　chàngpiàn
（一）左手食指弯曲，指尖朝下，抵于右手掌心上；右手横伸，顺时针转动两下。
（二）双手拇、食指成大圆形，虎口朝上。

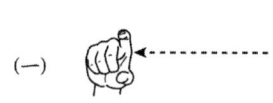

抄题　chāotí
（一）一手拇、食指张开，指尖朝前，向一侧移动一下。
（二）左手平伸；右手食、中、无名、小指并拢，拇指在下，从左手指尖向左手腕移动一下，同时五指撮合，眼睛注视右手的动作。

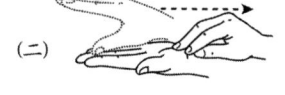

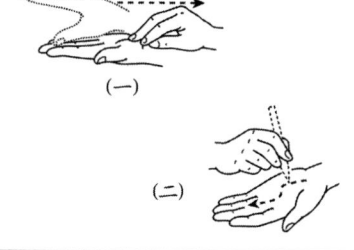

抄写　chāoxiě
（一）左手平伸；右手食、中、无名、小指并拢，拇指在下，从左手指尖向左手腕移动一下，同时五指撮合，眼睛注视右手的动作。
（二）左手横伸；右手如执笔状，在左手掌心上做写字的动作。

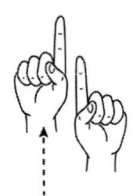

超（超过、超越） chāo（chāoguò、chāoyuè）

双手食指直立，掌心向外，左手不动，右手向上动一下。（可根据实际表示超过的动作）

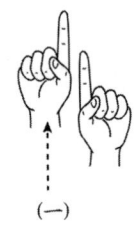 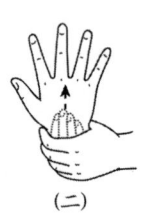

超产 chāochǎn

（一）双手食指直立，掌心向外，左手不动，右手向上动一下。

（二）左手五指成半圆形，虎口朝上；右手五指撮合，指尖朝上，手背向外，边从左手虎口内伸出边张开。

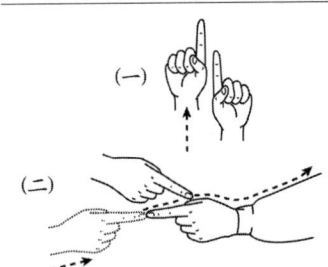

超导 chāodǎo

（一）双手食指直立，掌心向外，左手不动，右手向上动一下。

（二）双手伸食指，指尖左右相对，左手不动，右手食指移动并触到左手食指，然后向左手臂方向移动。

 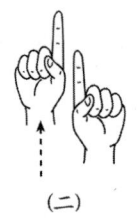

超额 chāo'é

（一）一手直立，掌心向内，五指张开，交替点动几下。

（二）双手食指直立，掌心向外，左手不动，右手向上动一下。

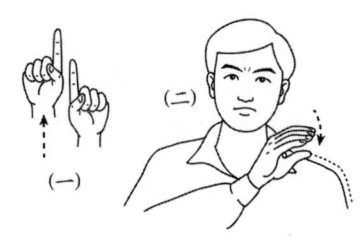

超负荷① chāofùhè ①

（一）双手食指直立，掌心向外，左手不动，右手向上动一下。

（二）右手五指成"⊐"形，压向左肩，左肩随之向左一歪。

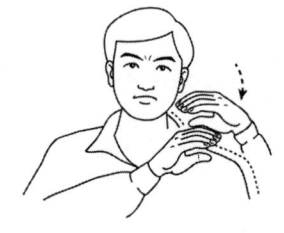

超负荷② chāofùhè ②

双手五指成"⊏⊐"形，上下相叠，置于左肩上，左肩随之向左一歪。

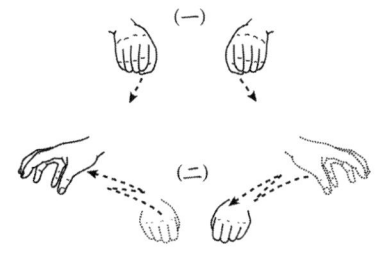

超市 chāoshì
（一）双手虚握，虎口左右相对，手背向上，向前移动一下，如推购物车状。
（二）双手五指弯曲，掌心向下，边交替从外向内移动边虚握，如往购物车里放选购的商品状。

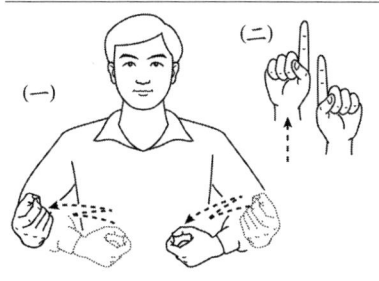

超支❶ chāozhī ❶
（一）双手拇、食指捏成圆形，虎口朝上，置于腰部两侧，交替向前甩动。
（二）双手食指直立，掌心向外，左手不动，右手向上动一下。

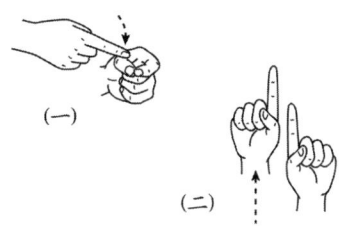

超支❷ chāozhī ❷
（一）左手拇、食指捏成圆形，虎口朝上；右手伸食指，敲一下左手拇指。
（二）双手食指直立，掌心向外，左手不动，右手向上动一下。

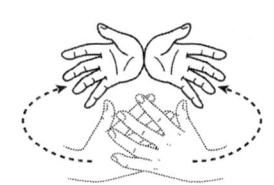

巢（窝） cháo（wō）
双手五指张开，手背向外，交叉相搭，向后做弧形移动，手腕靠拢，如鸟窝样子；专用于表示鸟兽、昆虫住的地方。

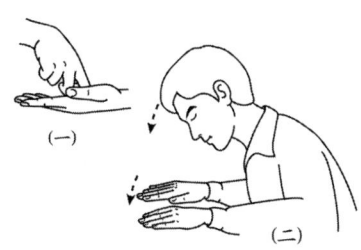

朝拜 cháobài
（一）左手横伸；右手食、中指弯曲，指背贴于左手掌心。
（二）双手直立，掌心向前，向前下方一按，双眼闭拢，身体随之前倾。

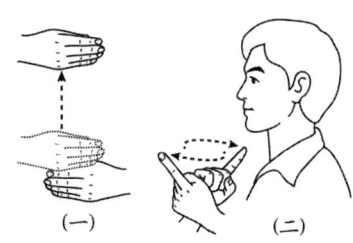

朝代 cháodài
（一）双手五指成"⊏⊐"形，虎口朝上，上下相叠，左手在下不动，右手向上移动，表示帝王的牌位，引申为朝代。
（二）双手伸食指，手腕交叉相贴，然后前后转动，互换位置。

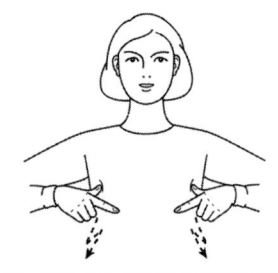

朝鲜① Cháoxiǎn ①
双手伸拇、食指，虎口朝上，置于胸两侧，然后向斜下方移动，重复一次，仿朝鲜族妇女的服装式样。
（此为中国聋人手语）

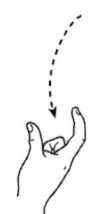

朝鲜② Cháoxiǎn ②
右手拇、食指张开，指尖朝上，虎口朝内，然后向左下方做弧形移动，表示朝鲜版图。
（此为国外聋人手语）

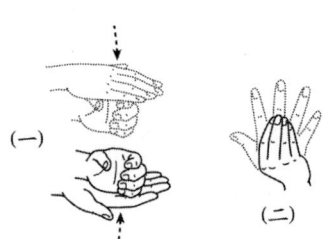

朝鲜族① Cháoxiǎnzú ①
（一）左手五指弯曲，虎口朝上；右手平伸，先拍一下左手虎口，再拍一下左手下缘。
（二）一手五指张开，指尖朝上，然后撮合。
（此为延边朝鲜族聋人手语）

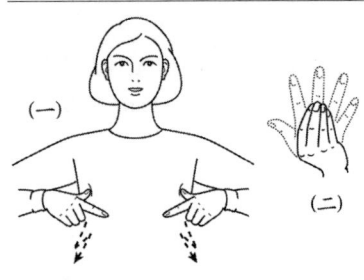

朝鲜族② Cháoxiǎnzú ②
（一）双手伸拇、食指，虎口朝上，置于胸两侧，然后向斜下方移动，重复一次，仿朝鲜族妇女的服装式样。
（二）一手五指张开，指尖朝上，然后撮合。
（此为中国其他民族聋人表示朝鲜族的手语）

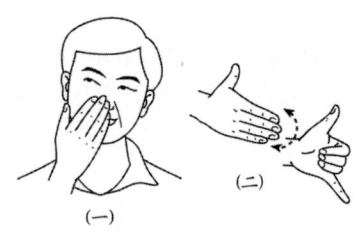

嘲弄（戏弄） cháonòng（xìnòng）
（一）一手捂着鼻子笑，面露讥讽的表情。
（二）左手伸拇、小指；右手侧立，在左手后左右扇动几下。

嘲笑（耻笑） cháoxiào（chǐxiào）
一手捂着鼻子笑，面露讥讽的表情。

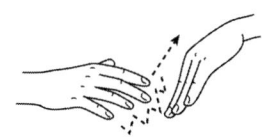
潮水（涨潮） cháoshuǐ (zhǎngcháo)
　　左手斜伸，手背向右上方；右手横伸，掌心向下，五指张开，边交替点动边沿左手背向上移动，表示涨潮。

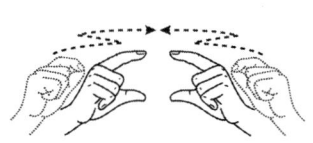
吵架（纠纷） chǎojià (jiūfēn)
　　双手拇、食指相捏，指尖左右相对，边从两侧向中间移动边开合几下，表示吵架。

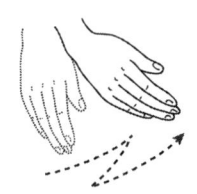
炒 chǎo
　　一手（或双手）五指微曲，指尖朝下，铲动几下，模仿炒菜的动作。
　　（可根据实际表示炒菜的动作）

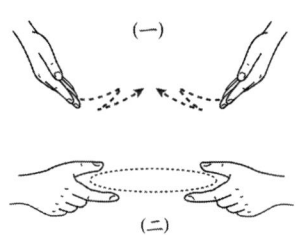
炒菜锅 chǎocàiguō
　　（一）双手五指微曲，指尖朝下，铲动几下，模仿炒菜的动作。
　　（二）双手拇、食指成大圆形，虎口朝上。

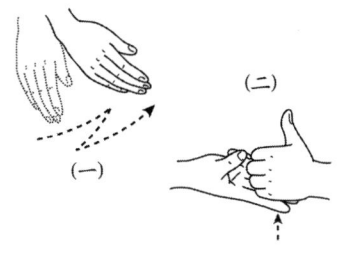
炒股 chǎogǔ
　　（一）一手五指微曲，指尖朝下，铲动几下，模仿炒菜的动作。
　　（二）左手伸拇指，手背向外；右手食、中指并拢，掌心向上，碰一下左手小鱼际处。

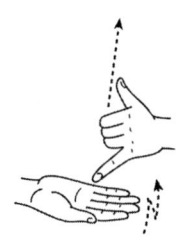
炒作 chǎozuò
　　左手伸拇、小指，手背向外；右手横伸，掌心向上，在左手下向上做扇动的动作，左手随之上升。

车床 chēchuáng

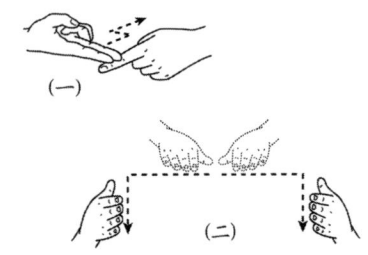

（一）左手食指横伸；右手食、中指并拢，指甲在左手食指上向左划动两下，如车刀工作状。

（二）双手平伸，掌心向下，先从中间向两侧平移，再折而下移成"冂"形。

车次 chēcì

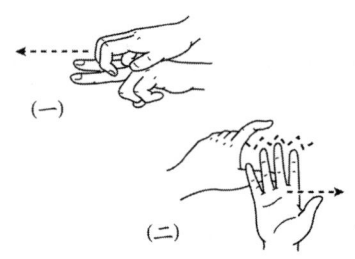

（一）左手食、中指分开，指尖朝前，手背向上；右手食、中指弯曲，指尖抵于左手食、中指上，并向前移动，如火车行驶状。

（二）左手拇、食指成"匚"形，虎口朝内；右手直立，手背向外，五指张开，在左手"匚"形内边从左向右移动边连续点动，表示一串数码。

车号 chēhào

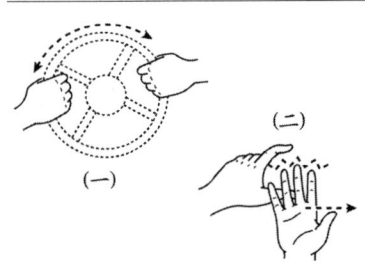

（一）双手虚握，左右转动，如操纵方向盘状。

（二）左手拇、食指成"匚"形，虎口朝内；右手直立，手背向外，五指张开，在左手"匚"形内边从左向右移动边连续点动，表示一串数码。

车间 chējiān

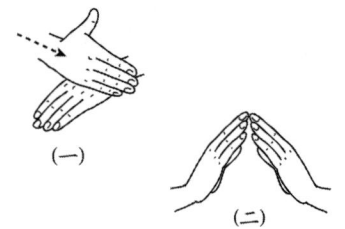

（一）左手横伸；右手侧立，在左手背上向前划动一下。

（二）双手搭成"∧"形。

（可根据实际表示不同工种的车间）

车轮 chēlún

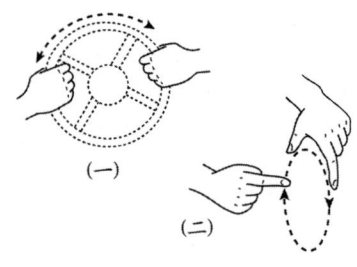

（一）双手虚握，左右转动，如操纵方向盘状。

（二）左手拇、食指成半圆形，指尖朝下；右手食指横伸，沿左手拇、食指转动两圈。

车牌 chēpái

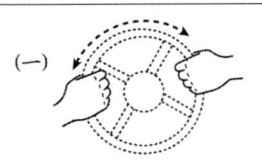

（一）双手虚握，左右转动，如操纵方向盘状。

（二）双手拇、食指张开，指尖相对，虎口朝内，从中间向两侧移动。

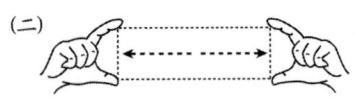

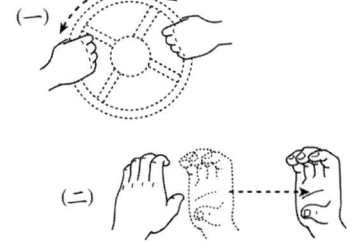

车厢① chēxiāng ①
（一）双手虚握，左右转动，如操纵方向盘状。
（二）双手五指成"⊏⊐"形，前后相挨，左手不动，右手向后移动。
（此手势表示汽车车厢）

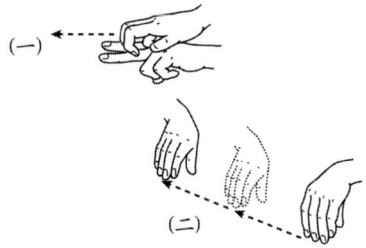

车厢② chēxiāng ②
（一）左手食、中指分开，指尖朝前，手背向上；右手食、中指弯曲，指尖抵于左手食、中指上，并向前移动，如火车行驶状。
（二）双手五指成"∩∩"形，左右相挨，左手不动，右手向右一顿一顿移动几下。
（此手势表示列车车厢）

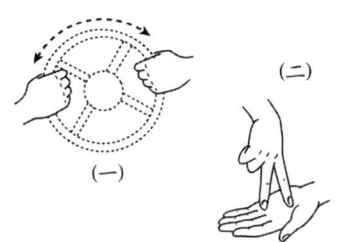

车站 chēzhàn
（一）双手虚握，左右转动，如操纵方向盘状（表示火车站时，双手打火车的手势）。
（二）左手横伸；右手食、中指分开，指尖朝下，立于左手掌心上。
（可根据实际表示车站的样子）

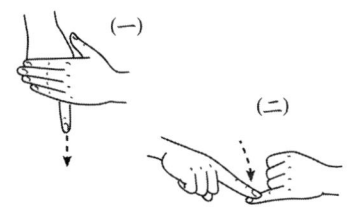

彻底 chèdǐ
（一）左手横立；右手伸食指，指尖朝下，在左手掌心内向下移动。
（二）左手伸小指；右手伸食指，敲一下左手小指。

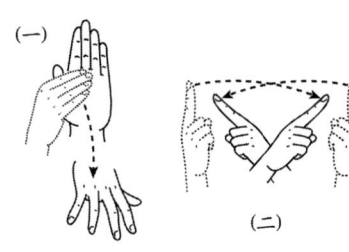

撤换① chèhuàn ①
（一）左手直立，掌心向右；右手五指在左手掌心上抓一下，然后向下一甩。
（二）双手食指直立，然后左右交叉，互换位置。
（此手势表示撤换东西的意思）

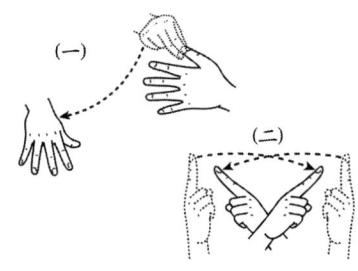

撤换② chèhuàn ②
（一）左手横立，掌心向内，五指张开；右手拇、食、中指捏一下左手拇指，然后向下一甩，五指张开，掌心向下。
（二）双手食指直立，然后左右交叉，互换位置。
（此手势表示撤换人的意思）

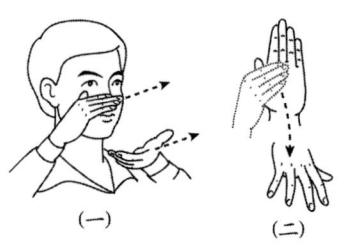

撤诉　chèsù
（一）双手横伸，掌心上下相对，从嘴前向前上方移出。
（二）左手直立，掌心向右；右手五指在左手掌心上抓一下，然后向下一甩。

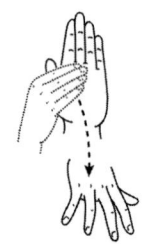

撤销（废除、取消）　chèxiāo（fèichú、qǔxiāo）
左手直立，掌心向右；右手五指在左手掌心上抓一下，然后向下一甩。

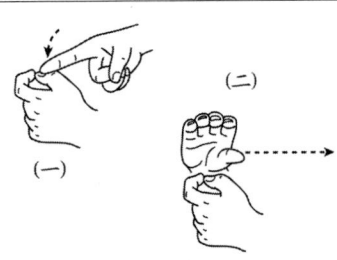

撤资　chèzī
（一）左手拇、食指捏成圆形，虎口朝上；右手伸食指，敲一下左手拇指。
（二）左手拇、食指捏成圆形，虎口朝上；右手五指成"⊐"形，指尖朝左，从左手虎口上向内移动，表示将钱撤回。

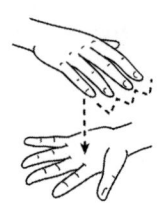

沉淀　chéndiàn
左手横伸，掌心向上，五指张开；右手平伸，手背向上，五指张开，边交替点动边慢慢下移。

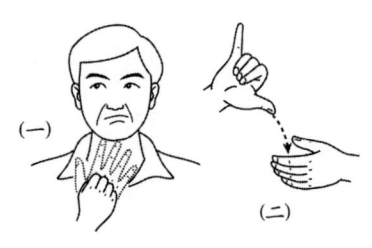

沉迷　chénmí
（一）一手五指张开，指尖贴于喉部，边挠边握拳，面露贪婪的表情。
（二）左手五指成半圆形，虎口朝上；右手伸拇、小指，拇指尖朝下，移入左手虎口内。

沉默（不言不语）　chénmò（bùyán-bùyǔ）
一手捂于嘴部，双眼直视，面无表情。

沉冤　chényuān

（一）双手拇、食指成大圆形，虎口朝上，从上方扣向头部。

（二）左手侧立；右手伸拇、食指，拇指尖抵于左手掌心，食指边向下转动边向右移动，表示时间很长。

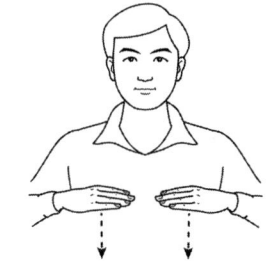

沉着（镇静、沉住气）　chénzhuó（zhènjìng、chénzhù qì）

双手横伸，掌心向下，从胸部缓慢向下移动，双唇紧闭，面露镇定的表情。

陈　Chén

一手拇、食指微曲，指尖抵于耳部上下缘，表示"陈"字的耳刀旁。

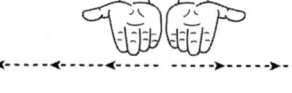

陈设（陈列、摆设）　chénshè（chénliè、bǎishè）

双手平伸，掌心向上，从中间向两侧一顿一顿移动几下。（可根据实际表示不同的陈设）

衬托　chèntuō

双手平伸，掌心向上，左手在上不动，右手从下向上动一下，与左手一半相叠。

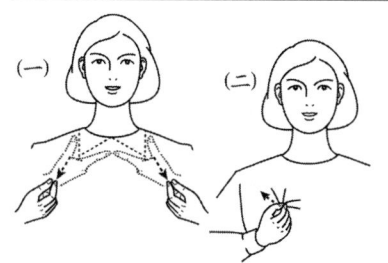

衬衣　chènyī

（一）双手伸拇、食指，指尖朝内，置于衣领，边向前移动边相捏，表示衬衣的领子。

（二）一手拇、食指揪一下胸前衣服。

称心如意（称心） chènxīn-rúyì (chènxīn)

（一）双手拇、食指张开仿"♡"形，手背向外，置于胸部。

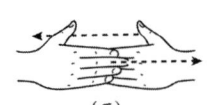

（二）双手横立，掌心向内，指尖相对，从两侧向中间交错移动至双手相叠。

称职 chènzhí

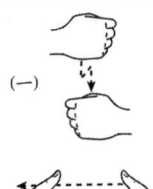

（一）双手握拳，一上一下，右拳向下砸两下左拳。

（二）双手横立，掌心向内，指尖相对，从两侧向中间交错移动至双手相叠。

称霸 chēngbà

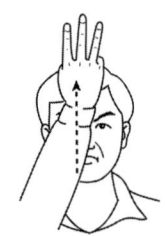

一手食、中、无名指直立分开，掌心向内，从下向上移至前额。

称号 chēnghào

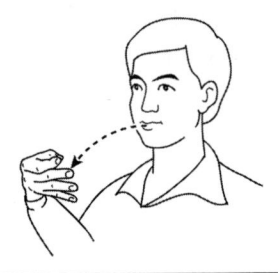

一手中、无名、小指横伸，掌心向内，从嘴部向前移动，表示赋予他人称号。

称呼（称谓） chēng·hu (chēngwèi)

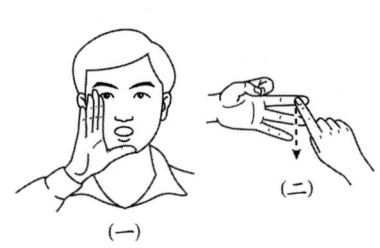

（一）一手五指成"⌐"形，虎口贴于嘴边，口张开。

（二）左手中、无名、小指横伸分开，掌心向内；右手伸食指，自左手中指尖向下划动。

称兄道弟 chēngxiōng-dàodì

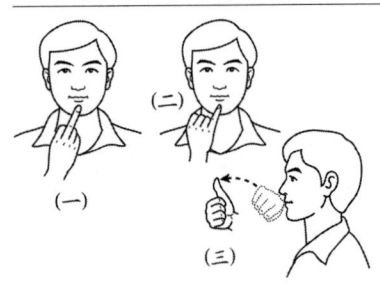

（一）一手伸中指，指尖朝上，指面贴于颊部。

（二）一手伸小指，指尖朝上，指面贴于颊部。

（三）一手握拳，手背贴于鼻下，然后边向外移动边伸出拇指。

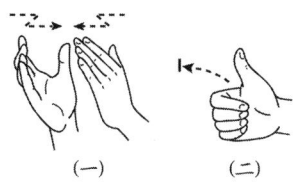

称赞①（夸奖、表扬、颂扬）
chēngzàn ① (kuājiǎng、biǎoyáng、sòngyáng)
（一）双手鼓掌两下，面带笑容。
（二）一手伸拇指，向前一顿。

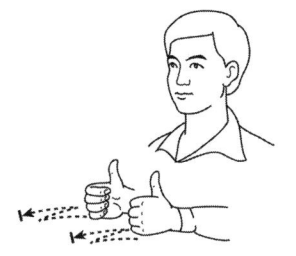

称赞②（赞扬） chēngzàn ② (zànyáng)
　　双手伸拇指，向前顿两下，面露赞许的表情；也用于表示一般场合的点赞。

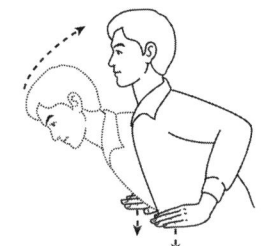

撑　chēng
　　双手平伸，掌心向下，屈肘，在腰两侧向下一按，上身随之抬起。
（可根据实际表示撑的动作）

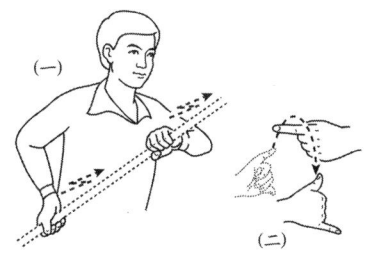

撑杆跳高　chēnggān tiàogāo
　　（一）双手虚握屈肘，虎口朝内，一前一后，一高一低，置于身体一侧，然后杵动两下，模仿撑杆跳高持杆的动作。
　　（二）左手食指横伸，表示跳高栏杆；右手伸拇、小指，拇指尖朝下，小指尖朝上，手背向内，从左手食指上越过，模仿撑杆跳高过杆的动作。

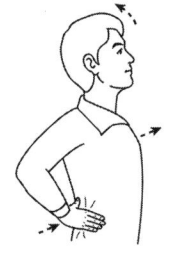

撑腰　chēngyāo
　　一手食、中、无名、小指并拢，虎口卡在腰部一侧，然后向前一顶，同时挺胸抬头。

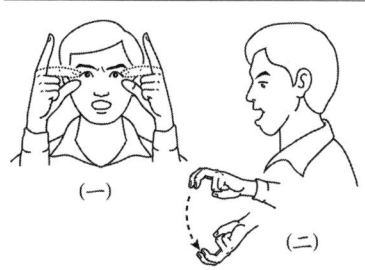

瞠目结舌（目瞪口呆）　chēngmù-jiéshé (mùdèng-kǒudāi)
　　（一）双手拇、食指相捏，置于眼角处，然后突然张开，眼同时睁大，面露吃惊的表情。
　　（二）双手食、中指弯曲，指尖上下相对，左手在上不动，右手向下移动一下，口同时张开。

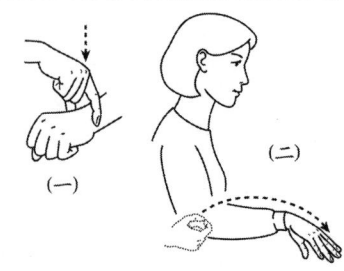

成本　chéngběn

（一）左手握拳，手背向上；右手拇、食指张开，指尖朝下，插向左手腕两侧。

（二）一手拇、食指捏成圆形，虎口朝前上方，边从腰部向前移出边张开五指，掌心向下。

成都　Chéngdū

一手食、中指弯曲，置于太阳穴旁，手腕左右转动两下。

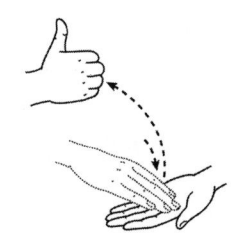

成功①（成效、成就）　chénggōng①（chéngxiào、chéngjiù）

左手横伸，掌心向上；右手先拍一下左手掌，再伸出拇指。

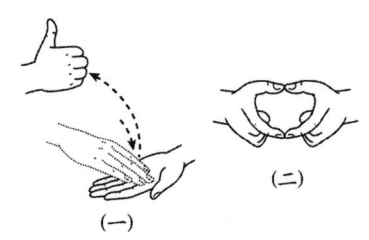

成果（效果）　chéngguǒ（xiàoguǒ）

（一）左手横伸，掌心向上；右手先拍一下左手掌，再伸出拇指。

（二）双手拇、食指搭成圆形，虎口朝上。

成绩（分数❶）　chéngjì（fēnshù❶）

左手虚握，虎口朝上；右手掌心贴于左手虎口，五指交替点动几下，表示分数。

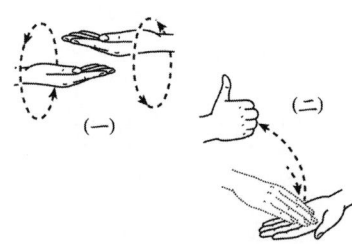

成交　chéngjiāo

（一）双手横伸，掌心向上，前后交替转动两下。

（二）左手横伸，掌心向上；右手先拍一下左手掌，再伸出拇指。

成立（建立、设立） chénglì (jiànlì、shèlì)

左手横伸；右手食、中指分开，先平放于左手掌心上，然后竖立起来。

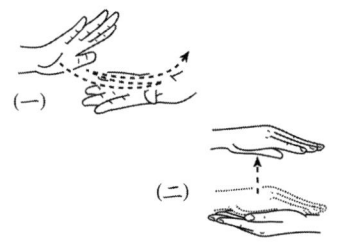

成年累月 chéngnián-lěiyuè

（一）双手横伸，掌心相对，五指张开，左手在下不动，右手在上，掌心蹭两下左手掌心。
（二）双手横伸，掌心相贴，左手在下不动，右手向上移动。

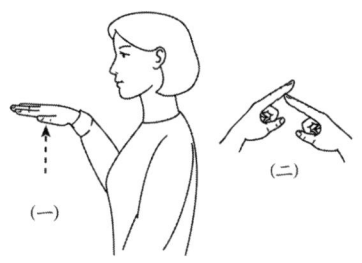

成年人（大人） chéngniánrén (dà·ren)

（一）一手平伸，掌心向下，往上缓慢移动，表示长大。
（二）双手食指搭成"人"字形。

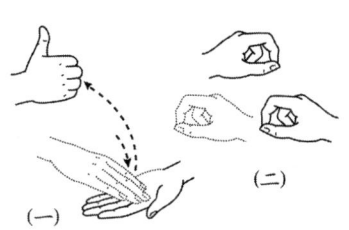

成品 chéngpǐn

（一）左手横伸，掌心向上；右手先拍一下左手掌，再伸出拇指。
（二）双手拇、食指捏成圆形，虎口朝内，左手在上不动，右手在下连打两下，仿"品"字形。

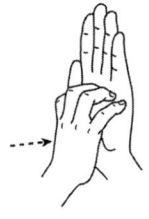

成语 chéngyǔ

左手直立，掌心向外；右手食、中、无名、小指弯曲，在左手掌心上点一下，表示成语多由四个字组成。

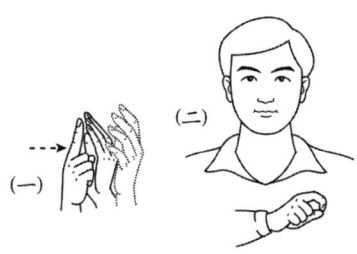

成员 chéngyuán

（一）左手直立，掌心向右，五指微曲张开；右手食指直立，靠向左手，左手五指同时并拢。
（二）右手拇、食指捏成圆形，虎口朝内，贴于左胸部。

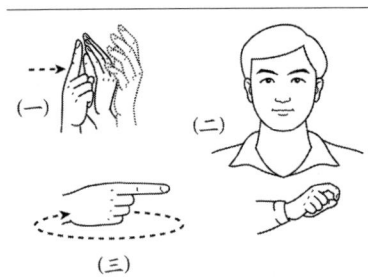

成员国　chéngyuánguó
（一）左手直立，掌心向右，五指微曲张开；右手食指直立，靠向左手，左手五指同时并拢。
（二）右手拇、食指捏成圆形，虎口朝内，贴于左胸部。
（三）一手打手指字母"G"的指式，顺时针平行转动一圈。

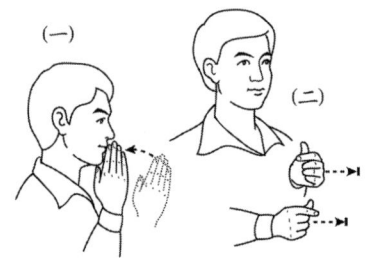

诚实（诚恳）　chéng·shí（chéngkěn）
（一）右手直立，掌心向左，从外向内碰一下嘴部。
（二）双手拇、食指搭成"十"字形，左手在上，右手在下，同时向前一顿。

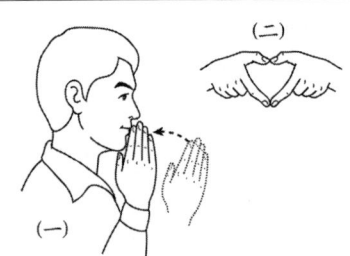

诚心　chéngxīn
（一）右手直立，掌心向左，从外向内碰一下嘴部。
（二）双手拇、食指张开仿"♡"形，手背向外，置于胸部。

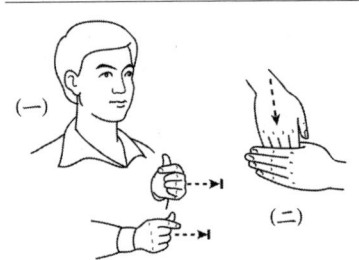

诚信　chéngxìn
（一）双手拇、食指搭成"十"字形，左手在上，右手在下，同时向前一顿。
（二）左手五指成"匚"形，虎口朝上；右手五指并拢，指尖朝下，插入左手虎口内。

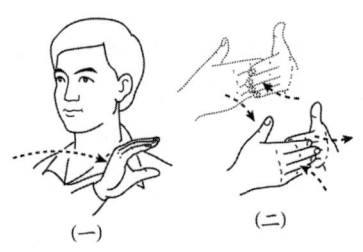

承办　chéngbàn
（一）右手五指成"冖"形，从外向内移向左肩上。
（二）双手横立，掌心向内，互拍手背。

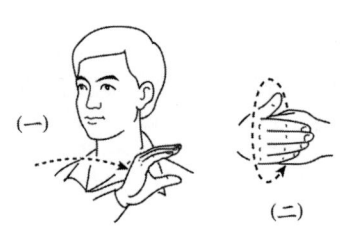

承包　chéngbāo
（一）右手五指成"冖"形，从外向内移向左肩上。
（二）左手握拳，虎口朝上；右手手背拱起，从上向下绕左拳转动半圈。

承担（担负、担任、担当）
chéngdān (dānfù、dānrèn、dāndāng)
右手五指成"冂"形，从外向内移向左肩上。

承诺（发誓） chéngnuò (fāshì)
一手上举，食、中、无名指直立并拢，掌心向外。
（可根据实际表示发誓的动作）

承认 chéngrèn
右手直立，掌心向左，向上一伸。

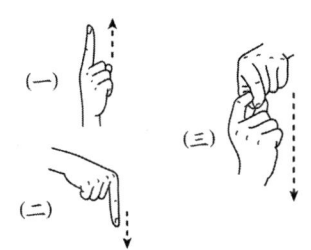

承上启下 chéngshàng-qǐxià
（一）一手食指直立，向上一指。
（二）一手伸食指，指尖朝下一指。
（三）双手拇、食指套环，向下移动一下。

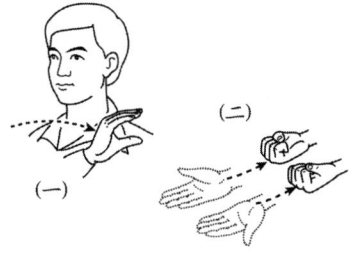

承受（承接） chéngshòu (chéngjiē)
（一）右手五指成"冂"形，从外向内移向左肩上。
（二）双手平伸，掌心向上，边向内移动边握拳。

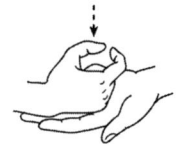

城区① chéngqū ①
左手横伸；右手拇、食指成圆形，指尖稍分开，虎口朝上，移至左手掌心。

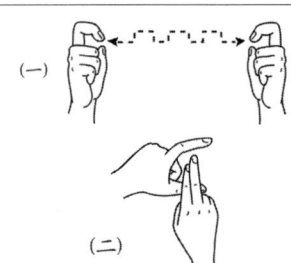

城区② chéngqū ②

（一）双手食指直立，指面相对，从中间向两侧弯动（或弯动一下），仿城墙"⊓⊓⊓"形。

（二）左手拇、食指成"匚"形，虎口朝内；右手食、中指相叠，手背向内，置于左手"匚"形中，仿"区"字形。

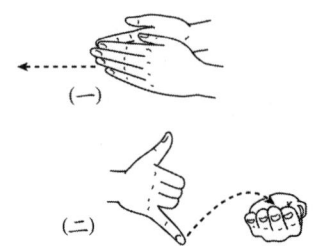

乘船（登船） chéngchuán (dēngchuán)

（一）双手斜立，指尖相抵，向前移动，如船向前行驶状。

（二）左手平伸，掌心凹进，仿船形；右手伸拇、小指，手背向外，移至左手掌心，表示登船。

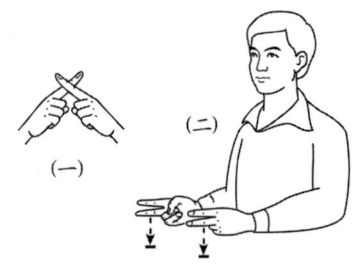

乘法 chéngfǎ

（一）双手食指交叉相搭（或一手食、中指相叠），指尖朝上，仿乘号形状。

（二）双手打手指字母"F"的指式，指尖朝前，向下一顿。

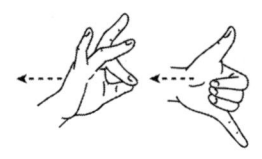

乘机（趁机） chéngjī (chènjī)

左手伸拇、小指，手背向左，在前；右手拇、中指相捏，指尖朝前，在后，然后双手同时向后移动，表示抓住机会的意思。

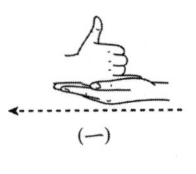

乘客（旅客①） chéngkè (lǚkè ①)

（一）左手横伸；右手伸拇、小指，置于左手掌心上，双手同时向右移动一下。

（二）双手食指搭成"人"字形。

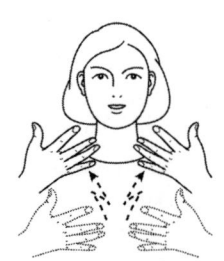

乘凉 chéngliáng

双手五指张开，掌心向内，做扇风的动作。
（可根据实际表示乘凉的情况）

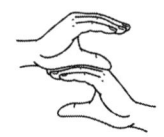

程 Chéng

　　双手五指成"⊏⊐"形，虎口朝内，上下相叠，表示姓氏"程"。

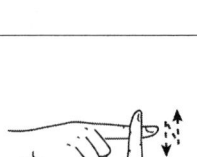

程度 chéngdù

　　左手食指直立；右手食指横贴在左手食指上，然后上下微动几下。

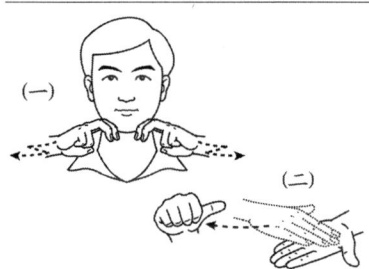

澄清 chéngqīng

　　（一）双手食、中指弯曲，手背向上，在嘴前同时从中间向两侧扒动两下。
　　（二）左手横伸；右手平伸，掌心向下，贴于左手掌心，边向左手指尖方向移动边食、中、无名、小指弯曲，指尖抵于掌心。

橙色 chéngsè

　　（一）左手虚握，指尖朝上；右手沿左手指背向下扯，如剥橘子皮状。
　　（二）一手直立，掌心向内，五指张开，在嘴唇部交替点动。

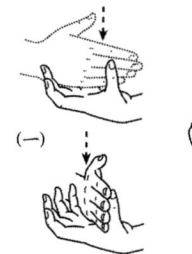

橙汁 chéngzhī

　　（一）左手五指弯曲，指尖朝上；右手在左手掌心上先横切，再侧切。
　　（二）一手五指成半圆形，如拿杯子状，模仿喝水的动作。

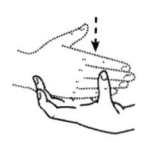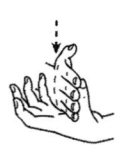

橙子 chéng·zi

　　左手五指弯曲，指尖朝上；右手在左手掌心上先横切，再侧切。既表示橙子的名词意思，又表示切橙子的意思。

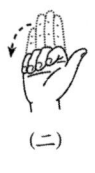

逞能　chěngnéng
（一）一手伸拇指，指尖置于鼻尖下，然后将鼻子向上顶起，面露傲慢的表情。
（二）一手直立，掌心向外，然后食、中、无名、小指弯动一下。

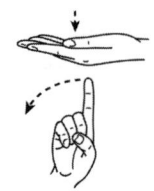

秤　chèng
左手横伸，掌心向上，向下一沉；右手食指直立，置于左手下，向右做弧形移动，表示用秤称物时秤的指针摆动。
（可根据实际表示不同类型的秤）

吃亏　chīkuī
一手伸食、小指，手背向外，食指尖先点一下嘴唇，然后边向外移动边缩回食指。

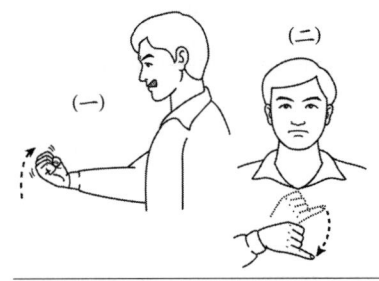

吃力（力不从心）　chīlì (lìbùcóngxīn)
（一）一手握拳屈肘，向上微抬，面露吃力的表情。
（二）右手伸小指，指尖朝左，向下甩动一下，表示自己受不了。
（可根据实际表示吃力的状态）

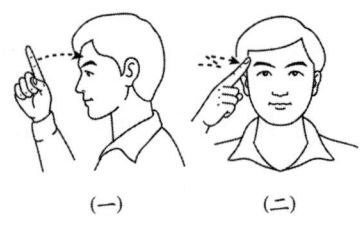

吃一堑，长一智　chī yī qiàn, zhǎng yī zhì
（一）头微低，一手食指直立，敲一下前额。
（二）一手伸食指，点两下太阳穴。

迟到①　chídào ①
左手拇、食指捏成圆形，虎口朝上；右手伸食指，在左手圆形上斜划一下，表示迟到符号。

尺（一尺） chǐ (yīchǐ)

双手食指直立，指面左右相对，相距约 30 厘米，表示长度一尺（表示二尺时，双手向一侧移动一下；超过三尺时，先打相应的数字手势，再打此手势）。

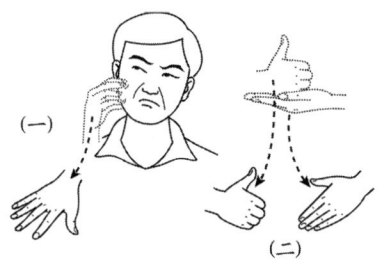

耻辱 chǐrǔ

（一）一手抓一下脸部，然后向下一甩，表示丢脸。
（二）左手横伸；右手伸拇指，置于左手掌心上，然后左手转腕，向左下方移动，手背向外，指尖朝斜下方，右手落下。

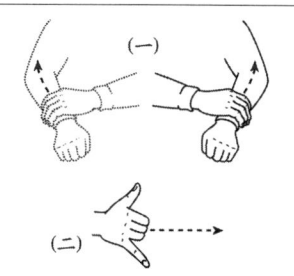

赤膊上阵 chìbó-shàngzhèn

（一）双手交替做向上捋袖子的动作。
（二）一手伸拇、小指，指尖朝外，从内向外移动。

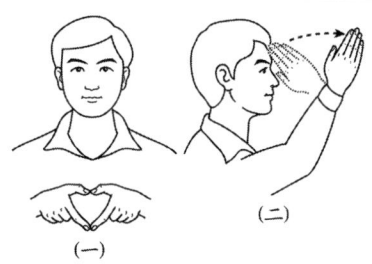

赤胆忠心 chìdǎn-zhōngxīn

（一）双手拇、食指张开仿"♡"形，手背向外，置于胸部。
（二）一手五指并拢，食指外侧贴于前额，然后向外一挥。

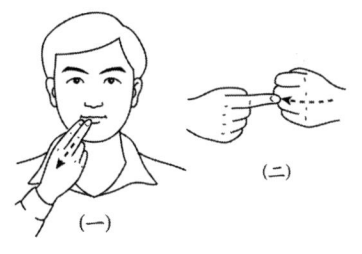

赤道 chìdào

（一）一手打手指字母"H"的指式，摸一下嘴唇。
（二）左手握拳，手背向外；右手食指横伸，沿左手中、无名指指缝划动半圈。

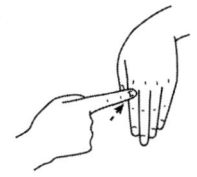

赤道几内亚 Chìdàojǐnèiyà

左手五指并拢，指尖朝下，手背向外；右手伸食指，点一下左手食指根部，表示赤道几内亚位于非洲西部中间。
（此为国外聋人手语）

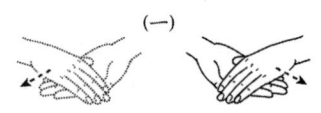
赤裸（裸体、裸露） chìluǒ (luǒtǐ、luǒlù)
左手伸拇、小指，手背向外；右手五指张开，沿左手向下一抓并握拳。

赤手空拳 chìshǒu-kōngquán
（一）双手掌心相贴，上下交替互蹭两下。
（二）双手握拳，虎口朝上，一前一后。

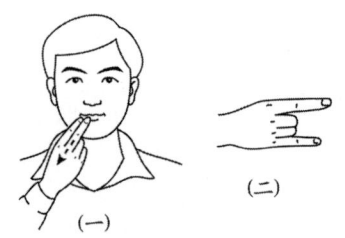
赤字 chìzì
（一）一手打手指字母"H"的指式，摸一下嘴唇。
（二）一手打手指字母"Z"的指式。

翅膀 chìbǎng
双手横立，掌心向外，在身体两侧前后扇动几下。

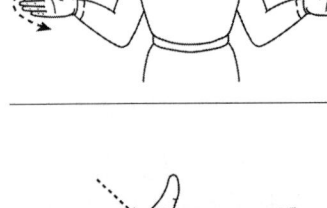
冲刺 chōngcì
左手食指横伸；右手伸拇、小指，撞向左手食指。

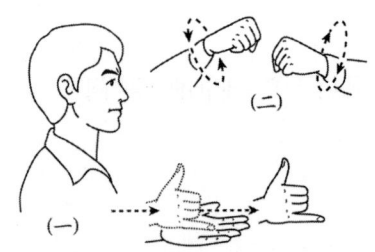
冲动 chōngdòng
（一）左手平伸；右手伸拇、小指，在左手掌心上用力向外移出。
（二）双手握拳屈肘，前后交替转动两下。

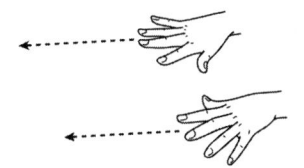

冲锋（进攻、冲击、前进） chōngfēng (jìngōng、chōngjī、qiánjìn)

双手平伸，掌心向下，五指张开，同时用力向前移动一下。

冲锋枪 chōngfēngqiāng

左手虚握，虎口朝上，在前；右手伸拇、食指，食指弯曲，在后，双手同时上下颠动几下，如持冲锋枪射击状。

冲突 chōngtū

双手握拳，手背向外，用力互碰一下。
（可根据实际表现冲突的情况）

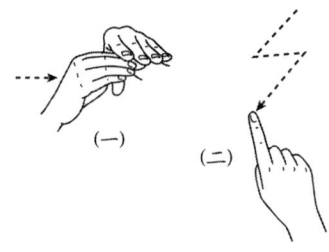

充电 chōngdiàn

（一）左手五指成"匚"形，指尖朝前；右手如持插头状，指尖朝左，插向左手虎口，表示给电动汽车充电。
（二）一手食指书空"ϟ"形。

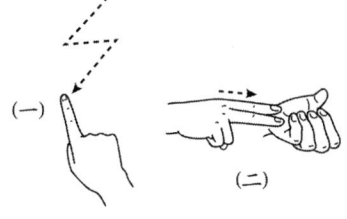

充电宝 chōngdiànbǎo

（一）一手食指书空"ϟ"形。
（二）左手五指弯曲，掌心向上；右手食、中指分开，指尖朝前，手背向上，向左手掌心内一插。

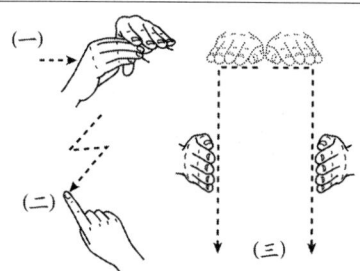

充电桩 chōngdiànzhuāng

（一）左手五指成"匚"形，指尖朝前；右手如持插头状，指尖朝左，插向左手虎口，表示给电动汽车充电。
（二）一手食指书空"ϟ"形。
（三）双手平伸相挨，手背向上，先向两侧微移再折而下移，掌心左右相对，仿充电桩外形。

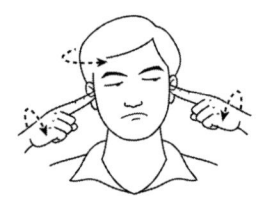

充耳不闻 chōng'ěr-bùwén

双手食指抵于耳道,手背向上,向前微转一下,头偏向一侧,表示不听别人的意见。

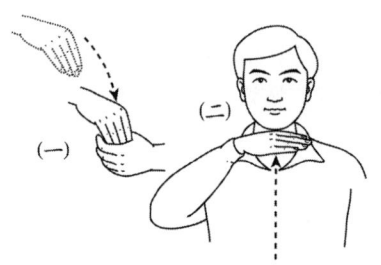

充满 chōngmǎn

(一)左手五指成半圆形,虎口朝上;右手五指撮合,指尖朝下,边从上向下做弧形移动边投入左手虎口。
(二)一手横伸,掌心向下,从腹部向颏部移动。

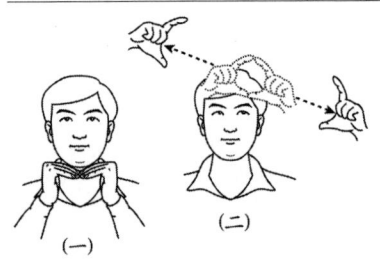

憧憬 chōngjǐng

(一)双手五指与手掌成"⌐ ⌐"形,食、中、无名、小指指尖相抵,贴于颏部下方,面露期待的表情。
(二)双手拇、食指搭成圆形,指尖相对,置于头一侧,然后分别向斜上下方移动。

虫 chóng

一手食指横伸,手背向上,边弯动边向一侧移动。

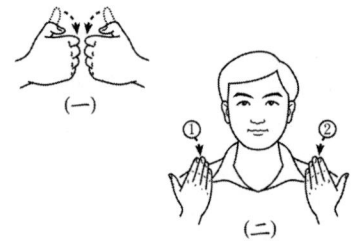

重婚 chónghūn

(一)双手伸拇指,指面相对,手背向外,弯动一下。
(二)双手交替拍一下同侧肩膀。

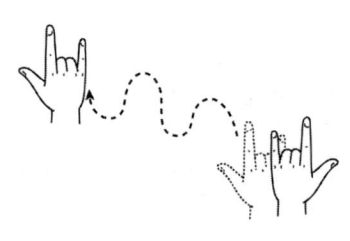

重峦叠嶂(崇山峻岭)

chóngluán-diézhàng (chóngshān-jùnlǐng)

双手拇、食、小指直立,掌心向内,仿"山"字形,左手在前不动,右手在后,边上下移动边向右移动。

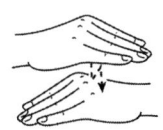

重庆（渝） Chóngqìng (Yú)

双手横伸，手背拱起，左手在下不动，右手掌向下拍两下左手背。

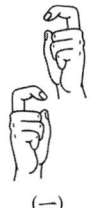

重阳节 Chóngyáng Jié

（一）双手打数字"九"的手势，一上一下，表示农历九月九日。

（二）一手打手指字母"J"的指式，置于前额。

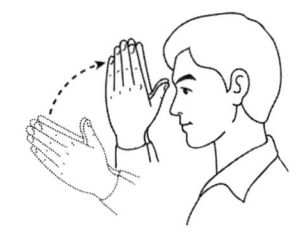

崇拜（偶像） chóngbài (ǒuxiàng)

双手合十，指尖朝向所崇拜的对象，然后上举，指尖朝上。

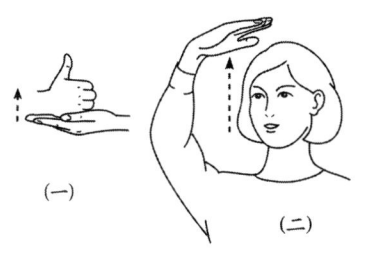

崇高（高尚） chónggāo (gāoshàng)

（一）左手横伸；右手伸拇指，置于左手掌心上，左手向上一抬。

（二）一手横伸，掌心向下，向上移过头顶。

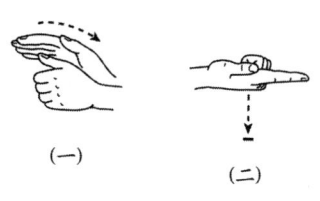

宠爱（溺爱①） chǒng'ài (nì'ài ①)

（一）左手伸拇指；右手轻轻抚摸左手拇指背，面露怜爱的表情。

（二）一手食指横伸，拇指尖按于食指根部，向下一顿。

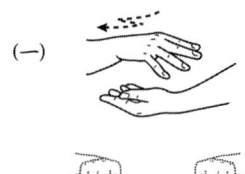
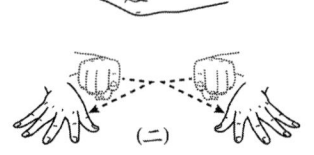

宠物 chǒngwù

（一）双手横伸，左手掌心向上，右手掌心向下，右手在左手上方从左向右捋两下，如捋动物毛发状，头微低，面露怜爱的表情。

（二）双手食指指尖朝前，手背向上，先互碰一下，再分开并张开五指。

冲床 chòngchuáng

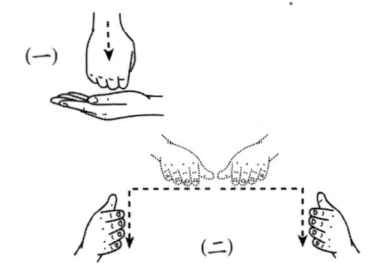

（一）左手横伸；右手握拳，虎口朝左，垂直向下砸向左手掌心，如冲床工作状。

（二）双手平伸，掌心向下，先从中间向两侧平移，再折而下移成"⊓"形。

抽查 chōuchá

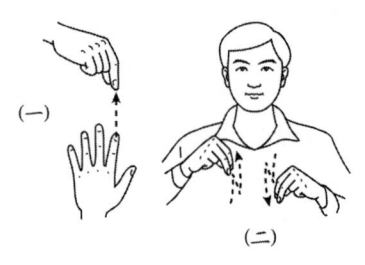

（一）左手直立，掌心向内，五指张开；右手拇、食指捏一下左手食指，然后向上移动。

（二）双手拇、食、中指相捏，指尖朝下，上下交替动两下。

抽筋 chōujīn

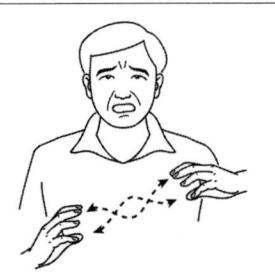

双手五指弯曲，指尖斜向相对，然后反向拧动，面露痛苦的表情。

（可根据实际表示抽筋的部位和样子）

抽签 chōuqiān

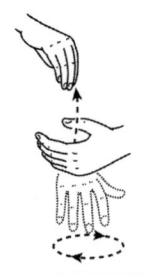

左手五指成半圆形，虎口朝上；右手五指张开，指尖朝下，先在左手虎口内转动两下，然后撮合，向上一提。

抽水机（水泵） chōushuǐjī (shuǐbèng)

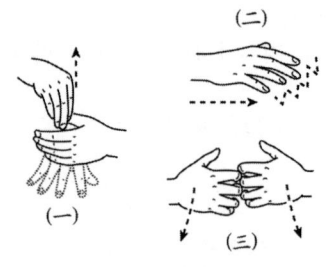

（一）左手五指成半圆形，虎口朝上；右手五指张开，指尖朝下，边从左手虎口内移出边撮合。

（二）一手横伸，掌心向下，五指张开，边交替点动边向一侧移动。

（三）双手五指弯曲，食、中、无名、小指关节交错相触，向下转动一下。

抽屉 chōu·ti

左手五指成"⊓"形；右手五指弯曲，掌心向上，从左手内向后移动，模仿拉抽屉的动作。

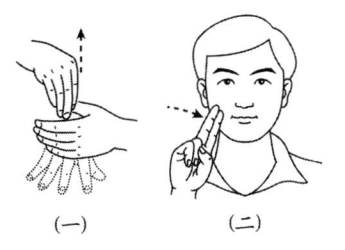

抽象 chōuxiàng

（一）左手五指成半圆形，虎口朝上；右手五指张开，指尖朝下，边从左手虎口内移出边撮合。

（二）一手食、中指直立并拢，掌心向斜前方，朝脸颊碰一下。

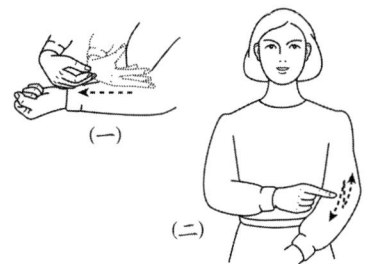

抽血 chōuxiě

（一）左手握拳屈肘；右手五指张开，手背贴于左手肘部内侧，然后边向外移动边撮合。

（二）右手伸食指，在左臂处上下划动几下。

（可根据实际省略动作二）

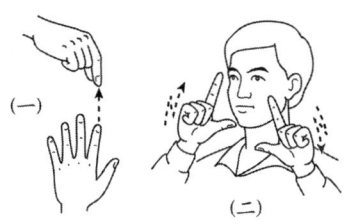

抽样 chōuyàng

（一）左手直立，掌心向内，五指张开；右手拇、食指捏一下左手食指，然后向上移动。

（二）双手拇、食指成"⌐⌐"形，置于脸颊两侧，上下交替动两下。

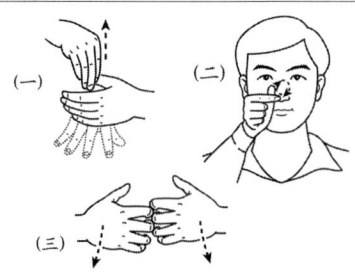

抽油烟机 chōuyóuyānjī

（一）左手五指成半圆形，虎口朝上；右手五指张开，指尖朝下，边从左手虎口内移出边撮合。

（二）一手拇、食指搭成"十"字形，置于鼻翼一侧，微转两下。

（三）双手五指弯曲，食、中、无名、小指关节交错相触，向下转动一下。

仇 (chóu)

右手置于左腋下，左腋夹一下右手，表示仇恨的意思；也用于表示姓氏"仇（Qiú）"。

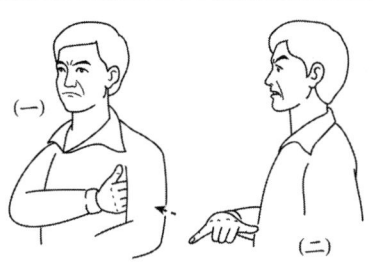

仇恨 chóuhèn

（一）右手置于左腋下，左腋夹一下右手，面露仇恨的表情。

（二）一手伸拇、小指，拇指尖抵于腹部，面露仇恨的表情。

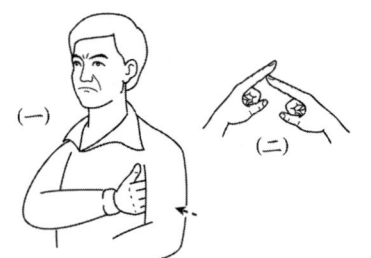

仇人 chóurén

（一）右手置于左腋下，左腋夹一下右手，面露仇恨的表情。
（二）双手食指搭成"人"字形。

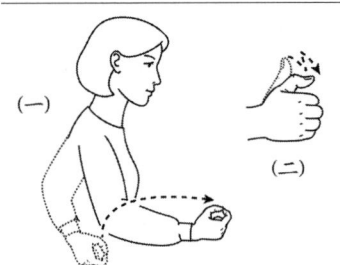

酬谢 chóuxiè

（一）一手拇、食指捏成圆形，虎口朝前上方，从腰部向前移出，表示掏钱。
（二）一手伸拇指，向前弯动两下。
（可根据实际表示酬谢的动作）

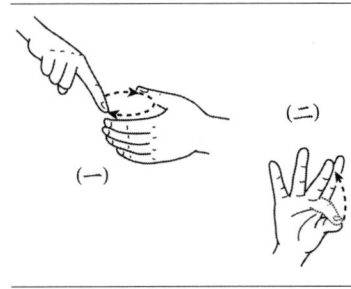

稠 chóu

（一）左手五指成半圆形，虎口朝上；右手伸食指，指尖朝下，在左手虎口内缓慢转动两下。
（二）一手拇、中指相捏，然后缓慢张开，指尖朝前。
（可根据实际表示稠的状态）

愁眉苦脸 chóuméi-kǔliǎn

双手伸食指，置于眉部，然后向中间弯曲，面露苦相。

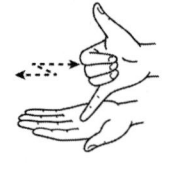

踌躇不前 chóuchú-bùqián

左手平伸；右手伸拇、小指，小指尖抵于左手掌心，前后来回移动两下，表示踌躇不前。

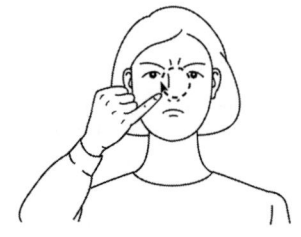

丑 chǒu

一手伸小指，绕鼻子转动一圈，表示难看。
（可根据实际表示丑的状态）

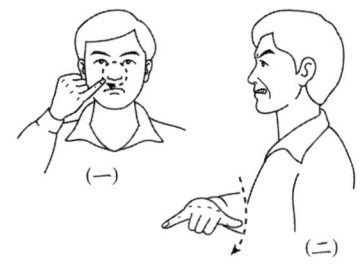

丑恶　chǒu'è
（一）一手伸小指，绕鼻子转动一圈，表示难看。
（二）一手伸拇、小指，拇指尖抵于胸部，用力向下一划，面露憎恶的表情。

臭　chòu
一手在鼻前左右扇动几下，面露厌恶的表情。
（可根据实际表示臭的状态）

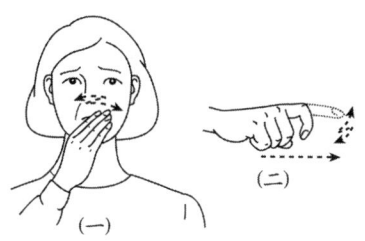

臭虫　chòu·chong
（一）一手在鼻前左右扇动几下，面露厌恶的表情。
（二）一手食指横伸，手背向上，边弯动边向一侧移动。

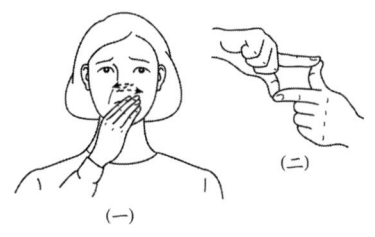

臭豆腐　chòudòu·fu
（一）一手在鼻前左右扇动几下，面露厌恶的表情。
（二）双手拇、食指搭成小"口"形，表示方形腐乳。

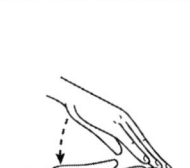

出版　chūbǎn
左手平伸，掌心向上，在下；右手斜伸，手背向前上方，指尖抵于左手指尖，然后向下一按。

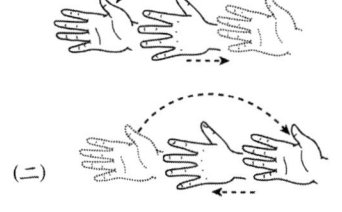

出尔反尔①　chū'ěr-fǎn'ěr ①
（一）双手侧立，五指张开，左手在前，右手在后，然后左手向后微移，右手向前做弧形移动。
（二）双手侧立，五指张开，左手在后，右手在前，然后左手向前微移，右手向后做弧形移动。
（此手势表示手语讲的不算数）

出尔反尔② chū'ěr-fǎn'ěr ②

一手食、中指直立分开，手背向外，置于嘴前，然后手腕左右转动几下，表示说的话不算数。

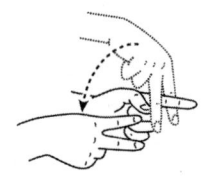

出轨❶ chūguǐ ❶

左手伸食指，指尖朝前；右手食、中指分开，指尖朝下，插向左手食指，然后歪向一边并移出，指尖朝左，表示举止不端、言行出轨。

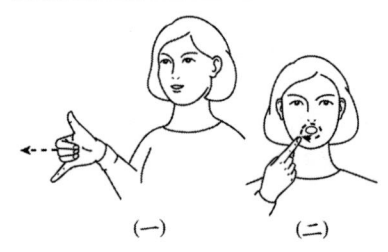

出口 chūkǒu

（一）一手伸拇、小指，指尖朝外，从内向外移动。
（二）一手伸食指，沿嘴部转动一圈，口张开。

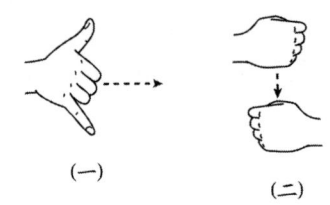

出勤 chūqín

（一）一手伸拇、小指，指尖朝外，从内向外移动。
（二）双手握拳，一上一下，右拳向下砸一下左拳。

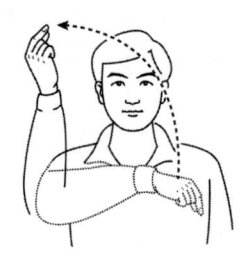

出示 chūshì

右手拇、食指相捏，指尖朝下，置于左胸部，然后向前上方一挥，指尖朝上。
（可根据实际表示出示的情景）

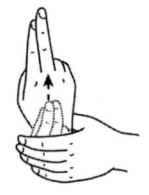

出事（肇事） chūshì (zhàoshì)

左手五指成半圆形，虎口朝上；右手拇、食、中指相捏，指尖朝上，边从左手掌心内向上移动边食、中指直立相叠，从左手虎口内伸出。

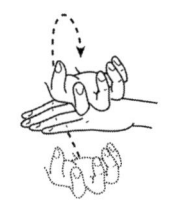

出现❶ chūxiàn ❶
　　左手横伸；右手五指微曲，掌心向上，从下向上移至左手背上，表示某种情况或事物的出现。

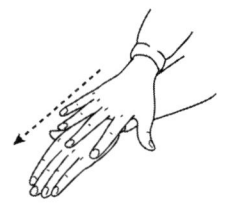

出血（流血、血①） chūxiě (liúxuè、xuè ①)
　　左手平伸；右手五指张开，沿左手背向指尖方向移动，表示血从手臂上流出。
　　（可根据实际表示出血部位）

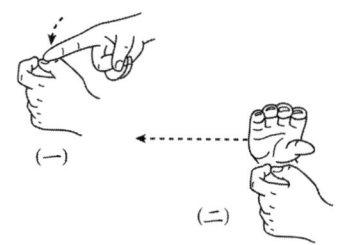

出资（斥资） chūzī (chìzī)
　　（一）左手拇、食指捏成圆形，虎口朝上；右手伸食指，敲一下左手拇指。
　　（二）左手拇、食指捏成圆形，虎口朝上；右手五指成"ユ"形，指尖朝左，从左手虎口上向外移出，表示出很多钱。

出租 chūzū
　　左手直立，掌心向外，不动；右手打手指字母"K"的指式，中指尖朝内，点一下左手掌心，表示别人向自己租物品。
　　（可根据实际决定手的朝向和移动方向）

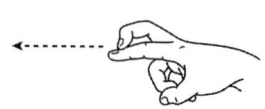

出租车（打的、打车） chūzūchē (dǎdī、dǎchē)
　　一手伸食指，指尖朝前，中指弯曲，指尖抵于食指，向前移动。

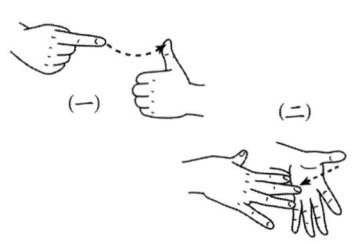

初稿 chūgǎo
　　（一）左手伸拇指；右手伸食指，碰一下左手拇指。
　　（二）左手斜伸，掌心向后上方，五指张开；右手平伸，掌心向下，五指张开，在左手掌心上从上向下移动。

初期（先期、前期） chūqī (xiānqī、qiánqī)

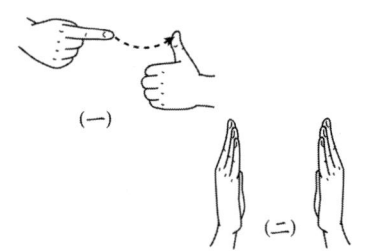

（一）左手伸拇指；右手伸食指，碰一下左手拇指。
（二）双手直立，掌心左右相对。

初中 chūzhōng

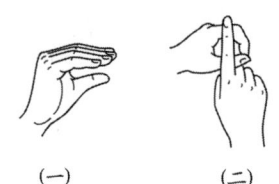

（一）一手五指成"⊐"形，相距约2厘米，虎口朝内。
（二）左手拇、食指与右手食指搭成"中"字形。

除法 chúfǎ

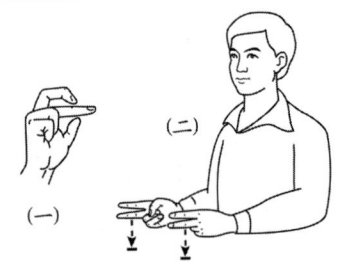

（一）一手食指横伸，拇、中指弯曲，仿除号形状。
（二）双手打手指字母"F"的指式，指尖朝前，向下一顿。

除了（除外） chú·le (chúwài)

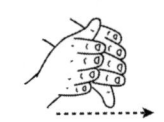

双手侧立，食、中、无名、小指并拢，手背向右，然后右手将左手向左一推。

除夕（年三十） chúxī (niánsānshí)

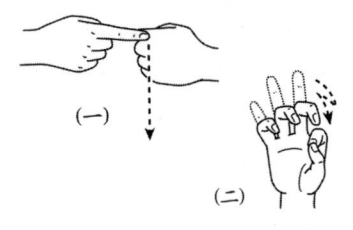

（一）左手握拳，手背向外，虎口朝上；右手食指横伸，手背向外，自左手食指根部关节向下划。
（二）一手中、无名、小指直立分开，弯动两下，表示三十。

厨房 chúfáng

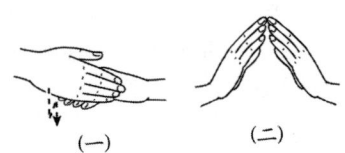

（一）左手横伸，手背拱起；右手侧立，在左手指尖旁向下动几下，如切菜状。
（二）双手搭成"∧"形。

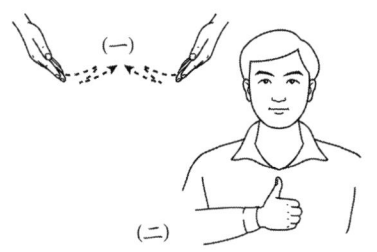

厨师 chúshī

（一）双手五指微曲，指尖朝下，铲动几下，模仿炒菜的动作。

（二）一手伸拇指，贴于胸部。

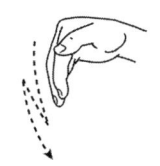

锄 chú

一手五指成"┌"形，指尖朝下，挥动两下，如用锄头锄田状。

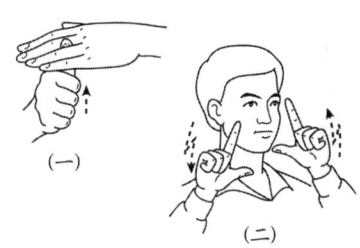

雏形 chúxíng

（一）左手横伸，掌心向下；右手伸拇指，从左手中、无名指指缝间钻出少许。

（二）双手拇、食指成"└┘"形，置于脸颊两侧，上下交替动两下。

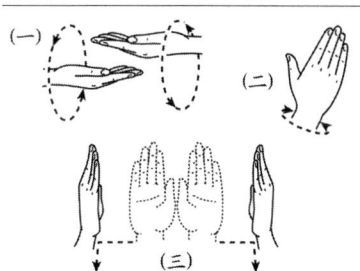

橱窗 chúchuāng

（一）双手横伸，掌心向上，前后交替转动两下。

（二）右手直立，食、中、无名、小指并拢，掌心向左，手腕微转几下，表示玻璃的闪光。

（三）双手直立，掌心向外，先从中间向两侧移动，再折而向前。

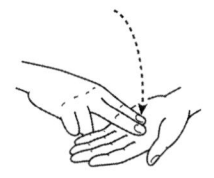

处罚①（处理❶） chǔfá ① (chǔlǐ ❶)

左手平伸；右手食、中指并拢，用力打在左手掌心上，模仿旧时用戒尺打手掌惩罚的动作。也用于表示对人进行处理的意思。

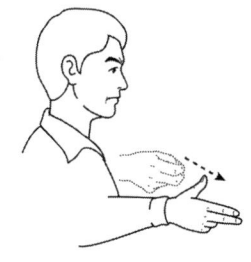

处罚② chǔfá ②

一手拇、食、中指相捏，边向前一挥边张开，食、中指并拢，面露严肃的表情。

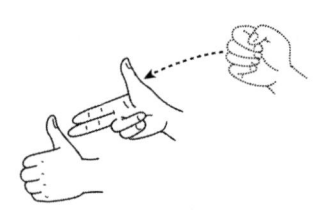

处分（惩罚） chǔfèn (chéngfá)

左手伸拇指；右手握拳，边挥向左手边伸出拇、食、中指，食、中指并拢，指尖对着左手。

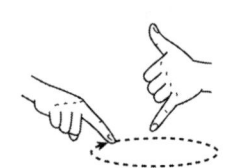

处境 chǔjìng

左手伸拇、小指，拇指尖朝上；右手伸食指，指尖朝下，在左手下方顺时针平行转动一圈。

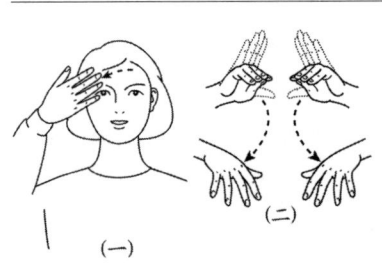

处暑 chǔshǔ

（一）一手五指张开，手背向外，在额头上一抹，如流汗状。
（二）双手直立，掌心向斜前方，拇指张开，然后其他四指弯动与拇指捏合，再向下一甩，五指张开。

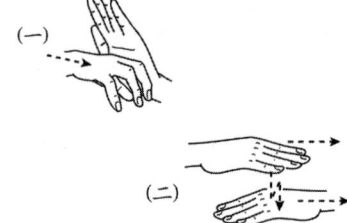

储备 chǔbèi

（一）左手斜伸，掌心向右下方；右手五指弯曲，指尖朝下，从后向前移入左手内。
（二）双手横伸，掌心向下，边右手掌拍左手背边双手同时向左移动。

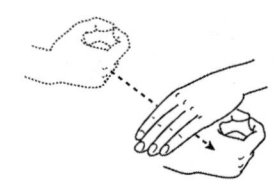
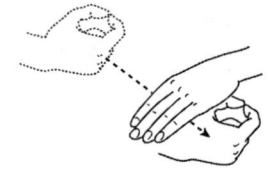

储蓄（存款） chǔxù (cúnkuǎn)

左手横伸；右手拇、食指捏成圆形，虎口朝上，从后向前移入左手掌心下。

楚 Chǔ

左手横伸；右手五指成"⊐"形，相距约2厘米，指尖朝前，在左手掌心上左右移动两下。

处 chù

一手五指成"⊐"形,相距约2厘米,虎口朝内,表示机构名称。

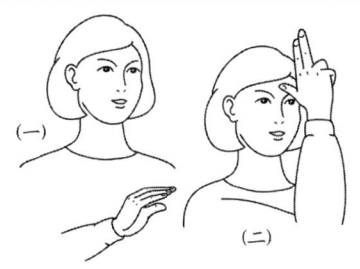

处长 chùzhǎng

(一)右手五指成"⊐"形,相距约2厘米,虎口贴于左胸部,表示职务名称。
(二)一手伸拇、食、中指,拇指尖抵于前额,食、中指直立并拢。

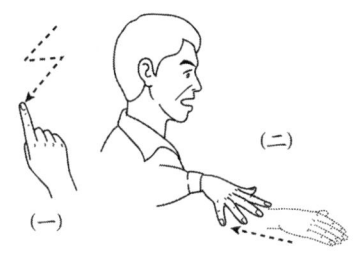

触电 chùdiàn

(一)一手食指书空"ㄣ"形。
(二)一手平伸,掌心向下,然后猛然向后缩手,五指张开,面露惊恐的表情。

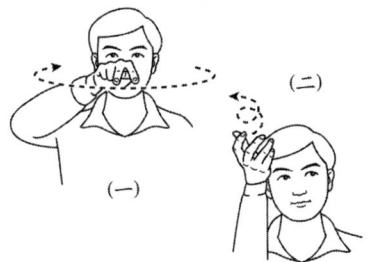

触景生情 chùjǐng-shēngqíng

(一)一手食、中指分开,指尖朝前,手背向上,在面前转动半圈,目光随之移动。
(二)一手五指微曲,掌心向上,置于太阳穴,边微转边向外上方移动。

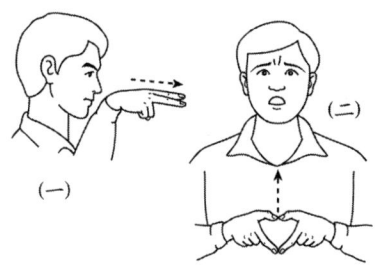

触目惊心 chùmù-jīngxīn

(一)一手食、中指分开,指尖朝前,手背向上,从眼部向前一指。
(二)双手拇、食指张开仿"♡"形,手背向外,置于胸部,然后猛然向上一提,面露惊恐的表情。

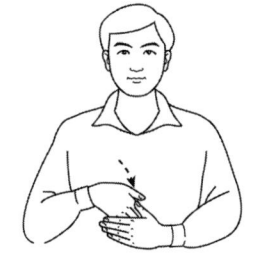

揣(装) chuāi(zhuāng)

左手横立;右手食、中、无名、小指并拢,插入左手掌心内,如向怀里放东西状。
(可根据实际表示揣的动作)

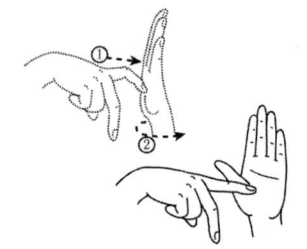

踹 chuài

左手直立,掌心向内;右手伸食、中指,指尖朝下,然后食指用力弹向左手,左手随之变为掌心向右,模仿踹门的动作。

(可根据实际表示踹的动作)

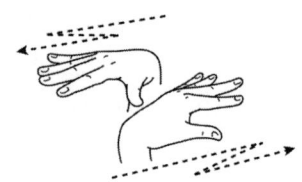

川流不息① chuānliú-bùxī ①

双手平伸,五指张开,指尖朝向一前一后,然后交错移动几下,表示车流川流不息。

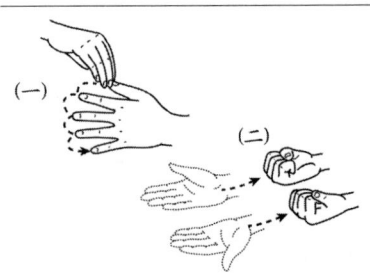

传承 chuánchéng

(一)左手横立,掌心向内,五指张开;右手五指撮合,从左手拇指依次移向小指。

(二)双手平伸,掌心向上,边向内移动边握拳。

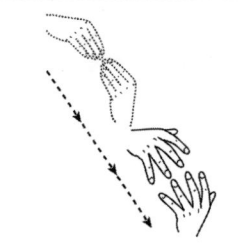

传达 chuándá

双手五指撮合,指尖斜向相对,边向斜下方移动边连续做开合的动作。

(可根据实际决定手的移动方向)

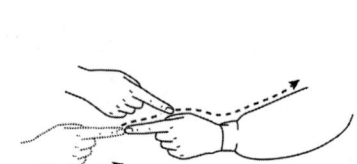
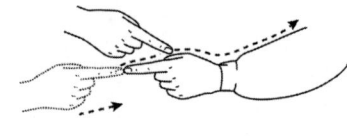

传导 chuándǎo

双手伸食指,指尖左右相对,左手不动,右手食指移动并触到左手食指,然后向左手臂方向移动。

传递① chuándì ①

左手五指张开,掌心向右;右手虚握,虎口朝上,自左手拇指依次移向小指,表示火炬交接传递。

(可根据实际表示传递火炬的动作)

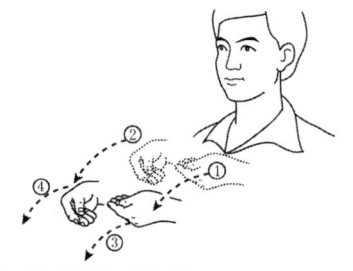

传递② chuándì②
双手五指撮合,指尖左右相对,自一侧肩前交替向前下方移动两下。
(可根据实际表示传递的动作)

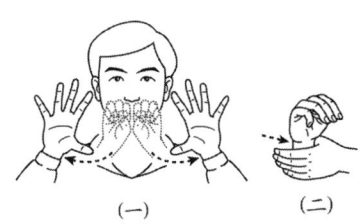

传媒 chuánméi
(一)双手虚握,掌心向外,置于嘴部,然后边向前方两侧移动边张开五指。
(二)左手五指成半圆形,虎口朝上;右手打手指字母"M"的指式,手腕碰一下左手虎口。

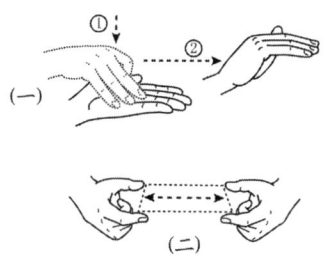

传票 chuánpiào
(一)左手平伸;右手伸中、无名、小指,手背向上,在左手掌心上贴一下,然后食、中、无名、小指并拢,向前移动,表示由政法机关发出的传唤凭证。
(二)双手拇、食指张开,指尖相对,虎口朝上,从中间向两侧移动。

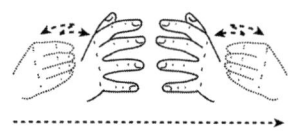

传染❶ chuánrǎn❶
双手五指撮合,指尖左右相对,边向一侧移动边连续做开合的动作,表示传染别人的意思。

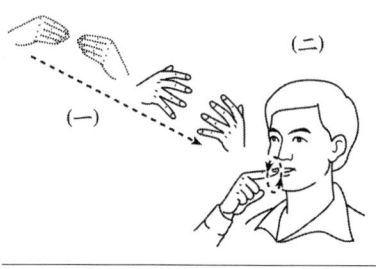

传说 chuánshuō
(一)双手五指撮合,指尖斜向相对,边向斜下方移动边张开。
(二)一手食指横伸,在嘴前前后转动两下。

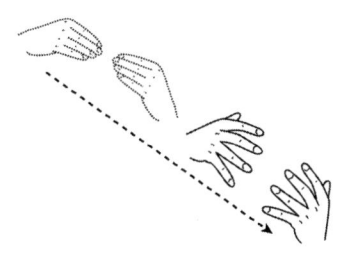

传统 chuántǒng
双手五指撮合,指尖斜向相对,边向斜下方移动边张开。

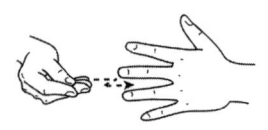

传销 chuánxiāo

左手横立,手背向外,五指张开;右手五指撮合,指尖朝左,向左手中、无名指指缝间插两下。

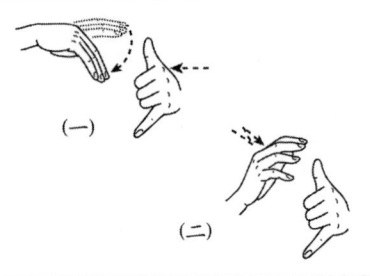

传讯 chuánxùn

(一)左手伸拇、小指,指尖朝内;右手平伸,掌心向下,朝左手招一下手,左手同时向内移动,表示让人过来。

(二)左手伸拇、小指,指尖朝内;右手五指微曲,掌心向外,对着左手微移两下,表示询问。

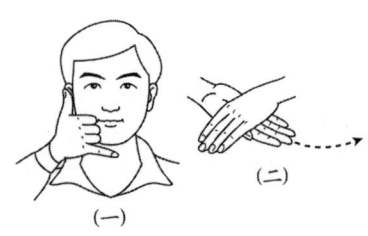

传真 chuánzhēn

(一)一手伸拇、小指,拇指置于耳边,小指置于嘴前,如打电话状。

(二)左手横伸;右手平伸,掌心向上,自左手掌心下向前伸出。

船(轮船) chuán (lúnchuán)

双手斜立,指尖相抵,向前移动,如船向前行驶状。

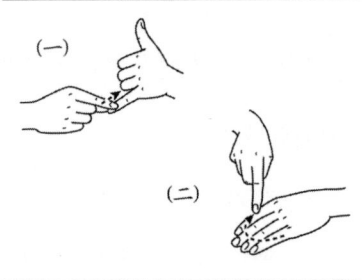

船袜 chuánwà

(一)左手伸拇、小指;右手拇、食指先捏住左手小指尖,再向内微移,如穿袜子状。

(二)左手平伸,五指并拢;右手伸食指,指尖朝下,在左手背上划"∩"形,表示船袜的外形。

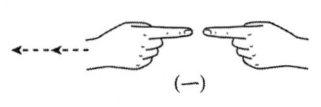

串联 chuànlián

(一)双手食指横伸,手背向外,左手不动,右手向右一顿一顿移动几下。

(二)双手拇、食指套环,左右移动几下。

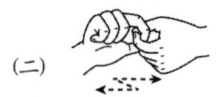

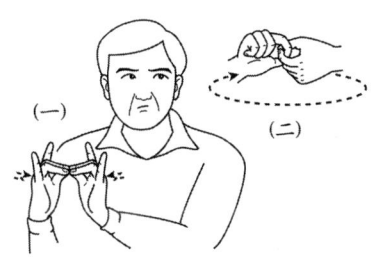

串通一气 chuàntōng-yīqì

（一）双手拇、中、无名指相捏，虎口朝内，置于身体一侧，互碰几下。

（二）双手拇、食指套环，顺时针平行转动一圈。

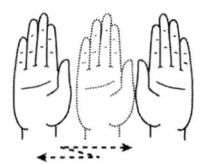

窗 chuāng

双手并排直立，掌心向外，左手不动，右手左右移动两下，如开关推拉窗状。

（可根据实际表示窗户的式样）

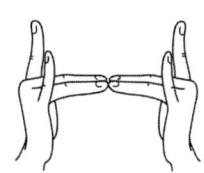

床 chuáng

双手食、小指直立，中、无名指与手掌成直角，指尖相抵，拇指贴于食指，仿床的形状。

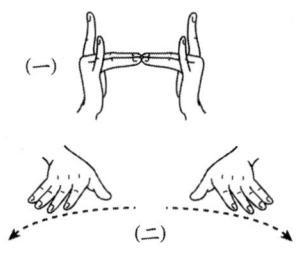

床单（床罩） chuángdān (chuángzhào)

（一）双手食、小指直立，中、无名指与手掌成直角，指尖相抵，拇指贴于食指，仿床的形状。

（二）双手平伸，掌心向下，五指张开，向两侧下方做弧形移动。

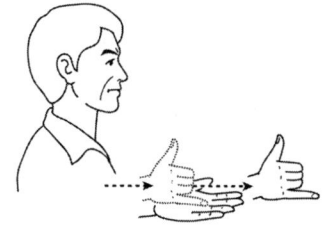

闯（闯荡） chuǎng (chuǎngdàng)

左手平伸；右手伸拇、小指，在左手掌心上用力向外移出。

（可根据实际表示闯的动作）

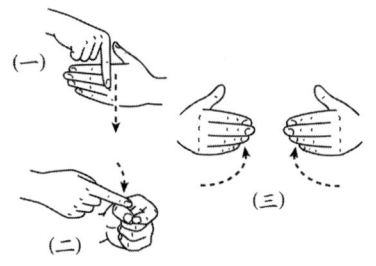

创汇 chuànghuì

（一）左手横立；右手伸食指，指尖朝下，在左手背外向下指。

（二）左手拇、食指捏成圆形，虎口朝上；右手伸食指，敲一下左手拇指。

（三）双手横立，掌心向内，五指微曲，从外向内收进。

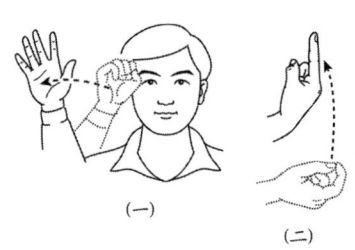

创举 chuàngjǔ

（一）一手握拳，虎口贴于太阳穴，然后边向前移动边张开五指。

（二）一手拇、食指相捏，手背向下，然后食指用力向上弹起。

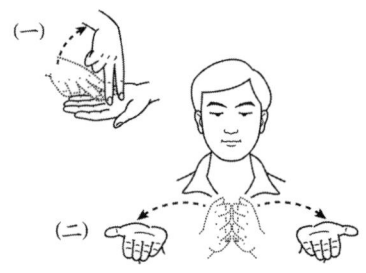

创刊 chuàngkān

（一）左手横伸；右手食、中指分开，先平放于左手掌心上，然后竖立起来。

（二）双手侧立，掌心相贴，然后向两侧打开，动作幅度稍大些。

 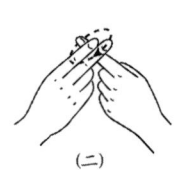

创可贴 chuàngkětiē

（一）一手拇、中指相捏，然后缓慢张开，指尖朝前。

（二）左手伸食指；右手食、中指并拢，在左手食指上绕一圈。

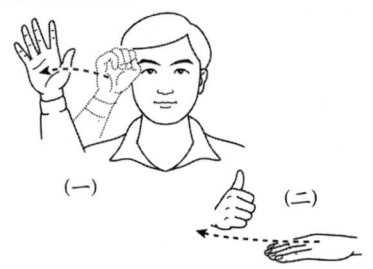

创新 chuàngxīn

（一）一手握拳，虎口贴于太阳穴，然后边向前移动边张开五指。

（二）左手横伸；右手伸拇指，在左手背上从左向右划出。

创造 chuàngzào

（一）一手握拳，虎口贴于太阳穴，然后边向前移动边张开五指。

（二）双手握拳，一上一下，右拳向下砸一下左拳。

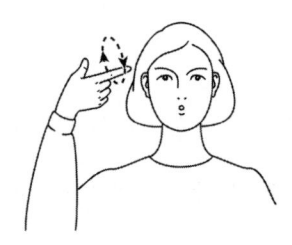

吹风机 chuīfēngjī

一手拇、食指成"⌊"形，食指尖在头一侧转动几圈，嘴同时做吹气的动作。

吹毛求疵 chuīmáo-qiúcī
（一）左手握拳，嘴向左手背上吹气。
（二）左手握拳；右手食、中指分开，指尖对着左手背转动两下，眼睛注视手的动作。
（三）左手握拳；右手伸小指，在左手背不同位置上点几下。

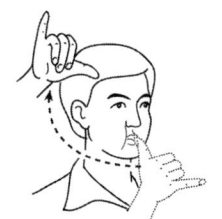

吹牛（虚夸、瞎吹） chuīniú (xūkuā、xiāchuī)
嘴唇鼓起，一手伸拇、小指，拇指尖先抵于嘴角，再抵于头一侧。

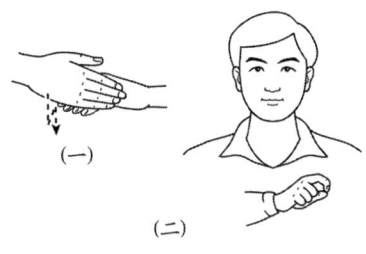

炊事员 chuīshìyuán
（一）左手横伸，手背拱起；右手侧立，在左手指尖旁向下动几下，如切菜状。
（二）右手拇、食指捏成圆形，虎口朝内，贴于左胸部。

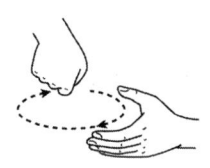

炊帚 chuī·zhou
左手五指成半圆形，虎口朝上；右手虚握，虎口朝左下方，在左手虎口处转动两下，模仿用炊帚刷洗的动作。

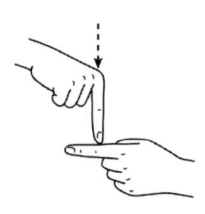

垂直（垂线） chuízhí (chuíxiàn)
左手食指横伸，手背向外；右手伸食指，指尖朝下，垂直落于左手食指中端，如垂直状。

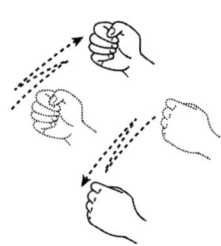

捶 chuí
双手握拳，交替向前捶动。
（可根据实际表示捶打的动作）

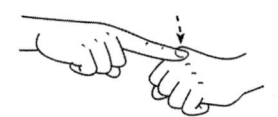

锤子 chuí·zi

　　双手握拳，左手虎口朝上，不动，右手向下朝左手挥动两下，如使用锤子状。

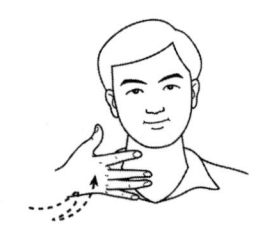

春① chūn ①

　　左手握拳，手背向上；右手食指点一下左手食指根部关节。

　　("春"的手语存在地域差异，可根据实际选择使用）

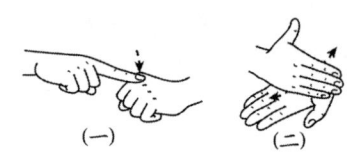

春② chūn ②

　　一手横立，掌心向内，五指张开，向内微扇两下，表示春风和煦，面露舒适的表情。

　　("春"的手语存在地域差异，可根据实际选择使用）

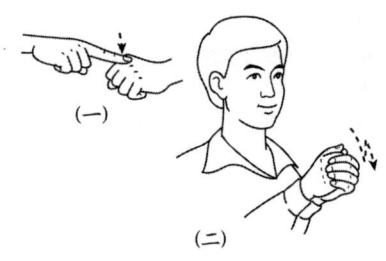

春分 chūnfēn

　　（一）左手握拳，手背向上；右手食指点一下左手食指根部关节。
　　（二）左手横伸；右手侧立，置于左手掌心上，并左右拨动一下。

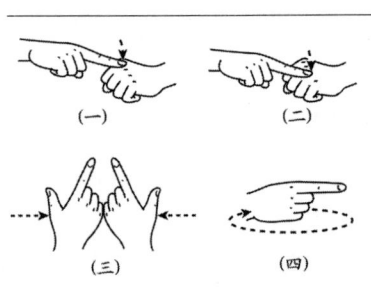

春节 Chūnjié

　　（一）左手握拳，手背向上；右手食指点一下左手食指根部关节。
　　（二）双手作揖，向前晃动两下，面露喜悦的表情。

春秋战国 Chūnqiū-Zhànguó

　　（一）左手握拳，手背向上；右手食指点一下左手食指根部关节。
　　（二）左手握拳，手背向上；右手食指点一下左手无名指根部关节。
　　（三）双手伸拇、食指，食指尖朝上，掌心向内，小指下缘互碰一下。
　　（四）一手打手指字母"G"的指式，顺时针平行转动一圈。

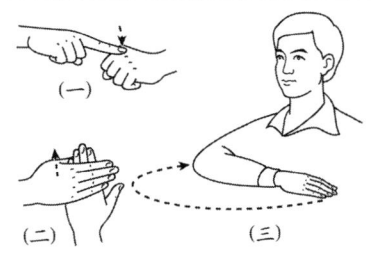

春意盎然 chūnyì-àngrán
（一）左手握拳，手背向上；右手食指点一下左手食指根部关节。
（二）左手食、中、无名、小指并拢，指尖朝右上方，手背向外；右手五指向上捋一下左手四指。
（三）一手横伸，掌心向下，五指并拢，齐胸部从一侧向另一侧做大范围的弧形移动。

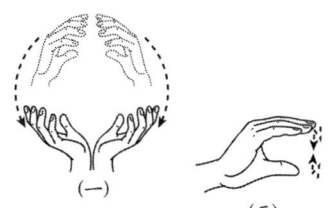

纯棉 chúnmián
（一）双手五指微曲，指尖左右相对，然后向下做弧形移动，手腕靠拢。
（二）一手五指成"⊐"形，虎口朝内，轻捏几下。

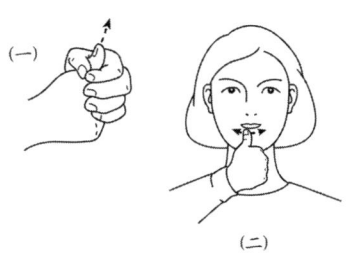

唇膏（口红①） chúngāo (kǒuhóng ①)
（一）左手五指成圆形，虎口朝上；右手伸拇指，从左手虎口内钻出，仿唇膏棒外形。
（二）右手伸拇指，指面向内，在嘴唇处左右移动几下，如抹唇膏状。
（此手势既表示唇膏、口红的名词意思，又表示抹唇膏、抹口红的意思）

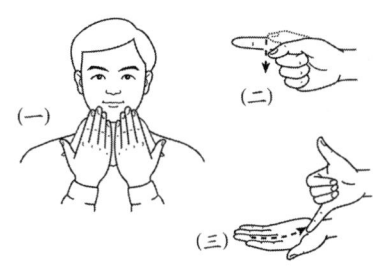

辍学（肄业） chuòxué (yìyè)
（一）双手斜伸，掌心向内，置于身前。
（二）一手食指横伸，拇指在食指中部划一下。
（三）左手平伸，掌心向上；右手伸拇、小指，小指尖抵于左手指尖，再向后移动。

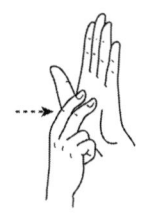

词 cí
左手直立，掌心向外；右手食、中指弯曲，指尖朝内，点一下左手掌心。

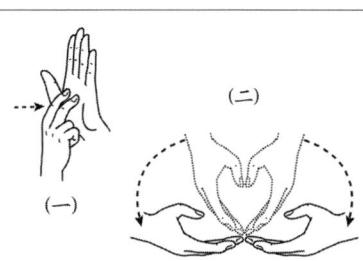

词典（辞典） cídiǎn (cídiǎn)
（一）左手直立，掌心向外；右手食、中指弯曲，指尖朝内，点一下左手掌心。
（二）双手五指微曲，指尖相对，虎口朝外，然后手腕向两侧转动，模仿翻词典的动作。

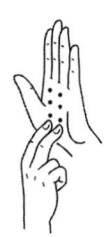

词汇　cíhuì
　　左手直立，掌心向外；右手食、中指弯曲，指尖朝内，在左手掌心上边点动边向下移动。

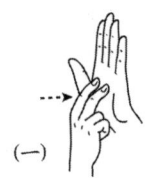 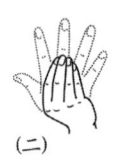

词组　cízǔ
　　（一）左手直立，掌心向外；右手食、中指弯曲，指尖朝内，点一下左手掌心。
　　（二）一手五指张开，指尖朝上，然后撮合。

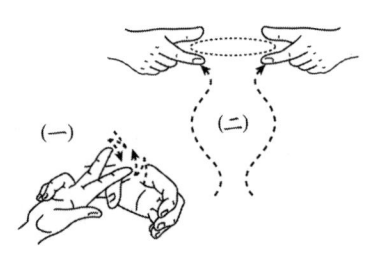

瓷器　cíqì
　　（一）左手五指成半圆形，虎口朝上；右手伸拇、食、中指，食、中指交替弹左手拇指。
　　（二）双手拇、食指成大圆形，虎口朝上，从下向上做曲线形移动。
　　（可根据实际表示瓷器的外形）

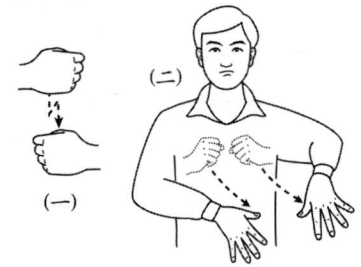

辞职①　cízhí ①
　　（一）双手握拳，一上一下，右拳向下砸两下左拳。
　　（二）双手虚握，虎口朝上，边向斜下方移动边张开五指。

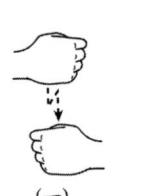 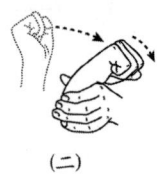

辞职②　cízhí ②
　　（一）双手握拳，一上一下，右拳向下砸两下左拳。
　　（二）左手五指成半圆形，虎口朝上；右手握拳，拳心向前，边移向左手虎口内边垂下，面露厌恶的表情，表示辞职不干。

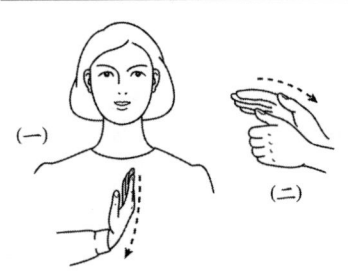

慈爱　cí'ài
　　（一）右手直立，掌心向右，小指外侧贴于胸部正中，从上向下移动。
　　（二）左手伸拇指；右手轻轻抚摸左手拇指背，面露怜爱的表情。

慈善 císhàn

右手直立,掌心向右,小指外侧贴于胸部正中,从上向下移动。

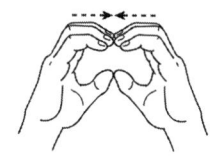
磁 cí

双手打手指字母"C"的指式,掌心左右相对,从两侧向中间移动,并突然相碰。

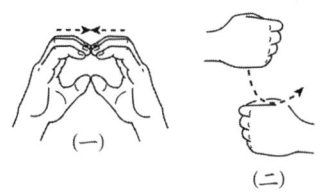
磁铁 cítiě

(一)双手打手指字母"C"的指式,掌心左右相对,从两侧向中间移动,并突然相碰。
(二)双手握拳,虎口朝上,一上一下,右拳向下砸一下左拳,再向内移动。

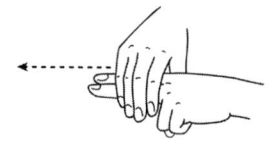

磁悬浮列车 cíxuánfú-lièchē

左手伸食、中指,指尖朝前,不动;右手五指成"∩"形,虎口朝内,置于左手食、中指上,表示磁悬浮列车车厢,然后向指尖方向快速移动。

次 cì

一手打手指字母"C"的指式。

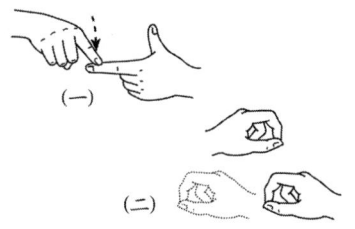
次品 cìpǐn

(一)左手伸拇、食指,食指尖朝右,手背向外;右手伸食指,敲一下左手食指尖。
(二)双手拇、食指捏成圆形,虎口朝内,左手在上不动,右手在下连打两下,仿"品"字形。

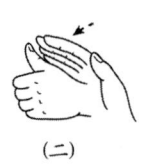

伺候①（护理） cì·hou ① (hùlǐ)

（一）左手伸拇指，在前；右手食、中指微曲，在后，指尖朝左手拇指点动一下。

（二）左手伸拇指；右手五指并拢，轻拍一（或两）下左手拇指背。

（此手势表示伺候老人、儿童、病人等）

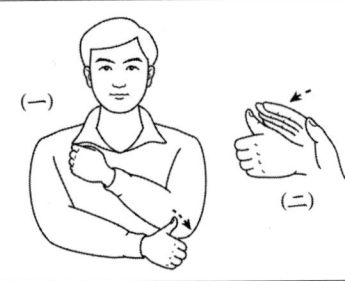

伺候② cì·hou ②

（一）左臂抬起，左手握拳，手背向外；右手伸拇指，指尖在左手肘部向下划一下。

（二）左手伸拇指；右手五指并拢，轻拍一（或两）下左手拇指背。

（此手势表示佣人伺候雇主）

刺（扎、戳、杵） cì (zhā、chuō、chǔ)

左手握拳，手背向上；右手伸食指，用力杵一下左手背。
（可根据实际表示刺的动作）

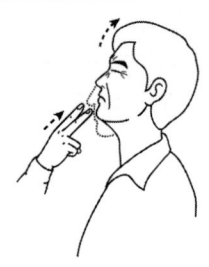

刺鼻 cìbí

一手食、中指分开，指尖对着鼻部向上移动，头同时后仰，面露难受的表情。
（可根据实际表示刺鼻的状态）

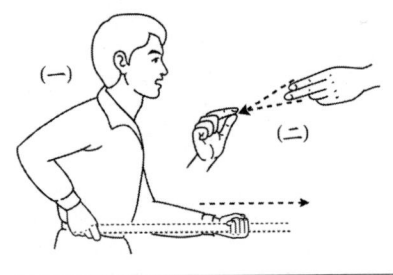
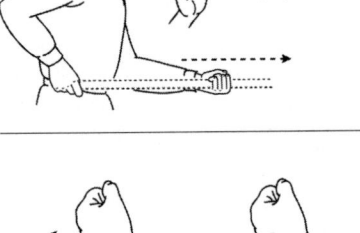

刺刀 cìdāo

（一）双手握拳，虎口朝前，一前一后，用力向前移动，立眉张口，模仿刺杀的动作。

（二）左手食、中指并拢，指尖朝前；右手拇、食指张开，沿左手食、中指边向前移动边相捏，仿刺刀形状。

刺激 cìjī

左手握拳；右手食指抵于左手背，拇、中指先相捏再弹开两下。

刺痛 cìtòng

（一）左手握拳，手背向上；右手伸食指，用力杵一下左手背。

（二）一手拇、食指相捏，置于嘴边，左右晃动几下，面露难受的表情。

（可根据实际表示刺痛的位置）

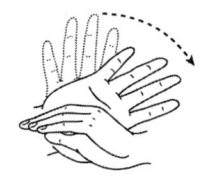

刺猬 cì·wei

左手手背拱起，指尖朝右；右手五指张开，掌心贴于左手虎口，向左微转一下，表示刺猬身上的刺。

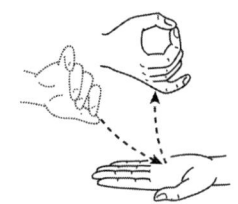

刺绣 cìxiù

左手横伸；右手拇、食指如捏针状，在左手掌心上做刺绣的动作，眼睛注视手的动作。

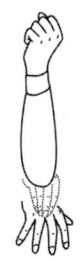

葱① cōng①

左手握拳屈肘；右手五指撮合，指尖朝下，置于左手肘部，然后张开。

葱②（小葱） cōng②（xiǎocōng）

一手食指横伸，置于鼻下，前后微转两下。

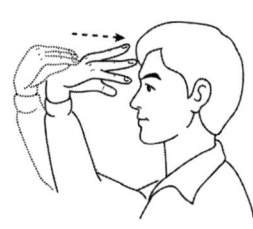

聪明①（巧妙①） cōng·míng①（qiǎomiào①）

一手五指撮合，指尖对着前额，然后边向内移动边张开。

聪明②（巧妙②、智慧）
cōng·míng ② (qiǎomiào ②、zhìhuì)
一手食指尖抵于同侧前额，拇、中指相捏，然后张开。

从（自、丛） cóng (zì、Cóng)
双手食、中指搭成"从"字形。"从"与"丛"音同，借代，也用于表示姓氏"丛"。

 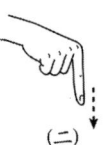

从此 cóngcǐ
（一）双手食、中指搭成"从"字形。
（二）一手伸食指，指尖朝下一指。
（可根据实际决定手的位置）

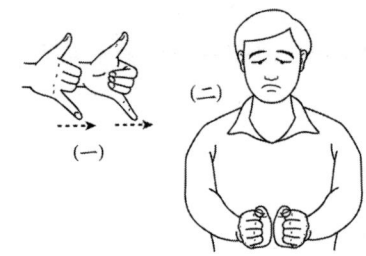

从犯 cóngfàn
（一）双手伸拇、小指，一前一后，同时向前移动。
（二）双手握拳，手腕相贴，如戴手铐状，头微低。

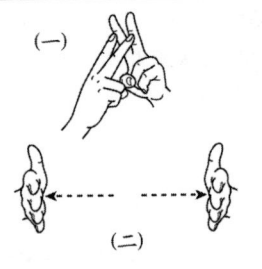

从宽 cóngkuān
（一）双手食、中指搭成"从"字形。
（二）双手侧立，掌心相对，同时向两侧移动，幅度相对于"大"的手势要小些。

 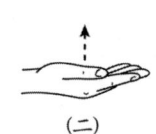

从轻 cóngqīng
（一）双手食、中指搭成"从"字形。
（二）一手平伸，掌心向上，轻轻向上一抬。

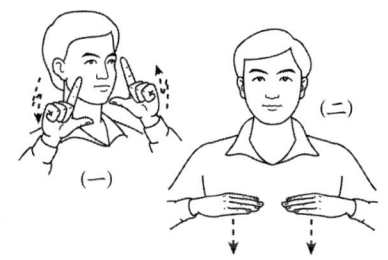

从容　cóngróng

（一）双手拇、食指成"⌐⌐"形，置于脸颊两侧，上下交替动两下。

（二）双手横伸，掌心向下，从胸部缓慢向下移动，双唇紧闭，面露镇定的表情。

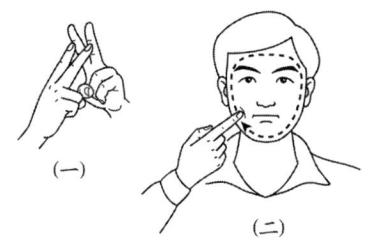

从严　cóngyán

（一）双手食、中指搭成"从"字形。

（二）一手拇指尖按于食指根部，食指绕脸部转动一圈，然后抵于脸颊，面露严肃的表情。

 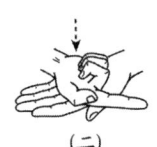

从重　cóngzhòng

（一）双手食、中指搭成"从"字形。

（二）左手横伸；右手伸食指，拇指尖按于食指根部，手背向下，用力砸向左手掌心，表示程度重。

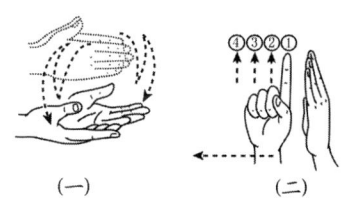

丛书　cóngshū

（一）双手侧立，掌心相贴，然后连续向两侧打开，表示多本书。

（二）左手直立，掌心向右；右手握拳，虎口朝左，边向右移动边依次打数字"1、2、3、4"的手势，表示成系列的一套书。

（可根据实际表示丛书的册数）

粗①　cū①

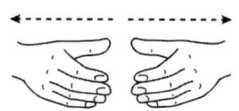

双手五指成圆形，虎口朝上，从中间向两侧移动。

（可根据实际表示粗的状态）

（"粗"的手语存在地域差异，可根据实际选择使用）

粗②　cū②

一手拇、食指微张，指尖朝内，抵于鼻翼两侧，然后向两侧张开。

（"粗"的手语存在地域差异，可根据实际选择使用）

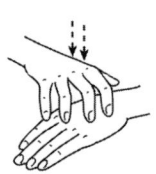

粗糙 cūcāo
　　左手横伸；右手五指弯曲，指尖朝下，在左手背上随意点动几下。
　　（可根据实际表示粗糙的状态）

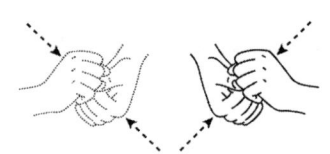

粗鲁（野蛮、犯浑） cū·lǔ (yěmán、fànhún)
　　双手握拳，拳心上下相对，交替互砸几下。

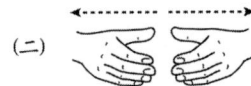

粗心（大意） cūxīn (dàyì)
　　（一）双手拇、食指张开仿"♡"形，手背向外，置于胸部。
　　（二）双手五指成圆形，虎口朝上，从中间向两侧移动。

促进（推进） cùjìn (tuījìn)
　　左手伸拇指；右手伸食指，指尖抵于左手拇指背，向前顶一下左手，双手同时向前移动一下。

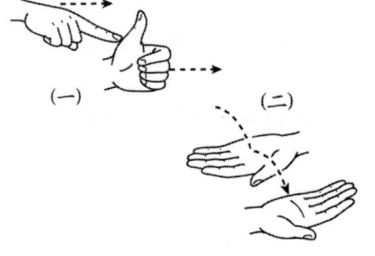

促销 cùxiāo
　　（一）左手伸拇指；右手伸食指，指尖抵于左手拇指背，向前顶一下左手，双手同时向前移动一下。
　　（二）双手横伸，右手背在左手掌心上拍一下，然后向外移动。

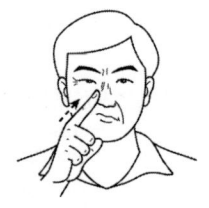

醋（酸） cù (suān)
　　一手食指直立，在鼻翼一侧向上移动一下，同时耸鼻。

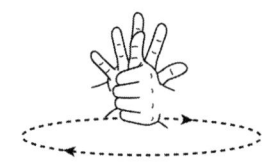

簇拥 cùyōng

左手伸拇指；右手直立，掌心向外，五指张开，贴近左手，双手同时转动两下，表示一群人前呼后拥着一个人。

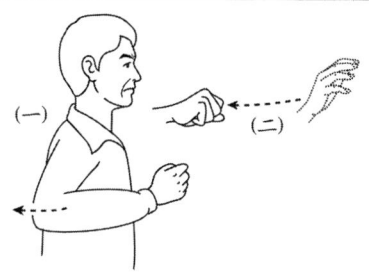

篡夺 cuànduó

（一）一手握拳屈肘，肘部用力向后一顶。
（二）一手五指微曲，掌心向前，边用力向后移动边握拳。

篡改 cuàngǎi

（一）一手握拳屈肘，肘部用力向后一顶。
（二）一手食、中指直立分开，由掌心向外翻转为掌心向内。

崔 Cuī

一手拇、食、小指直立，掌心向外，置于前额，表示"崔"字上半部的"山"字形。

催（催促） cuī（cuīcù）

左手伸拇指；右手食指微曲，指尖朝左手拇指点几下。（可根据实际表示催的动作）

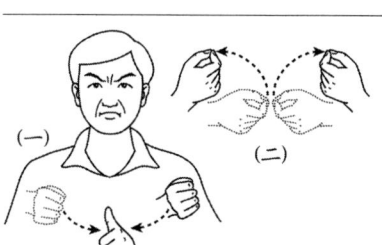

摧残 cuīcán

（一）左手伸拇、小指；右手握拳，朝左手左右挥动，如打人状，面露凶恶的表情。
（二）双手拇、食指相捏，虎口朝上，然后向上掰动一下。

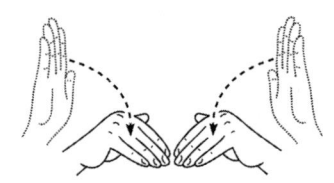

摧毁 cuīhuǐ
双手直立,掌心左右相对,同时向中间倒下,手背拱起。
(可根据实际表示摧毁的动作)

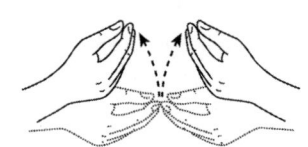

脆 cuì
双手五指撮合,手背向下,指尖相触,然后向上一掰。
(可根据实际表示脆的状态)

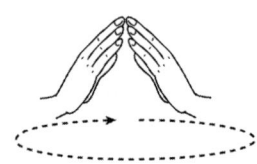

村 cūn
双手搭成"∧"形,顺时针平行转动一圈。

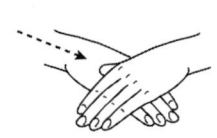

存储(存档①) cúnchǔ(cúndàng①)
左手横伸;右手平伸,手背向上,从后向前移入左手掌心下,表示存储电子档案。

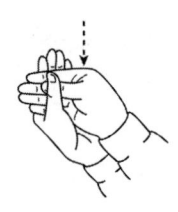

存档② cúndàng②
左手五指成"∪"形,虎口朝外;右手五指撮合,指尖朝前,从上向下插入左手虎口内,表示将文字材料放入档案盒。

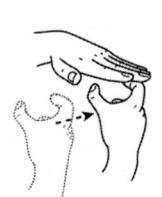

存盘 cúnpán
左手横伸;右手拇、食指成半圆形,虎口朝上,从后向前移入左手掌心下。
(可根据实际表示存储介质的形状)

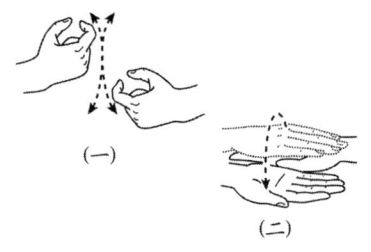

存折 cúnzhé
（一）双手拇、食指成圆形，指尖稍分开，虎口朝上，食指上下交替互碰两下。
（二）双手横伸，掌心相贴，然后右手做向上打开的动作。

寸土必争 cùntǔ-bìzhēng
（一）一手拇、食指相捏，拇指尖微弹一下。
（二）一手拇、食、中指相捏，指尖朝下，互捻几下。
（三）一手食指直立，向下挥动一下。
（四）一手五指微曲，掌心向前，边用力向后移动边握拳。

搓（摩擦） cuō（mócā）
双手侧立，掌心相贴，来回搓几下。
（可根据实际表示搓的动作）

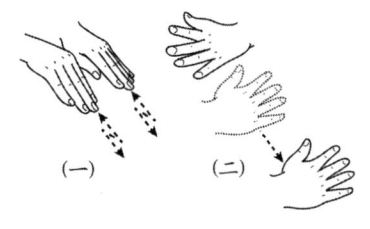

搓板 cuōbǎn
（一）双手斜伸，掌心向后下方，手背拱起，上下来回移动两下，模仿用搓板洗衣服的动作。
（二）双手斜伸，手背向外，五指张开，左手在上不动，右手向下移动一下。

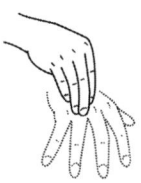

撮 cuō
一手五指微曲张开，指尖朝下，然后撮合。
（可根据实际表示撮的动作）

挫败 cuòbài
左手伸拇指；右手握拳，击向左手，左手随之倒下。

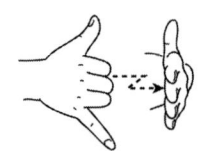

挫折 cuòzhé

左手横立,掌心向内;右手伸拇、小指,碰两下左手掌心,表示受阻不顺利。

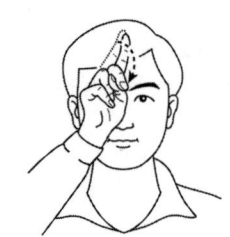

错误(过失、失误) cuòwù (guòshī、shīwù)

一手食、中指直立相叠,掌心向外,置于前额,中指向下弯动一下。

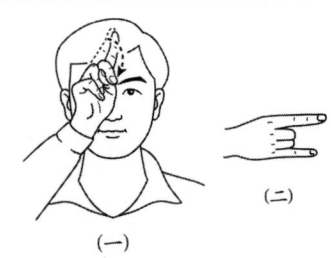

错字(错别字) cuòzì (cuòbiézì)

(一)一手食、中指直立相叠,掌心向外,置于前额,中指向下弯动一下。
(二)一手打手指字母"Z"的指式。

D

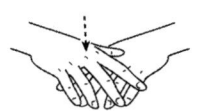

搭 dā

双手斜伸，掌心向下，五指张开，左手在下不动，右手向下移动，搭在左手指背上。

（可根据实际表示搭的动作）

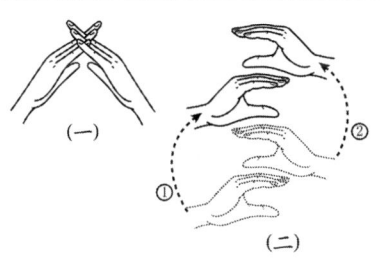

搭建 dājiàn

（一）双手五指张开，指尖朝上，斜向交叉相搭。
（二）双手五指成"⊏⊐"形，虎口朝内，交替上叠，模仿垒砖的动作。

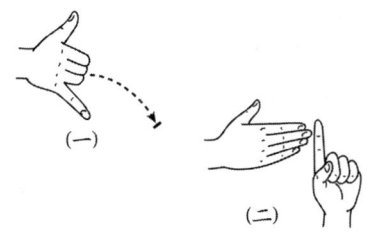

达标 dábiāo

（一）一手伸拇、小指，向前做弧形移动，然后向下一顿。
（二）左手食指直立；右手侧立，指向左手食指。

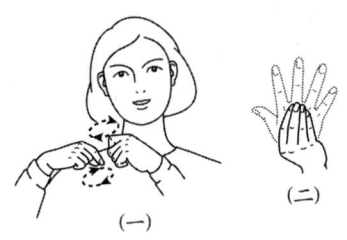

达斡尔族 Dáwò'ěrzú

（一）双手拇、食指相捏，指尖左右相对，手腕在一侧肩前交替转动两下，如扎辫子状。
（二）一手五指张开，指尖朝上，然后撮合。

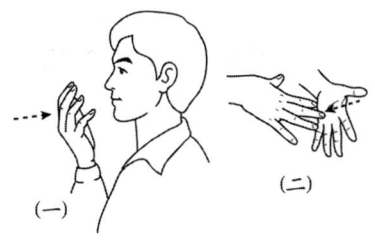

答案 dá'àn

（一）一手五指弯曲，指尖朝内，向嘴部移动一下。
（二）左手斜伸，掌心向后上方，五指张开；右手平伸，掌心向下，五指张开，在左手掌心上从上向下移动。

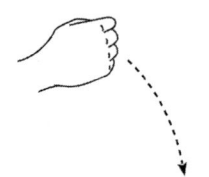
打 dǎ
一手握拳，向前下方挥动一下。
（可根据实际表示打的动作）

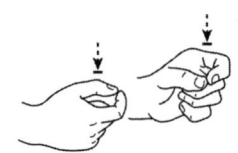
打赌 dǎdǔ
双手拇、食指捏成圆形，一前一后，同时向下一顿。

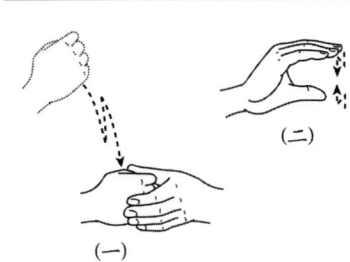
打糕 dǎgāo
（一）左手五指成半圆形，虎口朝上；右手握拳，朝左手虎口挥动两下，模仿朝鲜族做打糕时反复捶打的动作。
（二）一手五指成"冂"形，虎口朝内，轻捏几下。

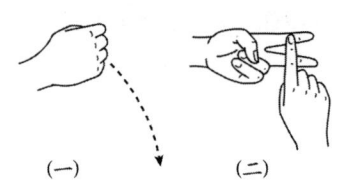
打工（务工） dǎgōng（wùgōng）
（一）一手握拳，向前下方挥动一下。
（二）左手食、中指与右手食指搭成"工"字形。

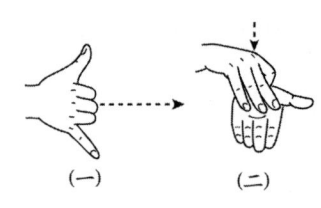
打官司（诉讼） dǎ guān·si（sùsòng）
（一）一手伸拇、小指，指尖朝外，从内向外移动。
（二）左手平伸；右手伸中、无名、小指，手背向上，表示"法"字的"氵"，在左手掌心上贴一下。

打火机 dǎhuǒjī
一手伸拇指，其他四指弯曲，置于嘴前，然后拇指弯动一下，如用打火机点烟状。

打架 dǎjià
　　双手握拳,交替来回移动,模仿动手打架的动作。

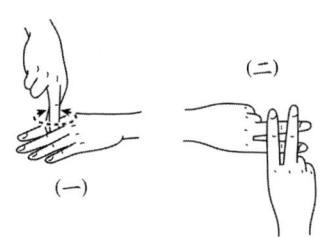

打井(钻井) dǎjǐng (zuànjǐng)
　　(一)左手横伸,手背向上,五指张开;右手食、中指相叠,指尖朝下,在左手食、中指指缝间钻动两下。
　　(二)双手食、中指搭成"井"字形,手背向内(或向上)。

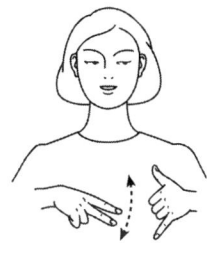

打量 dǎ·liang
　　左手伸拇、小指,手背向外;右手食、中指分开,指尖对着左手,手背向上,上下移动两下,眼睛注视左手。
　　(可根据实际表示打量的动作)

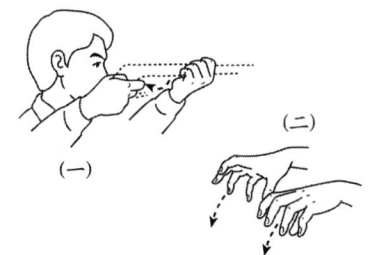

打猎 dǎliè
　　(一)双手如托步枪状,右手食指做勾动扳机的动作。
　　(二)双手五指弯曲,指尖朝下,如兽爪,同时向前下方按动一下。
　　(可根据实际表示打猎的动作)

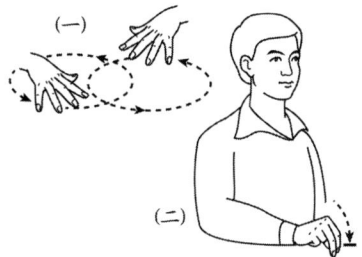

打麻将 dǎmájiàng
　　(一)双手平伸,掌心向下,五指张开,交替平行转动两下,模仿洗麻将牌的动作。
　　(二)一手拇、食、中指相捏,指尖朝下,用力向下一顿。

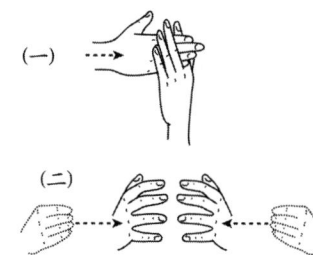

打扰(干扰) dǎrǎo (gānrǎo)
　　(一)左手直立,掌心向内;右手侧立,插入左手食、中指指缝间。
　　(二)双手五指撮合,指尖左右相对,边从两侧向中间移动边张开。
　　(可根据实际决定手的朝向和移动方向)

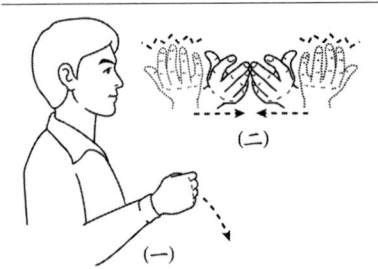

打算　dǎ·suàn
（一）一手握拳，向前下方挥动一下。
（二）双手五指微曲，掌心向上，边交替点动边互碰。

打听　dǎ·ting
右手五指微曲，掌心向外，边从左向右移动边向前点动，目光随之移动。

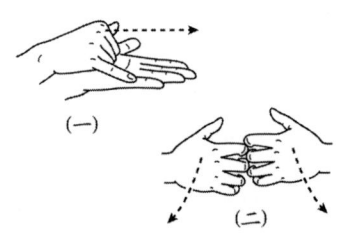

打印机　dǎyìnjī
（一）左手平伸；右手打手指字母"Y"的指式，手背向上，置于左手掌心上，然后向前移动。
（二）双手五指弯曲，食、中、无名、小指关节交错相触，向下转动一下。
（可根据实际表示打印机的工作状态）

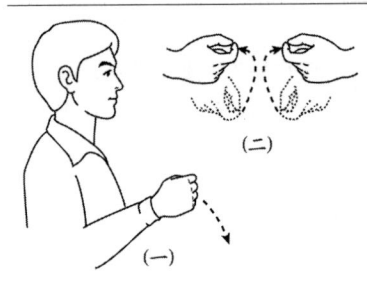

打折　dǎzhé
（一）一手握拳，向前下方挥动一下。
（二）双手拇、食指相捏，虎口左右相对，向上掰动一下。

打桩　dǎzhuāng
左手五指撮合，指尖朝下；右手握拳，砸两下左手背，左手随之下移，如打桩状。
（可根据实际表示打桩的样子）

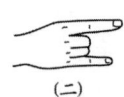

打字　dǎzì
（一）双手五指弯曲，指尖朝下，交替点动几下，如敲击计算机键盘状。
（二）一手打手指字母"Z"的指式。
（可根据实际表示打字的样子）

打坐(坐禅) dǎzuò (zuòchán)

双手食指弯曲,指尖左右相对,虎口朝上,然后向中间转腕,交叉相搭,双眼闭拢。
(可根据实际表示打坐的动作)

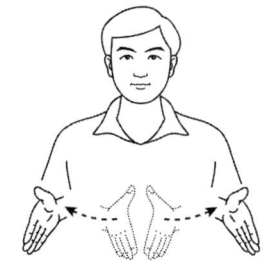

大(扩大、扩展①) dà (kuòdà、kuòzhǎn ①)

双手侧立,掌心相对,同时向两侧移动,幅度要大些。
(可根据实际表示大的状态)

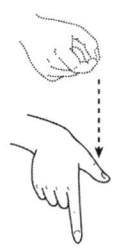

大便(粪) dàbiàn (fèn)

一手拇、食指相捏,然后边向下移动边张开,食指尖朝下。

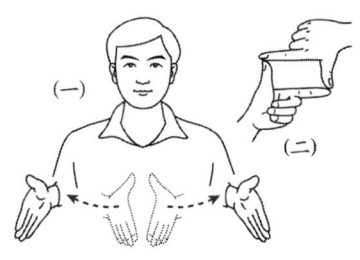

大方 dà·fang

(一)双手侧立,掌心相对,同时向两侧移动,幅度要大些。
(二)双手拇、食指搭成"□"形。

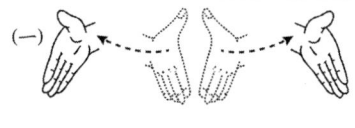

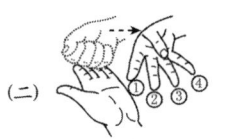

大纲 dàgāng

(一)双手侧立,掌心相对,同时向两侧移动,幅度要大些。
(二)左手斜伸,掌心向后上方;右手握拳,在左手掌心上边向后微移边依次伸出食、中、无名、小指。

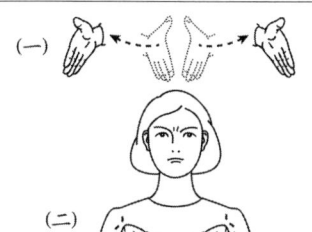

大寒 dàhán

(一)双手侧立,掌心相对,同时向两侧移动,幅度要大些。
(二)双手握拳屈肘,小臂颤动几下,如哆嗦状,表示冷。

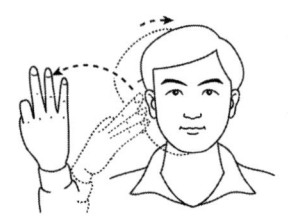

大后天 dàhòutiān

　　头微偏，一手中、无名、小指抵于太阳穴，然后向外移动，头转正，表示睡觉后过了三天，引申为大后天。

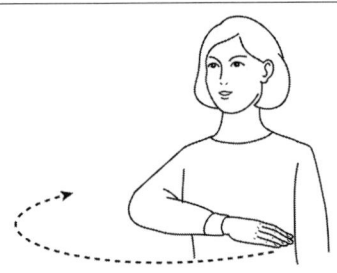

大家（大伙儿） dàjiā (dàhuǒr)

　　一手横伸，掌心向下，顺时针平行转动半圈。

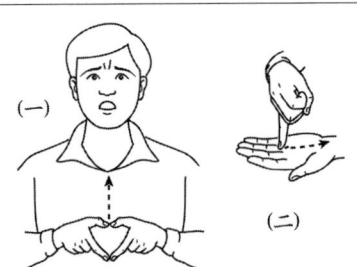

大惊小怪 dàjīng-xiǎoguài

　　（一）双手拇、食指张开仿"♡"形，手背向外，置于胸部，然后猛然向上一提，面露惊恐的表情。
　　（二）左手平伸；右手伸小指，在左手掌心上向后刮一下，表示小事儿一桩。

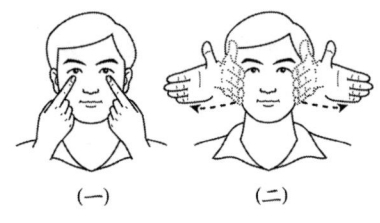

大开眼界 dàkāi-yǎnjiè

　　（一）双手伸食指，指一下眼部。
　　（二）双手侧立，置于头两侧，用力向两侧打开。

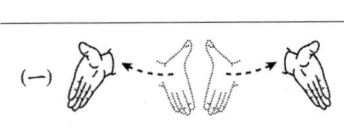

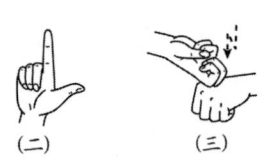

大理石 dàlǐshí

　　（一）双手侧立，掌心相对，同时向两侧移动，幅度要大些。
　　（二）一手打手指字母"L"的指式。
　　（三）左手握拳；右手食、中指弯曲，以指背关节在左手背上敲两下。

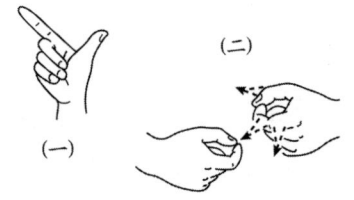

大料（八角茴香） dàliào (bājiǎo huíxiāng)

　　（一）一手伸拇、食指，掌心向外。
　　（二）左手拇、食指捏成圆形；右手拇、食指张开，沿左手拇、食指外侧向外相捏几下，仿大料的外形。

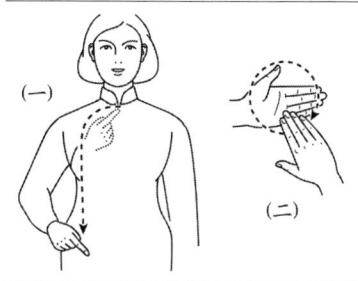

大陆 dàlù

（一）一手伸食指，自咽喉部顺肩胸部划至右腰部，以民族服装"旗袍"的前襟线表示中国。

（二）左手横立；右手直立，掌心向外，沿左手掌心转动一圈。

（此手势专用于表示中国领土相对沿海岛屿而言的广大陆地部分）

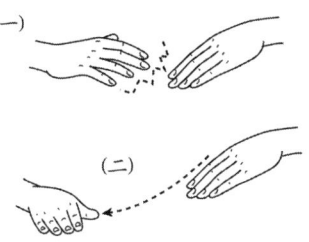

大陆架 dàlùjià

（一）左手斜伸，手背向右上方，指尖朝右下方；右手横伸，掌心向下，五指张开，交替点动几下。

（二）左手斜伸，手背向右上方，指尖朝右下方；右手平伸，掌心向下，沿左手背向右下方移动较长距离，表示大陆架。

大麻（鸦片） dàmá (yāpiàn)

左手伸拇、小指，拇指抵于嘴边，头微歪；右手拇、食指相捏，在左手小指上绕几圈。

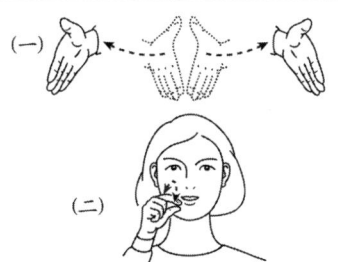

大米 dàmǐ

（一）双手侧立，掌心相对，同时向两侧移动，幅度要大些。

（二）一手拇、食指微张，在嘴角处前后微转几下。

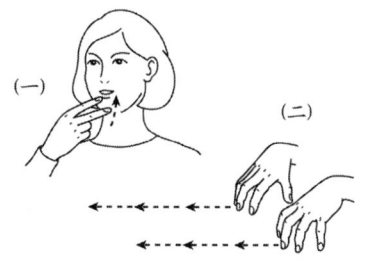

大排档 dàpáidàng

（一）一手伸食、中指，向嘴边拨动，如用筷子吃饭状。

（二）双手五指微曲，指尖朝下，同时向前一顿一顿移动几下。

大前天 dàqiántiān

一手中、无名、小指直立分开，掌心向内，自头一侧向后划动一下。

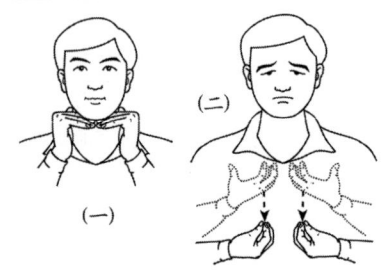

大失所望 dàshī-suǒwàng

（一）双手五指与手掌成"┌┐"形，食、中、无名、小指指尖相抵，贴于颔部下方，面露期待的表情。

（二）双手五指微曲，指尖朝上，贴于胸部，然后边向下移动边撮合，面露失望的表情。

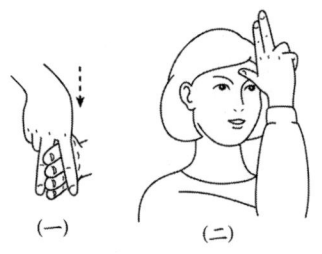

大使❶ dàshǐ ❶

（一）左手侧立；右手食、中指分开，指尖朝下，插向左手，表示跨两国事务的意思。

（二）一手伸拇、食、中指，拇指尖抵于前额，食、中指直立并拢。

（此手势表示外交官大使）

大使❷ dàshǐ ❷

右手打手指字母"SH"的指式，从左肩划至右腰，表示形象大使。

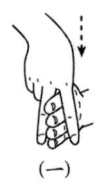 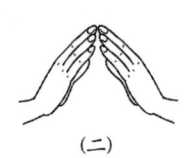

大使馆（领事馆） dàshǐguǎn (lǐngshìguǎn)

（一）左手侧立；右手食、中指分开，指尖朝下，插向左手，表示跨两国事务的意思。

（二）双手搭成"∧"形。

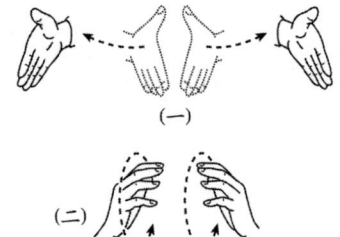

大势所趋（大趋势） dàshì-suǒqū (dàqūshì)

（一）双手侧立，掌心相对，同时向两侧移动，幅度要大些。

（二）双手五指微曲张开，掌心相对，同时向前转动一下。

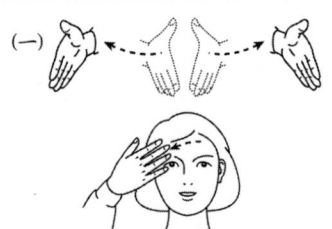

大暑 dàshǔ

（一）双手侧立，掌心相对，同时向两侧移动，幅度要大些。

（二）一手五指张开，手背向外，在额头上一抹，如流汗状。

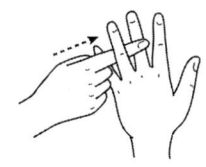

大头针 dàtóuzhēn
左手直立,掌心向内,五指张开;右手食指横伸,插在左手中、无名、小指间,表示用大头针别东西。

大无畏 dàwúwèi
左手叉腰;右手拍一下胸部,然后边向右移动边伸出拇指,面露坚毅的表情。

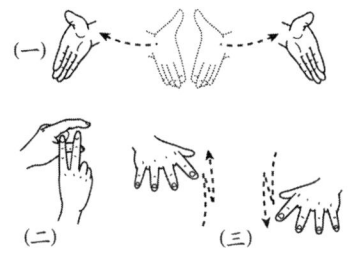

大西洋 Dàxīyáng
(一)双手侧立,掌心相对,同时向两侧移动,幅度要大些。
(二)左手拇、食指成"匚"形,虎口朝内;右手食、中指直立分开,手背向内,贴于左手拇指,仿"西"字部分字形。
(三)双手平伸,掌心向下,五指张开,上下交替移动,表示起伏的波浪。

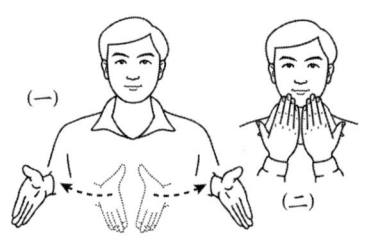

大学 dàxué
(一)双手侧立,掌心相对,同时向两侧移动,幅度要大些。
(二)双手斜伸,掌心向内,置于身前。

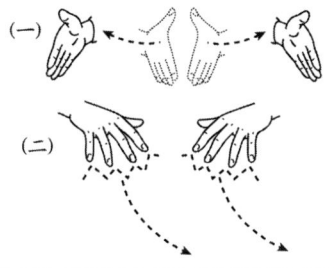

大雪 dàxuě
(一)双手侧立,掌心相对,同时向两侧移动,幅度要大些。
(二)双手平伸,掌心向下,五指张开,边交替点动边向斜下方缓缓下降,如雪花飘落状。

大洋洲 Dàyángzhōu
右手拇、食指捏成圆形,虎口贴于左肩,然后向右腰部做弧形移动。

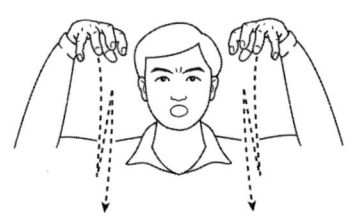

大雨（暴雨） dàyǔ (bàoyǔ)

双手五指微曲，指尖朝下，在头前快速向下动几下，动作猛而急，表示雨大且迅猛，同时张口皱眉。

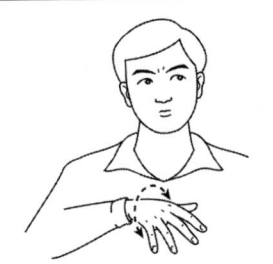

大约（大概、大致） dàyuē (dàgài、dàzhì)

一手五指微曲，掌心向下，手腕左右转动两下，面露疑问的表情。

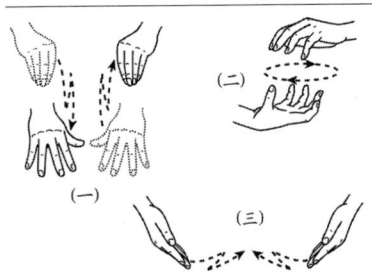

大杂烩❶ dàzáhuì ❶

（一）双手五指撮合，指尖朝下，边交替向下移动边张开，表示将不同的食品投入锅中。

（二）双手五指弯曲，指尖上下相对，交替平行转动两下。

（三）双手五指微曲，指尖朝下，铲动几下，模仿炒菜的动作。

（此手势表示食品大杂烩）

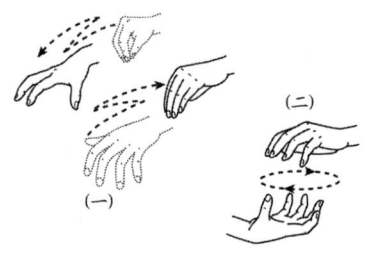

大杂烩❷ dàzáhuì ❷

（一）双手五指一张一合，指尖朝下，交替向内抓几下，表示抓过来不同的东西。

（二）双手五指弯曲，指尖上下相对，交替平行转动两下。

（此手势表示将不同事物胡乱拼凑在一起，成一个混合体的意思）

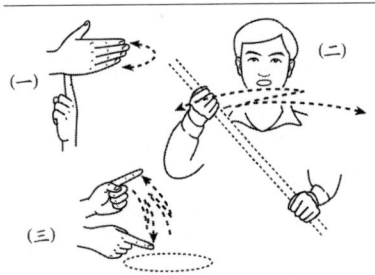

大张旗鼓 dàzhāng-qígǔ

（一）左手食指直立；右手侧立，手腕抵于左手食指尖，左右摆动几下，如旗帜飘扬状。

（二）双手虚握，虎口朝上，一上一下，左右摇动两下，如摇动大旗状。

（三）双手伸食指，指尖朝前，上下交替动几下，如打鼓状。

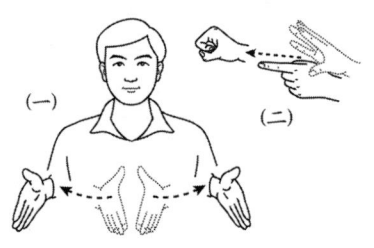

大专 dàzhuān

（一）双手侧立，掌心相对，同时向两侧移动，幅度要大些。

（二）左手伸食指，指尖朝前，虎口朝上；右手五指张开，掌心向前下方，置于左手食指根部，然后边向前移动边握拳。

呆（呆傻） dāi (dāishǎ)
　　一手伸拇、食指，掌心向内，置于鼻部下方，双眼发直，面无表情。

傣族 Dǎizú
　　（一）一手拇、食指相捏，其他三指直立分开，虎口贴于头一侧，前后微动几下，模仿傣族孔雀舞的动作。
　　（二）一手五指张开，指尖朝上，然后撮合。

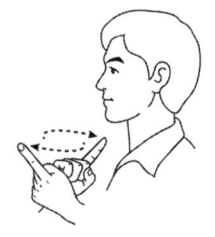

代 dài
　　双手伸食指，手腕交叉相贴，然后前后转动，互换位置。

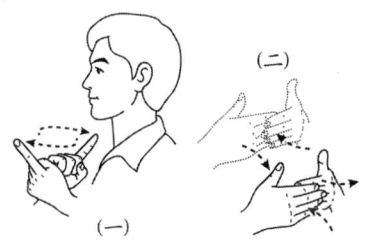

代办 dàibàn
　　（一）双手伸食指，手腕交叉相贴，然后前后转动，互换位置。
　　（二）双手横立，掌心向内，互拍手背。

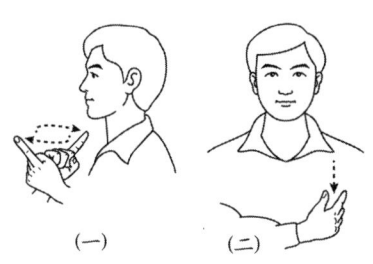

代表 dàibiǎo
　　（一）双手伸食指，手腕交叉相贴，然后前后转动，互换位置。
　　（二）右手拇、食指张开，指尖朝内，在左胸部向下划一下。

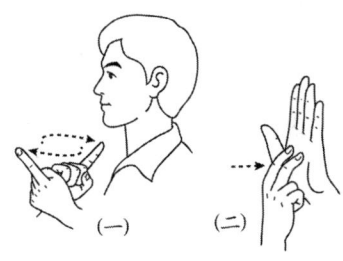

代词 dàicí
　　（一）双手伸食指，手腕交叉相贴，然后前后转动，互换位置。
　　（二）左手直立，掌心向外；右手食、中指弯曲，指尖朝内，点一下左手掌心。

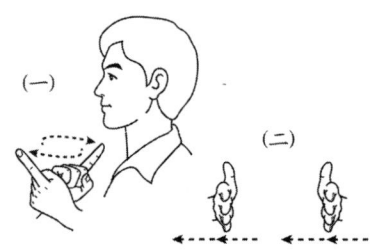

代理 dàilǐ

（一）双手伸食指，手腕交叉相贴，然后前后转动，互换位置。

（二）双手侧立，掌心相对，向一侧一顿一顿移动几下。

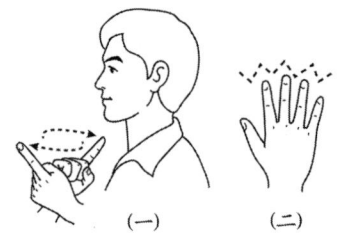

代数 dàishù

（一）双手伸食指，手腕交叉相贴，然后前后转动，互换位置。

（二）一手直立，掌心向内，五指张开，交替点动几下。

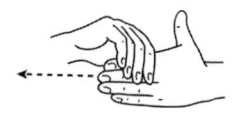

带❶（带领） dài❶ (dàilǐng)

左手横立，掌心向内；右手捏住左手食、中、无名指，向右移动一下。

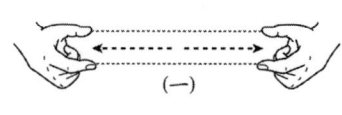

带鱼 dàiyú

（一）双手拇、食指张开，指尖相对，虎口朝上，从中间向两侧拉开。

（二）一手横立，手背向外，向一侧做曲线形移动（或一手侧立，向前做曲线形移动），如鱼游动状。

带子（条） dài·zi (tiáo)

双手拇、食指微张，指尖相对，虎口朝上，从中间向两侧拉开。

（可根据实际表示带子或条的样式）

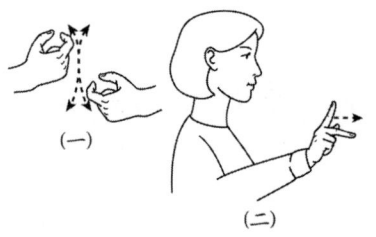

贷款 dàikuǎn

（一）双手拇、食指成圆形，指尖稍分开，虎口朝上，食指上下交替碰两下。

（二）一手打手指字母"K"的指式，中指尖朝外，向前移动一下。

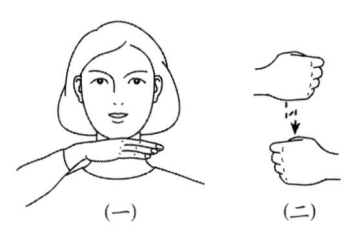

待业　dàiyè
（一）一手横伸，手背贴于颏部下方。
（二）双手握拳，一上一下，右拳向下砸两下左拳。

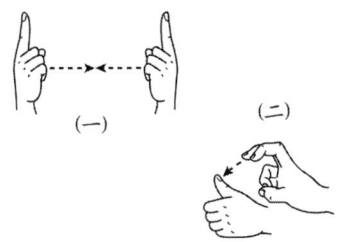

待遇　dàiyù
（一）双手食指直立，指面左右相对，从两侧向中间移动并互碰。
（二）左手伸拇指，在前；右手食、中指微曲，在后，指尖朝左手拇指点动一下。

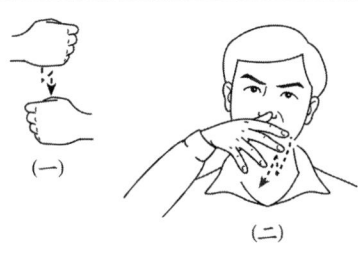

怠工（渎职、失职、玩忽职守）
dàigōng（dúzhí、shīzhí、wánhū-zhíshǒu）
（一）双手握拳，一上一下，右拳向下砸两下左拳。
（二）一手五指张开，掌心向下，拇指抹一下鼻尖，然后手向前下方甩动，重复一次，表示敷衍的意思。

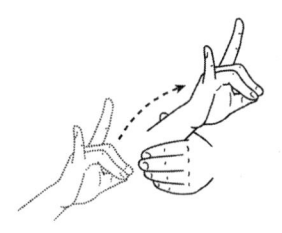

袋鼠　dàishǔ
左手五指微曲，掌心向内，置于腹前；右手拇、中、无名指相捏，食、小指直立，从左手掌心内向前移出。

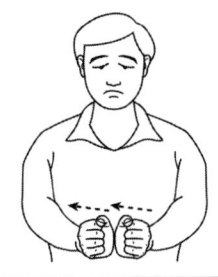

逮捕　dàibǔ
双手握拳，手腕相贴，如戴手铐状，并向一侧移动一下，头微低。

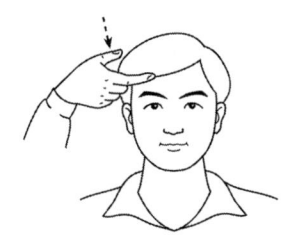

戴　Dài
一手拇、食指张开，虎口朝上，在头顶上向下移动一下，表示姓氏"戴"。

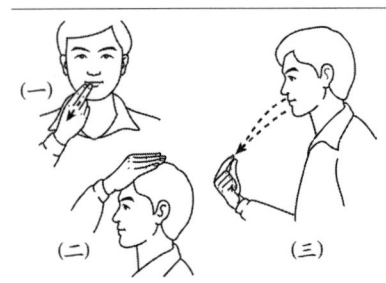

丹顶鹤 dāndǐnghè

（一）一手打手指字母"H"的指式，摸一下嘴唇。
（二）一手手背拱起，指尖朝后，置于头顶。
（三）一手拇、食指张开，指尖对着嘴部，边向前下方移动边相捏，表示鹤的长嘴。

丹麦 Dānmài

右手拇、食、中指分开，手背向外，从左向右做波纹状移动。

（此为国外聋人手语）

担保① dānbǎo ①

一手伸拇、小指，指尖朝上，从外向内移至同侧肩上。

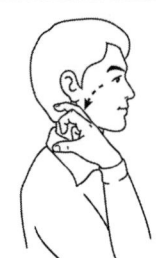

担保② dānbǎo ②

一手拇、中指成"⊐"形，食指弯曲，指尖朝内，移至同侧肩上。

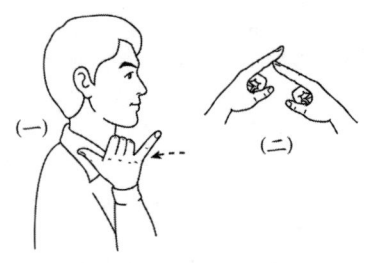

担保人 dānbǎorén

（一）一手伸拇、小指，指尖朝上，从外向内移至同侧肩上。
（二）双手食指搭成"人"字形。

担架 dānjià

双手虚握，虎口朝前，上下微动几下，如抬担架状。

担心（担忧） dānxīn（dānyōu）
　　双手拇、食指张开仿"♡"形，手背向外，置于胸部，向上一提，面露紧张的表情。

单（单独、孤独） dān（dāndú、gūdú）
　　一手食指直立，虎口贴于胸部，向上移动少许。

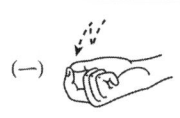

单纯① dānchún ①
　　（一）一手拇、食指相捏，指尖朝上，向下晃动两下。
　　（二）左手横伸；右手平伸，掌心向下，贴于左手掌心，边向左手指尖方向移动边食、中、无名、小指弯曲，指尖抵于掌心。

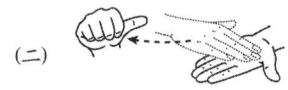

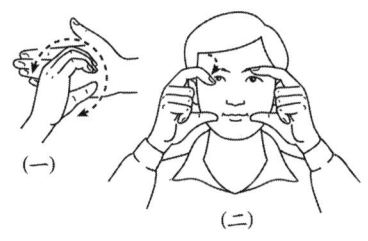

单反相机 dānfǎn xiàngjī
　　（一）左手横立，手背向外；右手五指成半圆形，虎口贴于左手背，左右转动两下。
　　（二）双手拇、食指成"⊏⊐"形，虎口朝内，如持照相机状，置于眼前，右手食指向下一按，模仿按快门的动作。

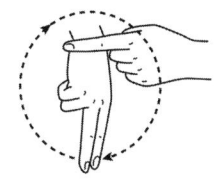

单杠 dāngàng
　　左手食指横伸；右手食、中指并拢，手腕绕左手食指前后转动两圈，模仿单杠的动作。

单价 dānjià
　　（一）一手食指直立，向内移动一下。
　　（二）左手拇、食指捏成圆形，虎口朝上；右手伸食指，敲一下左手拇指。
　　（三）一手直立，掌心向内，五指张开，交替点动几下。

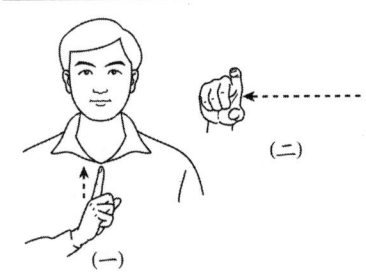

单句 dānjù

（一）一手食指直立，虎口贴于胸部，向上移动少许。
（二）一手拇、食指张开，指尖朝前，向一侧移动一下。

单位（单） dānwèi (Shàn)

双手斜伸，右手指尖抵于左手掌心，并转动两下；也用于表示姓氏"单"。

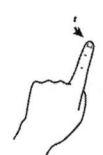 

单引号 dānyǐnhào

双手伸食指，指尖朝前，同时向内微转手腕，仿单引号形状。

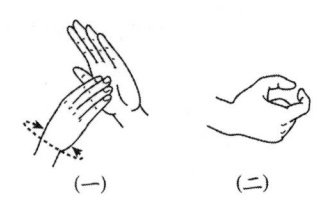

单元 dānyuán

（一）双手斜伸，右手指尖抵于左手掌心，并转动两下。
（二）一手拇、食指成圆形，指尖稍分开，虎口朝上。

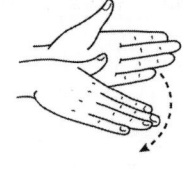

耽误①（晚了、迟） dān·wu ① (wǎn·le、Chí)

左手侧立；右手平伸，拇指尖抵于左手掌心，其他四指向下转动，表示时间已迟。也用于表示姓氏"迟"。

胆 dǎn

一手打手指字母"D"的指式，置于胆的位置。

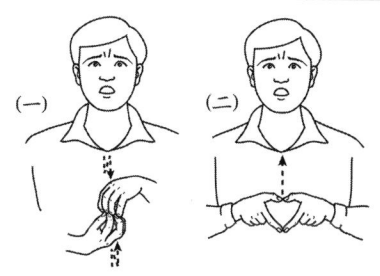

胆战心惊 dǎnzhàn-xīnjīng

（一）双手五指相捏，指尖上下相对，互碰几下，面露紧张的表情。

（二）双手拇、食指张开仿"♡"形，手背向外，置于胸部，然后猛然向上一提，面露惊恐的表情。

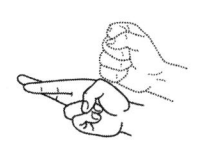

但是①（然而①） dànshì ①（rán'ér ①）

一手握拳，虎口朝上，然后食、中指相叠，向前伸出。

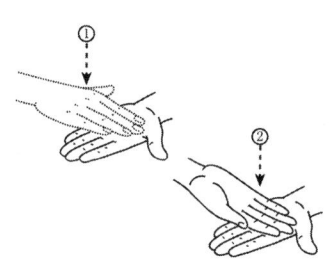

但是②（然而②） dànshì ②（rán'ér ②）

左手横伸；右手平伸，掌心、手背交替拍一下左手掌心。

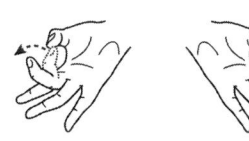

淡（单调） dàn（dāndiào）

双手平伸，手背向下，拇、中指先相捏，再弹开。
（可根据实际表示淡的状态）

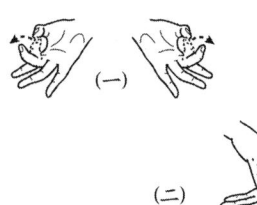

淡定 dàndìng

（一）双手平伸，手背向下，拇、中指先相捏，再弹开。

（二）左手横伸；右手五指撮合，指尖朝下，按向左手掌心。

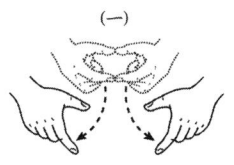

蛋白 dànbái

（一）双手拇、食指搭成椭圆形，虎口朝上，再向下一甩，模仿打蛋的动作。

（二）一手五指弯曲，掌心向外，指尖弯动两下。

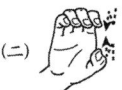

蛋白质　dànbáizhì

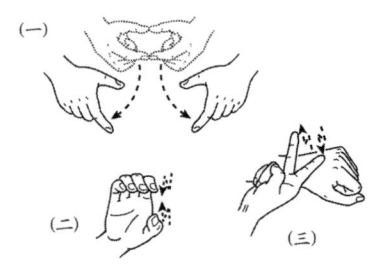

（一）双手拇、食指搭成椭圆形，虎口朝上，再向下一甩，模仿打蛋的动作。
（二）一手五指弯曲，掌心向外，指尖弯动两下。
（三）左手握拳；右手食、中指横伸，指背交替弹左手背。

蛋糕①　dàngāo①

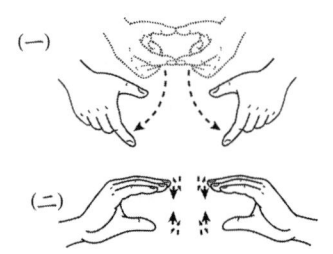

（一）双手拇、食指搭成椭圆形，虎口朝上，再向下一甩，模仿打蛋的动作。
（二）双手五指成"⊏⊐"形，指尖相对，虎口朝内，轻捏几下。

蛋糕②　dàngāo②

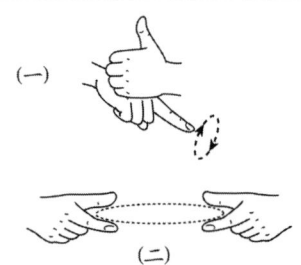

（一）左手伸拇指，手背向外；右手伸食指，手背抵于左手下缘，食指转动两下，表示民间称小孩过生日为"长尾巴"，尾巴长则命长的风俗。
（二）双手拇、食指成大圆形，虎口朝上。
（此手势专用于表示生日蛋糕）

蛋羹　dàngēng

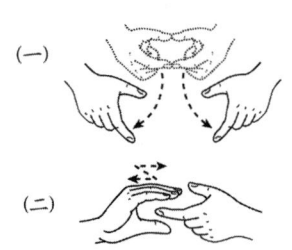

（一）双手拇、食指搭成椭圆形，虎口朝上，再向下一甩，模仿打蛋的动作。
（二）左手拇、食指成半圆形，虎口朝上；右手五指成"⊐"形，在左手虎口内微晃几下。

氮肥　dànféi

（一）右手打手指字母"N"的指式，置于鼻前，逆时针转动一小圈，表示氮的元素符号"N"。
（二）一手拇、食指弯曲，其他三指伸出，指尖朝下，虎口朝外，微晃几下。

当面（接头、碰头）　dāngmiàn (jiētóu、pèngtóu)

双手握拳，拳心前后相对，然后向中间微移。

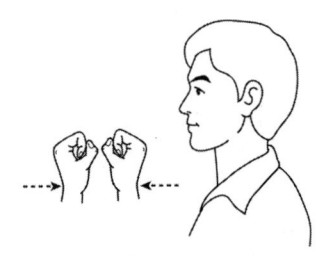

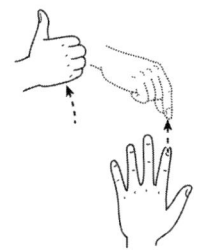

当选（录取①） dāngxuǎn (lùqǔ ①)

左手直立，掌心向内，五指张开；右手拇、食指捏一下左手食指，然后向上移动，再伸出拇指，向上一挑。

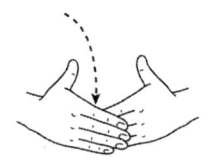

挡（拦截、阻拦、遏止） dǎng (lánjié、zǔlán、èzhǐ)

左手横立，掌心向内；右手在左手指尖旁从上向下一切。（可根据实际表示挡的动作）

党❶（的、地、得） dǎng ❶ (·de、·de、·de)

一手打手指字母"D"的指式，表示共产党之外的其他政党；也用于认识助词"的、地、得"的教学中，但在手语表达中省略不用。

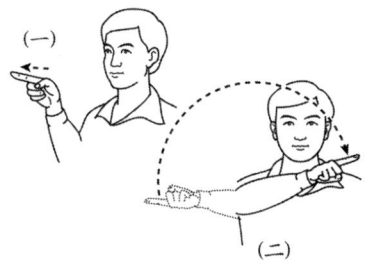

当天（那天） dàngtiān (nàtiān)

（一）一手伸食指，指尖朝外指一下。
（二）右手食指横伸，指尖朝右，掌心向上，向左做弧形移动。

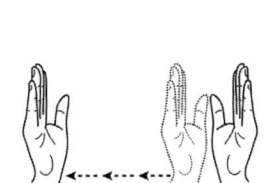

档案① dàng'àn ①

双手五指成"∪"形，左手不动，右手自左手旁向右一顿一顿移动几下，多表示单位存放成列的档案盒。

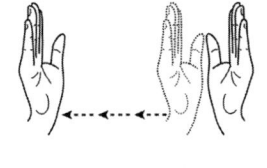

档案② dàng'àn ②

（一）一手打手指字母"D"的指式。
（二）左手五指成"匚"形，虎口朝上；右手五指并拢，指尖朝下，插入左手虎口内。
（此手势多表示个人的档案袋）

 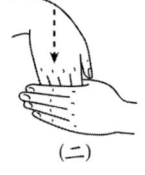

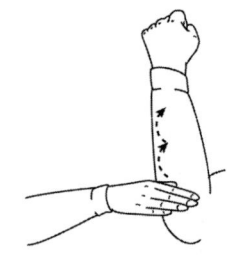

档次　dàngcì
左手直立握拳，手背向外；右手横伸，掌心向下，在左小臂上从下向上碰几下，表示档次。

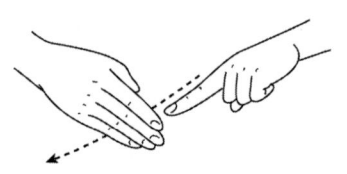

刀　dāo
左手伸食指，指尖朝前；右手五指并拢，在左手食指尖上削一下，如用刀削物状。
（可根据实际表示刀的形状）

刀削面　dāoxiāomiàn
左手五指微曲，掌心向上，置于左肩前；右手横伸，掌心向下，在左手上方用力向前移动几下，模仿用刀削面的动作。

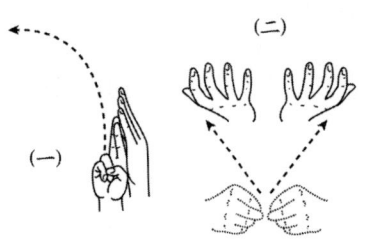

导弹　dǎodàn
（一）左手直立，掌心向右；右手食、中指直立相叠，贴于左手掌心，然后边上升边向右做弧形移动，如导弹飞行状。
（二）双手虚握，虎口朝上，然后迅速向上弹起并张开五指。
（可根据实际表示导弹发射的状态）

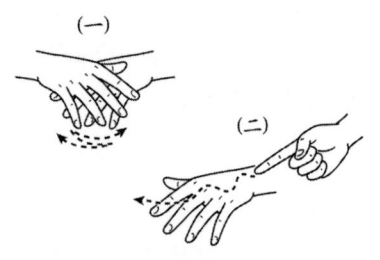

导航①　dǎoháng①
（一）双手五指张开，手背向上，交叉相搭，然后手腕左右平行转动几下，表示电子导航地图。
（二）左手平伸，五指张开；右手伸食指，在左手背上向前做曲线形移动，表示沿导航路线行进。
（此手势多表示陆地导航）

导航②　dǎoháng②
左手握拳，手背向外；右手伸食指，在左手虎口上左右移动，表示航海、航空导航。

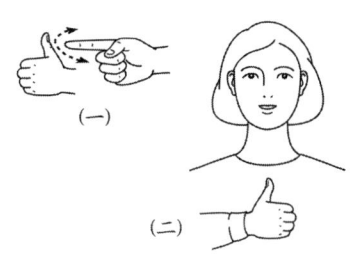

导师 dǎoshī

（一）左手伸拇指；右手伸食指，指尖朝前，在左手拇指后左右移动。

（二）一手伸拇指，贴于胸部。

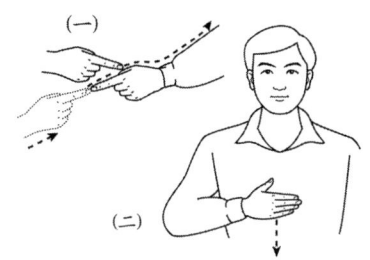

导体 dǎotǐ

（一）双手伸食指，指尖左右相对，左手不动，右手食指移动并触到左手食指，然后向左手臂方向移动。

（二）一手掌心贴于胸部，向下移动一下。

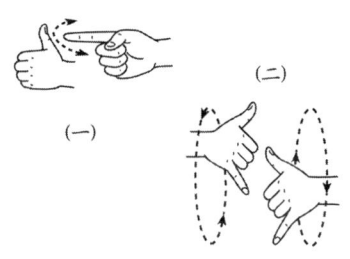

导演 dǎoyǎn

（一）左手伸拇指；右手伸食指，指尖朝前，在左手拇指后左右移动。

（二）双手伸拇、小指，手背向外，前后交替转动两下。

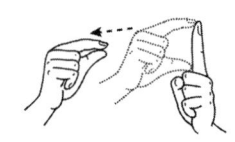

导游❶ dǎoyóu ❶

左手食指直立；右手拇、食指张开，指尖分别抵于左手食指根部和指尖，然后边向右移动边相捏，仿导游手举的小旗，表示导游的名词意思。

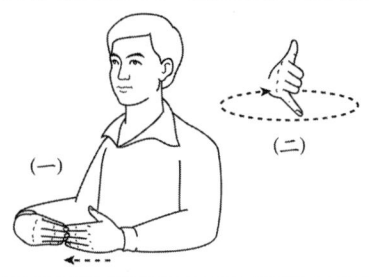

导游❷ dǎoyóu ❷

（一）左手斜立，指尖朝右前方；右手捏住左手指尖，虎口朝上，双手同时向右前方移动。

（二）一手伸拇、小指，顺时针转动一圈。

（此手势表示导游的动词意思）

岛 dǎo

左手横伸握拳，手背向上；右手横伸，掌心向下，五指张开，边绕左手转动边交替点动。

岛屿 dǎoyǔ

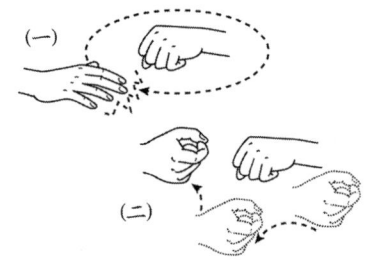

（一）左手横伸握拳，手背向上；右手横伸，掌心向下，五指张开，边绕左手转动边交替点动。

（二）左手横伸握拳，手背向上；右手拇、食指捏成圆形，虎口朝上，在左手周围不同位置点动几下，表示有许多岛。

捣乱 dǎoluàn

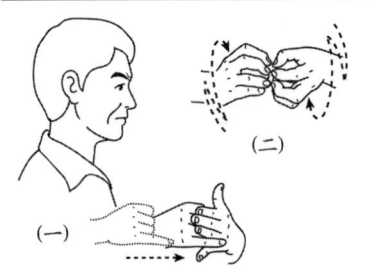

（一）左手横立，掌心向内；右手伸小指，指尖朝前，插入左手无名、小指指缝间。

（二）双手虚握，指尖左右相抵，前后反向拧动几下。

（可根据实际决定手的移动方向）

倒闭 dǎobì

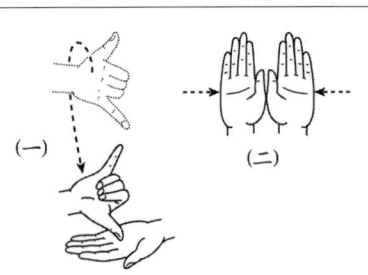

（一）左手横伸；右手伸拇、小指，拇指尖先朝上，然后朝下，移至左手掌心。

（二）双手直立，掌心向外，从两侧向中间移动并互碰。

倒休（调休） dǎoxiū (tiáoxiū)

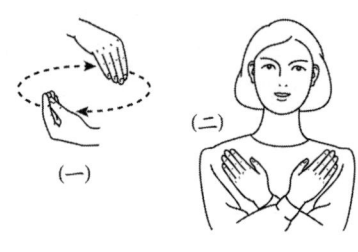

（一）双手五指撮合，指尖上下相对，交替平行转动两下。

（二）双手交叉，手背向外，贴于胸部，表示休息的意思。

到 dào

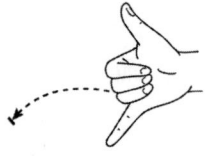

一手伸拇、小指，向前做弧形移动，然后向下一顿。

到处①（处处、那些） dàochù ① (chùchù、nàxiē)

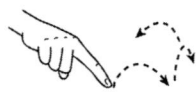

一手伸食指，指尖朝下，随意点几下，表示不同的处所或某处存在一些东西的意思。

（可根据词义表示到处的意思）

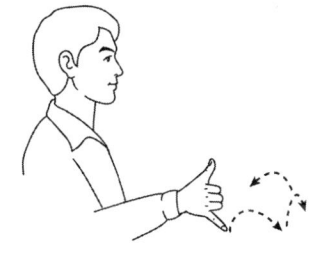

到处② dàochù ②

一手伸拇、小指,指尖朝外,随意移动几下,表示到各处的意思。

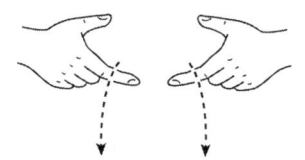

倒 dào

双手拇、食指成大圆形,指尖相对,虎口朝外斜,模仿倒东西的动作。

(可根据实际表示倒的动作)

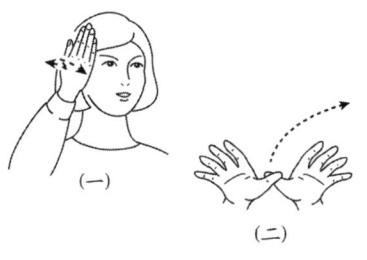

倒插门 dàochāmén

(一)一手直立,掌心贴于头一侧,前后移动两下。
(二)双手拇指交叉相搭,移向一侧,表示男子到女方家结婚落户。

(可根据实际决定手的移动方向)

倒车 dàochē

一手五指成"冂"形,指尖朝前,向后移动。

(可根据实际表示倒车的样子)

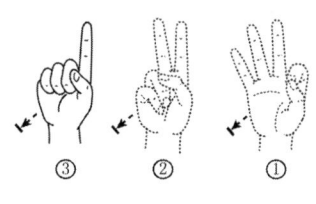

倒计时 dàojìshí

一手一顿一顿打数字"3、2、1"的手势。

(可根据实际表示倒计时的方式)

倒立 dàolì

左手横伸;右手食、中指分开,指尖朝下,立于左手掌心上,然后转动180度,变为指尖朝上,手腕贴于左手掌心上。

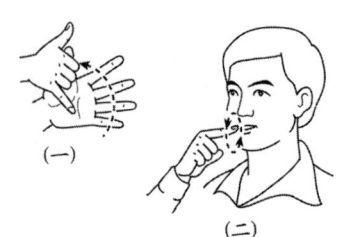

倒叙　dàoxù

（一）左手侧立，五指张开；右手伸拇、小指，从左手小指移向左手拇指。

（二）一手食指横伸，在嘴前前后转动两下。

盗窃（偷）　dàoqiè (tōu)

左臂横伸，左手握拳，手背向上；右手五指张开，掌心向下，边从左臂下向右移动边握拳，眼睛朝左斜视，表示暗中偷窃。

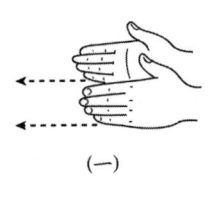

道德　dàodé

（一）双手侧立，掌心相对，向前移动。

（二）一手打手指字母"D"的指式。

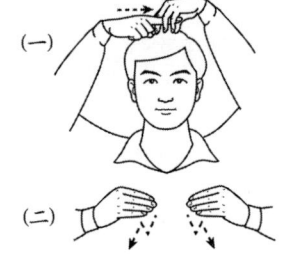

道教　Dàojiào

（一）左手五指弯曲，指尖朝下，抵于头顶正中；右手食指横伸，插入左手中、无名指指缝间。

（二）双手五指撮合，指尖相对，手背向外，在胸前向前晃动两下。

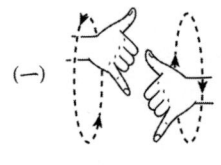
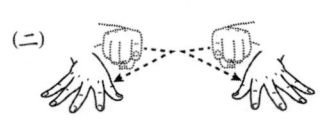
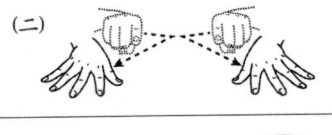

道具　dàojù

（一）双手伸拇、小指，手背向外，前后交替转动两下。

（二）双手食指指尖朝前，手背向上，先互碰一下，再分开并张开五指。

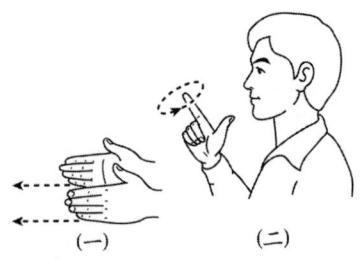

道理❶　dào·lǐ ❶

（一）双手侧立，掌心相对，向前移动。

（二）一手打手指字母"L"的指式，逆时针平行转动一下。

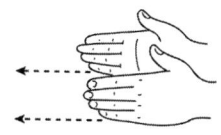

道路（街道） dàolù (jiēdào)

双手侧立，掌心相对，向前移动。

道士（发髻） dào·shi (fàjì)

左手五指弯曲，指尖朝下，抵于头顶正中；右手食指横伸，插入左手中、无名指指缝间。

（可根据实际表示发髻的位置）

稻子 dào·zi

左手食指向右微曲；右手拇、食指微张，相距约一粒米大小，在左手食指尖处点动两下，如稻穗上的一粒粒稻子。

得意 déyì

一手伸拇指，在鼻前晃动几下，面露得意的表情。

（可根据实际表示得意的样子）

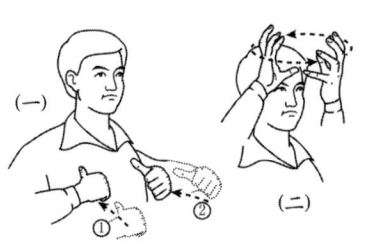

得意忘形 déyì-wàngxíng

（一）双手伸拇指，指尖朝内，交替点一下胸部，面露得意的表情。

（二）双手五指微曲张开，指尖左右相对，在前额前方前后转动。

得意洋洋 déyì-yángyáng

双手伸拇、食指，食指尖边交替点胸部边缩回，重复一次，面露得意的表情。

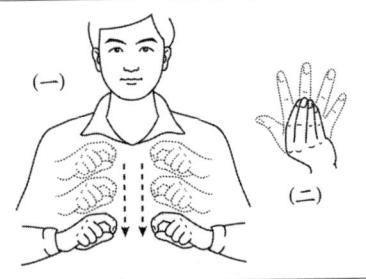

德昂族 Dé'ángzú
（一）双手拇、食指捏成圆形，虎口朝内，在胸部两侧从上向下贴几下，表示衣服上的双排扣。
（二）一手五指张开，指尖朝上，然后撮合。

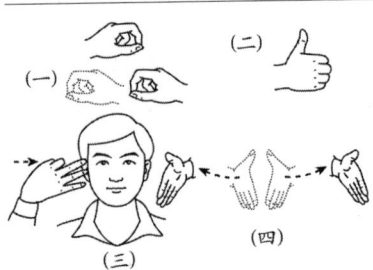

德高望重 dégāo-wàngzhòng
（一）双手拇、食指捏成圆形，虎口朝内，左手在上不动，右手在下连打两下，仿"品"字形。
（二）一手伸拇指。
（三）一手中、无名、小指横伸分开，指尖朝耳部点一下，手背向外。
（四）双手侧立，掌心相对，同时向两侧移动，幅度要大些。

德国 Déguó
一手食指直立，手背贴于前额正中。
（此为国外聋人手语）

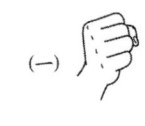

德育 déyù
（一）一手打手指字母"D"的指式。
（二）双手五指撮合，指尖相对，手背向外，在胸前向前晃动两下。

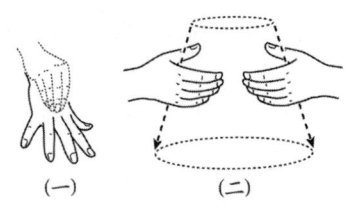

灯罩 dēngzhào
（一）一手五指撮合，指尖朝下，然后张开。
（二）双手五指搭成圆形，虎口朝上，然后做上小下大状的移动，仿灯罩形状。

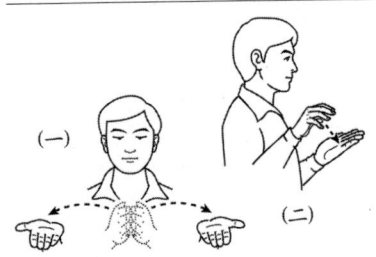

登报 dēngbào
（一）双手侧立，掌心相贴，然后向两侧打开，动作幅度大些，如打开报纸状。
（二）左手斜伸，掌心向后上方；右手五指弯曲，指尖朝下，移至左手掌心。

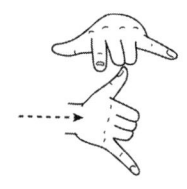

登机 dēngjī

左手伸拇、食、小指,指尖朝前,手背向上;右手伸拇、小指,指尖朝左,从右向左移至左手掌心下,表示登机。

(可根据实际表示登机的情况)

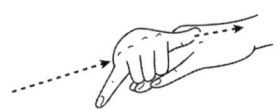

登陆(登岸) dēnglù (dēng'àn)

左手横伸,手背拱起;右手伸拇、小指,手背向上,从右下方移至左手背上。

(可根据实际表示登陆的情况)

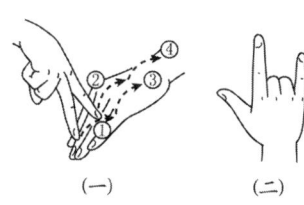

登山 dēngshān

(一)左手横伸,手背拱起;右手食、中指分开,沿左手指背交替向上移动。

(二)一手拇、食、小指直立,手背向外,仿"山"字形。

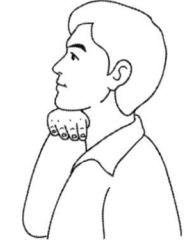

等(等候) děng (děnghòu)

一手横伸,手背贴于颏部下方。

(可根据实际表示等的动作)

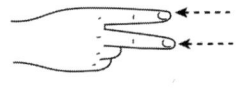

等于(相等) děngyú (xiāngděng)

右手食、中指横伸分开,仿等号形状,从左向右微移一下。

邓 Dèng

一手打手指字母"D"的指式,虎口贴于耳部。既表示"邓"字的声母,又表示耳刀旁。

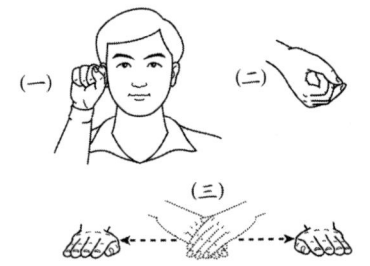

邓小平　Dèng Xiǎopíng

（一）一手打手指字母"D"的指式，虎口贴于耳部。
（二）一手拇、小指相捏，指尖朝上。
（三）双手五指并拢，掌心向下，交叉相搭，然后分别向两侧移动。

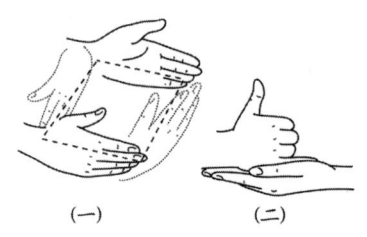

凳子　dèng·zi

（一）双手先横立再侧立，如四方形。
（二）左手横伸；右手伸拇、小指，置于左手掌心上。

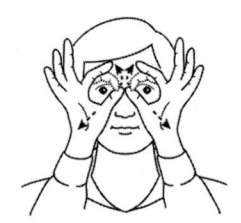

瞪　dèng

双手拇、食指捏成圆形，其他三指直立，置于眼前，然后边向前移动边张开，眼睛一瞪。
（可根据实际表示瞪的样子）

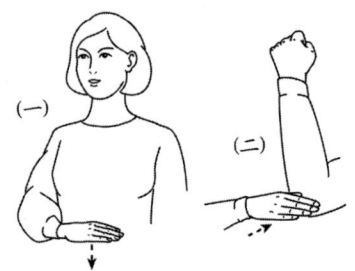

低档　dīdàng

（一）一手横伸，掌心向下，自腹部向下一按。
（二）左手直立握拳，手背向外；右手横伸，掌心向下，碰一下左臂肘部。

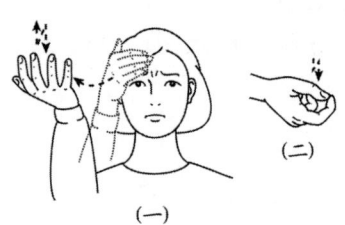

低烧　dīshāo

（一）一手摸一下前额，然后五指微曲，指尖朝上，上下微动几下，面露痛苦的表情。
（二）一手拇、食指相捏，指尖朝上，向下微晃几下。

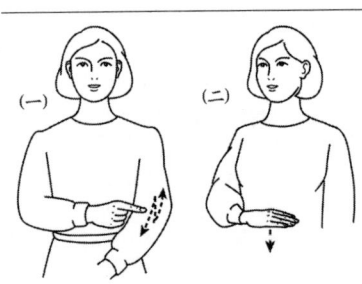

低血压（血压低）　dīxuèyā（xuèyādī）

（一）右手伸食指，在左臂处上下划动几下。
（二）一手横伸，掌心向下，自腹部向下一按。

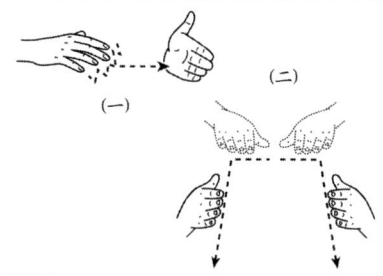

堤坝　dībà

（一）左手斜伸，掌心向右上方；右手横伸，掌心向下，五指张开，边交替点动边移向左手。

（二）双手平伸，掌心向下，先向两侧微移再折而向斜下方移动，仿堤坝形状。

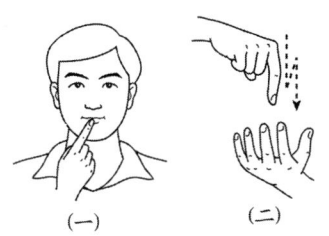

滴灌　dīguàn

（一）一手伸食指，指尖贴于下嘴唇。

（二）左手五指弯曲，指尖朝上；右手伸食指，指尖朝下，在左手上方连续向下点几下，表示给蔬菜滴水。

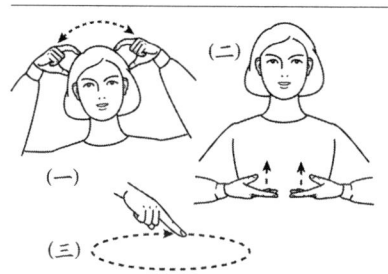

迪士尼乐园　díshìnílèyuán

（一）双手拇、食指张开，指尖朝下，置于头两侧，头左右晃动。

（二）双手横伸，掌心向上，在胸前同时向上移动一（或两）下，面带笑容。

（三）一手伸食指，指尖朝下划一大圈。

迪斯科（蹦迪）　dísīkē（bèngdí）

双手食指直立，在头两侧左右交替晃动几下，身体随之扭动，头随意晃动，模仿迪斯科舞姿。

（可根据实际表示迪斯科的动作）

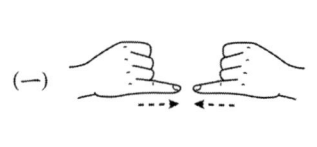

敌人　dírén

（一）双手伸小指，指尖左右相对，手背向外，对戳一下。

（二）双手食指搭成"人"字形。

（可根据实际决定手的位置）

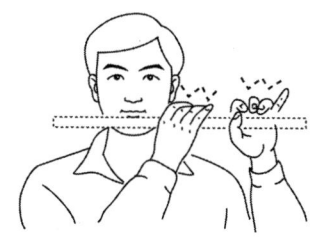

笛子　dí·zi

双手五指微曲，掌心朝向一前一后，置于头一侧，然后五指交替点动，模仿吹笛子的动作。既表示笛子的名词意思，又表示吹笛子的意思。

（可根据实际决定手的位置）

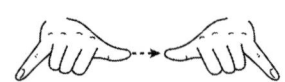

抵触　dǐchù
双手伸拇、小指，手背向上，左手不动，右手拇指尖碰一下左手拇指尖。

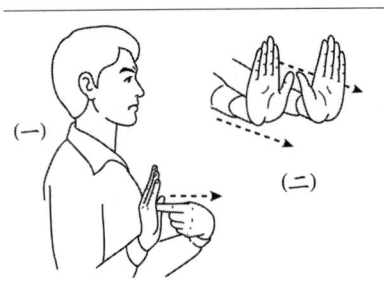

抵挡　dǐdǎng
（一）左手伸食指，指尖朝内；右手直立，掌心抵于左手食指，用力向外一推，面露坚毅的表情。
（二）双手直立，掌心向外一推。

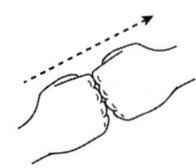

抵抗　dǐkàng
双手握拳屈肘，两拳斜向相抵，右拳将左拳向左上方顶出。

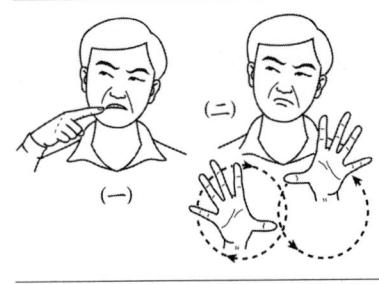

抵赖　dǐlài
（一）一手伸食指，指尖抵于嘴一侧，然后牙齿咬动一下，面带坏相。
（二）双手直立，掌心向外，五指张开，左右交替转动两下，面带坏相。

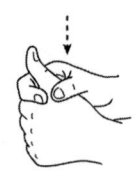

抵押　dǐyā
左手伸拇指；右手拇、食指成半圆形，从上向下套向左手拇指。

抵制　dǐzhì
左手伸食指，指尖朝内；右手直立，掌心抵于左手食指，用力向外一推，面露坚毅的表情。

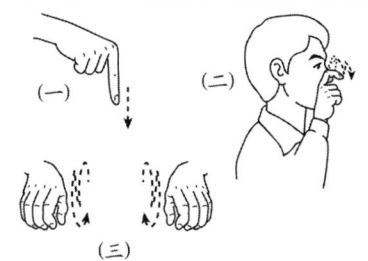

地板革 dìbǎngé

（一）一手伸食指，指尖朝下一指。

（二）右手食指直立，置于鼻翼一侧，然后向左弯动两下。

（三）双手五指弯曲，虎口相对，同时向前做卷动的动作。

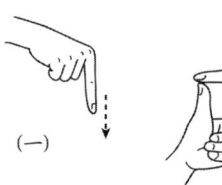

地方 dìfāng

（一）一手伸食指，指尖朝下一指。

（二）双手拇、食指搭成"□"形。

[此手势也用于表示地方（dì·fang）的意思]

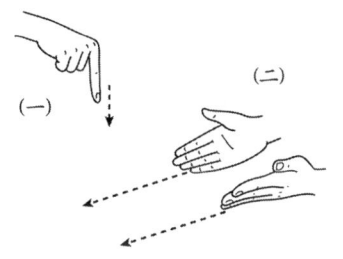

地沟 dìgōu

（一）一手伸食指，指尖朝下一指。

（二）双手斜伸，掌心左右相对，上宽下窄，向前移动。

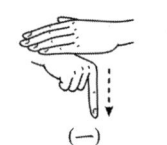 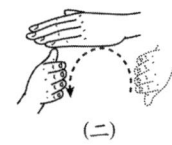

地窖 dìjiào

（一）左手横伸；右手伸食指，指尖朝下，在左手掌心下向下一指。

（二）左手横伸；右手侧立，掌心向右，然后在左手掌心下做弧形移动，翻转为掌心向左，仿地窖样式。

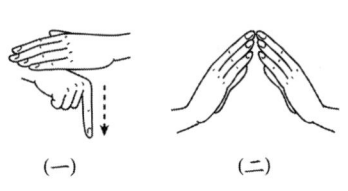

地库（地下室） dìkù (dìxiàshì)

（一）左手横伸；右手伸食指，指尖朝下，在左手掌心下向下一指。

（二）双手搭成"∧"形。

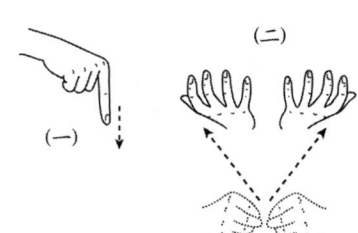

地雷 dìléi

（一）一手伸食指，指尖朝下一指。

（二）双手虚握，虎口朝上，然后迅速向上弹起并张开五指。

地理 dìlǐ

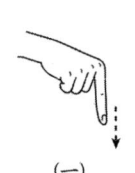 

（一）一手伸食指，指尖朝下一指。
（二）左手握拳，手背向上；右手侧立，沿左手背从后向前移动一下。

地名 dìmíng

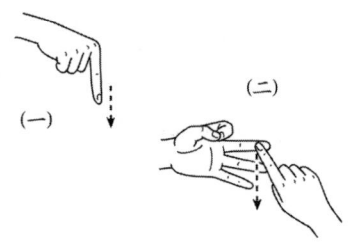

（一）一手伸食指，指尖朝下一指。
（二）左手中、无名、小指横伸分开，掌心向内；右手伸食指，自左手中指尖向下划动。

地暖 dìnuǎn

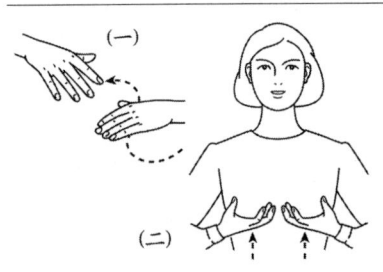

（一）左手横伸；右手五指张开，掌心向下，在左手掌心下做"S"形移动，表示地板下铺设的暖气管道。
（二）双手横伸，掌心向上，五指微曲，从腹部慢慢上移。

地球 dìqiú

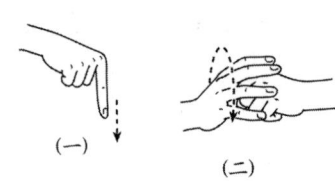

（一）一手伸食指，指尖朝下一指。
（二）左手握拳，手背向上；右手五指微曲张开，从后向前绕左拳转动半圈。

地热 dìrè

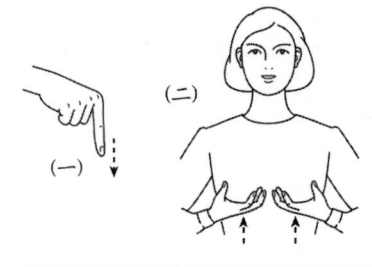

（一）一手伸食指，指尖朝下一指。
（二）双手横伸，掌心向上，五指微曲，从腹部慢慢上移。

地毯 dìtǎn

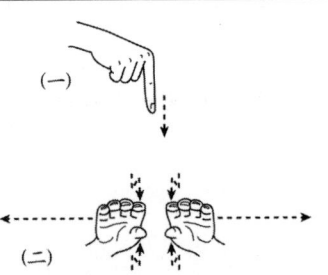

（一）一手伸食指，指尖朝下一指。
（二）双手五指微张，指尖朝前，边捏动边从中间向两侧移动，表示毯子既有厚度又有软度。

地铁 dìtiě

左手平伸；右手食、中指弯曲，手背向上，置于左手掌心下，并向前移动。

地图① dìtú ①

双手五指张开，手背向上，交叉相搭，然后手腕左右平行转动几下，表示电子导航地图。

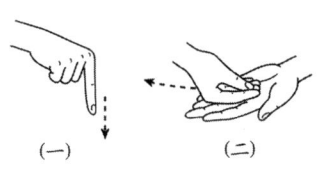

地图② dìtú ②

（一）一手伸食指，指尖朝下一指。
（二）左手横伸；右手五指撮合，指背在左手掌心上抹一下。
（此手势表示纸质地图）

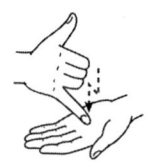

地位 dìwèi

左手横伸；右手伸拇、小指，小指尖在左手掌心上点两下。

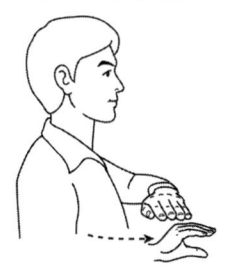

地下停车场 dìxià tíngchēchǎng

左手横伸；右手五指成"⊐"形，指尖朝前，移入左手掌心下。

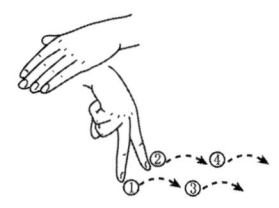

地下通道 dìxià tōngdào

左手横伸；右手食、中指分开，指尖朝下，在左手掌心下交替向前移动。

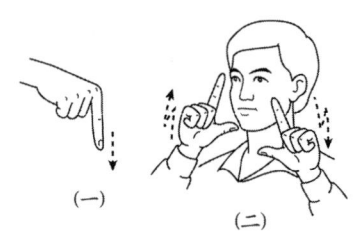

地形（地貌、地势） dìxíng (dìmào、dìshì)

（一）一手伸食指，指尖朝下一指。
（二）双手拇、食指成"⌐⌐"形，置于脸颊两侧，上下交替动两下。

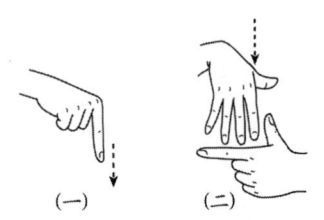

地狱 dìyù

（一）一手伸食指，指尖朝下一指。
（二）左手伸拇、食指，食指尖朝右，手背向外；右手五指张开，指尖朝下，手背向外，从上向下移向左手食指。

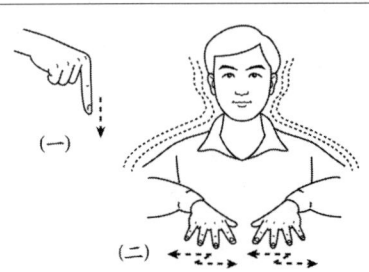

地震 dìzhèn

（一）一手伸食指，指尖朝下一指。
（二）双手平伸，掌心向下，五指张开，左右晃动几下，身体随之摇晃。
（可根据实际表示地震的状态）

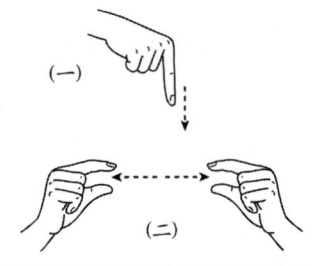
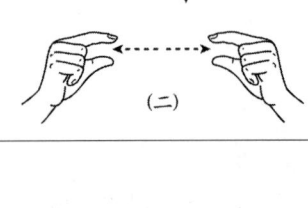

地址 dìzhǐ

（一）一手伸食指，指尖朝下一指。
（二）双手拇、食指张开，指尖相对，虎口朝内，从中间向两侧拉开。

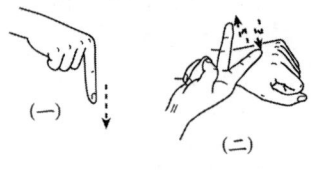

地质 dìzhì

（一）一手伸食指，指尖朝下一指。
（二）左手握拳；右手食、中指横伸，指背交替弹左手背。

地主 dìzhǔ

（一）一手伸食指，指尖朝下一指。
（二）一手伸拇指，贴于胸部。

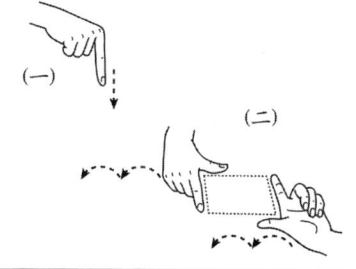

地砖 dìzhuān
（一）一手伸食指，指尖朝下一指。
（二）双手伸拇、食指，一反一正成方形，向前移动两下。

弟弟 dì·di
一手伸小指，指尖朝上，指面贴于颊部，然后手直立，掌心贴于头一侧，前后移动两下。

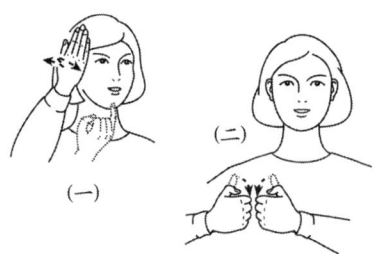

弟媳 dìxí
（一）一手伸小指，指尖朝上，指面贴于颊部，然后手直立，掌心贴于头一侧，前后移动两下。
（二）双手伸拇指，指面相对，手背向外，置于身体一侧，弯动一下。

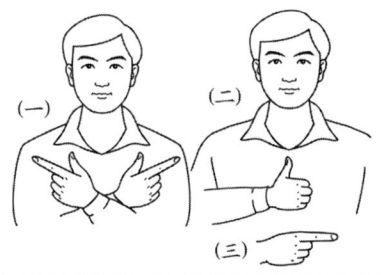

帝国主义 dìguó zhǔyì
（一）双手伸拇、食指，手背向外，手腕交叉相搭，贴于胸部。
（二）一手伸拇指，贴于胸部。
（三）一手食指横伸，手背向外。"一"与"义"音近，借代。

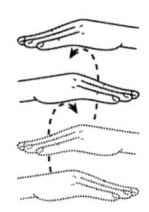

递进 dìjìn
双手横伸，掌心向下，一上一下，交替向上移动。

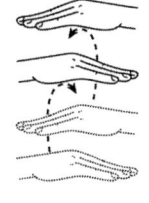

第一① dì-yī ①
左手伸拇指；右手食指横伸，手背向外，即数字"一"，先碰一下左手拇指，再向上移动（表示数字"二"时，右手食、中指横伸分开，手背向外，先碰一下左手拇指，再向上移动，以此类推）。

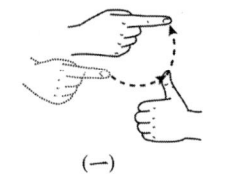

第一次 dìyīcì

（一）左手伸拇指；右手食指横伸，手背向外，即数字"一"，先碰一下左手拇指，再向上移动。
（二）一手打手指字母"C"的指式。

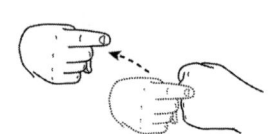

第一届 dìyījiè

左手握拳，手背向外；右手食指横伸，手背向外，点一下左手背后向外移出（表示第二届时，右手食、中指横伸分开，手背向外，点一下左手背后向外移出，以此类推）。

掂（掂量） diān (diān·liang)

一手平伸，掌心向上，颠动两下。
（可根据实际表示掂量的动作）

颠倒（颠三倒四、折腾） diāndǎo (diānsān-dǎosì、zhē·teng)

左手横伸；右手伸拇、小指，手背向下（或向上），在左手掌心上左右翻转一下（或几下）。

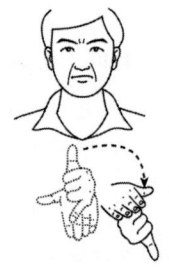

颠覆（推翻） diānfù (tuīfān)

左手伸拇、小指，置于右手掌心上，然后右手转腕，将左手倾覆，表示推翻在台上的掌权者。

癫痫（抽搐） diānxián (chōuchù)

（一）双手五指微曲，指尖朝下，然后撮合，颤抖几下，眼睛上翻，如抽搐状。
（二）一手伸五指，指尖朝下，置于嘴角一侧，然后边交替点动边向下移动，头歪向一侧，表示癫痫发作时口吐白沫的状态。

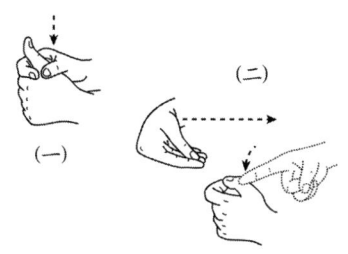

典当 diǎndàng

（一）左手伸拇指；右手拇、食指成半圆形，从上向下套向左手拇指。

（二）左手拇、食指捏成圆形，虎口朝上；右手伸食指，先敲一下左手拇指，然后五指撮合，指尖朝内，向内移动，表示给了钱。

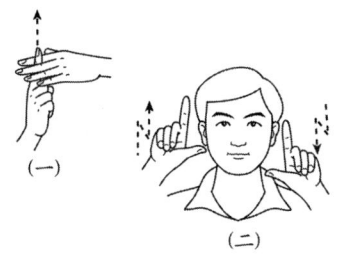

典型 diǎnxíng

（一）左手横伸，掌心向下，五指稍张开；右手食指直立，从左手食、中指指缝间用力伸出。

（二）双手拇、食指成"└ ┘"形，置于脸颊两侧，上下交替动两下。

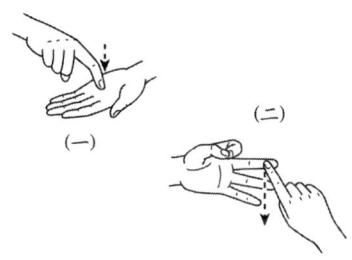

点名 diǎnmíng

（一）左手横伸；右手伸食指，指尖朝下，在左手掌心上点一下。

（二）左手中、无名、小指横伸分开，掌心向内；右手伸食指，自左手中指尖向下划动。

点心 diǎnxīn

（一）左手横伸；右手伸食指，指尖朝下，在左手掌心上点一下。

（二）双手拇、食指张开仿"♡"形，手背向外，置于胸部。

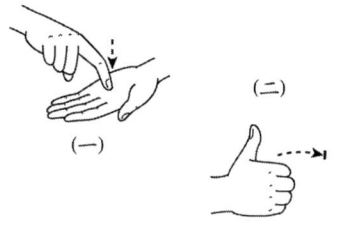

点赞 diǎnzàn

（一）左手横伸；右手伸食指，指尖朝下，在左手掌心上点一下。

（二）一手伸拇指，向前一顿。

（此手势表示网络上的点赞）

碘 diǎn

左手握拳，手背向上；右手打手指字母"D"的指式，手腕碰一下左手背，表示碘的声母。

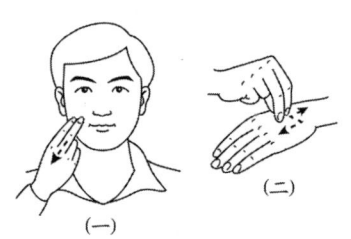

碘酊（碘酒） diǎndīng（diǎnjiǔ）

（一）一手打手指字母"H"的指式，摸一下脸颊。

（二）左手横伸；右手拇、食、中指相捏，指尖朝下，在左手背上擦几下，如抹碘酒状。

碘盐 diǎnyán

（一）左手握拳，手背向上；右手打手指字母"D"的指式，手腕碰一下左手背。

（二）一手打手指字母"X"的指式，置于嘴前，向下微动两下。

（三）一手拇、食、中指相捏，指尖朝下，互捻几下。

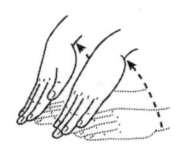

踮 diǎn

双手平伸，手背向上，然后向前转腕，指尖朝下，表示双脚脚后跟抬起，脚尖着地的动作。

（可根据实际表示踮脚的动作）

电报 diànbào

一手拇、食、中指相捏，指尖朝下，按动几下，模仿发电报的动作。既表示电报的名词意思，又表示拍电报的意思。

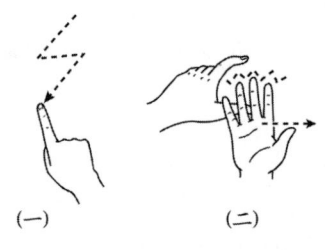

电表 diànbiǎo

（一）一手食指书空"4"形。

（二）左手拇、食指成"匚"形，虎口朝内；右手直立，手背向外，五指张开，在左手"匚"形内边从左向右移动边连续点动，表示一串数码。

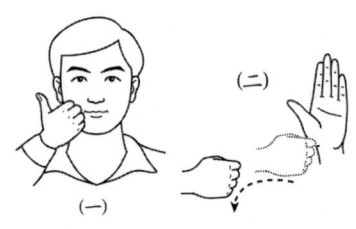

电冰箱（冰箱） diànbīngxiāng（bīngxiāng）

（一）一手食、中、无名、小指弯曲，指背贴于脸颊。

（二）左手直立，掌心向右；右手虚握，虎口朝上，向内拉动，模仿开冰箱门的动作。

（可根据实际表示电冰箱的开门动作）

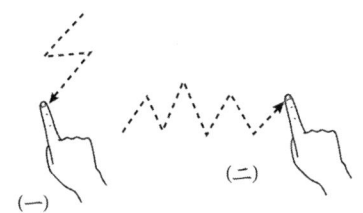

电波（电磁波） diànbō (diàncíbō)
（一）一手食指书空"ㄣ"形。
（二）一手伸食指，指尖朝前，向一侧做折线形移动。

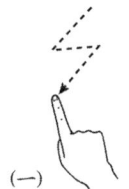 

电池 diànchí
（一）一手食指书空"ㄣ"形。
（二）一手拇、食指张开，指尖朝前，如一节电池长短。
（可根据实际表示电池的形状）

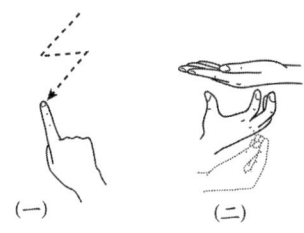

电磁炉 diàncílú
（一）一手食指书空"ㄣ"形。
（二）左手横伸，掌心向上；右手五指撮合，指尖朝上，置于左手下，然后逐渐张开。

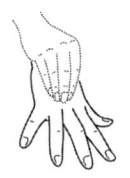

电灯（光❶、光辉、照射）
diàndēng (guāng❶、guānghuī、zhàoshè)
一手五指撮合，指尖朝下，然后张开。既表示电灯的名词意思，又表示开电灯的意思。
（可根据实际决定手指的朝向，表示"光"时可适当移动）

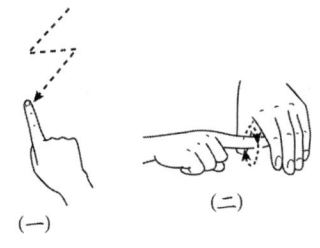

电动机（马达） diàndòngjī (mǎdá)
（一）一手食指书空"ㄣ"形。
（二）左手五指成半圆形，指尖朝下；右手食指横伸，在左手虎口内前后转动几下。

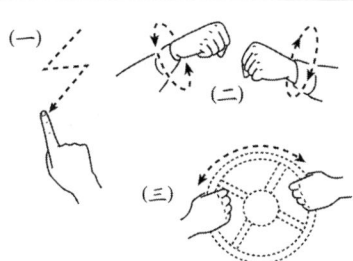

电动汽车 diàndòngqìchē
（一）一手食指书空"ㄣ"形。
（二）双手握拳屈肘，前后交替转动两下。
（三）双手虚握，左右转动，如操纵方向盘状。

电动剃须刀　diàndòngtìxūdāo
　　一手虚握，在颏部随意移动，模仿用电动剃须刀刮胡子的动作。

电动自行车　diàndòngzìxíngchē
　　（一）一手食指书空"ㄅ"形。
　　（二）双手虚握，虎口左右相对，手背向外，边向下转动一下手腕边向前移动。

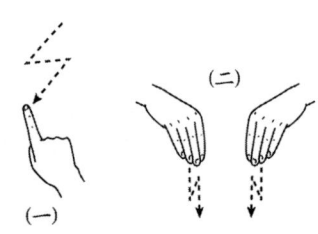

电镀　diàndù
　　（一）一手食指书空"ㄅ"形。
　　（二）双手五指撮合，指尖朝下，同时向下动两下。

电饭锅　diànfànguō
　　（一）一手食指书空"ㄅ"形。
　　（二）一手伸食、中指，向嘴边拨动，如用筷子吃饭状。
　　（三）左手五指成半圆形，虎口朝上；右手五指微曲，指尖朝下，置于左手虎口上，然后向右上方抬起。
　　（可根据实际表示电饭锅的形状）

电风扇　diànfēngshàn
　　左手横伸；右手肘部立于左手掌心，五指微曲张开，然后手腕旋转几下，嘴做吹气的动作，如电风扇摇头工作状。
　　（可根据实际表示电风扇工作的状态）

电焊　diànhàn
　　左手直立，五指张开，置于眼前；右手伸拇、食指，食指尖向下点动两下，模仿电焊的动作。

电话（电话机） diànhuà (diànhuàjī)

一手伸拇、小指，拇指置于耳边，小指置于嘴前，如打电话状。既表示电话的名词意思，又表示打电话的意思。

（可根据实际表示打电话的样子）

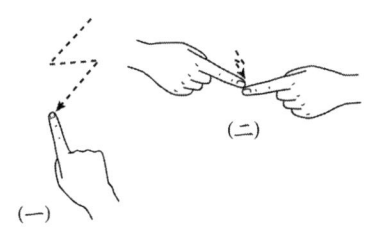

电烙铁 diànlào·tie

（一）一手食指书空"ㄣ"形。
（二）左手食指横伸；右手伸食指，指尖在左手食指尖处点动两下。

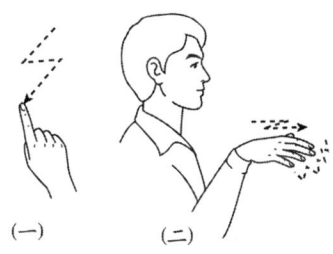

电流 diànliú

（一）一手食指书空"ㄣ"形。
（二）一手平伸，掌心向下，五指张开，边交替点动边向前移动两下。

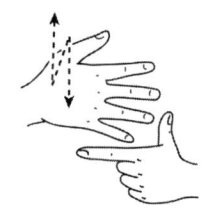

电视机（视屏） diànshìjī (shìpíng)

左手伸拇、食指，食指尖朝右，手背向外；右手横立，手背向外，五指张开，在左手食指上方上下晃动几下。

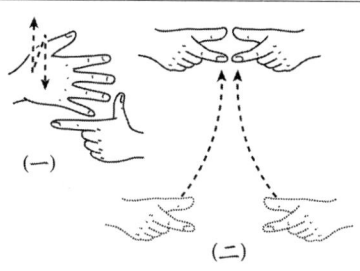

电视塔 diànshìtǎ

（一）左手伸拇、食指，食指尖朝右，手背向外；右手横立，手背向外，五指张开，在左手食指上方上下晃动几下。
（二）双手拇、食指成大圆形，虎口朝上，从下向上做弧形移动。

（可根据实际表示电视塔的形状）

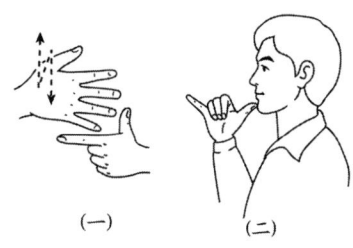

电视台 diànshìtái

（一）左手伸拇、食指，食指尖朝右，手背向外；右手横立，手背向外，五指张开，在左手食指上方上下晃动几下。
（二）一手伸拇、小指，指尖朝上，拇指尖抵于颏部。

电水壶　diànshuǐhú
（一）一手食指书空"𠂇"形。
（二）一手伸食指，指尖贴于下嘴唇。
（三）一手伸拇、小指，指尖朝上，手背向内，然后拇指尖朝下，如倒水状。
（可根据实际表示倒水的动作）

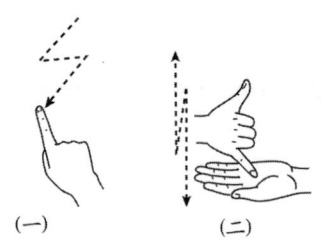

电梯　diàntī
（一）一手食指书空"𠂇"形。
（二）左手横伸；右手伸拇、小指，小指尖抵于左手掌心，双手上下移动几下，如乘电梯状。

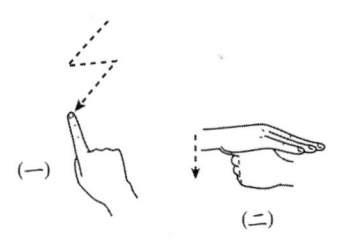

电压　diànyā
（一）一手食指书空"𠂇"形。
（二）左手握拳，虎口朝上；右手横伸，掌心向下，置于左手虎口上并向下一压。

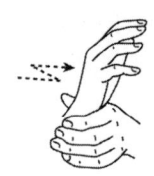

电影（放映）　diànyǐng（fàngyìng）
左手五指成半圆形，虎口朝上；右手五指弯曲，指尖朝前，手腕碰两下左手虎口。

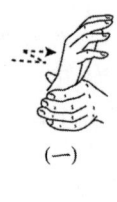

电影院　diànyǐngyuàn
（一）左手五指成半圆形，虎口朝上；右手五指弯曲，指尖朝前，手腕碰两下左手虎口。
（二）双手搭成"∧"形。

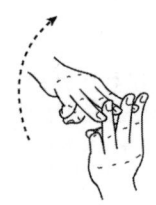

电闸　diànzhá
双手食、中、无名指指尖横竖相叉，左手不动，右手向上扳动一下，模仿合电闸的动作。
（可根据实际表示开合电闸的动作）

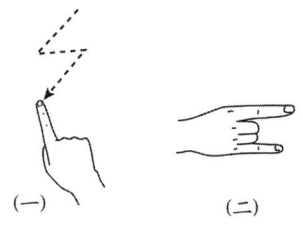

电子 diànzǐ

（一）一手食指书空"彡"形。
（二）一手打手指字母"Z"的指式。

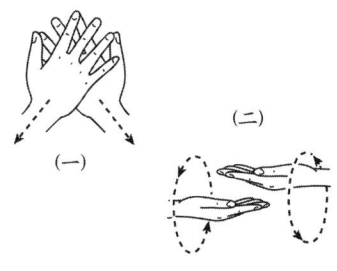

电子商务 diànzǐ shāngwù

（一）双手五指张开，手背向外，交叉相搭，向两侧斜下方移动。
（二）双手横伸，掌心向上，前后交替转动两下。

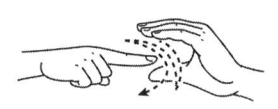

电子邮件 diànzǐ yóujiàn

左手五指成"匚"形，虎口朝内；右手食指横伸，从左手虎口中部向前划动两下。也用于表示发电子邮件的意思。

电子邮箱 diànzǐ yóuxiāng

左手五指成"匚"形，虎口朝内；右手横伸，掌心向下，从左手虎口中部向前划动两下，表示邮箱中有许多邮件。

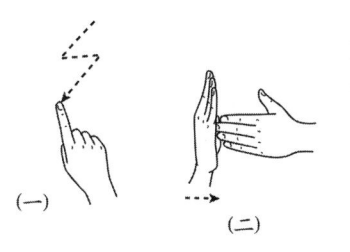

电阻 diànzǔ

（一）一手食指书空"彡"形。
（二）左手横立，掌心向内；右手直立，掌心抵于左手指尖，然后向左推一下左手。

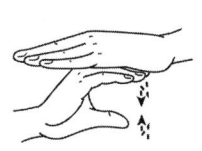

垫子 diàn·zi

左手横伸；右手五指成"冂"形，指尖朝左，在左手掌心下捏动几下。

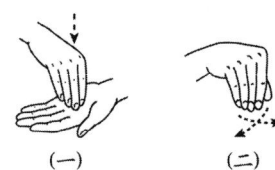

淀粉 diànfěn

（一）左手横伸；右手五指撮合，指尖朝下，按向左手掌心。

（二）一手五指撮合，指尖朝下，互捻几下。

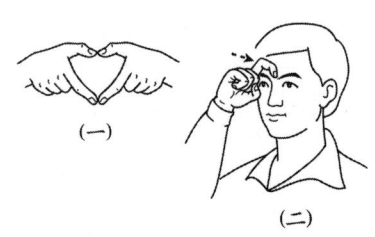

惦记 diàn·jì

（一）双手拇、食指张开仿"♡"形，手背向外，置于胸部。

（二）一手打手指字母"J"的指式，碰一下前额。

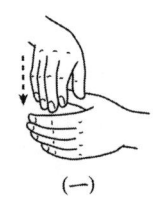 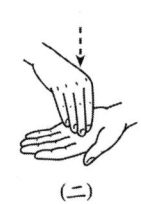

奠定 diàndìng

（一）双手五指成半圆形，左手虎口朝上，右手虎口朝左，指尖朝下，插入左手虎口内，表示埋入奠基石。

（二）左手横伸；右手五指撮合，指尖朝下，按向左手掌心。

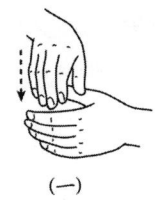 

奠基 diànjī

（一）双手五指成半圆形，左手虎口朝上，右手虎口朝左，指尖朝下，插入左手虎口内，表示埋入奠基石。

（二）左手握拳，手背向上；右手拇、食指张开，指尖朝下，插向左手腕两侧。

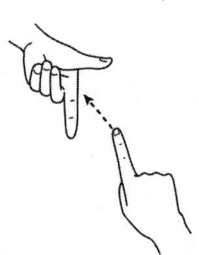

刁 Diāo

左手伸拇、食指，拇指尖朝右，手背向外；右手伸食指，指尖朝前，在左手下书空"\"，仿"刁"字形，表示姓氏"刁"。

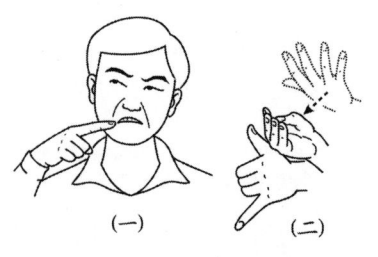

刁难 diāonàn

（一）一手伸食指，指尖抵于嘴一侧，然后牙齿咬动一下，面带坏相。

（二）左手伸拇、小指；右手五指张开，手背朝前下方，边用力碰向左手拇指背边撮合。

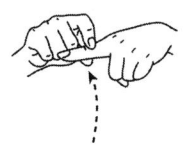

叼 diāo
  左手食指横伸;右手拇、食指夹住左手食指,从下向上移动一下。
  (可根据实际表示叼的动作)

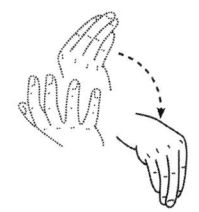

凋谢 diāoxiè
  一手五指弯曲,指尖朝上,然后撮合并垂下,表示花朵凋谢。

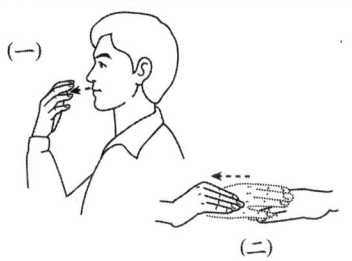

貂皮 diāopí
  (一)一手五指弯曲,指尖对着鼻部,然后向外微移一下。
  (二)左手横伸;右手五指在左手背上轻抚一下,如摸毛絮状。

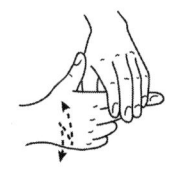

碉堡(暗堡) diāobǎo (ànbǎo)
  左手五指成"∩"形,虎口朝内;右手伸拇、食指,食指尖朝前,置于左手虎口内,手腕上下晃动几下。

雕刻(篆刻) diāokè (zhuànkè)
  左手握拳,虎口朝上;右手食、中指并拢,在左手虎口上划动两下,如雕刻状。
  (可根据实际表示雕刻的动作)

雕塑 diāosù
  双手伸拇指,边交替向前按动边向下移动,模仿雕塑手法。

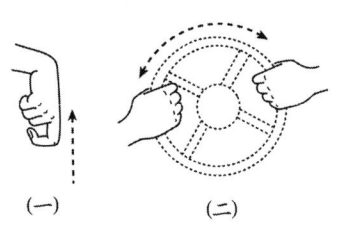

吊车 diàochē

（一）一手食指弯曲如钩，中节指指背向下，从下向上移动，如吊车吊物状。

（二）双手虚握，左右转动，如操纵方向盘状。

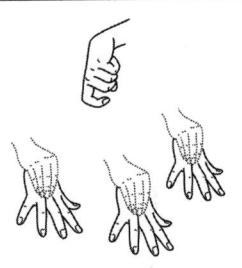

吊灯 diàodēng

左手食指弯曲如钩，中节指指背向下；右手五指撮合，指尖朝下，在左手下方不同位置开合几下。

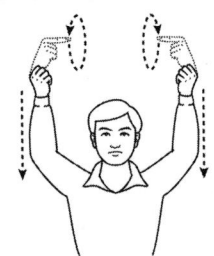

吊环 diàohuán

双手食指横伸，指尖相对，在头两侧上方前后划一圈，然后双手虚握，虎口朝内，向下拉动。

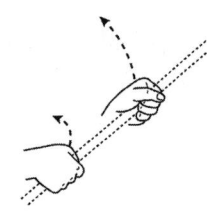

钓 diào

双手如握鱼竿状，左手在前，右手在后，同时向上一挑。（可根据实际表示钓的动作）

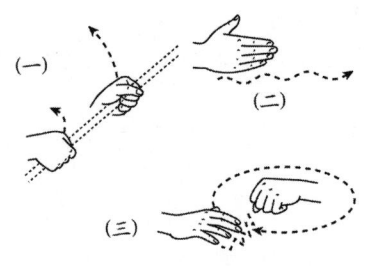

钓鱼岛 Diàoyúdǎo

（一）双手如握鱼竿状，左手在前，右手在后，同时向上一挑。

（二）一手横立，手背向外，向一侧做曲线形移动（或一手侧立，向前做曲线形移动），如鱼游动状。

（三）左手横伸握拳，手背向上；右手横伸，掌心向下，五指张开，边绕左手转动边交替点动。

调出（调动①） diàochū (diàodòng①)

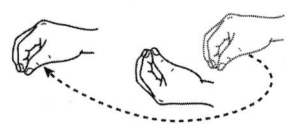

双手五指撮合，左手指尖朝上，右手指尖朝下，右手从左手后向前转动半圈，表示人或物品从此地调出（表示调入时，左手不动，右手从左手前向后转动半圈）。

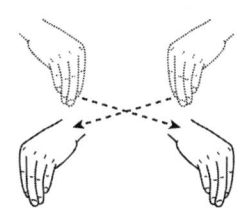

调动② diàodòng ②
　　双手五指撮合,指尖朝下,然后手腕交叉,互换位置。
　　(可根据实际表示调动的动作)

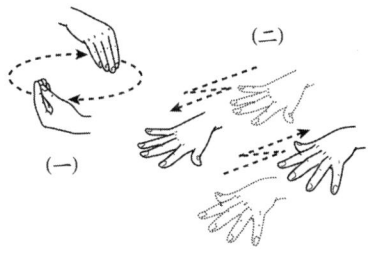

调度 diàodù
　　(一)双手五指撮合,指尖上下相对,交替平行转动两下。
　　(二)双手平伸,掌心向下,五指张开,前后交替移动两下。

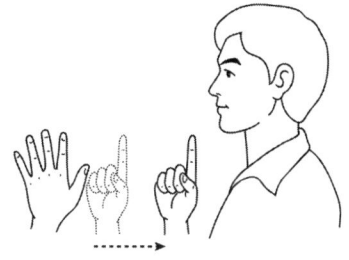

掉队 diàoduì
　　左手直立,掌心向右,五指张开;右手食指直立,置于左手拇指处,然后向后移动。
　　(可根据实际表示掉队的情况)

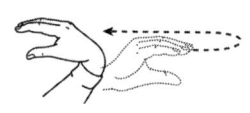

掉头 diàotóu
　　一手五指成"⊐"形,指尖朝前,向前移动少许,然后转腕,指尖朝后,向后移动。
　　(可根据实际表示掉头的动作)

跌(摔倒) diē(shuāidǎo)
　　左手平伸;右手伸拇、小指,立于左手掌心上,然后小指向前滑出,手腕贴于左手掌心,表示人摔倒。
　　(可根据实际表示跌的动作)

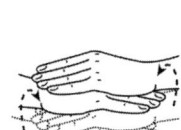

叠② dié ②
　　双手横伸,掌心向下,交替向上移动,一手掌心与另一手手背相贴。
　　(可根据实际表示叠的动作)

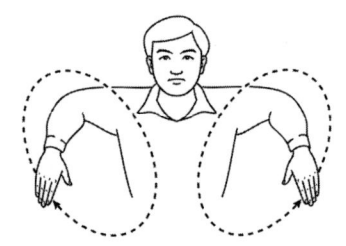

蝶泳　diéyǒng

双手垂立，两臂同时从两侧向中间划动，模仿蝶泳的动作。

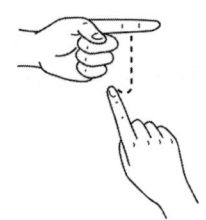

丁　dīng

左手食指横伸，手背向外；右手伸食指，指尖朝前，在左手食指下书空"亅"，仿"丁"字形。

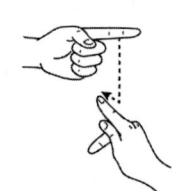

丁克　dīngkè

左手食指横伸，手背向外；右手打手指字母"K"的指式，在左手食指下书空"亅"。

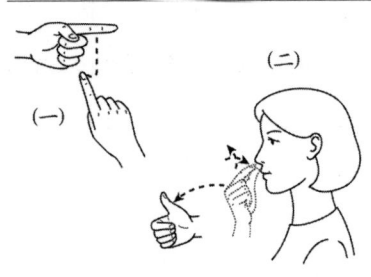

丁香　dīngxiāng

（一）左手食指横伸，手背向外；右手伸食指，指尖朝前，在左手食指下书空"亅"，仿"丁"字形。

（二）一手拇、食指在鼻孔前捻动，然后伸出拇指。

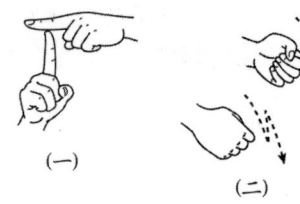

丁字镐　dīngzìgǎo

（一）双手食指搭成"T"形。

（二）双手握拳，一上一下，向下挥动两下，如用镐刨地状。

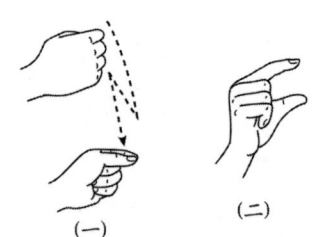

钉子　dīng·zi

（一）左手拇、食指相捏；右手握拳，向左手虎口挥动两下。

（二）一手拇、食指张开，如钉子长短。

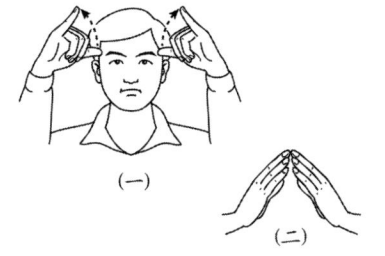

钉子户　dīng·zihù

（一）双手伸拇、小指，拇指尖抵于太阳穴，小指向上一翘，同时绷脸闭嘴。

（二）双手搭成"∧"形。

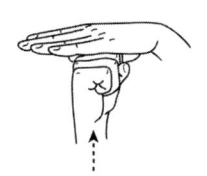

顶　dǐng

左手横伸；右手握拳，向上顶一下左手掌心。

（可根据实际表示顶的动作）

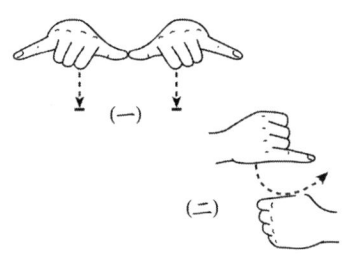

顶风作案　dǐngfēng zuò'àn

（一）双手伸拇、小指，拇指尖相抵，手背向上，向下一顿。

（二）左手握拳，虎口朝上；右手伸小指，边从上向下砸向左手虎口边向左移动，表示做坏事。

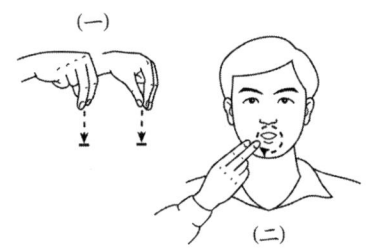

订户　dìnghù

（一）双手拇、食、中指相捏，指尖朝下，一前一后，同时向下一顿。

（二）一手打手指字母"H"的指式，手背向外，绕嘴部转动一下，口微张。

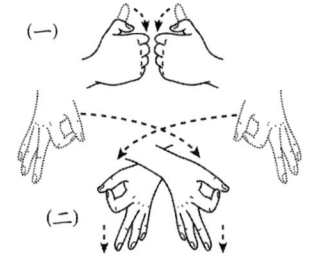

订婚　dìnghūn

（一）双手伸拇指，指面相对，手背向外，弯动一下。

（二）双手伸中、无名、小指，指尖朝下，左右交换位置，向下一点。

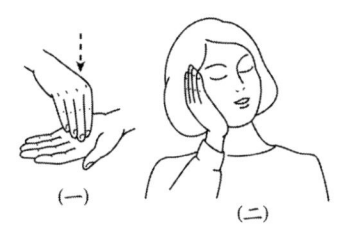

定居　dìngjū

（一）左手横伸；右手五指撮合，指尖朝下，按向左手掌心。

（二）一手掌心贴于脸部，头微侧，闭眼，如睡觉状。

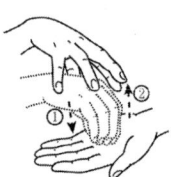

定局 dìngjú

左手横伸；右手五指撮合，指尖朝下，先按向左手掌心，再快速弹起并张开。

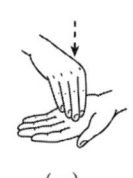 

定量 dìngliàng

（一）左手横伸；右手五指撮合，指尖朝下，按向左手掌心。

（二）一手直立，掌心向内，五指张开，交替点动几下。

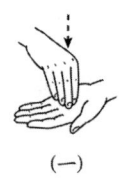 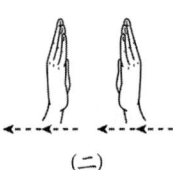

定律 dìnglǜ

（一）左手横伸；右手五指撮合，指尖朝下，按向左手掌心。

（二）双手直立，掌心左右相对，向一侧一顿一顿移动几下。

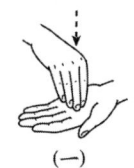 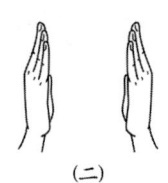

定期 dìngqī

（一）左手横伸；右手五指撮合，指尖朝下，按向左手掌心。

（二）双手直立，掌心左右相对。

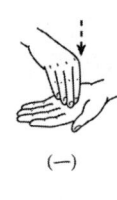 

定语 dìngyǔ

（一）左手横伸；右手五指撮合，指尖朝下，按向左手掌心。

（二）一手食指横伸，在嘴前前后转动两下。

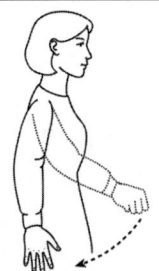

丢（丧失） diū (sàngshī)

一手虚握，向身后一甩，五指张开。

（可根据实际表示丢的动作）

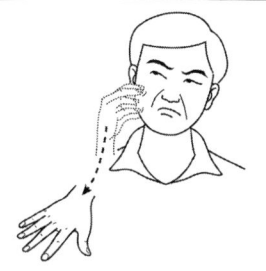

丢脸 diūliǎn

一手抓一下脸部,然后向下一甩,表示丢脸。

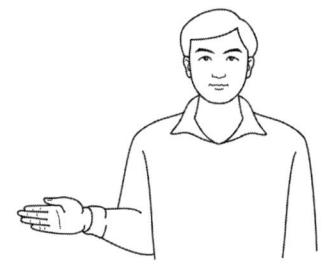

东① dōng①

右手横立,指尖朝右。

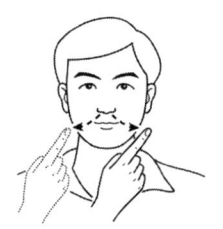

东② dōng②

一手伸食指,在嘴两侧书写"八",仿"东"字部分字形。

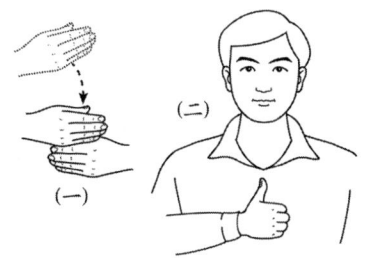

东道主(坐庄) dōngdàozhǔ (zuòzhuāng)

(一)双手五指成"⊏⊐"形,虎口朝上,左手在下不动,右手从上向下落到左手上。
(二)一手伸拇指,贴于胸部。

东帝汶 Dōngdìwèn

双手伸拇、食指,虎口朝内,拇指尖分别抵于肩两侧。(此为国外聋人手语)

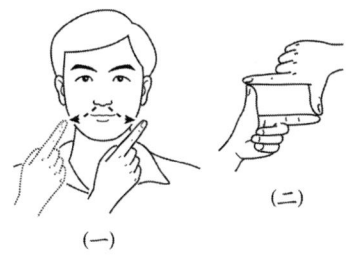

东方 dōngfāng

(一)一手伸食指,在嘴两侧书写"八",仿"东"字部分字形。
(二)双手拇、食指搭成"囗"形。

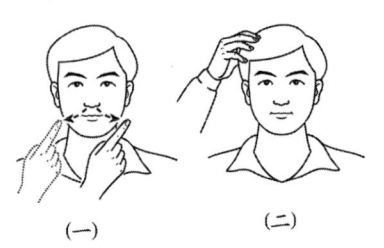

东郭　Dōngguō

（一）一手伸食指，在嘴两侧书写"八"，仿"东"字部分字形。

（二）一手五指弯曲，抵于头顶一侧。

（此手势表示复姓"东郭"）

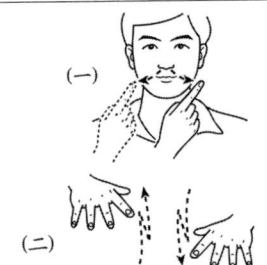

东海　Dōnghǎi

（一）一手伸食指，在嘴两侧书写"八"，仿"东"字部分字形。

（二）双手平伸，掌心向下，五指张开，上下交替移动，表示起伏的波浪。

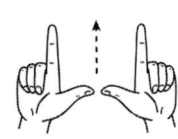

东京　Dōngjīng

双手伸拇、食指，拇指尖相对，食指尖朝上，掌心向外，向上移动一下。

（此为国外聋人手语）

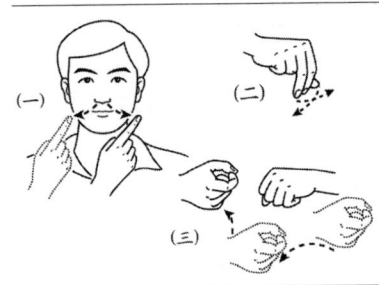

东沙群岛　Dōngshā qúndǎo

（一）一手伸食指，在嘴两侧书写"八"，仿"东"字部分字形。

（二）一手拇、食、中指相捏，指尖朝下，互捻几下。

（三）左手横伸握拳，手背向上；右手拇、食指捏成圆形，虎口朝上，在左手周围不同位置点动几下，表示有许多岛。

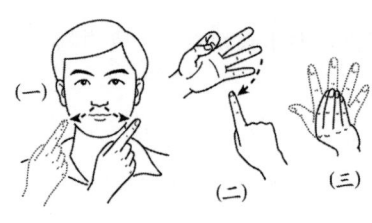

东乡族　Dōngxiāngzú

（一）一手伸食指，在嘴两侧书写"八"，仿"东"字部分字形。

（二）左手中、无名、小指横伸分开，掌心向内；右手伸食指，指尖朝前，在左手小指旁书空"丿"，仿"乡"字形。

（三）一手五指张开，指尖朝上，然后撮合。

冬①　dōng①

左手握拳，手背向上；右手食指点一下左手小指根部关节。

（"冬"的手语存在地域差异，可根据实际选择使用）

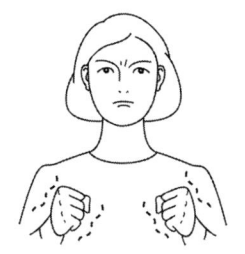

冬② （冷、寒冷） dōng ② (lěng、hánlěng)
　　双手握拳屈肘，小臂颤动几下，如哆嗦状，表示冷，引申为冬。
　　（"冬"的手语存在地域差异，可根据实际选择使用）

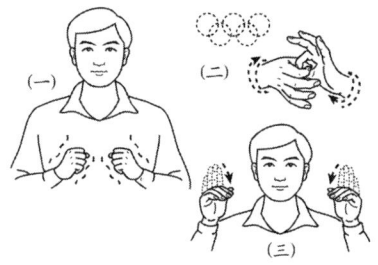

冬奥会 Dōng'àohuì
　　（一）双手握拳屈肘，小臂颤动几下，如哆嗦状，表示冷。
　　（二）双手拇、食指套环，其他三指微曲，向右侧微移，边转腕边做一次套环动作，然后向下微移，再边转腕边做一次套环动作，表示奥林匹克五环标志。
　　（三）双手直立，掌心分别向左右斜前方，食、中、无名、小指弯动一下。

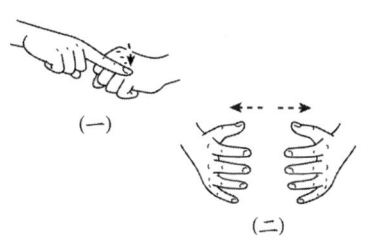

冬瓜 dōng·guā
　　（一）左手握拳，手背向上；右手食指点一下左手小指根部关节。
　　（二）双手五指弯曲张开，指尖左右相对，虎口朝上，从中间向两侧微移一下。

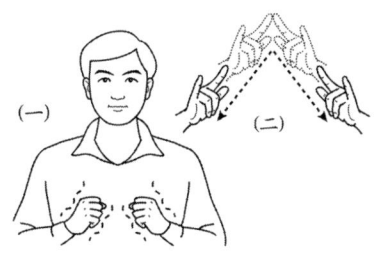

冬令营 dōnglìngyíng
　　（一）双手握拳屈肘，小臂颤动几下，如哆嗦状，表示冷。
　　（二）双手伸拇、食、小指，食指尖相抵，然后向两侧斜下方移动。

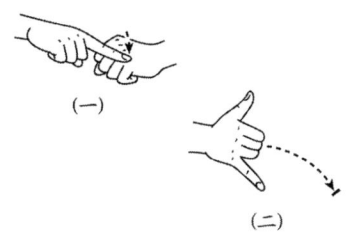

冬至 dōngzhì
　　（一）左手握拳，手背向上；右手食指点一下左手小指根部关节。
　　（二）一手伸拇、小指，向前做弧形移动，然后向下一顿。

董 Dǒng
　　一手打手指字母"D"的指式，虎口朝内，贴于太阳穴，表示姓氏"董"。

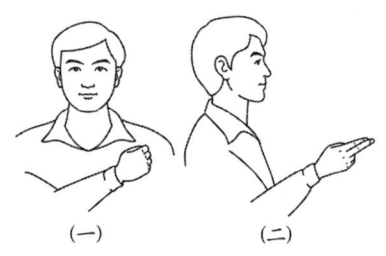

董事　dǒngshì
（一）右手打手指字母"D"的指式，置于左胸部。
（二）一手食、中指相叠，指尖朝前上方。

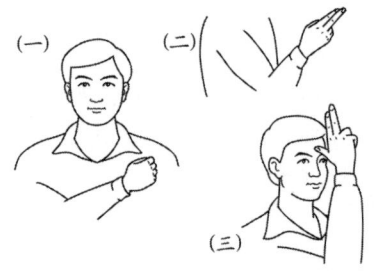

董事长　dǒngshìzhǎng
（一）右手打手指字母"D"的指式，置于左胸部。
（二）一手食、中指相叠，指尖朝前上方。
（三）一手伸拇、食、中指，拇指尖抵于前额，食、中指直立并拢。

动车①　dòngchē①
左手食、中指分开，指尖朝前，手背向上；右手打手指字母"D"的指式，手腕贴于左手食指，然后向指尖方向移动。

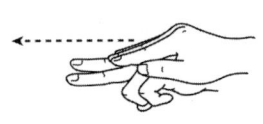

动车②（高铁①）　dòngchē②（gāotiě①）
左手食、中指分开，指尖朝前，手背向上；右手五指撮合，指尖朝前，从左手背向指尖方向快速移动，仿动车、高铁车头外形和高速运行的状态。

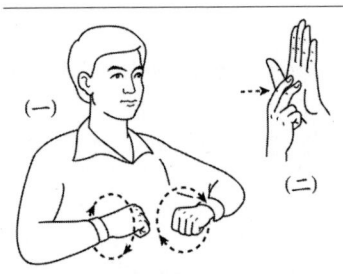

动词　dòngcí
（一）双手握拳屈肘，前后交替转动两下。
（二）左手直立，掌心向外；右手食、中指弯曲，指尖朝内，点一下左手掌心。

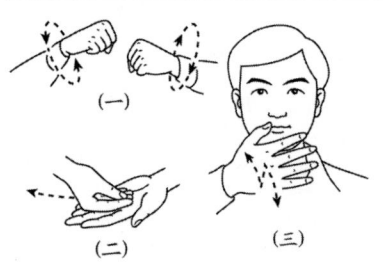

动画片　dònghuàpiàn
（一）双手握拳屈肘，前后交替转动两下。
（二）左手横伸；右手五指撮合，指背在左手掌心上抹一下。
（三）一手横立，掌心向内，五指张开，在面前上下晃动几下。

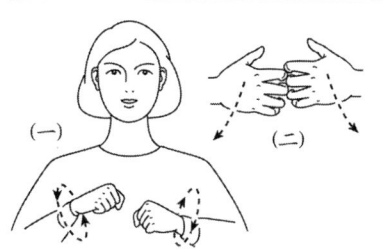

动机 dòngjī
（一）双手握拳屈肘，前后交替转动两下。
（二）双手五指弯曲，食、中、无名、小指关节交错相触，向下转动一下。

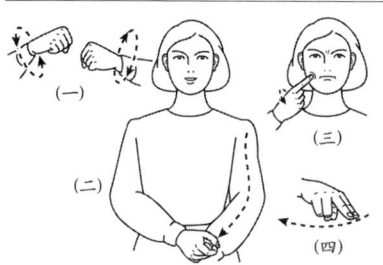

动脉硬化 dòngmài yìnghuà
（一）双手握拳屈肘，前后交替转动两下。
（二）右手拇、食指捏成圆形，沿左手臂从上向下移动。
（三）一手食指抵于脸颊，向前微转一下，同时牙关紧咬。
（四）一手打手指字母"H"的指式，指尖朝前斜下方，平行划动一下。

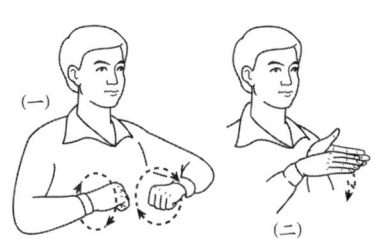

动漫 dòngmàn
（一）双手握拳屈肘，前后交替转动两下。
（二）左手侧立；右手平伸，掌心向下，在左手旁向下扇动两下。

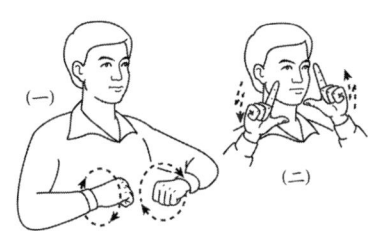

动态 dòngtài
（一）双手握拳屈肘，前后交替转动两下。
（二）双手拇、食指成"⌐⌐"形，置于脸颊两侧，上下交替动两下。

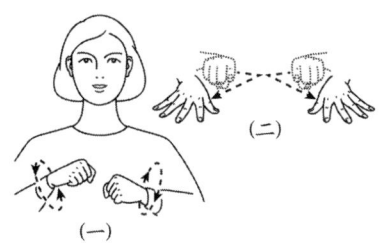

动物 dòngwù
（一）双手握拳屈肘，前后交替转动两下。
（二）双手食指指尖朝前，手背向上，先互碰一下，再分开并张开五指。

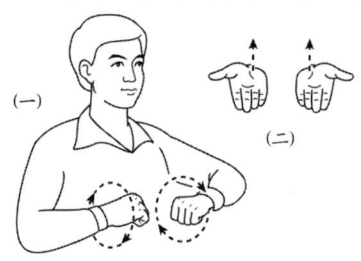

动员 dòngyuán
（一）双手握拳屈肘，前后交替转动两下。
（二）双手平伸，掌心向上一抬。

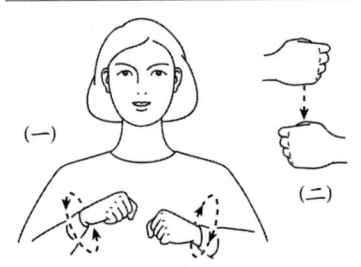

动作 dòngzuò

（一）双手握拳屈肘，前后交替转动两下。
（二）双手握拳，一上一下，右拳向下砸一下左拳。

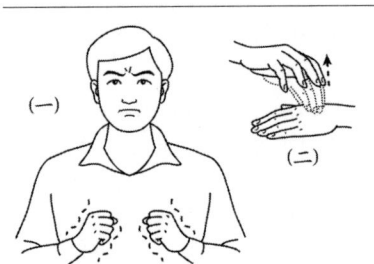

冻疮 dòngchuāng

（一）双手握拳屈肘，小臂颤动几下，如哆嗦状，表示冷。
（二）左手横伸；右手五指撮合，指尖抵于左手背，然后向上张开。

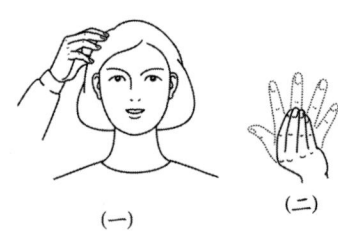

侗族 Dòngzú

（一）一手五指弯曲，指尖朝下，置于头顶一侧。
（二）一手五指张开，指尖朝上，然后撮合。

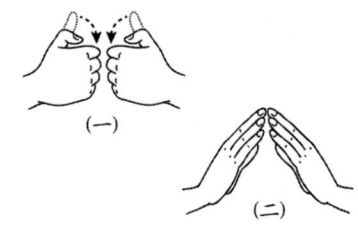

洞房 dòngfáng

（一）双手伸拇指，指面相对，手背向外，弯动一下。
（二）双手搭成"∧"形。

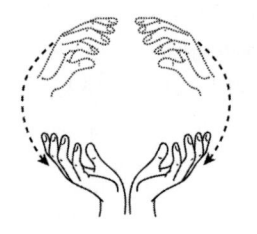

都（全部、所有、总、完全❶）
dōu (quánbù、suǒyǒu、zǒng、wánquán ❶)

双手五指微曲，指尖左右相对，然后向下做弧形移动，手腕靠拢。

斗笠 dǒulì

双手搭成"∧"形，置于头顶，边向下移动边拇、食指张开，在头两侧成大圆形，虎口朝上，仿斗笠的样子。

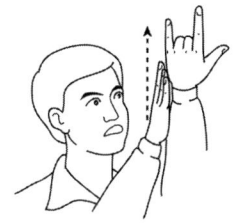

陡峭　dǒuqiào

左手拇、食、小指直立,手背向外;右手五指并拢,指尖朝上,沿左手小指外侧向上移动,眼睛随之向上看,面露害怕的表情。

(可根据实际表示陡峭的状态)

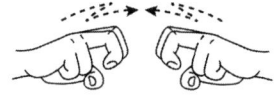

斗争(奋斗)　dòuzhēng (fèndòu)

双手食、中指弯曲,手背向上,指关节互碰两下。

豆①　dòu ①

一手拇、食指捏成小圆形,虎口朝上,如豆子大小。

("豆"的手语存在地域差异,可根据实际选择使用)

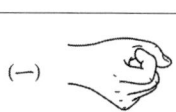

豆②　dòu ②

一手伸拇指,指尖朝颏部一杵。

("豆"的手语存在地域差异,可根据实际选择使用)

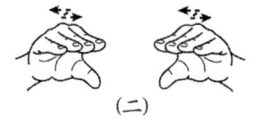

豆腐①　dòu·fu ①

(一)一手拇、食指捏成小圆形,虎口朝上,如豆子大小。
(二)双手五指成"⊏⊐"形,指尖朝斜前方,左右微动几下。

("豆腐"的手语存在地域差异,可根据实际选择使用)

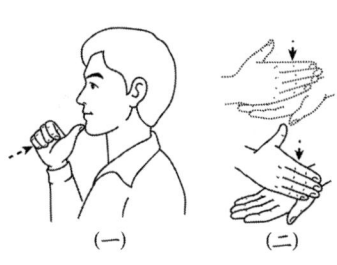

豆腐②　dòu·fu ②

(一)一手伸拇指,指尖朝颏部一杵。
(二)左手横伸;右手置于左手掌心上,先横切,再侧切。

("豆腐"的手语存在地域差异,可根据实际选择使用)

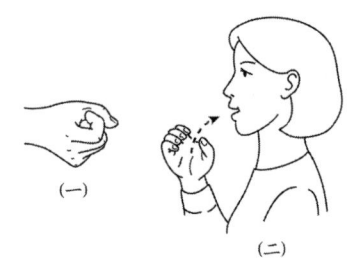

豆浆　dòujiāng

（一）一手拇、食指捏成小圆形，虎口朝上，如豆子大小。
（二）一手五指成半圆形，如拿杯子状，模仿喝水的动作。

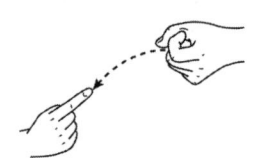

豆芽儿　dòuyár

左手拇、食指捏成小圆形，虎口朝上；右手伸食指，指尖抵于左手小圆形，然后向外移动一下，仿豆芽的形状。

逗　dòu

左手伸拇、小指；右手拇、食指相捏，指尖朝左手点两下，引申为逗。
（可根据实际表示逗的动作）

逗号　dòuhào

一手伸食指，指尖朝前，书空","。

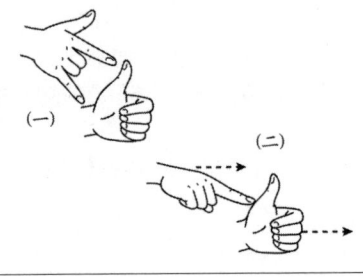

督促　dūcù

（一）左手伸拇指，在前；右手伸拇、食、小指，在后上方，指尖对着左手拇指。
（二）左手伸拇指；右手伸食指，指尖抵于左手拇指背，向前顶一下左手，双手同时向前移动一下。

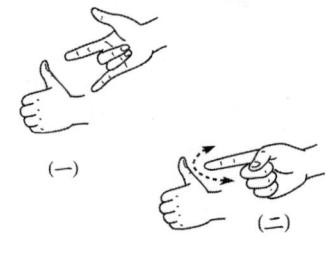

督导　dūdǎo

（一）左手伸拇指，在前；右手伸拇、食、小指，在后上方，指尖对着左手拇指。
（二）左手伸拇指；右手伸食指，指尖朝前，在左手拇指后左右移动。

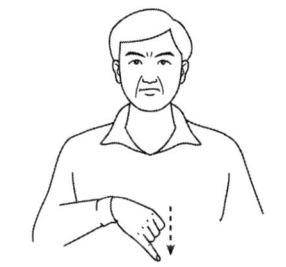

毒辣（残酷） dúlà (cánkù)

一手伸小指，手背向外，指尖朝下一指，面露憎恶的表情。

毒品 dúpǐn

（一）左手横伸；右手伸拇、小指，拇指尖在鼻下，小指尖在左手掌心上向右划动两下。

（二）双手拇、食指捏成圆形，虎口朝内，左手在上不动，右手在下连打两下，仿"品"字形。

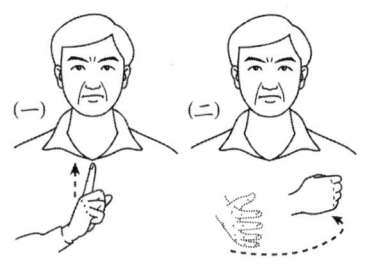

独裁（专制） dúcái (zhuānzhì)

（一）一手食指直立，虎口贴于胸部，向上移动少许，面露憎恶的表情。

（二）右手侧立，五指微曲张开，边向左做弧形移动边握拳，面露憎恶的表情。

独创 dúchuàng

（一）一手食指直立，虎口贴于胸部，向上移动少许。

（二）一手握拳，虎口贴于太阳穴，然后边向前移动边张开五指。

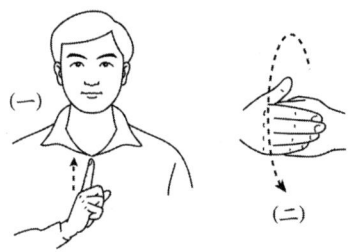

独揽 dúlǎn

（一）一手食指直立，虎口贴于胸部，向上移动少许。

（二）左手握拳，虎口朝上；右手手背拱起，从上向下绕左拳转动半圈，动作幅度比"包"的手势大。

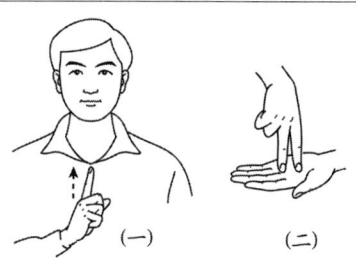

独立 dúlì

（一）一手食指直立，虎口贴于胸部，向上移动少许。

（二）左手横伸；右手食、中指分开，指尖朝下，立于左手掌心上。

独龙族　Dúlóngzú

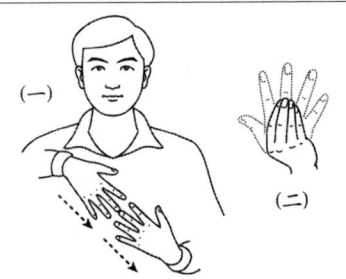

（一）双手五指张开，指尖斜向相对，手背向外，向斜下方移动一下，仿独龙族条纹服装。
（二）一手五指张开，指尖朝上，然后撮合。

读书（阅读）　dúshū (yuèdú)

双手斜伸，掌心向内，置于身前，眼睛注视双手，如读书状。
（可根据实际表示读书的状态）

笃信　dǔxìn

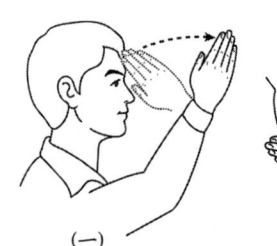

（一）一手五指并拢，食指外侧贴于前额，然后向外一挥。
（二）左手五指成"匚"形，虎口朝上；右手五指并拢，指尖朝下，插入左手虎口内。

堵车　dǔchē

双手五指成"匚"形，指尖朝前，左手在前不动，右手从左手腕处向后一顿一顿移动几下，表示车前后相挨。

赌博　dǔbó

双手五指弯曲，指尖上下相对，同时上下摇动几下。

赌气　dǔqì

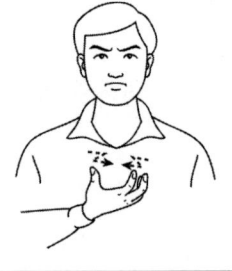

一手五指弯曲，指尖朝上，弯动两下，嘴闭拢，面露不服气的表情。

杜　Dù

一手打手指字母"D"的指式,置于腹部。既表示"杜"字的声母,又以同音字"肚"借代"杜"。

杜鹃❶(布谷)　dùjuān ❶ (bùgǔ)

左手打手指字母"D"的指式,手背向左;右手手背贴于左手背,拇、食指先相捏再开合两下。

(一)　　(二)

杜鹃❷(杜鹃花)　dùjuān ❷ (dùjuānhuā)

(一)左手打手指字母"D"的指式,手背向左;右手手背贴于左手背,拇、食指先相捏再开合两下。
(二)一手五指撮合,指尖朝上,然后张开。

(一)　　(二)

度假　dùjià

(一)双手交叉,手背向外,贴于胸部,表示休息的意思。
(二)一手伸拇、小指,顺时针平行转动一圈。

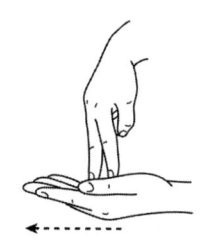

渡　dù

左手平伸,掌心凹进,仿船形;右手食、中指分开,指尖朝下,置于左手掌心上,双手同时向前移动。
(可根据实际表示渡的动作)

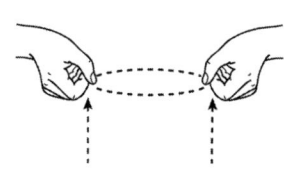

端　duān

双手虚握,虎口朝外,向上一提,如端物状。
(可根据实际表示端的动作)

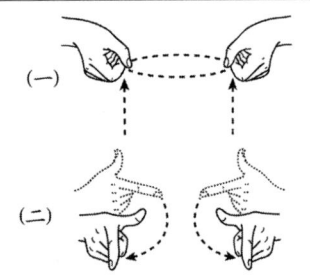

端木　Duānmù
（一）双手虚握，虎口朝外，向上一提，如端物状。
（二）双手伸拇、食指，虎口朝上，手腕向前转动一下。
（此手势表示复姓"端木"）

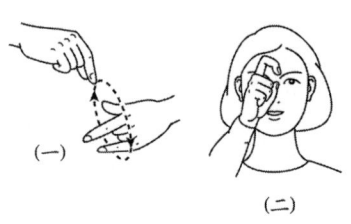

端午节（端阳节）　Duānwǔ Jié (Duānyáng Jié)
（一）左手拇、食、小指叉开，指尖朝右；右手拇、食指相捏，绕左手转动几圈，模仿捆粽子的动作。
（二）一手打手指字母"J"的指式，置于前额。

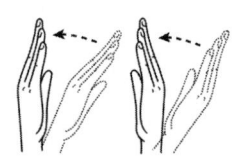

端正❶　duānzhèng ❶
双手掌心相对，先歪向一侧，然后移正，表示端正的动词意思。

端庄　duānzhuāng
（一）双手拇、食指成"⌐⌐"形，置于脸颊两侧，上下交替动两下。
（二）双手侧立，掌心相对，沿身体两侧向下一顿。

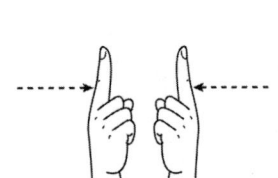

短　duǎn
双手食指直立，指面相对，从两侧向中间移动。
（可根据实际表示短的状态）

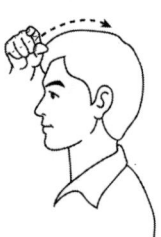

短发①（寸头）　duǎnfà ① (cùntóu)
右手拇、食指微张，在头顶上从前向后移动一下，表示男式短发。

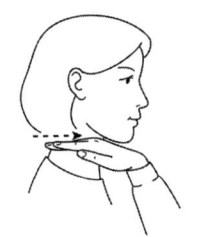

短发② duǎnfà ②
　　一手平伸，掌心向下，在颈部向前划动一下，表示女式短发。

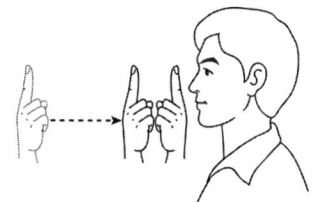

短见 duǎnjiàn
　　双手食指直立，指面前后相对，置于眼前，左手在后不动，右手从前向后移动，表示目光短浅。

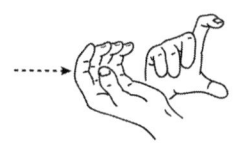

短焦镜头 duǎnjiāo jìngtóu
　　右手拇、食指成"⊃"形，虎口朝内；左手五指成半圆形，指尖朝上，从右手外向右手微移一下。

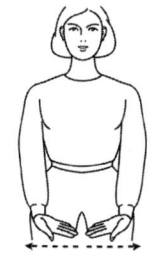

短裤（裤衩儿❶） duǎnkù (kùchǎr ❶)
　　双手横伸，掌心向上，在大腿根部同时向两侧横划，表示短裤。

短信 duǎnxìn
　　左手平伸；右手伸食指，指尖朝下，从左手掌心上向外划出。

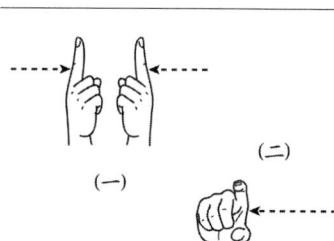

短语（短句） duǎnyǔ (duǎnjù)
　　（一）双手食指直立，指面相对，从两侧向中间移动。
　　（二）一手拇、食指张开，指尖朝前，向一侧移动一下。

段 Duàn
双手食指直立,虎口朝内,向前一顿,表示姓氏"段"。

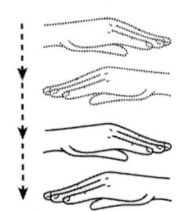

段落 duànluò
双手横伸,掌心向下,一上一下,同时向下一顿一顿移动几下。

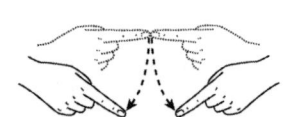

断(断绝、解除) duàn(duànjué、jiěchú)
双手食指横伸,指尖相对,手背向外,同时向下一甩,表示某种物体折断、某种关系终止或解除的意思。
(可根据实际表示断的状态)

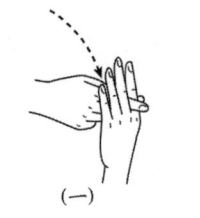 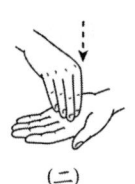

(一) (二)

断定 duàndìng
(一)左手直立,手背向外,五指张开;右手伸食指,从后上方向前下方做弧形移动,插入左手食、中指指缝间。
(二)左手横伸;右手五指撮合,指尖朝下,按向左手掌心。

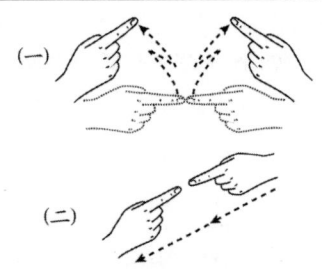

(一)

(二)

断断续续 duànduànxùxù
(一)双手食指横伸,指尖相对,手背向外,连续向上挑两下。
(二)双手伸食指,指尖斜向相对,连续向斜下方移动两下。

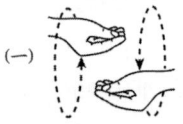

(一)

断交(绝交) duànjiāo(juéjiāo)
(一)双手五指撮合,掌心向上,前后交替转动。
(二)双手食指横伸,指尖相对,手背向外,同时向下一甩。

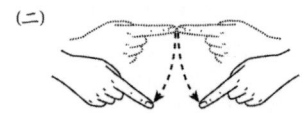

(二)

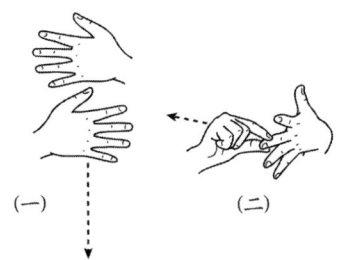

断章取义 duànzhāng-qǔyì

（一）双手横立，掌心向内，五指张开，一上一下，左手在上不动，右手向下移动。

（二）左手横立，掌心向内，五指张开；右手拇、食指微张，指尖朝前，捏住左手中指，然后向内移动一下，左手中指随之向内移动。

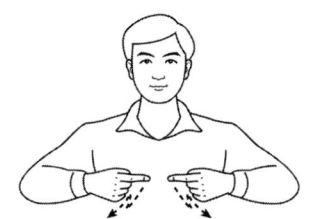

锻炼❶ duànliàn ❶

双手食指横伸，手背向外，甩动两下，表示将筋骨抻开。

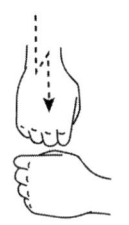

锻压 duànyā

左手握拳，虎口朝上；右手握拳，虎口朝左，垂直向下砸两下左拳，如锻压机锻物状。

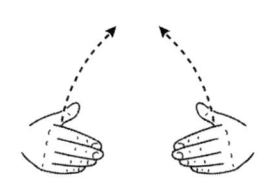

堆积 duījī

双手五指弯曲，掌心相对，从下向上做弧形移动。（可根据实际表示堆积的状态）

队伍（行列①） duì·wu (hángliè ①)

双手直立，五指张开，一前一后排成一列，然后分别向前后方向移动。

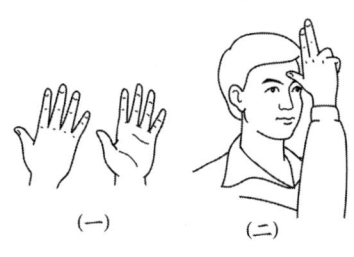

队长 duìzhǎng

（一）双手直立，五指张开，一前一后排成一列。

（二）一手伸拇、食、中指，拇指尖抵于前额，食、中指直立并拢。

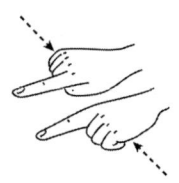

对（一对） duì (yīduì)

双手伸食指，指尖朝前，手背向上，从两侧向中间移动。

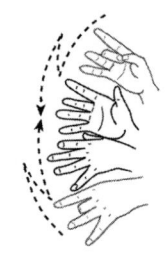

对不起② duì·buqǐ ②

双手拇、中指相捏，一上一下，然后边互碰边弹开拇、中指，重复一次。

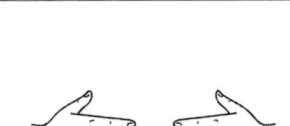

对称 duìchèn

双手横立，掌心向内，从两侧向中间微移一下。

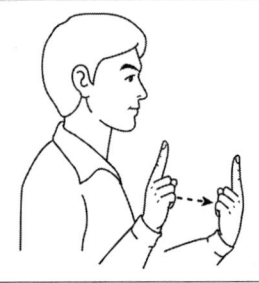

对待 duìdài

双手食指直立，指面前后相对，左手在前不动，右手向前碰一下左手。
（可根据实际决定手的位置和移动方向）

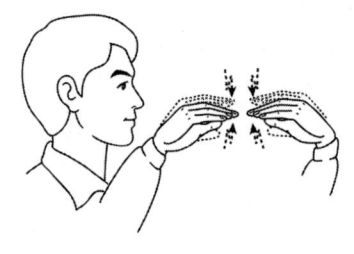

对话（会话） duìhuà (huìhuà)

双手五指撮合，指尖前后相对，同时做开合的动作。
（可根据实际决定手的朝向）

对焦 duìjiāo

双手拇、食指搭成"十"字形，一前一后，一左一右，然后从两侧向中间移动并重合，置于右眼前，左眼同时眯眼。

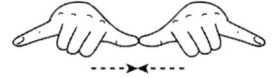

对抗（对着干） duìkàng (duì·zhegàn)
双手伸拇、小指，拇指尖左右相对，手背向上，用力对顶一下。

对立（对峙） duìlì (duìzhì)
双手伸食、中指，指尖朝上，然后同时向下转腕，指尖朝下，手背相对。

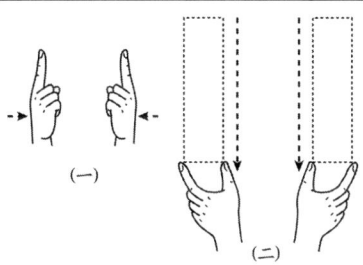

对联 duìlián
（一）双手食指直立，从两侧向中间微移一下。
（二）双手拇、食指张开，指尖朝前，相距约5厘米，然后从上向下移动。

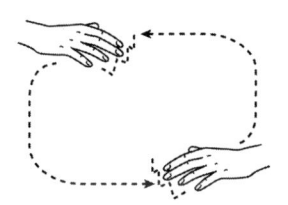

对流① duìliú ①
双手横伸，手背向上，五指张开，边交替点动边从下向上交替转动，表示液体对流时热的液体上升，冷的液体下降的循环流过程。
（可根据实际表示对流）

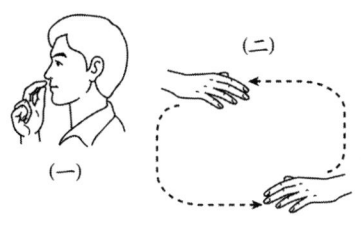

对流② duìliú ②
（一）一手打手指字母"Q"的指式，指尖朝内，置于鼻孔处。
（二）双手横伸，手背向上，五指张开，从下向上交替转动，表示气体对流时热的气体上升，冷的气体下降的循环流过程。
（可根据实际表示对流）

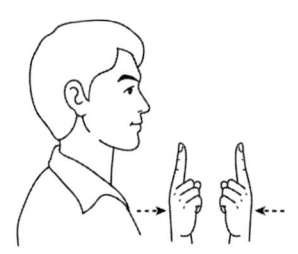

对面 duìmiàn
双手食指直立，指面前后相对，然后同时向中间微移一下。
（可根据实际表示对面的意思）

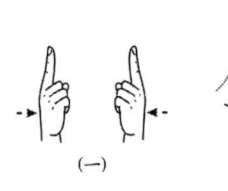 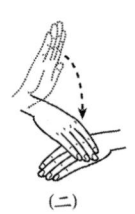

对手　duìshǒu

（一）双手食指直立，从两侧向中间微移一下。
（二）左手横伸，掌心向下；右手拍一下左手背。

对象❶　duìxiàng ❶

双手拇、食指张开仿"♡"形，手背向外，互碰两下，表示男女对象。

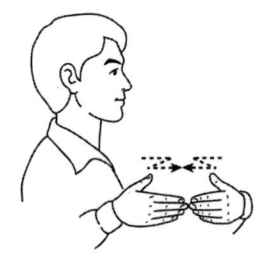

对象❷　duìxiàng ❷

双手侧立，指尖相对，互碰两下，表示服务、工作对象。

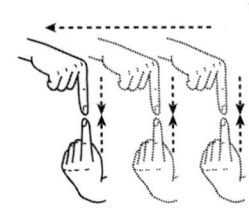

对应　duìyìng

双手伸食指，指尖上下相对，边对戳边向一侧移动。
（可根据实际表示对应的状态）

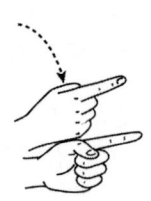

对于　duìyú

双手伸食指，左手指尖朝前，在下，右手指尖朝上，从后上方向下碰向左手食指。

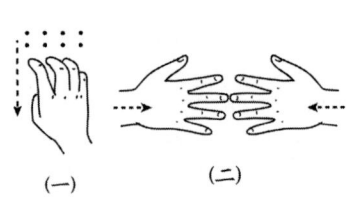

对仗　duìzhàng

（一）一手食、中、无名、小指弯曲，指尖朝前，从上向下点动几下。
（二）双手横立，手背向外，五指张开，指尖相对，从两侧向中间移动一下。

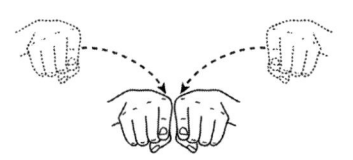

兑现 duìxiàn

　　双手伸食指,指尖朝前,手背向上,从两侧上方向中间下方移动并互碰。

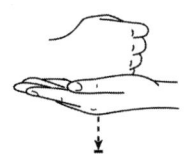

吨 dūn

　　左手横伸;右手打手指字母"D"的指式,置于左手掌心上,双手同时向下一顿。

蹲 dūn

　　左手横伸;右手食、中指微曲,指尖抵于左手掌心。
　　(可根据实际表示蹲的动作)

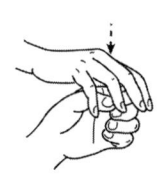

囤 dùn

　　左手虚握,虎口朝上;右手五指弯曲,掌心向下,移至左手虎口上。

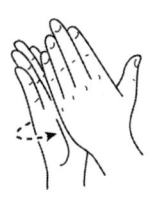

钝 dùn

　　双手直立,掌心左右相对,左手不动,右手小指外侧沿左手小指外侧转动半圈,表示刀刃圆钝不锋利。
　　(可根据实际表示钝的状态)

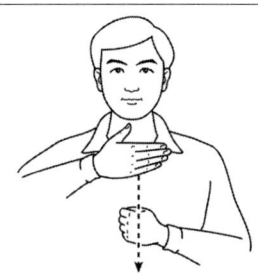

盾牌 dùnpái

　　左手握拳,虎口朝上;右手横立,掌心向内,在左手外从上向下移动一下,表示盾牌。

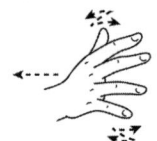

顿号 dùnhào
一手伸食指，指尖朝前，书空"、"。

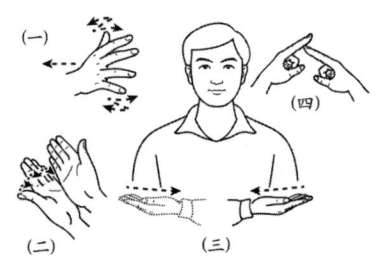

多 duō
一手（或双手）侧立，五指张开，边抖动边向一侧移动，表示多。
（可根据实际表示多的状态）

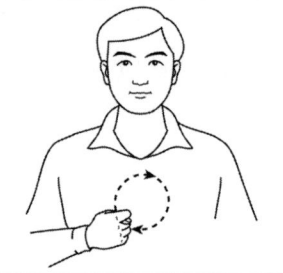

多重残疾人 duōchóngcánjírén
（一）一手侧立，五指张开，边抖动边向一侧移动，表示多。
（二）左手平伸；右手斜立于左手掌心上，然后向右一顿一顿做弧形移动。
（三）双手横伸，掌心向上，交替在对侧上臂划一下，表示肢体不健全。
（四）双手食指搭成"人"字形。

多哥 Duōgē
右手握拳，手背向外，拇指插入食、中指指缝间，在胸前从上向下逆时针转动两圈。
（此为国外聋人手语）

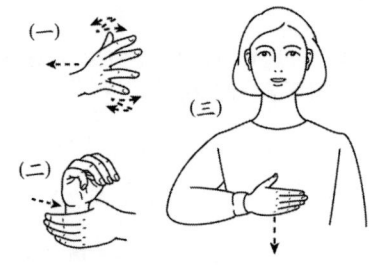

多媒体 duōméitǐ
（一）一手侧立，五指张开，边抖动边向一侧移动，表示多。
（二）左手五指成半圆形，虎口朝上；右手打手指字母"M"的指式，手腕碰一下左手虎口。
（三）一手掌心贴于胸部，向下移动一下。

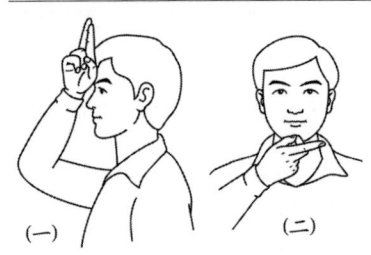

多米尼加 Duōmǐníjiā
（一）一手食、中指直立相叠，虎口贴于前额。
（二）一手食指横伸，拇、中指相捏，指尖朝内，贴于颏部。
（此为国外聋人手语）

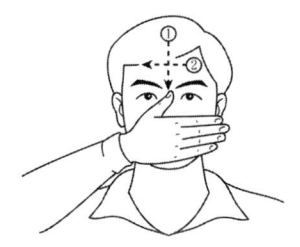

多米尼克 Duōmǐníkè

一手横立，掌心向内，拇指在前额划"十"字形，表示多米尼克国旗上的十字形。

（此为国外聋人手语）

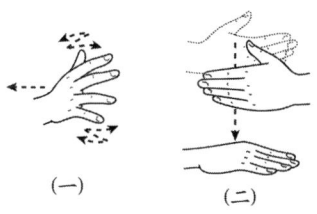

多余 duōyú

（一）一手侧立，五指张开，边抖动边向一侧移动，表示多。

（二）双手横立，左手在前不动，右手边在左手掌心内向下刮一下边转腕，掌心向下，表示剩余的东西。

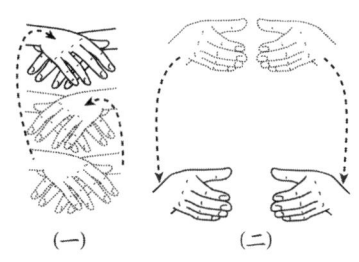

垛 duò

（一）双手五指张开，掌心向下，交叉相叠，然后交替向上移动，模仿码垛的动作。

（二）双手五指成大圆形，虎口朝上，从上向下做弧形移动。

舵 duò

左手横伸，掌心凹进，仿船形；右手横立，掌心向内，置于左手腕下方，前后摆动两下，仿船舵形。

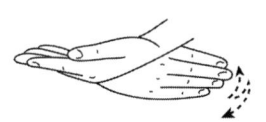

堕落 duòluò

一手伸拇指，指尖朝上，然后边向下转腕边伸出小指，并向下移动，表示由好变坏。

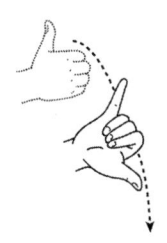

E

俄罗斯 Éluósī

一手食指横伸,在颏部横向移动一下。
(此为国外聋人手语)

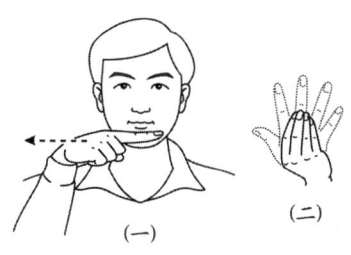

俄罗斯族 Éluósīzú

(一)一手食指横伸,在颏部横向移动一下。
(二)一手五指张开,指尖朝上,然后撮合。

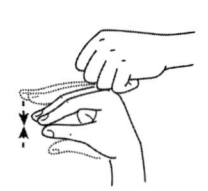

鹅 é

右手拇、食、中指先张开再相捏,指尖朝前;左手握拳,手背向上,虎口朝右,置于右手上,仿鹅头上的凸起物。

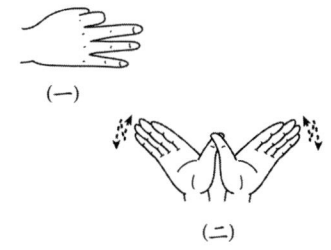

蛾 é

(一)一手打手指字母"E"的指式。
(二)双手拇指相搭,其他四指扇动,如蛾飞行状。

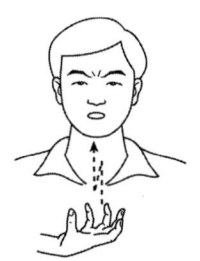

恶心 ě·xin

一手五指弯曲,掌心向上,置于胸部,然后向喉部移动两下。

厄瓜多尔 èguāduō'ěr

左手横伸;右手拇指贴于掌心,其他四指弯曲,掌心向外,手腕贴于左手背上,然后左右微动几下。
(此为国外聋人手语)

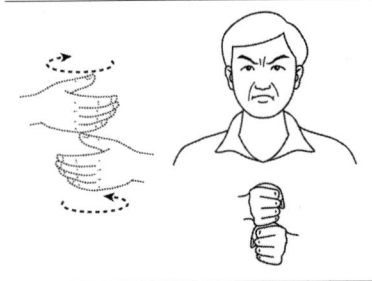

扼杀(压榨) èshā (yāzhà)

双手五指成半圆形,虎口朝上,一上一下,同时向相反方向拧动并握拳,面露狰狞的表情。

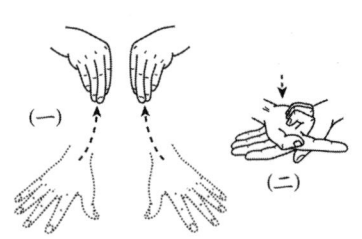

扼要 èyào

(一)双手五指张开,掌心向下,边向上移动边撮合,双手靠近。
(二)左手横伸;右手伸食指,拇指尖按于食指根部,手背向下,用力砸向左手掌心。

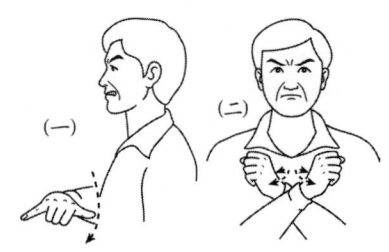

恶毒 èdú

(一)一手伸拇、小指,拇指尖抵于胸部,用力向下一划,面露凶恶的表情。
(二)双手握拳屈肘,手腕交叉相搭,置于身前,前后微转两下。

恶化 èhuà

一手五指弯曲,指尖朝上,边转腕边伸出小指,面露焦虑的表情。

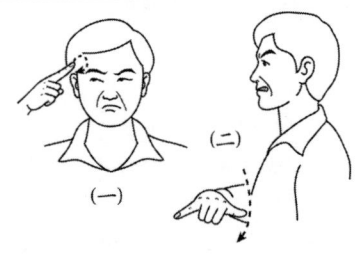

恶意 èyì

(一)一手伸食指,在太阳穴前后转动一(或两)圈,面带坏相。
(二)一手伸拇、小指,拇指尖抵于胸部,用力向下一划,面露凶恶的表情。

饿 è
　　一手食、中、无名、小指并拢,指尖朝内,顶一下胃部,身体微向前倾,面露饥饿的神态。

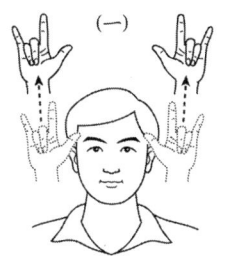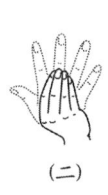
鄂伦春族 Èlúnchūnzú
　　(一)双手拇、食、小指直立,掌心向外,拇指尖抵于太阳穴两侧,然后向上移动。
　　(二)一手五指张开,指尖朝上,然后撮合。

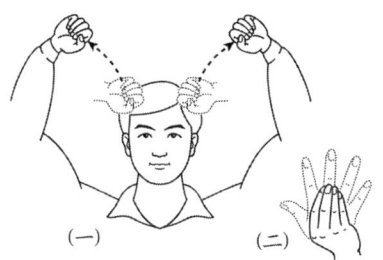
鄂温克族 Èwēnkèzú
　　双手虚握,虎口朝下,置于头顶两侧,然后向两侧上方移动。
　　(二)一手五指张开,指尖朝上,然后撮合。

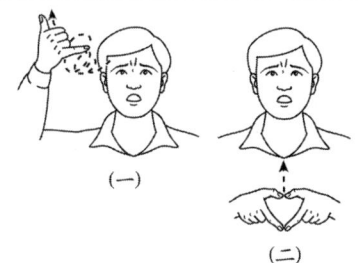
噩梦 èmèng
　　(一)一手伸拇、小指,从太阳穴向斜上方旋转移动。
　　(二)双手拇、食指张开仿"♡"形,手背向外,置于胸部,然后猛然向上一提,面露惊恐的表情。

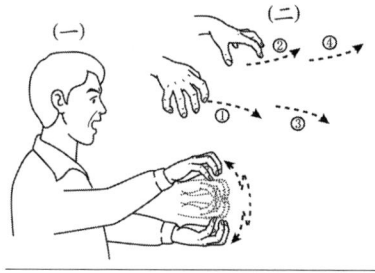
鳄鱼 èyú
　　(一)双臂伸出,双手五指弯曲,一上一下,指尖相抵,同时做开合的动作,面露恐怖的表情。
　　(二)双手斜伸,五指弯曲,指尖朝下,交替向前移动两下,模仿鳄鱼爬行的动作。

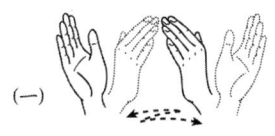
恩爱 ēn'ài
　　(一)双手直立,掌心左右相对,左右晃动一下。
　　(二)左手伸拇指;右手轻轻抚摸左手拇指背,面露怜爱的表情。

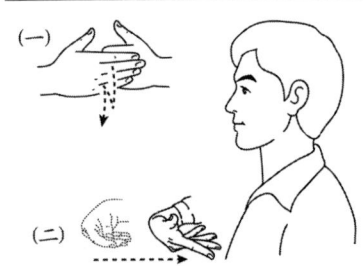

恩赐 ēncì
（一）左手伸拇指，手背向外；右手摸两下左手背。
（二）一手五指撮合，指尖朝内，掌心向上，边向内移动边张开。
（可根据实际决定手的位置和移动方向）

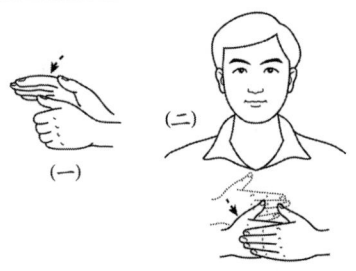

恩情 ēnqíng
（一）左手伸拇指；右手五指并拢，轻拍一（或两）下左手拇指背。
（二）双手横立，左手在前不动，右手自胸部向前贴向左手掌心。

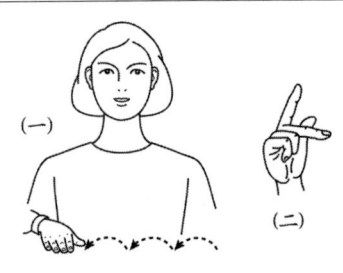

儿科 érkē
（一）一手平伸，掌心向下，边向一侧移动边按动几下。
（二）一手打手指字母"K"的指式。

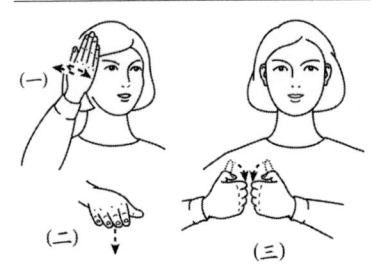

儿媳 érxí
（一）一手直立，掌心贴于头一侧，前后移动两下。
（二）一手平伸，掌心向下，按动一下。
（三）双手伸拇指，指面相对，手背向外，置于身体一侧，弯动一下。

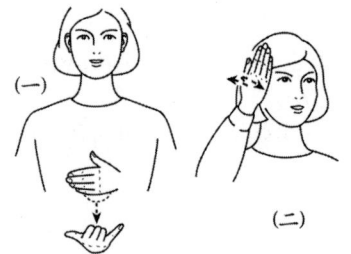

儿子① ér·zi①
（一）左手横立，五指微曲，置于腹前；右手伸拇、小指，手背向下，先置于左手掌心内，再向下移出。
（二）一手直立，掌心贴于头一侧，前后移动两下。
（"儿子"的手语存在地域差异，可根据实际选择使用）

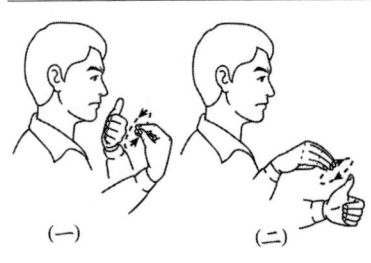

尔虞我诈① ěryú-wǒzhà①
（一）左手伸拇指；右手五指撮合，指尖朝内，对着左手转动几下，表示别人欺诈自己。
（二）左手伸拇指；右手五指撮合，指尖朝外，对着左手转动几下，表示自己欺诈别人。

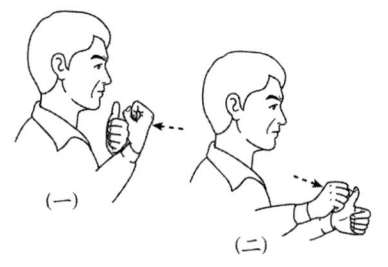

尔虞我诈② ěryú-wǒzhà ②

（一）左手伸拇指；右手握拳，从外向内砸一下左手，表示别人欺诈自己。

（二）左手伸拇指；右手握拳，从内向外砸一下左手，表示自己欺诈别人。

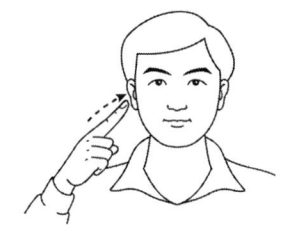

耳 ěr

一手伸食指，指一下耳朵。

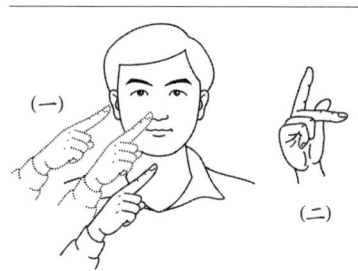

耳鼻喉科 ěrbíhóukē

（一）一手食指连续指耳朵、鼻子和咽喉。
（二）一手打手指字母"K"的指式。

耳钉 ěrdīng

一手伸食指，指尖朝耳垂杵一下。既表示耳钉的名词意思，又表示扎耳洞的意思。
（可根据实际表示扎耳洞的方式）

耳环 ěrhuán

一手拇、食指捏住耳垂，晃动几下。

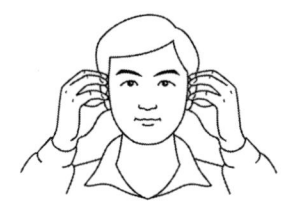

耳机 ěrjī

双手五指微曲，分别扣在两耳上，表示戴着耳机。
（可根据实际表示耳机的式样）

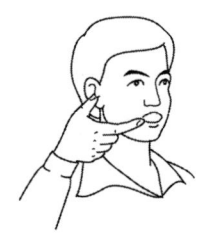

耳麦 ěrmài

一手拇、食指张开，拇指尖抵于耳道，食指尖置于嘴前，口同时开合两下，如用耳麦在通话状。

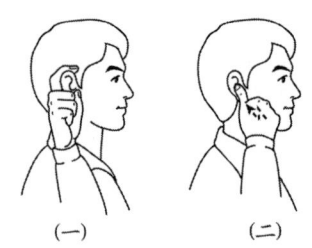

耳模 ěrmó

（一）一手食指弯曲，挂在耳背上。
（二）一手伸拇指，在外耳道口轻按两下。
（此手势专用于表示助听器的耳模）

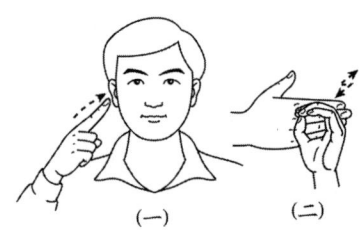

耳膜 ěrmó

（一）一手伸食指，指一下耳朵。
（二）左手五指成圆形，虎口朝内，表示耳道；右手横立，手背贴于左手虎口，然后前后微抖两下，表示耳膜振动。

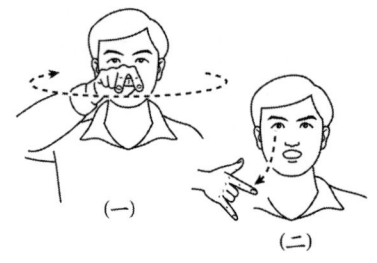

耳目一新 ěrmù-yīxīn

（一）一手食、中指分开，指尖朝前，手背向上，在面前转动半圈，目光随之移动。
（二）一手伸拇、食、小指，食指尖朝内，手背向外，然后从同侧眼部向外甩动，面露惊奇的表情。

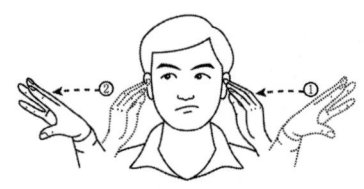

耳旁风 ěrpángfēng

左手五指张开，掌心向左，边撮合边移向左耳；右手五指撮合，置于右耳，边向右移动边张开，掌心向右，表示左耳进，右耳出。

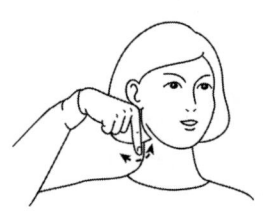

耳坠 ěrzhuì

一手伸食指，指尖朝下，在耳垂下晃动几下。
（可根据实际表示耳坠）

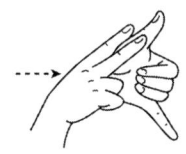

二奶 èrnǎi

左手伸拇、小指,在前;右手食、中指分开,指尖朝上,从后向前贴向左手。

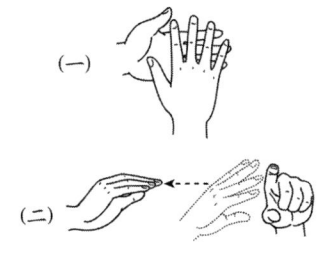

(一)

(二)

二维码 èrwéimǎ

(一)双手五指张开,横竖相搭。

(二)左手拇、食指成"⊏"形,虎口朝内;右手五指张开,指尖对着左手,边向后移动边撮合。

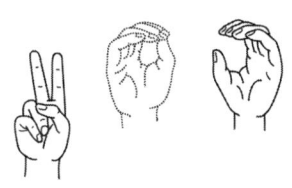

二氧化碳 èryǎnghuàtàn

左手打手指字母"C"的指式;右手先打手指字母"O"的指式,再在右下方打数字"2"的手势,表示二氧化碳的化学分子式。

F

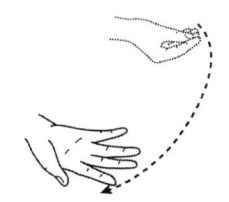

发（发行①） fā (fāxíng①)

一手五指撮合，掌心向上，然后边向一侧移动边张开。（可根据实际表示发的动作）

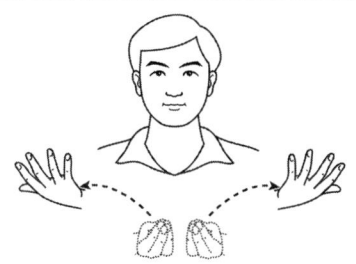

发表 fābiǎo

双手五指撮合，指尖朝上，边向两侧做弧形移动边张开。

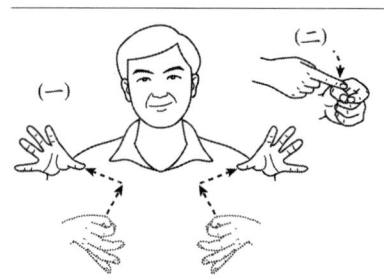

发财 fācái

（一）双手拇、食指相捏，其他三指伸出，边猛然碰向胸部边弹开拇、食指，五指张开，再向外移出，面露得意的表情，表示突然富起来。
（二）左手拇、食指捏成圆形，虎口朝上；右手伸食指，敲一下左手拇指。

发憷（发怵） fāchù (fāchù)

一手拍一下头一侧，口张开，面露困惑的表情。

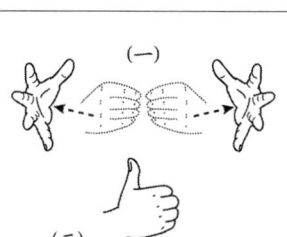

发达 fādá

（一）双手虚握，虎口朝上，然后边向两侧移动边张开五指。
（二）一手伸拇指，向上一挑。

发呆（愣神儿） fādāi (lèngshénr)
一手托着下巴，双眼发直。
（可根据实际表示愣神的样子）

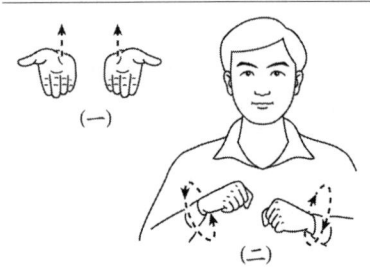

发动❶ fādòng ❶
（一）双手平伸，掌心向上一抬。
（二）双手握拳屈肘，前后交替转动两下。
（此手势表示发动群众）

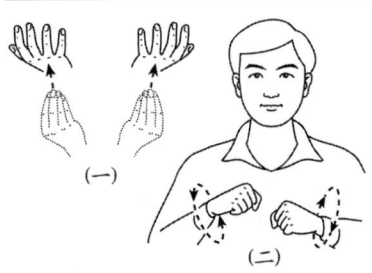

发动❷ fādòng ❷
（一）双手五指撮合，指尖朝上，边向上移动边张开。
（二）双手握拳屈肘，前后交替转动两下。
（此手势表示发动机器）

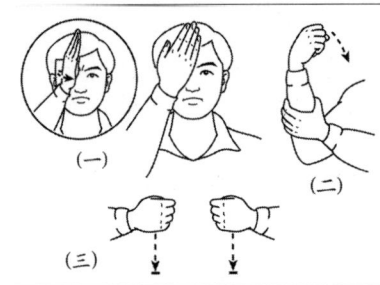

发愤图强 fāfèn-túqiáng
（一）右手直立，掌心向左，五指并拢，贴于前额，然后用力翻转为掌心向内，面露坚毅的表情。
（二）左手握住右小臂；右手握拳屈肘，用力向内弯动一下。
（三）双手握拳屈肘，同时用力向下一顿。

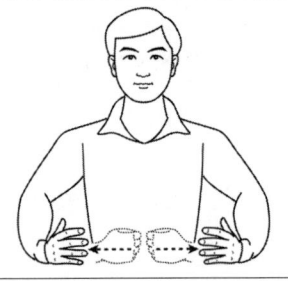

发福 fāfú
双手虚握，手背向外，置于腹部两侧，然后向两侧微移，五指张开。
（可根据实际表示发福的状态）

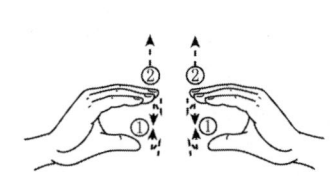

发糕（丝糕） fāgāo (sīgāo)
双手五指成"匚 コ"形，指尖相对，虎口朝内，轻捏几下，然后向上鼓起。

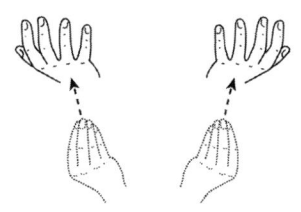

发挥(发扬) fāhuī (fāyáng)
双手五指撮合,指尖朝上,边向两侧斜上方移动边张开。

发明 fāmíng
一手握拳,虎口贴于太阳穴,然后边向前移动边张开五指。

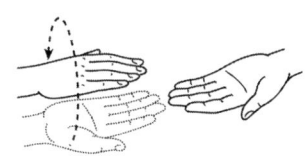

发票 fāpiào
双手横伸,掌心向上,指尖相对,左手不动,右手向内翻转,如撕发票状。

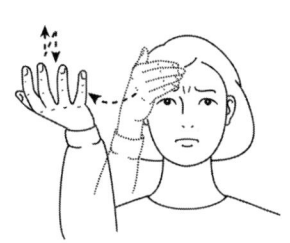

发烧 fāshāo
一手摸一下前额,然后五指微曲,指尖朝上,上下微动几下,面露痛苦的表情。

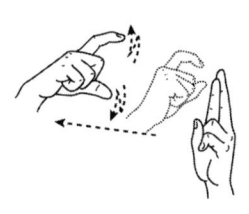

发射塔 fāshètǎ
左手食、中指相叠,指尖朝上;右手拇、食指成半圆形,虎口朝内,在左手旁边做由小变大的张开动作边向一侧移动,表示电波发射。

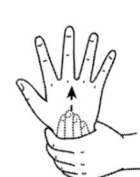

发生(产生) fāshēng (chǎnshēng)
左手五指成半圆形,虎口朝上;右手五指撮合,指尖朝上,手背向外,边从左手虎口内伸出边张开。

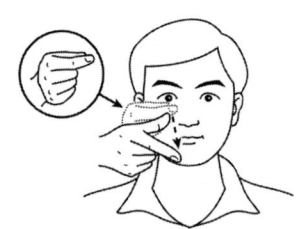

发现❶ fāxiàn ❶

　　一手拇、食指相捏,置于眼前,然后食指向前伸出,眼同时睁大。

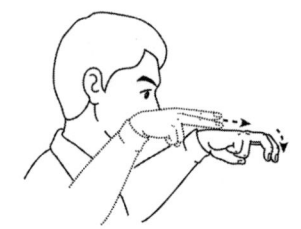

发现❷ fāxiàn ❷

　　一手食、中指分开,指尖朝前,手背向上,置于一侧眼下,边向前微移边弯动一下,眼同时睁大。

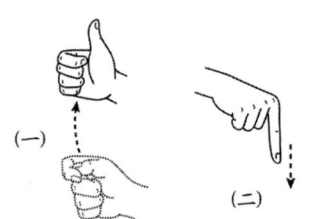

发祥地(发源地) fāxiángdì (fāyuándì)

　　(一)一手拇、食指相捏,然后边向上移动边弹出拇指。
　　(二)一手伸食指,指尖朝下一指。

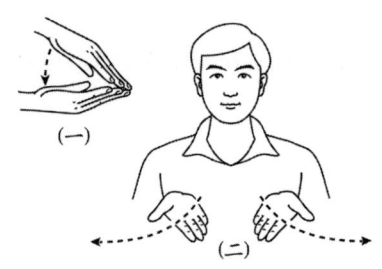

发行② fāxíng ②

　　(一)左手平伸,掌心向上,在下;右手斜伸,手背向前上方,指尖抵于左手指尖,然后向下一按。
　　(二)双手平伸,掌心向上,从中间向两侧做弧形移动。

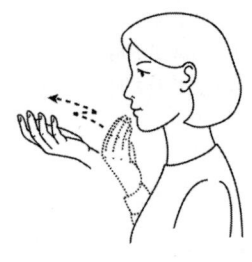
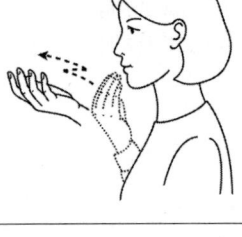

发言① fāyán ①

　　一手五指撮合,指尖朝上,置于嘴前,边向外微移边张开,重复一次。

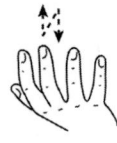

发炎 fāyán

　　一手五指微曲,指尖朝上,上下微动几下(表示某部位发炎时,食指先指该部位,再打此手势)。

发音 fāyīn
　　一手五指撮合，手背贴于颏部下方，然后张开，口随之张开。

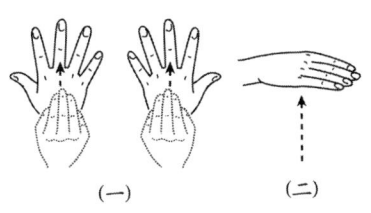

发育 fāyù
　　（一）双手五指撮合，指尖朝上，边向上微移边张开。
　　（二）一手平伸，掌心向下，向上缓慢移动，表示长大。
（可根据实际表示发育的情况）

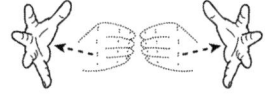

发展 fāzhǎn
　　双手虚握，虎口朝上，然后边向两侧移动边张开五指。

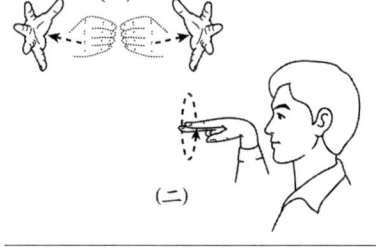

发展观 fāzhǎnguān
　　（一）双手虚握，虎口朝上，然后边向两侧移动张开五指。
　　（二）一手食、中指分开，指尖朝前，手背向上，在面前转动一圈。

乏力（无力） fálì (wúlì)
　　一手握拳屈肘，然后无力地向下一放，五指张开，面露疲劳的表情。

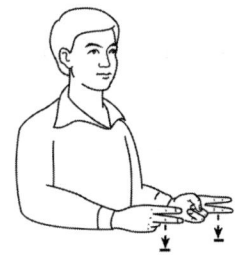

法① fǎ①
　　双手打手指字母"F"的指式，指尖朝前，向下一顿。
（"法"的手语存在地域差异，可根据实际选择使用）

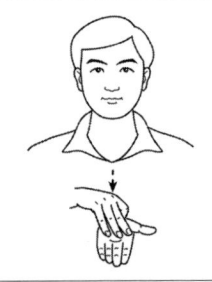

法② fǎ②
左手平伸；右手伸中、无名、小指，手背向上，表示"法"字的"氵"，在左手掌心上贴一下。
（"法"的手语存在地域差异，可根据实际选择使用）

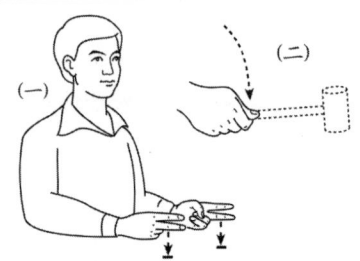

法槌 fǎchuí
（一）双手打手指字母"F"的指式，指尖朝前，向下一顿。
（二）一手如握法槌状，向下挥动一下。

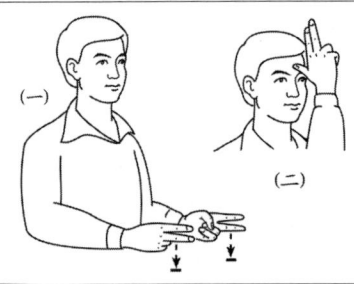

法官 fǎguān
（一）双手打手指字母"F"的指式，指尖朝前，向下一顿。
（二）一手伸拇、食、中指，拇指尖抵于前额，食、中指直立并拢。

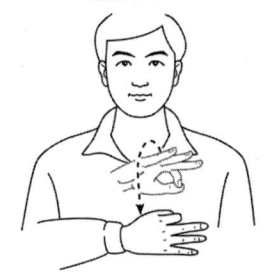

法国 Fǎguó
一手拇、食指相捏，其他三指伸出，掌心向下，置于左胸部，然后翻转为掌心向内。
（此为国外聋人手语）

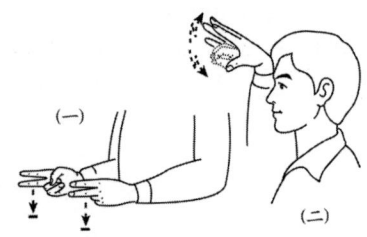

法警 fǎjǐng
（一）双手打手指字母"F"的指式，指尖朝前，向下一顿。
（二）一手手腕贴于前额，五指撮合，然后开合两下，表示警察的帽徽。

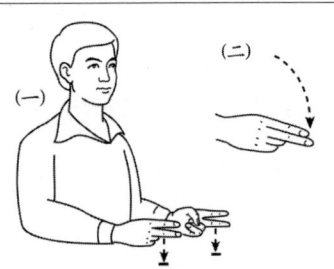

法令 fǎlìng
（一）双手打手指字母"F"的指式，指尖朝前，向下一顿。
（二）一手食、中指并拢，向下一挥。

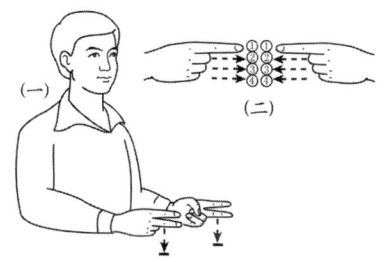

法律（法规、法则） fǎlǜ (fǎguī、fǎzé)

（一）双手打手指字母"F"的指式，指尖朝前，向下一顿。
（二）双手握拳，手背向外，虎口朝上，同时依次伸出食、中、无名、小指。

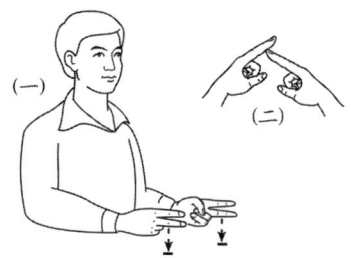

法人 fǎrén

（一）双手打手指字母"F"的指式，指尖朝前，向下一顿。
（二）双手食指搭成"人"字形。

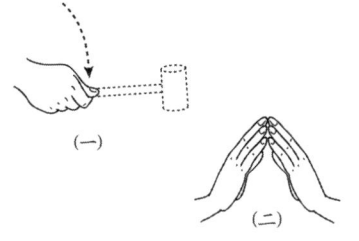

法庭 fǎtíng

（一）一手如握法槌状，向下挥动一下。
（二）双手搭成"∧"形。

法西斯（纳粹） fǎxīsī (Nàcuì)

（一）一手食、中指并拢，指尖朝内，在人中处向下划一下，表示希特勒的小胡子。
（二）一手斜伸，掌心向前下方，如德国法西斯举手礼状。

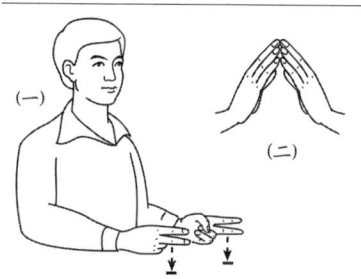

法院 fǎyuàn

（一）双手打手指字母"F"的指式，指尖朝前，向下一顿。
（二）双手搭成"∧"形。

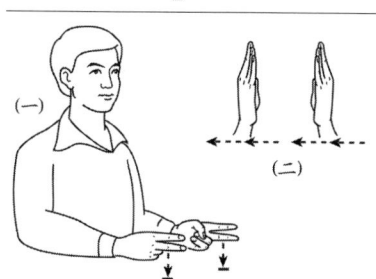

法制 fǎzhì

（一）双手打手指字母"F"的指式，指尖朝前，向下一顿。
（二）双手直立，掌心左右相对，向一侧一顿一顿移动几下。

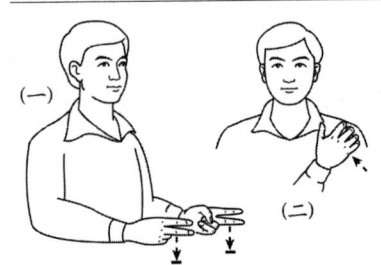

法治　fǎzhì

（一）双手打手指字母"F"的指式，指尖朝前，向下一顿。
（二）右手五指微曲，指尖朝内，按向左肩。

发胶　fàjiāo

（一）一手伸食指，置于头一侧，向下按动两下，模仿喷发胶的动作。
（二）一手拇、中指相捏，然后缓慢张开，指尖朝前。
（此手势既表示发胶的名词意思，又表示喷发胶的意思）

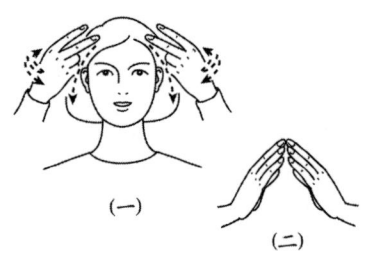

发廊　fàláng

（一）双手食、中指分开，边转动手腕边向下移动，模仿卷发的动作。
（二）双手搭成"∧"形。

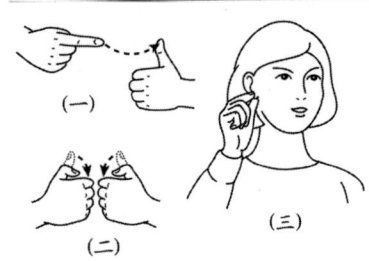

发妻　fàqī

（一）左手伸拇指；右手伸食指，碰一下左手拇指。
（二）双手伸拇指，指面相对，手背向外，弯动一下。
（三）一手拇、食指捏一下耳垂。

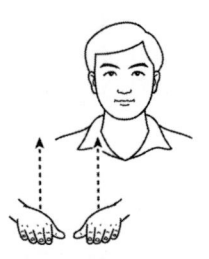

发小儿　fàxiǎor

双手平伸，掌心向下，在身体一侧前从下向上移动。

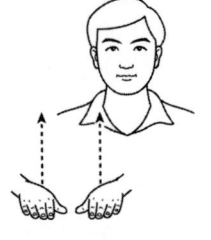

帆（帆船）　fān（fānchuán）

左手平伸，掌心凹进，仿船形；右手直立，掌心向左前方，手腕贴于左手掌心上，双手同时向前移动，如帆船向前行驶状。

翻 fān

双手五指撮合,指尖朝下,交替向上移动,指尖朝上,头微低,如翻东西状。

(可根据实际表示翻的动作)

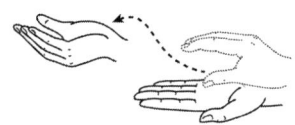

翻车 fānchē

左手平伸;右手五指成"⊐"形,指尖朝前,先置于左手掌心上,向前移动,然后向一侧翻转手腕,表示翻车。

(可根据实际表示翻车的情况)

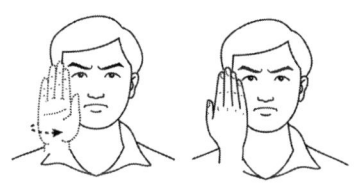

翻脸 fānliǎn

一手直立,掌心向前,置于脸颊,然后翻转为掌心向后。

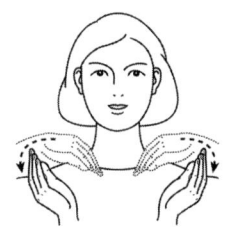

翻领 fānlǐng

双手五指撮合,指尖朝下,置于颈部两侧,然后翻转为指尖朝上。

翻译 fānyì

右手食、中指直立分开,食指尖外侧贴于下唇,然后向左转动90度,手背向外,重复一次,表示将一种语言译成另一种语言。

翻越 fānyuè

左手横伸,手背拱起;右手伸拇、小指,从内向外越过左手。

(可根据实际表示翻越的动作)

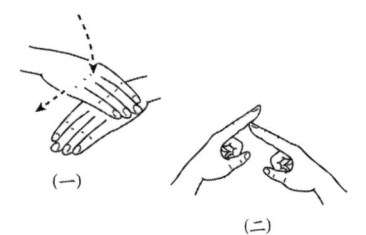

凡人　fánrén

（一）左手横伸；右手平伸，掌心向下，边拍一下左手背边向右移动。

（二）双手食指搭成"人"字形。

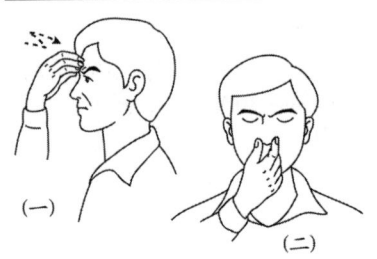

烦闷　fánmèn

（一）一手五指微曲，指尖朝前额点两下，面露不耐烦的表情。

（二）一手拇、食指捏住鼻子，头同时微低，闭眼。

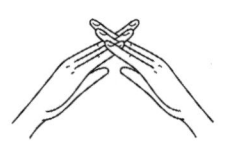

樊　Fán

双手五指张开，指尖朝上，斜向交叉相搭，表示"樊"字上半部分比较复杂的字形。

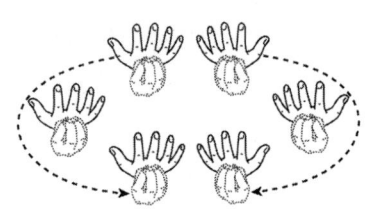

繁荣（兴旺）　fánróng (xīngwàng)

双手五指撮合，指尖朝上，边任意移动边连续开合，表示朵朵鲜花开放，引申为繁荣。

繁殖（生育①）　fánzhí (shēngyù①)

左手伸拇指，其他四指攥住右手小指，然后右手小指从左手掌心内向下移出两下。

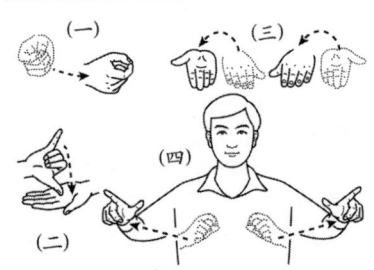

反败为胜　fǎnbàiwéishèng

（一）一手拇、食指捏成圆形，向一侧微移一下。

（二）左手横伸；右手伸拇、小指，拇指尖朝下，落至左手掌心。

（三）双手平伸，掌心朝向一上一下，然后同时翻转一下。

（四）双手拇、食指相捏，虎口朝内，置于胸前，然后边向前移动边张开。

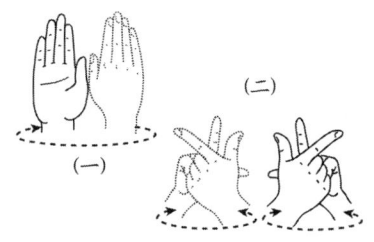

反驳（驳斥） fǎnbó (bóchì)

（一）一手直立，掌心向内，然后翻转为掌心向外。
（二）双手伸拇、食指，食指尖朝上，中、无名、小指的中节指相贴，手腕前后交替转动两下。

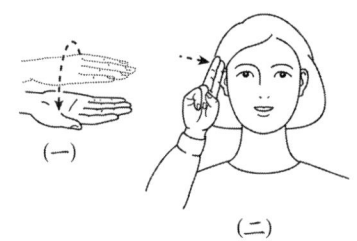

反常（异常） fǎncháng (yìcháng)

（一）一手平伸，掌心向下，然后翻转为掌心向上。
（二）一手食、中指直立并拢，掌心向外，向太阳穴碰一下。

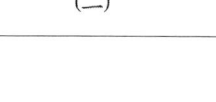

反对① fǎnduì①

双手伸小指，指尖朝前，同时向前上方移动一下。

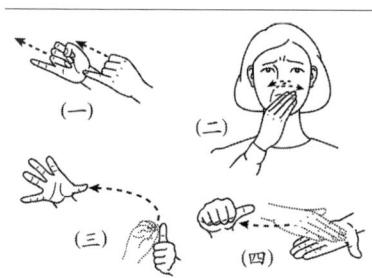

反腐倡廉 fǎnfǔ-chànglián

（一）双手伸小指，指尖朝前，同时向前上方移动一下。
（二）一手在鼻前左右扇动几下。
（三）左手伸拇指；右手五指撮合，指尖朝前，置于左手旁，然后边向前做弧形移动边张开。
（四）左手横伸；右手平伸，掌心向下，贴于左手掌心，边向左手指尖方向移动边食、中、无名、小指弯曲，指尖抵于掌心。

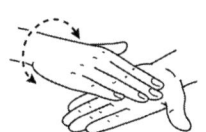

反复（重复） fǎnfù (chóngfù)

左手横伸；右手平伸，掌心向下，贴于左手掌心，然后翻转几下。

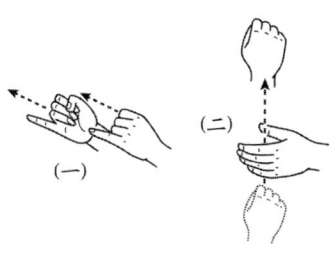

反革命 fǎngémìng

（一）双手伸小指，指尖朝前，同时向前上方移动一下。
（二）左手五指弯曲，虎口朝上；右手握拳，手背向外，从左手虎口处向上一举。

反悔 fǎnhuǐ

一手食、中指直立分开,掌心向外,置于嘴前,然后翻转为掌心向内。

反抗 fǎnkàng

一手握拳屈肘,肘部用力向斜后方一顶,面露坚毅的表情。

反恐 fǎnkǒng

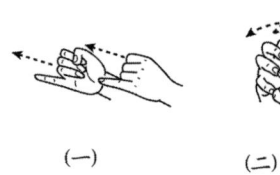

(一)双手伸小指,指尖朝前,同时向前上方移动一下。
(二)双手五指弯曲,指尖左右相抵,前后晃动几下。

反馈 fǎnkuì

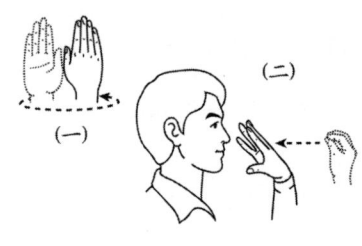

(一)一手直立,掌心向外,然后翻转为掌心向内。
(二)一手五指撮合,指尖朝内,边向内移动边张开。
(可根据实际表示反馈的意思)

反面❶(背面、后面) fǎnmiàn ❶ (bèimiàn、hòumiàn)

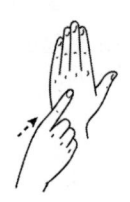

左手直立,手背向外;右手伸食指,指一下左手背,表示物体的反面。

反面❷ fǎnmiàn ❷

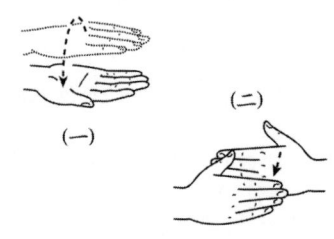

(一)一手平伸,掌心向下,然后翻转为掌心向上。
(二)左手横立,手背向外;右手摸一下左手背。
(此手势表示错误的一面)

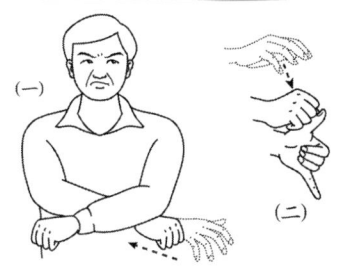

反扒 fǎnpá

（一）左臂横伸，左手握拳，手背向上；右手五指张开，掌心向下，边从左臂下向右移动边握拳，眼睛朝左斜视。

（二）左手伸拇、小指；右手五指微曲，指尖朝下，抓向左手拇指背，表示抓住脖后的衣领。

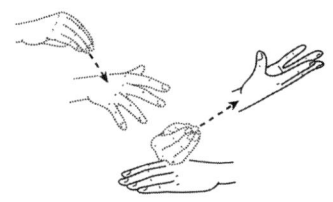

反射 fǎnshè

左手横伸，手背向上；右手五指撮合，从右上方对着左手张开五指，然后在左手背上五指撮合并转腕，边朝左上方移动边张开。

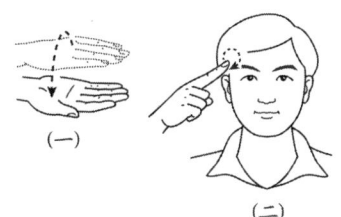

反思（反省） fǎnsī (fǎnxǐng)

（一）一手平伸，掌心向下，然后翻转为掌心向上。

（二）一手伸食指，在太阳穴前后转动一（或两）圈，面露思考的表情。

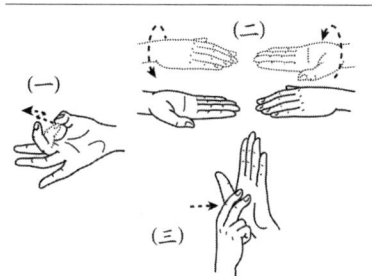

反义词 fǎnyìcí

（一）一手平伸，手背向下，拇、中指先相捏，然后弹动两下。

（二）双手横伸，掌心朝向一上一下，然后同时翻转一下。

（三）左手直立，掌心向外；右手食、中指弯曲，指尖朝内，点一下左手掌心。

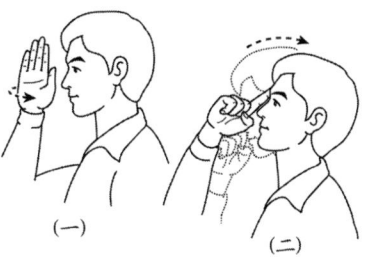

反应 fǎnyìng

（一）右手直立，掌心向左，五指并拢，置于头前，然后手腕向左微转一下。

（二）一手食指抵于太阳穴，头同时微抬。

（此手势表示有机体受到刺激后引起的反应）

反映❶ fǎnyìng ❶

（一）一手平伸，掌心向下，然后翻转为掌心向上。

（二）双手拇、食指成"⌐"形，置于脸颊两侧，向前移动一下。

（此手势表示反映的哲学概念）

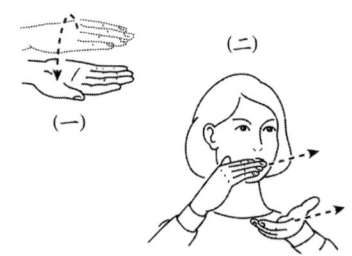

反映❷ fǎnyìng ❷

（一）一手平伸，掌心向下，然后翻转为掌心向上。

（二）双手横伸，掌心上下相对，从嘴前向前上方移出。

（此手势表示反映情况）

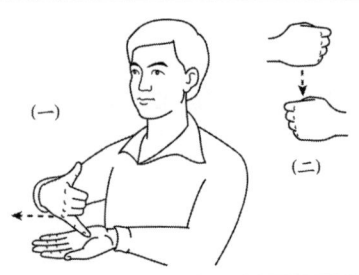

返工 fǎngōng

（一）左手平伸；右手伸拇、小指，指尖朝内，小指尖抵于左手掌心，向前移动，表示退回的意思。

（二）双手握拳，一上一下，右拳向下砸一下左拳。

返老还童 fǎnlǎo-huántóng

（一）一手五指弯曲，食、中、无名、小指指背贴于脸颊，从上向下移动，表示脸上的皱纹。

（二）双手直立，掌心向外，然后边向前做弧形移动边翻转为掌心向内。

（三）一手横立，掌心向内，食、中、无名、小指并拢，在颔部从右向左摸两下。

返聘 fǎnpìn

（一）一手横伸，掌心向下，然后向外翻转为掌心向上。

（二）左手平伸；右手伸拇指，置于左手掌心上，双手同时向内移动。

返修 fǎnxiū

（一）左手平伸；右手伸拇、小指，指尖朝内，小指尖抵于左手掌心，向前移动，表示退回的意思。

（二）一手食、中指分开，指尖朝前，手背向上，手腕翻转一下。

（可根据实际表示修理的状态）

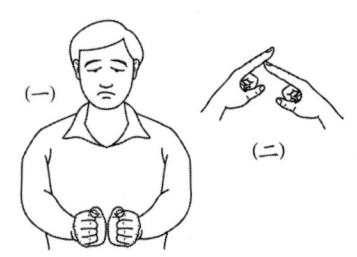

犯人（案犯、罪犯） fànrén（ànfàn、zuìfàn）

（一）双手握拳，手腕相贴，如戴手铐状，头微低。

（二）双手食指搭成"人"字形。

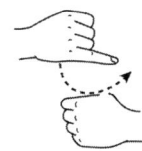

犯罪 fànzuì
　　左手握拳,虎口朝上;右手伸小指,边从上向下砸向左手虎口边向左移动,表示做坏事。

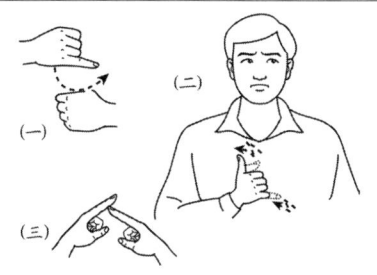

犯罪嫌疑人 fànzuì xiányírén
　　(一)左手握拳,虎口朝上;右手伸小指,边从上向下砸向左手虎口边向左移动,表示做坏事。
　　(二)一手伸拇、小指,置于胸部,交替弯动两下,面露猜疑的表情。
　　(三)双手食指搭成"人"字形。

饭(吃、吃饭) fàn (chī、chīfàn)
　　一手伸食、中指,向嘴边拨动一(或两)下,如用筷子吃饭状。

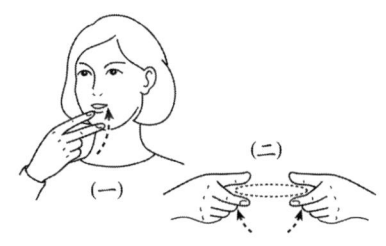

饭碗(碗) fànwǎn (wǎn)
　　(一)一手伸食、中指,向嘴边拨动,如用筷子吃饭状。
　　(二)双手拇、食指搭成圆形,虎口朝上,从下向上做弧形微移,仿碗的形状。

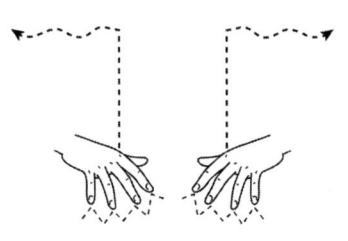

泛滥 fànlàn
　　双手平伸,掌心向下,五指张开,边交替点动边向上移动,再向两侧移动,表示洪水泛滥。

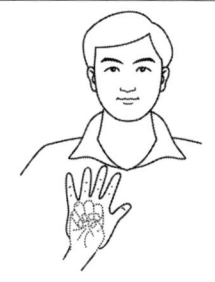

范 Fàn
　　一手五指撮合,指尖朝外,置于胸前一侧,然后张开,表示姓氏"范"。

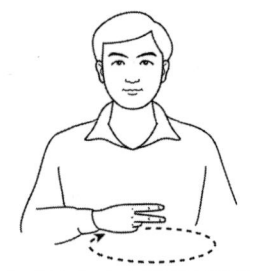

范围　fànwéi
一手打手指字母"F"的指式,在身前顺时针转动一圈。

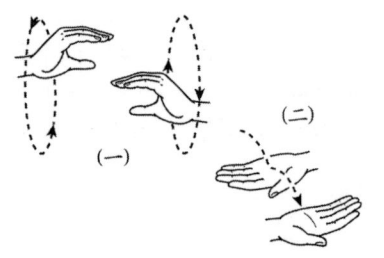

贩卖　fànmài
(一)双手五指成"匚コ"形,指尖左右相对,虎口朝内,前后交替转动两下。
(二)双手横伸,右手背在左手掌心上拍一下,然后向外移动。

方　fāng
双手拇、食指搭成"口"形。

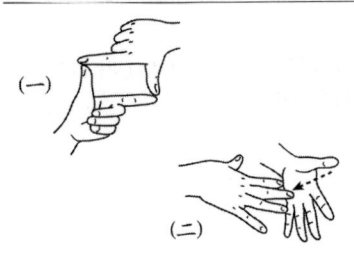

方案　fāng'àn
(一)双手拇、食指搭成"口"形。
(二)左手斜伸,掌心向后上方,五指张开;右手平伸,掌心向下,五指张开,在左手掌心上从上向下移动。

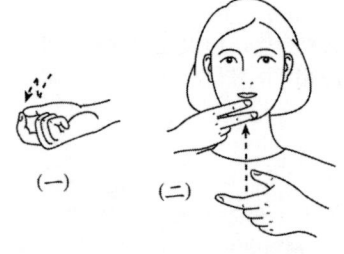

方便面　fāngbiànmiàn
(一)一手拇、食指相捏,指尖朝上,向下晃动两下。
(二)左手拇、食指成半圆形,虎口朝上;右手食、中指分开,指尖朝下,边从下向上移动边指尖对着嘴部,如用筷子夹面条状。

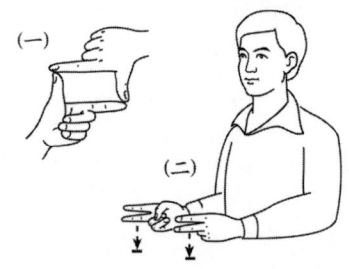

方法　fāngfǎ
(一)双手拇、食指搭成"口"形。
(二)双手打手指字母"F"的指式,指尖朝前,向下一顿。

方式 fāngshì
（一）双手拇、食指搭成"囗"形。
（二）一手拇、食指张开，指尖朝前，向一侧移动一下。

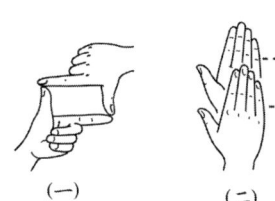

方向 fāngxiàng
（一）双手拇、食指搭成"囗"形。
（二）双手直立，掌心左右相对，向前移动一下。

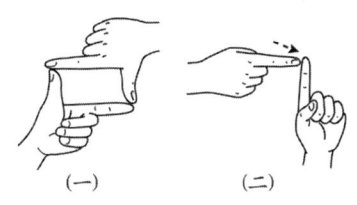

方针 fāngzhēn
（一）双手拇、食指搭成"囗"形。
（二）左手食指直立；右手伸食指，指尖朝前，指向左手食指。

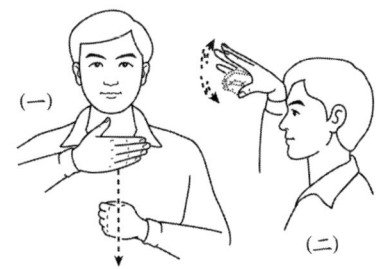

防暴警察 fángbào jǐngchá
（一）左手握拳，虎口朝上；右手横立，掌心向内，在左手外从上向下移动一下，表示盾牌。
（二）一手手腕贴于前额，五指撮合，然后开合两下，表示警察的帽徽。

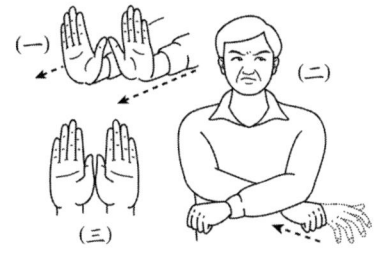

防盗门 fángdàomén
（一）双手直立，掌心向外一推。
（二）左臂横伸，左手握拳，手背向上；右手五指张开，掌心向下，边从左臂下向右移动边握拳，眼睛朝左斜视，表示暗中偷窃。
（三）双手并排直立，掌心向外，五指并拢。

防洪（防汛） fánghóng (fángxùn)
（一）双手平伸，掌心向下，五指张开，一前一后，一高一低，同时向前做大的起伏状移动，表示激流汹涌奔腾。
（二）双手直立，掌心向外一推。

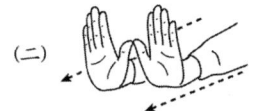

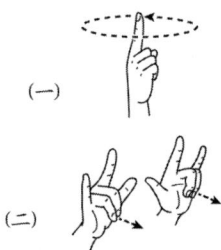

防空 fángkōng

（一）一手食指直立，在头一侧上方转动一圈。
（二）双手拇、食、小指直立，掌心向外一推。

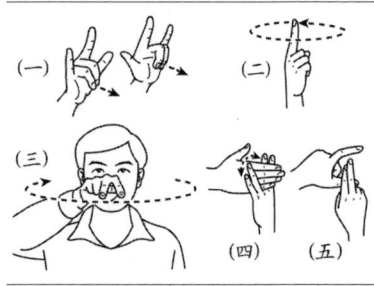

防空识别区 fángkōng shíbiéqū

（一）双手拇、食、小指直立，掌心向外一推。
（二）一手食指直立，在头一侧上方转动一圈。
（三）一手食、中指分开，指尖朝前，手背向上，在面前转动半圈，目光随之移动。
（四）左手直立，掌心向内；右手侧立，置于左手中、无名指指缝间，向两侧做分开的动作。
（五）左手拇、食指成"匚"形，虎口朝内；右手食、中指相叠，手背向内，置于左手"匚"形中，仿"区"字形。

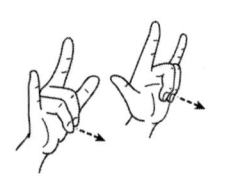

防守（把守、扼守） fángshǒu (bǎshǒu、èshǒu)

双手拇、食、小指直立，掌心向外一推。

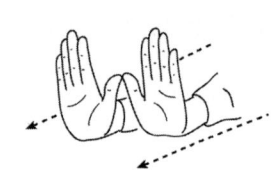

防止（避免） fángzhǐ (bìmiǎn)

双手直立，掌心向外一推。

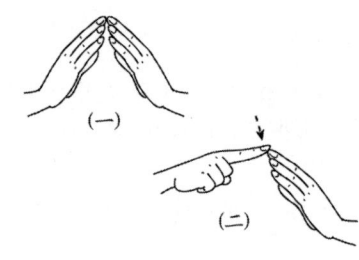

房顶 fángdǐng

（一）双手搭成"∧"形。
（二）左手斜伸，掌心向右下方，五指并拢；右手伸食指，指一下左手指尖，表示房顶。
（可根据实际表示房顶的位置）

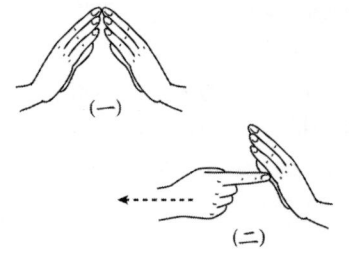

房梁 fángliáng

（一）双手搭成"∧"形。
（二）左手斜伸，掌心向右下方，五指并拢；右手食指横伸，在左手掌心向右移动一下，表示房梁。
（可根据实际表示房梁的位置）

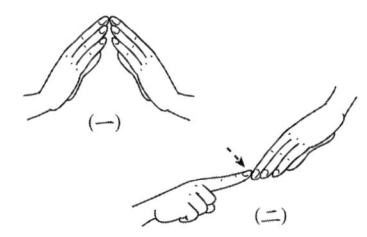

房檐 fángyán

（一）双手搭成"∧"形。

（二）左手斜伸，掌心向左下方，五指并拢；右手伸食指，指一下左手指尖，表示房檐。

（可根据实际表示房檐的位置）

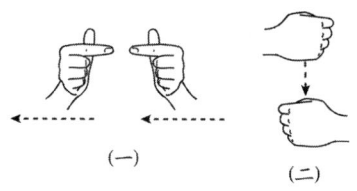

仿制（复制） fǎngzhì (fùzhì)

（一）双手拇、食指搭成"十"字形，同时向一侧移动一下。

（二）双手握拳，一上一下，右拳向下砸一下左拳。

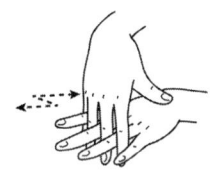

纺织 fǎngzhī

左手平伸，手背向上，五指张开；右手五指张开，指尖朝下，插入左手各指指缝间，前后移动两下，模仿织布的动作。

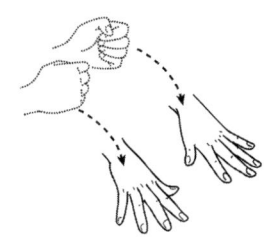

放（放弃、舍弃） fàng (fàngqì、shěqì)

双手（或一手）虚握，虎口朝上，边向下移动边张开五指。

（可根据实际表示放的动作）

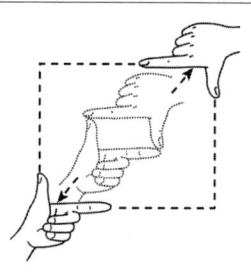

放大（扩印） fàngdà (kuòyìn)

双手拇、食指搭成"囗"形，然后分别向左下方和右上方拉开，表示将原样放大。

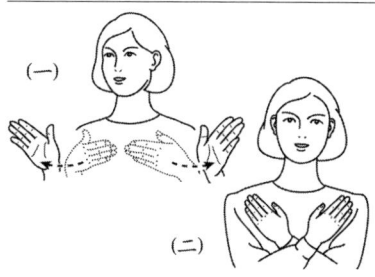

放假 fàngjià

（一）双手横立，掌心向内，然后向外打开，表示打开大门。

（二）双手交叉，手背向外，贴于胸部，表示休息的意思。

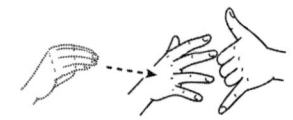

放疗 fàngliáo

左手伸拇、小指,手背向外;右手五指撮合,指尖对着左手,边向左手移动边张开。

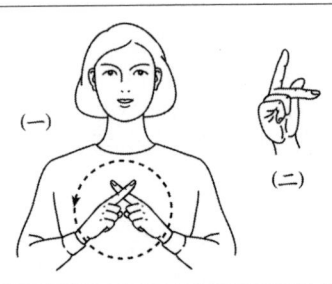

放射科(X光科) fàngshèkē (X guāngkē)

(一)双手食指搭成"×"形,在胸前转动一圈。
(二)一手打手指字母"K"的指式。

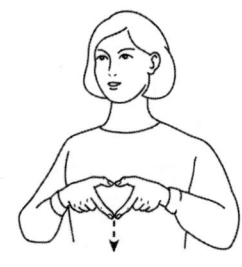

放心 fàngxīn

双手拇、食指张开仿"♡"形,手背向外,置于胸部,然后向下移动一下,表情放松。

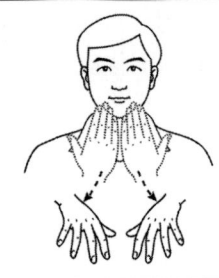

放学 fàngxué

双手斜伸,掌心向内,置于身前,然后向下一甩,五指张开,掌心向下。

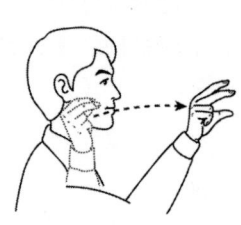

飞镖 fēibiāo

一手拇、食、中指相捏,向前一掷并张开,模仿投飞镖的动作。

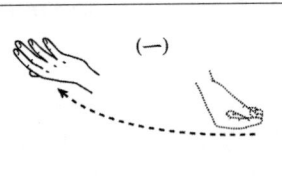

飞碟❶ fēidié ❶

(一)一手五指撮合,手背向下,向外一撒,模仿抛飞碟的动作。
(二)双手拇、食指成大圆形,虎口朝上。

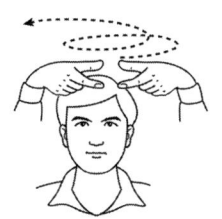

飞碟❷（UFO） fēidié ❷
双手拇、食指成大圆形，虎口朝上，在头前上方随意平行转动，表示不明飞行物。

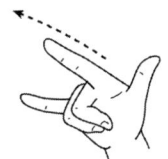

飞机（航空） fēijī (hángkōng)
一手伸拇、食、小指，手背向上，从低向高移动，如飞机起飞状。

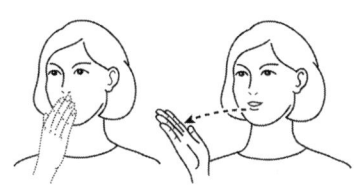

飞吻 fēiwěn
一手直立，掌心向内，置于嘴部，然后向外移动，口同时张开。
（可根据实际表示飞吻的动作）

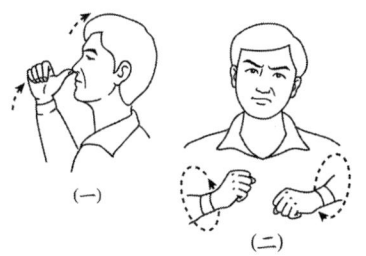

飞扬跋扈 fēiyáng-báhù
（一）一手伸拇指，指尖置于鼻尖下，然后将鼻子向上顶起，面露傲慢的表情。
（二）双手握拳，随意转动，面露凶相，如横行霸道状。

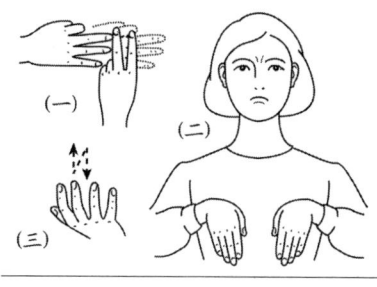

非典型肺炎（非典） fēidiǎnxíng fèiyán (fēidiǎn)
（一）左手食、中指直立分开，手背向外；右手中、无名、小指横伸分开，手背向外，从左向右划过左手食、中指，仿"非"字形。
（二）双手五指并拢，指尖朝下，掌心贴于胸两侧，表示肺。
（三）一手五指微曲，指尖朝上，上下微动几下。

非法 fēifǎ
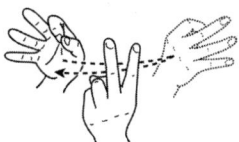

左手食、中指直立分开，手背向外；右手伸中、无名、小指，指尖朝前，左右来回划过左手食、中指，仿"非"字形。

非洲 Fēizhōu

一手食、中、无名、小指并拢,掌心向外,边从上向下移动边五指撮合,仿非洲地图形状。

菲律宾 Fēilǜbīn

左手横伸;右手伸食、中指,拇指按于中指近节指,中指尖朝下,顺时针转动一圈后在左手背上一点。

(此为国外聋人手语)

肥 féi

左手横伸;右手五指成"⊐"形,指尖朝前,置于左手背上,然后食、中、无名、小指向下微动几下。

(可根据实际表示肥的状态)

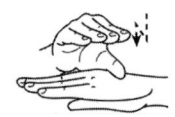

肥料 féiliào

(一)一手拇、食指弯曲,其他三指伸出,指尖朝下,虎口朝外,微晃几下。

(二)双手食指指尖朝前,手背向上,先互碰一下,再分开并张开五指。

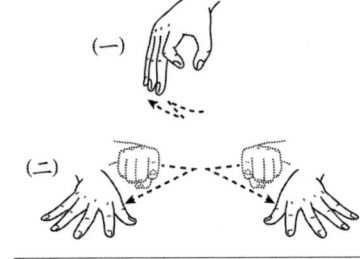

肥胖症 féipàngzhèng

(一)双手五指微曲,置于脸颊两侧,然后向两侧移动,同时闭嘴鼓腮。

(二)左手平伸,掌心向上;右手五指并拢,食、中、无名指指尖按于左手腕的脉门处。

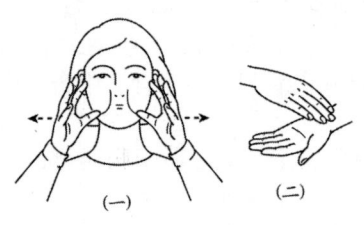

肥沃 féiwò

双手斜伸,掌心向下,五指微曲,向上缓慢移动,表示土地肥沃。

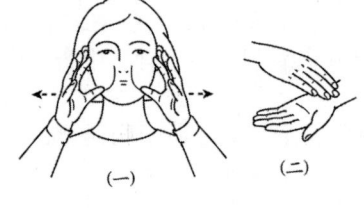

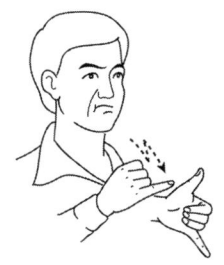

诽谤（诬蔑） fěibàng (wūmiè)

左手伸拇、小指，在前；右手伸小指，朝左手点动两下，面露恶意的表情。

斐济 Fěijì

双手食、中指并拢，指尖分别朝左右斜前方，手背向上，左手在下不动，右手食、中指向下碰一下左手食、中指。
（此为国外聋人手语）

肺 fèi

双手五指并拢，指尖朝下，掌心贴于胸两侧，表示肺。

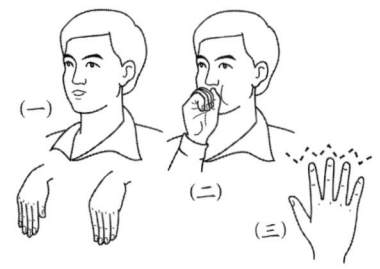

肺活量 fèihuóliàng

（一）双手五指并拢，指尖朝下，掌心贴于胸两侧，表示肺。
（二）一手握拳，虎口贴于嘴部，嘴做吹气的动作。
（三）一手直立，掌心向内，五指张开，交替点动几下。

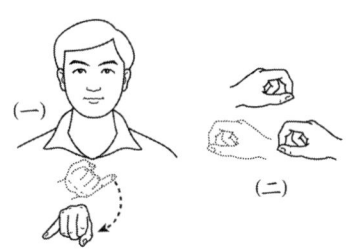

废品 fèipǐn

（一）右手伸小指，指尖朝左，向外甩动一下。
（二）双手拇、食指捏成圆形，虎口朝内，左手在上不动，右手在下连打两下，仿"品"字形。

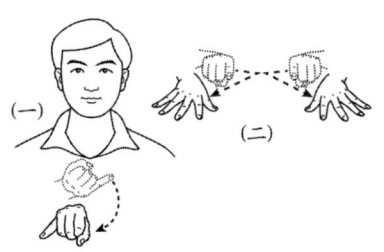

废物 fèiwù

（一）右手伸小指，指尖朝左，向外甩动一下。
（二）双手食指指尖朝前，手背向上，先互碰一下，再分开并张开五指。

沸腾 fèiténg

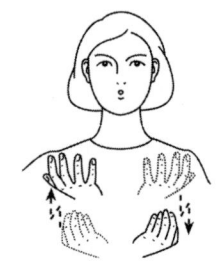

双手五指撮合，指尖朝上，边上下微移边交替做开合的动作，嘴同时鼓起吹气，表示沸腾的水在冒泡。

费力 fèilì

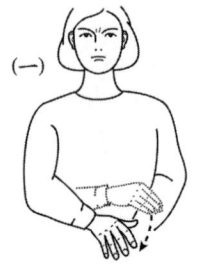

（一）左臂屈肘；右手五指撮合，先置于左臂内侧，然后用力往外一甩并张开，表示付出很多的力气。
（二）一手握拳屈肘，用力向内弯动一下。

痱子 fèi·zi

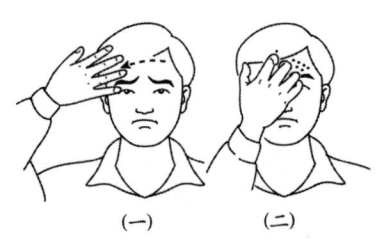

（一）一手五指张开，手背向外，在额头上一抹，如流汗状。
（二）一手五指微曲，指尖在前额点几下。
（可根据实际表示长痱子的位置）

分贝（dB） fēnbèi

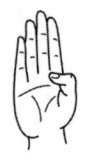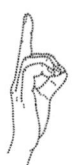

一手食指直立，其他四指相捏，虎口朝内，仿小写拉丁字母"d"的形状，然后打手指字母"B"的指式，表示分贝的单位符号。

分别（离别、分手、分开❶） fēnbié (líbié、fēnshǒu、fēnkāi❶)

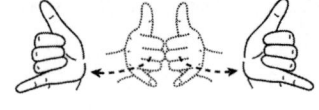

双手伸拇、小指，先靠在一起，然后向两侧分开。

分布 fēnbù

一手五指弯曲，掌心向下，在腹前任意移动几下。
（可根据实际表示分布的位置）

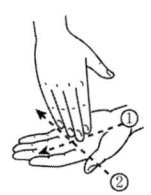

分割 fēngē
　　左手横伸；右手食、中、无名、小指并拢，指尖朝下，在左手掌心上横、竖各划一下。

分号 fēnhào
　　一手伸食指，指尖朝前，书空";"。

分居 fēnjū
　　双手伸拇、小指，指尖朝上，从中间向两侧移动。

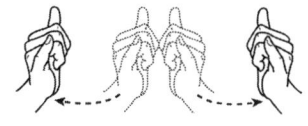

分离（分开❷） fēnlí (fēnkāi ❷)
　　双手五指弯曲，指尖朝上，从中间向两侧移动。

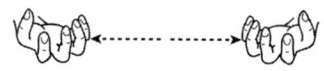

分裂 fēnliè
　　双手五指并拢，手背向上，交叉相搭，然后猛然同时张开。

分流 fēnliú
　　双手平伸，掌心向下，拇指相挨，然后边交替点动五指边向两侧移动。

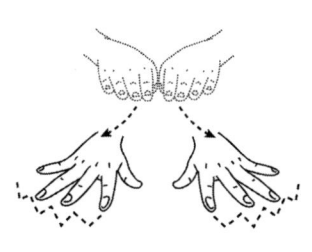

分米（dm） fēnmǐ
　　一手食指直立，其他四指相捏，虎口朝内，仿小写拉丁字母"d"的形状，然后打手指字母"M"的指式，表示分米的法定计量单位符号。

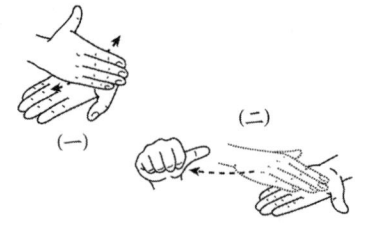

分明 fēnmíng
　　（一）左手横伸；右手侧立，置于左手掌心上，并左右拨动一下。
　　（二）左手横伸；右手平伸，掌心向下，贴于左手掌心，边向左手指尖方向移动边食、中、无名、小指弯曲，指尖抵于掌心。

分配 fēnpèi
　　左手平伸；右手横立，掌心向内，置于左手掌心上，然后向前方不同方向拨动几下。

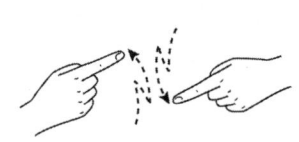

分歧 fēnqí
　　双手食指横伸，指尖相对，手背向外，然后上下交替动几下，表示意见不一致。

分数❷ fēnshù❷
　　左手食指横伸，手背向上，表示分式线；右手直立，掌心向内，五指张开，先在左手食指下交替点动几下，再在左手食指上交替点动几下，分别表示分母和分子。

分析 fēnxī
　　左手横伸；右手侧立，置于左手掌心上，并左右拨动两下。

分钟（一分钟） fēnzhōng (yīfēnzhōng)

左手握拳，手背向上；右手伸食指，指尖朝下，在左手腕向右划动一下（表示两分钟时，右手伸食、中指，指尖朝下，在左手腕向右划动一下，以此类推）。

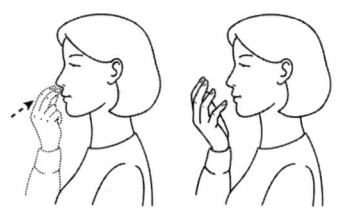

芬芳 fēnfāng

一手拇、食、中指相捏，移向鼻部，然后慢慢张开五指，面露欣赏的表情。

芬兰 Fēnlán

一手食指微曲，指尖朝内，在颏部点两下。
（此为国外聋人手语）

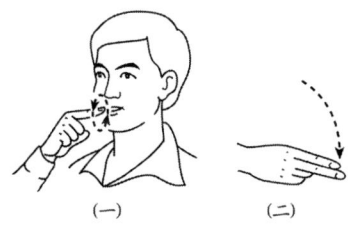

吩咐① fēn·fù ①

（一）一手食指横伸，在嘴前前后转动两下。
（二）一手食、中指并拢，向下一挥。

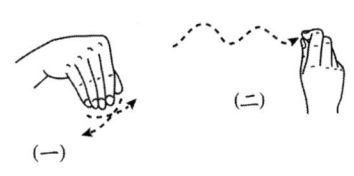

粉笔 fěnbǐ

（一）一手五指撮合，指尖朝下，互捻几下。
（二）一手拇、食指相捏，指尖朝前，如持粉笔在黑板上写字状。

粉红色 fěnhóngsè

（一）一手五指撮合，指尖朝上，置于脸颊处，互捻几下。
（二）一手打手指字母"H"的指式，摸一下嘴唇。
（三）一手直立，掌心向内，五指张开，在嘴唇部交替点动。

粉丝　fěnsī

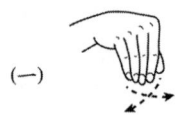
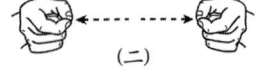

（一）一手五指撮合，指尖朝下，互捻几下。
（二）双手拇、食指相捏，虎口朝上，从中间向两侧拉开。

粉碎❶　fěnsuì ❶

双手五指撮合，指尖相对，手背向下，互捻几下，表示粉碎的形容词意思。

粉碎❷　fěnsuì ❷

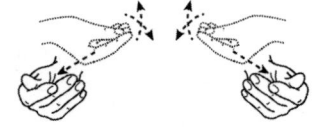

双手五指撮合，指尖相对，手背向下，用力向前捻动，表示粉碎的动词意思。

粉条　fěntiáo

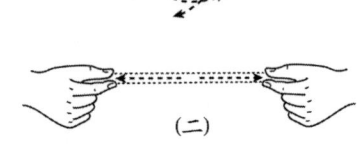

（一）一手五指撮合，指尖朝下，互捻几下。
（二）双手拇、食指微张，指尖相对，虎口朝上，从中间向两侧拉开。

分子　fēnzǐ

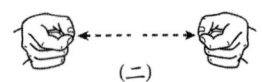

（一）左手横伸；右手侧立，置于左手掌心上，并左右拨动一下。
（二）一手打手指字母"Z"的指式。

奋不顾身　fènbùgùshēn

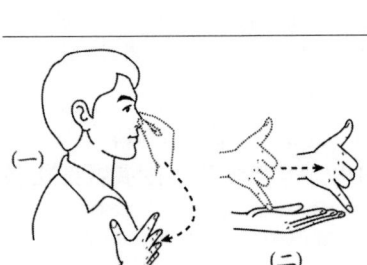

（一）一手捏一下鼻子，然后向胸部一甩，五指张开，表示舍弃自我的意思。
（二）左手平伸；右手伸拇、小指，小指尖抵于左手掌心，向前移动。

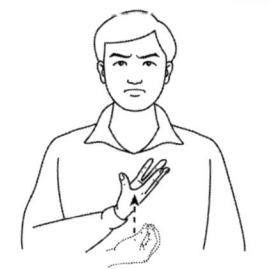

愤怒（生气、气愤） fènnù (shēngqì、qìfèn)

一手五指撮合，指尖朝上，贴于胸部，然后猛然向上张开，面露生气的表情。

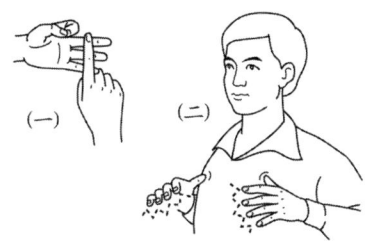

丰富 fēngfù

（一）左手中、无名、小指横伸；右手食指置于左手三指中间，仿"丰"字形。
（二）双手五指张开，掌心向下，拇指尖抵于胸部，其他四指交替点动几下。

丰满 fēngmǎn

双手直立，掌心左右相对，从上向下做曲线形移动，表示丰满的体形。
（可根据实际表示丰满的体形）

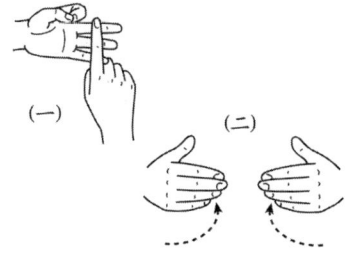

丰收 fēngshōu

（一）左手中、无名、小指横伸；右手食指置于左手三指中间，仿"丰"字形。
（二）双手横立，掌心向内，五指微曲，从外向内收进。

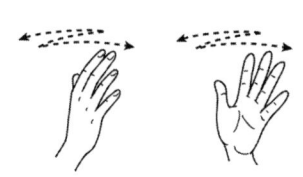

风（刮风、微风） fēng (guāfēng、wēifēng)

双手（或一手）直立，掌心左右相对，五指微曲，左右来回扇动。
（可根据实际表示刮风的状态）

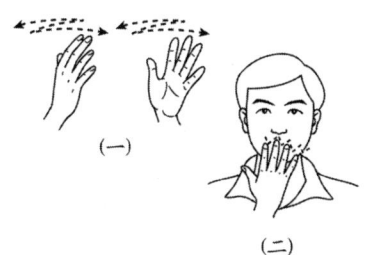

风采 fēngcǎi

（一）双手直立，掌心左右相对，五指微曲，左右来回扇动。
（二）一手直立，掌心向内，五指张开，在嘴唇部交替点动。

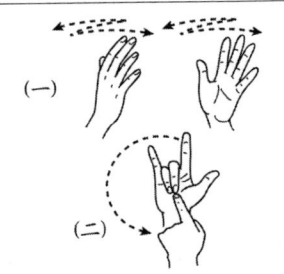

风车 fēngchē

（一）双手直立，掌心左右相对，五指微曲，左右来回扇动。

（二）左手食指横伸；右手拇、食、小指先直立，掌心抵于左手食指尖，然后向前转动一下。

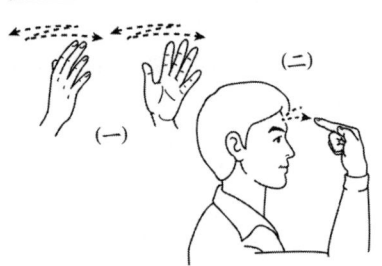

风度 fēngdù

（一）双手直立，掌心左右相对，五指微曲，左右来回扇动。

（二）一手拇指尖按于食指根部，食指点一下前额再弹出，面露优雅的神态。

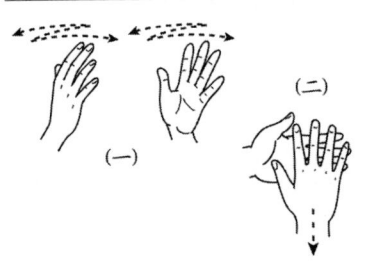

风格 fēnggé

（一）双手直立，掌心左右相对，五指微曲，左右来回扇动。

（二）双手五指张开，一横一竖搭成方格形，然后左手不动，右手向下移。

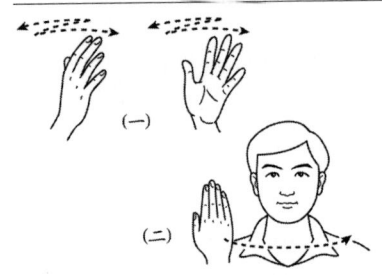

风景 fēngjǐng

（一）双手直立，掌心左右相对，五指微曲，左右来回扇动。

（二）一手直立，掌心向内，从一侧向另一侧做弧形移动。

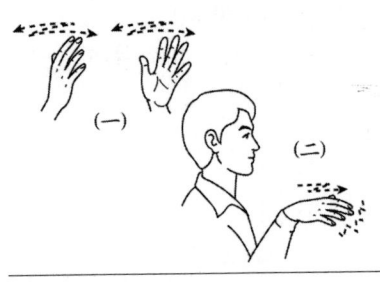

风流 fēngliú

（一）双手直立，掌心左右相对，五指微曲，左右来回扇动。

（二）一手平伸，掌心向下，五指张开，边交替点动边向前移动两下。

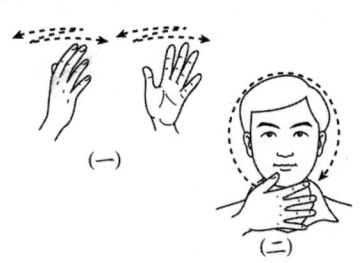

风貌 fēngmào

（一）双手直立，掌心左右相对，五指微曲，左右来回扇动。

（二）一手五指张开，掌心向内，在面前逆时针转动一圈。

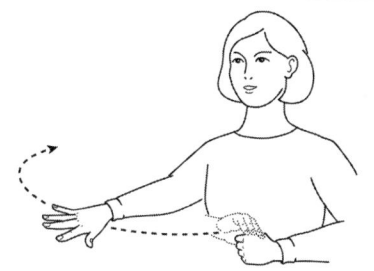

风靡 fēngmǐ
左手握拳，虎口朝上；右手五指撮合，指尖朝左，边从左手虎口上向右做弧形移动边张开。

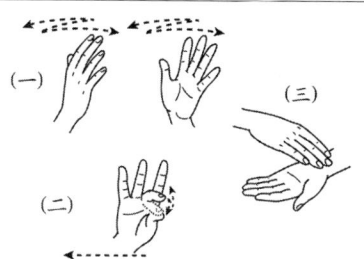

风湿病 fēngshībìng
（一）双手直立，掌心左右相对，五指微曲，左右来回扇动。
（二）一手拇、中指指尖朝前，边向一侧移动边相捏几下。
（三）左手平伸，掌心向上；右手五指并拢，食、中、无名指指尖按于左手腕的脉门处。

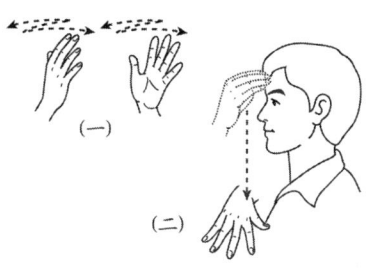

风俗 fēngsú
（一）双手直立，掌心左右相对，五指微曲，左右来回扇动。
（二）一手五指撮合，指尖朝内，按于前额，然后边向下移动边张开。

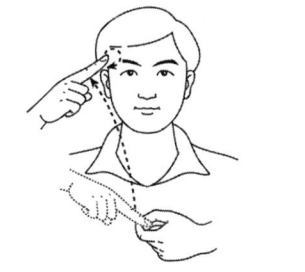

风油精（清凉油） fēngyóujīng (qīngliángyóu)
左手拇、食指捏成圆形，虎口朝上；右手食指在左手圆形上抹一下，然后抹向太阳穴。
（可根据实际表示抹风油精的部位）

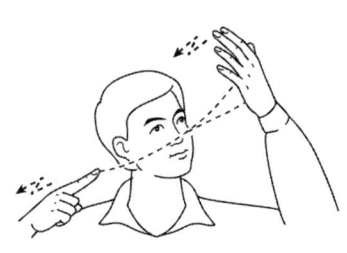

风筝 fēng·zheng
左手斜伸，掌心向右，五指张开，置于头左上方；右手在右下方，食指尖对着左手掌心，然后双手同时向斜下方移动两下，如放风筝状。既表示风筝的名词意思，又表示放风筝的意思。

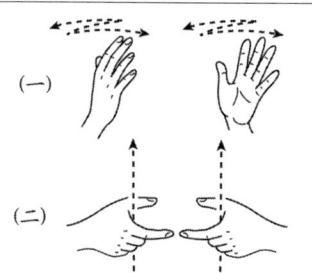

枫树 fēngshù
（一）双手直立，掌心左右相对，五指微曲，左右来回扇动。"风"与"枫"音同形近，借代。
（二）双手拇、食指成大圆形，虎口朝上，同时向上移动。

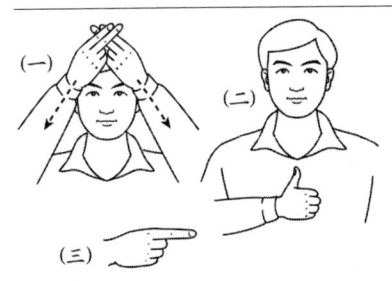

封建主义 fēngjiàn zhǔyì

（一）双手食、中指并拢，手背向外，搭成"×"形，置于前额，然后向两侧斜下方移动。

（二）一手伸拇指，贴于胸部。

（三）一手食指横伸，手背向外。"一"与"义"音近，借代。

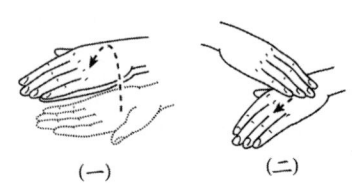

封面 fēngmiàn

（一）双手平伸相挨，掌心向上，右手不动，左手向右翻转与右手掌心相合。

（二）左手平伸，手背向上；右手摸一下左手背。

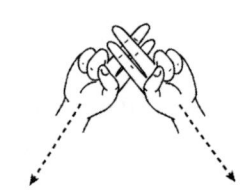

封锁（封） fēngsuǒ (Fēng)

双手食、中指并拢，掌心向外，搭成"×"形，然后向两侧斜下方移动；也用于表示姓氏"封"。

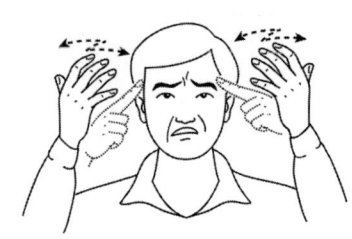

疯①（猖狂） fēng① (chāngkuáng)

双手食指抵于太阳穴，然后五指张开，掌心相对，左右晃动几下，面露疯狂的表情。

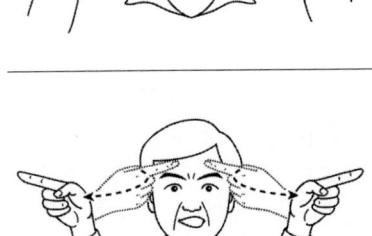

疯② fēng②

双手食指横伸，置于前额，然后向外移动，指尖朝前。

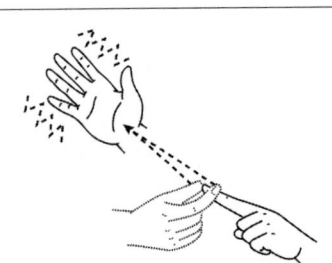

锋芒 fēngmáng

左手伸食指，指尖朝前；右手拇、食指捏住左手食指尖，边向外移出边相捏，然后五指张开，微抖几下。

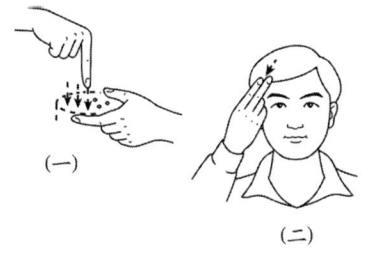

蜂窝煤　fēngwōméi
（一）左手拇、食指成半圆形，虎口朝上；右手伸食指，指尖朝下，在左手虎口处随意点几下，仿蜂窝煤形状。
（二）一手打手指字母"H"的指式，摸一下头发。

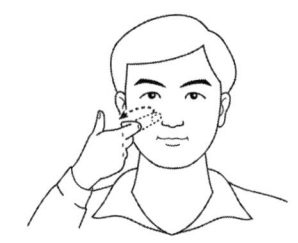

冯　Féng
一手伸拇、食指，手背向外，食指在脸颊抹一下，表示姓氏"冯"。

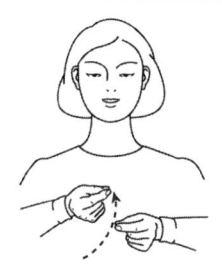

缝（缝补）　féng (féngbǔ)
左手拇、食指相捏，虎口朝上，表示被缝补的物品；右手拇、食指相捏，向左手做弧形移动，模仿执针缝补的动作。

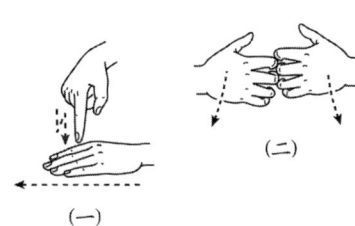

缝纫机　féngrènjī
（一）左手平伸；右手伸食指，指尖朝下，在左手背上向下点动，左手同时向前移动，如缝纫机工作状。
（二）双手五指弯曲，食、中、无名、小指关节交错相触，向下转动一下。

讽刺①　fěngcì①
左手横伸；右手拇、食指相捏，指尖朝前，边向左手背移动边开合两下。

讽刺②　fěngcì②
一手伸拇、食指，食指尖朝上，置于嘴前，向外移动两下，口微张。

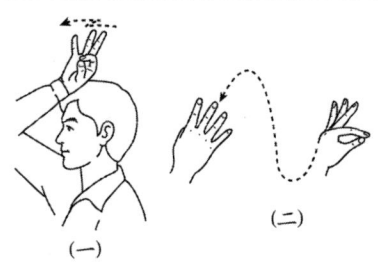

凤凰 fènghuáng

（一）一手拇、食指相捏，其他三指直立分开，置于头顶，向前点动两下。

（二）左手拇、食指相捏，其他三指直立分开，指尖朝前；右手拇指弯回，贴于掌心，其他四指分开，自左手向后做曲线形移动，表示凤凰的尾羽。

佛得角 Fódéjiǎo

（一）一手拇、食指成半圆形，虎口朝内，置于胸前。

（二）一手伸拇指，指尖朝内，从上腹部划至胸部。

（此为国外聋人手语）

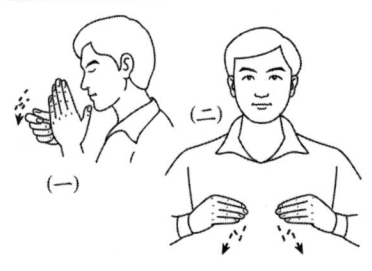

佛教 Fójiào

（一）左手直立，掌心向右；右手虚握，做敲木鱼的动作，双眼闭拢。

（二）双手五指撮合，指尖相对，手背向外，在胸前向前晃动两下。

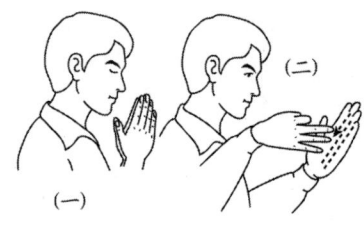

佛经 fójīng

（一）双手合十，双眼闭拢，头微低。

（二）左手斜伸，掌心向内；右手伸中、无名、小指，指尖对着左手，从上向下、从右向左移动几下，目光随之移动，表示阅读经书。

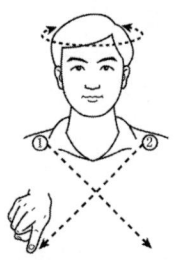

否定 fǒudìng

一手伸食指，指尖朝前划"×"形，同时摇头。

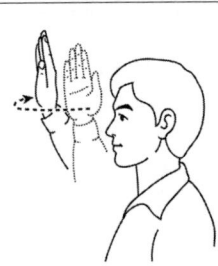

否认 fǒurèn

右手直立，掌心向左，然后翻转为掌心向前。

麸子 fū·zi

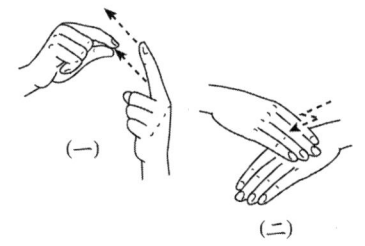

（一）左手食指直立微曲；右手拇、食指相捏，在左手食指不同位置向斜上方移动两下，如麦芒状。
（二）左手横伸；右手掌在左手背上摸两下。

伏笔 fúbǐ

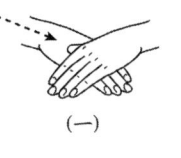
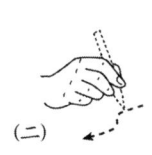

（一）左手横伸；右手平伸，手背向上，从后向前移入左手掌心下。
（二）一手如执笔写字状。

扶持（扶植） fúchí (fúzhí)

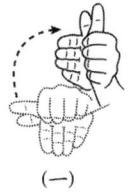
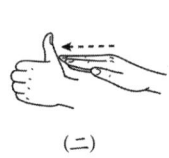

（一）左手伸拇指，手背向上，置于右手掌心上，然后右手向左翻动将左手扶正。
（二）左手伸拇指；右手平伸，掌心向下，五指并拢，指尖抵于左手拇指背，向前推一下左手。

扶梯（滚梯） fútī (gǔntī)

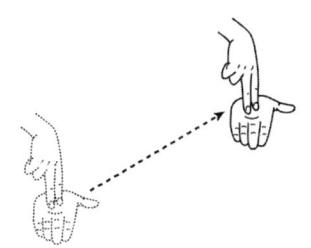

左手横伸；右手食、中指并拢，指尖朝下，立于左手掌心上，然后双手向斜上方移动。
（可根据实际决定手的移动方向）

服从（俯首帖耳） fúcóng (fǔshǒu-tiē'ěr)

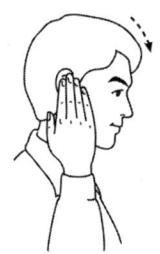

一手手掌贴于耳部，头微低。

服务 fúwù

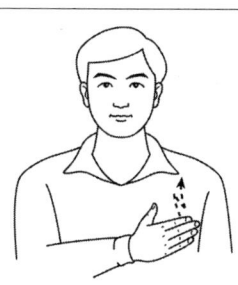

右手横立，掌心向内，在左胸部向上划动两下。

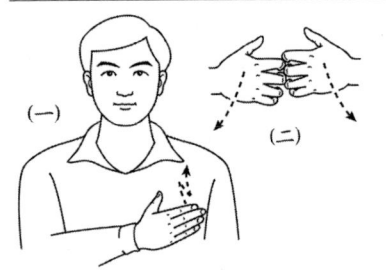

服务器 fúwùqì

（一）右手横立，掌心向内，在左胸部向上划动两下。
（二）双手五指弯曲，食、中、无名、小指关节交错相触，向下转动一下。

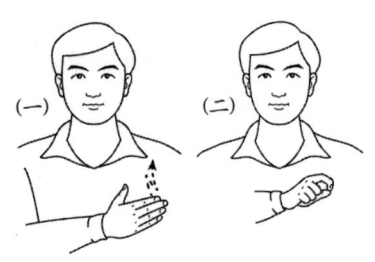

服务员 fúwùyuán

（一）右手横立，掌心向内，在左胸部向上划动两下。
（二）右手拇、食指捏成圆形，虎口朝内，贴于左胸部。

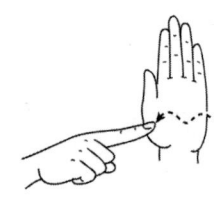

浮动（波动） fúdòng (bōdòng)

左手直立，掌心向外；右手食指横伸，在左手掌心上做上下起伏状移动，表示价格、利率等指标的上下波动。

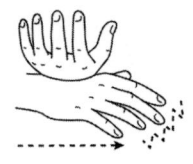

浮莲 fúlián

左手平伸，五指微曲，指尖朝上，置于右手背上；右手横伸，掌心向下，五指张开，边交替点动边向左移动。
（可根据实际表示浮莲的形状）

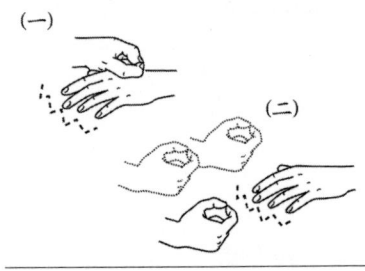

浮萍 fúpíng

（一）左手横伸，掌心向下，五指张开，交替点动几下；右手拇、食指捏成圆形，虎口朝上，置于左手背上。
（二）左手横伸，掌心向下，五指张开，交替点动几下；右手拇、食指捏成圆形，虎口朝上，在左手旁随意移动几下，表示水中的浮萍。

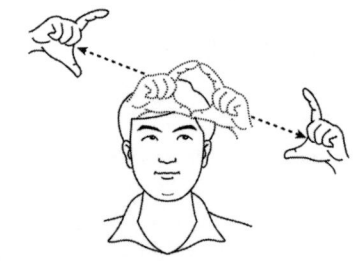

浮想联翩 fúxiǎng-liánpiān

双手拇、食指搭成圆形，指尖相对，置于头一侧，然后分别向斜上下方移动，面露思考的表情。

浮肿 fúzhǒng
　　左手横伸；右手五指弯曲，置于左手背上，然后向上微动。
　　（可根据实际表示浮肿的样子）

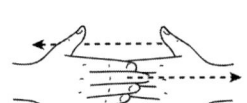

符合（配合、合适①） fúhé (pèi·he、héshì①)
　　双手横立，掌心向内，指尖相对，从两侧向中间交错移动至双手相叠。

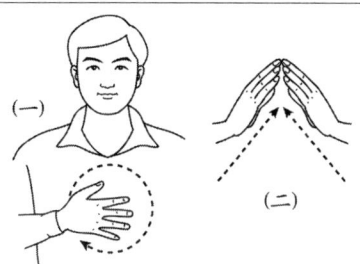

福建① Fújiàn①
　　（一）一手五指张开，掌心贴胸部逆时针转动一圈。
　　（二）双手斜伸，手背向斜上方，边从两侧下方向中间上方移动边指尖搭成"∧"形。

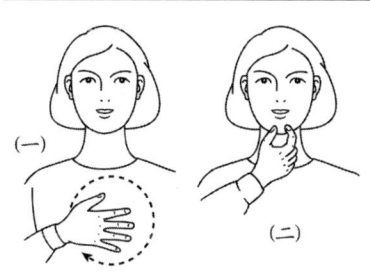

福利 fúlì
　　（一）一手五指张开，掌心贴胸部逆时针转动一圈。
　　（二）一手拇、食指弯曲，指尖朝内，抵于颏部。

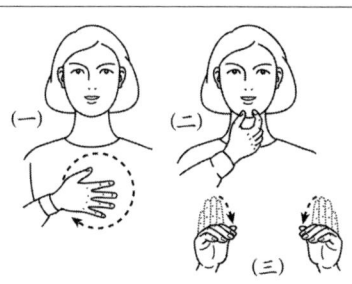

福利会 fúlìhuì
　　（一）一手五指张开，掌心贴胸部逆时针转动一圈。
　　（二）一手拇、食指弯曲，指尖朝内，抵于颏部。
　　（三）双手直立，掌心分别向左右斜前方，食、中、无名、小指弯动一下。

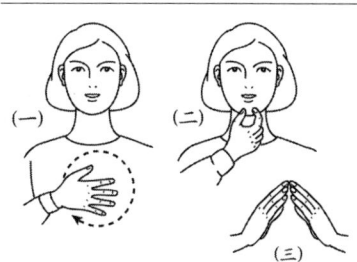

福利院 fúlìyuàn
　　（一）一手五指张开，掌心贴胸部逆时针转动一圈。
　　（二）一手拇、食指弯曲，指尖朝内，抵于颏部。
　　（三）双手搭成"∧"形。

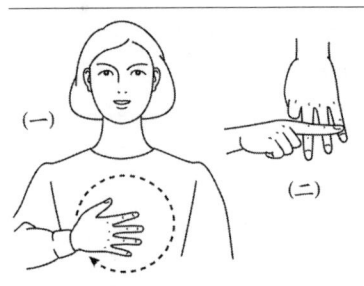

福音 fúyīn
（一）一手五指张开，掌心贴胸部逆时针转动一圈。
（二）一手食指直立，掌心向外，在耳边左右晃动两下。

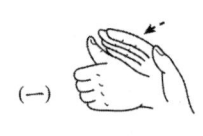

福州 Fúzhōu
（一）一手五指张开，掌心贴胸部逆时针转动一圈。
（二）左手中、无名、小指分开，指尖朝下，手背向外；右手食指横伸，置于左手三指间，仿"州"字形。

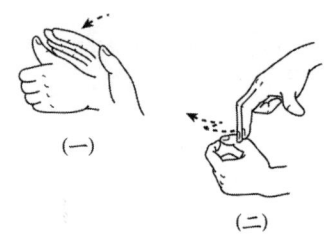

抚恤 fǔxù
（一）左手伸拇指；右手五指并拢，轻拍一（或两）下左手拇指背。
（二）一手拇、食指捏成圆形，从内向外移动一下。

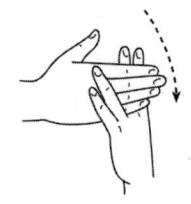

抚养 fǔyǎng
（一）左手伸拇指；右手五指并拢，轻拍一（或两）下左手拇指背。
（二）左手拇、食指捏成圆形，虎口朝上；右手伸拇、食、中指，食、中指并拢弯曲，指尖朝下，在左手虎口处向外拨动两下。

斧子（劈、柴刀①、木①） fǔ·zi (pī、cháidāo①、mù①)
左手直立，掌心向内；右手侧立，向左手中、无名指指缝间劈下，如用斧子劈木头状。

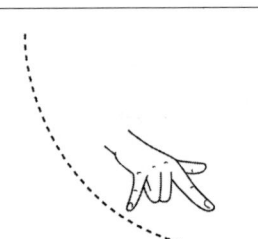

俯冲 fǔchōng
一手伸拇、食、小指，掌心向下，从上向斜下方迅速移动。

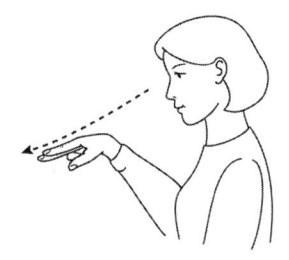

俯视 fǔshì

一手食、中指分开,指尖朝前下方移动,手背向上,头微低。

(可根据实际表示俯视的动作)

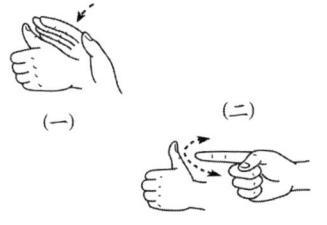

辅导 fǔdǎo

(一)左手伸拇指;右手五指并拢,轻拍一(或两)下左手拇指背。

(二)左手伸拇指;右手伸食指,指尖朝前,在左手拇指后左右移动。

辅助 fǔzhù

左手伸拇指;右手五指并拢,轻拍两下左手拇指背。

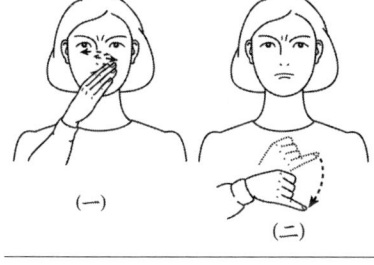

腐败 fǔbài

(一)一手在鼻前左右扇动几下,面露厌恶的表情。

(二)右手伸小指,指尖朝左,向下甩动一下,面露厌恶的表情。

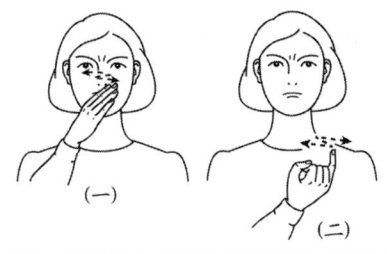

腐烂 fǔlàn

(一)一手在鼻前左右扇动几下,面露厌恶的表情。

(二)一手伸小指,指尖朝上,手背向外,左右晃动几下,面露厌恶的表情。

腐蚀(侵蚀) fǔshí (qīnshí)

左手伸食指;右手五指弯曲,指尖在左手食指上做抓挠的动作,表示在腐蚀物体。

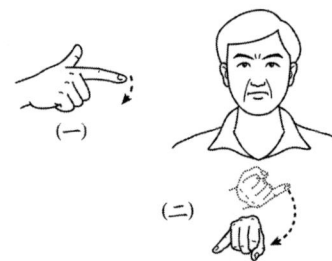

腐朽 fǔxiǔ

（一）一手伸拇、食指，手背向上，食指尖朝前，向下点动一下，表示旧。
（二）右手伸小指，指尖朝左，向外甩动一下。

父亲（爸爸） fù·qīn (bà·ba)

右手伸拇指，指尖左侧贴在嘴唇上。

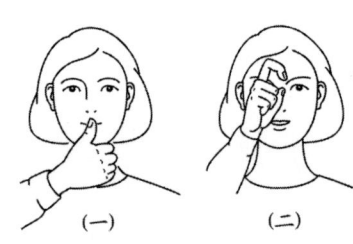

父亲节 Fùqīn Jié

（一）右手伸拇指，指尖左侧贴在嘴唇上。
（二）一手打手指字母"J"的指式，置于前额。

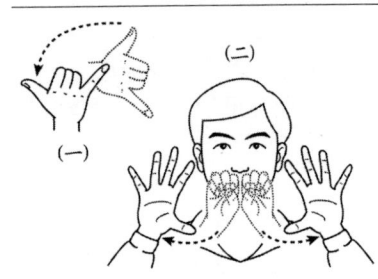

讣告 fùgào

（一）右手伸拇、小指，先直立，再向右转腕。
（二）双手虚握，掌心向外，置于嘴部，然后边向前方两侧移动边张开五指。

负担（负荷） fùdān (fùhè)

右手五指成"コ"形，压向左肩，左肩随之向左一歪。

负责 fùzé

右手拍两下左肩。

妇科　fùkē
（一）一手拇、食指捏一下耳垂。
（二）一手打手指字母"K"的指式。

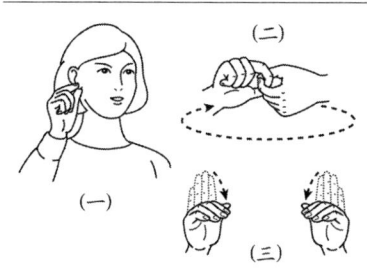

妇女联合会（妇联）　fùnǚ liánhéhuì（fùlián）
（一）一手拇、食指捏一下耳垂。
（二）双手拇、食指套环，顺时针平行转动一圈。
（三）双手直立，掌心分别向左右斜前方，食、中、无名、小指弯动一下。

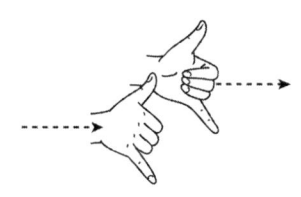

附和　fùhè
双手伸拇、小指，一上一下，右手拇指尖抵于左手掌根部，双手同时向前移动。

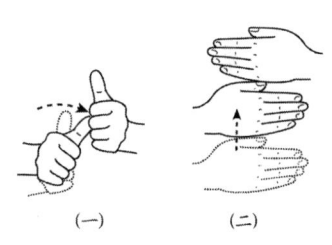

附件（附录、附则）　fùjiàn（fùlù、fùzé）
（一）双手伸拇指，左手在上不动，右手向左转动，拇指靠向左手掌心。
（二）双手横立，掌心向内，五指并拢，左手在上不动，右手从下向上移至左手小指下缘。

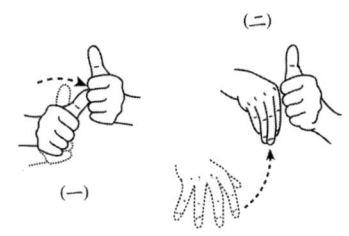

附属（附庸）　fùshǔ（fùyōng）
（一）双手伸拇指，左手在上不动，右手向左转动，拇指靠向左手掌心。
（二）左手伸拇指，在上；右手五指微曲，掌心向下，在下，边向左手旁移动边撮合。

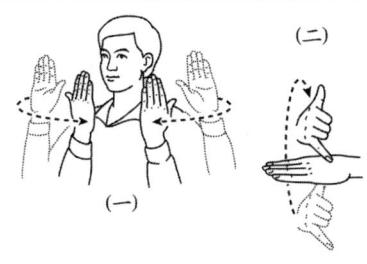

复辟　fùbì
（一）双手直立，掌心向外，然后边向前做弧形移动边翻转为掌心向内。
（二）左手横伸；右手伸拇、小指，先置于左手掌心下，然后移至左手背上，表示重新上台。

复合板 fùhébǎn

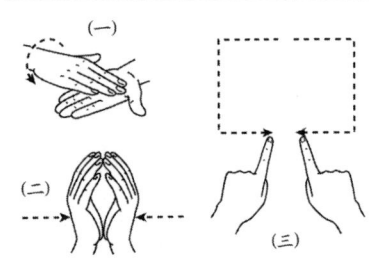

（一）左手横伸；右手平伸，掌心向下，贴于左手掌心，然后翻转为掌心向上。
（二）双手直立，掌心左右相对，五指微曲，从两侧向中间移动。
（三）双手伸食指，指尖朝前，在面前划一个"▢"形。

复活 fùhuó

（一）双手直立，掌心向外，然后边向前做弧形移动边翻转为掌心向内。
（二）一手食指直立，边转动手腕边向上移动。

复句 fùjù

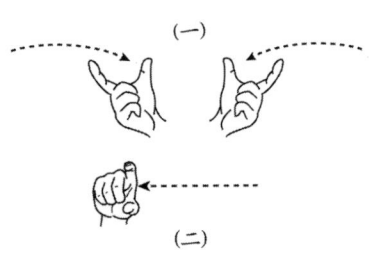

（一）双手拇、食指张开，指尖朝前，从两侧向中间移动，表示复句是由多个句子组成的意思。
（二）一手拇、食指张开，指尖朝前，向一侧移动一下。

复习 fùxí

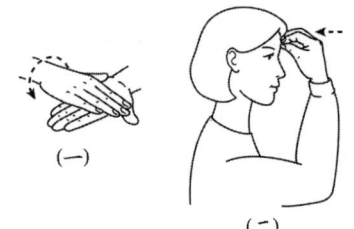

（一）左手横伸；右手平伸，掌心向下，贴于左手掌心，然后翻转为掌心向上。
（二）一手五指撮合，指尖朝内，按向前额。

复兴 fùxīng

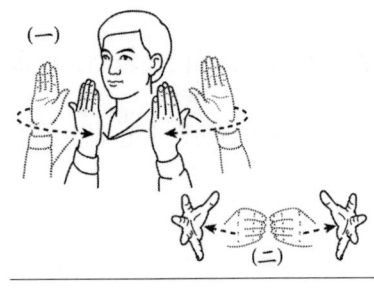

（一）双手直立，掌心向外，然后边向前做弧形移动边翻转为掌心向内。
（二）双手虚握，虎口朝上，然后边向两侧移动边张开五指。

复议 fùyì

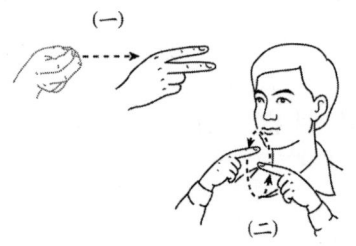

（一）右手拇、食、中指相捏，手背向外，边向左移动边伸出食、中指。
（二）双手食指横伸，在嘴前前后交替转动两下。

复印 fùyìn

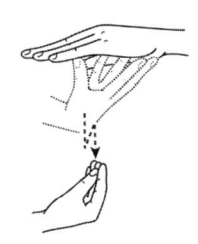

左手横伸；右手五指张开，指尖朝上，抵于左手掌心，然后边向下移动边撮合，重复一次。

复杂（杂、繁杂、繁琐） fùzá (zá、fánzá、fánsuǒ)

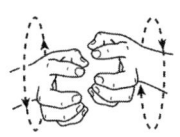

双手五指弯曲，指尖左右相对，前后交替转动几下。

副词 fùcí

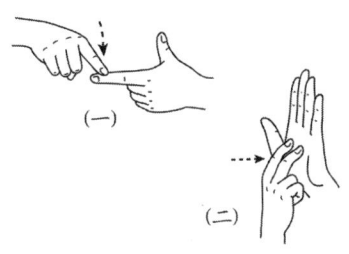

（一）左手伸拇、食指，食指尖朝右，手背向外；右手伸食指，敲一下左手食指尖。

（二）左手直立，掌心向外；右手食、中指弯曲，指尖朝内，点一下左手掌心。

副业 fùyè

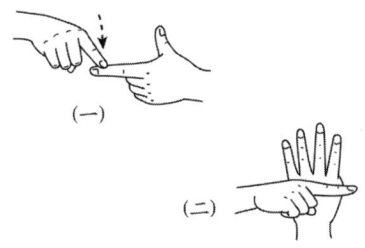

（一）左手伸拇、食指，食指尖朝右，手背向外；右手伸食指，敲一下左手食指尖。

（二）左手食、中、无名、小指直立分开，手背向外；右手食指横伸，置于左手四指根部，仿"业"字形。

富强 fùqiáng

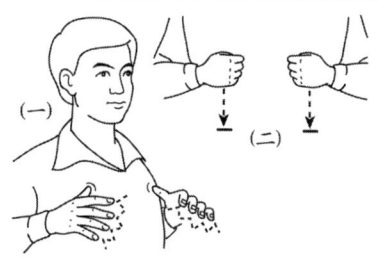

（一）双手五指张开，掌心向下，拇指尖抵于胸部，其他四指交替点动几下。

（二）双手握拳屈肘，同时用力向下一顿。

富翁 fùwēng

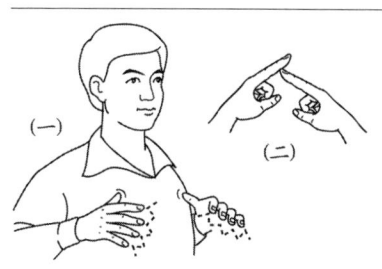

（一）双手五指张开，掌心向下，拇指尖抵于胸部，其他四指交替点动几下。

（二）双手食指搭成"人"字形。

富裕（富饶、富） fùyù (fùráo、Fù)
　　双手五指张开，掌心向下，拇指尖抵于胸部，其他四指交替点动几下；也用于表示姓氏"富"。

腹 fù
　　一手捂于腹部。

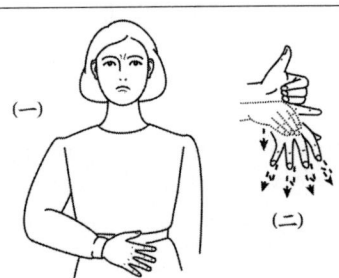

腹泻（痢疾、拉肚子） fùxiè (lì·ji、lādù·zi)
　　（一）一手捂于腹部。
　　（二）左手伸拇、小指；右手五指撮合，指尖朝下，置于左手下，然后边向下微移边张开，重复几次。

覆盖 fùgài
　　左手横伸，手背向上；右手平伸，掌心向下，从右向左划过左手。

国家通用手语系列
中国残疾人联合会 组编

国家通用手语词典

中国聋人协会
国家手语和盲文研究中心 编

第❷册

华夏出版社
HUAXIA PUBLISHING HOUSE

图书在版编目（CIP）数据

国家通用手语词典：全四册 / 中国残疾人联合会组编；中国聋人协会，国家手语和盲文研究中心编 . -- 北京：华夏出版社，2019.10（2022.9 重印）

（国家通用手语系列）

ISBN 978-7-5080-9648-3

Ⅰ . ①国… Ⅱ . ①中… ②中… ③国… Ⅲ . ①手势语—中国—词典 Ⅳ . ① H126.3-61

中国版本图书馆 CIP 数据核字 (2019) 第 004905 号

© 华夏出版社有限公司　未经许可，不得以任何方式使用本书全部及任何部分内容，违者必究。

G

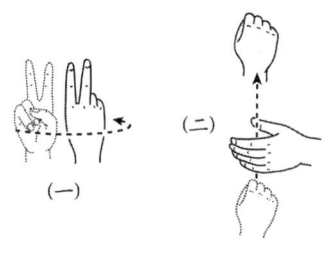

改革 gǎigé
（一）一手食、中指直立分开，由掌心向外翻转为掌心向内。
（二）左手五指弯曲，虎口朝上；右手握拳，手背向外，从左手虎口处向上一举。

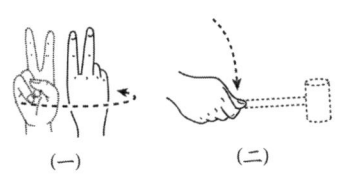

改判 gǎipàn
（一）一手食、中指直立分开，由掌心向外翻转为掌心向内。
（二）一手如握法槌状，向下挥动一下。

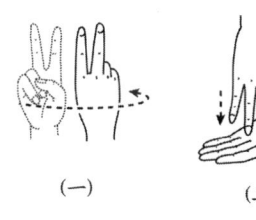

改签 gǎiqiān
（一）一手食、中指直立分开，由掌心向外翻转为掌心向内。
（二）左手横伸；右手伸中、无名、小指，指尖朝下，在左手掌心上点一下。

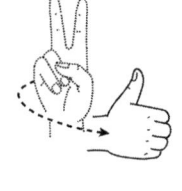

改善（改良） gǎishàn (gǎiliáng)
一手食、中指直立分开，掌心向外，然后边转腕边伸出拇指。

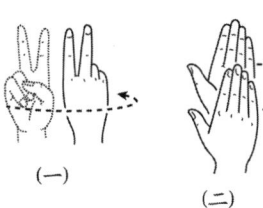

改正（修正、纠正、订正）
gǎizhèng (xiūzhèng、jiūzhèng、dìngzhèng)
（一）一手食、中指直立分开，由掌心向外翻转为掌心向内。
（二）双手直立，掌心左右相对，向前一顿。

改锥（螺丝刀） gǎizhuī (luósīdāo)
左手侧立；右手伸食指，指尖抵于左手掌心，用力钻动两下，如用改锥拧螺丝钉状。

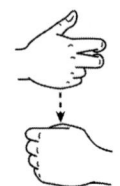

钙 gài
左手握拳，虎口朝上；右手伸拇、食、中指，食、中指弯曲，手背向外，砸一下左手虎口。

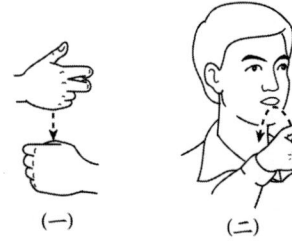

钙片 gàipiàn
（一）左手握拳，虎口朝上；右手伸拇、食、中指，食、中指弯曲，手背向外，砸一下左手虎口。
（二）口张开，一手拇、食指捏成小圆形，从嘴部移向喉部。

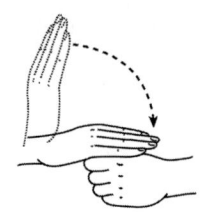

盖 gài
左手虚握，虎口朝上；右手直立，掌心向左，盖向左手虎口。也用于表示姓氏"盖"。
（可根据实际表示盖的动作）

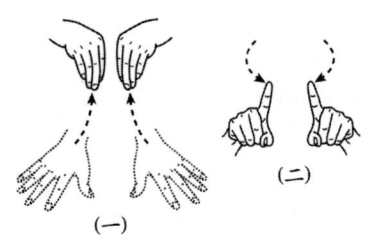

概括 gàikuò
（一）双手五指张开，掌心向下，边向上移动边撮合，双手靠近。
（二）双手伸食指，指尖朝前，划"( )"形。

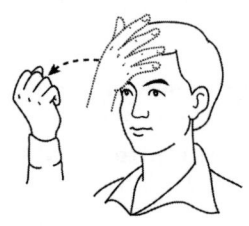

概念 gàiniàn
一手五指张开，掌心向内，贴于前额，然后边向外移动边握拳。

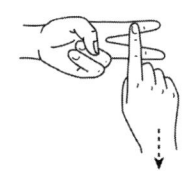

干 gān
　　左手食、中指与右手食指搭成"干"字形，右手食指向下移动一下，表示干的形容词意思（表示干的名词、副词、属性词意思时，右手食指一般不向下移动）。

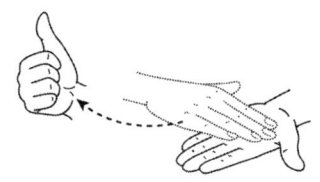

干净（清洁） gānjìng（qīngjié）
　　左手横伸；右手平伸，掌心向下，贴于左手掌心，边向左手指尖方向移动边食、中、无名、小指弯曲，指尖抵于掌心，拇指直立。

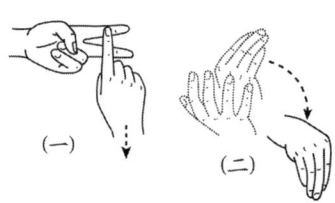

干枯 gānkū
　　（一）左手食、中指与右手食指搭成"干"字形，右手食指向下移动一下。
　　（二）一手五指弯曲，指尖朝上，然后撮合并垂下，表示花朵干枯。
　　（可根据实际表示干枯的状态）

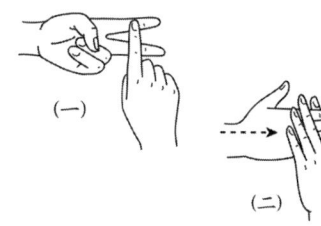

干涉 gānshè
　　（一）左手食、中指与右手食指搭成"干"字形。
　　（二）左手直立，掌心向内；右手侧立，插入左手食、中指指缝间，表示干预别人。

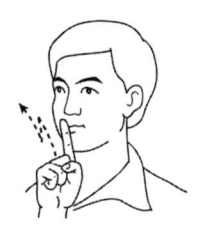

甘肃（甘） Gānsù（Gān）
　　一手食指直立，手指外侧贴于嘴部，并向前上方移动两下。

甘蔗 gān·zhe
　　双手虚握，一上一下，置于嘴边并向上移动，口微张，如啃甘蔗皮状。

肝　gān
　　左手食、中指与右手食指搭成"干"字形,置于肝脏部位。

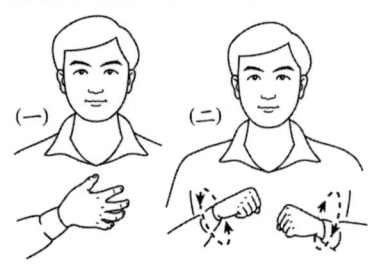

感动　gǎndòng
　　(一)一手五指微曲,指尖朝内,按于胸部。
　　(二)双手握拳屈肘,前后交替转动两下。

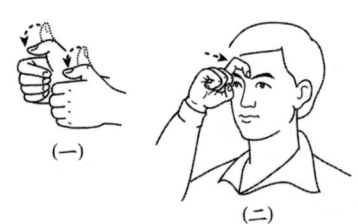

感恩　gǎn'ēn
　　(一)双手伸拇指,向前弯动一下。
　　(二)一手打手指字母"J"的指式,碰一下前额。

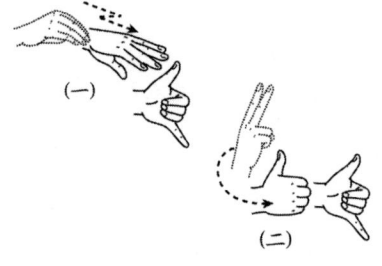

感化　gǎnhuà
　　(一)左手伸拇、小指;右手五指撮合,指尖对着左手,手背向上,边向前移动边开合两下,表示对其施加影响。
　　(二)左手伸拇、小指;右手食、中指直立分开,边转腕边缩回食、中指,伸出拇指,表示变好。

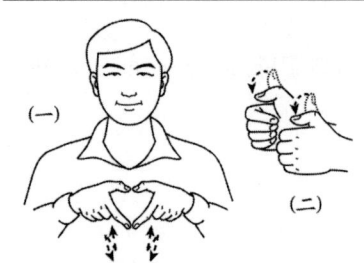

感激　gǎnjī
　　(一)双手拇、食指张开仿"♡"形,手背向外,置于胸部,上下晃动两下,面露激动的表情。
　　(二)双手伸拇指,向前弯动一下。

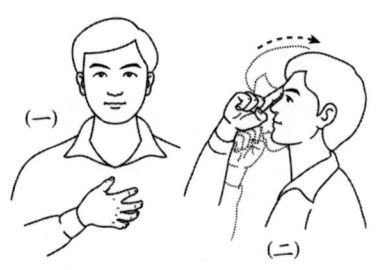

感觉　gǎnjué
　　(一)一手五指微曲,指尖朝内,按于胸部。
　　(二)一手食指抵于太阳穴,头同时微抬。

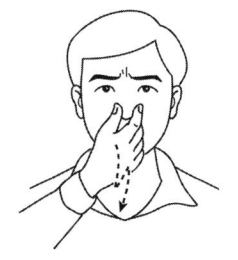

感冒(鼻涕) gǎnmào (bítì)

一手拇、食指张开,指尖对着鼻部,向下甩两下,表示流鼻涕。

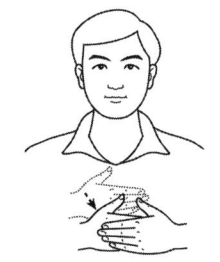

感情 gǎnqíng

双手横立,左手在前不动,右手自胸部向前贴向左手掌心。

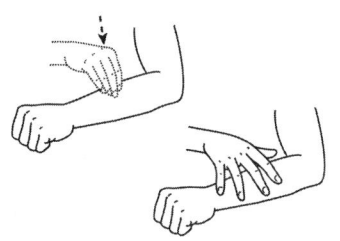

感染❶ gǎnrǎn ❶

左小臂抬起;右手五指撮合,在左小臂上点一下,然后缓慢张开,表示受感染后局部发炎。
(可根据实际表示感染的部位和状态)

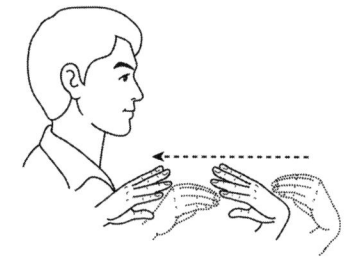

感染❷(传染❷) gǎnrǎn ❷ (chuánrǎn ❷)

双手五指撮合,指尖前后相对,边向后移动边张开,表示自己被感染。
(可根据实际决定手的位置和移动方向)

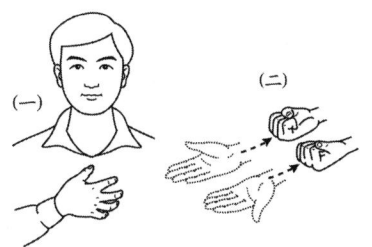

感受 gǎnshòu

(一)一手五指微曲,指尖朝内,按于胸部。
(二)双手平伸,掌心向上,边向内移动边握拳。

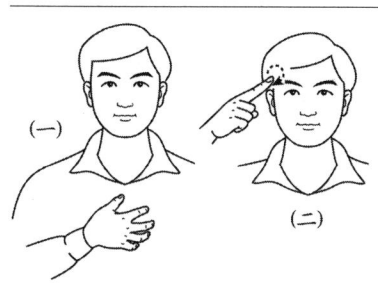

感想 gǎnxiǎng

(一)一手五指微曲,指尖朝内,按于胸部。
(二)一手伸食指,在太阳穴前后转动一(或两)圈,面露思考的表情。

感谢（谢谢、致谢①） gǎnxiè (xiè·xie、zhìxiè ①)

一手（或双手）伸拇指，向前弯动两下，面带笑容。

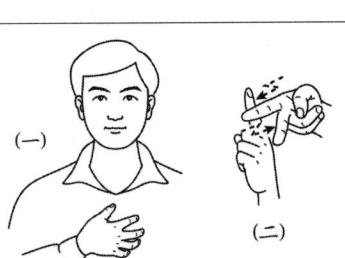

感性 gǎnxìng

（一）一手五指微曲，指尖朝内，按于胸部。
（二）左手食指直立；右手食、中指横伸，指背交替弹左手食指背。

橄榄 gǎnlǎn

双手五指弯曲，指尖左右相对，边从中间向两侧移动边撮合，仿橄榄形状。

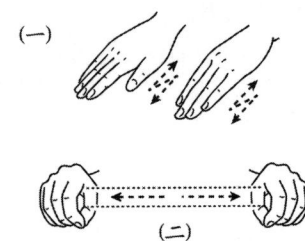

擀面杖 gǎnmiànzhàng

（一）双手平伸，掌心向下，前后动几下，模仿擀面的动作。
（二）双手虚握，虎口相对，从中间向两侧移动，仿擀面杖外形。

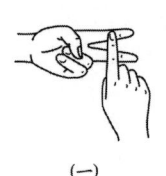

干部 gànbù

（一）左手食、中指与右手食指搭成"干"字形。
（二）一手打手指字母"B"的指式。

 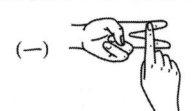

干流（主流①） gànliú (zhǔliú ①)

（一）左手食、中指与右手食指搭成"干"字形。
（二）双手平伸，掌心向下，五指张开，边交替点动边向前移动。

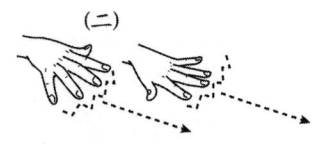

冈比亚 Gāngbǐyà

　　双手食指横伸,手背向上,一上一下,从两侧向中间交错移动两下。
　　(此为国外聋人手语)

刚才(不久、最近) gāngcái (bùjiǔ、zuìjìn)

　　一手拇、食指相捏,指尖朝后,置于肩前一侧,向后微动两下,表示刚刚的意思。

刚果(布) Gāngguǒ (Bù)

　　右手打手指字母"C"的指式,拇指碰两下右侧额头。
　　(此为国外聋人手语)

刚果(金) Gāngguǒ (Jīn)

　　双手平伸,五指微曲,指尖朝下,按动两下。
　　(此为国外聋人手语)

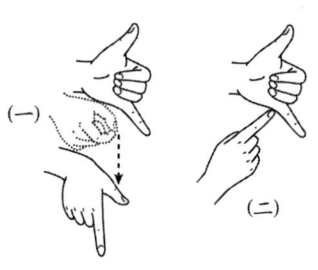

肛门 gāngmén

　　(一)左手伸拇、小指;右手拇、食指相捏,置于左手下,然后边向下移动边张开,食指尖朝下。
　　(二)左手伸拇、小指;右手伸食指,指一下左手小指下缘。

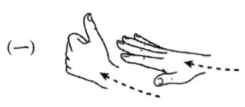
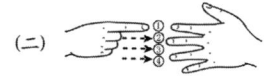

纲领 gānglǐng

　　(一)左手伸拇指,在前;右手五指张开,掌心向下,在后,双手同时向前移动。
　　(二)左手横立,手背向外,五指张开;右手握拳,手背向外,虎口朝上,在左手旁依次伸出食、中、无名、小指。

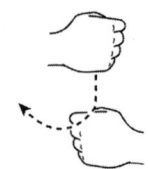

纲要　gāngyào

（一）双手五指张开，掌心向下，边向上移动边撮合，双手靠近。

（二）左手横立，手背向外，五指张开；右手握拳，手背向外，虎口朝上，在左手旁依次伸出食、中、无名、小指。

钢　gāng

双手握拳，虎口朝上，一上一下，右拳向下砸一下左拳，再向外移动。

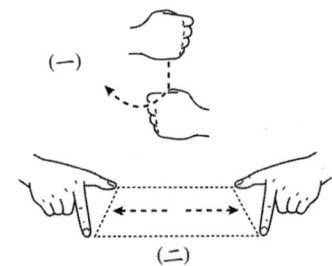

钢板　gāngbǎn

（一）双手握拳，虎口朝上，一上一下，右拳向下砸一下左拳，再向外移动。

（二）双手拇、食指张开，指尖朝下，虎口相对，从中间向两侧移动。

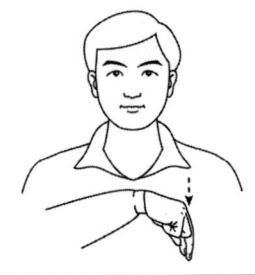

钢笔　gāngbǐ

右手食、中指相叠，指尖朝下，在左胸部向下一插。

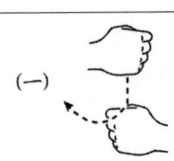

钢材　gāngcái

（一）双手握拳，虎口朝上，一上一下，右拳向下砸一下左拳，再向外移动。

（二）双手食指指尖朝前，手背向上，先互碰一下，再分开并张开五指。

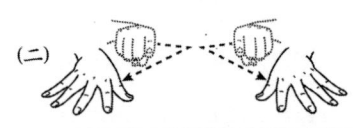

钢锉　gāngcuò

（一）双手握拳，虎口朝上，一上一下，右拳向下砸一下左拳，再向外移动。

（二）左手食指横伸；右手食、中指并拢，指尖朝前，搭在左手食指上，向前磨动两下。

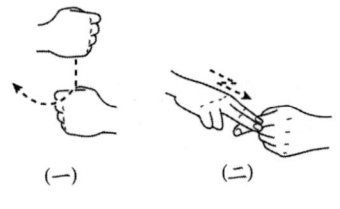

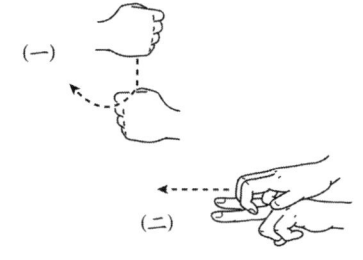

钢轨 gāngguǐ

（一）双手握拳，虎口朝上，一上一下，右拳向下砸一下左拳，再向外移动。

（二）左手食、中指分开，指尖朝前，手背向上；右手食、中指弯曲，指尖抵于左手食、中指上，并向前移动，如火车行驶状。

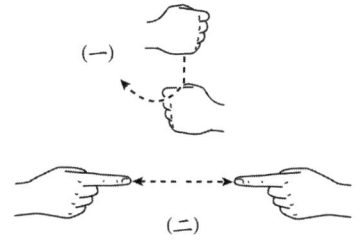

钢筋 gāngjīn

（一）双手握拳，虎口朝上，一上一下，右拳向下砸一下左拳，再向外移动。

（二）双手食指横伸，指尖相对，从中间向两侧移动。

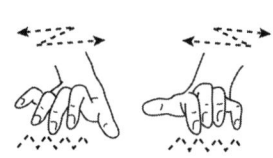

钢琴 gāngqín

双手五指弯曲，边交替灵活点动边左右移动，模仿弹钢琴的动作。既表示钢琴的名词意思，又表示弹钢琴的意思。

岗位 gǎngwèi

左手握拳，手背向外；右手拇、食、小指直立，手背贴于左手虎口上。

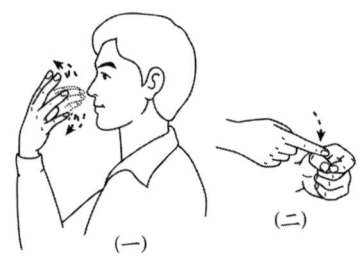

港币 gǎngbì

（一）一手五指撮合，指尖对着鼻部，然后开合两下。

（二）左手拇、食指捏成圆形，虎口朝上；右手伸食指，敲一下左手拇指。

港口（码头、渡口） gǎngkǒu (mǎ·tóu、dùkǒu)

左手侧立；右手平伸，掌心凹进，仿船形，然后缓慢地靠向左手掌心。

杠杆 gànggǎn
左手食指直立；右手食指横伸，置于左手食指尖上，并向上撬动两下。

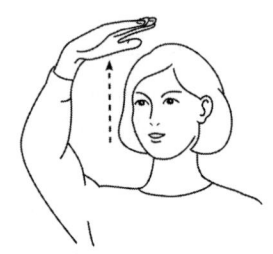

高 gāo
一手横伸，掌心向下，向上移过头顶。
（可根据实际表示高的状态）

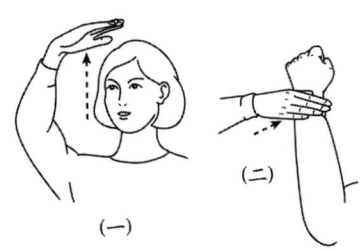

高档 gāodàng
（一）一手横伸，掌心向下，向上移过头顶。
（二）左手直立握拳，手背向外；右手横伸，掌心向下，碰一下左手腕。

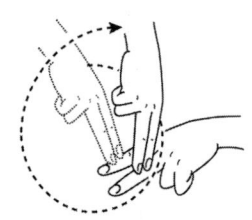

高低杠 gāodīgàng
左手食、中指横伸分开；右手食、中指并拢，立于左手食指上，然后转动一圈，再立于左手中指上，模仿做高低杠的动作。

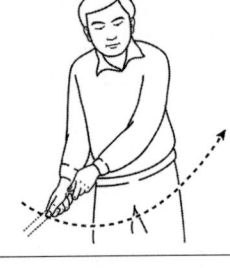

高尔夫球 gāo'ěrfūqiú
身体侧向一边，双手虚握，一上一下，如持球杆状，然后向前上方击打一下，模仿打高尔夫球的动作。

高跟鞋 gāogēnxié
双手拇、食指张开，拇指尖朝下，食指向前下方斜伸，然后交替向前移动几下，如穿高跟鞋走动状。

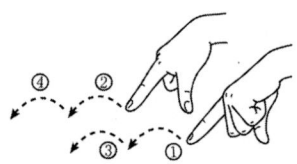

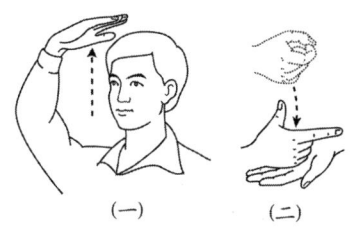

高贵 gāoguì

（一）一手横伸，掌心向下，向上移过头顶。
（二）左手横伸；右手拇、食指相捏，边砸向左手掌心边张开，食指尖朝左前方。

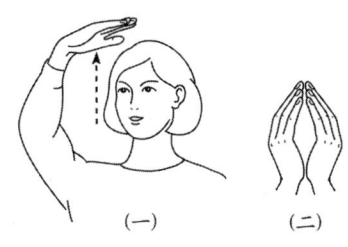

高粱 gāo·liang

（一）一手横伸，掌心向下，向上移过头顶。
（二）双手直立，掌心相合，五指微曲，仿高粱穗形状。

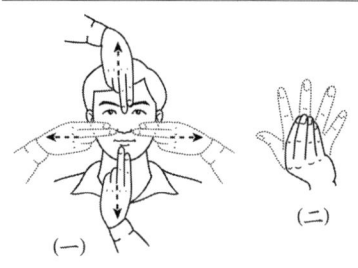

高山族 Gāoshānzú

（一）双手食、中指并拢，手背向外，先贴于脸颊两侧，分别向左右方向移动一下，然后左手贴于颏部，右手贴于前额，分别向上下方向移动一下，表示高山族人脸上的面饰。
（二）一手五指张开，指尖朝上，然后撮合。

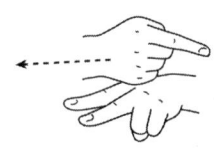

高铁② gāotiě②

左手食、中指分开，指尖朝前，手背向上；右手打手指字母"G"的指式，指尖朝左，从左手背向指尖方向移动。

高兴（快乐、愉快） gāoxìng (kuàilè、yúkuài)

双手横伸，掌心向上，在胸前同时向上移动两下，面带笑容。

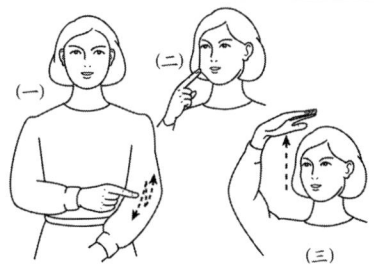

高血糖（血糖高） gāoxuètáng (xuètánggāo)

（一）右手伸食指，在左臂处上下划动几下。
（二）一手食指指腮部，同时用舌顶起腮部。
（三）一手横伸，掌心向下，向上移过头顶。

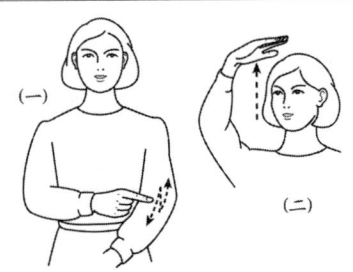

高血压（血压高） gāoxuèyā (xuèyāgāo)
（一）右手伸食指，在左臂处上下划动几下。
（二）一手横伸，掌心向下，向上移过头顶。

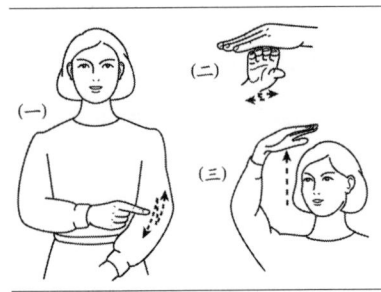

高血脂（血脂高） gāoxuèzhī (xuèzhīgāo)
（一）右手伸食指，在左臂处上下划动几下。
（二）左手横伸，掌心向下；右手五指成"コ"形，指尖朝前，贴于左手掌心，然后左右微动几下，表示皮下脂肪。
（三）一手横伸，掌心向下，向上移过头顶。

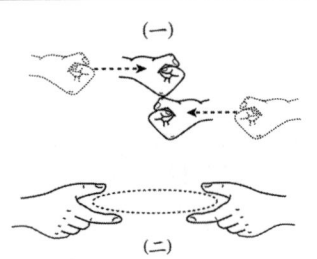

高压锅 gāoyāguō
（一）双手虚握，虎口朝前，左手在下，右手在上，同时从两侧向中间扳动一下，模仿闭合高压锅锅盖的动作。
（二）双手拇、食指成大圆形，虎口朝上。

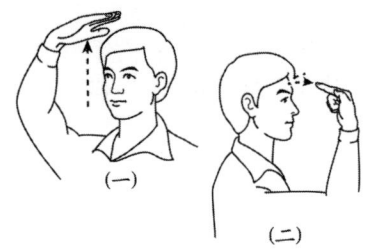

高雅 gāoyǎ
（一）一手横伸，掌心向下，向上移过头顶。
（二）一手拇指尖按于食指根部，食指点一下前额再弹出，面露优雅的神态。

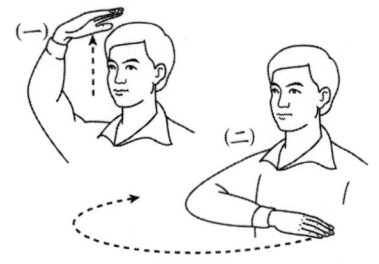

高原 gāoyuán
（一）一手横伸，掌心向下，向上移过头顶。
（二）一手横伸，掌心向下，五指并拢，齐胸部从一侧向另一侧做大范围的弧形移动。

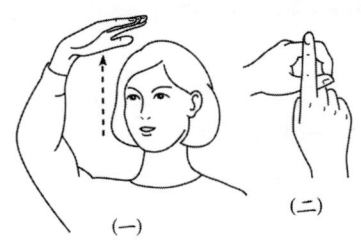

高中 gāozhōng
（一）一手横伸，掌心向下，向上移过头顶。
（二）左手拇、食指与右手食指搭成"中"字形。

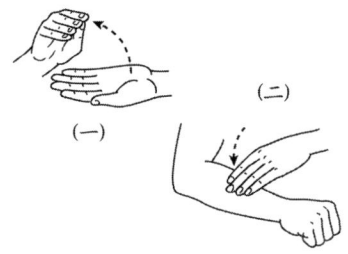

膏药 gāo·yao
（一）左手横伸；右手五指相捏，指尖朝下，在左手掌心上模仿揭膏药的动作。
（二）左手五指并拢，贴向右臂。
（可根据实际表示贴膏药的部位）

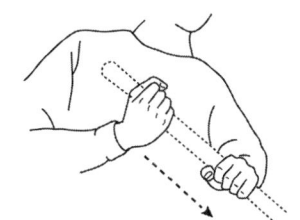

篙 gāo
双手虚握，一上一下，用力向下一撑，如用篙撑船状。

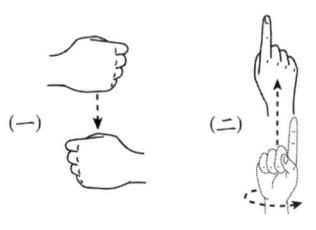

搞活 gǎohuó
（一）双手握拳，一上一下，右拳向下砸一下左拳。
（二）一手食指直立，边转动手腕边向上移动。

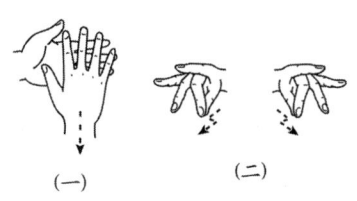

稿纸 gǎozhǐ
（一）双手五指张开，一横一竖搭成方格形，然后左手不动，右手向下移。
（二）双手拇、中指相捏，指尖朝下，微抖几下。

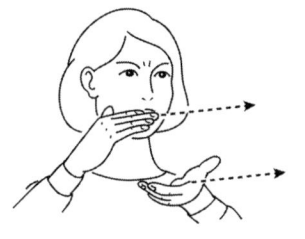

告状（控告、报告、汇报）
gàozhuàng（kònggào、bàogào、huìbào）
双手横伸，掌心上下相对，从嘴前向前上方移出。

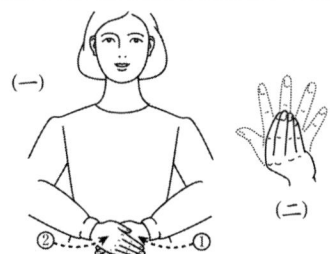

仡佬族 Gēlǎozú
（一）双手五指并拢，左手先贴于腹部，右手再斜向贴于左手背。
（二）一手五指张开，指尖朝上，然后撮合。

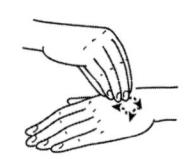

疙瘩 gē·da
右手五指撮合，指尖在左手背上随意点几下，表示身上起的疙瘩。
（可根据实际表示疙瘩的样子）

哥哥 gē·ge
一手伸中指，指尖朝上，指面贴于颊部，然后手直立，掌心贴于头一侧，前后移动两下。

哥伦比亚 Gēlúnbǐyà
左手横伸；右手肘部立于左手背上，右手打手指字母"C"的指式，表示哥伦比亚英文国名首字母，顺时针转动一圈。
（此为国外聋人手语）

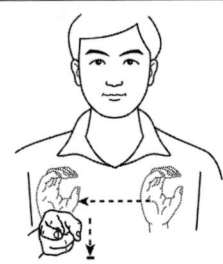

哥斯达黎加 Gēsīdálíjiā
右手打手指字母"C"的指式，虎口朝内，从左向右移动，然后食、中指相叠，指尖朝前，向下一顿，表示哥斯达黎加西班牙文国名的首字母。
（此为国外聋人手语）

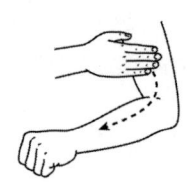

胳膊（臂膀） gē·bo（bìbǎng）
左手握拳屈肘；右手从左上臂划至左小臂。

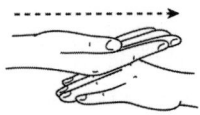

搁浅 gēqiǎn
左手横伸，手背拱起；右手横伸，掌心凹进，仿船形，然后移至左手指背上。

割 gē
左手虚握,虎口朝下;右手平伸,掌心向上,在左拳下方模仿割东西的动作。
(可根据实际表示割的动作)

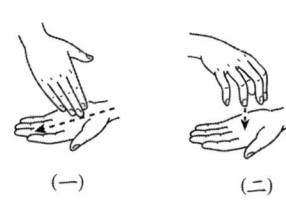
割据 gējù
(一)左手横伸;右手食、中、无名、小指并拢,指尖朝下,在左手掌心上横划一下。
(二)左手横伸;右手五指弯曲,指尖朝下,按向左手掌心。

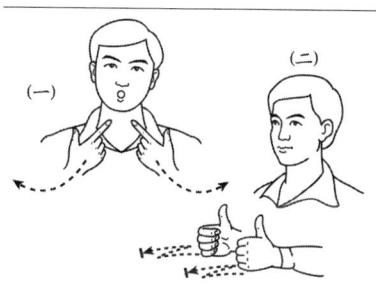
歌颂 gēsòng
(一)双手伸拇、食指,食指尖对着喉部,然后同时向外移出,口张开。
(二)双手伸拇指,向前顿两下。

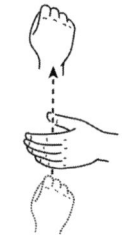
革命(起义) gémìng (qǐyì)
左手五指弯曲,虎口朝上;右手握拳,手背向外,从左手虎口处向上一举。

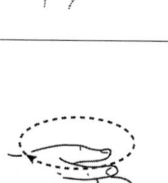
格林纳达 Gélínnàdá
左手横伸;右手拇、食指微张,虎口朝上,表示格林纳达英文国名首字母,在左手掌心上顺时针转动一圈。
(此为国外聋人手语)

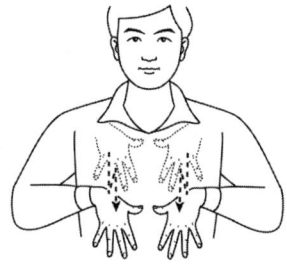
格鲁吉亚 Gélǔjíyà
双手五指张开,指尖朝下,掌心向内,从胸部两侧同时向下移动两下。
(此为国外聋人手语)

隔壁 gébì

左手侧立；右手伸食指，在左手上方朝左指两下，表示墙那边是隔壁。

（可根据实际表示隔壁的位置）

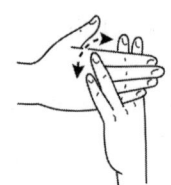

隔开 gékāi

左手直立，掌心向内；右手侧立，置于左手中、无名指指缝间，向两侧做分开的动作。

（可根据实际表示隔开的动作）

个 gè

左手伸拇、食指，虎口朝外，与右手食指搭成"个"字形。

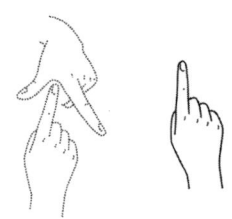

个别 gèbié

左手伸拇、食指，虎口朝外，与右手食指搭成"个"字形，然后右手食指直立，手背向外。

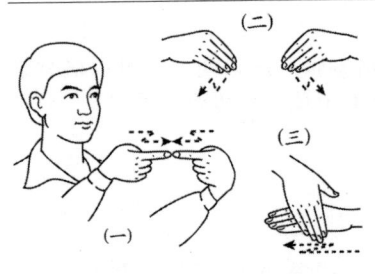

个别化教育计划 gèbiéhuà jiàoyùjìhuà

（一）双手伸食指，指尖前后相对，然后互碰两下，表示一对一、有针对性的意思。

（二）双手五指撮合，指尖相对，手背向外，在胸前向前晃动两下。

（三）左手横伸，掌心向下；右手食、中、无名、小指并拢，指尖朝下，沿左手小指外侧划两下。

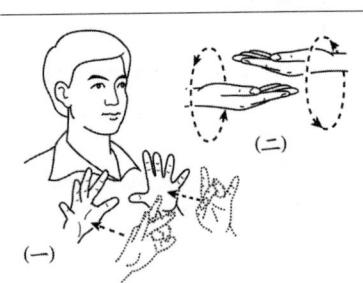

个体户 gètǐhù

（一）双手拇、中指相捏，虎口朝内，边碰向同侧胸部边张开。

（二）双手横伸，掌心向上，前后交替转动两下。

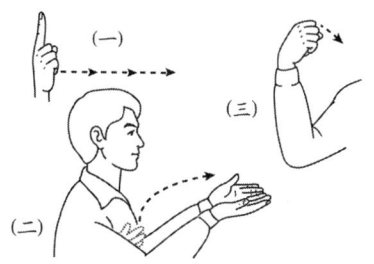

各尽所能 gèjìn-suǒnéng
（一）一手食指直立，向一侧一顿一顿移动几下。
（二）双手横立，掌心向内，贴于身上，向前上方移动，手平伸，掌心向上。
（三）一手握拳屈肘，用力向内弯动一下。

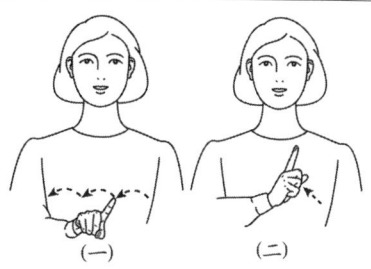

各自 gèzì
（一）右手伸食指，指尖朝前，从左向右点几下。
（二）右手食指直立，虎口朝内，贴向左胸部。

给 gěi
一手五指撮合，掌心向上，边向外移动边变为手平伸，如给别人东西状。
（可根据实际表示给的动作）

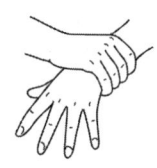

根❶ gēn❶
左手五指张开，手背向上；右手握住左手腕。

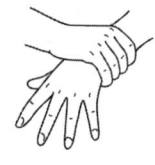

根据（鉴于） gēnjù (jiànyú)
左手握拳，手背向上；右手握住左手腕。

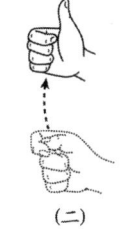

根源 gēnyuán
（一）左手五指张开，手背向上；右手握住左手腕。
（二）一手拇、食指相捏，然后边向上移动边弹出拇指。

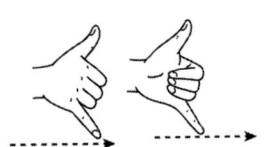

跟（跟随、随着） gēn（gēnsuí、suí·zhe）
双手伸拇、小指，一前一后，同时向前移动。
（可根据实际表示跟的动作）

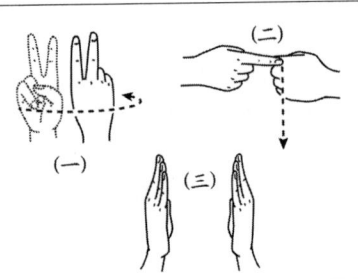

更年期 gēngniánqī
（一）一手食、中指直立分开，由掌心向外翻转为掌心向内。
（二）左手握拳，手背向外，虎口朝上；右手食指横伸，手背向外，自左手食指根部关节向下划。
（三）双手直立，掌心左右相对。

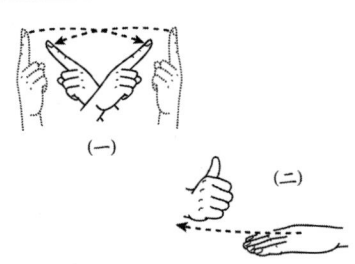

更新 gēngxīn
（一）双手食指直立，然后左右交叉互换位置。
（二）左手横伸；右手伸拇指，在左手背上从左向右划出。

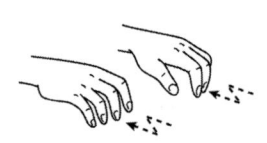

耕地❶（农） gēngdì ❶（Nóng）
双手五指弯曲，掌心向下，一前一后，向后移动两下，模仿耙地的动作，表示耕地的动词意思；也用于表示姓氏"农"。

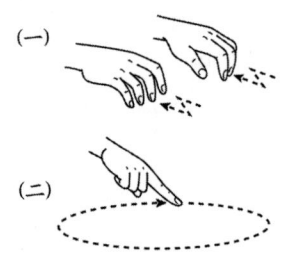

耕地❷ gēngdì ❷
（一）双手五指弯曲，掌心向下，一前一后，向后移动两下，模仿耙地的动作。
（二）一手伸食指，指尖朝下划一大圈。
（此手势表示耕地的名词意思）

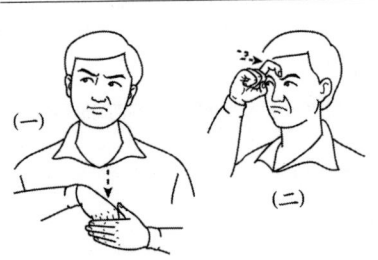

耿耿于怀 gěnggěngyúhuái
（一）左手横立；右手五指并拢，指尖朝下，插入左手掌心内，面露不满的表情。
（二）一手打手指字母"J"的指式，碰两下前额，面露不满的表情。

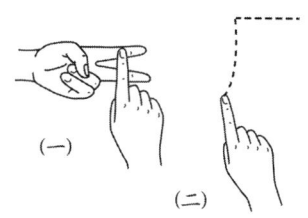

工厂 gōngchǎng
（一）左手食、中指与右手食指搭成"工"字形。
（二）一手伸食指，指尖朝前，书空"厂"字形。

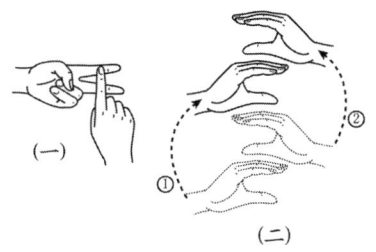

工程 gōngchéng
（一）左手食、中指与右手食指搭成"工"字形。
（二）双手五指成"⊏⊐"形，虎口朝内，交替上叠，模仿垒砖的动作。

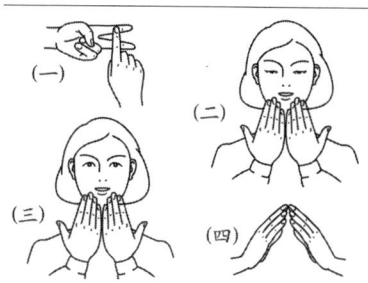

工读学校 gōngdú xuéxiào
（一）左手食、中指与右手食指搭成"工"字形。
（二）双手斜伸，掌心向内，置于身前，眼睛注视双手，如读书状。
（三）双手斜伸，掌心向内，置于身前。
（四）双手搭成"∧"形。

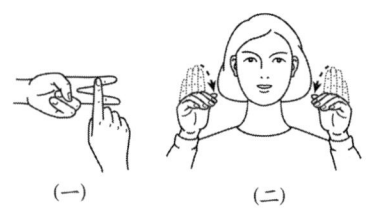

工会 gōnghuì
（一）左手食、中指与右手食指搭成"工"字形。
（二）双手直立，掌心分别向左右斜前方，食、中、无名、小指弯动一下。

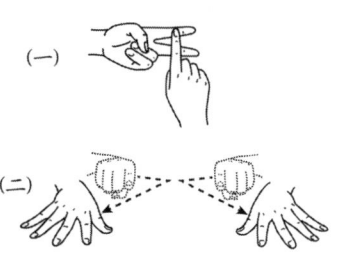

工具 gōngjù
（一）左手食、中指与右手食指搭成"工"字形。
（二）双手食指指尖朝前，手背向上，先互碰一下，再分开并张开五指。

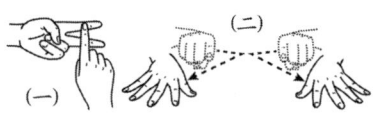
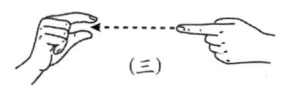

工具栏 gōngjùlán
（一）左手食、中指与右手食指搭成"工"字形。
（二）双手食指指尖朝前，手背向上，先互碰一下，再分开并张开五指。
（三）左手食指横伸；右手拇、食指张开，指尖朝左，从左手食指处向右拉动。

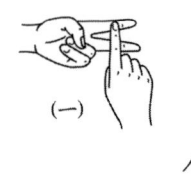

工人 gōngrén
（一）左手食、中指与右手食指搭成"工"字形。
（二）双手食指搭成"人"字形。

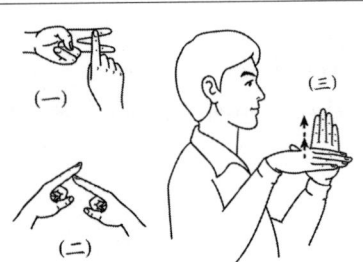

工人阶级 gōngrén jiējí
（一）左手食、中指与右手食指搭成"工"字形。
（二）双手食指搭成"人"字形。
（三）左手直立，掌心向右；右手平伸，掌心向下，在左手掌心上向上一顿一顿移动两下。

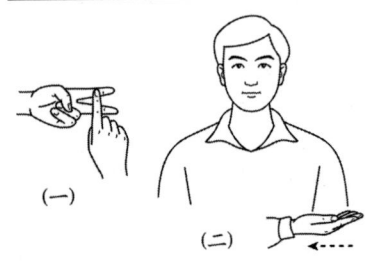

工伤 gōngshāng
（一）左手食、中指与右手食指搭成"工"字形。
（二）右手横伸，掌心向上，在左上臂划一下。
（可根据实际表示工伤的状态）

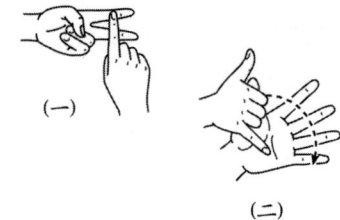

工序 gōngxù
（一）左手食、中指与右手食指搭成"工"字形。
（二）左手侧立，五指张开；右手伸拇、小指，从左手拇指转向左手小指。

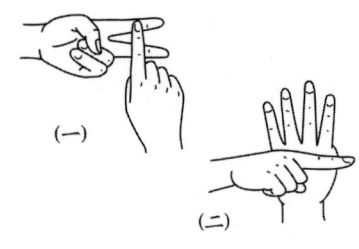

工业 gōngyè
（一）左手食、中指与右手食指搭成"工"字形。
（二）左手食、中、无名、小指直立分开，手背向外；右手食指横伸，置于左手四指根部，仿"业"字形。

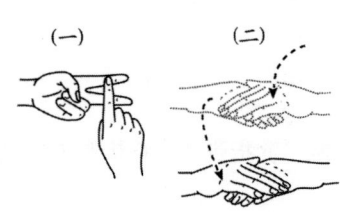

工艺 gōngyì
（一）左手食、中指与右手食指搭成"工"字形。
（二）双手横伸，掌心向下，互拍手背。

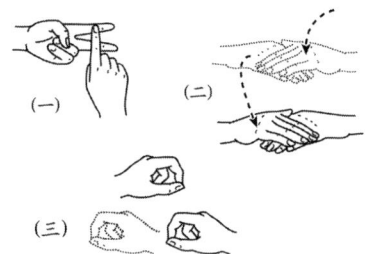

工艺品 gōngyìpǐn
（一）左手食、中指与右手食指搭成"工"字形。
（二）双手横伸，掌心向下，互拍手背。
（三）双手拇、食指捏成圆形，虎口朝内，左手在上不动，右手在下连打两下，仿"品"字形。

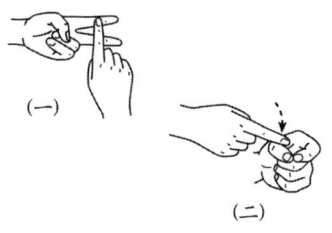

工资（工钱） gōngzī (gōng·qián)
（一）左手食、中指与右手食指搭成"工"字形。
（二）左手拇、食指捏成圆形，虎口朝上；右手伸食指，敲一下左手拇指。

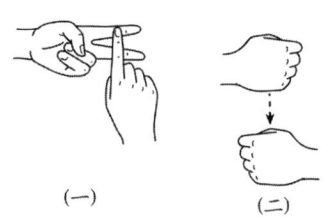

工作①（上班①） gōngzuò① (shàngbān①)
（一）左手食、中指与右手食指搭成"工"字形。
（二）双手握拳，一上一下，右拳向下砸一下左拳。

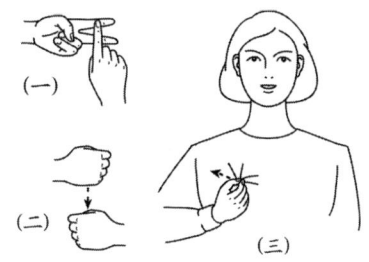

工作服 gōngzuòfú
（一）左手食、中指与右手食指搭成"工"字形。
（二）双手握拳，一上一下，右拳向下砸一下左拳。
（三）一手拇、食指揪一下胸前衣服。

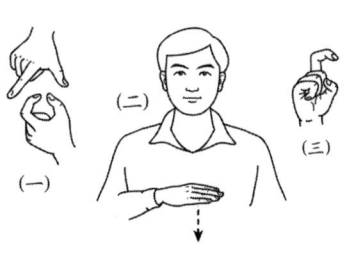

公安局 gōng'ānjú
（一）双手拇、食指搭成"公"字形，虎口朝外。
（二）一手横伸，掌心向下，自胸部向下一按。
（三）一手打手指字母"J"的指式。

公布（公开、揭晓） gōngbù (gōngkāi、jiēxiǎo)
双手拇、食指先搭成"公"字形，虎口朝上，然后向前方两侧做弧形移动。

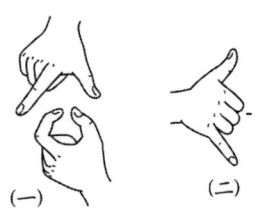

公出（出差） gōngchū (chūchāi)

（一）双手拇、食指搭成"公"字形，虎口朝外。
（二）一手伸拇、小指，指尖朝外，从内向外移动。

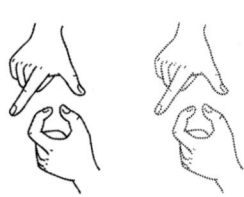

公公 gōng·gong

双手拇、食指搭成"公"字形，虎口朝外，然后向一侧移动一下。

 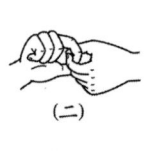

公关 gōngguān

（一）双手拇、食指搭成"公"字形，虎口朝外。
（二）双手拇、食指套环。

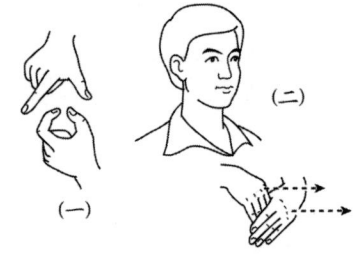

公函 gōnghán

（一）双手拇、食指搭成"公"字形，虎口朝外。
（二）左手五指成"冂"形，虎口朝上；右手五指并拢，指尖朝下，插入左手虎口内，然后双手同时向外移动。

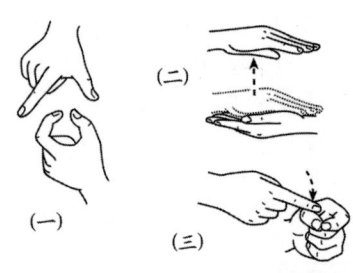

公积金 gōngjījīn

（一）双手拇、食指搭成"公"字形，虎口朝外。
（二）双手横伸，掌心相贴，左手在下不动，右手向上移动，表示积累的意思。
（三）左手拇、食指捏成圆形，虎口朝上；右手伸食指，敲一下左手拇指。

公交车 gōngjiāochē

一手虚握，虎口朝内，前后移动两下，如握公交车上方把手状。

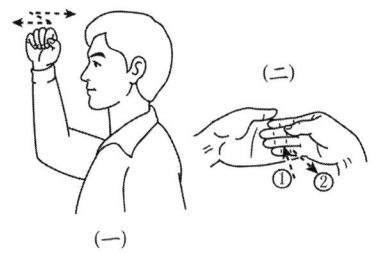

公交卡（交通卡） gōngjiāokǎ (jiāotōngkǎ)
（一）一手虚握，虎口朝内，前后移动两下，如握公交车上方把手状。
（二）左手横立，掌心向内，五指并拢，在前不动；右手五指撮合，指背贴一下左手掌心，然后移开，模仿刷卡的动作。

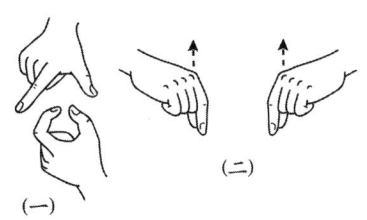

公斤（千克） gōngjīn (qiānkè)
（一）双手拇、食指搭成"公"字形，虎口朝外。
（二）双手拇、食指相捏，指尖朝下，向上微移一下。

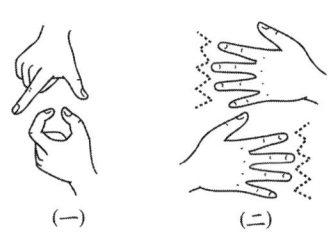

公历（阳历） gōnglì (yánglì)
（一）双手拇、食指搭成"公"字形，虎口朝外。
（二）双手横立，手背向外，一上一下，五指张开，交替点动几下。上面的手代表月份，下面的手代表日期。

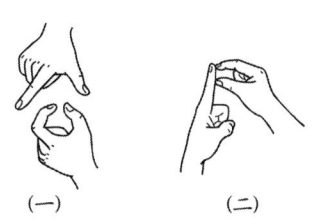

公民 gōngmín
（一）双手拇、食指搭成"公"字形，虎口朝外。
（二）左手食指与右手拇、食指搭成"民"字的一部分。

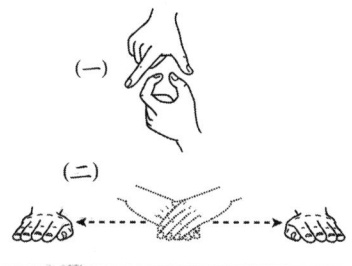

公平 gōngpíng
（一）双手拇、食指搭成"公"字形，虎口朝外。
（二）双手五指并拢，掌心向下，交叉相搭，然后分别向两侧移动。

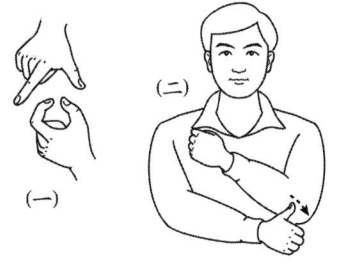

公仆 gōngpú
（一）双手拇、食指搭成"公"字形，虎口朝外。
（二）左臂抬起，左手握拳，手背向外；右手伸拇指，指尖在左手肘部向下划一下。

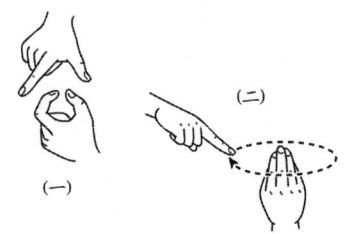

公社 gōngshè
（一）双手拇、食指搭成"公"字形，虎口朝外。
（二）左手五指撮合，指尖朝上；右手伸食指，指尖朝下，绕左手转动一圈。

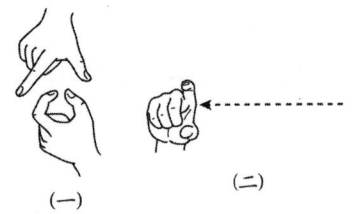

公式 gōngshì
（一）双手拇、食指搭成"公"字形，虎口朝外。
（二）一手拇、食指张开，指尖朝前，向一侧移动一下。

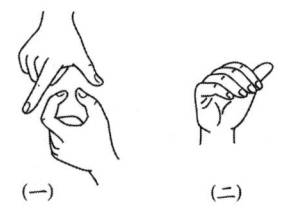

公司 gōngsī
（一）双手拇、食指搭成"公"字形，虎口朝外。
（二）一手打手指字母"S"的指式。

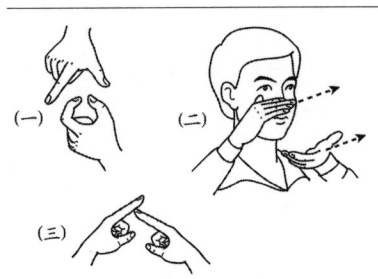

公诉人 gōngsùrén
（一）双手拇、食指搭成"公"字形，虎口朝外。
（二）双手横伸，掌心上下相对，从嘴前向前上方移出。
（三）双手食指搭成"人"字形。

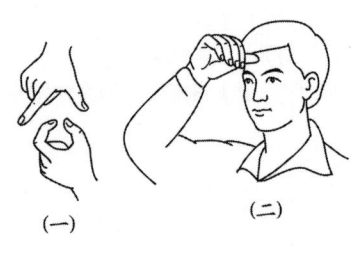

公孙 Gōngsūn
（一）双手拇、食指搭成"公"字形，虎口朝外。
（二）一手打手指字母"S"的指式，拇指尖抵于前额。
（此手势表示复姓"公孙"）

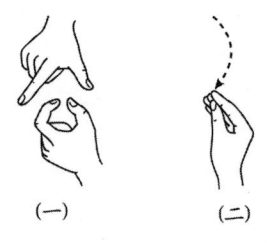

公文 gōngwén
（一）双手拇、食指搭成"公"字形，虎口朝外。
（二）一手五指撮合，指尖朝前，撇动一下，如执毛笔写字状。

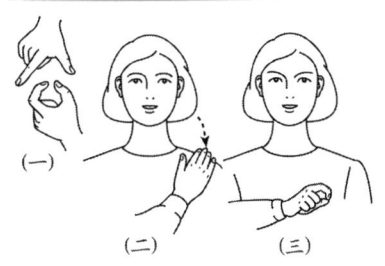

公务员 gōngwùyuán
（一）双手拇、食指搭成"公"字形，虎口朝外。
（二）右手拍一下左肩。
（三）右手拇、食指捏成圆形，虎口朝内，贴于左胸部。

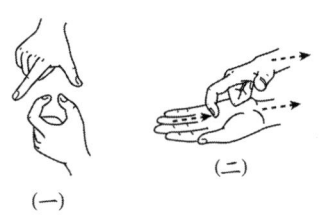

公益 gōngyì
（一）双手拇、食指搭成"公"字形，虎口朝外。
（二）左手平伸；右手伸拇、食指，食指边向后划一下左手掌心边缩回，双手同时向内移动。

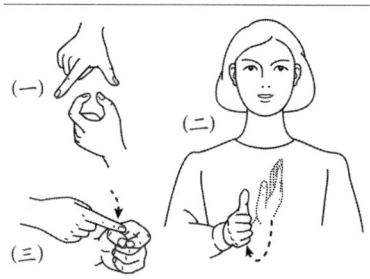

公益金 gōngyìjīn
（一）双手拇、食指搭成"公"字形，虎口朝外。
（二）右手直立，掌心向右，小指外侧贴于胸部正中，先向下再向外上方移动，并伸出拇指。
（三）左手拇、食指捏成圆形，虎口朝上；右手伸食指，敲一下左手拇指。

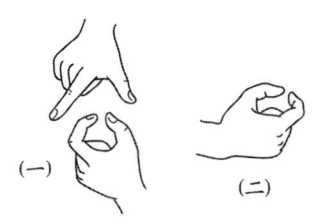

公元 gōngyuán
（一）双手拇、食指搭成"公"字形，虎口朝外。
（二）一手拇、食指成圆形，指尖稍分开。

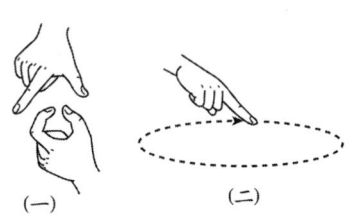

公园 gōngyuán
（一）双手拇、食指搭成"公"字形，虎口朝外。
（二）一手伸食指，指尖朝下划一大圈。

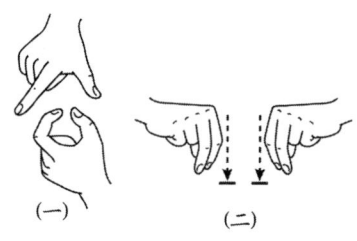

公约 gōngyuē
（一）双手拇、食指搭成"公"字形，虎口朝外。
（二）双手拇、食、中指相捏，指尖朝下，同时向下一顿。

公正 gōngzhèng

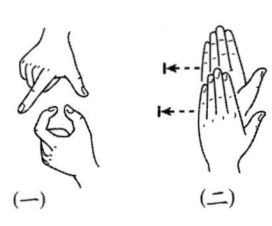

（一）双手拇、食指搭成"公"字形，虎口朝外。
（二）双手直立，掌心左右相对，向前一顿。

公证 gōngzhèng

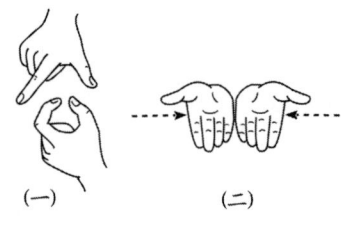

（一）双手拇、食指搭成"公"字形，虎口朝外。
（二）双手平伸，掌心向上，从两侧向中间移动并互碰。

公主 gōngzhǔ

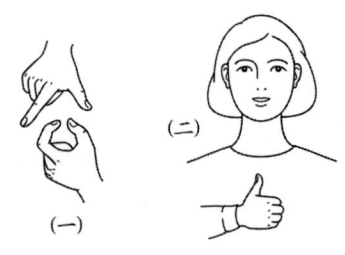

（一）双手拇、食指搭成"公"字形，虎口朝外。
（二）一手伸拇指，贴于胸部。

功臣 gōngchén

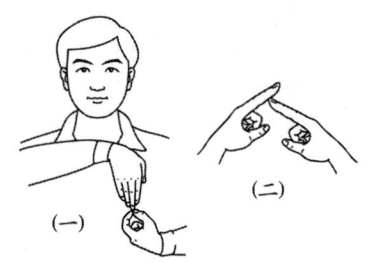

（一）左手拇、食指捏成圆形，虎口朝外，置于左胸前；右手五指并拢，指尖朝下，抵于左手圆形上端，表示佩戴的奖章。
（二）双手食指搭成"人"字形。

功绩（功劳） gōngjì（gōngláo）

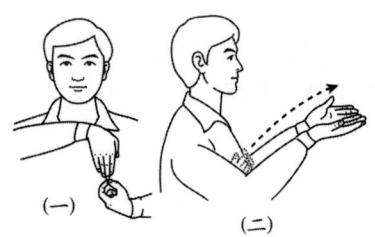

（一）左手拇、食指捏成圆形，虎口朝外，置于左胸前；右手五指并拢，指尖朝下，抵于左手圆形上端，表示佩戴的奖章。
（二）双手横立，掌心向内，贴于身上，向前上方移动，手平伸，掌心向上，表示将全部身心都奉献出来。

功率 gōnglǜ

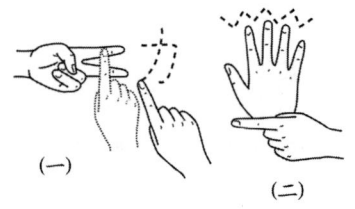

（一）左手食、中指与右手食指先搭成"工"字形，然后右手食指在左手旁书空"力"字，仿"功"字形。
（二）左手食指横伸，手背向外；右手直立，手背向外，手腕贴于左手食指，五指张开，交替点动几下。

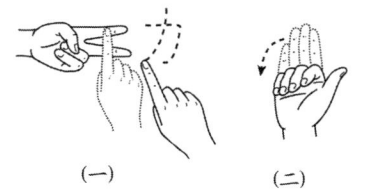

功能 gōngnéng

（一）左手食、中指与右手食指先搭成"工"字形，然后右手食指在左手旁书空"力"字，仿"功"字形。

（二）一手直立，掌心向外，然后食、中、无名、小指弯动一下。

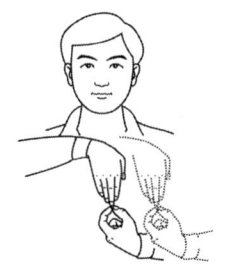

功勋 gōngxūn

左手拇、食指捏成圆形，虎口朝外，置于左胸前；右手五指并拢，指尖朝下，抵于左手圆形上端，双手向一侧移动一下，表示功绩卓著，获得诸多奖章。

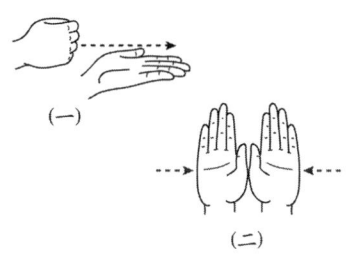

攻关 gōngguān

（一）左手平伸；右手握拳，虎口朝上，从左手掌心上用力向外一击。

（二）双手直立，掌心向外，从两侧向中间移动并互碰。

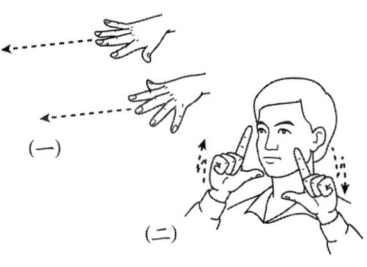

攻势 gōngshì

（一）双手平伸，掌心向下，五指张开，同时用力向前移动一下。

（二）双手拇、食指成"⌊⌋"形，置于脸颊两侧，上下交替动两下。

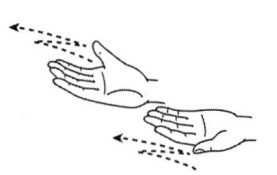
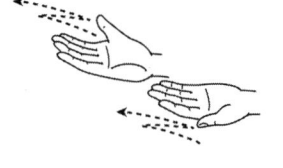

供应 gōngyìng

双手平伸，掌心向上，五指微曲，一前一后，同时向前移动两下，表示物品源源不断地向前供应。

宫 Gōng

双手拇、小指直立，掌心向外，拇指相挨，然后向两侧做弧形移动，表示姓氏"宫"。

宫殿 gōngdiàn

双手搭成"∧"形,然后左右分开并伸出拇、小指,指尖朝上,仿宫殿翘起的飞檐。

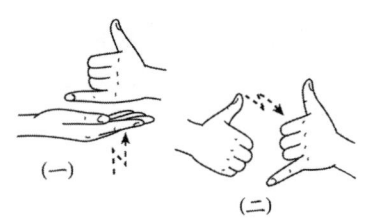

恭维(奉承) gōng·wéi (fèng·cheng)

(一)左手伸拇、小指;右手掌在左手下向上拍两下,表示俗语"拍马屁"的意思。
(二)左手伸拇、小指;右手伸拇指,对着左手点动几下。

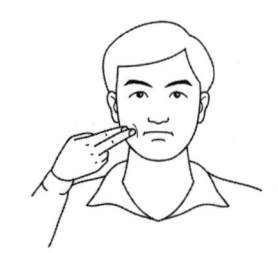

巩 Gǒng

一手食、中指相叠,指尖抵于脸颊一侧,嘴闭拢,表示姓氏"巩"。

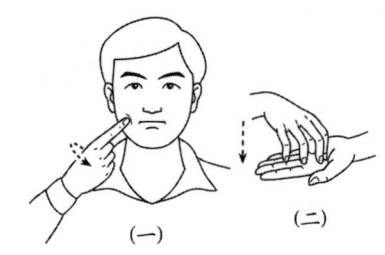

巩固 gǒnggù

(一)一手食指抵于脸颊,向前微转一下,面露坚毅的表情。
(二)左手横伸;右手五指弯曲,指尖朝下,抵于左手掌心,向下一按。

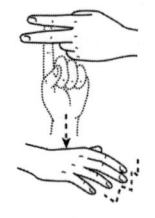
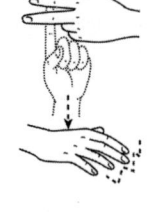

汞(水银) gǒng (shuǐyín)

左手食、中指与右手食指搭成"工"字形,表示"汞"字的上半部,然后右手食指向下移动,手横伸,掌心向下,五指张开,交替点动几下,表示"汞"字的下半部。

共产党 gòngchǎndǎng

双手食、中指搭成"共"字形,手背向上,右手向下碰三下左手;专用于表示共产党。

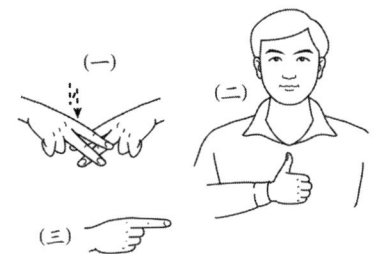

共产主义　gòngchǎn zhǔyì
（一）双手食、中指搭成"共"字形，手背向上，右手向下碰两下左手。
（二）一手伸拇指，贴于胸部。
（三）一手食指横伸，手背向外。"一"与"义"音近，借代。

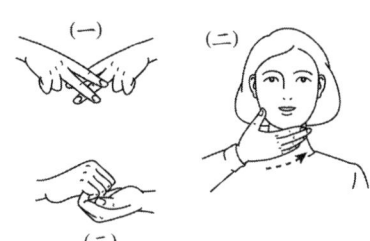

共青团　gòngqīngtuán
（一）双手食、中指搭成"共"字形，手背向上。
（二）一手横立，掌心向内，食、中、无名、小指并拢，在颏部从右向左摸一下。
（三）双手五指弯曲，相互握住。

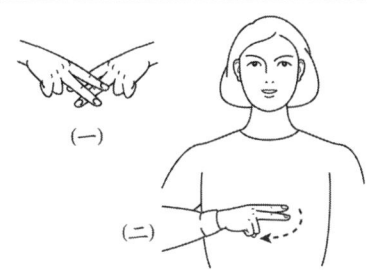

共同　gòngtóng
（一）双手食、中指搭成"共"字形，手背向上。
（二）一手食、中指横伸分开，手背向上，向前移动一下。

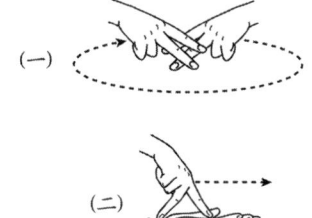

共享单车　gòngxiǎng dānchē
（一）双手食、中指搭成"共"字形，手背向上，平行转动一圈。
（二）左手平伸；右手食、中指前后叉开，指尖朝下，在左手掌心上向前移动。

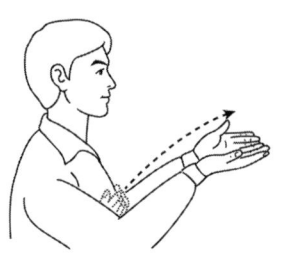

贡献（奉献）　gòngxiàn（fèngxiàn）
双手横立，掌心向内，贴于身上，向前上方移动，手平伸，掌心向上，表示将全部身心都奉献出来。

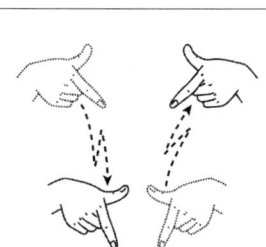

勾兑　gōuduì
双手伸拇、食指，食指尖朝下，向下交替点动几下。

勾结　gōujié

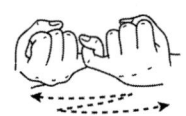

双手小指相互勾住，左右移动两下。

沟通　gōutōng

（一）双手食指相互勾住。

（二）双手食指横伸，指尖相对，手背向外，从两侧向中间交错移动。

狗①　gǒu①

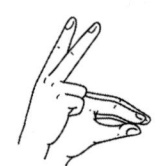

左手五指撮合成尖形，指尖朝前；右手食、中指分开，指尖朝上，置于左手背上，仿狗的头部外形。

狗②　gǒu②

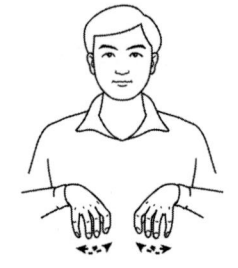

双手（或一手）五指弯曲，指尖朝下，左右晃动两下，表示狗站立时抬起的前腿。

构思　gòusī

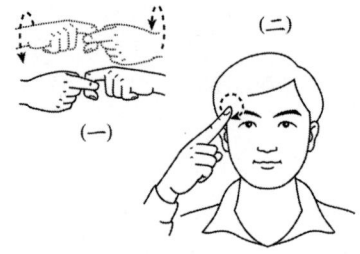

（一）双手食指弯曲，互勾两下。

（二）一手伸食指，在太阳穴前后转动一（或两）圈，面露思考的表情。

够（充足）　gòu（chōngzú）

右手五指成"⌒"形，虎口朝内，碰向左胸部。

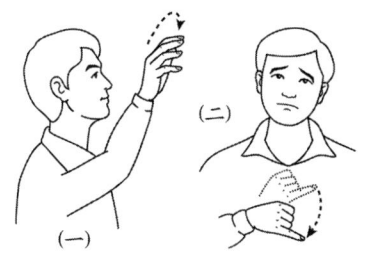

够不着 gòu·buzháo
（一）一手上举，做抓物状。
（二）右手伸小指，指尖朝左，向下甩动一下。
（可根据实际决定手指的朝向）

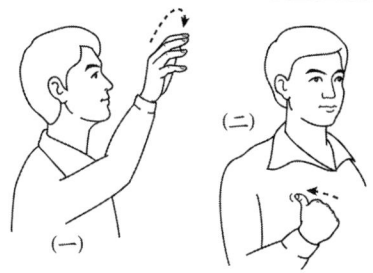

够得着 gòu·dezháo
（一）一手上举，做抓物状。
（二）一手伸拇指，顶一下同侧胸部。
（可根据实际表示够得着的动作）

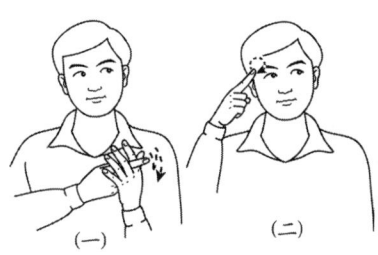

估计 gūjì
（一）左手直立，手背向外，五指张开；右手食指在左手食、中指指缝间点动两下，面露思考的表情。
（二）一手伸食指，在太阳穴前后转动一（或两）圈，面露思考的表情。

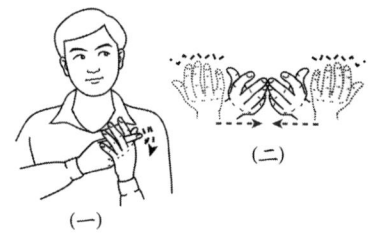

估算 gūsuàn
（一）左手直立，手背向外，五指张开；右手食指在左手食、中指指缝间点动两下，面露思考的表情。
（二）双手五指微曲，掌心向上，边交替点动边互碰。

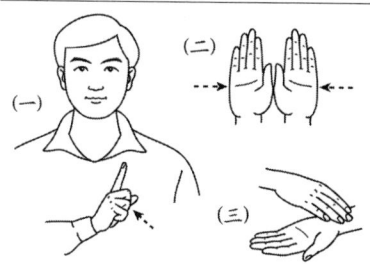

孤独症（自闭症） gūdúzhèng (zìbìzhèng)
（一）一手食指直立，虎口朝内，贴向左胸部。
（二）双手直立，掌心向外，从两侧向中间移动并互碰。
（三）左手平伸，掌心向上；右手五指并拢，食、中、无名指指尖按于左手腕的脉门处。

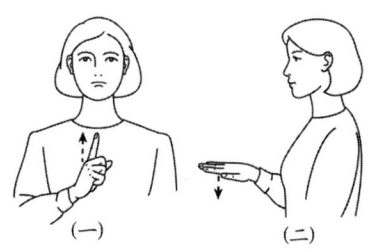

孤儿 gū'ér
（一）一手食指直立，虎口贴于胸部，向上移动少许。
（二）一手平伸，掌心向下，按动一下。

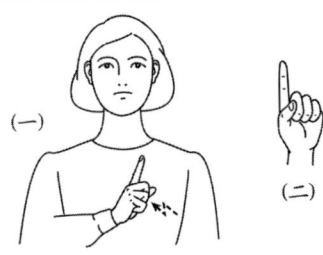

孤立❶ gūlì ❶

（一）右手食指直立，虎口朝内，碰两下左胸部。
（二）一手食指直立，手背向内。
（此手势表示个人不与他人来往而孤立的形容词意思）

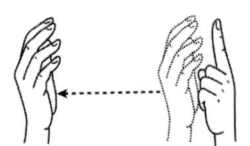

孤立❷ gūlì ❷

左手食指直立；右手直立，掌心向左，五指微曲，从左手食指旁向右移动，表示大家都离开一个人，使其孤立的意思。

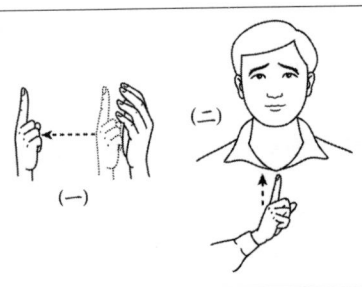

孤僻 gūpì

（一）左手直立，掌心向右，五指微曲；右手食指直立，从左手旁向右移动，表示不合群。
（二）一手食指直立，虎口贴于胸部，向上移动少许。

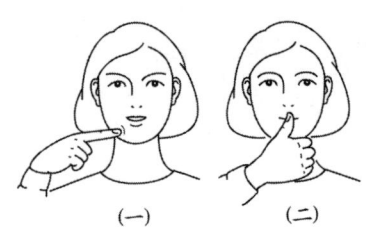

姑父 gū·fu

（一）一手打手指字母"G"的指式，指尖抵于颊部一侧。
（二）右手伸拇指，指尖左侧贴在嘴唇上。

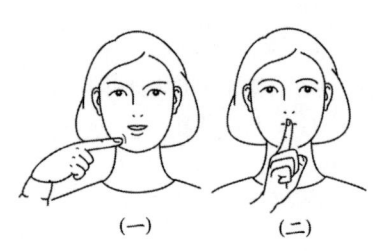

姑母（姑妈） gūmǔ（gūmā）

（一）一手打手指字母"G"的指式，指尖抵于颊部一侧。
（二）右手食指直立，指尖左侧贴在嘴唇上。

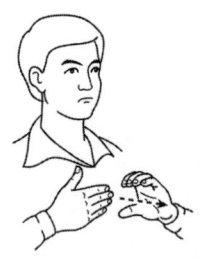

辜负 gūfù

左手五指成"匚"形，虎口朝内；右手横立，掌心向内，在左手虎口内从后向前扇动一下，表示自己辜负了别人（表示别人辜负了自己时，则右手横立，掌心向内，在左手虎口内从前向后扇动一下）。

古巴 Gǔbā

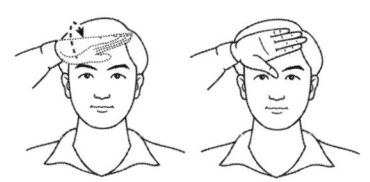

一手横伸,掌心向下,置于前额,然后向外翻转,掌心向外。

(此为国外聋人手语)

古代 gǔdài

(一)双手拇、食指搭成"古"字形。
(二)双手伸食指,手腕交叉相贴,然后前后转动,互换位置。

古典① gǔdiǎn ①

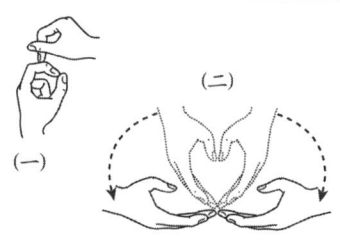

(一)双手拇、食指搭成"古"字形。
(二)双手五指微曲,指尖相对,虎口朝外,然后手腕向两侧转动,模仿翻字典的动作。

古典② gǔdiǎn ②

左手拇、食指搭成"口"字形,虎口朝内;右手拇、食指搭成"十"字形,食指尖朝下,碰两下左手食指背,表示古典的属性词意思。

古籍(古书) gǔjí (gǔshū)

 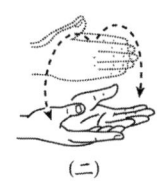

(一)双手拇、食指搭成"古"字形。
(二)双手侧立,掌心相贴,然后向两侧打开。

古迹 gǔjì

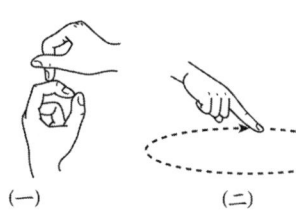

(一)双手拇、食指搭成"古"字形。
(二)一手伸食指,指尖朝下划一大圈。
(可根据实际表示古迹的样子)

古物(古董) gǔwù (gǔdǒng)

(一)双手拇、食指搭成"古"字形。
(二)双手食指指尖朝前,手背向上,先互碰一下,再分开并张开五指。

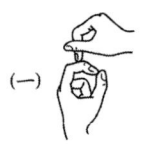
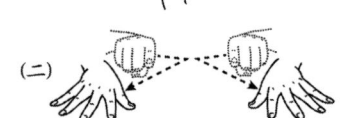

谷雨 gǔyǔ

(一)左手食指微曲,指尖朝右上方;右手拇、食指捏成圆形,从左手食指尖向下移动,如谷子垂穗状。
(二)双手五指微曲,指尖朝下,在头前快速向下动几下,表示雨点落下。

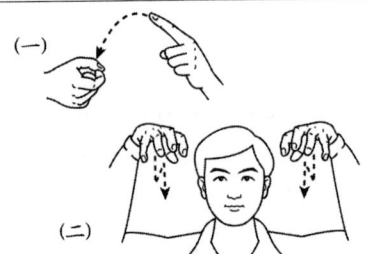

谷子(谷) gǔ·zi (Gǔ)

左手食指微曲,指尖朝右上方;右手拇、食指捏成圆形,从左手食指尖向下移动,如谷子垂穗状。也用于表示姓氏"谷"。

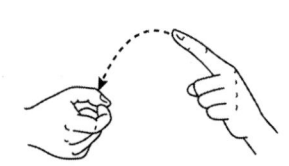

股 gǔ

一手打手指字母"G"的指式,表示机构名称。

股东 gǔdōng

(一)左手伸拇指,手背向外;右手食、中指并拢,掌心向上,碰一下左手小鱼际处。
(二)一手伸拇指,贴于胸部。

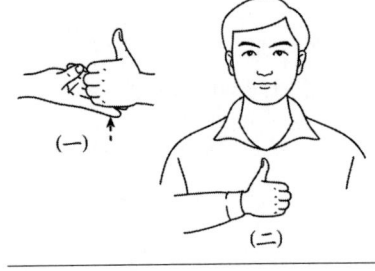

股份 gǔfèn

(一)左手伸拇指,手背向外;右手食、中指并拢,掌心向上,碰一下左手小鱼际处。
(二)左手横伸;右手侧立,置于左手掌心上,并左右拨动一下。"分"与"份"音形相近,借代。

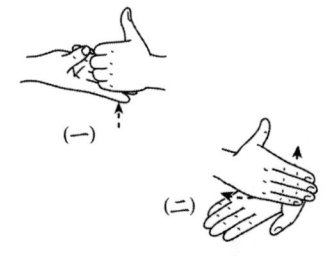

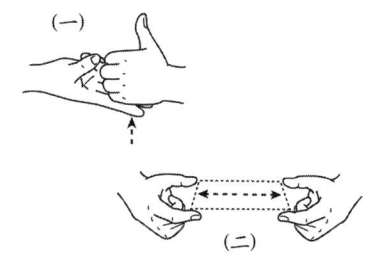

股票 gǔpiào

（一）左手伸拇指，手背向外；右手食、中指并拢，掌心向上，碰一下左手小鱼际处。

（二）双手拇、食指张开，指尖相对，虎口朝上，从中间向两侧移动。

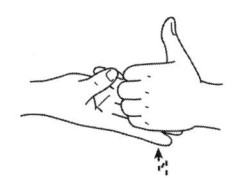

股市 gǔshì

左手伸拇指，手背向外；右手食、中指并拢，掌心向上，碰两下左手小鱼际处。

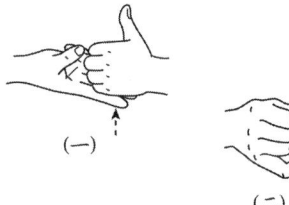

股息 gǔxī

（一）左手伸拇指，手背向外；右手食、中指并拢，掌心向上，碰一下左手小鱼际处。

（二）一手小指弯曲，指尖朝上，向上微动一下。

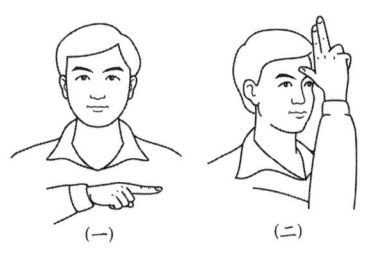

股长 gǔzhǎng

（一）右手打手指字母"G"的指式，虎口贴于左胸部，表示职务名称。

（二）一手伸拇、食、中指，拇指尖抵于前额，食、中指直立并拢。

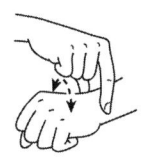

骨 gǔ

左手握拳，手背向上；右手拇、食指张开，卡在左手腕，左手微转两下。

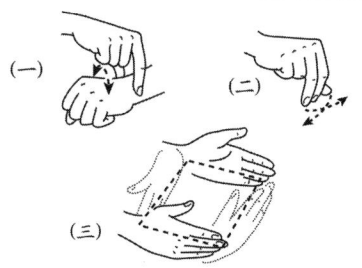

骨灰盒 gǔhuīhé

（一）左手握拳，手背向上；右手拇、食指张开，卡在左手腕，左手微转两下。

（二）一手拇、食、中指相捏，指尖朝下，互捻几下。

（三）双手先横立再侧立，仿骨灰盒形状。

（可根据实际表示骨灰盒的样子）

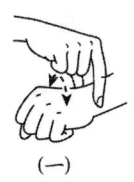 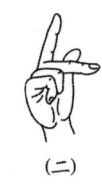

骨科 gǔkē

（一）左手握拳，手背向上；右手拇、食指张开，卡在左手腕，左手微转两下。

（二）一手打手指字母"K"的指式。

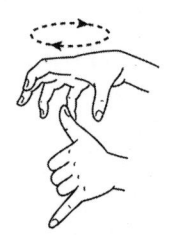

蛊惑 gǔhuò

左手伸拇、小指；右手五指微曲，掌心向下，在左手上转动几圈。

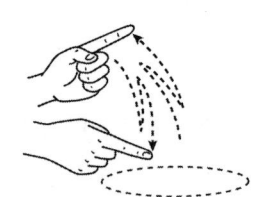

鼓（彭） gǔ (Péng)

双手伸食指，指尖朝前，上下交替动几下，如敲鼓状。既表示鼓的名词意思，又表示敲鼓的意思。"鼓"与"彭"形近，借代，也用于表示姓氏"彭"。

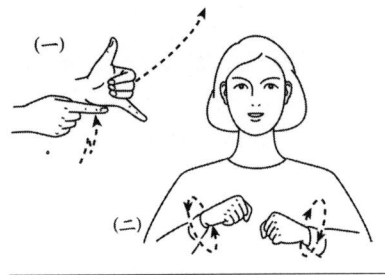

鼓动 gǔdòng

（一）左手伸拇、小指；右手伸食指，连续向上敲击左手小指下缘，左手随之上升。

（二）双手握拳屈肘，前后交替转动两下。

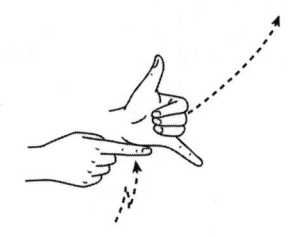

鼓励（鼓舞） gǔlì (gǔwǔ)

左手伸拇、小指；右手伸食指，连续向上敲击左手小指下缘，左手随之上升。

鼓掌（欢迎①） gǔzhǎng (huānyíng ①)

双手鼓掌，面带笑容。

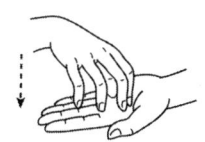

固定（稳定） gùdìng (wěndìng)

左手横伸；右手五指弯曲，指尖朝下，抵于左手掌心，向下一按。

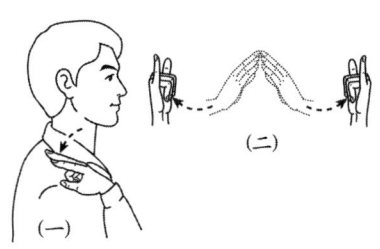

故宫 Gùgōng

（一）一手食、中指相叠，指尖朝后点一下。
（二）双手搭成"∧"形，然后左右分开并伸出拇、小指，指尖朝上，仿宫殿翘起的飞檐。
（此为当地聋人手语）

故事 gù·shi

一手食、中指相叠，指尖朝上，转动两下。

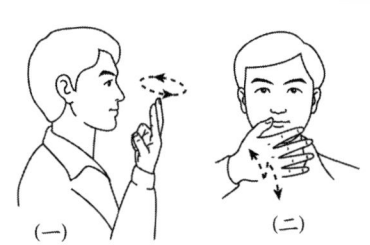

故事片 gù·shipiàn

（一）一手食、中指相叠，指尖朝上，转动两下。
（二）一手横立，掌心向内，五指张开，在面前上下晃动几下。

故意（有意、成心） gùyì (yǒuyì、chéngxīn)

一手拇、食指相捏，从颔部向前下方揪两下。

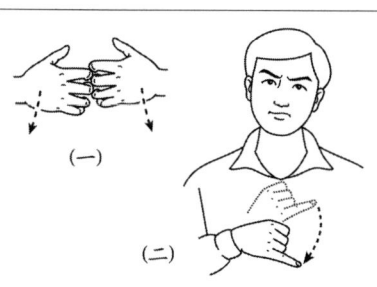

故障 gùzhàng

（一）双手五指弯曲，食、中、无名、小指关节交错相触，向下转动一下。
（二）右手伸小指，指尖朝左，向下甩动一下。

顾　Gù

　　一手拇、食指张开,指尖抵于颈部,然后从后向前移动一下,表示姓氏"顾"。

顾虑　gùlǜ

　　右手直立,掌心向左,五指张开,在太阳穴边交替点动边前后微转,面露疑难的表情。

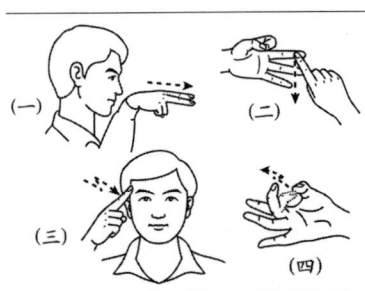

顾名思义　gùmíng-sīyì

　　(一)一手食、中指分开,指尖朝前,手背向上,从眼部向前一指。
　　(二)左手中、无名、小指横伸分开,掌心向内;右手伸食指,自左手中指尖向下划动。
　　(三)一手伸食指,点两下太阳穴。
　　(四)一手平伸,手背向下,拇、中指先相捏,然后弹动两下。

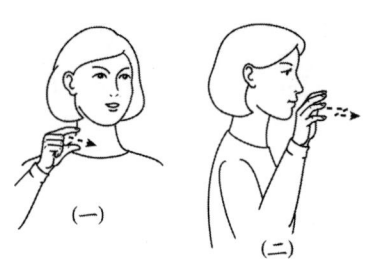

顾问　gùwèn

　　(一)一手拇、食指张开,指尖抵于颈部,然后从后向前移动一下。
　　(二)一手五指微曲,掌心向外,从嘴前向外微移两下。

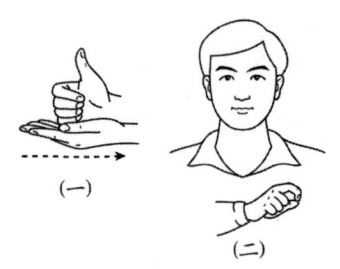

雇员　gùyuán

　　(一)左手平伸;右手伸拇指,置于左手掌心上,双手同时向内移动。
　　(二)右手拇、食指捏成圆形,虎口朝内,贴于左胸部。

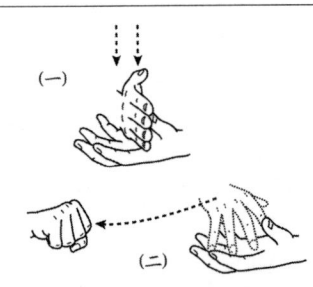

瓜分　guāfēn

　　(一)左手横伸,五指微曲;右手侧立,在左手掌心不同位置上向下切两下。
　　(二)左手横伸,五指微曲;右手五指微曲,指尖朝下,从左手掌心上向右一抓。

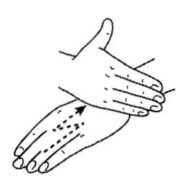
刮 guā

左手横伸；右手侧立，置于左手指背上，然后向左手腕移动两下，模仿刮东西的动作。
（可根据实际表示刮的动作）

刮脸 guāliǎn

一手食指弯曲如钩，在脸颊部向下来回刮动，模仿刮脸的动作。
（可根据实际表示刮脸的动作）

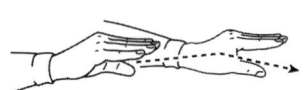
剐蹭 guǎcèng

双手五指成"冂"形，指尖朝前，左手不动，右手虎口向前蹭一下左手虎口，表示两车发生剐蹭。
（可根据实际表示剐蹭的情况）

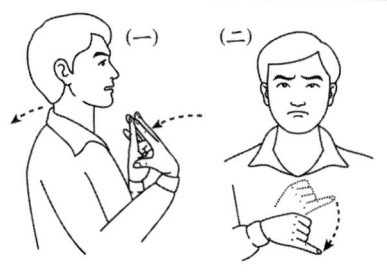
寡不敌众 guǎbùdízhòng

（一）左手食指直立，手背向内，在后；右手五指张开，掌心向内，从外向内压向左手，身体随之后仰。
（二）右手伸小指，指尖朝左，向下甩动一下。
（可根据实际决定手的位置和移动方向）

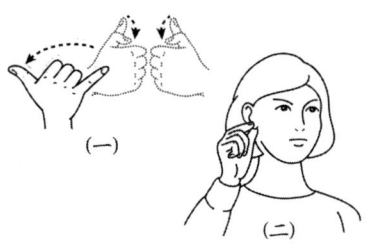
寡妇 guǎ·fu

（一）双手伸拇指，指面相对，手背向外，弯动一下，然后右手向右倒下，拇、小指指尖朝上，表示婚后一方故去。
（二）一手拇、食指捏一下耳垂。

挂① guà ①

左手食指横伸；右手食指弯曲，挂在左手食指上，多表示挂东西的意思。
（可根据实际表示挂的动作）

挂② guà ②

左手拇、食指张开,虎口朝内;右手食指弯曲,挂在左手拇指上,多表示将事情搁置、登记的意思,如"挂账、挂号"。

(可根据实际表示挂的动作)

挂号 guàhào

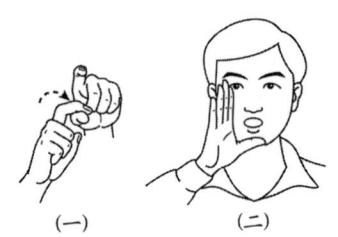

(一)左手拇、食指张开,虎口朝内;右手食指弯曲,挂在左手拇指上。

(二)一手五指成"⌋"形,虎口贴于嘴边,口张开。

挂号信 guàhàoxìn

 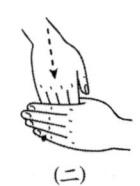

(一)左手拇、食指张开,虎口朝内;右手食指弯曲,挂在左手拇指上。

(二)左手五指成"匚"形,虎口朝上;右手五指并拢,指尖朝下,插入左手虎口内。

挂历(月历) guàlì (yuèlì)

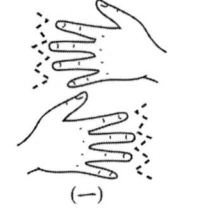 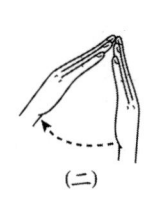

(一)双手横立,手背向外,一上一下,五指张开,交替点动几下。上面的手代表月份,下面的手代表日期。

(二)双手直立,掌心前后相贴,然后右手向上做翻动的动作。

挂面 guàmiàn

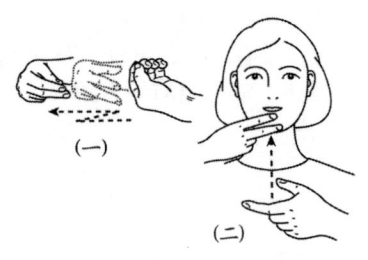

(一)左手五指弯曲,虎口朝前;右手伸拇、食、中指,边连续从左手虎口处向外移动边相捏,模仿抽取挂面的动作。

(二)左手拇、食指成半圆形,虎口朝上;右手食、中指分开,指尖朝下,边从下向上移动边指尖对着嘴部,如用筷子夹面条状。

挂失 guàshī

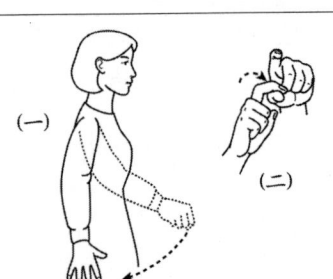

(一)一手虚握,向身后一甩,五指张开。

(二)左手拇、食指张开,虎口朝内;右手食指弯曲,挂在左手拇指上。

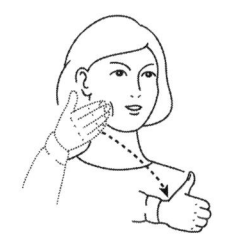

乖 guāi

一手食、中、无名、小指并拢,指尖抵于脸颊,然后边向外移动边伸出拇指。

(可根据实际表示乖的样子)

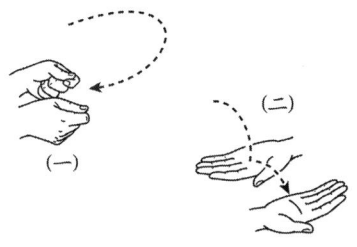

拐卖 guǎimài

(一)双手拇、食指相捏,掌心相对,虎口朝上,先向外甩动一下,再向后一拉,表示用绳套套住别人。

(二)双手横伸,右手背在左手掌心上拍一下,然后向外移动。

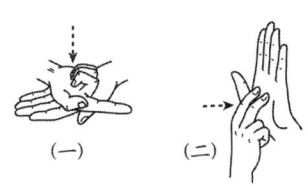

关键词 guānjiàncí

(一)左手横伸;右手伸食指,拇指尖按于食指根部,手背向下,用力砸向左手掌心,表示程度重。

(二)左手直立,掌心向外;右手食、中指弯曲,指尖朝内,点一下左手掌心。

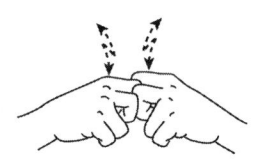

关节 guānjié

双手食、中指弯曲,相互咬住,手背向上,上下弯动两下。

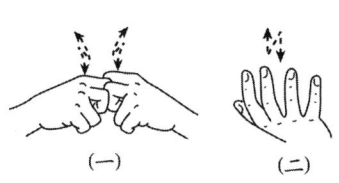

关节炎 guānjiéyán

(一)双手食、中指弯曲,相互咬住,手背向上,上下弯动两下。

(二)一手五指微曲,指尖朝上,上下微动几下。

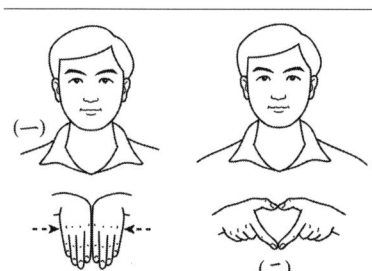

关心(关怀) guānxīn (guānhuái)

(一)双手垂立,手背向外,五指并拢,从两侧向中间移动并互碰。

(二)双手拇、食指张开仿"♡"形,手背向外,置于胸部。

关于　guānyú

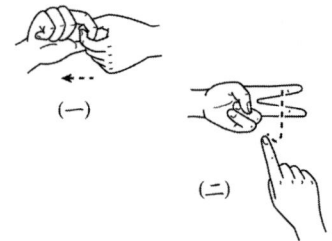

（一）双手拇、食指套环，向一侧微移一下。
（二）左手食、中指横伸分开，掌心向内；右手伸食指，在左手两指上书空"丿"，仿"于"字形。

关照（照顾）　guānzhào（zhàogù）

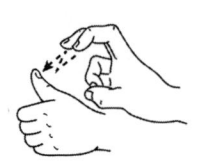

左手伸拇指，在前；右手食、中指微曲，在后，指尖对着左手拇指点两下。

观察室　guāncháshì

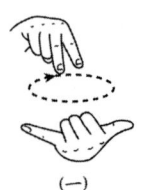 

（一）左手伸拇、小指，手背向下；右手伸食、中指，指尖对着左手平行转动一（或两）圈，表示医生观察病人。
（二）双手搭成"∧"形。

观点　guāndiǎn

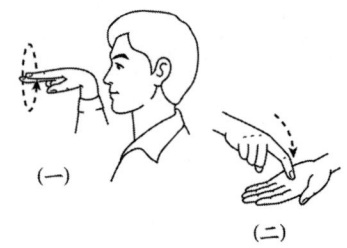

（一）一手食、中指分开，指尖朝前，手背向上，在面前转动一圈。
（二）左手横伸；右手伸食指，指尖朝下，在左手掌心上点一下。

观光电梯　guānguāng diàntī

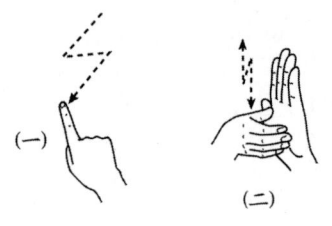

（一）一手食指书空"彡"形。
（二）左手直立，掌心向右；右手五指成半圆形，虎口朝上，指尖抵于左手掌心，然后上下移动几下。

观摩　guānmó

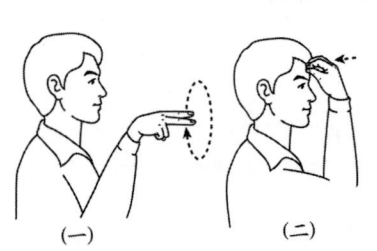

（一）一手食、中指分开，指尖朝前，手背向上，在面前转动一圈。
（二）一手五指撮合，指尖朝内，按向前额。

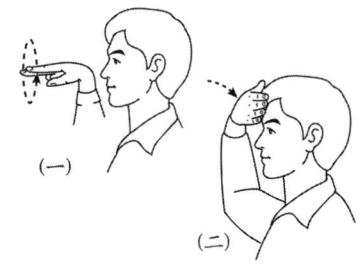

观念 guānniàn

（一）一手食、中指分开，指尖朝前，手背向上，在面前转动一圈。
（二）一手拍一下前额。

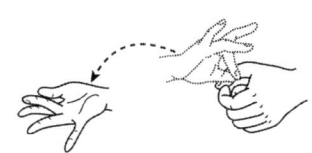

观音菩萨 Guānyīn púsà

左手五指捏成圆形，虎口朝上；右手拇、中指相捏，其他三指伸出，从左手虎口内移出并甩动一下，掌心向上。

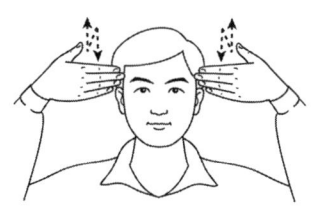

官①（宰相、丞相、臣）
guān ①（zǎixiàng、chéngxiàng、chén）

双手横立，掌心向内，指尖抵于太阳穴两侧，并上下晃动两下，表示古代官员。

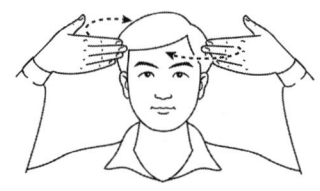

官僚 guānliáo

双手横立，掌心向内，指尖抵于太阳穴两侧，然后双手同时移动，左手指尖抵于前额，右手指尖抵于后脑。

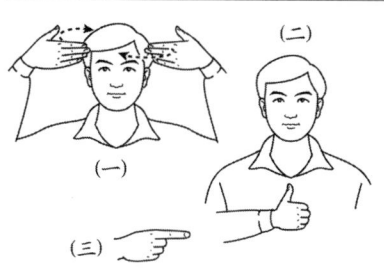

官僚主义 guānliáo zhǔyì

（一）双手横立，掌心向内，指尖抵于太阳穴两侧，然后双手同时移动，左手指尖抵于前额，右手指尖抵于后脑。
（二）一手伸拇指，贴于胸部。
（三）一手食指横伸，手背向外。"一"与"义"音近，借代。

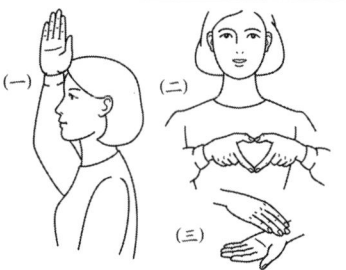

冠心病 guānxīnbìng

（一）右手直立，掌心向左，置于前额，表示鸡冠。
（二）双手拇、食指张开仿"♡"形，手背向外，置于心脏部位。
（三）左手平伸，掌心向上；右手五指并拢，食、中、无名指指尖按于左手腕的脉门处。

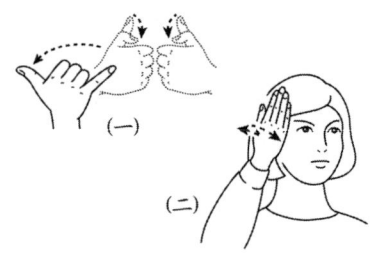

鳏夫 guānfū

（一）双手伸拇指，指面相对，手背向外，弯动一下，然后右手向右倒下，拇、小指指尖朝上，表示婚后一方故去。

（二）一手直立，掌心贴于头一侧，前后移动两下。

管道 guǎndào

双手虚握，虎口相对，从中间向两侧移动。

（可根据实际表示管道的粗细和形状）

管理（治理） guǎnlǐ（zhìlǐ）

（一）右手五指微曲，指尖朝内，按向左肩。

（二）双手侧立，掌心相对，向一侧一顿一顿移动几下。

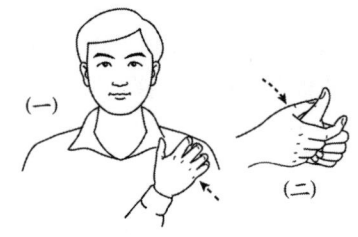

管制 guǎnzhì

（一）右手五指微曲，指尖朝内，按向左肩。

（二）左手伸拇指；右手拇、食指张开，指尖朝前，从后向下套向左手拇指，表示限定了范围。

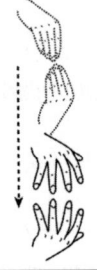

贯彻 guànchè

双手五指撮合，指尖上下相对，边从上向下移动边张开。

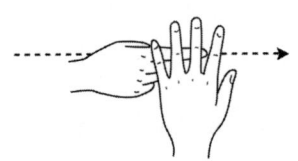

贯穿 guànchuān

左手直立，掌心向内，五指张开；右手食指横伸，在左手后从右向左移动一下。

（可根据实际表示贯穿的意思）

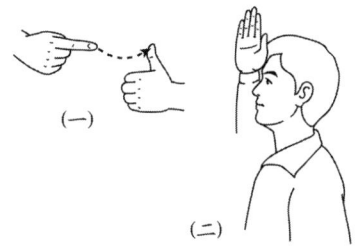

冠军（第一名） guànjūn (dìyīmíng)

（一）左手伸拇指；右手伸食指，碰一下左手拇指。
（二）右手直立，掌心向左，置于前额，表示鸡冠。

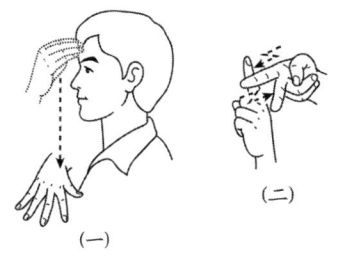

惯性 guànxìng

（一）一手五指撮合，指尖朝内，按于前额，然后边向下移动边张开。
（二）左手食指直立；右手食、中指横伸，指背交替弹左手食指背。

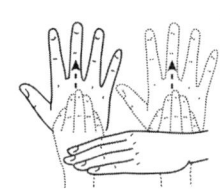

灌木 guànmù

左手横伸，掌心向下；右手五指撮合，指尖朝上，指背贴于左手内侧边缘，然后边向上微移边张开，再移到左手食指处重复一次，表示灌木矮小丛生的特点。

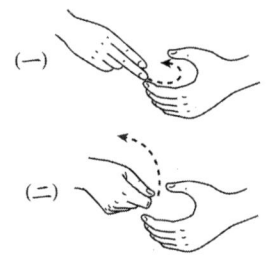

罐头 guàn·tou

（一）左手五指成半圆形，虎口朝上；右手食、中指并拢，指尖朝下，沿左手虎口转动，模仿开罐头的动作。
（二）左手五指成半圆形，虎口朝上；右手拇、食指在左手虎口旁向上一拉，模仿开罐头的动作。
（可根据实际表示开罐头的动作）

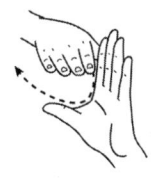

光❷ guāng❷

左手直立，掌心向斜前方，拇指张开；右手平伸，掌心向下，沿左手虎口向右刮一下，表示一点儿不剩的意思。
（可根据实际表示一点儿不剩的情景）

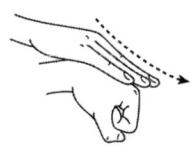

光滑 guānghuá

左手握拳；右手平伸，掌心向下，在左手背上快速向下划动一下，表示物体表面光滑。
（可根据实际表示光滑的状态）

光明(亮) guāngmíng (liàng)

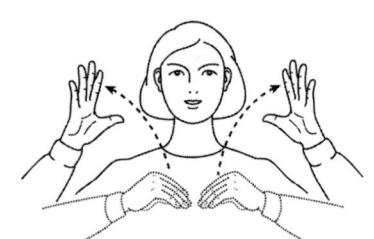

双手五指撮合,手背向上,然后边向两侧上方移动边张开。

光盘 guāngpán

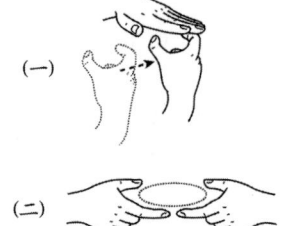

(一)左手横伸;右手拇、食指成半圆形,虎口朝上,从后向前移入左手掌心下。
(二)双手拇、食指成大圆形,虎口朝上。

光圈 guāngquān

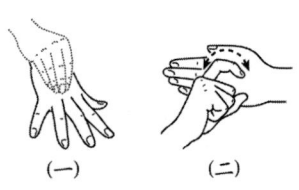

(一)一手五指撮合,指尖朝下,然后张开。
(二)左手横立,手背向外;右手拇、食指弯曲,虎口朝内,在左手前左右转动。

光荣(荣) guāngróng (Róng)

一手虚握,虎口贴于脸颊,然后张开五指,表示脸上有光;也用于表示姓氏"荣"。

广播 guǎngbō

双手五指成"⌊⌋"形,虎口贴于嘴边,向前方两侧移动两下,口张开。

广场(场合、园、环境、领域)
guǎngchǎng (chǎnghé、yuán、huánjìng、lǐngyù)

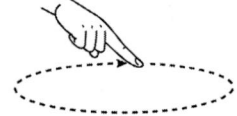

一手伸食指,指尖朝下划一大圈。

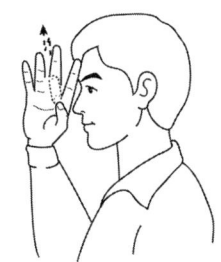

广东(粤)　Guǎngdōng (Yuè)

　　一手食指尖抵于前额,拇、中指相捏,然后弹动两下。

广告　guǎnggào

　　双手横伸,手背向上,置于头前,然后向前移动两下。

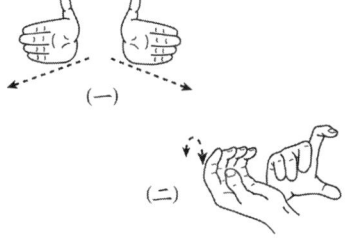

广角镜头　guǎngjiǎo-jìngtóu

　　(一)双手斜立,掌心向斜前方,分别向左右斜前方移动,表示广角镜头取景视野广。
　　(二)右手拇、食指成"⊐"形,虎口朝内;左手五指成半圆形,指尖朝上,在右手前左右转动。

广西(桂)　Guǎngxī (Guì)

　　双手虚握,虎口左右相对,置于头两侧,前后交替拧动两下。

广州　Guǎngzhōu

　　双手平伸,掌心向上,向腰部两侧碰两下。

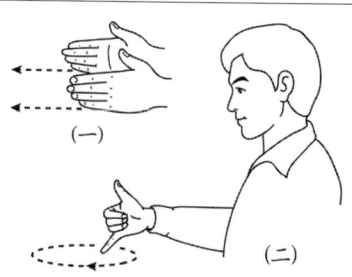

逛街　guàngjiē

　　(一)双手侧立,掌心相对,向前移动。
　　(二)一手伸拇、小指,在身前顺时针平行转动一圈,目光随之移动。

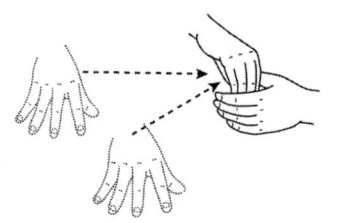

归纳 guīnà

左手五指成半圆形，虎口朝上；右手五指张开，指尖朝下，边从不同方向移向左手虎口内边撮合。

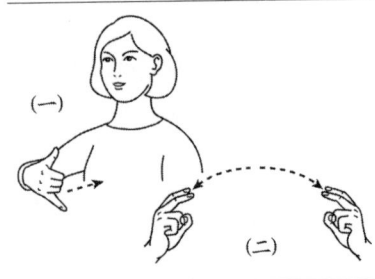

归侨 guīqiáo

（一）一手伸拇、小指，指尖朝内，从外向内移动。

（二）双手食、中指微曲分开，指尖相对，指背向上，从中间向两侧下方做弧形移动。"桥"与"侨"音同，借代。

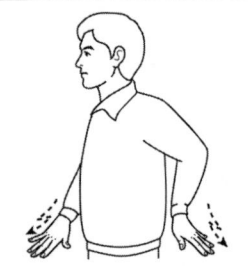

圭亚那 Guīyànà

双手斜伸，手背向外，五指张开，指尖朝下，左手置于身体后，右手置于身体前，同时向斜下方移动两下，表示当地人身着的草裙。

（此为国外聋人手语）

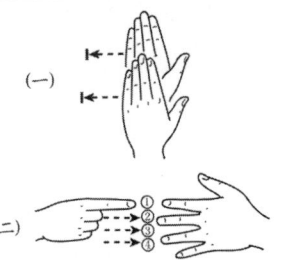

规程 guīchéng

（一）双手直立，掌心左右相对，向前一顿。

（二）左手横立，手背向外，五指张开；右手握拳，手背向外，虎口朝上，在左手旁依次伸出食、中、无名、小指。

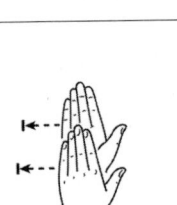 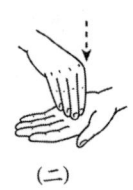

规定❶ guīdìng ❶

（一）双手直立，掌心左右相对，向前一顿。

（二）左手横伸；右手五指撮合，指尖朝下，按向左手掌心。

（此手势表示规定的动词意思）

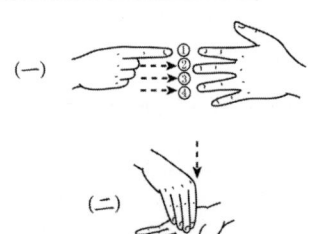

规定❷ guīdìng ❷

（一）左手横立，手背向外，五指张开；右手握拳，手背向外，虎口朝上，在左手旁依次伸出食、中、无名、小指。

（二）左手横伸；右手五指撮合，指尖朝下，按向左手掌心。

（此手势表示规定的名词意思）

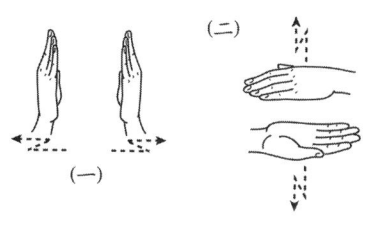

规格　guīgé

（一）双手直立，掌心左右相对，分别向两侧来回移动两下，表示物体的宽窄。

（二）双手横伸，掌心上下相对，分别向上下方向来回移动两下，表示物体的高低。

（可根据实际表示物体的规格）

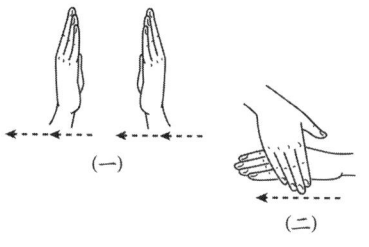

规划　guīhuà

（一）双手直立，掌心左右相对，向一侧一顿一顿移动几下。

（二）左手横伸，掌心向下；右手食、中、无名、小指并拢，指尖朝下，沿左手小指外侧划一下。

规模　guīmó

双手拇、食指成大圆形，虎口朝上，分别向两侧来回移动两下。

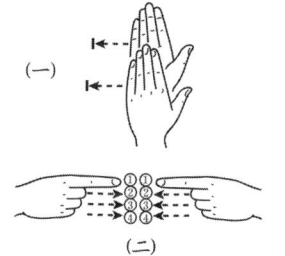

规则　guīzé

（一）双手直立，掌心左右相对，向前一顿。

（二）双手握拳，手背向外，虎口朝上，同时依次伸出食、中、无名、小指。

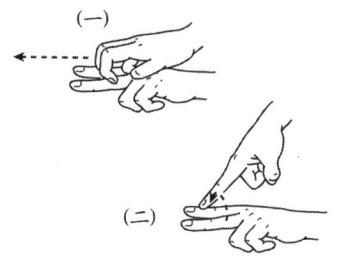

轨道　guǐdào

（一）左手食、中指分开，指尖朝前，手背向上；右手食、中指弯曲，指尖抵于左手食、中指上，并向前移动，如火车行驶状。

（二）左手食、中指分开，指尖朝前，手背向上；右手伸食指，指尖朝下，指一下左手食、中指。

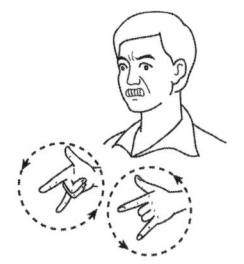

鬼（魔鬼、邪）　guǐ（móguǐ、xié）

双手伸拇、食、小指，食、小指指尖朝前，前后交替转动两下，面露恐怖的表情。

鬼鬼祟祟 guǐguǐ-suìsuì

双手直立，掌心向外，一前一后，头左右移动两下，目光不定。

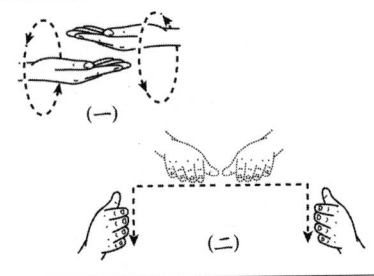

柜台 guìtái

（一）双手横伸，掌心向上，前后交替转动两下。
（二）双手平伸，掌心向下，先从中间向两侧平移，再折而下移成"⌐⌐"形。

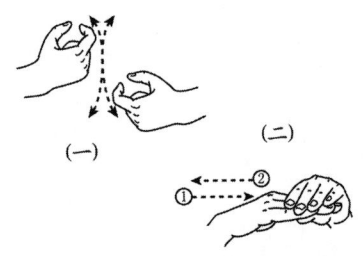

柜员机 guìyuánjī

（一）双手拇、食指成圆形，指尖稍分开，虎口朝上，食指上下交替碰两下。
（二）左手五指成"⊂"形，虎口朝内；右手五指并拢，插入左手虎口内再拔出。

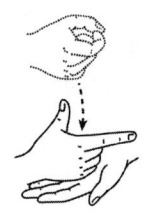

贵（昂贵、宝贵、珍贵） guì (ángguì、bǎoguì、zhēnguì)

左手横伸；右手拇、食指相捏，边砸向左手掌心边张开，食指尖朝左前方，表示钱多。

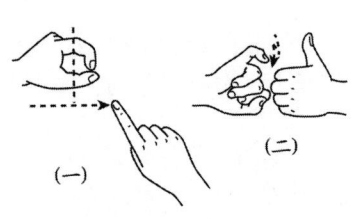

贵妃 guìfēi

（一）左手拇、食指捏成圆形，虎口朝内；右手食指在左手圆形上书空"⊥"，仿"贵"字的上半部。
（二）左手伸拇指，手背向外；右手伸小指，指尖朝上，朝左手拇指弯动两下，表示皇帝的妾。

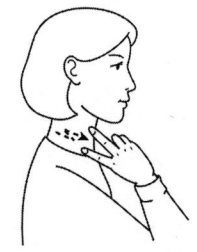

贵阳 Guìyáng

一手食、中指分开，指尖朝后，在颈部一侧向前移动两下。

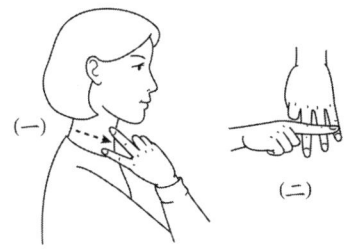

贵州　Guìzhōu
（一）一手食、中指分开，指尖朝后，在颈部一侧向前移动一下。
（二）左手中、无名、小指分开，指尖朝下，手背向外；右手食指横伸，置于左手三指间，仿"州"字形。

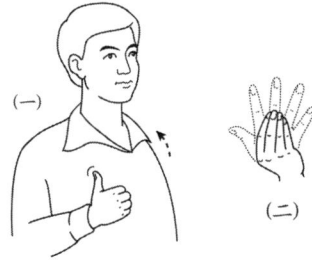

贵族　guìzú
（一）一手伸拇指，指尖抵于胸部一侧，身体向上一挺。
（二）一手五指张开，指尖朝上，然后撮合。

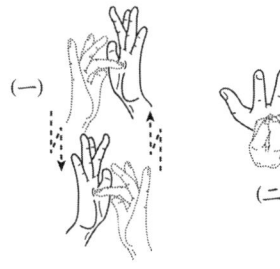

桂花　guìhuā
（一）双手直立，掌心左右相对，边中指交替点另一手掌心边双手上下移动。
（二）一手五指撮合，指尖朝上，然后张开。

跪　guì
左手横伸；右手食、中指弯曲，指背贴于左手掌心。
（可根据实际表示跪的动作）

跪拜　guìbài
（一）左手横伸；右手食、中指弯曲，指背贴于左手掌心。
（二）双手合十，双眼闭拢，头微低。
（可根据实际表示跪拜的样子）

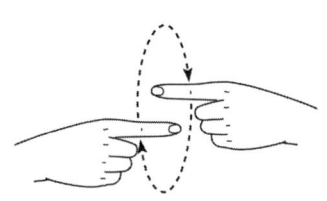

滚　gǔn
双手食指横伸，一前一后交替向前转动。
（可根据实际表示滚的动作）

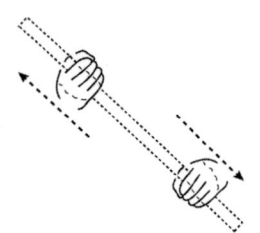

棍棒 gùnbàng

双手虚握,斜向相贴,然后分别向斜上下方移动,仿棍棒形状。

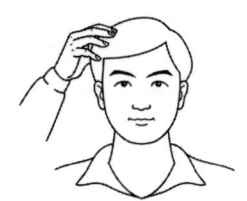

郭 Guō

一手五指弯曲,抵于头顶一侧,表示姓氏"郭"。

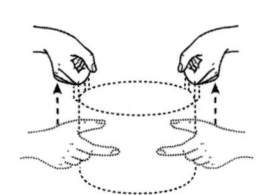

锅 guō

双手拇、食指成大圆形,虎口朝上,然后双手虚握,虎口朝外,向上一提。
(可根据实际表示锅的形状)

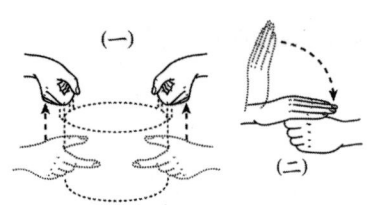

锅盖 guōgài

(一)双手拇、食指成大圆形,虎口朝上,然后双手虚握,虎口朝外,向上一提。
(二)左手虚握,虎口朝上;右手直立,掌心向左,盖向左手虎口。

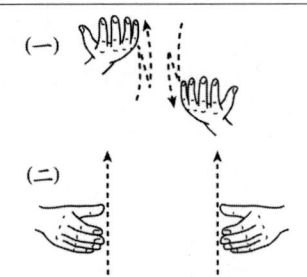

锅炉 guōlú

(一)双手五指微曲,指尖朝上,上下交替动几下。
(二)双手五指成大圆形,虎口朝上,向上移动。

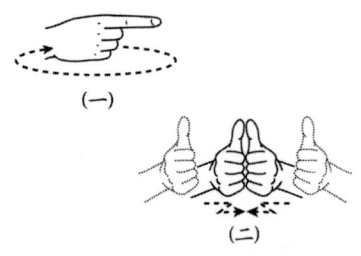

国宾 guóbīn

(一)一手打手指字母"G"的指式,顺时针平行转动一圈。
(二)双手伸拇指,互碰两下。

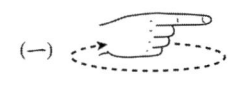

国防 guófáng

（一）一手打手指字母"G"的指式，顺时针平行转动一圈。
（二）双手拇、食、小指直立，掌心向外一推。

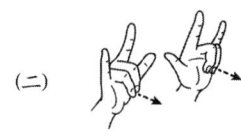

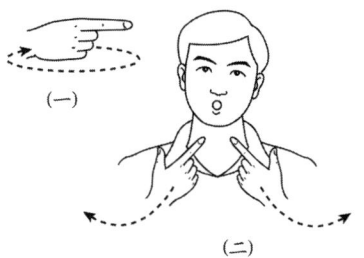

国歌 guógē

（一）一手打手指字母"G"的指式，顺时针平行转动一圈。
（二）双手伸拇、食指，食指尖对着喉部，然后同时向外移出，口张开。

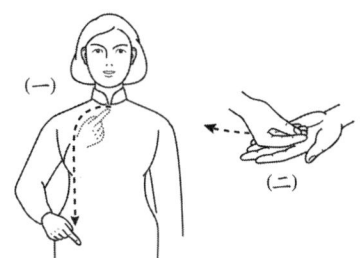

国画 guóhuà

（一）一手伸食指，自咽喉部顺肩胸部划至右腰部，以民族服装"旗袍"的前襟线表示中国。
（二）左手横伸；右手五指撮合，指背在左手掌心上抹一下。

国徽 guóhuī

（一）一手打手指字母"G"的指式，顺时针平行转动一圈。
（二）一手拇、食指成大圆形，虎口朝内，置于头上方。

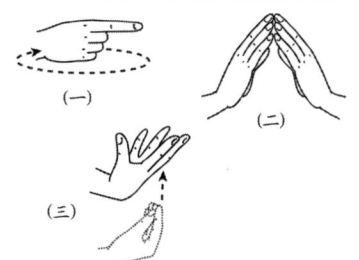

国籍① guójí①

（一）一手打手指字母"G"的指式，顺时针平行转动一圈。
（二）双手搭成"∧"形。
（三）一手五指撮合，指尖朝上，边向上移动边张开。
（此手势表示人或物品的国籍）

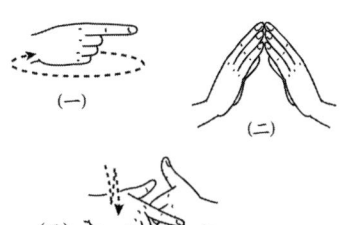

国籍② guójí②

（一）一手打手指字母"G"的指式，顺时针平行转动一圈。
（二）双手搭成"∧"形。
（三）左手伸拇、小指，手背向外；右手伸拇、食指，指尖对着左手，向下移动两下。
（此手势专用于表示人的国籍）

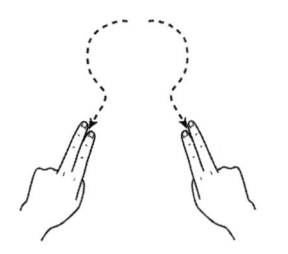

国际① guójì ①

双手食、中指并拢,指尖朝前,从上向下做曲线形移动。(此为国际聋人手语)

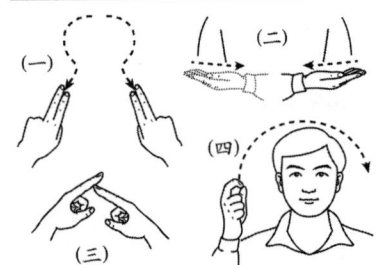

国际残疾人日 Guójì Cánjírénrì

(一)双手食、中指并拢,指尖朝前,从上向下做曲线形移动。
(二)双手横伸,掌心向上,交替在对侧上臂划一下,表示肢体不健全。
(三)双手食指搭成"人"字形。
(四)右手拇、食指捏成圆形,虎口朝内,从右向左做弧形移动,越过头顶。

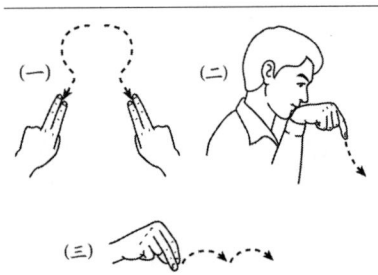

国际象棋 guójì xiàngqí

(一)双手食、中指并拢,指尖朝前,从上向下做曲线形移动。
(二)一手伸食指,指尖朝下,手腕贴于嘴部,然后向下移动,仿大象鼻子。
(三)一手拇、食、中指相捏,指尖朝下,不规则地移动两下,模仿下国际象棋的动作。

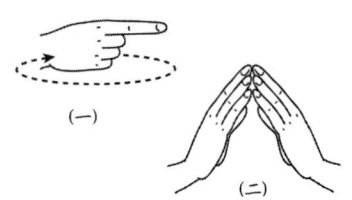

国家 guójiā

(一)一手打手指字母"G"的指式,顺时针平行转动一圈。
(二)双手搭成"∧"形。

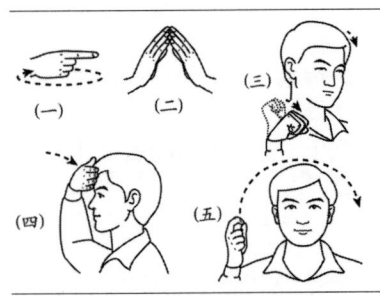

国家公祭日 Guójiā Gōngjìrì

(一)一手打手指字母"G"的指式,顺时针平行转动一圈。
(二)双手搭成"∧"形。
(三)一手直立握拳,向前弯动一下,头同时低下,面露严肃的表情。
(四)一手拍一下前额。
(五)右手拇、食指捏成圆形,虎口朝内,从右向左做弧形移动,越过头顶。

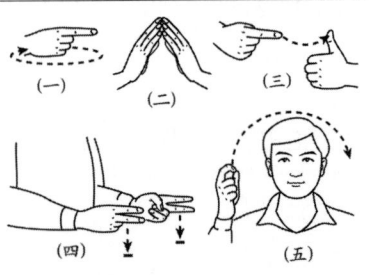

国家宪法日 Guójiā Xiànfǎrì

(一)一手打手指字母"G"的指式,顺时针平行转动一圈。
(二)双手搭成"∧"形。
(三)左手伸拇指;右手伸食指,碰一下左手拇指。
(四)双手打手指字母"F"的指式,指尖朝前,向下一顿。
(五)右手拇、食指捏成圆形,虎口朝内,从右向左做弧形移动,越过头顶。

国界 guójiè

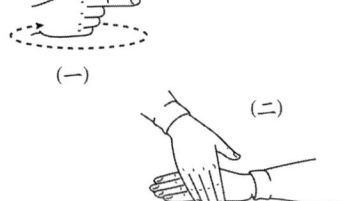

（一）一手打手指字母"G"的指式，顺时针平行转动一圈。
（二）左手横伸，掌心向下；右手食、中、无名、小指并拢，指尖朝下，沿左小臂向指尖方向划动一下。

国库（金库） guókù (jīnkù)

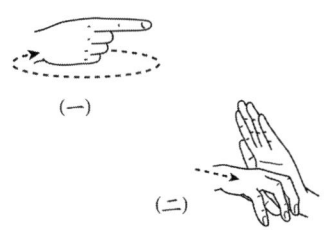

（一）一手打手指字母"G"的指式，顺时针平行转动一圈。
（二）左手斜伸，掌心向右下方；右手五指弯曲，指尖朝下，从后向前移入左手内。

国库券（国债） guókùquàn (guózhài)

（一）一手打手指字母"G"的指式，顺时针平行转动一圈。
（二）右手五指撮合，置于左肩上，然后张开，表示负债。

国民 guómín

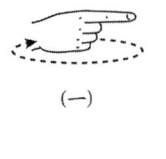
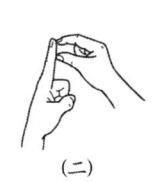

（一）一手打手指字母"G"的指式，顺时针平行转动一圈（表示中国国民时，可打"中国"的手势）。
（二）左手食指与右手拇、食指搭成"民"字的一部分。

国民党革命委员会（民革）
Guómíndǎng Gémìng Wěiyuánhuì (Mín'gé)

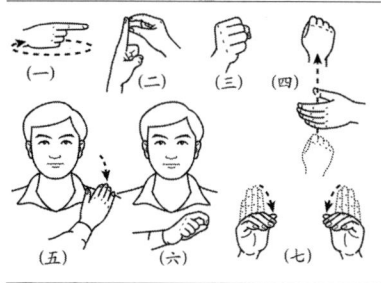

（一）一手打手指字母"G"的指式，顺时针平行转动一圈。
（二）左手食指与右手拇、食指搭成"民"字的一部分。
（三）一手打手指字母"D"的指式。
（四）左手五指弯曲，虎口朝上；右手握拳，手背向外，从左手虎口处向上一举。
（五）右手拍一下左肩。
（六）右手拇、食指捏成圆形，虎口朝内，贴于左胸部。
（七）双手直立，掌心分别向左右斜前方，食、中、无名、小指弯动一下。

国名 guómíng

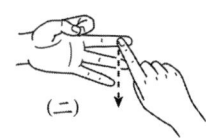

（一）一手打手指字母"G"的指式，顺时针平行转动一圈。
（二）左手中、无名、小指横伸分开，掌心向内；右手伸食指，自左手中指尖向下划动。

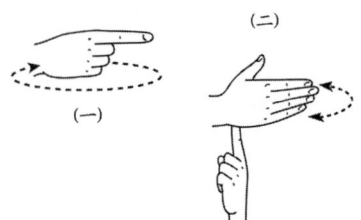

国旗 guóqí
（一）一手打手指字母"G"的指式,顺时针平行转动一圈。
（二）左手食指直立;右手侧立,手腕抵于左手食指尖,左右摆动几下,如旗帜飘扬状。

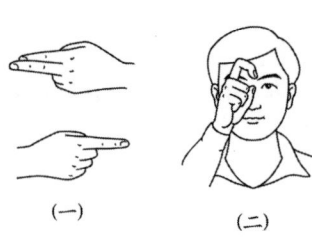

国庆节① Guóqìng Jié ①
（一）左手食、中指横伸相叠,手背向外,在上;右手食指横伸,手背向外,在下,即数字"十"和"一"。
（二）一手打手指字母"J"的指式,置于前额。
（此手势专用于表示中国国庆节）

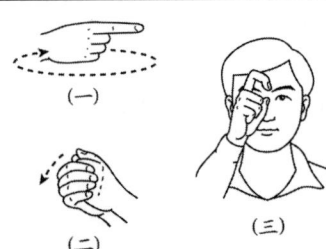

国庆节② guóqìng Jié ②
（一）一手打手指字母"G"的指式,顺时针平行转动一圈。
（二）双手作揖,向前晃动一下,面露喜悦的表情。
（三）一手打手指字母"J"的指式,置于前额。
（此手势表示其他国家的国庆节）

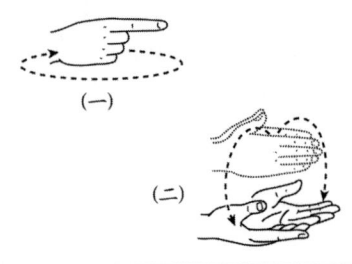

国书 guóshū
（一）一手打手指字母"G"的指式,顺时针平行转动一圈。
（二）双手侧立,掌心相贴,然后向两侧打开。

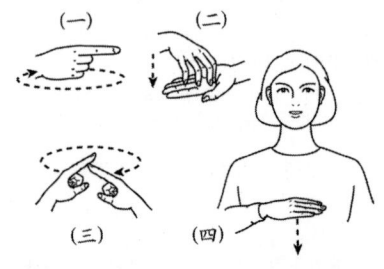

国泰民安 guótài-mín'ān
（一）一手打手指字母"G"的指式,顺时针平行转动一圈。
（二）左手横伸;右手五指弯曲,指尖朝下,抵于左手掌心,向下一按。
（三）双手食指搭成"人"字形,顺时针平行转动一圈。
（四）一手横伸,掌心向下,自胸部向下一按。

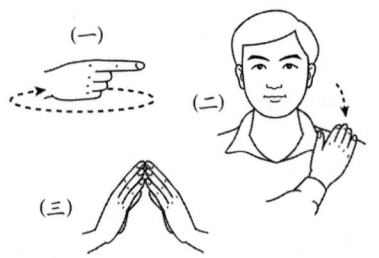

国务院 guówùyuàn
（一）一手打手指字母"G"的指式,顺时针平行转动一圈。
（二）右手拍一下左肩。
（三）双手搭成"∧"形。

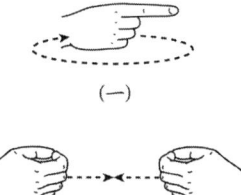

国宴 guóyàn

（一）一手打手指字母"G"的指式，顺时针平行转动一圈。
（二）双手虚握，虎口朝上，互碰一下，如互碰酒杯状。

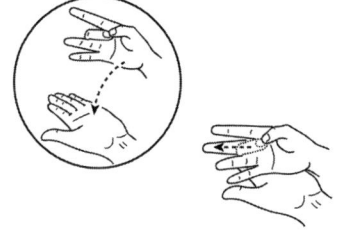

果断（干脆、索性、断然）
　　guǒduàn (gāncuì、suǒxìng、duànrán)

　　左手横伸；右手拇、中指相捏，掌心向左，边向左手掌心上一切边弹开。

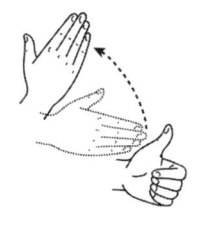

果然 guǒrán

　　左手伸拇指；右手侧立，指尖对着左手，然后向上一挥。

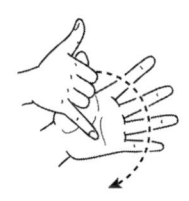

过程 guòchéng

　　左手侧立，五指张开；右手伸拇、小指，从左手拇指转向左手小指。

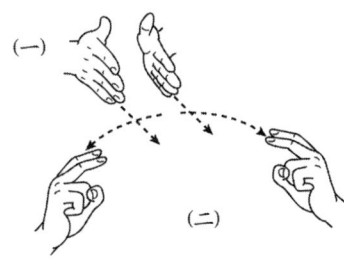

过街天桥 guòjiē tiānqiáo

（一）双手侧立，掌心相对，向前移动。
（二）双手食、中指微曲分开，指尖相对，指背向上，从中间向两侧下方做弧形移动。
（可根据实际表示桥的样式）

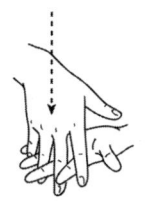

过滤 guòlǜ

　　左手横伸，掌心向上，五指张开；右手五指张开，指尖朝下，插入左手各指指缝间。

过敏① guòmǐn ①

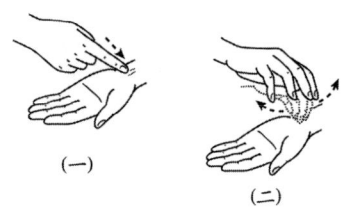

（一）左手平伸，掌心向上；右手食指在左手腕扎一下，模仿打皮试针的动作。

（二）左手平伸，掌心向上；右手五指撮合，指尖朝下，置于左手腕，然后张开，表示过敏红肿反应。

（可根据实际表示过敏的状态）

过期（逾期） guòqī (yúqī)

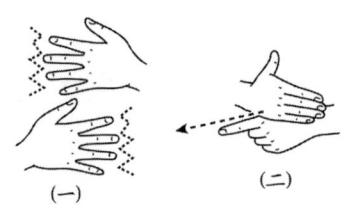

（一）双手横立，手背向外，一上一下，五指张开，交替点动几下。上面的手代表月份，下面的手代表日期。

（二）左手伸食指，指尖朝前；右手横立，掌心向内，置于左手食指根部，然后向指尖方向移动。

过山车 guòshānchē

左手食、中指分开，指尖朝前下方，手背向前上方；右手食、中指弯曲，置于左手食、中指上，然后从后向前连续转动两圈，仿过山车在轨道上滑行的状态。

H

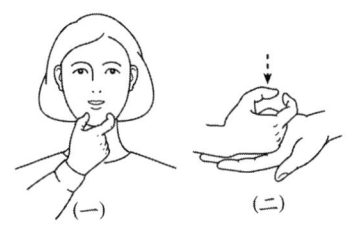

哈尔滨　Hā'ěrbīn
（一）一手拇、食指弯曲，指尖朝内，抵于颏部。
（二）左手横伸；右手拇、食指成圆形，指尖稍分开，虎口朝上，移至左手掌心。

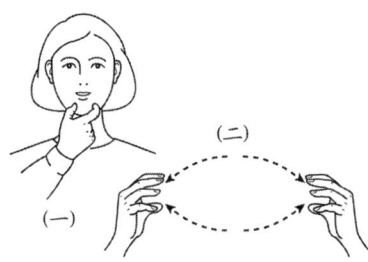

哈密瓜　hāmìguā
（一）一手拇、食指弯曲，指尖朝内，抵于颏部。
（二）双手五指弯曲，掌心左右相对，从中间向两侧移动并收拢。

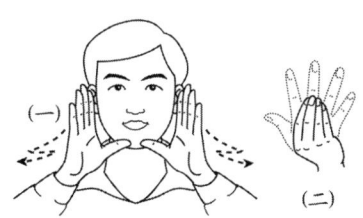

哈尼族　Hānízú
（一）双手五指成"⌐"形，虎口贴于嘴边，向前方两侧移动两下，口张开。
（二）一手五指张开，指尖朝上，然后撮合。

哈萨克斯坦　Hāsàkèsītǎn
右手拇、中、无名指相捏，食、小指指尖朝左，手背向上，食指先贴一下前额，再贴一下颏部。
（此为国外聋人手语）

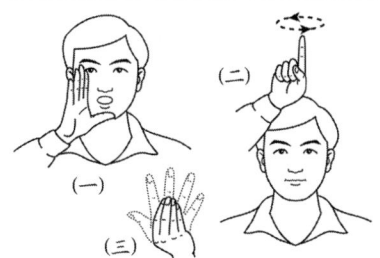

哈萨克族　Hāsàkèzú
（一）一手五指成"⌐"形，虎口贴于嘴边，口张开。
（二）一手食指直立，置于头顶，平行转动两下。
（三）一手五指张开，指尖朝上，然后撮合。

哈达 hǎdá

　　双手如持哈达状,从身体两侧向前上方移动,身体随之前倾,头微低,模仿少数民族献哈达的动作。既表示哈达的名词意思,又表示献哈达的意思。

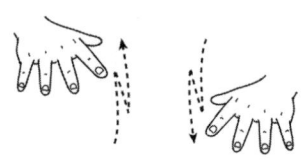

海(海洋、海浪) hǎi (hǎiyáng、hǎilàng)

　　双手平伸,掌心向下,五指张开,上下交替移动,表示起伏的波浪。

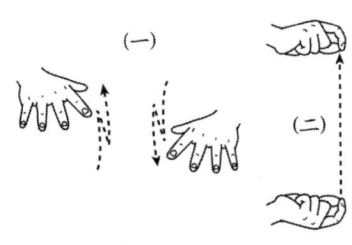

海拔 hǎibá

　　(一)双手平伸,掌心向下,五指张开,上下交替移动,表示起伏的波浪。
　　(二)双手拇、食指相捏,指尖上下相对,左手在下不动,右手向上拉动一下。

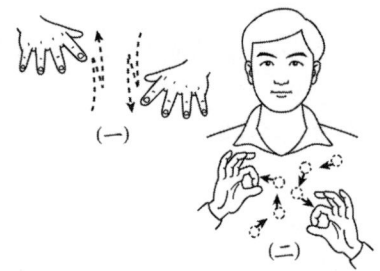

海豹 hǎibào

　　(一)双手平伸,掌心向下,五指张开,上下交替移动,表示起伏的波浪。
　　(二)双手拇、食指捏成圆形,虎口朝内,在胸部贴几下。

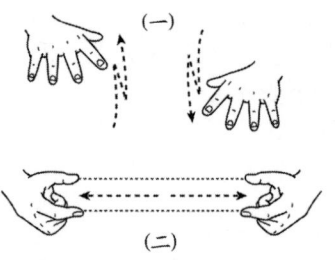

海带 hǎidài

　　(一)双手平伸,掌心向下,五指张开,上下交替移动,表示起伏的波浪。
　　(二)双手拇、食指张开,指尖相对,虎口朝上,从中间向两侧拉开。

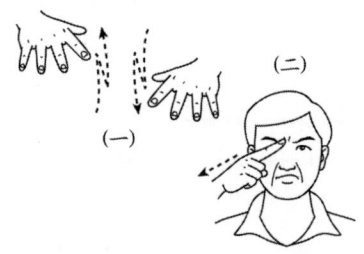

海盗 hǎidào

　　(一)双手平伸,掌心向下,五指张开,上下交替移动,表示起伏的波浪。
　　(二)右手伸食指,从右眼处向右下方划一下。

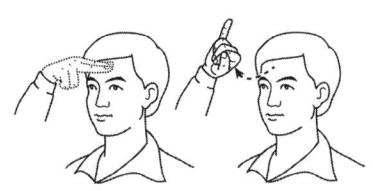

海地　Hǎidì
　　一手食、中指横伸并拢,手背向上,置于前额,然后边向外转腕边缩回并伸出小指。
　　(此为国外聋人手语)

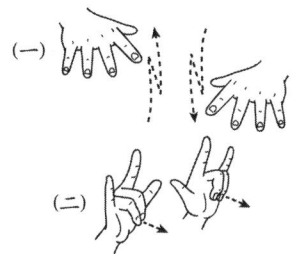

海防　hǎifáng
　　(一)双手平伸,掌心向下,五指张开,上下交替移动,表示起伏的波浪。
　　(二)双手拇、食、小指直立,掌心向外一推。

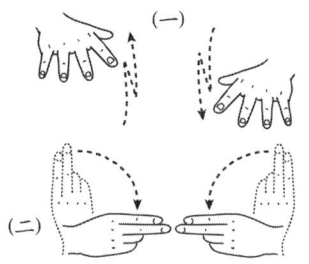

海关　hǎiguān
　　(一)双手平伸,掌心向下,五指张开,上下交替移动,表示起伏的波浪。
　　(二)双手食、中指直立并拢,手背向外,然后转腕,指尖相对。

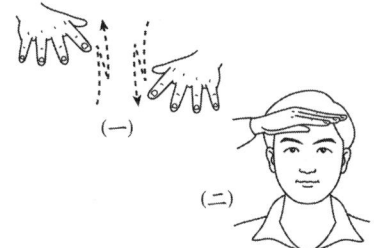

海军　hǎijūn
　　(一)双手平伸,掌心向下,五指张开,上下交替移动,表示起伏的波浪。
　　(二)右手横伸,掌心向下,置于前额,表示军帽帽檐。

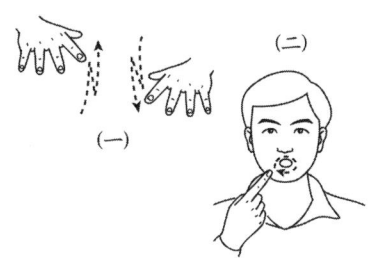

海口　Hǎikǒu
　　(一)双手平伸,掌心向下,五指张开,上下交替移动,表示起伏的波浪。
　　(二)一手伸食指,沿嘴部转动一圈,口张开。

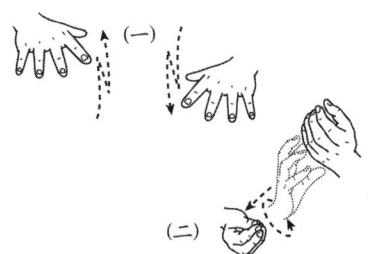

海螺　hǎiluó
　　(一)双手平伸,掌心向下,五指张开,上下交替移动,表示起伏的波浪。
　　(二)左手五指成半圆形,虎口朝斜上方;右手五指微曲张开,指尖朝上,边在左手下向下转动边撮合,仿海螺形状。

海洛因（白面儿） hǎiluòyīn (báimiànr)

（一）左手横伸；右手伸拇、小指，拇指尖在鼻下，小指尖在左手掌心上向右划动两下。

（二）一手五指撮合，指尖朝下，互捻几下。

海南（琼） Hǎinán (Qióng)

左手拇、食指成半圆形，虎口朝上；右手伸拇、食、中指，拇指在下，食、中指在上，在左手边捏动两下，表示海南岛与祖国相连。

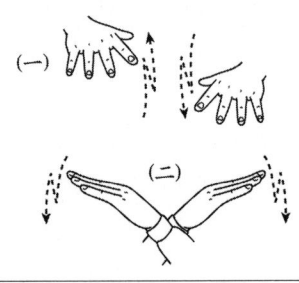

海鸥 hǎi'ōu

（一）双手平伸，掌心向下，五指张开，上下交替移动，表示起伏的波浪。

（二）双手手腕交叉相搭，掌心向下，五指并拢，扇动几下。

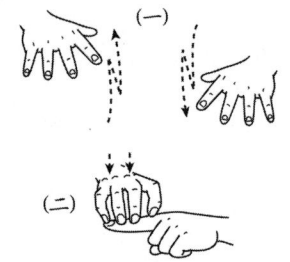

海参 hǎishēn

（一）双手平伸，掌心向下，五指张开，上下交替移动，表示起伏的波浪。

（二）左手食指横伸；右手食、中、无名、小指弯曲，指尖在左手食指不同位置上点几下，仿海参外形。

海狮 hǎishī

（一）双手平伸，掌心向下，五指张开，上下交替移动，表示起伏的波浪。

（二）双手侧伸，掌心向下，置于身体两侧，前后交替移动，同时挺胸。

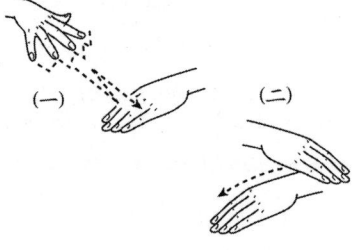

海滩 hǎitān

（一）左手平伸；右手横伸，掌心向下，五指张开，边交替点动边移向左手背，重复一次。

（二）左手平伸；右手五指并拢，指面贴于左臂，然后向左手指尖方向移动。

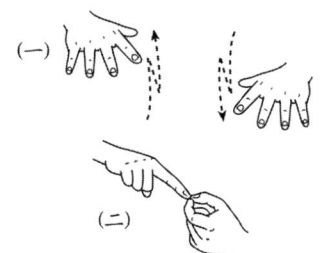

海棠 hǎitáng

（一）双手平伸，掌心向下，五指张开，上下交替移动，表示起伏的波浪。

（二）左手拇、食指捏成圆形；右手伸食指，指尖抵于左手圆形上。

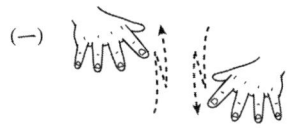

海豚 hǎitún

（一）双手平伸，掌心向下，五指张开，上下交替移动，表示起伏的波浪。

（二）一手横立，手背向外，向一侧做起伏状移动（或一手侧立，向前做起伏状移动），如海豚游动状。

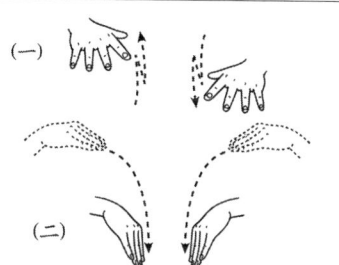

海峡 hǎixiá

（一）双手平伸，掌心向下，五指张开，上下交替移动，表示起伏的波浪。

（二）双手手背拱起，指尖左右相对，然后同时向中间下方转动，指背相对。

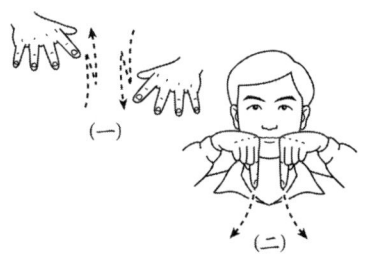

海象 hǎixiàng

（一）双手平伸，掌心向下，五指张开，上下交替移动，表示起伏的波浪。

（二）双手伸食指，指尖朝下，从嘴部两侧向斜下方伸出，仿海象的牙。

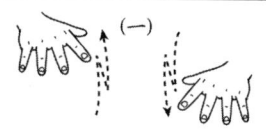

海啸 hǎixiào

（一）双手平伸，掌心向下，五指张开，上下交替移动，表示起伏的波浪。

（二）双手平伸，掌心向下，五指张开，一前一后，一高一低，同时向前做大的起伏状移动，表示激流汹涌奔腾。

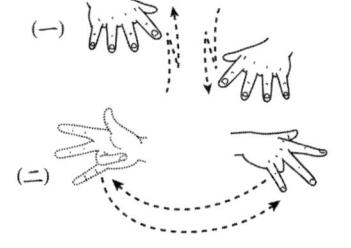

海燕 hǎiyàn

（一）双手平伸，掌心向下，五指张开，上下交替移动，表示起伏的波浪。

（二）一手伸拇、食、中、小指，仿燕子外形，左右来回移动，如燕子飞行状。

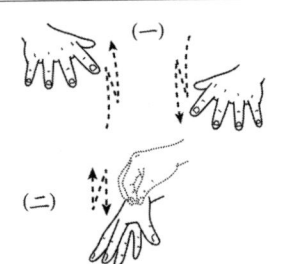

海蜇 hǎizhé

（一）双手平伸，掌心向下，五指张开，上下交替移动，表示起伏的波浪。

（二）一手五指撮合，指尖朝下，边上下移动边连续做开合的动作。

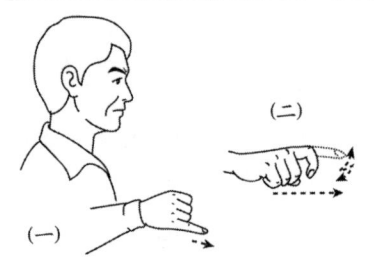

害虫 hàichóng

（一）一手伸小指，指尖朝前，向前一杵。

（二）一手食指横伸，手背向上，边弯动边向一侧移动。

害羞（难为情） hàixiū（nánwéiqíng）

一手五指撮合，指尖朝上，贴于脸颊，边缓慢上移边张开，表示脸红，头同时微低，面露害羞的表情。

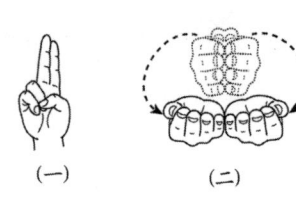

蚶 hān

（一）一手打手指字母"H"的指式。

（二）双手侧立，掌心相合，手背拱起，然后打开。

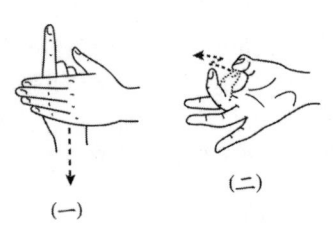

含蓄 hánxù

（一）左手横立；右手食指直立，在左手掌心内从上向下移动。

（二）一手平伸，手背向下，拇、中指先相捏，然后弹动两下。

（此手势表示内容隐含的意思）

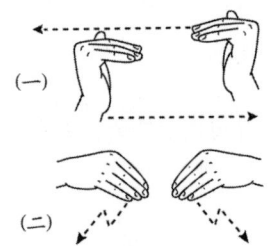

函授 hánshòu

（一）双手五指与手掌成"⌐ ⌐"形，指尖左右相对，交错移动一（或两）下。

（二）双手五指撮合，指尖相对，手背向外，在胸前向前晃动两下。

韩国（韩） Hánguó (Hán)
一手五指与手掌成"┐"形，指尖抵于头一侧，然后向斜下方移动，指尖再碰向脸颊一侧；也用于表示姓氏"韩"。
（此为国外聋人手语）

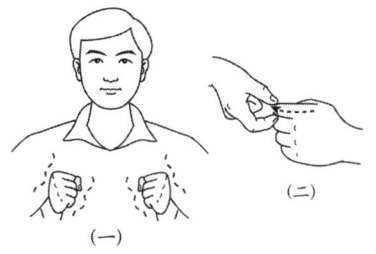

寒带 hándài
（一）双手握拳屈肘，小臂颤动几下，如哆嗦状，表示冷。
（二）左手握拳，手背向外；右手拇、食指微张，指尖朝内，沿左手食指关节转动半圈。

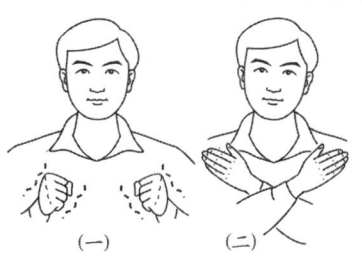

寒假 hánjià
（一）双手握拳屈肘，小臂颤动几下，如哆嗦状，表示冷。
（二）双手交叉，手背向外，贴于胸部，表示休息的意思。

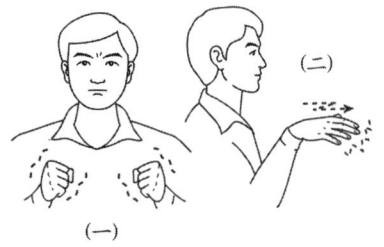

寒流（寒潮） hánliú (háncháo)
（一）双手握拳屈肘，小臂颤动几下，如哆嗦状，表示冷。
（二）一手平伸，掌心向下，五指张开，边交替点动边向前移动两下。

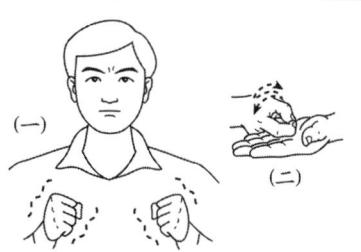

寒露 hánlù
（一）双手握拳屈肘，小臂颤动几下，如哆嗦状，表示冷。
（二）左手横伸；右手拇、食指捏成圆形，置于左手掌心上，微晃几下。

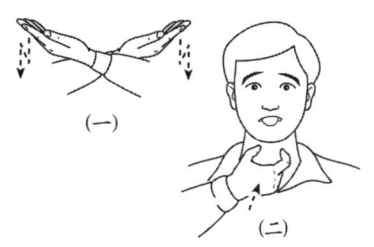

寒酸 hánsuān
（一）双手横伸，掌心向上，手腕交叉相搭，然后向下颠动两下。
（二）一手拇、食指弯曲，指尖朝内，卡向脖子处。

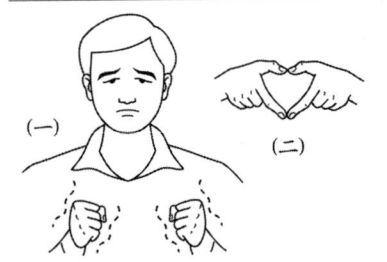

寒心　hánxīn

（一）双手握拳屈肘，小臂颤动几下，如哆嗦状，面露失望的表情。

（二）双手拇、食指张开仿"♡"形，手背向外，置于胸部。

喊（叫❶）　hǎn (jiào ❶)

一手五指成"⌐"形，虎口贴于嘴边，口张开。（可根据实际表示喊的动作）

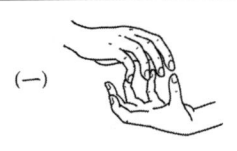

汉堡包　hànbǎobāo

（一）双手横伸，五指微曲，掌心上下相对。

（二）双手五指成"⊏⊐"形，指尖相对，虎口朝内，轻捏几下。

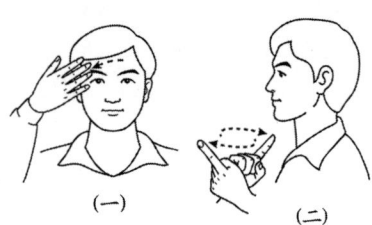

汉代　Hàndài

（一）一手五指张开，手背向外，在额头上一抹，如流汗状。

（二）双手伸食指，手腕交叉相贴，然后前后转动，互换位置。

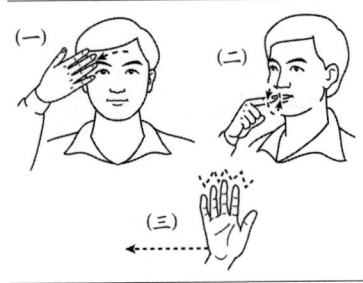

汉语拼音　hànyǔ pīnyīn

（一）一手五指张开，手背向外，在额头上一抹，如流汗状。

（二）一手食指横伸，在嘴前前后转动两下。

（三）一手直立，掌心向外，五指微曲，边交替点动边向一侧移动。

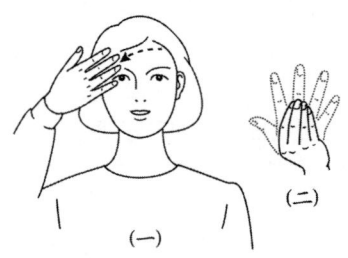

汉族　Hànzú

（一）一手五指张开，手背向外，在额头上一抹，如流汗状。

（二）一手五指张开，指尖朝上，然后撮合。

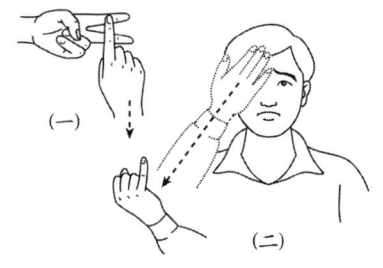

旱灾 hànzāi
（一）左手食、中指与右手食指搭成"干"字形，右手食指向下移动一下，表示干旱，面露愁容。
（二）一手拍一下前额，然后边向前下方移动边伸出小指，面露愁容。

焊接 hànjiē
左手食指横伸；右手伸拇、食指，食指尖在左手食指尖处点动几下，如用电焊枪焊接状。

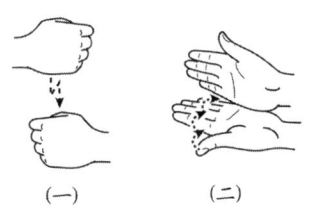

行业（各行各业） hángyè (gèháng-gèyè)
（一）双手握拳，一上一下，右拳向下砸两下左拳。
（二）左手平伸；右手斜立于左手掌心上，然后向右一顿一顿做弧形移动。

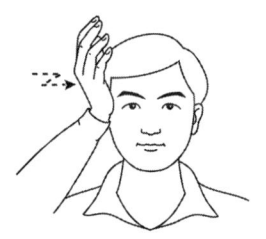

杭州 Hángzhōu
一手五指微曲，掌心贴两下太阳穴。

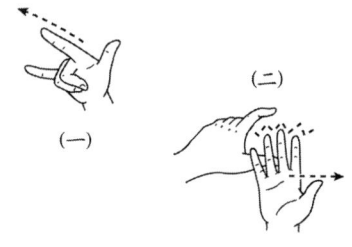

航班号 hángbānhào
（一）一手伸拇、食、小指，手背向上，从低向高移动，如飞机起飞状。
（二）左手拇、食指成"⊏"形，虎口朝内；右手直立，手背向外，五指张开，在左手"⊏"形内边从左向右移动边连续点动，表示一串数码。

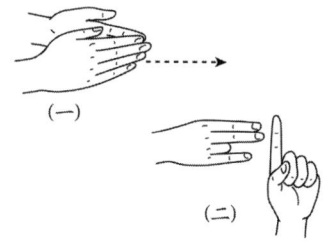

航标 hángbiāo
（一）双手斜立，指尖相抵，向前移动，如船向前行驶状。
（二）左手食指直立；右手打手指字母"ZH"的指式，指尖指向左手食指。

航空母舰　hángkōng mǔjiàn

（一）左手平伸；右手伸拇、食、小指，指尖朝前，从左手掌心上向前上方移动。
（二）双手斜立，指尖相抵，向前移动，如船向前行驶状。

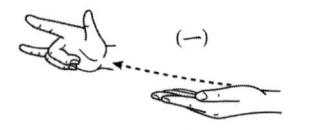
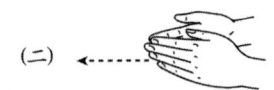

航天飞机　hángtiān fēijī

左手食、中指直立相叠，表示火箭；右手拇、食、小指直立，贴于左手背，表示航天飞机，然后双手同时向上移动，表示火箭将航天飞机发射升空。

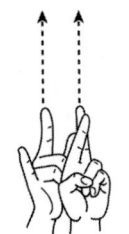

毫米（mm）　háomǐ

一手连续打两下手指字母"M"的指式，表示毫米的法定计量单位符号。

豪华　háohuá

（一）一手伸拇指，指尖抵于胸部一侧，身体向上一挺。
（二）一手五指撮合，指尖朝上，边向上微移边张开。

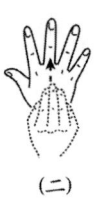

好　hǎo

一手伸拇指，面露赞赏的表情。

好转　hǎozhuǎn

一手五指微曲，指尖朝上，边转腕边伸出拇指。

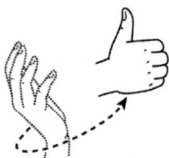

郝 Hǎo
　　一手食、中指直立并拢,掌心向外,在耳部一侧向下移动一下,表示姓氏"郝"。

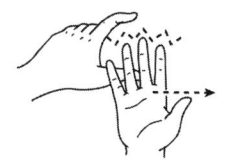

号码(编码、数码) hàomǎ (biānmǎ、shùmǎ)
　　左手拇、食指成"⊏"形,虎口朝内;右手直立,手背向外,五指张开,在左手"⊏"形内边从左向右移动边连续点动,表示一串数码。

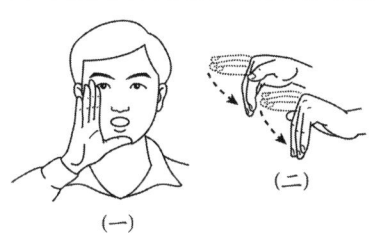

号召 hàozhào
　　(一)一手五指成"⌐"形,虎口贴于嘴边,口张开。
　　(二)双手平伸,掌心向下,向内挥动一下,如招呼人过来状。

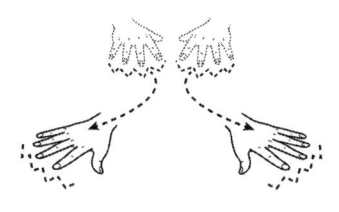

浩浩荡荡❶(烟波浩渺)
hàohàodàngdàng❶ (yānbō-hàomiǎo)
　　双手平伸,掌心向下,五指张开,边交替点动边从中间向前方两侧移动,表示水势浩浩荡荡。

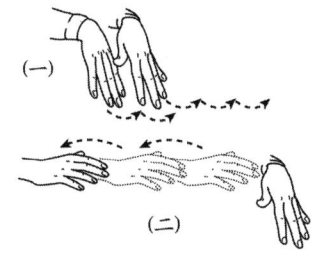

浩浩荡荡❷ hàohàodàngdàng❷
　　(一)双手五指张开,指尖朝下,手背向外,一前一后,边甩动边向前移动。
　　(二)左手五指张开,指尖朝下,在前;右手平伸,掌心向下,五指张开,在左手后向后移动几下。
　　(此手势表示人流浩浩荡荡)

喝 hē
　　一手五指成半圆形,如拿杯子状,模仿喝水的动作。
　　(可根据实际表示喝的动作)

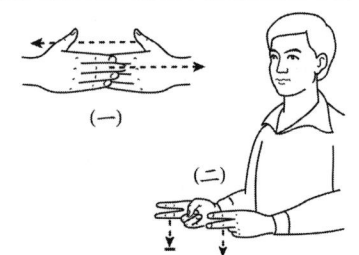

合法 héfǎ

（一）双手横立，掌心向内，指尖相对，从两侧向中间交错移动至双手相叠。

（二）双手打手指字母"F"的指式，指尖朝前，向下一顿。

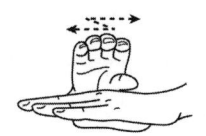

合肥 Héféi

左手横伸；右手五指成"⊐"形，指尖朝前，在左手背上左右移动两下。

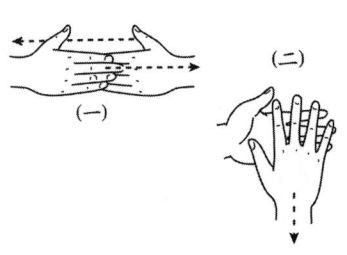

合格 hégé

（一）双手横立，掌心向内，指尖相对，从两侧向中间交错移动至双手相叠。

（二）双手五指张开，一横一竖搭成方格形，然后左手不动，右手向下移。

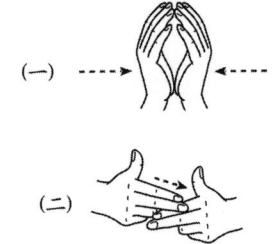

合金 héjīn

（一）双手直立，掌心左右相对，五指微曲，从两侧向中间移动。

（二）双手伸拇、食、中指，食、中指并拢，交叉相搭，右手中指蹭一下左手食指。

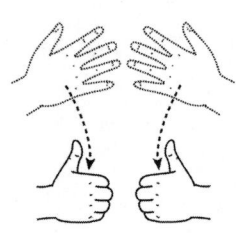

合适②（恰当、适当、妥当）

héshì②（qiàdàng、shìdàng、tuǒ·dàng）

双手横立，掌心向内，五指张开，边向下转动边食、中、无名、小指弯曲，指尖抵于掌心。既表示合适的意思，又表示意趣相合、话语投机的意思。

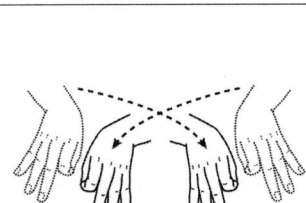

合同 hé·tóng

双手伸中、无名、小指，指尖朝下，左右交换位置，向下一点。

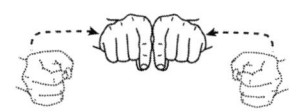

合资（集资） hézī (jízī)
　　双手拇、食指捏成圆形，虎口朝上，然后转腕，虎口左右相贴，表示双方的钱合在一起（表示多方合资时，双手虎口在不同位置互碰几下）。

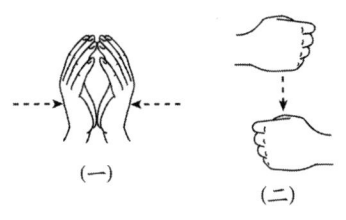

合作 hézuò
　　（一）双手直立，掌心左右相对，五指微曲，从两侧向中间移动。
　　（二）双手握拳，一上一下，右拳向下砸一下左拳。

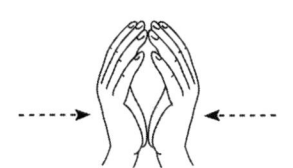

和（集合、一起、与、暨） hé (jíhé、yīqǐ、yǔ、jì)
　　双手直立，掌心左右相对，五指微曲，从两侧向中间移动；也用于表示连词"和"。

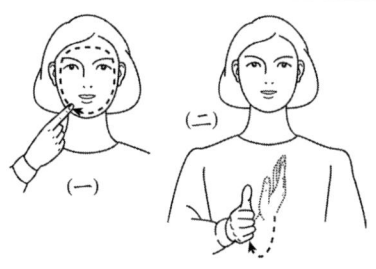

和蔼（谦和、慈祥） hé'ǎi (qiānhé、cíxiáng)
　　（一）一手伸食指，绕脸部转动一圈。
　　（二）右手直立，掌心向右，小指外侧贴于胸部正中，先向下再向外上方移动，并伸出拇指。

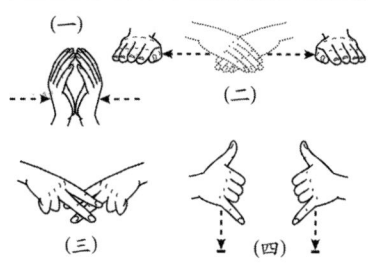
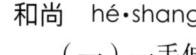

和平共处 hépíng gòngchǔ
　　（一）双手直立，掌心左右相对，五指微曲，从两侧向中间移动。
　　（二）双手五指并拢，掌心向下，交叉相搭，然后分别向两侧移动。
　　（三）双手食、中指搭成"共"字形，手背向上。
　　（四）双手伸拇、小指，指尖左右相对，手背向外，同时向下一顿。

和尚 hé·shang
　　（一）一手伸拇、小指，拇指尖在头顶上从前向后划动。
　　（二）双手合十，双眼闭拢，头微低。

和谐(和睦) héxié (hémù)
（一）双手直立，掌心左右相对，五指微曲，从两侧向中间移动。
（二）双手横立，掌心向内，五指张开，边向下转动边食、中、无名、小指弯曲，指尖抵于掌心。

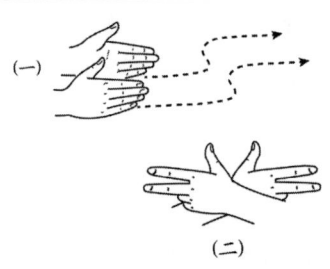

河(河川) hé (héchuān)
双手侧立，掌心相对，相距窄些，向前做曲线形移动。

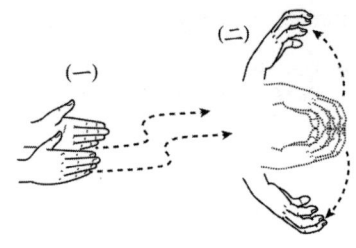

河北 Héběi
（一）双手侧立，掌心相对，相距窄些，向前做曲线形移动。
（二）双手伸拇、食、中指，手背向外，手腕交叉相搭，仿"北"字形。

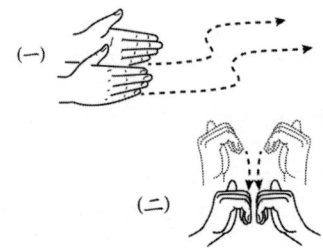

河马 hémǎ
（一）双手侧立，掌心相对，相距窄些，向前做曲线形移动。
（二）双手五指弯曲，一上一下，指尖相抵，然后打开，幅度大些，掌心向外。

河南① Hénán①
（一）双手侧立，掌心相对，相距窄些，向前做曲线形移动。
（二）双手五指弯曲，食、中、无名、小指指尖朝下，手腕向下转动一下。

荷花 héhuā
左手食指直立；右手五指微曲，指尖朝上，手背置于左手食指尖上，仿荷花外形。

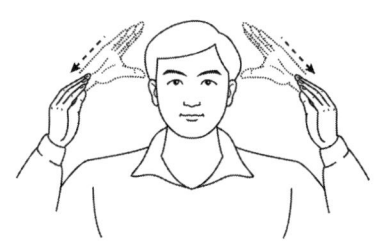

荷兰 Hélán

　　双手五指成"∠∠"形,虎口朝内,置于头两侧,然后边向两侧下方移动边撮合。
　　(此为国外聋人手语)

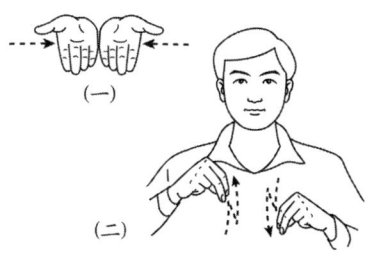

核查(核实) héchá (héshí)

　　(一)双手平伸,掌心向上,从两侧向中间移动并互碰。
　　(二)双手拇、食、中指相捏,指尖朝下,上下交替动两下。

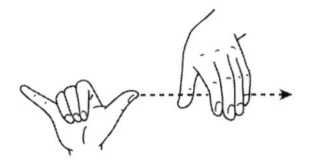

核磁共振 hécí-gòngzhèn

　　左手五指成"∩"形,虎口朝右;右手伸拇、小指,指尖朝上,移入左手虎口内,如做核磁共振检查状。

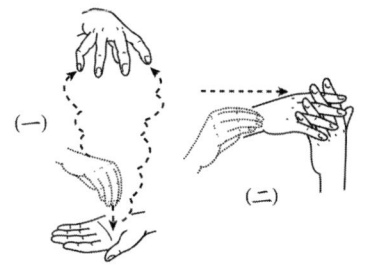

核辐射 héfúshè

　　(一)左手横伸;右手五指撮合,指尖朝下,碰一下左手掌心,然后边向上移动边连续做开合的动作,如蘑菇云状。
　　(二)左手直立,掌心向右,五指张开;右手五指撮合,指背向上,边移向左手边张开,指尖插入左手各指指缝间,表示辐射穿透物体。

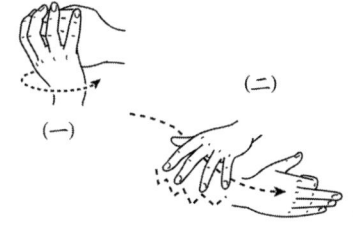

核潜艇 héqiántǐng

　　(一)左手握拳;右手五指微曲,手背向外,从右向左绕左拳转动半圈。
　　(二)左手横伸,五指张开,交替点动几下;右手侧立,拇指直立,食指弯曲,其他三指并拢,逐渐下移再在左手掌心下向前移动。

核桃 hé·tao

　　(一)一手手掌根部托住颏部。
　　(二)一手拇、食指捏成圆形,虎口朝上。

核心 héxīn

（一）左手握拳；右手五指微曲，手背向外，从右向左绕左拳转动半圈。
（二）双手拇、食指张开仿"♡"形，手背向外，置于胸部。

盒子 hé·zi

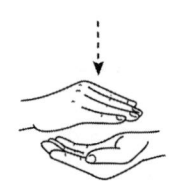

双手手背拱起，掌心上下相对，左手在下不动，右手向下移动一下。
（可根据实际表示盒子的形状）

贺卡 hèkǎ

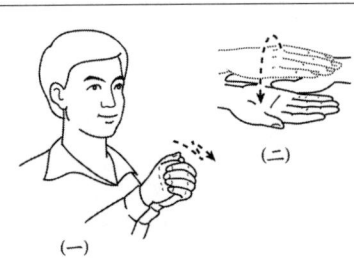

（一）双手作揖，向前晃动两下，面露喜悦的表情。
（二）双手横伸，掌心相贴，然后右手做向上打开的动作。

喝彩 hècǎi

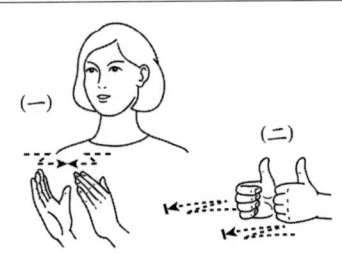

（一）双手鼓掌，面带笑容。
（二）双手伸拇指，向前顿两下。

赫哲族 Hèzhézú

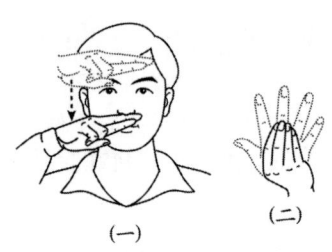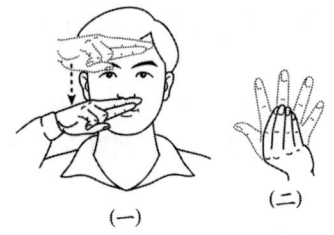

（一）一手食、中指横伸相叠，先置于前额，再置于上唇。
（二）一手五指张开，指尖朝上，然后撮合。

赫兹（Hz） hèzī

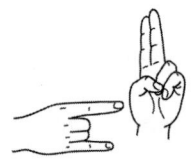

左手打手指字母"H"的指式；右手打手指字母"Z"的指式，置于左手旁，表示赫兹的单位符号。

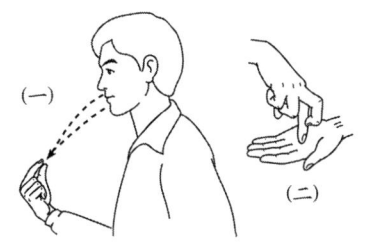

鹤 hè
（一）一手拇、食指张开，指尖对着嘴部，边向前下方移动边相捏，表示鹤的长嘴。
（二）左手横伸；右手伸食指，指尖朝下，置于左手掌心上，中指弯曲，指尖抵于食指背。

黑 hēi
一手打手指字母"H"的指式，摸一下头发。

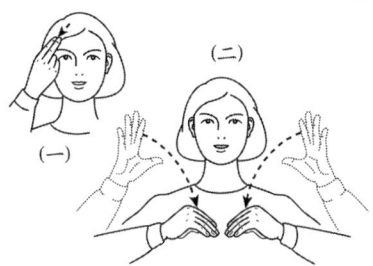

黑暗 hēi'àn
（一）一手打手指字母"H"的指式，摸一下头发。
（二）双手直立，掌心左右相对，五指张开，然后边向中间下方做弧形移动边撮合，指尖左右相对。

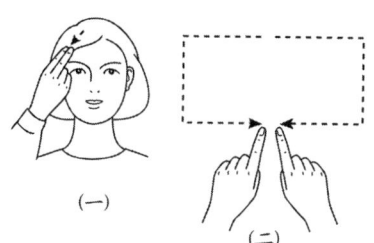

黑板 hēibǎn
（一）一手打手指字母"H"的指式，摸一下头发。
（二）双手伸食指，指尖朝前，在面前划一个"□"形，表示黑板。

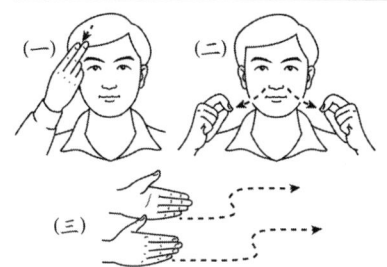

黑龙江 Hēilóngjiāng
（一）一手打手指字母"H"的指式，摸一下头发。
（二）双手拇、食指相捏，从鼻下向两侧斜前方拉出，表示龙的两条长须。
（三）双手侧立，掌心相对，相距宽些，向前做曲线形移动。

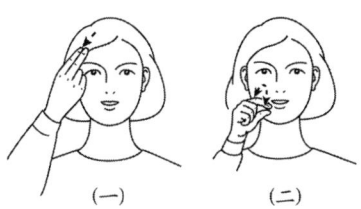

黑米 hēimǐ
（一）一手打手指字母"H"的指式，摸一下头发。
（二）一手拇、食指微张，在嘴角处前后微转几下。

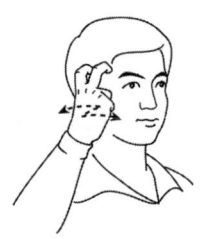
黑山　Hēishān
　　一手食、中指弯曲，指尖抵于头一侧，前后移动两下。（此为国外聋人手语）

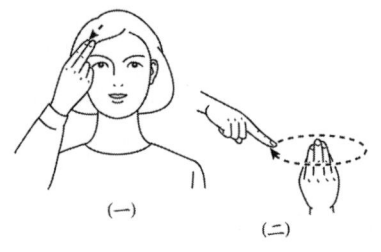
黑社会　hēishèhuì
　　（一）一手打手指字母"H"的指式，摸一下头发。
　　（二）左手五指撮合，指尖朝上；右手伸食指，指尖朝下，绕左手转动一圈。

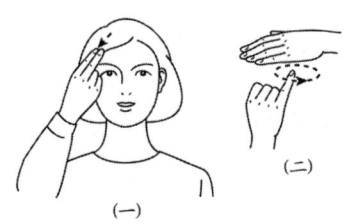
黑窝点　hēiwōdiǎn
　　（一）一手打手指字母"H"的指式，摸一下头发。
　　（二）左手横伸，掌心向下；右手伸小指，指尖朝上，在左手掌心下转动一圈。

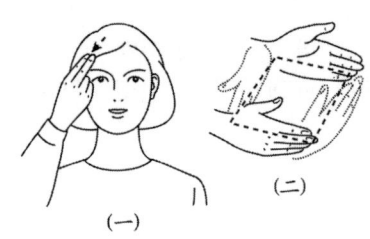
黑匣子　hēixiá·zi
　　（一）一手打手指字母"H"的指式，摸一下头发。
　　（二）双手先横立再侧立，如四方形。

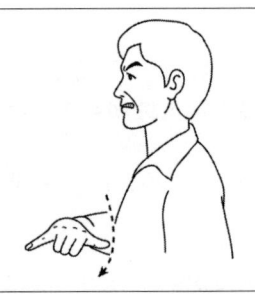
狠（罪恶、恶劣①）　hěn (zuì'è、èliè ①)
　　一手伸拇、小指，拇指尖抵于胸部，用力向下一划，面露凶恶的表情。

狠心（心狠）　hěnxīn (xīnhěn)
　　（一）双手拇、食指张开仿"♡"形，手背向外，置于胸部。
　　（二）一手伸拇、小指，拇指尖抵于胸部，用力向下一划，面露凶恶的表情。

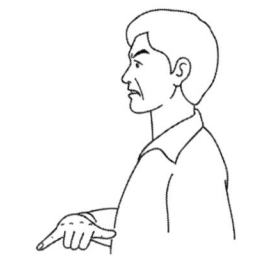

恨（痛恨、憎恨） hèn (tònghèn、zēnghèn)

一手伸拇、小指，拇指尖抵于腹部，面露怨恨的表情。

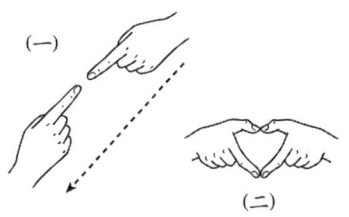

恒心 héngxīn

（一）双手伸食指，指尖斜向相对，同时向斜下方移动。

（二）双手拇、食指张开仿"♡"形，手背向外，置于胸部。

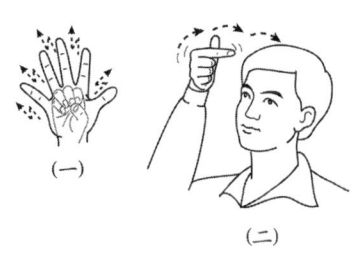

恒星 héngxīng

（一）一手五指撮合，指尖朝前，开合两下，表示恒星是可发光的星体。

（二）一手拇、食指搭成"十"字形，在头前上方随意晃动几下，眼睛注视手的动作。

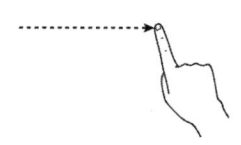

横 héng

一手伸食指，指尖朝前，从左向右划动一下。
（可根据实际表示横的状态）

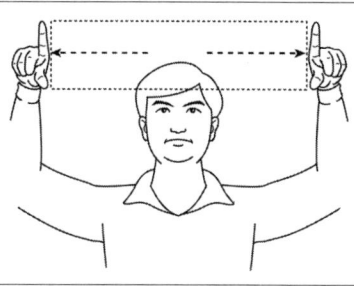

横幅 héngfú

双手拇、食指张开，指尖朝前，虎口相对，置于头前上方，从中间向两侧移动，表示会场悬挂的宽幅横幅。

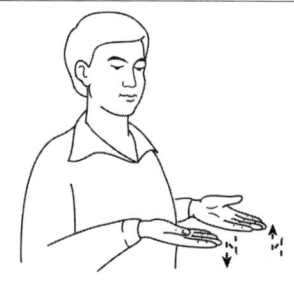

衡量 héngliáng

双手平伸，掌心向上，上下交替微动。

轰炸机（投弹） hōngzhàjī (tóudàn)

左手伸拇、食、小指，指尖朝前；右手侧立，五指张开，从左手下垂直下移两下，如飞机投弹状。

红 hóng

一手打手指字母"H"的指式，摸一下嘴唇。

红包 hóngbāo

（一）一手打手指字母"H"的指式，摸一下嘴唇。
（二）左手握拳，虎口朝上；右手手背拱起，从上向下绕左拳转动半圈。

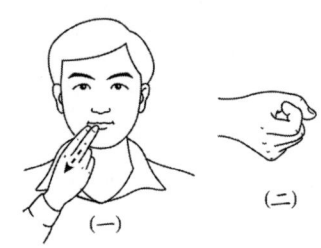

红豆 hóngdòu

（一）一手打手指字母"H"的指式，摸一下嘴唇。
（二）一手拇、食指捏成小圆形，虎口朝上，如红豆大小。

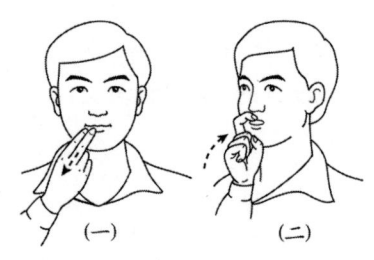

红酒 hóngjiǔ

（一）一手打手指字母"H"的指式，摸一下嘴唇。
（二）一手打手指字母"J"的指式，移向嘴部，如喝酒状。

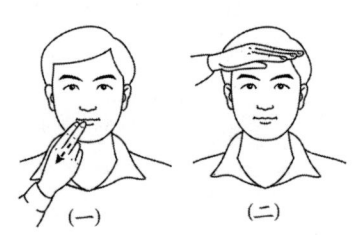

红军 hóngjūn

（一）一手打手指字母"H"的指式，摸一下嘴唇。
（二）右手横伸，掌心向下，置于前额，表示军帽帽檐。

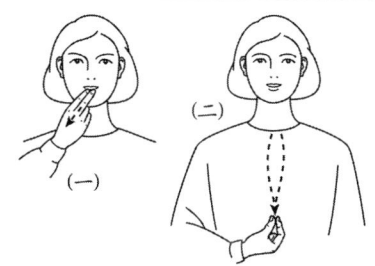

红领巾 hónglǐngjīn

（一）一手打手指字母"H"的指式，摸一下嘴唇。

（二）一手拇、食指张开，指尖朝上，从领口处边向下移动边相捏，仿红领巾形状。

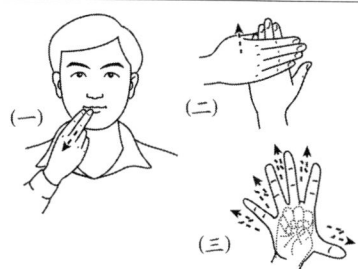

红绿灯（交通信号灯①）

hóng-lǜdēng（jiāotōng xìnhàodēng①）

（一）一手打手指字母"H"的指式，摸一下嘴唇。

（二）左手食、中、无名、小指并拢，指尖朝右上方，手背向外；右手五指向上捋一下左手四指。

（三）一手五指撮合，指尖朝前，开合两下。

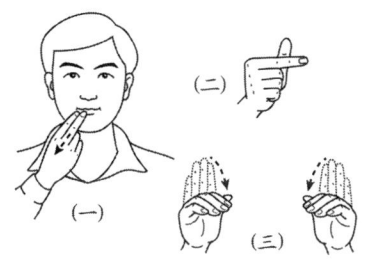

红十字会 Hóngshízìhuì

（一）一手打手指字母"H"的指式，摸一下嘴唇。

（二）一手拇、食指搭成"十"字形。

（三）双手直立，掌心分别向左右斜前方，食、中、无名、小指弯动一下。

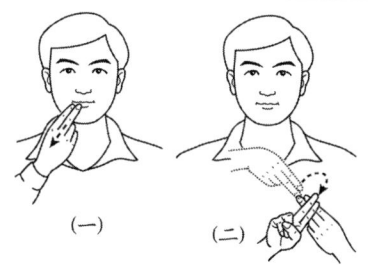

红丝带 hóngsīdài

（一）一手打手指字母"H"的指式，摸一下嘴唇。

（二）双手食、中指并拢，手背向外，左手在左下方，右手在右上方，中指尖斜向相抵，置于左胸部，然后左手不动，右手转腕向左做弧形移动，双手指背斜向相贴，仿红丝带式样。

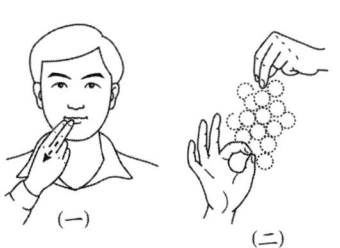

红提 hóngtí

（一）一手打手指字母"H"的指式，摸一下嘴唇。

（二）左手拇、食、中指相捏，指尖朝下，如提物状；右手拇、食指捏成圆形，其他三指直立分开，在左手下随意点动几下。

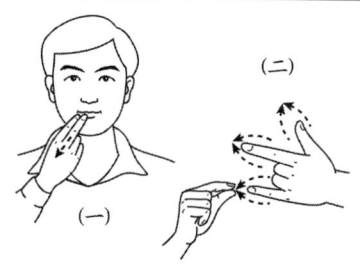

红叶 hóngyè

（一）一手打手指字母"H"的指式，摸一下嘴唇。

（二）左手伸拇、食、小指，指尖朝右，手背向外；右手拇、食指张开，分别在左手拇、食、小指指尖上边向右移动边相捏。

（可根据实际表示红叶的形状）

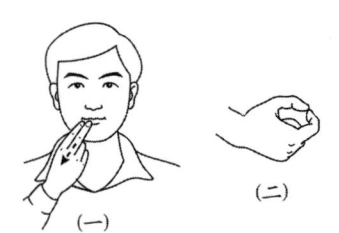

红枣 hóngzǎo

（一）一手打手指字母"H"的指式，摸一下嘴唇。

（二）一手拇、食指捏成圆形，虎口朝上。

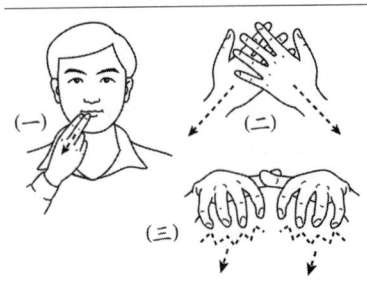

红蜘蛛 hóngzhīzhū

（一）一手打手指字母"H"的指式，摸一下嘴唇。

（二）双手五指张开，手背向外，交叉相搭，向两侧斜下方移动。

（三）双手拇指相搭，其他四指弯曲，指尖朝下，边交替点动边向前移动，如蜘蛛爬行状。

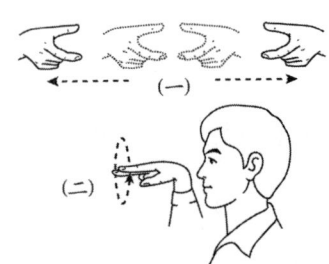

宏观 hóngguān

（一）双手拇、食指成大圆形，虎口朝上，从中间向两侧移动，动作幅度大些。

（二）一手食、中指分开，指尖朝前，手背向上，在面前转动一圈。

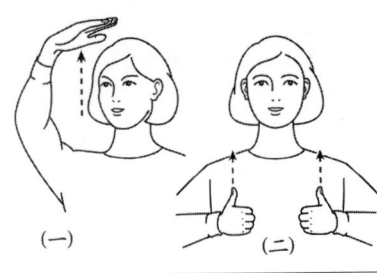

宏伟 hóngwěi

（一）一手横伸，掌心向下，向上移过头顶。

（二）双手伸拇指，手背向外，同时向上一举。

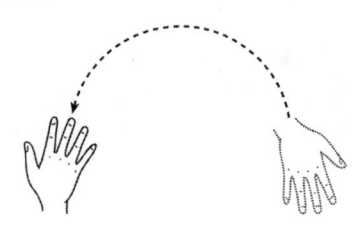

虹 hóng

右手五指张开，指尖朝下，置于身前左侧，然后向右做弧形移动，如天上的彩虹状。

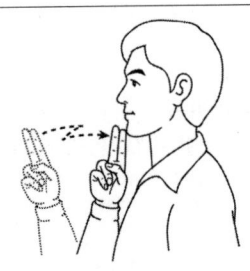

洪都拉斯 Hóngdūlāsī

右手食、中指直立并拢，掌心向左，从外向内碰两下颊部。

（此为国外聋人手语）

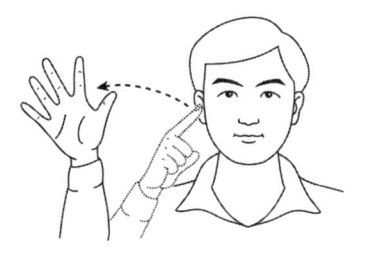
洪亮（响亮） hóngliàng (xiǎngliàng)
　　一手伸食指，指一下耳部，然后变为掌心向外，五指张开。

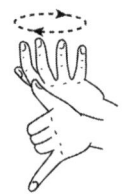
哄 hǒng
　　左手伸拇、小指，指尖朝前；右手五指微曲，指尖朝上，手背贴于左手拇指背上，顺时针转动两下。
　　（可根据实际表示哄的动作）

喉 hóu
　　一手伸食指，指一下喉部。

猴（孙悟空、侯） hóu (Sūn Wùkōng、Hóu)
　　一手手腕翻转，五指并拢，指面向下，小指外侧贴于前额，模仿猴的动作；也用于表示"孙悟空"和姓氏"侯"。

吼声 hǒushēng
　　双手握拳，手背向外，先用力在头前方向前一顿，再上举向前一顿。
　　（可根据实际表示吼声）

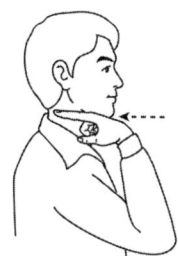
后① hòu ①
　　一手伸食指，朝肩后一指。

后② hòu ②
一手五指并拢，指尖朝下，向身后挥动一下。

后辈（晚辈） hòubèi (wǎnbèi)
双手五指与手掌成"┌┐"形，置于肩前一侧，左手不动，右手向下移动一下。

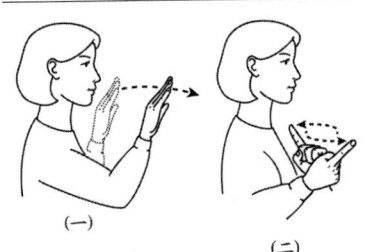

后代 hòudài
（一）一手直立，掌心向外，向前挥动一下。
（二）双手伸食指，手腕交叉相贴，然后前后转动，互换位置。

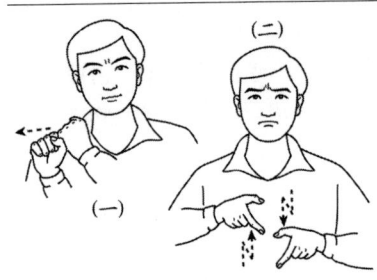

后顾之忧 hòugùzhīyōu
（一）双手虚握，一前一后，置于肩头一侧，然后同时向一侧拽动并握拳。
（二）双手拇、食指张开，食指尖朝下，置于胸部，上下交替移动。

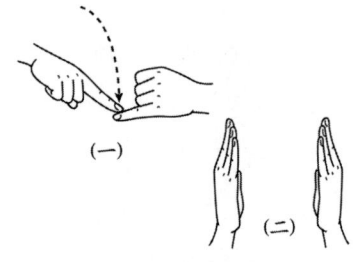

后期 hòuqī
（一）左手伸小指；右手伸食指，敲一下左手小指。
（二）双手直立，掌心左右相对。

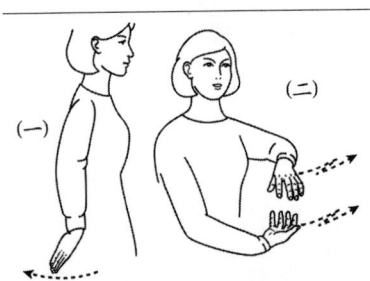

后勤 hòuqín
（一）一手五指并拢，指尖朝下，向身后挥动一下。
（二）双手横伸，五指微曲，指尖上下相对，从内向外甩动两下。

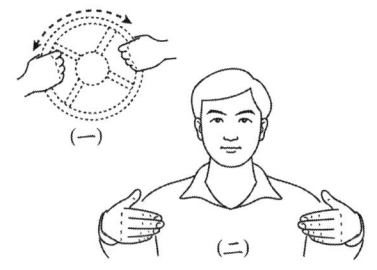

后视镜 hòushìjìng
（一）双手虚握，左右转动，如操纵方向盘状。
（二）双手横立，掌心向内，置于肩前两侧。
（可根据实际表示后视镜的形状）

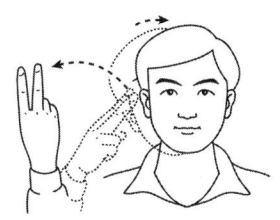

后天 hòutiān
头微偏，一手食、中指抵于太阳穴，然后向外移动，头转正，表示睡觉后过了两天，引申为后天。

厚 hòu
右手五指成"⊐"形，虎口朝内。
（可根据实际表示厚的状态）

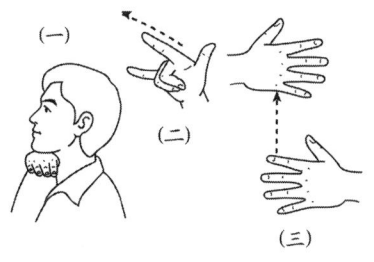

候机楼（航站楼） hòujīlóu (hángzhànlóu)
（一）一手横伸，手背贴于颔部下方。
（二）一手伸拇、食、小指，手背向上，从低向高移动，如飞机起飞状。
（三）双手横立，手背向外，五指张开，左手在下不动，右手向上移动。

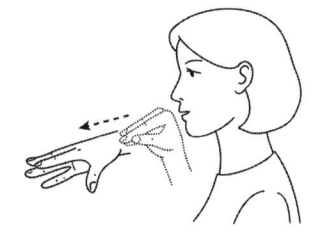

呼（呼气） hū (hūqì)
一手五指撮合，手背贴近嘴部，边向外移动边张开，口微张，如呼气状。
（可根据实际表示呼气的动作）

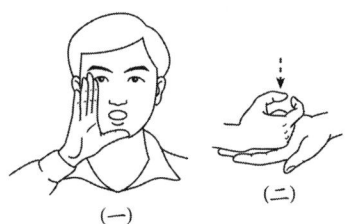

呼和浩特 Hūhéhàotè
（一）一手五指成"⌋"形，虎口贴于嘴边，口张开。
（二）左手横伸；右手拇、食指成圆形，指尖稍分开，虎口朝上，移至左手掌心。

呼吸 hūxī
　　一手食、中指稍分开，指尖朝上，向鼻部上下移动两下，身体同时稍微后仰前倾，如呼吸状。

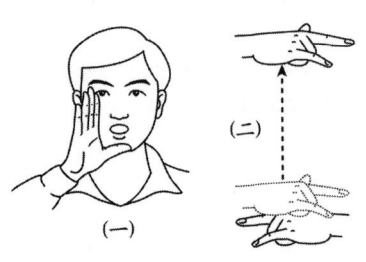

呼延 Hūyán
　　（一）一手五指成"」"形，虎口贴于嘴边，口张开。
　　（二）双手伸拇、食、小指，手背向上，上下相叠，左手在下不动，右手向上移动。
　　（此手势表示复姓"呼延"）

呼吁（呼唤） hūyù (hūhuàn)
　　双手五指微曲，虎口朝内，置于嘴两侧，头从一侧转向另一侧，口张开。

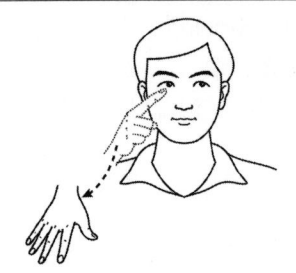

忽视 hūshì
　　一手伸食指，指一下眼部，然后边向前下方移动边张开五指，掌心向下。

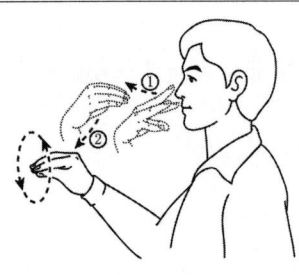

狐狸 hú·li
　　一手五指张开，指尖对着嘴部，边向外移动边撮合成尖形，再变为指尖朝前，手腕转动两下（只表示"狐"时，可省略"指尖朝前，手腕转动两下"的动作，变为"向上一翘"）。

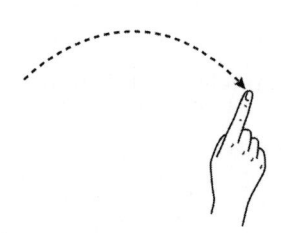

弧 hú
　　一手伸食指，指尖朝前，划一条弧线。

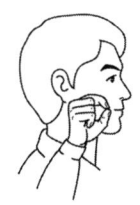

胡 Hú

一手拇、食指捏成圆形,虎口贴于脸颊,表示姓氏"胡"。

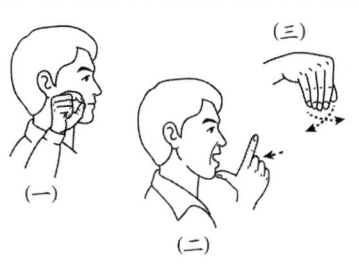

胡椒粉 hújiāofěn

(一)一手拇、食指捏成圆形,虎口贴于脸颊。
(二)一手伸拇、食指,食指尖朝上,拇指尖碰一下颏部,口张开。
(三)一手五指撮合,指尖朝下,互捻几下。

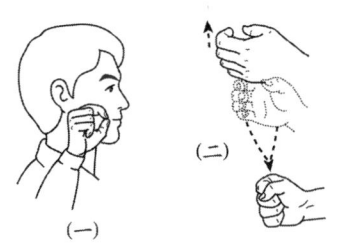

胡萝卜 húluó·bo

(一)一手拇、食指捏成圆形,虎口贴于脸颊。
(二)双手五指成半圆形,虎口朝上,上下相叠,左手向上微动,右手边向下移动边收拢。
(可根据实际表示胡萝卜的形状)

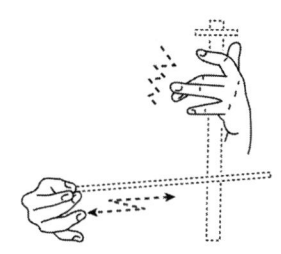

胡琴(二胡) hú·qin (èrhú)

左手在上,食、中、无名、小指弯曲,交替按动;右手在下,拇、食、中指相捏,如持弓状,然后左右拉动,模仿拉胡琴的动作。既表示胡琴的名词意思,又表示拉胡琴的意思。

胡说①(胡说八道) húshuō ① (húshuō-bādào)

一手拇、食指捏成圆形,虎口贴于脸颊,然后边向前移出边张开。
("胡说"的手语存在地域差异,可根据实际选择使用)

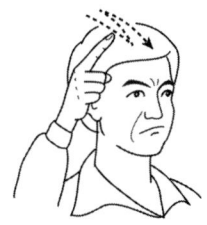

胡说② húshuō ②

一手食指直立,在头一侧从后向前下方连续挥动两下。
("胡说"的手语存在地域差异,可根据实际选择使用)

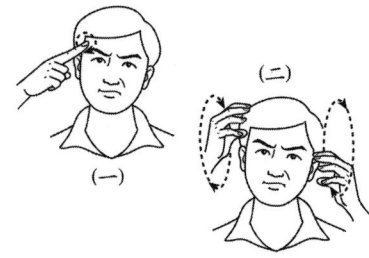

胡思乱想 húsī-luànxiǎng

（一）一手伸食指，在太阳穴前后转动一（或两）圈，面露思考的表情。

（二）双手五指弯曲，指尖左右相对，在头两侧交替转动两下。

（此手势表示自己胡思乱想）

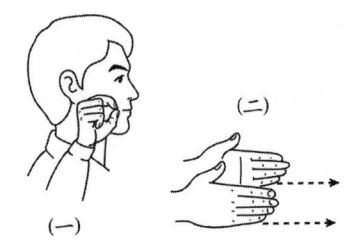

胡同 hútòng

（一）一手拇、食指捏成圆形，虎口贴于脸颊。

（二）双手侧立，掌心相对，向前移动。

胡子 hú·zi

一手在颏部做捋胡须的动作。

（可根据实际表示胡子的样子）

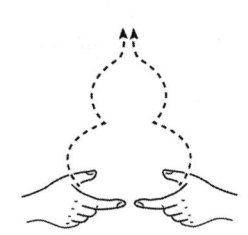

葫芦 hú·lu

双手拇、食指成大圆形，虎口朝上，从下向上连续做下大上小的弧形移动，仿葫芦外形。

湖（池塘） hú (chítáng)

左手拇、食指成半圆形，虎口朝上；右手横伸，掌心向下，五指张开，边交替点动边在左手旁顺时针转动一圈。

湖北 Húběi

（一）一手拇、食指捏成圆形，虎口贴于脸颊。

（二）双手伸拇、食、中指，手背向外，手腕交叉相搭，仿"北"字形。

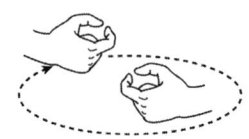

湖南（湘） Húnán (Xiāng)

双手拇、食指成圆形，指尖稍分开，虎口朝上，右手绕左手转动一圈。

蝴蝶 húdié

双手拇指相搭，其他四指扇动，如蝴蝶飞行状。

糊涂（模糊、茫然、迷惑）

hú·tu (mó·hu、mángrán、mí·huò)

一手直立，掌心向内，五指张开，在面前左右晃动几下。

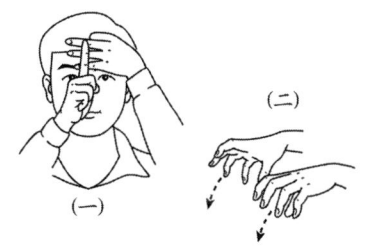

虎 hǔ

（一）左手中、无名、小指与右手食指搭成"王"字形，置于前额。

（二）双手五指弯曲，指尖朝下，如兽爪，同时向前下方按动一下。

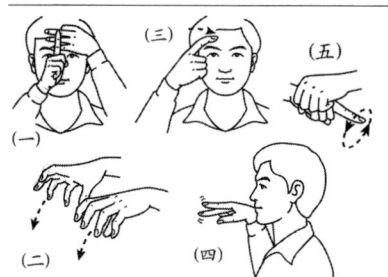

虎头蛇尾 hǔtóu-shéwěi

（一）左手中、无名、小指与右手食指搭成"王"字形，置于前额。
（二）双手五指弯曲，指尖朝下，如兽爪，同时向前下方按动一下。
（三）一手伸食指，指一下头部。
（四）一手手腕置于嘴前，食、中指分开，指尖朝前，手背向上，交替点动，如蛇吐出的舌头。
（五）左手握拳，手背向上；右手伸食指，手背贴于左手，食指转动两下，表示动物尾巴。

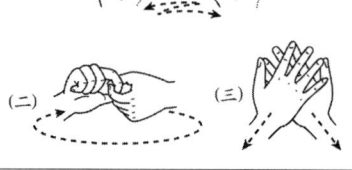

互联网 hùliánwǎng

（一）双手直立，掌心左右相对，左右晃动一下。
（二）双手拇、食指套环，顺时针平行转动一圈。
（三）双手五指张开，手背向外，交叉相搭，向两侧斜下方移动。

互相 hùxiāng

双手直立，掌心左右相对，左右晃动一下。

户口（户籍） hùkǒu (hùjí)

一手打手指字母"H"的指式，手背向外，绕嘴部转动两下，口微张。

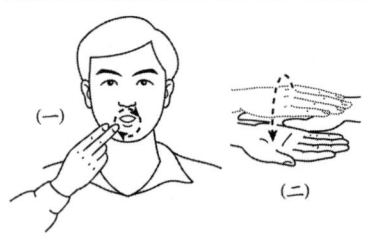

户口簿 hùkǒubù

（一）一手打手指字母"H"的指式，手背向外，绕嘴部转动两下，口微张。
（二）双手横伸，掌心相贴，然后右手做向上打开的动作，仿户口簿样式。

户型 hùxíng

（一）双手搭成"∧"形。
（二）双手拇、食指成"⌊ ⌋"形，置于脸颊两侧，上下交替动两下。

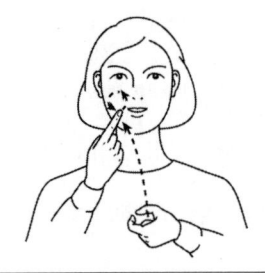

护肤霜 hùfūshuāng

左手拇、食指成圆形，指尖稍分开，虎口朝上；右手食指在左手虎口内蘸一下，然后在脸颊处转动两下，如涂抹护肤品状。既表示护肤霜的名词意思，又表示涂护肤霜的意思。
（可根据实际表示涂抹护肤霜的动作）

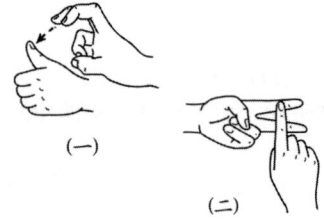

护工 hùgōng

（一）左手伸拇指，在前；右手食、中指微曲，在后，指尖对着左手拇指点动一下。
（二）左手食、中指与右手食指搭成"工"字形。

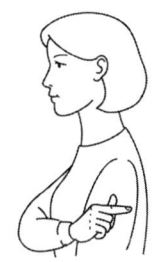

护士 hù·shi

右手拇、食指搭成"十"字形,置于左上臂外侧。

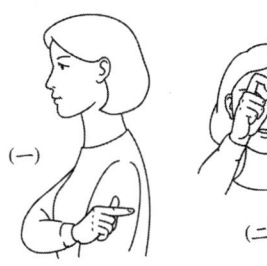

护士节 Hù·shi Jié

(一)右手拇、食指搭成"十"字形,置于左上臂外侧。
(二)一手打手指字母"J"的指式,置于前额。

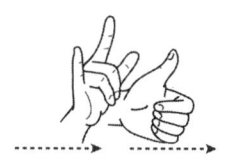

护送 hùsòng

左手伸拇指;右手拇、食、小指直立,掌心向外,置于左手后,双手同时向一侧移动。

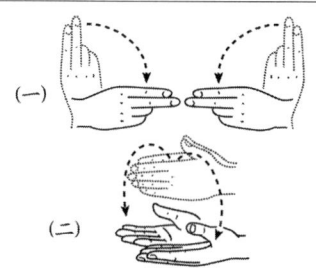

护照 hùzhào

(一)双手食、中指直立并拢,手背向外,然后转腕,指尖相对。
(二)双手侧立,掌心相贴,然后向两侧打开。

花 huā

一手五指撮合,指尖朝上,然后张开。

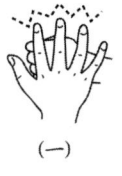

花甲 huājiǎ

(一)左手握拳,手背向外,虎口朝上;右手直立,掌心贴于左手背,五指张开,交替点动几下。
(二)左手握拳,手背向外,虎口朝上;右手拇、小指直立,弯动两下,表示60岁。

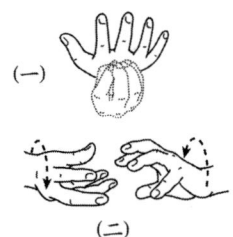

花卷 huājuǎn

（一）一手五指撮合，指尖朝上，然后张开。
（二）双手五指弯曲，指尖左右相对，同时向相反方向拧动，模仿做花卷的动作。

花蕾 huālěi

左手食指直立；右手虚握，指尖朝上，置于左手食指尖，表示花骨朵儿。

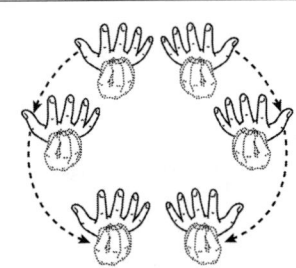

花圈 huāquān

双手五指撮合，指尖朝上，边从上向下做弧形移动边连续做开合的动作。

花洒（喷头） huāsǎ (pēntóu)

一手五指弯曲，指尖朝下，置于头顶上方，然后向下移动两下。

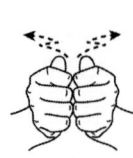
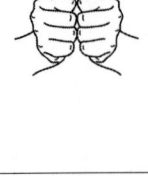

花生 huāshēng

双手虚握，拇指搭在食指上，然后向两侧掰动两下，模仿剥花生的动作。

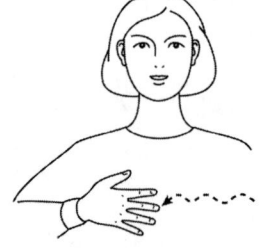

花纹 huāwén

一手五指张开，掌心贴于胸部，从一侧向另一侧做曲线形移动。

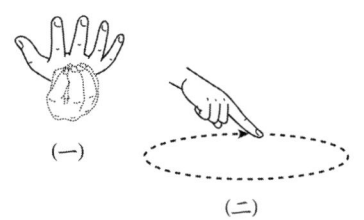

花园 huāyuán
（一）一手五指撮合，指尖朝上，然后张开。
（二）一手伸食指，指尖朝下划一大圈。

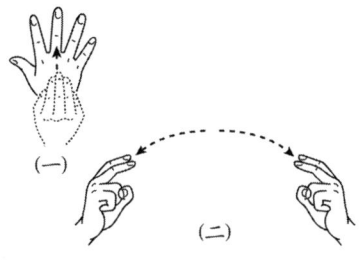

华侨 huáqiáo
（一）一手五指撮合，指尖朝上，边向上微移边张开。
（二）双手食、中指微曲分开，指尖相对，指背向上，从中间向两侧下方做弧形移动。"桥"与"侨"音同，借代。

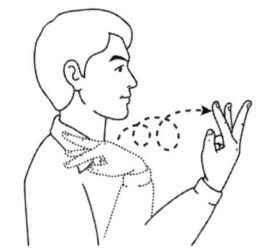

华盛顿 Huáshèngdùn
右手食、中、无名指分开，中指在上，食、无名指在下，成三角形，指尖对着右肩，然后旋转移出，指尖朝上。
（此为国外聋人手语）

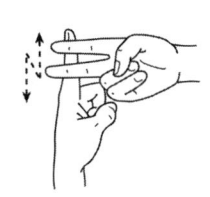
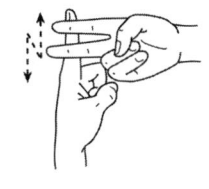

华氏度（℉） huáshìdù
左手食指直立，手背向左；右手打手指字母"F"的指式，贴于左手食指，上下微动两下。

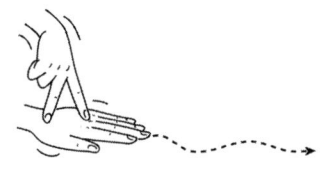

滑板 huábǎn
左手平伸，掌心向下，五指并拢；右手食、中指分开，指尖朝下，立于左手背上，然后双手边左右晃动边向前移动。

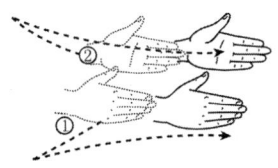

滑冰 huábīng
双手侧立，交替向前做曲线形滑动，模仿滑冰的动作。

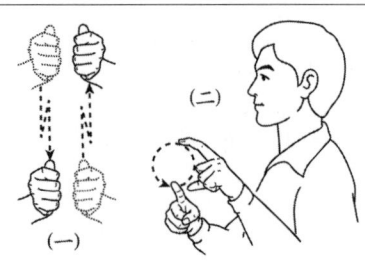

滑稽 huá·jī

（一）一手拇、食指弯曲，指尖朝内，抵于颏部，面带笑容。
（二）左手侧立；右手平伸，掌心向下，在左手旁向下扇动两下。

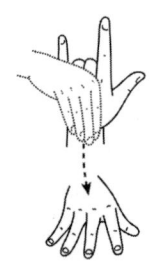

滑轮 huálún

（一）双手虚握，拇指搭在食指上，上下交替拉动几下。
（二）左手拇、食指成半圆形，虎口朝右；右手伸食指，沿左手虎口转动一圈。

滑坡 huápō

左手拇、食、小指直立，手背向外，仿"山"字形；右手五指撮合，指尖朝下，置于左手背上，然后快速向下移动，五指张开，掌心向下，如滑坡状。

滑梯 huátī

左手斜伸，手背向前上方，指尖朝前下方；右手伸拇、小指，从左手背上向下滑动，如滑滑梯状。既表示滑梯的名词意思，又表示滑滑梯的意思。

滑雪 huáxuě

身体前倾，双腿半蹲，双手握拳，置于身前并向后下方划动几下，如滑雪状。

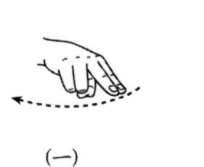 

化肥 huàféi

（一）一手打手指字母"H"的指式，指尖朝前斜下方，平行划动一下。
（二）一手拇、食指弯曲，其他三指伸出，指尖朝下，虎口朝外，微晃几下。

化简(简化) huàjiǎn (jiǎnhuà)

(一)一手食、中指直立分开,由掌心向外翻转为掌心向内。
(二)一手拇、食指相捏,指尖朝上,向下晃动两下。

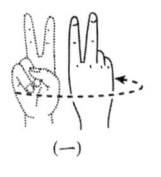 

化石 huàshí

(一)一手打手指字母"H"的指式,指尖朝前斜下方,平行划动一下。
(二)左手握拳;右手食、中指弯曲,以指背关节在左手背上敲两下。

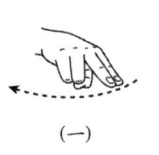 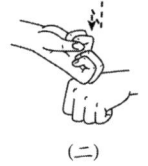

化纤 huàxiān

(一)一手打手指字母"H"的指式,指尖朝前斜下方,平行划动一下。
(二)双手食、中、无名、小指横伸分开,手背向外,边从中间向两侧移动边并拢。

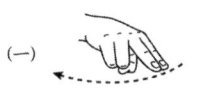 
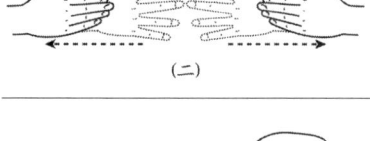

化学 huàxué

(一)一手打手指字母"H"的指式,指尖朝前斜下方,平行划动一下。
(二)一手五指撮合,指尖朝内,按向前额。

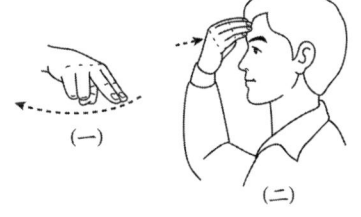

化验(显微镜) huàyàn (xiǎnwēijìng)

头微低,双手虚握,上下相叠,贴于眼部一侧,然后双手交错微转,如用显微镜观察物体状。

化妆(打扮) huàzhuāng (dǎ·ban)

双手五指撮合,在脸颊两侧交替做擦粉的动作。
(可根据实际表示化妆的动作)

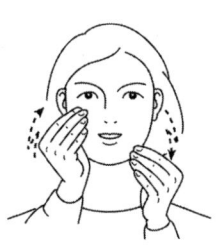

划分 huàfēn

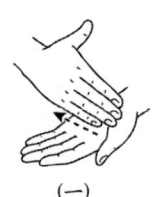 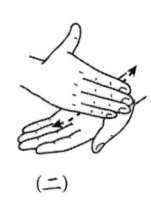

（一）左手横伸；右手侧立，在左手掌心上向后划一下。
（二）左手横伸；右手侧立，置于左手掌心上，并左右拨动一下。

画家（画室） huàjiā (huàshì)

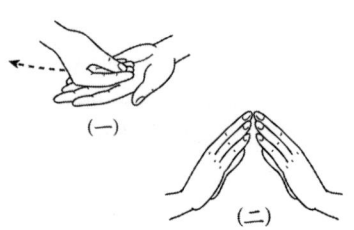

（一）左手横伸；右手五指撮合，指背在左手掌心上抹一下。
（二）双手搭成"∧"形。

话剧 huàjù

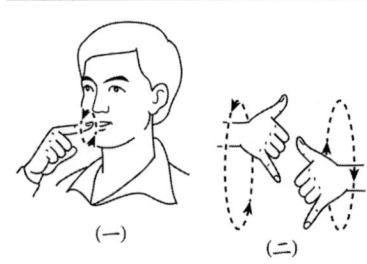

（一）一手食指横伸，在嘴前前后转动两下。
（二）双手伸拇、小指，手背向外，前后交替转动两下。

话筒（麦克风） huàtǒng (màikèfēng)

一手虚握，虎口朝上，置于身前，口微张，如持话筒状。

桦树 huàshù

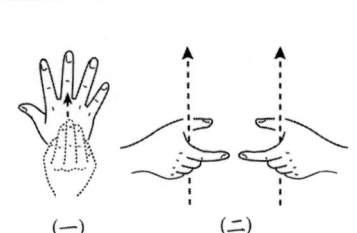

（一）一手五指撮合，指尖朝上，边向上微移边张开。
（二）双手拇、食指成大圆形，虎口朝上，同时向上移动。

怀疑（置疑、嫌疑） huáiyí (zhìyí、xiányí)

一手伸拇、小指，置于胸部，交替弯动两下，面露猜疑的表情，表示好坏、是非不确定。

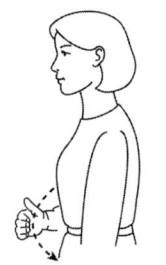

怀孕 huáiyùn

一手五指微曲,掌心向内,在腹部做弧形移动,如孕妇腹部隆起状。

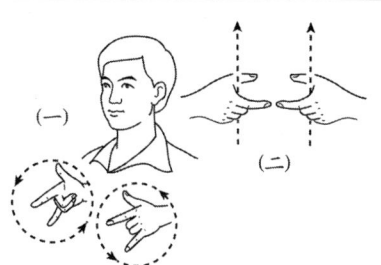

槐树① huáishù ①

(一)双手伸拇、食、小指,食、小指指尖朝前,前后交替转动两下,表示鬼。"鬼"与"槐"形近,借代。

(二)双手拇、食指成大圆形,虎口朝上,同时向上移动。

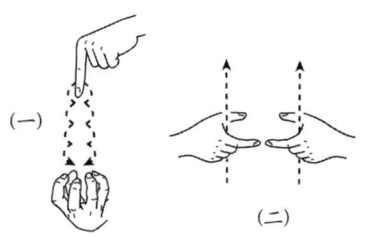

槐树② huáishù ②

(一)左手伸食指,指尖朝下;右手五指弯曲,指尖朝上,在左手食指下边弯动边向下移动,仿槐花的形状。

(二)双手拇、食指成大圆形,虎口朝上,同时向上移动。

坏 huài

一手伸小指,指尖朝前上方,面露不满的表情。
(可根据实际决定手指的朝向)

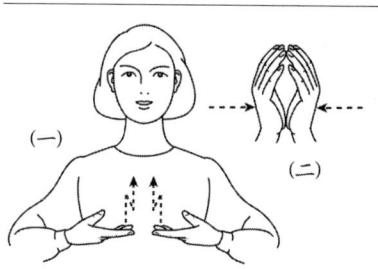

欢聚 huānjù

(一)双手横伸,掌心向上,在胸前同时向上移动两下,面带笑容。

(二)双手直立,掌心左右相对,五指微曲,从两侧向中间移动。

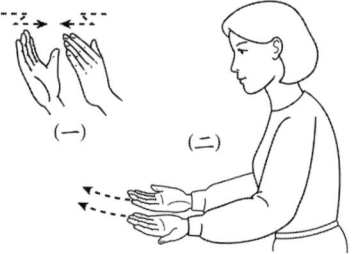

欢送 huānsòng

(一)双手鼓掌,面带笑容。
(二)双手平伸,掌心向上,同时向前伸出。

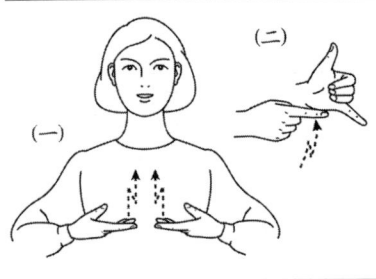

欢欣鼓舞 huānxīn-gǔwǔ

（一）双手横伸，掌心向上，在胸前同时向上移动两下，面带笑容。

（二）左手伸拇、小指；右手伸食指，连续向上敲击左手小指下缘。

欢迎② huānyíng ②

双手五指微曲，掌心相对，置于头两侧，手腕微转几下，面带笑容。

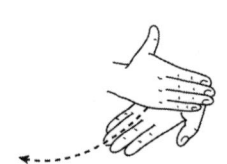

还 huán

左手平伸；右手横立，掌心向内，置于左手掌心上，然后向左手指尖方向移动。

（可根据实际表示还的动作）

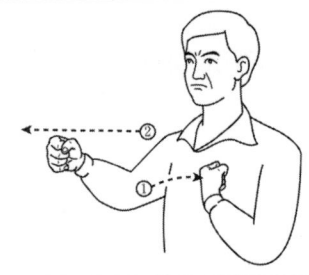

还击（还手、反击） huánjī（huánshǒu、fǎnjī）

左手握拳，先打自己左胸部，随后右手握拳，向外挥出。

（可根据实际表示还手的动作）

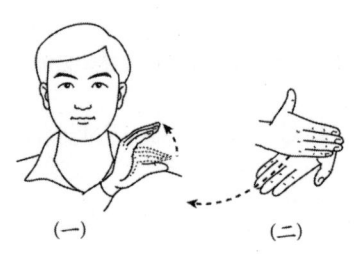

还债 huánzhài

（一）右手五指撮合，置于左肩上，然后张开，表示负债。

（二）左手平伸；右手横立，掌心向内，置于左手掌心上，然后向左手指尖方向移动。

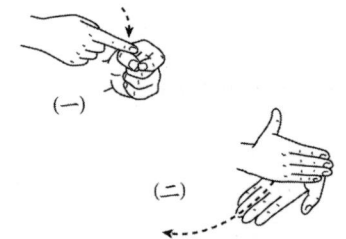

还账（还钱） huánzhàng（huánqián）

（一）左手拇、食指捏成圆形，虎口朝上；右手伸食指，敲一下左手拇指。

（二）左手平伸；右手横立，掌心向内，置于左手掌心上，然后向左手指尖方向移动。

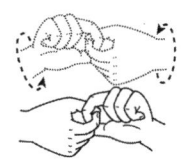
环节（链）　huánjié（liàn）
双手边转腕边拇、食指连续相互套环。

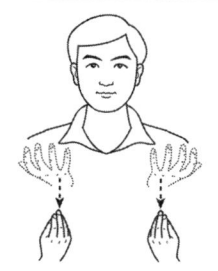
缓和❶（寂静、宁静）　huǎnhé ❶（jìjìng、níngjìng）
双手五指微曲，指尖朝上，边向下微移边撮合，面露舒缓的表情。

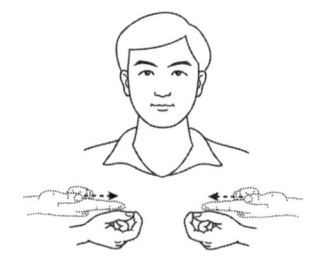
缓解（缓和❷）　huǎnjiě（huǎnhé ❷）
双手食指横伸，手背向下，拇指尖按于食指根部，同时向指尖方向移动。

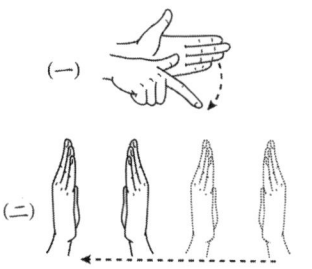
缓期　huǎnqī
（一）左手侧立；右手伸拇、食指，拇指尖抵于左手掌心，食指向下转动。
（二）双手直立，掌心左右相对，同时向右移动一下。

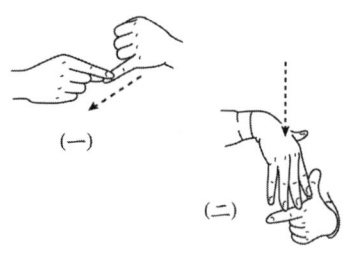
缓刑　huǎnxíng
（一）左手伸小指；右手拇、食指捏住左手小指，向右下方移动。
（二）左手伸拇、食指，食指尖朝右，手背向外；右手五指张开，指尖朝下，手背向外，从上向下移向左手食指。

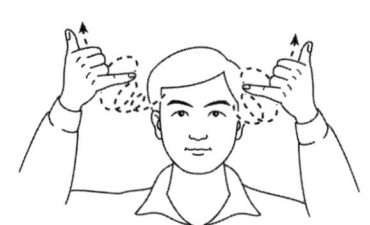
幻想　huànxiǎng
双手伸拇、小指，从太阳穴两侧同时向斜上方旋转移动。

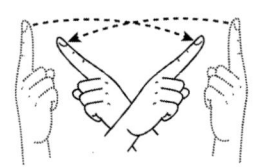

换(代替、顶替)　huàn (dàitì、dǐngtì)
双手食指直立,然后左右交叉,互换位置。
(可根据实际表示换的动作)

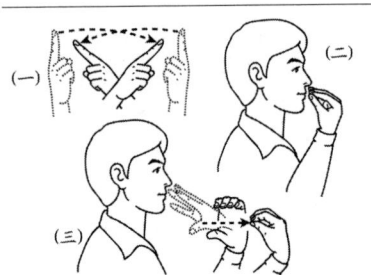

换气扇(排风扇)　huànqìshàn (páifēngshàn)
(一)双手食指直立,然后左右交叉,互换位置。
(二)一手打手指字母"Q"的指式,指尖朝内,置于鼻孔处。
(三)左手五指成"匚"形,虎口朝内;右手五指张开,掌心向内,边从左手虎口内向外移动边撮合。

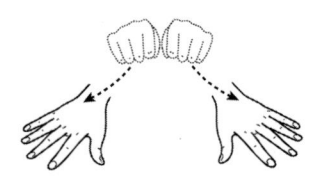

涣散　huànsàn
双手虚握,虎口左右相抵,边向两侧斜下方移动边张开五指。

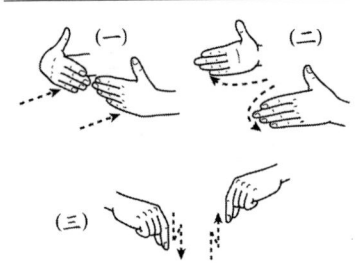

患得患失　huàndé-huànshī
(一)双手横立,掌心向内,向内移动一下。
(二)双手横立,掌心向内,然后向外转腕。
(三)双手拇、食指相捏,指尖朝下,上下交替微移几下。

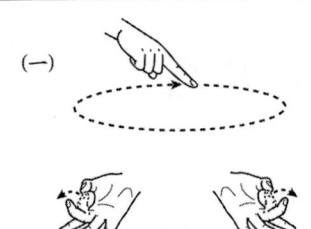

荒地　huāngdì
(一)一手伸食指,指尖朝下划一大圈。
(二)双手平伸,手背向下,拇、中指先相捏,再弹开,表示贫瘠、荒凉的意思。

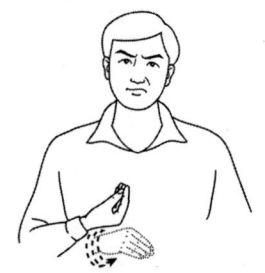

荒谬(无稽之谈)　huāngmiù (wújīzhītán)
一手五指撮合,指尖抵于腹部,然后边转腕边向上移动几下,指尖朝后上方,面露厌烦的表情。

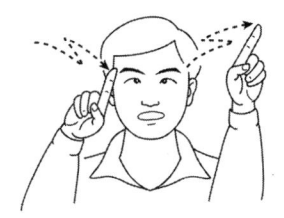

荒唐 huāng·táng

双手食指直立，从太阳穴两侧交替向外伸出，面露傻相。

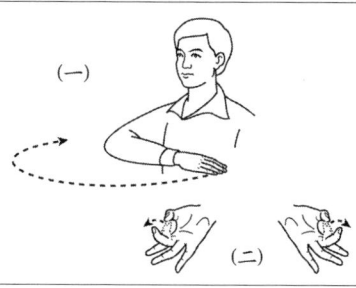

荒野（不毛之地） huāngyě (bùmáozhīdì)

（一）一手横伸，掌心向下，五指并拢，齐胸部从一侧向另一侧做大范围的弧形移动。

（二）双手平伸，手背向下，拇、中指先相捏，再弹开，表示贫瘠、荒凉的意思。

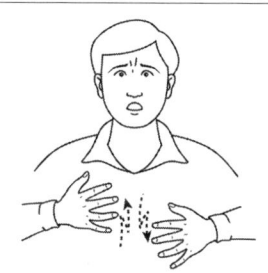

慌 huāng

双手五指张开，掌心贴于胸部，上下交替移动，面露慌张的表情。

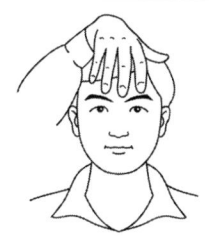

皇帝 huángdì

一手手腕贴于前额，五指微曲，指尖朝下。

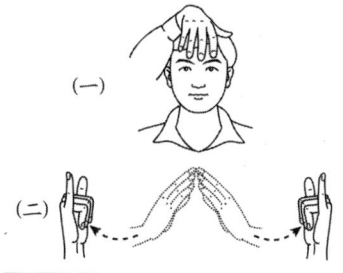

皇宫（朝廷） huánggōng (cháotíng)

（一）一手手腕贴于前额，五指微曲，指尖朝下。

（二）双手搭成"∧"形，然后左右分开并伸出拇、小指，指尖朝上，仿宫殿翘起的飞檐。

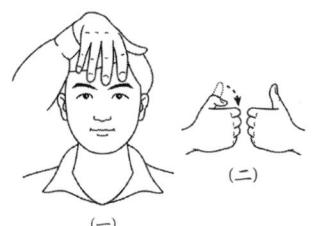

皇后 huánghòu

（一）一手手腕贴于前额，五指微曲，指尖朝下。

（二）双手伸拇指，指面相对，手背向外，左手不动，右手拇指弯动一下。

黄① huáng①
一手打手指字母"H"的指式,摸一下脸颊。
("黄"的手语存在地域差异,可根据实际选择使用)

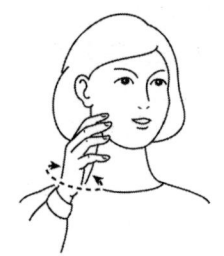

黄② huáng②
右手五指张开,掌心向左,晃动几下。
("黄"的手语存在地域差异,可根据实际选择使用)

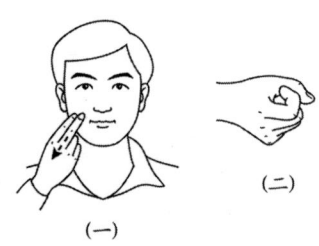

黄豆(大豆) huángdòu(dàdòu)
(一)一手打手指字母"H"的指式,摸一下脸颊。
(二)一手拇、食指捏成小圆形,虎口朝上,如黄豆大小。

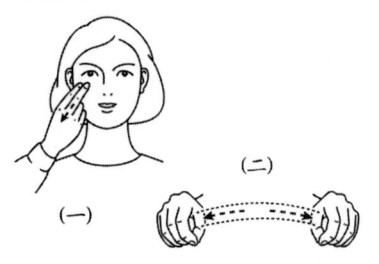

黄瓜 huáng·guā
(一)一手打手指字母"H"的指式,摸一下脸颊。
(二)双手虚握,虎口相贴,然后向两侧做弧形移动,仿黄瓜外形。

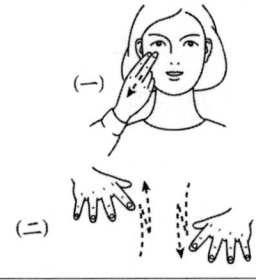

黄海 Huánghǎi
(一)一手打手指字母"H"的指式,摸一下脸颊。
(二)双手平伸,掌心向下,五指张开,上下交替移动,表示海洋起伏的波浪。

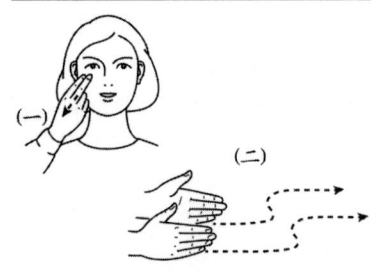

黄河 Huánghé
(一)一手打手指字母"H"的指式,摸一下脸颊。
(二)双手侧立,掌心相对,相距窄些,向前做曲线形移动。

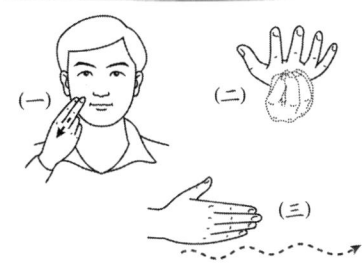

黄花鱼 huánghuāyú

（一）一手打手指字母"H"的指式,摸一下脸颊。

（二）一手五指撮合,指尖朝上,然后张开。

（三）一手横立,手背向外,向一侧做曲线形移动（或一手侧立,向前做曲线形移动）,如鱼游动状。

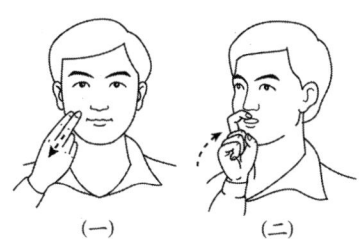

黄酒 huángjiǔ

（一）一手打手指字母"H"的指式,摸一下脸颊。

（二）一手打手指字母"J"的指式,移向嘴部,如喝酒状。

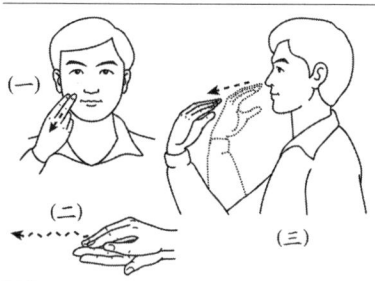

黄鼬（黄鼠狼） huángyòu (huángshǔláng)

（一）一手打手指字母"H"的指式,摸一下脸颊。

（二）左手平伸;右手平伸,手背拱起,置于左手掌心上,快速向前做曲线形移动。

（三）一手五指弯曲,指尖对着嘴部,然后边向外移动边撮合成尖形。

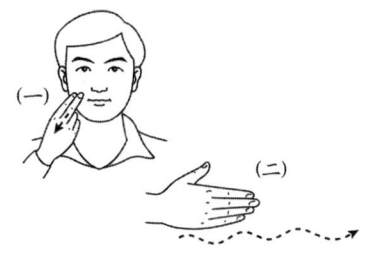

黄鱼 huángyú

（一）一手打手指字母"H"的指式,摸一下脸颊。

（二）一手横立,手背向外,向一侧做曲线形移动（或一手侧立,向前做曲线形移动）,如鱼游动状。

蝗虫 huángchóng

（一）双手食、中指弯曲,贴于嘴角两侧,微动两下,如蝗虫的嘴。

（二）一手食指横伸,手背向上,边弯动边向一侧移动。

恍惚 huǎng·hū

一手直立,掌心向内,五指张开,在面前转动一圈,眼闭拢,头左右晃动。

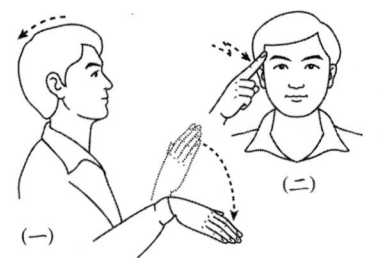

恍然大悟（豁然开朗、茅塞顿开）
huǎngrándàwù (huòrán-kāilǎng、máosè-dùnkāi)
（一）一手直立，掌心向前，向下挥动一下，头同时后仰。
（二）一手伸食指，点两下太阳穴。

谎话（假话） huǎnghuà (jiǎhuà)
（一）右手直立，掌心向左，拇指尖抵于颏部，其他四指交替点动几下，面露怀疑的表情。
（二）一手食指横伸，在嘴前前后转动两下。

灰色 huīsè
（一）一手拇、食、中指相捏，指尖朝下，互捻几下。
（二）一手直立，掌心向内，五指张开，在嘴唇部交替点动。

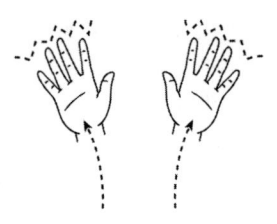

挥发 huīfā
双手直立，掌心向外，五指张开，边交替点动边向上移动，表示液体挥发。

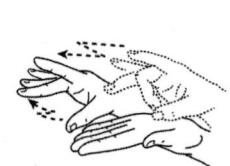

挥霍 huīhuò
左手平伸；右手拇、中指相捏，手背向上，在左手掌心上向外弹动两下。

恢复（还原、复原） huīfù (huányuán、fùyuán)
双手直立，掌心向外，然后边向前做弧形移动边翻转为掌心向内。

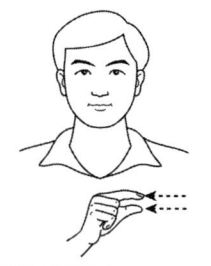

徽章 huīzhāng
　　右手拇、食指张开,虎口朝内,置于左胸部,向右微移一下。
　　(可根据实际表示徽章的式样)

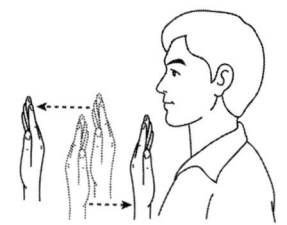

回报 huíbào
　　双手直立,掌心朝向一前一后,然后前后交错移动一下。

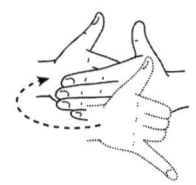

回避(避嫌) huíbì (bìxián)
　　左手横立,掌心向内;右手伸拇、小指,先置于左手前,然后移入左手内。

回购 huígòu
　　(一)双手直立,掌心向外,然后边向前做弧形移动边翻转为掌心向内。
　　(二)双手横伸,右手背在左手掌心上拍一下,然后向内移动。

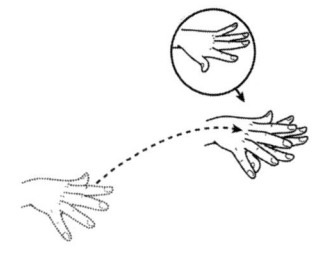

回归主流 huíguī zhǔliú
　　双手平伸,掌心向下,五指张开,左手在前不动,右手从右后方向中间移至左手背上,表示特殊教育回归到整个教育的主流中。

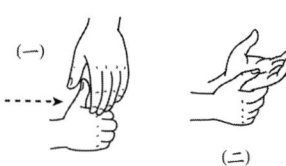

回锅肉 huíguōròu
　　(一)左手五指成"∩"形,虎口朝内;右手伸拇指,移入左手虎口内。
　　(二)右手拇、食指捏一下左手的小鱼际部位。
　　(此为四川聋人手语)

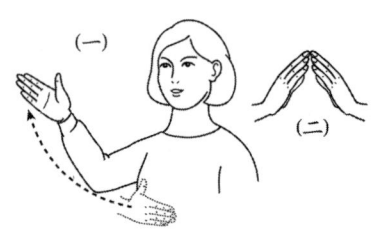

回家① huíjiā ①

（一）一手食、中、无名、小指并拢，手背向外，向外一挥，表示在外的人将要回家的意思。
（二）双手搭成"∧"形。

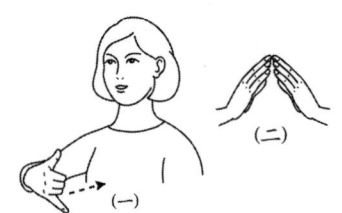

回家② huíjiā ②

（一）一手伸拇、小指，指尖朝内，从外向内移动，表示嘱咐将要离家的人回家或人已经回到家的意思。
（二）双手搭成"∧"形。

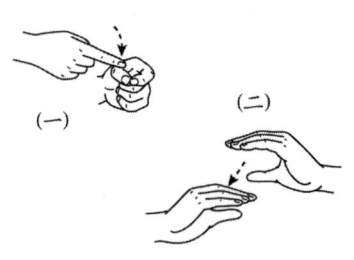

回扣 huíkòu

（一）左手拇、食指捏成圆形，虎口朝上；右手伸食指，敲一下左手拇指。
（二）双手五指成"⊏⊐"形，左手厚，不动，右手薄，在左手虎口内向外移动，表示从一摞钱中给别人一部分回扣。
（可根据实际决定手的移动方向）

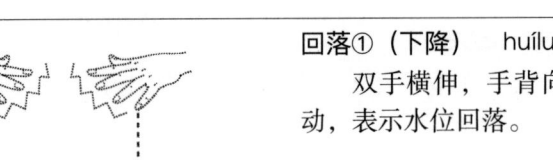

回落①（下降） huíluò ①（xiàjiàng）

双手横伸，手背向上，五指张开，边交替点动边向下移动，表示水位回落。

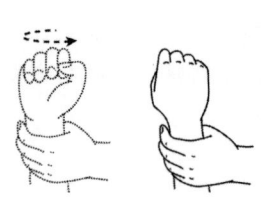

回首 huíshǒu

左手握住右手腕；右手握拳，手背向内，然后翻转为手背向外。

回味 huíwèi

（一）一手五指微曲，掌心向上，置于太阳穴，边微转边向外上方移动。
（二）一手拇、食指在嘴边捻动，指尖朝上，表示有滋味。

回忆（回想） huíyì (huíxiǎng)

一手五指微曲，掌心向上，置于太阳穴，边微转边向外上方移动。

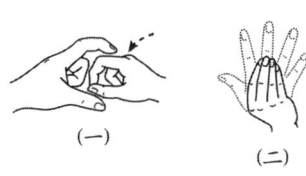

回族① Huízú ①

（一）左手拇、食指成"匸"形，虎口朝内；右手拇、食指捏成圆形，虎口朝内，从后向前移入左手虎口内，仿"回"字形。
（二）一手五指张开，指尖朝上，然后撮合。

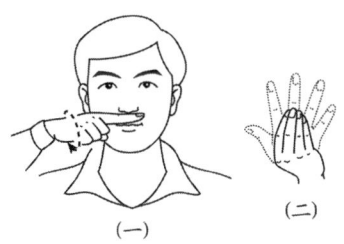

回族② Huízú ②

（一）一手食指横伸，置于鼻下，转动一下。
（二）一手五指张开，指尖朝上，然后撮合。

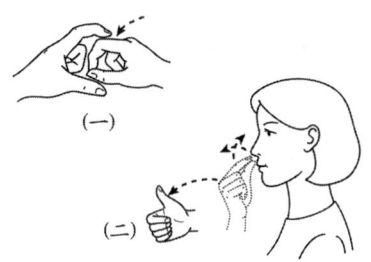

茴香 huíxiāng

（一）左手拇、食指成"匸"形，虎口朝内；右手拇、食指捏成圆形，虎口朝内，从后向前移入左手虎口内。"回"与"茴"音同，借代。
（二）一手拇、食指在鼻孔前捻动，然后伸出拇指。

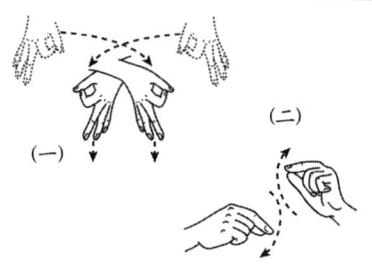

毁约 huǐyuē

（一）双手伸中、无名、小指，指尖朝下，左右交换位置，向下一点。
（二）双手拇、食指相捏，分别向上下方向移动，如撕东西状。

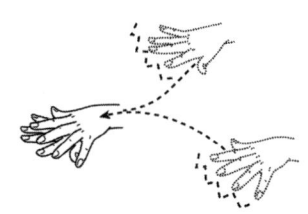

汇合 huìhé

双手平伸，掌心向下，五指张开，交替点动几下，从后方两侧向前方中间移动至双手上下相叠。

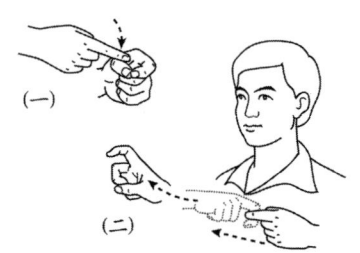

汇款 huìkuǎn

（一）左手拇、食指捏成圆形，虎口朝上；右手伸食指，敲一下左手拇指。

（二）双手食指相勾，边从左下方向右上方移动边松开。

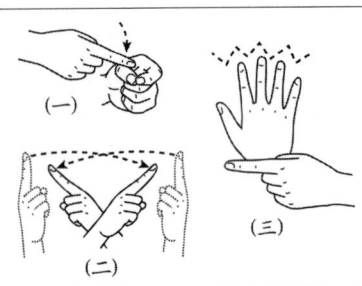

汇率 huìlǜ

（一）左手拇、食指捏成圆形，虎口朝上；右手伸食指，敲一下左手拇指。

（二）双手食指直立，然后左右交叉，互换位置。

（三）左手食指横伸，手背向外；右手直立，手背向外，手腕贴于左手食指，五指张开，交替点动几下。

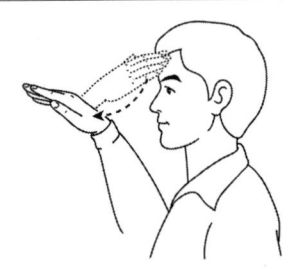

会 huì

一手五指并拢，指尖抵于前额，然后向前伸出，指尖朝前。

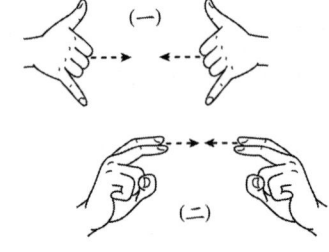

会见 huìjiàn

（一）双手伸拇、小指，指尖左右相对，手背向外，从两侧向中间移动。

（二）双手食、中指微曲，指尖左右相对，从两侧向中间移动，表示双方目光相接。

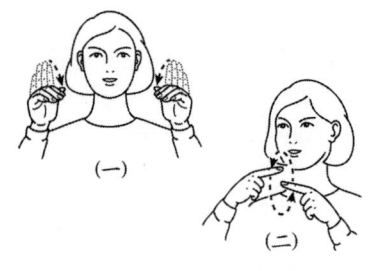

会谈 huìtán

（一）双手直立，掌心分别向左右斜前方，食、中、无名、小指弯动一下。

（二）双手食指横伸，在嘴前前后交替转动两下。

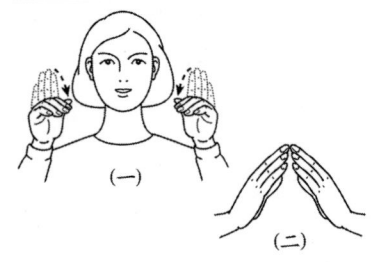

会议室（会堂） huìyìshì (huìtáng)

（一）双手直立，掌心分别向左右斜前方，食、中、无名、小指弯动一下。

（二）双手搭成"∧"形。

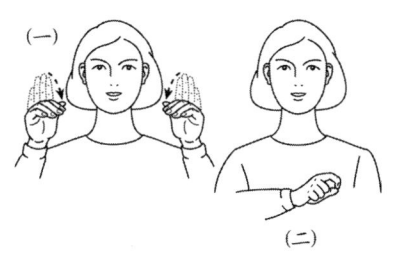

会员 huìyuán

（一）双手直立，掌心分别向左右斜前方，食、中、无名、小指弯动一下。

（二）右手拇、食指捏成圆形，虎口朝内，贴于左胸部。

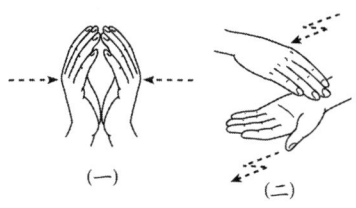

会诊 huìzhěn

（一）双手直立，掌心左右相对，五指微曲，从两侧向中间移动。

（二）左手平伸，掌心向上；右手五指并拢，食、中、无名指指尖按于左手腕的脉门处，双手同时向前移动两下。

绘画（图画） huìhuà (túhuà)

左手横伸；右手五指撮合，指背在左手掌心上抹两下。

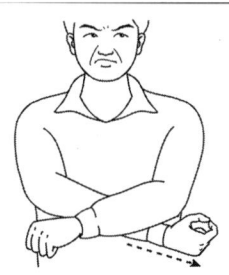

贿赂（行贿） huìlù (xínghuì)

左臂横伸，左手握拳，手背向上；右手拇、食指捏成圆形，虎口朝上，从左臂下向外移动，表示暗中向他人行贿。
（可根据实际决定手的移动方向）

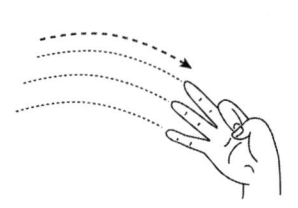

彗星 huìxīng

右手拇、食指相捏，其他三指横伸分开，掌心向内，在头前上方从左上方向右下方做弧形移动，眼睛注视手的动作。

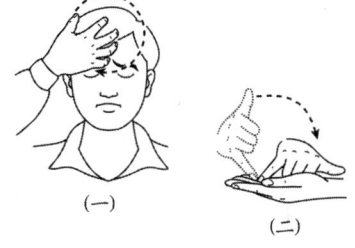

昏倒（休克、虚脱） hūndǎo (xiūkè、xūtuō)

（一）一手五指微曲，指尖朝内，在前额转动两下，眼闭拢。

（二）左手横伸；右手伸拇、小指，小指尖抵于左手指面处，然后向一侧倒下。

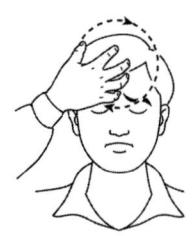

昏迷　hūnmí
　　一手五指微曲，指尖朝内，在前额转动两下，眼闭拢。

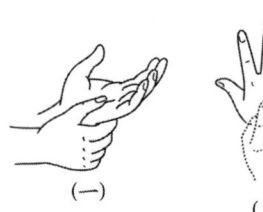

荤菜　hūncài
　　（一）右手拇、食指捏一下左手的小鱼际部位。
　　（二）一手五指撮合，指尖朝上，边向上微移边张开。

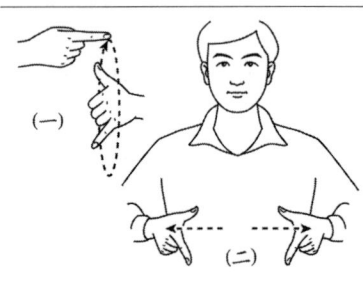

浑身是胆　húnshēnshìdǎn
　　（一）左手伸拇、小指，手背向外；右手食指横伸，绕左手前后转动一圈。
　　（二）双手伸拇、食指，食指尖朝下，贴于腹部，然后用力向两侧拉开。

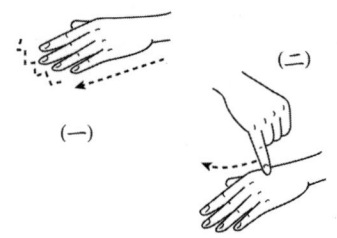

浑浊　húnzhuó
　　（一）左手横伸，掌心向下，五指张开，边交替点动边向右移动。
　　（二）左手横伸；右手伸小指，指尖朝下，在左手背上向右划动一下。
　　（可根据实际表示浑浊的状态）

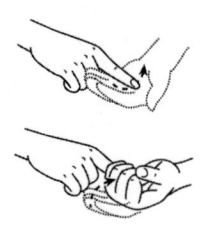

馄饨　hún·tun
　　右手食指在左手掌心上一抹，如抹上肉馅状，左手随之握拳，模仿包馄饨的动作。既表示馄饨的名词意思，又表示包馄饨的意思。

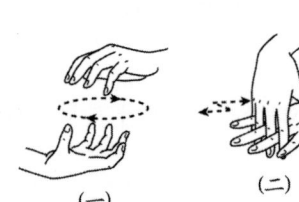

混纺　hùnfǎng
　　（一）双手五指弯曲，指尖上下相对，交替平行转动两下。
　　（二）左手平伸，手背向上，五指张开；右手五指张开，指尖朝下，插入左手各指指缝间，前后移动两下。

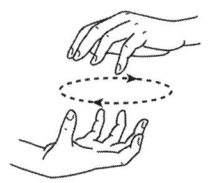

混合（混淆） hùnhé (hùnxiáo)
双手五指弯曲，指尖上下相对，交替平行转动两下。

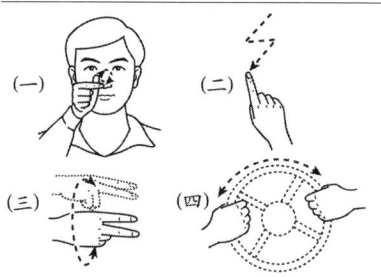

混合动力车 hùnhé dònglìchē
（一）一手拇、食指搭成"十"字形，置于鼻翼一侧，微转两下。
（二）一手食指书空"ケ"形。
（三）一手伸食、中指，指尖朝前，手腕左右转动两下，表示油、电动力可以切换。
（四）双手虚握，左右转动，如操纵方向盘状。

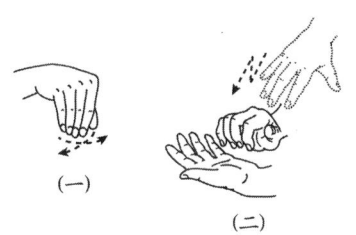

和面 huómiàn
（一）一手五指撮合，指尖朝下，互捻几下。
（二）左手横伸，掌心向上，五指张开；右手五指张开，指尖朝下，在左手上方做揉面的动作。

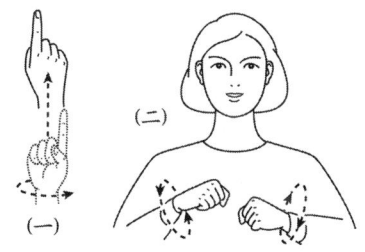

活动 huódòng
（一）一手食指直立，边转动手腕边向上移动。
（二）双手握拳屈肘，前后交替转动两下。

活该 huógāi
一手虚握，手背向上，从下向上用力碰两下颏部，面露解恨的表情。

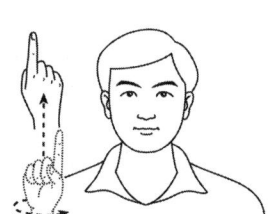

活泼（活、生命、寿命）
huó·pō (huó、shēngmìng、shòumìng)
一手食指直立，边转动手腕边向上移动。

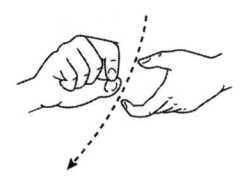

火柴 huǒchái

左手拇、食指张开,如捏火柴盒状;右手拇、食指相捏,做擦火柴的动作。

火车 huǒchē

左手食、中指分开,指尖朝前,手背向上;右手食、中指弯曲,指尖抵于左手食、中指上,并向前移动,如火车行驶状。

火锅 huǒguō

左手拇、食、小指直立,手背向外;右手食、中指相叠,指尖朝下,在左手上转动两下。

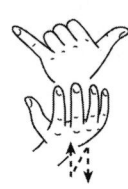

火化(火葬) huǒhuà (huǒzàng)

左手伸拇、小指,指尖朝上;右手五指微曲,指尖朝上,在左手下上下动几下。

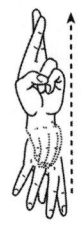

火箭(发射) huǒjiàn (fāshè)

左手食、中指相叠,指尖朝上;右手五指撮合,指尖朝下,置于左手下,然后连续做开合的动作,表示火箭点火,双手随之向上移动。

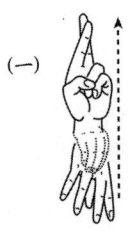

火箭军 huǒjiànjūn

(一)左手食、中指相叠,指尖朝上;右手五指撮合,指尖朝下,置于左手下,然后连续做开合的动作,表示火箭点火,双手随之向上移动。

(二)右手横伸,掌心向下,置于前额,表示军帽帽檐。

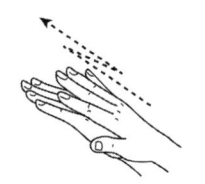

火箭炮 huǒjiànpào
左手斜伸，掌心向前下方；右手五指张开，指尖朝前，掌心向下，置于左手腕，然后沿左手背迅速向前上方移出，重复几次，如火箭炮发射状。

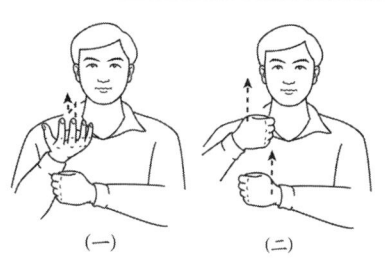

火炬（火炬手） huǒjù (huǒjùshǒu)
（一）左手虚握，虎口朝上，置于右胸前；右手五指弯曲，指尖朝上，在左手上随意向上撩动几下，表示火焰。
（二）双手虚握，虎口朝上，一上一下，在右胸前向上一举，表示手持的火炬。
（可根据实际表示手持火炬的动作）

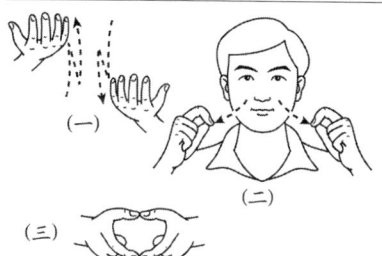

火龙果 huǒlóngguǒ
（一）双手五指微曲，指尖朝上，上下交替动几下，如火苗跳动状。
（二）双手拇、食指相捏，从鼻下向两侧斜前方拉出，表示龙的两条长须。
（三）双手拇、食指搭成圆形，虎口朝上，表示果子。

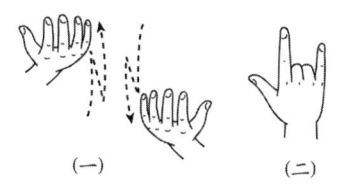

火山 huǒshān
（一）双手五指微曲，指尖朝上，上下交替动几下，如火苗跳动状。
（二）一手拇、食、小指直立，手背向外，仿"山"字形。

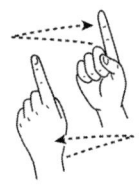

或者 huòzhě
双手食指直立，手腕前后交替转动两下。

霍 Huò
一手五指弯曲，指尖朝下，在头顶上点一下，表示姓氏"霍"。

J

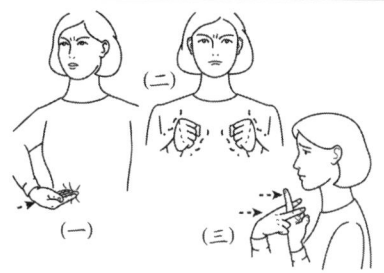

饥寒交迫　jīhán-jiāopò
（一）一手食、中、无名、小指并拢，指尖朝内，顶一下胃部，身体微向前倾，面露饥饿的神态。
（二）双手握拳屈肘，小臂颤动几下，如哆嗦状，表示冷。
（三）左手伸食指，手背向外；右手食、中指分开，指尖朝内，卡向左手食指。

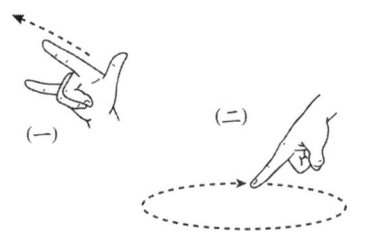

机场　jīchǎng
（一）一手伸拇、食、小指，手背向上，从低向高移动，如飞机起飞状。
（二）一手伸食指，指尖朝下划一大圈。

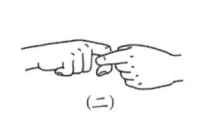

机构　jīgòu
（一）双手五指弯曲，食、中、无名、小指关节交错相触，向下转动一下。
（二）双手食指相互勾住。

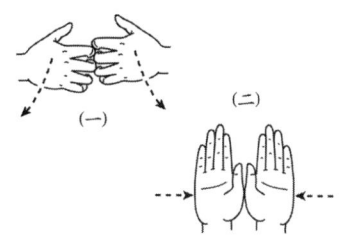

机关　jīguān
（一）双手五指弯曲，食、中、无名、小指关节交错相触，向下转动一下。
（二）双手直立，掌心向外，从两侧向中间移动并互碰。

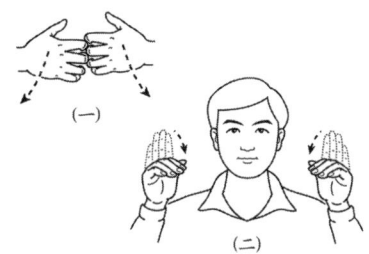

机会（机遇、契机、时机❶）　jīhuì (jīyù、qìjī、shíjī ❶)
（一）双手五指弯曲，食、中、无名、小指关节交错相触，向下转动一下。
（二）双手直立，掌心分别向左右斜前方，食、中、无名、小指弯动一下。

机枪　jīqiāng

左手五指弯曲，在后；右手伸拇、食指，食指弯曲，在前，双手同时前后晃动几下，如机枪射击状。

机械（机器、齿轮）　jīxiè（jī·qì、chǐlún）

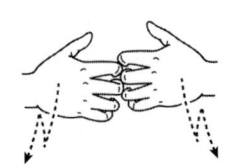

双手五指弯曲，食、中、无名、小指关节交错相触，向下转动两下。

机制　jīzhì

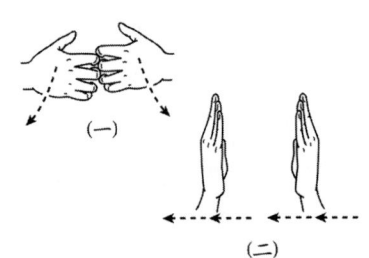

（一）双手五指弯曲，食、中、无名、小指关节交错相触，向下转动一下。
（二）双手直立，掌心左右相对，向一侧一顿一顿移动几下。

机智　jīzhì

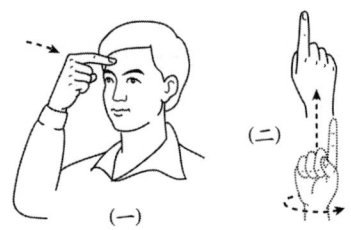

（一）一手伸食指，点一下前额。
（二）一手食指直立，边转动手腕边向上移动。

肌肉　jīròu

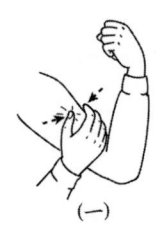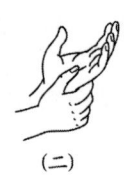

（一）左手握拳屈肘；右手五指捏一下左上臂肌肉处。
（二）右手拇、食指捏一下左手的小鱼际部位。
（可根据实际表示不同部位的肌肉）

鸡　jī

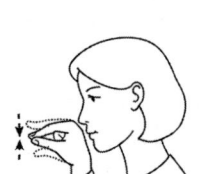

一手手背贴于嘴部，拇、食指先张开再相捏，仿鸡的嘴。

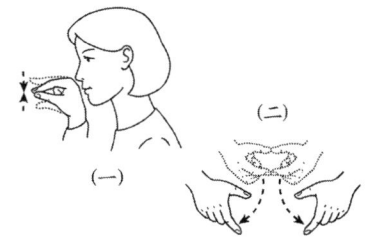

鸡蛋 jīdàn
（一）一手手背贴于嘴部，拇、食指先张开再相捏，仿鸡的嘴。
（二）双手拇、食指搭成椭圆形，虎口朝上，再向下一甩，模仿打蛋的动作。

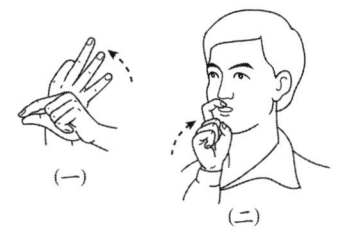

鸡尾酒 jīwěijiǔ
（一）左手拇、食指相捏，指尖朝右；右手伸中、无名、小指，手背贴于左手虎口，然后向上转动少许距离，指尖朝上。
（二）一手打手指字母"J"的指式，移向嘴部，如喝酒状。

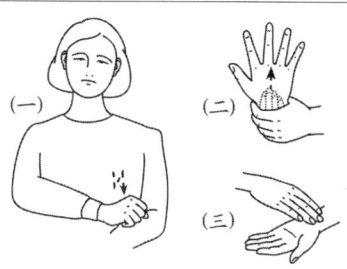

积劳成疾 jīláochéngjí
（一）右手握拳，手背向上，捶两下左肘窝处，面露疲劳的表情。
（二）左手五指成半圆形，虎口朝上；右手五指撮合，指尖朝上，手背向外，边从左手虎口内伸出边张开。
（三）左手平伸，掌心向上；右手五指并拢，食、中、无名指指尖按于左手腕的脉门处。

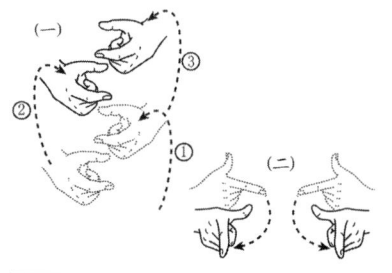

积木 jīmù
（一）双手拇、食指成"⊏⊐"形，虎口朝上，交替向上移动。
（二）双手伸拇、食指，虎口朝上，手腕向前转动一下。

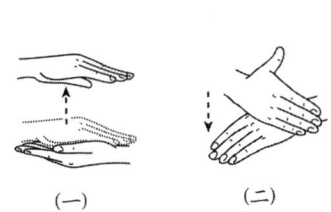

积压 jīyā
（一）双手横伸，掌心相贴，左手在下不动，右手向上移动，表示积累的意思。
（二）左手横伸；右手侧立，置于左手背上，并向下一压。

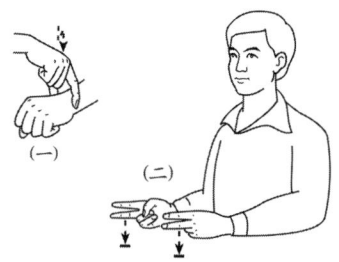

基本法 jīběnfǎ
（一）左手握拳，手背向上；右手拇、食指张开，指尖朝下，朝左手腕两侧插两下。
（二）双手打手指字母"F"的指式，指尖朝前，向下一顿。

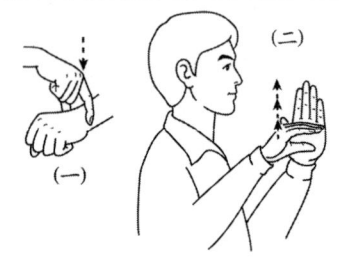

基层 jīcéng

（一）左手握拳，手背向上；右手拇、食指张开，指尖朝下，插向左手腕两侧。

（二）左手直立，掌心向右；右手五指成"コ"形，指尖朝前，虎口贴于左手掌心，向上一顿一顿移动几下。

基础（基本） jīchǔ (jīběn)

左手握拳，手背向上；右手拇、食指张开，指尖朝下，朝左手腕两侧插两下。

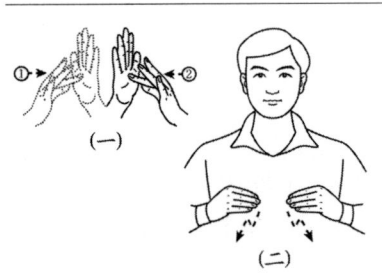

基督教 Jīdūjiào

（一）双手直立，掌心左右相对，右手中指先点一下左手掌心，左手中指再点一下右手掌心。

（二）双手五指撮合，指尖相对，手背向外，在胸前向前晃动两下。

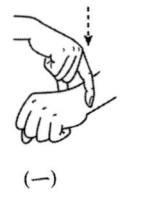

基肥 jīféi

（一）左手握拳，手背向上；右手拇、食指张开，指尖朝下，插向左手腕两侧。

（二）一手拇、食指弯曲，其他三指伸出，指尖朝下，虎口朝外，微晃几下。

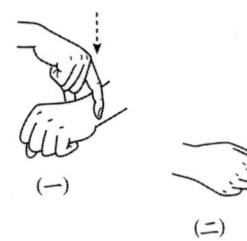

基金 jījīn

（一）左手握拳，手背向上；右手拇、食指张开，指尖朝下，插向左手腕两侧。

（二）左手拇、食指捏成圆形，虎口朝上；右手伸食指，敲一下左手拇指。

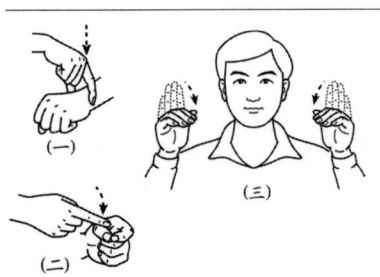

基金会 jījīnhuì

（一）左手握拳，手背向上；右手拇、食指张开，指尖朝下，插向左手腕两侧。

（二）左手拇、食指捏成圆形，虎口朝上；右手伸食指，敲一下左手拇指。

（三）双手直立，掌心分别向左右斜前方，食、中、无名、小指弯动一下。

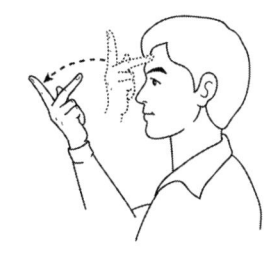

基里巴斯 Jīlǐbāsī
一手打手指字母"K"的指式,表示基里巴斯英文国名首字母,中指尖抵于前额,然后向外移出。
(此为国外聋人手语)

基诺族 Jīnuòzú
(一)双手搭成"∧"形,置于头上方,然后向两侧斜下方移动,仿基诺族妇女头饰。
(二)一手五指张开,指尖朝上,然后撮合。

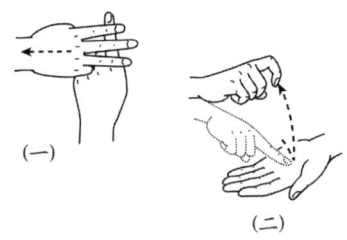

基围虾 jīwéixiā
(一)左手食指直立,手背向外;右手伸食、中、无名指,手背向外,在左手食指背上横向划一下。
(二)左手横伸;右手伸食指,先在左手掌心上点一下,然后边弯动边向上跳起。

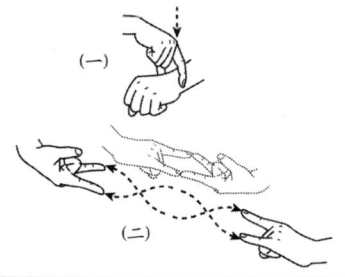

基因 jīyīn
(一)左手握拳,手背向上;右手拇、食指张开,指尖朝下,插向左手腕两侧。
(二)双手伸食、小指,指尖斜向相抵,左手掌心向上,右手掌心向下,然后边同时转腕边向两侧移动。

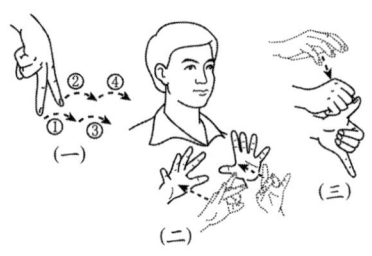

缉私 jīsī
(一)一手食、中指分开,指尖朝下,交替向前移动。
(二)双手拇、中指相捏,虎口朝内,边碰向同侧胸部边张开。
(三)左手伸拇、小指;右手五指微曲,指尖朝下,抓向左手拇指背,表示抓住脖后的衣领。

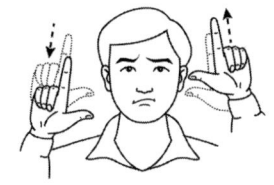

畸形 jīxíng
双手拇、食指成"⌐"形,置于脸颊两侧,然后分别向上下方向移动,嘴同时歪咧,表示外形不正。

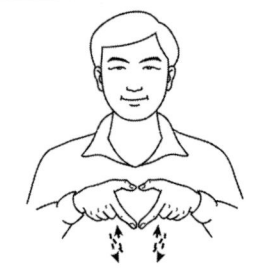

激动 jīdòng

双手拇、食指张开仿"♡"形,手背向外,置于胸部,上下晃动几下,面露激动的表情。

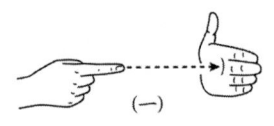

激光 jīguāng

(一)左手侧立;右手食指横伸,手背向外,移向左手掌心。
(二)一手五指撮合,指尖朝前,然后边向前移动边张开。

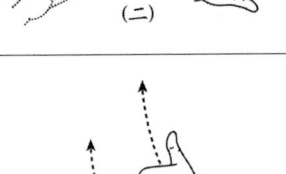

激励(鞭策) jīlì (biāncè)

左手伸拇指;右手伸食、无名、小指,食指尖抵于左手无名指根部,拇、中指先相捏,然后边连续做开合的动作边双手向上移动。

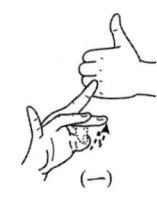 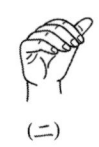

激素 jīsù

(一)左手伸拇指;右手伸食、无名、小指,食指尖抵于左手无名指根部,拇、中指先相捏,然后开合两下。
(二)一手打手指字母"S"的指式。

及格 jígé

左手拇、小指直立,弯动两下,表示60分,然后右手平伸,掌心向上,在左手旁向上移动一下,表示超过60分。
(可根据实际表示及格的数字)

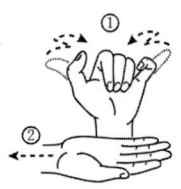

及格线 jígéxiàn

左手拇、小指直立,弯动两下,表示60分,然后右手横伸,掌心向上,在左手下横切一下,表示60分为起点线。
(可根据实际表示及格线的数字)

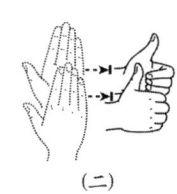

及时① jíshí①
（一）左手侧立；右手伸拇、食指，拇指尖抵于左手掌心，食指向下转动。
（二）双手直立，掌心左右相对，边向前一顿边伸出拇指。
（此手势表示正好的意思）

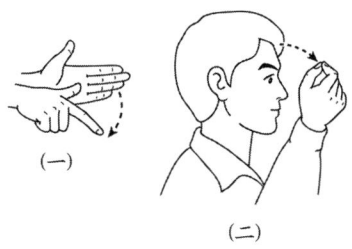

及时② jíshí②
（一）左手侧立；右手伸拇、食指，拇指尖抵于左手掌心，食指向下转动。
（二）右手拇、食指相捏，指尖朝内，边从前额向外一甩边指尖朝左。
（此手势表示侥幸没有错过时间的意思）

吉布提 Jíbùtí
左手横立，手背向外，拇、食、中指与无名、小指分别并拢；右手食指横伸，手背向外，置于左手中、无名指指缝间。
（此为国外聋人手语）

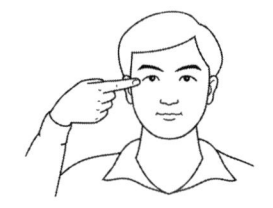

吉尔吉斯斯坦 Jí'ěrjísīsītǎn
一手食指横伸，手背向外，置于同侧眼旁。
（此为国外聋人手语）

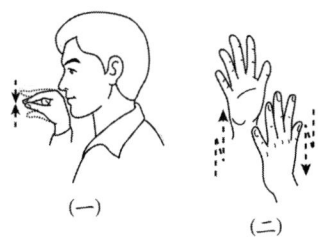

吉林 Jílín
（一）一手手背贴于嘴部，拇、食指先张开再相捏，仿鸡的嘴。"鸡"与"吉"音近，借代。
（二）双手直立，掌心左右相对，五指张开，上下交替移动两下。

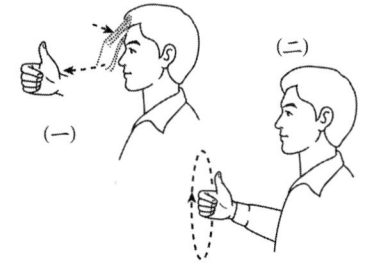

吉祥 jíxiáng
（一）一手拍一下前额，然后边向前下方移动边伸出拇指。
（二）一手伸拇指，在胸前从上向下顺时针转动一圈。

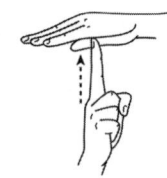

极端（异端） jíduān (yìduān)

左手食指直立；右手侧立，指向左手食指，然后向右一偏。

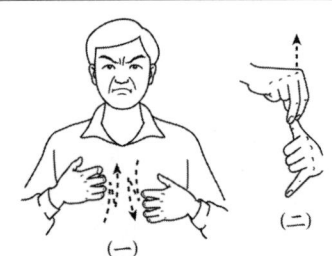

极限 jíxiàn

左手横伸；右手食指直立，从下向上移动，指尖抵于左手掌心，表示已达到顶点。

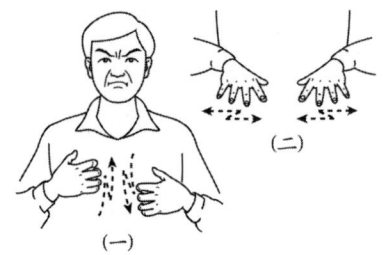

急救 jíjiù

（一）双手五指弯曲，指尖抵于胸部，上下交替动几下，面露焦急的表情。

（二）左手伸拇、小指；右手拇、食、中指捏住左手拇指尖，向上一提。

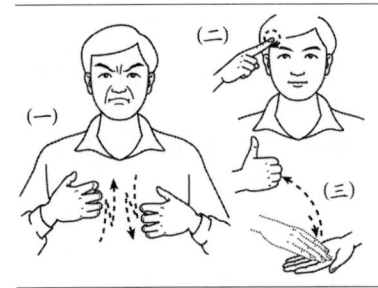

急忙 jímáng

（一）双手五指弯曲，指尖抵于胸部，上下交替动几下，面露焦急的表情。

（二）双手平伸，掌心向下，五指张开，在身前左右晃动两下，表示忙个不停。

急于求成 jíyúqiúchéng

（一）双手五指弯曲，指尖抵于胸部，上下交替动几下，面露焦急的表情。

（二）一手伸食指，在太阳穴前后转动一（或两）圈，面露思考的表情。

（三）左手横伸，掌心向上；右手先拍一下左手掌，再伸出拇指。

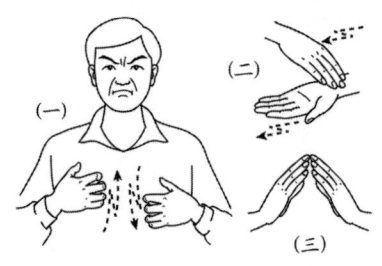

急诊室 jízhěnshì

（一）双手五指弯曲，指尖抵于胸部，上下交替动几下，面露焦急的表情。

（二）左手平伸，掌心向上；右手五指并拢，食、中、无名指指尖按于左手腕的脉门处，双手同时向前移动两下。

（三）双手搭成"∧"形。

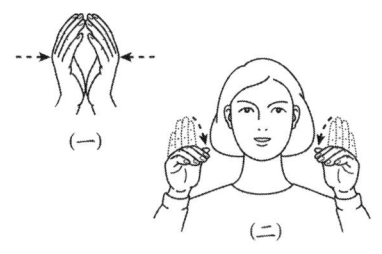

集会 jíhuì

（一）双手直立，掌心左右相对，五指微曲，从两侧向中间移动。

（二）双手直立，掌心分别向左右斜前方，食、中、无名、小指弯动一下。

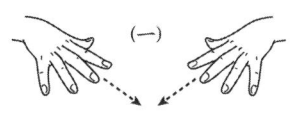

集市（赶集） jíshì (gǎnjí)

（一）双手五指张开，掌心向下，从后方两侧向前方中间移动，表示人流从四面八方涌向市场。

（二）双手横伸，掌心向上，前后交替转动两下。

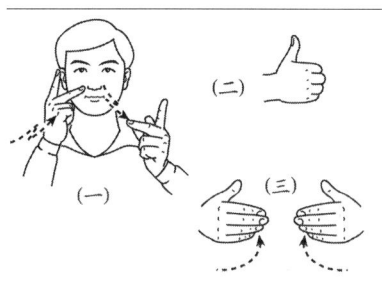

集思广益 jísī-guǎngyì

（一）双手打手指字母"K"的指式，中指尖左右相对，然后交替向外移动几下。

（二）一手伸拇指。

（三）双手横立，掌心向内，五指微曲，从外向内收进。

集体（组织❶） jítǐ (zǔzhī❶)

双手直立，掌心左右相对，五指微曲，从两侧向中间移动两下；也用于表示组织活动的意思。

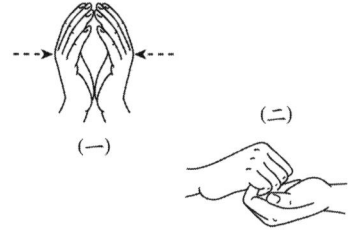

集团 jítuán

（一）双手直立，掌心左右相对，五指微曲，从两侧向中间移动。

（二）双手五指弯曲，相互握住。

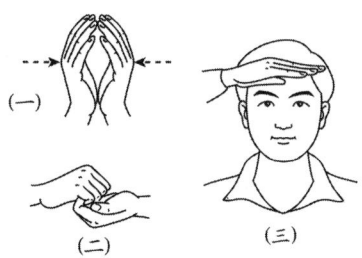

集团军 jítuánjūn

（一）双手直立，掌心左右相对，五指微曲，从两侧向中间移动。

（二）双手五指弯曲，相互握住。

（三）右手横伸，掌心向下，置于前额，表示军帽帽檐。

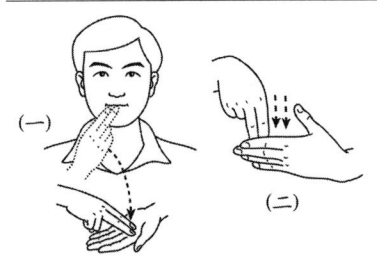

集邮 jíyóu

（一）左手横伸；右手食、中指并拢，先在嘴唇上抹一下，再贴向左手掌心，模仿用唾液溶化邮票背胶后贴邮票的动作。

（二）左手斜伸，掌心向后上方；右手食、中指并拢，在左手掌心上从左向右向下插几下，表示在集邮册上插邮票。

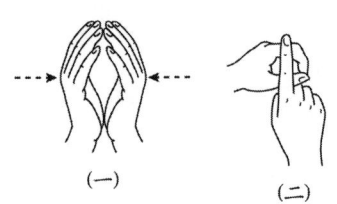

集中 jízhōng

（一）双手直立，掌心左右相对，五指微曲，从两侧向中间移动。

（二）左手拇、食指与右手食指搭成"中"字形。

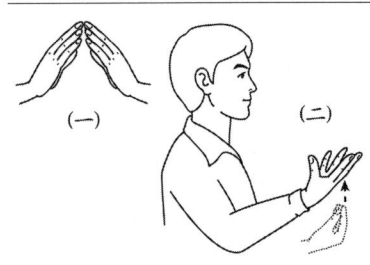

籍贯 jíguàn

（一）双手搭成"∧"形。

（二）一手五指撮合，指尖朝上，边向上移动边张开，表示出自的意思。

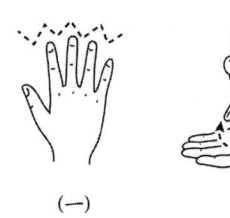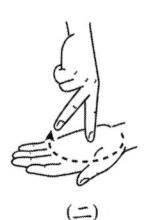

几何 jǐhé

（一）一手直立，掌心向内，五指张开，交替点动几下。

（二）左手横伸；右手食、中指分开，食指尖抵于左手掌心，中指转动半圈，如用圆规画圆状。

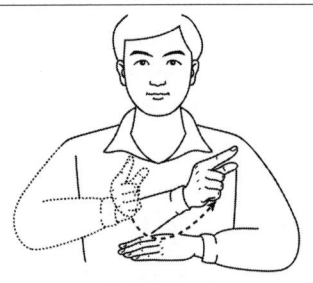

几内亚 Jǐnèiyà

左手横伸；右手拇、食指张开，虎口朝上，从右上方向下再朝左上方做弧形移动，鱼际部蹭一下左手背。

（此为国外聋人手语）

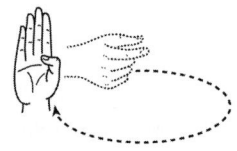

几内亚比绍 Jǐnèiyàbǐshào

一手拇、食指微张，虎口朝上，表示英文字母"G"的指式，然后边顺时针平行转动边打手指字母"B"的指式，表示几内亚比绍英文国名首字母。

（此为国外聋人手语）

挤 jǐ

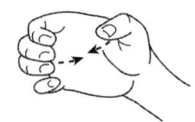
一手五指弯曲,虎口朝上,然后捏动一下,如挤物状。
(可根据实际表示挤的动作)

济南 Jǐnán

一手拇、食、中指相捏,在鼻翼一侧向下微移两下。

脊椎(脊柱) jǐzhuī (jǐzhù)

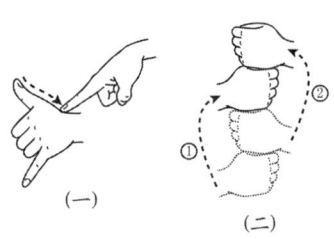
(一)左手伸拇、小指;右手伸食指,指尖沿左手拇指背向下划动。
(二)双手握拳,上下相叠,然后交替向上移动。

计酬 jìchóu

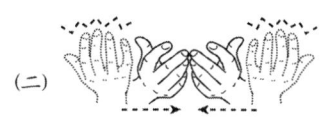
(一)左手拇、食指捏成圆形,虎口朝上;右手伸食指,敲一下左手拇指。
(二)双手五指微曲,掌心向上,边交替点动边互碰。

计划 jìhuà

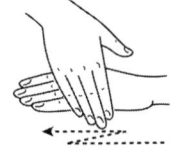
左手横伸,掌心向下;右手食、中、无名、小指并拢,指尖朝下,沿左手小指外侧划两下。

计较(斤斤计较) jìjiào (jīnjīn-jìjiào)

双手拇、食指相捏,指尖朝下,上下(或前后)交替微移几下,头微低,表示紧盯着秤杆称出的分量,引申为计较。
(可根据实际决定手的位置)

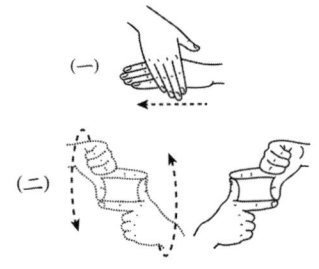

计谋（策略） jìmóu（cèlüè）

（一）左手横伸，掌心向下；右手食、中、无名、小指并拢，指尖朝下，沿左手小指外侧划一下。

（二）双手伸拇、食指，先一正一反，再一反一正，交替搭成方形。

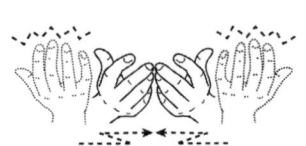

计算（运算、推算） jìsuàn（yùnsuàn、tuīsuàn）

双手五指微曲，掌心向上，边交替点动边互碰两下。

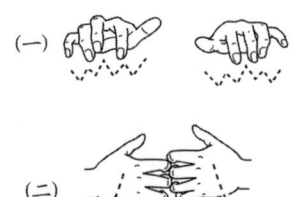

计算机 jìsuànjī

（一）双手五指弯曲，指尖朝下，交替点动几下，如敲击计算机键盘状。

（二）双手五指弯曲，食、中、无名、小指关节交错相触，向下转动一下。

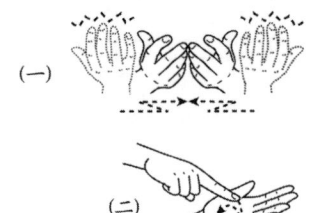

计算器 jìsuànqì

（一）双手五指微曲，掌心向上，边交替点动边互碰两下。

（二）左手平伸；右手食指在左手掌心上随意点几下，如按计算器数字键状。

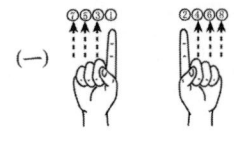

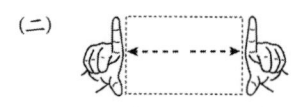

记分牌 jìfēnpái

（一）双手抬起，然后交替伸食、中、无名、小指，表示数字1、2、3、4。

（二）双手拇、食指张开，指尖朝前，虎口相对，从中间向两侧移动。

（可根据实际表示记分牌）

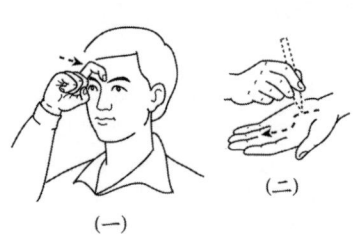

记录❶（纪录❶） jìlù ❶（jìlù ❶）

（一）一手打手指字母"J"的指式，碰一下前额。

（二）左手横伸；右手如执笔状，在左手掌心上做写字的动作。

（此手势表示记录的动词意思）

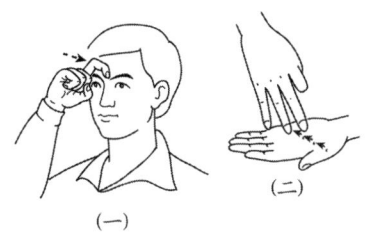

记录❷（纪录❷） jìlù❷ (jìlù❷)

（一）一手打手指字母"J"的指式，碰一下前额。

（二）左手横伸；右手伸中、无名、小指，指尖朝下，在左手掌心上从上向下点几下。

（此手势表示记录的名词意思）

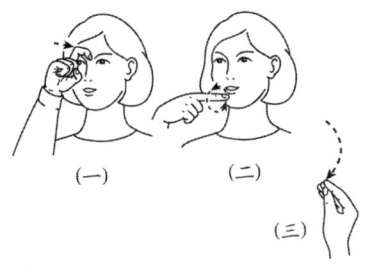

记叙文 jìxùwén

（一）一手打手指字母"J"的指式，碰一下前额。

（二）一手食指横伸，在嘴前前后转动两下。

（三）一手五指撮合，指尖朝前，撇动一下，如执毛笔写字状。

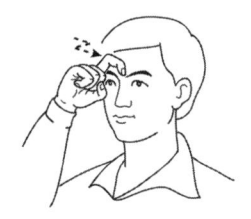

记忆 jìyì

一手打手指字母"J"的指式，碰两下前额。

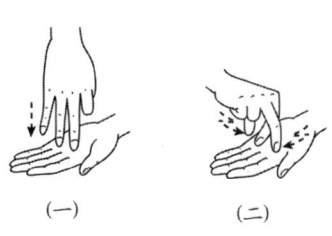

记账（登账） jìzhàng (dēngzhàng)

（一）左手横伸；右手伸中、无名、小指，指尖朝下，在左手掌心上点一下。

（二）左手横伸；右手伸拇、食、中指，指尖朝下，在左手掌心上做打算盘的动作。

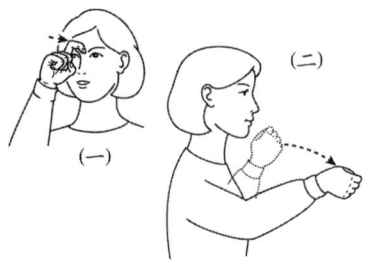

记者 jìzhě

（一）一手打手指字母"J"的指式，碰一下前额。

（二）一手虚握，虎口朝上，先置于嘴前，再向外移出，如记者持话筒采访状。

（可根据实际表示记者工作的状态）

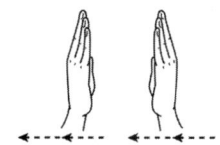

纪律（规律、秩序、制度❶、纪）

jìlǜ (guīlǜ、zhìxù、zhìdù❶、Jì)

双手直立，掌心左右相对，向一侧一顿一顿移动几下，表示纪律；也用于表示政治、经济、文化制度和姓氏"纪"。

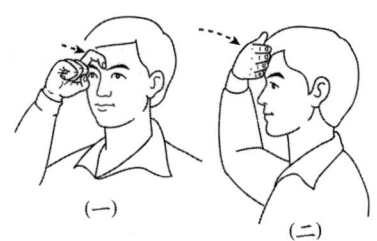

纪念 jìniàn
（一）一手打手指字母"J"的指式，碰一下前额。
（二）一手拍一下前额。

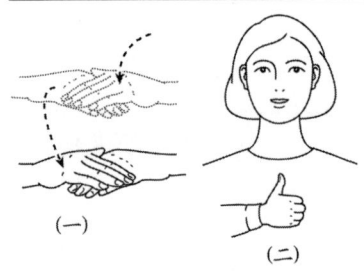

技师 jìshī
（一）双手横伸，掌心向下，互拍手背。
（二）一手伸拇指，贴于胸部。

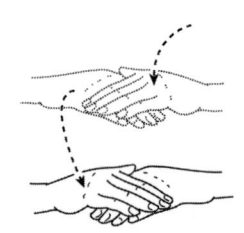

技术（本领、本事、才能）
　　jìshù (běnlǐng、běn·shi、cáinéng)
　　双手横伸，掌心向下，互拍手背。

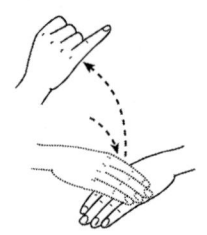

技术差 jìshùchà
　　左手横伸，掌心向下；右手拍一下左手背，再伸出小指，表示本领差。

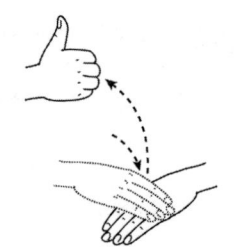

技术好（擅长、长项、精湛）
　　jìshùhǎo (shàncháng、chángxiàng、jīngzhàn)
　　左手横伸，掌心向下；右手拍一下左手背，再伸出拇指，表示有本领。

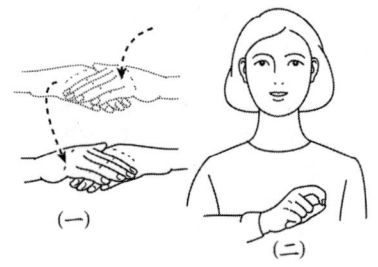

技术员 jìshùyuán
（一）双手横伸，掌心向下，互拍手背。
（二）右手拇、食指捏成圆形，虎口朝内，贴于左胸部。

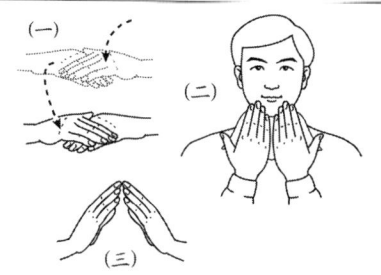

技校 jìxiào

（一）双手横伸，掌心向下，互拍手背。
（二）双手斜伸，掌心向内，置于身前。
（三）双手搭成"∧"形。

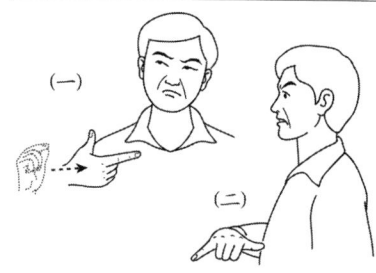

忌妒（嫉妒、嫉恨） jì·du (jídù、jíhèn)

（一）一手拇、食指相捏，边从外向内移动边张开，食指尖朝内，表示别人胜过自己。
（二）一手伸拇、小指，拇指尖抵于腹部，面露怨恨的表情。

忌讳（过敏②） jì·huì (guòmǐn②)

双手伸小指，指尖左右相对，手背向外，对戳一下。

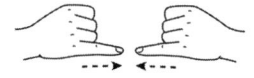

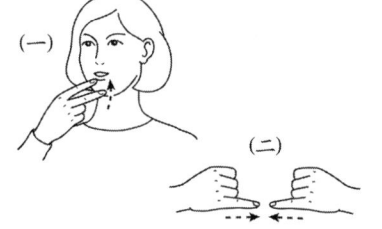

忌口 jìkǒu

（一）一手伸食、中指，向嘴边拨动，如用筷子吃饭状。
（二）双手伸小指，指尖左右相对，手背向外，对戳一下。

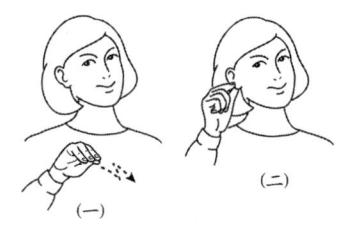

妓女（娼妓） jìnǚ (chāngjì)

（一）一手五指撮合，指尖朝前，点动两下，面露娇媚的表情。
（二）一手拇、食指捏一下耳垂。

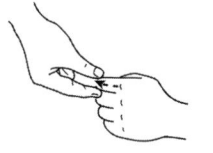

季 Jì

左手握拳，手背向外；右手拇、食指微张，指尖在左手食指根部关节横划一下，表示姓氏"季"。

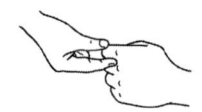

季度 jìdù

左手握拳，手背向外；右手拇、食指微张，指尖卡在左手食指根部关节。

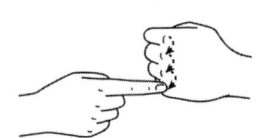

季节 jìjié

左手握拳，手背向外；右手伸食指，依次点一下左手食、中、无名、小指根部关节。

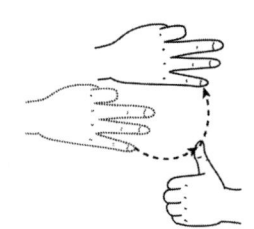

季军（第三、第三名） jìjūn（dì-sān、dìsānmíng）

左手伸拇指；右手中、无名、小指横伸分开，手背向外，先碰一下左手拇指，再向上移动。

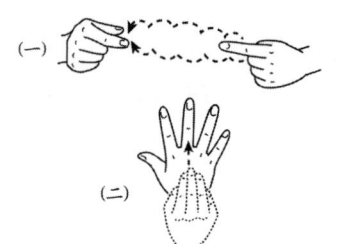

荠菜 jìcài

（一）左手食指横伸；右手拇、食指张开，虎口朝上，置于左手食指内外两侧，然后边连续弯动边向右移动，仿荠菜叶子的形状。
（二）一手五指撮合，指尖朝上，边向上微移边张开。

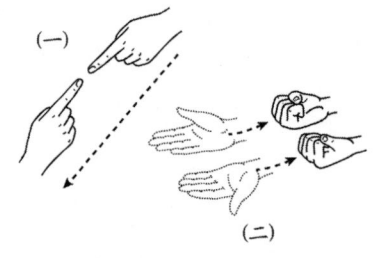

继承❶ jìchéng ❶

（一）双手伸食指，指尖斜向相对，同时向斜下方移动。
（二）双手平伸，掌心向上，边向内移动边握拳。
（此手势表示继续做前人遗留下来的事业的意思）

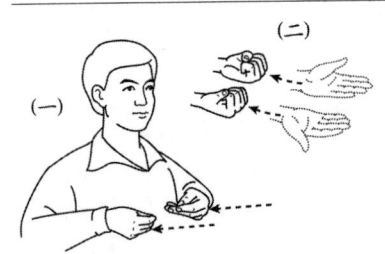

继承❷ jìchéng ❷

（一）双手五指撮合，指尖朝内，掌心向上，向内移动一下，表示前人将东西交给自己。
（二）双手平伸，掌心向上，边向内移动边握拳。
（此手势表示承接前人的遗产的意思）

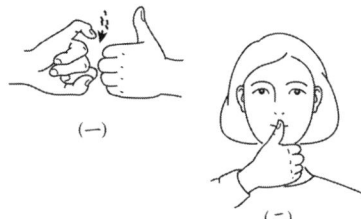

继父（后爸） jìfù (hòubà)
（一）左手伸拇指，手背向外；右手伸小指，指尖朝上，朝左手拇指弯动两下。
（二）右手伸拇指，指尖左侧贴在嘴唇上。

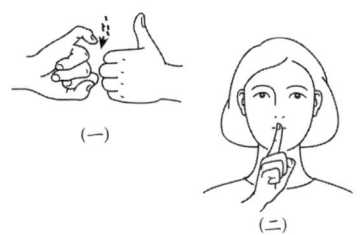

继母（后妈） jìmǔ (hòumā)
（一）左手伸拇指，手背向外；右手伸小指，指尖朝上，朝左手拇指弯动两下。
（二）右手食指直立，指尖左侧贴在嘴唇上。

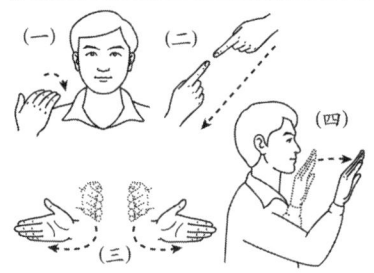

继往开来（承前启后） jìwǎng-kāilái (chéngqián-qǐhòu)
（一）一手直立，掌心向内，向肩后挥动一下。
（二）双手伸食指，指尖斜向相对，同时向斜下方移动。
（三）双手侧立，掌心相对，边向前移动边转腕，掌心向外，然后向左右两侧分开。
（四）一手直立，掌心向外，向前挥动一下。

祭品 jìpǐn
（一）双手合十，双眼闭拢，头微低。
（二）双手五指弯曲，指尖朝上，左手不动，右手在左手旁向右移动两下。

祭祀 jìsì
（一）双手平伸，掌心向上，同时向前上方移出。
（二）双手合十，双眼闭拢，头微低。

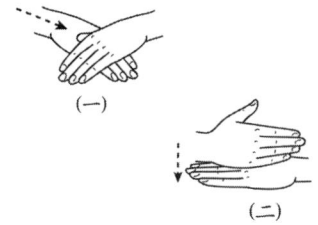

寄存 jìcún
（一）左手横伸；右手平伸，手背向上，从后向前移入左手掌心下。
（二）左手横伸；右手横立，掌心向内，置于左手背上，然后向下一按。

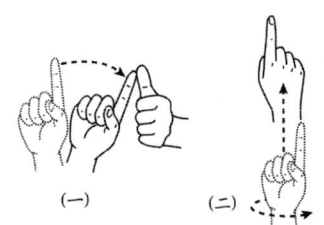

寄生 jìshēng

（一）左手伸拇指；右手食指先直立，然后向左转动，靠向左手拇指。

（二）一手食指直立，边转动手腕边向上移动。

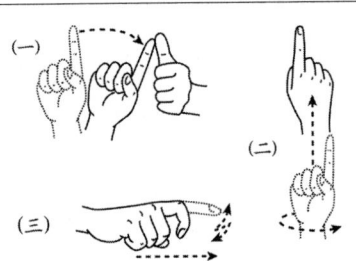

寄生虫 jìshēngchóng

（一）左手伸拇指；右手食指先直立，然后向左转动，靠向左手拇指。

（二）一手食指直立，边转动手腕边向上移动。

（三）一手食指横伸，手背向上，边弯动边向一侧移动。

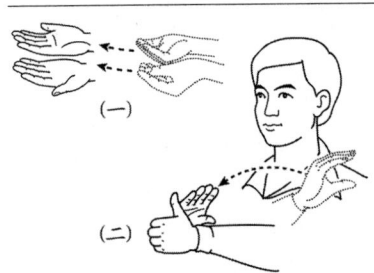

寄托 jìtuō

（一）双手五指撮合，掌心向上，边向外移动边变为手平伸，如给别人东西状。

（二）左手伸拇指；右手五指成"⊐"形，置于左肩，然后移至左手拇指背。

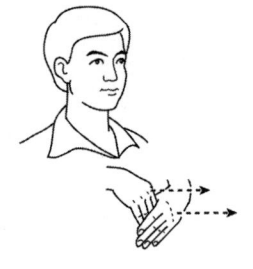

寄信 jìxìn

左手五指成"匚"形，虎口朝上；右手五指并拢，指尖朝下，插入左手虎口内，然后双手同时向外移动。

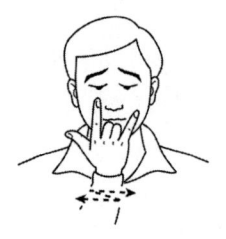

寂寞 jìmò

一手拇、食、小指直立，手背向外，在面前左右晃动几下，头微低，面露失落的表情。

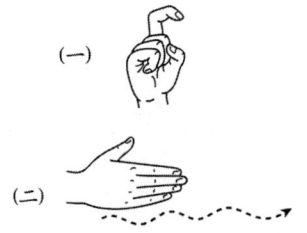

鲫鱼 jìyú

（一）一手打手指字母"J"的指式。

（二）一手横立，手背向外，向一侧做曲线形移动（或一手侧立，向前做曲线形移动），如鱼游动状。

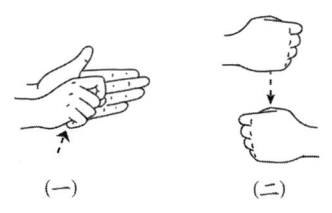

加班 jiābān

（一）左手侧立；右手拇、食指捏成圆形，虎口朝左，贴向左手掌心。

（二）双手握拳，一上一下，右拳向下砸一下左拳。

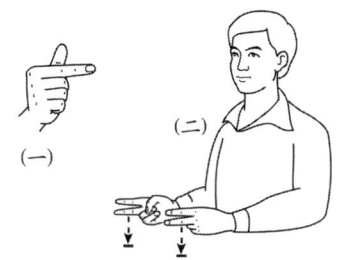

加法 jiāfǎ

（一）一手拇、食指搭成"+"形，仿加号形状。

（二）双手打手指字母"F"的指式，指尖朝前，向下一顿。

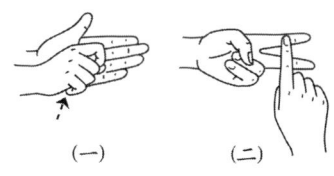

加工 jiāgōng

（一）左手侧立；右手拇、食指捏成圆形，虎口朝左，贴向左手掌心。

（二）左手食、中指与右手食指搭成"工"字形。

加紧（抓紧） jiājǐn (zhuājǐn)

左手侧立；右手五指微曲，掌心向前，在左手旁边向后移动边握拳。

加拿大 Jiā'nádà

右手伸拇指，手背向外，在胸前向内移动两下。

（此为国外聋人手语）

加纳 Jiā'nà

左手横伸；右手伸拇、食指，拇指在上，食指在下，指尖朝左，在左手掌心上向左移动一下。

（此为国外聋人手语）

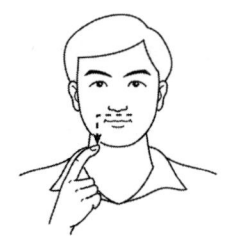

加蓬 Jiāpéng

右手食指微曲，指尖朝左，在嘴部做"⌐"形移动，仿当地酋长胡子的形状。

（此为国外聋人手语）

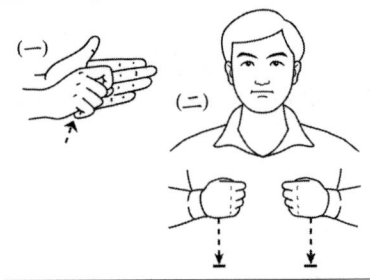

加强（增强） jiāqiáng (zēngqiáng)

（一）左手侧立；右手拇、食指捏成圆形，虎口朝左，贴向左手掌心。

（二）双手握拳屈肘，同时用力向下一顿。

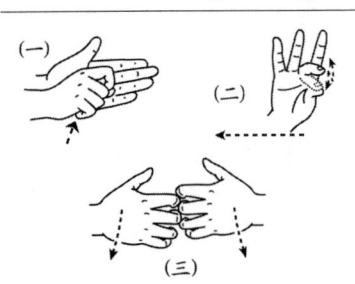

加湿器 jiāshīqì

（一）左手侧立；右手拇、食指捏成圆形，虎口朝左，贴向左手掌心。

（二）一手拇、中指指尖朝前，边向一侧移动边相捏几下。

（三）双手五指弯曲，食、中、无名、小指关节交错相触，向下转动一下。

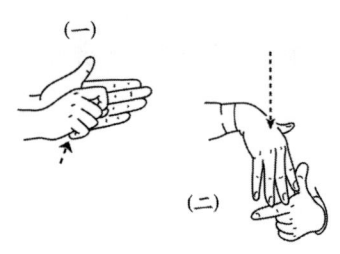

加刑 jiāxíng

（一）左手侧立；右手拇、食指捏成圆形，虎口朝左，贴向左手掌心。

（二）左手伸拇、食指，食指尖朝右，手背向外；右手五指张开，指尖朝下，手背向外，从上向下移向左手食指。

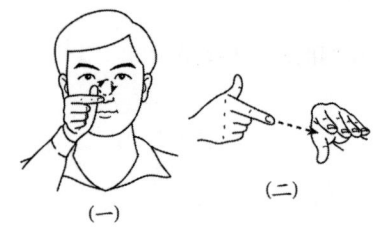

加油 jiāyóu

（一）一手拇、食指搭成"十"字形，置于鼻翼一侧，微转两下。

（二）左手五指成"⊏"形，指尖朝前；右手伸拇、食指，食指插入左手虎口，表示给汽车加油。

夹 jiā

左手横立，掌心向内；右手五指捏住左手食、中指。

（可根据实际表示夹的动作）

夹克 jiākè

左手在下,拇、食指捏住衣角;右手拇、食指相捏,从衣角处向上移动,模仿拉拉链的动作。

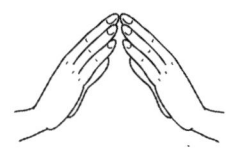

家(家庭、房子、房) jiā (jiātíng、fáng·zi、fáng)

双手搭成"∧"形,表示家。

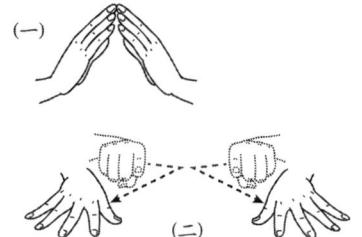

家具 jiājù

(一)双手搭成"∧"形。
(二)双手食指指尖朝前,手背向上,先互碰一下,再分开并张开五指。

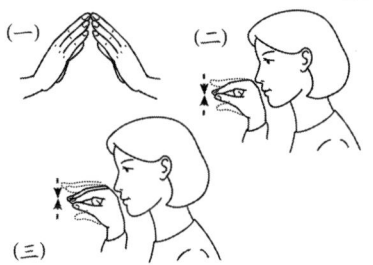

家禽 jiāqín

(一)双手搭成"∧"形。
(二)一手手背贴于嘴部,拇、食指先张开再相捏,仿鸡的嘴。
(三)一手手背贴于嘴部,拇、食、中指先张开再相捏,仿鸭的嘴。

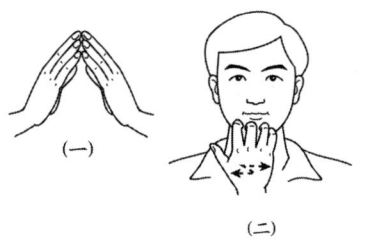

家属(家眷) jiāshǔ (jiājuàn)

(一)双手搭成"∧"形。
(二)一手五指微曲,指尖朝内,在颊部左右微动几下。

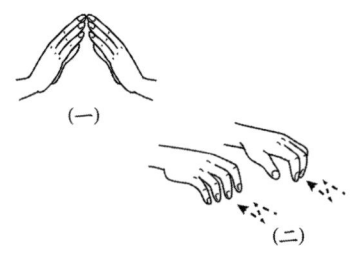

家乡(故乡) jiāxiāng (gùxiāng)

(一)双手搭成"∧"形。
(二)双手五指弯曲,掌心向下,一前一后,向后移动两下,模仿耙地的动作。

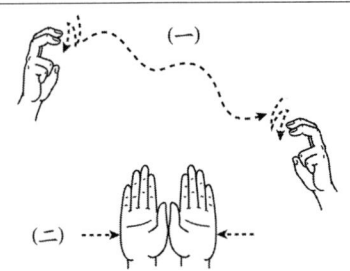

嘉峪关 Jiāyùguān

（一）双手食、中指弯曲,边弯动边从中间向两侧做一高一低的起伏状移动,表示绵延起伏的长城形状。

（二）双手直立,掌心向外,从两侧向中间移动并互碰。

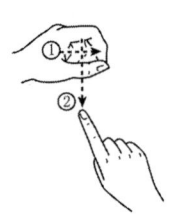

甲 jiǎ

左手拇、食指捏成圆形,虎口朝内；右手伸食指,在左手虎口上先横划一下,再竖划一下,仿"甲"字形。

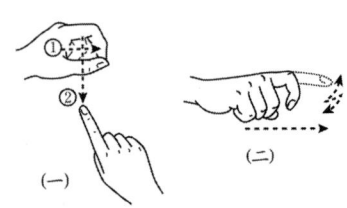

甲虫 jiǎchóng

（一）左手拇、食指捏成圆形,虎口朝内；右手伸食指,在左手虎口上先横划一下,再竖划一下,仿"甲"字形。

（二）一手食指横伸,手背向上,边弯动边向一侧移动。

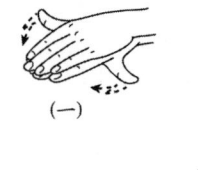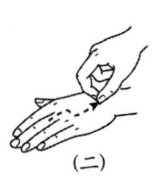

甲骨文① jiǎgǔwén①

（一）双手平伸,手背向上,上下相叠,拇指弯动几下。

（二）左手平伸,手背向上；右手拇、食指相捏,指尖朝下,在左手背上做刻写的动作。

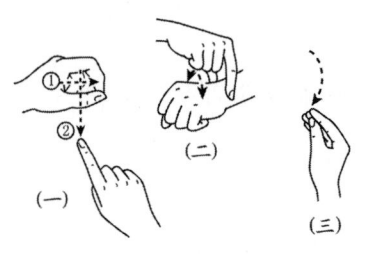

甲骨文② jiǎgǔwén②

（一）左手拇、食指捏成圆形,虎口朝内；右手伸食指,在左手虎口上先横划一下,再竖划一下,仿"甲"字形。

（二）左手握拳,手背向上；右手拇、食指张开,卡在左手腕,左手微转两下。

（三）一手五指撮合,指尖朝前,撇动一下,如执毛笔写字状。

贾 Jiǎ

左手拇、食指成"匸"形,虎口朝内；右手食、中、无名、小指直立分开,掌心向外,置于左手虎口上,然后向下移动,仿"贾"字的上半部,表示姓氏"贾"。

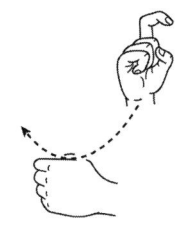

钾 jiǎ

左手握拳,虎口朝上;右手打手指字母"J"的指式,手腕砸一下左手虎口后向前移动,表示钾的声母。

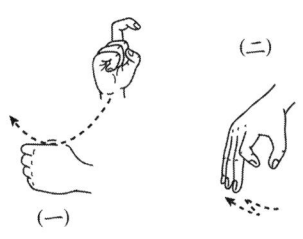

钾肥 jiǎféi

(一)左手握拳,虎口朝上;右手打手指字母"J"的指式,手腕砸一下左手虎口后向前移动,表示钾的声母。

(二)一手拇、食指弯曲,其他三指伸出,指尖朝下,虎口朝外,微晃几下。

假 jiǎ

右手直立,掌心向左,拇指尖抵于颊部,其他四指交替点动几下,面露怀疑的表情。

 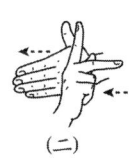

假冒 jiǎmào

(一)右手直立,掌心向左,拇指尖抵于颊部,其他四指交替点动几下,面露怀疑的表情。

(二)左手横立,掌心向内,在后;右手打手指字母"K"的指式,中指尖朝前,在前,然后双手同时向后移动。

 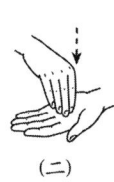

假设(假定) jiǎshè (jiǎdìng)

(一)右手直立,掌心向左,拇指尖抵于颊部,其他四指交替点动几下。

(二)左手横伸;右手五指撮合,指尖朝下,按向左手掌心。

 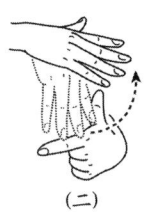

假释 jiǎshì

(一)左手握拳,手背向上;右手伸拇、食指,手背斜贴于左手腕,食指弯动两下。

(二)左手伸拇、食指,食指尖朝右,手背向外;右手五指张开,指尖朝下,手背向外,置于左手食指上,然后向前抬起,指尖朝前。

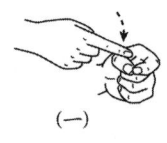

价格（金额、多少钱） jiàgé (jīn'é、duōshǎoqián)

（一）左手拇、食指捏成圆形，虎口朝上；右手伸食指，敲一下左手拇指。

（二）一手直立，掌心向内，五指张开，交替点动几下。

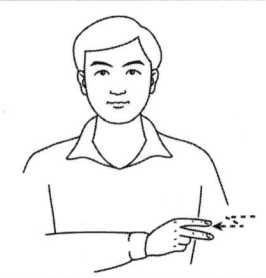

价值（值、合算） jiàzhí (zhí、hésuàn)

右手食、中指分开，手背向外，在左臂上向右横划两下。

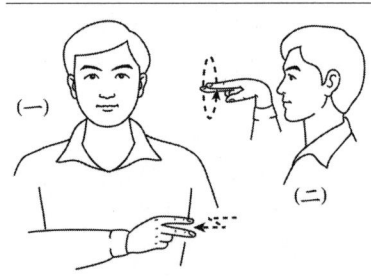

价值观 jiàzhíguān

（一）右手食、中指分开，手背向外，在左臂上向右横划两下。

（二）一手食、中指分开，指尖朝前，手背向上，在面前转动一圈。

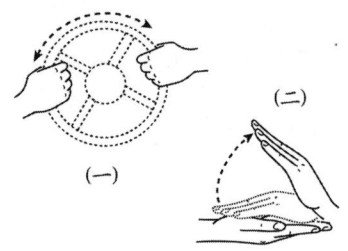

驾驶证（驾照） jiàshǐzhèng (jiàzhào)

（一）双手虚握，左右转动，如操纵方向盘状。

（二）双手横伸，掌心相贴，左手在上，向左翻开。

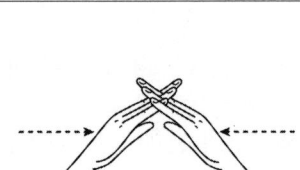

架构（构架） jiàgòu (gòujià)

双手五指张开，指尖斜向相对，从两侧向中间移动并交叉夹住。

假期 jiàqī

（一）双手交叉，手背向外，贴于胸部，表示休息的意思。

（二）双手直立，掌心左右相对。

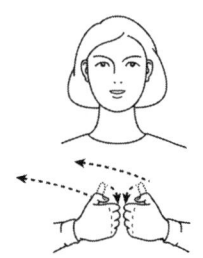

嫁　jià
　　双手伸拇指，指面相对，手背向外，边从内向外移动边弯动一下，表示嫁出去。
　　（可根据实际决定手的移动方向）

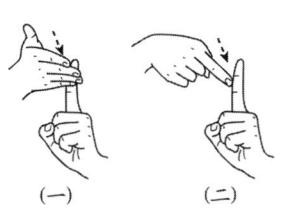

嫁接　jiàjiē
　　（一）左手食指直立；右手斜立，从右上方向左下方斜切一下左手食指。
　　（二）左手食指直立；右手伸食指，从右上方向左下方斜向插向左手食指。

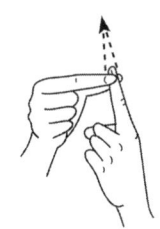

尖（锋利、尖锐、尖端）　jiān (fēnglì、jiānruì、jiānduān)
　　左手食指直立；右手拇、食指沿着左手食指尖边向上移动边相捏。
　　（可根据实际表示尖的状态）

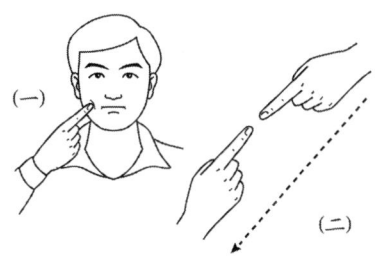

坚持　jiānchí
　　（一）一手食指抵于脸颊，面露坚毅的表情。
　　（二）双手伸食指，指尖斜向相对，同时向斜下方移动。

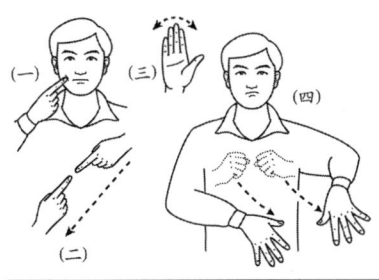

坚持不懈　jiānchíbùxiè
　　（一）一手食指抵于脸颊，面露坚毅的表情。
　　（二）双手伸食指，指尖斜向相对，同时向斜下方移动。
　　（三）一手直立，掌心向外，左右摆动几下。
　　（四）双手虚握，虎口朝上，边向斜下方移动边张开五指。

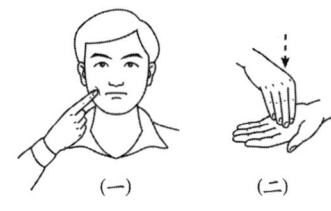

坚定（坚决）　jiāndìng (jiānjué)
　　（一）一手食指抵于脸颊，面露坚毅的表情。
　　（二）左手横伸；右手五指撮合，指尖朝下，按向左手掌心。

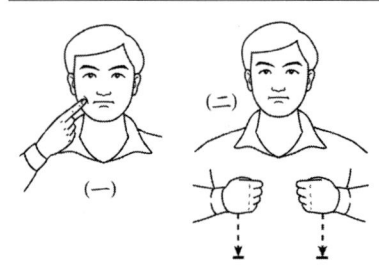

坚强　jiānqiáng
（一）一手食指抵于脸颊，面露坚毅的表情。
（二）双手握拳屈肘，同时用力向下一顿。

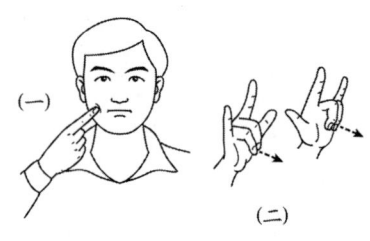

坚守　jiānshǒu
（一）一手食指抵于脸颊，面露坚毅的表情。
（二）双手拇、食、小指直立，掌心向外一推。

肩章　jiānzhāng
右手拇、食指张开，在左肩上向左划一下，表示肩章。

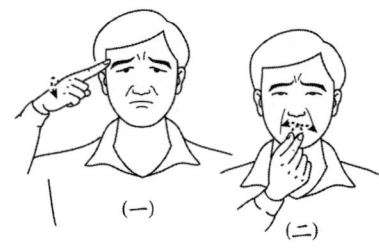

艰苦　jiānkǔ
（一）一手食指抵于太阳穴，并钻动一下。
（二）一手拇、食指相捏，指尖朝上，置于嘴边，互捻几下，面露难受的表情。

监督（监察、监视）　jiāndū（jiānchá、jiānshì）
左手伸拇指，在前；右手伸拇、食、小指，在后上方，指尖对着左手拇指。

监护人　jiānhùrén
（一）左手伸拇、小指，在前；右手伸拇、食、小指，在后上方，指尖对着左手拇指。
（二）双手食指搭成"人"字形。

监考 jiānkǎo

（一）左手伸拇、小指，在前；右手伸拇、食、小指，在后上方，指尖对着左手拇指。

（二）双手伸拇指，上下交替动两下。

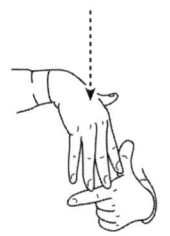

监狱（关押、监禁） jiānyù（guānyā、jiānjìn）

左手伸拇、食指，食指尖朝右，手背向外；右手五指张开，指尖朝下，手背向外，从上向下移向左手食指，表示监狱的铁栏杆。

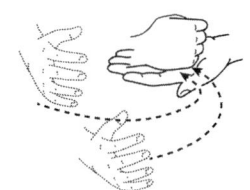

兼并 jiānbìng

左手横伸；右手五指微曲张开，边从不同方向移向左手掌心边握拳，表示将别人的并为己有。

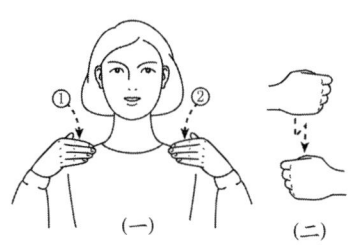

兼职 jiānzhí

（一）双手交替拍一下同侧肩膀。

（二）双手握拳，一上一下，右拳向下砸两下左拳。

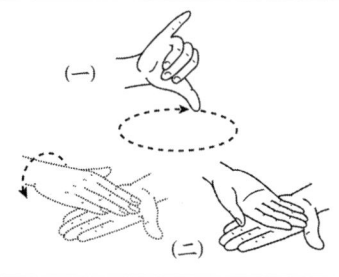

煎 jiān

（一）一手伸拇、小指，拇指尖朝下，转动一圈，如持油壶倒油状。

（二）左手横伸；右手平伸，掌心、手背在左手掌心上各贴一下。

柬埔寨 Jiǎnpǔzhài

右手五指弯曲，掌心向下，置于身前，边向右做弧形移动边握拳，拳心向上。

（此为国外聋人手语）

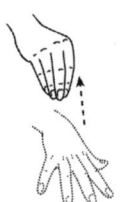

捡（拣、拾❶） jiǎn (jiǎn、shí❶)

一手五指张开，指尖朝下，边从下向上移动边撮合。（可根据实际表示捡的动作）

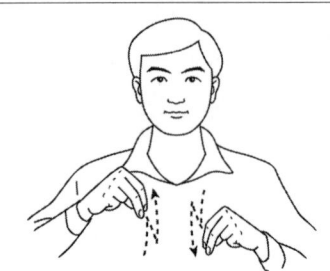

检查（调查） jiǎnchá (diàochá)

双手拇、食、中指相捏，指尖朝下，上下交替动两下。

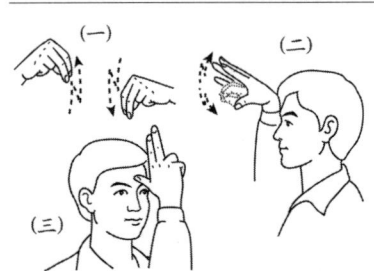

检察官（检察长） jiǎncháguān (jiǎncházhǎng)

（一）双手拇、食、中指相捏，指尖朝下，上下交替动两下。
（二）一手手腕贴于前额，五指撮合，然后开合两下。
（三）一手伸拇、食、中指，拇指尖抵于前额，食、中指直立并拢。

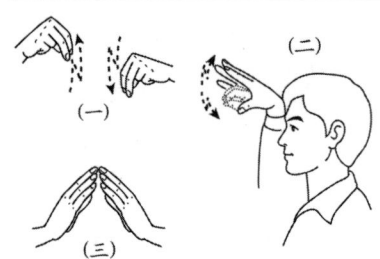

检察院 jiǎncháyuàn

（一）双手拇、食、中指相捏，指尖朝下，上下交替动两下。
（二）一手手腕贴于前额，五指撮合，然后开合两下。
（三）双手搭成"∧"形。

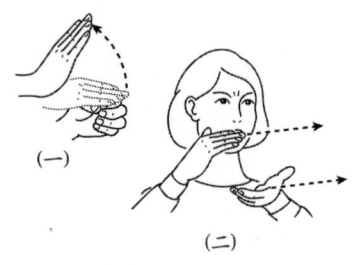

检举（举报） jiǎnjǔ (jǔbào)

（一）左手虚握，虎口朝上；右手平伸，掌心向下，置于左手虎口上，然后向上掀开。
（二）双手横伸，掌心上下相对，从嘴前向前上方移出。

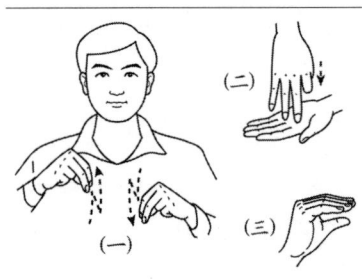

检录处 jiǎnlùchù

（一）双手拇、食、中指相捏，指尖朝下，上下交替动两下。
（二）左手横伸；右手伸中、无名、小指，指尖朝下，在左手掌心上点一下。
（三）一手五指成"⊐"形，相距约2厘米，虎口朝内。

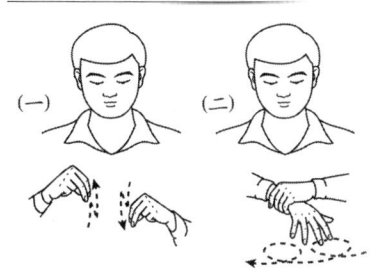

检索　jiǎnsuǒ

（一）双手拇、食、中指相捏，指尖朝下，上下交替动两下。

（二）左手握住右手腕；右手五指张开，指尖朝下，边转动边向一侧移动，目光随之移动。

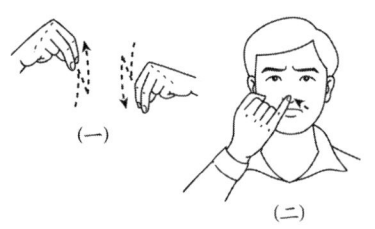

检讨　jiǎntǎo

（一）双手拇、食、中指相捏，指尖朝下，上下交替动两下。

（二）一手伸小指，指尖朝鼻尖点一下。

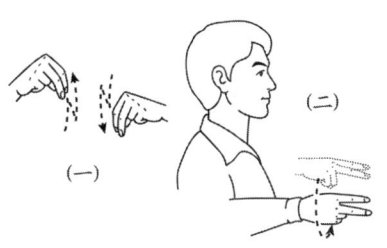

检修　jiǎnxiū

（一）双手拇、食、中指相捏，指尖朝下，上下交替动两下。

（二）一手食、中指分开，指尖朝前，手背向上，手腕翻转一下。

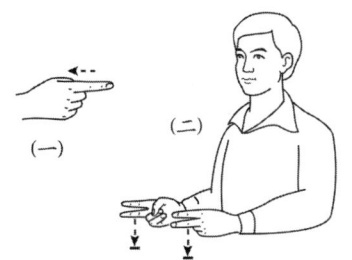

减法　jiǎnfǎ

（一）右手食指横伸，手背向外，仿减号形状，向右微移一下。

（二）双手打手指字母"F"的指式，指尖朝前，向下一顿。

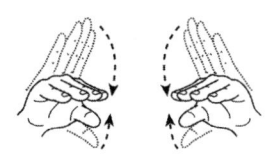

减少（消耗）　jiǎnshǎo (xiāohào)

双手（或一手）直立，掌心向斜前方，拇指张开，其他四指向下弯动，表示减少。

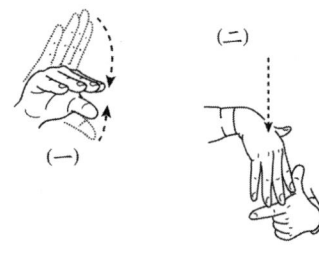

减刑　jiǎnxíng

（一）一手直立，掌心向斜前方，拇指张开，其他四指向下弯动。

（二）左手伸拇、食指，食指尖朝右，手背向外；右手五指张开，指尖朝下，手背向外，从上向下移向左手食指。

剪彩 jiǎncǎi

左手五指微曲，指尖朝上，表示一朵花；右手食、中指分开，指尖朝前，在左手边夹动一下，表示剪彩带。

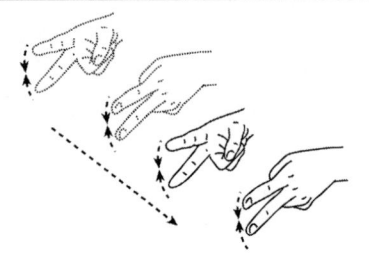

剪辑 jiǎnjí

双手食、中指分开，指尖朝前，边夹动边向一侧移动。

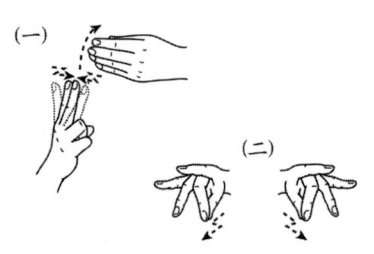

剪纸 jiǎnzhǐ

（一）左手五指撮合，指尖朝右，手背向外；右手食、中指分开，指尖朝上，边沿左手外侧移动边夹动，如剪纸状。
（二）双手拇、中指相捏，指尖朝下，微抖几下。

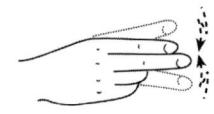

剪子 jiǎn·zi

一手食、中指分开，指尖朝前，夹动几下，如用剪刀剪物状。

简单（方便、便捷、便利、单纯②）
jiǎndān (fāngbiàn、biànjié、biànlì、dānchún②)

一手拇、食指相捏，指尖朝上，向下晃动两下，表示事情单纯。

简练 jiǎnliàn

双手拇、食指相捏，虎口朝上，然后向下转腕，虎口相对。

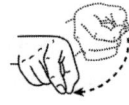 

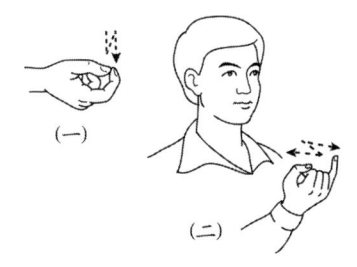

简陋 jiǎnlòu
（一）一手拇、食指相捏，指尖朝上，向下晃动两下。
（二）一手伸小指，指尖朝上，手背向外，左右晃动几下。

碱 jiǎn
左手握拳，手背向上；右手打手指字母"J"的指式，手腕碰一下左手背，表示碱的声母。

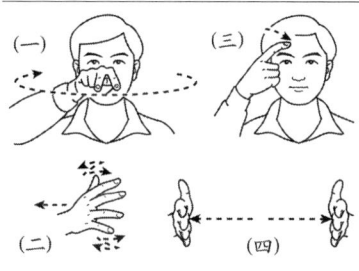

见多识广 jiànduō-shíguǎng
（一）一手食、中指分开，指尖朝前，手背向上，在面前转动半圈，目光随之移动。
（二）一手侧立，五指张开，边抖动边向一侧移动，表示多。
（三）一手伸食指，点一下前额。
（四）双手侧立，掌心相对，同时向两侧移动。

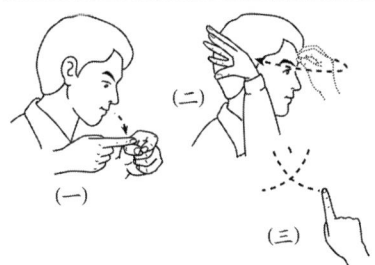

见利忘义 jiànlì-wàngyì
（一）左手拇、食指捏成圆形，虎口朝上；右手伸食指，敲一下左手拇指，同时低头，眼睛盯着左手，表示盯着钱看。
（二）一手五指撮合，按于前额，然后边向脑后移动边张开。
（三）一手伸食指，指尖朝前，书空"义"字。

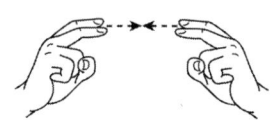

见面 jiànmiàn
双手食、中指微曲，指尖左右相对，从两侧向中间移动，表示双方目光相接。
（可根据实际决定手的位置和移动方向）

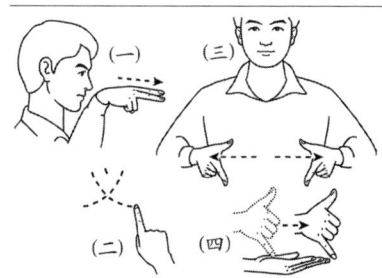

见义勇为 jiànyì-yǒngwéi
（一）一手食、中指分开，指尖朝前，手背向上，从眼部向前一指。
（二）一手伸食指，指尖朝前，书空"义"字。
（三）双手伸拇、食指，食指尖朝下，贴于腹部，然后用力向两侧拉开。
（四）左手平伸；右手伸拇、小指，小指尖抵于左手掌心，向前移动，表示挺身而出。

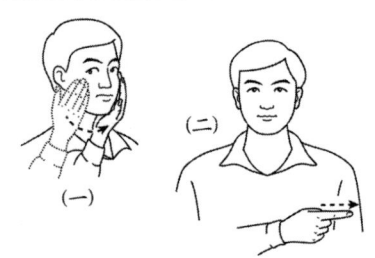

间谍 jiàndié

（一）右手掌先贴于右脸颊，再贴于左脸颊，眼睛斜视。
（二）右手食指横伸，在左上臂上向左划一下。

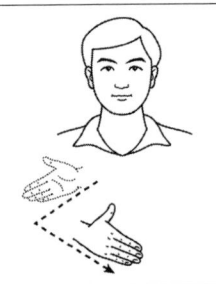

间接 jiànjiē

右手斜立，指尖朝右前方，向左前方做">"形移动。

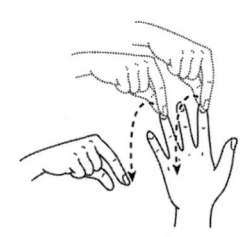

间苗 jiànmiáo

左手直立，掌心向内，五指张开；右手拇、食指边分别揪一下左手食、无名指边向下一甩，表示除去多余的苗。

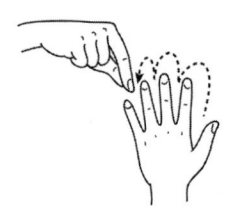

间作 jiànzuò

左手直立，掌心向内，五指张开；右手拇、食指相捏，插向左手各指指缝间。

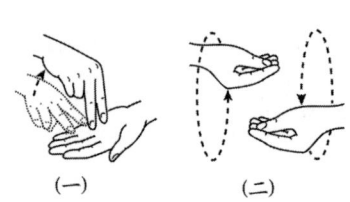

建交 jiànjiāo

（一）左手横伸；右手食、中指分开，先平放于左手掌心上，然后竖立起来。
（二）双手五指撮合，掌心向上，前后交替转动。

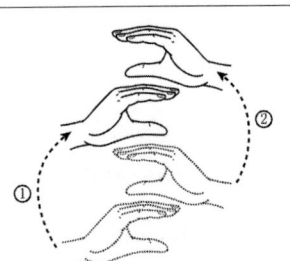

建设（建筑❶） jiànshè (jiànzhù ❶)

双手五指成"⊏⊐"形，虎口朝内，交替上叠，模仿垒砖的动作，引申为建设；也用于表示建筑的动词意思。

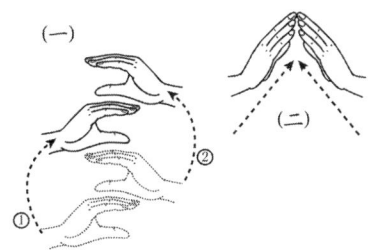

建筑❷　jiànzhù ❷

（一）双手五指成"⊏⊐"形，虎口朝内，交替上叠，模仿垒砖的动作。

（二）双手斜伸，手背向斜上方，边从两侧下方向中间上方移动边指尖搭成"∧"形。

（此手势表示建筑的名词意思）

剑　jiàn

一手食、中指并拢（或一手伸食指），指尖朝前上方，随意挥动几下。既表示剑的名词意思，又表示舞剑的意思。

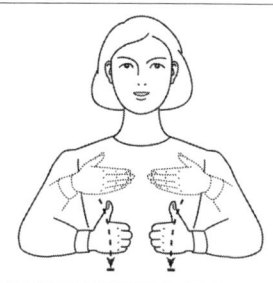

健康（康）　jiànkāng (Kāng)

双手横立，掌心向内，自胸部边向下移动边食、中、无名、小指弯曲，指尖抵于掌心，向下一顿，表示身体好，引申为健康；也用于表示姓氏"康"。

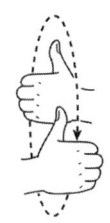

健全❶　jiànquán ❶

双手伸拇指，手背向外，左手不动，右手绕左手前后转动一圈，表示机构、制度等完善的意思。

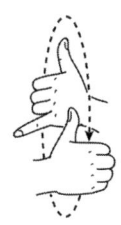

健全❷　jiànquán ❷

左手伸拇、小指，手背向外；右手伸拇指，绕左手前后转动一圈，表示身体健全的意思。

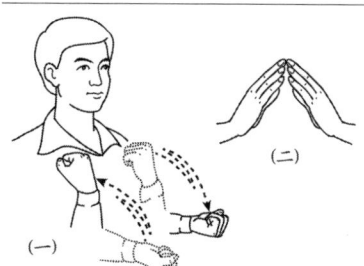

健身房　jiànshēnfáng

（一）双手握拳屈肘，手背向下，交替抬起，模仿手握哑铃锻炼臂力的动作。

（二）双手搭成"∧"形。

（可根据实际表示健身的动作）

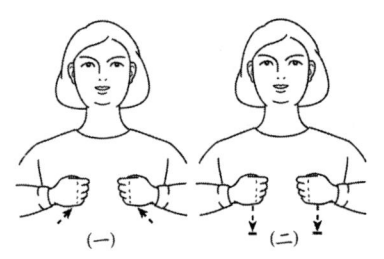

健壮　jiànzhuàng

（一）双手握拳，捶一下胸部，挺胸抬头。
（二）双手握拳屈肘，同时用力向下一顿，挺胸抬头。

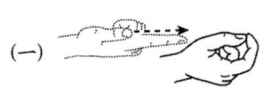
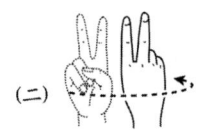

渐变　jiànbiàn

（一）一手食指横伸，拇指尖按于食指根部，然后向指尖方向移动至拇、食指相捏。
（二）一手食、中指直立分开，由掌心向外翻转为掌心向内。

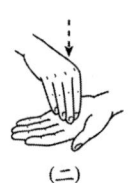

鉴定（评定）　jiàndìng（píngdìng）

（一）左手食指直立；右手伸拇、小指，指尖朝上，在左手食指后交替弯动两下。
（二）左手横伸；右手五指撮合，指尖朝下，按向左手掌心。

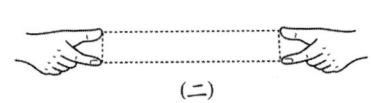

键盘　jiànpán

（一）双手五指弯曲，指尖朝下，交替点动几下，如敲击计算机键盘状。
（二）双手拇、食指张开，指尖相对，虎口朝上，如键盘大小。

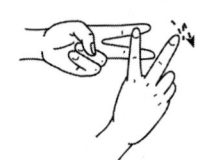

江❶　Jiāng ❶

双手食、中指搭成"江"字形，右手中指微动几下，表示姓氏"江"。

江❷　jiāng ❷

双手侧立，掌心相对，相距宽些，向前做曲线形移动。

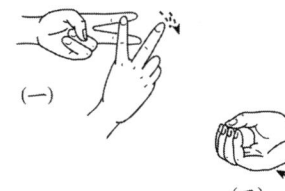

江苏 Jiāngsū
（一）双手食、中指搭成"江"字形，右手中指微动几下。
（二）一手五指捏成球形，手背向下，左右微晃几下。

江西（赣） Jiāngxī (Gàn)
左手握拳，虎口朝上；右手横伸，掌心向下，五指张开，置于左手前，边交替点动边向左移动两下。

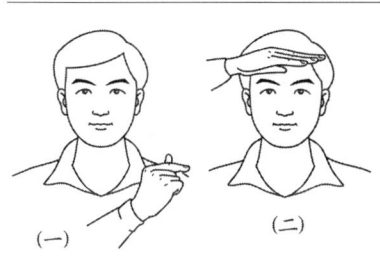

将军（少将） jiāngjūn (shàojiàng)
（一）右手拇、食指搭成"十"字形，置于左肩部，表示少将肩章上的一颗星（中将、上将、大将分别用两颗、三颗、四颗星表示）。
（二）右手横伸，掌心向下，置于前额，表示军帽帽檐。

姜 jiāng
一手五指弯曲，仿姜的外形。

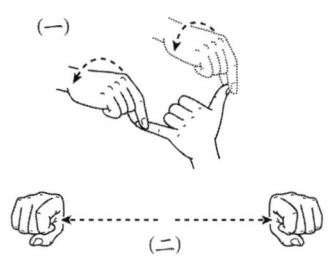

豇豆 jiāngdòu
（一）左手伸拇、小指，指尖朝上，手背向外；右手拇、食指相捏，在左手拇、小指指尖做摘豇豆的动作。
（二）双手拇、食指捏成小圆形，虎口相对，从中间向两侧移动，仿豇豆的外形。

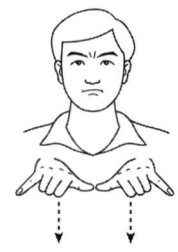

僵持 jiāngchí
双手伸拇、小指，拇指尖相抵，从上向下移动，绷脸屏气。

缰绳　jiǎng·shéng

（一）双手握拳，左手在下，右手在上，同时向后移动几下，模仿手握缰绳骑马的动作。

（二）双手食、中指相叠，指尖相对，边向相反方向扭动边向两侧移动。

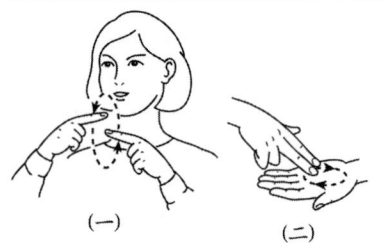

讲究　jiǎng·jiu

（一）双手食指横伸，在嘴前前后交替转动两下。

（二）左手横伸；右手伸拇、食、中指，食、中指并拢，在左手掌心上转动两下。

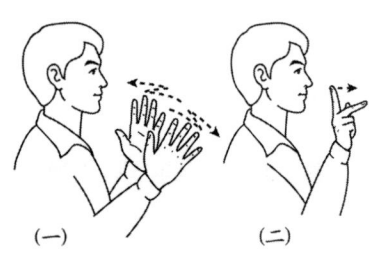

讲课①（讲学）　jiǎngkè ①（jiǎngxué）

（一）双手直立，掌心左右相对，五指张开，前后交替移动几下，表示通过手语方式讲课。

（二）一手打手指字母"K"的指式，中指尖朝前，向前微动一下。

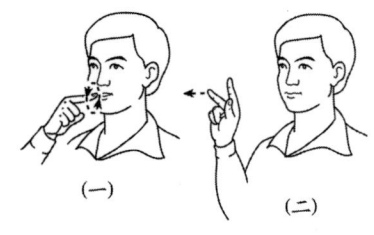

讲课②（说课）　jiǎngkè ②（shuōkè）

（一）一手食指横伸，在嘴前前后转动两下，表示通过说话方式讲课。

（二）一手打手指字母"K"的指式，中指尖朝前，向前微动一下。

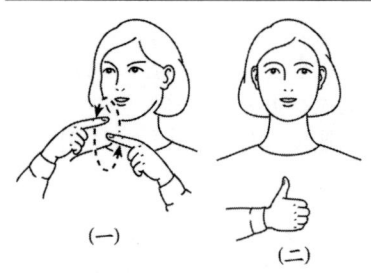

讲师　jiǎngshī

（一）双手食指横伸，在嘴前前后交替转动两下。

（二）一手伸拇指，贴于胸部。

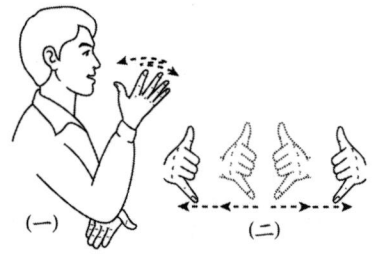

讲座　jiǎngzuò

（一）左手横伸，掌心向上，托住右手肘部；右手直立，掌心向左，五指张开，前后微动几下，嘴微动，身体随之晃动，表示在滔滔不绝地演讲。

（二）双手伸拇、小指，指尖朝外，从中间向两侧一顿一顿移动几下。

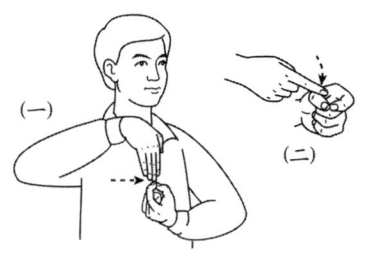

奖金 jiǎngjīn

（一）左手拇、食指捏成圆形，虎口朝外，置于胸部正中；右手五指并拢，指尖朝下，抵于左手圆形上端，然后双手同时向外移动一下。

（二）左手拇、食指捏成圆形，虎口朝上；右手伸食指，敲一下左手拇指。

奖励①（颁奖②） jiǎnglì①（bānjiǎng②）

左手拇、食指捏成圆形，虎口朝外，置于胸部正中；右手五指并拢，指尖朝下，抵于左手圆形上端，然后双手同时向外移动一下。

奖章 jiǎngzhāng

左手拇、食指捏成圆形，虎口朝外，置于胸部左侧；右手五指并拢，指尖朝下，抵于左手圆形上端，表示佩戴的奖章。

（可根据实际表示奖章的样式）

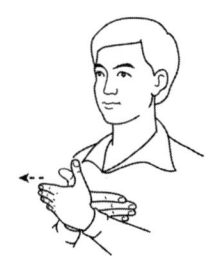

奖状（奖励②） jiǎngzhuàng（jiǎnglì②）

双手拇指交叉相搭，其他四指横伸，手背向外，表示奖状上印的旗子，向外移动一下。

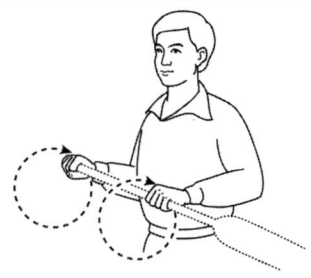

桨 jiǎng

双手虚握，前后转动，如用桨划船状。
（可根据实际表示用桨划船的动作）

蒋 Jiǎng

双手伸食、中指，手背向外，在太阳穴一侧交叉相搭，表示姓氏"蒋"。

降（回落②） jiàng (huíluò ②)

左手直立，掌心向外；右手食指直立，贴于左手掌心，向下移动。
（可根据实际表示降的状态）

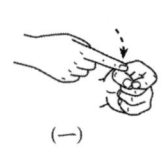 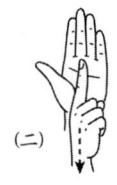

降价 jiàngjià

（一）左手拇、食指捏成圆形，虎口朝上；右手伸食指，敲一下左手拇指。
（二）左手直立，掌心向外；右手食指直立，贴于左手掌心，向下移动。

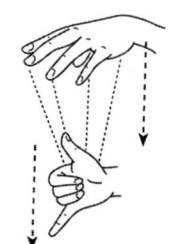

降落伞（跳伞） jiàngluòsǎn (tiàosǎn)

左手五指微曲张开，指尖朝下；右手伸拇、小指，置于左手下，双手同时从上向下移动。

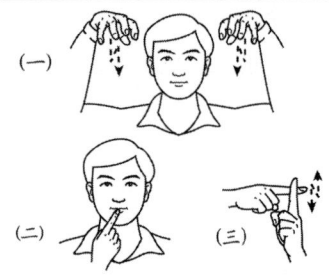

降水量 jiàngshuǐliàng

（一）双手五指微曲，指尖朝下，在头前快速向下动几下，表示雨点落下。
（二）一手伸食指，指尖贴于下嘴唇。
（三）左手食指直立；右手食指横贴在左手食指上，然后上下微动几下。

酱 jiàng

左手横伸，五指微曲；右手五指并拢，指尖朝下，做挖的动作，然后转腕，在左手掌心上抹一下，如抹酱状。
（可根据实际表示抹酱的动作）

酱豆腐（腐乳） jiàngdòu·fu (fǔrǔ)

（一）一手打手指字母"H"的指式，摸一下嘴唇。
（二）双手拇、食指搭成小"口"形，表示方形腐乳。

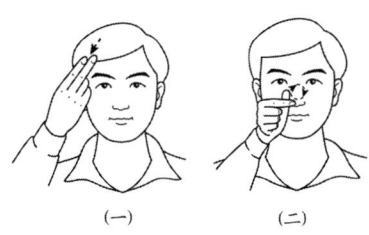

酱油 jiàngyóu
（一）一手打手指字母"H"的指式，摸一下头发。
（二）一手拇、食指搭成"十"字形，置于鼻翼一侧，微转两下。

交代❶ jiāodài ❶
右手拍一下左肩，然后翻转为掌心向上，向外伸出，表示交代任务。

交代❷（交待、坦白） jiāodài ❷ (jiāodài、tǎnbái)
双手横伸，掌心向上，指尖相对，置于胸前，然后向前伸出，身体随之前倾，低头，面露愧疚的表情，表示交代问题。

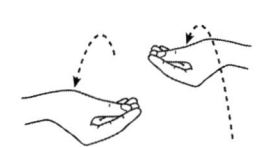

交换 jiāohuàn
双手五指撮合，掌心向上，左手指尖朝右，在前，右手指尖朝左，在后，然后前后交换位置。
（可根据实际表示交换的意思）

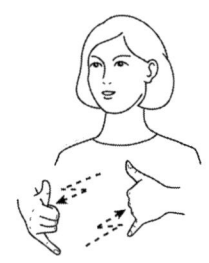

交际（交往） jiāojì (jiāowǎng)
双手伸拇、小指，掌心向内，前后交替移动几下。

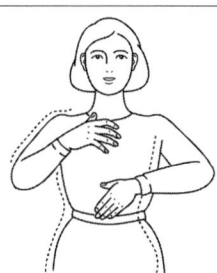

交际舞 jiāojìwǔ
双手横立，掌心向内，五指微曲，一上一下，然后身体左右扭动，模仿交际舞的动作。

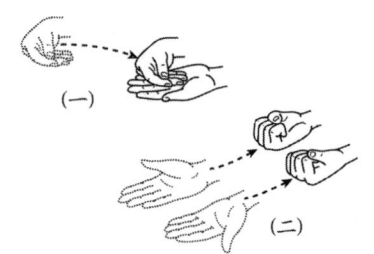

交接 jiāojiē

（一）左手平伸；右手五指撮合，指尖朝内，从外向内移至左手掌心。

（二）双手平伸，掌心向上，边向内移动边握拳。

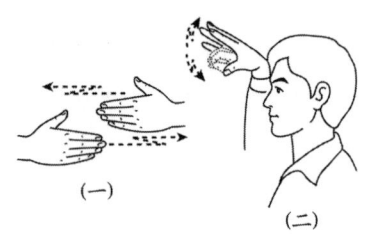

交警 jiāojǐng

（一）双手横立，掌心向内，从两侧向中间交错移动两下，表示车辆来往，引申为交通。

（二）一手手腕贴于前额，五指撮合，然后开合两下，表示警察的帽徽。

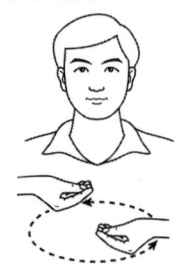

交流 jiāoliú

双手五指撮合，指尖左右相对，掌心向上，左右平行交替转动。

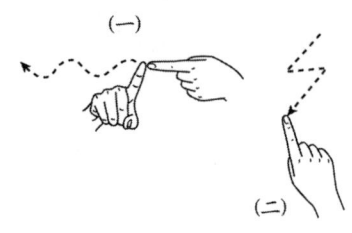

交流电 jiāoliúdiàn

（一）左手食指横伸，手背向外；右手伸食指，指尖朝前，在左手食指旁做曲线形移动，表示交流电流具有随时间变化的特点。

（二）一手食指书空"夕"形。

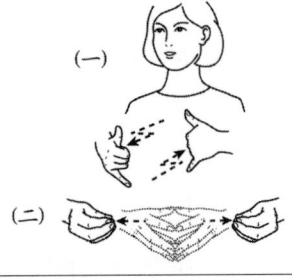

交情 jiāo·qing

（一）双手伸拇、小指，掌心向内，前后交替移动几下。

（二）双手五指张开，指尖相对，虎口朝上，边从中间向两侧拉开边撮合。

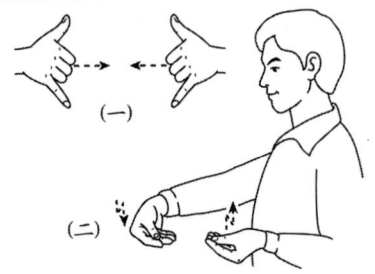

交涉 jiāoshè

（一）双手伸拇、小指，指尖左右相对，手背向外，从两侧向中间移动。

（二）双手五指撮合，指尖前后相对，手背向下，上下交替移动两下。

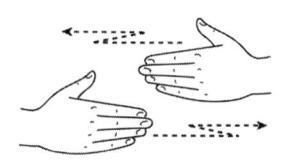

交通 jiāotōng
　　双手横立,掌心向内,从两侧向中间交错移动两下,表示车辆来往,引申为交通。

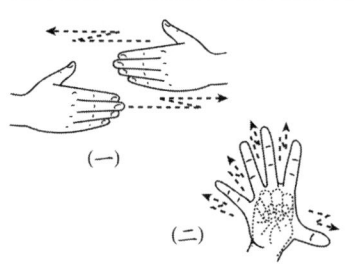

交通信号灯② jiāotōng xìnhàodēng②
　　(一)双手横立,掌心向内,从两侧向中间交错移动两下,表示车辆来往,引申为交通。
　　(二)一手五指撮合,指尖朝前,开合两下。

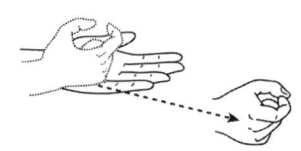

郊区(偏僻) jiāoqū (piānpì)
　　左手平伸;右手拇、食指成圆形,指尖稍分开,虎口朝上,边从左手掌心上向外移动边相捏。

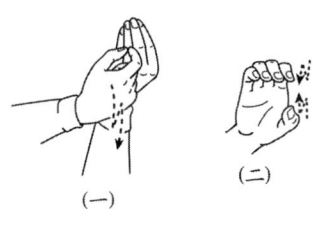

茭白 jiāobái
　　(一)左手五指撮合,指尖朝上;右手拇、食指相捏,在左手上做向下撕表皮的动作。
　　(二)一手五指弯曲,掌心向外,指尖弯动两下。

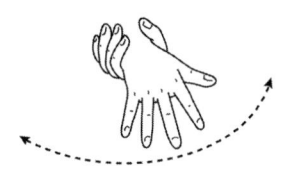

浇(灌) jiāo (guàn)
　　左手握住右手腕;右手五指张开,掌心向下,来回做弧形移动,表示喷灌浇水。
　　(可根据实际表示浇灌的动作)

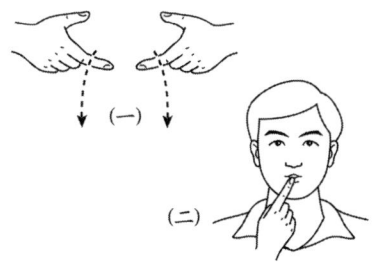

浇水 jiāoshuǐ
　　(一)双手拇、食指成大圆形,虎口朝上,然后向外翻动,如倒水状。
　　(二)一手伸食指,指尖贴于下嘴唇。

娇惯 jiāoguàn

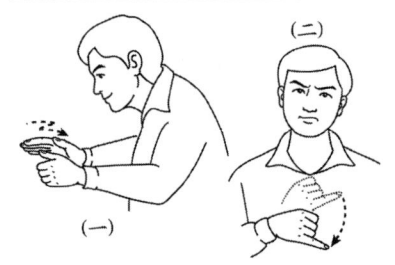

（一）左手伸拇指；右手抚摸两下左手拇指背，面露溺爱的表情。
（二）右手伸小指，指尖朝左，向下甩动一下。
（此手势表示宠坏了）

娇气（忸怩、撒娇） jiāo·qì (niǔní、sājiāo)

一手伸食、小指，食指尖抵于颏部，头左右微晃，面露娇态。
（可根据实际表示娇气的样子）

骄傲❶ jiāo'ào ❶

双手伸拇指，在胸前上下交替动几下，面露自豪的表情，表示自豪的褒义意思。

骄傲❷（傲慢②） jiāo'ào ❷（àomàn ②）

一手伸拇指，指尖置于鼻尖下，然后将鼻子向上顶起，面露傲慢的表情，表示自以为了不起，看不起他人的贬义意思。

胶棒 jiāobàng

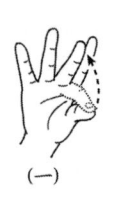 

（一）一手拇、中指相捏，然后缓慢张开，指尖朝前。
（二）左手平伸；右手虚握，虎口朝下，在左手掌心上前后划动两下。

胶带 jiāodài

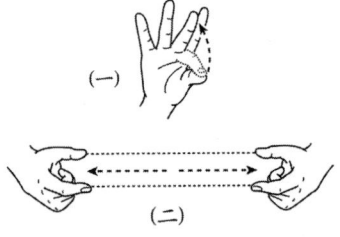

（一）一手拇、中指相捏，然后缓慢张开，指尖朝前。
（二）双手拇、食指张开，指尖相对，虎口朝上，从中间向两侧拉开。
（可根据实际表示胶带）

胶卷（底片） jiāojuǎn (dǐpiàn)

（一）双手拇、食指成"⊏⊐"形，虎口朝内，如持照相机状，置于眼前，右手食指向下一按，模仿按快门的动作。

（二）左手五指成圆形，虎口朝右；右手食指横伸，指尖在左手虎口处前后转动。

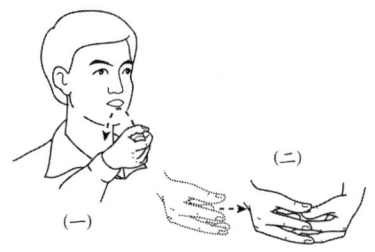

胶囊 jiāonáng

（一）口张开，一手拇、食指捏成小圆形，从嘴部移向喉部。

（二）左手五指撮合，虎口朝上；右手五指弯曲，从右向左套向左手五指，仿胶囊外形。

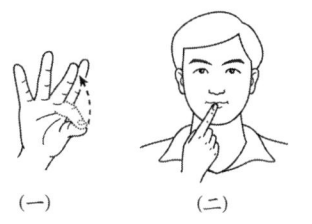

胶水 jiāoshuǐ

（一）一手拇、中指相捏，然后缓慢张开，指尖朝前。

（二）一手伸食指，指尖贴于下嘴唇。

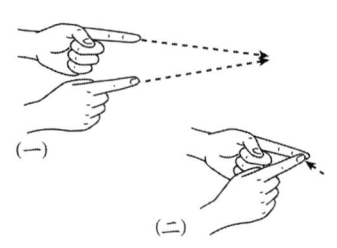

焦点（交点） jiāodiǎn (jiāodiǎn)

（一）双手伸食指，指尖朝斜前方，然后向前移动至指尖相抵。

（二）左手伸食指，指尖朝斜前方；右手食指尖点一下左手食指尖。

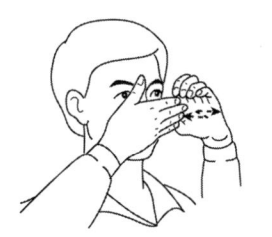

焦距 jiāojù

左手五指成半圆形，虎口朝内，置于左眼前；右手横立，掌心向内，在左手虎口内前后移动两下。

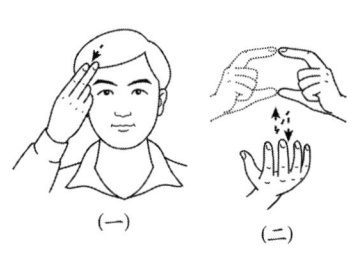

焦炭 jiāotàn

（一）一手打手指字母"H"的指式，摸一下头发。

（二）双手拇、食指搭成"⊐"形，虎口朝内，然后左手不动，右手五指微曲，指尖朝上，在左手下上下微动几下。

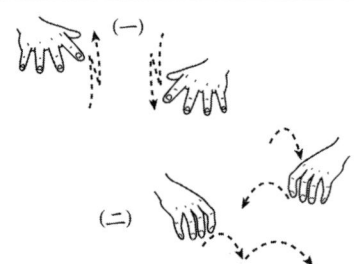

礁石 jiāoshí

（一）双手平伸，掌心向下，五指张开，上下交替移动，表示起伏的波浪。

（二）双手五指弯曲，指尖朝下，随意按动几下，表示海中的礁石。

嚼 jiáo

双手五指弯曲，指尖上下相对，互碰几下，嘴同时做嚼物的动作。

（可根据实际表示嚼的动作）

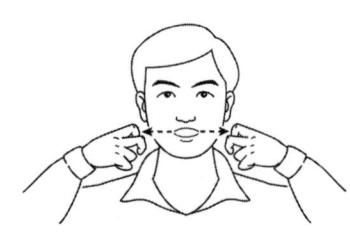

嚼子 jiáo·zi

双手食、中指弯曲，手背向外，置于嘴角两侧，并向两侧微移，口张开。

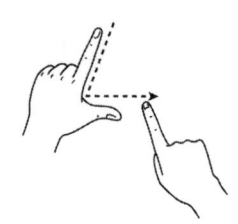

角 jiǎo

左手拇、食指成"∠"形，手背向内；右手食指沿左手虎口划一下。

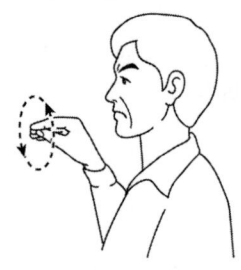

狡猾（欺骗） jiǎohuá（qīpiàn）

一手五指撮合，指尖朝前，手腕转动两下，面露阴险的表情。

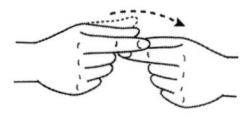

饺子 jiǎo·zi

双手拇、食指相捏，左手在下不动，右手在上边捏动边移动，模仿包饺子的动作。既表示饺子的名词意思，又表示包饺子的意思。

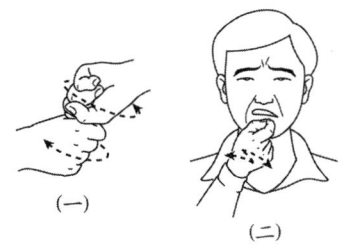

绞痛 jiǎotòng

（一）双手握拳，前后反向拧动。

（二）一手拇、食指相捏，置于嘴边，左右晃动几下，面露难受的表情。

（可根据实际决定手的位置）

绞刑（上吊） jiǎoxíng (shàngdiào)

双手食、中指相叠，指尖左右相抵，置于颈部，然后向头后部移动。

脚① jiǎo ①

左手伸拇、小指，拇指尖朝上，手背向外；右手伸食指，指一下左手小指尖。

脚② jiǎo ②

双手平伸，手背向上，五指并拢，右手掌贴于左手背上，从前向后移动一下。

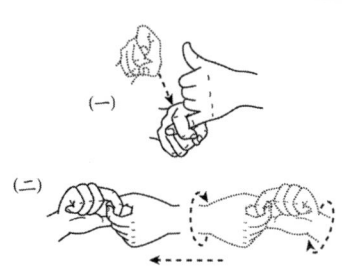

脚镣 jiǎoliào

（一）左手伸拇、小指，拇指尖朝上，手背向外；右手食指弯曲，扣向左手小指，表示戴脚镣。

（二）双手边转腕边拇、食指连续相互套环，并向一侧移动。

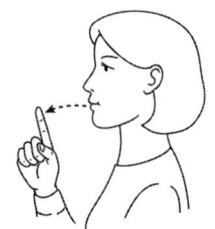

叫❷ jiào ❷

一手食指直立，从嘴部向外移动一下，表示称为、叫作的意思。

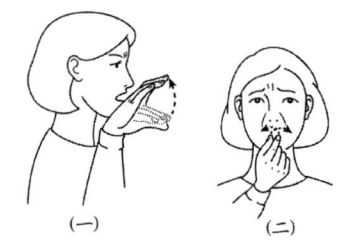

叫苦 jiàokǔ

（一）一手五指撮合，指尖朝前，置于嘴部，然后张开，口随之张开。

（二）一手拇、食指相捏，指尖朝上，置于嘴边，互捻几下，面露难受的表情。

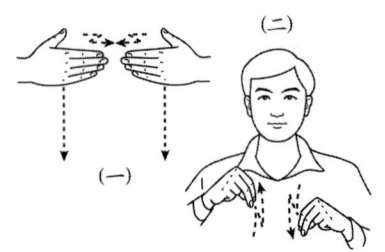

校对 jiàoduì

（一）双手横立，掌心向内，边从上向下移动边互碰，表示逐一对照。

（二）双手拇、食、中指相捏，指尖朝下，上下交替动两下。

教案 jiào'àn

（一）双手五指撮合，指尖相对，手背向外，在胸前向前晃动两下。

（二）左手斜伸，掌心向后上方，五指张开；右手平伸，掌心向下，五指张开，在左手掌心上从上向下移动。

教材（教具） jiàocái (jiàojù)

（一）双手五指撮合，指尖相对，手背向外，在胸前向前晃动两下。

（二）双手食指指尖朝前，手背向上，先互碰一下，再分开并张开五指。

教导 jiàodǎo

（一）双手五指撮合，指尖相对，手背向外，在胸前向前晃动两下。

（二）左手伸拇指；右手伸食指，指尖朝前，在左手拇指后左右移动。

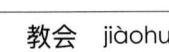
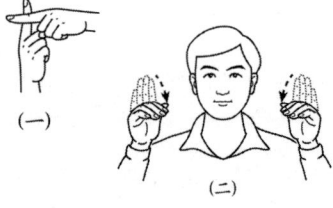

教会 jiàohuì

（一）双手食指搭成"十"字形。

（二）双手直立，掌心分别向左右斜前方，食、中、无名、小指弯动一下。

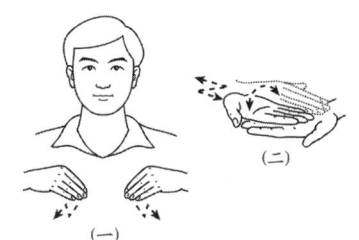

教练 jiàoliàn
（一）双手五指撮合，指尖相对，手背向外，在胸前向前晃动两下。
（二）左手横伸；右手平伸，掌心、手背在左手掌心上交替蹭一下。

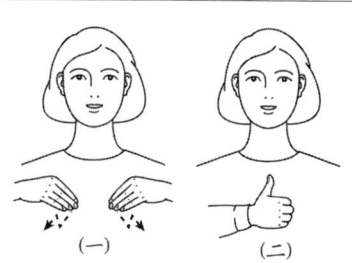

教师 jiàoshī
（一）双手五指撮合，指尖相对，手背向外，在胸前向前晃动两下。
（二）一手伸拇指，贴于胸部。

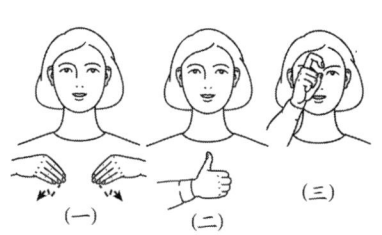

教师节 Jiàoshī Jié
（一）双手五指撮合，指尖相对，手背向外，在胸前向前晃动两下。
（二）一手伸拇指，贴于胸部。
（三）一手打手指字母"J"的指式，置于前额。

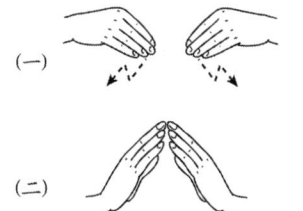

教室 jiàoshì
（一）双手五指撮合，指尖相对，手背向外，在胸前向前晃动两下。
（二）双手搭成"∧"形。

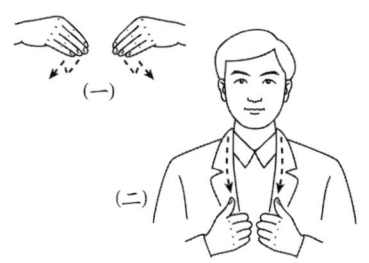

教授 jiàoshòu
（一）双手五指撮合，指尖相对，手背向外，在胸前向前晃动两下。
（二）双手伸拇指，手背向外，从颈部两侧向下方移动，表示西服领口外形。

教唆（怂恿、指使） jiàosuō (sǒngyǒng、zhǐshǐ)
左手伸拇、小指；右手伸食指，置于左手后，向左挑动两下，歪头，面露邪恶的表情。

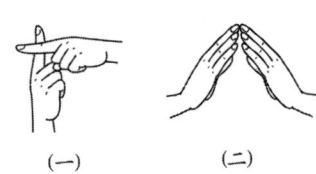

教堂 jiàotáng

（一）双手食指搭成"十"字形。
（二）双手搭成"∧"形。

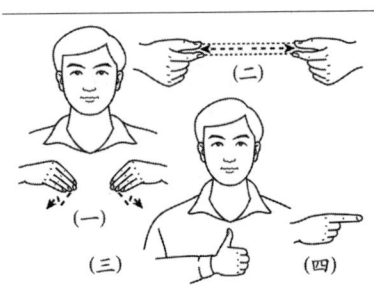

教条主义 jiàotiáo zhǔyì

（一）双手五指撮合，指尖相对，手背向外，在胸前向前晃动两下。
（二）双手拇、食指微张，指尖相对，虎口朝上，从中间向两侧拉开。
（三）一手伸拇指，贴于胸部。
（四）一手食指横伸，手背向外。"一"与"义"音近，借代。

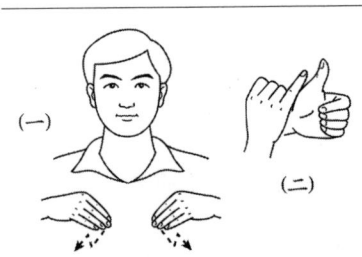

教徒 jiàotú

（一）双手五指撮合，指尖相对，手背向外，在胸前向前晃动两下。
（二）左手伸拇指；右手伸小指，贴于左手拇指背。

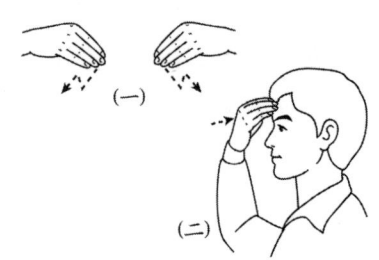

教学 jiàoxué

（一）双手五指撮合，指尖相对，手背向外，在胸前向前晃动两下。
（二）一手五指撮合，指尖朝内，按向前额。

教训❶ jiào·xùn ❶

一手食指直立，用力敲一（或两）下前额，表示自己获得了教训。

教训❷（数叨、数落） jiào·xùn ❷ (shǔ·dao、shǔ·luo)

左手伸拇指；右手伸食指，朝左手拇指挥动两下，表示教训别人。

教育 jiàoyù

　　双手五指撮合,指尖相对,手背向外,在胸前向前晃动两下。

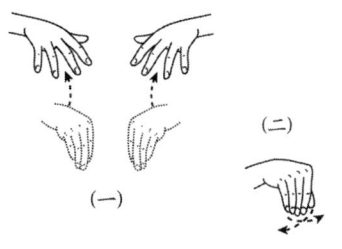

酵母粉 jiàomǔfěn

　　(一)双手五指撮合,指尖朝下,边向上移动边张开。
　　(二)一手五指撮合,指尖朝下,互捻几下。

阶层(层次、层级) jiēcéng (céngcì、céngjí)

　　左手直立,掌心向右;右手五指成"⊐"形,指尖朝前,虎口贴于左手掌心,向上一顿一顿移动几下。

阶段① jiēduàn①

　　左手平伸,掌心向上;右手横立,掌心向内,置于左手指尖处,然后向左手腕一顿一顿移动几下,表示一个个阶段。

阶级(级别、等级) jiējí (jíbié、děngjí)

　　左手直立,掌心向右;右手平伸,掌心向下,在左手掌心上向上一顿一顿移动两下。

接触 jiēchù

　　双手横立,左手在前不动,右手向前贴两下左手掌心。

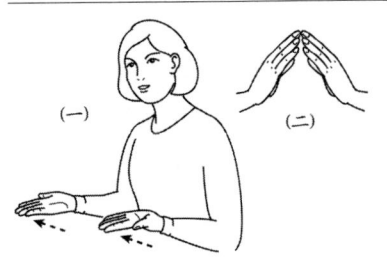

接待室(会客室) jiēdàishì (huìkèshì)

(一)双手平伸,掌心向上,同时向一侧移动一下。
(二)双手搭成"∧"形。

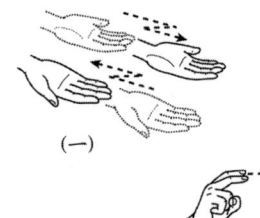

接见 jiējiàn

(一)双手平伸,掌心向上,前后交替移动两下。
(二)双手食、中指微曲,指尖左右相对,从两侧向中间移动,表示双方目光相接。

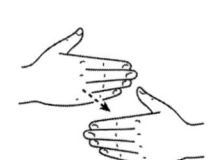

接近(贴近) jiējìn (tiējìn)

双手横立,左手在前不动,右手向前贴近左手掌心,双手之间有一定距离。

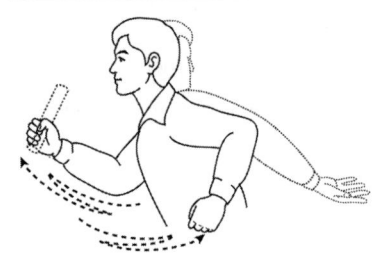

接力 jiēlì

一手五指微曲,伸向身后,如接接力棒状,然后双手握拳屈肘,前后摆动,模仿接力跑的动作。
(可根据实际表示接力的动作)

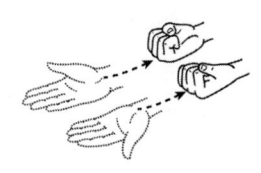
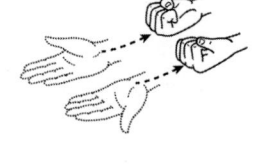

接受(接收、采纳) jiēshòu (jiēshōu、cǎinà)

双手平伸,掌心向上,边向内移动边握拳。

揭发(掀、揭) jiēfā (xiān、jiē)

左手虚握,虎口朝上;右手平伸,掌心向下,置于左手虎口上,然后向上掀开。

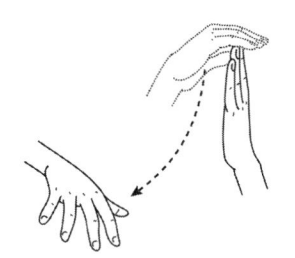

揭幕 jiēmù

左手直立，掌心向右；右手五指弯曲，掌心向下，置于左手指尖上，然后移出，表示揭去罩在标志物上的幕布。

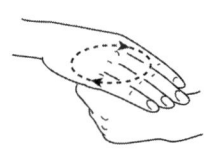

节俭①（节约①） jiéjiǎn ①（jiéyuē ①）

左手拇、食指捏成圆形，虎口朝上；右手平伸，掌心贴于左手虎口，转动两下，表示舍不得花钱。

（"节约"的手语存在地域差异，可根据实际选择使用）

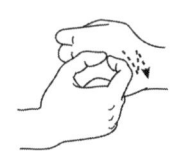

节俭②（节约②） jiéjiǎn ②（jiéyuē ②）

左手虚握，手背向外；右手拇、食指相捏，在左手背上向外揪两下。

（"节约"的手语存在地域差异，可根据实际选择使用）

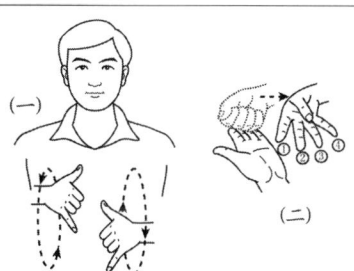

节目（节目单） jiémù (jiémùdān)

（一）双手伸拇、小指，手背向外，前后交替转动两下。

（二）左手斜伸，掌心向后上方；右手握拳，在左手掌心上边向后微移边依次伸出食、中、无名、小指。

（可根据实际表示节目的动作）

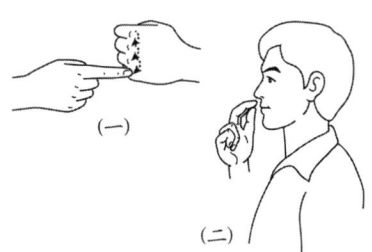

节气 jié·qì

（一）左手握拳，手背向外；右手伸食指，依次点一下左手食、中、无名、小指根部关节。

（二）一手打手指字母"Q"的指式，指尖朝内，置于鼻孔处。

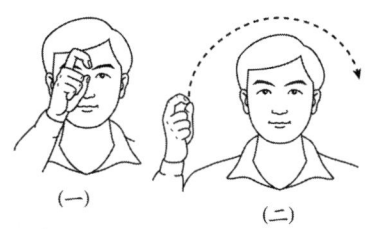

节日 jiérì

（一）一手打手指字母"J"的指式，置于前额。

（二）右手拇、食指捏成圆形，虎口朝内，从右向左做弧形移动，越过头顶。

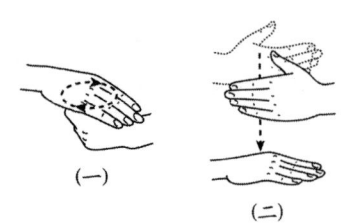

节余 jiéyú

（一）左手拇、食指捏成圆形，虎口朝上；右手平伸，掌心贴于左手虎口，转动两下，表示舍不得花钱。

（二）双手横立，左手在前不动，右手边在左手掌心内向下刮一下边转腕，掌心向下。

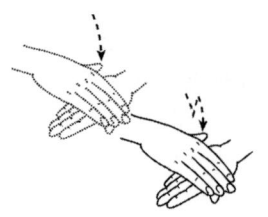

节奏 jiézòu

双手按3/4拍音节（即咚嗒嗒—咚嗒嗒）连续击掌，第一下重拍，第二、三下轻拍。

（可根据实际表示节奏的动作）

拮据 jiéjū

（一）左手拇、食指捏成圆形，虎口朝上；右手伸食指，敲一下左手拇指。

（二）一手拇、食指弯曲，指尖朝内，卡向脖子处。

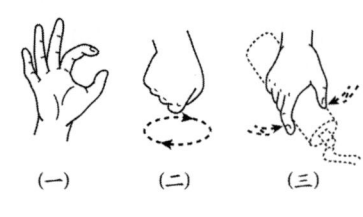

洁厕灵 jiécèlíng

（一）一手拇、食指弯曲，其他三指直立，掌心向前。

（二）一手虚握，虎口朝下，转动几下，模仿握刷子刷便池的动作。

（三）右手五指弯曲，虎口朝左下方，做从瓶子中挤液体的动作。

（可根据实际表示手持洁厕灵容器的动作）

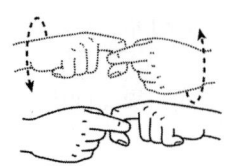

结构 jiégòu

双手食指弯曲，互勾两下。

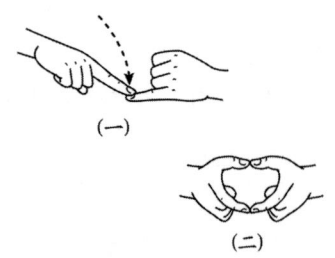

结果 jiéguǒ

（一）左手伸小指；右手伸食指，敲一下左手小指。

（二）双手拇、食指搭成圆形，虎口朝上。

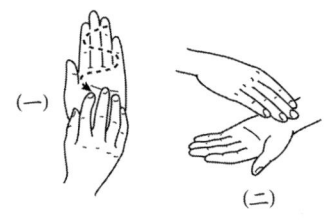

结核病 jiéhébìng

（一）左手直立，掌心向外；右手五指微曲，指尖在左手掌心上从上向下做曲线形移动，表示肌体上的病灶。

（二）左手平伸，掌心向上；右手五指并拢，食、中、无名指指尖按于左手腕的脉门处。

结婚（婚姻） jiéhūn (hūnyīn)

双手伸拇指，指面相对，手背向外，弯动一下。

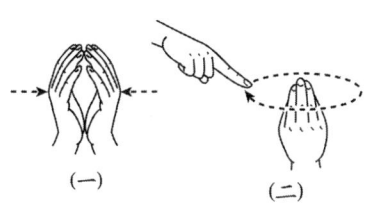

结社 jiéshè

（一）双手直立，掌心左右相对，五指微曲，从两侧向中间移动。

（二）左手五指撮合，指尖朝上；右手伸食指，指尖朝下，绕左手转动一圈。

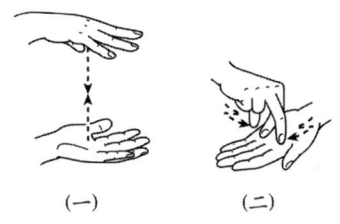

结算 jiésuàn

（一）双手平伸，掌心上下相对，同时向中间移动至双手掌心相贴。

（二）左手横伸；右手伸拇、食、中指，指尖朝下，在左手掌心上做打算盘的动作。

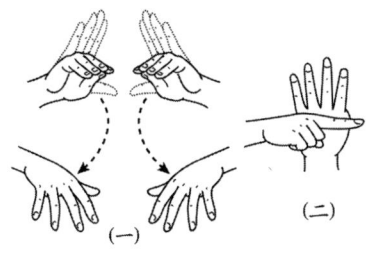

结业 jiéyè

（一）双手直立，掌心向斜前方，拇指张开，然后其他四指弯动与拇指捏合，再向下一甩，五指张开。

（二）左手食、中、无名、小指直立分开，手背向外；右手食指横伸，置于左手四指根部，仿"业"字形。

结账（买单、埋单、支出①、消费①、费）

jiézhàng (mǎidān、máidān、zhīchū ①、xiāofèi ①、Fèi)

一手拇、食指捏成圆形，虎口朝前上方，从腰部向前移出，表示掏钱；也用于表示姓氏"费"。

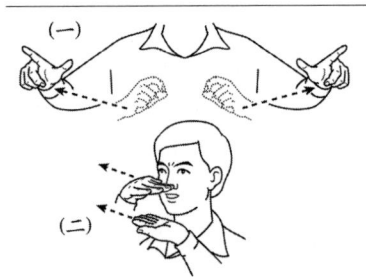

捷报　jiébào
（一）双手拇、食指相捏，虎口朝内，置于胸前，然后边向前移动边张开。
（二）双手横伸，掌心上下相对，从嘴前向前上方移出。

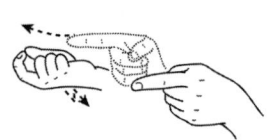

捷径（抄近儿）　jiéjìng（chāojìnr）
双手伸食指，指尖朝前，左手不动，右手食指向右前方移动少许，然后拇、食指相捏，指尖朝上，向下微晃几下。

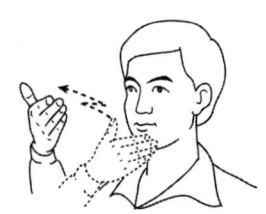

捷克　Jiékè
一手横立，掌心向内，贴于颏部，然后向外移动两下。（此为国外聋人手语）

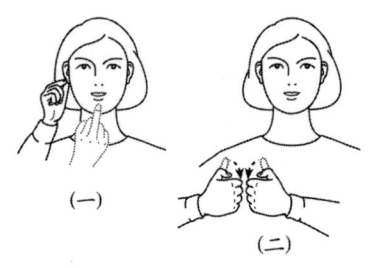

姐夫①　jiě·fu①
（一）一手中指直立，指面贴于颏部，然后拇、食指捏一下耳垂。
（二）双手伸拇指，指面相对，手背向外，置于身体一侧，弯动一下。

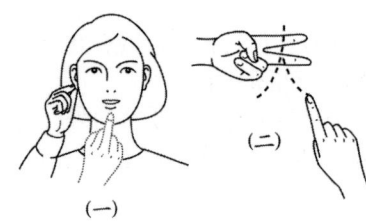

姐夫②　jiě·fu②
（一）一手中指直立，指面贴于颏部，然后拇、食指捏一下耳垂。
（二）左手食、中指横伸分开，掌心向内；右手伸食指，在左手食、中指处书空"人"字，仿"夫"字形。

姐姐　jiě·jie
一手中指直立，指面贴于颏部，然后拇、食指捏一下耳垂。

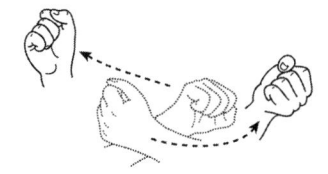

解放 jiěfàng

双手握拳,手腕交叉相贴,置于胸前,然后用力向两侧斜上方移动,如挣脱镣铐状。

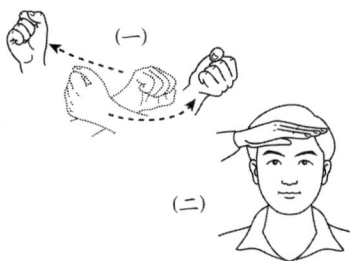

解放军 jiěfàngjūn

(一)双手握拳,手腕交叉相贴,置于胸前,然后用力向两侧斜上方移动,如挣脱镣铐状。

(二)右手横伸,掌心向下,置于前额,表示军帽帽檐。

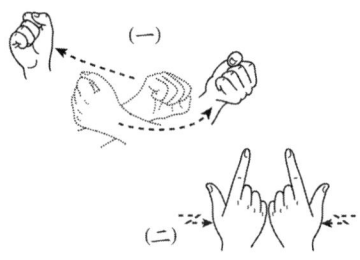

解放战争 jiěfàng zhànzhēng

(一)双手握拳,手腕交叉相贴,置于胸前,然后用力向两侧斜上方移动,如挣脱镣铐状。

(二)双手伸拇、食指,食指尖朝上,掌心向内,小指下缘互碰两下。

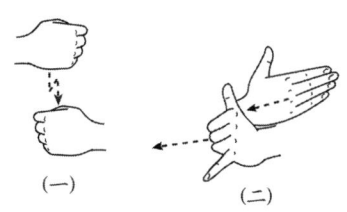

解雇(解聘、辞退、炒鱿鱼)

jiěgù (jiěpìn、cítuì、chǎo yóuyú)

(一)双手握拳,一上一下,右拳向下砸两下左拳。

(二)左手伸拇、小指;右手横立,手背向外,用力拍击左手拇指背,左手随之向前移动。

解决(处理❷、处置、解、根❷)

jiějué (chǔlǐ❷、chǔzhì、jiě、gēn❷)

双手手背拱起,指背相对,分别向两侧扒动一下;也用于表示代数方程式"解""根"的概念和姓氏"解"(Xiè)。

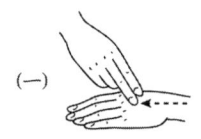
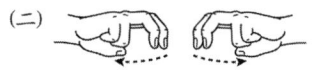

解剖 jiěpōu

(一)左手横伸;右手食、中指并拢,指尖朝下,在左手背上划动一下。

(二)双手食、中指弯曲,手背向上,同时从中间向两侧扒动一下。

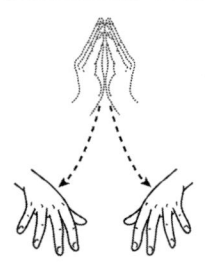

解散 jiěsàn
　　双手直立，掌心左右相合，手背拱起，边向下移动边张开五指，表示人群解散。

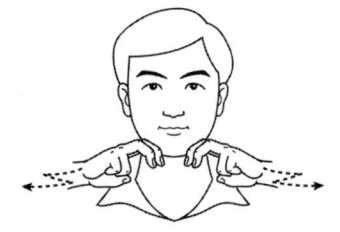

解释 jiěshì
　　双手食、中指弯曲，手背向上，在嘴前同时从中间向两侧扒动两下。

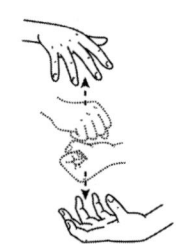

解压缩 jiěyāsuō
　　双手握拳，拳心上下相贴，然后边分别向上下方向移动边张开五指。

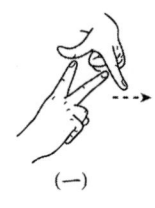 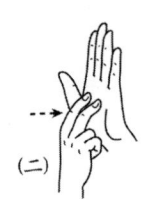

介词 jiècí
　　（一）左手拇、食指与右手食、中指搭成"介"字形，向前移动一下。
　　（二）左手直立，掌心向外；右手食、中指弯曲，指尖朝内，点一下左手掌心。

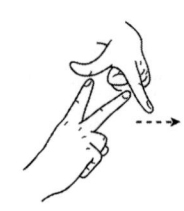

介绍 jièshào
　　左手拇、食指与右手食、中指搭成"介"字形，向前移动一（或两）下。

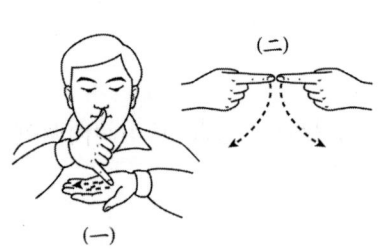

戒毒 jièdú
　　（一）左手横伸；右手伸拇、小指，拇指尖在鼻下，小指尖在左手掌心上向右划动两下。
　　（二）双手食指横伸，指尖相对，手背向外，同时向下一甩。

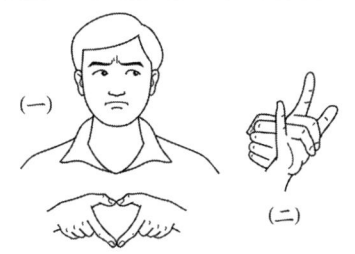

戒心 jièxīn
（一）双手拇、食指张开仿"♡"形，手背向外，置于胸部，面露警觉的表情。
（二）左手握拳，手背向外；右手伸拇、食、小指，手背与左手背相贴。

戒指 jiè·zhi
左手横伸，掌心向下；右手拇、食指张开，指尖朝下，沿左手无名指指尖向指根移动。既表示戒指的名词意思，又表示戴戒指的意思。

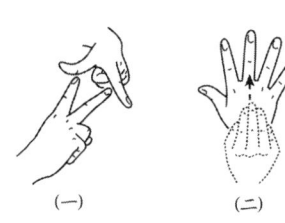

芥菜 jiècài
（一）左手拇、食指与右手食、中指搭成"介"字形。"介"与"芥"音同，借代。
（二）一手五指撮合，指尖朝上，边向上微移边张开。

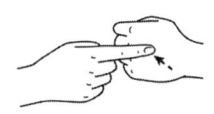

届（一届） jiè（yījiè）
左手握拳，手背向外；右手食指横伸，手背向外，在左手背上点一下。

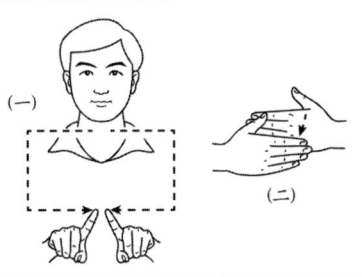

界面 jièmiàn
（一）双手伸食指，指尖朝前，在身前划一个"□"形。
（二）左手横立，手背向外；右手摸一下左手背。

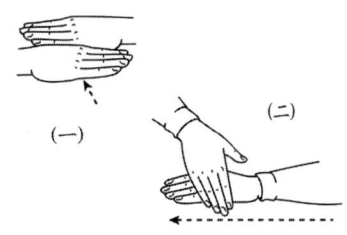

界限 jièxiàn
（一）双手横伸，掌心向下，左手在后不动，右手向后碰一下左手。
（二）左手横伸，掌心向下；右手食、中、无名、小指并拢，指尖朝下，沿左小臂向指尖方向划动一下。

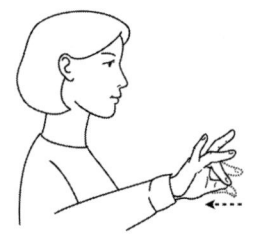

借① jiè ①
　　一手拇、中指张开少许,其他三指自然伸出,边从外向内移动边拇、中指相捏,表示向别人借东西(表示别人向自己借东西时,则转腕,边从内向外移动边拇、中指相捏),多表示借物。
　　(可根据实际决定手的朝向和移动方向)

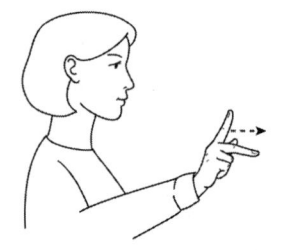

借②(租) jiè ②(zū)
　　一手打手指字母"K"的指式,中指尖朝外,向前移动一下,表示向别人借东西(表示别人向自己借东西时,则转腕,中指尖朝内,向内移动一下),多表示借钱。
　　(可根据实际决定手的朝向和移动方向)

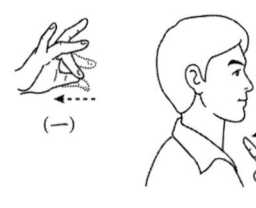

借代 jièdài
　　(一)一手拇、中指张开少许,其他三指自然伸出,边从外向内移动边拇、中指相捏。
　　(二)双手伸食指,手腕交叉相贴,然后前后转动,互换位置。

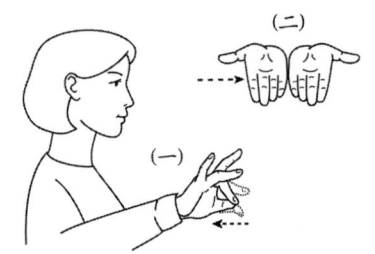

借鉴 jièjiàn
　　(一)一手拇、中指张开少许,其他三指自然伸出,边从外向内移动边拇、中指相捏。
　　(二)双手平伸,掌心向上,左手不动,右手移向左手并相碰。

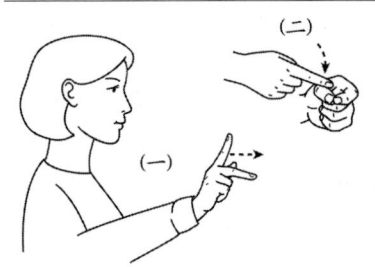

借款(借贷) jièkuǎn (jièdài)
　　(一)一手打手指字母"K"的指式,中指尖朝外,向前移动一下。
　　(二)左手拇、食指捏成圆形,虎口朝上;右手伸食指,敲一下左手拇指。

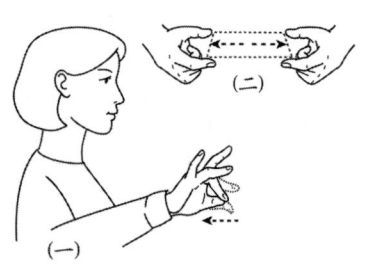

借条① jiètiáo ①
　　(一)一手拇、中指张开少许,其他三指自然伸出,边从外向内移动边拇、中指相捏。
　　(二)双手拇、食指张开,指尖相对,虎口朝上,从中间向两侧移动。

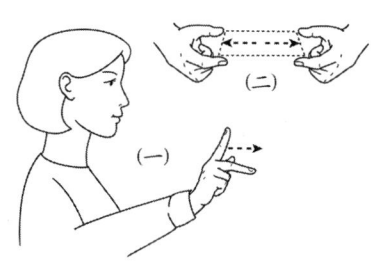

借条② jiètiáo ②

（一）一手打手指字母"K"的指式，中指尖朝外，向前移动一下。

（二）双手拇、食指张开，指尖相对，虎口朝上，从中间向两侧移动。

今天 jīntiān

一手横伸，掌心向上，在腹前向下微动两下。

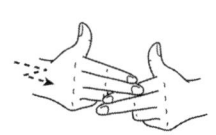

金①（金属） jīn ①（jīnshǔ）

双手伸拇、食、中指，食、中指并拢，交叉相搭，右手中指蹭两下左手食指，表示金属；也用于表示姓氏"金"。

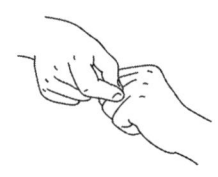

金② jīn ②

左手握拳，手背向上；右手拇、食指相捏，指尖朝下，置于左手无名指根部，表示金戒指，引申为金。也用于表示姓氏"金"。

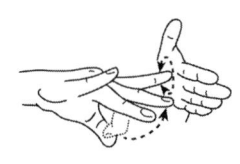

金刚石（钻石） jīngāngshí（zuànshí）

左手侧立；右手拇、中指相捏，食指尖抵于左手掌心，并钻动两下，拇、中指随之张开。

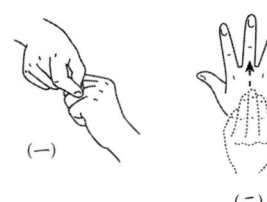

金花菜 jīnhuācài

（一）左手握拳，手背向上；右手拇、食指相捏，指尖朝下，置于左手无名指根部。

（二）一手五指撮合，指尖朝上，边向上微移边张开。

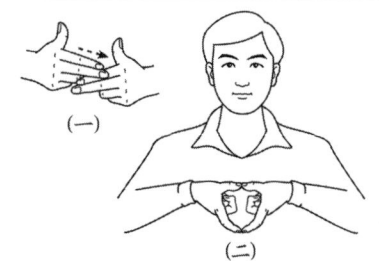

金牌 jīnpái

（一）双手伸拇、食、中指，食、中指并拢，交叉相搭，右手中指蹭一下左手食指。

（二）双手拇、食指搭成圆形，虎口朝外，置于胸前。

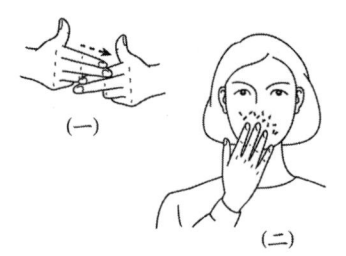

金色 jīnsè

（一）双手伸拇、食、中指，食、中指并拢，交叉相搭，右手中指蹭一下左手食指。

（二）一手直立，掌心向内，五指张开，在嘴唇部交替点动。

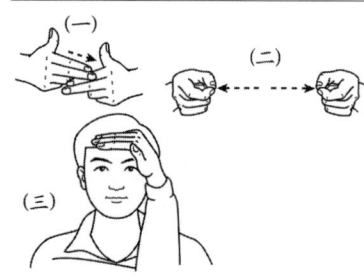

金丝猴 jīnsīhóu

（一）双手伸拇、食、中指，食、中指并拢，交叉相搭，右手中指蹭一下左手食指。

（二）双手拇、食指相捏，虎口朝上，从中间向两侧拉开。

（三）一手手腕翻转，五指并拢，指面向下，小指外侧贴于前额，模仿猴的动作。

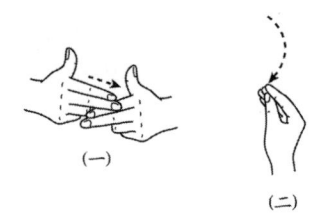

金文（钟鼎文） jīnwén (zhōngdǐngwén)

（一）双手伸拇、食、中指，食、中指并拢，交叉相搭，右手中指蹭一下左手食指。

（二）一手五指撮合，指尖朝前，撇动一下，如执毛笔写字状。

津巴布韦 Jīnbābùwéi

左手横伸；右手屈肘，肘部立于左手背上，五指与手掌成""形，指尖朝前，向后移动两下。

（此为国外聋人手语）

紧 jǐn

一手先虚握，再握紧。

（可根据实际表示紧的状态）

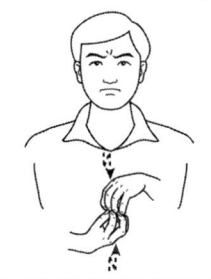

紧张 jǐnzhāng

双手五指相捏，指尖上下相对，互碰几下，面露紧张的表情。

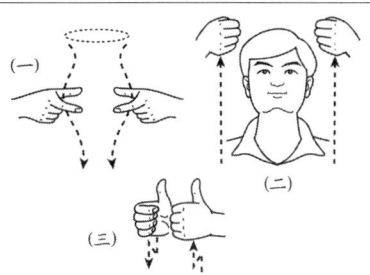

锦标赛 jǐnbiāosài

（一）双手拇、食指成大圆形，虎口朝上，从上向下做曲线形移动，仿奖杯形状。

（二）双手虚握，虎口朝上，向上举起，如举奖杯状。

（三）双手伸拇指，上下交替动两下。

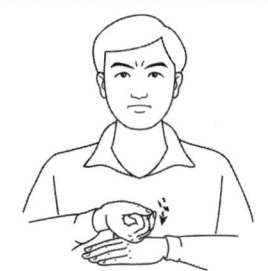

谨慎 jǐnshèn

左手横伸；右手拇、小指相捏，指尖朝上，手背轻碰两下左手背。

尽力（竭力） jìnlì (jiélì)

左手握拳屈肘，手背向外；右手食指横伸，在左上臂从后向前做弧形移动，表示鼓起的肌肉，引申为尽力。

尽情 jìnqíng

双手贴于胸部，然后交替向外伸出，掌心向后上方，身体左右微晃，面带笑容。

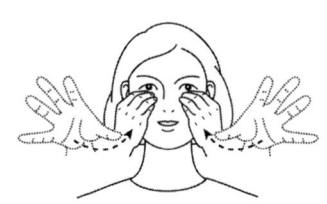

尽收眼底 jìnshōu-yǎndǐ

双手斜伸，五指张开，指尖朝前，边转腕边撮合，指尖对着眼睛。

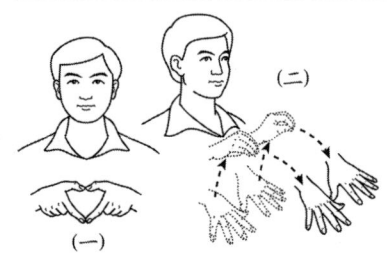

尽心 jìnxīn

（一）双手拇、食指张开仿"♡"形，手背向外，置于胸部。

（二）双手五指张开，掌心向下，然后向上撮合，再从胸前向前下方移动并张开，表示将感情、力量等集中到一个目标上。

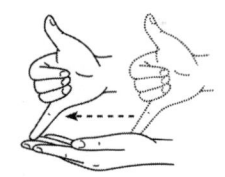

进 jìn

左手平伸；右手伸拇、小指，小指尖抵于左手掌心，向前移动。

（可根据实际表示进的动作）

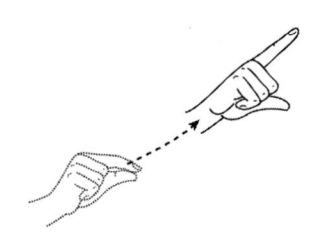

进步① jìnbù ①

一手拇、食指相捏，然后边向前上方移动边张开。

（"进步"的手语存在地域差异，可根据实际选择使用）

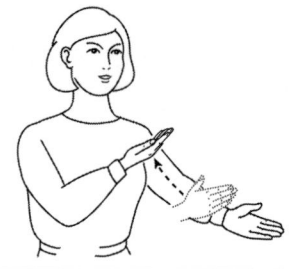

进步② jìnbù ②

左手平伸，掌心向上；右手横立，掌心向内，置于左手腕，然后向左上臂移动。

（"进步"的手语存在地域差异，可根据实际选择使用）

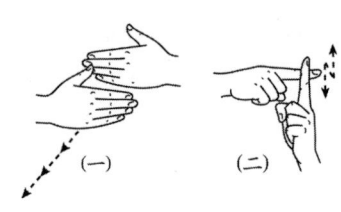

进度 jìndù

（一）双手横立，掌心向内，左手在后不动，右手向前一顿一顿移动几下。

（二）左手食指直立；右手食指横贴在左手食指上，然后上下微动几下。

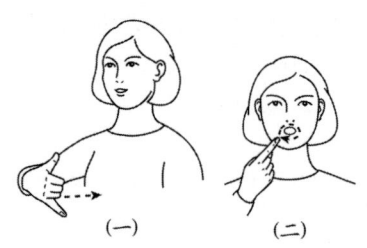

进口 jìnkǒu

（一）一手伸拇、小指，指尖朝内，从外向内移动。

（二）一手伸食指，沿嘴部转动一圈，口张开。

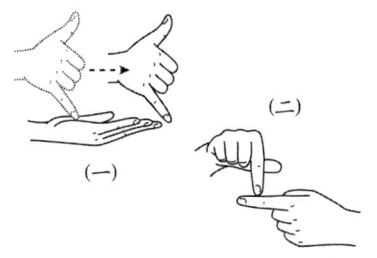

进士 jìnshì
（一）左手平伸；右手伸拇、小指，小指尖抵于左手掌心，向前移动。
（二）左手食指与右手拇、食指搭成"士"字形。

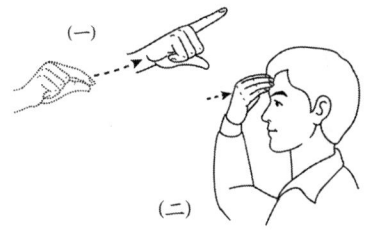

进修 jìnxiū
（一）一手拇、食指相捏，然后边向前上方移动边张开。
（二）一手五指撮合，指尖朝内，按向前额。

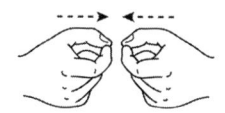

近（附近、临近、濒临） jìn (fùjìn、línjìn、bīnlín)
双手拇、食指相捏，虎口朝上，相互靠近。
（可根据实际表示近的状态）

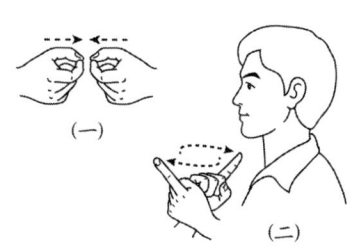

近代 jìndài
（一）双手拇、食指相捏，虎口朝上，相互靠近。
（二）双手伸食指，手腕交叉相贴，然后前后转动，互换位置。

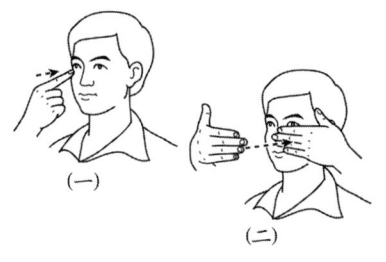

近视（近视眼） jìnshì (jìnshìyǎn)
（一）一手伸食指，指一下眼睛。
（二）双手横立，掌心向内，置于眼前，左手在后不动，右手从前向后移向左手。

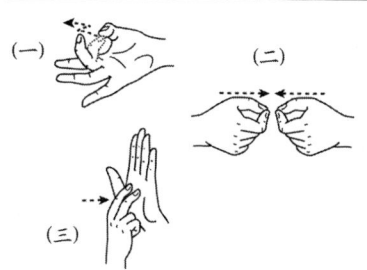

近义词 jìnyìcí
（一）一手平伸，手背向下，拇、中指先相捏，然后弹动两下。
（二）双手拇、食指相捏，虎口朝上，相互靠近。
（三）左手直立，掌心向外；右手食、中指弯曲，指尖朝内，点一下左手掌心。

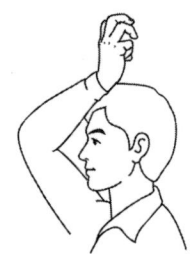

晋 Jìn

一手食、中、无名指弯曲，指尖朝后，置于头上，仿晋朝官帽的样子。

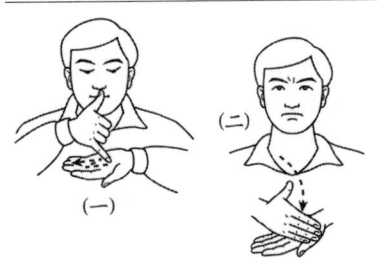

禁毒 jìndú

（一）左手横伸；右手伸拇、小指，拇指尖在鼻下，小指尖在左手掌心上向右划动两下。

（二）左手横伸；右手侧立，向左手掌心上用力一切，面露严肃的表情。

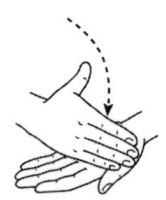

禁止①（杜绝①、遏制、制止）

jìnzhǐ ① (dùjué ①、èzhì、zhìzhǐ)

左手横伸；右手侧立，向左手掌心上用力一切，面露严肃的表情。

禁止②（杜绝②、不准、反对②）

jìnzhǐ ② (dùjué ②、bùzhǔn、fǎnduì ②)

双手五指并拢，手腕交叉相搭成"×"形，仿"禁止"标志。

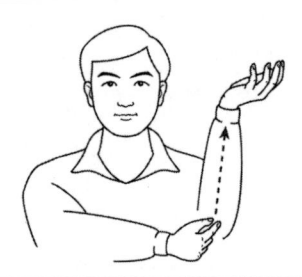

茎 jīng

左小臂抬起，五指微曲张开，掌心向上；右手拇、食指微张，指尖抵于左臂肘部，向上移动，表示植物的茎干。

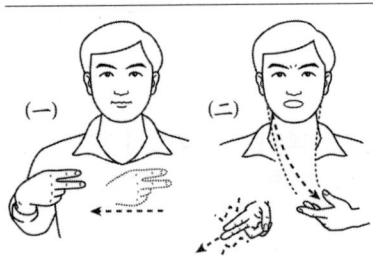

京剧 jīngjù

（一）右手伸食、中指，指尖抵于左胸部，然后划至右胸部。

（二）左手做捋长胡须的动作；右手食、中指并拢，指尖朝前，边抖动边向前移动，口张开，模仿京剧舞台的动作。

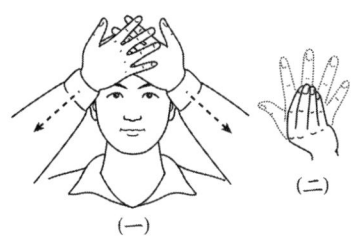

京族 Jīngzú

（一）双手五指张开，手背向外，交叉相搭，置于头前，然后向两侧斜下方移动一下。

（二）一手五指张开，指尖朝上，然后撮合。

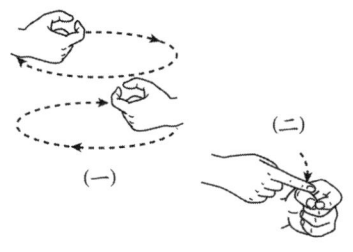

经费 jīngfèi

（一）双手拇、食指成圆形，指尖稍分开，虎口朝上，交替顺时针平行转动。

（二）左手拇、食指捏成圆形，虎口朝上；右手伸食指，敲一下左手拇指。

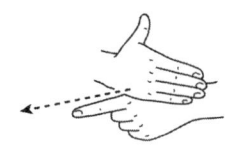

经过（通过❶） jīngguò (tōngguò ❶)

左手伸食指，指尖朝前；右手横立，掌心向内，置于左手食指根部，然后向指尖方向移动。

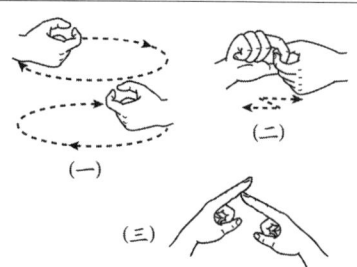

经纪人 jīngjìrén

（一）双手拇、食指成圆形，指尖稍分开，虎口朝上，交替顺时针平行转动。

（二）双手拇、食指套环，左右移动两下。

（三）双手食指搭成"人"字形。

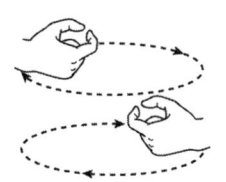

经济 jīngjì

双手拇、食指成圆形，指尖稍分开，虎口朝上，交替顺时针平行转动，表示货币流通，引申为经济。

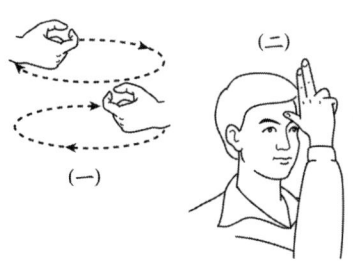

经理 jīnglǐ

（一）双手拇、食指成圆形，指尖稍分开，虎口朝上，交替顺时针平行转动。

（二）一手伸拇、食、中指，拇指尖抵于前额，食、中指直立并拢。

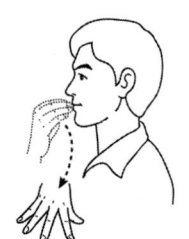

经历❶（体会、体验、尝试）
jīnglì ❶ (tǐhuì、tǐyàn、chángshì)
　　一手五指撮合，置于嘴部，然后边向下移动边张开，表示尝过，引申为经历过，表示经历的动词意思。

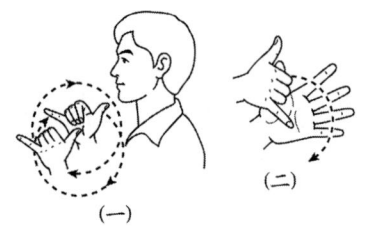

经历❷（履历）　　jīnglì ❷ (lǚlì)
　　（一）双手伸拇、小指，指尖朝上，交替向肩后转动。
　　（二）左手侧立，五指张开；右手伸拇、小指，从左手拇指转向左手小指。
　　（此手势表示经历的名词意思）

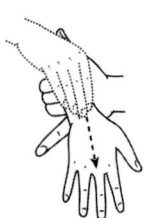

经络　jīngluò
　　左手伸拇、小指，手背向外；右手五指撮合，置于左手背上，边向下移动边张开，表示身上布满的经络。

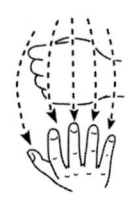

经线　jīngxiàn
　　左手握拳，手背向外，表示地球；右手五指张开，指尖朝上，沿左手背从上向下划动一下，表示经线。

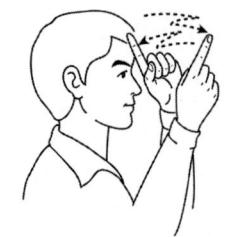

经验　jīngyàn
　　双手伸食指，指尖朝上，交替在前额上敲几下。

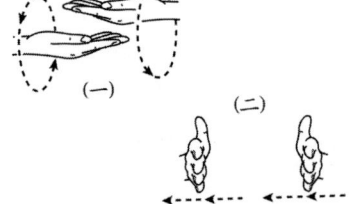

经营　jīngyíng
　　（一）双手横伸，掌心向上，前后交替转动两下。
　　（二）双手侧立，掌心相对，向一侧一顿一顿移动几下。

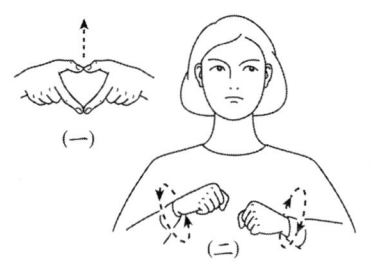

惊动 jīngdòng
（一）双手拇、食指张开仿"♡"形，手背向外，置于胸部，然后猛然向上一提。
（二）双手握拳屈肘，前后交替转动两下。

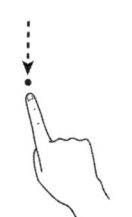

惊叹号 jīngtànhào
一手伸食指，指尖朝前，书空"！"。

惊讶（惊奇） jīngyà (jīngqí)
双手拇、食指相捏，置于眼角处，然后突然张开，眼同时睁大，面露吃惊的表情。

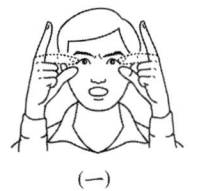

惊蛰 jīngzhé
（一）双手拇、食指相捏，置于眼角处，然后突然张开，眼同时睁大，面露吃惊的表情。
（二）左手横伸，掌心向下；右手伸食指，边弯动边从左手掌心下移至左手背上，表示休眠的小虫惊蛰后复苏。

精彩 jīngcǎi
（一）一手五指微曲张开，掌心贴于胸部，挺胸抬头，同时张口吸气，面露惊讶的表情。
（二）一手直立，掌心向内，五指张开，在嘴唇部交替点动。
（可根据实际表示精彩的状态）

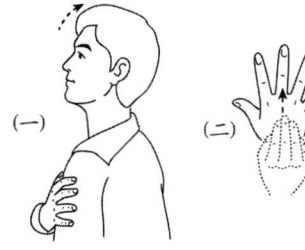

精华 jīnghuá
（一）一手五指微曲张开，掌心贴于胸部，挺胸抬头。
（二）一手五指撮合，指尖朝上，边向上微移边张开。

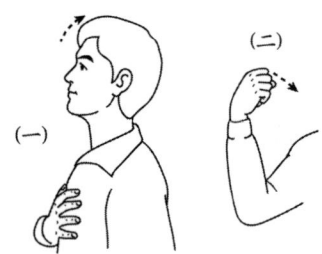

精力　jīnglì

（一）一手五指微曲张开，掌心贴于胸部，挺胸抬头。
（二）一手握拳屈肘，用力向内弯动一下。

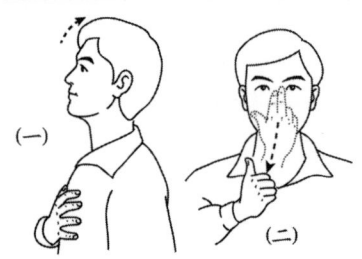

精美　jīngměi

（一）一手五指微曲张开，掌心贴于胸部，挺胸抬头。
（二）一手伸拇、食、中指，食、中指并拢，先置于鼻部，然后边向外移动边缩回食、中指。

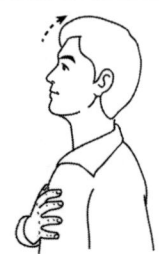

精神（感慨）　jīngshén (gǎnkǎi)

一手五指微曲张开，掌心贴于胸部，挺胸抬头；也用于表示精神（jīng•shen）的意思。

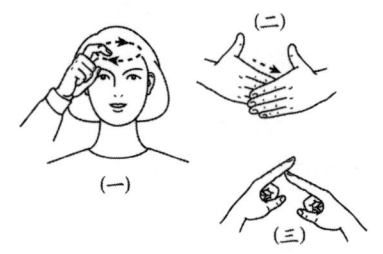

精神残疾人（精神障碍者）
　　jīngshéncánjírén (jīngshénzhàng'àizhě)

（一）一手打手指字母"J"的指式，在头前转动两下。
（二）左手侧立；右手横立，掌心向内，然后移至左手并停住，表示遇到障碍。
（三）双手食指搭成"人"字形。

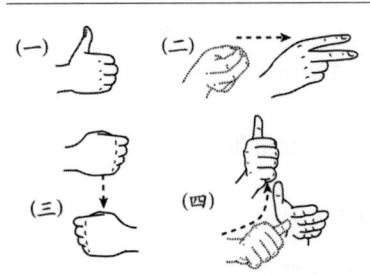

精益求精　jīngyìqiújīng

（一）一手伸拇指。
（二）右手拇、食、中指相捏，手背向外，边向左移动边伸出食、中指。
（三）双手握拳，一上一下，右拳向下砸一下左拳。
（四）左手侧立；右手伸拇指，边指尖顶向左手掌心边竖起。

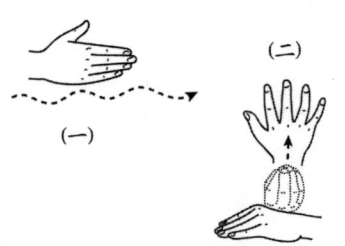

鲸（鲸鱼）　jīng (jīngyú)

（一）一手横立，手背向外，向一侧做曲线形移动（或一手侧立，向前做曲线形移动），如鱼游动状。
（二）左手横伸，手背拱起；右手五指撮合，指尖朝上，置于左手背上，然后边向上移动边张开，如鲸喷水状。

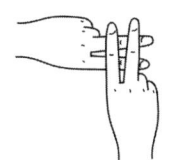

井 jǐng

双手食、中指搭成"井"字形，手背向内（或向上）。

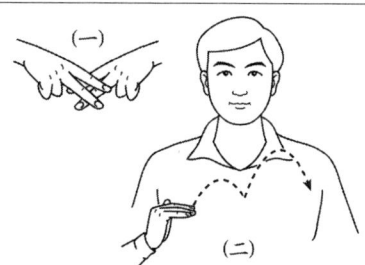

井冈山 Jǐnggāngshān

（一）双手食、中指搭成"井"字形，手背向上。
（二）一手五指与手掌成"⊐"形，指背向上，从右向左、从低向高做起伏状移动，仿山峰形状。

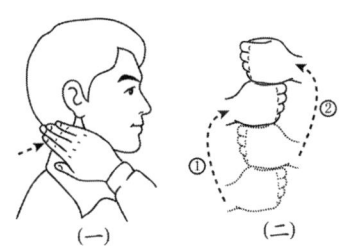

颈椎 jǐngzhuī

（一）一手手掌拍一下脖颈儿。
（二）双手握拳，上下相叠，然后交替向上移动。

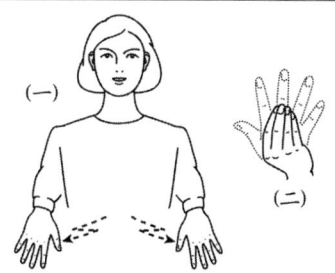

景颇族 Jǐngpōzú

（一）双手五指张开，指尖朝下，手背向外，同时向外甩动两下，模仿景颇族舞蹈的动作。
（二）一手五指张开，指尖朝上，然后撮合。

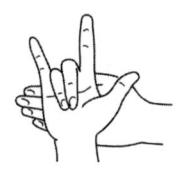

警备 jǐngbèi

左手横立，手背向外；右手拇、食、小指直立，掌心向外，置于左手前。

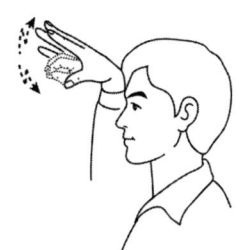

警察 jǐngchá

一手手腕贴于前额，五指撮合，然后开合两下，表示警察的帽徽。

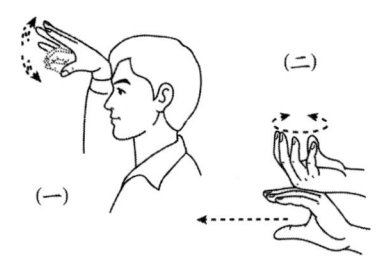

警车 jǐngchē
（一）一手手腕贴于前额，五指撮合，然后开合两下，表示警察的帽徽。
（二）左手五指成"冂"形，指尖朝前；右手五指弯曲，指尖朝上，置于左手食、中、无名、小指指背上，边转动边双手同时向前移动，表示车上闪烁的警示灯。

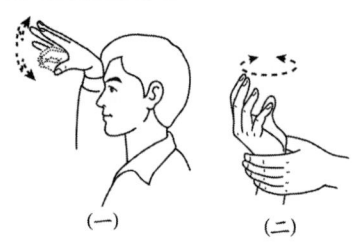

警灯 jǐngdēng
（一）一手手腕贴于前额，五指撮合，然后开合两下，表示警察的帽徽。
（二）左手五指成半圆形，虎口朝上；右手五指弯曲，指尖朝上，在左手虎口内转动几下。

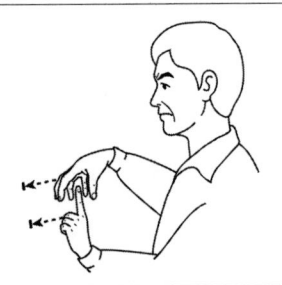

警告 jǐnggào
左手食指直立；右手五指微曲，指尖朝下，置于左手上，双手同时用力向前一顿，面露严肃的表情。

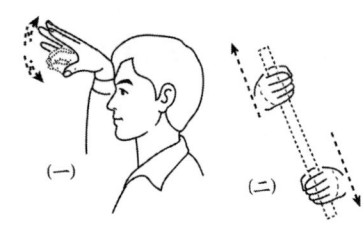

警棍 jǐnggùn
（一）一手手腕贴于前额，五指撮合，然后开合两下，表示警察的帽徽。
（二）双手虚握，斜向相贴，然后分别向斜上下方移动，如警棍长短。

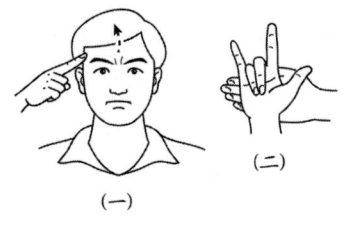

警惕 jǐngtì
（一）一手食指抵于太阳穴，头微低，然后食指将头部顶起，面露警觉的表情。
（二）左手横立，手背向外；右手拇、食、小指直立，掌心向外，置于左手前。

警卫❶ jǐngwèi❶
（一）一手伸拇、食、中指，食、中指并拢，指尖朝下，贴于腹部一侧。
（二）双手拇、食、小指直立，掌心向外。
（此手势表示警卫工作）

警卫❷ jǐngwèi ❷
　　一手伸拇、食、中指,食、中指并拢,指尖朝下,贴于腹部一侧。
　　(此手势表示警卫人员)

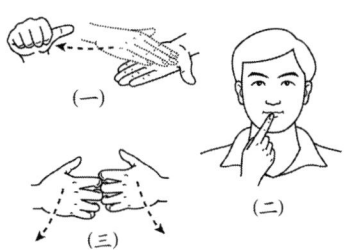

净水器 jìngshuǐqì
　　(一)左手横伸;右手平伸,掌心向下,贴于左手掌心,边向左手指尖方向移动边食、中、无名、小指弯曲,指尖抵于掌心。
　　(二)一手伸食指,指尖贴于下嘴唇。
　　(三)双手五指弯曲,食、中、无名、小指关节交错相触,向下转动一下。

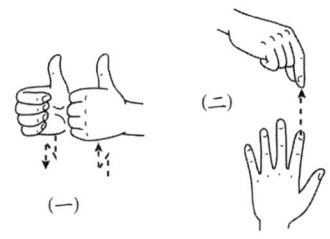

竞选 jìngxuǎn
　　(一)双手伸拇指,上下交替动两下。
　　(二)左手直立,掌心向内,五指张开;右手拇、食指捏一下左手食指,然后向上移动。

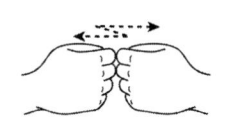

竞争 jìngzhēng
　　双手握拳,指背相抵,左右用力推动两下。

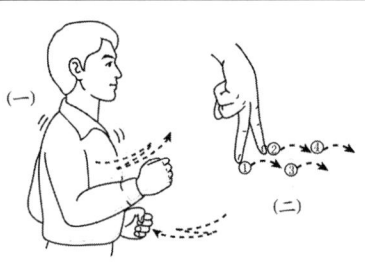

竞走 jìngzǒu
　　(一)双手握拳屈肘,前后交替摆动,身体随之扭动,如竞走姿势。
　　(二)一手食、中指分开,指尖朝下,交替向前移动。

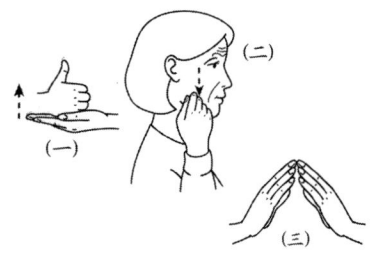

敬老院 jìnglǎoyuàn
　　(一)左手横伸;右手伸拇指,置于左手掌心上,左手向上一抬。
　　(二)一手五指弯曲,食、中、无名、小指指背贴于脸颊,从上向下移动,表示脸上的皱纹。
　　(三)双手搭成"∧"形。

敬礼（致敬、致谢②） jìnglǐ (zhìjìng、zhìxiè ②)

一手五指并拢，掌心向下，贴于前额一侧，如军人行军礼状。

（可根据实际表示敬礼的动作）

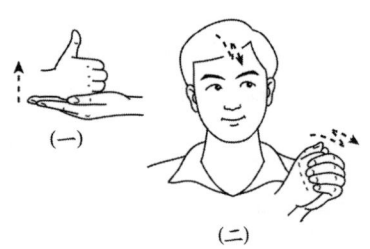

敬佩（钦佩） jìngpèi (qīnpèi)

（一）左手横伸；右手伸拇指，置于左手掌心上，左手向上一抬。

（二）双手作揖，置于身体一侧，向前晃动两下，头同时点动，面露钦佩的表情。

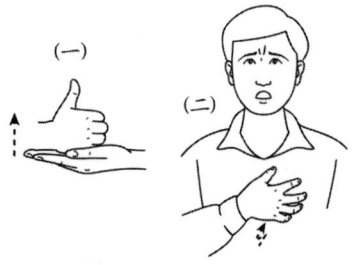

敬畏 jìngwèi

（一）左手横伸；右手伸拇指，置于左手掌心上，左手向上一抬。

（二）一手五指微曲，掌心向内，按两下胸部，面露害怕的表情。

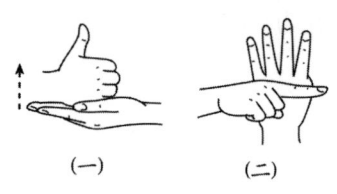

敬业 jìngyè

（一）左手横伸；右手伸拇指，置于左手掌心上，左手向上一抬。

（二）左手食、中、无名、小指直立分开，手背向外；右手食指横伸，置于左手四指根部，仿"业"字形。

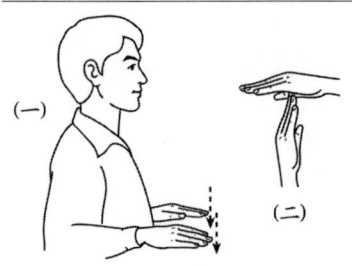

静止 jìngzhǐ

（一）双手平伸，掌心向下，同时缓缓向下微按。

（二）左手横伸，掌心向下；右手直立，掌心向左，指尖抵于左手掌心。

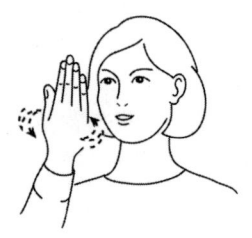

镜子 jìng·zi

一手直立，掌心向内，在面前晃动几下，如照镜子状。既表示镜子的名词意思，又表示照镜子的意思。

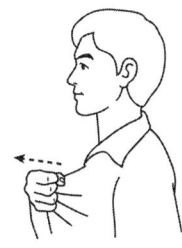
揪 jiū
一手五指抓住胸前衣服,向前一揪。
(可根据实际表示揪的动作)

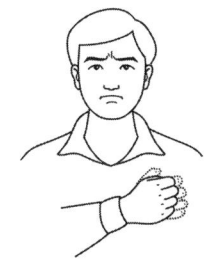
揪心 jiūxīn
一手五指微曲,指尖朝内,置于心脏部位,然后握拳。

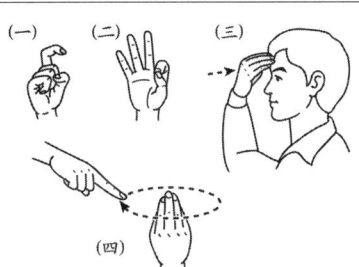
九三学社 Jiǔsān Xuéshè
(一)一手食指弯曲,中节指指背向上,虎口朝内。
(二)一手中、无名、小指直立分开,掌心向外。
(三)一手五指撮合,指尖朝内,按向前额。
(四)左手五指撮合,指尖朝上;右手伸食指,指尖朝下,绕左手转动一圈。

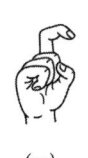 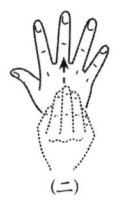
韭菜 jiǔcài
(一)一手打手指字母"J"的指式。
(二)一手五指撮合,指尖朝上,边向上微移边张开。

酒 jiǔ
一手打手指字母"J"的指式,移向嘴部,如喝酒状。

酒吧 jiǔbā
(一)一手打手指字母"J"的指式,移向嘴部,如喝酒状。
(二)一手打手指字母"B"的指式。

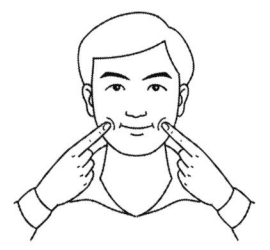

酒窝 jiǔwō

双手食指指酒窝部位,面带笑容。

旧(陈旧) jiù (chénjiù)

一手伸拇、食指,手背向上,食指尖朝前,向下点动几下。

救(挽救) jiù (wǎnjiù)

左手伸拇、小指;右手拇、食、中指捏住左手拇指尖,向上一提。

(可根据实际表示救的动作)

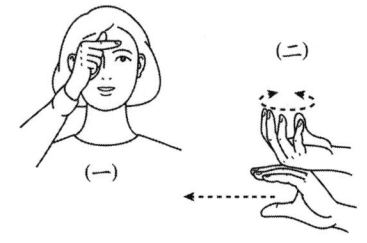

救护车 jiùhùchē

(一)一手拇、食指搭成"十"字形,置于前额。
(二)左手五指成"匚"形,指尖朝前;右手五指弯曲,指尖朝上,置于左手食、中、无名、小指指背上,边转动边双手同时向前移动,表示车上闪烁的警示灯。

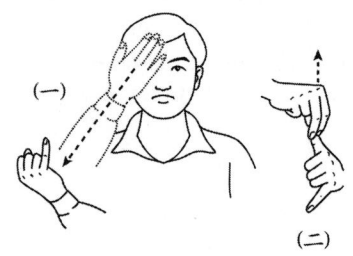

救灾 jiùzāi

(一)一手拍一下前额,然后边向前下方移动边伸出小指。
(二)左手伸拇、小指;右手拇、食、中指捏住左手拇指尖,向上一提。

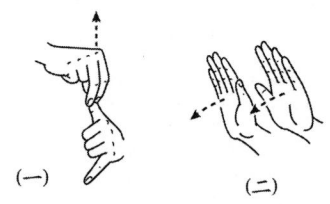

救助 jiùzhù

(一)左手伸拇、小指;右手拇、食、中指捏住左手拇指尖,向上一提。
(二)双手斜伸,掌心向外,按动一下,表示给人帮助。

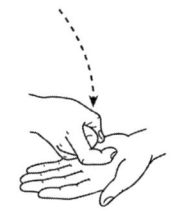

就 jiù

左手横伸；右手打手指字母"J"的指式，然后贴向左手掌心。

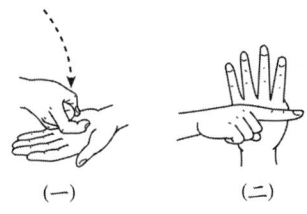

就业 jiùyè

（一）左手横伸；右手打手指字母"J"的指式，然后贴向左手掌心。
（二）左手食、中、无名、小指直立分开，手背向外；右手食指横伸，置于左手四指根部，仿"业"字形。

舅舅（舅父） jiù·jiu (jiùfù)

一手打手指字母"J"的指式，朝颊部一侧碰两下。

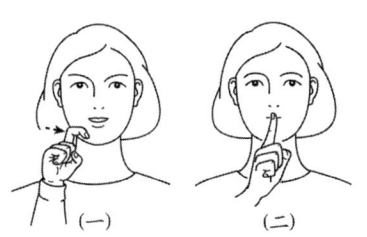

舅妈（舅母） jiùmā (jiù·mu)

（一）一手打手指字母"J"的指式，朝颊部一侧碰一下。
（二）右手食指直立，指尖左侧贴在嘴唇上。

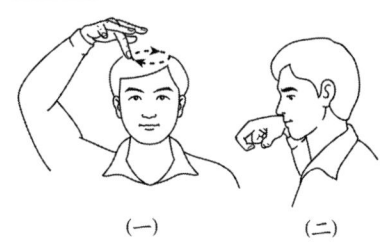

鹫（雕） jiù (diāo)

（一）一手伸拇、食、无名、小指，中指尖朝下，抵于头顶，转动两下。
（二）一手食指弯曲如钩，指尖朝内，手背向上，手腕置于嘴部，表示鹰的喙。

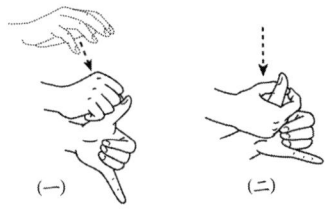

拘留（扣留） jūliú (kòuliú)

（一）左手伸拇、小指；右手五指微曲，指尖朝下，抓向左手拇指背，表示抓住脖后的衣服。
（二）左手伸拇、小指；右手拇、食指捏成圆形，套向左手拇指。

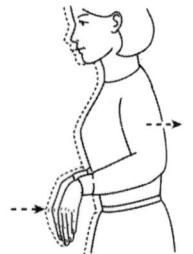

拘束（胆怯） jūshù (dǎnqiè)

双手五指并拢，指尖朝下，掌心向内，随身体同时向后微移一下。

（可根据实际表示拘束的样子）

居民 jūmín

（一）一手掌心贴于脸部，头微侧，闭眼，如睡觉状。
（二）左手食指与右手拇、食指搭成"民"字的一部分。

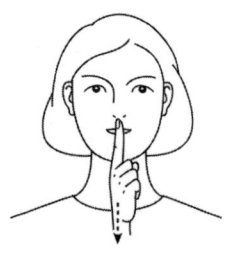

居中 jūzhōng

一手食指直立，在嘴前中部向下划动一下。

居住证 jūzhùzhèng

（一）一手掌心贴于脸部，头微侧，闭眼，如睡觉状。
（二）左手横伸；右手虚握，虎口朝上，在左手掌心上砸一下，如盖章状。

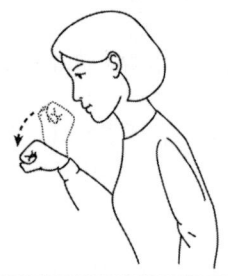

鞠躬 jūgōng

一手握拳，拳心向前，然后垂下，身体随之前倾。

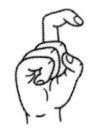

局 jú

一手打手指字母"J"的指式，表示机构名称或体育比赛中的局数。

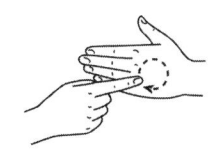

局部 júbù

左手横立;右手伸食指,指尖朝内,在左手背上划一小圈,表示整体当中的一部分。
(可根据实际表示局部的意思)

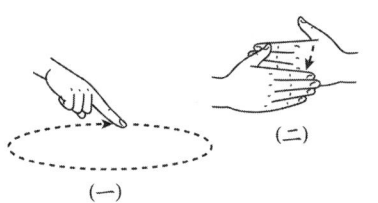

局面 júmiàn

(一)一手伸食指,指尖朝下划一大圈。
(二)左手横立,手背向外;右手摸一下左手背。

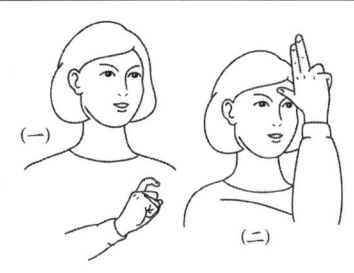

局长 júzhǎng

(一)右手打手指字母"J"的指式,虎口贴于左胸部,表示职务名称。
(二)一手伸拇、食、中指,拇指尖抵于前额,食、中指直立并拢。

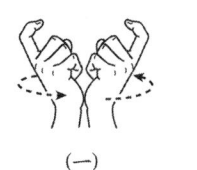

菊花 júhuā

(一)双手打手指字母"J"的指式,手腕相贴,然后分别向前后方向转动。
(二)一手五指撮合,指尖朝上,然后张开。

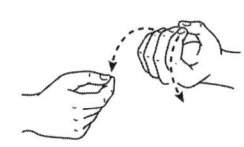

橘子 jú·zi

左手虚握,指尖朝上;右手沿左手指背向下扯,如剥橘子皮状。既表示橘子的名词意思,又表示剥橘子的意思。

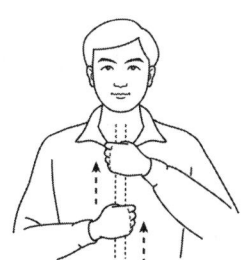

举 jǔ

双手虚握,一上一下,向上一举。
(可根据实际表示举的动作)

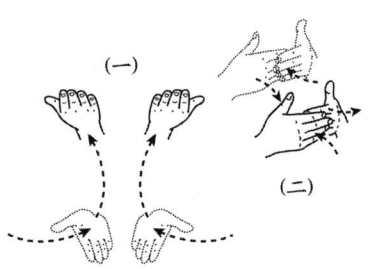

举办　jǔbàn
（一）双手平伸，掌心向上，从两侧向中间做弧形移动，然后同时向上抬起。
（二）双手横立，掌心向内，互拍手背。

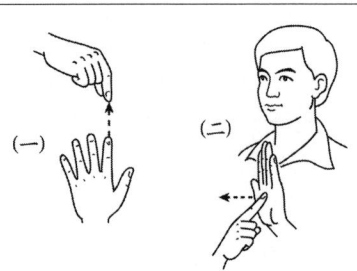

举例　jǔlì
（一）左手直立，掌心向内，五指张开；右手拇、食指捏一下左手食指，然后向上移动。
（二）左手直立，掌心向前；右手伸食指，抵于左手掌心，双手同时向前移动一下。

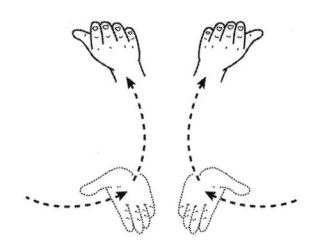

举行（开展）　jǔxíng (kāizhǎn)
双手平伸，掌心向上，从两侧向中间做弧形移动，然后同时向上抬起。

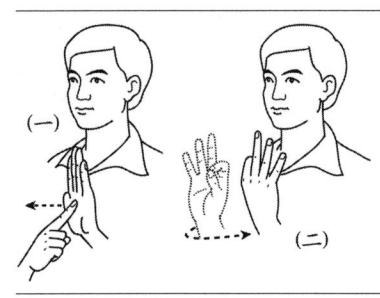

举一反三　jǔyī-fǎnsān
（一）左手直立，掌心向前；右手伸食指，抵于左手掌心，双手同时向前移动一下。
（二）一手中、无名、小指直立分开，掌心向外，然后翻转为掌心向内。

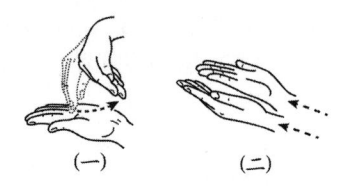

举证　jǔzhèng
（一）左手平伸；右手五指撮合，指尖朝下，在左手掌心上向后一抹。
（二）双手平伸，掌心向上，同时向前上方移出。

举重　jǔzhòng
双手虚握，掌心向上，置于肩前，然后同时向上举起，如举重状。

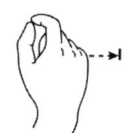

句号 jùhào

一手拇、食指捏成圆形，虎口朝内，向前一顿。

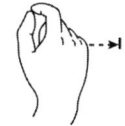

句子（行、横式、标题②、题目②） jù·zi (háng、héngshì、biāotí②、tímù②)

一手拇、食指张开，指尖朝前，向一侧移动一下；也用于表示一行和数学的横式、式题。

拒绝 jùjué

一手五指并拢，指尖朝下，掌心向内，用力向前一顿，头歪向一侧，面露严肃的表情。
（可根据实际表示拒绝的动作）

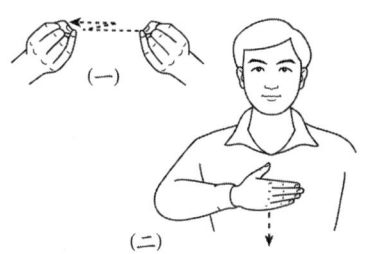

具体 jùtǐ

（一）双手拇、小指相捏，左手不动，右手向右拉动几下，表示非常细致。
（二）一手掌心贴于胸部，向下移动一下。

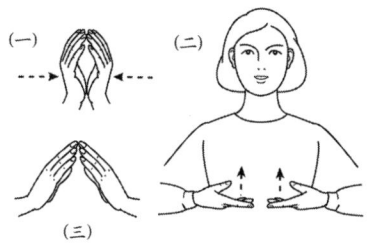

俱乐部 jùlèbù

（一）双手直立，掌心左右相对，五指微曲，从两侧向中间移动。
（二）双手横伸，掌心向上，在胸前同时向上移动一（或两）下，面带笑容。
（三）双手搭成"∧"形。

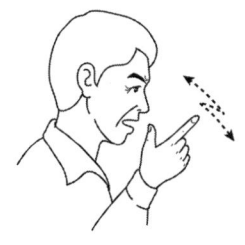

剧烈（强烈） jùliè (qiángliè)

一手伸拇、食指，食指尖朝上，前后用力晃动几下，面露紧张的表情。

剧痛 jùtòng

（一）一手拇、食指相捏，置于嘴边，左右晃动几下，面露痛苦的表情。

（二）一手伸拇、食指，食指尖朝上，前后用力晃动几下，面露痛苦的表情。

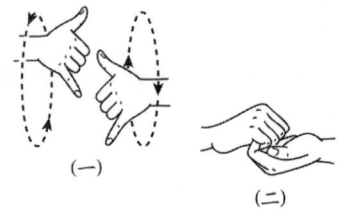

剧团（演出团） jùtuán (yǎnchūtuán)

（一）双手伸拇、小指，手背向外，前后交替转动两下。

（二）双手五指弯曲，相互握住。

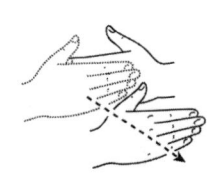

距离❶（里程①） jùlí ❶ (lǐchéng ①)

双手横立，掌心向内，左手在后不动，右手向前移动一下，表示距离的动词意思。

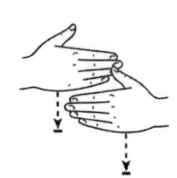

距离❷（里程②） jùlí ❷ (lǐchéng ②)

双手横立，掌心向内，一前一后，同时向下一顿，表示距离的名词意思。

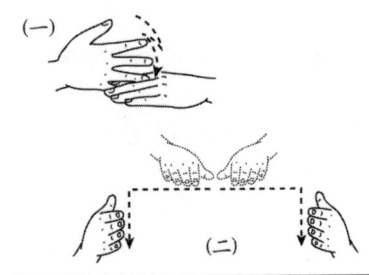

锯床 jùchuáng

（一）左手横伸，掌心向下；右手五指张开，掌心向内，插入左手食、中指指缝间，手腕向下转动两下，如锯齿锯物状。

（二）双手平伸，掌心向下，先从中间向两侧平移，再折而下移成"冂"形。

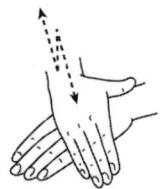

锯子（锯） jù·zi (jù)

左手横伸；右手食、中、无名、小指并拢，指尖朝斜下方，在左手小指外侧上下移动两下，头低下，如锯物状。

（可根据实际表示锯物的动作）

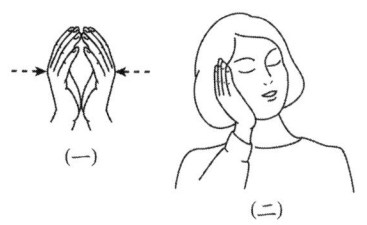

聚居 jùjū

（一）双手直立,掌心左右相对,五指微曲,从两侧向中间移动。

（二）一手掌心贴于脸部,头微侧,闭眼,如睡觉状。

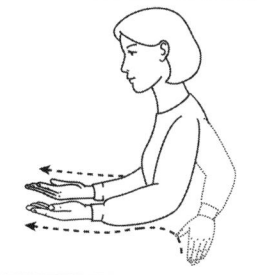

捐献 juānxiàn

双手手掌先贴于腰部,然后同时向前伸出,掌心向上,表示将衣兜里的钱物捐出。

卷 juǎn

双手五指弯曲,虎口相对,同时向前做卷动的动作。
（可根据实际表示卷的动作）

卷笔刀 juǎnbǐdāo

左手虚握,手背向上,虎口朝右;右手食指横伸,从左手虎口插向左拳,并向前转动几下。
（可根据实际表示卷笔刀的样式）

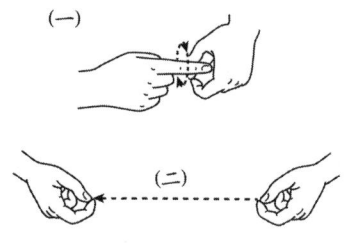

卷尺 juǎnchǐ

（一）左手拇、食指捏成圆形,虎口朝右;右手食指横伸,在左手虎口处转动两下。

（二）双手拇、食指相捏,虎口朝外,左手不动,右手向右拉动。

卷叶虫 juǎnyèchóng

左手横伸,五指微曲;右手伸食指,在左手掌心上边弯动边向前移动。

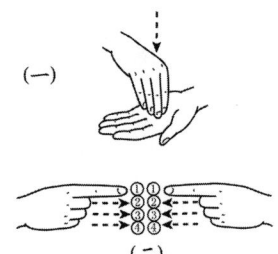

决策 juécè
（一）左手横伸；右手五指撮合，指尖朝下，按向左手掌心。
（二）双手握拳，手背向外，虎口朝上，同时依次伸出食、中、无名、小指。

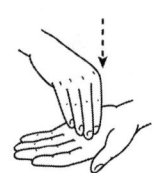

决定（一定②） juédìng（yīdìng②）
左手横伸；右手五指撮合，指尖朝下，按向左手掌心。

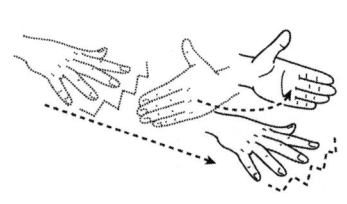

决口（决堤） juékǒu（juédī）
左手横立，掌心向内；右手平伸，掌心向下，五指张开，边交替点动边向前移动，用力将左手向左顶开，表示激流冲开堤坝。

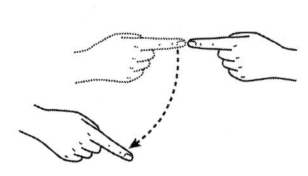

决裂 juéliè
双手食指横伸，指尖相对，手背向外，左手不动，右手用力向下一甩。

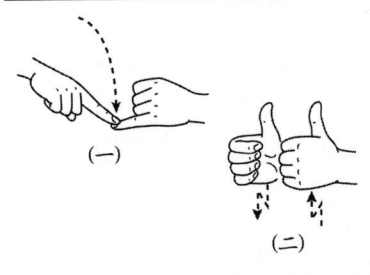

决赛 juésài
（一）左手伸小指；右手伸食指，敲一下左手小指。
（二）双手伸拇指，上下交替动两下。

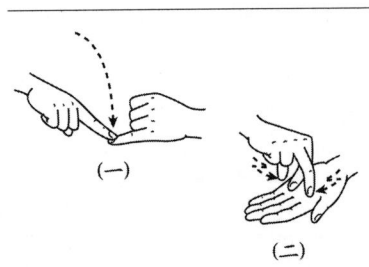

决算 juésuàn
（一）左手伸小指；右手伸食指，敲一下左手小指。
（二）左手横伸；右手伸拇、食、中指，指尖朝下，在左手掌心上做打算盘的动作。

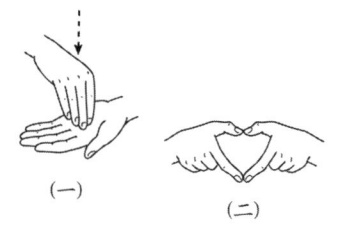

决心 juéxīn

（一）左手横伸；右手五指撮合，指尖朝下，按向左手掌心。
（二）双手拇、食指张开仿"♡"形，手背向外，置于胸部。

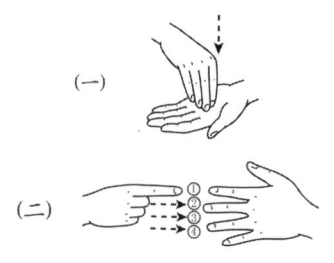

决议（章程） juéyì (zhāngchéng)

（一）左手横伸；右手五指撮合，指尖朝下，按向左手掌心。
（二）左手横立，手背向外，五指张开；右手握拳，手背向外，虎口朝上，在左手旁依次伸出食、中、无名、小指。

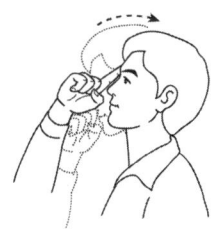

觉悟（醒悟、意识❶） juéwù (xǐngwù、yì·shí❶)

一手食指抵于太阳穴，头同时微抬。

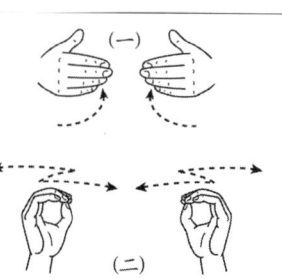

绝收 juéshōu

（一）双手横立，掌心向内，五指微曲，从外向内收进。
（二）双手五指捏成圆形，虎口朝内，左右晃动几下。

绝育 juéyù

双手食、中指分开，指尖朝下，在腹部夹动一下。

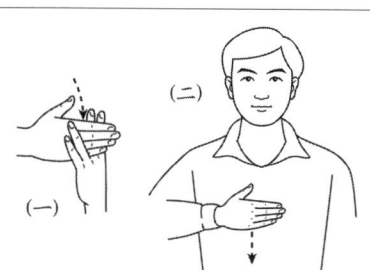

绝缘体 juéyuántǐ

（一）左手直立，掌心向内；右手侧立，从上向下移入左手中、无名指指缝间，表示阻断、隔绝。
（二）一手掌心贴于胸部，向下移动一下。

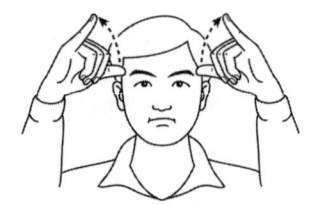

倔强（偏偏、固执、任性①）　juéjiàng (piānpiān、gù·zhi、rènxìng①)

双手伸拇、小指，拇指尖抵于太阳穴，小指向上一翘，同时绷脸闭嘴瞪眼。

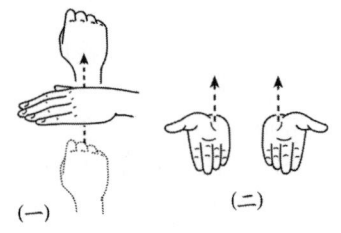

崛起　juéqǐ

（一）左手横伸，掌心向下；右手握拳，手背向外，从左手内侧下方向上一举。

（二）双手平伸，掌心向上一抬。

军（兵）　jūn (bīng)

右手横伸，掌心向下，置于前额，表示军帽帽檐。

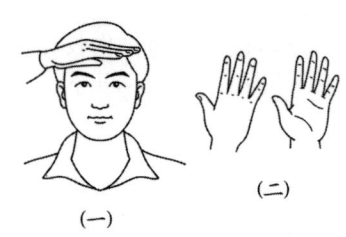

军队　jūnduì

（一）右手横伸，掌心向下，置于前额，表示军帽帽檐。

（二）双手直立，五指张开，一前一后排成一列。

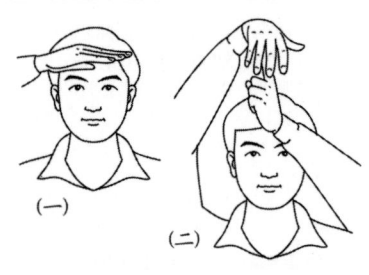

军阀　jūnfá

（一）右手横伸，掌心向下，置于前额，表示军帽帽檐。

（二）右手五指微曲，指尖朝下；左手伸食指，抵于右手腕，置于前额，仿旧时军阀帽顶上的装饰。

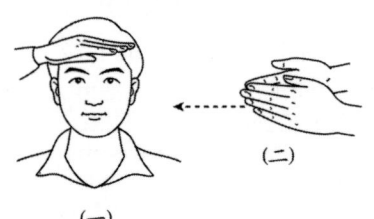

军舰　jūnjiàn

（一）右手横伸，掌心向下，置于前额，表示军帽帽檐。

（二）双手斜立，指尖相抵，向前移动，如船向前行驶状。

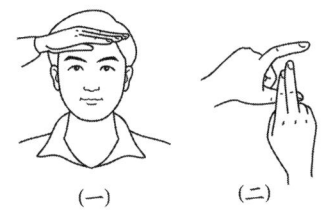

军区 jūnqū

（一）右手横伸，掌心向下，置于前额，表示军帽帽檐。
（二）左手拇、食指成"⊏"形，虎口朝内；右手食、中指相叠，手背向内，置于左手"⊏"形中，仿"区"字形。

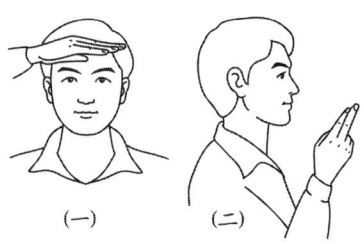

军事 jūnshì

（一）右手横伸，掌心向下，置于前额，表示军帽帽檐。
（二）一手食、中指相叠，指尖朝前上方。

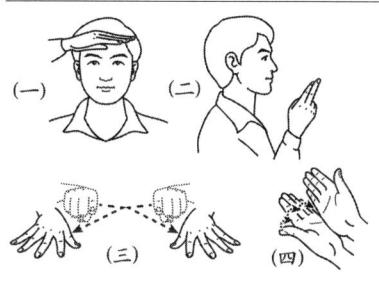

军事装备 jūnshì zhuāngbèi

（一）右手横伸，掌心向下，置于前额，表示军帽帽檐。
（二）一手食、中指相叠，指尖朝前上方。
（三）双手食指指尖朝前，手背向上，先互碰一下，再分开并张开五指。
（四）左手平伸；右手斜立于左手掌心上，然后向右一顿一顿做弧形移动。
（可根据实际表示军事装备）

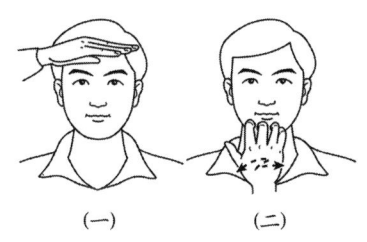

军属 jūnshǔ

（一）右手横伸，掌心向下，置于前额，表示军帽帽檐。
（二）一手五指微曲，指尖朝内，在颏部左右微动几下。

军衔 jūnxián

（一）右手横伸，掌心向下，置于前额，表示军帽帽檐。
（二）右手拇、食指张开，在左肩上向左划一下，表示肩章。

军训 jūnxùn

（一）右手横伸，掌心向下，置于前额，表示军帽帽檐。
（二）双手五指张开，指尖朝下，手背向外，一前一后，边甩动边向前移动。

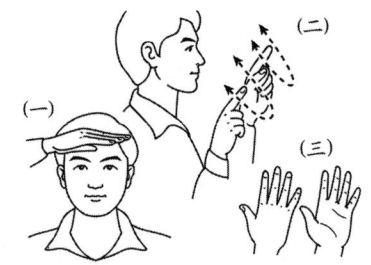

军乐队　jūnyuèduì

（一）右手横伸，掌心向下，置于前额，表示军帽帽檐。
（二）双手伸食指，指尖朝前上方，模仿指挥乐曲的动作。
（三）双手直立，五指张开，一前一后排成一列。

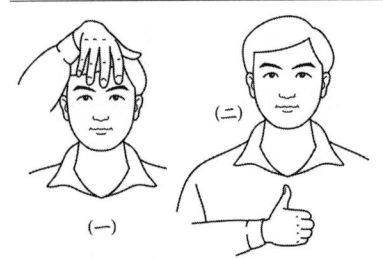

君主　jūnzhǔ

（一）一手手腕贴于前额，五指微曲，指尖朝下。
（二）一手伸拇指，贴于胸部。

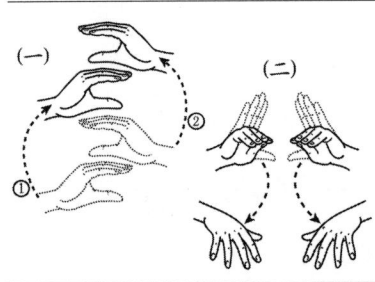

竣工　jùngōng

（一）双手五指成"⊏⊐"形，虎口朝内，交替上叠，模仿垒砖的动作。
（二）双手直立，掌心向斜前方，拇指张开，然后其他四指弯动与拇指捏合，再向下一甩，五指张开。

K

咖啡　kāfēi
　　左手五指成半圆形,虎口朝上;右手打手指字母"K"的指式,中指尖朝下,在左手虎口内做搅拌的动作。

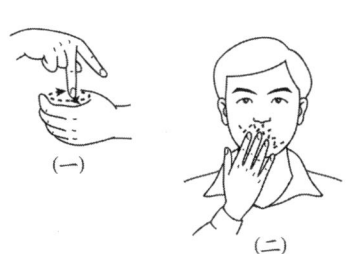

咖啡色(棕色、褐色)　kāfēisè(zōngsè、hèsè)
　　(一)左手五指成半圆形,虎口朝上;右手打手指字母"K"的指式,中指尖朝下,在左手虎口内做搅拌的动作。
　　(二)一手直立,掌心向内,五指张开,在嘴唇部交替点动。

喀麦隆　Kāmàilóng
　　双手打手指字母"C"的指式,上下相叠,左手在下不动,右手逆时针平行转动一圈。
　　(此为国外聋人手语)

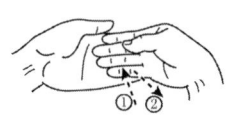

卡①(刷卡①、打卡①)　kǎ①(shuākǎ①、dǎkǎ①)
　　左手横立,掌心向内,五指并拢,在前不动;右手五指撮合,指背贴一下左手掌心,然后移开,模仿刷卡的动作。
　　(可根据实际表示不同的刷卡动作)

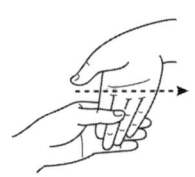

卡②(刷卡②、打卡②)　kǎ②(shuākǎ②、dǎkǎ②)
　　左手五指成"匚"形,虎口朝上;右手食、中、无名、小指并拢,指尖朝下,在左手虎口内从左向右划动一下,模仿刷卡的动作。
　　(可根据实际表示不同的刷卡动作)

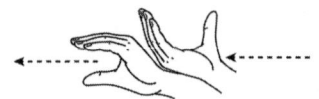

卡车（货车） kǎchē (huòchē)
　　左手五指成"匚"形，指尖朝前；右手五指成"凵"形，置于左手后，双手同时向前移动，仿卡车式样。
　　（可根据实际表示卡车的式样）

卡拉 OK kǎlā OK
　　一手握拳，虎口朝上，口张开，头左右晃动，模仿唱歌的动作。

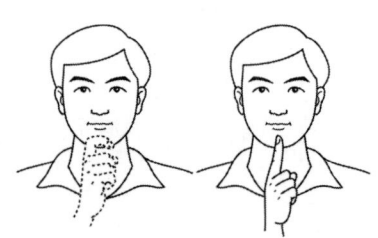

卡塔尔 Kǎtǎ'ěr
　　一手食指弯曲，虎口朝内，贴于颏部，然后食指直立，贴于颏部。
　　（此为国外聋人手语）

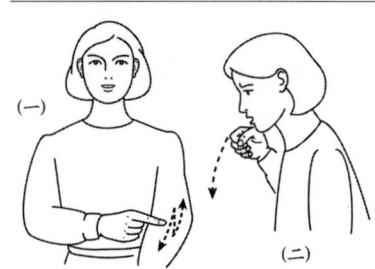

咯血 kǎxiě
　　（一）右手伸食指，在左臂处上下划动几下。
　　（二）一手拇、食指捏成圆形，从嘴边向前下方移动。

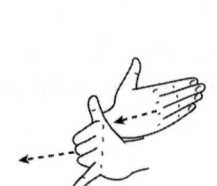

开除 kāichú
　　左手伸拇、小指；右手横立，手背向外，用力拍击左手拇指背，左手随之向前移动。

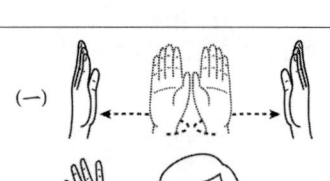

开创 kāichuàng
　　（一）双手并排直立，掌心向外，然后向内转动90度，掌心相对。
　　（二）一手握拳，虎口贴于太阳穴，然后边向前移动边张开五指。

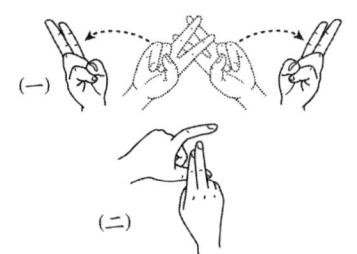

开发区　kāifāqū

（一）双手食、中指分开，掌心向外，交叉搭成"开"字形，置于身前，然后向两侧打开，掌心向斜上方。

（二）左手拇、食指成"匸"形，虎口朝内；右手食、中指相叠，手背向内，置于左手"匸"形中，仿"区"字形。

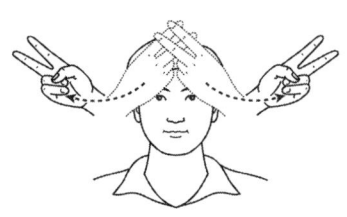

开放❶　kāifàng ❶

双手食、中指分开，掌心向内，交叉搭成"开"字形，置于前额，然后向两侧打开，掌心向外，表示思想开放的意思。

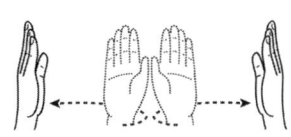

开放❷（开门）　kāifàng ❷ (kāimén)

双手并排直立，掌心向外，然后向内转动90度，掌心相对，表示解除限制，允许进入和使用的意思。

开关（按钮）　kāiguān (ànniǔ)

左手拇、食指捏成圆形，虎口朝右；右手伸拇指，朝左手虎口处按一下。

（可根据实际表示开关的样式）

开户　kāihù

（一）双手食、中指分开，掌心向外，交叉搭成"开"字形，置于身前，然后向两侧打开，掌心向斜上方。

（二）双手横伸，掌心相贴，然后右手做向上打开的动作。

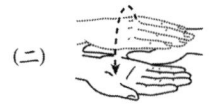

开会（会议）　kāihuì (huìyì)

双手直立，掌心分别向左右斜前方，食、中、无名、小指弯动两下。

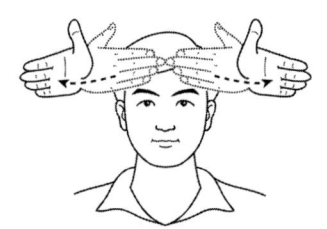

开阔❶ kāikuò ❶
双手横立，掌心向内，置于前额，然后同时向外打开，表示思想、眼界开阔的意思。

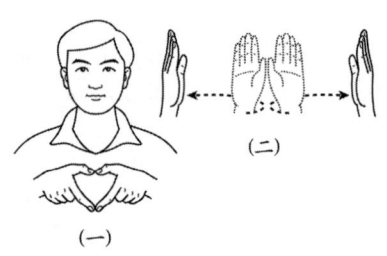

开朗 kāilǎng
（一）双手拇、食指张开仿"♡"形，手背向外，置于胸部。
（二）双手并排直立，掌心向外，然后向内转动 90 度，掌心相对。

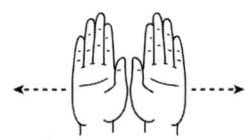

开幕 kāimù
双手并排直立，掌心向外，然后从中间向两侧移动，如幕布拉开。

开始 kāishǐ
双手斜伸，掌心向上，同时向两侧斜上方移动。

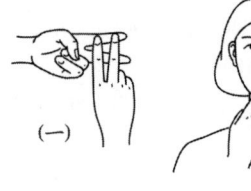

开水 kāishuǐ
（一）双手食、中指搭成"开"字形。
（二）一手伸食指，指尖贴于下嘴唇。

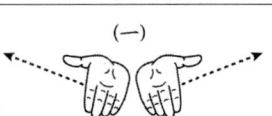

开头（开端） kāitóu (kāiduān)
（一）双手斜伸，掌心向上，同时向两侧斜上方移动。
（二）左手伸拇指；右手伸食指，碰一下左手拇指。

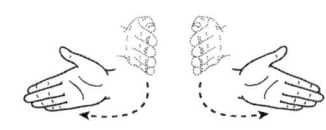
开拓（开辟） kāituò (kāipì)
　　双手侧立，掌心相对，边向前移动边转腕，掌心向外，然后向左右两侧分开。

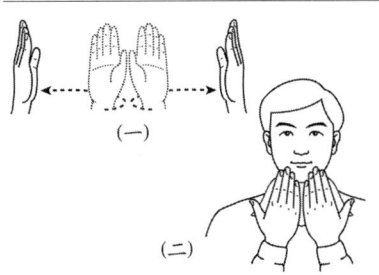
开学 kāixué
　　（一）双手并排直立，掌心向外，然后向内转动90度，掌心相对。
　　（二）双手斜伸，掌心向内，置于身前。

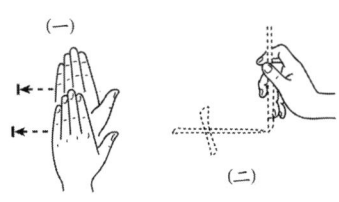
楷书 kǎishū
　　（一）双手直立，掌心左右相对，向前一顿。
　　（二）一手如执毛笔写楷书状。

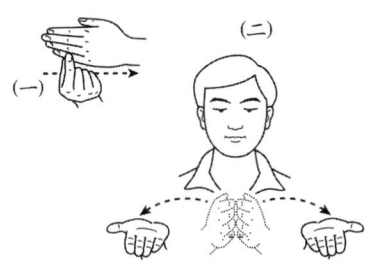
刊物 kānwù
　　（一）左手侧立，五指并拢；右手拇、食指微张，指尖朝上，沿左手小指尖划至腕部。
　　（二）双手侧立，掌心相贴，然后向两侧打开，动作幅度稍大些。

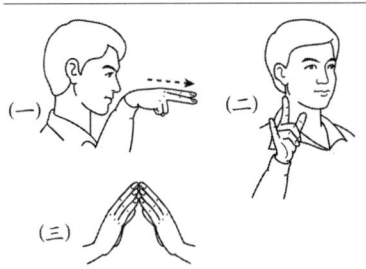
看守所 kānshǒusuǒ
　　（一）一手食、中指分开，指尖朝前，手背向上，从眼部向前一指。
　　（二）一手拇、食、小指直立，掌心向外。
　　（三）双手搭成"∧"形。

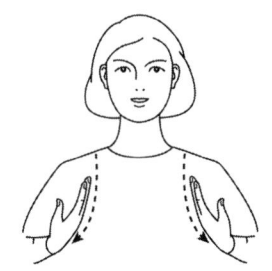
坎肩（马甲） kǎnjiān (mǎjiǎ)
　　双手直立，手背相对，贴于两肩并向下做弧形移动，如坎肩形状。
　　（可根据实际表示坎肩或马甲的式样）

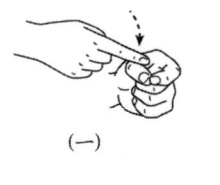 

砍价 kǎnjià

（一）左手拇、食指捏成圆形，虎口朝上；右手伸食指，敲一下左手拇指。

（二）一手直立，掌心向斜前方，拇指张开，其他四指向下弯动。

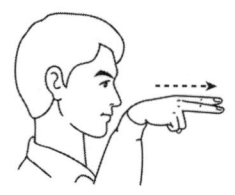

看①（平视） kàn① (píngshì)

一手食、中指分开，指尖朝前，手背向上，从眼部向前一指。

（可根据实际表示看的动作）

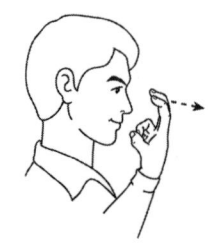

看② kàn②

一手食、中指微曲，指尖朝内，从眼部向前点动一下。

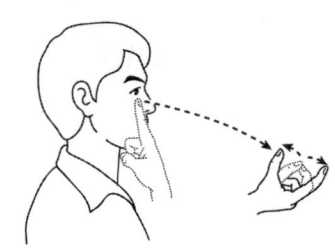

看不起 kàn·buqǐ

一手伸食指，指一下眼部，然后边向前移动边拇、食指相捏，再弹开。

（可根据实际决定手的移动方向）

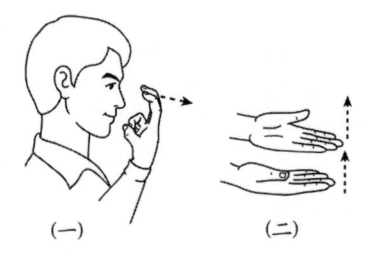

看得起 kàn·deqǐ

（一）一手食、中指微曲，指尖朝内，从眼部向前点动一下。

（二）双手平伸，掌心向上一抬。

（可根据实际决定手的移动方向）

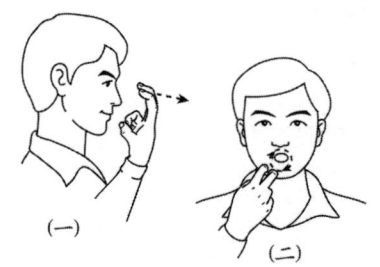

看话（看口） kànhuà (kànkǒu)

（一）一手食、中指微曲，指尖朝内，从眼部向前点动一下。

（二）一手食、中指微曲，指尖朝内，沿嘴部转动两圈，口张开。

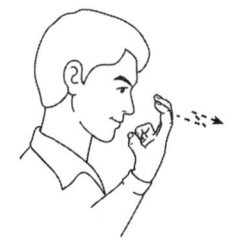

看望 kànwàng

一手食、中指微曲,指尖朝内,从眼部向前点动两下。(可根据实际表示看望的状态)

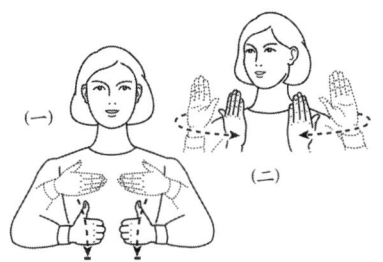

康复 kāngfù

(一)双手横立,掌心向内,自胸部边向下移动边食、中、无名、小指弯曲,指尖抵于掌心,向下一顿。

(二)双手直立,掌心向外,然后边向前做弧形移动边翻转为掌心向内。

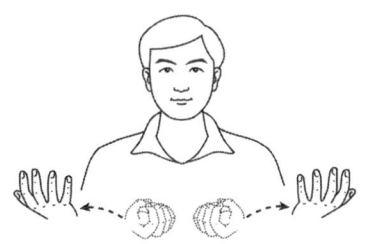

慷慨 kāngkǎi

双手虚握,手背向下,边向外做弧形移动边张开五指。

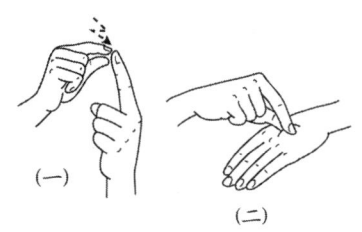

糠 kāng

(一)左手食指向右微曲;右手拇、食指微张,相距约一粒米大小,在左手食指尖处点动两下,如稻穗上的一粒粒稻子。

(二)左手横伸,手背向上;右手拇、食指捏一下左手背皮肤。

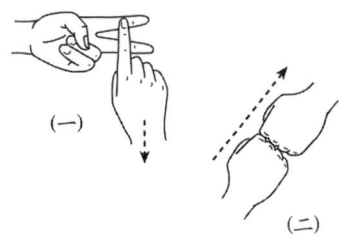

抗旱 kànghàn

(一)左手食、中指与右手食指搭成"干"字形,右手食指向下移动一下,表示干旱。

(二)双手握拳屈肘,两拳斜向相抵,右拳将左拳向左上方顶出。

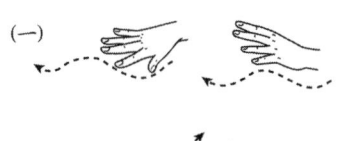

抗洪 kànghóng

(一)双手平伸,掌心向下,五指张开,一前一后,一高一低,同时向前做大的起伏状移动,表示激流汹涌奔腾。

(二)双手握拳屈肘,两拳斜向相抵,右拳将左拳向左上方顶出。

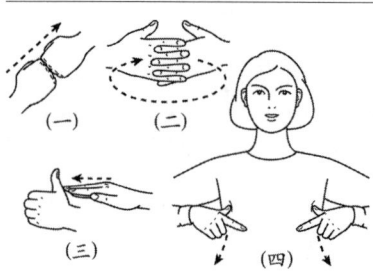

抗拒　kàngjù

（一）一手握拳屈肘，肘部用力向后一顶。

（二）双手伸拇、小指，拇指尖抵于太阳穴，小指向上一翘。

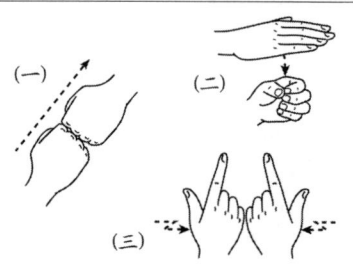

抗美援朝　kàngměiyuáncháo

（一）双手握拳屈肘，两拳斜向相抵，右拳将左拳向左上方顶出。

（二）双手斜立，五指张开，交叉相搭，顺时针平行转动一圈。

（三）左手伸拇指；右手平伸，掌心向下，五指并拢，指尖抵于左手拇指背，向前推一下左手。

（四）双手伸拇、食指，虎口朝上，置于胸两侧，然后向斜下方移动，仿朝鲜妇女裙子的式样。

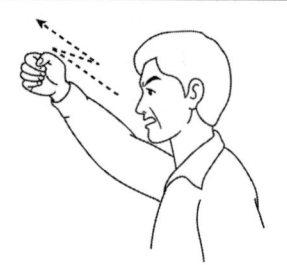

抗日战争　Kàng Rì Zhànzhēng

（一）双手握拳屈肘，两拳斜向相抵，右拳将左拳向左上方顶出。

（二）左手虚握，虎口朝上；右手平伸，掌心向下，朝左手虎口处拍一下。

（三）双手伸拇、食指，食指尖朝上，掌心向内，小指下缘互碰两下。

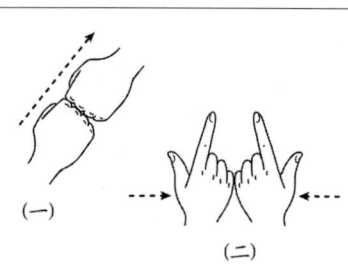

抗议　kàngyì

右手握拳，手背向右，边向前上方挥动边张口，如呼口号状，面露愤怒的表情，重复一次。

抗战　kàngzhàn

（一）双手握拳屈肘，两拳斜向相抵，右拳将左拳向左上方顶出。

（二）双手伸拇、食指，食指尖朝上，掌心向内，小指下缘互碰一下。

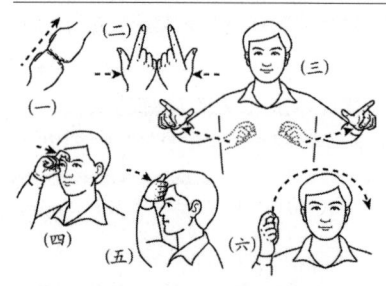

抗战胜利纪念日　Kàngzhànshènglìjìniànrì

（一）双手握拳屈肘，两拳斜向相抵，右拳将左拳向左上方顶出。

（二）双手伸拇、食指，食指尖朝上，掌心向内，小指下缘互碰一下。

（三）双手拇、食指相捏，虎口朝内，置于胸前，然后边向前移动边张开。

（四）一手打手指字母"J"的指式，碰一下前额。

（五）一手拍一下前额。

（六）右手拇、食指捏成圆形，虎口朝内，从右向左做弧形移动，越过头顶。

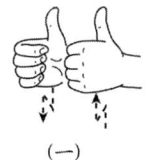 

考分①　kǎofēn ①

（一）双手伸拇指，上下交替动两下。

（二）左手虚握，虎口朝上；右手掌心贴于左手虎口，五指交替点动几下，表示分数。

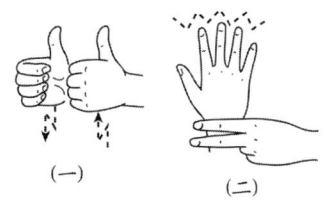

考分②　kǎofēn ②

（一）双手伸拇指，上下交替动两下。

（二）左手打手指字母"F"的指式；右手直立，手背向外，手腕贴于左手食、中指，五指交替点动几下。

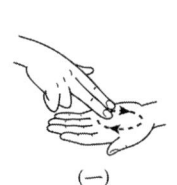 

考古　kǎogǔ

（一）左手横伸；右手伸拇、食、中指，食、中指并拢，在左手掌心上转动两下。

（二）双手拇、食指搭成"古"字形。

（可根据实际表示考古的动作）

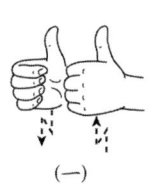 

考核　kǎohé

（一）双手伸拇指，上下交替动两下。

（二）左手食指直立；右手伸拇、小指，指尖朝上，在左手食指后交替弯动两下。

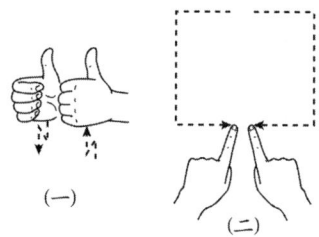

考卷（试卷）　kǎojuàn (shìjuàn)

（一）双手伸拇指，上下交替动两下。

（二）双手伸食指，指尖朝前，在面前划一个"□"形。

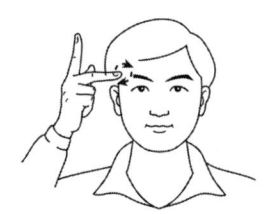

考虑　kǎolǜ

一手打手指字母"K"的指式，中指尖在太阳穴前后转动几下，面露思考的表情。

考勤 kǎoqín

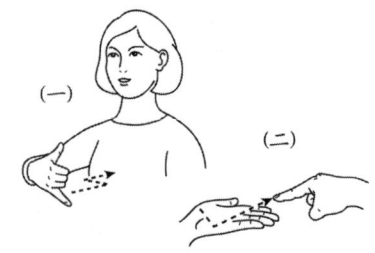

（一）一手伸拇、小指，指尖朝内，向内移动两下。
（二）左手横伸；右手伸食指，指尖朝下，在左手掌心上划"√"形。
（可根据实际表示考勤）

考试② （测验） kǎoshì②（cèyàn）

左手横伸；右手侧立，手背微拱，在左手掌心上向左刮动几下，表示翻一摞试卷纸。
（"考试"的手语存在地域差异，可根据实际选择使用）

考验① kǎoyàn①

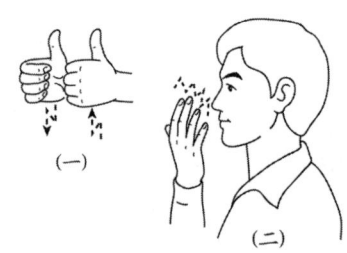

（一）双手伸拇指，上下交替动两下。
（二）一手直立，掌心向内，置于面前，五指交替点动几下。

考验② kǎoyàn②

左手伸拇指；右手五指微曲，指尖朝上，在左手下前后移动两下，表示在生活实践中进行锻炼考验的意思。

烤串 kǎochuàn

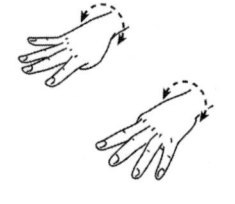

双手平伸，食、中、无名、小指分开，掌心向下，翻动两下，模仿烤肉串的动作。

烤鸡 kǎojī

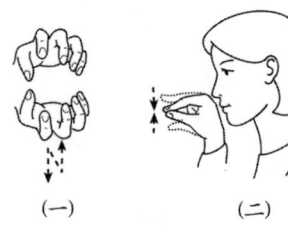

（一）双手五指弯曲，指尖上下相对，左手在上不动，右手在左手下上下微动几下，表示火烤。
（二）一手手背贴于嘴部，拇、食指先张开再相捏，仿鸡的嘴。

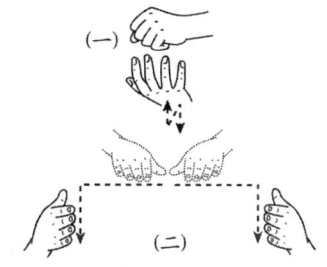

烤箱 kǎoxiāng
（一）左手虚握，手背向上；右手五指弯曲，指尖朝上，在左手下上下微动几下。
（二）双手平伸，掌心向下，先从中间向两侧平移，再折而下移成"冂"形。

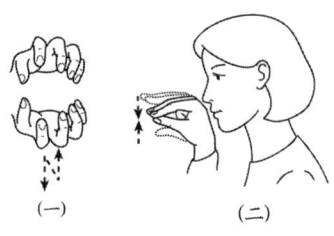

烤鸭 kǎoyā
（一）双手五指弯曲，指尖上下相对，左手在上不动，右手在左手下上下微动几下，表示火烤。
（二）一手手背贴于嘴部，拇、食、中指先张开再相捏，仿鸭的嘴。

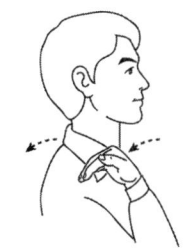

靠（倚仗） kào (yǐzhàng)
一手五指与手掌成"⌐"形，指尖朝后，碰一下同侧肩膀，身体随之微向后仰。
（可根据实际表示靠的动作）

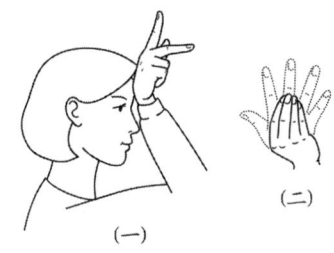

柯尔克孜族 Kē'ěrkèzīzú
（一）一手打手指字母"K"的指式，中指尖朝前，置于前额。
（二）一手五指张开，指尖朝上，然后撮合。

科 kē
一手打手指字母"K"的指式，表示机构名称。

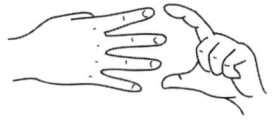

科摩罗 Kēmóluó
左手拇、食指成"⊏"形，虎口朝内；右手食、中、无名、小指横伸分开，掌心向内，置于左手旁，表示科摩罗国旗上的四颗星。
（此为国外聋人手语）

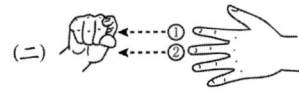

科目 kēmù
（一）一手打手指字母"K"的指式。
（二）左手横立，手背向外，五指张开；右手拇、食指张开，指尖朝前，在左手旁从上向下依次向右划动两下。

科索沃 Kēsuǒwò
一手握拳，手背向上，在头顶上方逆时针平行转动一圈。
（此为国外聋人手语）

科特迪瓦 Kētèdíwǎ
左手横伸，手背向上；右手打手指字母"C"的指式，指尖朝前，手腕贴于左小臂，边向左手指尖方向移动边伸出小指。
（此为国外聋人手语）

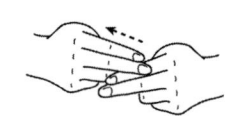

科威特 Kēwēitè
双手食、中指并拢，交叉相搭，左手在下不动，右手向右后方移动一下。
（此为国外聋人手语）

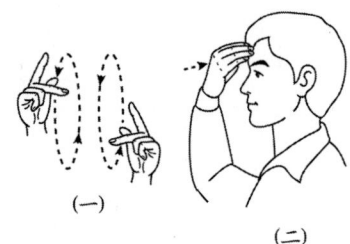

科学 kēxué
（一）双手打手指字母"K"的指式，前后交替转动两下。
（二）一手五指撮合，指尖朝内，按向前额。

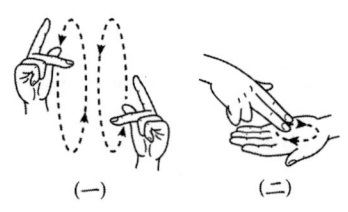

科研 kēyán
（一）双手打手指字母"K"的指式，前后交替转动两下。
（二）左手横伸；右手伸拇、食、中指，食、中指并拢，在左手掌心上转动两下。

科长 kēzhǎng

（一）右手打手指字母"K"的指式，虎口贴于左胸部，表示职务名称。

（二）一手伸拇、食、中指，拇指尖抵于前额，食、中指直立并拢。

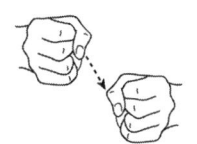

磕 kē

双手握拳，虎口朝上，左手不动，右手从后上方向下朝左手做磕的动作。

（可根据实际表示磕的动作）

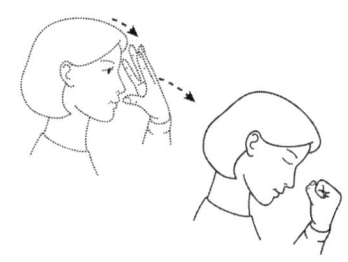

瞌睡 kēshuì

一手五指张开，掌心向内，边向前移动边握拳，头随之垂下，眼睛闭拢。

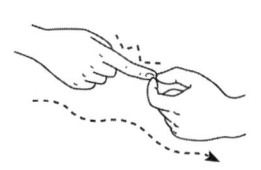

蝌蚪（精子） kēdǒu (jīngzǐ)

左手拇、食指捏成圆形；右手食指抵于左手圆形，边弯动边推左手做曲线形移动，如蝌蚪游动状。

咳嗽 ké·sou

一手伸食指，指向喉部，口张开，头部点动几下，如咳嗽状。

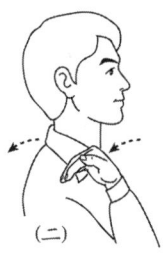

可靠① kěkào ①

（一）一手直立，掌心向外，然后食、中、无名、小指弯动一下。

（二）一手五指与手掌成"⌐"形，指尖朝后，碰一下同侧肩膀，身体随之微向后仰。

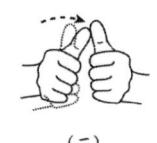

可靠② kěkào ②

（一）一手直立，掌心向外，然后食、中、无名、小指弯动一下。

（二）双手伸拇指，右手向左转动，拇指靠向左手拇指。

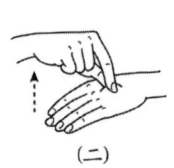

可怜 kělián

（一）一手直立，掌心向外，然后食、中、无名、小指弯动一下。

（二）左手横伸；右手拇、食指捏住左手背皮肤，向上一揪，双手同时向上移动。

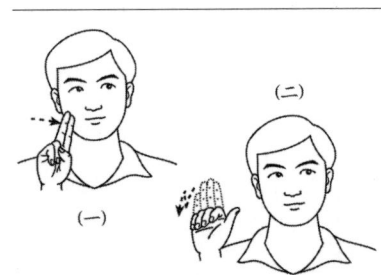

可能①（也许①） kěnéng①（yěxǔ①）

（一）一手食、中指直立并拢，掌心向斜前方，朝脸颊碰一下。

（二）一手直立，掌心向外，然后食、中、无名、小指弯动两下，面露疑问的表情。

可能②（也许②） kěnéng②（yěxǔ②）

双手平伸，掌心向上，上下交替微动几下，面露疑问的表情。

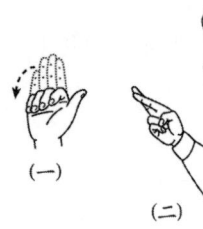

可是 kěshì

（一）一手直立，掌心向外，然后食、中、无名、小指弯动一下。

（二）一手食、中指相叠，指尖朝前上方。

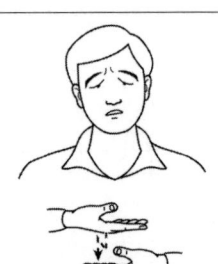

可惜（惋惜） kěxī（wǎnxī）

双手横伸，掌心向上，左手在下不动，右手轻拍两下左手掌心，面露遗憾的表情。

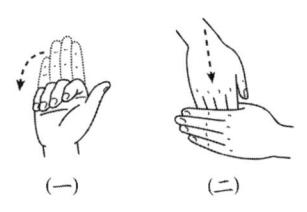

可信 kěxìn

（一）一手直立，掌心向外，然后食、中、无名、小指弯动一下。

（二）左手五指成"匚"形，虎口朝上；右手五指并拢，指尖朝下，插入左手虎口内。

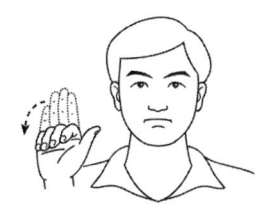

可以（能、能够、能量①）
kěyǐ（néng、nénggòu、néngliàng①）

一手直立，掌心向外，然后食、中、无名、小指用力弯动一下，面露肯定的表情，表示可以、能够的意思；也用于表示物理学中"能（能量）"的概念。

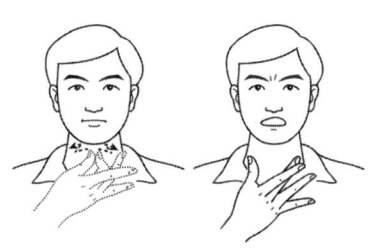

渴 kě

一手拇、中指相捏，指尖朝内，置于喉部，然后开合两下，口同时张开，面露饥渴的表情。

（可根据实际表示渴的状态）

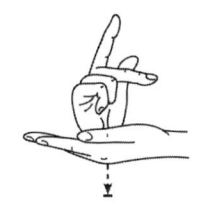

克 kè

左手横伸；右手打手指字母"K"的指式，置于左手掌心上，双手同时向下一顿。

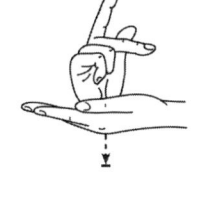

克服① kèfú①

双手握拳屈肘，两拳斜向相抵，右拳向左下方压左拳，表示克服、战胜外界困难的意思。

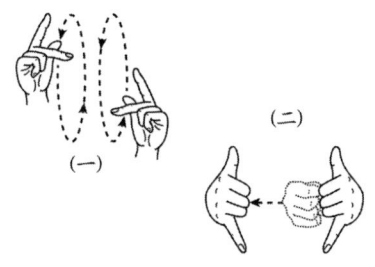

克隆 kèlóng

（一）双手打手指字母"K"的指式，前后交替转动两下。

（二）左手伸拇、小指，手背向左；右手握拳，手背向右，贴于左手，然后边向右移动边伸出拇、小指。

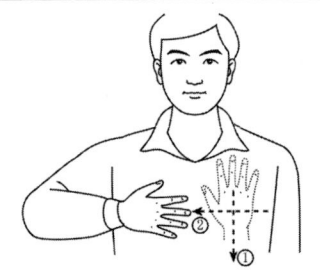

克罗地亚 Kèluódìyà
右手五指张开,掌心向内,在左胸部先竖划一下,再横划一下。
(此为国外聋人手语)

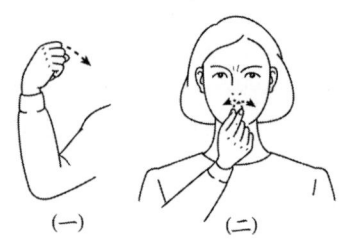

刻苦 kèkǔ
(一)一手握拳屈肘,用力向内弯动一下。
(二)一手拇、食指相捏,指尖朝上,置于嘴边,互捻几下,面露坚毅的表情。

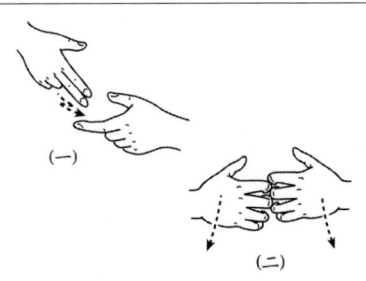

刻录机 kèlùjī
(一)左手拇、食指成半圆形,虎口朝上;右手伸拇、食、中指,食、中指并拢,在左手虎口上向前划动两下。
(二)双手五指弯曲,食、中、无名、小指关节交错相触,向下转动一下。

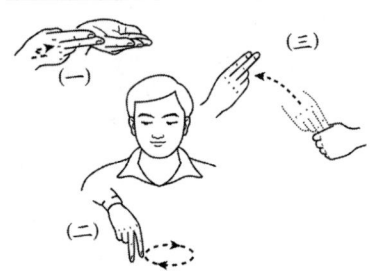

刻舟求剑 kèzhōu-qiújiàn
(一)左手平伸,掌心凹进,仿船形;右手食、中指并拢,指尖朝左,在左手小指外侧划两下。
(二)一手食、中指分开,指尖朝下,转动两下,同时低头。
(三)左手虚握,虎口朝斜上方,置于腰部;右手食、中指并拢,手背向外,从左手虎口内向外拔出,表示剑。

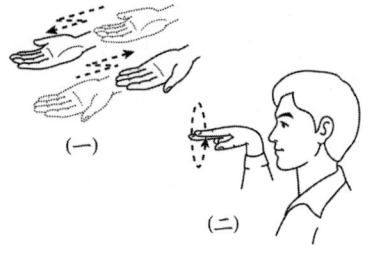

客观 kèguān
(一)双手平伸,掌心向上,前后交替移动两下。
(二)一手食、中指分开,指尖朝前,手背向上,在面前转动一圈。

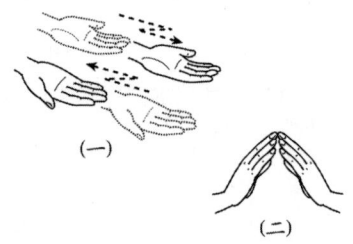

客户(客厅) kèhù (kètīng)
(一)双手平伸,掌心向上,前后交替移动两下。
(二)双手搭成"∧"形。

客气 kè·qi
（一）双手平伸，掌心向上，前后交替移动两下，面露和蔼谦恭的表情。
（二）一手打手指字母"Q"的指式，指尖朝内，置于鼻孔处。

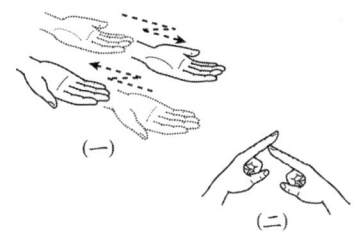

客人（顾客） kè·rén (gùkè)
（一）双手平伸，掌心向上，前后交替移动两下。
（二）双手食指搭成"人"字形。

课（上课、课程） kè (shàngkè、kèchéng)
一手打手指字母"K"的指式，中指尖朝前，向前微动两下。

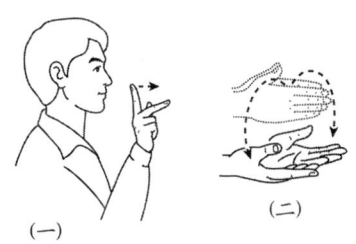

课本 kèběn
（一）一手打手指字母"K"的指式，中指尖朝前，向前微动一下。
（二）双手侧立，掌心相贴，然后向两侧打开。

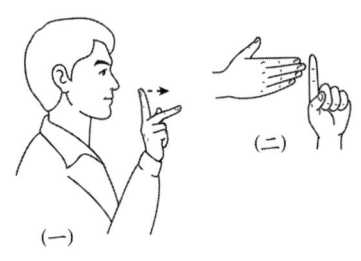

课标 kèbiāo
（一）一手打手指字母"K"的指式，中指尖朝前，向前微动一下。
（二）左手食指直立；右手侧立，指向左手食指。

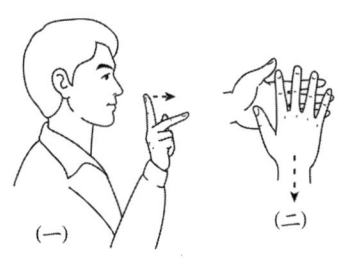

课表 kèbiǎo
（一）一手打手指字母"K"的指式，中指尖朝前，向前微动一下。
（二）双手五指张开，一横一竖搭成方格形，然后左手不动，右手向下移。

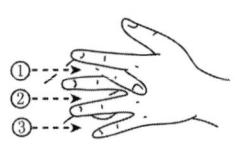

课间 kèjiān

左手横立,手背向外,五指张开;右手伸食指,指尖朝前,在左手食、中、无名、小指指缝间各插一下。

课件(幻灯片、PPT) kèjiàn (huàndēngpiàn)

一手连续打手指字母"P""P""T"的指式。
(可根据实际表示放幻灯片的动作)

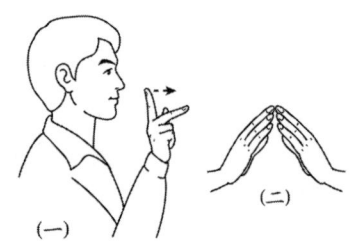

课堂 kètáng

(一)一手打手指字母"K"的指式,中指尖朝前,向前微动一下。
(二)双手搭成"∧"形。

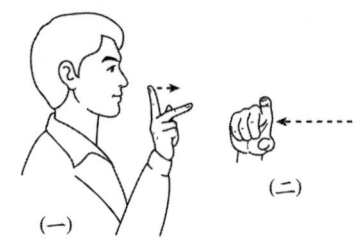

课题 kètí

(一)一手打手指字母"K"的指式,中指尖朝前,向前微动一下。
(二)一手拇、食指张开,指尖朝前,向一侧移动一下。

嗑(瓜子、蔡) kè (guāzǐ、Cài)

一手拇、食指相捏,指尖朝内,置于嘴边,嘴同时微动一下,如嗑葵花籽状。"葵"与"蔡"形近,也用于表示姓氏"蔡"。
(可根据实际表示嗑的动作)

肯德基 Kěndéjī

右手五指成"冂"形,指尖朝上,朝颏部碰两下。

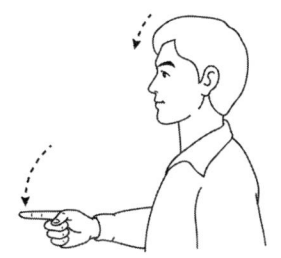
肯定 kěndìng
　一手食指直立，向下挥动一下，同时点头。

肯尼亚 Kěnníyà
　一手食指弯曲，拇指抵于食指中部，虎口朝内，手腕转动半圈，手背向外。
　（此为国外聋人手语）

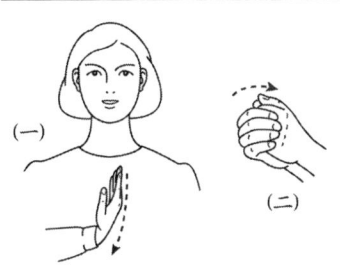
恳求（恳请、哀求） kěnqiú（kěnqǐng、āiqiú）
　（一）右手直立，掌心向右，小指外侧贴于胸部正中，从上向下移动，面露恳求的表情。
　（二）双手抱拳，向后晃动一下，面露恳求的表情。

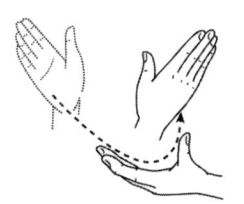
空 kōng
　左手斜伸，掌心向斜后方；右手食、中、无名、小指并拢，指尖朝前，小指外侧从右向左在左手虎口处刮一下。
　（可根据实际表示空的状态）

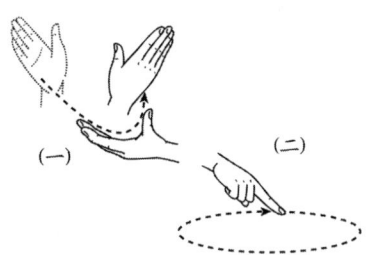
空间① kōngjiān①
　（一）左手斜伸，掌心向斜后方；右手食、中、无名、小指并拢，指尖朝前，小指外侧从右向左在左手虎口处刮一下。
　（二）一手伸食指，指尖朝下划一大圈。
　（此手势表示相对小的物理空间）

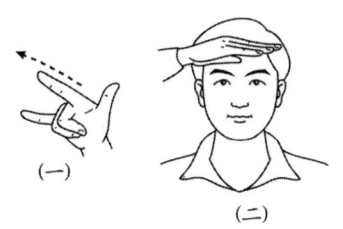
空军 kōngjūn
　（一）一手伸拇、食、小指，手背向上，从低向高移动，如飞机起飞状。
　（二）右手横伸，掌心向下，置于前额，表示军帽帽檐。

空调 kōngtiáo

左手横立,掌心向内,五指张开;右手平伸,掌心向下,置于左手食、中指指缝间,五指交替点动,嘴同时做吹风的动作。

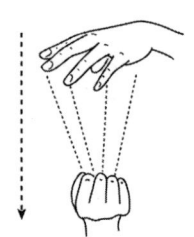

空投 kōngtóu

左手五指微曲张开,指尖朝下;右手握拳,手背向下,置于左手下,双手同时从上向下缓慢移动。

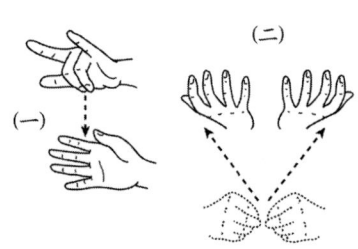

空袭(炸弹) kōngxí (zhàdàn)

(一)左手伸拇、食、小指,指尖朝前;右手侧立,五指张开,从左手下垂直下移,如飞机投弹状。
(二)双手虚握,虎口朝上,然后迅速向上弹起并张开五指。
(可根据实际表示炸弹的样子)

 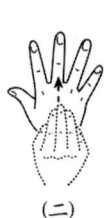

空心菜① kōngxīncài①

(一)左手拇、食指捏成圆形,虎口朝上,从颈部移向嘴部。
(二)一手五指撮合,指尖朝上,边向上微移边张开。

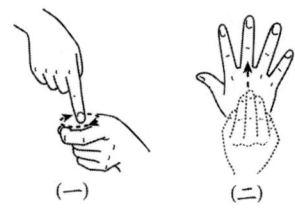

空心菜② kōngxīncài②

(一)左手拇、食指捏成圆形,虎口朝上;右手伸食指,指尖朝下,在左手虎口处转动两下。
(二)一手五指撮合,指尖朝上,边向上微移边张开。

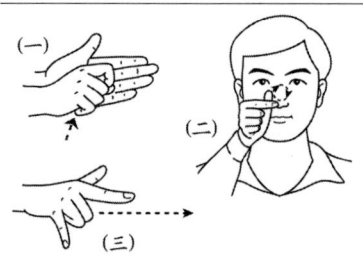

空中加油机 kōngzhōng jiāyóujī

(一)左手侧立;右手拇、食指捏成圆形,虎口朝左,贴向左手掌心。
(二)一手拇、食指搭成"十"字形,置于鼻翼一侧,微转两下。
(三)一手伸拇、食、小指,手背向上,从一侧向另一侧移动,如飞机飞行状。

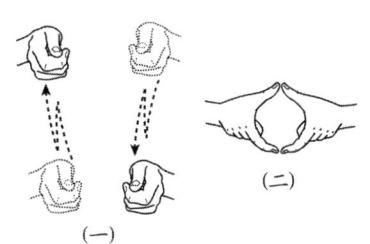

空竹 kōngzhú

（一）双手拇、食指相捏，上下交替移动两下，模仿抖空竹的动作。

（二）双手拇、食指搭成圆形，虎口朝外。

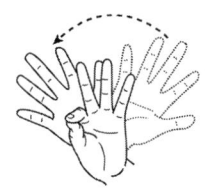

孔雀 kǒngquè

左手拇、食指相捏，指尖朝前，其他三指直立；右手五指张开，掌心向外，在左手后从左向右做弧形移动，表示孔雀开屏。

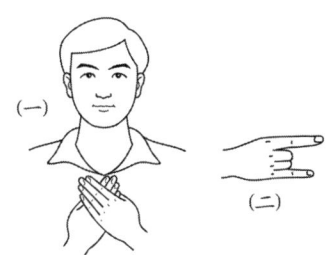

孔子 Kǒngzǐ

（一）双手斜伸，掌心向内，左手五指握住右手食、中、无名、小指。

（二）一手打手指字母"Z"的指式。

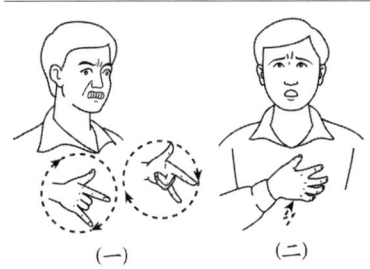

恐怖 kǒngbù

（一）双手伸拇、食、小指，食、小指指尖朝前，前后交替转动两下，面露恐怖的表情。

（二）一手五指微曲，掌心向内，按两下胸部，面露害怕的表情。

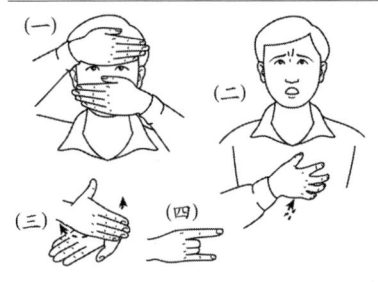

恐怖分子 kǒngbù fènzǐ

（一）双手横立，掌心向内，分别遮住前额和口鼻部，只露出眼睛。

（二）一手五指微曲，掌心向内，按两下胸部，面露害怕的表情。

（三）左手横伸；右手侧立，置于左手掌心上，并左右拨动一下。

（四）一手打手指字母"Z"的指式。

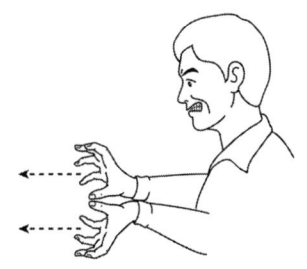

恐吓（吓唬） kǒnghè (xià·hu)

双手五指弯曲，掌心向外，手腕上下相搭，用力向前移动一下，面露狰狞的表情，模仿猛兽张开血口扑向猎物的动作，引申为恐吓。

恐龙① kǒnglóng①

（一）双手五指弯曲，一上一下，指尖相抵，然后打开，头向上抬，面露狰狞的表情。

（二）双手拇、食、中指弯曲，交替向前挠动两下。（此手势表示食肉类恐龙）

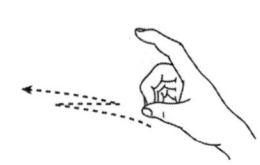

恐龙② kǒnglóng②

一手伸食指，拇、中、无名、小指捏成圆形，向前移动两下，表示食草类恐龙。

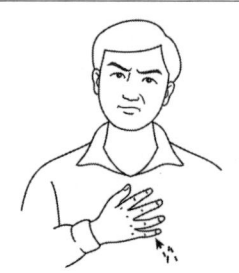

恐怕 kǒngpà

一手五指微曲，掌心向内，轻轻按两下胸部，面露疑惑的表情，表示估计和担心的意思。

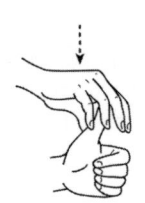

控制 kòngzhì

左手伸拇指；右手五指微曲，掌心向下，罩向左手拇指。

口（嘴） kǒu（zuǐ）

一手伸食指，沿嘴部转动一圈，口张开。

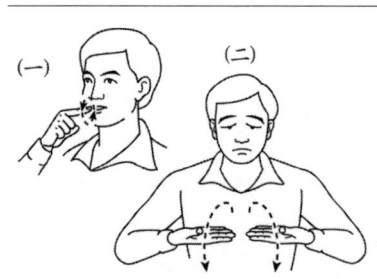

口供 kǒugòng

（一）一手食指横伸，在嘴前前后转动两下。

（二）双手横伸，掌心向上，指尖相对，置于胸前，然后向前伸出，身体随之前倾，低头，面露愧疚的表情。

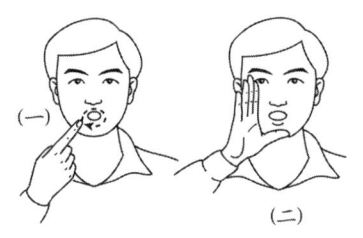

口号 kǒuhào
（一）一手伸食指，沿嘴部转动一圈，口张开。
（二）一手五指成"」"形，虎口贴于嘴边，口张开。

口红② kǒuhóng②
一手拇、食指相捏，指尖朝内，在嘴唇处移动几下，如抹口红状。既表示口红的名词意思，又表示抹口红的意思。

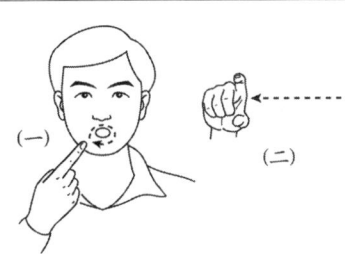

口诀 kǒujué
（一）一手伸食指，沿嘴部转动一圈，口张开。
（二）一手拇、食指张开，指尖朝前，向一侧移动一下。

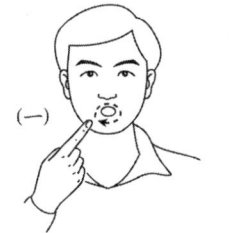

口腔科 kǒuqiāngkē
（一）一手伸食指，沿嘴部转动一圈，口张开。
（二）一手打手指字母"K"的指式。

口琴 kǒuqín
双手五指弯曲，手背向外，然后在嘴边左右移动，模仿吹口琴的动作。既表示口琴的名词意思，又表示吹口琴的意思。

口语 kǒuyǔ
一手食、中指微曲，指尖朝内，沿嘴部转动两圈，口张开。

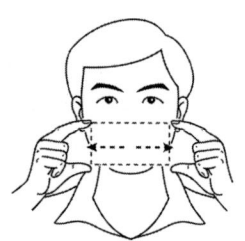

口罩 kǒuzhào

　　双手拇、食指张开,虎口朝内,置于面部,从中间向两侧微移,如戴口罩状。

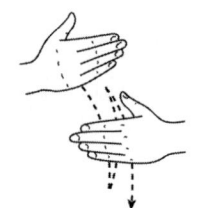

扣除 kòuchú

　　双手横立;右手在左手掌心内向下刮两下。

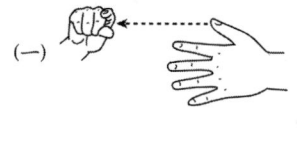

扣题 kòutí

　　(一)左手横立,手背向外,五指张开;右手拇、食指张开,指尖朝前,在左手拇指旁向右划动一下。
　　(二)双手横立,掌心向内,指尖相对,从两侧向中间交错移动至双手相叠。

枯竭 kūjié

　　双手直立,掌心向斜前方,拇指张开,其他四指弯动与拇指捏合。

哭 kū

　　一手食、中指微曲,指向眼部,然后向下划动几下,如泪水流下状,面露悲伤的表情。
　　(可根据实际表示哭的动作)

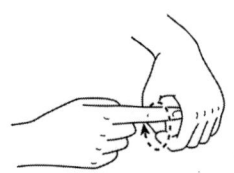

窟窿 kū·long

　　左手五指捏成圆形,虎口朝内;右手伸食指,在左手虎口内转动一圈。
　　(可根据实际表示窟窿的位置)

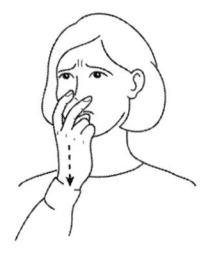
苦① kǔ ①
　　一手食、中指微曲，指尖朝内，抵于鼻翼两侧，向下划动一下，面露苦状。
　　("苦"的手语存在地域差异，可根据实际选择使用)

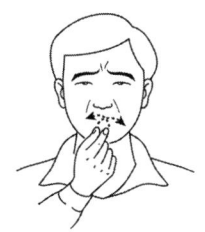
苦② kǔ ②
　　一手拇、食指相捏，指尖朝上，置于嘴边，互捻几下，面露难受的表情。
　　("苦"的手语存在地域差异，可根据实际选择使用)

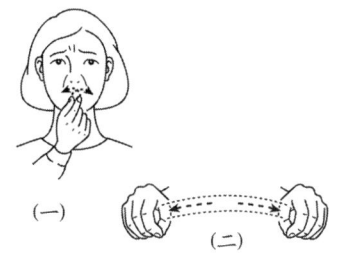
苦瓜 kǔguā
　　(一) 一手拇、食指相捏，指尖朝上，置于嘴边，互捻几下，面露难受的表情。
　　(二) 双手虚握，虎口相贴，然后向两侧做弧形移动，仿苦瓜外形。

苦闷 kǔmèn
　　(一) 一手拇、食指相捏，指尖朝上，置于嘴边，互捻几下，面露难受的表情。
　　(二) 一手拇、食指捏住鼻子，同时低头闭眼。

裤子 kù·zi
　　双手拇、食指相捏，在腿部向上提，如穿裤子状。

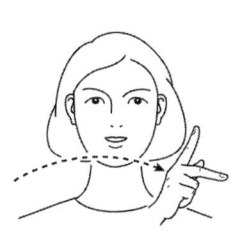
酷 kù
　　右手打手指字母"K"的指式，中指尖朝左，从右向左(或从左向右)用力划过面部，面露羡慕的表情。

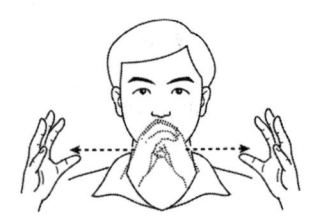

夸张 kuāzhāng

双手五指弯曲,虎口朝内,右手包住左手,置于嘴部,边向两侧移动边张开。

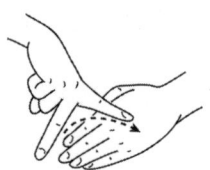

跨(越) kuà (yuè)

左手横立,掌心向内;右手食、中指叉开,从左手上越过。

(可根据实际表示跨的动作)

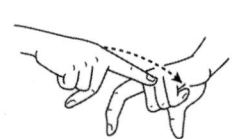

跨栏 kuàlán

左手拇、食指成"∩"形,虎口朝内;右手食、中指叉开,从左手上越过,模仿跨栏的动作。

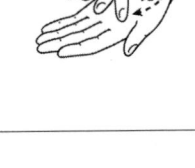

会计(账、算账) kuài·jì (zhàng、suànzhàng)

左手横伸;右手伸拇、食、中指,指尖朝下,在左手掌心上做打算盘的动作。

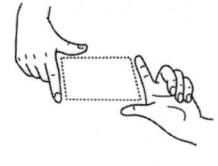

块 kuài

双手伸拇、食指,虎口朝向一上一下成方形。
(可根据实际表示块的样子)

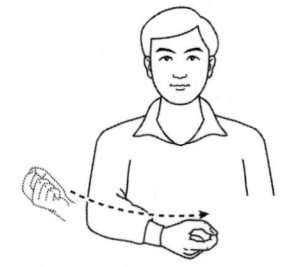

快(立刻、迅速、顿时) kuài (lìkè、xùnsù、dùnshí)

一手拇、食指捏成圆形,向一侧快速划动。
(可根据实际表示快的状态)

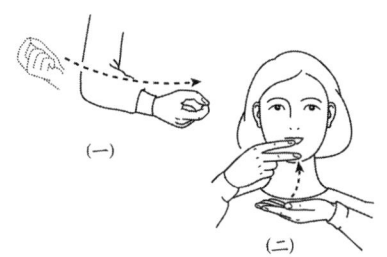
快餐 kuàicān
（一）一手拇、食指捏成圆形，向一侧快速划动。
（二）左手横伸，掌心向上；右手伸食、中指，向嘴边拨动，如用筷子吃饭状。

筷子 kuài·zi
一手食、中指分开，指尖朝下，边向嘴部移动边夹动一下，表示筷子。

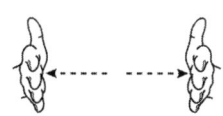
宽（宽广） kuān (kuānguǎng)
双手侧立，掌心相对，同时向两侧移动，幅度相对于"大"的手势要小些。
（可根据实际表示宽的状态）

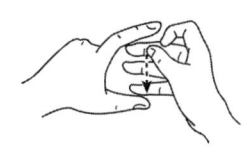
匡 Kuāng
左手拇、食指成"匚"形，虎口朝内；右手中、无名、小指横伸，置于左手"匚"形内，拇指在中、无名、小指中间从上向下划一下，仿"匡"字形，表示姓氏"匡"。

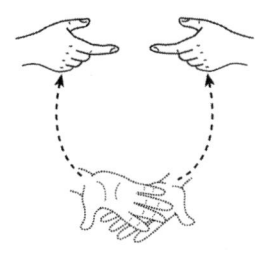
筐（篓） kuāng (lǒu)
双手五指张开，掌心向上，交叉相搭，然后边向上移动边双手拇、食指成大圆形，虎口朝上，仿筐的外形。
（可根据实际表示筐的形状）

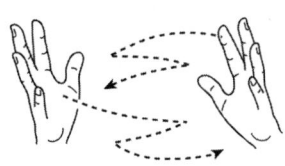
狂风（台风、飓风） kuángfēng (táifēng、jùfēng)
双手直立，掌心左右相对，五指微曲，左右来回扇动，动作迅猛，幅度要大，同时张口皱眉。
（可根据实际表示狂风的状态）

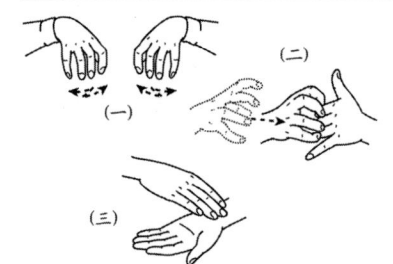

狂犬病 kuángquǎnbìng
（一）双手五指弯曲，指尖朝下，左右晃动两下。
（二）左手伸拇、小指，手背向左；右手五指弯曲，抓向左手，表示人被咬。
（三）左手平伸，掌心向上；右手五指并拢，食、中、无名指指尖按于左手腕的脉门处。

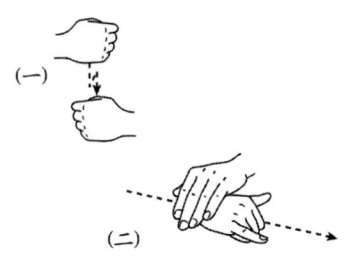

旷工 kuànggōng
（一）双手握拳，一上一下，右拳向下砸两下左拳。
（二）左手横伸，手背拱起；右手伸拇、小指，手背向上，从左手掌心下向前移出。

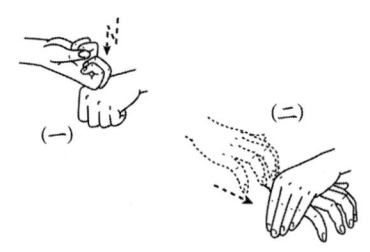

矿藏 kuàngcáng
（一）左手握拳；右手食、中指弯曲，以指背关节在左手背上敲两下。
（二）左手横伸，手背拱起；右手五指微曲，掌心向下，从后向前移入左手掌心下。

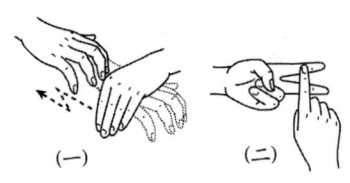

矿工 kuànggōng
（一）左手横伸，手背拱起；右手五指微曲，掌心向下，在左手掌心下向后刨动两下，表示采矿。
（二）左手食、中指与右手食指搭成"工"字形。

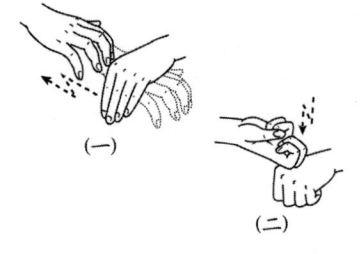

矿石 kuàngshí
（一）左手横伸，手背拱起；右手五指微曲，掌心向下，在左手掌心下向后刨动两下，表示采矿。
（二）左手握拳；右手食、中指弯曲，以指背关节在左手背上敲两下。

亏本（赔本） kuīběn (péiběn)
（一）左手拇、食指捏成圆形，虎口朝上；右手伸食指，敲一下左手拇指。
（二）双手五指弯曲，指尖朝内，从嘴部向前下方移动。

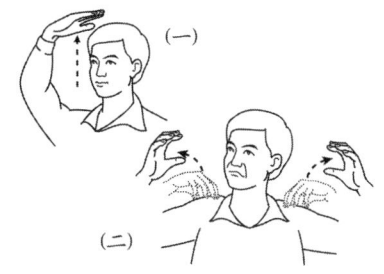

魁梧 kuí·wu
（一）一手横伸，掌心向下，向上移过头顶。
（二）双手五指弯曲，指尖朝下，置于肩两侧，然后向上移动，表示肩头的肌肉发达。

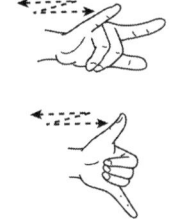

傀儡（木偶❶） kuǐlěi (mù'ǒu ❶)
左手伸拇、小指，手背向左；右手伸拇、食、小指，手背向上，置于左手上方，然后双手同时前后晃动几下，模仿表演提线木偶的动作，引申为受人操纵的傀儡的意思。

坤表（女表） kūnbiǎo (nǚbiǎo)
（一）一手拇、食指捏一下耳垂。
（二）左手横伸，掌心向下；右手拇、食指捏成圆形，虎口朝上，置于左手腕。

昆明 Kūnmíng
一手五指张开，指尖朝下，在身体一侧顺时针转动两圈。

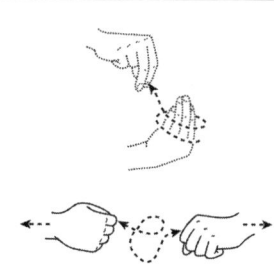

捆（绑） kǔn (bǎng)
左手五指撮合，指尖朝上；右手拇、食、中指相捏，在左手上绕两圈，然后双手握拳，做捆扎绳子的动作。
（可根据实际表示捆绑的动作）

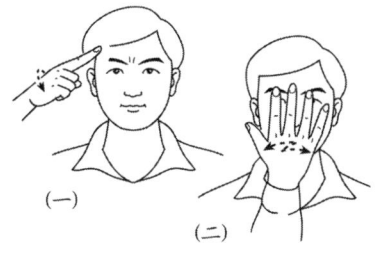

困惑 kùnhuò
（一）一手食指抵于太阳穴，并钻动一下。
（二）一手直立，掌心向内，五指张开，在面前左右晃动几下。

困难①（艰难①、伤脑筋①）

kùn·nan ① (jiānnán ①、shāng nǎojīn ①)

一手食指抵于太阳穴，并钻动一（或两）下，面露苦恼的表情。

困难②（艰难②、伤脑筋②）

kùn·nan ② (jiānnán ②、shāng nǎojīn ②)

一手握拳，拳心朝太阳穴敲两下，面露苦恼的表情。

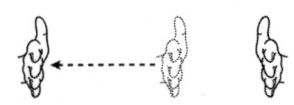

扩展②　kuòzhǎn ②

双手侧立，左手不动，右手向右移动一下，表示向一侧伸展、扩大。

（可根据实际表示扩展的情况）

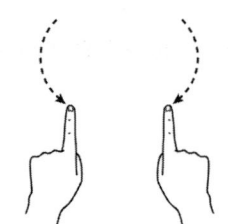

括号（小括号、包括②）

kuòhào (xiǎokuòhào、bāokuò ②)

双手伸食指，指尖朝前，书空"( )"形。

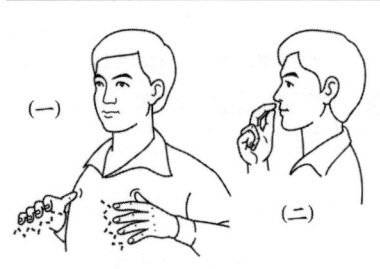

阔气　kuò·qi

（一）双手五指张开，掌心向下，拇指尖抵于胸部，其他四指交替点动几下。

（二）一手打手指字母"Q"的指式，指尖朝内，置于鼻孔处。

L

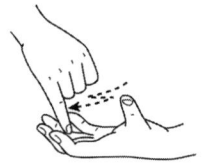

垃圾（糟粕） lājī (zāopò)
左手五指微曲，指尖朝上；右手伸小指，在左手掌心上划两下。
（可根据实际表示垃圾的样子）

拉 lā
一手（或双手）握拳，向内拉动一下。
（可根据实际表示拉的动作）

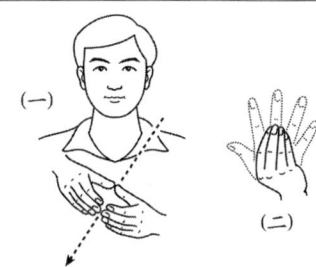

拉祜族 Lāhùzú
（一）双手五指搭成圆形，虎口朝左上方，然后向右下方移动一下。
（二）一手五指张开，指尖朝上，然后撮合。

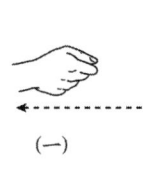 

拉力 lālì
（一）一手握拳，向内拉动一下。
（二）一手握拳屈肘，用力向内弯动一下。

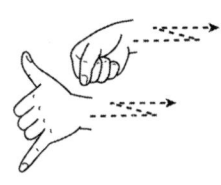

拉拢（笼络） lā·lǒng (lǒngluò)
左手伸拇、小指，在前；右手握拳，在左手后向内拉动两下，左手随之移动。
（可根据实际决定手的移动方向）

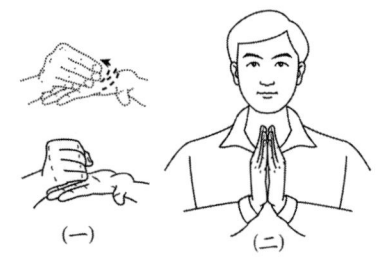

拉萨 Lāsà
（一）左手横伸；右手在左手掌心上模仿做糌粑的动作。
（二）双手合十。

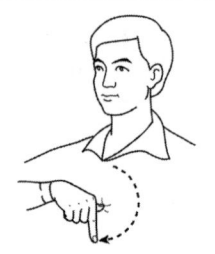

拉脱维亚 Lātuōwéiyà
一手伸拇、食指，拇指尖抵于胸部，食指尖朝上，然后转腕，食指尖朝下。
（此为国外聋人手语）

喇叭（吹嘘、箫、萧） lǎ·ba (chuīxū、xiāo、Xiāo)
双手五指弯曲，虎口朝内，一前一后，置于嘴前，交替点动几下，模仿吹喇叭的动作。既表示喇叭的名词意思，又表示吹喇叭的意思。"箫"与"萧"音同，借代，也用于表示姓氏"萧"。

喇嘛 lǎ·ma
右手五指并拢，指尖朝斜前方，掌心向左，置于前额，然后向后转腕，仿喇嘛头上戴的僧帽的外形。

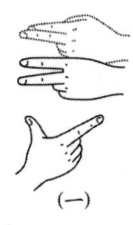 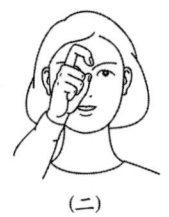

腊八节 Làbā Jié
（一）左手食、中指横伸相叠，然后分开，手背向外；右手伸拇、食指，手背向外，置于左手下，表示农历十二月初八。
（二）一手打手指字母"J"的指式，置于前额。

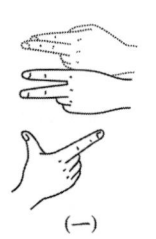 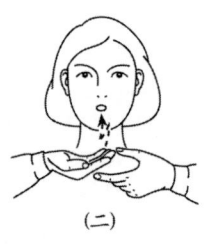

腊八粥 làbāzhōu
（一）左手食、中指横伸相叠，然后分开，手背向外；右手伸拇、食指，手背向外，置于左手下，表示农历十二月初八。
（二）左手拇、食指成半圆形，虎口朝上；右手横伸，掌心凹进，向嘴部拨动两下，口微张，表示喝粥。

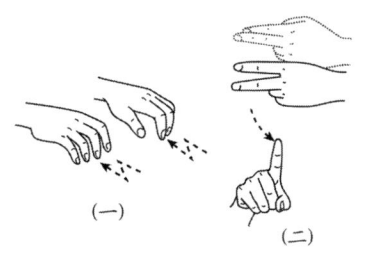

腊月 làyuè

（一）双手五指弯曲，掌心向下，一前一后，向后移动两下，模仿耙地的动作。

（二）左手食、中指横伸相叠，然后分开，手背向外；右手伸食指，指尖朝前，在左手下向左撇动一下，表示十二月。

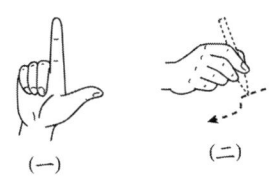

蜡笔（油画棒） làbǐ (yóuhuàbàng)

（一）一手打手指字母"L"的指式。

（二）一手如执笔写字状。

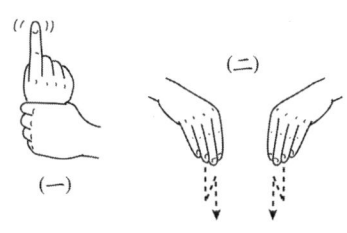

蜡染 lǎrǎn

（一）左手握拳，虎口朝上；右手食指直立，置于左手虎口上，晃动几下，表示蜡烛的火苗。

（二）双手五指撮合，指尖朝下，同时向下动两下。

蜡烛 làzhú

左手握拳，虎口朝上；右手食指直立，置于左手虎口上，晃动几下，表示蜡烛的火苗。

辣 là

一手伸拇、食指，食指尖朝上，拇指尖碰两下颏部，口张开，面露难受的表情。

（可根据实际表示辣的状态）

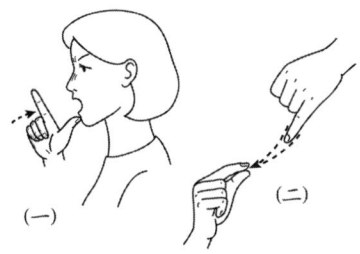

辣椒 làjiāo

（一）一手伸拇、食指，食指尖朝上，拇指尖碰一下颏部，口张开，面露难受的表情。

（二）左手伸小指，指尖朝右下方；右手拇、食指微张，在左手小指尖处边向下移动边相捏，仿辣椒的形状。

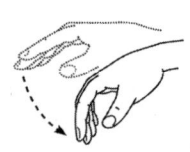

来 lái

一手平伸,掌心向下,五指微曲,向内挥动一下。

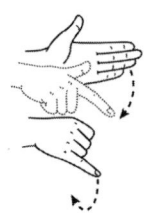

来不及 lái·bují

左手侧立;右手伸拇、食指,拇指尖抵于左手掌心,先食指向下转动,再伸出小指,向下一甩。

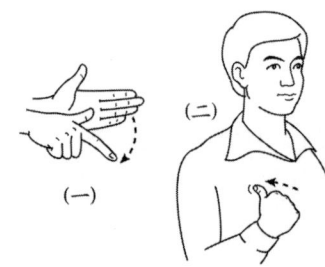

来得及 lái·dejí

(一)左手侧立;右手伸拇、食指,拇指尖抵于左手掌心,食指向下转动。
(二)一手伸拇指,顶一下同侧胸部。

莱索托 Láisuǒtuō

双手斜伸,手背向斜上方,边从头两侧向头顶上方移动边指尖搭成"∧"形,仿莱索托民众常见的发型。
(此为国外聋人手语)

赖 Lài

右手打手指字母"L"的指式,手背向外,贴于左胸部,表示姓氏"赖"。

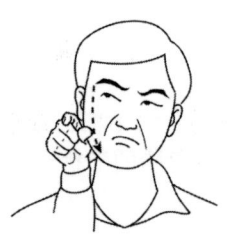

赖皮 làipí

一手拇、食指张开,指尖朝前,拇指背贴于脸颊,从上向下移动,表示脸皮厚。

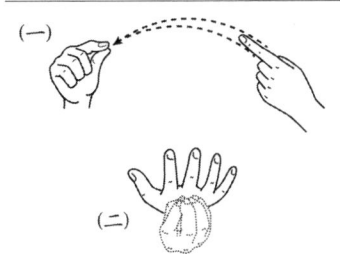

兰花　lánhuā
（一）左手伸食指，指尖朝右上方；右手拇、食指微张，边沿左手食指向右做弧形移动边相捏，如吊兰叶子状。
（二）一手五指撮合，指尖朝上，然后张开。

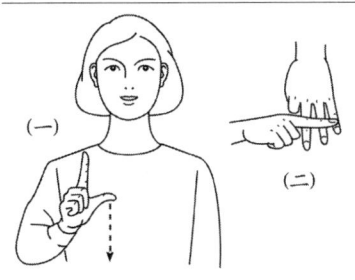

兰州　Lánzhōu
（一）一手打手指字母"L"的指式，沿胸的一侧划下。
（二）左手中、无名、小指分开，指尖朝下，手背向外；右手食指横伸，置于左手三指间，仿"州"字形。

栏杆（篱笆）　lángān（lí·ba）
　　双手拇指贴于掌心，其他四指直立分开，掌心向外，从上向下移动一下。
（可根据实际表示栏杆的形状）

阑尾炎（盲肠炎）　lánwěiyán（mángchángyán）
（一）左手伸小指，置于右下腹；右手拇、食指摸一下左手小指。
（二）一手五指微曲，指尖朝上，上下微动几下。

蓝②　lán②
　　一手打手指字母"L"的指式，沿胸的一侧划下。
（"蓝"的手语存在地域差异，可根据实际选择使用）

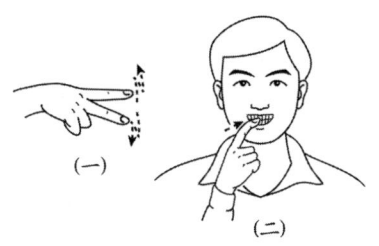

蓝牙①　lányá①
（一）一手食、中指分开，指尖朝前，手背向上，交替点动几下。
（二）一手伸食指，指一下牙齿。

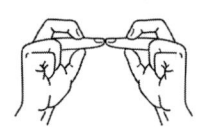
蓝牙② lányá ②
　　双手食指横伸，指尖相抵，拇、中指弯曲，指尖抵于食指中部，仿蓝牙符号。

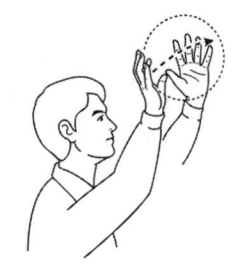
篮球 lánqiú
　　左手直立，掌心向右，五指微曲，置于头部前上方；右手五指张开，掌心向前，置于左手旁，然后手腕向前弯动一下，如投篮状。

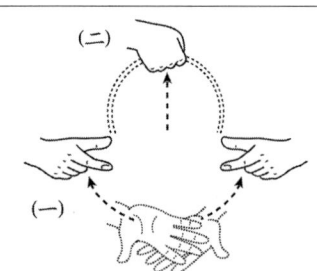
篮子 lán·zi
　　（一）双手五指张开，掌心向上，交叉相搭，边向上移动边双手拇、食指成大圆形，虎口朝上，仿篮子的外形。
　　（二）一手虚握，向上一提。

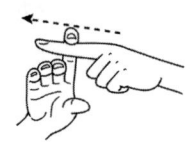
缆车（天车） lǎnchē（tiānchē）
　　左手食指横伸；右手食指挂在左手食指上，其他四指成"匚"形，然后向指尖方向滑动。

懒 lǎn
　　双手握拳，手背向外，手臂交叉，置于胸前，面无表情。（可根据实际表示懒的状态和表情）

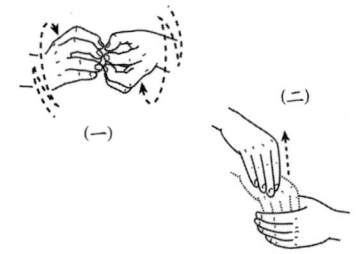
滥用 lànyòng
　　（一）双手虚握，指尖左右相抵，前后反向拧动几下。
　　（二）左手五指成"匚"形，虎口朝上；右手五指撮合，指尖朝下，从左手虎口内抽出。

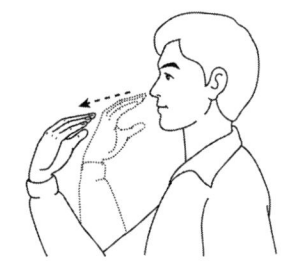

狼 láng
一手五指弯曲,指尖对着嘴部,然后边向外移动边撮合成尖形,仿尖长的狼嘴。

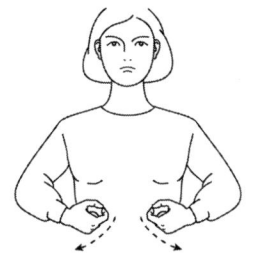

浪费(奢侈) làngfèi (shēchǐ)
双手拇、食指捏成圆形,虎口朝上,置于腰部两侧,同时向前甩动。

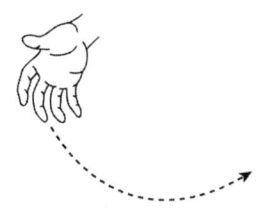

捞 lāo
一手五指微曲,向下做弧形移动,模仿捞东西的动作。(可根据实际表示捞的动作)

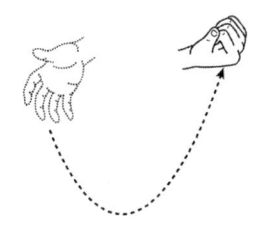

捞取 lāoqǔ
一手五指微曲,边向下做弧形移动边握拳,手背向下。

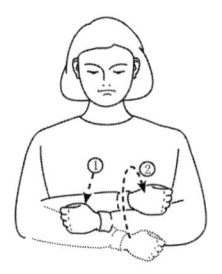

劳动(操劳、勤劳) láodòng (cāoláo、qínláo)
双手握拳,手背向外(或向上),先左拳捶右臂,再右拳捶左臂,表示不停地劳动,头微低,眼睛注视手的动作。

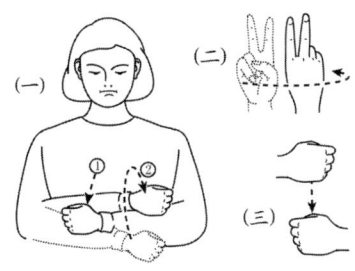

劳动改造 láodòng gǎizào
(一)双手握拳,手背向外(或向上),先左拳捶右臂,再右拳捶左臂,表示不停地劳动,头微低,眼睛注视手的动作。
(二)一手食、中指直立分开,由掌心向外翻转为掌心向内。
(三)双手握拳,一上一下,右拳向下砸一下左拳。

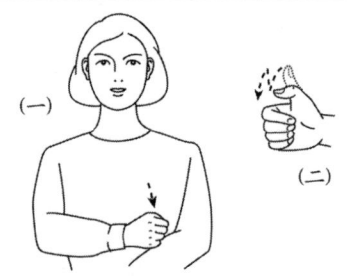

劳驾 láojià

（一）右手握拳，手背向外，捶一下左肘窝处。
（二）一手伸拇指，向前弯动两下。

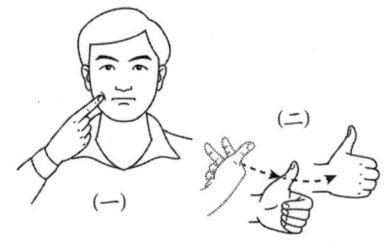

牢固（结实、扎实、坚韧、坚固）
láogù (jiē·shi、zhā·shi、jiānrèn、jiāngù)

（一）一手食指抵于脸颊，面露坚毅的表情。
（二）左手伸拇指；右手伸拇、食、中指，食、中指指背碰一下左手拇指背后缩回食、中指。

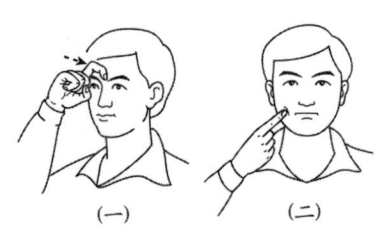

牢记（记牢） láojì (jìláo)

（一）一手打手指字母"J"的指式，碰一下前额。
（二）一手食指抵于脸颊，面露坚毅的表情。

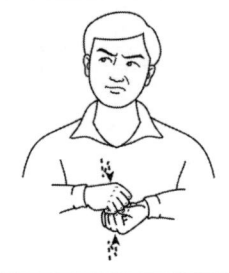

牢骚 láo·sāo

双手握拳，拳心上下相对，互碰几下，面露不满的表情。

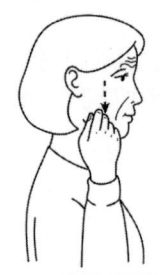

老（苍老） lǎo (cānglǎo)

一手五指弯曲，食、中、无名、小指指背贴于脸颊，从上向下移动，表示脸上的皱纹。
（可根据实际表示老的状态）

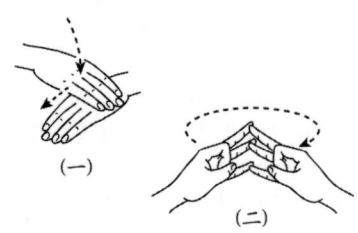

老百姓（百姓） lǎobǎixìng (bǎixìng)

（一）左手横伸；右手平伸，掌心向下，边拍一下左手背边向右移动。
（二）双手中、无名、小指指尖斜向相抵，虎口朝上，顺时针转动一圈。

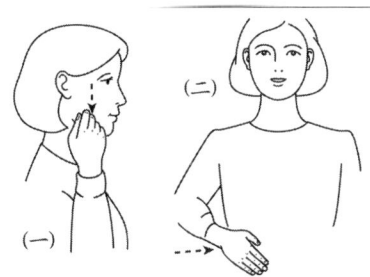

老板 lǎobǎn

（一）一手五指弯曲，食、中、无名、小指指背贴于脸颊，从上向下移动，表示脸上的皱纹。

（二）右手拍一下右腰部，表示腰缠万贯。

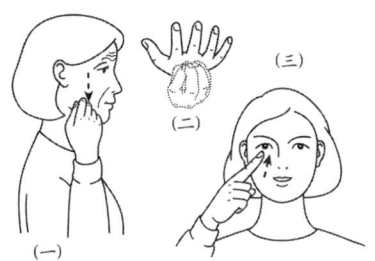

老花眼 lǎohuāyǎn

（一）一手五指弯曲，食、中、无名、小指指背贴于脸颊，从上向下移动，表示脸上的皱纹。

（二）一手五指撮合，指尖朝上，然后张开。

（三）一手伸食指，指一下眼睛。

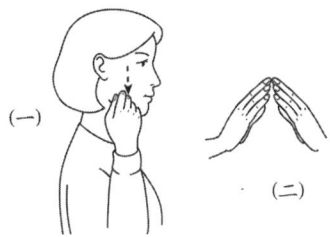

老家 lǎojiā

（一）一手五指弯曲，食、中、无名、小指指背贴于脸颊，从上向下移动，表示脸上的皱纹。

（二）双手搭成"∧"形。

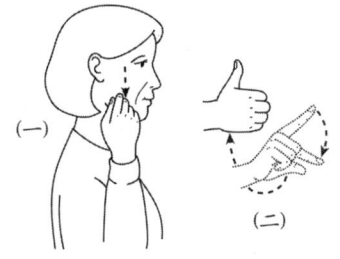

老练 lǎoliàn

（一）一手五指弯曲，食、中、无名、小指指背贴于脸颊，从上向下移动，表示脸上的皱纹。

（二）一手伸拇、食指，食指尖朝上，然后食指缩回，拇指尖朝上。

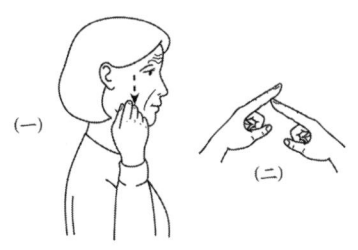

老人 lǎorén

（一）一手五指弯曲，食、中、无名、小指指背贴于脸颊，从上向下移动，表示脸上的皱纹。

（二）双手食指搭成"人"字形。

老师（先生❶） lǎoshī (xiān·sheng ❶)

一手伸拇指，贴于胸部。

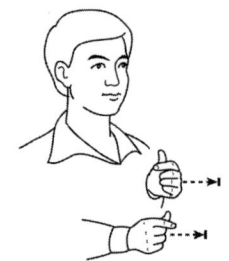

老实 lǎo·shi

双手拇、食指搭成"十"字形,左手在上,右手在下,同时向前一顿。

老挝 Lǎowō

一手五指弯曲,指尖朝下,在头一侧按动两下。
(此为国外聋人手语)

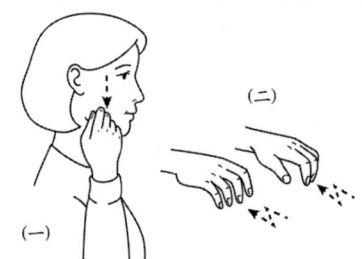

老乡(老农) lǎoxiāng (lǎonóng)

(一)一手五指弯曲,食、中、无名、小指指背贴于脸颊,从上向下移动,表示脸上的皱纹。
(二)双手五指弯曲,掌心向下,一前一后,向后移动两下,模仿耙地的动作。

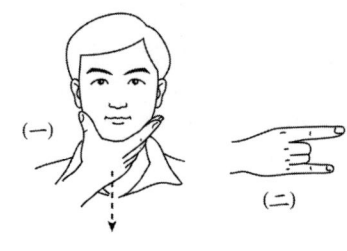

老子 Lǎozǐ

(一)一手在颏部做捋胡须的动作。
(二)一手打手指字母"Z"的指式。

姥姥 lǎo·lao

一手五指弯曲,食、中、无名、小指指背贴于脸颊,从上向下移动两下。

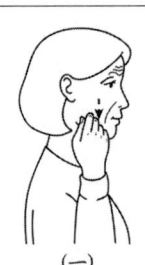

姥爷 lǎo·ye

(一)一手五指弯曲,食、中、无名、小指指背贴于脸颊,从上向下移动。
(二)一手打手指字母"Y"的指式,手背向外,从颏部向下移动一下。

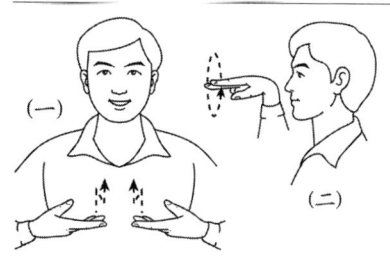

乐观 lèguān
（一）双手横伸，掌心向上，在胸前同时向上移动两下，面带笑容。
（二）一手食、中指分开，指尖朝前，手背向上，在面前转动一圈。

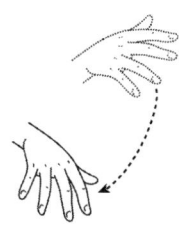

了（完了） ·le (wán·le)
一手五指张开，甩动一下，掌心向下。

雷 léi
一手伸食指，指尖朝前，在头前上方做"乚"形划动，然后猛然张开五指，同时眨眼张口，表示雷声。

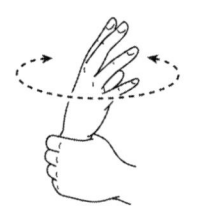

雷达 léidá
左手握住右手腕；右手五指微曲张开，指尖朝斜上方，手腕左右转动两下。

累（疲倦、辛） lèi (píjuàn、Xīn)
右手握拳，手背向上，捶一下左肘窝处，面露疲劳的表情；也用于表示姓氏"辛"。

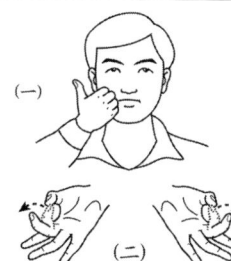

冷淡 lěngdàn
（一）一手食、中、无名、小指弯曲，指背贴于脸颊，面无表情。
（二）双手平伸，手背向下，拇、中指先相捏，再弹开。

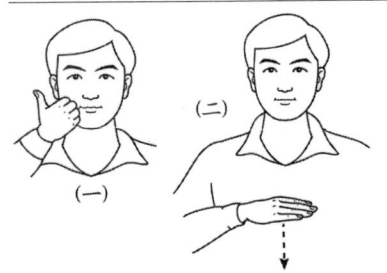

冷静 lěngjìng

（一）一手食、中、无名、小指弯曲，指背贴于脸颊。
（二）一手横伸，掌心向下，从胸部缓慢向下移动。

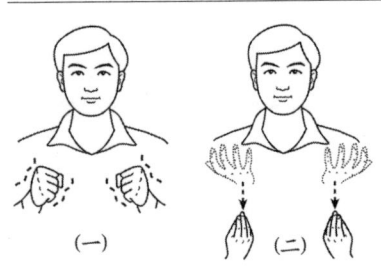

冷却 lěngquè

（一）双手握拳屈肘，小臂颤动几下，如哆嗦状，表示冷。
（二）双手五指微曲，指尖朝上，边向下微移边撮合。

厘米（cm） límǐ

一手连续打手指字母"C""M"的指式，表示厘米的法定计量单位符号。

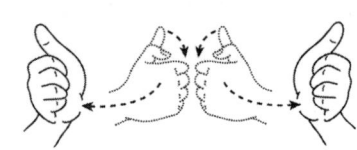

离婚 líhūn

双手伸拇指，指面相对，手背向外，先弯动一下，然后向外转腕，并向两侧分开。

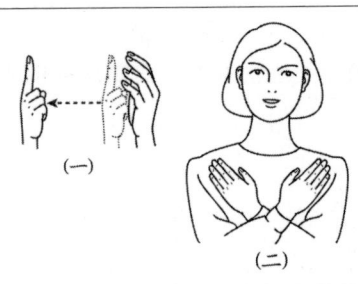

离休 líxiū

（一）左手直立，掌心向右，五指微曲；右手食指直立，从左手旁向右移动。
（二）双手交叉，手背向外，贴于胸部，表示休息的意思。

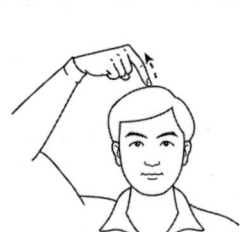

梨 lí

一手伸食指，指尖朝下，在头顶上向上做弧形微移，表示梨把儿，把头象征为梨的外形。

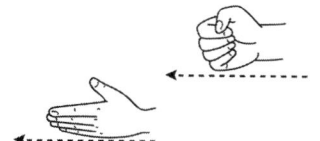

犁（开垦） lí (kāikěn)

左手斜立，掌心向右上方，在前；右手握拳，虎口朝上，在后，双手同时向前移动。

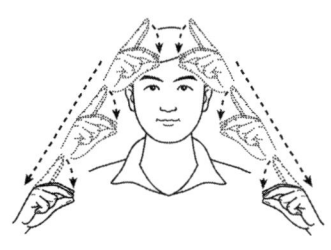

黎巴嫩 Líbānèn

双手伸拇、食、中指，食、中指并拢，指尖相对，虎口朝内，边连续做开合的动作边向两侧斜下方移动，表示黎巴嫩国旗上的雪松。

（此为国外聋人手语）

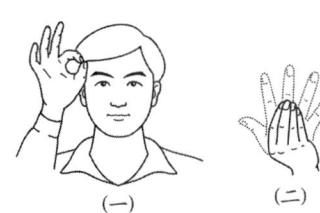

黎族 Lízú

（一）一手拇、食指捏成圆形，其他三指直立分开，置于头顶一侧。

（二）一手五指张开，指尖朝上，然后撮合。

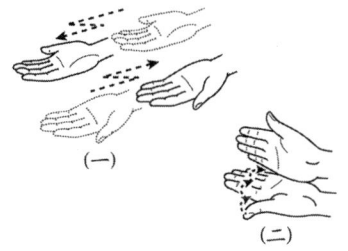

礼节（礼仪） lǐjié (lǐyí)

（一）双手平伸，掌心向上，前后交替移动两下。

（二）左手平伸；右手斜立于左手掌心上，然后向右一顿一顿做弧形移动。

礼貌（谦让） lǐmào (qiānràng)

双手平伸，掌心向上，前后交替移动两下，面露和蔼谦恭的表情。

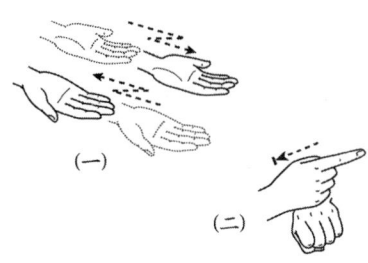

礼炮 lǐpào

（一）双手平伸，掌心向上，前后交替移动两下。

（二）左手握拳，虎口朝内；右手伸食指，指尖朝前上方，虎口朝上，置于左手背上，然后向后一顿，如鸣放礼炮状。

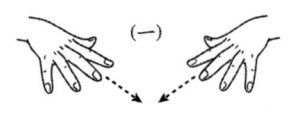

礼堂 lǐtáng
（一）双手五指张开，掌心向下，从后方两侧向前方中间移动，表示很多人往一处去。
（二）双手搭成"∧"形。

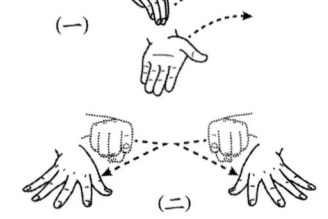

礼物 lǐwù
（一）左手横伸，掌心向上；右手五指撮合，指尖朝下，置于左手上方，双手同时向前移动。
（二）双手食指指尖朝前，手背向上，先互碰一下，再分开并张开五指。

李 Lǐ
一手拇、食指弯曲，指尖朝内，抵于颏部，表示姓氏"李"。

李子 lǐ·zi
（一）一手拇、食指弯曲，指尖朝内，抵于颏部。
（二）一手拇、食指捏成圆形，虎口朝上。

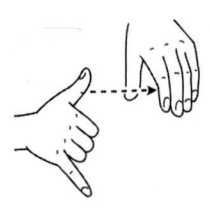

里弄（巷） lǐlòng (xiàng)
左手五指成"∩"形，虎口朝内；右手伸拇、小指，移入左手"∩"形中。

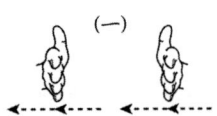

理财（理财金） lǐcái (lǐcáijīn)
（一）双手侧立，掌心相对，向一侧一顿一顿移动几下。
（二）左手拇、食指捏成圆形，虎口朝上；右手伸食指，敲一下左手拇指。

理发（推子） lǐfà (tuī·zi)

一手拇、食指弯曲，指尖朝内，置于发际，然后向上移动两下，模仿用电动推子理发的动作。

（可根据实际表示理发的动作）

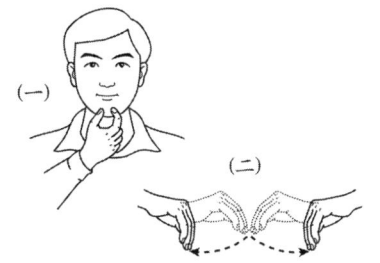

理解（领会） lǐjiě (lǐnghuì)

（一）一手拇、食指弯曲，指尖朝内，抵于颏部。
（二）双手手背拱起，指背相对，分别向两侧扒动一下。

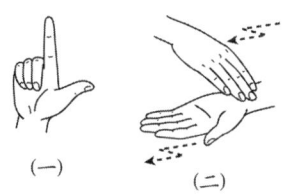

理疗 lǐliáo

（一）一手打手指字母"L"的指式。
（二）左手平伸，掌心向上；右手五指并拢，食、中、无名指指尖按于左手腕的脉门处，双手同时向前移动两下。

（可根据实际表示理疗的方式）

理论 lǐlùn

一手打手指字母"L"的指式，逆时针平行转动两下。

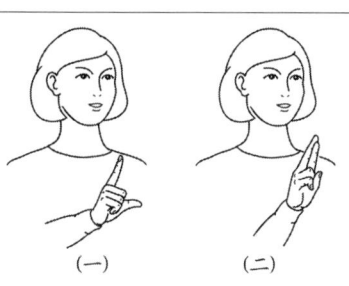

理事 lǐshì

（一）右手打手指字母"L"的指式，拇指尖抵于左胸部，表示职务名称。
（二）一手食、中指相叠，指尖朝前上方。

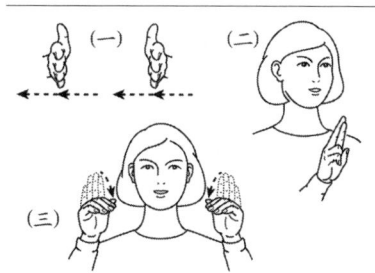

理事会 lǐshìhuì

（一）双手侧立，掌心相对，向一侧一顿一顿移动几下。
（二）一手食、中指相叠，指尖朝前上方。
（三）双手直立，掌心分别向左右斜前方，食、中、无名、小指弯动一下。

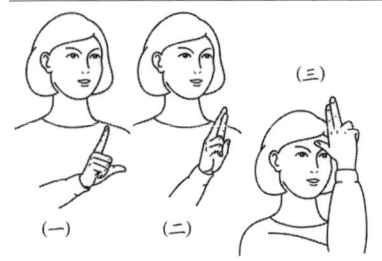

理事长 lǐshìzhǎng

（一）右手打手指字母"L"的指式，拇指尖抵于左胸部，表示职务名称。
（二）一手食、中指相叠，指尖朝前上方。
（三）一手伸拇、食、中指，拇指尖抵于前额，食、中指直立并拢。

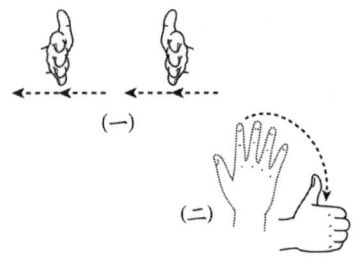

理顺 lǐshùn

（一）双手侧立，掌心相对，向一侧一顿一顿移动几下。
（二）右手直立，掌心向左，五指张开，边向前转腕边食、中、无名、小指弯曲，指尖抵于掌心，拇指直立。

理想 lǐxiǎng

一手打手指字母"L"的指式，拇指尖抵于太阳穴，前后转动两下。

理性 lǐxìng

（一）一手打手指字母"L"的指式，逆时针平行转动一下。
（二）左手食指直立；右手食、中指横伸，指背交替弹左手食指背。

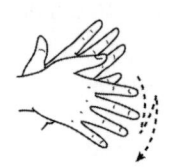

理由（道理❷、因素） lǐyóu (dào·lǐ ❷、yīnsù)

双手五指张开，掌心左右相贴，左手不动，右手向下转动两下。

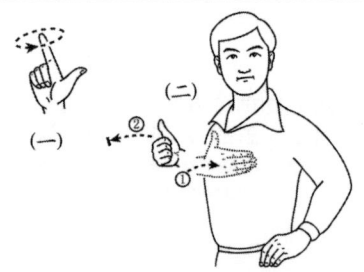

理直气壮 lǐzhí-qìzhuàng

（一）一手打手指字母"L"的指式，逆时针平行转动一下。
（二）左手叉腰；右手拍一下胸部，然后伸出拇指，向前一顿，面露自信的表情。

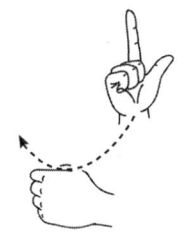

锂 lǐ

左手握拳，虎口朝上；右手打手指字母"L"的指式，手腕砸一下左手虎口后向前移动，表示锂的声母。

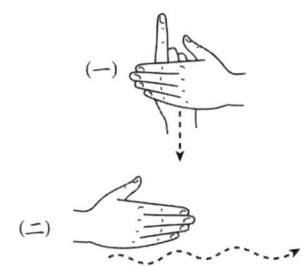

鲤鱼 lǐyú

（一）左手横立；右手食指直立，在左手掌心内从上向下移动。"里"与"鲤"音同，借代。
（二）一手横立，手背向外，向一侧做曲线形移动（或一手侧立，向前做曲线形移动），如鱼游动状。

力 lì

一手握拳屈肘，用力向内弯动一下。

力量 lì·liàng

一手握拳屈肘，用力向内弯动两下。

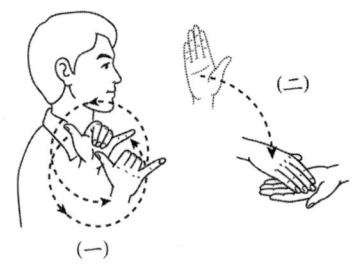

历来 lìlái

（一）双手伸拇、小指，指尖朝上，交替向肩后转动。
（二）左手横伸；右手直立，掌心向外，从后向下拍向左手掌心。

历史（史） lìshǐ (Shǐ)

双手伸拇、小指，指尖朝上，交替向肩后转动；也用于表示姓氏"史"。

厉害 lì·hai

一手伸拇、小指，拇指尖朝内，在一侧肩前向下划动两下，面露惊奇的表情。

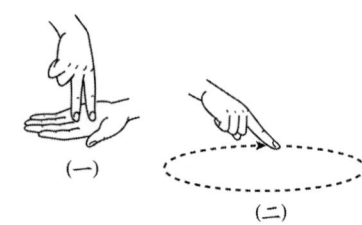

立场 lìchǎng

（一）左手横伸；右手食、中指分开，指尖朝下，立于左手掌心上。
（二）一手伸食指，指尖朝下划一大圈。

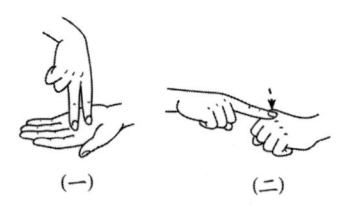

立春 lìchūn

（一）左手横伸；右手食、中指分开，指尖朝下，立于左手掌心上。
（二）左手握拳，手背向上；右手食指点一下左手食指根部关节。

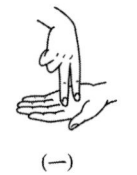 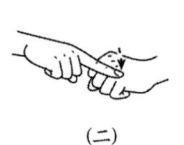

立冬 lìdōng

（一）左手横伸；右手食、中指分开，指尖朝下，立于左手掌心上。
（二）左手握拳，手背向上；右手食指点一下左手小指根部关节。

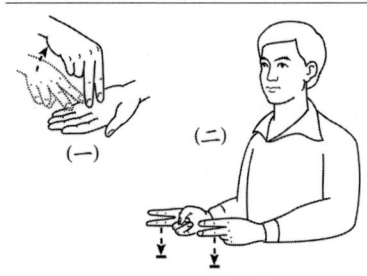

立法 lìfǎ

（一）左手横伸；右手食、中指分开，先平放于左手掌心上，然后竖立起来。
（二）双手打手指字母"F"的指式，指尖朝前，向下一顿。

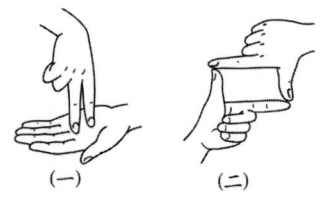

立方 lìfāng

（一）左手横伸；右手食、中指分开，指尖朝下，立于左手掌心上。
（二）双手拇、食指搭成"□"形。

立交桥　lìjiāoqiáo

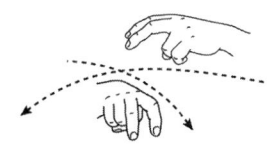

双手食、中指微曲分开，指背向上，左手指尖朝右，右手指尖朝前，然后做"十"字形交叉弧形移动。

（可根据实际表示立交桥的样式）

立秋　lìqiū

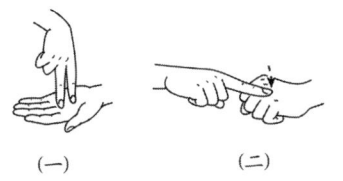

（一）左手横伸；右手食、中指分开，指尖朝下，立于左手掌心上。

（二）左手握拳，手背向上；右手食指点一下左手无名指根部关节。

立陶宛　Lìtáowǎn

右手食、中指横伸稍分开，手背向上，置于额头，然后沿前额从左向右移动。

（此为国外聋人手语）

立夏　lìxià

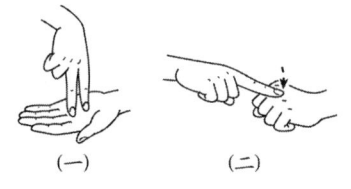

（一）左手横伸；右手食、中指分开，指尖朝下，立于左手掌心上。

（二）左手握拳，手背向上；右手食指点一下左手中指根部关节。

立正　lìzhèng

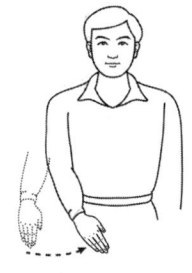

右手五指并拢，指尖朝下，手背向右前方，向右腿处一挥（或右手五指并拢，指尖朝上，从头右上方向头正前方一挥）。

（可根据实际表示立正的指令）

利比里亚　Lìbǐlǐyà

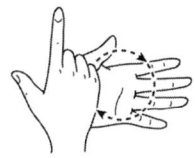

左手横立，掌心向内，五指张开，表示非洲大陆；右手打手指字母"L"的指式，手背向内，表示利比里亚英文国名首字母，在左手掌心内顺时针转动两圈。

（此为国外聋人手语）

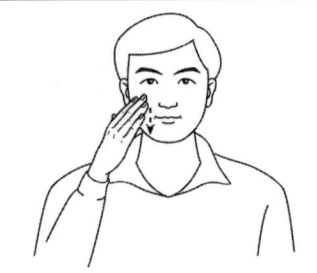

利比亚 Lìbǐyà

一手食、中、无名、小指并拢,指尖在脸颊一侧向下摸一下。

(此为国外聋人手语)

 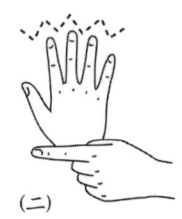

利率 lìlǜ

(一)一手小指弯曲,指尖朝上,向上微动一下。

(二)左手食指横伸,手背向外;右手直立,手背向外,手腕贴于左手食指,五指张开,交替点动几下。

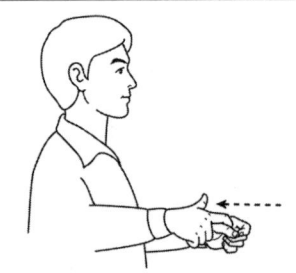

利润 lìrùn

左手拇、食指捏成圆形,虎口朝上;右手伸拇、食指,食指勾住左手拇指,向内一拉。

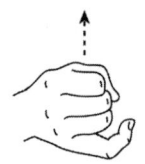

利息 lìxī

一手小指弯曲,指尖朝上,向上微动一下。

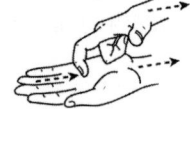

利益(实惠、好处) lìyì (shíhuì、hǎochù)

左手平伸;右手伸拇、食指,食指边向后划一下左手掌心边缩回,双手同时向内移动。

利用① lìyòng①

左手伸拇指;右手拇、食、中指捏住左手拇指尖,平行转动两圈,表示人被利用的意思。

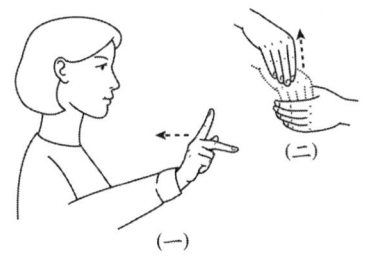

利用②（借用） lìyòng② (jièyòng)

（一）一手打手指字母"K"的指式，中指尖朝外，向内移动一下，表示利用资源的意思。

（二）左手五指成"匚"形，虎口朝上；右手五指撮合，指尖朝下，从左手虎口内抽出。

（可根据实际决定手的朝向和移动方向）

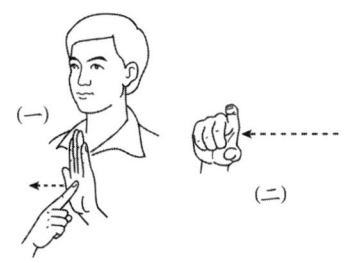

例句 lìjù

（一）左手直立，掌心向前；右手伸食指，抵于左手掌心，双手同时向前移动一下。

（二）一手拇、食指张开，指尖朝前，向一侧移动一下。

例子 lì·zi

左手直立，掌心向前；右手伸食指，抵于左手掌心，双手同时向前移动一下。

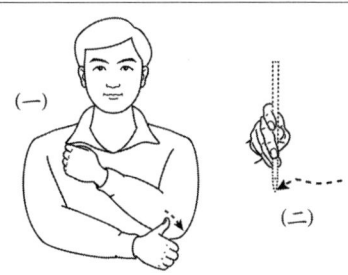

隶书 lìshū

（一）左臂抬起，左手握拳，手背向外；右手伸拇指，指尖在左手肘部向下划一下。

（二）一手如执毛笔写隶书状。

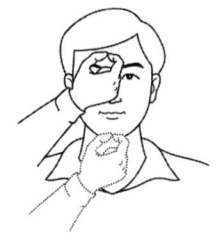

荔枝 lìzhī

一手拇、食指相捏，指尖朝内，先置于颏部，再置于前额。

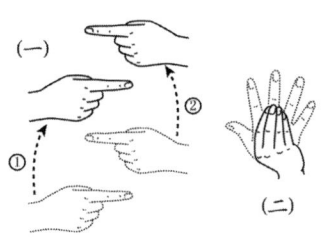

傈僳族 Lìsùzú

（一）双手食指横伸，手背向外，然后交替向上移动，表示傈僳族刀杆节。

（二）一手五指张开，指尖朝上，然后撮合。

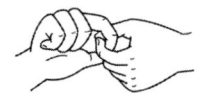

连（关系） lián (guān·xì)

双手拇、食指套环；也用于表示姓氏"连"。

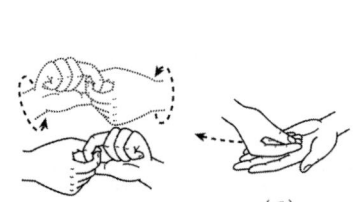

连词 liáncí

（一）双手拇、食指套环，向一侧移动。
（二）左手直立，掌心向外；右手食、中指弯曲，指尖朝内，点一下左手掌心。

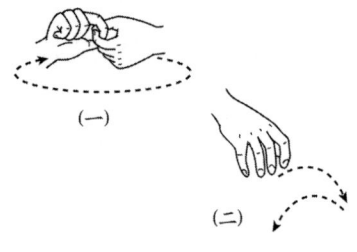

连环画 liánhuánhuà

（一）双手边转腕边拇、食指连续相互套环。
（二）左手横伸；右手五指撮合，指背在左手掌心上抹一下。

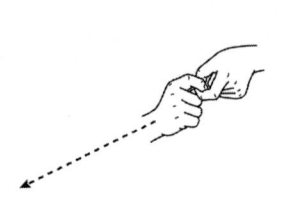

连锁店 liánsuǒdiàn

（一）双手拇、食指套环，顺时针平行转动一圈。
（二）一手五指弯曲，指尖朝下，随意移动几下。

连续（蝉联） liánxù (chánlián)

双手拇、食指套环，向斜下方移动。

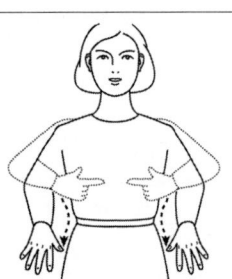

连衣裙 liányīqún

双手伸拇、食指，从胸两侧向斜下方移动并张开五指，仿连衣裙式样。

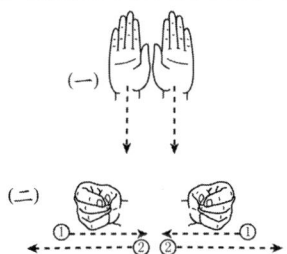

帘子 lián·zi

（一）双手直立，掌心向外，同时向下移动一下。
（二）双手拇、食指相捏，虎口朝上，模仿拉窗帘的动作。
（可根据实际表示帘子的式样）

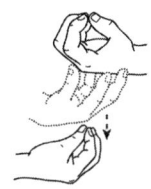

莲雾 liánwù

左手五指捏成球形，指尖朝上；右手五指弯曲，指尖朝上，置于左手背下，然后边向下微移边撮合，仿莲雾的形状。

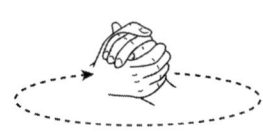

联邦（联盟、结盟、盟）
liánbāng（liánméng、jiéméng、méng）

双手一横一竖，相互握住，顺时针平行转动一圈。

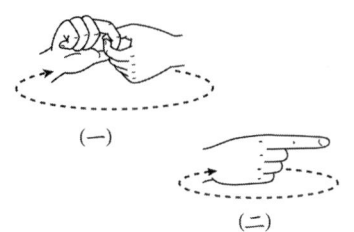

联合国 Liánhéguó

（一）双手拇、食指套环，顺时针平行转动一圈。
（二）一手打手指字母"G"的指式，顺时针平行转动一圈。

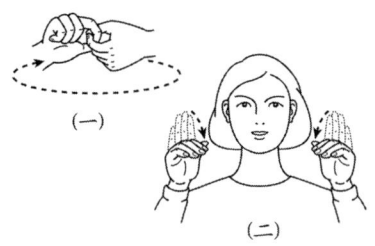

联合会 liánhéhuì

（一）双手拇、食指套环，顺时针平行转动一圈。
（二）双手直立，掌心分别向左右斜前方，食、中、无名、小指弯动一下。

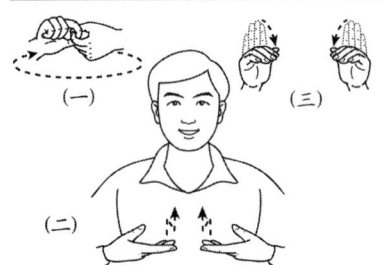

联欢会 liánhuānhuì

（一）双手拇、食指套环，顺时针平行转动一圈。
（二）双手横伸，掌心向上，在胸前同时向上移动两下，面带笑容。
（三）双手直立，掌心分别向左右斜前方，食、中、无名、小指弯动一下。

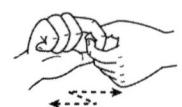

联系 liánxì

双手拇、食指套环，左右移动两下。

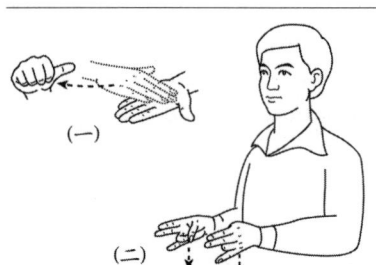

廉政 liánzhèng

（一）左手横伸；右手平伸，掌心向下，贴于左手掌心，边向左手指尖方向移动边食、中、无名、小指弯曲，指尖抵于掌心。
（二）双手打手指字母"ZH"的指式，指尖朝前，向下一顿。

鲢鱼 liányú

（一）双手拇、食指套环。"连"与"鲢"音同，借代。
（二）一手横立，手背向外，向一侧做曲线形移动（或一手侧立，向前做曲线形移动），如鱼游动状。

镰刀 liándāo

一手食指弯曲，虎口朝上，从一侧向另一侧做弧形划动，如镰刀割物状。

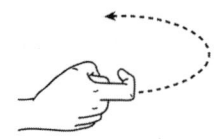

脸 liǎn

一手伸食指，绕脸部转动一圈。

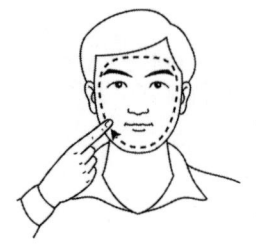

练习（训练） liànxí (xùnliàn)

左手横伸；右手平伸，掌心、手背在左手掌心上交替蹭一下。

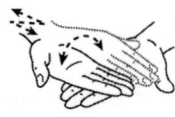

练习题　liànxítí

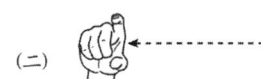

（一）左手横伸；右手平伸，掌心、手背在左手掌心上交替蹭一下。

（二）一手拇、食指张开，指尖朝前，向一侧移动一下。

恋爱　liàn'ài

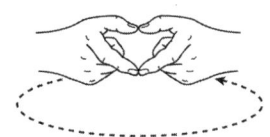

双手拇、食指张开仿"♡"形，虎口朝上，平行转动一圈。

链接　liànjiē

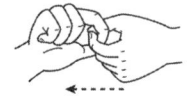

双手拇、食指套环，向一侧移动。

良好　liánghǎo

（一）左手伸拇、食指，食指尖朝右；右手拇、食指捏一下左手食指。

（二）一手伸拇指。

良心　liángxīn

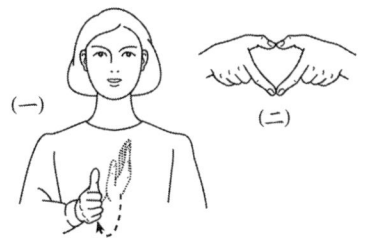

（一）右手直立，掌心向右，小指外侧贴于胸部正中，先向下再向外上方移动，并伸出拇指。

（二）双手拇、食指张开仿"♡"形，手背向外，置于胸部。

凉（冰②、冰凉）　liáng（bīng②、bīngliáng）

一手食、中、无名、小指弯曲，指背贴于脸颊，表示东西冰凉、表情冷冰冰的意思。

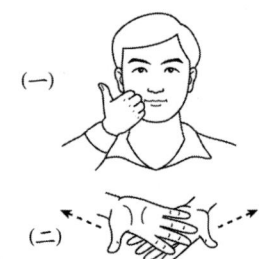

凉席 liángxí

（一）一手食、中、无名、小指弯曲，指背贴于脸颊。
（二）双手五指张开，掌心向上，交叉相搭，并向两侧微移一下。

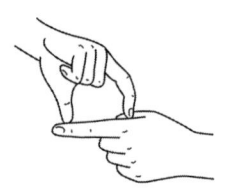

量角器（半圆仪） liángjiǎoqì (bànyuányí)

左手食指横伸，手背向外；右手拇、食指成半圆形，指尖朝下，置于左手食指上，仿量角器的形状。

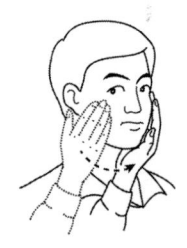

两面派 liǎngmiànpài

右手掌先贴于右脸颊，再贴于左脸颊，眼睛斜视。

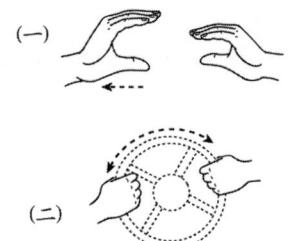

两厢车 liǎngxiāngchē

（一）双手五指成"⊏⊐"形，虎口朝内，左手薄，不动，表示车头，右手厚，并向右移动一下，表示车厢。
（二）双手虚握，左右转动，如操纵方向盘状。

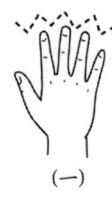 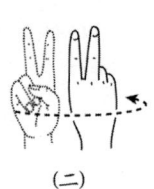

量变 liàngbiàn

（一）一手直立，掌心向内，五指张开，交替点动几下。
（二）一手食、中指直立分开，由掌心向外翻转为掌心向内。

撩 liāo

右手横伸，掌心向下，置于头前左侧，然后转腕，向右上方移动，模仿撩门帘的动作。
（可根据实际表示撩的动作）

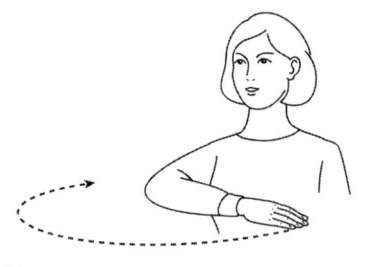

辽阔（开阔❷） liáokuò (kāikuò ❷)

一手横伸，掌心向下，五指并拢，齐胸部从一侧向另一侧做大范围的弧形移动，表示土地辽阔的意思。

辽宁（辽） Liáoníng (Liáo)

双手伸拇、食指，左手食指横伸，右手食指垂直于左手食指，然后向下移动两下，仿"辽"字形。

了解① liǎojiě ①

左手横伸；右手打手指字母"L"的指式，置于左手掌心上，然后向左手指尖方向移动。

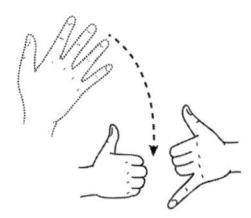

了解② liǎojiě ②

左手伸拇、小指，手背向外；右手五指张开，掌心向内，在左手旁边向左转腕边食、中、无名、小指弯曲，指尖抵于掌心，拇指直立。

列宁（宁） Lièníng (Níng)

一手虚握，虎口贴于颏部，再向上一翘，仿列宁胡子的样子；也用于表示姓氏"宁"。

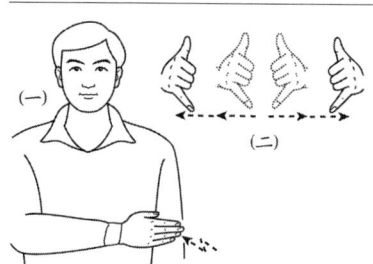

列席 lièxí

（一）右手五指并拢，拍两下左臂外侧。
（二）双手伸拇、小指，指尖朝外，从中间向两侧一顿一顿移动几下，表示坐的人。

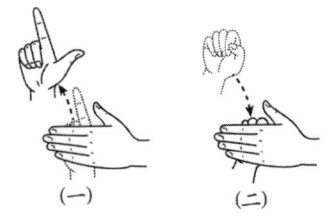

列支敦士登　Lièzhīdūnshìdēng
（一）左手横立；右手伸拇、食指，掌心向外，从左手掌心内向右上方移出。
（二）左手横立；右手握拳，手背向内，从右上方移入左手掌心内。
（此为国外聋人手语）

劣（恶劣②、卑鄙）　liè (èliè ②、bēibǐ)
一手伸小指，指尖朝上，手背向外，左右晃动几下，面露鄙夷的表情。

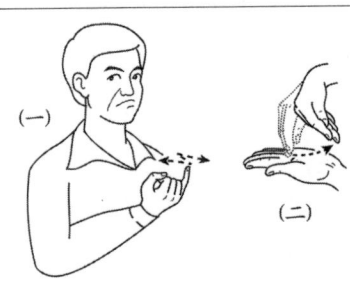

劣迹　lièjì
（一）一手伸小指，指尖朝上，手背向外，左右晃动几下。
（二）左手平伸；右手五指撮合，指尖朝下，在左手掌心上向后一抹。

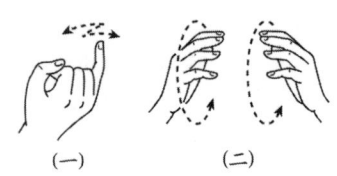

劣势　lièshì
（一）一手伸小指，指尖朝上，手背向外，左右晃动几下。
（二）双手五指微曲张开，掌心相对，同时向前转动一下。

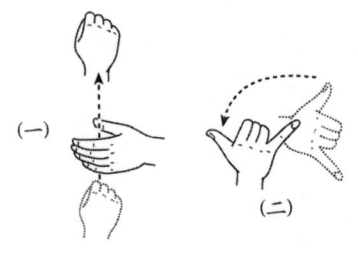

烈士　lièshì
（一）左手五指弯曲，虎口朝上；右手握拳，手背向外，从左手虎口处向上一举。
（二）右手伸拇、小指，先直立，再向右转腕。

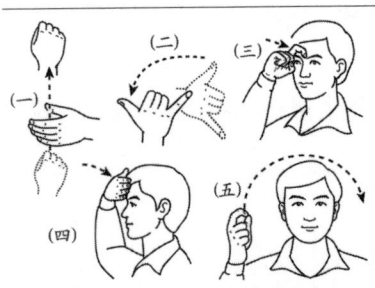

烈士纪念日　Lièshìjìniànrì
（一）左手五指弯曲，虎口朝上；右手握拳，手背向外，从左手虎口处向上一举。
（二）右手伸拇、小指，先直立，再向右转腕。
（三）一手打手指字母"J"的指式，碰一下前额。
（四）一手拍一下前额。
（五）右手拇、食指捏成圆形，虎口朝内，从右向左做弧形移动，越过头顶。

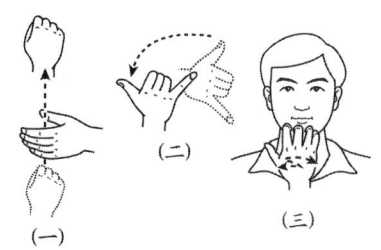

烈属 lièshǔ

（一）左手五指弯曲，虎口朝上；右手握拳，手背向外，从左手虎口处向上一举。

（二）右手伸拇、小指，先直立，再向右转腕。

（三）一手五指微曲，指尖朝内，在颏部左右微动几下。

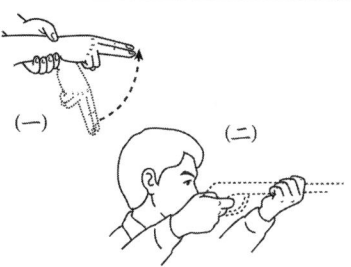

猎枪 lièqiāng

（一）左手握住右手腕；右手食、中指并拢，指尖朝下，手背向外，然后向上抬起，表示装弹后的双筒猎枪。

（二）双手如托猎枪状。

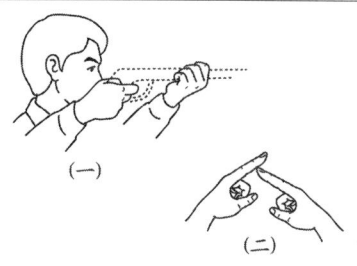

猎人（猎手） lièrén（lièshǒu）

（一）双手如托猎枪状。

（二）双手食指搭成"人"字形。

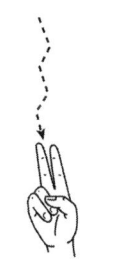

裂缝（缝隙） lièfèng（fèngxì）

一手食、中指直立稍分开，掌心向外，从上向下做不规则移动，表示裂缝。

（可根据实际表示裂缝的样子）

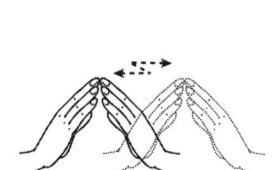

邻居① línjū ①

双手搭成"∧"形，左右微动几下。

（"邻居"的手语存在地域差异，可根据实际选择使用）

邻居② línjū ②

（一）双手搭成"∧"形。

（二）双手五指弯曲，指尖朝下，从两侧向中间移动并停住，表示住宅接近的意思。

（"邻居"的手语存在地域差异，可根据实际选择使用）

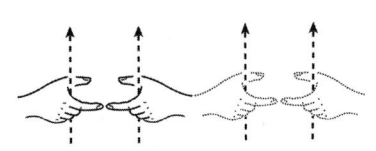

林 lín
双手拇、食指成大圆形,虎口朝上,在不同位置向上移动两下。

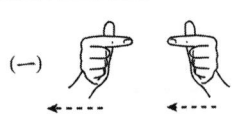

临摹 línmó
(一)双手拇、食指搭成"十"字形,同时向一侧移动一下。
(二)左手横伸;右手五指撮合,指背在左手掌心上抹一下。

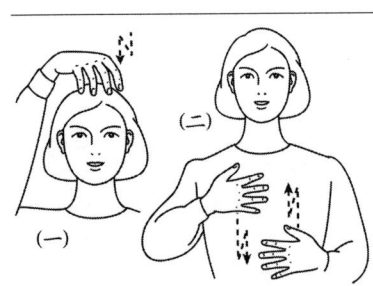

淋浴 línyù
(一)一手五指弯曲,指尖朝下,在头顶上向下移动几下,如喷头洒水状。
(二)双手五指张开,掌心贴于胸部,上下交替移动几下。(可根据实际表示洗澡的动作)

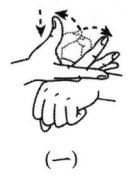

磷肥 línféi
(一)左手握拳,手背向上;右手拇、中指相捏,边手背碰向左手背边弹开,表示磷可以发光。
(二)一手拇、食指弯曲,其他三指伸出,指尖朝下,虎口朝外,微晃几下。

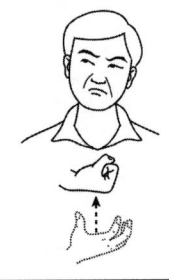

吝啬 lìnsè
一手五指微曲,掌心向上,置于腹部,然后边向上移动边握拳,面露不满的表情。

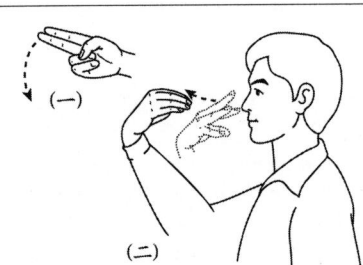

令狐 Línghú
(一)一手食、中指并拢,向下一挥。
(二)一手五指张开,指尖对着嘴部,边向外移动边向上一翘,五指撮合。
(此手势表示复姓"令狐")

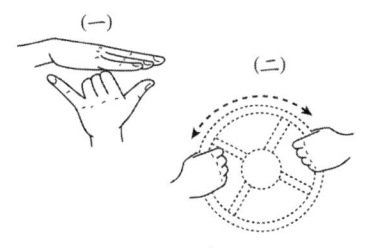

灵车 língchē
（一）左手伸拇、小指，指尖朝上；右手横伸，掌心向下，五指并拢，置于左手上。
（二）双手虚握，左右转动，如操纵方向盘状。

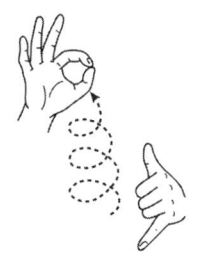

灵魂 línghún
左手伸拇、小指；右手拇、食指捏成圆形，其他三指直立分开，虎口朝内，从左手旁边转动边向上移动。

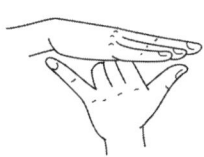

灵柩 língjiù
左手伸拇、小指，指尖朝上；右手横伸，掌心向下，五指并拢，置于左手上。

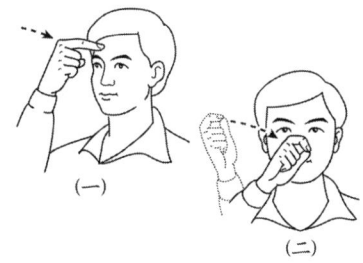

灵敏（敏锐①） língmǐn（mǐnruì①）
（一）一手伸食指，点一下前额。
（二）一手拇、食指捏成圆形，在头前快速向一侧划动。
（此手势表示头脑灵敏的意思）

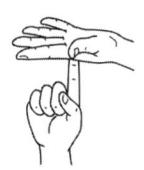
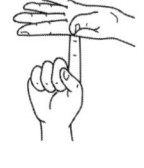

灵芝 língzhī
左手平伸，掌心向上，五指张开；右手食指直立，指尖抵于左手背。

凌晨①（拂晓、黎明） língchén①（fúxiǎo、límíng）
左手横伸，掌心向下；右手五指撮合，置于左手外侧，然后张开少许。
（"凌晨"的手语存在地域差异，可根据实际选择使用）

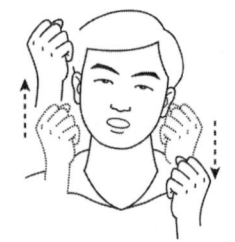

凌晨② língchén ②

双手握拳，置于脸颊两侧，然后分别向上下方向移动，表示凌晨似醒非醒时伸懒腰、打哈欠的动作。

("凌晨"的手语存在地域差异，可根据实际选择使用)

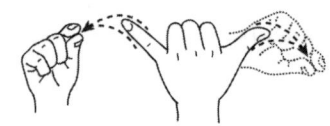

菱角 líng·jiao

左手伸拇、小指，手背向外；右手拇、食指微张，边分别沿左手拇、小指向外移动边相捏，仿菱角外形。

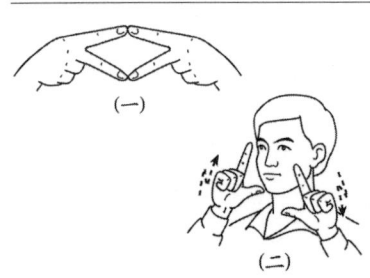

菱形 língxíng

（一）双手食、中指分开，指尖斜向相抵，手背向外，搭成"◇"形。

（二）双手拇、食指成"⌐⌐"形，置于脸颊两侧，上下交替动两下。

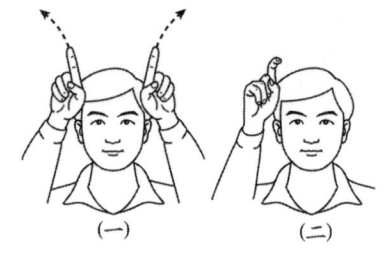

羚羊 língyáng

（一）双手食指直立，虎口贴于太阳穴两侧，向斜上方伸出。

（二）一手食指弯曲如钩，虎口贴于太阳穴，仿羊头上弯曲的角。

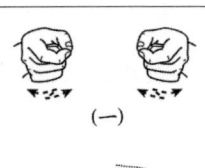

零件 língjiàn

（一）双手拇、食指捏成圆形，虎口朝上，随意晃动几下，表示需要组装的零件。

（二）双手食指指尖朝前，手背向上，先互碰一下，再分开并张开五指。

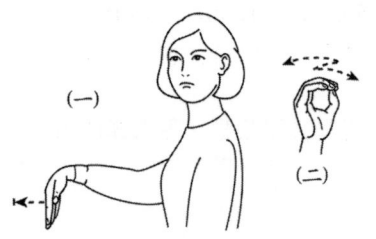

零拒绝 língjùjué

（一）一手五指并拢，指尖朝下，掌心向内，用力向前一顿，头歪向一侧，面露严肃的表情。

（二）一手五指捏成圆形，虎口朝内，左右晃动几下。

零售 língshòu
（一）一手食指直立，向外移动两下。
（二）双手横伸，右手背在左手掌心上拍一下，然后向外移动。

 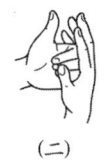

领班 lǐngbān
（一）左手伸拇指，在前；右手五指张开，掌心向下，在后，双手同时向前移动。
（二）左手伸拇指，手背向外；右手直立，掌心向左，五指微曲，贴于左手。

领带 lǐngdài
左手拇、食指张开，指尖朝内，置于领口；右手拇、食指搭成"十"字形，向下微移一下，同时左手向上微移一下。

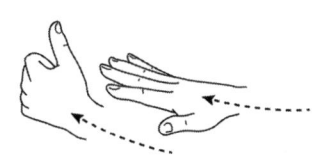

领导❶ lǐngdǎo❶
左手伸拇指，在前；右手五指张开，掌心向下，在后，双手同时向前移动，表示领导的动词意思。

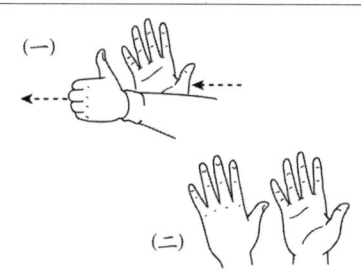

领队 lǐngduì
（一）左手伸拇指，在前；右手直立，掌心向左，五指张开，在后，双手同时向前移动。
（二）双手直立，五指张开，一前一后排成一列。

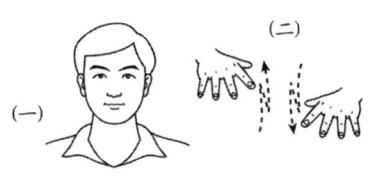

领海 lǐnghǎi
（一）双手横立，掌心向内，五指微曲，从两侧向中间移动，再向后移动。
（二）双手平伸，掌心向下，五指张开，上下交替移动，表示起伏的波浪。

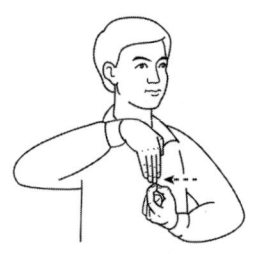

领奖 lǐngjiǎng

左手拇、食指捏成圆形,虎口朝外,置于胸部正中;右手五指并拢,指尖朝下,抵于左手圆形上端,然后双手同时向内移动一下。

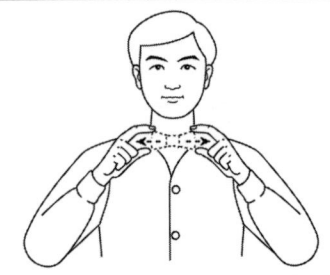

领结 lǐngjié

双手拇、食指成"⊏⊐"形,虎口朝内,贴于喉结下,然后向两侧微移,仿领结形状。

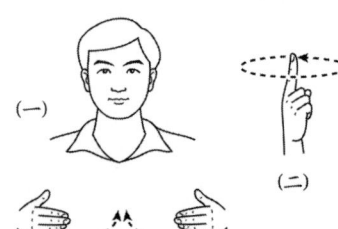

领空 lǐngkōng

(一)双手横立,掌心向内,五指微曲,从两侧向中间移动,再向后移动。

(二)一手食指直立,在头一侧上方转动一圈,眼睛注视手的动作。

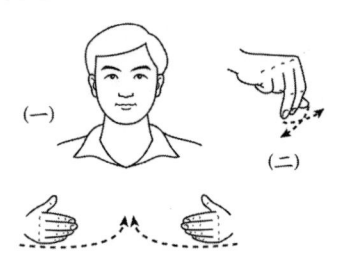

领土 lǐngtǔ

(一)双手横立,掌心向内,五指微曲,从两侧向中间移动,再向后移动。

(二)一手拇、食、中指相捏,指尖朝下,互捻几下。

领袖(首长、领导❷、官②)

lǐngxiù (shǒuzhǎng、lǐngdǎo❷、guān②)

一手伸拇、食、中指,拇指尖抵于前额,食、中指直立并拢,表示现代官员。

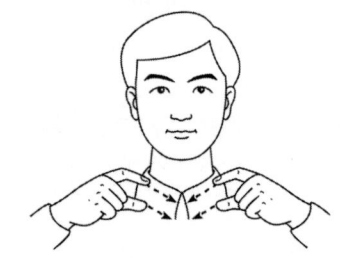

领章 lǐngzhāng

双手拇、食指张开,指尖朝内,在领口处从后向前微移一下,表示领章。

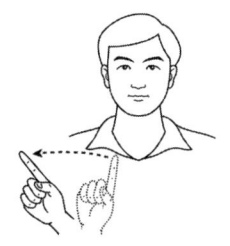

另外（此外） lìngwài（cǐwài）
右手食指直立，然后手腕向右一转。

刘 Liú
一手伸拇、小指，指尖朝外，左右晃动几下，表示姓氏"刘"。

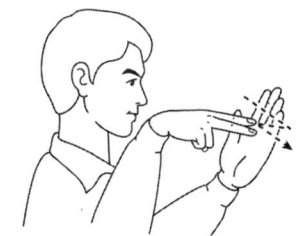

浏览 liúlǎn
左手斜伸，掌心向内，置于面前；右手食、中指分开，指尖对着左手掌心，手背向上，从左向右、从上向下做快速移动。

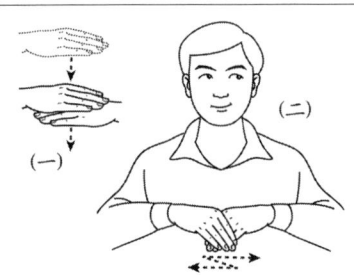

留恋 liúliàn
（一）双手横伸，掌心向下，右手边拍一下左手背边向下一按。
（二）右手捏住左手，手背向外，左右来回微移两下，面露依恋不舍的表情。

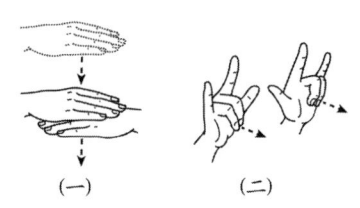

留守 liúshǒu
（一）双手横伸，掌心向下，右手边拍一下左手背边向下一按。
（二）双手拇、食、小指直立，掌心向外一推。

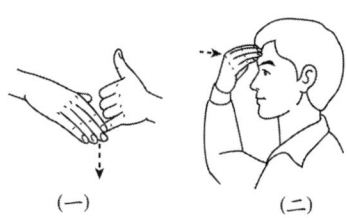

留学 liúxué
（一）左手伸拇、小指，手背向外；右手平伸，掌心向下，置于左手小指上，再向下一按，表示留在异地的意思。
（二）一手五指撮合，指尖朝内，按向前额。

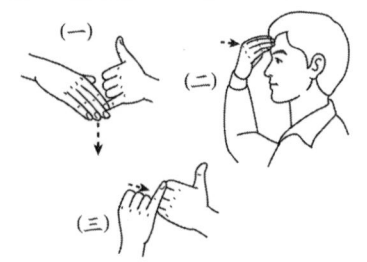

留学生 liúxuéshēng

（一）左手伸拇、小指，手背向外；右手平伸，掌心向下，置于左手小指上，再向下一按，表示留在异地的意思。

（二）一手五指撮合，指尖朝内，按向前额。

（三）左手伸拇指，手背向外；右手伸小指，小指外侧在左手食、中、无名、小指指背上碰一下。

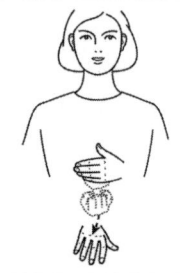

流产（小产） liúchǎn (xiǎochǎn)

左手横立，五指微曲；右手拇、小指蜷曲，手背向下，边从左手掌心内向下移出边翻转为掌心向下，五指张开。

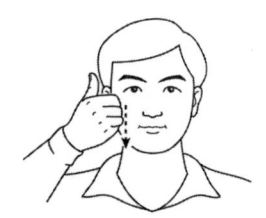

流畅 liúchàng

一手食、中、无名、小指弯曲，指背贴于脸颊，从上向下快速划下。

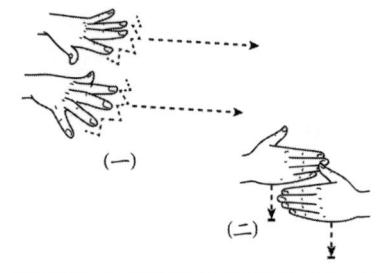

流程❶ liúchéng❶

（一）双手平伸，掌心向下，五指张开，边交替点动边向前移动。

（二）双手横立，掌心向内，一前一后，同时向下一顿。

（此手势表示水流经的路程）

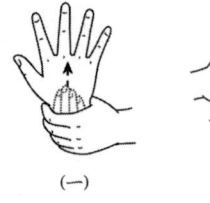 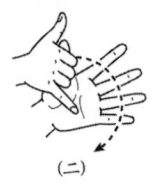

流程❷ liúchéng❷

（一）左手五指成半圆形，虎口朝上；右手五指撮合，指尖朝上，手背向外，边从左手虎口内伸出边张开。

（二）左手侧立，五指张开；右手伸拇、小指，从左手拇指转向左手小指。

（此手势表示生产工艺的程序）

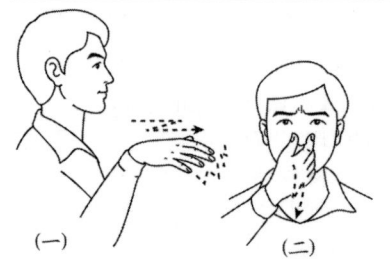

流感 liúgǎn

（一）一手平伸，掌心向下，五指张开，边交替点动边向前移动两下。

（二）一手拇、食指张开，指尖对着鼻部，向下甩两下，表示流鼻涕。

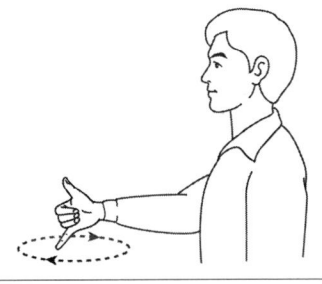

流浪① liúlàng ①

一手伸拇、小指,顺时针转动两圈,表示有家不回,在外流浪。

流浪② liúlàng ②

左手伸拇、小指;右手拇、食、中指相捏,指尖朝下,置于左手上,然后双手同时顺时针平行转动两圈,表示无家可归。

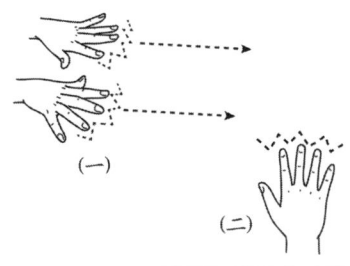

流量❶ liúliàng ❶

(一)双手平伸,掌心向下,五指张开,边交替点动边向前移动。
(二)一手直立,掌心向内,五指张开,交替点动几下。

流量❷ liúliàng ❷

双手伸食指,指尖上下交错,移动两下,表示电信流量的"↑↓"符号。

流氓① liúmáng ①

右手伸拇、小指,手背向外,小指尖在左肘窝处上下划动两下。

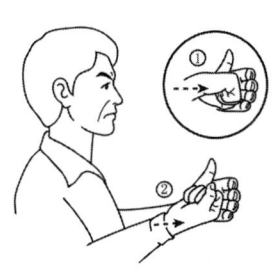

流氓② liúmáng ②

左手横立,掌心向内;右手握拳,先手背向上,再手背向下,朝左手掌心击打两下。

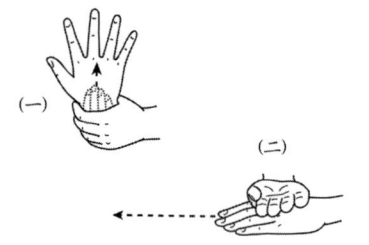

流水线 liúshuǐxiàn
（一）左手五指成半圆形，虎口朝上；右手五指撮合，指尖朝上，手背向外，边从左手虎口内伸出边张开。
（二）左手横伸，右手平伸，双手手背相贴，同时向右侧缓慢移动。左手表示传送带，右手表示被传送的物件。

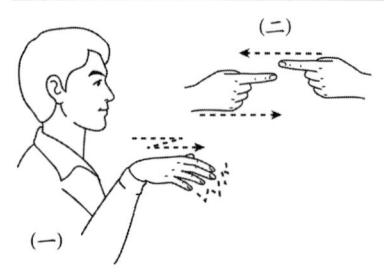

流通 liútōng
（一）一手平伸，掌心向下，五指张开，边交替点动边向前移动两下。
（二）双手食指横伸，指尖相对，手背向外，从两侧向中间交错移动。

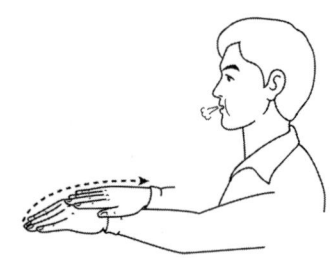

流线型 liúxiànxíng
左手平伸，手背拱起；右手平伸，掌心向下，从左手指尖向手腕方向快速做弧形移动，嘴同时做吹气的动作。

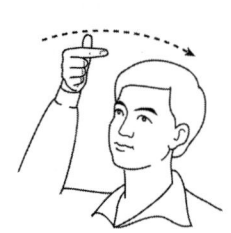

流星 liúxīng
一手拇、食指搭成"十"字形，在头前上方快速向一侧划动，眼睛注视手的动作。

流星雨 liúxīngyǔ
双手拇、食指搭成"十"字形，在头前上方交替向斜下方划动，眼睛注视手的动作。

流行（潮流） liúxíng（cháoliú）
一手平伸，掌心向下，五指张开，边交替点动边向前移动两下。

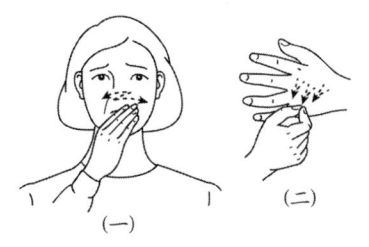

榴莲 liúlián

（一）一手在鼻前左右扇动几下，同时皱眉。

（二）左手横立，五指微曲；右手拇、食指微张，指尖朝内，在左手背上边向外移动边相捏几下，表示榴莲外壳上的刺。

瘤 liú

左手直立，掌心向右；右手五指捏成球形，指尖抵于左手掌心，表示长肿瘤。

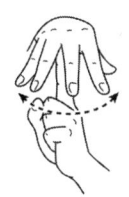

柳 liǔ

左手食指直立；右手腕置于左手食指尖，五指张开，指尖朝下，左右晃动两下。

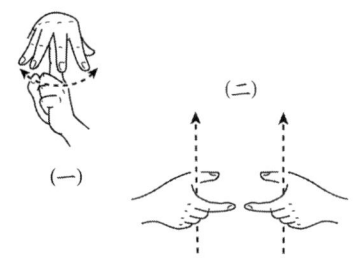

柳树 liǔshù

（一）左手食指直立；右手腕置于左手食指尖，五指张开，指尖朝下，左右晃动两下。

（二）双手拇、食指成大圆形，虎口朝上，同时向上移动。

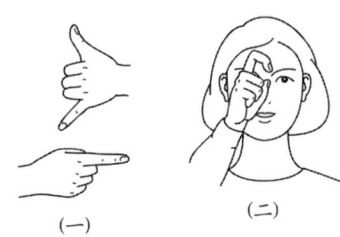

六一儿童节（六一节） Liù-Yī Értóng Jié (Liù-Yī Jié)

（一）左手伸拇、小指，手背向外，在上；右手食指横伸，手背向外，在下，表示公历六月一日。

（二）一手打手指字母"J"的指式，置于前额。

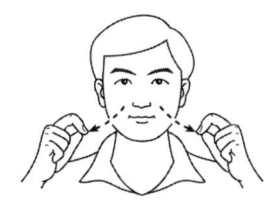

龙 lóng

双手拇、食指相捏，从鼻下向两侧斜前方拉出，表示龙的两条长须。

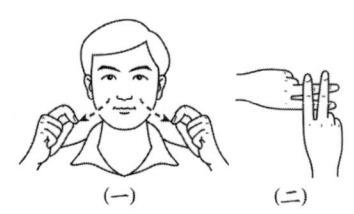

龙井　lóngjǐng

（一）双手拇、食指相捏，从鼻下向两侧斜前方拉出，表示龙的两条长须。

（二）双手食、中指搭成"井"字形，手背向内（或向上）。

龙卷风（旋风）　lóngjuǎnfēng（xuànfēng）

（一）双手伸食指，指尖上下相对，边交替转动边向一侧上方做螺旋形移动，嘴做吹气状，同时张口皱眉。

（二）双手直立，掌心左右相对，五指微曲，左右来回扇动，动作迅猛，幅度要大，同时张口皱眉。

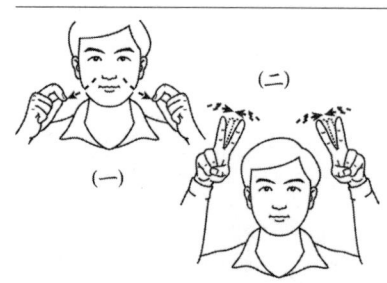

龙虾　lóngxiā

（一）双手拇、食指相捏，从鼻下向两侧斜前方拉出，表示龙的两条长须。

（二）双手食、中指直立分开，置于头两侧，夹动两下。

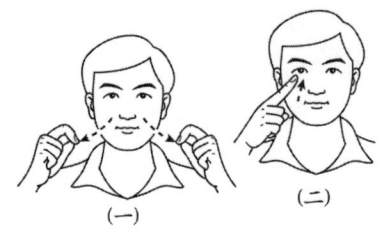

龙眼（桂圆）　lóngyǎn（guìyuán）

（一）双手拇、食指相捏，从鼻下向两侧斜前方拉出，表示龙的两条长须。

（二）一手伸食指，指一下眼睛。

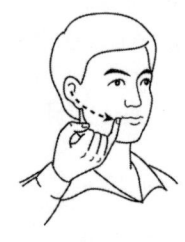

聋①（失聪①）　lóng①（shīcōng①）

一手伸小指，从耳部划向嘴角。

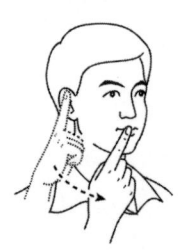

聋②（失聪②）　lóng②（shīcōng②）

一手伸食指，从耳部划向嘴角。

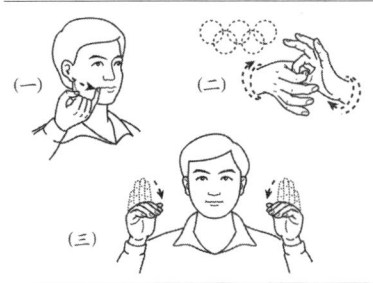

聋奥会 Lóng'àohuì
（一）一手伸小指，从耳部划向嘴角。
（二）双手拇、食指套环，其他三指微曲，向右侧微移，边转腕边做一次套环动作，然后向下微移，再边转腕边做一次套环动作，表示奥林匹克五环标志。
（三）双手直立，掌心分别向左右斜前方，食、中、无名、小指弯动一下。

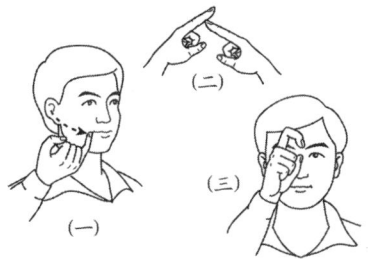

聋人节 Lóngrén Jié
（一）一手伸小指，从耳部划向嘴角。
（二）双手食指搭成"人"字形。
（三）一手打手指字母"J"的指式，置于前额。

聋校 lóngxiào
（一）一手伸小指，从耳部划向嘴角。
（二）双手斜伸，掌心向内，置于身前。
（三）双手搭成"∧"形。

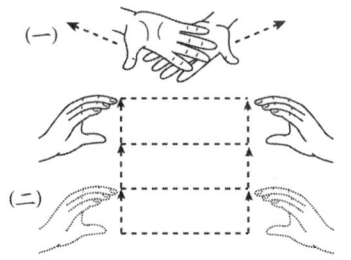

笼屉 lóngtì
（一）双手五指张开，掌心向上，交叉相搭，并向两侧移动一下。
（二）双手五指成"⊏⊐"形，虎口朝内，向上一顿一顿移动几下。

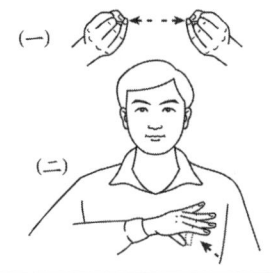

笼统 lóngtǒng
（一）双手拇、小指相捏，从中间向两侧微微拉开。
（二）一手拇、食指相捏，虎口朝内，边碰向左胸部边张开。

笼头 lóng·tou
双手五指微曲张开，掌心向内，交叉相搭，扣于嘴部。

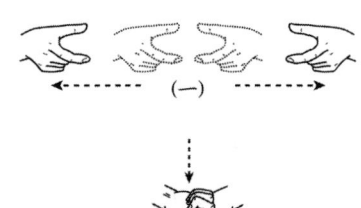

隆重 lóngzhòng

（一）双手拇、食指成大圆形,虎口朝上,从中间向两侧移动,动作幅度大些。

（二）左手横伸;右手伸食指,拇指尖按于食指根部,手背向下,用力砸向左手掌心,表示程度重。

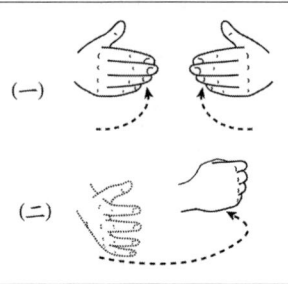

垄断 lǒngduàn

（一）双手横立,掌心向内,五指微曲,从外向内收进。

（二）右手侧立,五指微曲张开,边向左做弧形移动边握拳。

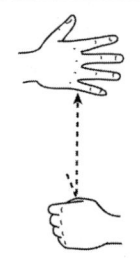

楼层 lóucéng

左手握拳,手背向外;右手五指张开,手背向外,向下碰一下左手虎口后向上移动。

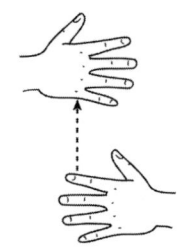

楼房 lóufáng

双手横立,手背向外,五指张开,左手在下不动,右手向上移动。

（可根据实际表示楼房的样式）

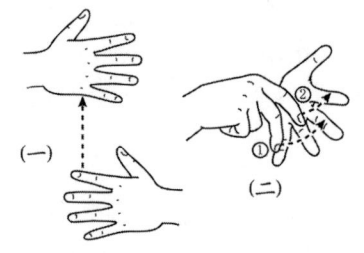

楼梯 lóutī

（一）双手横立,手背向外,五指张开,左手在下不动,右手向上移动。

（二）左手斜伸,掌心向后上方,五指张开;右手食、中指分开,指尖朝下,从左手小指交替向上移动,如登楼梯状。

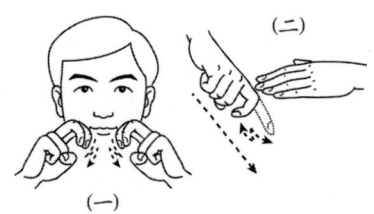

蝼蛄 lóugū

（一）双手食、中指弯曲,贴于嘴角两侧,微动两下。

（二）左手横伸,掌心向下;右手食指边弯动边移入左掌心下,表示蝼蛄钻地。

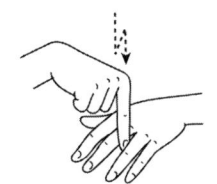

漏（滴） lòu (dī)
左手横伸，掌心向下，五指张开；右手伸食指，指尖朝下，在左手中、无名指指缝间向下插两下。

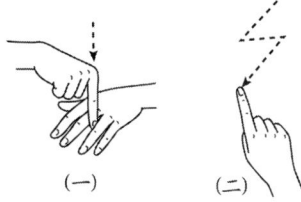

漏电 lòudiàn
（一）左手横伸，掌心向下，五指张开；右手伸食指，指尖朝下，在左手中、无名指指缝间向下插一下。
（二）一手食指书空"ㄌ"形。

露马脚（露馅儿） lòu mǎjiǎo (lòuxiànr)
左手横伸，掌心向下；右手握拳，置于左手掌心下，然后食指向前弹出。

撸（捋） lū (luō)
一手握于另一手袖口处，然后用力向上移动，如捋袖子状。

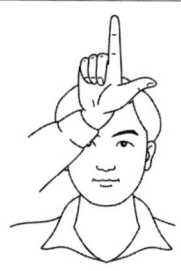

卢 Lú
一手打手指字母"L"的指式，手背贴于前额，表示姓氏"卢"。

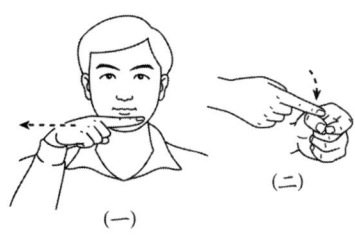

卢布 lúbù
（一）一手食指横伸，在颏部横向移动一下。
（二）左手拇、食指捏成圆形，虎口朝上；右手伸食指，敲一下左手拇指。

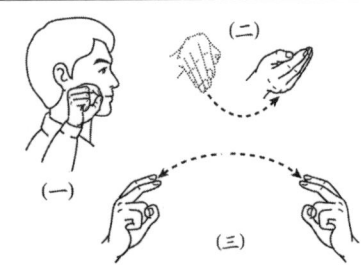

卢沟桥 Lúgōuqiáo

（一）一手拇、食指捏成圆形，虎口贴于脸颊。
（二）一手手背拱起，指尖朝下，向上挖动一下。
（三）双手食、中指微曲分开，指尖相对，指背向上，从中间向两侧下方做弧形移动。
（此为当地聋人手语）

卢森堡 Lúsēnbǎo

一手打手指字母"L"的指式，表示卢森堡英文国名首字母，左右微晃几下。
（此为国外聋人手语）

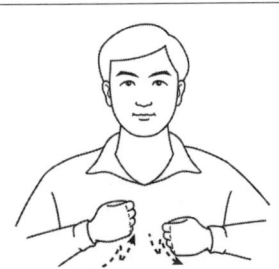

卢旺达 Lúwàngdá

双手握拳，手背向外，交替捶胸部两侧。
（此为国外聋人手语）

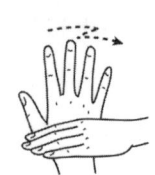

芦苇 lúwěi

左手横伸，掌心向下；右手直立，掌心向内，五指张开，在左手后向左晃动几下。

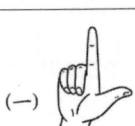

鲈鱼 lúyú

（一）一手打手指字母"L"的指式。
（二）一手横立，手背向外，向一侧做曲线形移动（或一手侧立，向前做曲线形移动），如鱼游动状。

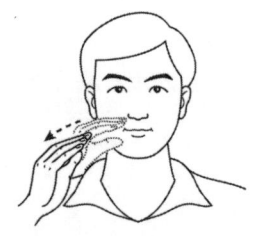

鲁❶ Lǔ❶

一手五指成"冂"形，虎口朝内，先置于嘴角一侧，然后边向斜下方移动边捏合，表示姓氏"鲁"。

鲁❷（山东①） Lǔ ❷ (Shāndōng ①)

一手拇、食指相捏，手背向外，边向鼻部移动边伸出拇、食、小指；专用于表示山东的简称。

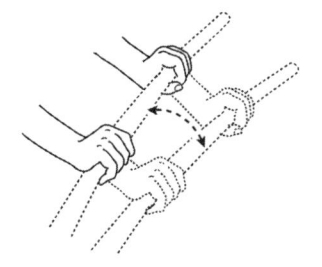

橹 lǔ

双手虚握，在胸前来回摇动，如摇橹状。

陆 Lù

左手横伸；右手打手指字母"L"的指式，在左手背上向指尖方向划动一下，表示姓氏"陆"。

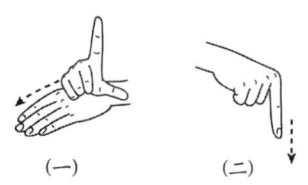

陆地 lùdì

（一）左手横伸；右手打手指字母"L"的指式，在左手背上向指尖方向划动一下。

（二）一手伸食指，指尖朝下一指。

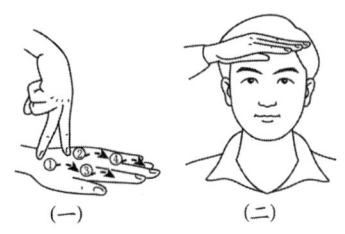

陆军 lùjūn

（一）左手平伸；右手伸食、中指，指尖朝下，在左手背上交替向前移动。

（二）右手横伸，掌心向下，置于前额，表示军帽帽檐。

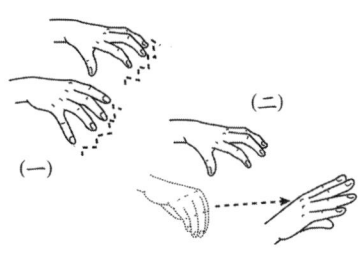

录入（键入） lùrù (jiànrù)

（一）双手五指弯曲，指尖朝下，交替点动几下，如敲击计算机键盘状。

（二）左手五指弯曲，指尖朝下；右手五指撮合，指尖先朝下，然后边向前移动边张开，表示将内容键入到计算机中。

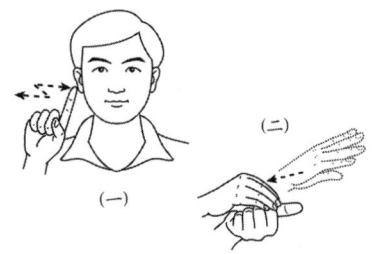

录音笔 lùyīnbǐ
（一）一手食指直立，掌心向外，在耳边左右晃动两下。
（二）左手虚握，拇指伸出，虎口朝外，如持录音笔状；右手五指张开，边向左手掌心移动边撮合。

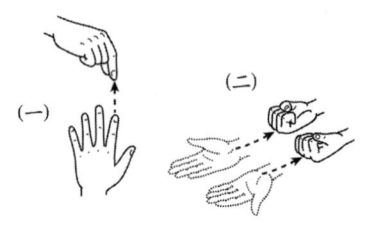

录用（录取②） lùyòng (lùqǔ②)
（一）左手直立，掌心向内，五指张开；右手拇、食指捏一下左手食指，然后向上移动。
（二）双手平伸，掌心向上，边向内移动边握拳。

鹿 lù
一手拇、食、小指直立，拇指尖抵于太阳穴，掌心向外，仿鹿角的形状。

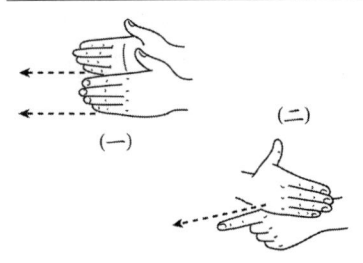

路过 lùguò
（一）双手侧立，掌心相对，向前移动。
（二）左手伸食指，指尖朝前；右手横立，掌心向内，置于左手食指根部，然后向指尖方向移动。

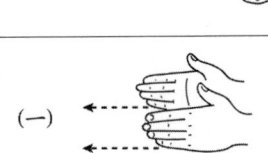

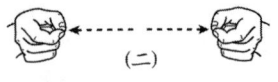

路线 lùxiàn
（一）双手侧立，掌心相对，向前移动。
（二）双手拇、食指相捏，虎口朝上，从中间向两侧拉开。

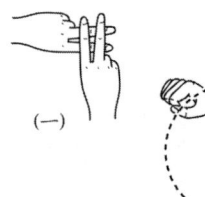
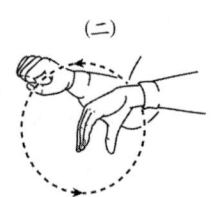

辘轳 lù·lu
（一）双手食、中指搭成"井"字形，手背向内（或向上）。
（二）左手五指成"∩"形，虎口朝右；右手虚握，手背向上，在左手旁前后转动两圈。

露 lù

左手横伸；右手拇、食指捏成圆形，置于左手掌心上，微晃几下。

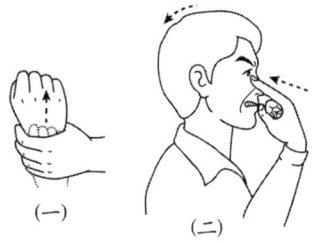

露骨 lùgǔ

（一）左手五指成半圆形，虎口朝上；右手握拳，手背向外，从左手虎口内伸出。

（二）一手伸食指，指一下眼睛，头同时向后稍仰。

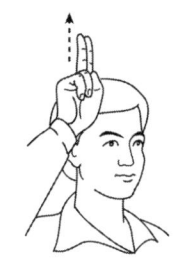

驴 lǘ

一手食、中指直立并拢，虎口贴于太阳穴，然后向上移动，仿驴的耳朵。

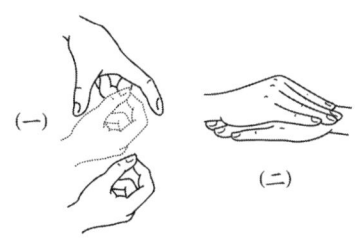

闾丘 Lǘqiū

（一）左手拇、食指成"冂"形，虎口朝外；右手拇、食指捏成圆形，在左手虎口下移动两下，仿"闾"字形。

（二）左手横伸；右手手背拱起，置于左手背上。

（此手势表示复姓"闾丘"）

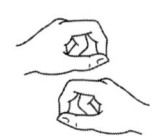
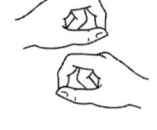

吕（铝） Lǚ（lǚ）

双手拇、食指捏成圆形，虎口朝内，一上一下。既表示姓氏"吕"，又表示金属元素"铝"。

旅 lǚ

左手握拳；右手伸拇、食、小指，手背向右，置于左手背上。

旅馆（宾馆、招待所、酒店） lǚguǎn (bīnguǎn、zhāodàisuǒ、jiǔdiàn)

左手平伸；右手打手指字母"K"的指式，中指尖抵于太阳穴，然后移至左手掌心。

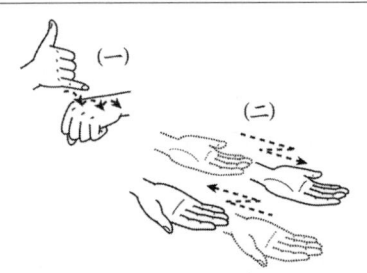

旅客② lǚkè ②

（一）左手握拳；右手伸拇、小指，小指在左手背上随意点几下，表示到世界各地旅游。

（二）双手平伸，掌心向上，前后交替移动两下。

（此手势既表示乘坐交通工具的旅客，又表示徒步旅行的旅客）

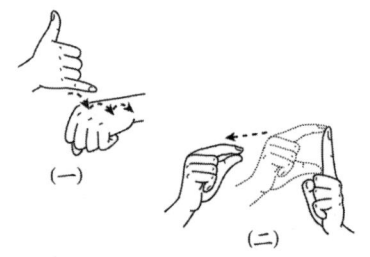

旅行社 lǚxíngshè

（一）左手握拳；右手伸拇、小指，小指在左手背上随意点几下，表示到世界各地旅游。

（二）左手食指直立；右手拇、食指张开，指尖分别抵于左手食指根部和指尖，然后边向右移动边相捏，仿导游手举的小旗。

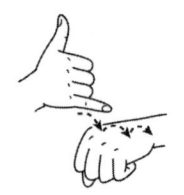

旅游（旅行、游览） lǚyóu (lǚxíng、yóulǎn)

左手握拳；右手伸拇、小指，小指在左手背上随意点几下，表示到世界各地旅游。

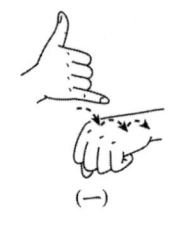

旅游团 lǚyóutuán

（一）左手握拳；右手伸拇、小指，小指在左手背上随意点几下，表示到世界各地旅游。

（二）双手五指弯曲，相互握住。

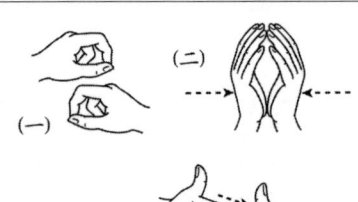

铝合金 lǚhéjīn

（一）双手拇、食指捏成圆形，虎口朝内，一上一下。

（二）双手直立，掌心左右相对，五指微曲，从两侧向中间移动。

（三）双手伸拇、食、中指，食、中指并拢，交叉相搭，右手中指蹭一下左手食指。

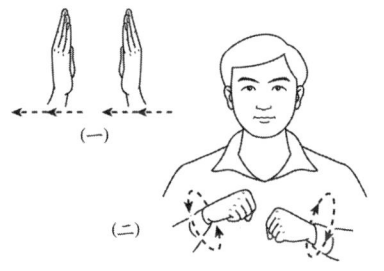

律动 lǜdòng
（一）双手直立，掌心左右相对，向一侧一顿一顿移动几下。
（二）双手握拳屈肘，前后交替转动两下。

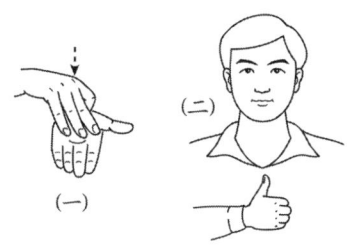

律师 lǜshī
（一）左手平伸；右手伸中、无名、小指，手背向上，表示"法"字的"氵"，在左手掌心上贴一下。
（二）一手伸拇指，贴于胸部。

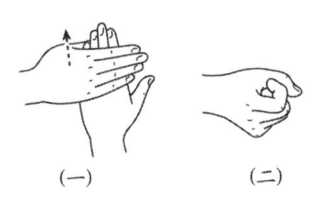

绿豆 lǜdòu
（一）左手食、中、无名、小指并拢，指尖朝右上方，手背向外；右手五指向上捋一下左手四指。
（二）一手拇、食指捏成小圆形，虎口朝上，如绿豆大小。

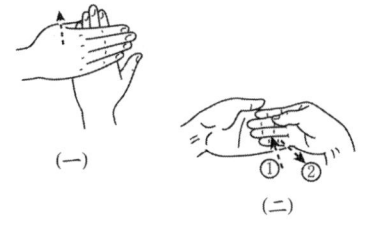

绿卡（外国人永久居留证）
lǜkǎ（wàiguórén yǒngjiǔ jūliúzhèng）
（一）左手食、中、无名、小指并拢，指尖朝右上方，手背向外；右手五指向上捋一下左手四指。
（二）左手横立，掌心向内，五指并拢，在前不动；右手五指撮合，指背贴一下左手掌心，然后移开，模仿刷卡的动作。

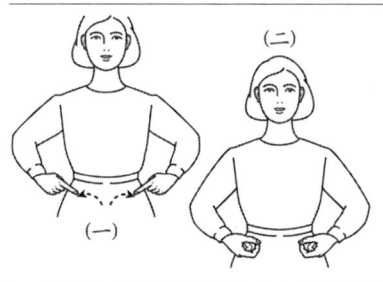

卵巢 luǎncháo
（一）双手伸食指，指尖朝斜下方，手背向外，置于腹部中间，然后向两侧上方做弧形移动，表示卵巢的位置。
（二）双手拇、食指捏成圆形，虎口朝外，置于腹部两侧。

乱 luàn
双手虚握，指尖左右相抵，前后反向拧动几下。

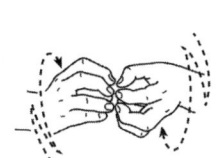

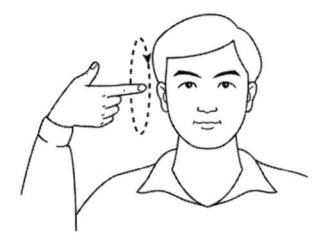

伦敦 Lúndūn
右手伸拇、食指,食指尖朝左,手背向外,在头一侧前后转动一圈。
(此为国外聋人手语)

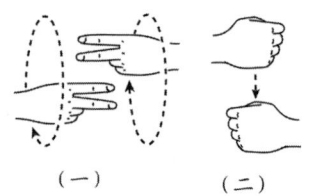

轮班① lúnbān ①
(一)双手食、中指横伸分开,手背向外,一前一后,然后前后交替转动,表示两班倒(表示三班倒时,双手食、中、无名指横伸分开,手背向外,一前一后,然后前后交替转动)。
(二)双手握拳,一上一下,右拳向下砸一下左拳。

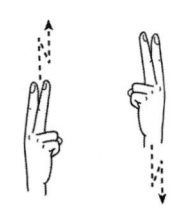

轮班② lúnbān ②
双手食、中指直立分开,掌心左右相对,上下交替移动两下。

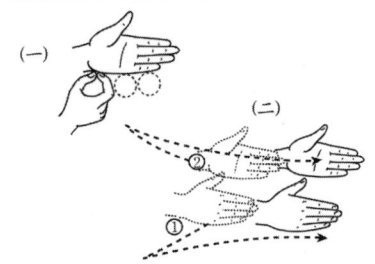

轮滑(旱冰) lúnhuá (hànbīng)
(一)左手侧立;右手拇、食指捏成圆形,在左手下缘贴几下,表示旱冰鞋上的轮子。
(二)双手侧立,交替向前做曲线形滑动,模仿滑冰的动作。

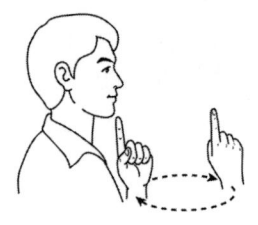

轮换 lúnhuàn
双手食指直立,一前一后,然后前后转动,交换位置。

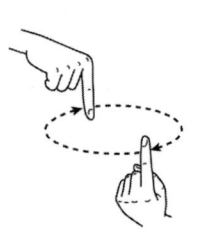

轮流(转) lúnliú (zhuǎn)
双手伸食指,指尖上下相对,交替平行转动两圈;也用于表示转(zhuàn)的意思。

 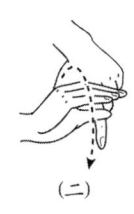

轮胎（车胎） lúntāi (chētāi)

（一）右手食指直立，置于鼻翼一侧，然后向左弯动两下。

（二）左手拇、食指成半圆形，指尖朝下，虎口朝右；右手五指成"⊐"形，手背向上，然后沿左手拇、食指转动半圈，表示轮胎。

轮椅 lúnyǐ

双手虚握，虎口朝前，在腰部两侧做向前转动轮子的动作。

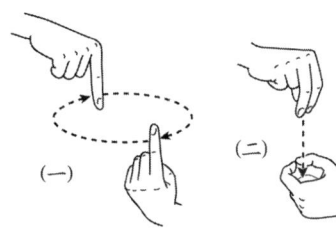

轮作 lúnzuò

（一）双手伸食指，指尖上下相对，交替平行转动两圈。

（二）左手拇、食指捏成圆形，虎口朝上；右手拇、食、中指相捏，指尖朝下，插入左手虎口内。

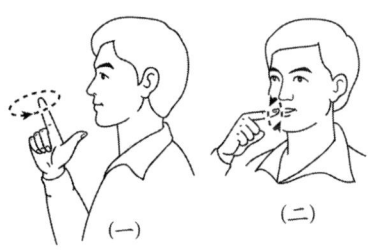

论述 lùnshù

（一）一手打手指字母"L"的指式，逆时针平行转动一下。

（二）一手食指横伸，在嘴前前后转动两下。

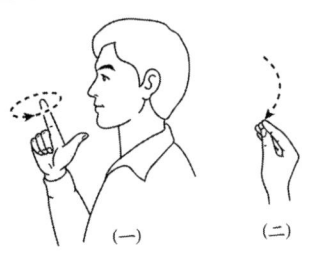

论文 lùnwén

（一）一手打手指字母"L"的指式，逆时针平行转动一下。

（二）一手五指撮合，指尖朝前，撇动一下，如执毛笔写字状。

啰唆（啰嗦、唠叨） luō·suo (luō·suo、láo·dao)

一手虚握，指尖对着嘴部，依次伸出食、中、无名、小指，幅度要小。

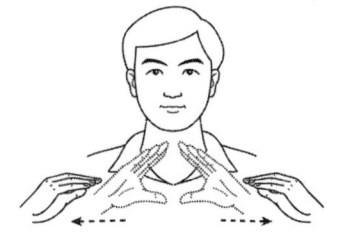

罗马尼亚 Luómǎníyà
双手五指成"∠∠"形,虎口朝内,边向两侧移动边撮合。
(此为国外聋人手语)

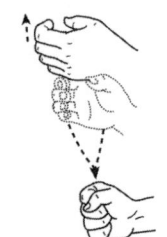

萝卜 luó·bo
双手五指成半圆形,虎口朝上,上下相叠,左手向上微动,右手边向下移动边收拢,仿萝卜外形。
(可根据实际表示萝卜的形状)

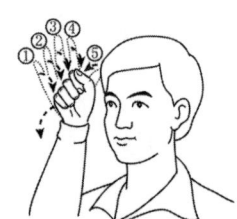

逻辑 luó·jí
右手直立,掌心向左,五指张开,置于头一侧,然后边向前转腕边依次弯回小、无名、中、食、拇指。

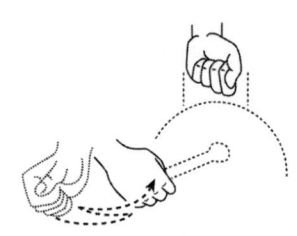

锣(罗) luó (Luó)
左手握拳如提锣;右手握拳如持棒槌,模仿敲锣的动作。既表示锣的名词意思,又表示敲锣的意思,也用于表示姓氏"罗"。

骡 luó
一手打手指字母"L"的指式,拇指尖抵于太阳穴,食指向前微动两下。

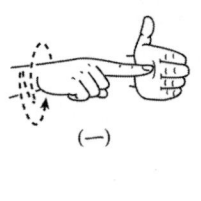

螺丝钉 luósīdīng
(一)左手侧立;右手伸食指,指尖抵于左手掌心,用力钻动两下,如用改锥拧螺丝钉状。
(二)一手拇、食指张开,指尖朝前,如钉子长短。

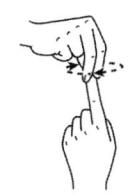

螺丝帽 luósīmào

左手食指直立；右手伸拇、食、中指，指尖朝下，在左手食指尖处做拧螺丝帽的动作。

骆驼 luò·tuo

双手手背拱起，一前一后，同时向前移动两下，表示骆驼上的驼峰。

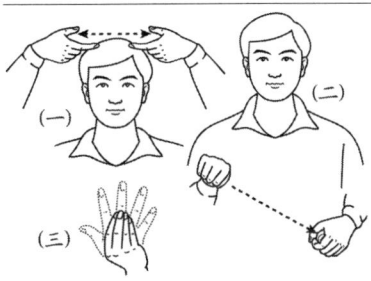

珞巴族 Luòbāzú

（一）双手拇、食指张开，指尖相对，虎口朝上，置于头上方，然后向两侧移动。

（二）双手虚握，左手置于腰间，虎口朝右上方，右手虎口朝左下方，然后移向左手，如插刀状。

（三）一手五指张开，指尖朝上，然后撮合。

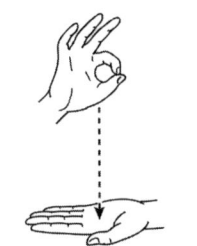

落 luò

左手横伸；右手拇、食指捏成圆形，其他三指伸出，从上向下移至左手掌心。

（可根据实际表示落的状态）

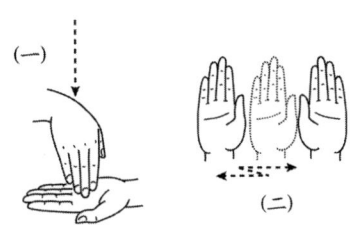

落地窗 luòdìchuāng

（一）左手横伸；右手垂立，手背向外，五指并拢，从上向下移至左手掌心。

（二）双手并排直立，掌心向外，左手不动，右手左右移动两下，如推拉落地窗状。

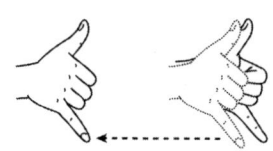

落后（退步①） luòhòu (tuìbù ①)

双手伸拇、小指，并排靠拢，然后左手不动，右手向后拉动一下。

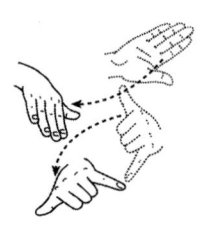

落马 luòmǎ
　　左手伸拇、小指；右手拍一下左手拇指背，左手随之倒下。

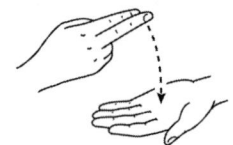

落实 luòshí
　　左手横伸；右手食、中指相叠，指尖朝前，从上向下移至左手掌心。

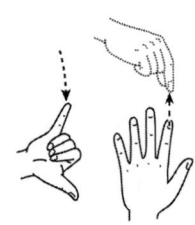

落选 luòxuǎn
　　左手直立，掌心向内，五指张开；右手拇、食指捏一下左手食指，然后向上移动，再伸出拇、小指，拇指尖朝下，向下移动一下。

M

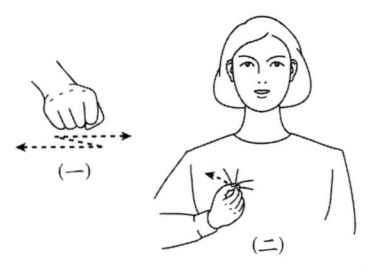

抹布　mābù
（一）一手虚握,手背向上,做用抹布擦桌子的动作。
（二）一手拇、食指揪一下胸前衣服。

麻　má
　　一手五指弯曲,指尖朝内,在嘴前点动几下。
（可根据实际表示麻的状态）

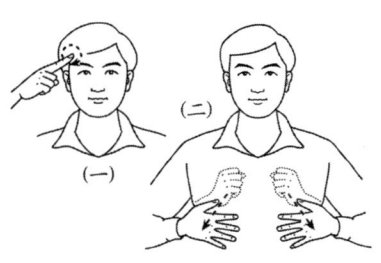

麻痹　mábì
（一）一手伸食指,在太阳穴前后转动一（或两）圈,面露思考的表情。
（二）双手握拳,虎口朝上,然后边向两侧斜下方微移边张开五指。
（此手势表示思想麻痹,放松警惕的意思）

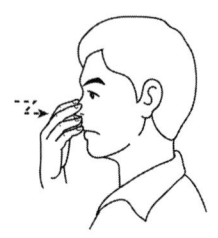

麻烦　má·fan
　　一手五指弯曲,指尖朝内,置于面前,点动几下,面露不情愿的表情。

麻花　máhuā
　　双手五指弯曲,指尖左右相对,边向相反方向拧动边向两侧移动,仿麻花的形状。

麻将 májiàng

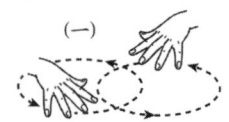
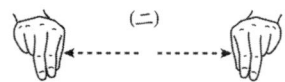

（一）双手平伸，掌心向下，五指张开，交替平行转动两下，模仿洗麻将牌的动作。
（二）双手拇、食、中指微张，指尖朝下，从中间向两侧移动，模仿码麻将牌的动作。

麻婆豆腐 mápó dòu·fu

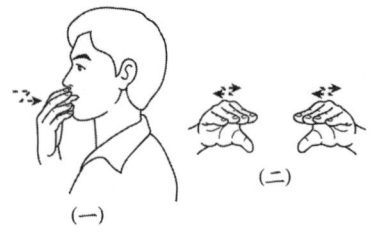

（一）一手五指弯曲，指尖朝内，在嘴前点动几下。
（二）双手五指成"匚コ"形，指尖朝斜前方，左右微动几下。

麻雀 máquè

（一）一手五指弯曲，指尖朝内，在嘴前点动几下。
（二）双手侧伸，小臂抬起，掌心向下扇动几下。

麻药 máyào

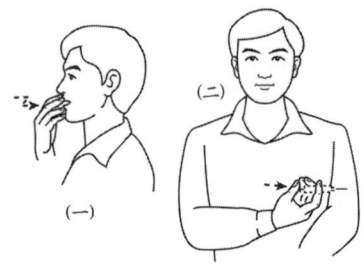

（一）一手五指弯曲，指尖朝内，在嘴前点动几下。
（二）右手拇、食、中指在左臂上做注射的动作，表示注射式麻醉法。

麻疹 mázhěn

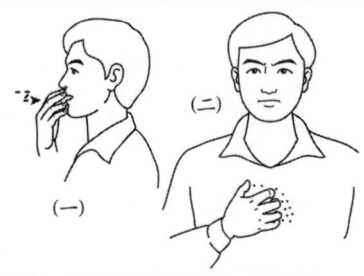

（一）一手五指弯曲，指尖朝内，在嘴前点动几下。
（二）一手五指微曲，指尖朝内，在胸部点几下。

麻醉 mázuì

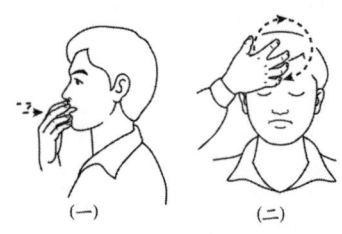

（一）一手五指弯曲，指尖朝内，在嘴前点动几下。
（二）一手五指微曲，指尖朝内，在前额转动两下，眼闭拢，表示麻醉后进入昏迷状态。

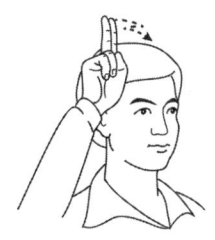

马 mǎ
　　一手食、中指直立并拢,虎口贴于太阳穴,向前微动两下,仿马的耳朵。

马达加斯加 Mǎdájiāsījiā
　　左手横伸,手背拱起;右手掌向右摸两下左手背。
　　(此为国外聋人手语)

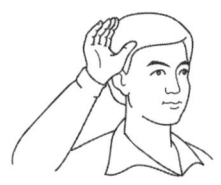

马尔代夫 Mǎ'ěrdàifū
　　一手打手指字母"C"的指式,指尖朝前,置于头一侧。
　　(此为国外聋人手语)

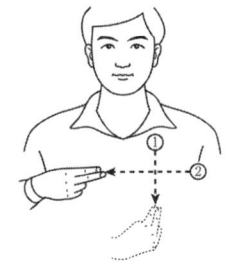

马耳他 Mǎ'ěrtā
　　右手食、中指并拢,指尖朝内,在左胸部先竖划一下,再横划一下,表示十字形。
　　(此为国外聋人手语)

马虎① (草率、敷衍、疏忽)
　　mǎ·hu ① (cǎoshuài、fū·yǎn、shū·hu)
　　一手五指张开,掌心向下,拇指抹一下鼻尖,然后手向前下方甩动,重复一次,表示做事马虎。

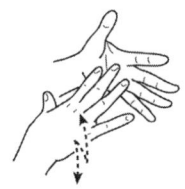

马虎② mǎ·hu ②
　　左手斜伸,掌心向后上方,五指张开;右手平伸,掌心向下,五指张开,在左手掌心内上下移动两下,表示阅读马虎。

马克思 Mǎkèsī
一手五指弯曲，指尖朝上，从脸颊一侧移向另一侧，如马克思的络腮胡状。

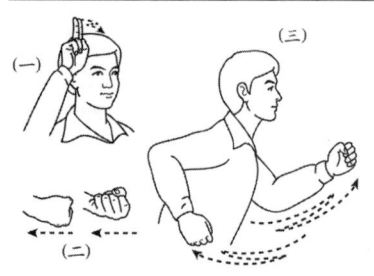
马拉松 mǎlāsōng
（一）一手食、中指直立并拢，虎口贴于太阳穴，向前微动两下，仿马的耳朵。
（二）双手虚握，手背向下，一前一后，然后向内拉动。
（三）双手握拳屈肘，前后交替摆动两下，如跑步状。

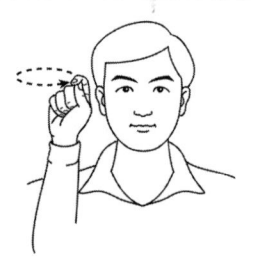
马拉维 Mǎlāwéi
一手食指弯曲，拇指尖抵于食指中部，虎口朝耳部一侧，逆时针平行转动一圈。
（此为国外聋人手语）

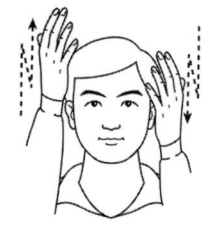
马来西亚 Mǎláixīyà
双手直立，掌心左右相对，五指张开，在头两侧上下交替移动两下。
（此为国外聋人手语）

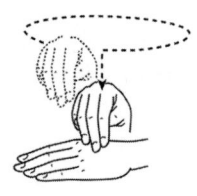
马里 Mǎlǐ
左手横伸；右手打手指字母"M"的指式，表示马里英文国名首字母，先顺时针平行转动多半圈，再落于左手背上。
（此为国外聋人手语）

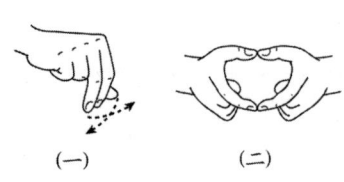
马铃薯（土豆） mǎlíngshǔ (tǔdòu)
（一）一手拇、食、中指相捏，指尖朝下，互捻几下。
（二）双手拇、食指搭成圆形，虎口朝上。

马赛克 mǎsàikè
　　双手五指张开,掌心向内,交叉相搭,在面前上下微晃几下。
　　(可根据实际表示马赛克出现的位置)

马绍尔群岛 Mǎshào'ěrqúndǎo
　　左手横伸;右手伸食、中、无名指,指尖朝前,手背向上,在左手掌心上向前划一下。
　　(此为国外聋人手语)

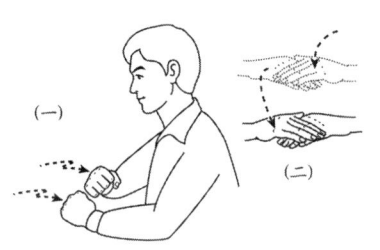
马术(骑术) mǎshù(qíshù)
　　(一)双手握拳,左手在下,右手在上,同时向后移动几下,模仿手握缰绳骑马的动作。
　　(二)双手横伸,掌心向下,互拍手背。

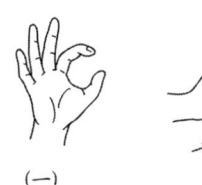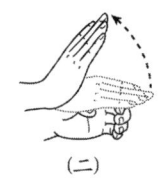
马桶(坐便器) mǎtǒng(zuòbiànqì)
　　(一)一手拇、食指弯曲,其他三指直立,掌心向前。
　　(二)左手五指成半圆形,虎口朝上;右手平伸,掌心向下,置于左手虎口上,然后向后抬起,掌心向外。

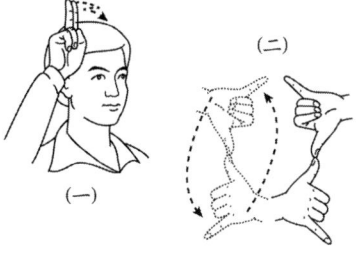
马戏 mǎxì
　　(一)一手食、中指直立并拢,虎口贴于太阳穴,向前微动两下,仿马的耳朵。
　　(二)双手伸拇、小指,拇指尖上下相抵,然后互换位置。

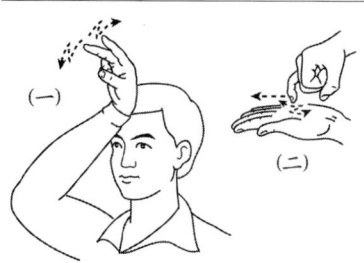
蚂蚁 mǎyǐ
　　(一)一手食、中指分开,指尖朝上,手背向内,置于前额,前后交替微动几下,表示蚂蚁头上的两个触角。
　　(二)左手平伸;右手伸小指,指尖朝下,在左手掌心上边弯动边向前移动。

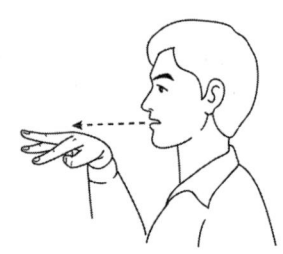

骂 mà
一手食、中、无名指上下叉开，手背向上，置于嘴部，然后向前移动一下，口同时张开，面露憎恶的表情。
（可根据实际表示骂的动作）

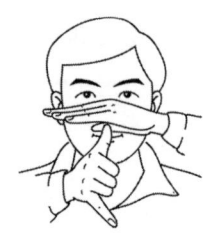

埋伏 mái·fú
左手横伸，置于眼下；右手伸拇、小指，指尖朝前，置于左手掌心下，眼睛直视，如侦察状。

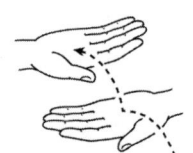

买 mǎi
双手横伸，右手背在左手掌心上拍一下，然后向内移动，表示买进。

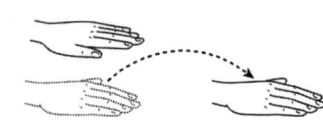

迈 mài
双手平伸，掌心向下，左手不动，右手向前移动一下，如迈步状。
（可根据实际表示迈的动作）

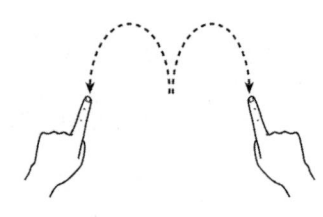

麦当劳 Màidāngláo
双手伸食指，指尖朝前，从中间向两侧划"∩"形，仿麦当劳标志。

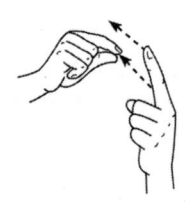

麦子（小麦、麦） mài·zi (xiǎomài、Mài)
左手食指直立微曲；右手拇、食指相捏，在左手食指不同位置向斜上方移动两下，如麦芒状。也用于表示姓氏"麦"。

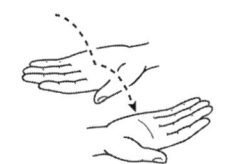

卖(经销)　mài (jīngxiāo)
　　双手横伸,右手背在左手掌心上拍一下,然后向外移动,表示卖出。

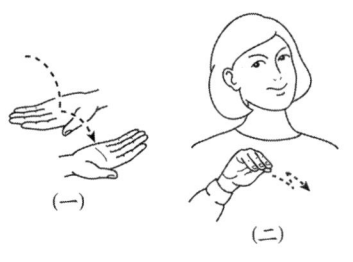

卖淫　màiyín
　　(一)双手横伸,右手背在左手掌心上拍一下,然后向外移动。
　　(二)一手五指撮合,指尖朝前,点动两下,面露娇媚的表情。

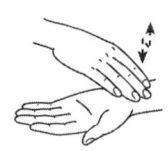

脉搏　màibó
　　左手平伸,掌心向上;右手五指并拢,食、中、无名指指尖按于左手腕的脉门处,并上下微动几下,表示脉搏跳动。

蛮横(专横)　mánhèng (zhuānhèng)
　　双手叉腰,头微斜,面露蛮横的表情。
　　(可根据实际表示蛮横的样子)

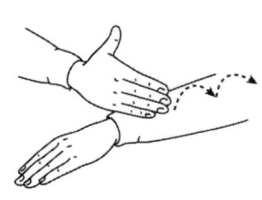

馒头①　mán·tou ①
　　左手横伸,掌心向下;右手侧立,在左臂上从下向上切几下,模仿切长方形馒头的动作。

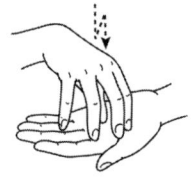

馒头②　mán·tou ②
　　左手横伸;右手五指弯曲,指尖朝下,向左手掌心上按两下,仿圆馒头的形状。

鳗 mán

（一）一手五指撮合，指尖朝前，向前做曲线形移动。
（二）一手侧立，向前做曲线形移动，如鱼游动状。

满（饱②） mǎn (bǎo ②)

一手横伸，掌心向下，从腹部向颏部移动。

满意 mǎnyì

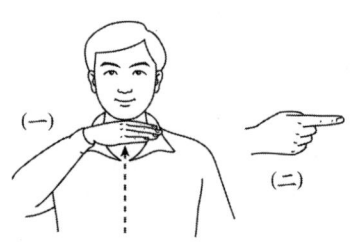

（一）一手横伸，掌心向下，从腹部向颏部移动。
（二）一手食指横伸，手背向外。"一"与"意"音近，借代。

满足 mǎnzú

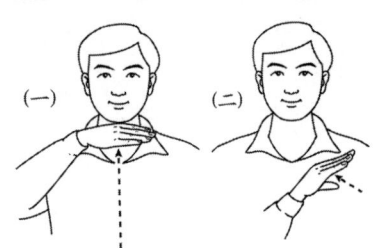

（一）一手横伸，掌心向下，从腹部向颏部移动。
（二）右手五指成"⊃"形，虎口朝内，碰向左胸部。

满族 Mǎnzú

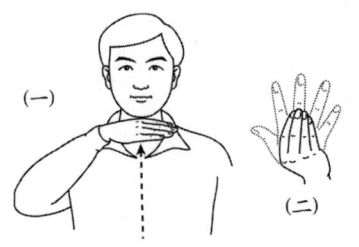

（一）一手横伸，掌心向下，从腹部向颏部移动。
（二）一手五指张开，指尖朝上，然后撮合。

漫画 mànhuà

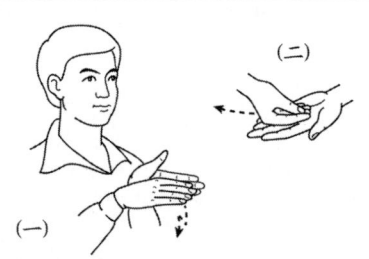

（一）左手侧立；右手平伸，掌心向下，在左手旁向下扇动两下。
（二）左手横伸；右手五指撮合，指背在左手掌心上抹一下。

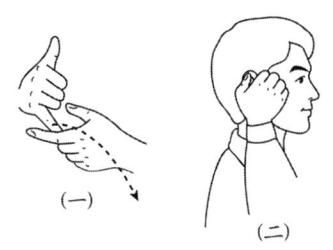

漫游　mànyóu

（一）左手拇、食指成半圆形，虎口朝上；右手伸拇、小指，从左手虎口内向前移出，表示离开一个区域。

（二）一手五指微曲，置于耳旁，如持手机打电话状。

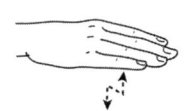

慢①　màn①

一手横伸，掌心向下，上下微动几下，表示物体运动速度缓慢。

（"慢"的手语存在地域差异，可根据实际选择使用）

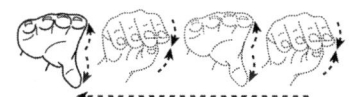

慢②　màn②

右手五指成"⊐"形，虎口朝左，边捏动边向一侧移动。

（"慢"的手语存在地域差异，可根据实际选择使用）

芒果　mángguǒ

（一）一手打手指字母"M"的指式。

（二）双手五指弯曲张开，指尖左右相对，然后左手不动，右手边向右移动边收拢，仿芒果外形。

（可根据实际表示芒果的大小）

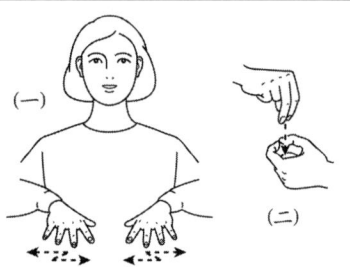

芒种　mángzhòng

（一）双手平伸，掌心向下，五指张开，在身前左右晃动两下，表示忙个不停。"忙"与"芒"音同，借代，也用于表示芒种节气农民在忙种忙收。

（二）左手拇、食指捏成圆形，虎口朝上；右手拇、食、中指相捏，指尖朝下，插入左手虎口内。

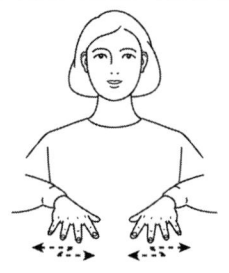

忙　máng

双手平伸，掌心向下，五指张开，在身前左右晃动两下，表示忙个不停。

盲目（蒙） mángmù (Méng)
一手横立，掌心向内，罩住眼部；也用于表示姓氏"蒙"。

盲校 mángxiào
（一）一手食、中指指尖贴于双眼，眼闭拢，表示双目失明。
（二）双手斜伸，掌心向内，置于身前。
（三）双手搭成"∧"形。

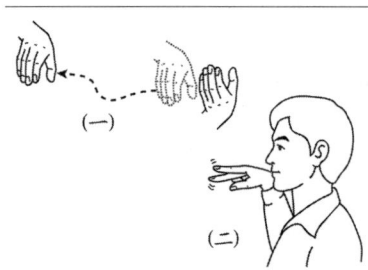

蟒 mǎng
（一）双手五指成半圆形，掌心朝向一上一下，左手不动，右手向右做曲线形移动，模仿用手拊蟒的身子的动作。
（二）一手手腕置于嘴前，食、中指分开，指尖朝前，手背向上，交替点动，如蟒吐出的舌头。

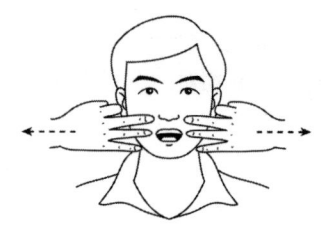

猫 māo
双手拇、食指相捏，其他三指横伸，指尖相对，手背向外，在嘴边分别向两侧横划一下，仿猫的胡须。

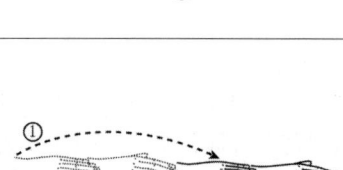

猫步 māobù
双手平伸，掌心向下，交替向前做一字线移动，模仿走一字步的动作。

猫头鹰 māotóuyīng
（一）双手拇、食指成半圆形，其他三指直立，虎口朝内，置于眼部，左右微动几下。
（二）一手食指弯曲如钩，指尖朝内，手背向上，手腕置于嘴部，表示鹰的喙。

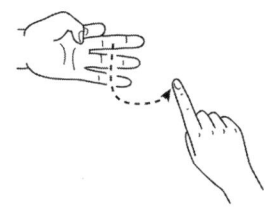

毛 Máo
左手中、无名、小指横伸,掌心向内;右手伸食指,在左手三指上书空"乚",仿"毛"字形,表示姓氏"毛"。

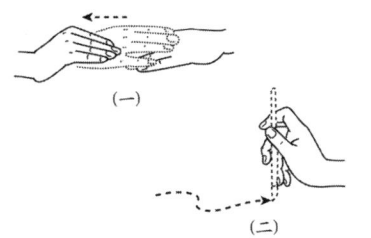

毛笔 máobǐ
(一)左手横伸;右手五指在左手背上轻捋一下,如摸毛絮状。
(二)一手如执毛笔写字状。

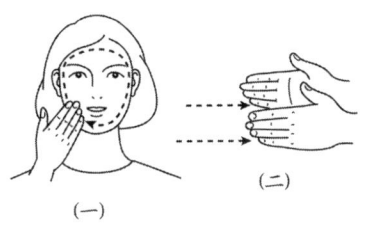

毛巾 máojīn
(一)一手(或双手)食、中、无名、小指并拢,掌心向内,在面部转动一(或两)圈,如洗脸状。
(二)双手侧立,掌心相对,从前向后移动一下,仿毛巾的式样。

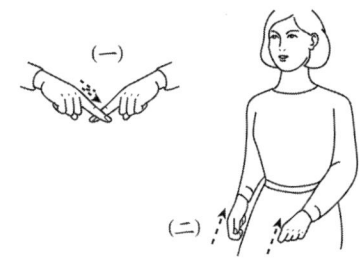

毛裤 máokù
(一)双手食指交叉相搭,手背向上,模仿织毛线的动作。
(二)双手拇、食指相捏,在腿部向上提,如穿裤子状。
(此手势既表示毛裤的名词意思,又表示织毛裤的意思)

毛里求斯(网) Máolǐqiúsī (wǎng)
双手五指张开,手背向外,交叉相搭,向两侧斜下方移动。
(此为国外聋人手语)

毛里塔尼亚(穿) Máolǐtǎníyà (chuān)
双手食指弯曲,拇指按于食指中部,从肩上向下做弧形移动,仿毛里塔尼亚民族服装的前襟式样;也用于表示穿衣的动作。
(此为国外聋人手语)

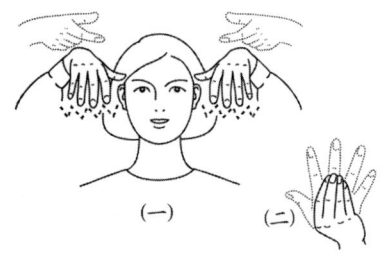

毛南族 Máonánzú

（一）双手拇、食指张开，虎口朝上，置于头两侧，然后拇指尖抵于太阳穴两侧，食、中、无名、小指指尖朝下，交替点动几下。

（二）一手五指张开，指尖朝上，然后撮合。

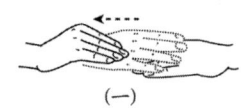

毛毯 máotǎn

（一）左手横伸；右手五指在左手背上轻捋一下，如摸毛絮状。

（二）双手五指微张，指尖朝前，边捏动边从中间向两侧移动，表示毯子既有厚度又有软度。

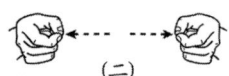

毛线 máoxiàn

（一）双手食指交叉相搭，手背向上，模仿织毛线的动作。

（二）双手拇、食指相捏，虎口朝上，从中间向两侧拉开。

（此手势既表示毛线的名词意思，又表示织毛线的意思）

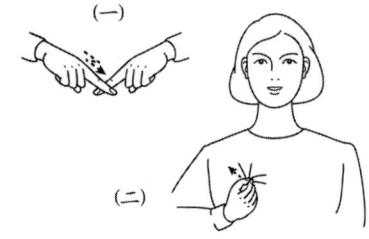

毛衣 máoyī

（一）双手食指交叉相搭，手背向上，模仿织毛线的动作。

（二）一手拇、食指揪一下胸前衣服。

（此手势既表示毛衣的名词意思，又表示织毛衣的意思）

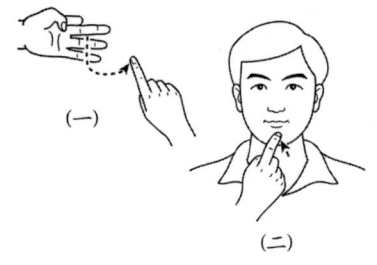

毛泽东 Máo Zédōng

（一）左手中、无名、小指横伸，掌心向内；右手伸食指，在左手三指上书空"乚"，仿"毛"字形。

（二）一手伸食指，在颏部中间偏左处点一下，表示毛泽东颏部的痣。

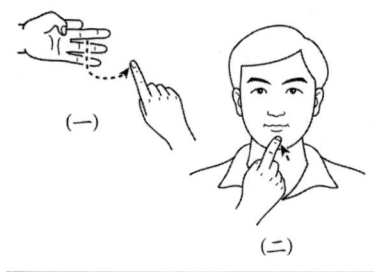

矛盾❶ máodùn ❶

左手直立，掌心向右；右手食指横伸，手背向上，向左手掌心杵两下，象征"矛"与"盾"，表示哲学中的矛盾概念。

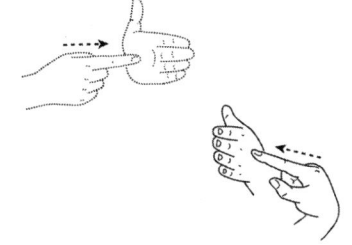

矛盾❷（恩怨） máodùn ❷ (ēnyuàn)

左手横立，掌心向内；右手食指先杵一下左手掌心，再杵一下左手背，表示里外都是盾，引申为自我矛盾。

冒号 màohào

一手食、中指分开，食指在上，中指在下，向前点一下。

 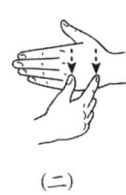

冒牌 màopái

（一）右手直立，掌心向左，拇指尖抵于颏部，其他四指交替点动几下，面露怀疑的表情。

（二）左手横立；右手拇、食指张开，指尖朝内，在左手背上向下划动一下。

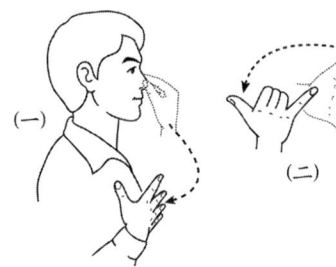

冒死 màosǐ

（一）一手捏一下鼻子，然后向胸部一甩，五指张开，表示舍弃自我的意思。

（二）右手伸拇、小指，先直立，再向右转腕。

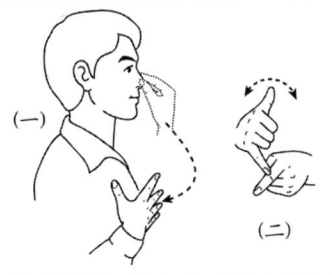

冒险 màoxiǎn

（一）一手捏一下鼻子，然后向胸部一甩，五指张开，表示舍弃自我的意思。

（二）左手伸食指，指尖朝前；右手伸拇、小指，小指立于左手食指上，左右晃动几下。

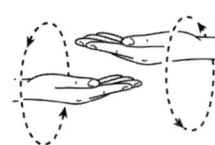

贸易（交易、生意、商）
màoyì (jiāoyì、shēng·yi、Shāng)

双手横伸，掌心向上，前后交替转动两下；也用于表示姓氏"商"和朝代"商"。

帽子 mào·zi

　　一手拇、食指相捏,虎口朝内,从头顶向下移动一下,模仿戴帽子的动作。既表示帽子的名词意思,又表示戴帽子的意思。

　　(可根据实际表示戴帽子的动作)

没必要 méibìyào

　　一手五指张开,掌心向内,中指向上抹两下胸部,面露厌烦的表情。

没关系❶ méi guān·xi ❶

　　双手拇、食指套环,再向两侧打开,表示自己与某人或某事物没有关系。

没关系❷ méi guān·xi ❷

　　双手拇、食指套环,再向两侧打开两下,表示不要紧的意思。

没事(不要紧) méishì (bùyàojǐn)

　　一手拇、食、中指相捏,虎口朝斜后方,然后食、中指边向前弹出边相叠。

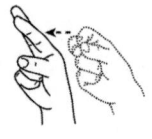

没希望(没戏) méixīwàng (méixì)

　　一手平伸,掌心向上,置于嘴前,嘴做吹气的动作。

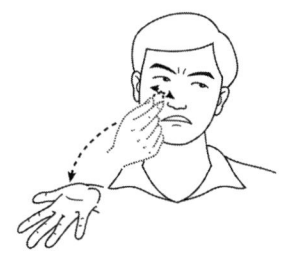
没兴趣 méixìngqù
　　一手拇、食指在鼻翼一侧捻动两下,然后手平伸,掌心向上,面露厌倦的表情。

没羞 méixiū
　　一手伸食指,在脸颊一侧向斜下方划动两下,面露鄙夷的表情。

没意思（腻❶、厌烦、乏味）
　　méi yì·si（nì❶、yànfán、fáwèi）
　　一手五指微曲,置于鼻翼一侧,然后撮合,头微摇,面露厌倦的表情。

没用① méiyòng①
　　一手横伸,掌心向上,碰一下腹部一侧,然后向外一甩。
　　("没用"的手语存在地域差异,可根据实际选择使用)

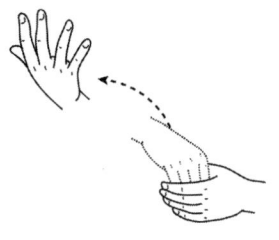
没用② méiyòng②
　　左手五指成"匚"形,虎口朝上;右手五指撮合,指尖朝下,先置于左手虎口内,然后抽出,五指张开,指尖朝上。
　　("没用"的手语存在地域差异,可根据实际选择使用)

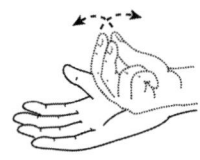
没有① méi·yǒu①
　　一手伸拇、食、中指,指尖朝上,互捻一下,然后手平伸。

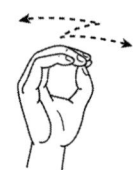

没有②（无）　méi·yǒu②（wú）

一手（或双手）五指捏成圆形，虎口朝内，左右晃动几下。

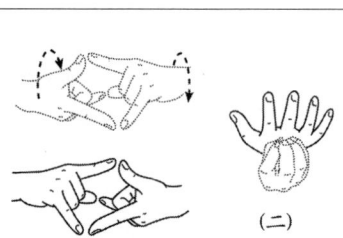

玫瑰花　méi·guīhuā

（一）双手伸拇、食、小指，指尖左右交错相对，然后手腕分别前后转动几下，指尖左右交错相对。

（二）一手五指撮合，指尖朝上，然后张开。

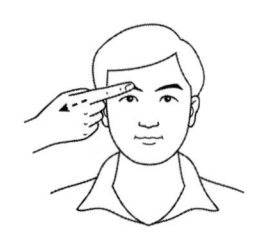

眉（梅）　méi（Méi）

一手伸食指，手背向外，摸一下眉毛。"眉"与"梅"音同，借代，也用于表示姓氏"梅"。

梅花　méihuā

左手食指横伸，手背向上；右手五指撮合，指尖朝上，置于左手食指上，边向指尖方向移动边连续做开合的动作，仿梅花形状。

梅花鹿　méihuālù

（一）一手五指撮合，指尖朝上，在身体不同位置开合几下。

（二）一手拇、食、小指直立，拇指尖抵于太阳穴，掌心向外，仿鹿角的形状。

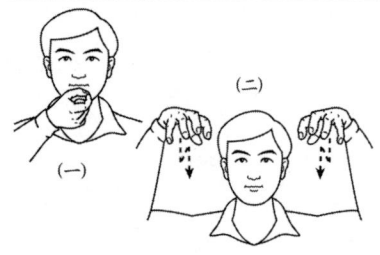

梅雨（霉雨）　méiyǔ（méiyǔ）

（一）一手拇、食指捏成圆形，置于嘴边，如吃梅子状，表示梅雨季节出现在江南梅子黄熟之际。

（二）双手五指微曲，指尖朝下，在头前快速向下动几下，表示雨点落下。

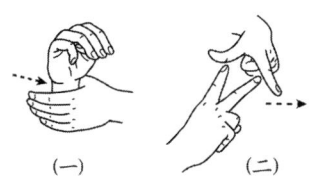

媒介　méijiè

（一）左手五指成半圆形，虎口朝上；右手打手指字母"M"的指式，手腕碰一下左手虎口。

（二）左手拇、食指与右手食、中指搭成"介"字形，向前移动一下。

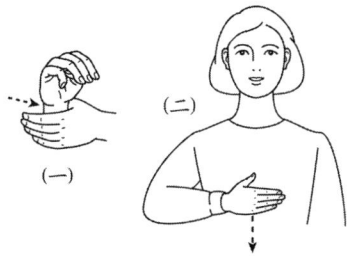

媒体　méitǐ

（一）左手五指成半圆形，虎口朝上；右手打手指字母"M"的指式，手腕碰一下左手虎口。

（二）一手掌心贴于胸部，向下移动一下。

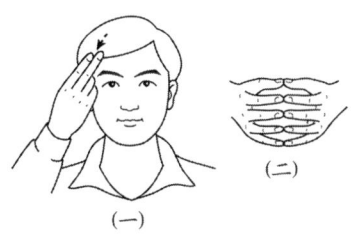

煤（煤块）　méi（méikuài）

（一）一手打手指字母"H"的指式，摸一下头发。

（二）双手五指弯曲，指尖相抵，虎口朝上，如煤块状。

（可根据实际表示煤的形状）

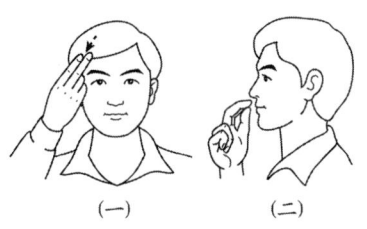

煤气　méiqì

（一）一手打手指字母"H"的指式，摸一下头发。

（二）一手打手指字母"Q"的指式，指尖朝内，置于鼻孔处。

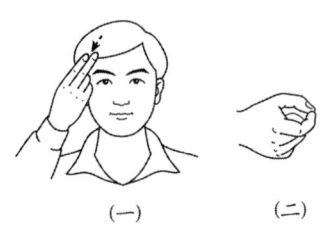
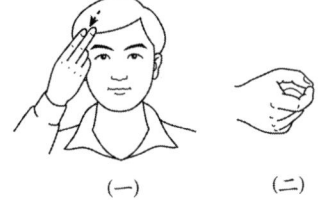

煤球　méiqiú

（一）一手打手指字母"H"的指式，摸一下头发。

（二）一手拇、食指捏成圆形，虎口朝上，仿煤球形状。

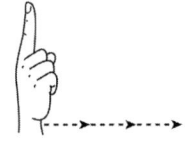

每（各、每个、各个）　měi（gè、měigè、gègè）

一手食指直立，向一侧一顿一顿移动几下（或做弧形移动）。

每年　měinián

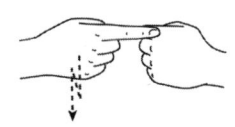

左手握拳，手背向外，虎口朝上；右手食指横伸，手背向外，自左手食指根部关节向下划动两下。

每天（天天）　měitiān (tiāntiān)

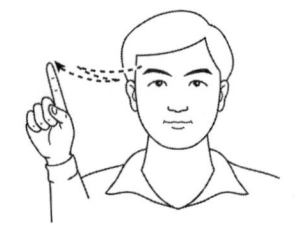

一手食指直立，指尖抵于太阳穴，掌心向外，然后向外划动两下。

每月　měiyuè

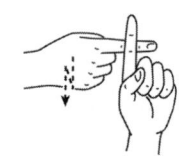

左手食指直立，掌心向外；右手食指横伸，手背向外，在左手食指上向下划动两下。

每周　měizhōu

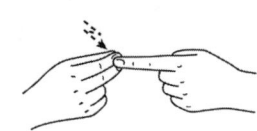

左手食指横伸，手背向外；右手拇、食、中指相捏，指尖碰两下左手食指尖。

美（漂亮、好看）　měi (piào·liang、hǎokàn)

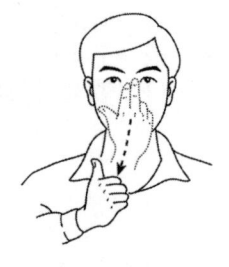

一手伸拇、食、中指，食、中指并拢，先置于鼻部，然后边向外移动边缩回食、中指。

美发（烫发）　měifà (tàngfà)

双手食、中指分开，边转动手腕边向下移动，模仿卷发的动作。

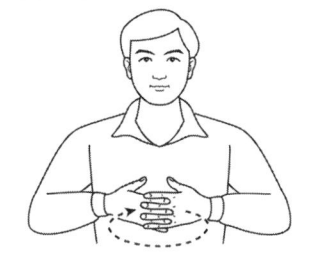

美国 Měiguó
双手斜立，五指张开，交叉相搭，顺时针平行转动一圈。
（此为国外聋人手语）

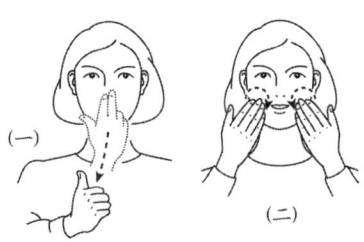

美容 měiróng
（一）一手伸拇、食、中指，食、中指并拢，先置于鼻部，然后边向外移动边缩回食、中指。
（二）双手在脸颊做按摩的动作。

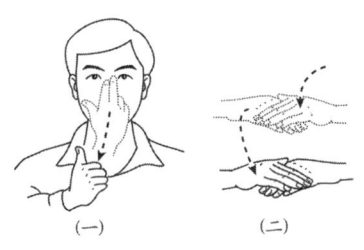

美术❶ měishù ❶
（一）一手伸拇、食、中指，食、中指并拢，先置于鼻部，然后边向外移动边缩回食、中指。
（二）双手横伸，掌心向下，互拍手背。
（此手势表示包括各种造型艺术在内的美术概念）

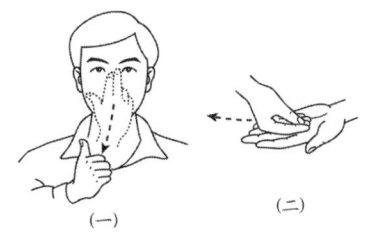

美术❷ měishù ❷
（一）一手伸拇、食、中指，食、中指并拢，先置于鼻部，然后边向外移动边缩回食、中指。
（二）左手横伸；右手五指撮合，指背在左手掌心上抹一下。
（此手势专用于表示绘画的美术概念）

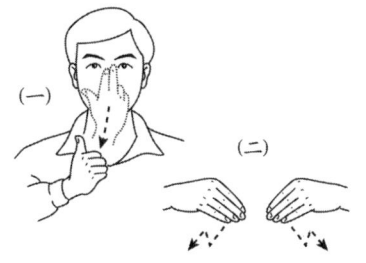

美育 měiyù
（一）一手伸拇、食、中指，食、中指并拢，先置于鼻部，然后边向外移动边缩回食、中指。
（二）双手五指撮合，指尖相对，手背向外，在胸前向前晃动两下。

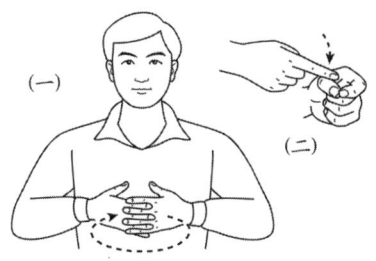

美元 měiyuán
（一）双手斜立，五指张开，交叉相搭，顺时针平行转动一圈。
（二）左手拇、食指捏成圆形，虎口朝上；右手伸食指，敲一下左手拇指。

美洲 Měizhōu

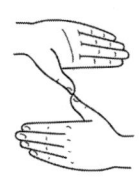

双手横立，拇指尖上下相抵，左手在下，掌心向内，右手在上，掌心向外。

妹夫① mèi·fu①

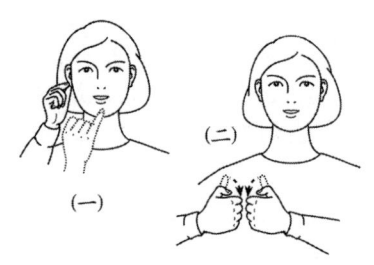

（一）一手伸小指，指尖朝上，指面贴于颊部，然后拇、食指捏一下耳垂。
（二）双手伸拇指，指面相对，手背向外，置于身体一侧，弯动一下。

妹夫② mèi·fu②

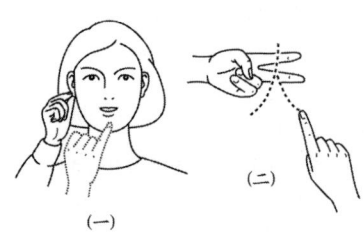

（一）一手伸小指，指尖朝上，指面贴于颊部，然后拇、食指捏一下耳垂。
（二）左手食、中指横伸分开，掌心向内；右手伸食指，在左手食、中指处书空"人"字，仿"夫"字形。

妹妹 mèi·mei

一手伸小指，指尖朝上，指面贴于颊部，然后拇、食指捏一下耳垂。

魅力 mèilì

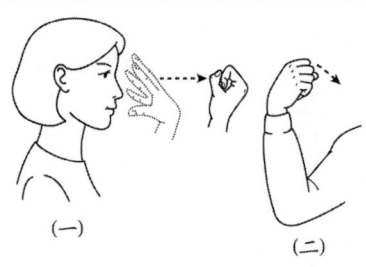

（一）一手五指张开，指尖对着同侧眼睛，然后边向外移动边握拳。
（二）一手握拳屈肘，用力向内弯动一下。

门 mén

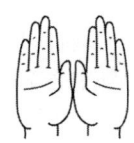

双手并排直立，掌心向外，五指并拢。

门巴族 Ménbāzú

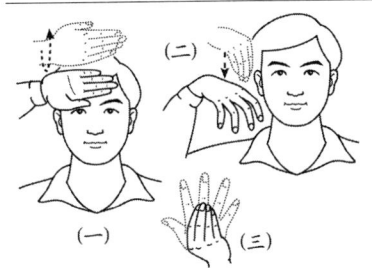

（一）一手横立，掌心向内，五指并拢，贴于前额，然后翻转为掌心向外。
（二）一手五指撮合，指尖朝下，置于头一侧，然后边向下微移边张开。
（三）一手五指张开，指尖朝上，然后撮合。

门牌 ménpái

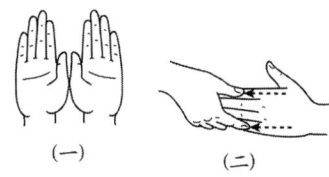

（一）双手并排直立，掌心向外，五指并拢。
（二）左手横立；右手拇、食指张开，指尖朝内，在左手背上从左向右划动一下。

门卫 ménwèi

（一）双手并排直立，掌心向外，五指并拢。
（二）一手拇、食、小指直立，拇指尖抵于同侧胸部。

门诊 ménzhěn

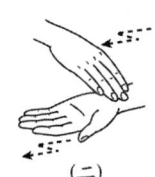

（一）双手并排直立，掌心向外，五指并拢。
（二）左手平伸，掌心向上；右手五指并拢，食、中、无名指指尖按于左手腕的脉门处，双手同时向前移动两下。

萌芽（发芽） méngyá (fāyá)

左手横伸，掌心向下；右手伸拇指，从左手中、无名指指缝间钻出少许。

蒙蔽 méngbì

（一）一手五指撮合，指尖朝前，手腕转动两下。
（二）双手直立，掌心向外，左右交叉移动一下。

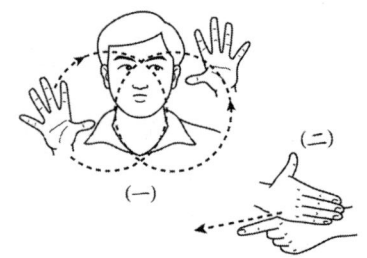

蒙混过关　ménghùnguòguān
（一）双手直立，掌心向外，五指张开，在眼前交替转动。
（二）左手伸食指，指尖朝前；右手横立，掌心向内，置于左手食指根部，然后向指尖方向移动。

蒙古　Měnggǔ
右手伸食指，指尖在右眉角处点一下。
（此为国外聋人手语）

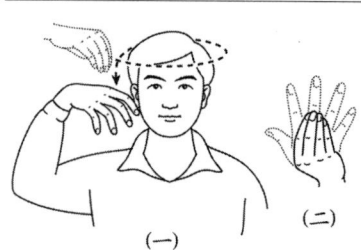

蒙古族　Měnggǔzú
（一）右手五指撮合，指尖朝下，沿头顶转动一圈，然后在头右侧张开，仿蒙古族头饰。
（二）一手五指张开，指尖朝上，然后撮合。

孟　Mèng
一手打手指字母"M"的指式，置于鼻翼一侧，表示姓氏"孟"。

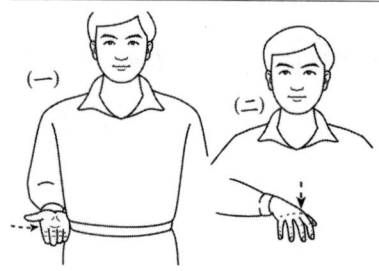

孟加拉国　Mèngjiālāguó
（一）一手食、中、无名、小指并拢，掌心向上，碰一下腰部。
（二）一手五指微曲张开，掌心向下一按。
（此为国外聋人手语）

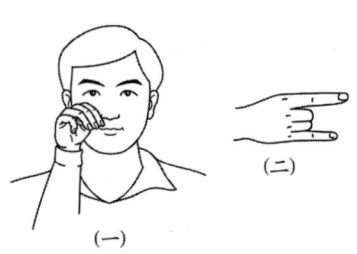

孟子　Mèngzǐ
（一）一手打手指字母"M"的指式，置于鼻翼一侧。
（二）一手打手指字母"Z"的指式。

梦（梦想） mèng (mèngxiǎng)
一手伸拇、小指，从太阳穴向斜上方旋转移动，面露思考的表情。

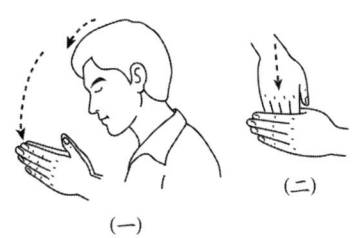

迷信 míxìn
（一）双手合十，指尖朝前上方，向前转腕，双眼闭拢，头随之低下。
（二）左手五指成"匚"形，虎口朝上；右手五指并拢，指尖朝下，插入左手虎口内。

猕猴桃 míhóutáo
（一）一手手腕翻转，五指并拢，指面向下，小指外侧贴于前额，模仿猴的动作。
（二）双手拇、食指张开，指尖相抵，虎口朝上，仿猕猴桃形状。

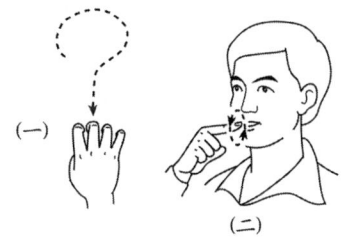

谜语 míyǔ
（一）一手食、中、无名、小指微曲，掌心向外，书空"?"，表示谜语含有许多要解答的内容。
（二）一手食指横伸，在嘴前前后转动两下。

麋鹿 mílù
双手五指张开，拇指尖抵于头两侧，掌心向上，仿麋鹿的角。

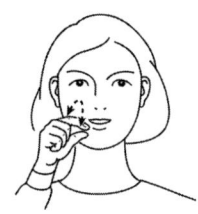

米❶（米饭、粮食） mǐ❶ (mǐfàn、liáng·shi)
一手拇、食指微张，在嘴角处前后微转几下。

米❷ (m)　mǐ❷
一手打手指字母"M"的指式,表示米的法定计量单位符号。

米老鼠　mǐlǎoshǔ
双手拇、食指张开,指尖朝下,置于头两侧,头左右晃动。

(一)　　　(二)

泌尿科　mìniàokē
(一)一手小指直立,弯动两下。
(二)一手打手指字母"K"的指式。

秘密(保密、机密、绝密)　mìmì (bǎomì、jīmì、juémì)
一手食、中指直立相叠,手背向斜后方,贴于嘴部,嘴闭拢。

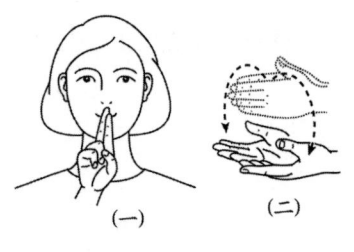
(一)　　　(二)

秘书　mìshū
(一)一手食、中指直立相叠,手背向斜后方,贴于嘴部,嘴闭拢。
(二)双手侧立,掌心相贴,然后向两侧打开。

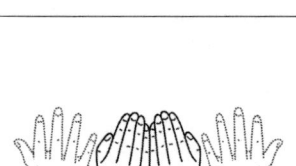

密(密集)　mì (mìjí)
双手直立,掌心向内,五指张开,然后并拢,靠在一起。(可根据实际表示密的状态)

密度 mìdù

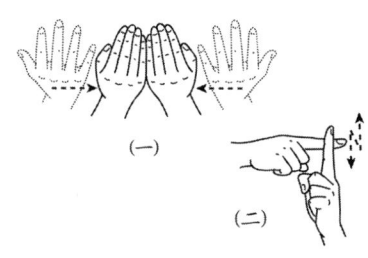

（一）双手直立，掌心向内，五指张开，然后并拢，靠在一起。
（二）左手食指直立；右手食指横贴在左手食指上，然后上下微动几下。

密克罗尼西亚 Mìkèluóníxīyà

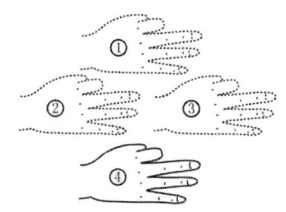

一手中、无名、小指横伸分开，手背向外，按上、右、左、下的顺序移动，表示密克罗尼西亚国旗上的四颗星。
（此为国外聋人手语）

密码 mìmǎ

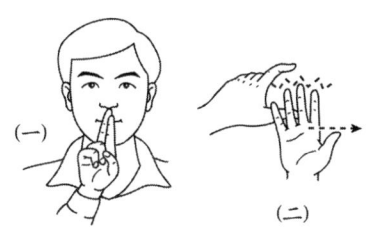

（一）一手食、中指直立相叠，手背向斜后方，贴于嘴部，嘴闭拢。
（二）左手拇、食指成"匚"形，虎口朝内；右手直立，手背向外，五指张开，在左手"匚"形内边从左向右移动边连续点动，表示一串数码。

蜜蜂 mìfēng

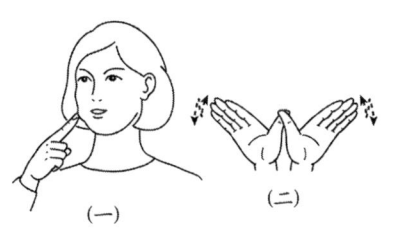

（一）一手食指指腮部，同时用舌顶起腮部，表示嘴里含着的糖。
（二）双手拇指相搭，其他四指微微扇动，如蜜蜂飞行状。

蜜月 mìyuè

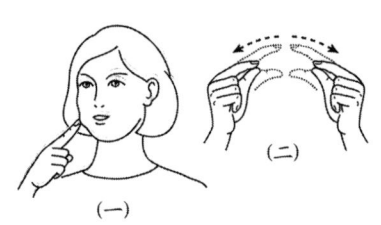

（一）一手食指指腮部，同时用舌顶起腮部，表示嘴里含着的糖。
（二）双手拇、食指张开，指尖相对，虎口朝内，边从中间向两侧做弧形移动边相捏，如弯月状。

绵羊 miányáng

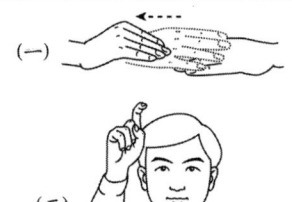

（一）左手横伸；右手五指在左手背上轻抚一下，如摸毛絮状。
（二）一手食指弯曲如钩，虎口贴于太阳穴，仿羊头上弯曲的角。

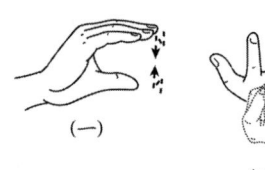

棉花 mián·huā

（一）一手五指成"冂"形，虎口朝内，轻捏几下。

（二）一手五指撮合，指尖朝上，然后张开。

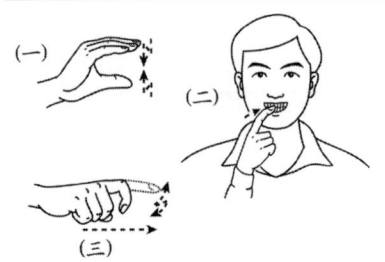

棉蚜虫 miányáchóng

（一）一手五指成"冂"形，虎口朝内，轻捏几下。

（二）一手伸食指，指一下牙齿。"牙"与"蚜"音同形近，借代。

（三）一手食指横伸，手背向上，边弯动边向一侧移动。

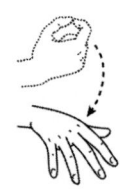

免费 miǎnfèi

一手拇、食指捏成圆形，虎口朝上，然后向斜下方一甩并张开五指，掌心向下。

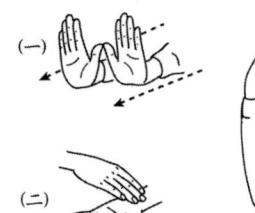

免疫力 miǎnyìlì

（一）双手直立，掌心向外一推。

（二）左手平伸，掌心向上；右手五指并拢，食、中、无名指指尖按于左手腕的脉门处。

（三）一手握拳屈肘，用力向内弯动一下。

免职①（罢官②） miǎnzhí① (bàguān②)

一手伸拇、食、中指，拇指尖抵于前额，食、中指直立并拢，然后向下弯动。

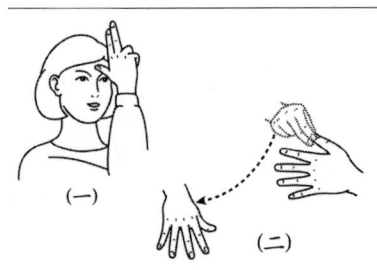

免职②（罢免） miǎnzhí② (bàmiǎn)

（一）一手伸拇、食、中指，拇指尖抵于前额，食、中指直立并拢。

（二）左手横立，掌心向内，五指张开；右手拇、食、中指捏一下左手拇指，然后向下一甩，五指张开，掌心向下。

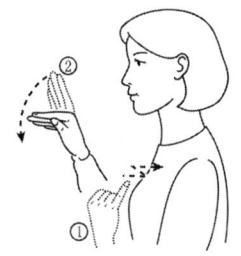

勉强（凑合） miǎnqiǎng (còu·he)

一手伸小指，指尖朝内，先点两下胸部，然后手直立，掌心向外，食、中、无名、小指弯动一下。
（可根据实际表示勉强的样子）

缅甸 Miǎndiàn

双手合十，向前晃动两下。
（此为国外聋人手语）

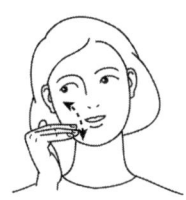

腼腆 miǎntiǎn

一手食、中、无名、小指弯曲，朝脸颊一侧来回抹一下。

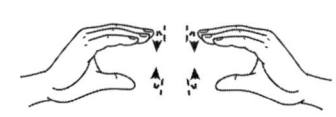

面包（软①） miànbāo (ruǎn①)

双手五指成"⊏⊐"形，指尖相对，虎口朝内，轻捏几下。

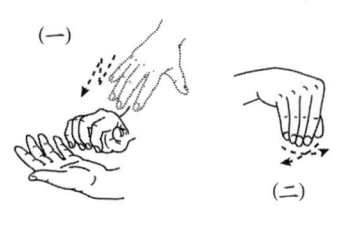

面粉 miànfěn

（一）左手横伸，掌心向上，五指张开；右手五指张开，指尖朝下，在左手上方做揉面的动作。
（二）一手五指撮合，指尖朝下，互捻几下。

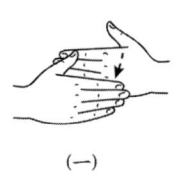 

面积 miànjī

（一）左手横立，手背向外；右手摸一下左手背（或在左手背上转动一圈）。
（二）一手打手指字母"J"的指式。

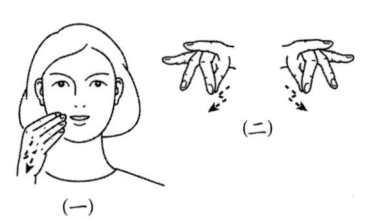

面巾纸（餐巾纸） miànjīnzhǐ (cānjīnzhǐ)

（一）一手五指撮合，擦两下脸颊。
（二）双手拇、中指相捏，指尖朝下，微抖几下。

面貌 miànmào

一手五指张开，掌心向内，在面前从上向下逆时针转动一圈。

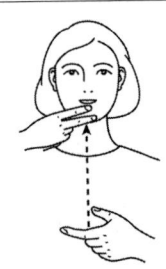

面条① miàntiáo ①

左手拇、食指成半圆形，虎口朝上；右手食、中指分开，指尖朝下，边从下向上移动边指尖对着嘴部，如用筷子夹面条状。

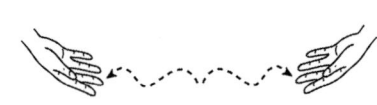

面条②（拉面、抻面） miàntiáo ② (lāmiàn、chēnmiàn)

双手横伸，掌心向上，五指张开，边抖动边从中间向两侧拉开，模仿抻面的动作。

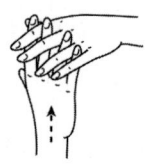

苗（滋长） miáo (zīzhǎng)

左手横伸，掌心向下，五指张开；右手直立，掌心向左，五指张开，从下向上插入左手各指指缝间并钻出少许。

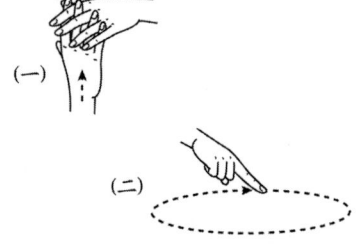

苗圃 miáopǔ

（一）左手横伸，掌心向下，五指张开；右手直立，掌心向左，五指张开，从下向上插入左手各指指缝间并钻出少许。
（二）一手伸食指，指尖朝下划一大圈。

苗条（匀称①） miáo·tiao (yún·chèn①)

　　双手直立，掌心左右相对，从上向下做上宽下窄的移动，表示体形苗条。

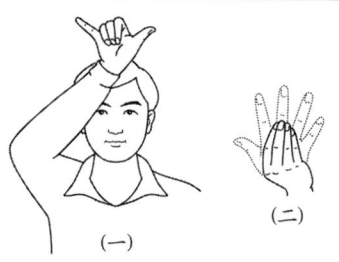

苗族 Miáozú

　　（一）一手拇、小指直立，手背向内，置于头顶，仿苗族的头饰。
　　（二）一手五指张开，指尖朝上，然后撮合。

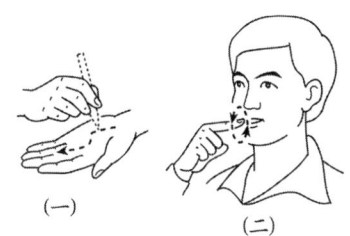

描述（陈述） miáoshù (chénshù)

　　（一）左手横伸；右手如执笔状，在左手掌心上做写字的动作。
　　（二）一手食指横伸，在嘴前前后转动两下。

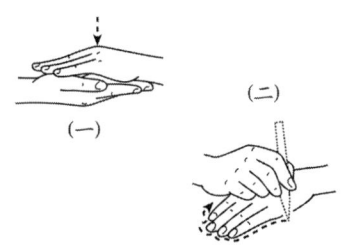

描图 miáotú

　　（一）双手横伸，掌心上下相对，右手在下不动，左手向下盖向右手。
　　（二）左手横伸，掌心向下；右手如执铅笔状，沿左手五指做曲线形移动，如描图状。

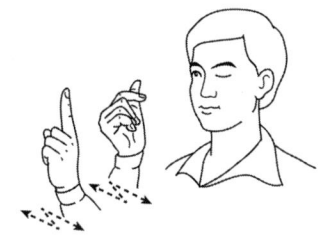

瞄准（对准） miáozhǔn (duìzhǔn)

　　左手食指直立，在前；右手拇、食指搭成"十"字形，在后，双手同时左右移动。

秒钟（一秒钟） miǎozhōng (yīmiǎozhōng)

　　左手握拳，手背向上；右手伸食指，指尖朝下，在左手腕向左划动一下（表示两秒钟时，右手伸食、中指，指尖朝下，在左手腕向左划动一下，以此类推）。

灭虫 mièchóng

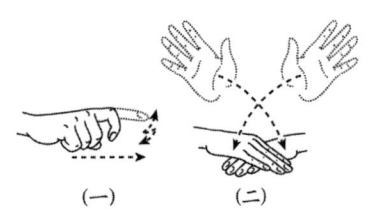

（一）一手食指横伸，手背向上，边弯动边向一侧移动。
（二）双手五指张开，掌心向外，边交叉向下移动边撮合，右手掌压住左手背。

民兵 mínbīng

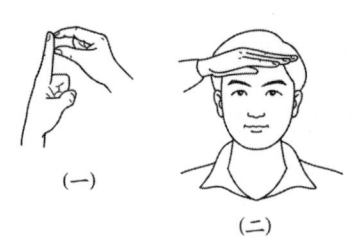

（一）左手食指与右手拇、食指搭成"民"字的一部分。
（二）右手横伸，掌心向下，置于前额，表示军帽帽檐。

民法 mínfǎ

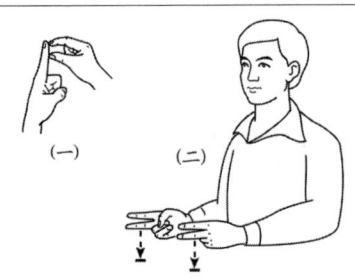

（一）左手食指与右手拇、食指搭成"民"字的一部分。
（二）双手打手指字母"F"的指式，指尖朝前，向下一顿。

民国 Mínguó

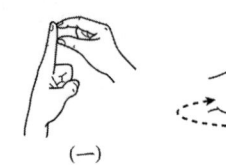

（一）左手食指与右手拇、食指搭成"民"字的一部分。
（二）一手打手指字母"G"的指式，顺时针平行转动一圈。

民间 mínjiān

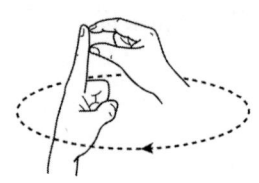

左手食指与右手拇、食指搭成"民"字的一部分，顺时针平行转动一圈。

民政① mínzhèng①

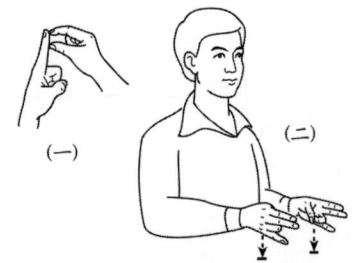

（一）左手食指与右手拇、食指搭成"民"字的一部分。
（二）双手打手指字母"ZH"的指式，指尖朝前，向下一顿。
（"民政"的手语存在地域差异，可根据实际选择使用）

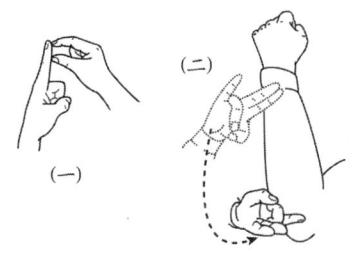

民政② mínzhèng ②
（一）左手食指与右手拇、食指搭成"民"字的一部分。
（二）左手握拳屈肘，手背向外；右手打手指字母"ZH"的指式，手背向上，贴于左小臂，然后向下做弧形移动，翻转为掌心向上。
（"民政"的手语存在地域差异，可根据实际选择使用）

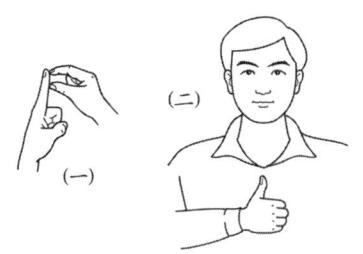

民主 mínzhǔ
（一）左手食指与右手拇、食指搭成"民"字的一部分。
（二）一手伸拇指，贴于胸部。

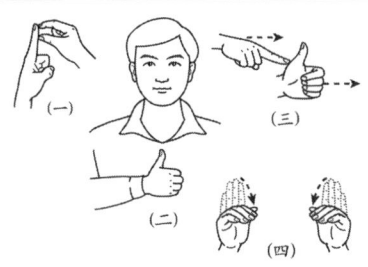

民主促进会（民进） Mínzhǔ Cùjìnhuì (Mínjìn)
（一）左手食指与右手拇、食指搭成"民"字的一部分。
（二）一手伸拇指，贴于胸部。
（三）左手伸拇指；右手伸食指，指尖抵于左手拇指背，向前顶一下左手，双手同时向前移动一下。
（四）双手直立，掌心分别向左右斜前方，食、中、无名、小指弯动一下。

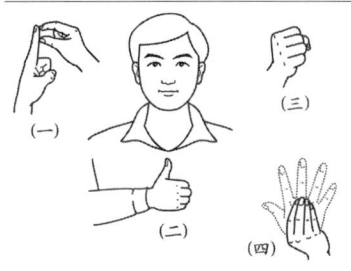

民主党派 mínzhǔ dǎngpài
（一）左手食指与右手拇、食指搭成"民"字的一部分。
（二）一手伸拇指，贴于胸部。
（三）一手打手指字母"D"的指式。
（四）一手五指张开，指尖朝上，然后撮合。

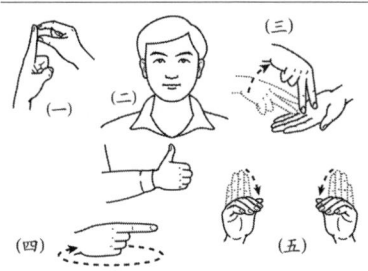

民主建国会（民建） Mínzhǔ Jiànguóhuì (Mínjiàn)
（一）左手食指与右手拇、食指搭成"民"字的一部分。
（二）一手伸拇指，贴于胸部。
（三）左手横伸；右手食、中指分开，先平放于左手掌心上，然后竖立起来。
（四）一手打手指字母"G"的指式，顺时针平行转动一圈。
（五）双手直立，掌心分别向左右斜前方，食、中、无名、小指弯动一下。

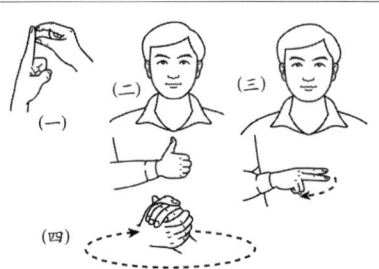

民主同盟（民盟） Mínzhǔ Tóngméng (Mínméng)
（一）左手食指与右手拇、食指搭成"民"字的一部分。
（二）一手伸拇指，贴于胸部。
（三）一手食、中指横伸分开，手背向上，向前移动一下。
（四）双手一横一竖，相互握住，顺时针平行转动一圈。

民族 mínzú

（一）左手食指与右手拇、食指搭成"民"字的一部分。
（二）一手五指张开，指尖朝上，然后撮合。

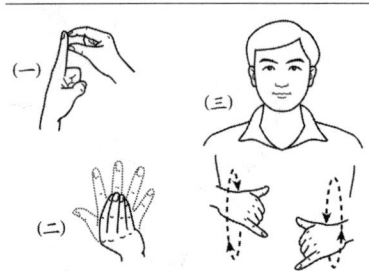

民族舞 mínzúwǔ

（一）左手食指与右手拇、食指搭成"民"字的一部分。
（二）一手五指张开，指尖朝上，然后撮合。
（三）双手伸拇、小指，手背向斜上方，交替向后转动两下。
（可根据实际表示民族舞的动作）

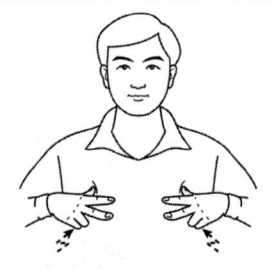

闽（福建②） Mǐn (Fújiàn ②)

双手伸拇、食、中指，手背向上，拇指尖碰两下胸部。

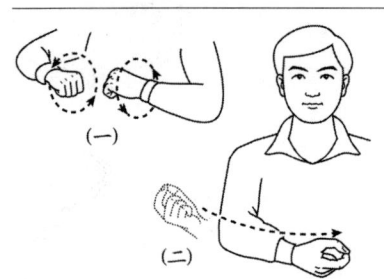

敏捷（利索） mǐnjié (lì·suo)

（一）双手握拳屈肘，前后交替转动两下。
（二）一手拇、食指捏成圆形，向一侧快速划动。

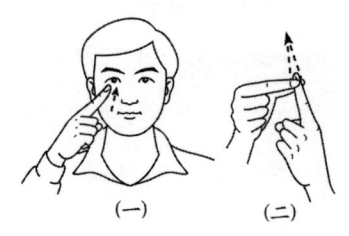

敏锐② mǐnruì ②

（一）一手伸食指，指一下眼睛。
（二）左手食指直立；右手拇、食指沿着左手食指尖边向上移动边相捏。
（此手势表示目光敏锐的意思）

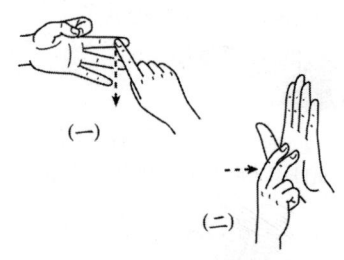

名词 míngcí

（一）左手中、无名、小指横伸分开，掌心向内；右手伸食指，自左手中指尖向下划动。
（二）左手直立，掌心向外；右手食、中指弯曲，指尖朝内，点一下左手掌心。

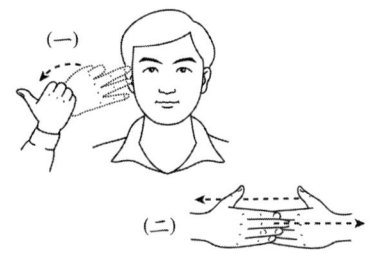
名副其实（当之无愧） míngfùqíshí（dāngzhīwúkuì）
（一）右手中、无名、小指横伸分开，指尖对着耳部，手背向外，然后边向右移动边伸出拇指。
（二）双手横立，掌心向内，指尖相对，从两侧向中间交错移动至双手相叠。

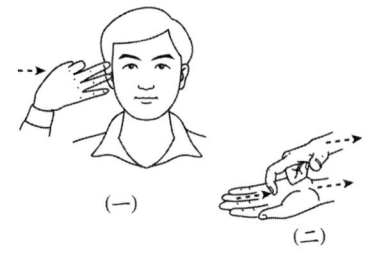
名利 mínglì
（一）一手中、无名、小指横伸分开，指尖朝耳部点一下，手背向外。
（二）左手平伸；右手伸拇、食指，食指边向后划一下左手掌心边缩回，双手同时向内移动。

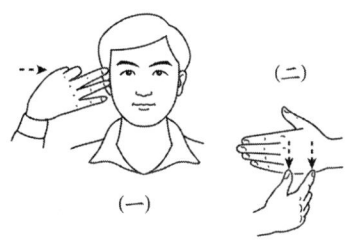
名牌 míngpái
（一）一手中、无名、小指横伸分开，指尖朝耳部点一下，手背向外。
（二）左手横立；右手拇、食指张开，指尖朝内，在左手背上向下划动一下。

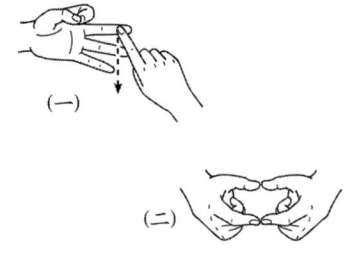
名片 míngpiàn
（一）左手中、无名、小指横伸分开，掌心向内；右手伸食指，自左手中指尖向下划动。
（二）双手拇、食指张开，指尖相对，虎口朝上，如名片大小。

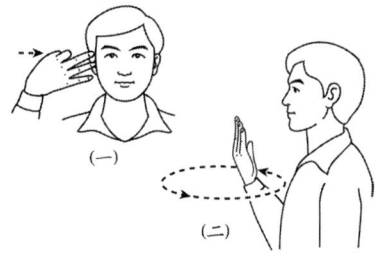
名胜 míngshèng
（一）一手中、无名、小指横伸分开，指尖朝耳部点一下，手背向外。
（二）一手直立，掌心向内，平行转动两下。

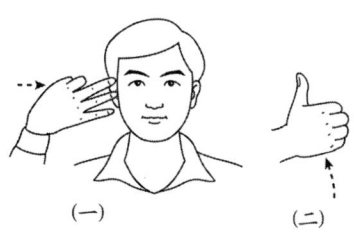
名望 míngwàng
（一）一手中、无名、小指横伸分开，指尖朝耳部点一下，手背向外。
（二）一手伸拇指，向上一挑。

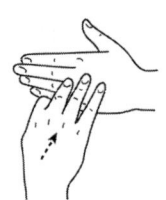

名义 míngyì

左手横立；右手伸中、无名、小指，指尖朝内，在左手背上点一下。

名誉 míngyù

（一）一手中、无名、小指横伸分开，指尖朝耳部点一下，手背向外。

（二）一手虚握，虎口贴于脸颊，然后张开五指。

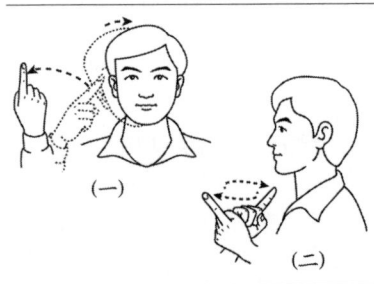

明代 Míngdài

（一）头微偏，一手食指抵于太阳穴，然后向外移动，头转正。

（二）双手伸食指，手腕交叉相贴，然后前后转动，互换位置。

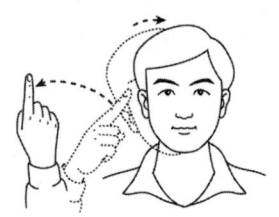

明天 míngtiān

头微偏，一手食指抵于太阳穴，然后向外移动，头转正，表示睡觉后过了一天，引申为明天。

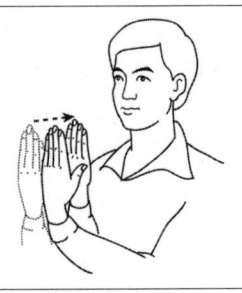

明显① míngxiǎn①

双手直立，掌心向内，左手不动，右手向内移动一下。

明显②（显眼） míngxiǎn②（xiǎnyǎn）

一手伸食指，指一下同侧眼睛，头同时后仰，眼同时睁大。

明信片 míngxìnpiàn

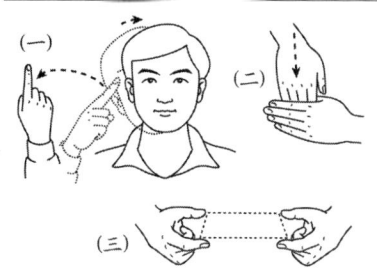

（一）头微偏，一手食指抵于太阳穴，然后向外移动，头转正。
（二）左手五指成"匚"形，虎口朝上；右手五指并拢，指尖朝下，插入左手虎口内。
（三）双手拇、食指张开，指尖相对，虎口朝上，如明信片大小。

明星 míngxīng

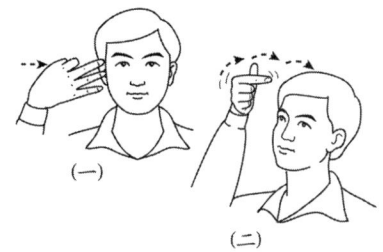

（一）一手中、无名、小指横伸分开，指尖朝耳部点一下，手背向外。
（二）一手拇、食指搭成"十"字形，在头前上方随意晃动几下，眼睛注视手的动作。

明知故犯 míngzhīgùfàn

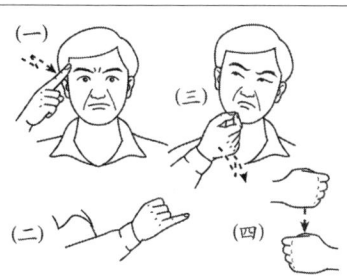

（一）一手伸食指，点两下太阳穴，同时瞪眼，面露责问的表情。
（二）一手伸小指，指尖朝前上方。
（三）一手拇、食指相捏，从颏部向前下方揪两下。
（四）双手握拳，一上一下，右拳向下砸一下左拳。

明知故问 míngzhīgùwèn

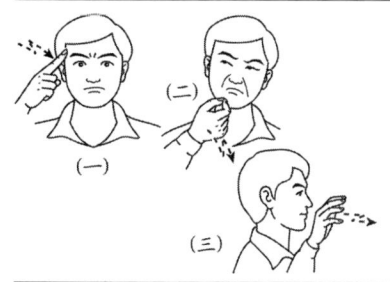

（一）一手伸食指，点两下太阳穴，同时瞪眼，面露责问的表情。
（二）一手拇、食指相捏，从颏部向前下方揪两下。
（三）一手五指微曲，掌心向外，从嘴前向外微移两下。

冥思苦想 míngsī-kǔxiǎng

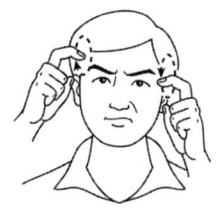

双手食指弯曲，置于太阳穴两侧，前后交替转动几下，面露思考的表情。

命令 mìnglìng

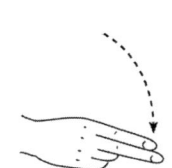

一手食、中指并拢，向下一挥。

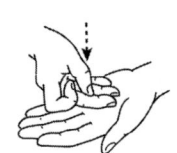

命名(起名) mìngmíng (qǐmíng)

左手横伸;右手中、无名、小指并拢,拇指按于中指,指背向下,贴向左手掌心,表示给出一个名称。

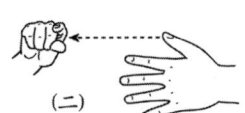

命题❶ mìngtí ❶

(一)一手五指撮合,掌心向上,边向外移动边变为手平伸,如给别人东西状。
(二)左手横立,手背向外,五指张开;右手拇、食指张开,指尖朝前,在左手拇指旁向右划动一下。
(此手势表示出题目的意思,如作文命题)

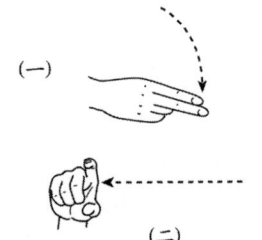

命题❷ mìngtí ❷

(一)一手食、中指并拢,向下一挥。
(二)一手拇、食指张开,指尖朝前,向一侧移动一下。
(此手势表示判断的语言形式,如数学命题)

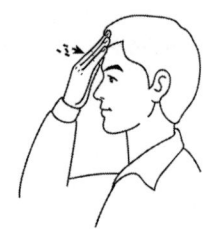

命运❶ mìngyùn ❶

一手食、中、无名、小指并拢,掌心向内,拍两下前额,一般表示国家、民族的命运。

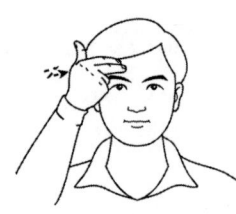

命运❷ mìngyùn ❷

一手伸拇、食、中指,食、中指并拢,指尖点两下前额,一般表示个人的命运。

摸 mō

左手横伸,手背向上;右手掌在左手背上边微转边做抚摸的动作。
(可根据实际表示摸的动作)

摸索 mō·suǒ

左手握住右手腕；右手五指张开，掌心向下，顺时针平行转动几下，面露思考的表情。

模范（典范） mófàn (diǎnfàn)

（一）左手伸拇指，手背向外；右手五指张开，指尖对着左手，置于左手旁，然后边向右移动边撮合，表示是别人效仿的典范。

（二）一手虚握，手背向内，置于胸部正中，然后张开五指，表示佩戴的光荣花。

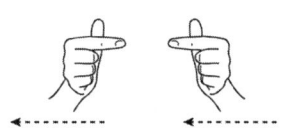

模仿（模拟、照样❶） mófǎng (mónǐ、zhàoyàng❶)

双手拇、食指搭成"十"字形，同时向一侧移动一下。

模式 móshì

双手拇、食指搭成"□"形，同时向一侧移动一下。

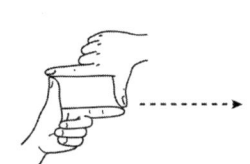
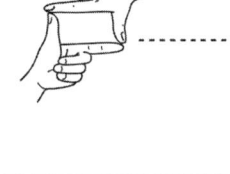

模特儿❶ mótèr❶

（一）左手伸拇、小指，手背向外；右手食指横伸，绕左手前后转动一圈，表示美术中的人体、肖像模特儿。

（二）双手直立，掌心相合，手背拱起，左右晃动两下。

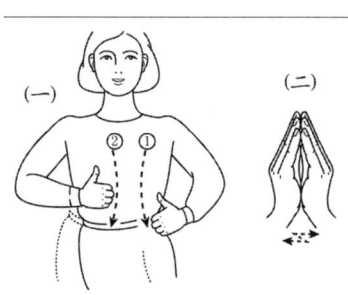

模特儿❷ mótèr❷

（一）双手伸拇指，在胸前交替向下移动一下，如穿衣服状，同时扭动身体，表示服装模特儿。

（二）双手直立，掌心相合，手背拱起，左右晃动两下。

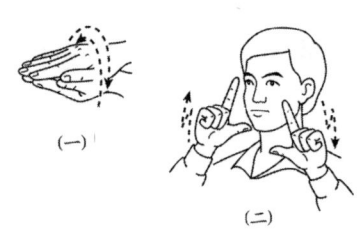

模型 móxíng

（一）双手平伸，掌心相合，手背拱起，左右翻转两下。
（二）双手拇、食指成"⌐⌐"形，置于脸颊两侧，上下交替动两下。

摩尔多瓦 Mó'ěrduōwǎ

（一）一手横立，掌心向内，五指并拢，从前额一侧向另一侧移动。
（二）一手五指撮合，指尖朝下，置于头一侧，然后左右微晃几下，表示当地民族的头饰。
（此为国外聋人手语）

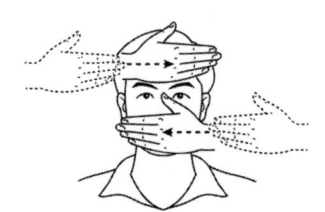

摩洛哥 Móluògē

双手横立，掌心向内，一上一下，置于头前，分别从两侧向中间移动，仅露出眼睛。
（此为国外聋人手语）

摩纳哥 Mónàgē

一手打手指字母"M"的指式，表示摩纳哥英文国名首字母，手背向外，移向颏部。
（此为国外聋人手语）

摩托车 mótuōchē

双手虚握，手背向上，上下颠动几下，如骑摩托车状。

磨 mó

双手握拳，左手在下不动，右手在左手虎口上缓慢转动两下。
（可根据实际表示磨的动作）

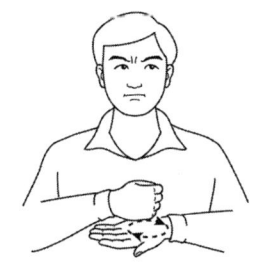

磨蹭（消磨） mó·ceng（xiāomó）
左手横伸；右手握拳，虎口朝上，在左手掌心上缓慢转动两下。

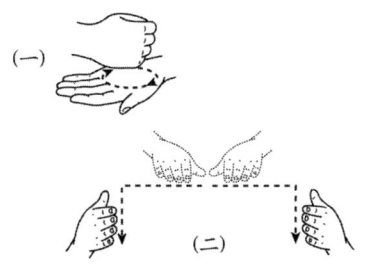

磨床 móchuáng
（一）左手横伸；右手握拳，虎口朝上，在左手掌心上转动两下。
（二）双手平伸，掌心向下，先从中间向两侧平移，再折而下移成"冂"形。

蘑菇 mó·gu
左手食指直立；右手手背拱起，置于左手食指尖，仿蘑菇形状。
（可根据实际表示蘑菇的外形）

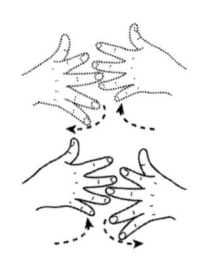

魔术① móshù①
双手横立，掌心向内，五指张开，指尖从食、中、无名、小指指缝间前后交替移动。

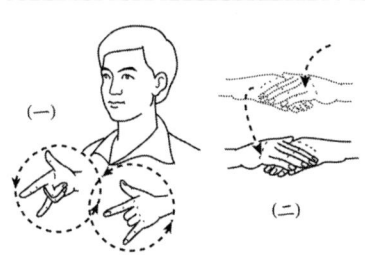

魔术② móshù②
（一）双手伸拇、食、小指，食、小指指尖朝前，前后交替转动两下。
（二）双手横伸，掌心向下，互拍手背。

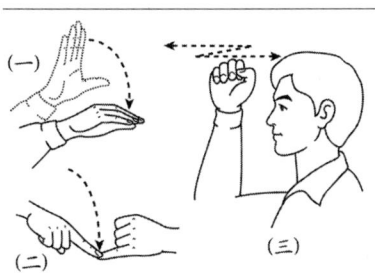

末班车 mòbānchē
（一）右手直立，掌心向左，拇指张开，置于面前，其他四指向下弯动与拇指捏合。
（二）左手伸小指；右手伸食指，敲一下左手小指。
（三）一手虚握，虎口朝内，前后移动两下，如握公交车上方把手状。
（可根据实际选择车的手势）

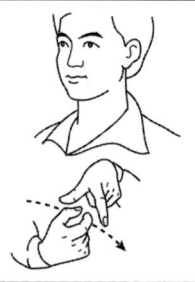

没收（充公） mòshōu (chōnggōng)
左手伸拇、食指，指尖朝下，虎口朝外，不动；右手拇、食指弯曲，指尖朝上，从外向内移入左手虎口内。

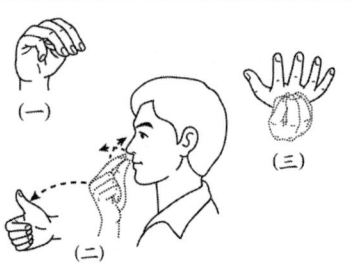

茉莉花 mò·lihuā
（一）一手打手指字母"M"的指式。
（二）一手拇、食指在鼻孔前捻动，然后伸出拇指。
（三）一手五指撮合，指尖朝上，然后张开。

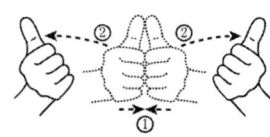

陌生 mòshēng
双手伸拇指，掌心相对，先互碰一下，再分别向两侧移动，拇指尖朝斜上方，表示两人相遇不相识。

莫 Mò
一手打手指字母"M"的指式，左右晃动一下，表示姓氏"莫"。

莫桑比克 Mòsāngbǐkè
双手五指微曲，指尖抵于颏部，然后分别向两侧腮部移动。
（此为国外聋人手语）

莫斯科 Mòsīkē
一手伸拇指，食、中、无名、小指指背朝脸颊一侧碰两下。
（此为国外聋人手语）

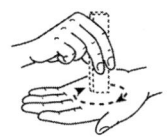

墨 mò

左手横伸；右手拇、食、中指相捏，指尖朝下，在左手掌心上方顺时针转动两下，如研墨状。既表示墨的名词意思，又表示研墨的意思。

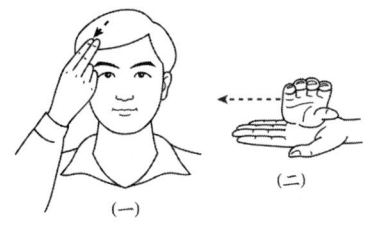

墨盒 mòhé

（一）一手打手指字母"H"的指式，摸一下头发。
（二）左手横伸；右手五指成"⊐"形，指尖朝前，在左手掌心上从左向右移动一下，表示打印机墨盒。
（可根据实际表示墨盒）

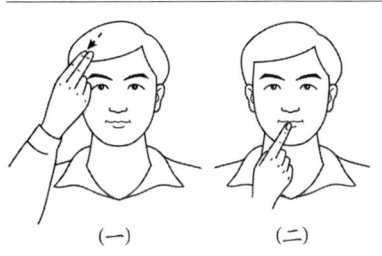

墨水 mòshuǐ

（一）一手打手指字母"H"的指式，摸一下头发。
（二）一手伸食指，指尖贴于下嘴唇。

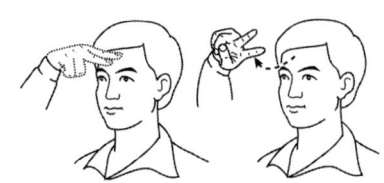

墨西哥 Mòxīgē

一手食、中指横伸分开，手背向上，置于前额，然后向前转腕，掌心向外。
（此为国外聋人手语）

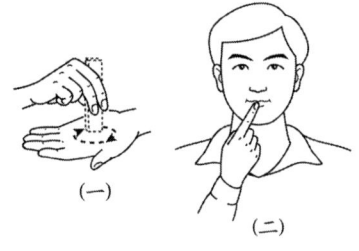

墨汁 mòzhī

（一）左手横伸；右手拇、食、中指相捏，指尖朝下，在左手掌心上方顺时针转动两下，如研墨状。
（二）一手伸食指，指尖贴于下嘴唇。

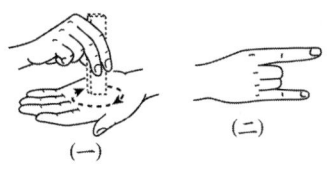

墨子 Mòzǐ

（一）左手横伸；右手拇、食、中指相捏，指尖朝下，在左手掌心上方顺时针转动两下，如研墨状。
（二）一手打手指字母"Z"的指式。

默哀（吊唁、哀悼、祭奠） mò'āi (diàoyàn、āidào、jìdiàn)

一手直立握拳，向前弯动一下，头同时低下，面露严肃的表情。

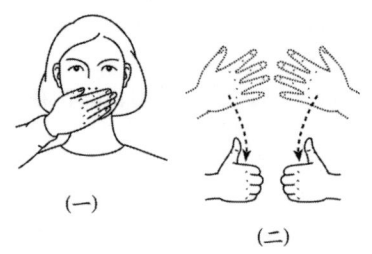

默契 mòqì

（一）一手捂于嘴部。
（二）双手横立，掌心向内，五指张开，边向下转动边食、中、无名、小指弯曲，指尖抵于掌心。

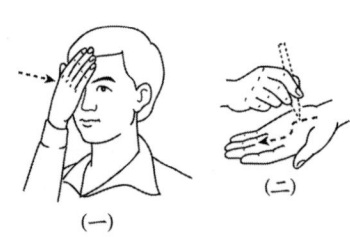

默写 mòxiě

（一）一手直立，掌心向内，拍一下前额。
（二）左手横伸；右手如执笔状，在左手掌心上做写字的动作。

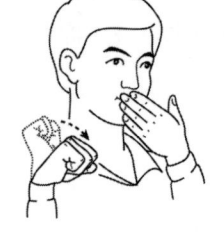

默许（默认） mòxǔ (mòrèn)

左手捂于嘴部；右手直立握拳，向前弯动一下。

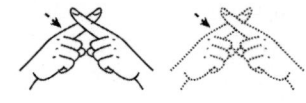

某① mǒu①

双手食指连续两下（或三下）搭成"×"形，用于指代姓名。

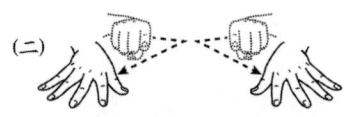

模具 mújù

（一）双手平伸，掌心相合，手背拱起，左右翻转两下。
（二）双手食指指尖朝前，手背向上，先互碰一下，再分开并张开五指。

母亲（妈妈、母、雌） mǔ·qīn (mā·ma、mǔ、cí)
　　右手食指直立，指尖左侧贴在嘴唇上；也用于表示生物中母、雌的概念。

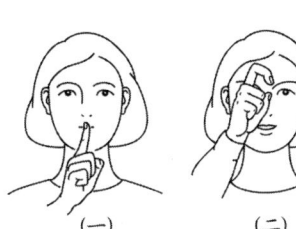

母亲节 Mǔqīn Jié
　　（一）右手食指直立，指尖左侧贴在嘴唇上。
　　（二）一手打手指字母"J"的指式，置于前额。

牡丹花 mǔ·danhuā
　　（一）一手五指微曲，掌心向上，手背贴于头顶。
　　（二）一手五指撮合，指尖朝上，然后张开。

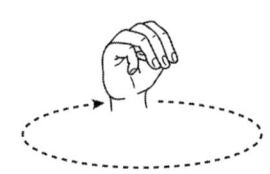

亩 mǔ
　　一手打手指字母"M"的指式，在胸前顺时针平行转动一圈。

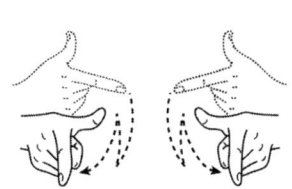

木②（木头） mù② (mù·tou)
　　双手伸拇、食指，虎口朝上，手腕向前转动两下，动作幅度要比刨木头的动作小。

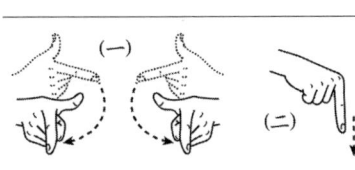
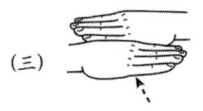

木地板 mùdìbǎn
　　（一）双手伸拇、食指，虎口朝上，手腕向前转动一下。
　　（二）一手伸食指，指尖朝下一指。
　　（三）双手横伸，掌心向下，左手在后不动，右手向后碰一下左手。

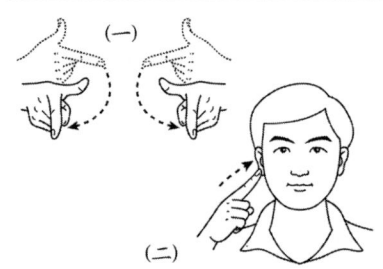

木耳 mù'ěr

（一）双手伸拇、食指，虎口朝上，手腕向前转动一下。

（二）一手伸食指，指一下耳朵。

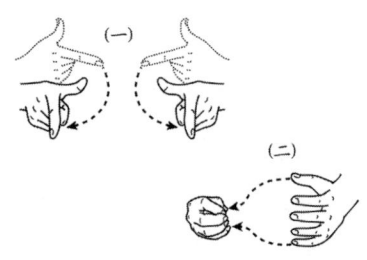

木瓜 mùguā

（一）双手伸拇、食指，虎口朝上，手腕向前转动一下。

（二）双手五指弯曲张开，指尖左右相对，然后左手不动，右手边向右移动边收拢，仿木瓜外形。

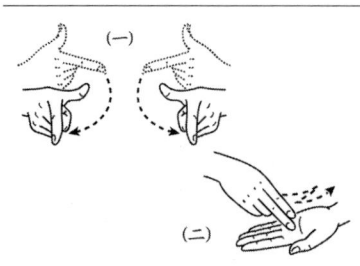

木刻 mùkè

（一）双手伸拇、食指，虎口朝上，手腕向前转动一下。

（二）左手横伸；右手食、中指并拢，指尖朝下，在左手掌心上划动两下，如雕木刻状。

木偶❷ mù'ǒu ❷

左手五指微曲，掌心向前，在上；右手拇、食指相捏，在左手下上下移动几下，左手五指随之交替点动，模仿表演布袋木偶剧的动作。

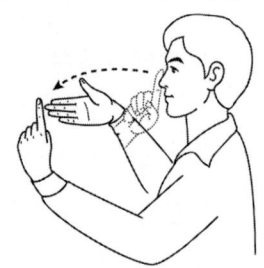

目标（宗旨） mùbiāo (zōngzhǐ)

左手食指直立；右手伸食指，指一下右眼，然后手侧立，指向左手食指。

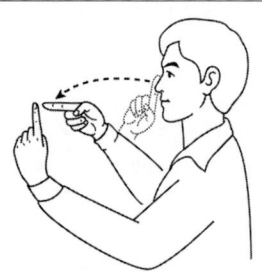

目的 mùdì

左手食指直立；右手伸食指，指一下右眼，然后指向左手食指。

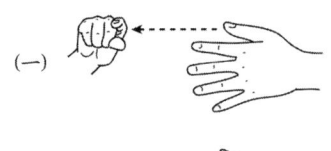
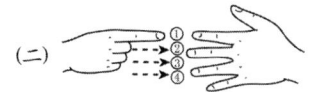

目录 mùlù

（一）左手横立，手背向外，五指张开；右手拇、食指张开，指尖朝前，在左手拇指旁向右划动一下。

（二）左手横立，手背向外，五指张开；右手握拳，手背向外，虎口朝上，在左手旁依次伸出食、中、无名、小指。

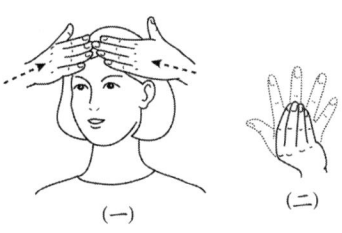

仫佬族 Mùlǎozú

（一）双手斜立，置于头两侧，然后向前上方移动，指尖相抵，仿仫佬族戴的帽子形状。

（二）一手五指张开，指尖朝上，然后撮合。

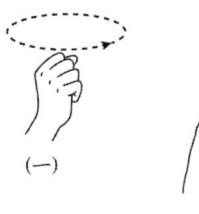

牧民 mùmín

（一）一手握拳上举，做扬鞭的动作。

（二）左手食指与右手拇、食指搭成"民"字的一部分。

牧师 mùshī

双手拇、食指张开，指尖朝内，在胸两侧向下划两下，表示牧师脖子上垂下的围巾。

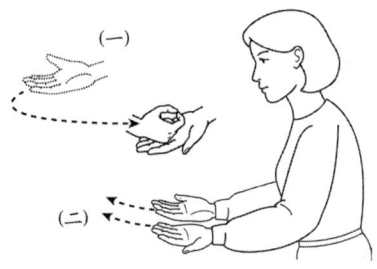

募捐 mùjuān

（一）双手平伸，掌心向上，左手不动，右手边从右向左移动边拇、食指捏成圆形，并移至左手掌心，表示募集钱物。

（二）双手平伸，掌心向上，同时向前伸出。
（可根据捐献的东西选择手势动作）

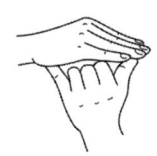

墓葬（土葬、坟墓） mùzàng (tǔzàng、fénmù)

左手伸拇、小指，指尖朝上；右手横伸，手背拱起，置于左手上。

慕 Mù

一手打手指字母"M"的指式,从嘴角一侧向下移动一下,表示姓氏"慕"。

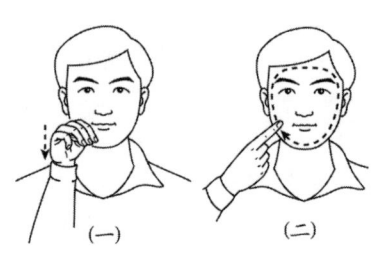

慕容 Mùróng

(一)一手打手指字母"M"的指式,从嘴角一侧向下移动一下。
(二)一手伸食指,绕脸部转动一圈。
(此手势表示复姓"慕容")

穆 Mù

右手中、无名、小指分开,掌心向内,贴于左胸部,然后向右下方划动一下,表示姓氏"穆"。

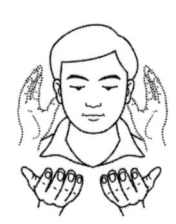

穆斯林 mùsīlín

双手直立,掌心左右相对,五指微曲,拇指尖抵于耳垂后部,然后双手平伸,掌心向上,头微低,如穆斯林祷告状。

国家通用手语系列
中国残疾人联合会 组编

国家通用语词典

中国聋人协会
国家手语和盲文研究中心 编

第❸册

华夏出版社
HUAXIA PUBLISHING HOUSE

图书在版编目（CIP）数据

国家通用手语词典：全四册 / 中国残疾人联合会组编；中国聋人协会，国家手语和盲文研究中心编 . -- 北京：华夏出版社，2019.10（2022.9 重印）

（国家通用手语系列）

ISBN 978-7-5080-9648-3

Ⅰ . ①国… Ⅱ . ①中… ②中… ③国… Ⅲ . ①手势语—中国—词典 Ⅳ . ① H126.3-61

中国版本图书馆 CIP 数据核字 (2019) 第 004905 号

© 华夏出版社有限公司　　未经许可，不得以任何方式使用本书全部及任何部分内容，违者必究。

N

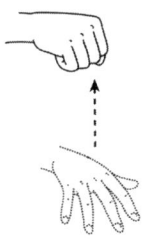

拿（带❷、取） ná（dài❷、qǔ）
　一手五指张开，指尖朝下，边向上移动边握拳，如拿东西状。
　（可根据实际表示拿的动作）

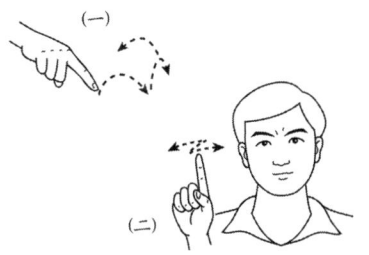

哪些① nǎxiē①
　（一）一手伸食指，指尖朝下，随意点几下。
　（二）一手食指直立，掌心向外，左右晃动几下，面露疑问的表情。
　（可根据实际决定手的位置）

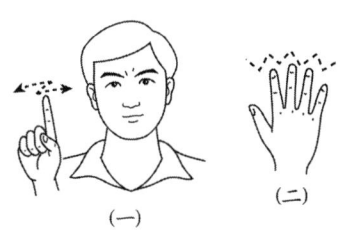

哪些②（哪几个） nǎxiē②（nǎjǐ·ge）
　（一）一手食指直立，掌心向外，左右晃动几下，面露疑问的表情。
　（二）一手直立，掌心向内，五指张开，交替点动几下。

那里 nà·lǐ
　一手伸食指，指尖朝外指两下。
　（可根据实际决定手指的朝向）

那时（当时） nàshí（dāngshí）
　（一）一手伸食指，指尖朝外指一下。
　（二）左手侧立；右手伸拇、食指，拇指尖抵于左手掌心，食指向下转动。

纳米（nm） nàmǐ

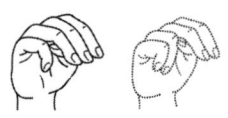

一手连续打手指字母"N""M"的指式，表示纳米的法定计量单位符号。

纳米比亚 Nàmǐbǐyà

一手食指弯曲，其他四指伸出，指尖朝下，手背向外，向下移动两下。

（此为国外聋人手语）

纳入 nàrù

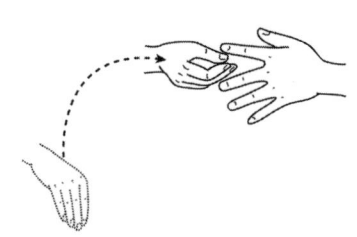

左手横立，手背向外，五指张开；右手五指撮合，移入左手食、中指指缝间。

纳税（交税、上税） nàshuì (jiāoshuì、shàngshuì)

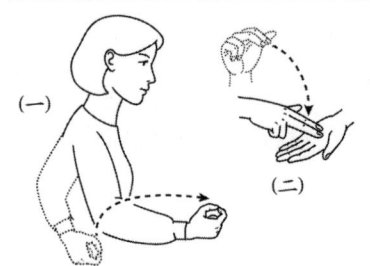

（一）一手拇、食指捏成圆形，虎口朝前上方，从腰部向前移出，表示掏钱。

（二）左手横伸；右手打手指字母"SH"的指式，然后食、中指向左手掌心上拍一下。

纳西族 Nàxīzú

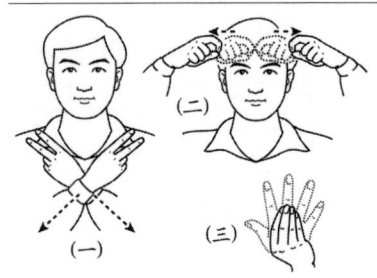

（一）双手食、中指分开，手背向外，手腕交叉相搭，从领口向斜下方移动一下。

（二）双手拇、食指捏成圆形，虎口朝内，在前额分别向两侧移动。

（三）一手五指张开，指尖朝上，然后撮合。

钠 nà

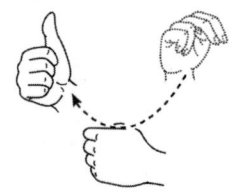

左手握拳，虎口朝上；右手打手指字母"N"的指式，手腕砸一下左手虎口后打手指字母"A"的指式，表示钠的元素符号和音节。

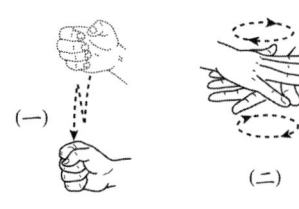

奶酪 nǎilào
（一）一手五指弯曲，虎口朝上，向下捋动两下，模仿挤牛奶的动作。
（二）双手五指张开，掌心上下相贴，交替平行转动两下。

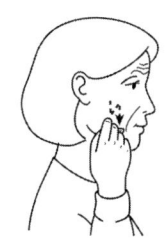

奶奶（祖母） nǎi·nai (zǔmǔ)
一手打手指字母"N"的指式，在脸颊处向下划动两下。

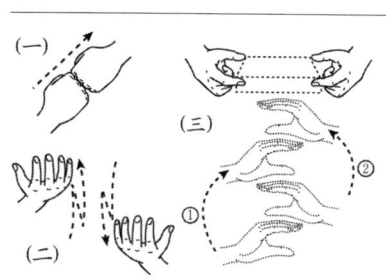

耐火砖 nàihuǒzhuān
（一）双手握拳屈肘，两拳斜向相抵，右拳将左拳向左上方顶出。
（二）双手五指微曲，指尖朝上，上下交替动几下，如火苗跳动状。
（三）双手五指成"⊏⊐"形，虎口朝内，交替上叠，模仿垒砖的动作，然后双手拇、食指成"⊏⊐"形，虎口朝上。

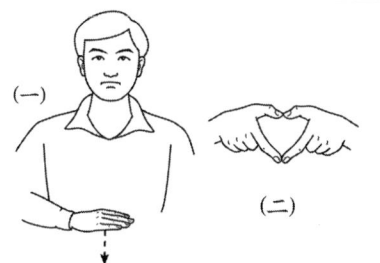

耐心 nàixīn
（一）一手横伸，掌心向下，自腹部缓缓向下一按。
（二）双手拇、食指张开仿"♡"形，手背向外，置于胸部。

男 nán
一手直立，掌心贴于头一侧，前后移动两下。

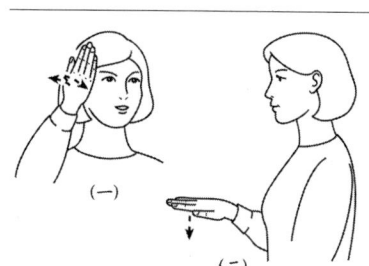

男孩（儿子②） nánhái (ér·zi②)
（一）一手直立，掌心贴于头一侧，前后移动两下。
（二）一手平伸，掌心向下，按动一下。
（"儿子"的手语存在地域差异，可根据实际选择使用）

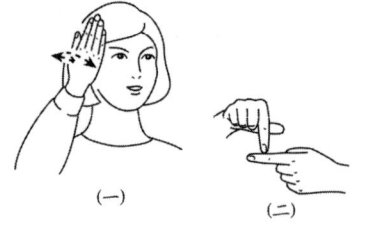

男士（先生❷）　nánshì (xiān·sheng❷)
（一）一手直立，掌心贴于头一侧，前后移动两下。
（二）左手食指与右手拇、食指搭成"士"字形。

南①　nán①
右手五指并拢，指尖朝下，掌心向左，置于身前正中。

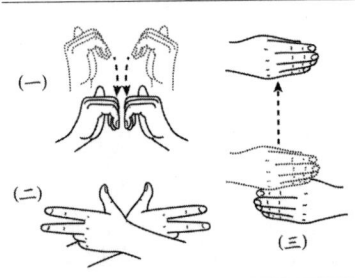

南北朝　Nán-Běi Cháo
（一）双手五指弯曲，食、中、无名、小指指尖朝下，手腕向下转动一下。
（二）双手伸拇、食、中指，手背向外，手腕交叉相搭，仿"北"字形。
（三）双手五指成"匚コ"形，虎口朝上，上下相叠，左手在下不动，右手向上移动。

南昌　Nánchāng
左手握拳，手背向外；右手伸食指，在左手背上点两下。

南非　Nánfēi
（一）一手握拳，手背向内，从上向下移动一下。
（二）一手食、中、无名、小指并拢，掌心向外，边从上向下移动边五指撮合。
（此为国外聋人手语）

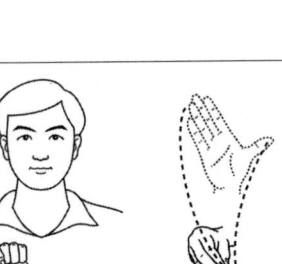

南瓜　nán·guā
（一）双手五指弯曲，食、中、无名、小指指尖朝下，手腕向下转动一下。
（二）双手五指弯曲张开，指尖左右相对，虎口朝上，从中间向两侧微移一下。

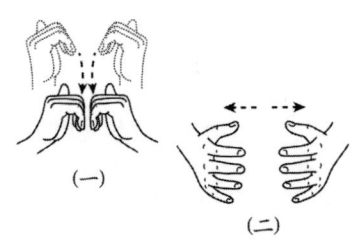

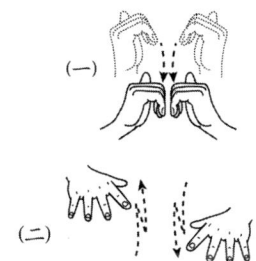

南海 Nánhǎi

（一）双手五指弯曲，食、中、无名、小指指尖朝下，手腕向下转动一下。

（二）双手平伸，掌心向下，五指张开，上下交替移动，表示起伏的波浪。

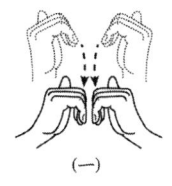 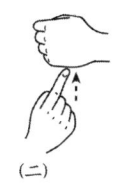

南极 nánjí

（一）双手五指弯曲，食、中、无名、小指指尖朝下，手腕向下转动一下。

（二）左手握拳，手背向外；右手伸食指，指一下左拳底部，表示地球上的南极。

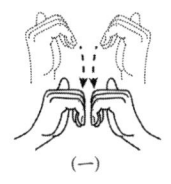 

南极洲 Nánjízhōu

（一）双手五指弯曲，食、中、无名、小指指尖朝下，手腕向下转动一下。

（二）左手握拳，手背向外；右手伸食指，指尖朝上，在左拳下转动一小圈，表示南极洲的位置。

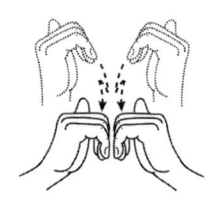

南京（南②） Nánjīng（nán②）

双手五指弯曲，食、中、无名、小指指尖朝下，手腕向下转动两下（表示方位"南"时，手腕向下转动一下）。

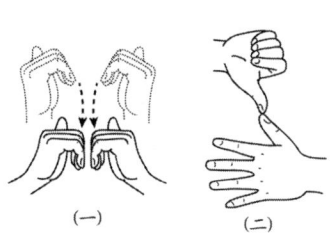

南美洲 Nánměizhōu

（一）双手五指弯曲，食、中、无名、小指指尖朝下，手腕向下转动一下。

（二）左手横立，掌心向内，五指张开（或食、中、无名、小指并拢），在下；右手伸拇指，指尖朝下，掌心向外，抵于左手拇指尖，在上。

南宁 Nánníng

一手五指微曲，指尖朝上，手腕向前转动两下。

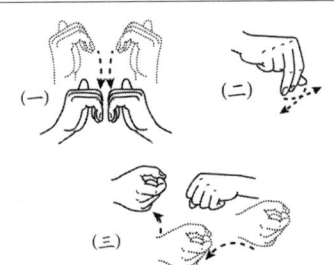

南沙群岛 Nánshāqúndǎo

（一）双手五指弯曲，食、中、无名、小指指尖朝下，手腕向下转动一下。

（二）一手拇、食、中指相捏，指尖朝下，互捻几下。

（三）左手横伸握拳，手背向上；右手拇、食指捏成圆形，虎口朝上，在左手周围不同位置点动几下，表示有许多岛。

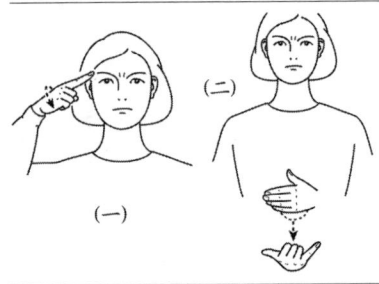

难产 nánchǎn

（一）一手食指抵于太阳穴，并钻动一下。

（二）左手横立，五指微曲，置于腹前；右手伸拇、小指，手背向下，先置于左手掌心内，再向下移出。

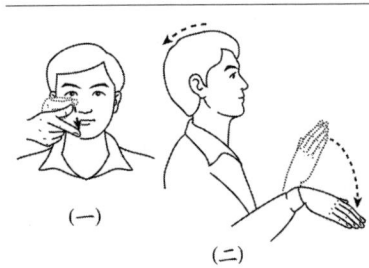

难怪（怪不得） nánguài（guài·bu·de）

（一）一手拇、食指相捏，置于眼前，然后食指向前伸出，眼同时睁大。

（二）一手直立，掌心向前，向下挥动一下，头同时后仰，表示明白了原因的意思。

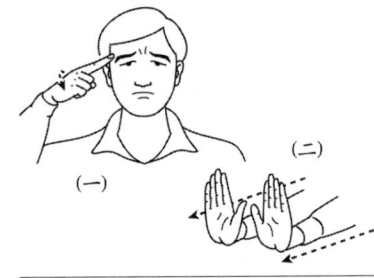

难免 nánmiǎn

（一）一手食指抵于太阳穴，并钻动一下。

（二）双手直立，掌心向外推出。

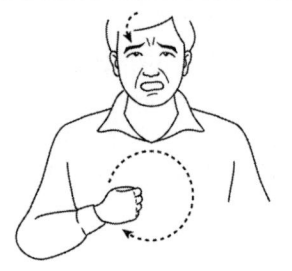

难受（伤心、委屈、悲痛、悲惨）
nánshòu（shāngxīn、wěi·qu、bēitòng、bēicǎn）

一手虚握，手背向外，贴于胸部，转动一圈，头微低，面露难受的表情。

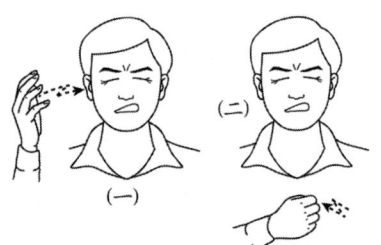

难听 nántīng

（一）一手五指微曲，指尖朝耳部移动两下，表示有噪音，面露烦躁的表情。

（二）一手握拳，手背向外，捶两下胸部，面露烦躁的表情。

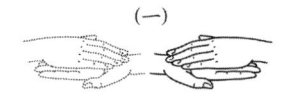

馕 náng
（一）双手横伸，掌心上下交替互贴。
（二）双手拇、食指成大圆形，虎口朝上，仿馕的外形。

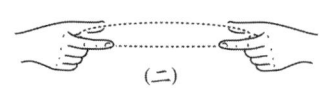

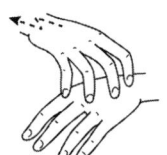

挠（搔、痒） náo（sāo、yǎng）
左手横伸，五指微曲张开；右手五指弯曲，在左手背上挠几下。
（可根据实际表示挠的动作）

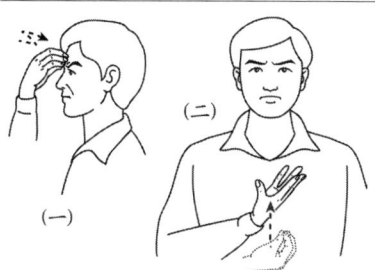

恼火 nǎohuǒ
（一）一手五指微曲，指尖朝前额点两下。
（二）一手五指撮合，指尖朝上，贴于胸部，然后猛然向上张开，面露生气的表情。

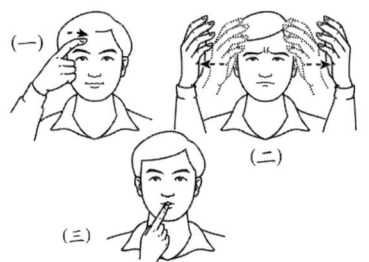

脑积水 nǎojīshuǐ
（一）一手伸食指，指一下头部。
（二）双手五指微曲，指尖抵于头两侧，然后分别向两侧移动少许距离，表示头颅因积水而胀大。
（三）一手伸食指，指尖贴于下嘴唇。

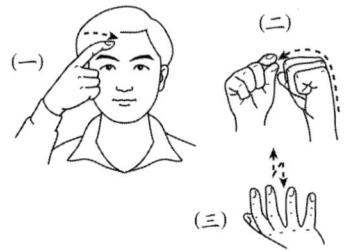

脑膜炎 nǎomóyán
（一）一手伸食指，指一下头部。
（二）左手握拳，虎口朝内；右手拇、食指微张，指尖朝前，沿左手背从下向上移动，表示脑膜。
（三）一手五指微曲，指尖朝上，上下微动几下。

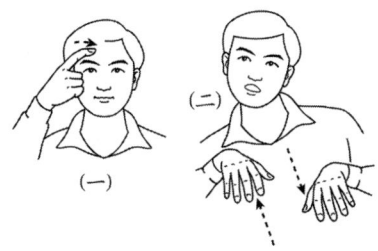

脑瘫 nǎotān
（一）一手伸食指，指一下头部。
（二）双手抬起，一高一低，五指自然下垂，然后左手向下、右手向上移动，身体向后倾斜。

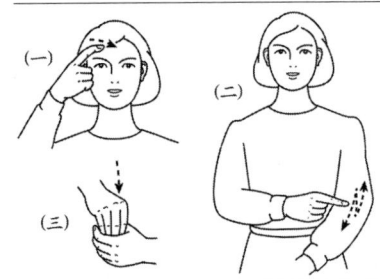

脑血栓（脑梗） nǎoxuèshuān (nǎogěng)

（一）一手伸食指，指一下头部。
（二）右手伸食指，在左臂处上下划动几下。
（三）左手五指成圆形，虎口朝上；右手五指撮合，指尖朝下，插入左手虎口内。

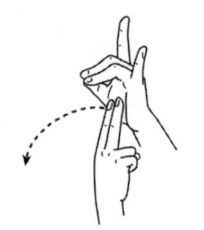

瑙鲁 Nǎolǔ

左手拇、中、无名指相捏，食、小指直立，掌心向右；右手食、中指并拢，指尖贴于左手掌心，然后向右下方做弧形移动，表示瑙鲁天堂鸟花的形状。
（此为国外聋人手语）

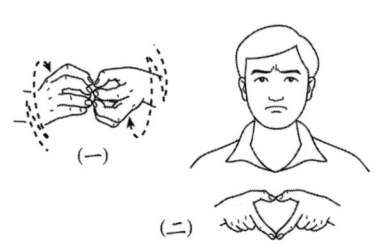

闹心 nàoxīn

（一）双手虚握，指尖左右相抵，前后反向拧动几下。
（二）双手拇、食指张开仿"♡"形，手背向外，置于胸部。

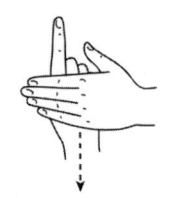

内（里面） nèi (lǐmiàn)

左手横立；右手食指直立，在左手掌心内从上向下移动。
（可根据实际表示里面的意思）

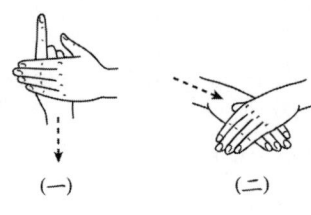

内存 nèicún

（一）左手横立；右手食指直立，在左手掌心内从上向下移动。
（二）左手横伸；右手平伸，手背向上，从后向前移入左手掌心下。

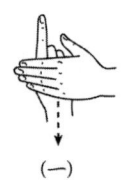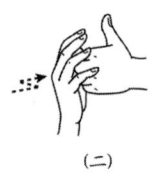

内阁 nèigé

（一）左手横立；右手食指直立，在左手掌心内从上向下移动。
（二）左手伸拇指，手背向外；右手直立，掌心向左，五指微曲，朝左手贴两下。

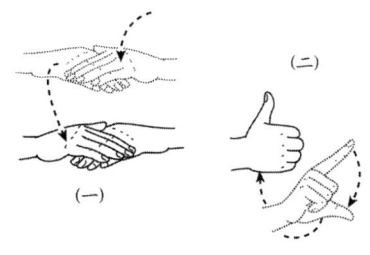

内行　nèiháng
（一）双手横伸，掌心向下，互拍手背。
（二）一手伸拇、食指，食指尖朝上，然后食指缩回，拇指尖朝上，表示熟练。

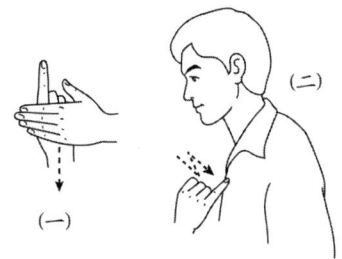

内疚　nèijiù
（一）左手横立；右手食指直立，在左手掌心内从上向下移动。
（二）一手伸小指，指尖朝上，点两下胸部，面带歉意。

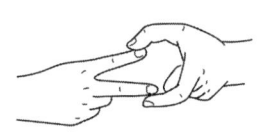

内卡钳　nèikǎqián
左手拇、食指成半圆形，虎口朝外；右手食、中指分开，指尖与左手拇、食指指尖相触，如用内卡钳量尺寸状。

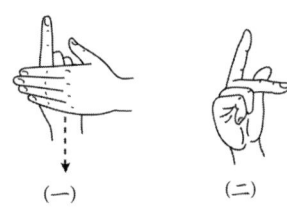

内科　nèikē
（一）左手横立；右手食指直立，在左手掌心内从上向下移动。
（二）一手打手指字母"K"的指式。

内裤（裤衩儿❷）　nèikù (kùchǎr❷)
双手斜伸，食、中、无名、小指并拢，指尖朝斜下方，置于大腿根部，然后分别向斜上方移动少许，仿三角形内裤的式样。

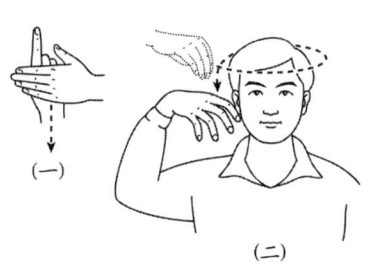

内蒙古　Nèiměnggǔ
（一）左手横立；右手食指直立，在左手掌心内从上向下移动。
（二）右手五指撮合，指尖朝下，沿头顶转动一圈，然后在头右侧张开，仿蒙古族头饰。

内容 nèiróng

左手横立；右手食指直立，在左手掌心内从上向下移动两下。

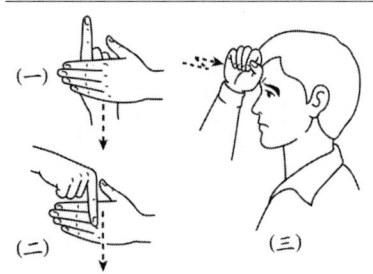

内外交困（内忧外患） nèiwài-jiāokùn (nèiyōu-wàihuàn)

（一）左手横立；右手食指直立，在左手掌心内从上向下移动。

（二）左手横立；右手伸食指，指尖朝下，在左手背外向下指。

（三）一手握拳，虎口敲两下前额。

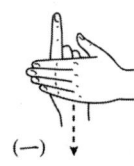
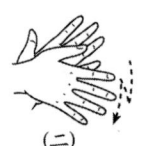

内因 nèiyīn

（一）左手横立；右手食指直立，在左手掌心内从上向下移动。

（二）双手五指张开，掌心左右相贴，左手不动，右手向下转动两下。

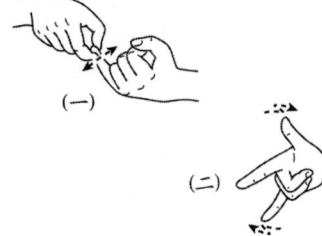

嫩（鲜嫩） nèn (xiānnèn)

（一）右手拇、食指捏住左手小指，轻轻晃动几下。

（二）一手伸拇、食、小指，指尖朝斜前方，左右晃动几下。

（可根据实际表示嫩的状态）

能力 nénglì

（一）一手直立，掌心向外，然后食、中、无名、小指弯动一下。

（二）一手握拳屈肘，用力向内弯动一下。

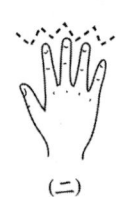

能量② néngliàng②

（一）一手直立，掌心向外，然后食、中、无名、小指用力弯动一下。

（二）一手直立，掌心向内，五指张开，交替点动几下。

能源 néngyuán

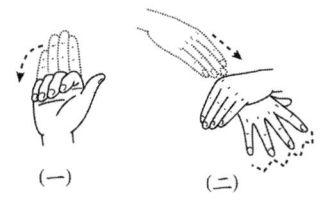

（一）一手直立，掌心向外，然后食、中、无名、小指弯动一下。
（二）左手横伸，手背拱起；右手平伸，手背向上，移入左手掌心下，五指交替点动。

尼泊尔 Níbó'ěr

一手拇、食指张开，指尖朝前，从左向右做波纹状移动，表示尼泊尔版图。
（此为国外聋人手语）

尼姑 nígū

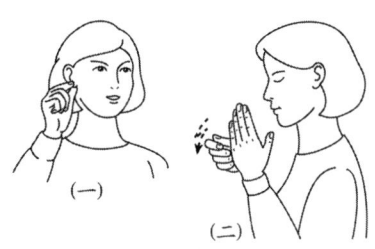

（一）一手拇、食指捏一下耳垂。
（二）左手直立，掌心向右；右手虚握，做敲木鱼的动作，双眼闭拢。

尼加拉瓜 Níjiālāguā

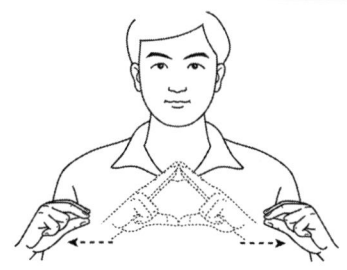

双手拇、食、中指搭成"△"形，虎口朝内，然后向两侧移动并相捏。
（此为国外聋人手语）

尼龙（锦纶） nílóng (jǐnlún)

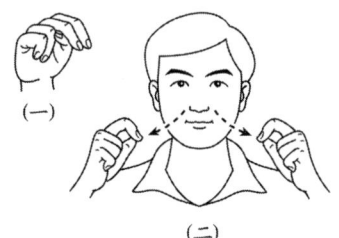

（一）一手打手指字母"N"的指式。
（二）双手拇、食指相捏，从鼻下向两侧斜前方拉出，表示龙的两条长须。

尼日尔 Nírì'ěr

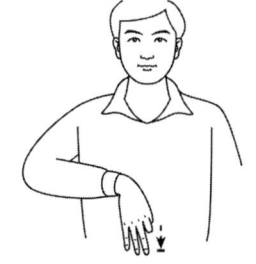

一手中、无名、小指分开，指尖朝下，手背向外，向下一顿。
（此为国外聋人手语）

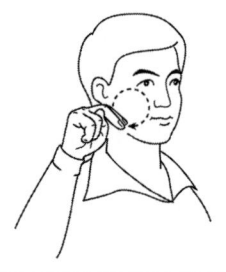

尼日利亚 Nírìlìyà

一手打英文手指字母"N"的指式,在脸颊一侧向前转动一圈。

(此为国外聋人手语)

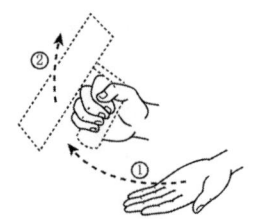

泥板 níbǎn

左手平伸;右手虚握,如持泥板状,先在左手掌心上一抹,再向前上方移动一下,如抹墙状。

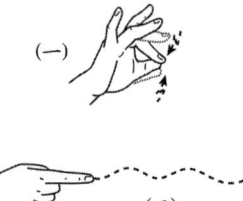

泥鳅 ní·qiu

(一)一手拇、中指相捏两下,指尖朝前。

(二)一手食指横伸,手背向外,向一侧做曲线形移动。

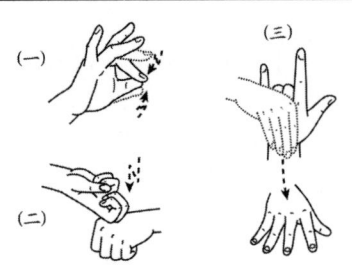

泥石流 níshíliú

(一)一手拇、中指相捏两下,指尖朝前。

(二)左手握拳;右手食、中指弯曲,以指背关节在左手背上敲两下。

(三)左手拇、食、小指直立,手背向外,仿"山"字形;右手五指撮合,指尖朝下,置于左手背上,然后快速向下移动,五指张开,掌心向下,如滑坡状。

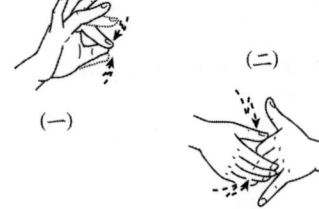

泥俑 níyǒng

(一)一手拇、中指相捏两下,指尖朝前。

(二)左手伸拇、小指,手背向外;右手随意捏几下左手,模仿制作泥俑的动作。

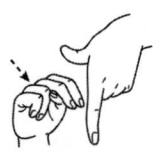

倪 Ní

左手拇、食指成"亻"形,手背向外;右手打手指字母"N"的指式,手腕向前弯动一下,表示姓氏"倪"。

霓虹灯（彩灯） níhóngdēng (cǎidēng)

（一）一手直立，掌心向内，五指张开，在嘴唇部交替点动。

（二）双手五指撮合，指尖朝外，边向两侧移动边连续做开合的动作。

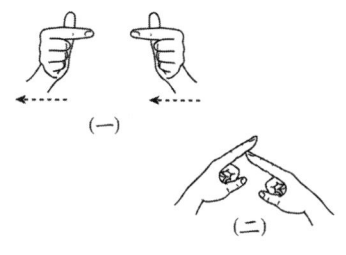

拟人 nǐrén

（一）双手拇、食指搭成"十"字形，同时向一侧移动一下。

（二）双手食指搭成"人"字形。

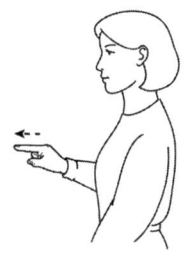

你（您） nǐ (nín)

一手伸食指，手背向上（或一手平伸，掌心向上），指向对方。

你俩（他俩、彼此） nǐliǎ (tāliǎ、bǐcǐ)

一手食、中指分开，掌心向上，左右微动两下。
（可根据实际决定手的位置和移动方向）

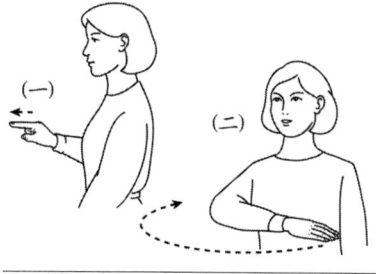

你们 nǐ·men

（一）一手伸食指，手背向上（或一手平伸，掌心向上），指向对方。

（二）一手横伸，掌心向下，顺时针平行转动半圈，眼睛同时看向对方。

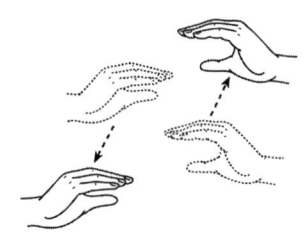

逆差 nìchā

左手五指成"⊏"形，厚，虎口朝内，在前；右手五指成"⊐"形，薄，虎口朝内，在后，然后双手前后互换位置，表示出口少于进口。

匿名① (无记名) nìmíng① (wújìmíng)

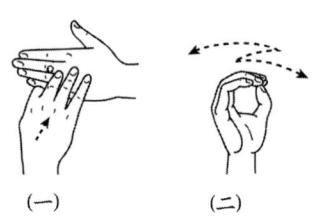

（一）左手横立；右手伸中、无名、小指，指尖朝内，在左手背上点一下。

（二）一手五指捏成圆形，虎口朝内，左右晃动几下。

匿名② nìmíng②

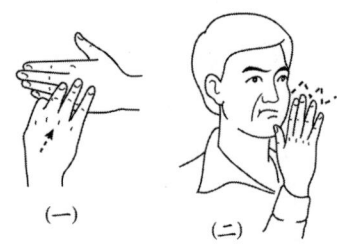

（一）左手横立；右手伸中、无名、小指，指尖朝内，在左手背上点一下。

（二）右手直立，掌心向左，拇指尖抵于颏部，其他四指交替点动几下。

（此手势表示署假名的意思）

腻② nì②

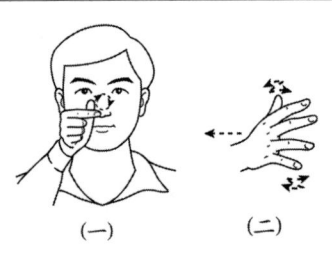

（一）一手拇、食指搭成"十"字形，置于鼻翼一侧，微转两下。

（二）一手侧立，五指张开，边抖动边向一侧移动，表示多。

溺爱② nì'ài②

双手伸拇指，右手背向下蹭两下左手拇指背，身体前倾，面露溺爱的表情。

年 (一年) nián (yīnián)

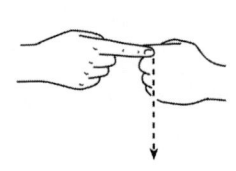

左手握拳，手背向外，虎口朝上；右手食指横伸，手向外，自左手食指根部关节向下划（表示两年时，右手食、中指横伸分开，手背向外，自左手食指根部关节向下划，以此类推）。

年代 niándài

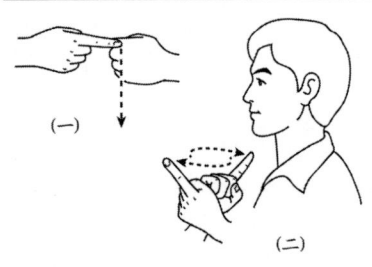

（一）左手握拳，手背向外，虎口朝上；右手食指横伸，手背向外，自左手食指根部关节向下划。

（二）双手伸食指，手腕交叉相贴，然后前后转动，互换位置。

年糕① niángāo ①

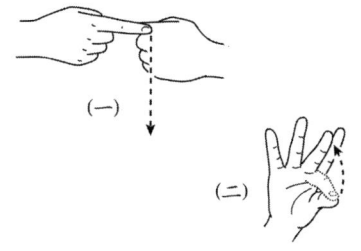

（一）左手握拳，手背向外，虎口朝上；右手食指横伸，手背向外，自左手食指根部关节向下划。

（二）一手拇、中指相捏，然后缓慢张开，指尖朝前。

（"年糕"的手语存在地域差异，可根据实际选择使用）

年糕② niángāo ②

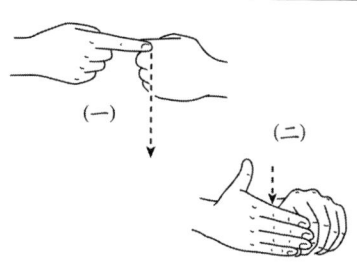

（一）左手握拳，手背向外，虎口朝上；右手食指横伸，手背向外，自左手食指根部关节向下划。

（二）左手虚握，虎口朝右；右手侧立，在左手右侧做切年糕的动作。

（"年糕"的手语存在地域差异，可根据实际选择使用）

年号 niánhào

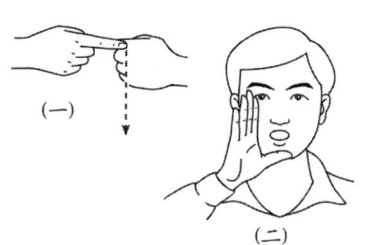

（一）左手握拳，手背向外，虎口朝上；右手食指横伸，手背向外，自左手食指根部关节向下划。

（二）一手五指成"⌐"形，虎口贴于嘴边，口张开。

年级① niánjí ①

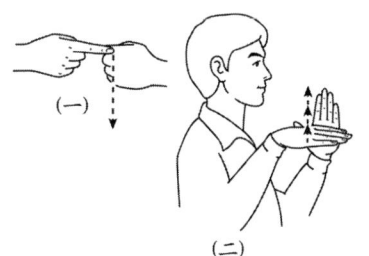

（一）左手握拳，手背向外，虎口朝上；右手食指横伸，手背向外，自左手食指根部关节向下划。

（二）左手直立，掌心向右；右手平伸，掌心向下，在左手掌心上向上一顿一顿移动几下。

年级② niánjí ②

（一）双手斜伸，掌心向内，置于身前。

（二）一手横立，掌心向内，五指张开，交替点动几下。

年龄（年岁） niánlíng (niánsuì)

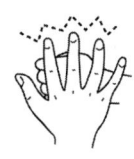

左手握拳，手背向外，虎口朝上；右手直立，掌心贴于左手背，五指张开，交替点动几下。

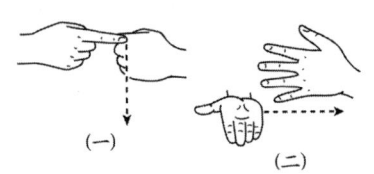

年限　niánxiàn
（一）左手握拳，手背向外，虎口朝上；右手食指横伸，手背向外，自左手食指根部关节向下划。
（二）左手横立，手背向外，五指张开；右手平伸，掌心向上，在左手下从右向左划动一下，表示最低限度。

鲇鱼　niányú
（一）双手食、中指斜伸，掌心左右相对，置于嘴角两侧，交替点动几下，仿鲇鱼嘴边的四根须。
（二）一手横立，手背向外，向一侧做曲线形移动（或一手侧立，向前做曲线形移动），如鱼游动状。

黏　nián
一手拇、中指相捏，然后缓慢张开，指尖朝前。
（可根据实际表示黏的状态）

捻　niǎn
一手拇、食、中指相捏，虎口朝上，互捻几下。
（可根据实际表示捻的动作）

碾子　niǎn·zi
左手平伸；右手握拳，手背向上，置于左手掌心上，然后向前碾动两下，面露用力的表情。

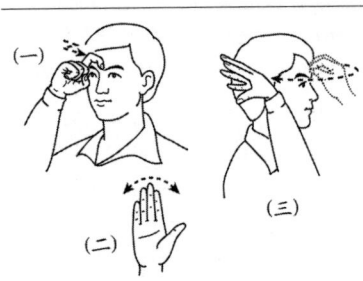

念念不忘　niànniàn-bùwàng
（一）一手打手指字母"J"的指式，碰两下前额。
（二）一手直立，掌心向外，左右摆动几下。
（三）一手五指撮合，按于前额，然后边向脑后移动边张开。

鸟 niǎo

一手手背贴于嘴部,拇、食指先张开再相捏,然后双手侧伸,掌心向下,扇动几下。

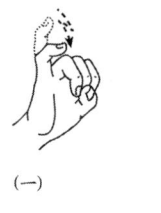 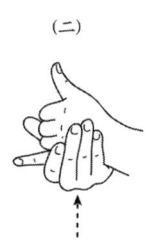

尿不湿 niàobùshī

(一)一手小指直立,弯动两下。
(二)左手伸拇、小指,手背向左;右手五指弯曲,掌心向上,从下向上包住左手下缘。

尿素 niàosù

(一)一手小指直立,弯动两下。
(二)一手打手指字母"S"的指式。

捏 niē

左手握拳;右手在左手背上捏动几下。
(可根据实际表示捏的动作)

聂 Niè

一手食、中指直立分开,指尖夹一下一侧耳垂。耳朵表示"聂"字的上半部,食、中指分开是数字"2",引申为"双",表示"聂"字的下半部。

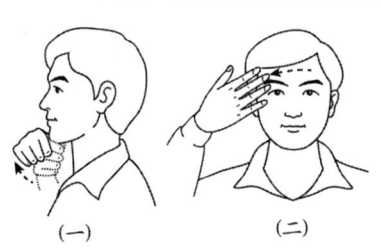

宁夏 Níngxià

(一)一手虚握,虎口贴于颏部,再向上一翘。
(二)一手五指张开,手背向外,在额头上一抹,如流汗状。

拧（绞） níng (jiǎo)
　　双手虚握，虎口相对，同时前后反向拧动。
　　（可根据实际表示拧的动作）

柠檬 níngméng
　　一手虚握，虎口朝内，置于鼻翼一侧，然后握拳，模仿挤柠檬汁的动作。

凝固（凝聚） nínggù (níngjù)
　　双手五指弯曲，指尖左右相对，虎口朝上，从两侧向中间移动。
　　（可根据实际表示凝固的状态）

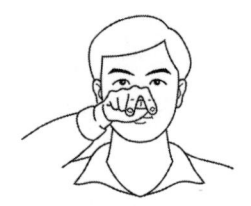

凝视 níngshì
　　一手食、中指分开，指尖朝前，手背向上，不动，双眼直视前方，嘴紧闭，仿屏息凝视的样子。
　　（可根据实际表示凝视的动作）

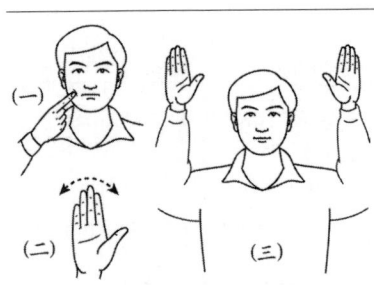

宁死不屈（坚贞不屈、大义凛然）
nìngsǐ-bùqū (jiānzhēn-bùqū、dàyì-lǐnrán)
　　（一）一手食指抵于脸颊，面露坚毅的表情。
　　（二）一手直立，掌心向外，左右摆动几下。
　　（三）双手上举，掌心向外。

牛 niú
　　一手伸拇、小指，拇指尖抵于太阳穴，小指尖朝前。

牛奶 niúnǎi

(一)一手伸拇、小指,拇指尖抵于太阳穴,小指尖朝前。
(二)一手五指弯曲,虎口朝上,向下捋动两下,模仿挤牛奶的动作。

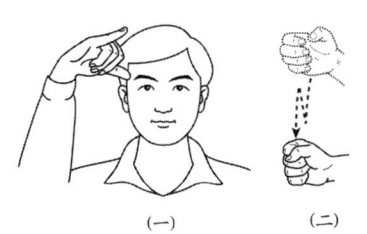

牛仔服 niúzǎifú

(一)一手伸拇、小指,拇指尖抵于太阳穴,小指尖朝前。
(二)一手拇、食指揪一下胸前衣服。

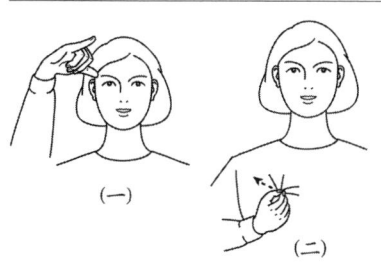

牛仔裤 niúzǎikù

(一)一手伸拇、小指,拇指尖抵于太阳穴,小指尖朝前。
(二)双手拇、食指相捏,在腿部向上提,如穿裤子状。

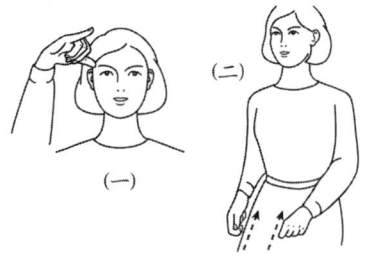

扭转 niǔzhuǎn

双手五指弯曲,掌心上下相对,同时向相反方向扭动一下。

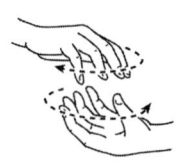

纽扣 niǔkòu

一手拇、食指捏成圆形,虎口朝内,在胸前从上向下贴几下,表示衣服上的纽扣。
(可根据实际表示纽扣)

纽约 Niǔyuē

左手平伸;右手伸拇、小指,手背向上,贴于左手掌心,前后移动两下。
(此为国外聋人手语)

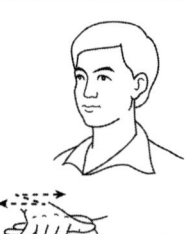

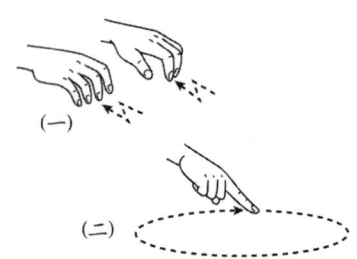

农场 nóngchǎng

（一）双手五指弯曲，掌心向下，一前一后，向后移动两下，模仿耙地的动作。

（二）一手伸食指，指尖朝下划一大圈。

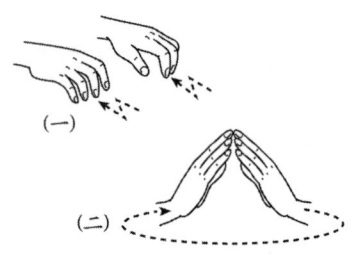

农村 nóngcūn

（一）双手五指弯曲，掌心向下，一前一后，向后移动两下，模仿耙地的动作。

（二）双手搭成"∧"形，顺时针平行转动一圈。

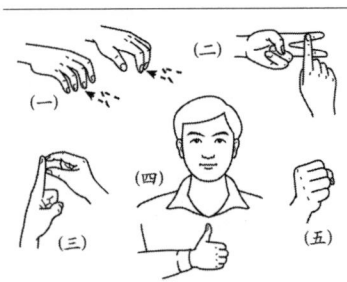

农工民主党 Nónggōng Mínzhǔdǎng

（一）双手五指弯曲，掌心向下，一前一后，向后移动两下，模仿耙地的动作。

（二）左手食、中指与右手食指搭成"工"字形。

（三）左手食指与右手拇、食指搭成"民"字的一部分。

（四）一手伸拇指，贴于胸部。

（五）一手打手指字母"D"的指式。

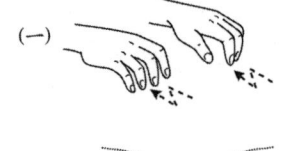
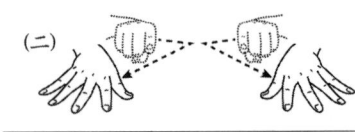

农具 nóngjù

（一）双手五指弯曲，掌心向下，一前一后，向后移动两下，模仿耙地的动作。

（二）双手食指指尖朝前，手背向上，先互碰一下，再分开并张开五指。

农历（阴历） nónglì (yīnlì)

（一）双手五指弯曲，掌心向下，一前一后，向后移动两下，模仿耙地的动作。

（二）双手横立，手背向外，一上一下，五指张开，交替点动几下。上面的手代表月份，下面的手代表日期。

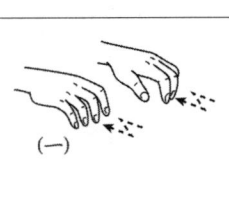
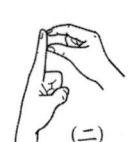

农民 nóngmín

（一）双手五指弯曲，掌心向下，一前一后，向后移动两下，模仿耙地的动作。

（二）左手食指与右手拇、食指搭成"民"字的一部分。

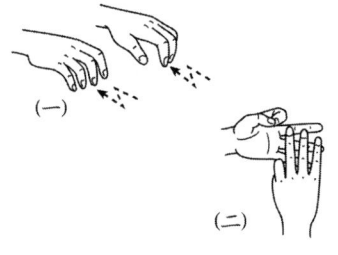

农田（庄稼地） nóngtián (zhuāng·jiadì)

（一）双手五指弯曲，掌心向下，一前一后，向后移动两下，模仿耙地的动作。

（二）双手中、无名、小指搭成"田"字形。

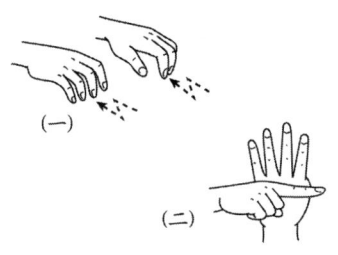

农业 nóngyè

（一）双手五指弯曲，掌心向下，一前一后，向后移动两下，模仿耙地的动作。

（二）左手食、中、无名、小指直立分开，手背向外；右手食指横伸，置于左手四指根部，仿"业"字形。

浓 nóng

一手食指直立，拇指尖按于食指根部，向下一顿。

（可根据实际表示浓的状态）

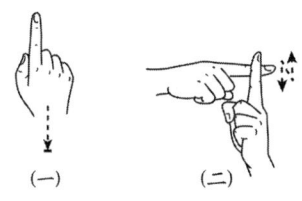

浓度 nóngdù

（一）一手食指直立，拇指尖按于食指根部，向下一顿。

（二）左手食指直立；右手食指横贴在左手食指上，然后上下微动几下。

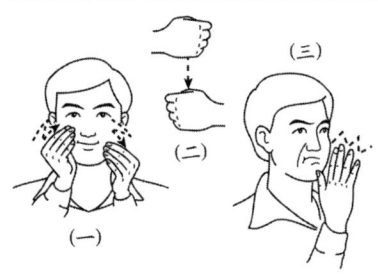

弄虚作假 nòngxū-zuòjiǎ

（一）双手五指撮合，在脸颊两侧交替做擦粉的动作。

（二）双手握拳，一上一下，右拳向下砸一下左拳。

（三）右手直立，掌心向左，拇指尖抵于颊部，其他四指交替点动几下。

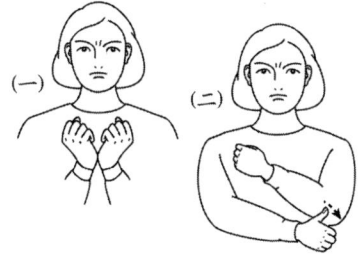

奴隶 núlì

（一）双手虚握，虎口朝内，手腕相挨，表示手被上了枷锁。

（二）左臂抬起，左手握拳，手背向外；右手伸拇指，指尖在左手肘部向下划一下。

奴役 núyì

左手伸拇、小指；右手食、中指弯曲，卡在左手拇指背并向前下方一压，表示骑在他人头上，把别人当牛马使唤。
（可根据实际决定手的朝向）

努力（勤奋） nǔlì (qínfèn)

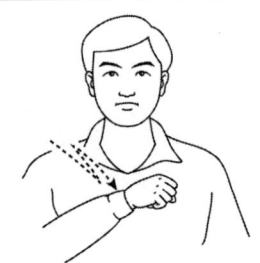

一手握拳屈肘，向一侧挥动两下，面露坚毅的表情。

怒族 Nùzú

（一）双手平伸，掌心向下，五指张开，一前一后，一高一低，同时向前做大的起伏状移动，表示怒江激流奔腾。
（二）一手五指张开，指尖朝上，然后撮合。

女（姑娘） nǔ (gū·niang)

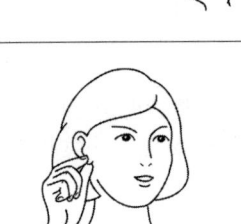

一手拇、食指捏一下耳垂。

女儿① nǚ'ér①

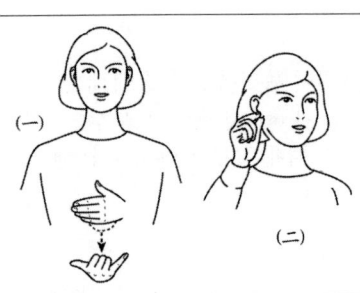

（一）左手横立，五指微曲，置于腹前；右手伸拇、小指，手背向下，先置于左手掌心内，再向下移出。
（二）一手拇、食指捏一下耳垂。
（"女儿"的手语存在地域差异，可根据实际选择使用）

女孩（女儿②） nǚhái (nǚ'ér②)

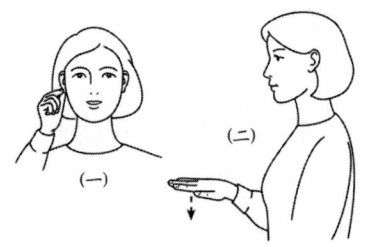

（一）一手拇、食指捏一下耳垂。
（二）一手平伸，掌心向下，按动一下。
（"女儿"的手语存在地域差异，可根据实际选择使用）

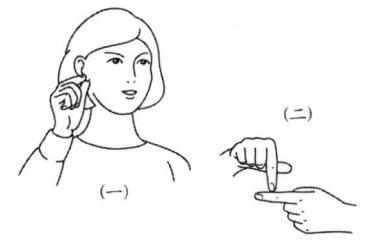

女士 nǚshì
（一）一手拇、食指捏一下耳垂。
（二）左手食指与右手拇、食指搭成"士"字形。

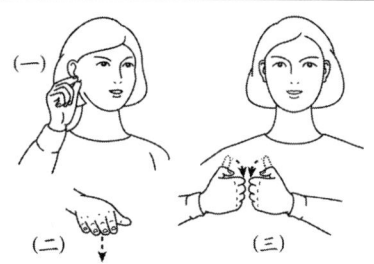

女婿 nǚ·xu
（一）一手拇、食指捏一下耳垂。
（二）一手平伸，掌心向下，按动一下。
（三）双手伸拇指，指面相对，手背向外，置于身体一侧，弯动一下。

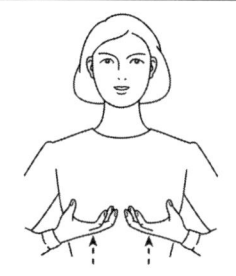

暖（温暖、暖和、热①）
nuǎn（wēnnuǎn、nuǎn·huo、rè①）
　　双手横伸，掌心向上，五指微曲，从腹部慢慢上移，面露惬意的表情。

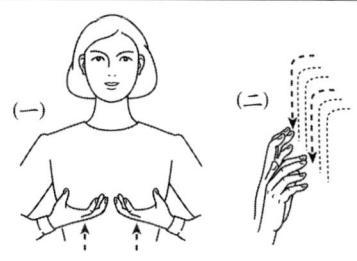

暖气 nuǎnqì
（一）双手横伸，掌心向上，五指微曲，从腹部慢慢上移。
（二）双手五指微曲张开，掌心向外，从上向下移动，仿暖气片外形。
（可根据实际表示暖气的形状）

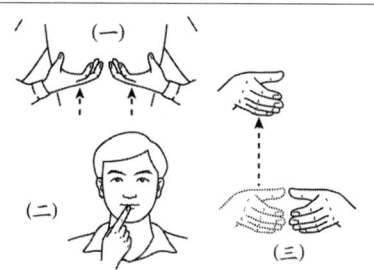

暖水瓶（热水瓶） nuǎnshuǐpíng（rèshuǐpíng）
（一）双手横伸，掌心向上，五指微曲，从腹部慢慢上移。
（二）一手伸食指，指尖贴于下嘴唇。
（三）双手五指成圆形，虎口朝上，左手不动，右手向上移动一下，仿暖水瓶外形。
（可根据实际表示暖水瓶的形状）

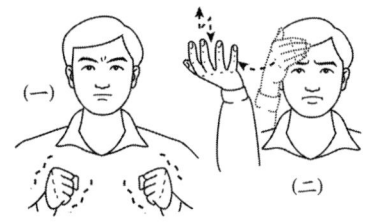

疟疾 nüè·ji
（一）双手握拳屈肘，小臂颤动几下，如哆嗦状，表示冷。
（二）一手摸一下前额，然后五指微曲，指尖朝上，上下微动几下，面露痛苦的表情。
（此手势表示疟疾先发冷后高烧的症状）

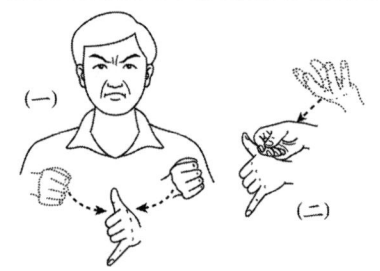

虐待 nüèdài

（一）左手伸拇、小指；右手握拳，朝左手左右挥动，如打人状，面露凶恶的表情。

（二）左手伸拇、小指；右手五指张开，手背向前下方，边用力碰向左手拇指背边撮合。

（可根据实际表示虐待的情况）

挪威 Nuówēi

一手伸食、中指，书空"N"形，表示挪威英文国名首字母。

（此为国外聋人手语）

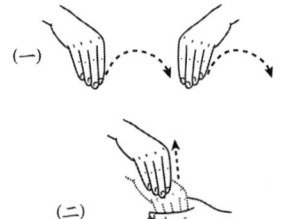

挪用 nuóyòng

（一）双手五指撮合，指尖朝下，从一侧向另一侧做弧形移动。

（二）左手五指成"匚"形，虎口朝上；右手五指撮合，指尖朝下，从左手虎口内抽出。

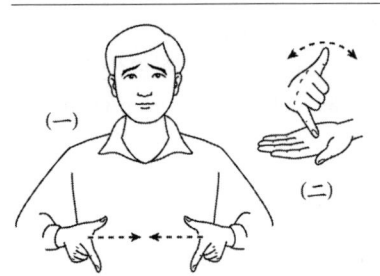

懦弱 nuòruò

（一）双手伸拇、食指，食指尖朝下，贴于腹部两侧，然后向中间移动一下。

（二）左手横伸；右手伸拇、小指，小指尖抵于左手掌心，左右晃动。

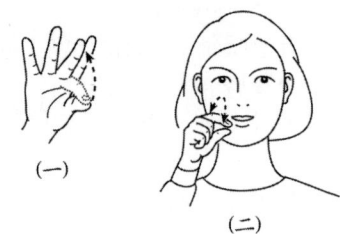

糯米（江米、黏米） nuòmǐ（jiāngmǐ、niánmǐ）

（一）一手拇、中指相捏，然后缓慢张开，指尖朝前。

（二）一手拇、食指微张，在嘴角处前后微转几下。

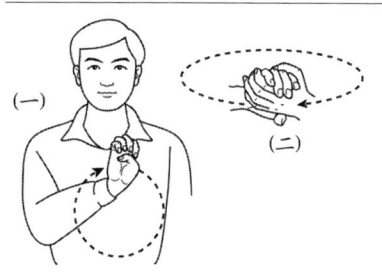

欧盟 Ōuméng

（一）一手拇指贴于掌心，其他四指弯曲，掌心向外，表示欧洲英文首字母"E"的指式，逆时针转动一圈。
（二）双手一横一竖，相互握住，顺时针平行转动一圈。

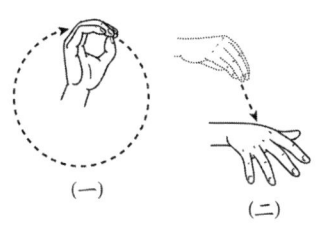

欧阳 Ōuyáng

（一）一手五指捏成圆形，虎口朝内，在面前逆时针转动一圈。
（二）一手五指撮合，指尖朝下，然后边向下移动边张开。
（此手势表示复姓"欧阳"）

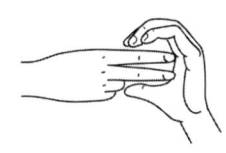

欧元 ōuyuán

左手五指成半圆形，虎口朝内；右手食、中指横伸，手背向外，置于左手虎口中间，仿欧元符号"€"的形状。

欧洲 Ōuzhōu

一手拇指贴于掌心，其他四指弯曲，掌心向外，表示欧洲英文首字母"E"的指式，逆时针转动一圈。

殴打 ōudǎ

左手伸拇、小指；右手握拳，朝左手左右挥动，如打人状，面露凶恶的表情。

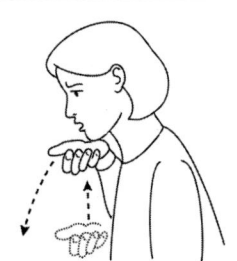

呕吐　ǒutù
　　一手五指微曲，掌心向上，自胸部上移至嘴边再向外翻，身体微向前倾，如呕吐状。

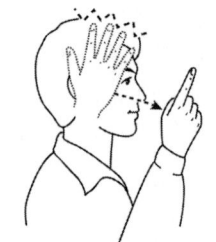

偶尔①（偶然①）　ǒu'ěr①（ǒurán①）
　　一手直立，五指张开，在头一侧交替点动，然后向前伸出食指。

偶尔②（偶然②）　ǒu'ěr②（ǒurán②）
　　左手横立，掌心向内，中、无名指微曲；右手食指横伸，手背向外，前后拨动左手中、无名指，表示偶然发生的意思。

藕　ǒu
　　双手拇、食指张开，虎口左右相对，边捏动边向两侧移动，仿藕的外形。

P

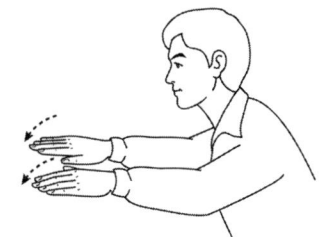

趴（扑） pā (pū)
双手平伸，掌心向下，身体前倾，向前做趴下的动作。
（可根据实际表示趴的动作）

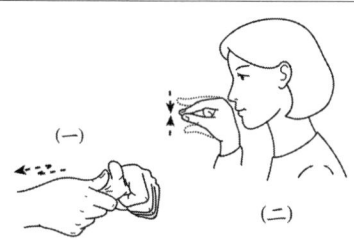

扒鸡 pájī
（一）左手伸拇指，指尖朝右；右手握拳，在左手拇指背处拽两下，如扯鸡肉状。
（二）一手手背贴于嘴部，拇、食指先张开再相捏，仿鸡的嘴。

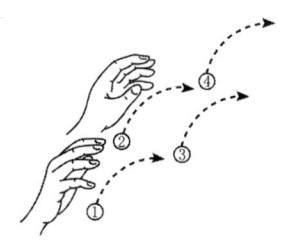

爬（攀） pá (pān)
双手五指微曲，掌心向外，交替向上移动，模仿攀爬的动作。
（可根据实际表示爬的动作）

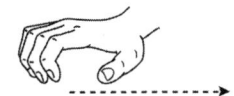

耙 pá
一手（或双手）五指弯曲，掌心向下，向后移动，如用耙子耙地状。
（可根据实际表示使用耙子的动作）

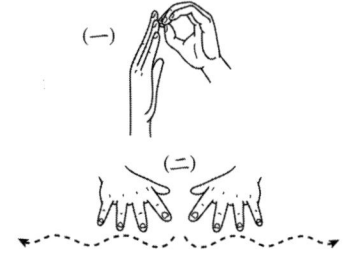

帕劳 Pàláo
（一）左手五指捏成圆形，虎口朝内；右手直立，掌心向左，指尖贴于左手指尖，表示帕劳英文国名首字母。
（二）双手斜伸，掌心向下，五指张开，从中间向两侧做起伏状移动，表示当地的草裙舞动作。
（此为国外聋人手语）

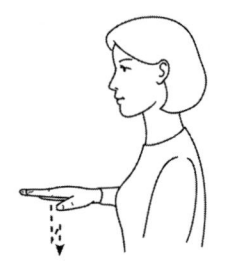

拍　pāi
一手平伸，掌心向下，向下拍动两下。
（可根据实际表示拍的动作）

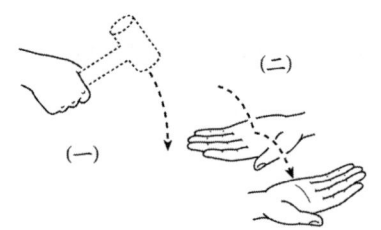

拍卖　pāimài
（一）一手如握槌柄状，向下挥动一下。
（二）双手横伸，右手背在左手掌心上拍一下，然后向外移动。

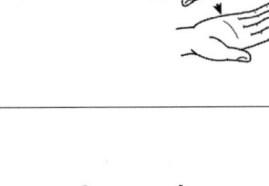

排　pái
双手直立，五指张开，一前一后排成一列。

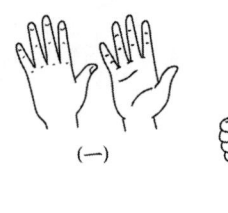

排比　páibǐ
（一）双手直立，五指张开，一前一后排成一列。
（二）双手伸拇指，上下交替动两下。

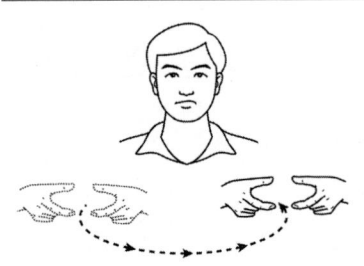

排场❶（铺张）　pái·chǎng ❶ (pūzhāng)
双手拇、食指成大圆形，虎口朝上，向一侧一顿一顿做弧形移动，表示大摆宴席。
（可根据实际表示铺张讲排场的情景）

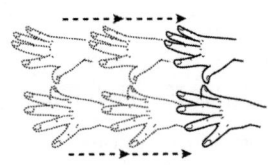

排场❷　pái·chǎng ❷
双手平伸，掌心向下，五指张开，向后一顿一顿移动几下，表示人多场面大。

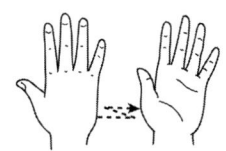

排队 páiduì

双手直立,五指张开,排成一列,左手在前不动,右手小鱼际外侧碰两下左手拇指背。

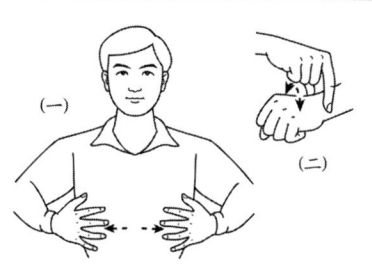

排骨(肋骨) páigǔ (lèigǔ)

(一)双手五指张开,掌心向内,贴于肋骨处,然后向两侧微移。
(二)左手握拳,手背向上;右手拇、食指张开,卡在左手腕,左手微转两下。

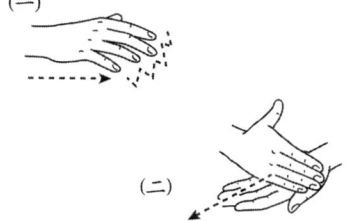

排涝(排水) páilào (páishuǐ)

(一)一手横伸,掌心向下,五指张开,边交替点动边向一侧移动。
(二)左手横伸;右手侧立,置于左手掌心上,然后用力向左手指尖方向划动。

排球 páiqiú

双手前伸,拇指相挨,其他四指交叉相贴,小臂尽量夹紧,然后向上一抬,模仿垫排球的动作。

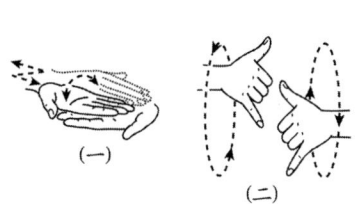

排演 páiyǎn

(一)左手横伸;右手平伸,掌心、手背在左手掌心上交替蹭一下。
(二)双手伸拇、小指,手背向外,前后交替转动两下。

徘徊(彷徨) páihuái (pánghuáng)

右手伸拇、小指,掌心向左,在胸前左右微移两下,面露思考的表情。

牌匾 páibiǎn

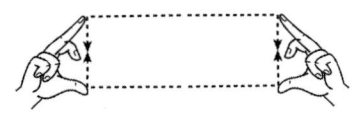

双手拇、中指张开,食指弯曲,指尖左右相对,从中间向两侧拉开,然后相捏。

牌子 pái·zi

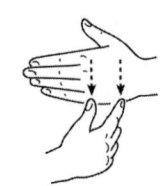

左手横立;右手拇、食指张开,指尖朝内,在左手背上向下划动一下。

(可根据实际表示牌子的位置)

派出所 pàichūsuǒ

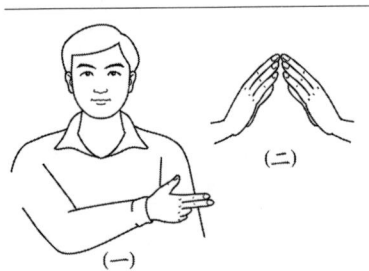

(一)右手伸拇、食、中指,食、中指并拢,贴于左上臂,表示警察的臂章。

(二)双手搭成"∧"形。

派遣 pàiqiǎn

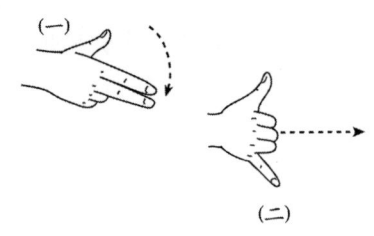

(一)一手伸拇、食、中指,食、中指并拢,向下一挥。

(二)一手伸拇、小指,指尖朝外,从内向外移动。

潘 Pān

一手打手指字母"P"的指式,手背向外,虎口贴于嘴角一侧,表示姓氏"潘"。

盘旋(遨游、翱翔) pánxuán (áoyóu、áoxiáng)

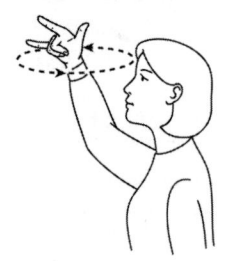

一手伸拇、食、小指,手背向上,在头顶上盘旋几圈,表示飞机翱翔(表示鸟翱翔时,一手伸拇、小指,手背向上,在头顶上盘旋几圈)。

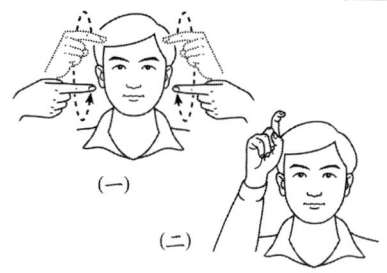

盘羊 pányáng

（一）双手食指横伸，置于头两侧，然后从内向外转动大半圈，仿盘羊的弯角。

（二）一手食指弯曲如钩，虎口贴于太阳穴，仿羊头上弯曲的角。

盘子 pán·zi

双手拇、食指成大圆形，虎口朝上，从下向上做弧形微移，如盘子状。

（可根据实际表示盘子的形状）

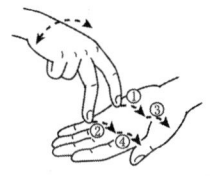

蹒跚 pánshān

左手横伸；右手食、中指分开，指尖朝下，立于左手掌心上，交替向前移动，同时左右微微摇摆。

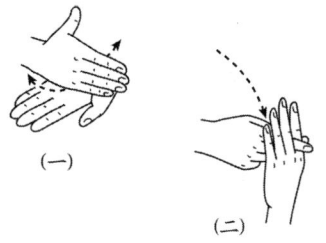

判断 pànduàn

（一）左手横伸；右手侧立，置于左手掌心上，并左右拨动两下。

（二）左手直立，手背向外，五指张开；右手伸食指，从后上方向前下方做弧形移动，插入左手食、中指指缝间。

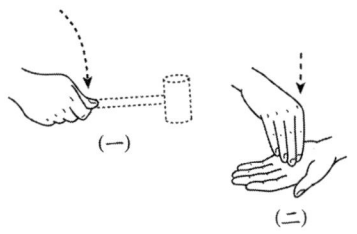

判决（裁决） pànjué（cáijué）

（一）一手如握法槌状，向下挥动一下。

（二）左手横伸；右手五指撮合，指尖朝下，按向左手掌心。

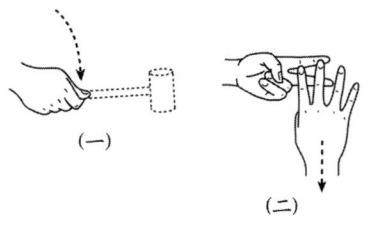

判刑 pànxíng

（一）一手如握法槌状，向下挥动一下。

（二）左手食、中指横伸分开，手背向外；右手食、中、无名、小指直立分开，食、中指贴于左手食、中指，手背向内，然后向下拉动一下，仿"刑"字形。

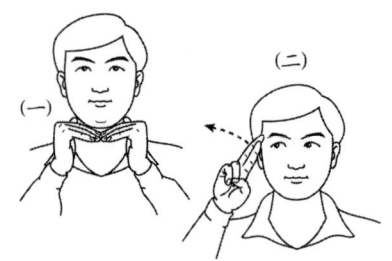

盼望（期望） pànwàng (qīwàng)

（一）双手五指与手掌成"┌┐"形，食、中、无名、小指指尖相抵，贴于颏部下方，面露期待的表情。

（二）一手打手指字母"X"的指式，先置于太阳穴，然后向外移动，面露期待的表情。

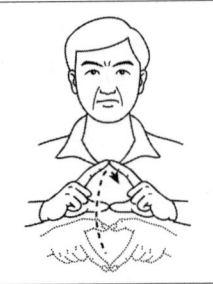

叛徒（叛变） pàntú (pànbiàn)

双手拇、食指张开仿"♡"形，手背向外，置于胸部，再倒转过来，表示变心。

庞 Páng

一手打手指字母"P"的指式，手背向外，置于太阳穴一侧，表示姓氏"庞"。

旁边 pángbiān

右手五指并拢，拍两下左臂外侧。
（可根据实际表示旁边的意思）

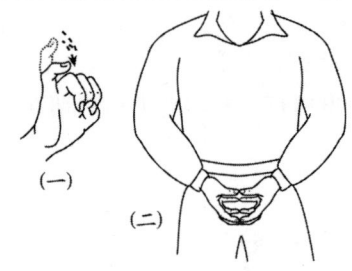
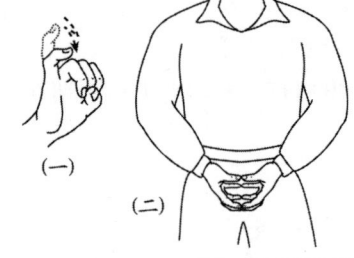

膀胱 pángguāng

（一）一手小指直立，弯动两下。
（二）双手五指弯曲，指尖相抵，虎口朝外，置于下腹部。

螃蟹 pángxiè

双手五指弯曲，指尖朝下，交叉相叠，边横向移动边交替点动五指，仿螃蟹爬行状。

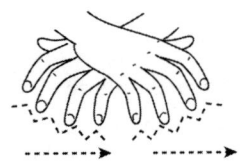

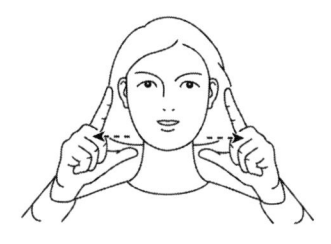

胖　pàng
　　双手拇、食指成"⌐⌐"形,置于脸颊两侧,然后同时向两侧移动。
　　(可根据实际表示胖的状态)

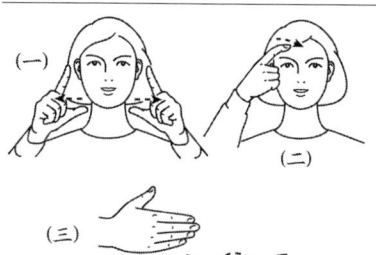

胖头鱼（鳙鱼）　pàngtóuyú (yōngyú)
　　(一)双手拇、食指成"⌐⌐"形,置于脸颊两侧,然后同时向两侧移动。
　　(二)一手伸食指,指一下头部。
　　(三)一手横立,手背向外,向一侧做曲线形移动(或一手侧立,向前做曲线形移动),如鱼游动状。

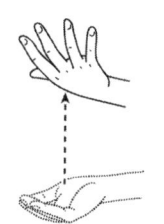

抛　pāo
　　一手五指撮合,掌心向上,边从下向上做抛物的动作边张开。
　　(可根据实际表示抛的动作)

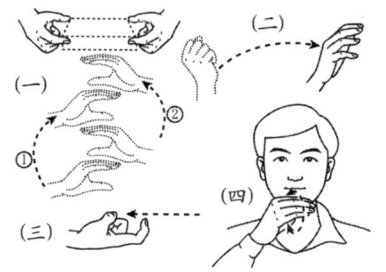

抛砖引玉　pāozhuān-yǐnyù
　　(一)双手五指成"⊏⊐"形,虎口朝内,交替上叠,模仿垒砖的动作,然后双手拇、食指成"⊏⊐"形,虎口朝上。
　　(二)一手虚握,自肩部上方向前一扔,五指张开。
　　(三)一手食指弯曲,手背向下,从外向内移动。
　　(四)一手五指撮合,置于嘴前,前后转动。

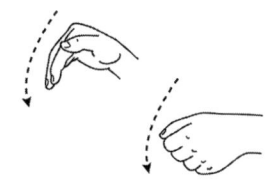

刨　páo
　　左手虚握,在下;右手五指与手掌成"⌐"形,在上,双手同时向下挥动,如用锄头刨土状。
　　(可根据实际表示刨的动作)

跑（跑步）　pǎo (pǎobù)
　　双手握拳屈肘,前后交替摆动两下,如跑步状。

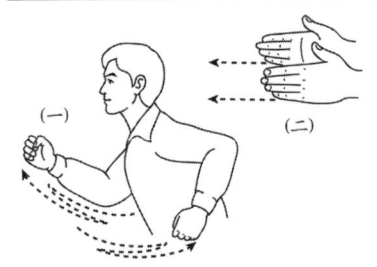

跑道❶　pǎodào ❶

（一）双手握拳屈肘，前后交替摆动两下，如跑步状。
（二）双手侧立，掌心相对，向前移动。

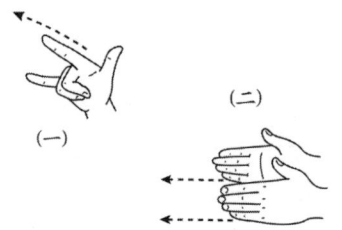

跑道❷　pǎodào ❷

（一）一手伸拇、食、小指，手背向上，从低向高移动，如飞机起飞状。
（二）双手侧立，掌心相对，向前移动。

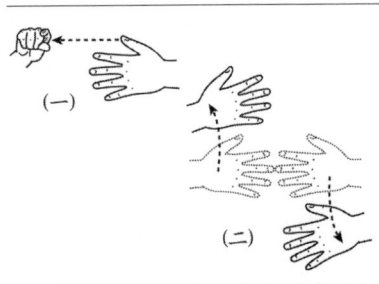

跑题（文不对题）　pǎotí (wénbùduìtí)

（一）左手横立，手背向外，五指张开；右手拇、食指张开，指尖朝前，在左手拇指旁向右划动一下。
（二）双手横立，手背向外，五指张开，指尖相对，分别向上下方向移动。

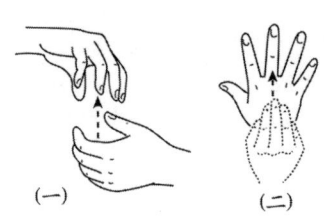

泡菜　pàocài

（一）左手五指成半圆形，虎口朝上；右手五指弯曲，指尖朝下，从左手虎口处向上移动，表示从罐子里拿泡菜。
（二）一手五指撮合，指尖朝上，边向上微移边张开。

炮　pào

左手握拳，虎口朝内；右手伸食指，指尖朝前上方，虎口朝上，置于左手背上，然后向后一顿，如大炮射击状。（此手势既表示炮的名词意思，又表示开炮的意思）

胚胎　pēitāi

左手直立，掌心向右，五指微曲；右手拇、小指蜷曲，手背向下，靠在左手掌心上。

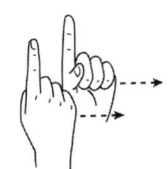
陪　péi
　　双手食指直立，虎口朝内，一左一右，一前一后，同时向前移动，表示一个人陪着另一个人。
　　（可根据实际表示陪的动作）

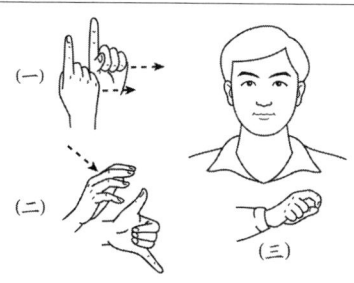
陪审员　péishěnyuán
　　（一）双手食指直立，虎口朝内，一左一右，一前一后，同时向前移动。
　　（二）左手伸拇、小指；右手五指弯曲，指尖朝前，对着左手移动一下。
　　（三）右手拇、食指捏成圆形，虎口朝内，贴于左胸部。

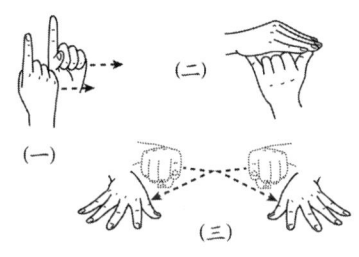
陪葬品　péizàngpǐn
　　（一）双手食指直立，虎口朝内，一左一右，一前一后，同时向前移动。
　　（二）左手伸拇、小指，指尖朝上；右手横伸，手背拱起，置于左手上。
　　（三）双手食指指尖朝前，手背向上，先互碰一下，再分开并张开五指。

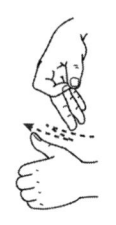
培训　péixùn
　　左手伸拇指；右手中、无名、小指分开，指尖朝下，表示"训"字的右半部，在左手拇指后向前移动两下。

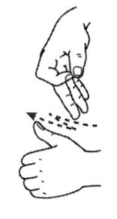

培养　péiyǎng
　　左手伸拇指；右手五指撮合，指背碰两下左手拇指背。

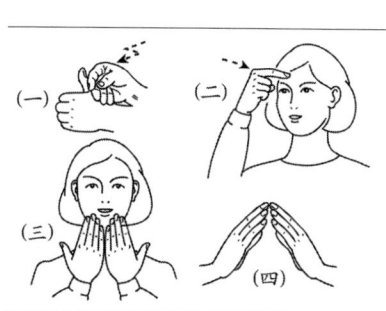
培智学校（启智学校、辅读学校）
péizhì xuéxiào（qǐzhì xuéxiào、fǔdú xuéxiào）
　　（一）左手伸拇指；右手五指撮合，指背碰两下左手拇指背。
　　（二）一手伸食指，点一下前额。
　　（三）双手斜伸，掌心向内，置于身前。
　　（四）双手搭成"∧"形。

赔偿 péicháng

左手横伸；右手五指撮合，在腰部衣袋处做掏物状，再移至左手掌心，表示掏钱赔偿。

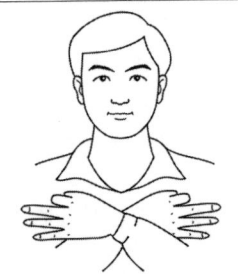

裴 Péi

双手中、无名、小指横伸分开，手背向外，手腕交叉相搭，仿"裴"字的上半部，表示姓氏"裴"。

佩服 pèi·fú

双手作揖，置于身体一侧，向前晃动两下，头同时点动，面露钦佩的表情。

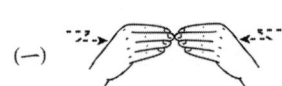
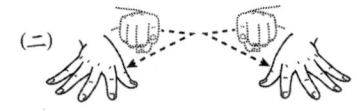

配件 pèijiàn

（一）双手五指撮合，手背向外，指尖互碰两下。
（二）双手食指指尖朝前，手背向上，先互碰一下，再分开并张开五指。

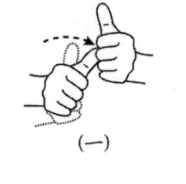
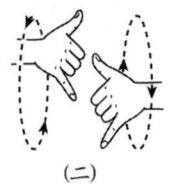

配角 pèijué

（一）双手伸拇指，左手在上不动，右手向左转动，拇指靠向左手掌心。
（二）双手伸拇、小指，手背向外，前后交替转动两下。

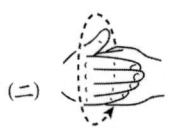

配套 pèitào

（一）双手五指撮合，手背向外，指尖互碰两下。
（二）左手握拳，虎口朝上；右手手背拱起，从上向下绕左拳转动半圈。

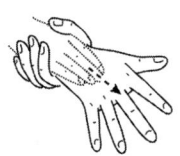
喷 pēn

左手握住右手腕；右手五指撮合，指尖朝前下方，手背向上，然后猛然向前张开，表示水喷出。
（可根据实际表示喷的动作）

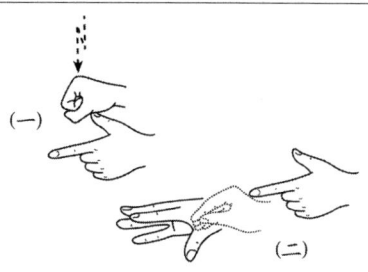
喷壶① pēnhú①

（一）左手伸拇、食指，食指尖朝前，手背向左；右手虚握，手背向上，在左手上向下压动两下。
（二）左手伸拇、食指，食指尖朝前，手背向左；右手五指撮合，手背向上，置于左手食指前，然后张开。
（可根据实际表示喷壶的样子）

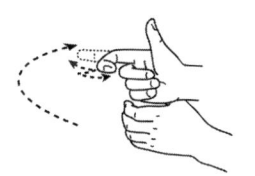
喷壶② pēnhú②

左手五指成半圆形，虎口朝上；右手伸拇、食指，食指尖朝前，置于左手虎口上，边顺时针转动边弯动食指，如用喷壶喷水状。
（可根据实际表示喷壶的样子）

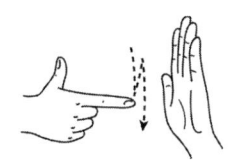
喷漆 pēnqī

左手直立，掌心向右；右手伸拇、食指，食指尖对着左手掌心，手背向外，随意移动两下，如喷漆状。
（可根据实际表示喷漆的动作）

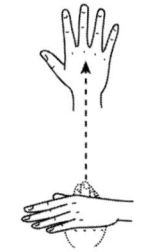
喷泉 pēnquán

左手横伸，掌心向下；右手五指撮合，指尖朝上，手背向外，边从左手内侧向高处移动边张开。
（可根据实际表示喷泉的样子）

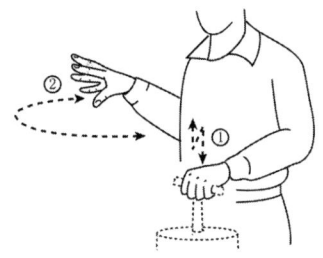
喷雾器 pēnwùqì

左手虚握，先在腰部上下移动，如打气状，然后右手五指微曲张开，指尖朝前，左右来回做弧形移动，如喷药水状。

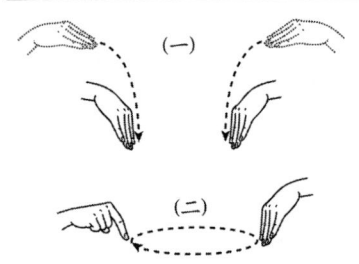

盆地　péndì

（一）双手手背拱起，指尖左右相对，然后同时向中间下方转动，指背相对。

（二）左手手背拱起，指尖朝右下方；右手伸食指，指尖朝下，在左手旁顺时针平行转动一圈。

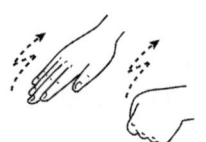

烹饪　pēngrèn

左手虚握，虎口朝前，如握锅把手状；右手五指并拢，指尖朝下，双手同时向后颠动两下，模仿颠锅的动作。

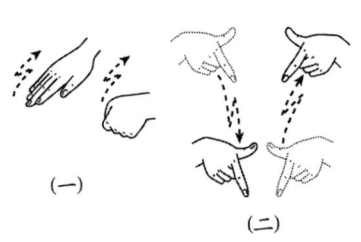

烹调　pēngtiáo

（一）左手虚握，虎口朝前，如握锅把手状；右手五指并拢，指尖朝下，双手同时向后颠动两下，模仿颠锅的动作。

（二）双手伸拇、食指，食指尖朝下，向下交替点动几下。

朋友（伙伴）　péng·you (huǒbàn)

双手伸拇指，互碰两下。

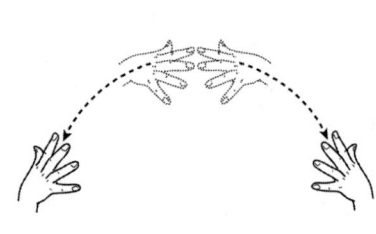

棚子　péng·zi

双手横伸，手背向上，五指张开，指尖相对，从上向两侧下方做弧形移动，仿棚子形状。

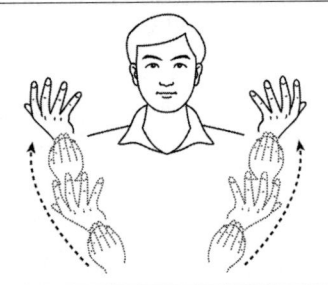

蓬勃（茂盛）　péngbó (màoshèng)

双手五指撮合，指尖朝上，边向两侧上方做弧形移动边连续做开合的动作。

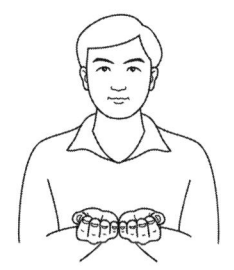

捧 pěng

双手平伸相挨,掌心凹进,模仿捧物的动作。
(可根据实际表示捧的动作)

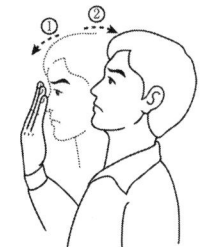

碰壁 pèngbì

一手直立,掌心向内,鼻子向前碰一下手掌,头再弹回。

碰巧① pèngqiǎo ①

(一)双手伸拇、小指,指尖左右相对,手背向外,从两侧向中间移动并互碰。

(二)一手打手指字母"K"的指式,中指尖朝内,点一下前额。

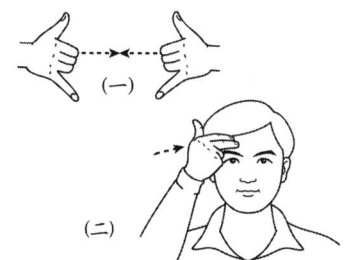

碰巧② pèngqiǎo ②

(一)双手伸拇、小指,指尖左右相对,手背向外,从两侧向中间移动并互碰。

(二)一手伸拇、食、中指,食、中指并拢,指尖朝内,点一下前额。

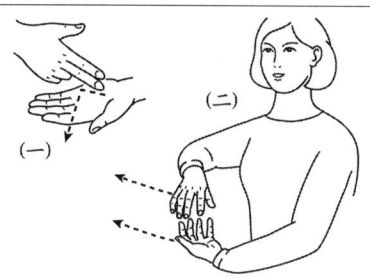

批发 pīfā

(一)左手横伸;右手伸拇、食、中指,食、中指并拢,指尖朝下,在左手掌心上划"√"形。

(二)双手横伸,掌心上下相对,五指微曲,同时向外移动,表示一批东西。

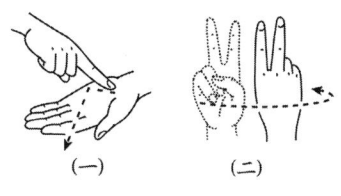

批改 pīgǎi

(一)左手横伸;右手伸食指,指尖朝下,在左手掌心上划"√"形。

(二)一手食、中指直立分开,由掌心向外翻转为掌心向内。

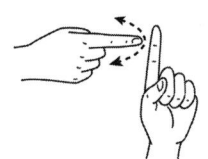

批评（批判）　pīpíng (pīpàn)
　　左手食指直立；右手伸食指，对着左手食指左右挥动几下（表示批判时，右手的动作力度加大）。

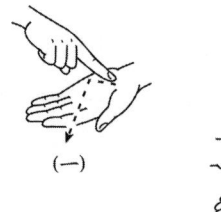 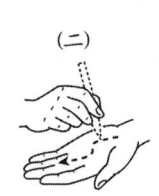

批示　pīshì
　　（一）左手横伸；右手伸食指，指尖朝下，在左手掌心上划"√"形。
　　（二）左手横伸；右手如执笔状，在左手掌心上做写字的动作。

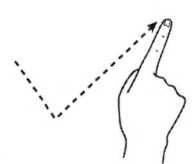

批准（许可、允许、对勾）
　　pīzhǔn (xǔkě、yǔnxǔ、duìgōu)
　　一手伸食指，指尖朝前，划"√"形。

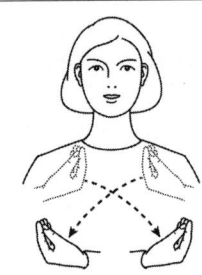

披肩　pījiān
　　双手五指撮合，指尖朝上，置于肩部，然后同时在胸前交叉向下移动，如披披肩的动作。

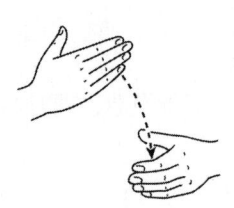

劈柴（柴刀②）　pīchái (cháidāo②)
　　左手五指成半圆形，虎口朝上；右手食、中、无名、小指并拢，向左手虎口处一挥，如用柴刀劈柴状。
　　（可根据实际表示劈柴的动作）

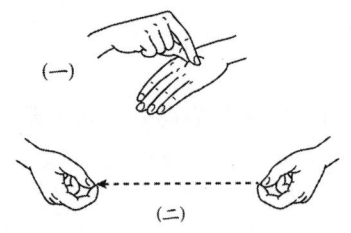

皮尺　píchǐ
　　（一）左手横伸，手背向上；右手拇、食指捏一下左手背皮肤。
　　（二）双手拇、食指相捏，虎口朝外，左手不动，右手向右拉动。

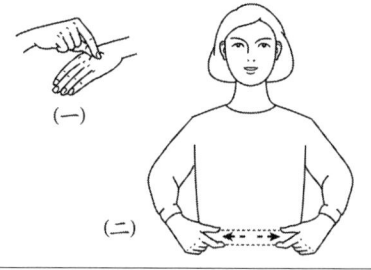

皮带❶（腰带❶） pídài ❶ (yāodài ❶)

（一）左手横伸，手背向上；右手拇、食指捏一下左手背皮肤。

（二）双手拇、食指微张，指尖相对，虎口朝外，置于腹部，从中间向两侧拉开。

（此手势表示裤子上的皮带）

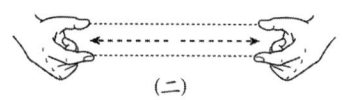

皮带❷ pídài ❷

（一）左手横伸，手背向上；右手拇、食指捏一下左手背皮肤。

（二）双手拇、食指张开，指尖相对，虎口朝上，从中间向两侧拉开。

（此手势表示机器上的皮带）

皮肤 pífū

左手横伸，手背向上；右手拇、食指捏一下左手背皮肤。

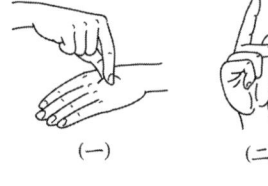

皮肤科 pífūkē

（一）左手横伸，手背向上；右手拇、食指捏一下左手背皮肤。

（二）一手打手指字母"K"的指式。

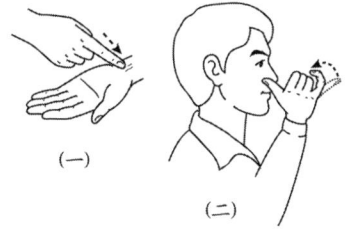

皮试 píshì

（一）左手平伸，掌心向上；右手伸食指，在左手腕处扎一下，模仿打皮试针的动作。

（二）一手伸拇、小指，指尖朝上，拇指置于鼻翼一侧，小指弯动一下。

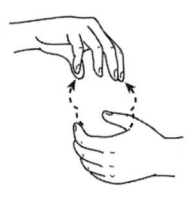

啤酒 píjiǔ

左手五指成半圆形，虎口朝上；右手五指微曲，指尖朝下，边在左手虎口处微微弯动边向上移动，如啤酒的泡沫。

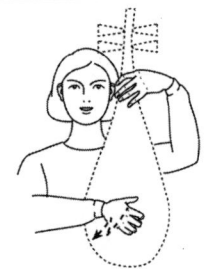

琵琶 pí·pa

双手五指弯曲,手背向外,左手在上,右手在下,右手五指拨动几下,模仿弹琵琶的动作。既表示琵琶的名词意思,又表示弹琵琶的意思。

脾 pí

一手打手指字母"P"的指式,虎口朝外,置于左腹部脾的位置。

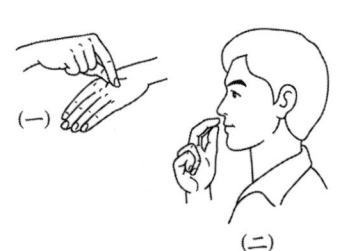

脾气 pí·qi

(一)左手横伸,手背向上;右手拇、食指捏一下左手背皮肤。"皮"与"脾"音同,借代。
(二)一手打手指字母"Q"的指式,指尖朝内,置于鼻孔处。

屁(放屁) pì (fàngpì)

左手伸拇、小指;右手五指撮合,手背贴于左手小鱼际下缘,然后张开。

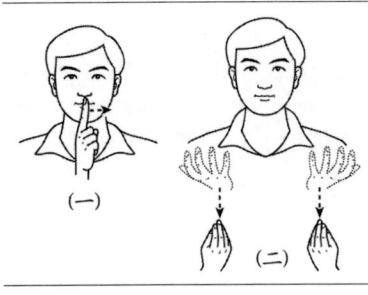

僻静 pìjìng

(一)一手食指直立,置于嘴中间,然后向一侧移动。
(二)双手五指微曲,指尖朝上,边向下微移边撮合,面露舒缓的表情。

偏 piān

一手食指直立,置于嘴中间,然后向一侧移动。
(可根据实际表示偏的状态)

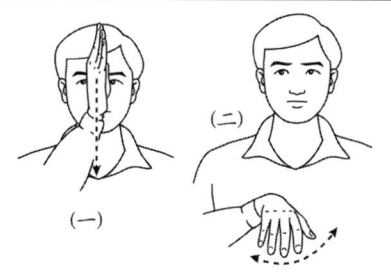

偏瘫 piāntān

（一）右手直立，掌心向左，置于头中间，然后向下一划。
（二）一手抬起，五指自然下垂，左右微晃几下。

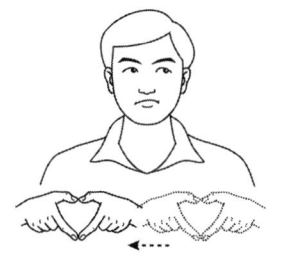

偏心（偏袒） piānxīn (piāntǎn)

双手拇、食指张开仿"♡"形，手背向外，置于心脏部位，然后向右移动。

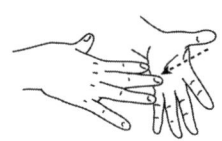

篇 piān

左手斜伸，掌心向后上方，五指张开；右手平伸，掌心向下，五指张开，在左手掌心上从上向下移动。

便宜 pián·yi

左手横伸；右手拇、食指相捏，指尖朝上，在左手掌心上向下微动两下，表示钱少。

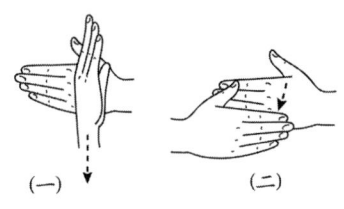

片面 piànmiàn

（一）左手横立，手背向外；右手直立，掌心向左，在左手背中间向下划一下，表示只有一部分。
（二）左手横立，手背向外；右手摸一下左手背。

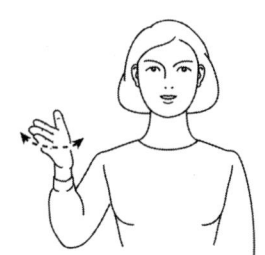

飘（飘扬） piāo (piāoyáng)

一手侧立，上举过肩，左右摆动几下，如旗帜飘扬状。（可根据实际表示飘的状态）

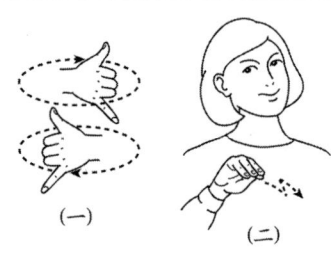

嫖娼（嫖客） piáochāng (piáokè)

（一）双手伸拇、小指，一上一下，顺时针平行交替转动一圈。

（二）一手五指撮合，指尖朝前，点动两下，面露娇媚的表情。

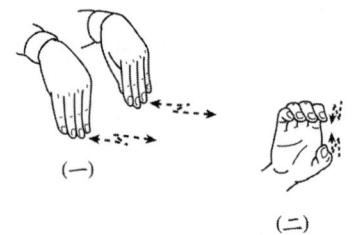

漂白 piǎobái

（一）双手五指撮合，指尖朝下，前后摆动两下。

（二）一手五指弯曲，掌心向外，指尖弯动两下。

（可根据实际表示漂白的动作）

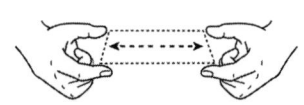

票（单据） piào (dānjù)

双手拇、食指张开，指尖相对，虎口朝上，从中间向两侧移动。

（可根据实际表示票的大小）

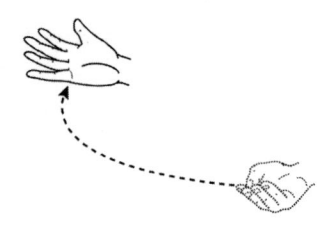

撇（甩） piě (shuǎi)

一手五指撮合，掌心向上，用力向外一挥并张开。

（可根据实际表示撇的动作）

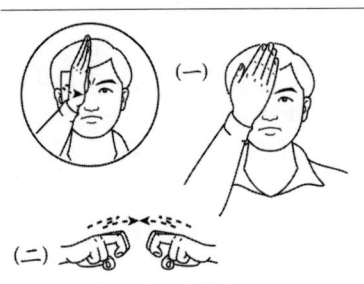

拼搏 pīnbó

（一）右手直立，掌心向左，五指并拢，贴于前额，然后用力翻转为掌心向内，面露坚毅的表情。

（二）双手食、中指弯曲，手背向上，指关节互碰两下。

拼凑 pīncòu

双手五指并拢，手背向上，一横一竖，交替碰几下。

（可根据实际表示拼凑的动作）

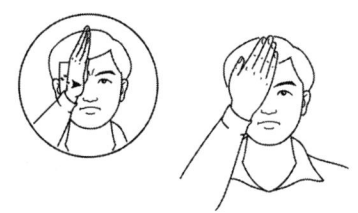

拼命 pīnmìng

右手直立,掌心向左,五指并拢,贴于前额,然后用力翻转为掌心向内,面露坚毅的表情。

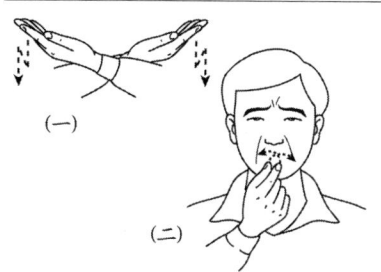

贫苦 pínkǔ

(一)双手横伸,掌心向上,手腕交叉相搭,然后向下颠动两下。

(二)一手拇、食指相捏,指尖朝上,置于嘴边,互捻几下,面露难受的表情。

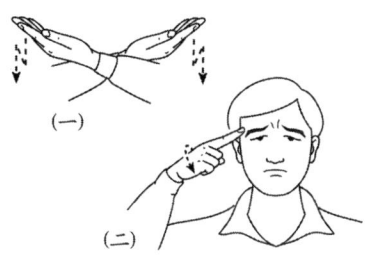

贫困 pínkùn

(一)双手横伸,掌心向上,手腕交叉相搭,然后向下颠动两下。

(二)一手食指抵于太阳穴,并钻动一下。

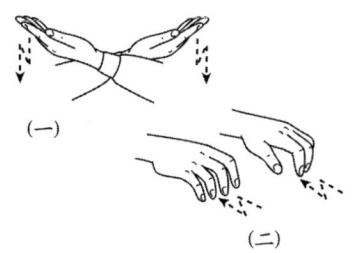

贫农 pínnóng

(一)双手横伸,掌心向上,手腕交叉相搭,然后向下颠动两下。

(二)双手五指弯曲,掌心向下,一前一后,向后移动两下,模仿耙地的动作。

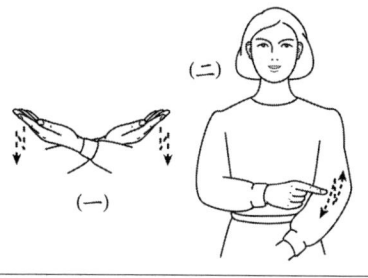

贫血 pínxuè

(一)双手横伸,掌心向上,手腕交叉相搭,然后向下颠动两下。

(二)右手伸食指,在左臂处上下划动几下。

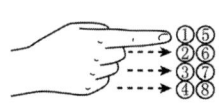

频繁(屡次) pínfán (lǚcì)

一手握拳,手背向外,虎口朝上,依次反复伸出食、中、无名、小指。

频率 pínlǜ
一手伸食指，指尖朝前，向一侧做折线形移动。

品尝 pǐncháng
一手拇、食、中指相捏，置于嘴边，嘴做嚼物状。

品德 pǐndé
（一）双手拇、食指捏成圆形，虎口朝内，左手在上不动，右手在下连打两下，仿"品"字形。
（二）一手打手指字母"D"的指式。

品酒 pǐnjiǔ
（一）一手打手指字母"J"的指式，移向嘴部，如喝酒状。
（二）一手拇、食指在嘴边捻动，指尖朝上，表示有滋味。

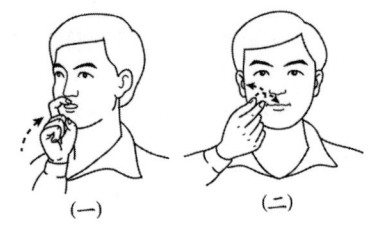

品质 pǐnzhì
（一）双手拇、食指捏成圆形，虎口朝内，左手在上不动，右手在下连打两下，仿"品"字形。
（二）左手握拳；右手食、中指横伸，指背交替弹左手背。

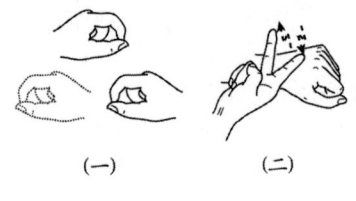

品种 pǐnzhǒng
（一）双手拇、食指捏成圆形，虎口朝内，左手在上不动，右手在下连打两下，仿"品"字形。
（二）左手平伸；右手斜立于左手掌心上，然后向右一顿一顿做弧形移动。

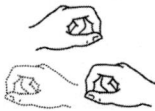

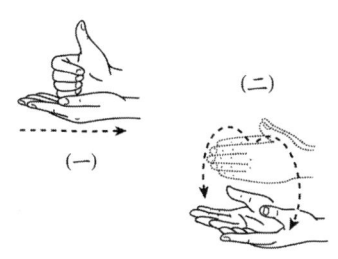

聘书　pìnshū

（一）左手平伸；右手伸拇指，置于左手掌心上，双手同时向内移动。

（二）双手侧立，掌心相贴，然后向两侧打开。

聘用（聘请、邀请、应邀）
pìnyòng（pìnqǐng、yāoqǐng、yìngyāo）

左手平伸；右手伸拇指，置于左手掌心上，双手同时向内移动。

（可根据实际决定手的移动方向）

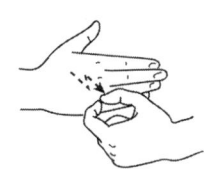

乒乓球　pīngpāngqiú

左手拇、食指捏成圆形，虎口朝上；右手横立，手背击打两下左手拇指，如打乒乓球状。

平　píng

双手五指并拢，掌心向下，交叉相搭，然后分别向两侧移动。

（可根据实际表示平的状态）

平板电脑　píngbǎn diànnǎo

左手横伸；右手伸拇、食、无名、小指，中指尖朝下，在左手掌心上划动两下。

平常（通常）　píngcháng（tōngcháng）

（一）左手横伸；右手平伸，掌心向下，从左手背上向右移动一下。

（二）一手食、中指直立并拢，掌心向外，向太阳穴碰一下。

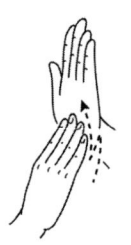

平刀 píngdāo
左手直立,掌心向右;右手五指并拢,指尖在左手掌心上铲动,如用平刀铲墙皮状。

平等 píngděng
双手伸拇指,手背向外,从两侧向中间移动并互碰。

平反 píngfǎn
左手横伸;右手平伸,掌心向下,边从左手背上向右移动边翻转为掌心向上。

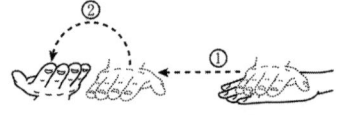

平方 píngfāng
(一)左手横伸;右手平伸,掌心向下,从左手背上向右移动一下。
(二)双手拇、食指搭成"□"形。

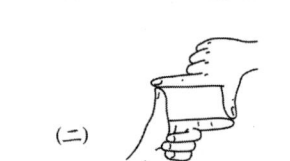

平衡 pínghéng
(一)双手五指并拢,掌心向下,交叉相搭,然后分别向两侧移动。
(二)双手平伸,掌心向下,上下交替微移几下,然后双手保持平衡状态。

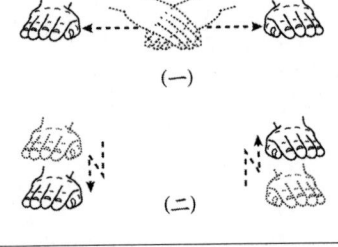

平衡车 pínghéngchē
左手食、中指弯曲,指尖朝下;右手食、中指分开,指尖朝下,置于左手食、中指根部,双手同时向前移动。

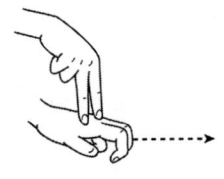

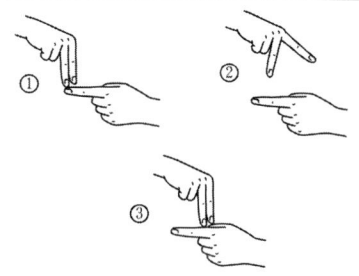

平衡木 pínghéngmù
　　左手食指横伸，手背向外；右手食、中指并拢，指尖朝下，立于左手食指上，然后边向上跳起边两指分开，再落于左手食指上，食、中指并拢，模仿做平衡木的动作。

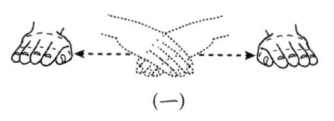

平均 píngjūn
　　（一）双手五指并拢，掌心向下，交叉相搭，然后分别向两侧移动。
　　（二）一手食指横伸，拇、中指弯曲，仿除号形状，顺时针平行转动一圈。

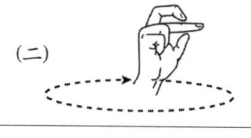

平均数 píngjūnshù
　　（一）双手五指并拢，掌心向下，交叉相搭，然后分别向两侧移动。
　　（二）一手食指横伸，拇、中指弯曲，仿除号形状，顺时针平行转动一圈。
　　（三）一手直立，掌心向内，五指张开，交替点动几下。

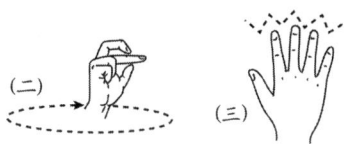

平面 píngmiàn
　　左手横伸；右手平伸，掌心向下，从左手背上向右移动一下。
　　（可根据实际表示平面的意思）

平时 píngshí
　　（一）左手横伸；右手平伸，掌心向下，从左手背上向右移动一下。
　　（二）左手侧立；右手伸拇、食指，拇指尖抵于左手掌心，食指向下转动。

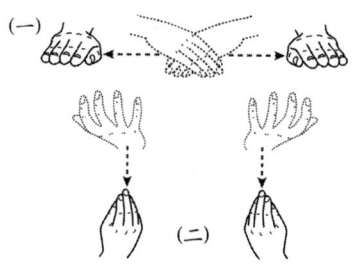

平息 píngxī
　　（一）双手五指并拢，掌心向下，交叉相搭，然后分别向两侧移动。
　　（二）双手五指微曲，指尖朝上，边向下微移边撮合。

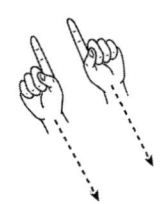

平行　píngxíng

　　双手食指斜立（或右手食、中指分开），掌心向外，从右上方向左下方平行移动一下。
　　（可根据实际表示平行的状态）

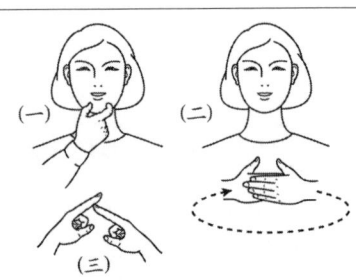

平易近人　píngyì-jìnrén

　　（一）一手拇、食指弯曲，指尖朝内，抵于颏部，面带笑容。
　　（二）双手横立，手背向外，前后相贴，在胸前平行转动一圈。
　　（三）双手食指搭成"人"字形。

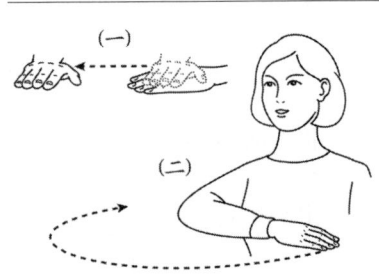

平原　píngyuán

　　（一）左手横伸；右手平伸，掌心向下，从左手背上向右移动一下。
　　（二）一手横伸，掌心向下，五指并拢，齐胸部从一侧向另一侧做大范围的弧形移动。

评比　píngbǐ

　　（一）左手食指直立；右手伸拇、小指，指尖朝上，在左手食指后交替弯动两下。
　　（二）双手伸拇指，上下交替动两下。

评价（评估）　píngjià（pínggū）

　　左手食指直立；右手伸拇、小指，指尖朝上，在左手食指后交替弯动两下。

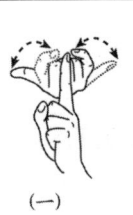

评委　píngwěi

　　（一）左手食指直立；右手伸拇、小指，指尖朝上，在左手食指后交替弯动两下。
　　（二）右手拍一下左肩。

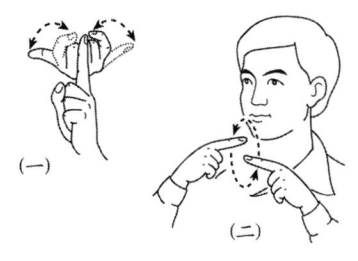

评议 píngyì

（一）左手食指直立；右手伸拇、小指，指尖朝上，在左手食指后交替弯动两下。
（二）双手食指横伸，在嘴前前后交替转动两下。

苹果 píngguǒ

（一）左手横伸；右手平伸，掌心向下，从左手背上向右移动一下。
（二）双手拇、食指搭成圆形，虎口朝上，表示果子。

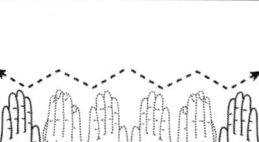

屏风 píngfēng

双手直立，掌心向外，五指并拢，靠在一起，然后分别向两侧做折叠状移动。

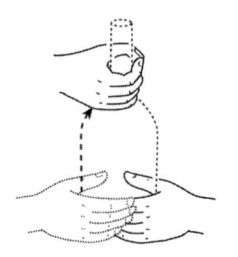

瓶 píng

双手五指搭成圆形，虎口朝上，左手不动，右手边向上移动边虚握，仿腹大口小的瓶子外形。
（可根据实际表示瓶子的形状）

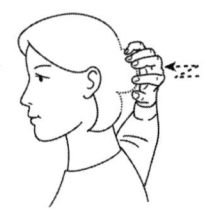

婆婆 pó·po

一手五指微曲，指尖抵于脑后，向前点动两下，仿发髻的外形。

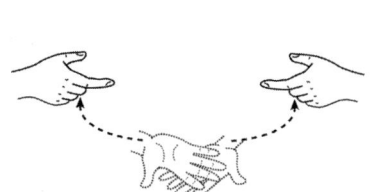

笸箩 pǒ·luo

双手五指张开，掌心向上，交叉相搭，边向上微移边双手拇、食指成大圆形，虎口朝上，仿笸箩的外形。

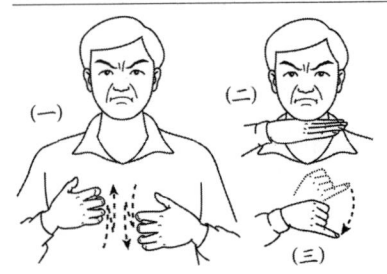

迫不及待 pòbùjídài
（一）双手五指弯曲，指尖抵于胸部，上下交替动几下，面露焦急的表情。
（二）一手横伸，手背贴于颏部下方，面露焦急的表情。
（三）右手伸小指，指尖朝左，向下甩动一下。

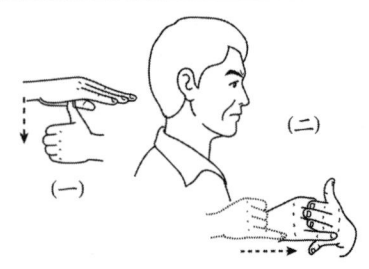

迫害（坑害） pòhài (kēnghài)
（一）左手伸拇指，手背向外，置于身前；右手横伸，掌心向下，置于左手拇指上，然后用力向下一压。
（二）左手横立，掌心向内；右手伸小指，指尖朝前，插入左手无名、小指指缝间。

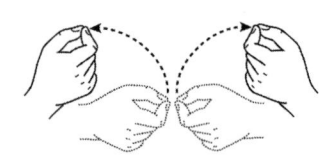

破 pò
双手拇、食指相捏，虎口朝上，然后向上掰动一下，表示物品破损的意思。
（可根据实际表示破的状态）

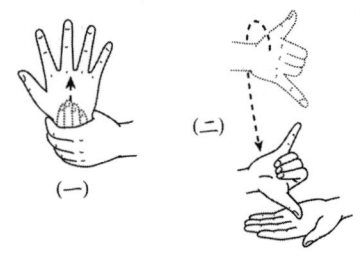

破产❶ pòchǎn ❶
（一）左手五指成半圆形，虎口朝上；右手五指撮合，指尖朝上，手背向外，边从左手虎口内伸出边张开。
（二）左手横伸；右手伸拇、小指，拇指尖先朝上，然后朝下，移至左手掌心。

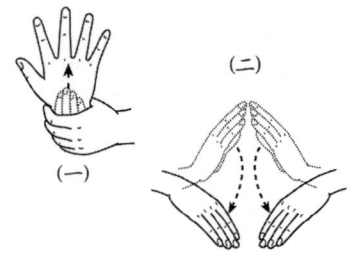

破产❷ pòchǎn ❷
（一）左手五指成半圆形，虎口朝上；右手五指撮合，指尖朝上，手背向外，边从左手虎口内伸出边张开。
（二）双手搭成"∧"形，然后倒下，表示厂房倒塌，引申为破产。

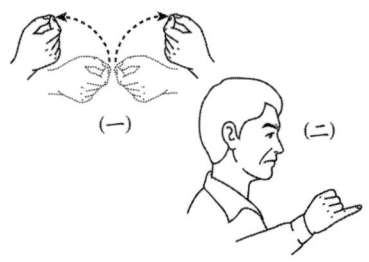

破坏① pòhuài ①
（一）双手拇、食指相捏，虎口朝上，然后向上掰动一下。
（二）一手伸小指，指尖朝前上方。

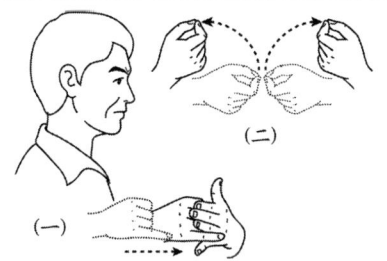

破坏② pòhuài②
（一）左手横立，掌心向内；右手伸小指，指尖朝前，插入左手无名、小指指缝间。
（二）双手拇、食指相捏，虎口朝上，然后向上掰动一下。

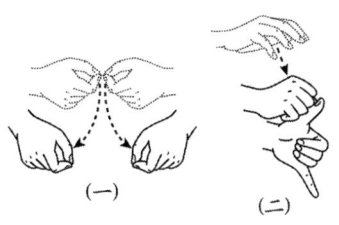

破获❶（破案） pòhuò❶（pò'àn）
（一）双手拇、食指相捏，虎口朝上，然后向下掰动一下，表示破解的意思。
（二）左手伸拇、小指；右手五指微曲，指尖朝下，抓向左手拇指背。
（此手势表示破案并捕获犯罪嫌疑人）

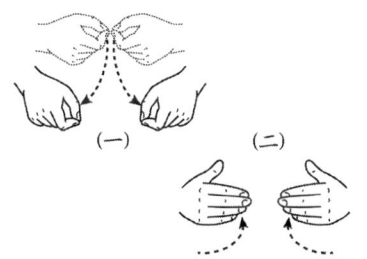

破获❷ pòhuò❷
（一）双手拇、食指相捏，虎口朝上，然后向下掰动一下，表示破解的意思。
（二）双手横立，掌心向内，五指微曲，从外向内收进。

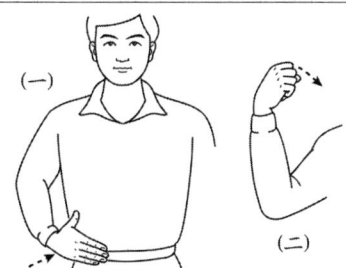

魄力 pòlì
（一）一手用力拍一下腰部，挺胸抬头。
（二）一手握拳屈肘，用力向内弯动一下。

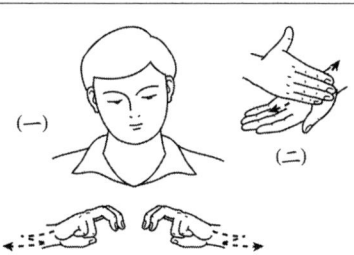

剖析 pōuxī
（一）双手食、中指弯曲，手背向上，同时从中间向两侧扒动两下。
（二）左手横伸；右手侧立，置于左手掌心上，并左右拨动两下。

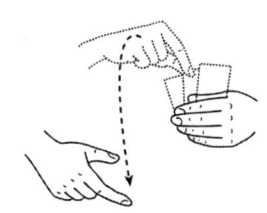

扑克牌 pūkèpái
左手五指撮合，指尖朝右，不动；右手拇、食指相捏，在左手上向下一甩，模仿打扑克牌的动作。既表示扑克牌的名词意思，又表示打扑克牌的意思。

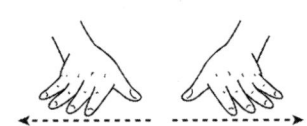

铺（捋） pū (lǚ)
双手平伸，手背向上，五指张开，从中间向两侧捋一下。
（可根据实际表示铺的动作）

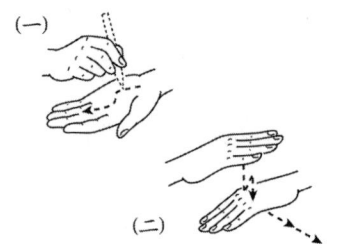

铺垫 pūdiàn
（一）左手横伸；右手如执笔状，在左手掌心上做写字的动作。
（二）双手横伸，掌心向下，边右手掌拍左手背边双手同时向前移动两下。

匍匐 púfú
双手握拳屈肘，一前一后，置于胸前，交替向前移动，身体前倾。
（可根据实际表示匍匐的动作）

葡萄 pú·tao
左手拇、食、中指相捏，指尖朝下，如提物状；右手拇、食指捏成圆形，其他三指直立分开，在左手下随意点动几下。

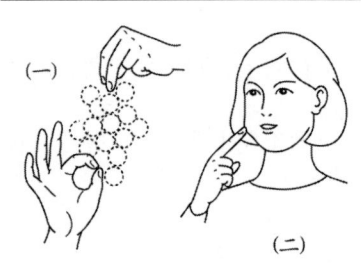

葡萄糖 pú·taotáng
（一）左手拇、食、中指相捏，指尖朝下，如提物状；右手拇、食指捏成圆形，其他三指直立分开，在左手下随意点动几下。
（二）一手食指指腮部，同时用舌顶起腮部，表示嘴里含着的糖。

葡萄牙 Pú·taoyá
一手伸拇、食、中指，食、中指并拢，手背向上，拇指尖抵于胸部，然后向前移动少许再向下移动。
（此为国外聋人手语）

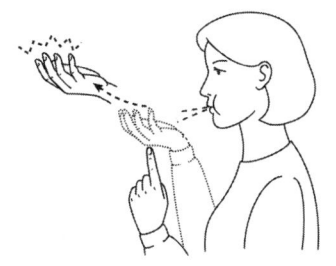

蒲公英 púgōngyīng

左手食指直立；右手五指微曲，指尖朝上，置于左手食指尖上，然后嘴做吹气的动作，右手随之向外移出，五指交替点动。

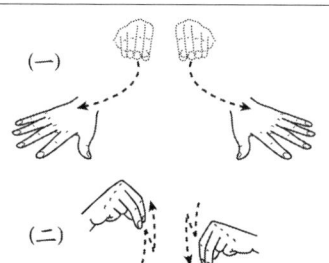

普查 pǔchá

（一）双手五指撮合，指尖朝前，手背向上，边向两侧做弧形移动边张开。

（二）双手拇、食、中指相捏，指尖朝下，上下交替动两下。

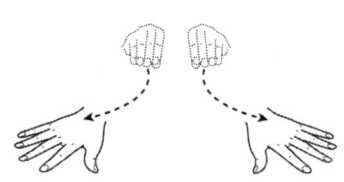

普及（广泛、普遍、遍地）
　pǔjí (guǎngfàn、pǔbiàn、biàndì)

双手五指撮合，指尖朝前，手背向上，边向两侧做弧形移动边张开。

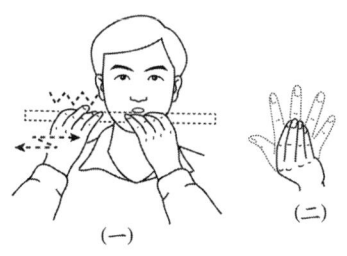

普米族 Pǔmǐzú

（一）双手五指弯曲，掌心向内，左手在嘴前不动，右手边左右微移边交替点动五指，如普米族吹乐器状。

（二）一手五指张开，指尖朝上，然后撮合。

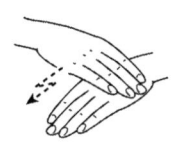

普通（平凡、朴素） pǔtōng (píngfán、pǔsù)

左手横伸；右手平伸，掌心向下，在左手背上向右摸两下。

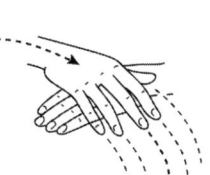

瀑布 pùbù

左手横伸；右手平伸，掌心向下，五指张开，沿左手背向外快速下降，如瀑布飞泻状。

Q

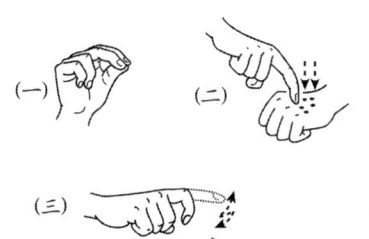

七星瓢虫 qīxīng piáochóng
（一）一手拇、食、中指相捏，指尖朝斜前方，虎口朝斜后方。
（二）左手握拳；右手伸食指，指尖朝下，在左手背上点几下，表示瓢虫前翅上的斑点。
（三）一手食指横伸，手背向上，边弯动边向一侧移动。

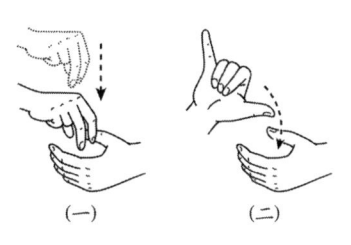

沏茶 qīchá
（一）左手五指成半圆形，虎口朝上；右手拇、食、中指相捏，指尖朝下，边移向左手虎口边分开，模仿向杯中放茶叶的动作。
（二）左手五指成半圆形，虎口朝上；右手伸拇、小指，然后拇指尖朝下，移向左手虎口，模仿用茶壶倒水沏茶的动作。

期待 qīdài
双手五指与手掌成"⌐¬"形，食、中、无名、小指指尖相抵，贴于颏部下方，面露期待的表情。

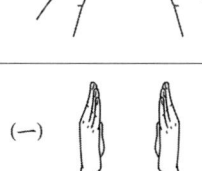

期货 qīhuò
（一）双手直立，掌心左右相对。
（二）双手食指指尖朝前，手背向上，先互碰一下，再分开并张开五指。

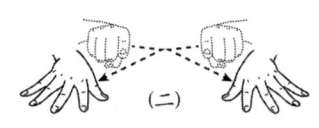

期间（阶段②） qījiān (jiēduàn②)
双手直立，掌心左右相对，表示一段时间。

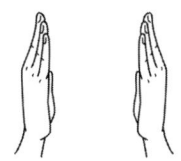

期限（限期） qīxiàn (xiànqī)

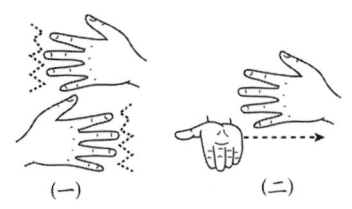

（一）双手横立，手背向外，一上一下，五指张开，交替点动几下。上面的手代表月份，下面的手代表日期。

（二）左手横立，手背向外，五指张开；右手平伸，掌心向上，在左手下从右向左划动一下，表示最低限度。

欺负 qī·fu

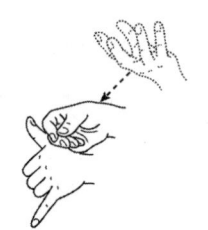

左手伸拇、小指；右手五指张开，手背向前下方，边用力碰向左手拇指背边撮合，表示欺负一个人。

漆画 qīhuà

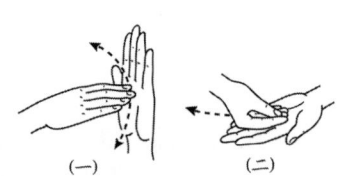

（一）左手直立，掌心向右；右手五指并拢，手背向上，指尖对着左手掌心上下移动两下，如刷油漆状。

（二）左手横伸；右手五指撮合，指背在左手掌心上抹一下。

齐 Qí

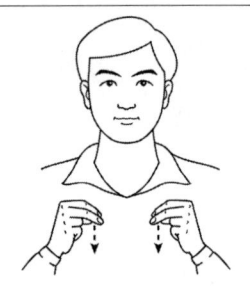

双手打手指字母"Q"的指式，指尖相对，虎口朝上，向下微动一下，表示姓氏"齐"。

齐心协力 qíxīn-xiélì

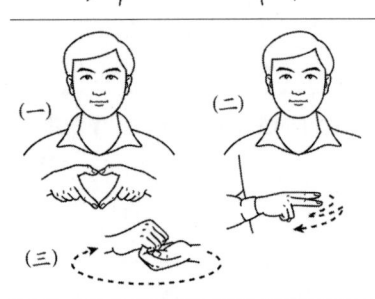

（一）双手拇、食指张开仿"♡"形，手背向外，置于胸部。

（二）一手食、中指横伸分开，手背向上，向前移动两下。

（三）双手五指弯曲，相互握住，顺时针平行转动一圈。

祁 Qí

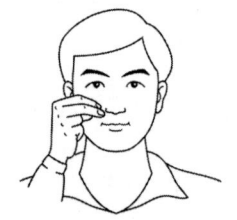

一手打手指字母"Q"的指式，指尖抵于鼻翼一侧，表示姓氏"祁"。

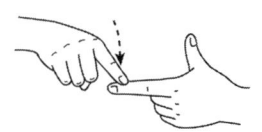

其次（第二①、副、傅、付） qícì (dì-èr①、fù、Fù、Fù)

左手伸拇、食指，食指尖朝右，手背向外；右手伸食指，敲一下左手食指尖。也用于表示姓氏"傅""付"。

奇怪①（莫名其妙①、纳闷儿①）

qíguài ① (mòmíngqímiào ①、nàmènr ①)

一手伸食指，在太阳穴点一下，然后边弯动边向外移动，面露惊奇的表情。

奇怪②（莫名其妙②、纳闷儿②）

qíguài ② (mòmíngqímiào ②、nàmènr ②)

一手拇、食指相捏，置于鼻翼一侧，然后向前张开，面露惊奇的表情。

奇迹 qíjì

（一）一手拇、食指相捏，置于鼻翼一侧，然后向前张开，面露惊奇的表情。

（二）一手拇、食指相捏，手背向下，然后食指用力向上弹起。

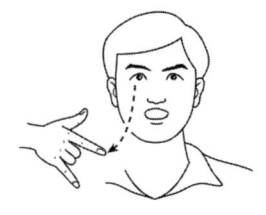

奇妙（罕见） qímiào (hǎnjiàn)

一手伸拇、食、小指，食指尖朝内，手背向外，然后从同侧眼部向外甩动，面露惊奇的表情。

祈祷①（祷告①、许愿①）

qídǎo ① (dǎogào ①、xǔyuàn ①)

双手合十，双眼闭拢，头微低。
（可根据实际表示祷告的样子）

祈祷②（祷告②、许愿②、祈福）

qídǎo ②（dǎogào ②、xǔyuàn ②、qífú）

双手抱拳，双眼闭拢，头微低。
（可根据实际表示祈祷的样子）

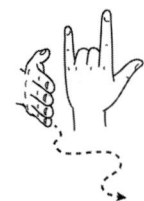

崎岖 qíqū

左手拇、食、小指直立，手背向外；右手侧立，在左手旁做曲线形移动，表示崎岖的山。

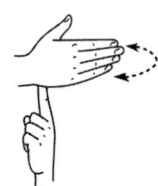

旗 qí

左手食指直立；右手侧立，手腕抵于左手食指尖，左右摆动几下，如旗帜飘扬状。

旗袍 qípáo

一手打手指字母"Q"的指式，从领口向下移至腰部，仿旗袍外形。

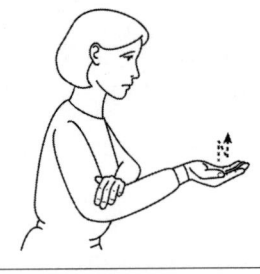

乞丐（乞讨） qǐgài (qǐtǎo)

左手掌置于右肘窝处；右手平伸，掌心向上，五指微曲，向上颠动几下，面露祈求的表情。

企鹅 qǐ'é

双手侧伸，掌心向下，置于身体两侧，前后交替摆动，身体同时左右摇摆，如企鹅走路状。

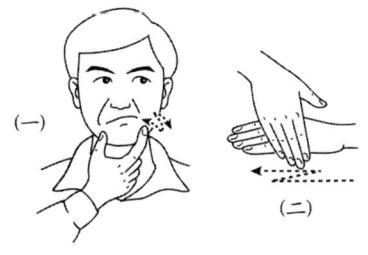

企图 qǐtú

（一）一手拇、食指弯曲，拇指尖抵于嘴角，食指点动几下，眼睛斜视，面带坏相。
（二）左手横伸，掌心向下；右手食、中、无名、小指并拢，指尖朝下，沿左手小指外侧划两下。

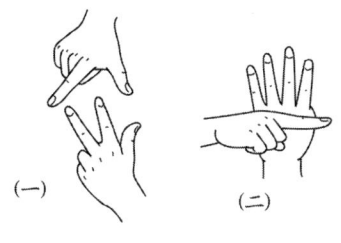

企业 qǐyè

（一）右手拇、食指张开，虎口朝左前方；左手伸拇、食、中指，手背向外，置于右手虎口下，仿"企"字形。
（二）左手食、中、无名、小指直立分开，手背向外；右手食指横伸，置于左手四指根部，仿"业"字形。

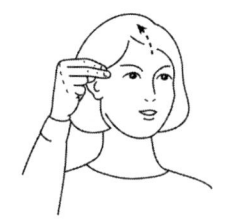

启示（启发） qǐshì (qǐfā)

一手打手指字母"Q"的指式，指尖抵于太阳穴，头同时微抬。

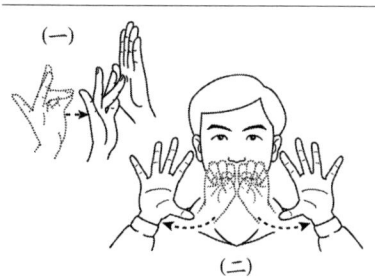

启事 qǐshì

（一）左手直立，掌心向外；右手拇、中指相捏，指尖朝内，然后张开，中指贴一下左手掌心，表示张贴公告。
（二）双手虚握，掌心向外，置于嘴部，然后边向前方两侧移动边张开五指。

起床（起身） qǐchuáng (qǐshēn)

左手横伸；右手伸拇、小指，先手背贴于左手掌心上，然后立起。

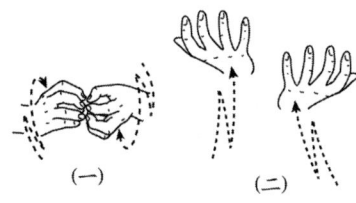

起哄 qǐhòng

（一）双手虚握，指尖左右相抵，前后反向拧动几下。
（二）双手五指微曲，指尖朝上，向上动两下。

起来（起立） qǐ·lái (qǐlì)
双手平伸，掌心向上一抬。

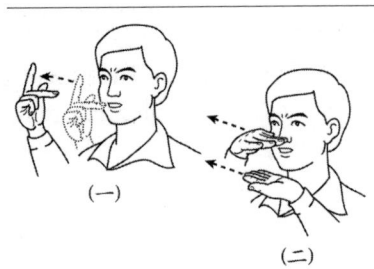

起诉（投诉） qǐsù (tóusù)
（一）右手打手指字母"K"的指式，中指尖朝左，从嘴部向前移出。
（二）双手横伸，掌心上下相对，从嘴前向前上方移出。

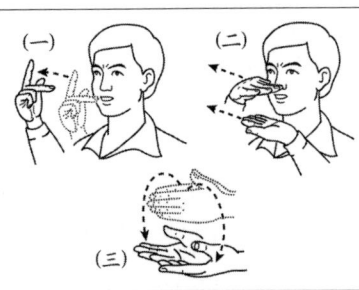

起诉书 qǐsùshū
（一）右手打手指字母"K"的指式，中指尖朝左，从嘴部向前移出。
（二）双手横伸，掌心上下相对，从嘴前向前上方移出。
（三）双手侧立，掌心相贴，然后向两侧打开。

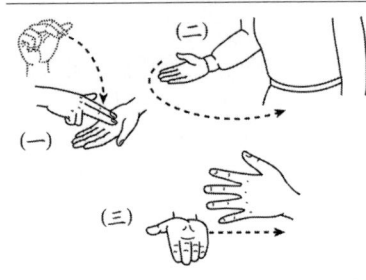

起征点 qǐzhēngdiǎn
（一）左手横伸；右手打手指字母"SH"的指式，然后食、中指向左手掌心上拍一下。
（二）一手平伸，掌心向上，从一侧向另一侧做弧形移动，表示征集的意思。
（三）左手横立，手背向外，五指张开；右手平伸，掌心向上，在左手下从右向左划动一下，表示最低限度。

气表 qìbiǎo
（一）双手五指撮合，指尖左右相对，手背向下，边向中间移动边伸出中、无名、小指。
（二）左手拇、食指成"匸"形，虎口朝内；右手直立，手背向外，五指张开，在左手"匸"形内边从左向右移动边连续点动，表示一串数码。

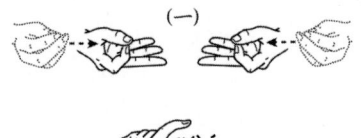
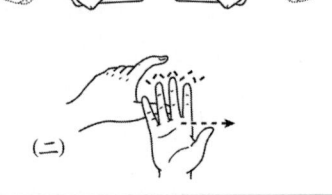

气垫船 qìdiànchuán
左手平伸，掌心凹进，仿船形；右手五指弯曲，指尖朝下，置于左手背下，边连续做开合的动作边双手同时向前移动，表示气垫船行进时，高压空气从船底喷出，将船身托起的状态。

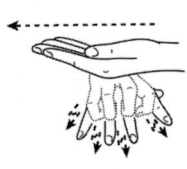

气氛（气场） qì·fēn (qìchǎng)

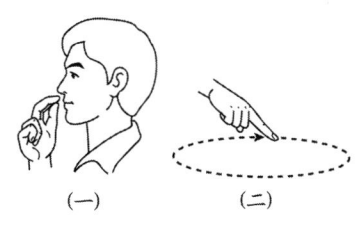

（一）一手打手指字母"Q"的指式，指尖朝内，置于鼻孔处。
（二）一手伸食指，指尖朝下划一大圈。

气概 qìgài

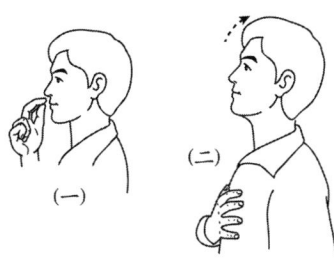

（一）一手打手指字母"Q"的指式，指尖朝内，置于鼻孔处。
（二）一手五指微曲张开，掌心贴于胸部，挺胸抬头。

气功 qìgōng

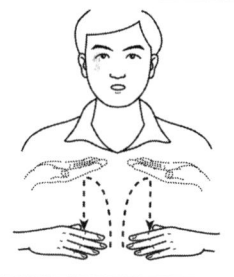

双手横伸，掌心向上，先向上移动，再翻掌向下移动，嘴同时做呼吸状，模仿做气功的动作。既表示气功的名词意思，又表示练气功的意思。

气管炎 qìguǎnyán

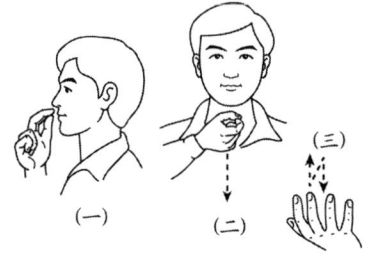

（一）一手打手指字母"Q"的指式，指尖朝内，置于鼻孔处。
（二）一手拇、食指捏成圆形，虎口朝上，自喉部向下移。
（三）一手五指微曲，指尖朝上，上下微动几下。

气球 qìqiú

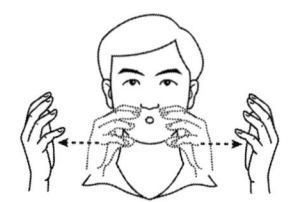

双手五指微曲，指尖相对，在嘴前边向两侧移动边张开，嘴同时做吹气的动作。既表示气球的名词意思，又表示吹气球的意思。

气筒 qìtǒng

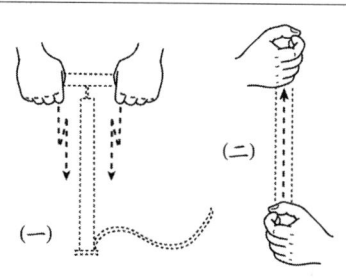

（一）双手虚握，手背向外，虎口相对，同时用力向下移动几下，如给自行车打气状。
（二）双手虚握，虎口朝上，一上一下，左手在下不动，右手向上移动一下，仿气筒形状。
（可根据实际表示气筒的形状）

气息奄奄（奄奄一息） qìxīyǎnyǎn (yǎnyǎnyīxī)
一手食、中指稍分开，指尖朝上，在鼻下上下微动几下，嘴做微弱喘气的动作，眼闭拢。

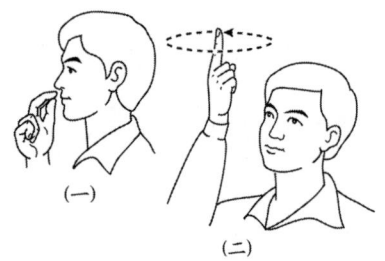
气象（气候） qìxiàng (qìhòu)
（一）一手打手指字母"Q"的指式，指尖朝内，置于鼻孔处。
（二）一手食指直立，在头一侧上方转动一圈。

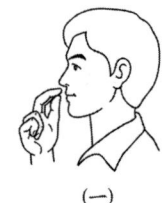 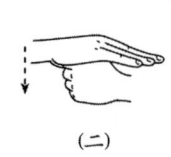
气压 qìyā
（一）一手打手指字母"Q"的指式，指尖朝内，置于鼻孔处。
（二）左手握拳，手背向外，虎口朝上；右手横伸，掌心向下，置于左手虎口上，并向下一压。

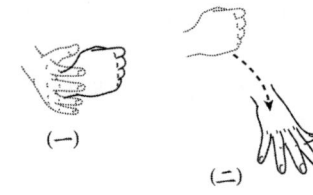
弃权 qìquán
（一）一手五指先弯曲再握拳，虎口朝上。
（二）一手握拳，虎口朝上，边向下移动边张开五指。

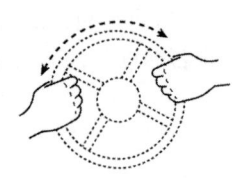
汽车①（司机、驾驶、开车、方向盘）
qìchē ① (sījī、jiàshǐ、kāichē、fāngxiàngpán)
双手虚握，左右转动，如操纵方向盘状。既表示汽车的名词意思，又表示开汽车的意思。

汽车②（轿车、行驶） qìchē ② (jiàochē、xíngshǐ)
一手五指成"⊐"形，指尖朝前，向前移动一下。
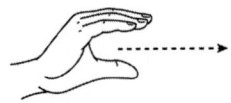

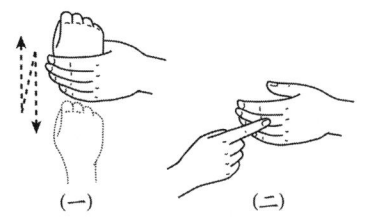

汽缸 qìgāng

（一）左手五指成半圆形，虎口朝上；右手直立握拳，手背向外，在左手掌心内上下动两下。

（二）左手五指成半圆形，虎口朝上；右手伸食指，指尖朝内，点一下左手指背。

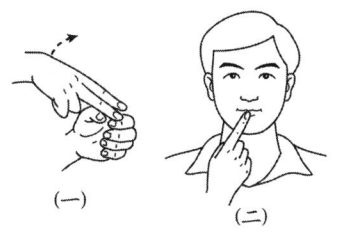

汽水 qìshuǐ

（一）左手虚握，虎口朝上；右手食、中指分开，置于左手虎口上，然后向上一撬，模仿起瓶盖的动作。

（二）一手伸食指，指尖贴于下嘴唇。

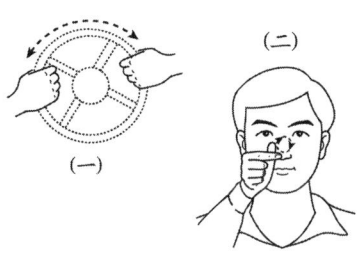

汽油 qìyóu

（一）双手虚握，左右转动，如操纵方向盘状。

（二）一手拇、食指搭成"十"字形，置于鼻翼一侧，微转两下。

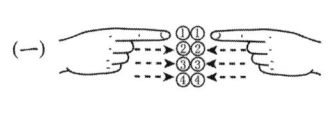

契约 qìyuē

（一）双手握拳，手背向外，虎口朝上，同时依次伸出食、中、无名、小指。

（二）双手伸拇指，一左一右（或一前一后），同时向下一顿。

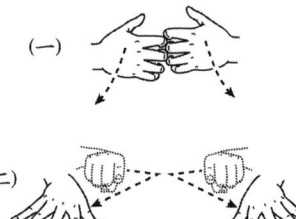

器材（设备） qìcái (shèbèi)

（一）双手五指弯曲，食、中、无名、小指关节交错相触，向下转动一下。

（二）双手食指指尖朝前，手背向上，先互碰一下，再分开并张开五指。

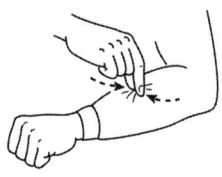

掐 qiā

左手握拳屈肘；右手拇、食指在左臂上做掐的动作。
（可根据实际表示掐的动作）

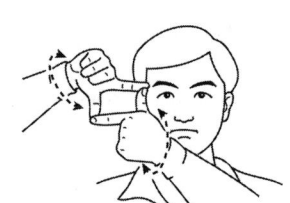

千方百计 qiānfāng-bǎijì

双手伸拇、食指,先一正一反,再一反一正,在太阳穴一侧交替搭成方形,表示不断地想办法。

千分尺 qiānfēnchǐ

左手拇、食指成"凵"形,虎口朝外;右手拇、食指在左手食指尖旁拧动两下,如使用千分尺状。

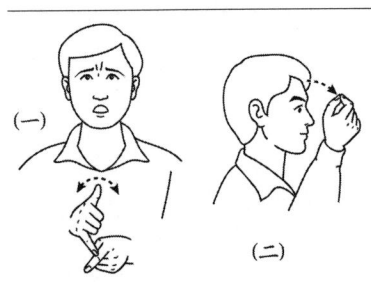

千钧一发 qiānjūn-yīfà

(一)左手伸食指,指尖朝前;右手伸拇、小指,小指立于左手食指上,左右晃动几下。

(二)右手拇、食指相捏,指尖朝内,边从前额向外一甩边指尖朝左。

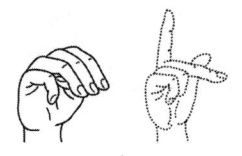

千米(km、公里) qiānmǐ(gōnglǐ)

一手连续打手指字母"K""M"的指式,表示千米的法定计量单位符号。

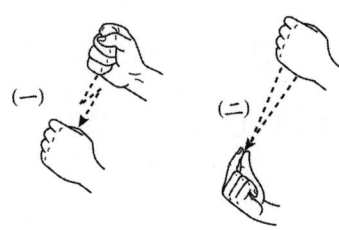

钎子 qiān·zi

(一)双手握拳,虎口朝上,左手不动,右手向左手挥动两下。

(二)左手握拳,虎口朝上;右手拇、食指张开,指尖朝上,边从左拳下向下移动边相捏,仿钎子形状。

(可根据实际表示钎子的长度)

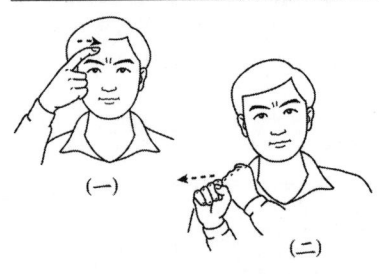

牵挂 qiānguà

(一)一手伸食指,指一下头部。

(二)双手虚握,一前一后,置于肩头一侧,然后同时向一侧拽动并握拳。

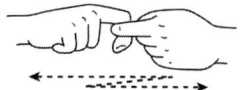

牵连 qiānlián

双手食指弯曲,相互勾住,左右来回移动两下。

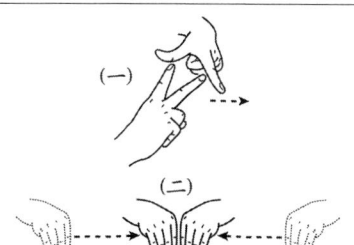

牵线 qiānxiàn

(一)左手拇、食指与右手食、中指搭成"介"字形,向前移动一下。

(二)双手五指撮合,指尖朝下,从两侧向中间移动。

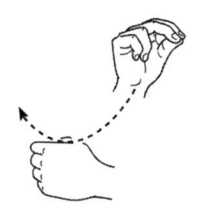

铅 qiān

左手握拳,虎口朝上;右手打手指字母"Q"的指式,手腕砸一下左手虎口后向前移动,表示铅的声母。

铅笔 qiānbǐ

一手伸拇、食指,拇指尖在颏部划动两下,手背向外。

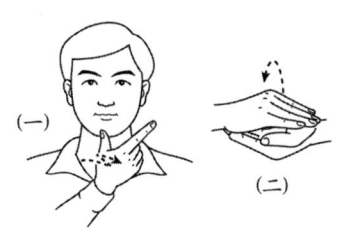

铅笔盒(文具盒) qiānbǐhé (wénjùhé)

(一)一手伸拇、食指,拇指尖在颏部划动两下,手背向外。

(二)双手横伸,掌心上下相对,手背拱起,左手不动,右手做向上打开的动作。

(可根据实际表示铅笔盒的样式)

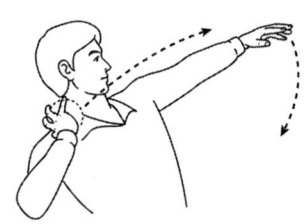

铅球 qiānqiú

左手抬起,身体后仰;右手五指弯曲,置于锁骨内端上方,紧贴颈部,如托铅球状,然后向前推出,左手同时自然向后摆动,如推铅球状。

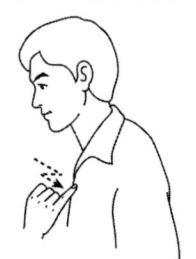

谦虚 qiānxū

一手伸小指，指尖朝上，点两下胸部，同时含胸，面露谦虚的表情。

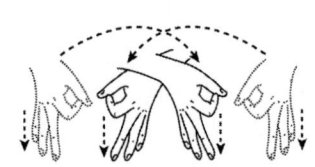

签订 qiāndìng

双手伸中、无名、小指，指尖朝下一按，然后左右交换位置，再向下一按。

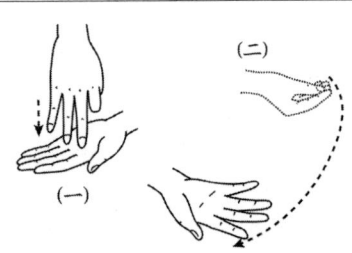

签发 qiānfā

（一）左手横伸；右手伸中、无名、小指，指尖朝下，在左手掌心上点一下。
（二）一手五指撮合，掌心向上，然后边向一侧移动边张开。

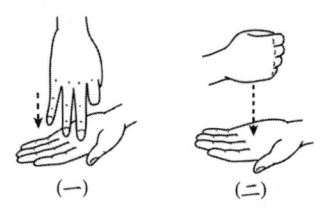

签证 qiānzhèng

（一）左手横伸；右手伸中、无名、小指，指尖朝下，在左手掌心上点一下。
（二）左手横伸；右手虚握，虎口朝上，在左手掌心上砸一下，如盖章状。

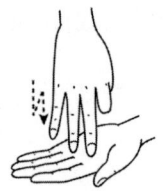

签字（报名、登记、注册）
qiānzì (bàomíng、dēngjì、zhùcè)

左手横伸；右手伸中、无名、小指，指尖朝下，在左手掌心上点两下。

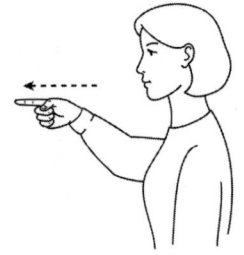

前① qián ①

一手伸食指，朝前一指。
（可根据实际决定手的朝向）

前② qián ②
一手直立，掌心向外，齐腰部向前移动一下。
（可根据实际决定手的朝向）

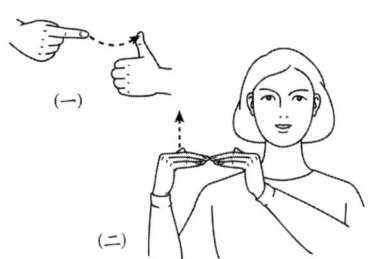

前辈（先辈） qiánbèi (xiānbèi)
（一）左手伸拇指；右手伸食指，碰一下左手拇指。
（二）双手五指与手掌成"┌┐"形，置于肩前一侧，左手不动，右手向上移动。

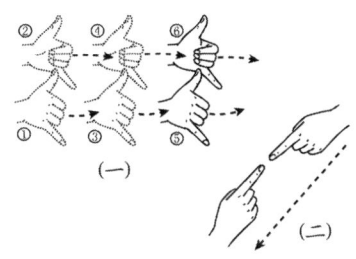

前赴后继 qiánfù-hòujì
（一）双手伸拇、小指，指尖朝前，交替向前移动几下。
（二）双手伸食指，指尖斜向相对，同时向斜下方移动。

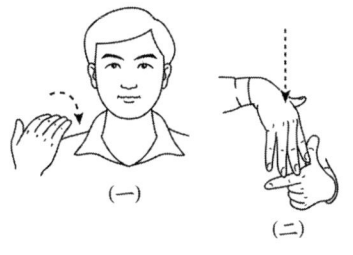

前科 qiánkē
（一）一手直立，掌心向内，向肩后挥动一下。
（二）左手伸拇、食指，食指尖朝右，手背向外；右手五指张开，指尖朝下，手背向外，从上向下移向左手食指。
（此手势表示过去曾被关押的意思）

前列腺 qiánlièxiàn
左手伸食指，指尖朝前下方，手背向上；右手食、中指分开，指尖朝下，手背向上，置于左手食指两侧，然后向后移动一下。

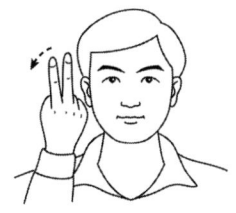

前天 qiántiān
一手食、中指直立分开，掌心向内，自头一侧向后划动一下。

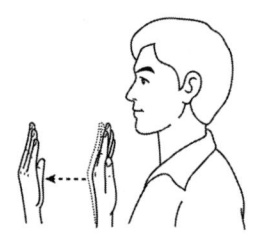

前途（前程、出息） qiántú (qiánchéng、chū·xi)

双手直立，掌心向内，左手不动，右手向前移动。

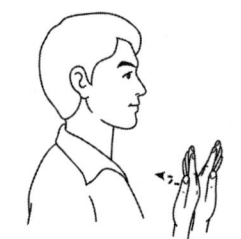

前夕 qiánxī

双手直立，手背前后相贴，左手在前不动，右手向后微移两下。

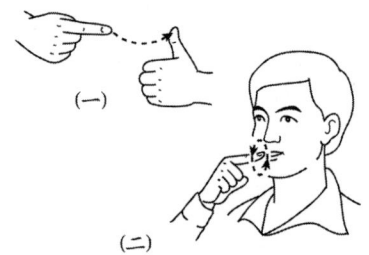

前言（序言） qiányán (xùyán)

（一）左手伸拇指；右手伸食指，碰一下左手拇指。
（二）一手食指横伸，在嘴前前后转动两下。

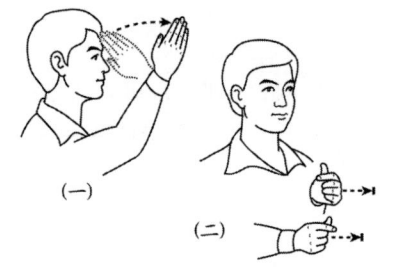

虔诚 qiánchéng

（一）一手五指并拢，食指外侧贴于前额，然后向外一挥。
（二）双手拇、食指搭成"十"字形，左手在上，右手在下，同时向前一顿。

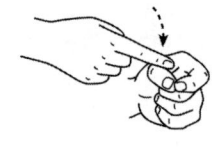

钱（货币、资金） qián (huòbì、zījīn)

左手拇、食指捏成圆形，虎口朝上；右手伸食指，敲一下左手拇指。

钳子 qián·zi

一手五指弯曲，虎口朝外，捏动几下，如用钳子夹物状。

潜伏　qiánfú
　　左手横伸；右手伸拇、小指，手背向上，从后向前移入左手掌心下。

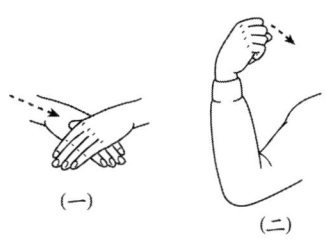

潜力　qiánlì
　　（一）左手横伸；右手平伸，手背向上，从后向前移入左手掌心下。
　　（二）一手握拳屈肘，用力向内弯动一下。

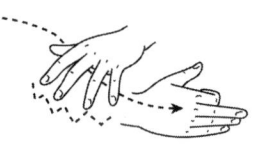

潜艇　qiántǐng
　　左手横伸，五指张开，交替点动几下；右手侧立，拇指直立，食指弯曲，其他三指并拢，逐渐下移再在左手掌心下向前移动。

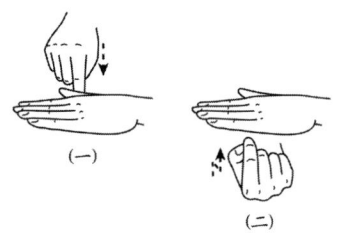

浅❶　qiǎn❶
　　（一）左手横伸，掌心向下；右手伸食指，指尖朝下，从左手内侧向下移动少许距离。
　　（二）左手横伸，掌心向下；右手拇、食指相捏，指尖朝上，在左手掌心下向上微动几下。
　　（此手势多表示水浅、埋藏浅的意思）

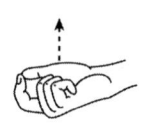

浅❷　qiǎn❷
　　一手拇、食指相捏，指尖朝上，向上微动一下，多表示颜色浅的意思。

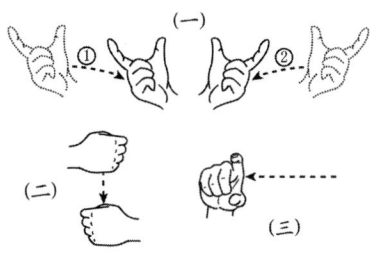

遣词造句　qiǎncí-zàojù
　　（一）双手拇、食指张开，指尖朝前，交替从两侧向中间移动一下，表示将挑选的词放在一块。
　　（二）双手握拳，一上一下，右拳向下砸一下左拳。
　　（三）一手拇、食指张开，指尖朝前，向一侧移动一下。

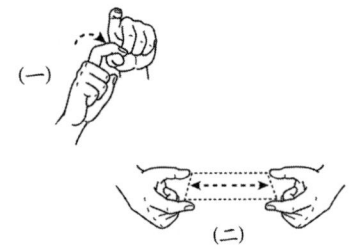

欠条 qiàntiáo

（一）左手拇、食指张开，虎口朝内；右手食指弯曲，挂在左手拇指上。

（二）双手拇、食指张开，指尖相对，虎口朝上，从中间向两侧移动。

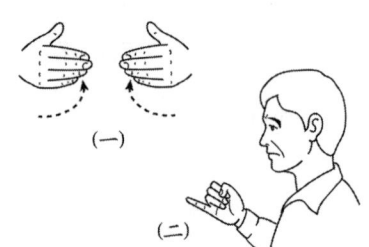

歉收 qiànshōu

（一）双手横立，掌心向内，五指微曲，从外向内收进。

（二）一手伸小指，指尖朝前上方。

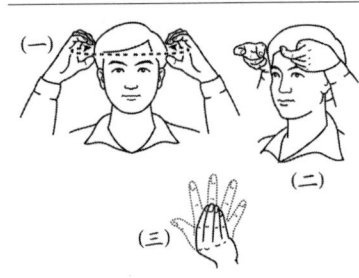

羌族 Qiāngzú

（一）双手五指弯曲，指尖朝内，置于前额，然后沿头部向后移动，仿羌族的头饰。

（二）双手食指弯曲如钩，虎口朝上，置于太阳穴两侧，表示羌族崇拜的羊图腾。

（三）一手五指张开，指尖朝上，然后撮合。

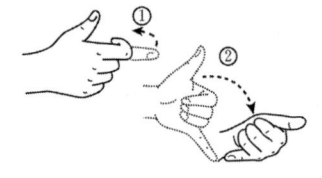

枪决（伏法） qiāngjué (fúfǎ)

左手伸拇、小指；右手伸拇、食指，食指对着左手弯动一下，左手随之倒下。

（可根据实际表示枪决的形式）

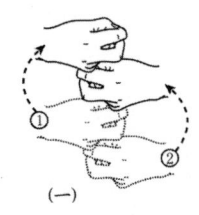 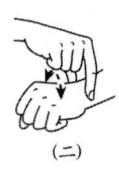

腔骨 qiānggǔ

（一）双手拇、食、中指弯曲，虎口朝上，交替向上移动。

（二）左手握拳，手背向上；右手拇、食指张开，卡在左手腕，左手微转两下。

强（壮） qiáng (zhuàng)

双手握拳屈肘，同时用力向下一顿。

（可根据实际表示强的状态）

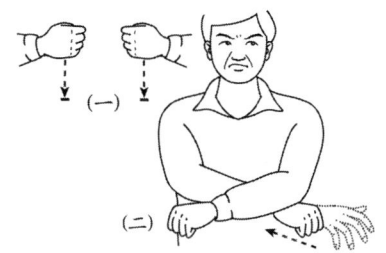

强盗 qiángdào
（一）双手握拳屈肘，同时用力向下一顿。
（二）左臂横伸，左手握拳，手背向上；右手五指张开，掌心向下，边从左臂下向右移动边握拳，眼睛朝左斜视。

强调 qiángdiào
（一）双手握拳屈肘，同时用力向下一顿。
（二）一手食指横伸，在嘴前前后转动两下。

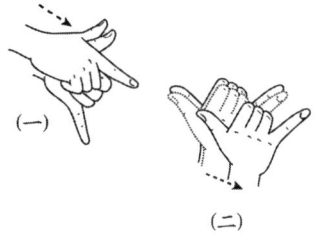

强奸 qiángjiān
（一）左手伸拇、小指，指尖朝前；右手伸拇、食指，卡在左手拇指背，然后用力向前下方一按。
（二）双手伸拇、小指，指尖朝上，左手不动，右手向前微动一下。

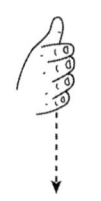

墙壁（隔断） qiángbì (gé·duàn)
一手侧立，向下移动一下。
（可根据实际决定手的位置）

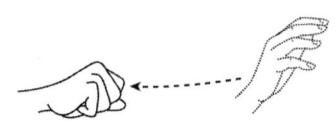
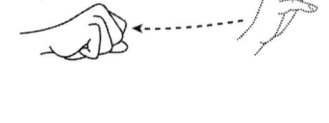

抢（争、争取、夺） qiǎng (zhēng、zhēngqǔ、duó)
一手五指微曲，掌心向前，边用力向后移动边握拳。
（可根据实际表示抢的动作）

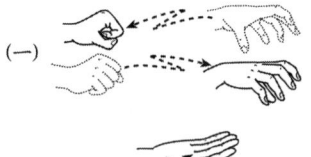

抢购 qiǎnggòu
（一）双手五指微曲，指尖朝下，边前后交替移动边握拳。
（二）双手横伸，右手背在左手掌心上拍一下，然后向内移动。

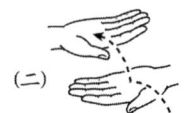

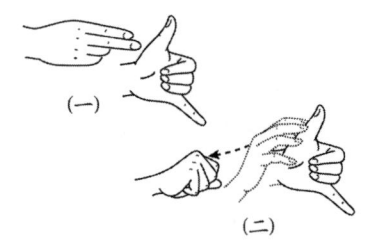

抢劫 qiǎngjié

（一）左手伸拇、小指；右手食、中指并拢，指尖对着左手拇指背，手背向右，表示持刀威胁。

（二）左手伸拇、小指；右手五指微曲，掌心对着左手，边从左手拇指背向后移动边握拳，表示将人身上的东西抢走。

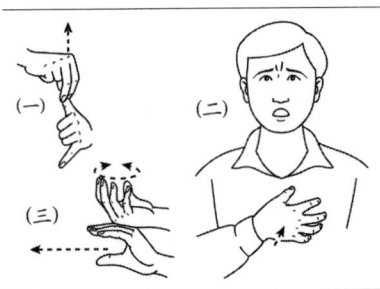

抢险车 qiǎngxiǎnchē

（一）左手伸拇、小指；右手拇、食、中指捏住左手拇指，向上一提。

（二）一手五指微曲，掌心向内，按一下胸部，面露害怕的表情。

（三）左手五指成"⊏"形，指尖朝前；右手五指弯曲，指尖朝上，置于左手食、中、无名、小指指背上，边转动边双手同时向前移动，表示车上闪烁的警示灯。

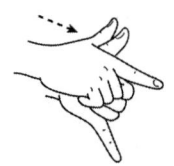

强迫② qiǎngpò ②

左手伸拇、小指，指尖朝前；右手伸拇、食指，卡在左手拇指背，然后用力向前下方一按，表示强迫别人。

（可根据实际决定手的位置和移动方向）

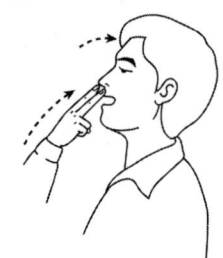

呛 qiàng

一手食、中指分开，指尖朝上，向鼻部移动，头同时后仰，口张开。

（可根据实际表示呛的动作）

敲 qiāo

一手食指弯曲，指背向外，敲动两下。

（可根据实际表示敲的动作）

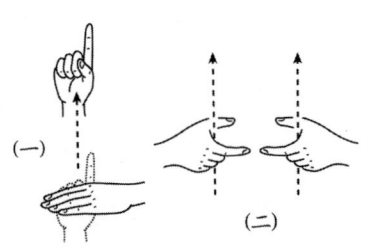

乔木 qiáomù

（一）左手横伸，掌心向下；右手食指直立，手背向内，从左手内侧向上移动，表示乔木树干高大的特点。

（二）双手拇、食指成大圆形，虎口朝上，同时向上移动。

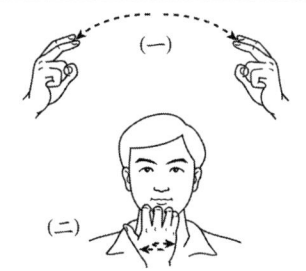

侨眷 qiáojuàn

（一）双手食、中指微曲分开，指尖相对，指背向上，从中间向两侧下方做弧形移动。"桥"与"侨"音同，借代。

（二）一手五指微曲，指尖朝内，在颏部左右微动几下。

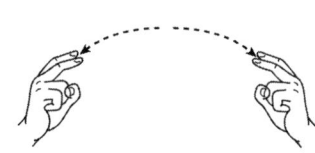

桥（乔） qiáo（Qiáo）

双手食、中指微曲分开，指尖相对，指背向上，从中间向两侧下方做弧形移动；也用于表示姓氏"乔"。

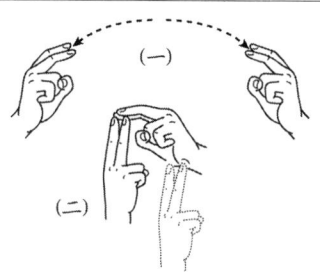

桥墩 qiáodūn

（一）双手食、中指微曲分开，指尖相对，指背向上，从中间向两侧下方做弧形移动。

（二）左手食、中指微曲分开，指背向上；右手食、中指直立分开，指尖朝上，手背向右，先置于左手腕，再置于左手食、中指指尖。

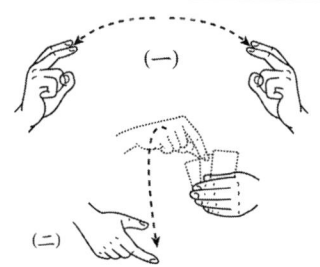

桥牌 qiáopái

（一）双手食、中指微曲分开，指尖相对，指背向上，从中间向两侧下方做弧形移动。

（二）左手五指撮合，指尖朝右，不动；右手拇、食指相捏，在左手上向下一甩，模仿打桥牌的动作。

（此手势既表示桥牌的名词意思，又表示打桥牌的意思）

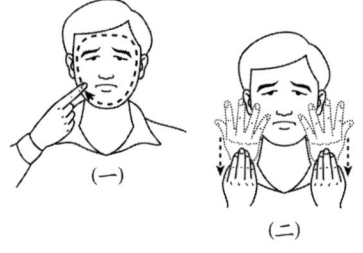

憔悴 qiáocuì

（一）一手伸食指，绕脸部转动一圈。

（二）双手五指微曲，指尖朝上，然后边从脸颊向下移动边撮合，面露有气无力的表情。

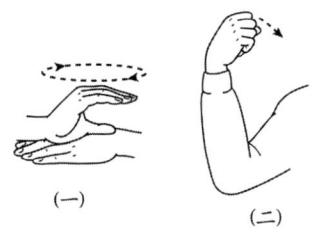

巧克力 qiǎokèlì

（一）左手横伸；右手五指成"⊐"形，虎口朝内，在左手背上转动两下。

（二）一手握拳屈肘，用力向内弯动一下。

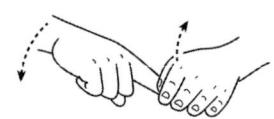

撬 qiào

左手平伸；右手食指插在左手掌心下，然后做撬的动作。

（可根据实际表示撬的动作）

切 qiē

左手横伸，手背拱起；右手侧立，在左手指尖旁向下动几下，如切菜状。

（可根据实际表示切菜的动作）

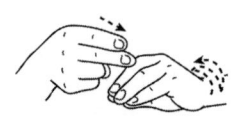

切削 qiēxiāo

左手五指撮合，指尖朝右，手背向上；右手食、中指并拢，指尖朝前，置于左手指背上，左手腕向后转动两下，右手同时向前划动，如切削零件状。

（可根据实际表示切削零件的动作）

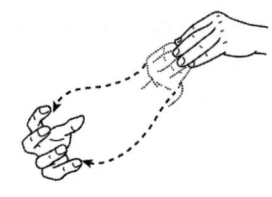

茄子 qié·zi

双手五指撮合，指尖上下相对，左手在上，罩住右手指尖，然后右手边向下做弧形移动边五指弯曲，仿长茄子的外形。

（可根据实际表示茄子的形状）

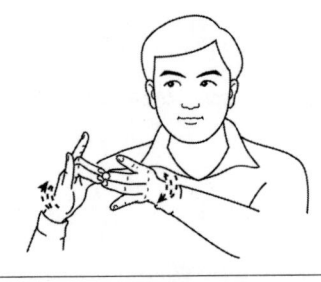

窃窃私语 qièqiè-sīyǔ

双手拇、中、无名指相捏，虎口朝内，置于身体一侧，前后交替微转几下。

惬意 qièyì

双手掌心贴于胸部，一上一下，然后同时向下移动，头微低，面露享受的表情。

（可根据实际表示惬意的状态）

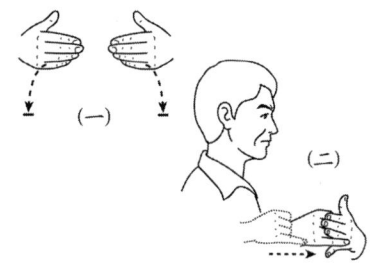

侵害（侵犯） qīnhài (qīnfàn)
（一）双手横立，掌心向内，从后向前下方一顿。
（二）左手横立，掌心向内；右手伸小指，指尖朝前，插入左手无名、小指指缝间。

侵略 qīnlüè
双手横立，掌心向内，从后向前移动两下，表示侵占别国的领土。

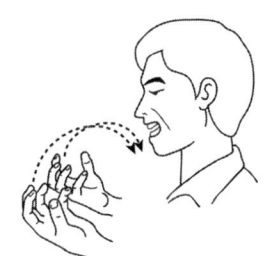

侵吞 qīntūn
口张开，双手五指弯曲，指尖朝上，同时向嘴部移动，然后指尖朝下，嘴闭拢。

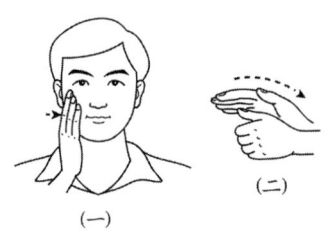

亲爱 qīn'ài
（一）一手直立，五指并拢，摸一下脸部。
（二）左手伸拇指；右手轻轻抚摸左手拇指背，面露怜爱的表情。

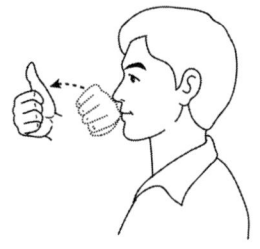

亲密（闺蜜） qīnmì (guīmì)
一手握拳，手背贴于鼻下，然后边向外移动边伸出拇指。

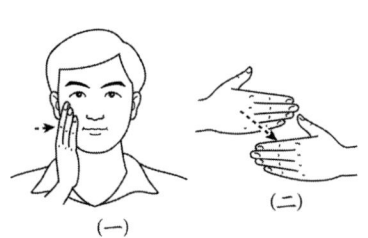

亲切（亲近） qīnqiè (qīnjìn)
（一）一手直立，五指并拢，摸一下脸部。
（二）双手横立，左手在前不动，右手自胸部向前贴向左手掌心。

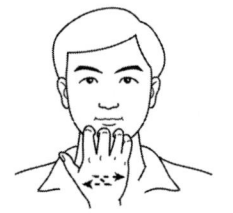

亲属（亲戚、戚） qīnshǔ (qīn·qi、Qī)

一手五指微曲，指尖朝内，在颊部左右微动几下；也用于表示姓氏"戚"。

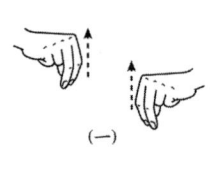 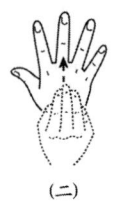

芹菜① qíncài①

（一）双手拇、食、中指相捏，指尖朝下，一高一低，向上一提。
（二）一手五指撮合，指尖朝上，边向上微移边张开。
（"芹菜"的手语存在地域差异，可根据实际选择使用）

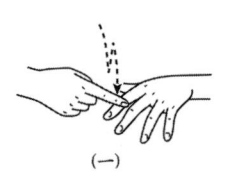 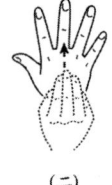

芹菜② qíncài②

（一）左手五指张开，掌心向下；右手伸食指，向下击打两下左手手指，模仿用筷子打掉芹菜叶子的动作。
（二）一手五指撮合，指尖朝上，边向上微移边张开。
（"芹菜"的手语存在地域差异，可根据实际选择使用）

秦（秦始皇） Qín (Qínshǐhuáng)

一手五指并拢，指尖朝后，手背向上，在头顶上从低向高斜向移动一下，仿秦代士兵帽子的式样。

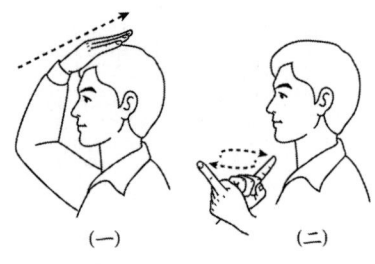

秦代 Qíndài

（一）一手五指并拢，指尖朝后，手背向上，在头顶上从低向高斜向移动一下，仿秦代士兵帽子的式样。
（二）双手伸食指，手腕交叉相贴，然后前后转动，互换位置。

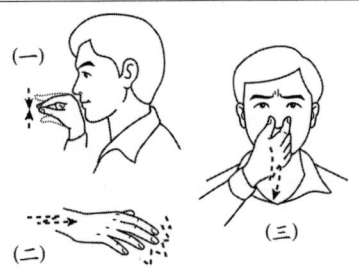

禽流感 qínliúgǎn

（一）一手手背贴于嘴部，拇、食指先张开再相捏，仿鸡的嘴。
（二）一手平伸，掌心向下，五指张开，边交替点动边向前移动两下。
（三）一手拇、食指张开，指尖对着鼻部，向下甩两下，表示流鼻涕。

青 qīng

一手横立,掌心向内,食、中、无名、小指并拢,在颏部从右向左摸一下。

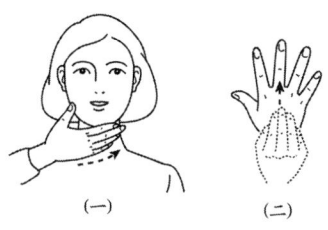

青菜 qīngcài

(一)一手横立,掌心向内,食、中、无名、小指并拢,在颏部从右向左摸一下。
(二)一手五指撮合,指尖朝上,边向上微移边张开。

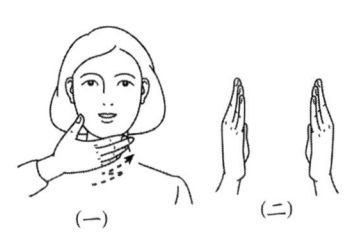

青春期 qīngchūnqī

(一)一手横立,掌心向内,食、中、无名、小指并拢,在颏部从右向左摸两下。
(二)双手直立,掌心左右相对。

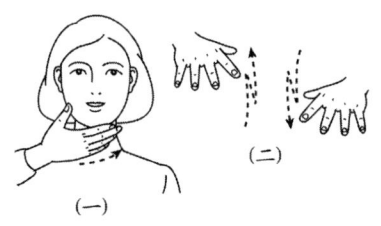

青海 Qīnghǎi

(一)一手横立,掌心向内,食、中、无名、小指并拢,在颏部从右向左摸一下。
(二)双手平伸,掌心向下,五指张开,上下交替移动,表示起伏的波浪。

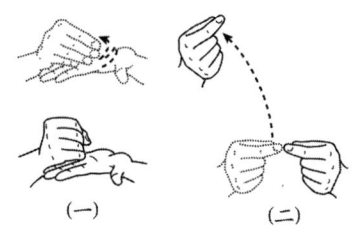

青稞 qīngkē

(一)左手横伸;右手在左手掌心上模仿做糌粑的动作。
(二)双手拇、食指相捏,指尖相抵,虎口朝上,左手不动,右手向上划动一下。

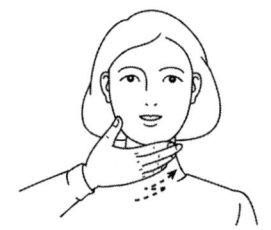

青年(年青、年轻) qīngnián (niánqīng、niánqīng)

一手横立,掌心向内,食、中、无名、小指并拢,在颏部从右向左摸两下。

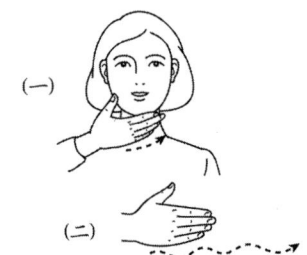

青鱼 qīngyú

（一）一手横立，掌心向内，食、中、无名、小指并拢，在颏部从右向左摸一下。

（二）一手横立，手背向外，向一侧做曲线形移动（或一手侧立，向前做曲线形移动），如鱼游动状。

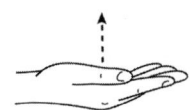

轻 qīng

一手平伸，掌心向上，轻轻向上一抬。
（可根据实际表示轻的状态）

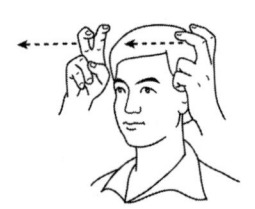

轻轨 qīngguǐ

双手食、中指弯曲，掌心左右相对，从头两侧上方向前移动一下。

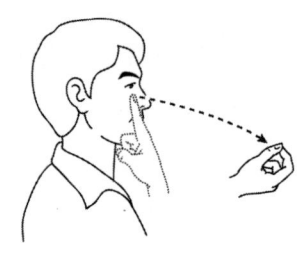

轻视 qīngshì

一手伸食指，指一下眼部，然后边向前移动边拇、食指相捏，面露不屑一顾的表情。

氢 qīng

一手打手指字母"H"的指式，掌心向内，置于鼻前，逆时针转动一小圈，表示氢的元素符号"H"。

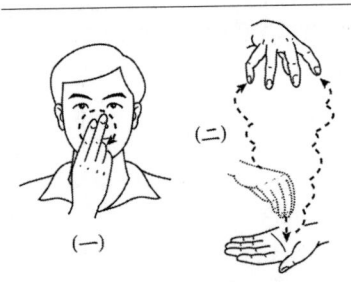

氢弹 qīngdàn

（一）一手打手指字母"H"的指式，掌心向内，置于鼻前，逆时针转动一小圈，表示氢的元素符号"H"。

（二）左手横伸；右手五指撮合，指尖朝下，碰一下左手掌心，然后边向上移动边连续做开合的动作，如蘑菇云状。

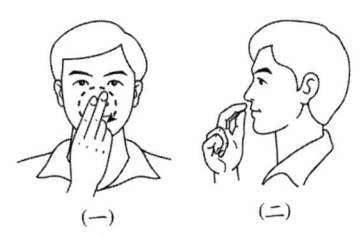

氢气 qīngqì

（一）一手打手指字母"H"的指式，掌心向内，置于鼻前，逆时针转动一小圈，表示氢的元素符号"H"。

（二）一手打手指字母"Q"的指式，指尖朝内，置于鼻孔处。

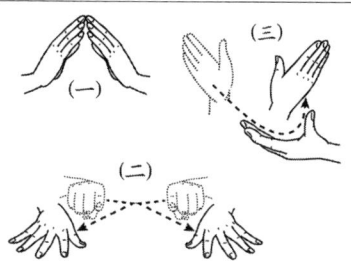

倾家荡产 qīngjiā-dàngchǎn

（一）双手搭成"∧"形。

（二）双手食指指尖朝前，手背向上，先互碰一下，再分开并张开五指。

（三）左手斜伸，掌心向斜后方；右手食、中、无名、小指并拢，指尖朝前，小指外侧从右向左在左手虎口处刮一下。

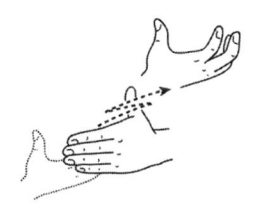

倾诉 qīngsù

左手横立；右手五指弯曲，掌心向上，从左手掌心内向外移出两下，表示将肚子里的话全都掏出。

倾向（偏向） qīngxiàng (piānxiàng)

双手侧立，然后手腕转向一侧。

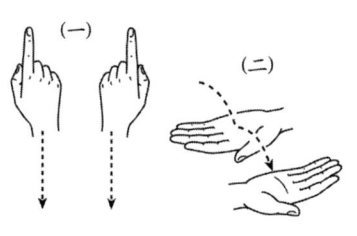

倾销 qīngxiāo

（一）双手食指直立，拇指尖按于食指根部，手背向外，同时从上向下快速移动。

（二）双手横伸，右手背在左手掌心上拍一下，然后向外移动。

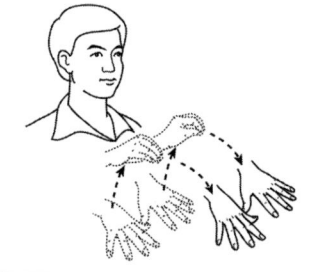

倾注（投入❶） qīngzhù (tóurù ❶)

双手五指张开，掌心向下，然后向上撮合，再从胸前向前下方移动并张开，表示将感情、力量等集中到一个目标上。

清查 qīngchá

（一）左手横伸；右手平伸，掌心向下，贴于左手掌心，边向左手指尖方向移动边食、中、无名、小指弯曲，指尖抵于掌心。

（二）双手拇、食、中指相捏，指尖朝下，上下交替动两下。

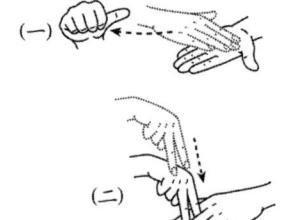

清澈 qīngchè

（一）左手横伸；右手平伸，掌心向下，贴于左手掌心，边向左手指尖方向移动边食、中、无名、小指弯曲，指尖抵于掌心。

（二）左手横伸，掌心向下，五指张开；右手伸食、中指，指尖朝下，从左手食、中指指缝间穿过，表示目光可以穿过水体。

清除（肃清） qīngchú (sùqīng)

左手横伸；右手侧立，置于左手掌心上，然后用力向左手指尖方向划动。

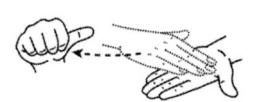

清楚（明确、纯洁、廉洁）

qīng·chu (míngquè、chúnjié、liánjié)

左手横伸；右手平伸，掌心向下，贴于左手掌心，边向左手指尖方向移动边食、中、无名、小指弯曲，指尖抵于掌心。

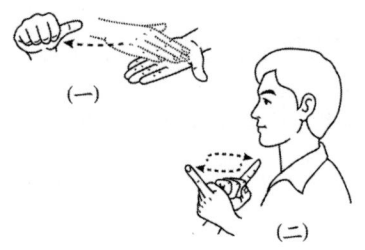

清代 Qīngdài

（一）左手横伸；右手平伸，掌心向下，贴于左手掌心，边向左手指尖方向移动边食、中、无名、小指弯曲，指尖抵于掌心。

（二）双手伸食指，手腕交叉相贴，然后前后转动，互换位置。

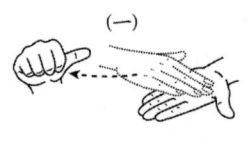

清淡 qīngdàn

（一）左手横伸；右手平伸，掌心向下，贴于左手掌心，边向左手指尖方向移动边食、中、无名、小指弯曲，指尖抵于掌心。

（二）双手平伸，手背向下，拇、中指先相捏，再弹开。

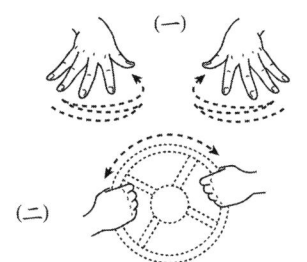

清洁车 qīngjiéchē
（一）双手五指微曲，指尖朝下，手腕分别向中间转动两下，表示清洁车的电动扫帚。
（二）双手虚握，左右转动，如操纵方向盘状。

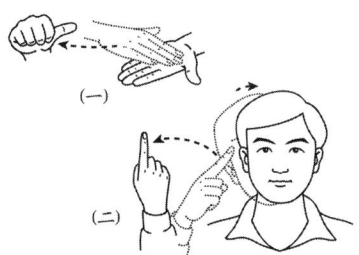

清明 qīngmíng
（一）左手横伸；右手平伸，掌心向下，贴于左手掌心，边向左手指尖方向移动边食、中、无名、小指弯曲，指尖抵于掌心。
（二）头微偏，一手食指抵于太阳穴，然后向外移动，头转正。

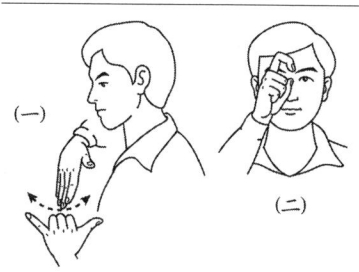

清明节 Qīngmíng Jié
（一）左手伸拇、小指，指尖朝上，手背向左；右手食、中、无名、小指并拢，指尖朝下，手背向外，在左手上前后移动两下，表示扫墓。
（二）一手打手指字母"J"的指式，置于前额。

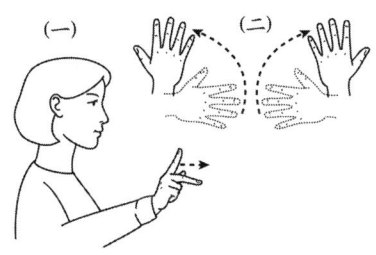

清欠 qīngqiàn
（一）一手打手指字母"K"的指式，中指尖朝外，向前移动一下。
（二）双手横立，掌心向内，五指张开，同时转腕，指尖朝上，表示两清。

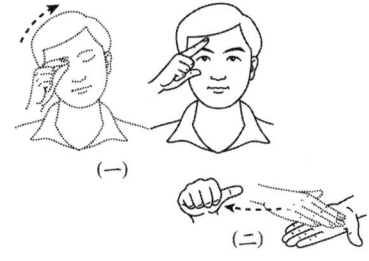

清醒❶ qīngxǐng ❶
（一）头先歪向一边，眼闭拢，一手拇、食指相捏，虎口朝内，置于眼角一侧，然后张开，眼睛同时睁开，头转正。
（二）左手横伸；右手平伸，掌心向下，贴于左手掌心，边向左手指尖方向移动边食、中、无名、小指弯曲，指尖抵于掌心。
（此手势表示由昏迷转为清醒的意思）

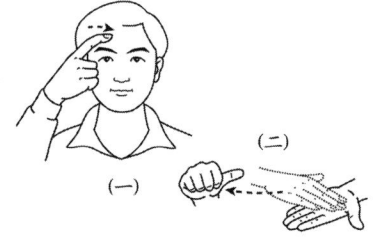

清醒❷ qīngxǐng ❷
（一）一手伸食指，指一下头部。
（二）左手横伸；右手平伸，掌心向下，贴于左手掌心，边向左手指尖方向移动边食、中、无名、小指弯曲，指尖抵于掌心。
（此手势表示头脑清醒的意思）

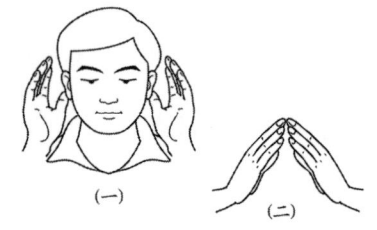

清真寺 qīngzhēnsì
（一）双手直立，掌心左右相对，五指微曲，拇指尖抵于耳垂后部。
（二）双手搭成"∧"形。

蜻蜓 qīngtíng
左手食、中指与右手食指搭成"干"字形，手背向上，然后做不规则移动，如蜻蜓飞行状。

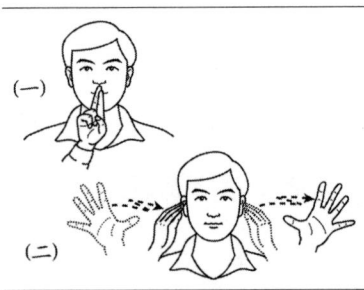

情报 qíngbào
（一）一手食、中指直立相叠，手背向斜后方，贴于嘴部，嘴闭拢。
（二）左手五指撮合，指尖抵于左耳，右手五指张开，掌心向外，然后左手向左移动并张开，掌心向外，右手同时向右耳移动并撮合，指尖抵于右耳，双手重复一次。

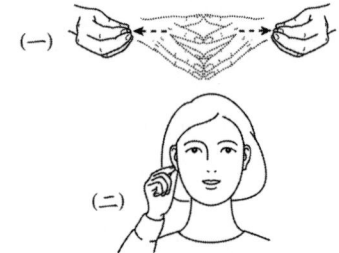

情妇 qíngfù
（一）双手五指张开，指尖相对，虎口朝上，边从中间向两侧拉开边撮合。
（二）一手拇、食指捏一下耳垂。

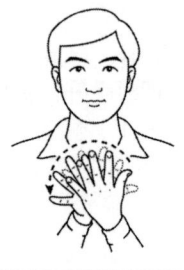

情况（情节） qíngkuàng（qíngjié）
双手直立，掌心前后相贴，五指张开，左手不动，右手向右转动一下。

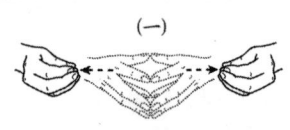

情人 qíngrén
（一）双手五指张开，指尖相对，虎口朝上，边从中间向两侧拉开边撮合。
（二）双手食指搭成"人"字形。

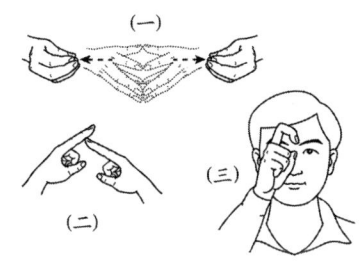

情人节 Qíngrén Jié
（一）双手五指张开，指尖相对，虎口朝上，边从中间向两侧拉开边撮合。
（二）双手食指搭成"人"字形。
（三）一手打手指字母"J"的指式，置于前额。

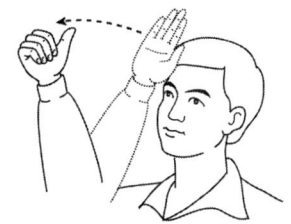

晴 qíng
一手五指并拢，掌心向外，置于头前，边向右移动边伸出拇指，表示天气晴朗，头同时微抬。

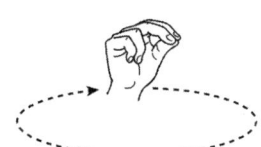

顷 qǐng
一手打手指字母"Q"的指式，在胸前顺时针平行转动一圈。

请（让、招待、接待） qǐng (ràng、zhāodài、jiēdài)
双手平伸，掌心向上，同时向一侧移动一下，面带笑容。（可根据实际表示请的动作）

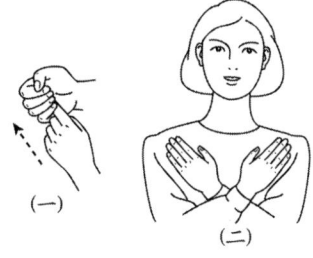

请假 qǐngjià
（一）右手握住左手食指，向前上方移动一下。
（二）双手交叉，手背向外，贴于胸部，表示休息的意思。

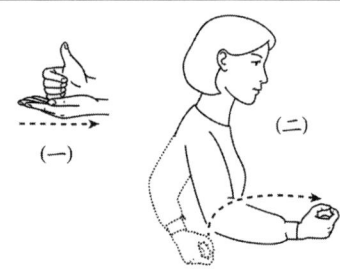

请客 qǐngkè
（一）左手平伸；右手伸拇指，置于左手掌心上，双手同时向内移动。
（二）一手拇、食指捏成圆形，虎口朝前上方，从腰部向前移出，表示掏钱。

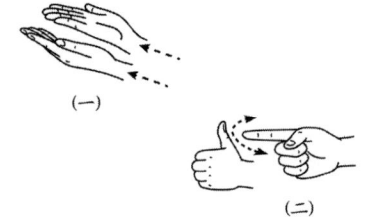

请示 qǐngshì
（一）双手平伸，掌心向上，同时向前上方移出。
（二）左手伸拇指；右手伸食指，指尖朝前，在左手拇指后左右移动。

庆祝（拜年、庆、祝、贺）
qìngzhù (bàinián、Qìng、Zhù、Hè)
双手作揖，向前晃动两下，面露喜悦的表情；也用于表示姓氏"庆""祝""贺"。

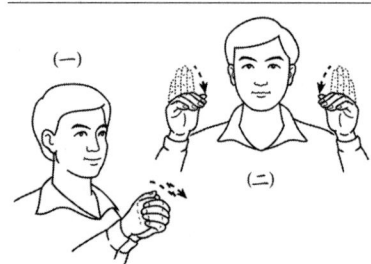

庆祝会（典礼） qìngzhùhuì (diǎnlǐ)
（一）双手作揖，向前晃动两下，面露喜悦的表情。
（二）双手直立，掌心分别向左右斜前方，食、中、无名、小指弯动一下。

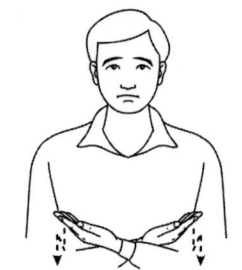

穷 qióng
双手横伸，掌心向上，手腕交叉相搭，然后向下颠动两下。

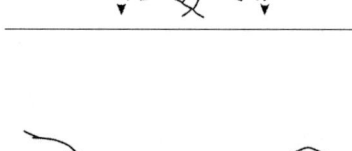

丘陵 qiūlíng
左手横伸，手背拱起；右手平伸，掌心向下，在左手旁向右做起伏状移动。

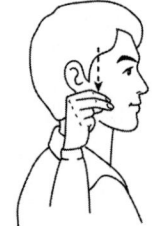

邱 Qiū
一手打手指字母"Q"的指式，指尖朝前，在耳部一侧向下移动一下，表示姓氏"邱"。

秋① qiū①

左手握拳，手背向上；右手食指点一下左手无名指根部关节。

（"秋"的手语存在地域差异，可根据实际选择使用）

秋② qiū②

双手五指微曲，指尖朝上，虎口朝外，边从胸部两侧缓慢向下移动边撮合，表示秋天凉爽。

（"秋"的手语存在地域差异，可根据实际选择使用）

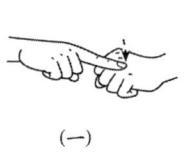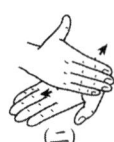

秋分 qiūfēn

（一）左手握拳，手背向上；右手食指点一下左手无名指根部关节。

（二）左手横伸；右手侧立，置于左手掌心上，并左右拨动一下。

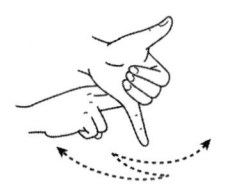

秋千 qiūqiān

左手伸拇、小指；右手食、中指横伸，手背向上，置于左手下，然后双手同时前后摇动几下。既表示秋千的名词意思，又表示荡秋千的意思。

（可根据实际表示荡秋千的动作）

蚯蚓 qiūyǐn

左手横伸，掌心向下，五指张开；右手食指在左手各指指缝间上下蠕动钻行，如蚯蚓在土中活动状。

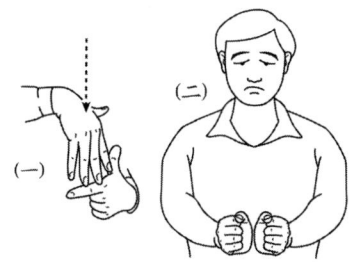

囚犯 qiúfàn

（一）左手伸拇、食指，食指尖朝右，手背向外；右手五指张开，指尖朝下，手背向外，从上向下移向左手食指。

（二）双手握拳，手腕相贴，如戴手铐状，头微低。

求（拜托） qiú (bàituō)

双手抱拳，向后晃动两下，面露恳求的表情。

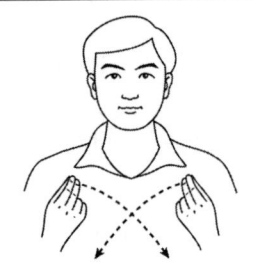

裘 Qiú

双手打手指字母"Q"的指式，指尖朝内，然后同时在胸前交叉向下移动，表示姓氏"裘"。

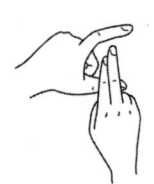

区 qū

左手拇、食指成"匸"形，虎口朝内；右手食、中指相叠，手背向内，置于左手"匸"形中，仿"区"字形。

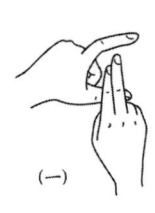 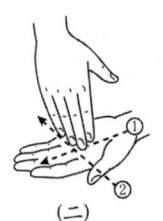

区划 qūhuà

（一）左手拇、食指成"匸"形，虎口朝内；右手食、中指相叠，手背向内，置于左手"匸"形中，仿"区"字形。

（二）左手横伸；右手食、中、无名、小指并拢，指尖朝下，在左手掌心上横、竖各划一下。

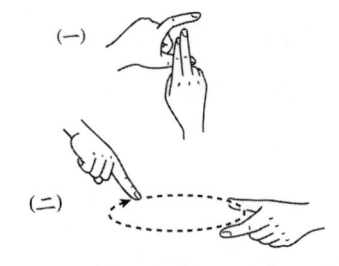

区域 qūyù

（一）左手拇、食指成"匸"形，虎口朝内；右手食、中指相叠，手背向内，置于左手"匸"形中，仿"区"字形。

（二）左手拇、食指成半圆形，虎口朝上；右手伸食指，指尖朝下，沿左手虎口划一圈。

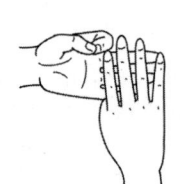

曲❶ Qū❶

左手中、无名、小指横伸分开，手背向外；右手食、中、无名、小指直立分开，手背向内，双手搭成"曲"字形，表示姓氏"曲"。

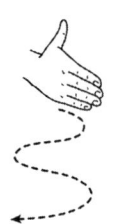
曲❷（曲折、婉转❶） qū ❷ (qūzhé、wǎnzhuǎn ❶)
一手侧立，向前做曲线形移动。
（可根据实际表示曲折的状态）

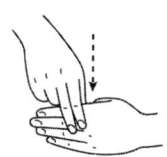
曲别针（回形针） qūbiézhēn (huíxíngzhēn)
左手横立，掌心向内，拇指弯回；右手伸拇、食、中指，指尖朝下，插向左手。

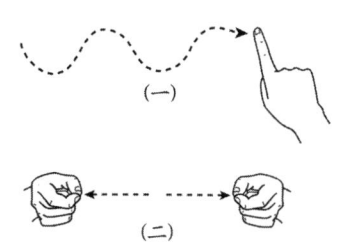
曲线 qūxiàn
（一）一手伸食指，指尖朝前，从左向右划曲线。
（二）双手拇、食指相捏，虎口朝上，从中间向两侧拉开。

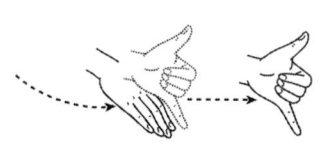
驱逐（赶走） qūzhú (gǎnzǒu)
左手伸拇、小指；右手五指并拢，手背用力碰一下左手下侧，左手随之移动。

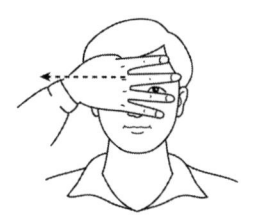
瞿 Qú
右手食、中、无名、小指横伸分开，手背向外，在眼前从左向右移动一下，表示"瞿"字的上半部。

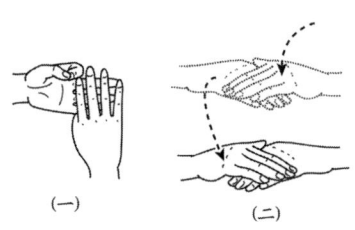
曲艺 qǔyì
（一）左手中、无名、小指横伸分开，手背向外；右手食、中、无名、小指直立分开，手背向内，双手搭成"曲"字形。
（二）双手横伸，掌心向下，互拍手背。

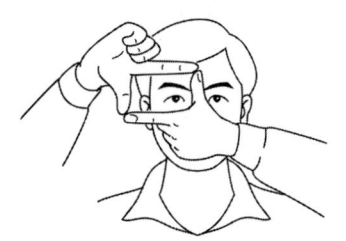

取景 qǔjǐng

双手拇、食指搭成"□"形,如取景框,置于眼前,如取景状。

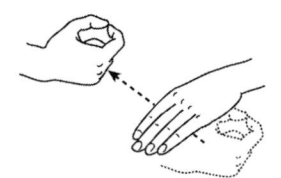

取款 qǔkuǎn

左手横伸;右手拇、食指捏成圆形,虎口朝上,从左手掌心下向后移出。

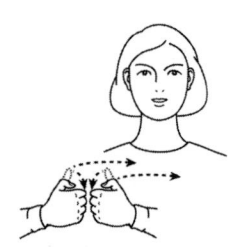

娶 qǔ

双手伸拇指,指面相对,手背向外,边从外向内移动边弯动一下,表示娶进来。
(可根据实际决定手的移动方向)

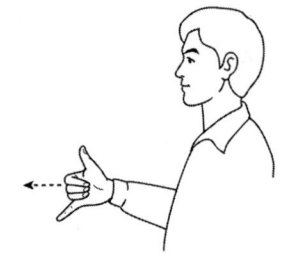

去(出) qù(chū)

一手伸拇、小指,指尖朝外,从内向外移动。

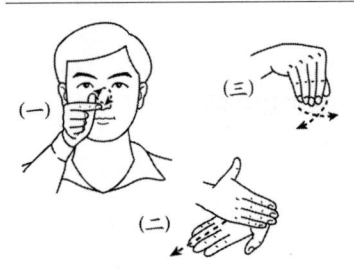

去污粉 qùwūfěn

(一)一手拇、食指搭成"十"字形,置于鼻翼一侧,微转两下。
(二)左手横伸;右手侧立,置于左手掌心上,然后用力向左手指尖方向划动。
(三)一手五指撮合,指尖朝下,互捻几下。

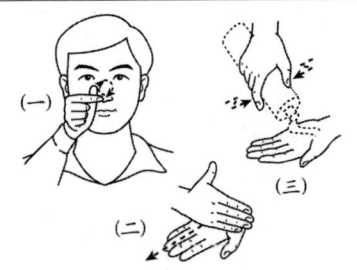

去污剂 qùwūjì

(一)一手拇、食指搭成"十"字形,置于鼻翼一侧,微转两下。
(二)左手横伸;右手侧立,置于左手掌心上,然后用力向左手指尖方向划动。
(三)左手横伸,掌心向上;右手五指弯曲,虎口朝左下方,做从瓶子中挤液体的动作。
(可根据实际表示手持去污剂容器的动作)

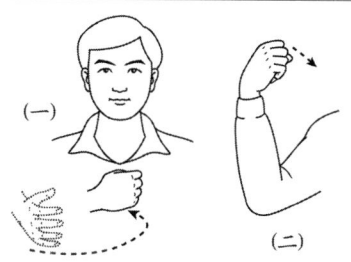

权力（权势） quánlì (quánshì)

（一）右手侧立，五指微曲张开，边向左做弧形移动边握拳。

（二）一手握拳屈肘，用力向内弯动一下。

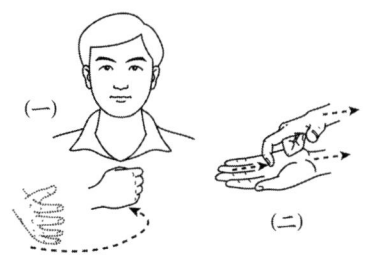

权利（权益） quánlì (quányì)

（一）右手侧立，五指微曲张开，边向左做弧形移动边握拳。

（二）左手平伸；右手伸拇、食指，食指边向后划一下左手掌心边缩回，双手同时向内移动。

权威 quánwēi

左手横伸，掌心向上；右手握拳，手背向外，虎口朝上，置于左手上方。

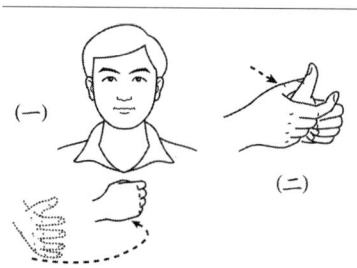

权限 quánxiàn

（一）右手侧立，五指微曲张开，边向左做弧形移动边握拳。

（二）左手伸拇指；右手拇、食指张开，指尖朝前，从后向下套向左手拇指，表示限定了范围。

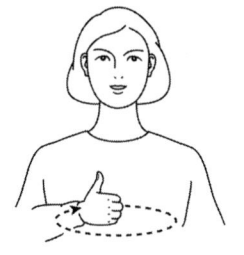

全 Quán

一手伸拇指，顺时针平行转动一圈，表示姓氏"全"。

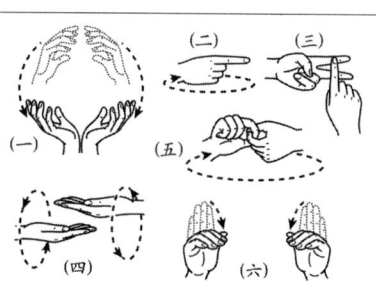

全国工商业联合会（全国工商联）

Quánguó Gōngshāngyè Liánhéhuì (Quánguó Gōngshānglián)

（一）双手五指微曲，指尖左右相对，然后向下做弧形移动，手腕靠拢。

（二）一手打手指字母"G"的指式，顺时针平行转动一圈。

（三）左手食、中指与右手食指搭成"工"字形。

（四）双手横伸，掌心向上，前后交替转动两下。

（五）双手拇、食指套环，顺时针平行转动一圈。

（六）双手直立，掌心分别向左右斜前方，食、中、无名、小指弯动一下。

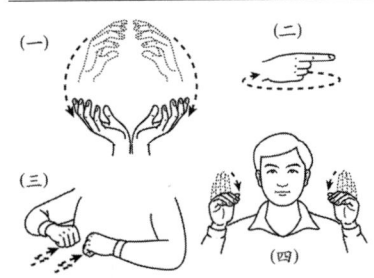

全国运动会（全运会） Quánguó Yùndònghuì (Quányùnhuì)

（一）双手五指微曲，指尖左右相对，然后向下做弧形移动，手腕靠拢。
（二）一手打手指字母"G"的指式，顺时针平行转动一圈。
（三）双手握拳屈肘，手背向上，虎口朝内，用力向后移动两下。
（四）双手直立，掌心分别向左右斜前方，食、中、无名、小指弯动一下。

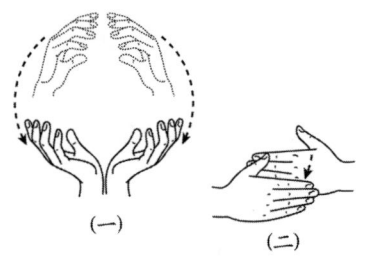

全面 quánmiàn

（一）双手五指微曲，指尖左右相对，然后向下做弧形移动，手腕靠拢。
（二）左手横立，手背向外；右手摸一下左手背。

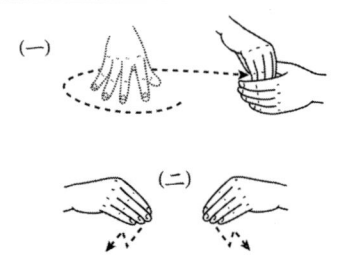

全纳教育 quánnà jiàoyù

（一）左手五指成半圆形，虎口朝上；右手五指张开，指尖朝下，边在左手右侧转动半圈边撮合，并移向左手虎口内。
（二）双手五指撮合，指尖相对，手背向外，在胸前向前晃动两下。

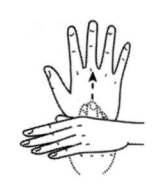

泉 quán

左手横伸，掌心向下；右手五指撮合，指尖朝上，手背向外，边从左手内侧伸出边张开。
（可根据实际表示涌泉的样子）

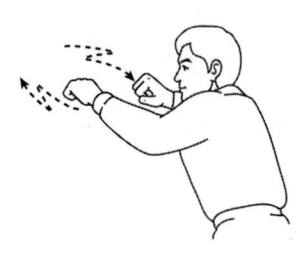

拳击（搏击） quánjī (bójī)

双手握拳抬起，一前一后，交替向前挥动，模仿拳击的动作。

蜷曲 quánqū

左手横伸，置于身前；右手伸拇、小指，手背贴于左手掌心上，然后拇、小指蜷曲。
（可根据实际表示蜷曲的动作）

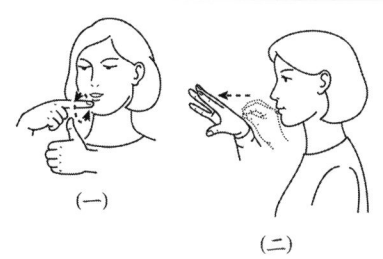

劝告 quàngào

（一）左手伸拇指；右手食指横伸，在嘴前前后转动两下。

（二）一手五指撮合，指尖朝前，置于嘴部，边向前移动边张开。

缺（欠缺） quē (qiànquē)

左手侧立；右手五指撮合，指尖朝下，在左手旁边向下移动边张开。

缺点（弊端） quēdiǎn (bìduān)

左手平伸；右手伸食指，指尖朝下，点一下左手掌心后缩回，伸出小指。

裙子 qún·zi

双手拇、食指张开，虎口朝上，置于腰间，然后向斜下方移动，仿裙子的式样。

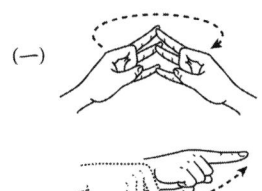

群发 qúnfā

（一）双手中、无名、小指指尖斜向相抵，虎口朝上，顺时针转动一圈。

（二）左手平伸；右手伸食指，指尖朝下，从左手掌心上向外划出。

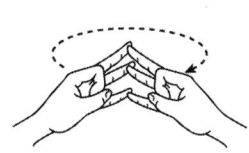

群众 qúnzhòng

双手中、无名、小指指尖斜向相抵，虎口朝上，顺时针转动一圈。

R

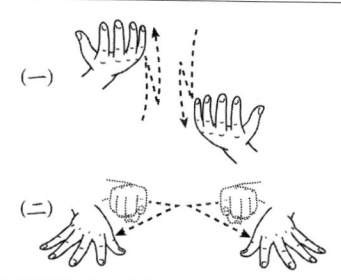

燃料　ránliào
（一）双手五指微曲，指尖朝上，上下交替动几下。
（二）双手食指指尖朝前，手背向上，先互碰一下，再分开并张开五指。

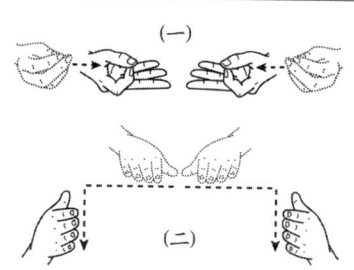

燃气灶　ránqìzào
（一）双手五指撮合，指尖左右相对，手背向下，边向中间移动边伸出中、无名、小指，表示燃气灶打着火苗。
（二）双手平伸，掌心向下，先从中间向两侧平移，再折而下移成"冂"形，如灶状。

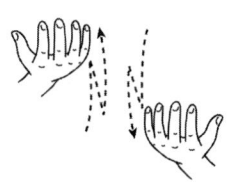

燃烧（火）　ránshāo (huǒ)
双手五指微曲，指尖朝上，上下交替动几下，如火苗跳动状。
（可根据实际决定手的动作幅度）

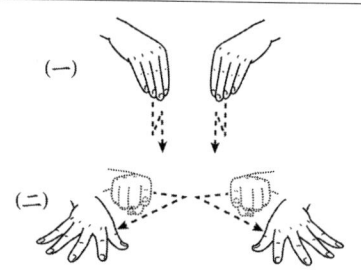

染料　rǎnliào
（一）双手五指撮合，指尖朝下，同时向下动两下。
（二）双手食指指尖朝前，手背向上，先互碰一下，再分开并张开五指。

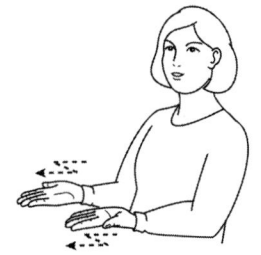

让步（妥协）　ràngbù (tuǒxié)
双手平伸，掌心向上，同时向前移动两下，身体稍向后仰。

热② (汗、夏①)　rè ② (hàn、xià ①)

一手五指张开，手背向外，在额头上一抹，如流汗状；也用于表示夏天。

("夏"的手语存在地域差异，可根据实际选择使用)

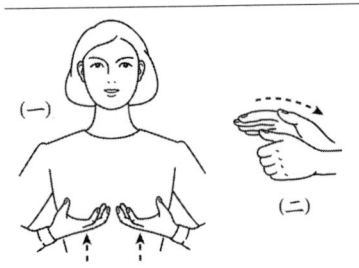

热爱　rè'ài

(一) 双手横伸，掌心向上，五指微曲，从腹部慢慢上移。

(二) 左手伸拇指；右手轻轻抚摸左手拇指背，面露怜爱的表情。

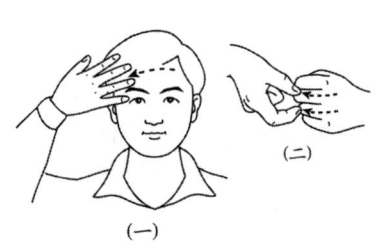

热带　rèdài

(一) 一手五指张开，手背向外，在额头上一抹，如流汗状。

(二) 左手握拳，手背向外；右手拇、食指微张，指尖朝内，沿左手中、无名指关节间转动半圈。

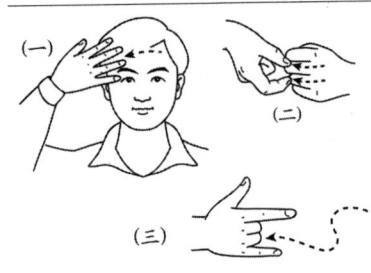

热带鱼　rèdàiyú

(一) 一手五指张开，手背向外，在额头上一抹，如流汗状。

(二) 左手握拳，手背向外；右手拇、食指微张，指尖朝内，沿左手中、无名指关节间转动半圈。

(三) 右手伸拇、食、小指，手背向外 (或向右)，随意晃动几下，如热带鱼游动状。

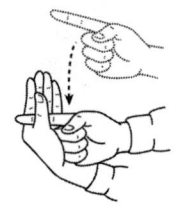

热狗　règǒu

左手五指成"∪"形，虎口朝外；右手伸食指，向下移入左手。

热烈 (热情、热闹❶)　rèliè (rèqíng、rè·nao❶)

双手五指弯曲，指尖朝上，在胸前上下交替动几下，动作要大而快，表示情绪热烈和场面热闹。

热闹❷（川流不息②、摩肩接踵）
rè·nao ❷ (chuānliú-bùxī ②、mójiān-jiēzhǒng)
双手直立，掌心左右相对，五指张开，前后交替移动几下，表示人来人往很热闹。

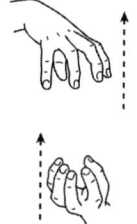

热气球 rèqìqiú
左手五指弯曲，指尖朝上，在下；右手五指弯曲，指尖朝下，置于左手上方，然后双手同时缓缓上升，如热气球升空状。

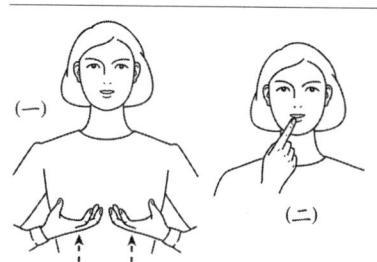

热水 rèshuǐ
（一）双手横伸，掌心向上，五指微曲，从腹部慢慢上移。
（二）一手伸食指，指尖贴于下嘴唇。

热心 rèxīn
（一）双手五指弯曲，指尖朝上，在胸前上下交替动几下，动作要大而快。
（二）双手拇、食指张开仿"♡"形，手背向外，置于胸部。

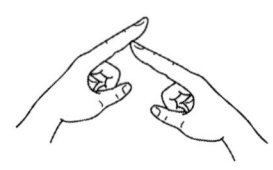

人 rén
双手食指搭成"人"字形。

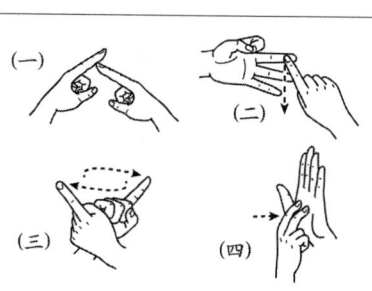

人称代词 rénchēngdàicí
（一）双手食指搭成"人"字形。
（二）左手中、无名、小指横伸分开，掌心向内；右手伸食指，自左手中指尖向下划动。
（三）双手伸食指，手腕交叉相贴，然后前后转动，互换位置。
（四）左手直立，掌心向外；右手食、中指弯曲，指尖朝内，点一下左手掌心。

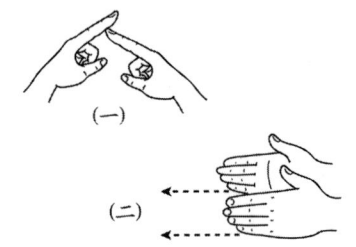

人道 réndào
（一）双手食指搭成"人"字形。
（二）双手侧立，掌心相对，向前移动。

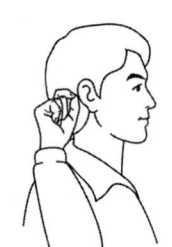

人工耳蜗 réngōng ěrwō
一手拇、食指捏成圆形，虎口贴于耳后颅骨上。

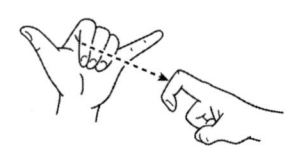

人工流产（刮宫） réngōng liúchǎn（guāgōng）
左手伸拇、小指，手背向外；右手食指弯曲，在左手上刮一下。

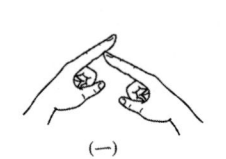 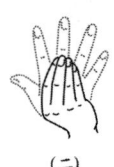

人类 rénlèi
（一）双手食指搭成"人"字形。
（二）一手五指张开，指尖朝上，然后撮合。

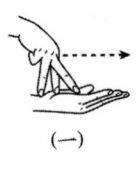 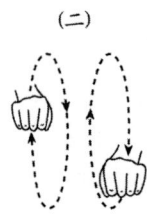

人力三轮车 rénlìsānlúnchē
（一）左手平伸；右手食、中、无名指叉开，指尖朝下，在左手掌心上向前移动。
（二）双手握拳，手背向上，在胸前前后交替转动两下。

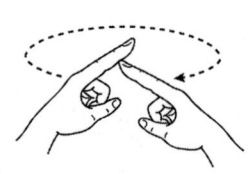

人民（人们） rénmín（rén·men）
双手食指搭成"人"字形，顺时针平行转动一圈，表示人多的意思。

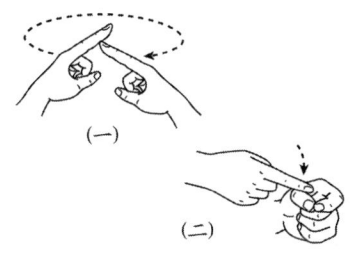

人民币 rénmínbì
（一）双手食指搭成"人"字形，顺时针平行转动一圈，表示人多的意思。
（二）左手拇、食指捏成圆形，虎口朝上；右手伸食指，敲一下左手拇指。

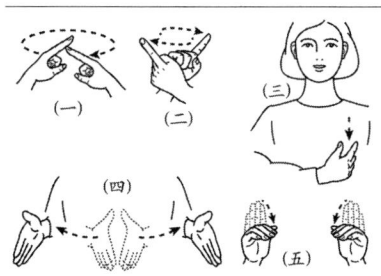

人民代表大会 rénmín dàibiǎo dàhuì
（一）双手食指搭成"人"字形，顺时针平行转动一圈，表示人多的意思。
（二）双手伸食指，手腕交叉相贴，然后前后转动，互换位置。
（三）右手拇、食指张开，指尖朝内，在左胸部向下划一下。
（四）双手侧立，掌心相对，然后向两侧移动，幅度要大些。
（五）双手直立，掌心分别向左右斜前方，食、中、无名、小指弯动一下。

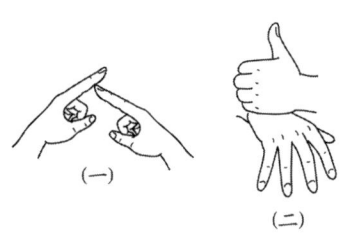

人参 rénshēn
（一）双手食指搭成"人"字形。
（二）左手伸拇指，手背向外；右手五指张开，指尖朝下，手腕贴于左手小指外侧，仿人参的外形。

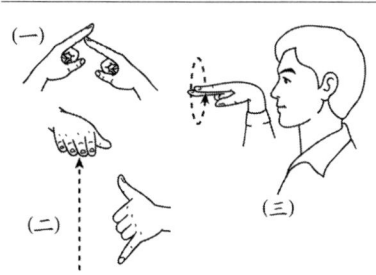

人生观 rénshēngguān
（一）双手食指搭成"人"字形。
（二）左手伸拇、小指，手背向外；右手平伸，掌心向下，在左手旁从下向上移动一下。
（三）一手食、中指分开，指尖朝前，手背向上，在面前转动一圈。

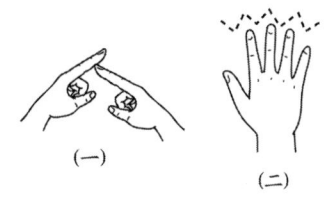

人数（名额） rénshù (míng'é)
（一）双手食指搭成"人"字形。
（二）一手直立，掌心向内，五指张开，交替点动几下。

人造卫星 rénzào wèixīng
左手握拳，手背向外；右手拇、食指捏成圆形，其他三指分开，绕左手转动一圈，表示人造卫星绕宇宙自然存在的星体转动。

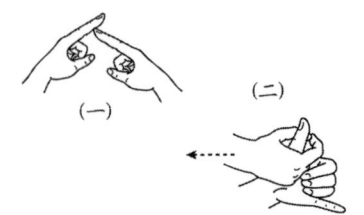

人质 rénzhì

（一）双手食指搭成"人"字形。
（二）左手伸拇、小指；右手拇、食指捏成圆形，套在左手拇指上，再向后一拉。

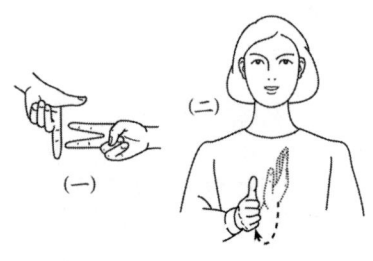

仁慈 réncí

（一）左手拇、食指成"亻"形；右手食、中指横伸，手背向外，置于左手旁，仿"仁"字形。
（二）右手直立，掌心向右，小指外侧贴于胸部正中，先向下再向外上方移动，并伸出拇指。

任 Rén

右手拍一下左肩，表示姓氏"任"。

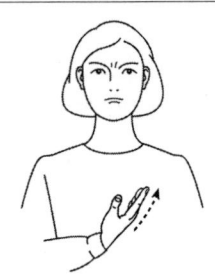

忍（忍耐、克服②、憋气） rěn (rěnnài、kèfú②、biēqì)

右手斜伸，掌心向右上方，置于胸部，然后向左上方划动，嘴唇紧闭，表示抑制内在的情绪或克服困难。

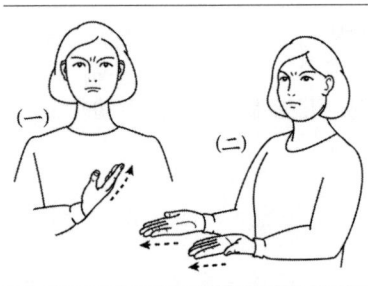

忍让 rěnràng

（一）右手斜伸，掌心向右上方，置于胸部，然后向左上方划动，嘴唇紧闭。
（二）双手平伸，掌心向上，同时向前移动一下，身体稍向后仰，嘴唇紧闭。

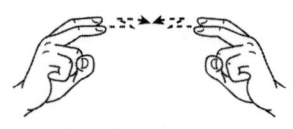

认识 rèn·shi

双手食、中指微曲，指尖左右相对，从两侧向中间移动两下。

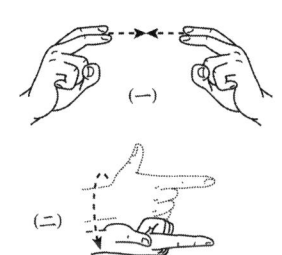

认为 rènwéi
（一）双手食、中指微曲，指尖左右相对，从两侧向中间移动。
（二）一手伸拇、食指，食指尖朝前，然后转腕，手背向下。

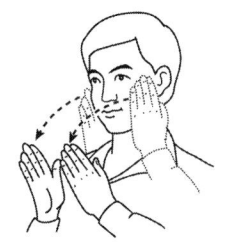

认真（聚精会神） rènzhēn (jùjīng-huìshén)
双手直立，掌心左右相对，从脸颊两侧向前下方一切，眼睛同时向下看。

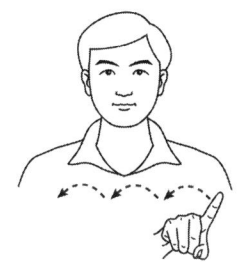

任何 rènhé
一手伸食指，指尖朝前，边点动边向一侧移动。

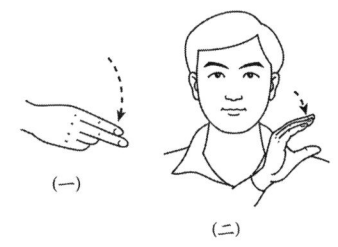

任命 rènmìng
（一）一手食、中指并拢，向下一挥。
（二）右手五指成"⊐"形，按向左肩。

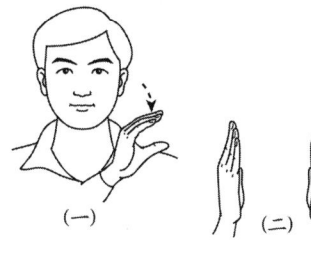

任期 rènqī
（一）右手五指成"⊐"形，按向左肩。
（二）双手直立，掌心左右相对。

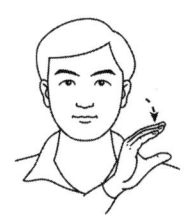

任务（责任、使命、委任）
rèn·wu (zérèn、shǐmìng、wěirèn)
右手五指成"⊐"形，按向左肩。

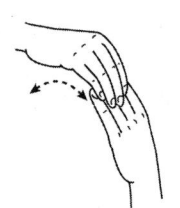

韧　rèn
　　左手食、中、无名、小指并拢，指尖朝上；右手五指捏住左手食、中、无名、小指，连续扳动几下，左手四指随之弯曲。
　　（可根据实际表示韧的状态）

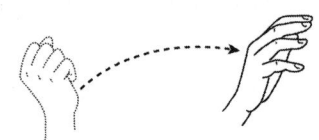

扔　rēng
　　一手虚握，自肩部上方向前一扔，五指张开。
　　（可根据实际表示扔的动作）

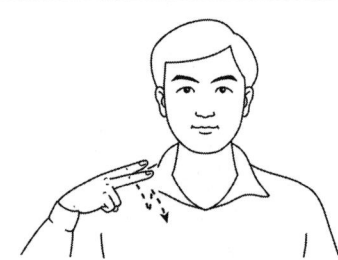

仍然（依旧、照样❷）　réngrán（yījiù、zhàoyàng❷）
　　一手食、中指横伸分开，手背向上，在肩上向前移动两下，表示现在与过去一样。

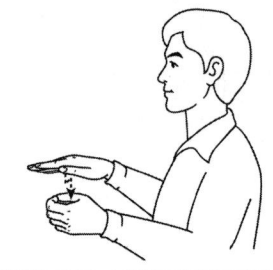

日本①　Rìběn①
　　左手虚握，虎口朝上；右手平伸，掌心向下，朝左手虎口处拍两下，表示日本国旗。
　　（此为中国聋人手语）

日本②　Rìběn②
　　双手拇、食指张开，边向两侧做弧形移动边相捏，表示日本版图。
　　（此为国外聋人手语）

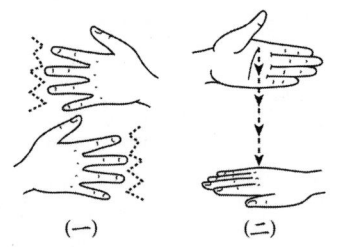

日程　rìchéng
　　（一）双手横立，手背向外，一上一下，五指张开，交替点动几下。上面的手代表月份，下面的手代表日期。
　　（二）左手横立，掌心向内；右手横伸，掌心向下，自左手掌心向下一顿一顿移动。

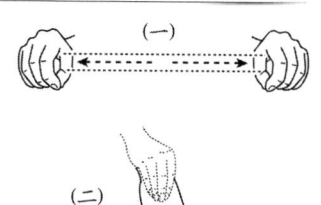

日光灯 rìguāngdēng
（一）双手虚握，虎口相对，从中间向两侧移动。
（二）一手五指撮合，指尖朝下，然后张开。

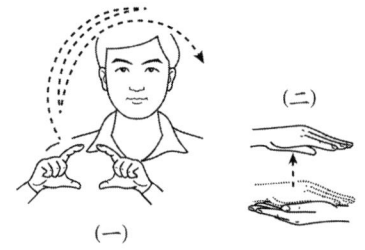

日积月累 rìjī-yuèlěi
（一）双手拇、食指成大圆形，虎口朝内，从右下方向头上方做弧形移动，重复一次。
（二）双手横伸，掌心相贴，左手在下不动，右手向上移动。

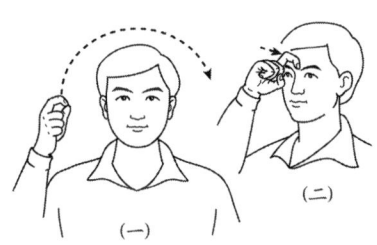

日记 rìjì
（一）右手拇、食指捏成圆形，虎口朝内，从右向左做弧形移动，越过头顶。
（二）一手打手指字母"J"的指式，碰一下前额。

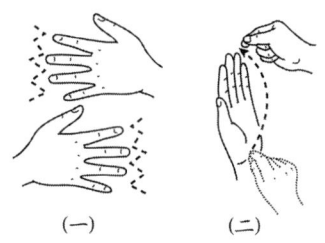

日历 rìlì
（一）双手横立，手背向外，一上一下，五指张开，交替点动几下。上面的手代表月份，下面的手代表日期。
（二）左手直立，掌心向内；右手拇、食指相捏，在左手掌心上做向上翻页的动作。

日内瓦 Rìnèiwǎ
一手拇、食指弯曲，指尖朝内，从脸颊两侧向颏部移动并相捏。
（此为国外聋人手语）

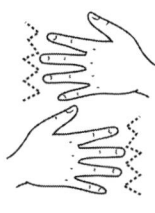

日期 rìqī
双手横立，手背向外，一上一下，五指张开，交替点动几下。上面的手代表月份，下面的手代表日期。

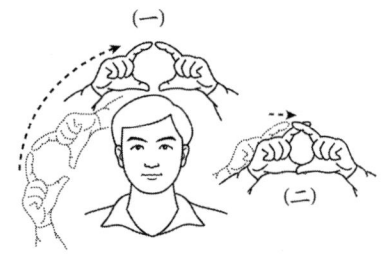

日食 rìshí

（一）双手拇、食指搭成圆形，虎口朝内，从头右侧向头顶做弧形移动，表示太阳升起。
（二）双手拇、食指弯曲，虎口朝内，然后左手不动，右手向左手移动并遮挡左手。
（可根据日偏食、日全食的不同决定遮挡的程度）

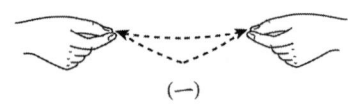

日元 rìyuán

（一）双手拇、食指张开，边向两侧做弧形移动边相捏，表示日本版图。
（二）左手拇、食指捏成圆形，虎口朝上；右手伸食指，敲一下左手拇指。

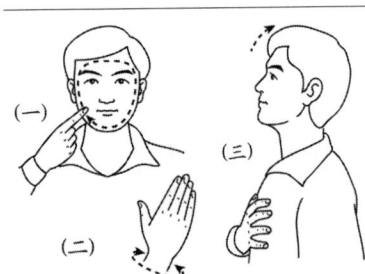

容光焕发 róngguāng-huànfā

（一）一手伸食指，绕脸部转动一圈。
（二）右手直立，掌心向左，食、中、无名、小指并拢，置于脸旁，手腕微转几下。
（三）一手五指微曲张开，掌心贴于胸部，挺胸抬头。

 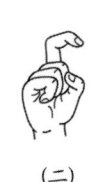

容积 róngjī

（一）左手五指成半圆形，虎口朝上；右手伸食指，指尖朝下，在左手虎口内转动一下。
（二）一手打手指字母"J"的指式。

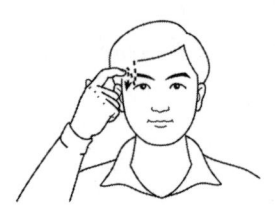

容易 róngyì

一手伸拇、食指，食指尖在太阳穴向下弯动两下，面露轻松的表情。

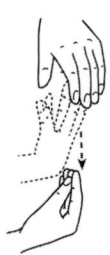

溶洞（钟乳石） róngdòng (zhōngrǔshí)

左手五指成半圆形，掌心向下；右手五指微曲，指尖朝上，在左手掌心下边向下移动边撮合。

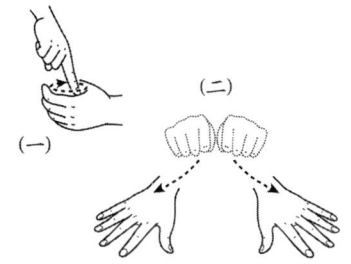

溶解（分解） róngjiě (fēnjiě)

（一）左手五指成半圆形，虎口朝上；右手伸食指，指尖朝下，在左手虎口内转动一下。

（二）双手虚握，虎口左右相抵，边向两侧斜下方移动边张开五指。

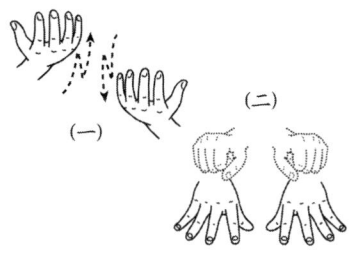

熔化 rónghuà

（一）双手五指微曲，指尖朝上，上下交替动几下，如火苗跳动状。

（二）双手虚握，手背向上，然后慢慢张开五指。

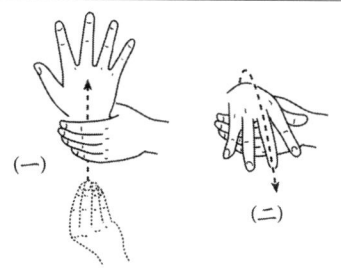

熔岩 róngyán

（一）左手五指成半圆形，虎口朝上；右手五指撮合，指尖朝上，手背朝外，边从左手虎口内伸出边张开。

（二）左手五指成半圆形，虎口朝上；右手直立，掌心向外，五指张开，边从左手虎口内移出边沿左手背向下移动，表示流动的岩浆。

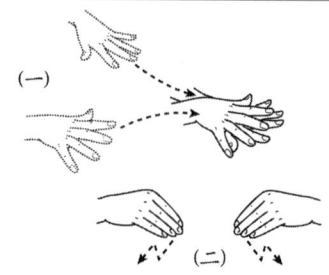

融合教育 rónghé jiàoyù

（一）双手平伸，掌心向下，五指张开，从后方两侧向前方中间移动至双手上下相叠。

（二）双手五指撮合，指尖相对，手背向外，在胸前向前晃动两下。

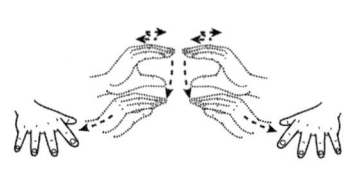

融化 rónghuà

双手五指成"⊏⊐"形，虎口朝内，左右微动几下，表示冰，然后缓慢捏合，再向两侧张开。

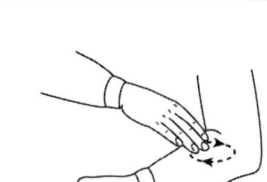

揉 róu

一手五指按于另一手小臂上，来回揉动。

（可根据实际表示揉的动作）

肉　ròu
右手拇、食指捏一下左手的小鱼际部位。

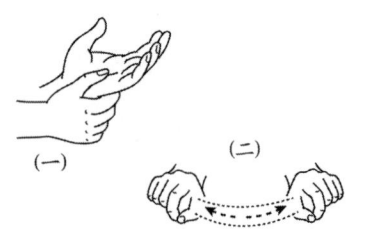

肉肠　ròucháng
（一）右手拇、食指捏一下左手的小鱼际部位。
（二）双手拇、食指捏成圆形，虎口相贴，然后向两侧做弧形移动，仿肉肠外形。

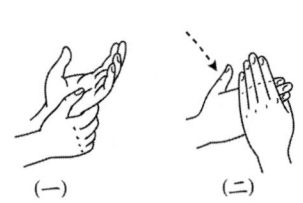

肉夹馍　ròujiāmó
（一）右手拇、食指捏一下左手的小鱼际部位。
（二）左手五指成"∪"形，虎口朝左；右手横立，掌心向内，插入左手虎口。

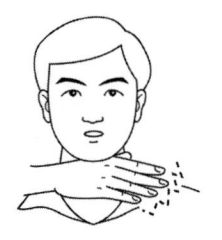

如果（只要①）　rúguǒ（zhǐyào①）
一手横伸，手背贴于颏部下方，五指张开，交替点动几下。

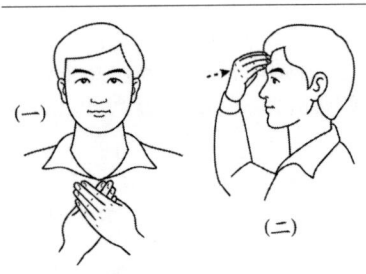

儒学　rúxué
（一）双手斜伸，掌心向内，左手五指握住右手食、中、无名、小指。
（二）一手五指撮合，指尖朝内，按向前额。

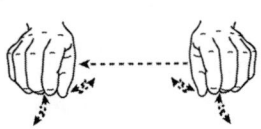

蠕动　rúdòng
双手虚握，手背向上，置于腹部，左手在原处捏动，右手边捏动边向右移动，表示肠蠕动。
（可根据实际表示蠕动）

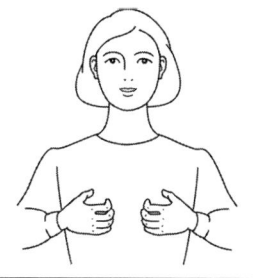

乳房　rǔfáng

双手五指微曲,指尖朝内,置于胸部两侧。

入迷　rùmí

(一)口张开,一手食指弯曲如钩,指尖朝上,置于嘴前,然后向前上方移动。

(二)左手五指成半圆形,虎口朝上;右手伸拇、小指,拇指尖朝下,移入左手虎口内。

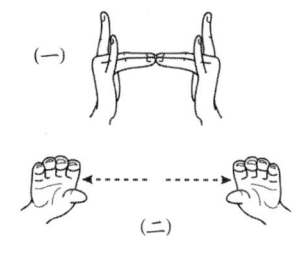

褥子(床垫)　rù·zi (chuángdiàn)

(一)双手食、小指直立,中、无名指与手掌成直角,指尖相抵,拇指贴于食指,仿床的形状。

(二)双手五指成"⊏"形,指尖朝前,从中间向两侧移动。

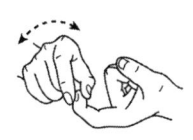

软②(柔和、婉转❷)　ruǎn ② (róuhé、wǎnzhuǎn ❷)

右手拇、食指捏住左手食指尖,随意晃动几下,左手食指随之弯曲。

(可根据实际表示软的状态)

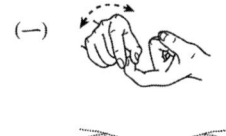

软件　ruǎnjiàn

(一)右手拇、食指捏住左手食指尖,随意晃动几下,左手食指随之弯曲。

(二)双手食指指尖朝前,手背向上,先互碰一下,再分开并张开五指。

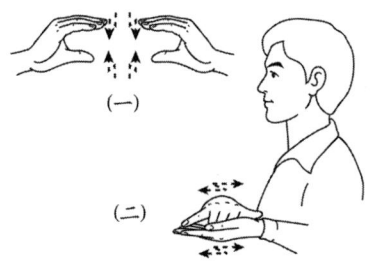

软卧　ruǎnwò

(一)双手五指成"⊏⊐"形,指尖相对,虎口朝内,捏动几下。

(二)左手平伸;右手伸拇、小指,手背向上,置于左手掌心上,双手同时前后移动几下。

瑞典 Ruìdiǎn

左手横伸;右手五指张开,掌心向下,置于左手背上,边向上移动边撮合,重复一次。
(此为国外聋人手语)

瑞士 Ruìshì

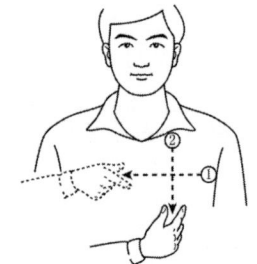

右手拇、食指张开,指尖朝内,在左胸部先横划一下,再竖划一下,表示瑞士国旗上的"十"字形。
(此为国外聋人手语)

闰年(大年) rùnnián (dànián)

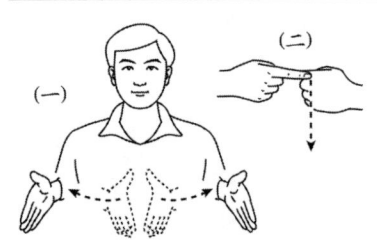

(一)双手侧立,掌心相对,同时向两侧移动,幅度要大些。
(二)左手握拳,手背向外,虎口朝上;右手食指横伸,手背向外,自左手食指根部关节向下划。

润滑油 rùnhuáyóu

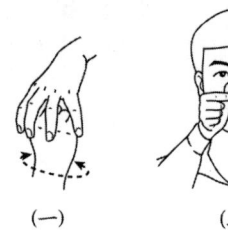 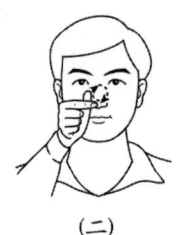

(一)左手五指弯曲,指尖朝下;右手握拳,在左手掌心内来回转动。
(二)一手拇、食指搭成"十"字形,置于鼻翼一侧,微转两下。

弱 ruò

左手横伸;右手伸拇、小指,小指尖抵于左手掌心,左右晃动。
(可根据实际表示弱的状态)

弱视 ruòshì

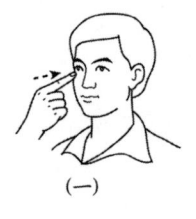 

(一)一手伸食指,指一下眼睛。
(二)左手横伸;右手伸拇、小指,小指尖抵于左手掌心,左右晃动。

S

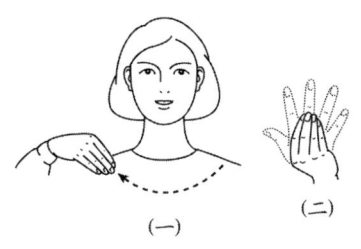

撒拉族 Sālāzú
（一）一手五指撮合，指尖朝内，沿领口从一侧向另一侧做弧形移动，如圆领衫领口状。
（二）一手五指张开，指尖朝上，然后撮合。

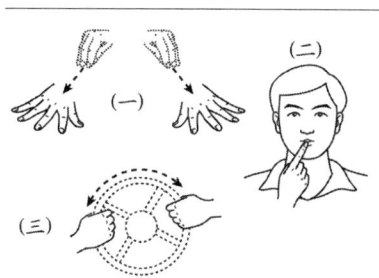

洒水车 sǎshuǐchē
（一）双手五指撮合，指尖朝前，手背向上，然后猛然向两侧斜前方张开，表示喷水。
（二）一手伸食指，指尖贴于下嘴唇。
（三）双手虚握，左右转动，如操纵方向盘状。

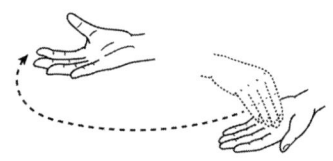

撒 sǎ
左手平伸；右手五指撮合，指尖朝下，置于左手掌心上，然后边向前做弧形移动边张开，掌心向上，如撒物状。
（可根据实际表示撒的动作）

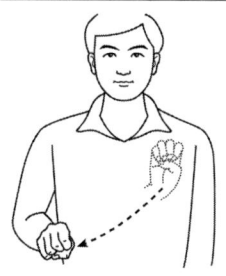

萨尔瓦多 Sà'ěrwǎduō
右手拇指贴于掌心，其他四指弯曲，掌心向外，置于左肩前，然后边向右下方移动边握拳，表示萨尔瓦多英文国名首字母"E"和"S"。
（此为国外聋人手语）

萨摩亚 Sàmóyà
一手握拳，手背向内，表示萨摩亚英文国名首字母，逆时针平行转动一圈。
（此为国外聋人手语）

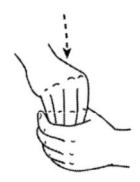

塞（堵、梗塞、塞子） sāi (dǔ、gěngsè、sāi·zi)

左手五指成圆形，虎口朝上；右手五指撮合，指尖朝下，插入左手虎口内。

（可根据实际表示塞的动作）

塞尔维亚 Sài'ěrwéiyà

一手五指撮合，指尖朝上，逆时针平行转动一圈。

（此为国外聋人手语）

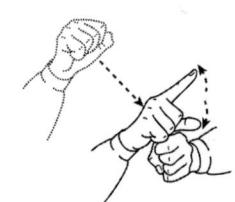

塞拉利昂 Sàilālì'áng

双手握拳，左手在下，右手边向下砸向左手虎口边伸出拇、食指。

（此为国外聋人手语）

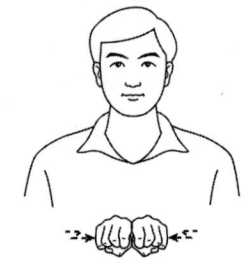

塞内加尔 Sàinèijiā'ěr

双手握拳，虎口左右相对，互碰两下。

（此为国外聋人手语）

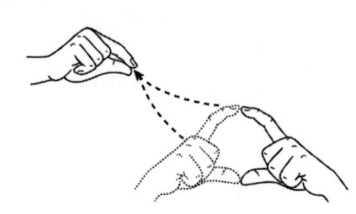

塞浦路斯 Sàipǔlùsī

双手拇、食指弯曲，指尖左右相抵，虎口朝内，然后左手不动，右手边向右上方移动边相捏，表示塞浦路斯版图。

（此为国外聋人手语）

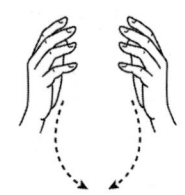

塞舌尔 Sàishé'ěr

双手直立，掌心左右相对，五指微曲张开，向下做弧形移动。

（此为国外聋人手语）

赛跑　sàipǎo

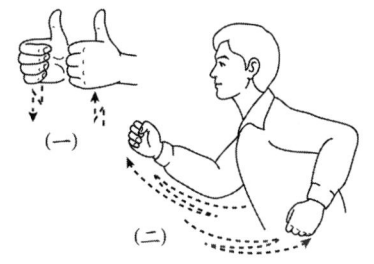

（一）双手伸拇指，上下交替动两下。
（二）双手握拳屈肘，前后交替摆动两下，如跑步状。

三八妇女节（三八节）　Sān-Bā Fùnǚ Jié (Sān-Bā Jié)

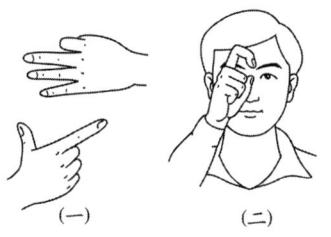

（一）左手中、无名、小指横伸分开，手背向外，在上；右手伸拇、食指，手背向外，在下，表示公历三月八日。
（二）一手打手指字母"J"的指式，置于前额。

三胞胎　sānbāotāi

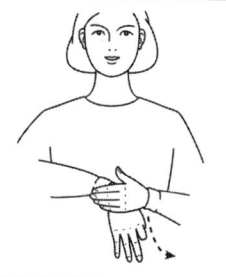

左手横立，五指微曲，置于腹前；右手伸中、无名、小指，指尖朝下，手背向外，自左手掌心内向下移出（表示四胞胎时，右手打数字"4"的手势，指尖朝下，手背向外，自左手掌心内向下移出，以此类推）。

三伏　sānfú

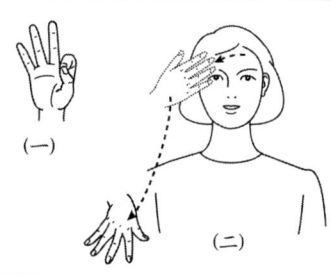

（一）一手中、无名、小指直立分开，掌心向外（表示一伏、二伏时，打相应的数字手势）。
（二）一手五指张开，手背向外，在额头上一抹，然后用力向下一甩，表示特别热的意思。

三国　Sān Guó

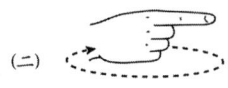

（一）一手中、无名、小指横伸分开，手背向外（或一手中、无名、小指直立分开，掌心向外）。
（二）一手打手指字母"G"的指式，顺时针平行转动一圈。

三合板　sānhébǎn

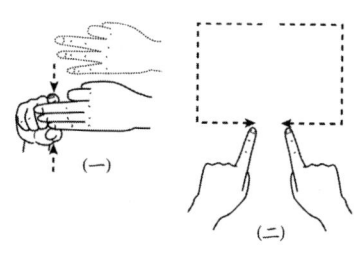

（一）左手中、无名、小指横伸分开，手背向外；右手拇、食指张开，指尖朝前，卡在左手中、小指外侧，然后将左手中、无名、小指捏拢。
（二）双手伸食指，指尖朝前，在面前划一个"□"形。

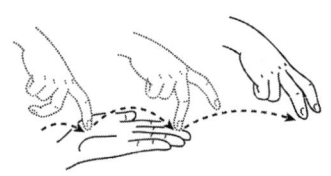

三级跳远　sān jí tiàoyuǎn

左手平伸；右手食、中指前后叉开，食指在左手掌心后部点一下后向前跃起，中指再在左手指尖处点一下，然后两指伸直向前跳，模仿三级跳远的动作。

三角形　sānjiǎoxíng

（一）双手拇、食指搭成"△"形，虎口朝内。
（二）双手拇、食指成"⌊⌋"形，置于脸颊两侧，上下交替动两下。

三脚架（鼎立、三足鼎立）
sānjiǎojià（dǐnglì、sānzú-dǐnglì）

左手横伸；右手食、中、无名指叉开，指尖朝下，中指在前，置于左手掌心上。

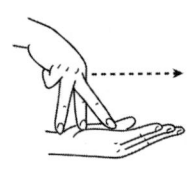

三轮车　sānlúnchē

左手平伸；右手食、中、无名指叉开，指尖朝下，在左手掌心上向前移动。

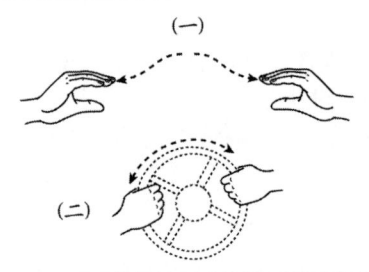

三厢车　sānxiāngchē

（一）双手五指成"⊓"形，指尖相对，虎口朝内，边从中间向两侧移动边收窄，仿三厢轿车外形。
（二）双手虚握，左右转动，如操纵方向盘状。

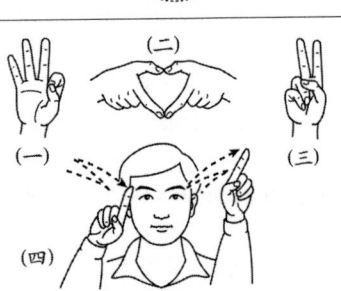

三心二意　sānxīn-èryì

（一）一手中、无名、小指直立分开，掌心向外。
（二）双手拇、食指张开仿"♡"形，手背向外，置于胸部。
（三）一手食、中指直立分开，掌心向外。
（四）双手食指直立，掌心向外，从太阳穴两侧交替向外移动。

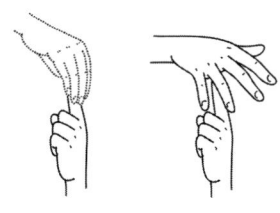

伞 sǎn

左手食指直立；右手五指撮合，指尖朝下，掌心抵于左手食指尖，然后张开。

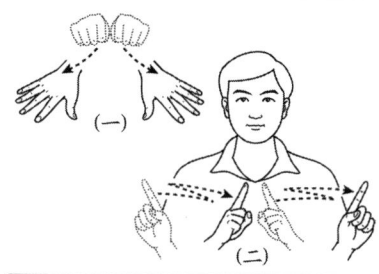

散漫 sǎnmàn

（一）双手虚握，虎口左右相抵，边向两侧斜下方移动边张开五指。

（二）双手食指直立，在胸前随意交替摆动几下，表示不受管束、自由自在的意思。

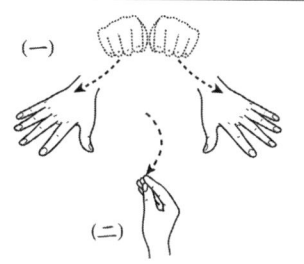

散文 sǎnwén

（一）双手虚握，虎口左右相抵，边向两侧斜下方移动边张开五指。

（二）一手五指撮合，指尖朝前，撇动一下，如执毛笔写字状。

散步 sànbù

一手伸食、中指，指尖朝下，随意移动几下，如散步状。

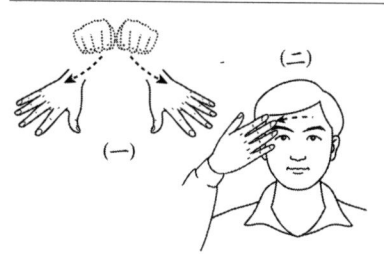

散热 sànrè

（一）双手虚握，虎口左右相抵，边向两侧斜下方移动边张开五指。

（二）一手五指张开，手背向外，在额头上一抹，如流汗状。

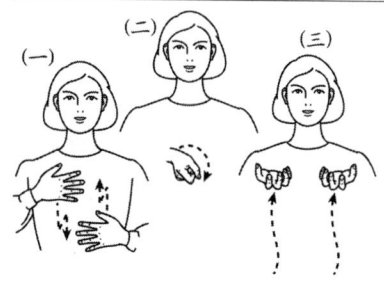

桑拿 sāngná

（一）双手五指张开，掌心贴于胸部，上下交替移动两下。

（二）右手虚握，虎口朝前，然后向左转腕，表示洗桑拿时拿水舀子浇水。

（三）双手五指弯曲，指尖朝上，从腹部同时向上做曲线形移动，表示蒸腾的热气。

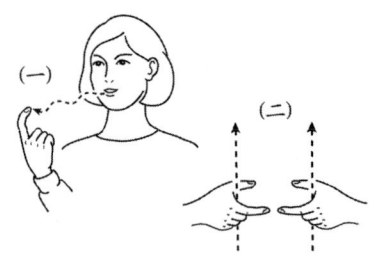

桑树 sāngshù
（一）一手伸食指，指尖朝内，从嘴部向外做波纹状移动。
（二）双手拇、食指成大圆形，虎口朝上，同时向上移动。

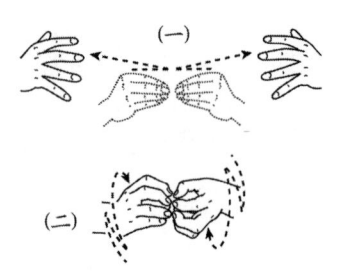

骚乱（闹事） sāoluàn (nàoshì)
（一）双手五指撮合，指尖相对，先从两侧向中间移动并互碰，然后向两侧移动并张开。
（二）双手虚握，指尖左右相抵，前后反向拧动几下。

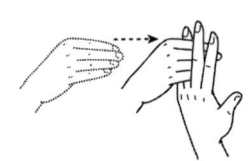

骚扰 sāorǎo
左手直立，掌心向内；右手五指撮合，指尖朝内，从外向内插入左手中、无名指指缝间，表示自己受到别人的骚扰。
（可根据实际决定手的朝向和移动方向）

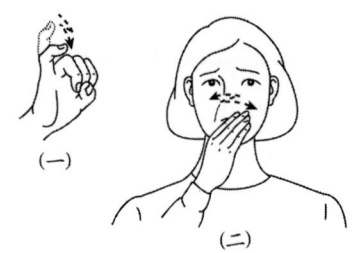

臊 sāo
（一）一手小指直立，弯动两下。
（二）一手在鼻前左右扇动几下，面露厌恶的表情。
（可根据实际表示臊的状态）

扫荡 sǎodàng
左手斜伸；右手五指并拢，用力从左向右擦过左手掌心，动作幅度大些。

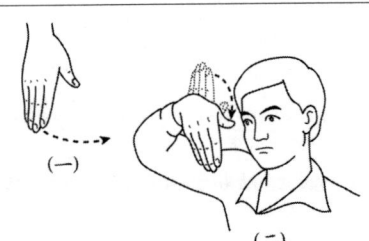

扫盲 sǎománg
（一）一手食、中、无名、小指并拢，指尖朝下，向一侧划动一下，如扫地状。
（二）右手直立，掌心向内，置于眼前，然后翻转为指尖朝下。

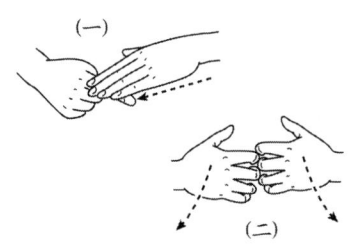

扫描仪 sǎomiáoyí

（一）左手横伸，掌心向下；右手伸食指，指尖朝前，置于左手腕，然后向指尖方向缓慢移动。

（二）双手五指弯曲，食、中、无名、小指关节交错相触，向下转动一下。

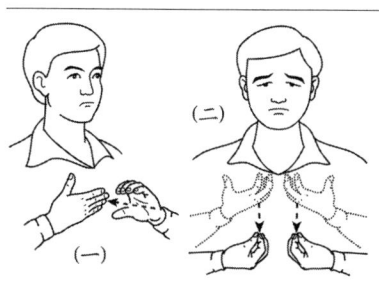

扫兴 sǎoxìng

（一）左手五指成"匚"形，虎口朝内；右手横立，掌心向内，在左手虎口内从前向后扇动一下。

（二）双手五指微曲，指尖朝上，贴于胸部，然后边向下移动边撮合。

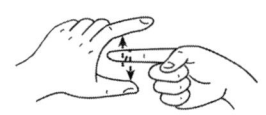

扫一扫 sǎoyīsǎo

左手拇、食指成"匚"形，虎口朝内；右手食指横伸，掌心向内，在左手拇、食指间上下移动几下，表示扫二维码。

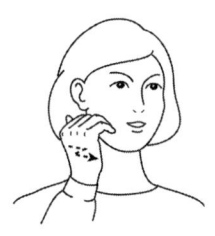

嫂嫂（嫂子） sǎo·sao (sǎo·zi)

一手打手指字母"S"的指式，指尖对着耳垂，向前划动两下。

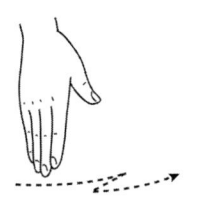

扫帚（扫地） sào·zhou (sǎodì)

一手食、中、无名、小指并拢，指尖朝下，向一侧划动两下，如扫地状。

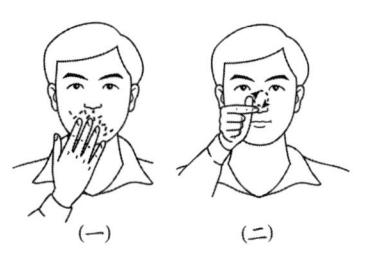

色拉油 sèlāyóu

（一）一手直立，掌心向内，五指张开，在嘴唇部交替点动。

（二）一手拇、食指搭成"十"字形，置于鼻翼一侧，微转两下。

涩 sè

一手打手指字母"S"的指式,指尖朝内,在嘴部向下移动两下,舌微伸,眉微蹙。

(可根据实际表示涩的状态)

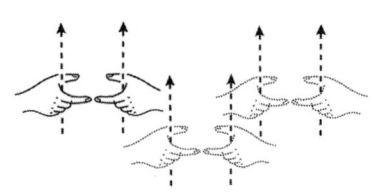

森林 sēnlín

双手拇、食指成大圆形,虎口朝上,在不同位置连续向上移动几下,表示众多的树木,引申为森林。

杀 shā

左手伸拇指;右手五指并拢,掌心向下,向左手拇指背砍一下。

(可根据实际表示杀的情况)

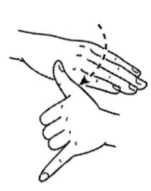

杀人(撕票) shārén (sīpiào)

左手伸拇、小指;右手五指并拢,掌心向下,向左手拇指背砍一下。

(可根据实际表示杀人的情况)

沙发 shāfā

左手直立,掌心向右;右手五指成"冂"形,指尖抵于左手掌心,虎口朝内,捏动几下。

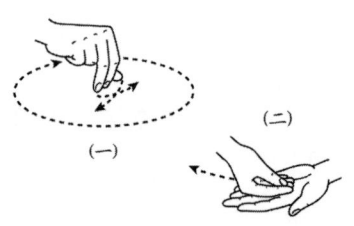

沙画 shāhuà

(一)一手拇、食、中指相捏,指尖朝下,边互捻边转动,模仿撒沙子作画的动作。

(二)左手横伸;右手五指相捏,指背在左手掌心上抹一下。

(可根据实际表示制作沙画的动作)

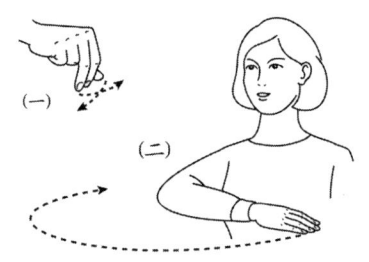

沙漠　shāmò
（一）一手拇、食、中指相捏，指尖朝下，互捻几下。
（二）一手横伸，掌心向下，五指并拢，齐胸部从一侧向另一侧做大范围的弧形移动。

沙特阿拉伯　Shātè'ālābó
右手食、中指分开，手背向上，碰一下头右侧。
（此为国外聋人手语）

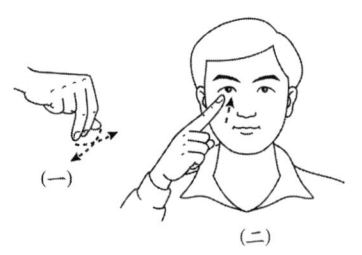

沙眼　shāyǎn
（一）一手拇、食、中指相捏，指尖朝下，互捻几下。
（二）一手伸食指，指一下眼睛。

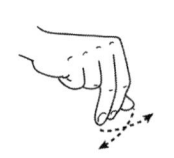

沙子（土、灰尘）　shā·zi（tǔ、huīchén）
一手拇、食、中指相捏，指尖朝下，互捻几下。

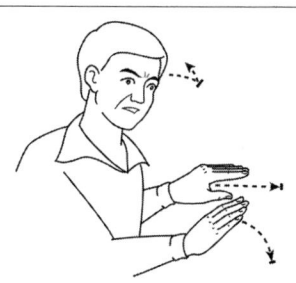

刹车①　shāchē①
左手五指成"匚"形，指尖朝前，向前移动；右手直立，掌心向外，突然用力向前下方一顿，掌心向下，左手随之停住，头同时前倾再复位，表示汽车刹车。

刹车②（车闸）　shāchē②（chēzhá）
双手五指微曲，手背向上，突然握拳，头同时前倾再复位，表示人力车刹车。
（可根据实际表示捏车闸的动作）

砂轮 shālún

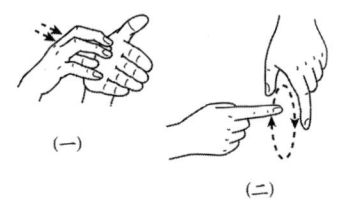

（一）左手斜伸，掌心向后上方；右手五指弯曲，在左手掌心上随意点几下，表示砂粒。

（二）左手拇、食指成半圆形，指尖朝下，虎口朝右；右手食指横伸，沿左手拇、食指转动两圈。

砂纸 shāzhǐ

（一）左手斜伸，掌心向后上方；右手五指弯曲，在左手掌心上随意点几下，表示砂粒。

（二）双手拇、中指相捏，指尖朝下，微抖几下。

鲨鱼 shāyú

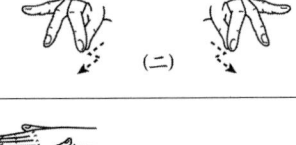

（一）左手横伸，掌心向下；右手横立，掌心向内，贴于左手小指外侧并向左臂做曲线形移动，表示鲨鱼外形。

（二）双手五指弯曲，一上一下，指尖相抵，同时做开合的动作，面露恐怖的表情。

筛查 shāichá

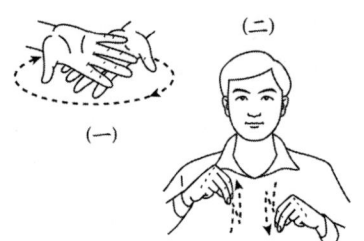

（一）双手五指张开，掌心向上，交叉相搭，平行转动两下。

（二）双手拇、食、中指相捏，指尖朝下，上下交替动两下。

筛选 shāixuǎn

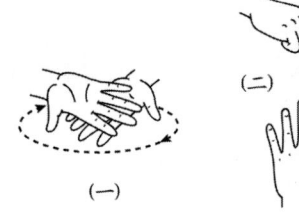

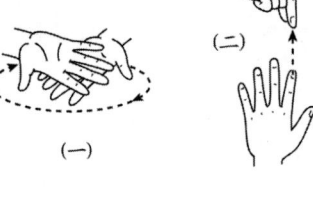

（一）双手五指张开，掌心向上，交叉相搭，平行转动两下。

（二）左手直立，掌心向内，五指张开；右手拇、食指捏一下左手食指，然后向上移动。

筛子（筛） shāi·zi (shāi)

双手五指张开，掌心向上，交叉相搭，然后前后晃动两下，如筛物状。

（可根据实际表示筛物的动作）

晒 shài

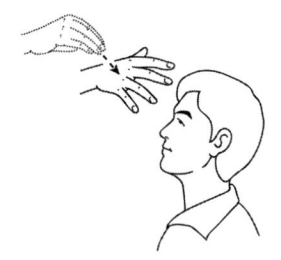

头抬起，一手五指撮合，置于头上方，边向头部移动边张开。

（可根据实际表示晒的状态）

山① shān①

一手拇、食、小指直立，手背向外，仿"山"字形。

山② shān②

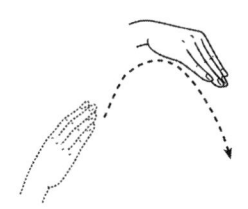

一手斜伸，指尖朝斜上方，先向上再向下做起伏状移动，仿山的形状。

山东② Shāndōng②

（一）一手拇、食、小指直立，手背向外，仿"山"字形。
（二）一手打手指字母"D"的指式。

山洞 shāndòng

 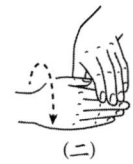

（一）一手拇、食、小指直立，手背向外，仿"山"字形。
（二）左手五指成"∩"形，虎口朝右；右手五指并拢，在左手下做弧形移动，仿洞口形状。

（可根据实际表示山洞）

山峰（峰） shānfēng（fēng）

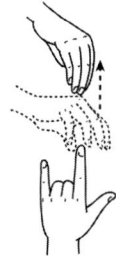

左手拇、食、小指直立，手背向外；右手五指弯曲，指尖朝下，在左手上边向上移动边撮合。

山脉 shānmài
左手拇、食、小指直立，手背向外；右手平伸，手背向上，在左手旁从低向高、从左向右连续做起伏状移动，表示连绵的群山。

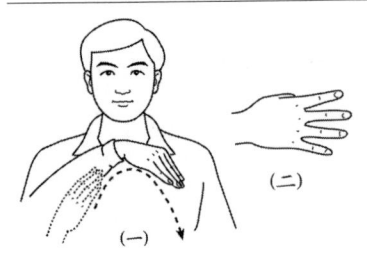

山西 Shānxī
（一）一手斜伸，指尖朝斜上方，先向上再向下做起伏状移动。
（二）一手食、中、无名、小指横伸分开，手背向外。"四"与"西"形近，借代。

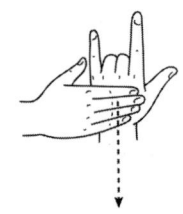

山崖 shānyá
左手拇、食、小指直立，手背向外；右手横立，掌心向内，从左手背向下移动。

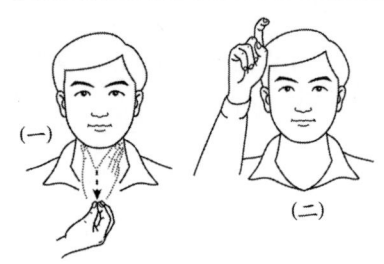

山羊 shānyáng
（一）一手在颏部做捋胡须的动作，然后边向下移动边撮合。
（二）一手食指弯曲如钩，虎口贴于太阳穴，仿羊头上弯曲的角。

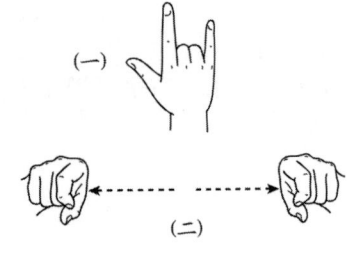

山药 shānyào
（一）一手拇、食、小指直立，手背向外，仿"山"字形。
（二）双手拇、食指捏成小圆形，虎口相对，从中间向两侧移动，仿山药外形。
（可根据实际表示山药）

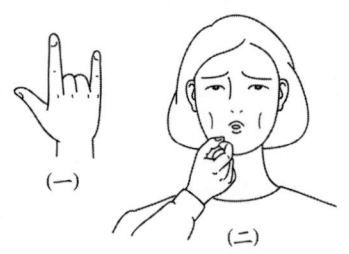

山楂（红果儿、山里红）
shānzhā（hóngguǒr、shān·lǐhóng）
（一）一手拇、食、小指直立，手背向外，仿"山"字形。
（二）一手拇、食指相捏，置于嘴边，腮向内缩，眉微蹙，如尝酸味状。

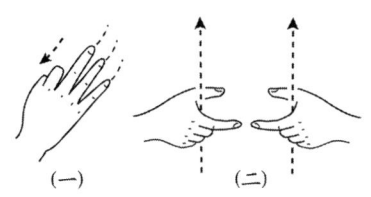

杉树　shānshù

（一）一手伸中、无名、小指，指尖朝前，书空"彡"形，表示"杉"字的右半部。

（二）双手拇、食指成大圆形，虎口朝上，同时向上移动。

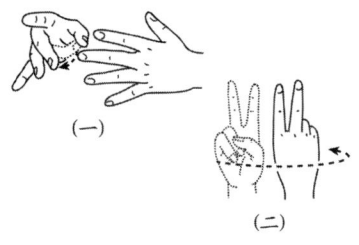

删改　shāngǎi

（一）左手横立，掌心向内，五指张开；右手拇、中指相捏，中指弹一下左手中指。

（二）一手食、中指直立分开，由掌心向外翻转为掌心向内。

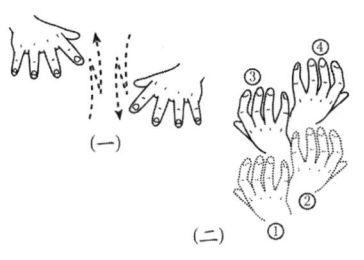

珊瑚　shānhú

（一）双手平伸，掌心向下，五指张开，上下交替移动，表示起伏的波浪。

（二）双手五指弯曲，指尖朝上，手腕先相挨，然后交替向上移动两下，仿珊瑚的形状。

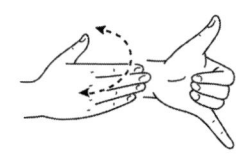

煽动　shāndòng

左手伸拇、小指；右手侧立，置于左手后，左右来回扇动。

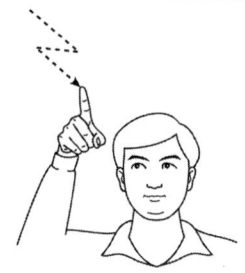

闪电（电）　shǎndiàn（diàn）

一手伸食指，指尖朝前，在头前上方做"⌇"形划动。

闪光灯　shǎnguāngdēng

左手五指撮合，指尖朝外，置于左眼前；右手食指弯曲，置于右眼前，然后做按快门的动作，左手五指随之张开。

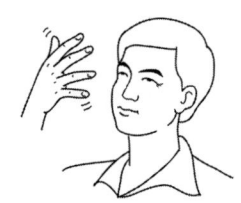

闪耀 shǎnyào

右手五指张开,掌心向内,微抖几下,双眼眯起看着右手。

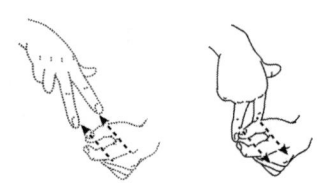

陕西(陕) Shǎnxī (Shǎn)

左手拇、食指成圆形,指尖稍分开,虎口朝上;右手伸拇、食、中指,指尖朝下,食、中指指面和指背分别在左手圆形上前后划动一下。

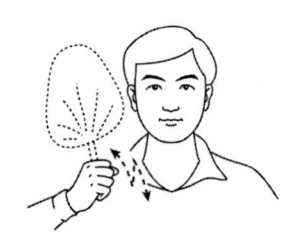

扇子(诸葛) shàn·zi (Zhūgě)

一手虚握,在头边摇动,如扇扇子状。既表示扇子的名词意思,又表示扇扇子的意思,也用于表示复姓"诸葛"。
(可根据实际表示拿扇子的动作)

善良 shànliáng

右手直立,掌心向右,小指外侧贴于胸部正中,先向下再向外上方移动,并伸出拇指。

鳝 shàn

(一)左手伸食指;右手食、中、无名指叉开,中指在上,食、无名指在下,夹住左手食指,模仿用手指夹鳝鱼的动作。

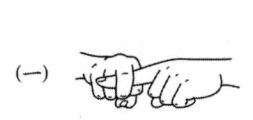

(二)一手伸食指,向前(或向一侧)做曲线形移动,如鳝鱼游动状。

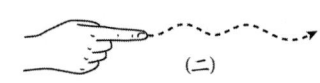

伤口 shāngkǒu

左手横伸;右手食、中指并拢,手背向上,置于左手背上,然后分开,表示皮肉裂伤。
(可根据实际表示伤口的状态)

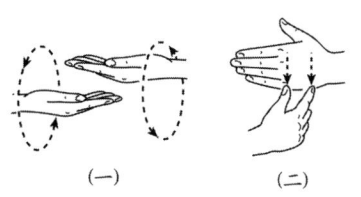

商标 shāngbiāo

（一）双手横伸，掌心向上，前后交替转动两下。

（二）左手横立；右手拇、食指张开，指尖朝内，在左手背上向下划动一下。

（可根据实际表示商标的位置）

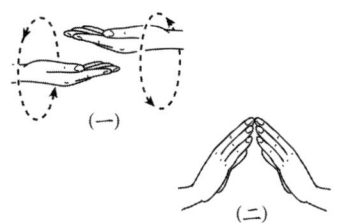

商店 shāngdiàn

（一）双手横伸，掌心向上，前后交替转动两下。

（二）双手搭成"∧"形。

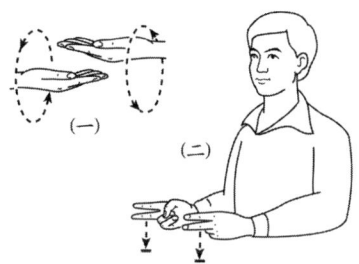

商法 shāngfǎ

（一）双手横伸，掌心向上，前后交替转动两下。

（二）双手打手指字母"F"的指式，指尖朝前，向下一顿。

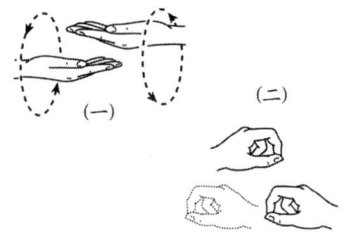

商品 shāngpǐn

（一）双手横伸，掌心向上，前后交替转动两下。

（二）双手拇、食指捏成圆形，虎口朝内，左手在上不动，右手在下连打两下，仿"品"字形。

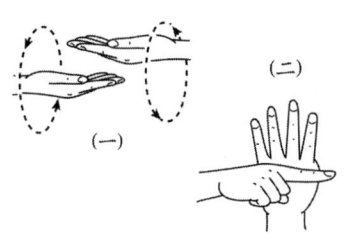

商业 shāngyè

（一）双手横伸，掌心向上，前后交替转动两下。

（二）左手食、中、无名、小指直立分开，手背向外；右手食指横伸，置于左手四指根部，仿"业"字形。

上（上面、上边） shàng (shàngmiàn、shàng·bian)

一手食指直立，向上一指。

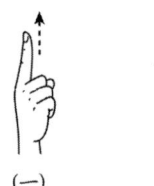

上班② shàngbān ②
（一）一手食指直立，向上一指。
（二）双手握拳，一上一下，右拳向下砸一下左拳。

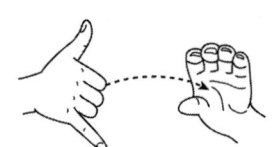

上车（搭车） shàngchē (dāchē)
左手五指成"⊏"形，指尖朝前；右手伸拇、小指，手背向外，移向左手虎口，表示人上车。

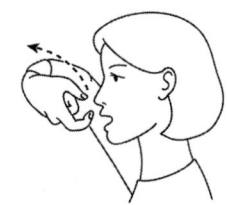

上当（上钩） shàngdàng (shànggōu)
口张开，一手食指弯曲如钩，指尖朝上，置于嘴前，然后向前上方拉动。

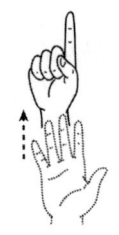

上帝 Shàngdì
一手直立，掌心向外，五指张开，边向上移动边拇、中、无名、小指弯回。

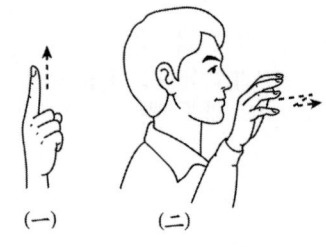

上访 shàngfǎng
（一）一手食指直立，向上一指。
（二）一手五指微曲，掌心向外，从嘴前向外微移两下。

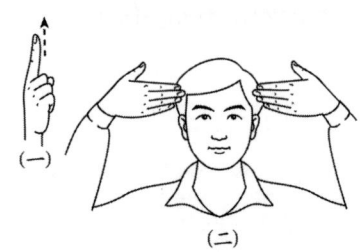

上官 Shàngguān
（一）一手食指直立，向上一指。
（二）双手横立，掌心向内，指尖抵于太阳穴两侧。
（此手势表示复姓"上官"）

上海(沪) Shànghǎi (Hù)
双手伸小指,一上一下相互勾住。

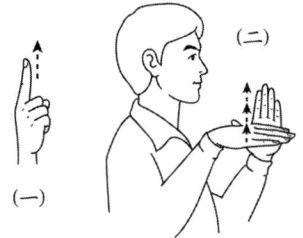
上级 shàngjí
(一)一手食指直立,向上一指。
(二)左手直立,掌心向右;右手平伸,掌心向下,在左手掌心上向上一顿一顿移动几下。

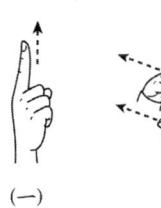
上诉(上告) shàngsù (shànggào)
(一)一手食指直立,向上一指。
(二)双手横伸,掌心上下相对,从嘴前向前上方移出。

上台(出现❷) shàngtái (chūxiàn ❷)
左手横伸;右手伸拇、小指,先置于左手掌心下,然后移至左手背上,表示人物的出现。

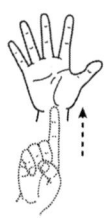
上午① shàngwǔ ①
一手食指直立,掌心向外,然后边向上移动边张开五指。
("上午"的手语存在地域差异,可根据实际选择使用)

上学 shàngxué
(一)一手食指直立,向上一指。
(二)双手斜伸,掌心向内,置于身前。

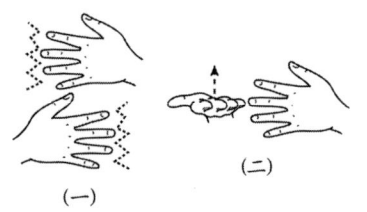

上旬 shàngxún

（一）双手横立，手背向外，一上一下，五指张开，交替点动几下。上面的手代表月份，下面的手代表日期。

（二）左手横立，手背向外，五指张开；右手平伸，掌心向上，在左手旁向上移动一下，表示月初。

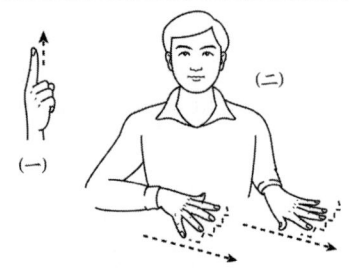

上游 shàngyóu

（一）右手食指直立，置于身体右前方，向上一指。

（二）双手五指张开，指尖朝左前方，掌心向下，边交替点动边向左前方移动。

尚 Shàng

一手伸食、中、无名指，指尖朝下，点一下头顶，仿和尚头顶上的点状"戒疤"，表示姓氏"尚"。

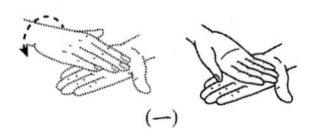

烧饼（火烧） shāo·bing (huǒ·shao)

（一）左手横伸；右手平伸，掌心、手背在左手掌心上各贴一下。

（二）双手拇、食指搭成圆形，虎口朝上，如烧饼大小。

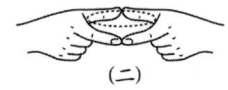

稍微（略微） shāowēi (lüèwēi)

一手拇、食指相捏，指尖朝上，向下微晃几下。

勺 sháo

（一）一手拇、食指相捏，向嘴部划动一下。

（二）左手拇、食指捏成圆形；右手伸食指，指尖抵于左手拇、食指指尖。

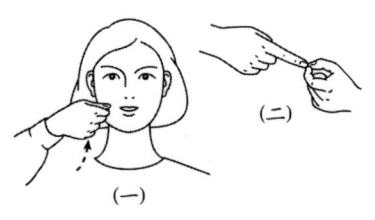

少 shǎo

一手拇、食指相捏，拇指尖微弹一下。
（可根据实际表示少的状态）

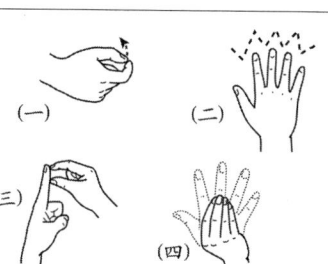

少数民族 shǎoshù mínzú

（一）一手拇、食指相捏，拇指尖微弹一下。
（二）一手直立，掌心向内，五指张开，交替点动几下。
（三）左手食指与右手拇、食指搭成"民"字的一部分。
（四）一手五指张开，指尖朝上，然后撮合。

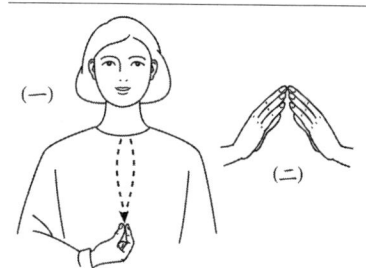

少年宫（少年之家） shàoniángōng (shàoniánzhījiā)

（一）一手拇、食指张开，指尖朝上，虎口朝外，从领口处边向下移动边相捏，仿红领巾形状。
（二）双手搭成"∧"形。

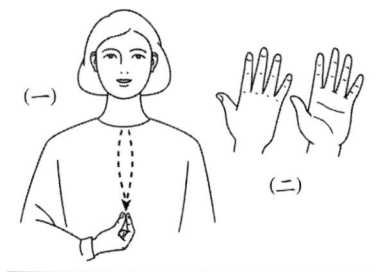

少先队 shàoxiānduì

（一）一手拇、食指张开，指尖朝上，虎口朝外，从领口处边向下移动边相捏，仿红领巾形状。
（二）双手直立，五指张开，一前一后排成一列。

邵 Shào

一手打手指字母"SH"的指式，拇指尖抵于耳部，向下移动一下，表示姓氏"邵"。

哨兵 shàobīng

（一）双手伸拇、食、中指，食、中指并拢，指尖朝左上方，一上一下，模仿持枪的动作。
（二）右手横伸，掌心向下，置于前额，表示军帽帽檐。

稍息 shàoxī

右手五指并拢，指尖朝下，手背向外，从右腿处向右前方一挥（或右手五指并拢，指尖朝上，从头正前方向头右上方一挥）。

（可根据实际表示稍息的指令）

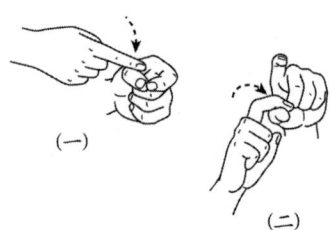

赊欠 shēqiàn

（一）左手拇、食指捏成圆形，虎口朝上；右手伸食指，敲一下左手拇指。

（二）左手拇、食指张开，虎口朝内；右手食指弯曲，挂在左手拇指上。

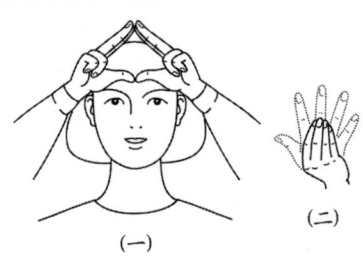

畲族 Shēzú

（一）双手拇、食、中指搭成"△"形，虎口朝内，置于前额。

（二）一手五指张开，指尖朝上，然后撮合。

舌 shé

口张开，舌微伸，一手伸食指，指一下舌头。

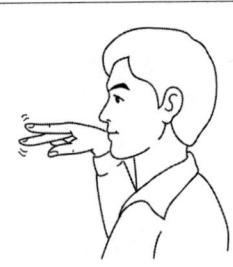

蛇 shé

一手手腕置于嘴前，食、中指分开，指尖朝前，手背向上，交替点动，如蛇吐出的舌头。

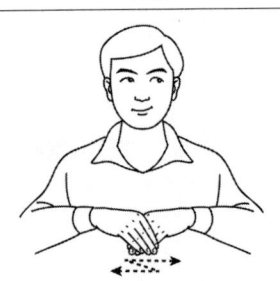

舍不得 shě·bu·de

右手捏住左手，手背向外，左右来回微移两下，面露依恋不舍的表情。

（可根据实际表示舍不得的情景）

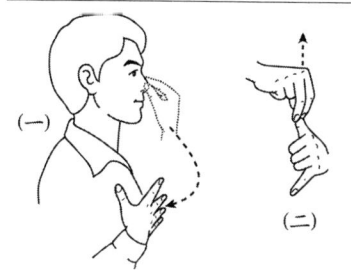

舍己救人 shějǐ-jiùrén

（一）一手捏一下鼻子，然后向胸部一甩，五指张开，表示舍弃自我的意思。

（二）左手伸拇、小指；右手拇、食、中指捏住左手拇指尖，向上一提。

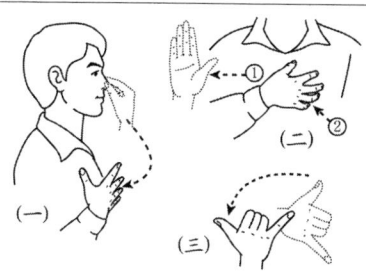

舍生忘死 shěshēng-wàngsǐ

（一）一手捏一下鼻子，然后向胸部一甩，五指张开，表示舍弃自我的意思。

（二）右手直立，掌心向外，先从左向右移动一下，再五指微曲，掌心向内，按一下胸部，表示不怕。

（三）右手伸拇、小指，先直立，再向右转腕。

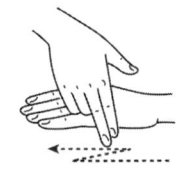

设计 shèjì

左手横伸，掌心向下；右手伸拇、食、中指，食、中指并拢，指尖朝下，沿左手小指外侧划动两下。

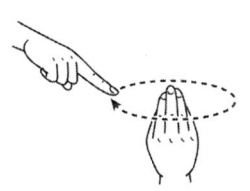

社会① shèhuì ①

左手五指撮合，指尖朝上；右手伸食指，指尖朝下，绕左手转动一圈。

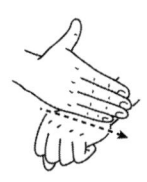

社会② shèhuì ②

左手握拳，手背向上；右手侧立，沿左手背从后向前移动一下。

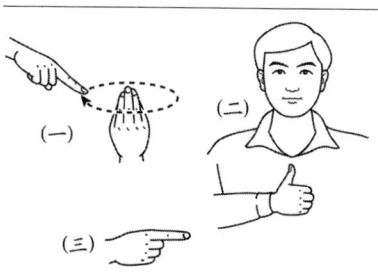

社会主义 shèhuì zhǔyì

（一）左手五指撮合，指尖朝上；右手伸食指，指尖朝下，绕左手转动一圈。

（二）一手伸拇指，贴于胸部。

（三）一手食指横伸，手背向外。"一"与"义"音近，借代。

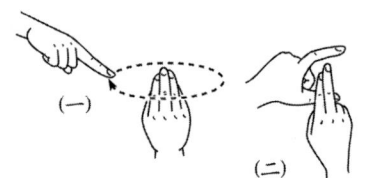

社区　shèqū
（一）左手五指撮合，指尖朝上；右手伸食指，指尖朝下，绕左手转动一圈。
（二）左手拇、食指成"匸"形，虎口朝内；右手食、中指相叠，手背向内，置于左手"匸"形中，仿"区"字形。

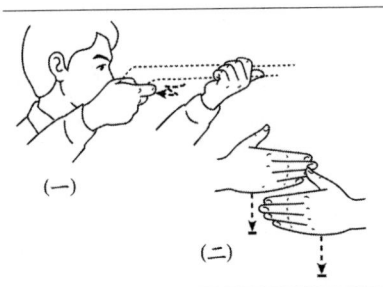

射程　shèchéng
（一）双手如托步枪状，右手食指连续做勾动扳机的动作。
（二）双手横立，掌心向内，一前一后，同时向下一顿。

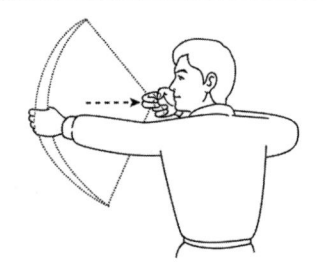

射箭　shèjiàn
头转向左侧，眼睛朝左看；左手虚握，手臂向左伸直如握弓；右手食、中指弯曲，从左向右移动如拉弦。

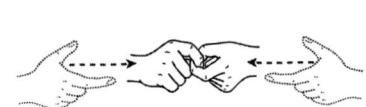

涉及（牵涉）　shèjí（qiānshè）
双手拇、食指张开，从两侧向中间移动并套环。
（可根据实际决定手的移动方向）

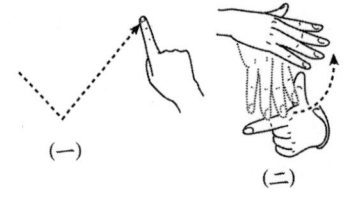

赦免　shèmiǎn
（一）一手伸食指，指尖朝前，划"√"形。
（二）左手伸拇、食指，食指尖朝右，手背向外；右手五指张开，指尖朝下，手背向外，置于左手食指上，然后向前抬起，指尖朝前。

摄氏度（℃）　shèshìdù
左手食指直立，手背向左；右手打手指字母"C"的指式，贴于左手食指，上下微动两下。

摄像（录像、摄像机） shèxiàng (lùxiàng、shèxiàngjī)

一手伸拇、食、中指，食、中指并拢，指尖朝前，从一侧向另一侧做弧形移动。

（可根据实际表示使用摄像机的动作）

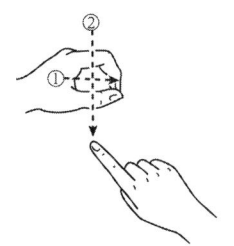

申 Shēn

左手拇、食指相捏，虎口朝内；右手伸食指，在左手虎口处先横划一下，再竖划一下，仿"申"字形，表示姓氏"申"。

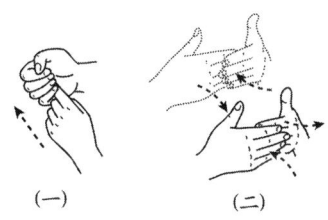

申办 shēnbàn

（一）右手握住左手食指，向前上方移动一下。
（二）双手横立，掌心向内，互拍手背。

申请 shēnqǐng

右手握住左手食指，向前上方移动一下。

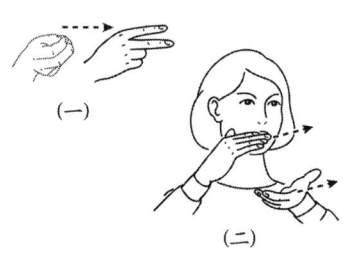

申诉（再诉） shēnsù (zàisù)

（一）右手拇、食、中指相捏，手背向外，边向左移动边伸出食、中指，表示不服判决或裁定，再次要求重新审理。
（二）双手横伸，掌心上下相对，从嘴前向前上方移出。

身份 shēn·fèn

左手伸拇、小指，手背向外；右手伸拇、食指，指尖对着左手，向下移动两下。

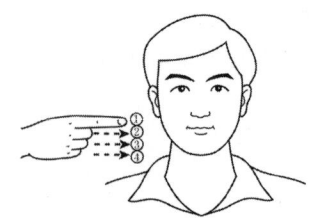

身份证 shēnfènzhèng

一手握拳,手背向外,虎口朝上,置于头一侧,然后依次伸出食、中、无名、小指。

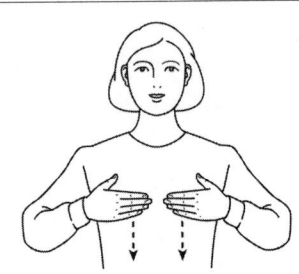

身体 shēntǐ

双手掌心贴于胸部,向下移动一下,表示身体。

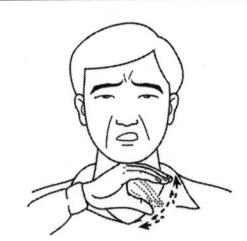

呻吟 shēnyín

一手五指撮合,手背贴于颔部下方,边做开合的动作边张口,面露痛苦的表情。

绅士❶ shēnshì❶

一手五指弯曲,手背向外,置于头上,然后向外移动,如摘礼帽状,身体随之微向前倾。

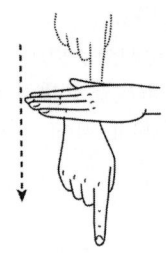

深(深刻、深入) shēn(shēnkè、shēnrù)

左手横伸,掌心向下;右手伸食指,指尖朝下,从左手内侧向下移动较长距离,表示深。
(可根据实际表示深的状态)

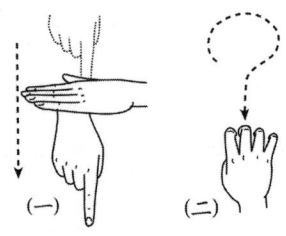

深奥 shēn'ào

(一)左手横伸,掌心向下;右手伸食指,指尖朝下,从左手内侧向下移动较长距离。
(二)一手食、中、无名、小指微曲,掌心向外,书空"?",表示有很多疑问未解。

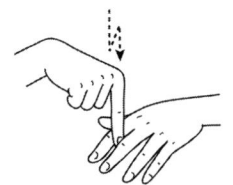

深圳 Shēnzhèn

左手横伸,掌心向下;右手伸食指,指尖朝下,在左手食、中指指缝间插两下。

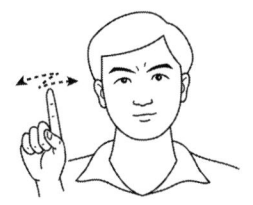

什么(哪、哪里) shén·me (nǎ、nǎ·lǐ)

一手食指直立,掌心向外,左右晃动几下,面露疑问的表情。

神甫(神父) shén·fu (shénfù)

一手拇、食指成"⊐"形,虎口朝内,置于领口正中,表示神父日常服饰领口处的一块长方形白色罗马结。

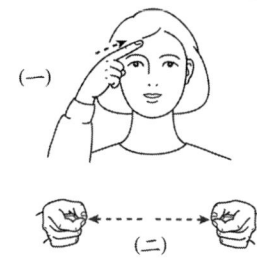

神经 shénjīng

(一)一手伸食指,指尖朝内,在前额斜向移动一下。
(二)双手拇、食指相捏,虎口朝上,从中间向两侧拉开。

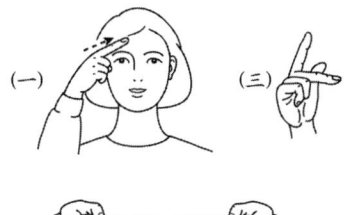

神经科 shénjīngkē

(一)一手伸食指,指尖朝内,在前额斜向移动一下。
(二)双手拇、食指相捏,虎口朝上,从中间向两侧拉开。
(三)一手打手指字母"K"的指式。

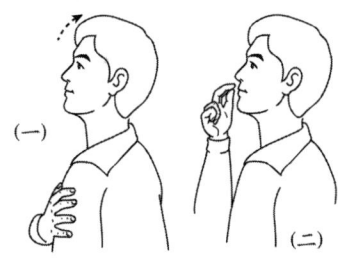

神气 shén·qì

(一)一手五指微曲张开,掌心贴于胸部,挺胸抬头。
(二)一手打手指字母"Q"的指式,指尖朝内,置于鼻孔处。

神圣 shénshèng

左手横伸；右手伸拇指，置于左手掌心上，然后左手向上抬至前额。

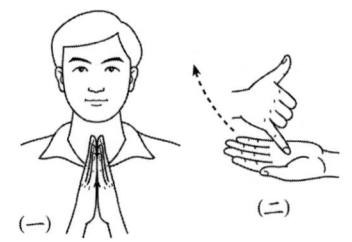

神仙 shén·xiān

（一）双手合十。
（二）左手横伸；右手伸拇、小指，置于左手掌心上，双手同时向斜上方移动。

沈 Shěn

一手手背拱起，遮住一半眼睛，表示姓氏"沈"。

沈阳 Shěnyáng

一手食指弯曲，朝头一侧碰两下。

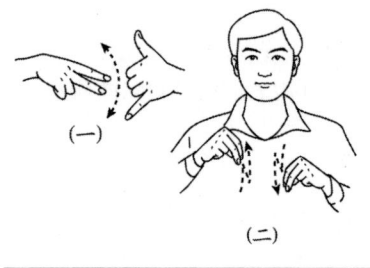

审查① shěnchá①

（一）左手伸拇、小指，手背向外；右手食、中指分开，指尖对着左手，手背向上，上下移动两下，表示对人的审查。
（二）双手拇、食、中指相捏，指尖朝下，上下交替动两下。

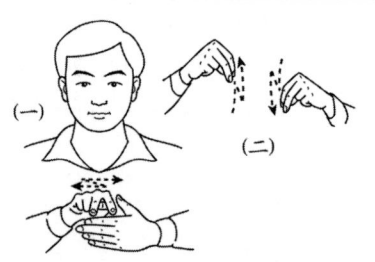

审查② shěnchá②

（一）左手横立，掌心向内；右手食、中指分开，指尖对着左手，手背向上，左右移动两下，目光随之移动，表示对文本材料等的审查。
（二）双手拇、食、中指相捏，指尖朝下，上下交替动两下。

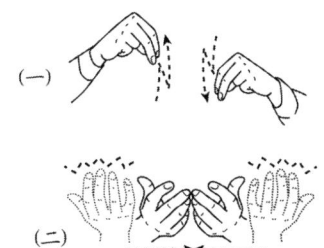

审计　shěnjì

（一）双手拇、食、中指相捏，指尖朝下，上下交替动两下。

（二）双手五指微曲，掌心向上，边交替点动边互碰。

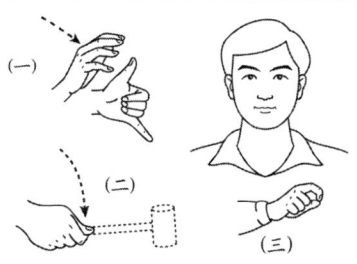

审判员　shěnpànyuán

（一）左手伸拇、小指；右手五指弯曲，指尖朝前，对着左手移动一下。

（二）一手如握法槌状，向下挥动一下。

（三）右手拇、食指捏成圆形，虎口朝内，贴于左胸部。

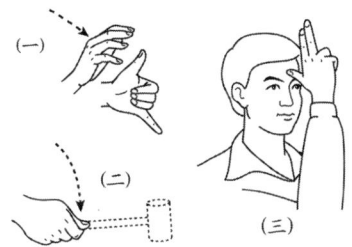

审判长　shěnpànzhǎng

（一）左手伸拇、小指；右手五指弯曲，指尖朝前，对着左手移动一下。

（二）一手如握法槌状，向下挥动一下。

（三）一手伸拇、食、中指，拇指尖抵于前额，食、中指直立并拢。

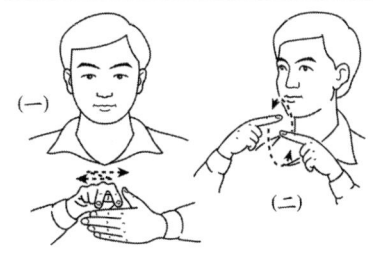

审议　shěnyì

（一）左手横立，掌心向内；右手食、中指分开，指尖对着左手，手背向上，左右移动两下，目光随之移动，表示对文本材料等的审查。

（二）双手食指横伸，在嘴前前后交替转动两下。

婶婶（婶母）　shěn·shen (shěnmǔ)

一手打手指字母"SH"指式，指尖对着耳垂，向前划动两下。

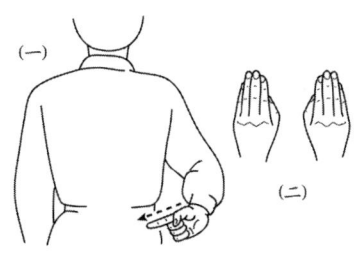

肾　shèn

（一）一手伸食指，指一下肾部。

（二）双手直立，掌心向外，手背拱起。

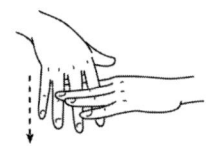

渗透　shèntòu

左手横伸，掌心向下，五指张开；右手五指张开，指尖朝下，从左手食、中指指缝间慢慢插入。

（可根据实际表示渗透的样子）

升　shēng

左手直立，掌心向外；右手食指直立，贴于左手掌心，向上移动。

升值（增值）　shēngzhí (zēngzhí)

（一）右手食、中指分开，手背向外，在左臂上向右横划一下。

（二）左手直立，掌心向外；右手食指直立，贴于左手掌心，向上移动。

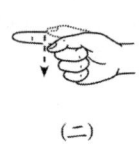

生　shēng

（一）一手伸拇、食指，食指尖朝上，然后食指缩回，拇指尖朝上，表示逐渐由生变熟的意思。

（二）一手食指横伸，手背向外，拇指在食指中部划一下。

（可根据实际表示食品不熟的状态）

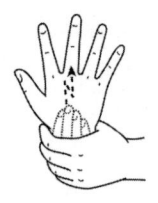

生产①（投产①）　shēngchǎn ① (tóuchǎn ①)

左手五指成半圆形，虎口朝上；右手五指撮合，指尖朝上，手背向外，边从左手虎口内伸出边张开，重复一次。

生产②（投产②）　shēngchǎn ② (tóuchǎn ②)

双手伸拇指，左手食、中、无名、小指攥住右手拇指，然后右手拇指从左手掌心内向下移出两下。

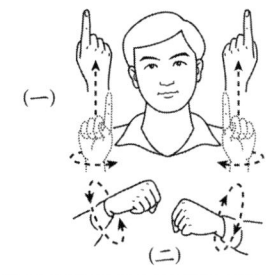

生动 shēngdòng

（一）双手食指直立，边转动手腕边向上移动，表示活灵活现。

（二）双手握拳屈肘，前后交替转动两下。

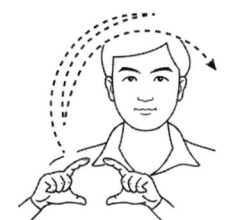

生活（日子） shēnghuó (rì·zi)

双手拇、食指成大圆形，虎口朝内，从右下方向头上方做弧形移动，重复一次，表示一天天过日子。

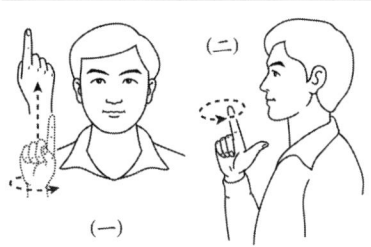

生理① shēnglǐ ①

（一）一手食指直立，边转动手腕边向上移动。

（二）一手打手指字母"L"的指式，逆时针平行转动一下。

生理② shēnglǐ ②

（一）左手伸拇指，其他四指攥住右手小指，然后右手小指从左手掌心内向下移出一下。

（二）一手打手指字母"L"的指式，逆时针平行转动一下。

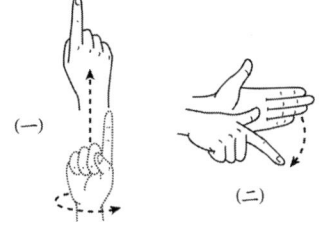

生前 shēngqián

（一）一手食指直立，边转动手腕边向上移动。

（二）左手侧立；右手伸拇、食指，拇指尖抵于左手掌心，食指向下转动。

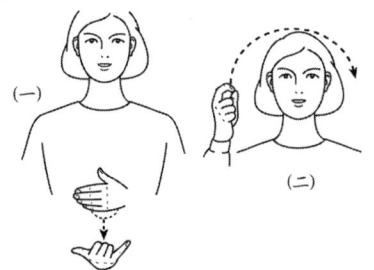

生日①（诞辰） shēngrì ①（dànchén）

（一）左手横立，五指微曲，置于腹前；右手伸拇、小指，手背向下，先置于左手掌心内，再向下移出。

（二）右手拇、食指捏成圆形，虎口朝内，从右向左做弧形移动，越过头顶。

（此手势多用于正式场合）

生日②（尾巴）　shēngrì②（wěi·ba）
　　左手伸拇指，手背向外；右手伸食指，手背抵于左手下缘，食指转动两下，表示民间称小孩过生日为"长尾巴"，尾巴长则命长的风俗。
　　（此手势多用于一般场合）

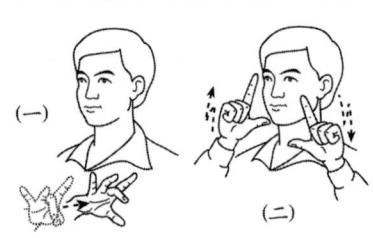

生态　shēngtài
　　（一）右手拇、中指相捏，边碰向左胸部边张开。
　　（二）双手拇、食指成"⌊⌋"形，置于脸颊两侧，上下交替动两下。

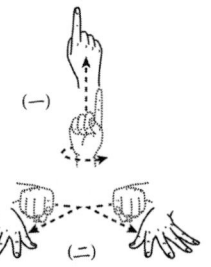

生物①　shēngwù①
　　（一）一手食指直立，边转动手腕边向上移动。
　　（二）双手食指指尖朝前，手背向上，先互碰一下，再分开并张开五指。

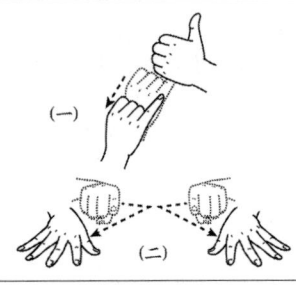

生物②　shēngwù②
　　（一）左手伸拇指，其他四指攥住右手小指，然后右手小指从左手掌心内向下移出一下。
　　（二）双手食指指尖朝前，手背向上，先互碰一下，再分开并张开五指。

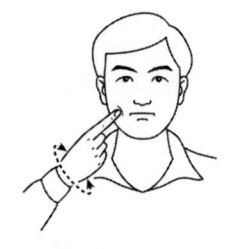

生硬（生疏）　shēngyìng（shēngshū）
　　一手食指抵于脸颊，钻动两下，同时闭嘴板脸。

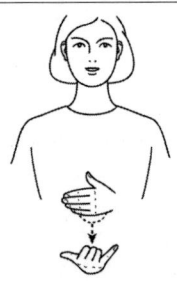

生育②（分娩、诞生、出生）
　　shēngyù②（fēnmiǎn、dànshēng、chūshēng）
　　左手横立，五指微曲，置于腹前；右手伸拇、小指，手背向下，先置于左手掌心内，再向下移出。

生长（成长） shēngzhǎng（chéngzhǎng）
一手平伸，掌心向下，向上移动。

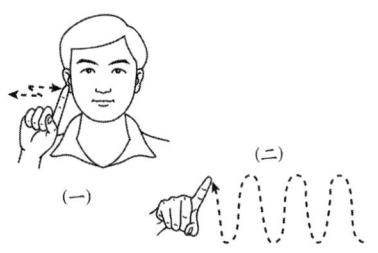
声波 shēngbō
（一）一手食指直立，掌心向外，在耳边左右晃动两下。
（二）一手伸食指，指尖朝前，向一侧做曲线形移动。

声音 shēngyīn
一手食指直立，掌心向外，在耳边左右晃动两下。

绳子 shéng·zi
双手食、中指相叠，指尖相对，边向相反方向扭动边向两侧移动。

省 shěng
一手打手指字母"SH"指式，顺时针平行转动一圈。

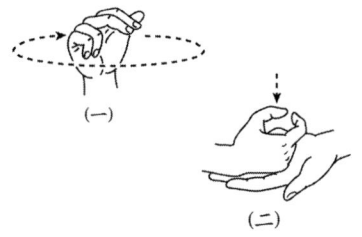
省会（首府） shěnghuì（shǒufǔ）
（一）一手打手指字母"SH"指式，顺时针平行转动一圈。
（二）左手横伸；右手拇、食指成圆形，指尖稍分开，虎口朝上，移至左手掌心。

省略号（省略） shěnglüèhào (shěnglüè)

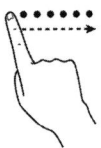

右手伸食指，指尖朝前，从左向右连点六个点。

圣诞节 Shèngdàn Jié

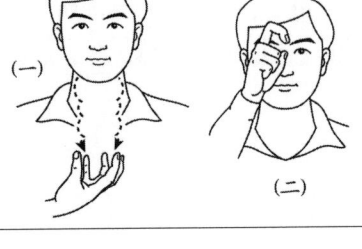

（一）一手五指微曲，指尖朝上，置于颏部，边捏动边向下移动，仿圣诞老人的胡子。
（二）一手打手指字母"J"的指式，置于前额。

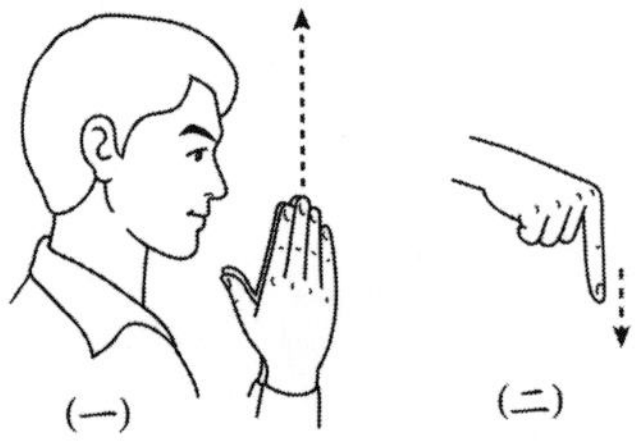

圣地 shèngdì

（一）双手合十，向上抬起。
（二）一手伸食指，指尖朝下一指。

圣多美和普林西比 Shèngduōměi hé Pǔlínxībǐ

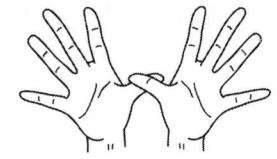

双手拇指相搭，其他四指分开，掌心向外，表示该国国旗上的两颗星星所代表的圣多美岛和普林西比岛。
（此为国外聋人手语）

圣经 Shèngjīng

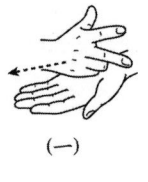 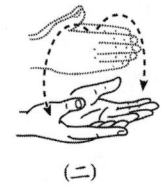

（一）左手横伸；右手拇、食、中指分开，指尖朝前，手背向右，分别代表圣父、圣子、圣灵，在左手掌心上向右划动一下。
（二）双手侧立，掌心相贴，然后向两侧打开。

圣卢西亚 Shènglúxīyà

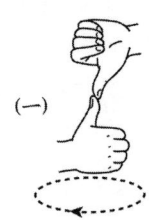 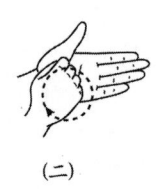

（一）双手伸拇指，指尖上下相抵，顺时针平行转动一圈。
（二）左手侧立；右手握拳，表示英文手指字母"S"的指式，手背向右，在左手掌心上顺时针转动一圈。
（此为国外聋人手语）

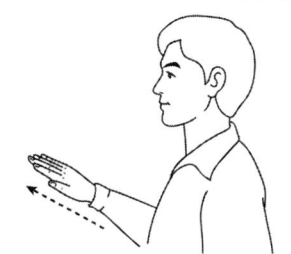

圣马力诺 Shèngmǎlìnuò

右手斜伸，掌心向前下方，向前上方移动一下。
（此为国外聋人手语）

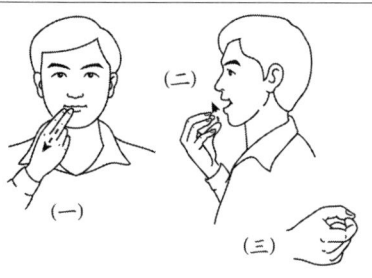

圣女果 shèngnǚguǒ

（一）一手打手指字母"H"的指式，摸一下嘴唇。
（二）一手五指弯曲，指尖朝内，置于嘴前，然后向前上方微移，嘴做咬的动作。
（三）一手拇、食指捏成圆形，虎口朝上。
（可根据实际表示吃圣女果的动作）

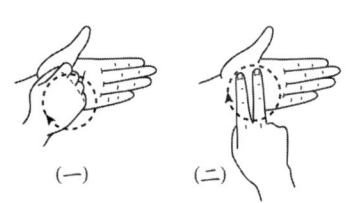

圣文森特和格林纳丁斯 Shèngwénsēntè hé Gélínnàdīngsī

（一）左手侧立；右手握拳，表示英文手指字母"S"的指式，手背向右，在左手掌心上顺时针转动一圈。
（二）左手侧立；右手打手指字母"V"的指式，手背向右，在左手掌心上顺时针转动一圈。
（此为国外聋人手语）

圣旨（诏书） shèngzhǐ (zhàoshū)

（一）一手手腕贴于前额，五指微曲，指尖朝下。
（二）双手虚握，虎口朝上，先靠在一起，然后右手向右移动，表示打开诏书。

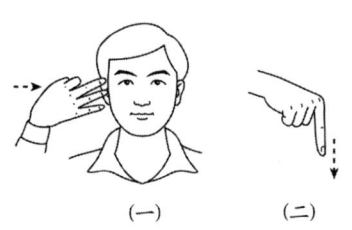

胜地 shèngdì

（一）一手中、无名、小指横伸分开，指尖朝耳部点一下，手背向外。
（二）一手伸食指，指尖朝下一指。

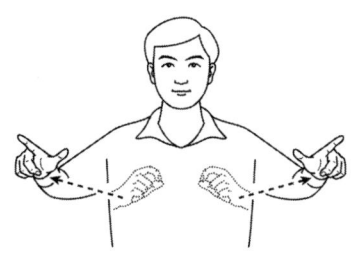

胜利①（赢①、成功②） shènglì ① (yíng ①、chénggōng ②)

双手拇、食指相捏，虎口朝内，置于胸前，然后边向前移动边张开。

胜利②（赢②） shènglì②（yíng②）

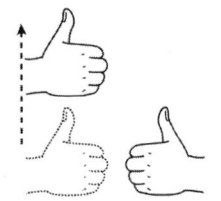

双手伸拇指，手背向外，左手不动，右手向上一挑，表示两者竞赛，一方胜利。

（可根据实际决定手的位置，表示胜出的手要置于胜者一侧）

胜任 shèngrèn

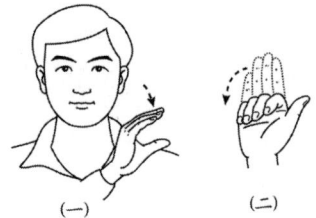

（一）右手五指成"⊐"形，按向左肩。

（二）一手直立，掌心向外，然后食、中、无名、小指弯动一下。

胜诉 shèngsù

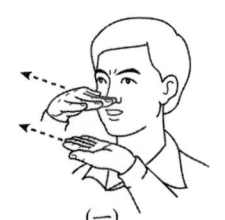 

（一）双手横伸，掌心上下相对，从嘴前向前上方移出。

（二）一手伸拇指，向上一挑。

盛产 shèngchǎn

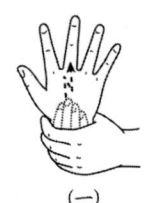 

（一）左手五指成半圆形，虎口朝上；右手五指撮合，指尖朝上，手背向外，边从左手虎口内伸出边张开，重复一次。

（二）一手侧立，五指张开，边抖动边向一侧移动，表示多。

盛大 shèngdà

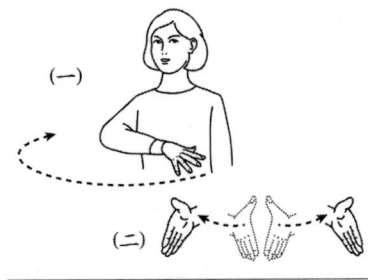

（一）一手横伸，掌心向下，五指张开，从一侧向另一侧做弧形移动，头同时随手的移动而转动。

（二）双手侧立，掌心相对，同时向两侧移动，幅度要大些。

剩余（余） shèngyú（Yú）

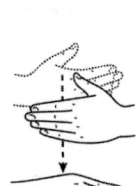

双手横立，左手在前不动，右手边在左手掌心内向下刮一下边转腕，掌心向下，表示剩余的东西；也用于表示姓氏"余"。

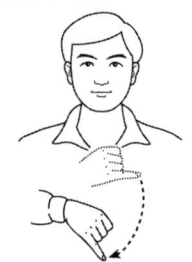

失败①（失利、输①） shībài① (shīlì、shū①)

右手伸小指，指尖朝左，向下甩动一下，幅度要大些，表示失败。

（可根据实际决定手指的移动方向）

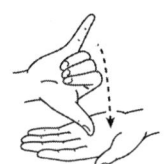

失败②（输②） shībài② (shū②)

左手横伸；右手伸拇、小指，拇指尖朝下，落至左手掌心。

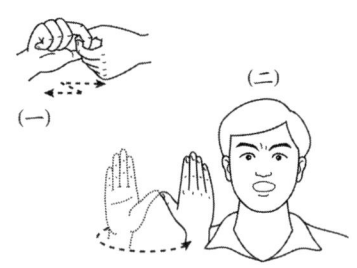

失联① shīlián①

（一）双手拇、食指套环，左右移动两下。

（二）一手直立，掌心向外，然后做弧形移动，翻转为掌心向内，面露惊讶的表情。

（此手势表示航班失联）

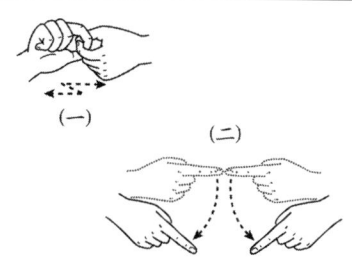

失联② shīlián②

（一）双手拇、食指套环，左右移动两下。

（二）双手食指横伸，指尖相对，手背向外，同时向下一甩。

（此手势表示日常联系中断）

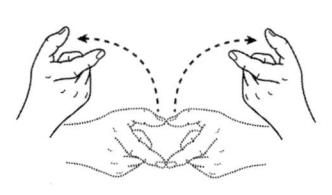

失恋 shīliàn

双手拇、食指张开仿"♡"形，虎口朝上，然后向上一掰。

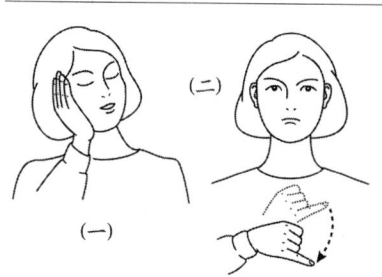

失眠 shīmián

（一）一手掌心贴于脸部，头微侧，闭眼，如睡觉状。

（二）右手伸小指，指尖朝左，向下甩动一下。

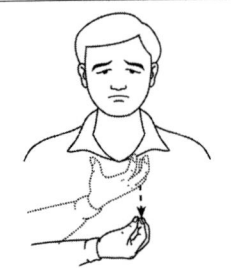

失望（消极、失落、垂头丧气）
shīwàng（xiāojí、shīluò、chuítóu-sàngqì）

一手五指微曲，指尖朝上，贴于胸部，然后边向下移动边撮合，头同时低下，面露失望的表情。

失信 shīxìn

左手五指成"冂"形，虎口朝上；右手五指并拢，指尖朝下，置于左手虎口内，然后向下转腕，指尖朝上，面露不信任的表情。

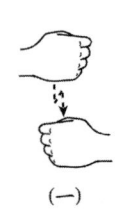 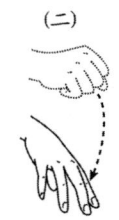

失业 shīyè

（一）双手握拳，一上一下，右拳向下砸两下左拳。
（二）一手虚握，向下一甩，五指张开。

失踪① shīzōng①

一手直立，掌心向外，然后做弧形移动，翻转为掌心向内。

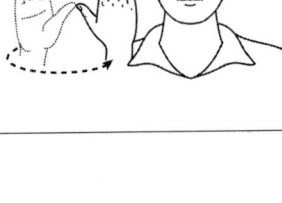

失踪② shīzōng②

左手横伸；右手平伸，掌心向下，从右向左在左手掌心上抹一下，表示踪迹全无。

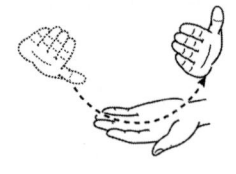

失足❶ shīzú❶

左手伸食指，指尖朝前；右手食、中指分开，指尖朝下，立于左手食指上，然后向外翻倒，表示行走上的失足。

失足❷ shīzú ❷

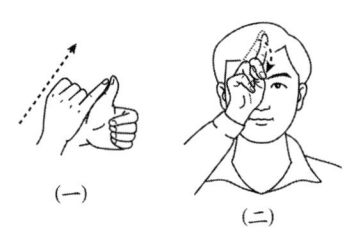

（一）左手伸拇指；右手伸小指，从下向上在左手拇指背上划一下。
（二）一手食、中指直立相叠，掌心向外，置于前额，中指向下弯动一下。
（此手势表示品行上的失足）

师范 shīfàn

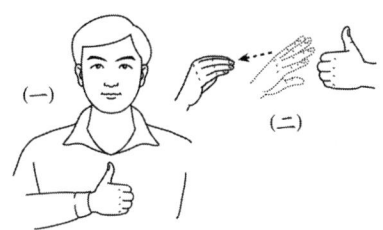

（一）一手伸拇指，贴于胸部。
（二）左手伸拇指，手背向外；右手五指张开，指尖对着左手，置于左手旁，然后边向右移动边撮合，表示是别人效仿的典范。

师傅 shī·fu

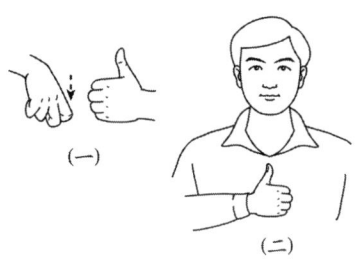

（一）左手伸拇指，手背向外；右手食、中指弯曲，手背向左上方，在左手旁向下按动一下。
（二）一手伸拇指，贴于胸部。

诗（诗歌） shī (shīgē)

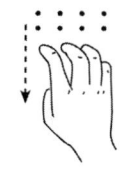

一手食、中、无名、小指弯曲，指尖朝前，从上向下点动几下，如一行行的诗句。

虱子 shī·zi

双手拇、食指相捏，指尖相抵，虎口朝上，挤动两下。

狮 shī

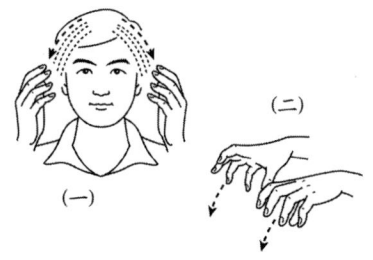

（一）双手五指弯曲，从头两侧向下划，如梳头状，仿雄狮头部的鬃毛。
（二）双手五指弯曲，指尖朝下，如兽爪，同时向前下方按动一下。

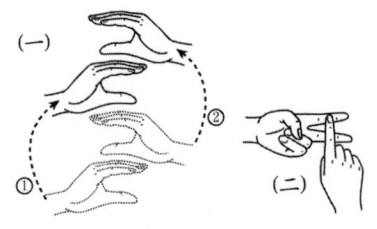

施肥　shīféi
（一）左手平伸；右手五指撮合，指尖朝下，置于左手掌心上，然后边向前做弧形移动边张开，掌心向上。
（二）一手拇、食指弯曲，其他三指伸出，指尖朝下，虎口朝外，微晃几下。

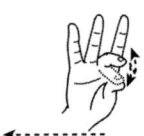

施工　shīgōng
（一）双手五指成"匚⊐"形，虎口朝内，交替上叠，模仿垒砖的动作。
（二）左手食、中指与右手食指搭成"工"字形。

湿　shī
一手拇、中指指尖朝前，边向一侧移动边相捏几下。

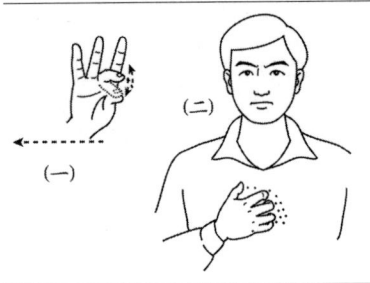

湿疹（荨麻疹）　shīzhěn（xúnmázhěn）
（一）一手拇、中指指尖朝前，边向一侧移动边相捏几下。
（二）一手五指微曲，指尖朝内，在胸部点几下。

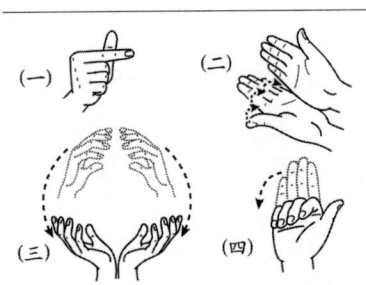

十项全能　shí xiàng quánnéng
（一）一手拇、食指搭成"十"字形。
（二）左手平伸；右手斜立于左手掌心上，然后向右一顿一顿做弧形移动。
（三）双手五指微曲，指尖左右相对，然后向下做弧形移动，手腕靠拢。
（四）一手直立，掌心向外，然后食、中、无名、小指弯动一下。

石　shí
左手握拳；右手食、中指弯曲，以指背关节在左手背上敲两下。

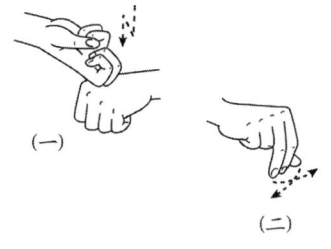

石灰 shíhuī

（一）左手握拳；右手食、中指弯曲，以指背关节在左手背上敲两下。

（二）一手拇、食、中指相捏，指尖朝下，互捻几下。

石家庄 Shíjiāzhuāng

双手食、中指相叠，指尖斜向相抵，同时前后反向扭动两下。

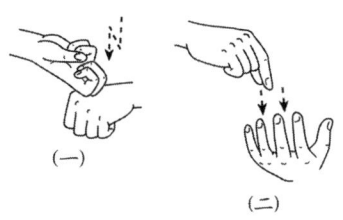

石榴 shí·liu

（一）左手握拳；右手食、中指弯曲，以指背关节在左手背上敲两下。

（二）左手五指弯曲，指尖朝上；右手拇、食指相捏，在左手上随意点两下，表示石榴的籽。

石头子儿 shí·touzǐr

（一）左手握拳；右手食、中指弯曲，以指背关节在左手背上敲两下。

（二）一手拇、食指捏成圆形，虎口朝上。

石油 shíyóu

（一）左手握拳；右手食、中指弯曲，以指背关节在左手背上敲两下。

（二）一手拇、食指搭成"十"字形，置于鼻翼一侧，微转两下。

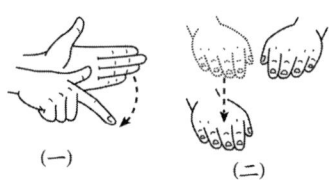

时差 shíchā

（一）左手侧立；右手伸拇、食指，拇指尖抵于左手掌心，食指向下转动。

（二）双手平伸，掌心向下，左手不动，右手向下一沉。

时代 shídài

（一）左手侧立；右手伸拇、食指，拇指尖抵于左手掌心，食指向下转动。

（二）双手伸食指，手腕交叉相贴，然后前后转动，互换位置。

时间（时候、时机❷、时刻） shíjiān (shí·hou、shíjī❷、shíkè)

左手侧立；右手伸拇、食指，拇指尖抵于左手掌心，食指向下转动。

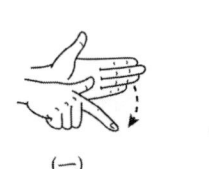 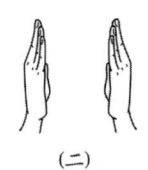

时期 shíqī

（一）左手侧立；右手伸拇、食指，拇指尖抵于左手掌心，食指向下转动。

（二）双手直立，掌心左右相对。

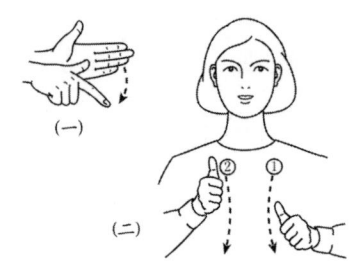

时装 shízhuāng

（一）左手侧立；右手伸拇、食指，拇指尖抵于左手掌心，食指向下转动。

（二）双手伸拇指，在胸前交替向下移动一下，如穿衣服状。

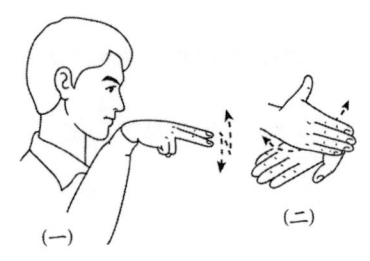

识别 shíbié

（一）一手食、中指分开，指尖朝前，手背向上，上下动几下。

（二）左手横伸；右手侧立，置于左手掌心上，并左右拨动两下。

实①（其实） shí① (qíshí)

左手食指横伸；右手食、中指相叠，敲一下左手食指。（"实"的手语存在地域差异，可根据实际选择使用）

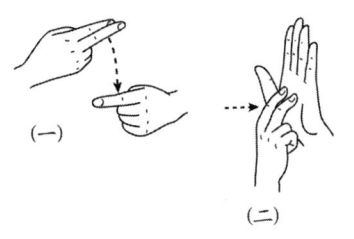

实词 shící

（一）左手食指横伸；右手食、中指相叠，敲一下左手食指。

（二）左手直立，掌心向外；右手食、中指弯曲，指尖朝内，点一下左手掌心。

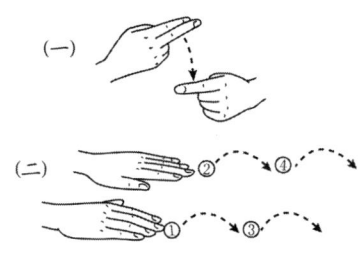

实践 shíjiàn

（一）左手食指横伸；右手食、中指相叠，敲一下左手食指。

（二）双手平伸，掌心向下，交替向前移动几下。

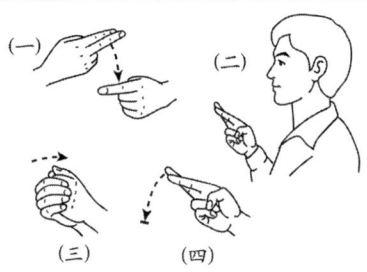

实事求是 shíshì-qiúshì

（一）左手食指横伸；右手食、中指相叠，敲一下左手食指。

（二）一手食、中指相叠，指尖朝前上方。

（三）双手抱拳，向后晃动一下。

（四）一手食、中指相叠，指尖朝前上方，向下一顿。

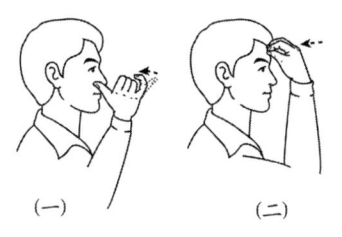

实习 shíxí

（一）一手伸拇、小指，指尖朝上，拇指置于鼻翼一侧，小指弯动一下。

（二）一手五指撮合，指尖朝内，按向前额。

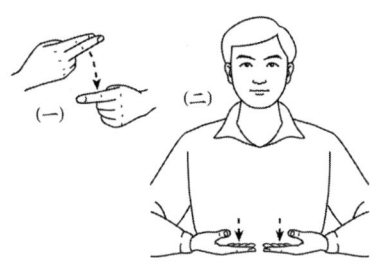

实现 shíxiàn

（一）左手食指横伸；右手食、中指相叠，敲一下左手食指。

（二）双手横伸，掌心向上，在腹前向下微动一下。

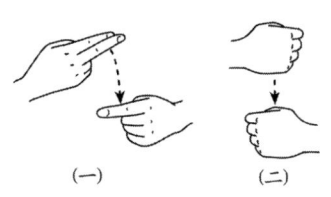

实行 shíxíng

（一）左手食指横伸；右手食、中指相叠，敲一下左手食指。

（二）双手握拳，一上一下，右手向下砸一下左拳。

实验① shíyàn ①
　　一手伸拇、小指,指尖朝上,拇指置于鼻翼一侧,小指弯动两下。
　　("实验"的手语存在地域差异,可根据实际选择使用)

实验② shíyàn ②
　　一手直立,掌心向内,置于面前,五指交替点动。
　　("实验"的手语存在地域差异,可根据实际选择使用)

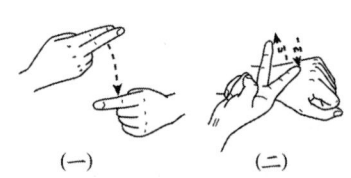

实质 shízhì
　　(一)左手食指横伸;右手食、中指相叠,敲一下左手食指。
　　(二)左手握拳;右手食、中指横伸,指背交替弹左手背。

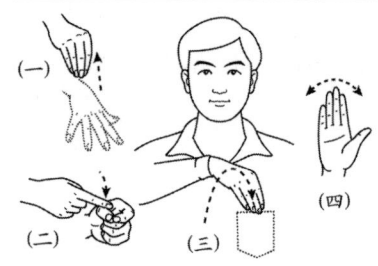

拾金不昧 shíjīn-bùmèi
　　(一)一手五指张开,指尖朝下,边从下向上移动边撮合。
　　(二)左手拇、食指捏成圆形,虎口朝上;右手伸食指,敲一下左手拇指。
　　(三)右手五指撮合,指尖朝下,然后向上衣兜移动。
　　(四)一手直立,掌心向外,左右摆动几下。

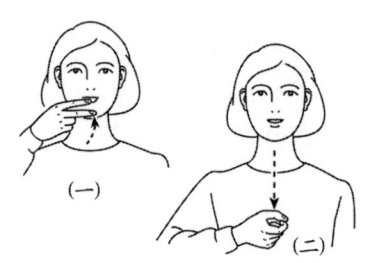

食道 shídào
　　(一)一手伸食、中指,向嘴边拨动,如用筷子吃饭状。
　　(二)一手拇、食指捏成圆形,虎口朝上,自喉部向下移。

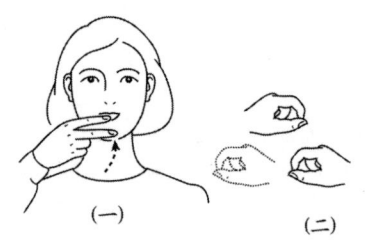

食品 shípǐn
　　(一)一手伸食、中指,向嘴边拨动,如用筷子吃饭状。
　　(二)双手拇、食指捏成圆形,虎口朝内,左手在上不动,右手在下连打两下,仿"品"字形。

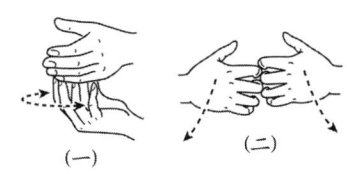

食品搅拌机 shípǐn jiǎobànjī
（一）左手五指成半圆形，虎口朝上；右手五指弯曲张开，指尖朝上，在左手内来回转动几下。
（二）双手五指弯曲，食、中、无名、小指关节交错相触，向下转动一下。

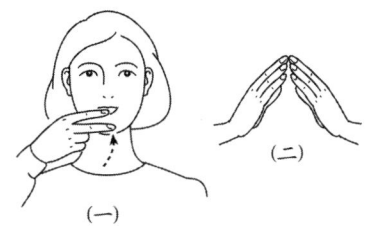

食堂（饭店、餐厅） shítáng (fàndiàn、cāntīng)
（一）一手伸食、中指，向嘴边拨动，如用筷子吃饭状。
（二）双手搭成"∧"形。

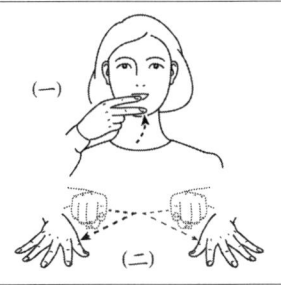

食物 shíwù
（一）一手伸食、中指，向嘴边拨动，如用筷子吃饭状。
（二）双手食指指尖朝前，手背向上，先互碰一下，再分开并张开五指。

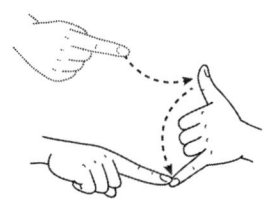

始终 shǐzhōng
左手伸拇、小指，手背向外；右手伸食指，先点一下左手拇指，再点一下左手小指，表示从头到尾、有始有终的意思。

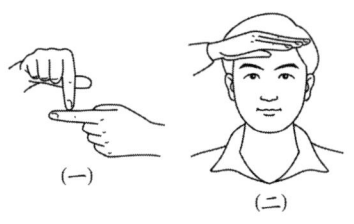

士兵 shìbīng
（一）左手食指与右手拇、食指搭成"士"字形。
（二）右手横伸，掌心向下，置于前额，表示军帽帽檐。

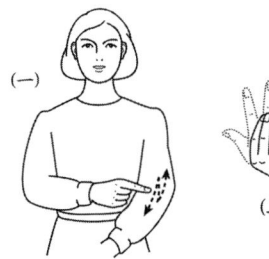

氏族 shìzú
（一）右手伸食指，在左臂处上下划动几下。
（二）一手五指张开，指尖朝上，然后撮合。

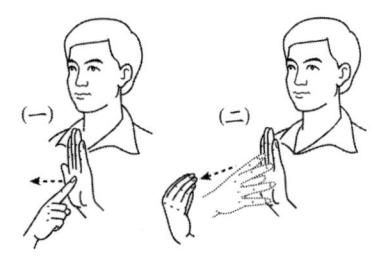

示范 shìfàn

（一）左手直立，掌心向前；右手伸食指，抵于左手掌心，双手同时向前移动一下。

（二）左手直立，掌心向前；右手五指张开，对着左手掌心，然后边向前移动边撮合。

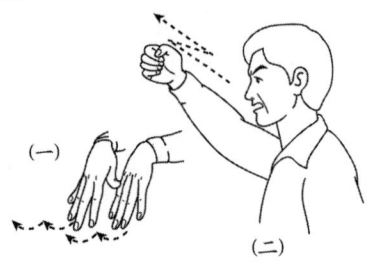

示威 shìwēi

（一）双手五指张开，指尖朝下，手背向外，一前一后，边甩动边向前移动。

（二）右手握拳，手背向右，边向前上方挥动边张口，如呼口号状，面露愤怒的表情，重复一次。

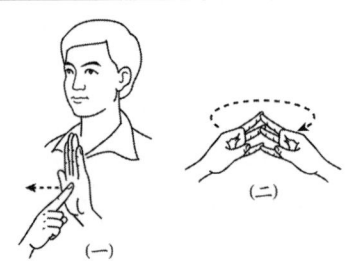

示众 shìzhòng

（一）左手直立，掌心向前；右手伸食指，抵于左手掌心，双手同时向前移动一下。

（二）双手中、无名、小指指尖斜向相抵，虎口朝上，顺时针转动一圈。

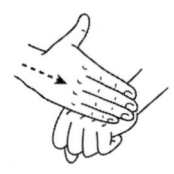

世纪 shìjì

左手握拳，手背向上；右手侧立，沿左手食、中、无名指根部关节从后向前移动一下。

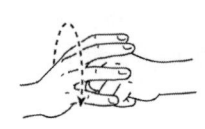

世界①（国际②、全球） shìjiè ①（guójì ②、quánqiú）

左手握拳，手背向上；右手五指微曲张开，从后向前绕左拳转动半圈。

世界② shìjiè ②

左手握拳，手背向上；右手侧立，置于左手腕，然后双手同时前后反向转动。

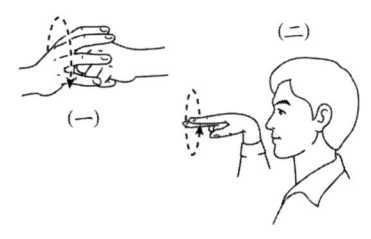

世界观 shìjièguān

（一）左手握拳，手背向上；右手五指微曲张开，从后向前绕左拳转动半圈。

（二）一手食、中指分开，指尖朝前，手背向上，在面前转动一圈。

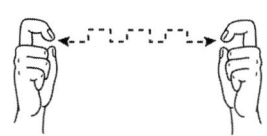

市①（城市） shì①（chéngshì）

双手食指直立，指面相对，从中间向两侧弯动（或弯动一下），仿城墙"⊓⊓⊓"形，表示直辖市。

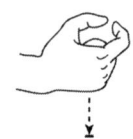

市② shì②

一手拇、食指成圆形，指尖稍分开，虎口朝上，向下一顿，表示地级市或县级市。

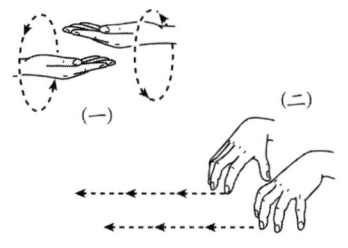

市场 shìchǎng

（一）双手横伸，掌心向上，前后交替转动两下。

（二）双手五指微曲，指尖朝下，同时向前一顿一顿移动几下，表示市场上的摊位。

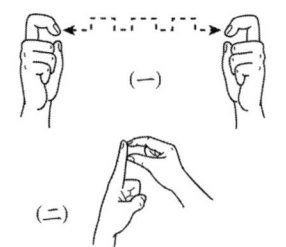

市民 shìmín

（一）双手食指直立，指面相对，从中间向两侧弯动（或弯动一下），仿城墙"⊓⊓⊓"形。

（二）左手食指与右手拇、食指搭成"民"字的一部分。

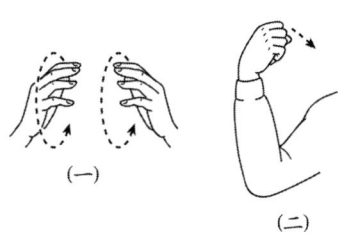

势力 shìlì

（一）双手五指微曲张开，掌心相对，同时向前转动一下。

（二）一手握拳屈肘，用力向内弯动一下。

事例 shìlì

（一）一手食、中指相叠，指尖朝前上方。

（二）左手直立，掌心向前；右手伸食指，抵于左手掌心，双手同时向前移动一下。

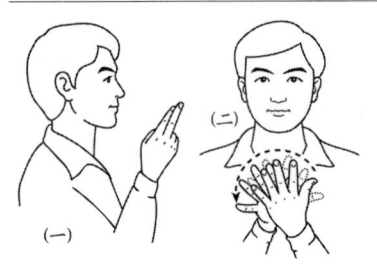

事情①（事件①） shì·qing ① (shìjiàn ①)

（一）一手食、中指相叠，指尖朝前上方。

（二）双手直立，掌心前后相贴，五指张开，左手不动，右手向右转动一下。

（"事情""事件"的手语存在地域差异，可根据实际选择使用）

事情②（事件②） shì·qing ② (shìjiàn ②)

左手握拳，虎口朝上；右手伸拇、食指，食指尖朝左，向下砸一下左拳。

（"事情""事件"的手语存在地域差异，可根据实际选择使用）

事实 shìshí

左手横伸；右手食、中指相叠，手背在左手掌心不同位置上贴两下。

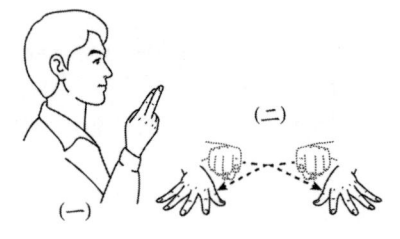

事物 shìwù

（一）一手食、中指相叠，指尖朝前上方。

（二）双手食指指尖朝前，手背向上，先互碰一下，再分开并张开五指。

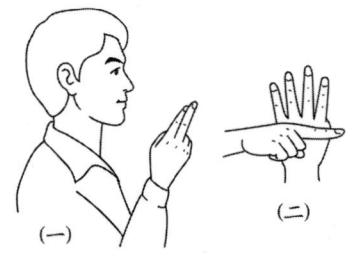

事业 shìyè

（一）一手食、中指相叠，指尖朝前上方。

（二）左手食、中、无名、小指直立分开，手背向外；右手食指横伸，置于左手四指根部，仿"业"字形。

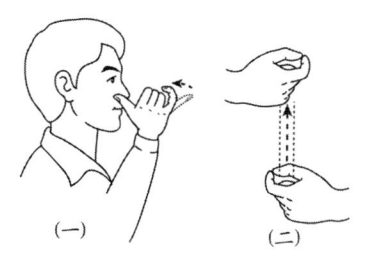

试管 shìguǎn
（一）一手伸拇、小指，指尖朝上，拇指置于鼻翼一侧，小指弯动一下。
（二）双手拇、食指捏成圆形，虎口朝上，一上一下，左手在下不动，右手向上移动。

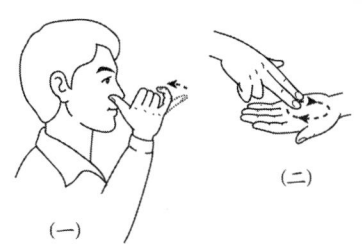

试验 shìyàn
（一）一手伸拇、小指，指尖朝上，拇指置于鼻翼一侧，小指弯动一下。
（二）左手横伸；右手伸拇、食、中指，食、中指并拢，在左手掌心上转动两下。

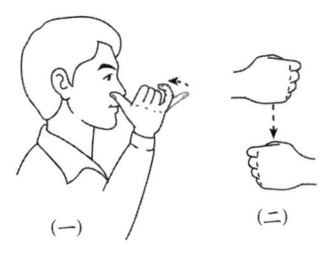

试制 shìzhì
（一）一手伸拇、小指，指尖朝上，拇指置于鼻翼一侧，小指弯动一下。
（二）双手握拳，一上一下，右拳向下砸一下左拳。

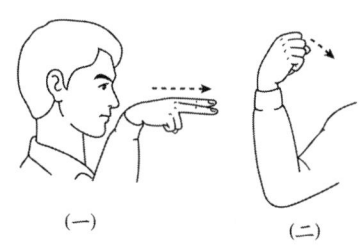

视力 shìlì
（一）一手食、中指分开，指尖朝前，手背向上，从眼部向前一指。
（二）一手握拳屈肘，用力向内弯动一下。

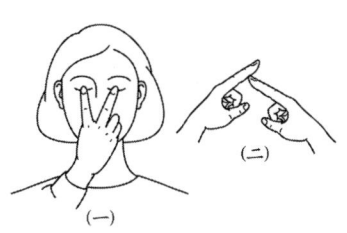

视力残疾人（盲人） shìlìcánjírén (mángrén)
（一）一手食、中指指尖贴于双眼，眼闭拢，表示双目失明。
（二）双手食指搭成"人"字形。

视频 shìpín
双手伸拇、食、中指，食、中指并拢，指尖前后相对，表示两架摄像机拍摄视频和视频聊天的意思。
（可根据实际决定手的位置和朝向）

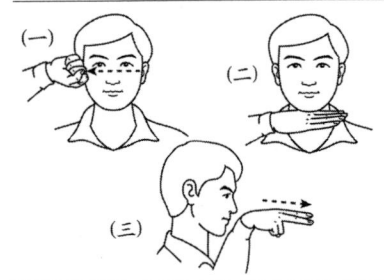

拭目以待 shìmùyǐdài

（一）一手虚握，手背向内，在眼前一抹，表示擦亮眼睛。

（二）一手横伸，手背贴于颏部下方。

（三）一手食、中指分开，指尖朝前，手背向上，从眼部向前一指。

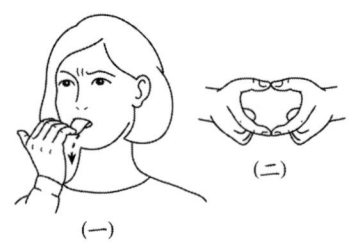

柿子 shì·zi

（一）一手打手指字母"S"的指式，指尖朝内，在嘴部向下移动一下，舌微伸，眉微蹙，如吃涩柿子的表情。

（二）双手拇、食指搭成圆形，虎口朝上，如柿子大小。

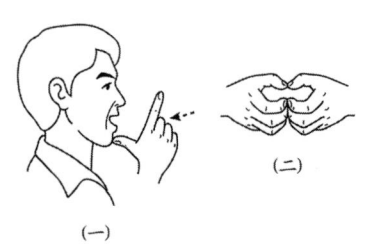

柿子椒 shì·zijiāo

（一）一手伸拇、食指，食指尖朝上，拇指尖碰一下颏部，口张开。

（二）双手五指弯曲，指尖相抵，虎口朝上。

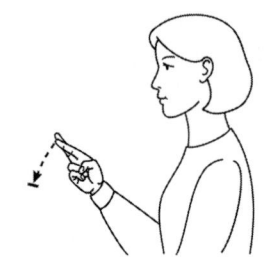

是 shì

一手食、中指相叠，指尖朝前上方，向下一顿。

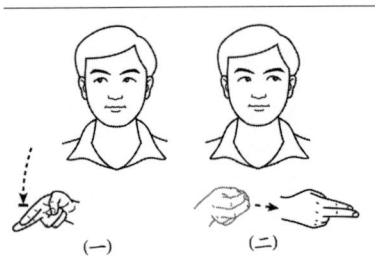

是……还是……① shì…háishì…①

（一）头偏向右侧；右手食、中指相叠，指尖朝右上方，向下一顿。

（二）头偏向左侧；右手拇、食、中指相捏，手背向外，边向左移动边食、中指相叠，指尖朝左前方。

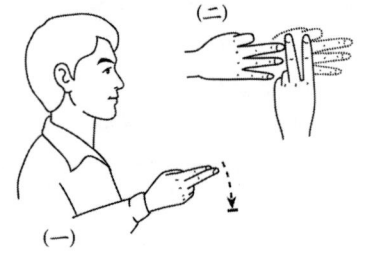

是非① shìfēi①

（一）一手食、中指相叠，指尖朝前上方，向下一顿。

（二）左手食、中指直立分开，手背向外；右手中、无名、小指横伸分开，手背向外，从左向右划过左手食、中指，仿"非"字形。

是非② shìfēi ②
右手伸拇指，朝左下方一顿，再伸小指，朝右下方一顿。

是否（是不是） shìfǒu (shì·bushì)
一手食、中指相叠，指尖朝上，左右晃动两下，面露疑问的表情。

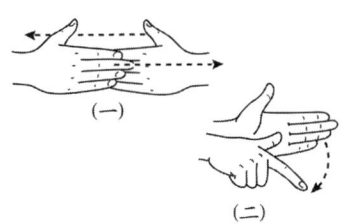

适时 shìshí
（一）双手横立，掌心向内，指尖相对，从两侧向中间交错移动至双手相叠。
（二）左手侧立；右手伸拇、食指，拇指尖抵于左手掌心，食指向下转动。

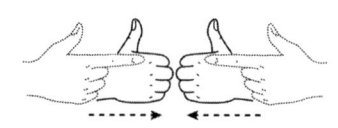

适应 shìyìng
双手伸拇、食指，手背向外，食指尖互碰一下，然后缩回，拇指直立。

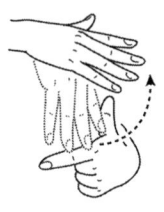

释放 shìfàng
左手伸拇、食指，食指尖朝右，手背向外；右手五指张开，指尖朝下，手背向外，置于左手食指上，然后向前抬起，指尖朝前，表示牢门打开，引申为释放。专用于表示释放监禁者的意思。

释迦牟尼 Shìjiāmùní
（一）一手五指微曲，指尖朝下，抵于头顶，然后边向上微移边收拢，表示释迦牟尼佛的发型。
（二）双手五指弯曲，拇指尖相抵，右手食、中、无名、小指置于左手内，虎口朝外。

收复　shōufù

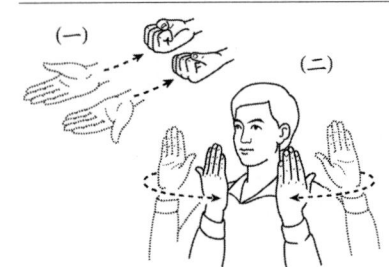

（一）双手平伸，掌心向上，边向内移动边握拳。
（二）双手直立，掌心向外，然后边向前做弧形移动边翻转为掌心向内。

收割机　shōugējī

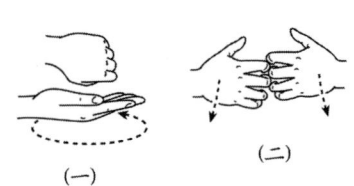

（一）左手虚握，虎口朝下；右手平伸，掌心向上，在左拳下方模仿割麦子的动作。
（二）双手五指弯曲，食、中、无名、小指关节交错相触，向下转动一下。

收获（收益）　shōuhuò（shōuyì）

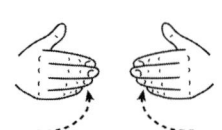

双手横立，掌心向内，五指微曲，从外向内收进。

收入　shōurù

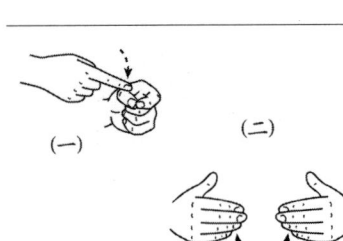

（一）左手拇、食指捏成圆形，虎口朝上；右手伸食指，敲一下左手拇指。
（二）双手横立，掌心向内，五指微曲，从外向内收进。

收拾　shōu·shi

左手横伸，掌心向上；右手横立，掌心向内，五指微曲，连续向内移动几下，如收拾东西状。
（可根据实际表示收拾的动作）

收条（收据）　shōutiáo（shōujù）

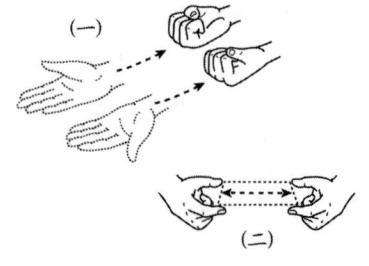

（一）双手平伸，掌心向上，边向内移动边握拳。
（二）双手拇、食指张开，指尖相对，虎口朝上，从中间向两侧移动。

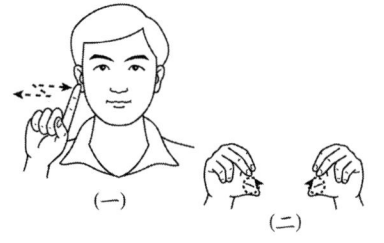

收音机 shōuyīnjī
（一）一手食指直立，掌心向外，在耳边左右晃动两下。
（二）双手拇、食、中指虚捏，指尖朝前，左右拧动，如调节旋钮状。

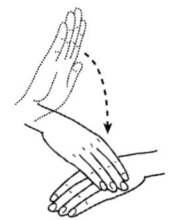

手 shǒu
左手横伸，掌心向下；右手拍一下左手背。

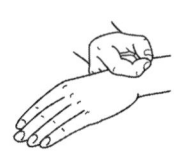

手表 shǒubiǎo
左手横伸，掌心向下；右手拇、食指捏成圆形，虎口朝上，置于左手腕。

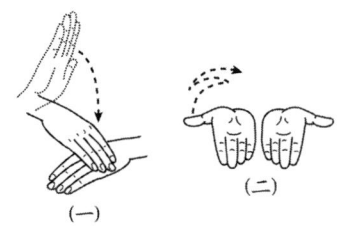
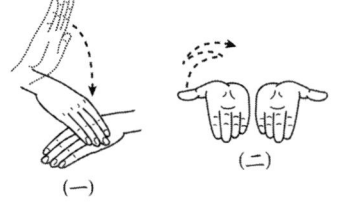

手册 shǒucè
（一）左手横伸，掌心向下；右手拍一下左手背。
（二）双手平伸，掌心向上，右手向左翻动两下，表示翻页。

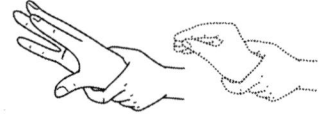

手电筒 shǒudiàntǒng
左手握住右手腕；右手五指撮合，掌心向外，然后张开。

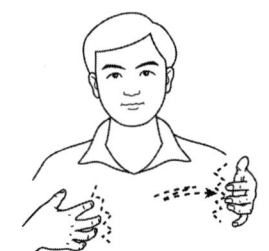

手风琴 shǒufēngqín
双手五指微曲，左手五指边交替按动边左右来回移动，同时右手五指交替按动，模仿拉手风琴的动作。既表示手风琴的名词意思，又表示拉手风琴的意思。

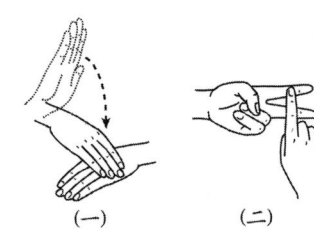

手工 shǒugōng
（一）左手横伸，掌心向下；右手拍一下左手背。
（二）左手食、中指与右手食指搭成"工"字形。

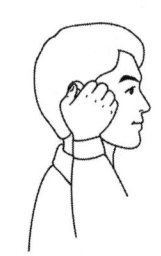

手机 shǒujī
一手五指微曲，置于耳旁，如持手机打电话状。既表示手机的名词意思，又表示打手机的意思。

手绢（手帕） shǒujuàn (shǒupà)
一手五指张开，掌心向内，边从口鼻部向外移动边撮合，重复一次。

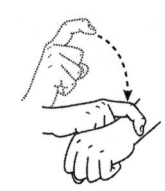

手铐 shǒukào
左手横伸握拳，手背向上；右手食指弯曲，扣住左手腕，如戴手铐状。

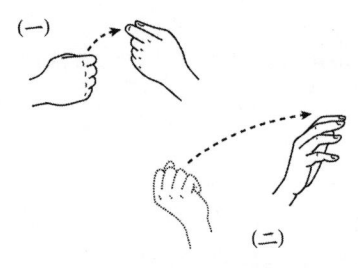

手雷 shǒuléi
（一）右手虚握，虎口朝上；左手拇、食指相捏，从右手虎口处向上一拉，表示拉手雷引信。
（二）右手虚握，向前一掷，模仿扔手雷的动作。

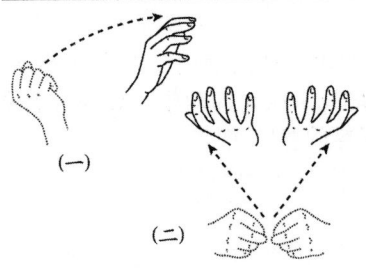

手榴弹 shǒuliúdàn
（一）右手虚握，向前一掷，模仿投手榴弹的动作。
（二）双手虚握，虎口朝上，然后迅速向上弹起并张开五指。

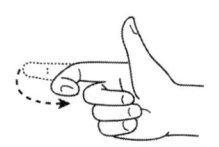

手枪 shǒuqiāng

一手伸拇、食指,食指尖朝前,弯动一下,如握手枪射击状。

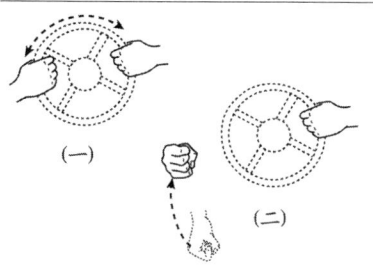

手刹（手闸） shǒushā (shǒuzhá)

（一）双手虚握,左右转动,如操纵方向盘状。
（二）双手虚握,左手虎口朝上,右手虎口朝前,用力向后扳动一下,虎口朝上,模仿拉汽车手闸的动作。

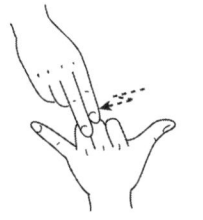

手术 shǒushù

左手伸拇、小指,指尖朝上;右手食、中指并拢,指尖朝下,在左手上划动两下。

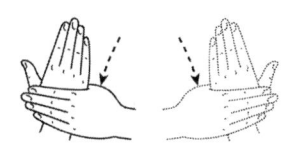

手套 shǒutào

左手直立,掌心向内,右手五指成"⊐"形,套入左手掌;然后右手直立,掌心向内,左手五指成"⊏"形,套入右手掌,模仿戴手套的动作。

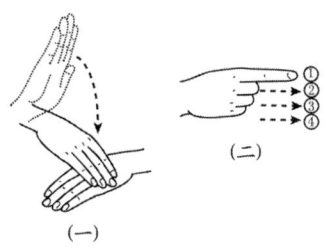

手续 shǒuxù

（一）左手横伸,掌心向下;右手拍一下左手背。
（二）一手握拳,手背向外,虎口朝上,依次伸出食、中、无名、小指。

手语（手势、比划、聊天儿）

shǒuyǔ (shǒushì、bǐ·hua、liáotiānr)

双手直立,掌心左右相对,前后交替移动几下,表示打手语。

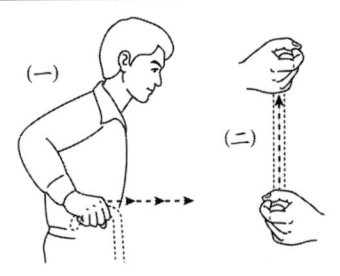

手杖　shǒuzhàng

（一）一手虚握，虎口朝外，向前一顿一顿移动几下，如握手杖走路状。

（二）双手拇、食指捏成圆形，虎口朝上，一上一下，左手在下不动，右手向上移动。

（可根据实际表示手杖的外形）

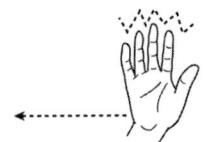

手指字母（手指语、拼音）
　　shǒuzhǐ zìmǔ (shǒuzhǐyǔ、pīnyīn)

一手直立，掌心向外，五指微曲，边交替点动边向一侧移动。

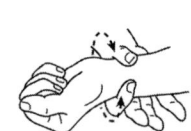

手镯　shǒuzhuó

左手握拳屈肘，手背向下；右手拇、食指弯曲，指尖朝上，套在左手腕上，转动两下。

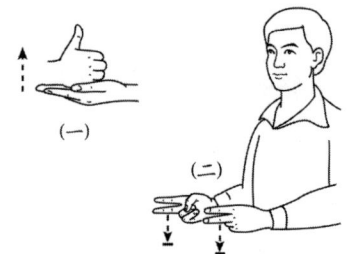

守法　shǒufǎ

（一）左手横伸；右手伸拇指，置于左手掌心上，左手向上一抬。

（二）双手打手指字母"F"的指式，指尖朝前，向下一顿。

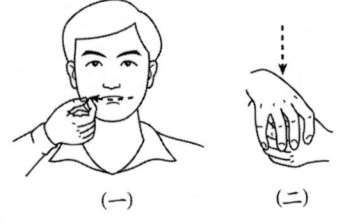

守口如瓶　shǒukǒu-rúpíng

（一）一手拇、食指相捏，指尖朝内，从嘴角一侧移至另一侧，表示用胶条将嘴封上。

（二）左手虚握，虎口朝上；右手五指弯曲，指尖朝下，盖向左手虎口。

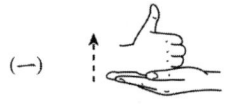

守则　shǒuzé

（一）左手横伸；右手伸拇指，置于左手掌心上，左手向上一抬。

（二）双手握拳，手背向外，虎口朝上，同时依次伸出食、中、无名、小指。

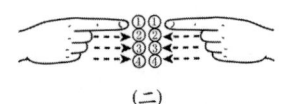

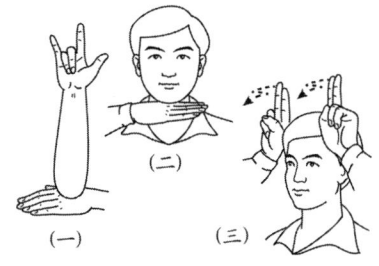

守株待兔 shǒuzhū-dàitù

（一）左手横伸；右手屈肘，置于左手背上，拇、食、小指直立，掌心向外。
（二）一手横伸，手背贴于颔部下方。
（三）双手食、中指直立并拢，掌心向外，置于头两侧，向前弯动两下。

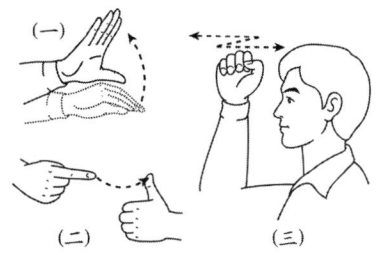

首班车 shǒubānchē

（一）一手五指撮合，手背向上，虎口朝内，置于面前，边向上做弧形移动边张开。
（二）左手伸拇指；右手伸食指，碰一下左手拇指。
（三）一手虚握，虎口朝内，前后移动两下，如握公交车上方把手状。
（可根据实际选择车的手势）

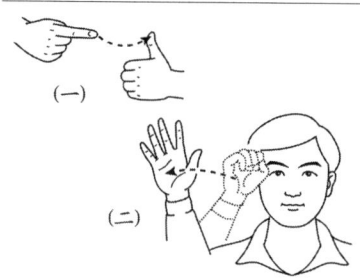

首创 shǒuchuàng

（一）左手伸拇指；右手伸食指，碰一下左手拇指。
（二）一手握拳，虎口贴于太阳穴，然后边向前移动边张开五指。

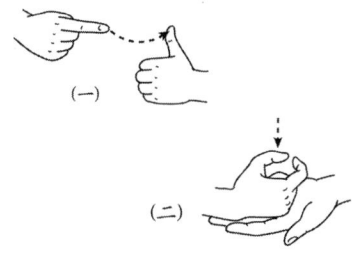

首都 shǒudū

（一）左手伸拇指；右手伸食指，碰一下左手拇指。
（二）左手横伸；右手拇、食指成圆形，指尖稍分开，虎口朝上，移至左手掌心。

首尔 Shǒu'ěr

一手食、中、无名指直立分开，掌心向内，碰两下颔部。
（此为国外聋人手语）

首先（第一②、初） shǒuxiān (dì-yī②、chū)

左手伸拇指；右手伸食指，碰一下左手拇指。

首相 shǒuxiàng

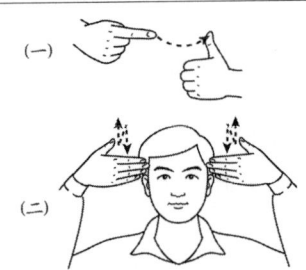

（一）左手伸拇指；右手伸食指，碰一下左手拇指。
（二）双手横立，掌心向内，指尖抵于太阳穴两侧，并上下晃动两下。

首要 shǒuyào

（一）左手伸拇指；右手伸食指，碰一下左手拇指。
（二）一手平伸，掌心向上，向后移动一下。

受不了（吃不消、禁不起）
shòu·buliǎo（chī·buxiāo、jīn·buqǐ）

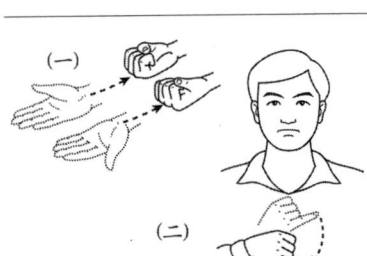

（一）双手平伸，掌心向上，边向内移动边握拳。
（二）右手伸小指，指尖朝左，向下甩动一下，表示自己受不了（表示别人受不了时，指尖朝外甩动）。

受贿 shòuhuì

左臂横伸，左手握拳，手背向上；右手拇、食指捏成圆形，虎口朝上，从左臂下向内移动，表示暗中接受他人的贿赂。

受累 shòulèi

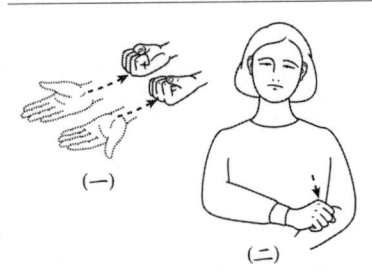

（一）双手平伸，掌心向上，边向内移动边握拳。
（二）右手握拳，手背向上，捶一下左肘窝处，面露疲劳的表情。

授粉 shòufěn

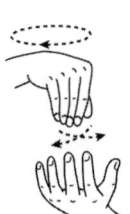

左手五指微曲，指尖朝上；右手五指撮合，指尖朝下，在左手上方边捻动边平行转动一圈。

瘦 shòu

一手五指夹住脸颊两侧,边向下移动边收拢。
(可根据实际表示瘦的状态)

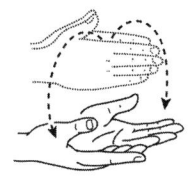

书(本、册) shū(běn、cè)

双手侧立,掌心相贴,然后向两侧打开。
(可根据实际表示书或本的样式)

书包(背包) shūbāo(bēibāo)

双手五指弯曲,指尖朝内,从肩部两侧向下移动一下,如背双肩书包状。
(可根据实际表示书包的样式)

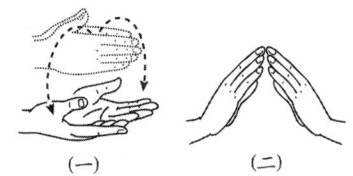

书店(书房) shūdiàn(shūfáng)

(一)双手侧立,掌心相贴,然后向两侧打开。
(二)双手搭成"∧"形。

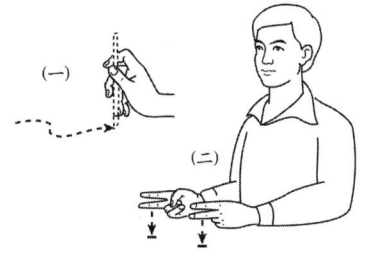

书法 shūfǎ

(一)一手如执毛笔写字状。
(二)双手打手指字母"F"的指式,指尖朝前,向下一顿。

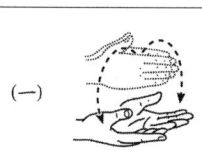

书柜 shūguì

(一)双手侧立,掌心相贴,然后向两侧打开。
(二)双手虚握,虎口朝上,从中间向两侧做弧形移动,模仿开柜门的动作。
(可根据实际表示开柜门的动作)

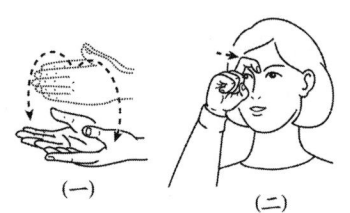

书记 shūjì
（一）双手侧立，掌心相贴，然后向两侧打开。
（二）一手打手指字母"J"的指式，碰一下前额。

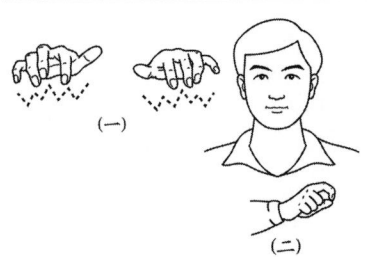

书记员（打字员） shūjìyuán (dǎzìyuán)
（一）双手五指弯曲，指尖朝下，交替点动几下，如敲击计算机键盘状。
（二）右手拇、食指捏成圆形，虎口朝内，贴于左胸部。

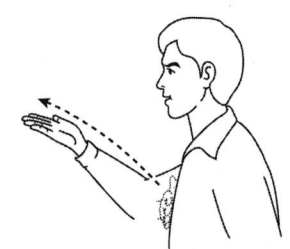

抒情 shūqíng
一手掌心贴于胸部，然后向外做弧形移动，掌心向上，口微张，身体随之前倾，面露激昂的表情，模仿抒发感情时的动作和神态。

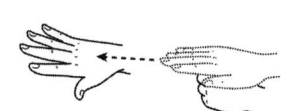

枢纽 shūniǔ
左手虚握，虎口朝上；右手平伸，掌心向下，五指并拢，置于左手虎口上，然后边向前移动边张开。

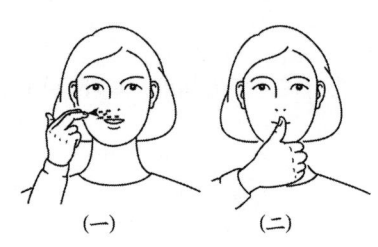

叔叔❶（叔父） shū·shu ❶ (shūfù)
（一）右手打手指字母"SH"的指式，食指外侧在鼻下向右划动两下。
（二）右手伸拇指，指尖左侧贴在嘴唇上。

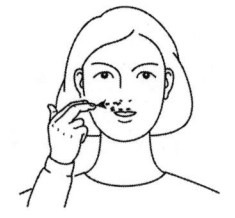

叔叔❷ shū·shu ❷
右手打手指字母"SH"的指式，食指外侧在鼻下向右划动两下。

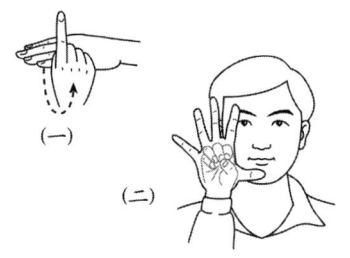

殊荣 shūróng

（一）左手横伸，手背向上；右手伸食指，从左手小指外侧向上伸出。

（二）一手虚握，虎口贴于脸颊，然后张开五指，表示脸上有光。

梳头（梳理） shūtóu (shūlǐ)

一手握拳，如握梳子状，在头上做梳头发的动作。

舒服（舒畅） shū·fu (shūchàng)

一手五指张开，掌心贴胸部逆时针转动一圈，面露惬意的表情。

疏 shū

双手直立，掌心向内，五指并拢，靠在一起，然后张开。（可根据实际表示疏的状态）

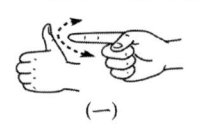

疏导 shūdǎo

（一）左手伸拇指；右手伸食指，指尖朝前，在左手拇指后左右移动。

（二）双手手背拱起，指背相对，分别向两侧扒动一下。（此手势表示心理疏导）

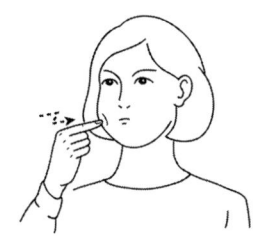

疏松 shūsōng

一手伸食指，指尖杵两下鼓起的脸颊，表示物体内部松软有空隙。

疏远 shūyuǎn

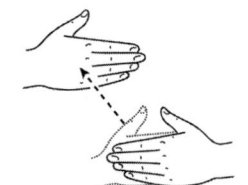

双手横立,掌心向内,左手在前不动,右手向后移动。

输出 shūchū

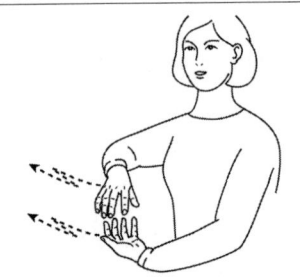

双手横伸,五指微曲,指尖上下相对,从内向外甩动两下。

输入 shūrù

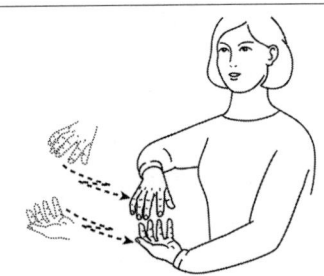

双手横伸,五指微曲,指尖上下相对,从外向内甩动两下。

输血 shūxuè

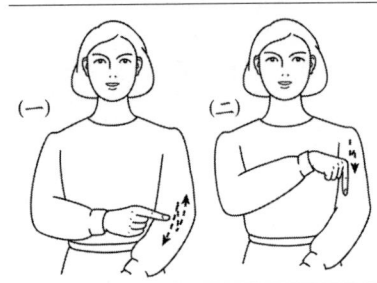

(一)右手伸食指,在左臂处上下划动几下。
(二)右手伸食指,指尖朝下,在左上臂上向下点动几下,表示输液。

输液 shūyè

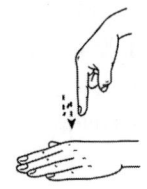

左手平伸;右手伸食指,指尖朝下,在左手背处向下点动几下。
(可根据实际表示输液的方式)

赎 shú

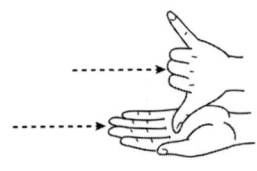

左手平伸;右手伸拇、小指,拇指尖朝下,抵于左手掌心,双手同时向内移动。
(可根据实际决定手的移动方向)

熟（成熟、熟练、顺手）
shú (chéngshú、shúliàn、shùnshǒu)
　　一手伸拇、食指，食指尖朝上，然后食指缩回，拇指尖朝上，表示逐渐由生变熟的意思；也用于表示使用某种工具很熟很顺手的意思。
（可根据实际表示熟的状态）

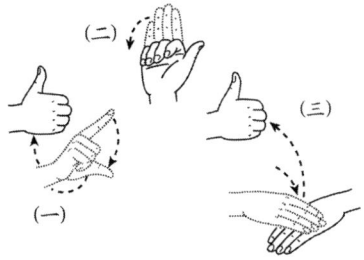

熟能生巧　shúnéngshēngqiǎo
　　（一）一手伸拇、食指，食指尖朝上，然后食指缩回，拇指尖朝上，表示逐渐由生变熟的意思。
　　（二）一手直立，掌心向外，然后食、中、无名、小指弯动一下，面露肯定的表情。
　　（三）左手横伸，掌心向下；右手拍一下左手背，再伸出拇指。

熟悉　shú·xi
　　双手伸拇、食指，食指尖朝上，掌心向外，然后食指边向下转动边缩回，拇指尖朝上，掌心左右相对。

暑假　shǔjià
　　（一）一手五指张开，手背向外，在额头上一抹，如流汗状。
　　（二）双手交叉，手背向外，贴于胸部，表示休息的意思。

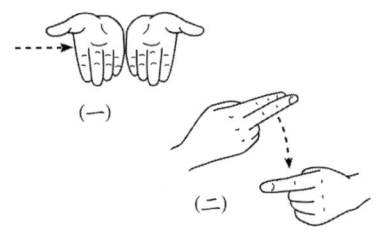

属实　shǔshí
　　（一）双手平伸，掌心向上，左手不动，右手移向左手并相碰。
　　（二）左手食指横伸；右手食、中指相叠，敲一下左手食指。

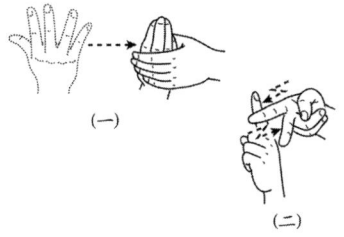

属性　shǔxìng
　　（一）左手五指成半圆形，虎口朝上；右手五指张开，指尖朝上，边移向左手虎口内边撮合。
　　（二）左手食指直立；右手食、中指横伸，指背交替弹左手食指背。

属于① shǔyú ①

一手拍两下胸部,表示某物属于自己的意思。

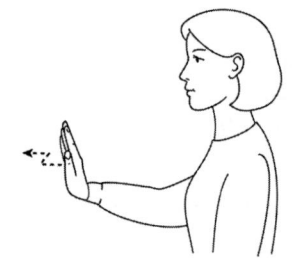

属于② shǔyú ②

一手直立,掌心向外推两下,表示某物属于对方或第三者的意思。

(可根据实际决定手的朝向和移动方向)

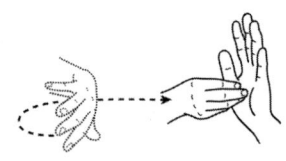

属于③ shǔyú ③

左手直立,掌心向右,五指微曲;右手五指张开,掌心向右,边转腕移向左手掌心边撮合,指尖碰向左手掌心,表示某物属于单位或国家的意思。

署 shǔ

一手打手指字母"SH"的指式,表示机构名称。

蜀 Shǔ

一手中、无名、小指分开,指尖朝下,手背向外,置于前额,表示三国时期的"蜀国"。

鼠(老鼠) shǔ (lǎoshǔ)

左手平伸;右手平伸,手背拱起,置于左手掌心上,快速向前做曲线形移动。

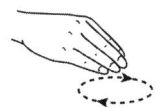

鼠标 shǔbiāo

一手平伸，手背拱起，微转两下，如操作鼠标状。

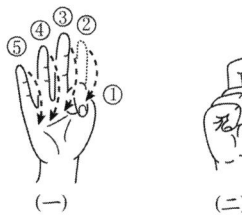

数九 shǔjiǔ

（一）一手直立，掌心向外，从拇指起依次弯动手指（或依次伸出食、中、无名、小、拇指），如数数状。

（二）一手食指弯曲，中节指指背向上，虎口朝内。

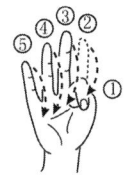

数数 shǔshù

一手直立，掌心向外，从拇指起依次弯动手指（或依次伸出食、中、无名、小、拇指），如数数状。

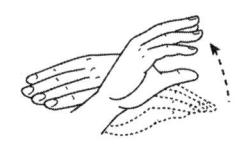

曙光 shǔguāng

左手横伸，掌心向下；右手五指撮合，置于左手小指外侧，然后食、中、无名、小指边向上微移边张开，表示东方地平线露出曙光。

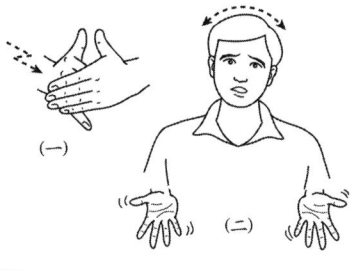

束手无策（一筹莫展） shùshǒu-wúcè (yīchóu-mòzhǎn)

（一）左手横立，掌心向内；右手伸拇、小指，碰两下左手掌心。

（二）双手平伸，掌心向上，五指张开，上下颠动，头左右微晃，表示没有办法。

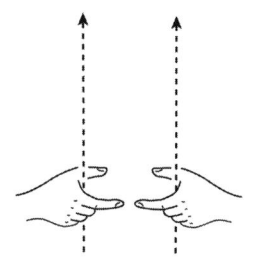

树①（树木） shù① (shùmù)

双手拇、食指成大圆形，虎口朝上，同时向上移动。

树② shù②
左手横伸；右手肘部立于左手背上，五指张开，掌心向外，微晃几下，仿树的外形。

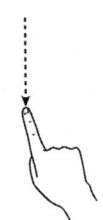

竖 shù
一手伸食指，指尖朝前，从上向下划动一下。
（可根据实际表示竖的状态）

数（数量、数额、多少） shù（shùliàng、shù'é、duōshǎo）
一手直立，掌心向内，五指张开，交替点动几下；也用于表示多少（duō·shao）的意思。

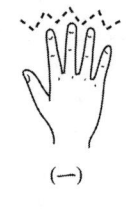 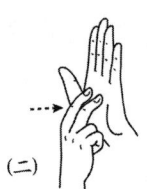

数词（量词） shùcí（liàngcí）
（一）一手直立，掌心向内，五指张开，交替点动几下。
（二）左手直立，掌心向外；右手食、中指弯曲，指尖朝内，点一下左手掌心。

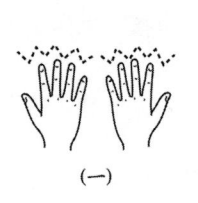 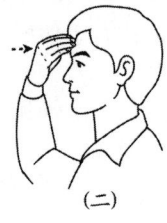

数学 shùxué
（一）双手直立，掌心向内，五指张开，交替点动几下。
（二）一手五指撮合，指尖朝内，按向前额。

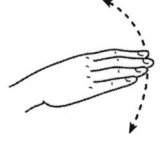

刷子（刷） shuā·zi（shuā）
一手五指并拢，指尖朝前，掌心向下，上下来回移动两下。

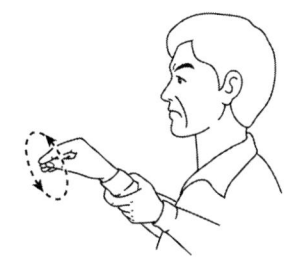

耍滑头 shuǎ huátóu

左手握住右手腕;右手五指撮合,指尖朝前,手腕转动两下。

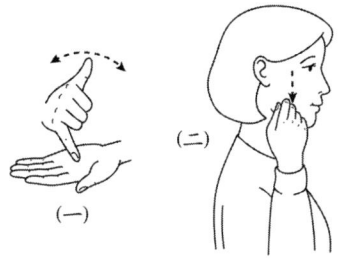

衰老 shuāilǎo

(一)左手横伸;右手伸拇、小指,小指尖抵于左手掌心,左右晃动。

(二)一手五指弯曲,食、中、无名、小指指背贴于脸颊,从上向下移动,表示脸上的皱纹。

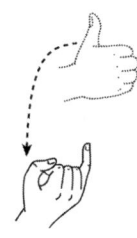

衰落(没落) shuāiluò (mòluò)

一手伸拇指,然后边向下转腕边缩回并伸出小指。

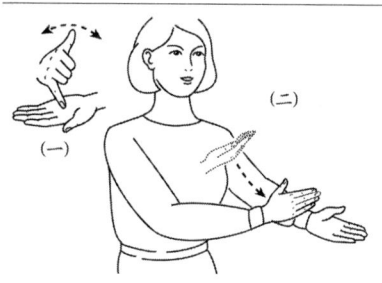

衰退 shuāituì

(一)左手横伸;右手伸拇、小指,小指尖抵于左手掌心,左右晃动。

(二)左手平伸,掌心向上;右手横立,掌心向内,置于左上臂,然后向左手腕方向移动。

摔跤 shuāijiāo

双手伸拇、小指,一左一右,然后前后交替用力转动手腕,表示两人摔跤。

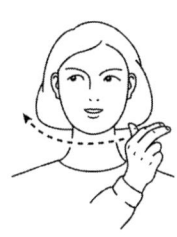

帅 shuài

右手打手指字母"SH"的指式,指尖朝左,在颏部向右划动一下,表示人的模样帅,面露羡慕的表情。

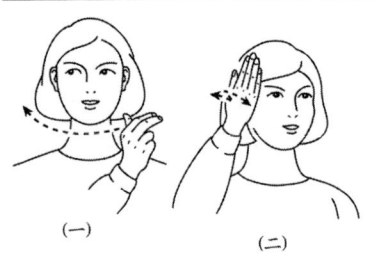

帅哥 shuàigē
（一）右手打手指字母"SH"的指式，指尖朝左，在颊部向右划动一下，表示人的模样帅，面露羡慕的表情。
（二）一手直立，掌心贴于头一侧，前后移动两下。

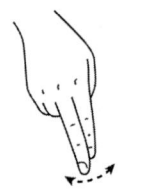

涮 shuàn
一手食、中指相叠，指尖朝下，晃动几下。
（可根据实际表示涮的动作）

涮锅 shuànguō
左手拇、食指成半圆形，虎口朝上；右手食、中指相叠，指尖朝下，在左手虎口内转动两下，表示用筷子夹着食品涮锅。

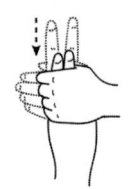

双 shuāng
左手五指微曲，虎口朝上；右手食、中指直立分开，手背向外，边从上向下移入左手掌心内边并拢，左手握住右手食、中指。

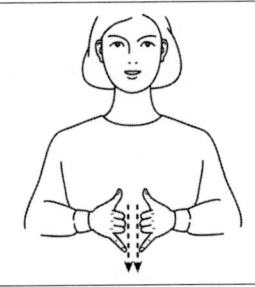

双胞胎（孪生） shuāngbāotāi (luánshēng)
双手伸拇、小指，指尖相对，手背向外，从腹部同时向下移动。

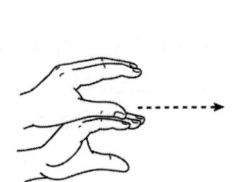

双层汽车 shuāngcéng qìchē
双手五指成"匚"形，指尖朝前，上下相叠，同时向前移动。

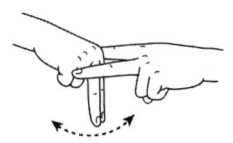

双杠 shuānggàng
左手食、中指横伸分开,手背向上;右手食、中指并拢,指尖朝下,在左手食、中指指缝间左右摆动两下,模仿做双杠的动作。

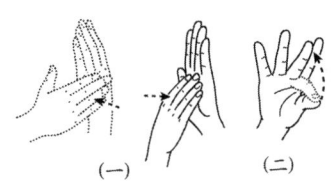

双面胶 shuāngmiànjiāo
(一)左手直立,手背向外;右手掌先拍一下左手背,再拍一下左手掌心。
(二)一手拇、中指相捏,然后缓慢张开,指尖朝前。

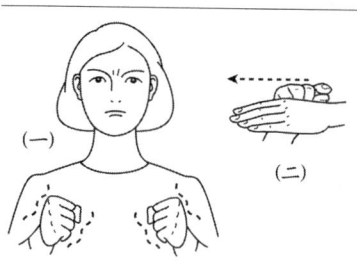

霜降(霜) shuāngjiàng (shuāng)
(一)双手握拳屈肘,小臂颤动几下,如哆嗦状,表示冷。
(二)左手横伸;右手拇、食指微张,指尖朝前,在左手背上从左向右移动一下,表示一层白霜。

爽快(爽、痛快) shuǎng·kuai (shuǎng、tòng·kuài)
一手横立,掌心贴于胸部,边向一侧移动边伸出拇指,面露满意的表情。

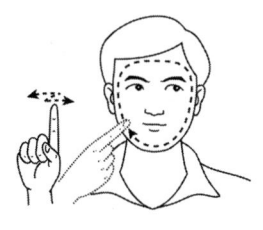

谁(某②) shuí (mǒu②)
一手伸食指,绕脸部转动一圈,再直立,掌心向外,左右微晃几下,面露疑问的表情。

水① shuǐ①
一手伸食指,指尖贴于下嘴唇,表示数量较少或面积较小的水,如墨水。

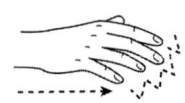

水② shuǐ②

一手横伸,掌心向下,五指张开,边交替点动边向一侧移动,表示数量较多或面积较大的水,如江水。

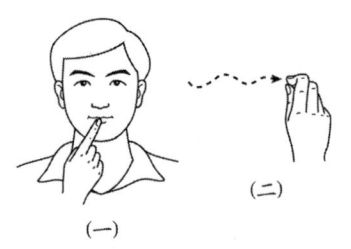

水笔 shuǐbǐ

(一)一手伸食指,指尖贴于下嘴唇。

(二)一手拇、食指相捏,指尖朝前,如执笔在白板上写字状。

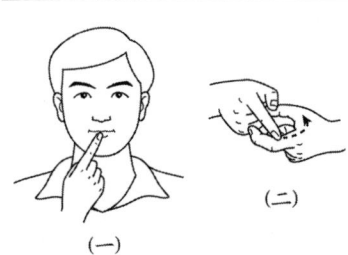

水表 shuǐbiǎo

(一)一手伸食指,指尖贴于下嘴唇。

(二)左手拇、食指成半圆形,虎口朝上;右手伸食指,指尖朝前,置于左手虎口上,向左微转一下。

(可根据实际表示水表的式样)

水彩画 shuǐcǎihuà

(一)一手伸食指,指尖贴于下嘴唇。

(二)一手直立,掌心向内,五指张开,在嘴唇部交替点动。

(三)左手横伸;右手五指撮合,指背在左手掌心上抹一下。

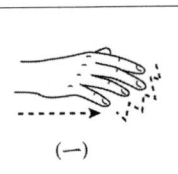
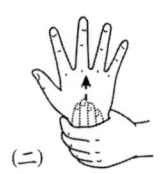

水产 shuǐchǎn

(一)一手横伸,掌心向下,五指张开,边交替点动边向一侧移动。

(二)左手五指成半圆形,虎口朝上;右手五指撮合,指尖朝上,手背向外,边从左手虎口内伸出边张开。

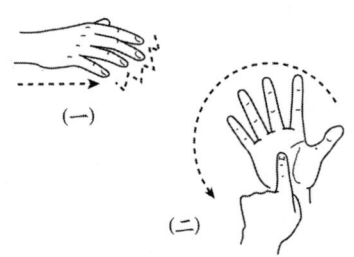

水车 shuǐchē

(一)一手横伸,掌心向下,五指张开,边交替点动边向一侧移动。

(二)左手食指横伸;右手五指张开,掌心抵于左手食指尖,然后向前转动一下。

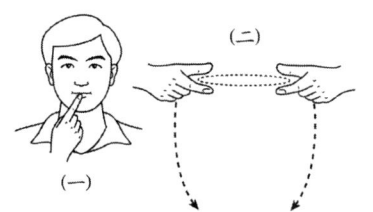

水缸 shuǐgāng
（一）一手伸食指，指尖贴于下嘴唇。
（二）双手拇、食指成大圆形，虎口朝上，从上向下做弧形移动，仿水缸外形。

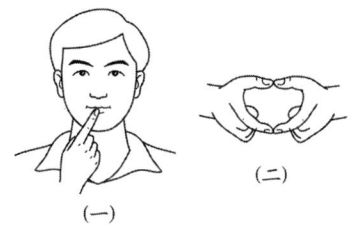

水果 shuǐguǒ
（一）一手伸食指，指尖贴于下嘴唇。
（二）双手拇、食指搭成圆形，虎口朝上，表示果子。

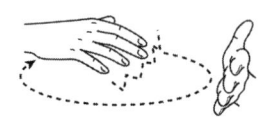

水库 shuǐkù
左手斜伸，掌心向右上方，表示水库的大坝；右手横伸，掌心向下，五指张开，边交替点动边顺时针平行转动。

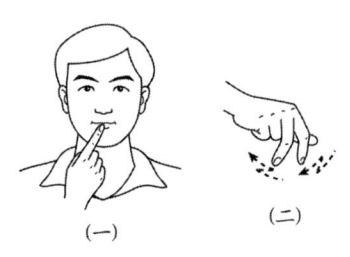

水龙头 shuǐlóngtóu
（一）一手伸食指，指尖贴于下嘴唇。
（二）一手拇、食、中指弯曲，指尖朝下，拧动两下，如拧自来水龙头状。
（可根据实际表示开启不同水龙头的动作）

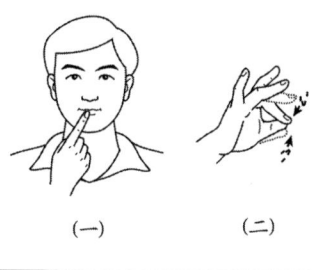

水泥 shuǐní
（一）一手伸食指，指尖贴于下嘴唇。
（二）一手拇、中指相捏两下，指尖朝前。

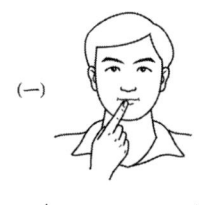

水平 shuǐpíng
（一）一手伸食指，指尖贴于下嘴唇。
（二）左手横伸；右手平伸，掌心向下，从左手背上向右移动一下。

水平面 shuǐpíngmiàn

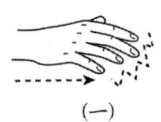
（一）

（二）

（一）一手横伸，掌心向下，五指张开，边交替点动边向一侧移动。

（二）左手横伸；右手平伸，掌心向下，从左手背上向右移动一下。

水球 shuǐqiú

（一）一手横伸，掌心向下，五指张开，边交替点动边向一侧移动。

（二）一手五指微曲，掌心向前，自头一侧上方用力向前一掷。

水渠 shuǐqú

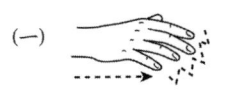

（一）一手横伸，掌心向下，五指张开，边交替点动边向一侧移动。

（二）双手斜伸，掌心相对，从前向后移动。

水獭 shuǐtǎ

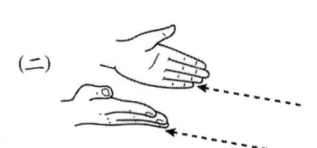

左手横伸，掌心向下，五指张开，交替点动几下，在上；右手五指撮合，手背向上，在下，从右向左做曲线形移动，表示水獭在水里游动。

水仙花 shuǐxiānhuā

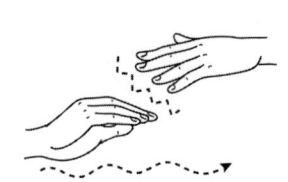

（一）一手伸食指，指尖贴于下嘴唇。

（二）左手拇、食指成"亻"形；右手拇、食、小指直立，手背向外，置于左手旁，仿"仙"字形。

（三）一手五指撮合，指尖朝上，然后张开。

水灾 shuǐzāi

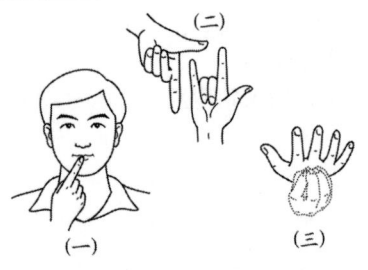

（一）一手横伸，掌心向下，五指张开，边交替点动边向一侧移动，面露愁容。

（二）一手拍一下前额，然后边向前下方移动边伸出小指，面露愁容。

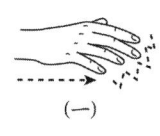 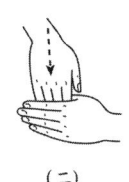

水闸 shuǐzhá
（一）一手横伸，掌心向下，五指张开，边交替点动边向一侧移动。
（二）左手五指成"匚"形，虎口朝上；右手五指并拢，指尖朝下，插入左手虎口内。

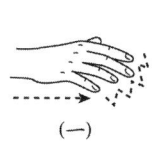 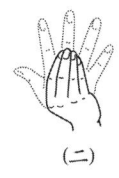

水族 Shuǐzú
（一）一手横伸，掌心向下，五指张开，边交替点动边向一侧移动。
（二）一手五指张开，指尖朝上，然后撮合。

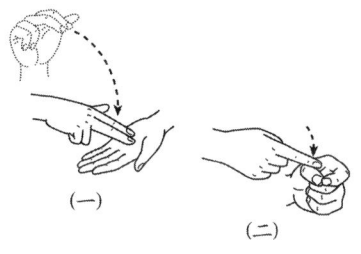

税款 shuìkuǎn
（一）左手横伸；右手打手指字母"SH"的指式，然后食、中指向左手掌心上拍一下。
（二）左手拇、食指捏成圆形，虎口朝上；右手伸食指，敲一下左手拇指。

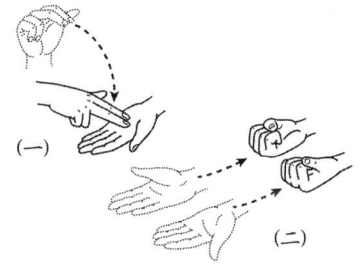

税收 shuìshōu
（一）左手横伸；右手打手指字母"SH"的指式，然后食、中指向左手掌心上拍一下。
（二）双手平伸，掌心向上，边向内移动边握拳。

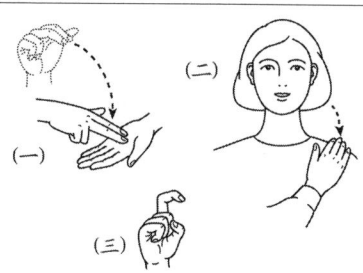

税务局 shuìwùjú
（一）左手横伸；右手打手指字母"SH"的指式，然后食、中指向左手掌心上拍一下。
（二）右手拍一下左肩。
（三）一手打手指字母"J"的指式。

睡觉（居住） shuìjiào (jūzhù)
一手掌心贴于脸部，头微侧，闭眼，如睡觉状。

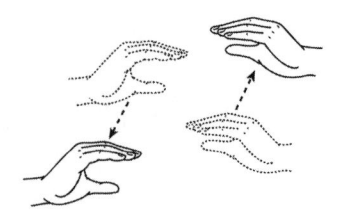

顺差 shùnchā

左手五指成"⊏"形,薄,虎口朝内,在前;右手五指成"⊐"形,厚,虎口朝内,在后,然后双手前后互换位置,表示出口多于进口。

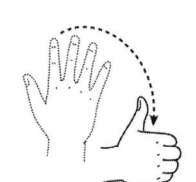

顺利 shùnlì

右手直立,掌心向左,五指张开,边向前转腕边食、中、无名、小指弯曲,指尖抵于掌心,拇指直立。

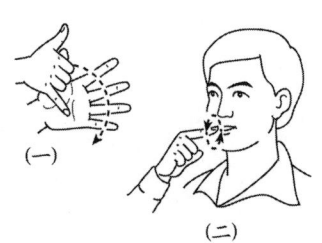

顺叙 shùnxù

(一)左手侧立,五指张开;右手伸拇、小指,从左手拇指转向左手小指。
(二)一手食指横伸,在嘴前前后转动两下。

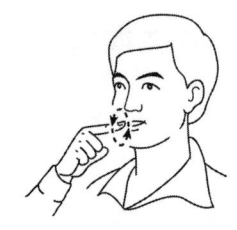

说(讲话、语言) shuō (jiǎnghuà、yǔyán)

一手食指横伸,在嘴前前后转动两下。

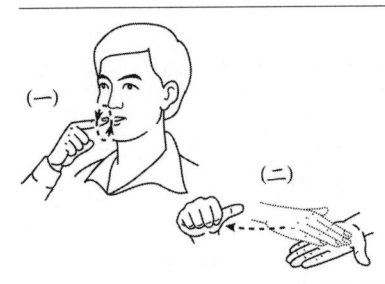

说明(阐明) shuōmíng (chǎnmíng)

(一)一手食指横伸,在嘴前前后转动两下。
(二)左手横伸;右手平伸,掌心向下,贴于左手掌心,边向左手指尖方向移动边食、中、无名、小指弯曲,指尖抵于掌心。

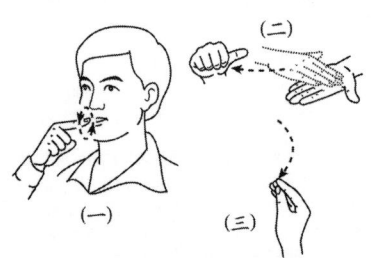

说明文 shuōmíngwén

(一)一手食指横伸,在嘴前前后转动两下。
(二)左手横伸;右手平伸,掌心向下,贴于左手掌心,边向左手指尖方向移动边食、中、无名、小指弯曲,指尖抵于掌心。
(三)一手五指撮合,指尖朝前,撇动一下,如执毛笔写字状。

硕士 shuòshì

左手横伸，掌心向下，置于头顶；右手食、中指直立分开，掌心向外，从左手指尖处向下移动。

司 sī

一手打手指字母"S"的指式，表示机构名称。

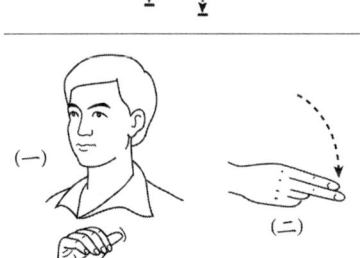

司法 sīfǎ

（一）一手打手指字母"S"的指式。
（二）双手打手指字母"F"的指式，指尖朝前，向下一顿。

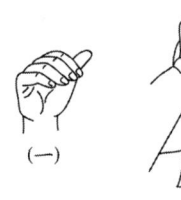

司令 sīlìng

（一）右手打手指字母"S"的指式，拇指尖抵于左胸部。
（二）一手食、中指并拢，向下一挥。

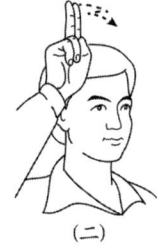

司马 Sīmǎ

（一）一手打手指字母"S"的指式。
（二）一手食、中指直立并拢，虎口贴于太阳穴，向前微动两下。
（此手势表示复姓"司马"）

司徒 Sītú

（一）一手打手指字母"S"的指式。
（二）左手伸拇指，手背向外；右手食、中指弯曲，手背向左上方，在左手旁向下按动一下。
（此手势表示复姓"司徒"）

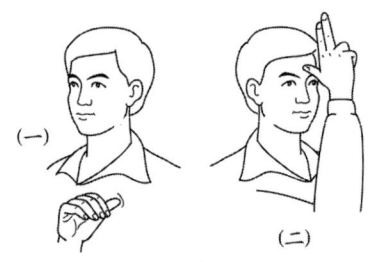

司长 sīzhǎng

（一）右手打手指字母"S"的指式，拇指尖抵于左胸部，表示职务名称。

（二）一手伸拇、食、中指，拇指尖抵于前额，食、中指直立并拢。

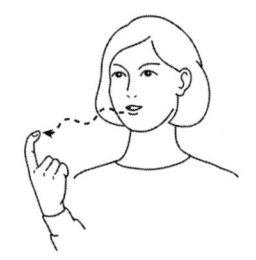

丝❶（蚕、蚕丝） sī ❶ (cán、cánsī)

一手伸食指，指尖朝内，从嘴部向外做波纹状移动，表示蚕丝。

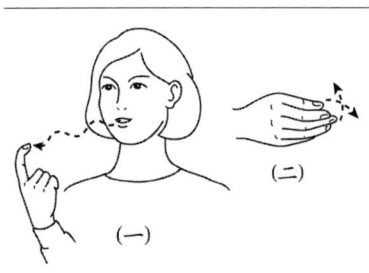

丝绸 sīchóu

（一）一手伸食指，指尖朝内，从嘴部向外做波纹状移动，表示蚕丝。

（二）右手五指撮合，指尖朝左，互捻几下，如用手感觉丝绸的光滑度状。

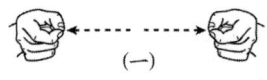
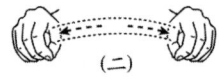

丝瓜 sīguā

（一）双手拇、食指相捏，虎口朝上，从中间向两侧拉开。

（二）双手虚握，虎口相贴，然后向两侧做弧形移动，如丝瓜外形。

思维 sīwéi

一手打手指字母"W"的指式，在太阳穴前后转动两圈，面露思考的表情。

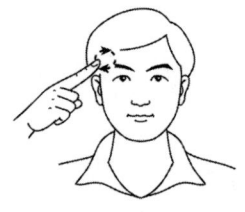

思想（想、思考） sīxiǎng (xiǎng、sīkǎo)

一手伸食指，在太阳穴前后转动两圈，面露思考的表情。

斯里兰卡 Sīlǐlánkǎ
　　左手直立,掌心向外;右手伸食指,指尖朝内,从左手食指向左转动半圈,移至左手拇指,表示斯里兰卡版图。
　　(此为国外聋人手语)

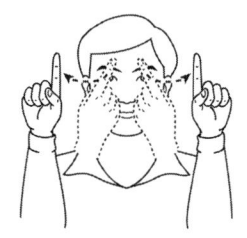
斯洛伐克 Sīluòfákè
　　双手食指直立,指尖贴于前额,掌心向内,然后边向头两侧移动边转腕,掌心向外。
　　(此为国外聋人手语)

斯洛文尼亚 Sīluòwénníyà
　　右手食、中指直立并拢,掌心向左,在头一侧逆时针转动一圈。
　　(此为国外聋人手语)

斯威士兰 Sīwēishìlán
　　双手直立,掌心左右相对,五指张开,在头两侧同时向斜上方移动。
　　(此为国外聋人手语)

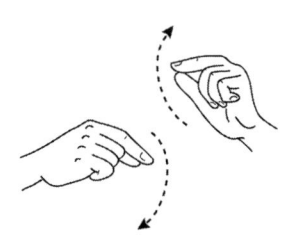
撕 sī
　　双手拇、食指相捏,分别向上下方向移动,如撕东西状。
　　(可根据实际表示撕的动作)

死板①（呆板①） sǐbǎn① (dāibǎn①)
　　一手伸拇、小指,手背向外,在颈部向右微移两下,口微张,舌尖抵住下唇,面露呆板的表情。
　　(可根据实际表示死板的样子)

死板②（呆板②） sǐbǎn ② (dāibǎn ②)

左手横伸；右手伸拇、小指，手背向下，砸两下左手掌心，口微张，舌尖抵住下唇，面露呆板的表情。

（可根据实际表示死板的样子）

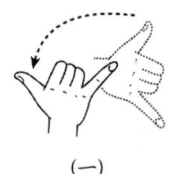 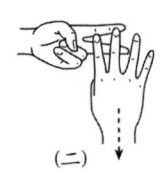

死刑 sǐxíng

（一）右手伸拇、小指，先直立，再向右转腕。

（二）左手食、中指横伸分开，手背向外；右手食、中、无名、小指直立分开，食、中指贴于左手食、中指，手背向内，然后向下拉动一下，仿"刑"字形。

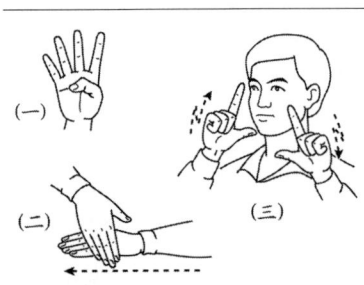

四边形 sìbiānxíng

（一）一手食、中、无名、小指直立分开，掌心向外。

（二）左手横伸，掌心向下；右手食、中、无名、小指并拢，指尖朝下，沿左小臂向指尖方向划动一下。

（三）双手拇、食指成"⌐⌐"形，置于脸颊两侧，上下交替动两下。

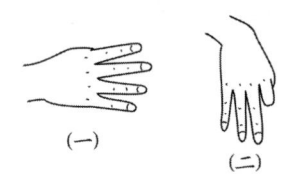

四川 Sìchuān

（一）一手食、中、无名、小指横伸分开，手背向外。

（二）一手中、无名、小指分开，指尖朝下，手背向外，仿"川"字形。

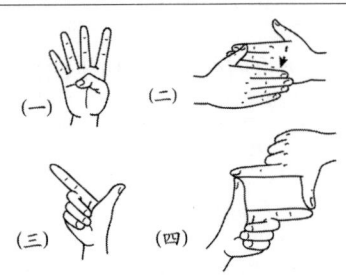

四面八方 sìmiàn-bāfāng

（一）一手食、中、无名、小指直立分开，掌心向外。

（二）左手横立，手背向外；右手摸一下左手背。

（三）一手伸拇、食指，掌心向外。

（四）双手拇、食指搭成"▢"形。

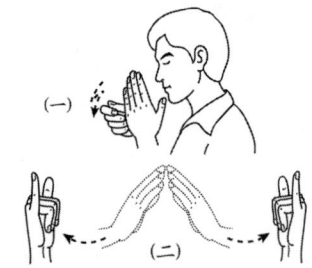

寺庙（禅院、庙宇） sìmiào (chányuàn、miàoyǔ)

（一）左手直立，掌心向右；右手虚握，做敲木鱼的动作，双眼闭拢。

（二）双手搭成"∧"形，然后左右分开并伸出拇、小指，指尖朝上，仿宫殿翘起的飞檐。

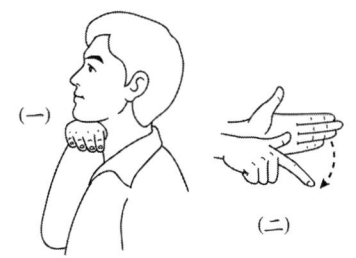

伺机 sìjī

（一）一手横伸，手背贴于颏部下方。
（二）左手侧立；右手伸拇、食指，拇指尖抵于左手掌心，食指向下转动。

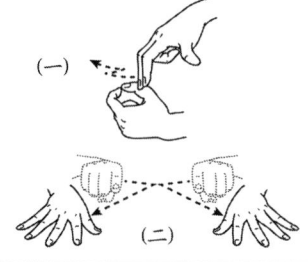

饲料 sìliào

（一）左手拇、食指捏成圆形，虎口朝上；右手伸拇、食、中指，食、中指并拢弯曲，指尖朝下，在左手虎口处向外拨动两下。
（二）双手食指指尖朝前，手背向上，先互碰一下，再分开并张开五指。

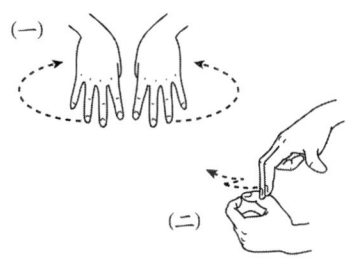

饲养（圈养） sìyǎng (juànyǎng)

（一）双手食、中、无名、小指分开，指尖朝下，手背向外，从外向内做弧形移动，表示圈养牲畜的围栏。
（二）左手拇、食指捏成圆形，虎口朝上；右手伸拇、食、中指，食、中指并拢弯曲，指尖朝下，在左手虎口处向外拨动两下。

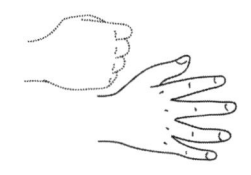

松（松懈） sōng (sōngxiè)

一手握拳，虎口朝上，然后张开。
（可根据实际表示松的状态）

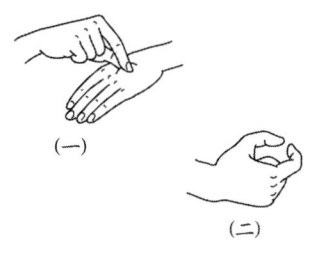

松花蛋（皮蛋） sōnghuādàn (pídàn)

（一）左手横伸，手背向上；右手拇、食指捏一下左手背皮肤。
（二）一手拇、食指成圆形，指尖稍分开，虎口朝上，如松花蛋大小。

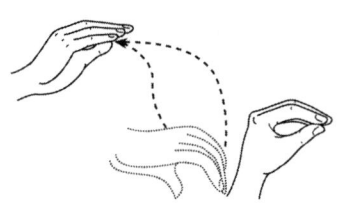

松鼠 sōngshǔ

左手五指撮合成尖形，指尖朝前；右手五指弯曲，边从左小臂向后上方做弧形移动边撮合，仿松鼠尾巴的形状。

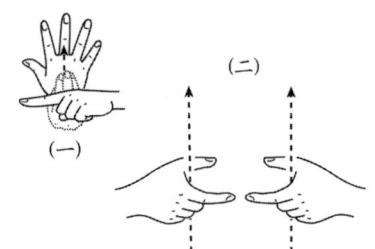

松树 sōngshù

（一）左手食指横伸，手背向上；右手五指撮合，指背贴于左手食指，边向上移动边张开，表示松树的针叶。

（二）双手拇、食指成大圆形，虎口朝上，同时向上移动。

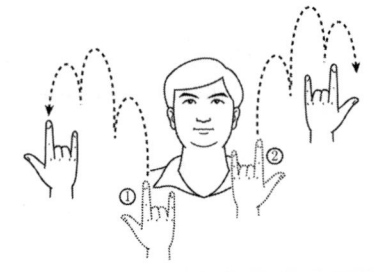

耸立① sǒnglì ①

双手拇、食、小指直立，手背向外，边上下交替移动边向两侧移动，头上仰，表示群山耸立。

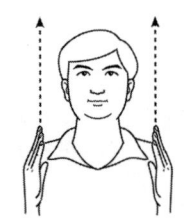

耸立②（矗立、楼） sǒnglì ②（chùlì、lóu）

双手直立，掌心左右相对，从下向上移动，头上仰，表示耸立高大的建筑物。

宋 Sòng

一手打手指字母"S"的指式，拇指尖抵于颔部，表示姓氏"宋"。

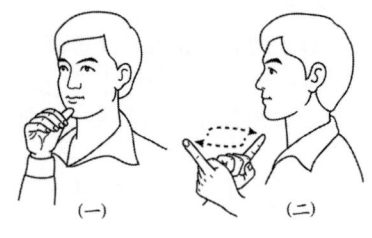

宋代 Sòngdài

（一）一手打手指字母"S"的指式，拇指尖抵于颔部。

（二）双手伸食指，手腕交叉相贴，然后前后转动，互换位置。

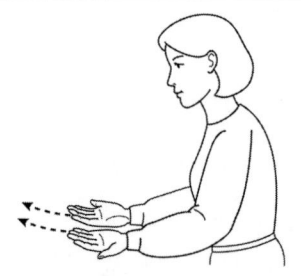

送 sòng

双手平伸，掌心向上，同时向前伸出。

（可根据实际表示送的动作）

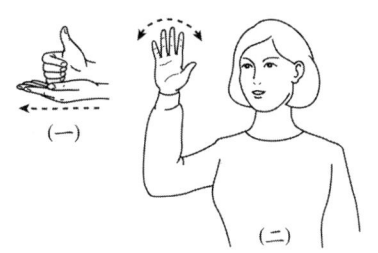

送别（送行） sòngbié (sòngxíng)

（一）左手平伸；右手伸拇指，置于左手掌心上，双手同时向前移动。

（二）一手上举，掌心向外，左右摆动几下。

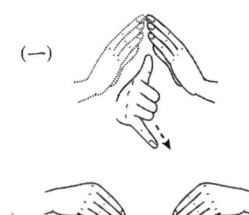

送教上门 sòngjiàoshàngmén

（一）双手先搭成"∧"形，然后左手不动，右手伸拇、小指，指尖朝前，移入左手掌心下。

（二）双手五指撮合，指尖相对，手背向外，在胸前向前晃动两下。

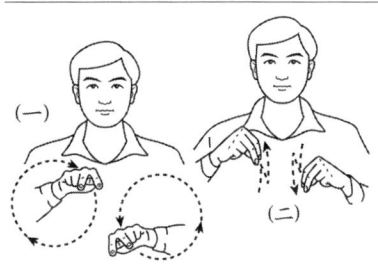

搜查（缉查） sōuchá (jīchá)

（一）双手食、中指分开，指尖朝前，手背向上，左右交替转动两下。

（二）双手拇、食、中指相捏，指尖朝下，上下交替动两下。

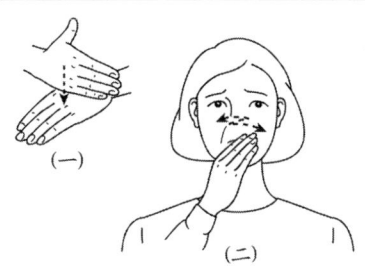

馊 sōu

（一）左手横伸；右手侧立，置于左手背上，向下一按。

（二）一手在鼻前左右扇动几下，面露厌恶的表情。

（可根据实际表示馊的状态）

苏 Sū

一手拇、食指成"⌐"形，拇指尖抵于鼻尖，食指尖抵于眉心，表示姓氏"苏"。

苏丹 Sūdān

一手伸拇指，指尖朝内，在脸颊上向下划两下。

（此为国外聋人手语）

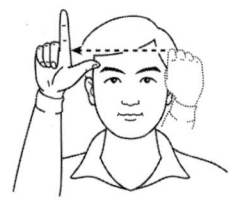

苏里南 Sūlǐnán

右手握拳,虎口贴于头左侧,然后转腕,移至头右侧,打手指字母"L"的指式,掌心向外,表示苏里南英文国名中的字母"S"和"L"。

(此为国外聋人手语)

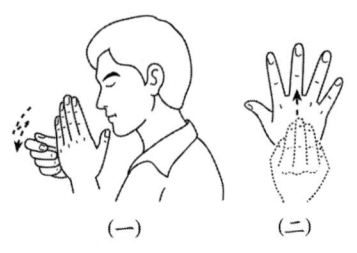

素菜 sùcài

(一)左手直立,掌心向右;右手虚握,做敲木鱼的动作,双眼闭拢。

(二)一手五指撮合,指尖朝上,边向上微移边张开。

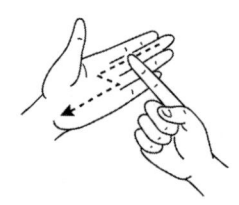

素描 sùmiáo

左手斜伸;右手伸食指,指背在左手掌心上划动几下,如在画板上素描状。

素质 sùzhì

(一)一手打手指字母"S"的指式。

(二)左手握拳;右手食、中指横伸,指背交替弹左手背。

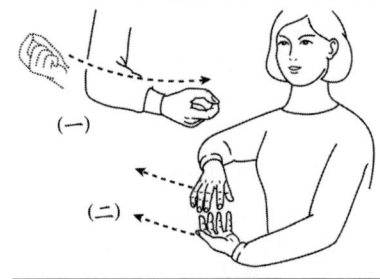

速递(快递) sùdì(kuàidì)

(一)一手拇、食指捏成圆形,向一侧快速划动。

(二)双手横伸,掌心上下相对,五指微曲,同时向外移动,表示一批东西。

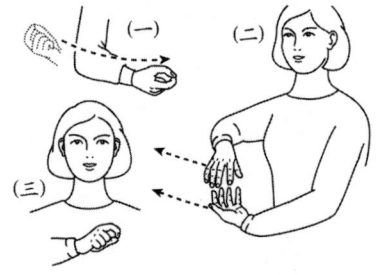

速递员(快递员) sùdìyuán(kuàidìyuán)

(一)一手拇、食指捏成圆形,向一侧快速划动。

(二)双手横伸,掌心上下相对,五指微曲,同时向外移动,表示一批东西。

(三)右手拇、食指捏成圆形,虎口朝内,贴于左胸部。

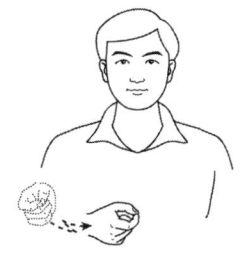

速度 sùdù
一手拇、食指捏成圆形,向一侧微晃几下。

塑料 sùliào
右手食指直立,置于鼻翼一侧,然后向左弯动两下。

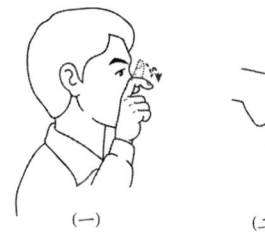

塑料袋 sùliàodài
(一)右手食指直立,置于鼻翼一侧,然后向左弯动两下。
(二)一手虚握,虎口朝前,向上一提。

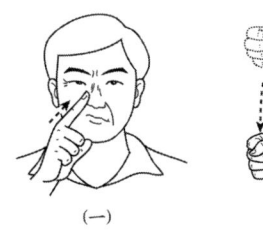

酸奶① suānnǎi①
(一)一手食指直立,在鼻翼一侧向上移动一下,同时耸鼻。
(二)一手五指弯曲,虎口朝上,向下捋动两下,模仿挤牛奶的动作。

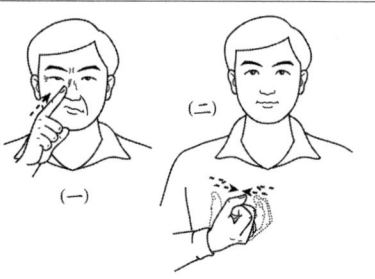

酸奶② suānnǎi②
(一)一手食指直立,在鼻翼一侧向上移动一下,同时耸鼻。
(二)一手五指微曲,掌心向上,置于胸部一侧,然后捏动两下。

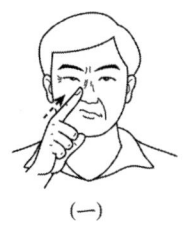

酸痛 suāntòng
(一)一手食指直立,在鼻翼一侧向上移动一下,同时耸鼻。
(二)一手拇、食指相捏,置于嘴边,左右晃动几下,面露难受的表情。

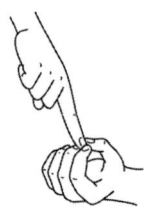

蒜 suàn

左手五指捏成球形，掌心向上；右手伸食指，指尖朝下，置于左手指尖，仿大蒜外形。

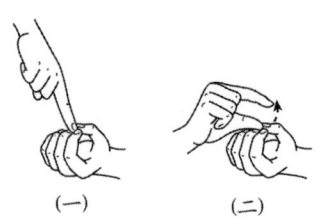

蒜苗❶ suànmiáo ❶

（一）左手五指捏成球形，掌心向上；右手伸食指，指尖朝下，置于左手指尖，仿大蒜外形。

（二）左手五指捏成球形，掌心向上；右手拇、食指相捏，置于左手上，然后食指抬起。

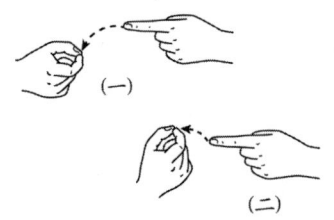

蒜薹（蒜苗❷） suàntái (suànmiáo ❷)

（一）左手食指横伸，手背向外；右手拇、食指相捏，从左手食指尖朝斜下方移动，表示细长的蒜薹。

（二）左手食指横伸，手背向外；右手拇、食指相捏，在左手食指尖向上掰动一下，模仿掐蒜薹尖的动作。

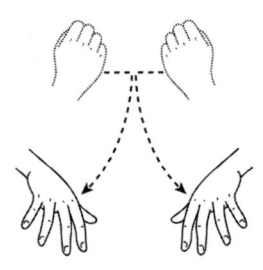

算了（作罢） suàn·le (zuòbà)

双手虚握，手背向外，小指外侧互碰一下，然后向下一甩，五指张开，掌心向下。

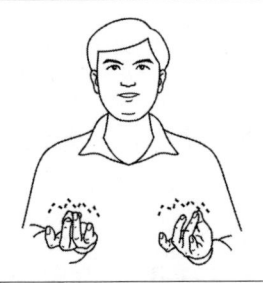

算命 suànmìng

双手五指微曲，指尖朝上，拇指分别与其他四指相捏，嘴同时微动，眼睛朝上看。

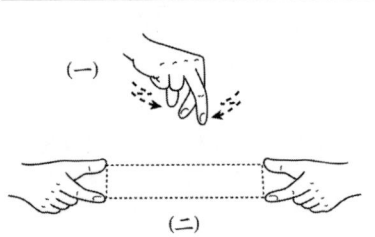

算盘 suàn·pán

（一）一手伸拇、食、中指，指尖朝下，模仿打算盘的动作。

（二）双手拇、食指张开，指尖相对，虎口朝上，如算盘大小。

隋 Suí

一手打手指字母"S"的指式，拇指尖抵于胸部，表示姓氏"隋"。

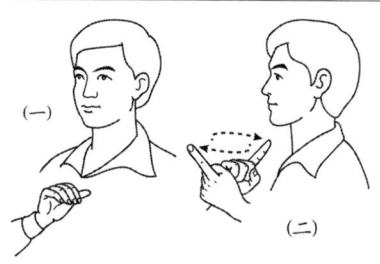

隋代 Suídài

（一）一手打手指字母"S"的指式，拇指尖抵于胸部。
（二）双手伸食指，手腕交叉相贴，然后前后转动，互换位置。

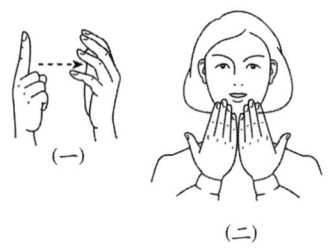

随班就读 suíbānjiùdú

（一）左手直立，掌心向右，五指微曲；右手食指直立，移向左手。
（二）双手斜伸，掌心向内，置于身前。

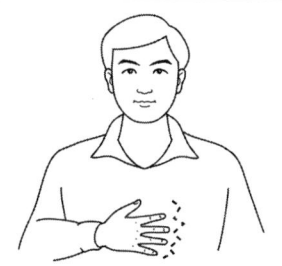

随便①（轻率①、轻浮①）

suíbiàn ①（qīngshuài ①、qīngfú ①）

一手横立，掌心向内，五指在胸前交替点动几下。

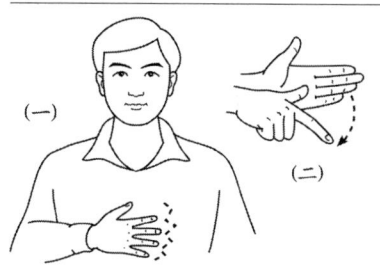

随时 suíshí

（一）一手横立，掌心向内，五指在胸前交替点动几下。
（二）左手侧立；右手伸拇、食指，拇指尖抵于左手掌心，食指向下转动。

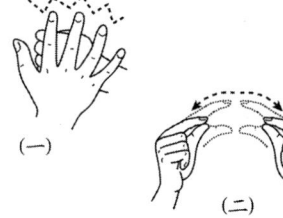

岁月 suìyuè

（一）左手握拳，手背向外，虎口朝上；右手直立，掌心贴于左手背，五指张开，交替点动几下。
（二）双手拇、食指张开，指尖相对，虎口朝内，边从中间向两侧做弧形移动边相捏，如弯月状。

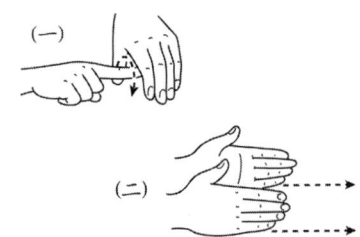

隧道 suìdào

（一）左手五指成"∩"形，虎口朝内；右手伸食指，指尖朝前，沿左手虎口划一下。
（二）双手侧立，掌心相对，向前移动。

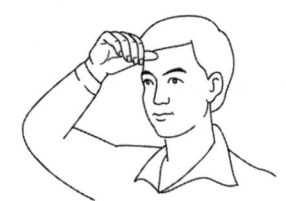

孙 Sūn

一手打手指字母"S"的指式，拇指尖抵于前额，表示姓氏"孙"。
（手语中存在"孙""猴""侯"手势通用的现象，因此也可用"侯"的手势表示"孙"）

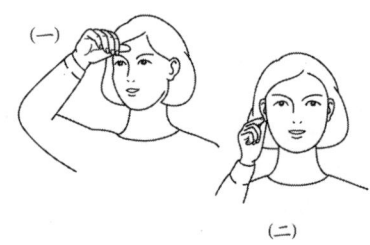

孙女 sūn·nǚ

（一）一手打手指字母"S"的指式，拇指尖抵于前额。
（二）一手拇、食指捏一下耳垂。

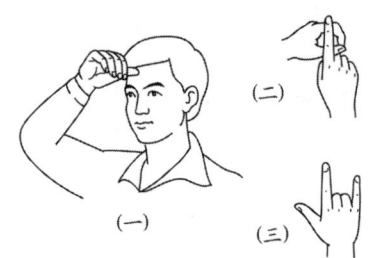

孙中山 Sūn Zhōngshān

（一）一手打手指字母"S"的指式，拇指尖抵于前额。
（二）左手拇、食指与右手食指搭成"中"字形。
（三）一手拇、食、小指直立，手背向外，仿"山"字形。

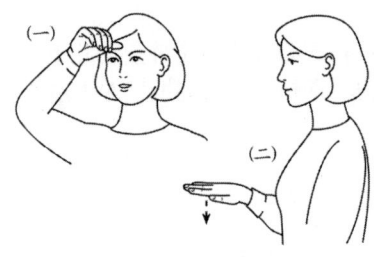

孙子 sūn·zi

（一）一手打手指字母"S"的指式，拇指尖抵于前额。
（二）一手平伸，掌心向下，按动一下。

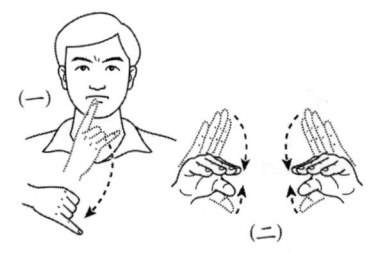

损耗 sǔnhào

（一）一手伸食、小指，手背向外，食指尖先点一下嘴唇，然后边向外移动边缩回食指。
（二）双手直立，掌心向斜前方，拇指张开，其他四指向下弯动，表示减少。

损伤（扭伤） sǔnshāng (niǔshāng)

双手食、中指弯曲，相互咬住，手背向上，分别向相反方向扭转，表示关节扭伤。

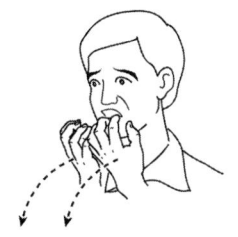

损失 sǔnshī

双手五指弯曲，指尖朝内，从嘴部向前下方移动，面露惊恐的表情。

（可根据实际表示不同的表情）

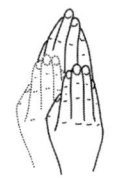

笋 sǔn

左手五指撮合，指尖朝上；右手手背拱起，指尖朝上，指面在左手不同位置贴几下，表示笋有一层层的外皮。

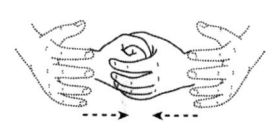

缩（浓缩） suō (nóngsuō)

双手五指弯曲，指尖相对，虎口朝上，从两侧向中间靠拢，右手虚握，左手包住右手。

（可根据实际表示缩的状态）

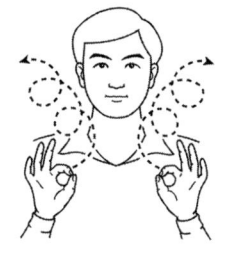

所罗门群岛 Suǒluóménqúndǎo

双手拇、食指相捏，其他三指伸出，虎口朝内，边向上移动边转动几下，表示所罗门群岛岛屿众多。

（此为国外聋人手语）

（一） （二）

所以①（因此①、因而①、从而①）
suǒyǐ ①（yīncǐ ①、yīn'ér ①、cóng'ér ①）

（一）一手打手指字母"S"的指式。
（二）一手打手指字母"Y"的指式。

所以②（因此②、因而②、从而②）
　　suǒyǐ ②（yīncǐ ②、yīn'ér ②、cóng'ér ②）
　　一手拇、食、中指叉开，拇指在上，成"∴"形，指尖朝前点一下，仿数学"所以"符号。

索马里　Suǒmǎlǐ
　　右手伸拇、食指，指尖抵于脸颊一侧，然后边向右移动边相捏。
　　（此为国外聋人手语）

锁　suǒ
　　左手拇、食指捏成圆形；右手拇、食指先张开，然后插入左手圆形内相捏，如上锁状。

T

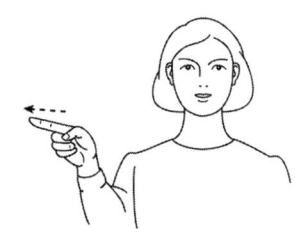

他(她、它) tā (tā、tā)

一手伸食指(或一手斜伸,掌心向上),指向侧方第三者。

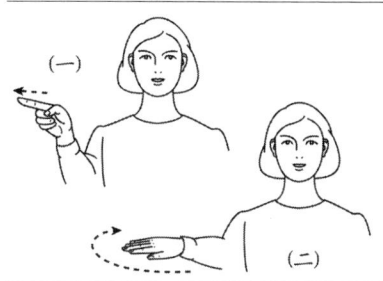

他们(她们、它们) tā·men (tā·men、tā·men)

(一)一手伸食指(或一手斜伸,掌心向上),指向侧方第三者。

(二)一手五指并拢,掌心向下,在身体一侧顺时针平行转动半圈。

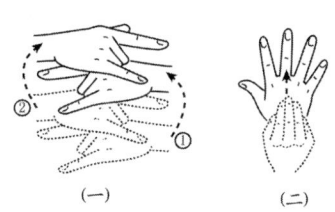

塌棵菜 tākēcài

(一)双手伸拇、食、小指,手背向上,上下相叠,然后交替向上移动两下。

(二)一手五指撮合,指尖朝上,边向上微移边张开。

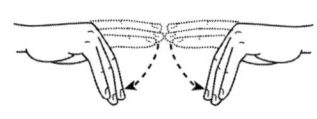

塌陷 tāxiàn

双手横伸,手背向上,指尖相对,然后食、中、无名、小指突然下垂。

(可根据实际表示塌陷的状态)

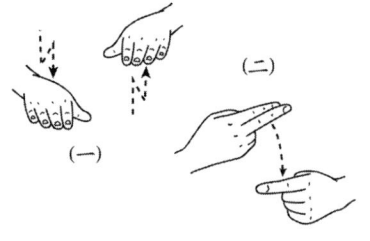

踏实 tā·shi

(一)双手平伸,掌心向下,一上一下交替移动,模仿踏步的动作。

(二)左手食指横伸;右手食、中指相叠,敲一下左手食指。

塔 tǎ

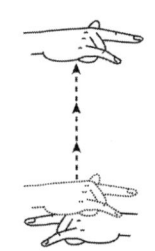

双手伸拇、食、小指,手背向上,上下相叠,左手在下不动,右手向上一顿一顿移动几下。

塔吉克斯坦 Tǎjíkèsītǎn

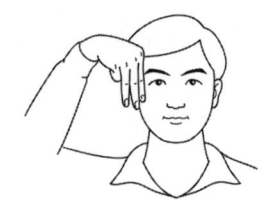

一手食、中、无名指并拢,指尖朝下,虎口贴于头一侧,表示花冠上悬垂的三支小铁管。

(此为国外聋人手语)

塔吉克族 Tǎjíkèzú

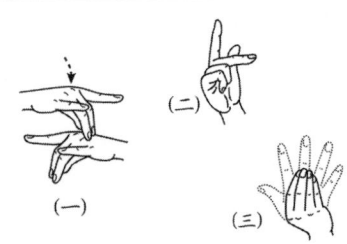

(一)双手打手指字母"T"的指式,拇、中、无名指指尖朝下,左手在下不动,右手拇、中、无名指指尖碰一下左手背。

(二)一手打手指字母"K"的指式。

(三)一手五指张开,指尖朝上,然后撮合。

塔塔尔族 Tǎtǎ'ěrzú

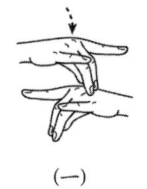 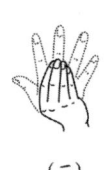

(一)双手打手指字母"T"的指式,拇、中、无名指指尖朝下,左手在下不动,右手拇、中、无名指指尖碰一下左手背。

(二)一手五指张开,指尖朝上,然后撮合。

台北 Táiběi

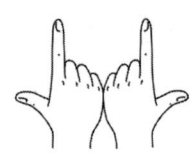

双手伸拇、食指,食指尖朝上,手背向外,双手小指外侧相贴。

台灯 táidēng

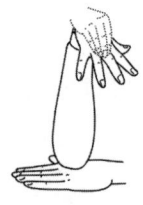

左手横伸;右手肘部立于左手背上,五指撮合,指尖朝下,然后张开。

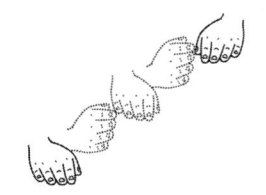

台阶 táijiē

左手平伸,掌心向下;右手侧立,置于左手边,然后连续做横折的动作,仿台阶的形状。

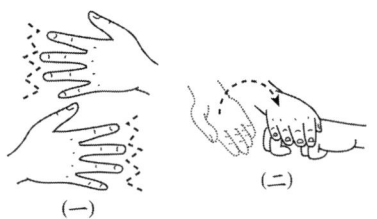

台历 táilì

(一)双手横立,手背向外,一上一下,五指张开,交替点动几下。上面的手代表月份,下面的手代表日期。
(二)左手食、中指弯曲,手背向上,虎口朝内;右手平伸,掌心向上,先置于左手旁,然后向左做翻页的动作,盖向左手。

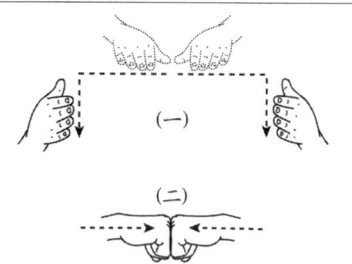

台钳 táiqián

(一)双手平伸,掌心向下,先从中间向两侧平移,再折而下移成"冂"形。
(二)双手握拳,手背向上,虎口朝内,从两侧向中间移动并靠拢。

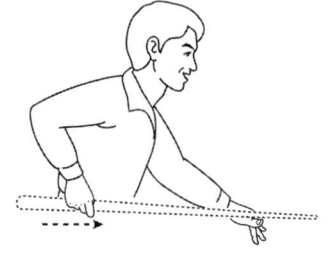

台球 táiqiú

左手拇指微抬,食、中、无名、小指分开,指尖朝下,在前;右手虚握,虎口朝前,在后,向前一杵,模仿台球杆架在左手虎口处,向前击打台球的动作。
(可根据实际表示击打台球的动作)

台湾(台❶) Táiwān (Tái ❶)

一手握拳,手背向上,置于嘴前,然后手腕前后转动两下。

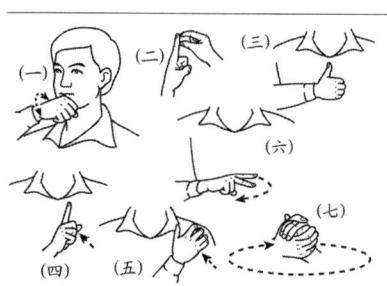

台湾民主自治同盟(台盟) Táiwān Mínzhǔ Zìzhì Tóngméng (Táiméng)

(一)一手握拳,手背向上,置于嘴前,然后手腕前后转动两下。
(二)左手食指与右手拇、食指搭成"民"字的一部分。
(三)一手伸拇指,贴于胸部。
(四)右手食指直立,虎口朝内,贴向左胸部。
(五)右手五指微曲,指尖朝内,按向左肩。
(六)一手食、中指横伸分开,手背向上,向前移动一下。
(七)双手一横一竖,相互握住,顺时针平行转动一圈。

邰 Tái

一手打手指字母"T"的指式,置于同侧耳旁。"T"表示"邰"字的声母,耳朵表示耳刀旁。

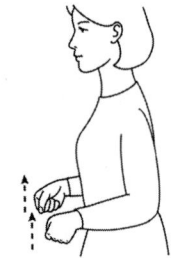

抬 tái

双手虚握,虎口朝前,从腰部向上一提,如抬担架状。(可根据实际表示抬的动作)

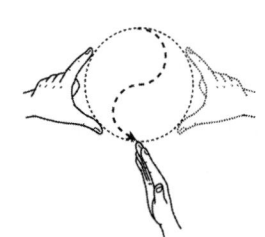

太极(太极图) tàijí (tàijítú)

双手拇、食指成大圆形,虎口朝内,然后左手不动,右手五指并拢,做"S"形移动,仿太极图形。

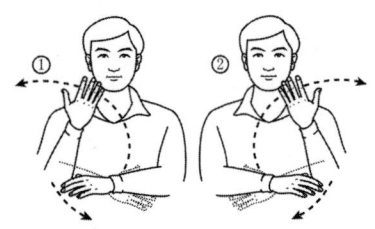

太极拳 tàijíquán

双手屈肘,五指微曲,左手横伸,掌心向下,置于腹部;右手横立,掌心向内,双手缓慢反向转动,然后双手互换位置,重复一次,模仿打太极拳的动作。既表示太极拳的名词意思,又表示打太极拳的意思。

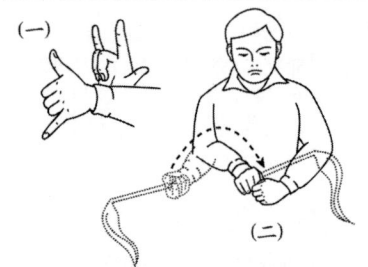

太监(宦官) tài·jiàn (huànguān)

(一)左手伸拇、小指;右手拇、食、小指直立,掌心向外,置于左手旁。
(二)左手握拳,手背向外,虎口朝上;右手虚握,虎口朝右,然后向左手一挥,表示太监手中的拂尘。

太空行走 tàikōngxíngzǒu

左手握拳,手背向上;右手食、中指分开,指尖朝下,在左手背上交替做缓慢跳动式的行走动作。

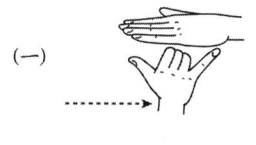

太平间 tàipíngjiān

（一）左手横伸；右手伸拇、小指，指尖朝上，从右向左移入左手掌心下。
（二）双手搭成"∧"形。

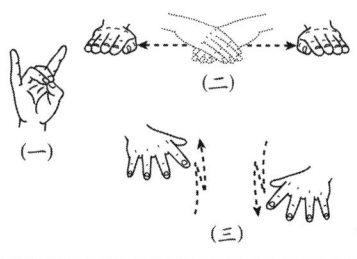

太平洋 Tàipíngyáng

（一）一手打手指字母"T"的指式。
（二）双手五指并拢，掌心向下，交叉相搭，然后分别向两侧移动。
（三）双手平伸，掌心向下，五指张开，上下交替移动，表示起伏的波浪。

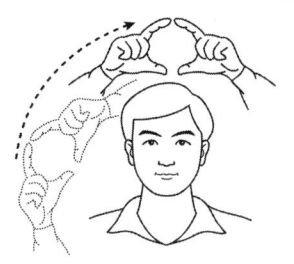

太阳 tài·yáng

双手拇、食指搭成圆形，虎口朝内，从头右侧向头顶做弧形移动，表示太阳升起。

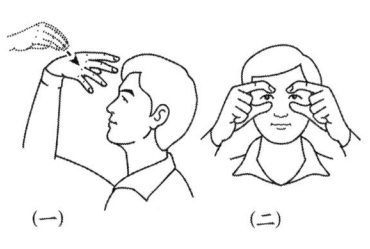

太阳镜（墨镜） tàiyángjìng (mòjìng)

（一）头抬起，一手五指撮合，置于头上方，边向头部移动边张开。
（二）双手拇、食指弯曲，虎口朝内，置于眼部。

太原 Tàiyuán

一手拇、食指成圆形，指尖稍分开，虎口朝上，向下甩动两下。

泰国 Tàiguó

一手食指横伸，从鼻部向前下方一划。
（此为国外聋人手语）

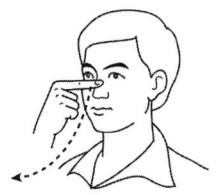

贪吃 tānchī

（一）一手伸食指，指尖朝下，沿嘴角向下划动，表示流口水，口微张。
（二）一手伸食、中指，向嘴边拨动，如用筷子吃饭状。

贪婪 tānlán

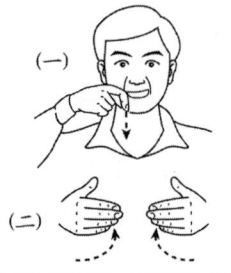

（一）一手伸食指，指尖朝下，沿嘴角向下划动，表示流口水，口微张，面露贪婪的表情。
（二）双手横立，掌心向内，五指微曲，从外向内收进。

贪污 tānwū

双手拇、食指搭成"公"字形，虎口朝外，然后左手不动，右手移向右腰部，指尖朝下，表示将公有资产窃为己有。

摊贩（摆摊儿） tānfàn（bǎitānr）

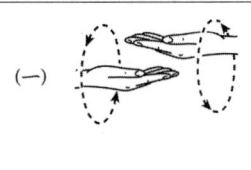
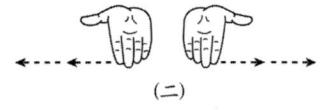

（一）双手横伸，掌心向上，前后交替转动两下。
（二）双手平伸，掌心向上，从中间向两侧一顿一顿移动几下。

摊派 tānpài

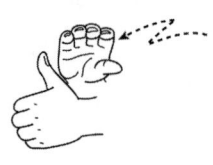

左手伸拇指；右手五指成"冂"形，指尖朝左，移向左手拇指背，重复一次。

瘫痪 tānhuàn

双手抬起，一高一低，五指自然下垂，然后左手向下、右手向上移动，身体向后倾斜，表示身体瘫痪后不协调的状态。
（可根据实际表示瘫痪的状态）

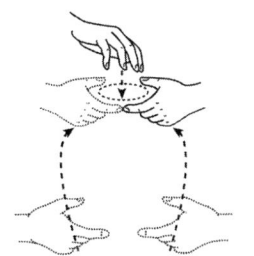

坛子 tán·zi

双手拇、食指成大圆形,虎口朝上,从下向上做弧形移动,仿坛子外形,然后左手不动,右手五指微曲,指尖朝下,向下一按。

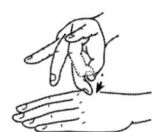

弹 tán

左手平伸;右手拇、中指先相捏,然后在左手背上弹一下,如弹灰尘状。

(可根据实际表示弹的动作)

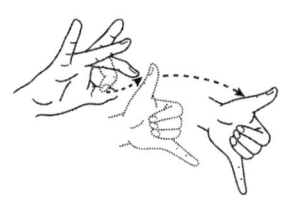

弹劾 tánhé

左手伸拇、小指,手背向左;右手拇、中指相捏,然后中指弹向左手拇指背,左手随之向外移动。

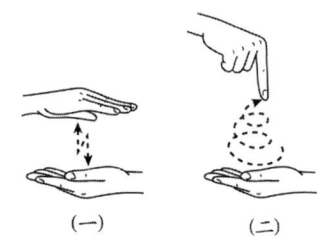

弹簧 tánhuáng

(一)双手横伸,掌心上下相对,同时向中间微移几下。
(二)左手横伸;右手伸食指,指尖朝下,在左手掌心上方做螺旋形上升,仿弹簧外形。

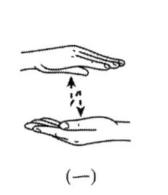 

弹力 tánlì

(一)双手横伸,掌心上下相对,同时向中间微移几下,表示有弹性。
(二)一手握拳屈肘,用力向内弯动一下。

痰 tán

一手拇、食指捏成圆形,从口边向下一甩,口微张,表示吐痰。

坦克 tǎnkè
左手握拳,手背向上;右手伸食指,指尖朝前上方,虎口朝上,置于左手背上,然后双手同时向前做起伏状移动。

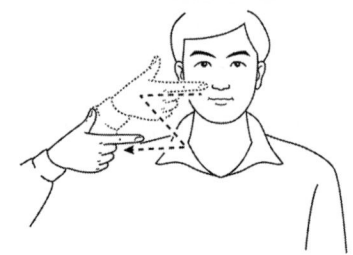

坦桑尼亚 Tǎnsāngníyà
右手伸拇、食指,食指尖朝左,手背向外,在脸颊一侧做"Z"形划动。
(此为国外聋人手语)

坦率(直率) tǎnshuài (zhíshuài)
(一)双手拇、食指张开仿"♡"形,手背向外,置于胸部。
(二)一手侧立,向前移动一下。

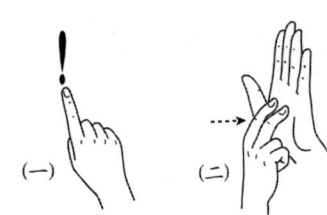

叹词 tàncí
(一)一手伸食指,指尖朝前,书空"!"。
(二)左手直立,掌心向外;右手食、中指弯曲,指尖朝内,点一下左手掌心。

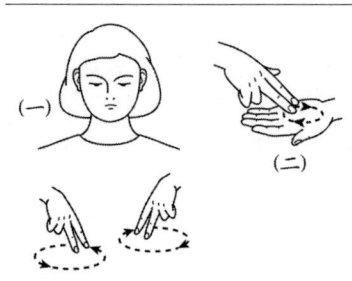

探究 tànjiū
(一)双手食、中指分开,指尖朝下,左右交替转动两下,头微低,眼睛注视手的动作,面露思考的表情。
(二)左手横伸;右手伸拇、食、中指,食、中指并拢,在左手掌心上转动两下。

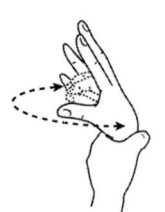

探照灯 tànzhàodēng
左手握住右手腕;右手五指撮合,然后向前上方张开,再左右移动两下,如探照灯照射状。

碳酸钠（纯碱、苏打） tànsuānnà (chúnjiǎn、sūdá)

（一）一手拇、食指成"⊿"形，拇指尖抵于鼻尖，食指尖抵于眉心。
（二）一手握拳，向前下方挥动一下。

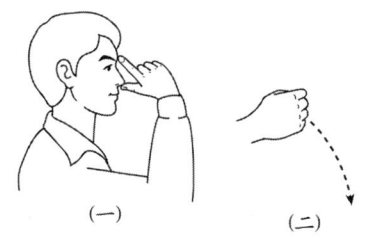

汤 tāng

一手拇、食指相捏，从下向嘴部移动，嘴噘起，如执汤匙喝汤状。

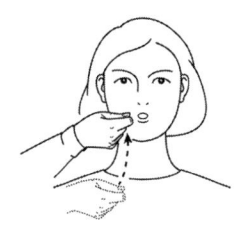

汤加 Tāngjiā

（一）左手横立，掌心向内；右手伸拇指，从下向上移至左手掌心，表示汤加英文国名首字母。
（二）双手平伸，掌心向下，五指张开，从中间向两侧做起伏状移动。
（此为国外聋人手语）

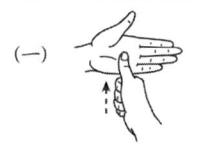

汤药 tāngyào

（一）双手拇、食指搭成圆形，虎口朝上，然后移向嘴边，口张开，如喝汤药状。
（二）口张开，一手拇、食指捏成小圆形，从嘴部移向喉部。

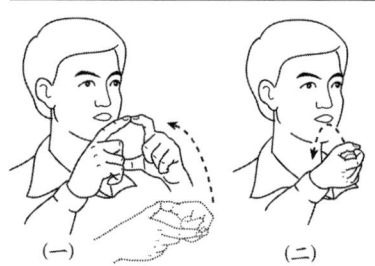

唐代 Tángdài

（一）一手打手指字母"T"的指式，拇、中、无名指指尖抵于脸颊。
（二）双手伸食指，手腕交叉相贴，然后前后转动，互换位置。

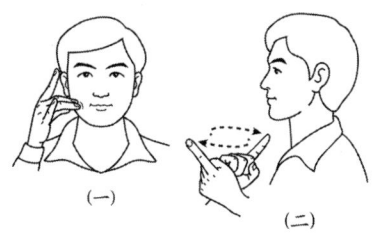

唐人街 Tángrénjiē

（一）一手伸食指，自咽喉部顺肩胸部划至右腰部。
（二）双手侧立，掌心相对，向前移动。

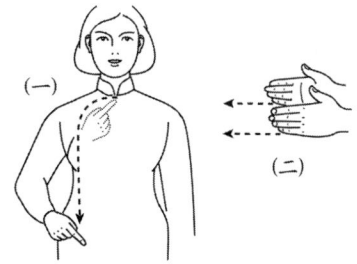

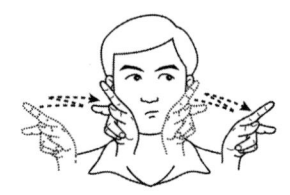

搪塞（托辞、借口） tángsè (tuōcí、jièkǒu)

双手打手指字母"K"的指式，指尖朝斜前方，从嘴前向两侧交替移动两下，双眼斜视，面露敷衍的表情。

糖（甜、唐） táng (tián、Táng)

一手食指指腮部，同时用舌顶起腮部，表示嘴里含着的糖，引申为甜；也用于表示姓氏"唐"。

（可根据实际表示甜的状态）

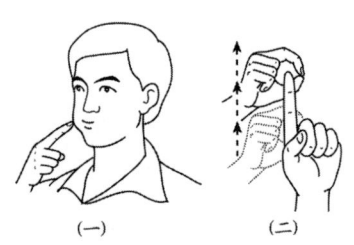

糖葫芦 tánghú·lu

（一）一手食指指腮部，同时用舌顶起腮部，表示嘴里含着的糖。

（二）左手食指直立，手背向内；右手拇、食指捏成圆形，虎口朝内，在左手食指根部向上一顿一顿移动几下，仿糖葫芦形状。

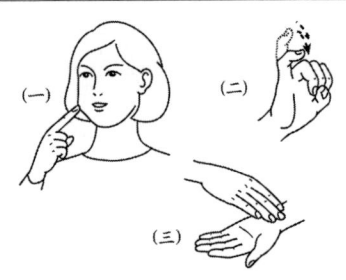

糖尿病 tángniàobìng

（一）一手食指指腮部，同时用舌顶起腮部。

（二）一手小指直立，弯动两下。

（三）左手平伸，掌心向上；右手五指并拢，食、中、无名指指尖按于左手腕的脉门处。

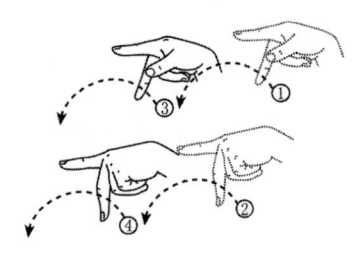

螳螂 tángláng

双手食、中指前后叉开，食指尖朝前，仿螳螂的节肢，一前一后，交替向前移动两下，如螳螂行走状。

躺 tǎng

左手横伸；右手伸拇、小指，手背向下，置于左手掌心上。

（可根据实际表示躺的动作）

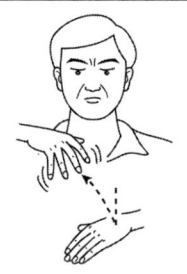
烫 tàng
　　左手横伸；右手五指张开，指尖朝下，先碰一下左手背，然后急速上提，手抖动，如被烫状，面露难受的表情。
　　（可根据实际表示烫的状态）

掏 tāo
　　一手五指撮合，做从口袋里向外掏东西的动作。
　　（可根据实际表示掏的动作）

逃跑 táopǎo
　　左手横伸，手背拱起；右手伸拇、小指，手背向上，从左手掌心下向前移出。

桃 táo
　　双手拇、食指张开，指尖相抵，虎口朝内，仿桃的形状。

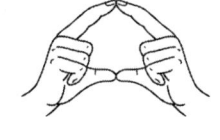

桃酥 táosū
　　（一）双手拇、食指搭成圆形，虎口朝上。
　　（二）一手五指弯曲，指尖朝上，置于嘴角一侧，边向上微转边互捻。

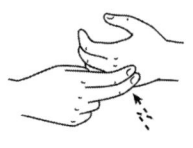
陶 táo
　　左手五指成半圆形，虎口朝上；右手伸食、中指，指尖朝内，敲两下左手背，如用手敲陶器状。

陶器（陶罐、罐） táoqì (táoguàn、guàn)

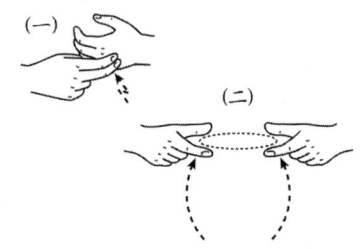

（一）左手五指成半圆形，虎口朝上；右手伸食、中指，指尖朝内，敲两下左手背，如用手敲陶器状。

（二）双手拇、食指成大圆形，虎口朝上，从下向上做弧形移动，仿罐子外形。

（可根据实际表示陶器的外形）

淘宝❶ táobǎo ❶

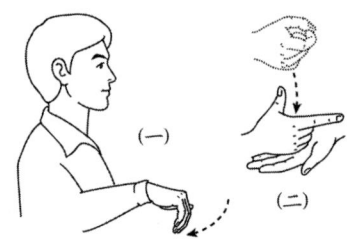

（一）一手五指与手掌成"⌐"形，指尖朝下，向内做刨的动作。

（二）左手横伸；右手拇、食指相捏，边砸向左手掌心边张开，食指尖朝左前方。

（此手势表示在淘宝网店上购物的意思）

淘宝❷ táobǎo ❷

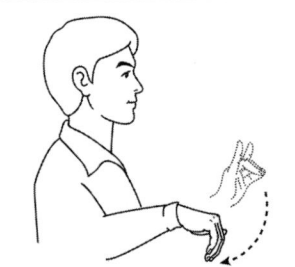

一手打手指字母"T"的指式，然后边向下转腕边五指与手掌成"⌐"形，指尖朝下，向内做刨的动作，表示淘宝网店的名称。

淘米 táomǐ

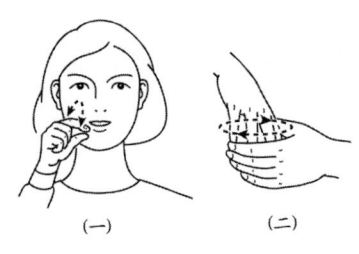
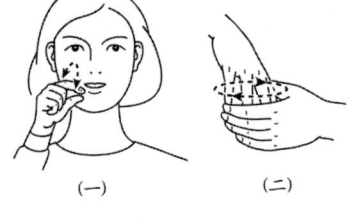

（一）一手拇、食指微张，在嘴角处前后微转几下。

（二）左手五指成半圆形，虎口朝上；右手五指张开，掌心向下，在左手虎口内转动几下，模仿淘米的动作。

淘汰（删除） táotài (shānchú)

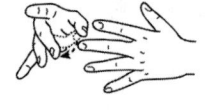

左手横立，掌心向内，五指张开；右手拇、中指相捏，中指弹一下左手中指。

讨价还价 tǎojià-huánjià

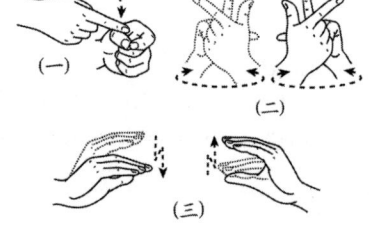

（一）左手拇、食指捏成圆形，虎口朝上；右手伸食指，敲一下左手拇指。

（二）双手伸拇、食指，食指尖朝上，中、无名、小指的中节指相贴，手腕前后交替转动两下。

（三）双手五指成"⊏⊐"形，虎口朝内，然后交替撮合，表示买卖双方出价高低变化。

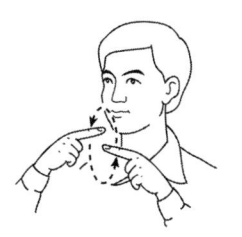

讨论　tǎolùn

双手食指横伸,在嘴前前后交替转动两下。

讨论课　tǎolùnkè

（一）双手食指横伸,在嘴前前后交替转动两下。
（二）一手打手指字母"K"的指式,中指尖朝前,向前微动一下。

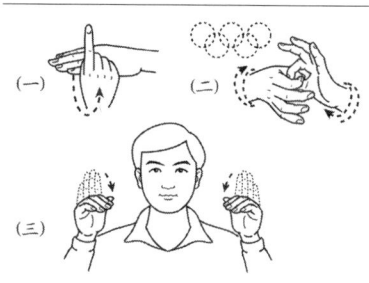

特奥会　Tè'àohuì

（一）左手横伸,手背向上;右手伸食指,从左手小指外侧向上伸出。
（二）双手拇、食指套环,其他三指微曲,向右侧微移,边转腕边做一次套环动作,然后向下微移,再边转腕边做一次套环动作,表示奥林匹克五环标志。
（三）双手直立,掌心分别向左右斜前方,食、中、无名、小指弯动一下。

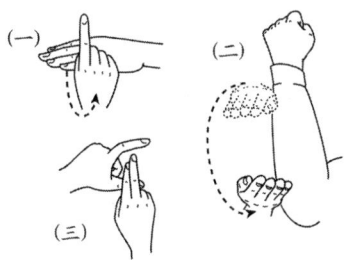

特别行政区　tèbié xíngzhèngqū

（一）左手横伸,手背向上;右手伸食指,从左手小指外侧向上伸出。
（二）左手握拳屈肘,手背向外;右手五指并拢,手背向上,贴于左小臂,然后向下做弧形移动,翻转为掌心向上。
（三）左手拇、食指成"匚"形,虎口朝内;右手食、中指相叠,手背向内,置于左手"匚"形中,仿"区"字形。

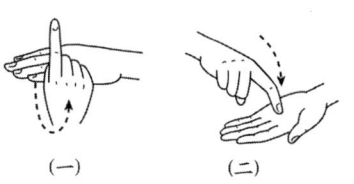

特点　tèdiǎn

（一）左手横伸,手背向上;右手伸食指,从左手小指外侧向上伸出。
（二）左手横伸;右手伸食指,指尖朝下,在左手掌心上点一下。

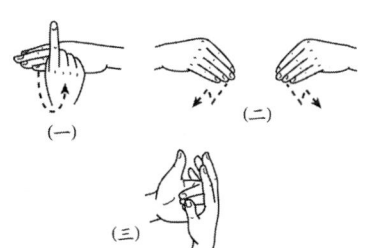

特教班　tèjiàobān

（一）左手横伸,手背向上;右手伸食指,从左手小指外侧向上伸出。
（二）双手五指撮合,指尖相对,手背向外,在胸前向前晃动两下。
（三）左手伸拇指,手背向外;右手直立,掌心向左,五指微曲,贴于左手。

特教学校　tèjiàoxuéxiào

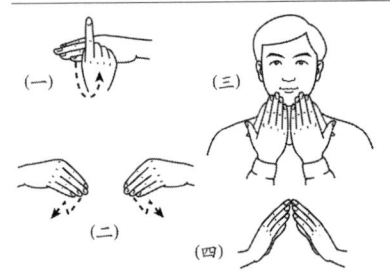

（一）左手横伸，手背向上；右手伸食指，从左手小指外侧向上伸出。

（二）双手五指撮合，指尖相对，手背向外，在胸前向前晃动两下。

（三）双手斜伸，掌心向内，置于身前。

（四）双手搭成"∧"形。

特警　tèjǐng

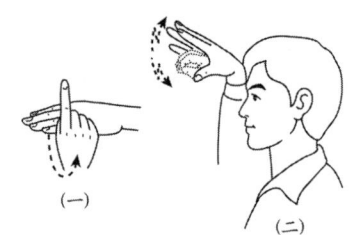

（一）左手横伸，手背向上；右手伸食指，从左手小指外侧向上伸出。

（二）一手手腕贴于前额，五指撮合，然后开合两下，表示警察的帽徽。

特快专递　tèkuài zhuāndì

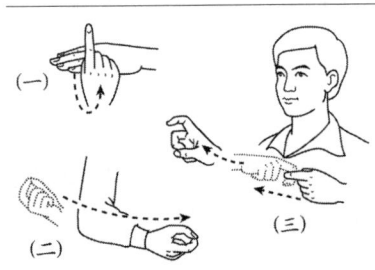

（一）左手横伸，手背向上；右手伸食指，从左手小指外侧向上伸出。

（二）一手拇、食指捏成圆形，向一侧快速划动。

（三）双手食指相勾，边从左下方向右上方移动边松开，表示托运或邮寄包裹物品的意思。

特立尼达和多巴哥　Tèlìnídá hé Duōbāgē

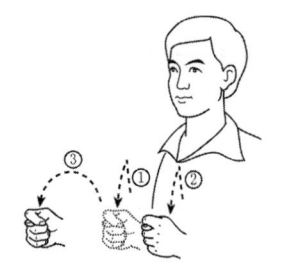

双手握拳，虎口朝上，拇指插入食、中指指缝间，交替抬起并向下挥动，然后左手不动，右手向前下方挥动一下，模仿当地民族舞蹈击鼓的动作。

（此为国外聋人手语）

特色　tèsè

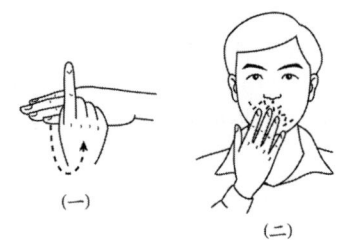

（一）左手横伸，手背向上；右手伸食指，从左手小指外侧向上伸出。

（二）一手直立，掌心向内，五指张开，在嘴唇部交替点动。

特赦　tèshè

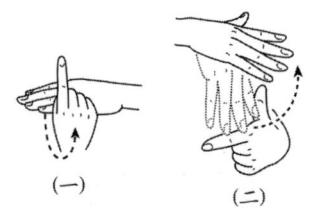

（一）左手横伸，手背向上；右手伸食指，从左手小指外侧向上伸出。

（二）左手伸拇、食指，食指尖朝右，手背向外；右手五指张开，指尖朝下，手背向外，置于左手食指上，然后向前抬起，指尖朝前。

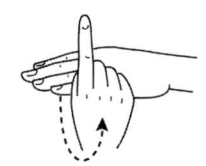

特殊（特别） tèshū (tèbié)

左手横伸，手背向上；右手伸食指，从左手小指外侧向上伸出。

特务 tè·wu

右手食指横伸，手背向外，在左上臂上向左划一下。

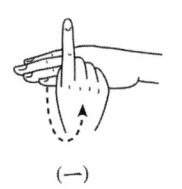 

（一）　（二）

特性 tèxìng

（一）左手横伸，手背向上；右手伸食指，从左手小指外侧向上伸出。

（二）左手食指直立；右手食、中指横伸，指背交替弹左手食指背。

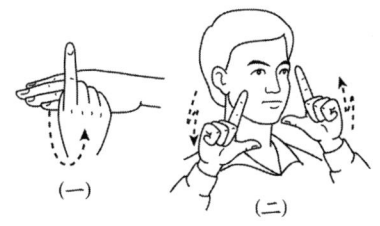

特征 tèzhēng

（一）左手横伸，手背向上；右手伸食指，从左手小指外侧向上伸出。

（二）双手拇、食指成"⌐⌐"形，置于脸颊两侧，上下交替动两下。

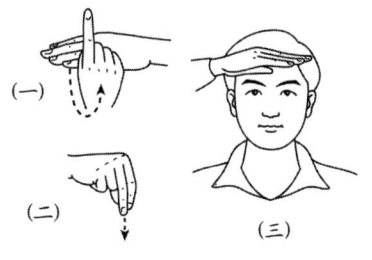

特种兵 tèzhǒngbīng

（一）左手横伸，手背向上；右手伸食指，从左手小指外侧向上伸出。

（二）一手拇、食、中指相捏，指尖朝下，点动一下。

（三）右手横伸，掌心向下，置于前额，表示军帽帽檐。

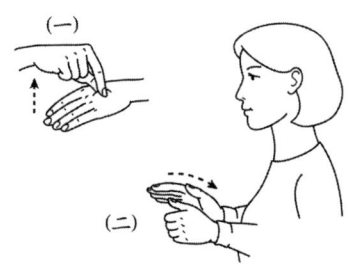

疼爱 téng'ài

（一）左手横伸；右手拇、食指捏住左手背皮肤，向上一揪，双手同时向上移动。

（二）左手伸拇指；右手轻轻抚摸左手拇指背，面露怜爱的表情。

疼痛① téngtòng ①

一手拇、食指相捏，置于嘴边，左右晃动几下，面露难受的表情。

（"疼痛"的手语存在地域差异，可根据实际选择使用）

疼痛② téngtòng ②

一手直立，掌心向内，五指张开，在鼻前交替点动，面露难受的表情。

（"疼痛"的手语存在地域差异，可根据实际选择使用）

滕 Téng

双手打手指字母"T"的指式，拇、中、无名指指尖左右相抵，边向相反方向扭动边向两侧移动，表示姓氏"滕"。

藤 téng

左小臂抬起，掌心向上，五指微曲；右手食、中指相叠，指尖朝上，手背向外，边转动边沿左小臂向上移动，如藤盘旋生长状。

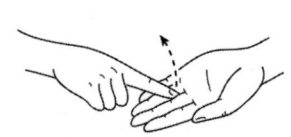

剔（挑剔） tī (tiāo·ti)

左手横伸，掌心向上；右手伸食指，指尖朝下，在左手指缝间做挑物状。

（可根据实际表示剔的动作）

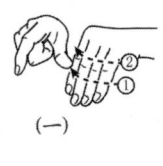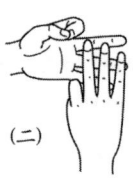

梯田 tītián

（一）左手手背拱起，如山形；右手拇、食指张开，虎口朝上，拇指沿左手指背从前向后、从低向高移动，表示一层层的梯田。

（二）双手中、无名、小指搭成"田"字形。

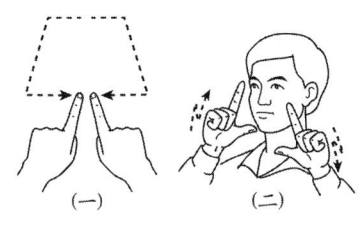

梯形 tīxíng

（一）双手伸食指，指尖朝前，划"⌂"形。
（二）双手拇、食指成"⌊ ⌋"形，置于脸颊两侧，上下交替动两下。

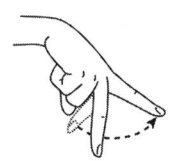

踢 tī

一手食、中指叉开，指尖朝下，食指用力向前一划，如踢球状。
（可根据实际表示踢的动作）

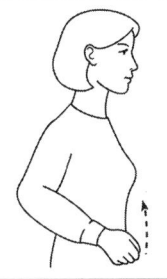

提 tí

一手虚握，虎口朝前，向上一提。
（可根据实际表示提的动作）

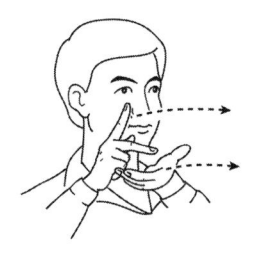

提案（议案） tí'àn（yì'àn）

左手横伸，掌心向上；右手打手指字母"K"的指式，中指尖朝左，双手同时从嘴部向前移出。

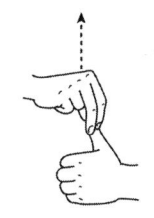

提拔 tíbá

左手伸拇指；右手拇、食、中指捏住左手拇指尖，向上一提。

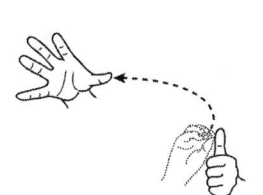

提倡 tíchàng

左手伸拇指；右手五指撮合，指尖朝前，置于左手旁，然后边向前做弧形移动边张开，表示将好东西宣传出去。

提成 tíchéng

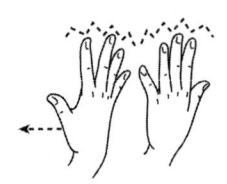

双手直立,掌心向内,五指张开,交替点动几下,然后左手不动,右手向后移动。

提纲(纲目) tígāng (gāngmù)

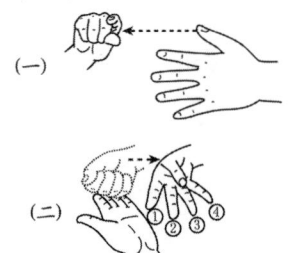

(一)左手横立,手背向外,五指张开;右手拇、食指张开,指尖朝前,在左手拇指旁向右划动一下。
(二)左手斜伸,掌心向后上方;右手握拳,在左手掌心上边向后微移边依次伸出食、中、无名、小指。

提高 tígāo

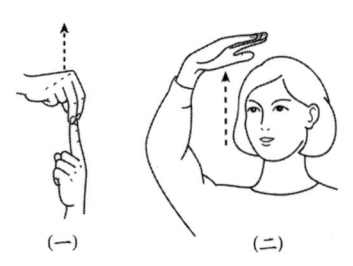

(一)左手食指直立;右手拇、食、中指捏住左手食指尖,向上一提。
(二)一手横伸,掌心向下,向上移过头顶。

提供 tígōng

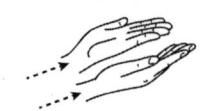

双手平伸,掌心向上,同时向前上方移出。

提炼 tíliàn

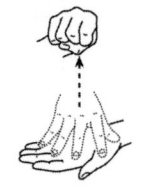

左手横伸,五指微曲;右手五指张开,指尖朝下,边从左手掌心上向上移动边握拳。

提前① tíqián①

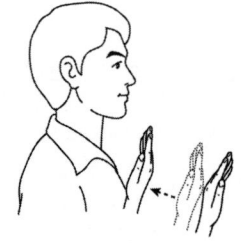

双手直立,手背前后相贴,左手在前不动,右手向后移动,动作幅度大些,表示时间提前的意思。

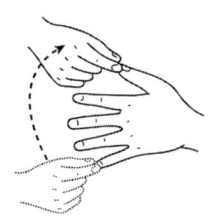

提升（提前②） tíshēng (tíqián②)

左手横立，掌心向内，五指张开；右手拇、食指相捏，从左手小指移向左手拇指。既表示职位提升，又表示将排序提前。

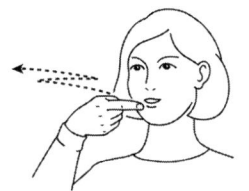

提议 tíyì

一手食指横伸，手背向外，从嘴部向前移出两下。

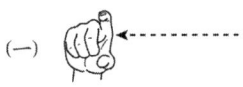

题材 tícái

（一）一手拇、食指张开，指尖朝前，向一侧移动一下。
（二）双手食指指尖朝前，手背向上，先互碰一下，再分开并张开五指。

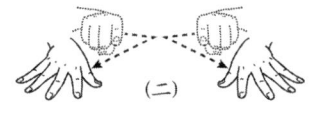

题目③（标题③） tímù③ (biāotí③)

左手横立，手背向外，五指张开；右手拇、食指张开，指尖朝前，在左手拇指旁向右划动一下。

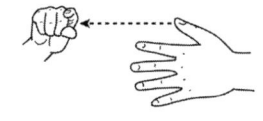

体裁 tǐcái

（一）左手斜伸，掌心向后上方，五指张开；右手平伸，掌心向下，五指张开，在左手掌心上从上向下移动。
（二）双手拇、食指成"⌴"形，置于脸颊两侧，上下交替动两下。

体操 tǐcāo

（一）一手掌心贴于胸部，向下移动一下。
（二）双手握拳屈肘，手背向上，在胸前做一下扩胸的动作。

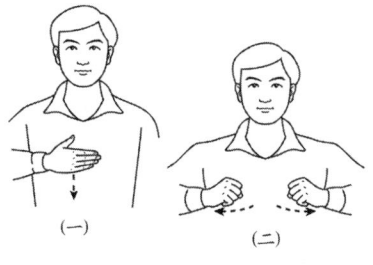

体积　tǐjī
（一）一手掌心贴于胸部，向下移动一下。
（二）一手打手指字母"J"的指式。

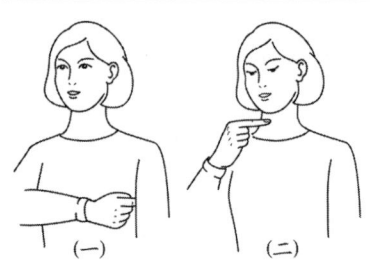

体温计　tǐwēnjì
（一）右手食指置于左腋下。
（二）右手食指横伸，眼睛看着手。
（可根据实际表示体温计）

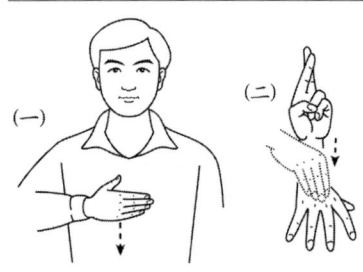

体系　tǐxì
（一）一手掌心贴于胸部，向下移动一下。
（二）左手打手指字母"X"的指式，在上不动；右手五指撮合，指尖朝下，边从左手腕向下移动边张开，表示系统。

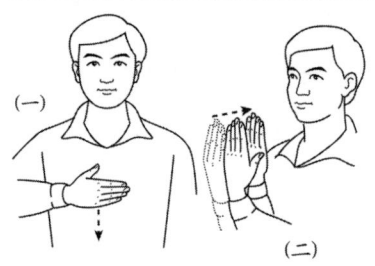

体现　tǐxiàn
（一）一手掌心贴于胸部，向下移动一下。
（二）双手直立，掌心向内，左手不动，右手向内移动一下。

体育（锻炼❷）　tǐyù (duànliàn ❷)
双手握拳屈肘，手背向上，在胸前做两下扩胸的动作。

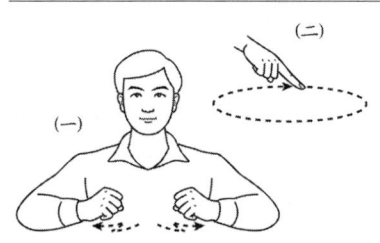

体育场（操场）　tǐyùchǎng (cāochǎng)
（一）双手握拳屈肘，手背向上，在胸前做两下扩胸的动作（表示操场时，双手在胸前做一下扩胸的动作）。
（二）一手伸食指，指尖朝下划一大圈。

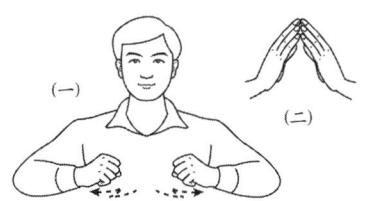

体育馆 tǐyùguǎn

（一）双手握拳屈肘，手背向上，在胸前做两下扩胸的动作。
（二）双手搭成"∧"形。

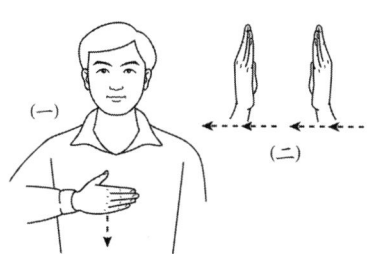

体制 tǐzhì

（一）一手掌心贴于胸部，向下移动一下。
（二）双手直立，掌心左右相对，向一侧一顿一顿移动几下。

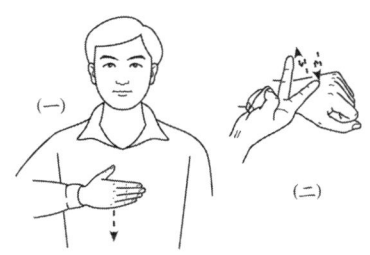

体质 tǐzhì

（一）一手掌心贴于胸部，向下移动一下。
（二）左手握拳；右手食、中指横伸，指背交替弹左手背。

剃头（秃顶、光头） tìtóu (tūdǐng、guāngtóu)

一手伸拇、小指，拇指尖在头顶上从前向后划动。
（可根据实际表示剃头的动作）

剃头刀 tìtóudāo

左手食、中指并拢，指尖朝前，手背向上；右手伸拇、小指，手背向上，拇指在左手食、中指上前后蹭两下，模仿磨剃头刀的动作。既表示剃头刀的名词意思，又表示磨剃头刀的意思。

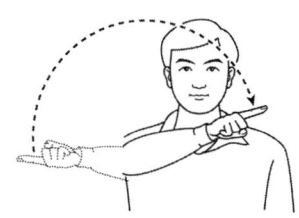

天（一天、整天） tiān (yītiān、zhěngtiān)

右手食指横伸，指尖朝右，掌心向上，向左做弧形移动（表示两天时，右手食、中指横伸分开，指尖朝右，掌心向上，向左做弧形移动，以此类推）。

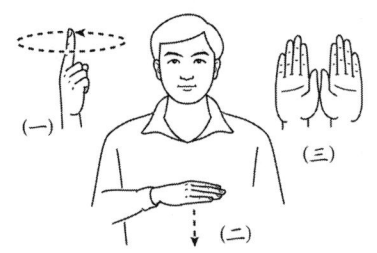

天安门　Tiān'ānmén
（一）一手食指直立，在头一侧上方转动一圈。
（二）一手横伸，掌心向下，自胸部向下一按。
（三）双手并排直立，掌心向外，五指并拢。

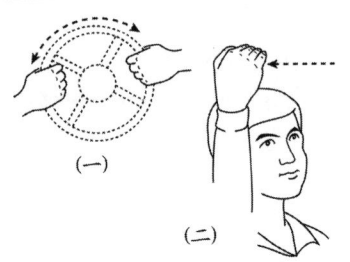

天窗　tiānchuāng
（一）双手虚握，左右转动，如操纵方向盘状。
（二）一手横伸，掌心向下，五指并拢，置于头顶，然后向后移动一下，眼睛仰视，表示开启车顶上的天窗。
（可根据实际表示汽车天窗的开启状态）

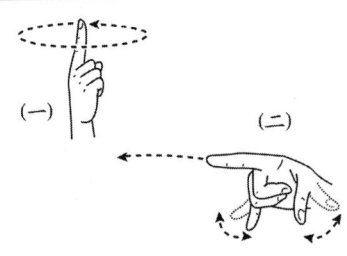

天鹅　tiān'é
（一）一手食指直立，在头一侧上方转动一圈。
（二）一手伸拇、食、小指，手背向上，边弯动拇、小指边向前移动。

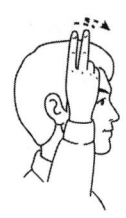

天津（津）　Tiānjīn（Jīn）
右手食、中指直立稍分开，掌心向左，在头一侧向前微动两下。

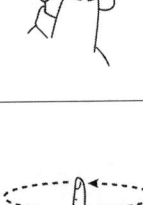

天空（空间②）　tiānkōng（kōngjiān ②）
一手食指直立，在头一侧上方转动一圈。

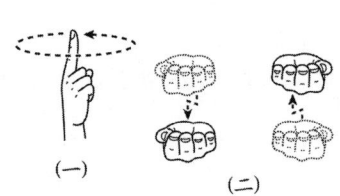

天平　tiānpíng
（一）一手食指直立，在头一侧上方转动一圈。
（二）双手平伸，掌心凹进，上下交替微动两下，表示天平的两个称重托盘。

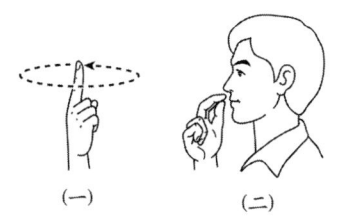

天气(空气) tiānqì (kōngqì)

（一）一手食指直立，在头一侧上方转动一圈。
（二）一手打手指字母"Q"的指式，指尖朝内，置于鼻孔处。

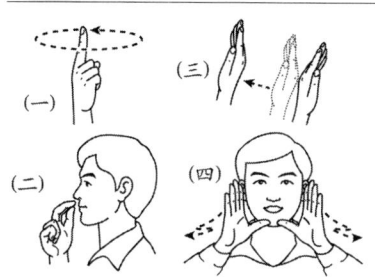

天气预报 tiānqì yùbào

（一）一手食指直立，在头一侧上方转动一圈。
（二）一手打手指字母"Q"的指式，指尖朝内，置于鼻孔处。
（三）双手直立，手背前后相贴，左手在前不动，右手向后移动。
（四）双手五指成"⌐"形，虎口贴于嘴边，向前方两侧移动两下。

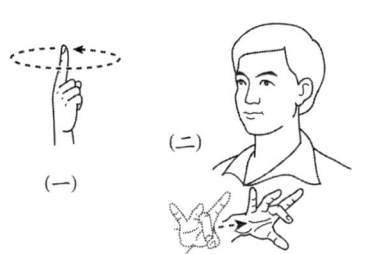

天然 tiānrán

（一）一手食指直立，在头一侧上方转动一圈。
（二）右手拇、中指相捏，边碰向左胸部边张开。

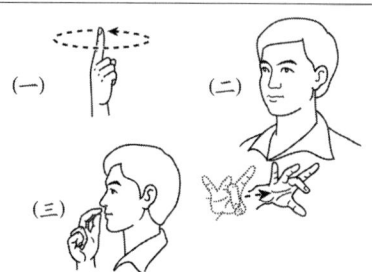

天然气 tiānránqì

（一）一手食指直立，在头一侧上方转动一圈。
（二）右手拇、中指相捏，边碰向左胸部边张开。
（三）一手打手指字母"Q"的指式，指尖朝内，置于鼻孔处。

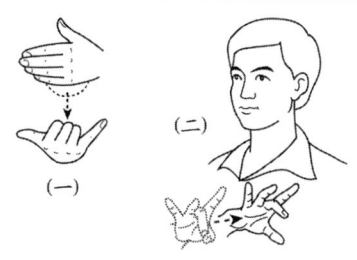

天生(天赋) tiānshēng (tiānfù)

（一）左手横立，五指微曲，置于腹前；右手伸拇、小指，手背向下，先置于左手掌心内，再向下移出。
（二）右手拇、中指相捏，边碰向左胸部边张开。

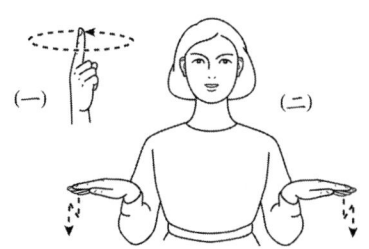

天使 tiānshǐ

（一）一手食指直立，在头一侧上方转动一圈。
（二）双手侧伸，小臂抬起，掌心向下扇动几下。

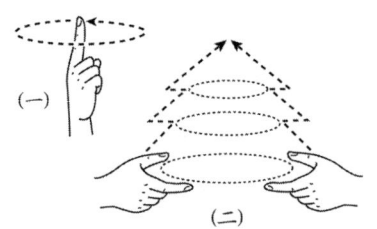

天坛 Tiāntán

（一）一手食指直立，在头一侧上方转动一圈。

（二）双手拇、食指成大圆形，虎口朝上，从下向上移动两下，圆形随之缩小，仿天坛祈年殿造型。

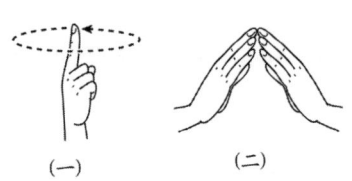

天堂 tiāntáng

（一）一手食指直立，在头一侧上方转动一圈。

（二）双手搭成"∧"形。

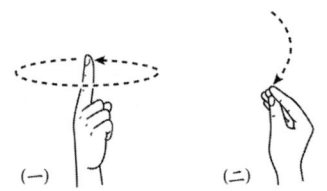

天文 tiānwén

（一）一手食指直立，在头一侧上方转动一圈。

（二）一手五指撮合，指尖朝前，撇动一下，如执毛笔写字状。

天线 tiānxiàn

左手食指直立；右手伸拇、食、小指，中指关节抵于左手食指尖上。

（可根据实际表示天线的样式）

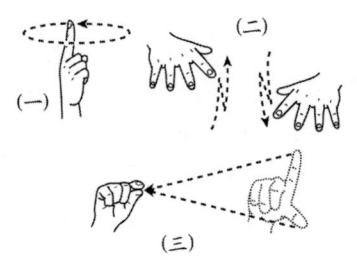

天涯海角 tiānyá-hǎijiǎo

（一）一手食指直立，在头一侧上方转动一圈。

（二）双手平伸，掌心向下，五指张开，上下交替移动，表示起伏的波浪。

（三）一手伸拇、食指，虎口朝内，置于眼前，边向前移动边相捏。

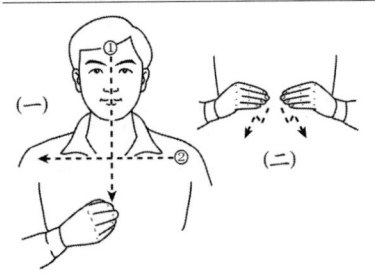

天主教 Tiānzhǔjiào

（一）右手五指撮合，指尖朝内，先从上向下再从左向右划"十"字。

（二）双手五指撮合，指尖相对，手背向外，在胸前向前晃动两下。

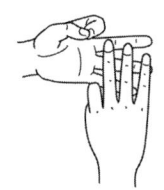

田 tián

双手中、无名、小指搭成"田"字形。
（可根据实际决定手的朝向）

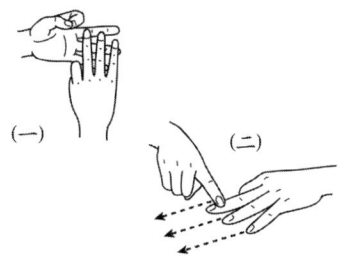

田埂（垄） tiángěng (lǒng)

（一）双手中、无名、小指搭成"田"字形。
（二）左手中、无名、小指横伸分开，手背向上；右手伸食指，指尖朝下，沿左手中、无名、小指分别向指尖方向划一下。

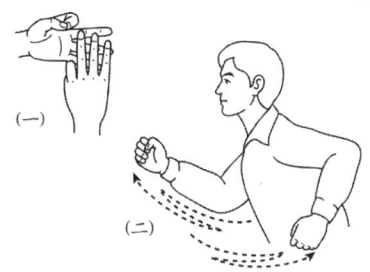

田径 tiánjìng

（一）双手中、无名、小指搭成"田"字形。
（二）双手握拳屈肘，前后交替摆动两下，如跑步状。

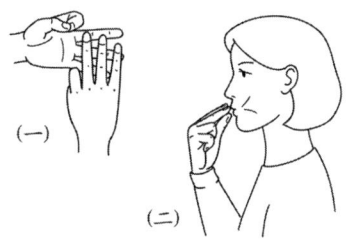

田螺 tiánluó

（一）双手中、无名、小指搭成"田"字形。
（二）一手拇、食、中指相捏，指尖朝内，置于嘴边，嘴作吸吮状。

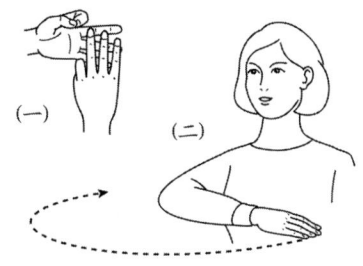

田野 tiányě

（一）双手中、无名、小指搭成"田"字形。
（二）一手横伸，掌心向下，五指并拢，齐胸部从一侧向另一侧做大范围的弧形移动。

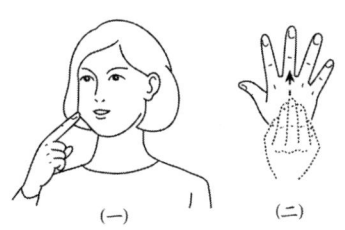

甜菜 tiáncài

（一）一手食指指腮部，同时用舌顶起腮部，表示嘴里含着的糖。
（二）一手五指撮合，指尖朝上，边向上微移边张开。

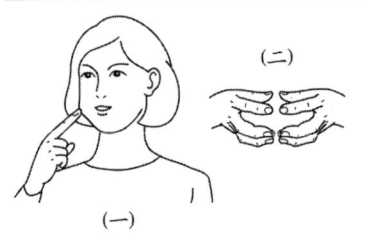

甜瓜 tiánguā

（一）一手食指指腮部，同时用舌顶起腮部，表示嘴里含着的糖。

（二）双手五指弯曲张开，指尖左右相对，虎口朝上，仿甜瓜形状。

甜蜜 tiánmì

一手食指指腮部，同时用舌顶起腮部，食指微转两下，面带笑容。

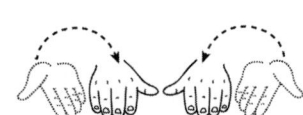

填（埋） tián (mái)

双手平伸，掌心向上，同时向中间翻转，掌心向下。（可根据实际表示填埋的动作）

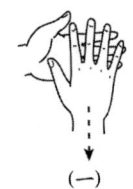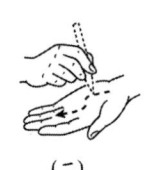

填表 tiánbiǎo

（一）双手五指张开，一横一竖搭成方格形，然后左手不动，右手向下移。

（二）左手横伸；右手如执笔状，在左手掌心上做写字的动作。

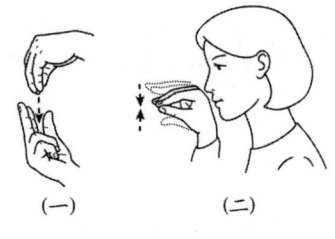

填鸭❶ tiányā ❶

（一）右手伸拇、食、中指，食、中指并拢，指尖朝上；左手五指撮合，指尖朝下，插入右手虎口处，表示给鸭子填食的意思。

（二）右手手背贴于嘴部，拇、食、中指先张开再相捏，仿鸭的嘴。

（此手势表示填鸭的名词意思）

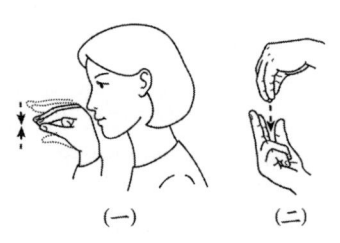

填鸭❷ tiányā ❷

（一）右手手背贴于嘴部，拇、食、中指先张开再相捏，仿鸭的嘴。

（二）右手伸拇、食、中指，食、中指并拢，指尖朝上；左手五指撮合，指尖朝下，插入右手虎口处，表示给鸭子填食的意思。

（此手势表示给鸭填食的意思）

舔 tiǎn

一手直立,掌心向内,在嘴前从上向下移动一下,舌微伸。

挑(担、扛) tiāo (dān、káng)

一手虚握,虎口朝内,上举与肩平,上下微动两下,如用扁担挑物状。

(可根据实际表示挑的动作)

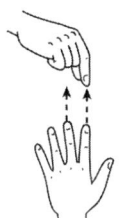

挑选(选拔、选举①、抽)

tiāoxuǎn (xuǎnbá、xuǎnjǔ ①、chōu)

左手直立,掌心向内,五指张开;右手拇、食指先向上揪一下左手食指,再向上揪一下左手中指,表示从一些对象中进行挑选。

条件 tiáojiàn

双手拇、食指微张,指尖相对,虎口朝上,从中间向两侧拉开两下。

条理 tiáolǐ

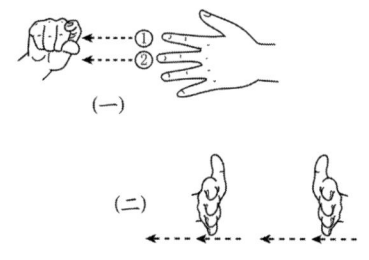

(一)左手横立,手背向外,五指张开;右手拇、食指张开,指尖朝前,在左手旁从上向下依次向右划动两下。

(二)双手侧立,掌心相对,向一侧一顿一顿移动几下。

条例(条款、条文) tiáolì (tiáokuǎn、tiáowén)

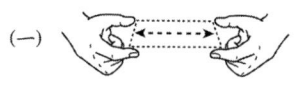

(一)双手拇、食指张开,指尖相对,虎口朝上,从中间向两侧移动。

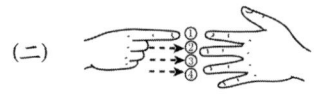

(二)左手横立,手背向外,五指张开;右手握拳,手背向外,虎口朝上,在左手旁依次伸出食、中、无名、小指。

条约 tiáoyuē

（一）双手拇、食指张开，指尖相对，虎口朝上，从中间向两侧移动。

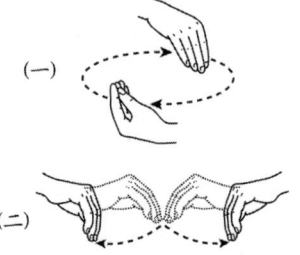

（二）双手拇、食、中指相捏，指尖朝下，同时向下一顿。

调解 tiáojiě

（一）双手五指撮合，指尖上下相对，交替平行转动两下。
（二）双手手背拱起，指背相对，分别向两侧扒动一下。

调酒 tiáojiǔ

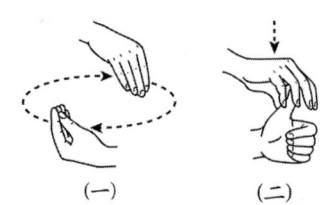

（一）右手五指成半圆形，手背向右，在头前方边甩动边上下移动，模仿调制鸡尾酒的动作。
（二）一手打手指字母"J"的指式，移向嘴部，如喝酒状。

调控 tiáokòng

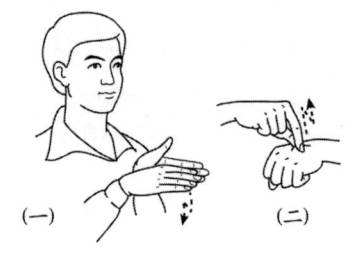

（一）双手五指撮合，指尖上下相对，交替平行转动两下。
（二）左手伸拇指；右手五指微曲，掌心向下，罩向左手拇指。

调皮（淘气） tiáopí (táoqì)

（一）左手侧立；右手平伸，掌心向下，在左手旁向下扇动两下。
（二）左手握拳，不动；右手拇、食指捏住左手背皮肤，向上揪两下。
（可根据实际表示调皮的样子）

调戏（猥亵） tiáo·xì (wěixiè)

左手伸拇、小指；右手拇、食指张开，在左手拇指背随意捏动几下，面带坏相。

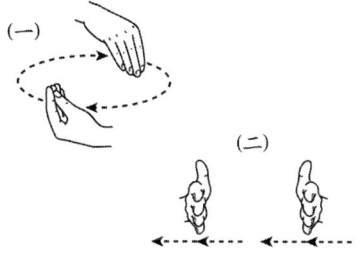

调整（调理） tiáozhěng (tiáo·lǐ)
（一）双手五指撮合，指尖上下相对，交替平行转动两下。
（二）双手侧立，掌心相对，向一侧一顿一顿移动几下。

挑拨（挑唆、拨弄是非）
tiǎobō (tiǎo·suō, bō·nòng-shìfēi)
双手食指微曲，指尖朝上，在身体前方两侧交替向上挑动，面带坏相。

挑逗 tiǎodòu
左手伸拇、小指，在前；右手伸食指，手背向下，在后，向内弯动两下，面露挑逗的表情。

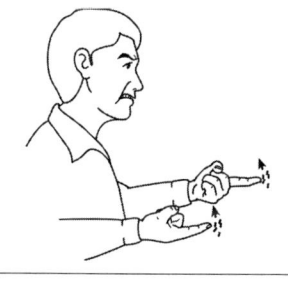

挑衅 tiǎoxìn
双手伸食指，指尖朝前，掌心向上，一前一后，同时向上挑动两下，头歪斜，面带坏相。

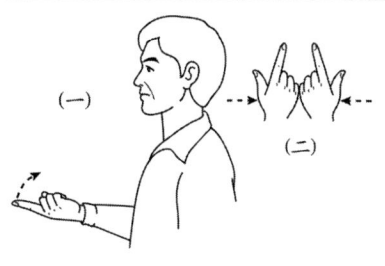

挑战 tiǎozhàn
（一）一手伸食指，指尖朝前，掌心向上，向上一挑。
（二）双手伸拇、食指，食指尖朝上，掌心向内，小指下缘互碰一下。
（可根据实际决定手指的朝向）

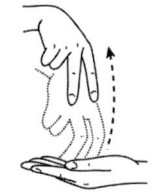

跳 tiào
左手横伸；右手食、中指微曲，先立于左手掌心上，然后迅速向上弹起。
（可根据实际表示跳的动作）

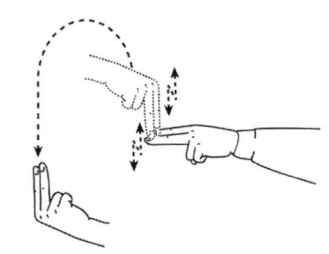

跳板跳水 tiàobǎntiàoshuǐ

左手食、中指横伸，手背向上；右手食、中指并拢，指尖朝下，在左手指尖处压动几下，左手食、中指随之而动，然后右手转动180度，指尖朝上，向下移动。

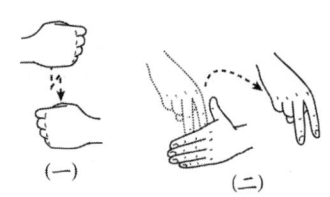

跳槽 tiàocáo

（一）双手握拳，一上一下，右拳向下砸两下左拳。

（二）左手横立；右手食、中指分开，指尖朝下，手背向外，置于左手掌心内，然后向外移出。

（可根据实际决定手的移动方向）

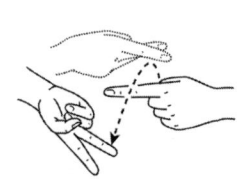

跳高 tiàogāo

左手食指横伸，手背向外，表示跳高栏杆；右手食、中指分开，手背向外，从左手食指上越过，模仿跨跃式跳高的动作。

（可根据实际表示跳高的动作）

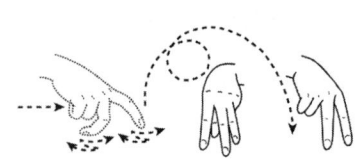

跳马 tiàomǎ

左手拇、食、中、无名指指尖朝下，虎口朝内；右手食、中指边交替弯动边移向左手，然后在左手背上方腾空，向前转动一圈后落下，模仿跳马的动作。

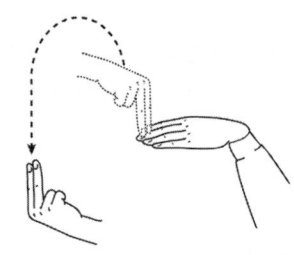

跳台跳水（跳水） tiàotáitiàoshuǐ (tiàoshuǐ)

左手掌与手腕成钝角；右手食、中指并拢，指尖朝下，在左手指尖处跃起，然后转动180度，指尖朝上，向下移动。

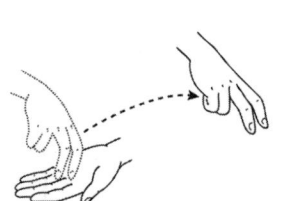

跳远（立定跳远） tiàoyuǎn (lìdìng tiàoyuǎn)

左手横伸；右手食、中指微曲，先立于左手掌心上，然后向前跳出，如跳远状。

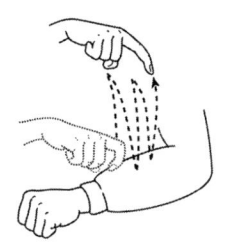

跳蚤 tiào·zao

左臂抬起,左手握拳,手背向上;右手食指弯曲,指尖朝下,在左臂上点一下,然后弹起,再落下,重复几次。

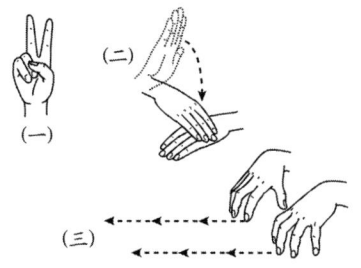

跳蚤市场(二手市场)

tiào·zao shìchǎng (èrshǒu shìchǎng)

(一)一手食、中指直立分开,掌心向外。
(二)左手横伸,掌心向下;右手拍一下左手背。
(三)双手五指微曲,指尖朝下,同时向前一顿一顿移动几下,表示市场上的摊位。

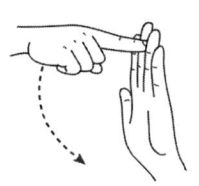

跳闸 tiàozhá

左手直立,掌心向右;右手伸食指,插入左手中、无名指指缝间,然后手腕向下移动。
(可根据实际表示跳闸的状态)

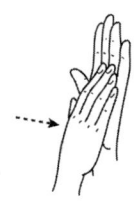

贴 tiē

左手直立,掌心向右;右手贴向左手掌心。
(可根据实际表示贴的动作)

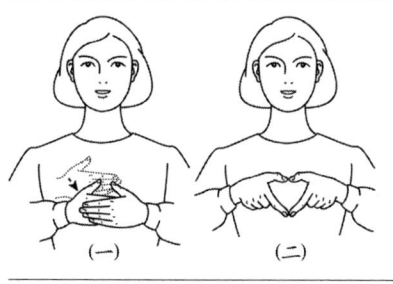

贴心 tiēxīn

(一)双手横立,左手在前不动,右手自胸部向前贴向左手掌心。
(二)双手拇、食指张开仿"♡"形,手背向外,置于胸部。

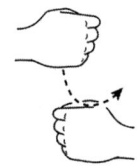

铁 tiě

双手握拳,虎口朝上,一上一下,右拳向下砸一下左拳,再向内移动。

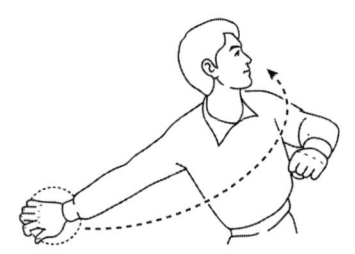

铁饼 tiěbǐng

　　身体后仰；左臂横抬，左手握拳，手背向上；右臂伸向身后，五指弯曲，用力向前做弧形挥动，左手同时自然向后摆动，如掷铁饼状。既表示铁饼的名词意思，又表示掷铁饼的意思。

铁观音 tiěguānyīn

　　（一）双手握拳，虎口朝上，一上一下，右拳向下砸一下左拳，再向内移动。
　　（二）双手合十。

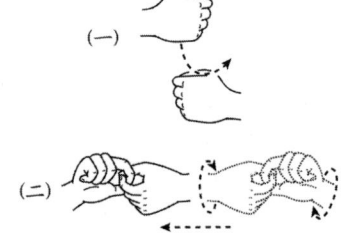

铁链 tiěliàn

　　（一）双手握拳，虎口朝上，一上一下，右拳向下砸一下左拳，再向内移动。
　　（二）双手边转腕边拇、食指连续相互套环，并向一侧移动。

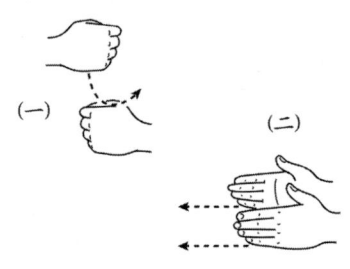

铁路 tiělù

　　（一）双手握拳，虎口朝上，一上一下，右拳向下砸一下左拳，再向内移动。
　　（二）双手侧立，掌心相对，向前移动。

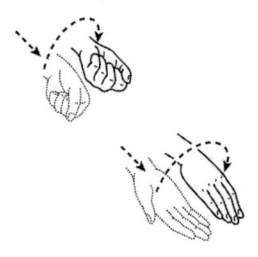

铁锹（铁锨） tiěqiāo (tiěxiān)

　　一手虚握，虎口朝下，在上；另一手五指并拢，指尖朝前下方，掌心向外，在下，双手同时向下一杵，再向一侧翻动，如用铁锹翻土状。

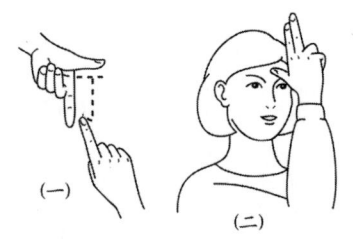

厅长 tīngzhǎng

　　（一）左手拇、食指成"厂"字形；右手伸食指，在"厂"字形中书空"丁"字，仿"厅"字形。
　　（二）一手伸拇、食、中指，拇指尖抵于前额，食、中指直立并拢。

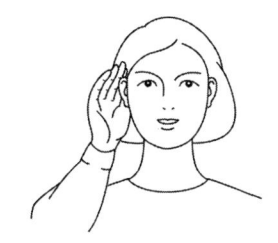

听 tīng

一手直立,掌心向外,五指微曲,贴于耳部。
(可根据实际表示听的动作)

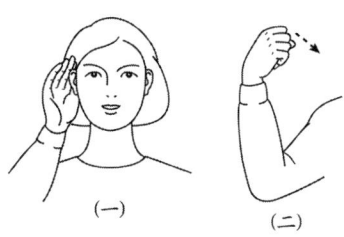

听力 tīnglì

(一)一手直立,掌心向外,五指微曲,贴于耳部。
(二)一手握拳屈肘,用力向内弯动一下。

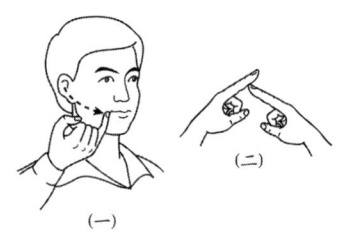

听力残疾人①(聋人①) tīnglìcánjírén①(lóngrén①)

(一)一手伸小指,从耳部划向嘴角。
(二)双手食指搭成"人"字形。

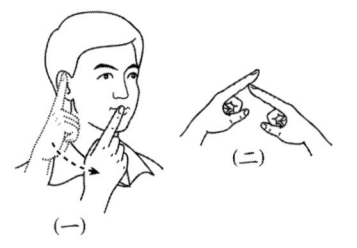

听力残疾人②(聋人②) tīnglìcánjírén②(lóngrén②)

(一)一手伸食指,从耳部划向嘴角。
(二)双手食指搭成"人"字形。

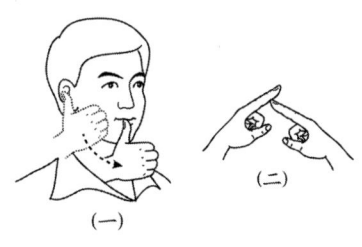

听人 tīngrén

(一)一手伸拇指,从耳部划向嘴角,表示听觉和言语都正常。
(二)双手食指搭成"人"字形。

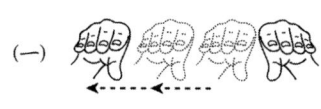
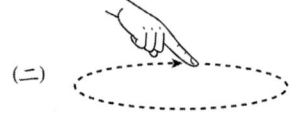

停车场① tíngchēchǎng①

(一)双手五指成"冖"形,指尖朝前,左手不动,右手向右一顿一顿移动几下。
(二)一手伸食指,指尖朝下划一大圈。

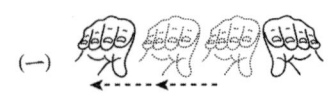
（一）

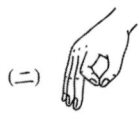
（二）

停车场② tíngchēchǎng ②

（一）双手五指成"匚"形，指尖朝前，左手不动，右手向右一顿一顿移动几下。

（二）一手打手指字母"P"的指式。

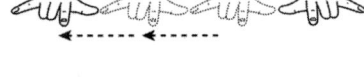

停机坪 tíngjīpíng

双手伸拇、食、小指，指尖朝前，手背向上，左手不动，右手向右一顿一顿移动几下。

停止 tíngzhǐ

左手横伸，掌心向下；右手直立，掌心向左，指尖抵于左手掌心。

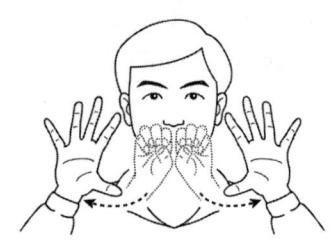

通告（宣传、颁布、传播、宣布）
tōnggào (xuānchuán、bānbù、chuánbō、xuānbù)

双手虚握，掌心向外，置于嘴部，然后边向前方两侧移动边张开五指。

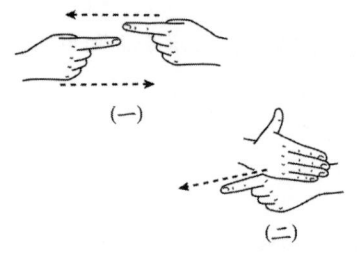

通过② tōngguò ②

（一）双手食指横伸，指尖相对，手背向外，从两侧向中间交错移动。

（二）左手伸食指，指尖朝前；右手横立，掌心向内，置于左手食指根部，然后向指尖方向移动。

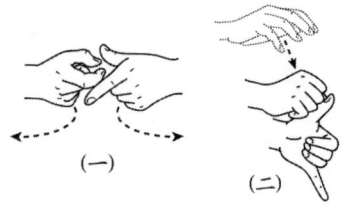

通缉 tōngjī

（一）双手拇、食指搭成"公"字形，虎口朝上，分别向两侧做弧形移动。

（二）左手伸拇、小指；右手五指微曲，指尖朝下，抓向左手拇指背，表示抓住脖后的衣服。

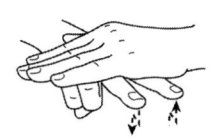

通奸 tōngjiān

左手横伸,掌心向下;右手背贴于左手掌心,食、中指伸出,交替点动两下。

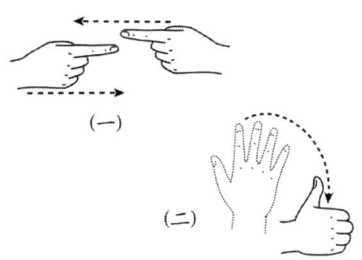

通顺(畅通) tōngshùn (chàngtōng)

(一)双手食指横伸,指尖相对,手背向外,从两侧向中间交错移动。

(二)右手直立,掌心向左,五指张开,边向前转腕边食、中、无名、小指弯曲,指尖抵于掌心,拇指直立。

(可根据实际表示畅通的状态)

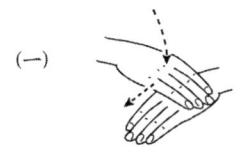

通俗 tōngsú

(一)左手横伸;右手平伸,掌心向下,边拍一下左手背边向右移动。

(二)双手拇、食指相捏,指尖朝上,向下晃动两下。

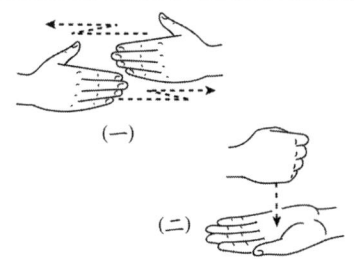

通行证 tōngxíngzhèng

(一)双手横立,掌心向内,从两侧向中间交错移动两下。

(二)左手横伸;右手虚握,虎口朝上,在左手掌心上砸一下,如盖章状。

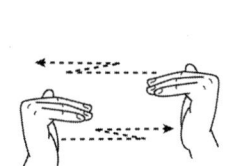

通讯(通信) tōngxùn (tōngxìn)

双手五指与手掌成"⌐⌐"形,交错移动两下,表示彼此通讯往来。

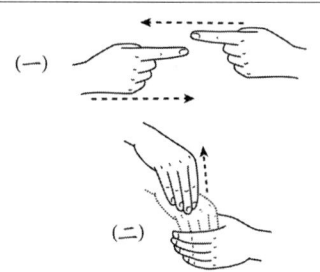

通用 tōngyòng

(一)双手食指横伸,指尖相对,手背向外,从两侧向中间交错移动。

(二)左手五指成"匸"形,虎口朝上;右手五指撮合,指尖朝下,从左手虎口内抽出。

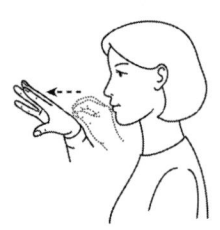

通知①（告诉、提醒） tōngzhī ①（gào·su、tíxǐng）

一手五指撮合，指尖朝前，置于嘴部，边向前移动边张开。

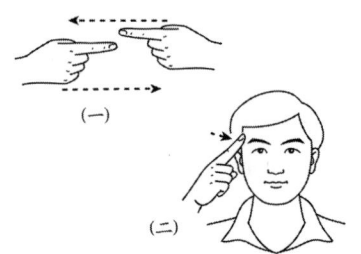

通知② tōngzhī ②

（一）双手食指横伸，指尖相对，手背向外，从两侧向中间交错移动。

（二）一手伸食指，点一下太阳穴。

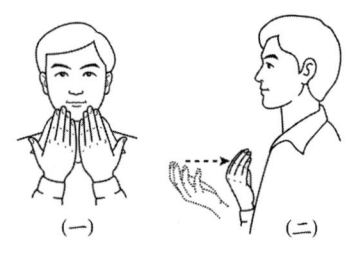

同班 tóngbān

（一）双手斜伸，掌心向内，置于身前。

（二）一手五指微曲，指尖朝上，边向内移动边撮合。

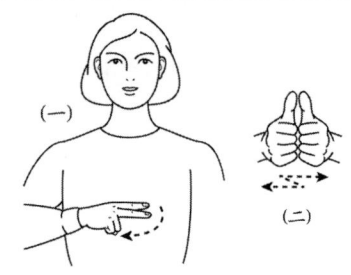

同胞① tóngbāo ①

（一）一手食、中指横伸分开，手背向上，向前移动一下。

（二）双手伸拇指，靠在一起，左右微动几下。

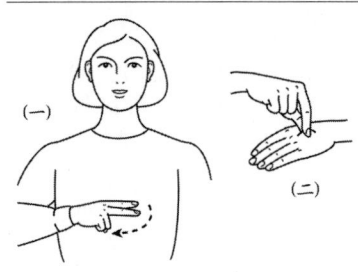

同胞② tóngbāo ②

（一）一手食、中指横伸分开，手背向上，向前移动一下。

（二）左手横伸，手背向上；右手拇、食指捏一下左手背皮肤，表示同胞具有骨肉联系。

同辈 tóngbèi

双手五指与手掌成"⌐¬"形，置于肩前一侧，然后从两侧向中间移动并互碰。

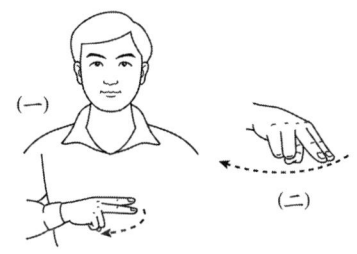
同化　tónghuà
（一）一手食、中指横伸分开，手背向上，向前移动一下。
（二）一手打手指字母"H"的指式，指尖朝前斜下方，平行划动一下。

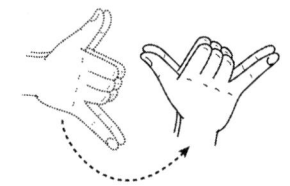
同居（同房）　tóngjū（tóngfáng）
双手伸拇、小指，指尖朝前，然后转腕，指尖朝上。

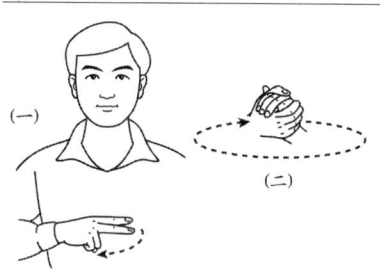
同盟　tóngméng
（一）一手食、中指横伸分开，手背向上，向前移动一下。
（二）双手一横一竖，相互握住，顺时针平行转动一圈。

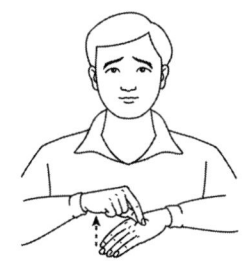
同情（怜悯）　tóngqíng（liánmǐn）
左手横伸；右手拇、食指捏住左手背皮肤，向上一揪，双手同时向上移动，面露怜悯的表情。

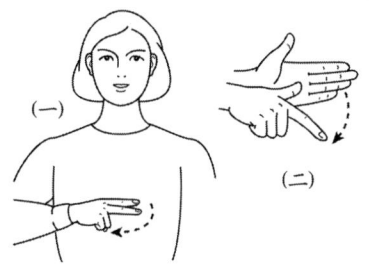
同时　tóngshí
（一）一手食、中指横伸分开，手背向上，向前移动一下。
（二）左手侧立；右手伸拇、食指，拇指尖抵于左手掌心，食指向下转动。

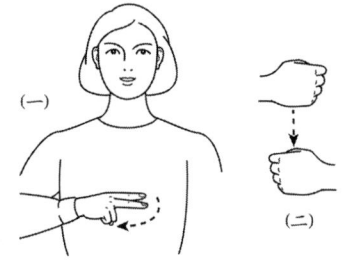
同事　tóngshì
（一）一手食、中指横伸分开，手背向上，向前移动一下。
（二）双手握拳，一上一下，右拳向下砸一下左拳。

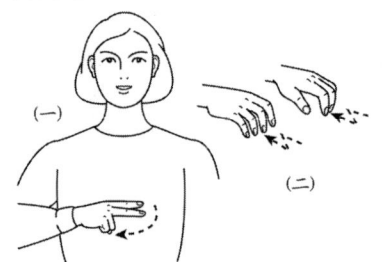

同乡　tóngxiāng
（一）一手食、中指横伸分开，手背向上，向前移动一下。
（二）双手五指弯曲，掌心向下，一前一后，向后移动两下，模仿耙地的动作。

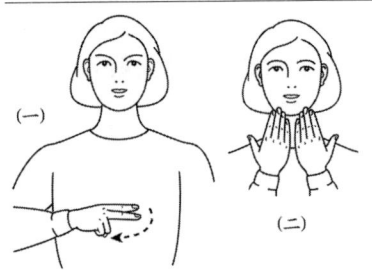

同学①　tóngxué ①
（一）一手食、中指横伸分开，手背向上，向前移动一下。
（二）双手斜伸，掌心向内，置于身前。

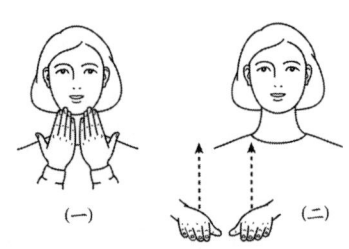

同学②（同窗）　tóngxué ②（tóngchuāng）
（一）双手斜伸，掌心向内，置于身前。
（二）双手平伸，掌心向下，在身体一侧前从下向上移动。

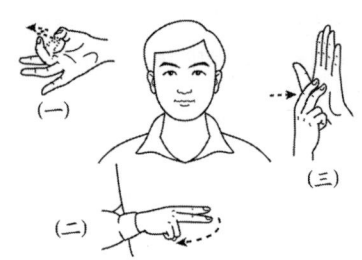

同义词　tóngyìcí
（一）一手平伸，手背向下，拇、中指先相捏，然后弹动两下。
（二）一手食、中指横伸分开，手背向上，向前移动一下。
（三）左手直立，掌心向外；右手食、中指弯曲，指尖朝内，点一下左手掌心。

同意①　tóngyì ①
　　双手食指横伸，指尖相对，手背向外，从两侧向中间交错移动。

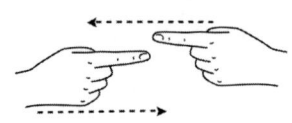

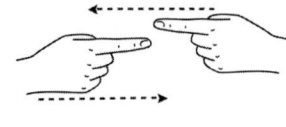

同意②（答应）　tóngyì ②（dā·ying）
　　一手直立握拳，向前弯动两下，表示点头同意。

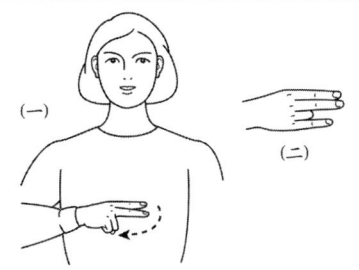
同志 tóngzhì
（一）一手食、中指横伸分开，手背向上，向前移动一下。
（二）一手打手指字母"ZH"的指式。

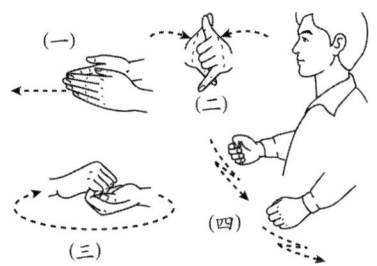
同舟共济 tóngzhōu-gòngjì
（一）双手斜立，指尖相抵，向前移动，如船向前行驶状。
（二）双手伸拇、小指，从两侧移至中间，一前一后。
（三）双手五指弯曲，相互握住，顺时针平行转动一圈。
（四）双手虚握，虎口朝上，一上一下，连续用力向后划动两下，如用桨划船状。

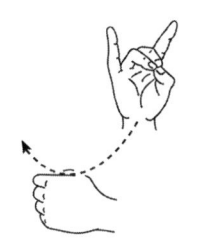
铜 tóng
左手握拳，虎口朝上；右手打手指字母"T"的指式，手腕砸一下左手虎口后向前移动，表示铜的声母。

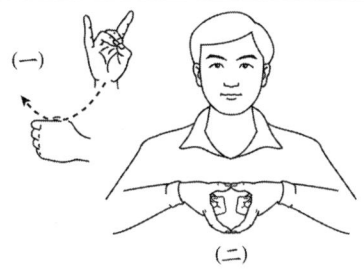
铜牌 tóngpái
（一）左手握拳，虎口朝上；右手打手指字母"T"的指式，手腕砸一下左手虎口后向前移动。
（二）双手拇、食指搭成圆形，虎口朝外，置于胸前。

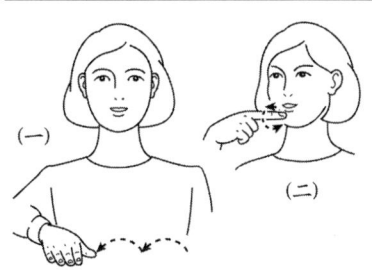
童话 tónghuà
（一）一手平伸，掌心向下，边向一侧移动边向下按动几下。
（二）一手食指横伸，在嘴前前后转动两下。

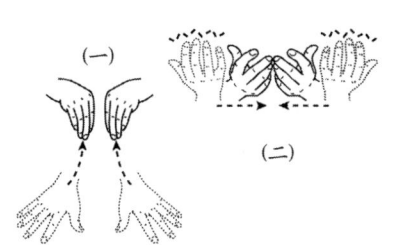
统计 tǒngjì
（一）双手五指张开，掌心向下，边向上移动边撮合，双手靠近。
（二）双手五指微曲，掌心向上，边交替点动边互碰。

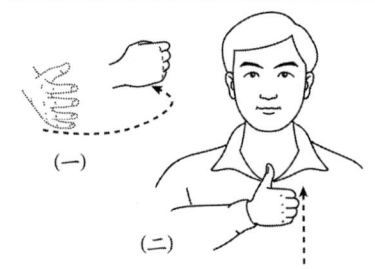

统帅　tǒngshuài
（一）右手侧立，五指微曲张开，边向左做弧形移动边握拳。
（二）一手伸拇指，先贴于胸部，再向上一举。

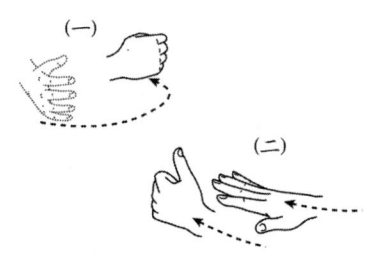

统率　tǒngshuài
（一）右手侧立，五指微曲张开，边向左做弧形移动边握拳。
（二）左手伸拇指，在前；右手五指张开，掌心向下，在后，双手同时向前移动。

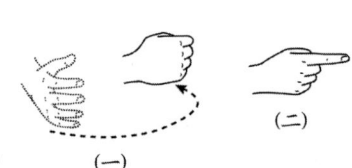

统一　tǒngyī
（一）右手侧立，五指微曲张开，边向左做弧形移动边握拳。
（二）一手食指横伸，手背向外。

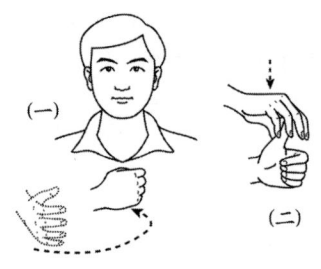

统治　tǒngzhì
（一）右手侧立，五指微曲张开，边向左做弧形移动边握拳。
（二）左手伸拇指；右手五指微曲，掌心向下，罩向左手拇指。

捅　tǒng
一手虚握，虎口朝前，向前一伸。
（可根据实际表示捅的动作）

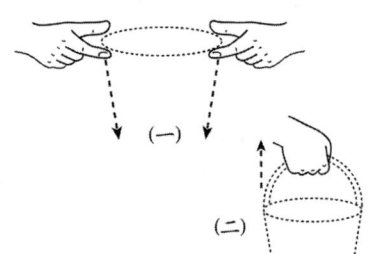

桶　tǒng
（一）双手拇、食指成大圆形，边从上向下移动边逐渐缩小，如桶状。
（二）一手虚握，虎口朝前，向上一提。

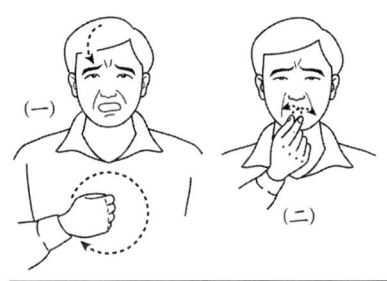

痛苦 tòngkǔ

（一）一手虚握，手背向外，贴于胸部，转动一圈，头微低，面露难受的表情。

（二）一手拇、食指相捏，指尖朝上，置于嘴边，互捻几下，面露难受的表情。

头（脑） tóu（nǎo）

一手伸食指，指一下头部。

头发 tóu·fa

一手拇、食指相捏，揪一下头发。

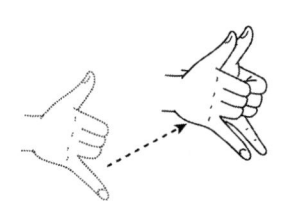

投奔 tóubèn

双手伸拇、小指，左手在前不动，右手从右后方靠向左手。

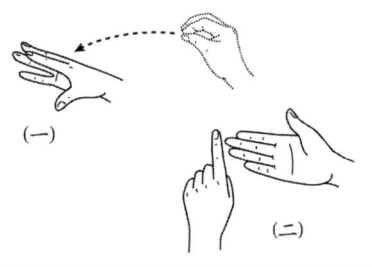

投标 tóubiāo

（一）一手五指撮合，指尖朝前，边向前移动边张开。

（二）左手食指直立；右手侧立，指向左手食指。

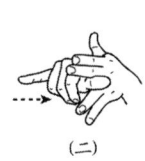

投机（钻空子） tóujī（zuān kòng·zi）

（一）双手搓掌，面带奸笑。

（二）左手侧立；右手伸拇、小指，手背向上，拇指插入左手中、无名指指缝间，表示寻找机会投机钻营的意思。

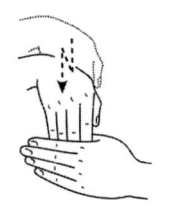

投票　tóupiào

左手五指成"匚"形，虎口朝上；右手五指并拢，指尖朝下，向左手虎口内插两下。

投降（屈服）　tóuxiáng（qūfú）

双手上举，掌心向外，面露屈从的表情，表示投降。

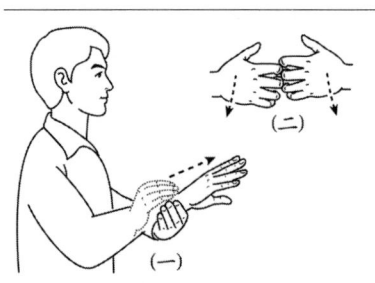

投影仪　tóuyǐngyí

（一）左手五指成"U"形，虎口朝外；右手五指撮合，指尖朝前，手背向上，边从左手虎口内移出边张开。

（二）双手五指弯曲，食、中、无名、小指关节交错相触，向下转动一下。

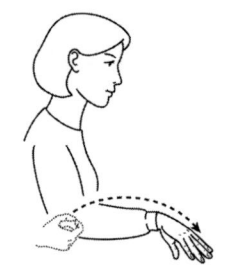

投资（投入❷）　tóuzī（tóurù❷）

一手拇、食指捏成圆形，虎口朝前上方，边从腰部向前移出边张开五指，掌心向下。

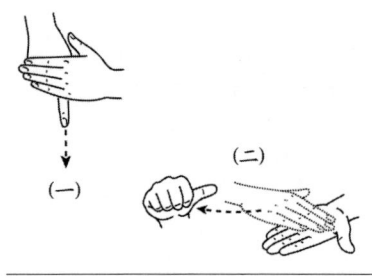

透彻　tòuchè

（一）左手横立；右手伸食指，指尖朝下，在左手掌心内向下移动。

（二）左手横伸；右手平伸，掌心向下，贴于左手掌心，边向左手指尖方向移动边食、中、无名、小指弯曲，指尖抵于掌心。

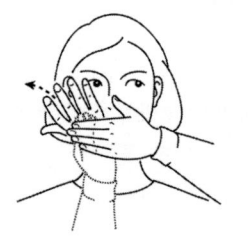

透露　tòulù

左手横立，置于嘴前；右手五指撮合，指尖朝上，置于左手掌心内，然后边向上移动边张开。

（可根据实际决定手指的朝向）

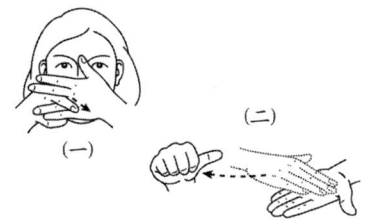

透明 tòumíng

（一）左手横立，掌心向内；右手伸食指，指尖朝前，从左手中、无名指指缝间穿过。

（二）左手横伸；右手平伸，掌心向下，贴于左手掌心，边向左手指尖方向移动边食、中、无名、小指弯曲，指尖抵于掌心。

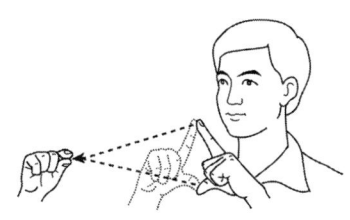

透视 tòushì

双手拇、食指搭成"△"形，虎口朝内，左手不动，右手边向前移动边逐渐相捏，表示近大远小的透视感觉。

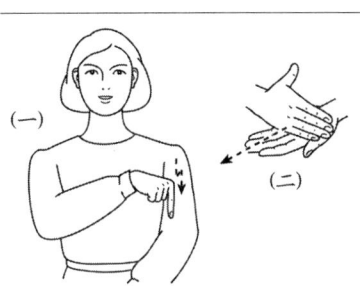

透析 tòuxī

（一）右手伸食指，指尖朝下，在左上臂上向下点动几下，表示输液。

（二）左手横伸；右手侧立，置于左手掌心上，然后用力向左手指尖方向划动。

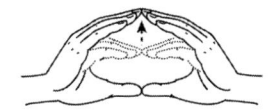

凸 tū

双手五指成"⊏⊐"形，虎口朝内，然后食、中、无名、小指向上凸起。

（可根据实际表示凸的状态）

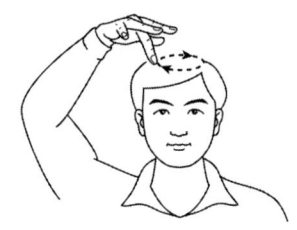

秃 tū

一手伸拇、食、无名、小指，中指尖朝下，抵于头顶，转动两下。

（可根据实际表示秃的状态）

突变（骤变） tūbiàn (zhòubiàn)

（一）一手食指横伸，置于鼻下，然后突然向一侧移动并张开五指，面露惊讶的表情。

（二）一手食、中指直立分开，由掌心向外翻转为掌心向内。

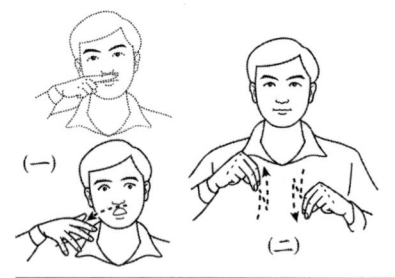

突查 tūchá

（一）一手食指横伸，置于鼻下，然后突然向一侧移动并张开五指，面露惊讶的表情。

（二）双手拇、食、中指相捏，指尖朝下，上下交替动两下。

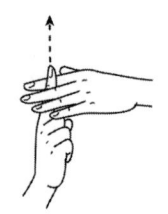

突出（拔尖儿、卓越） tūchū (bájiānr、zhuóyuè)

左手横伸，掌心向下，五指稍张开；右手食指直立，从左手食、中指指缝间用力伸出。

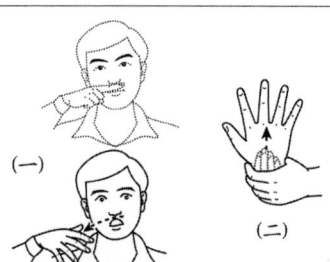

突发（猝发） tūfā (cùfā)

（一）一手食指横伸，置于鼻下，然后突然向一侧移动并张开五指，面露惊讶的表情。

（二）左手五指成半圆形，虎口朝上；右手五指撮合，指尖朝上，手背向外，边从左手虎口内伸出边张开。

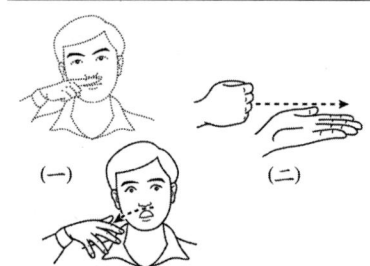

突击（袭击） tūjī (xíjī)

（一）一手食指横伸，置于鼻下，然后突然向一侧移动并张开五指，面露惊讶的表情。

（二）左手平伸；右手握拳，虎口朝上，从左手掌心上用力向外一击。

突尼斯 Tūnísī

一手拇、食指相捏，指尖抵于发际，其他三指直立，然后向后移动少许。

（此为国外聋人手语）

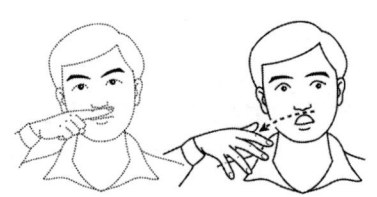

突然（忽然、出其不意） tūrán (hūrán、chūqíbùyì)

一手食指横伸，置于鼻下，然后突然向一侧移动并张开五指，面露惊讶的表情。

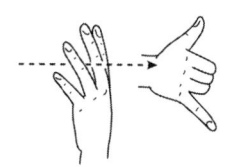

突围（突破） tūwéi (tūpò)

左手直立，掌心向内，五指张开；右手伸拇、小指，指尖朝前，从左手中、无名指指缝间冲出。

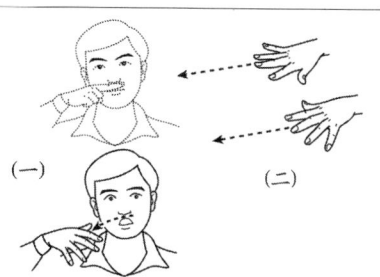

突袭 tūxí

（一）一手食指横伸，置于鼻下，然后突然向一侧移动并张开五指，面露惊讶的表情。

（二）双手平伸，掌心向下，五指张开，同时用力向前移动一下。

图案 tú'àn

（一）左手横伸；右手五指撮合，指背在左手掌心上抹一下。

（二）左手横伸；右手食、中指分开，食指尖抵于左手掌心，中指转动半圈，如用圆规画圆状。

图钉（摁钉儿） túdīng (èndīngr)

左手侧立，掌心向右；右手伸拇指，指尖在左手掌心上微转一下，模仿按图钉的动作。既表示图钉的名词意思，又表示摁图钉的意思。

（可根据实际表示图钉的形状和按图钉的动作）

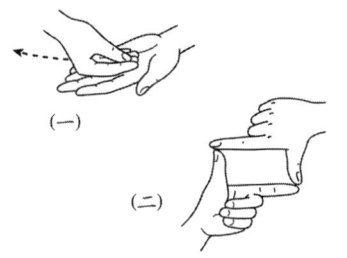

图片 túpiàn

（一）左手横伸；右手五指撮合，指背在左手掌心上抹一下。

（二）双手拇、食指搭成"▢"形。

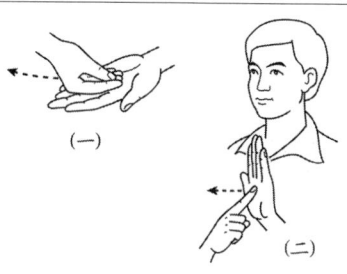

图示 túshì

（一）左手横伸；右手五指撮合，指背在左手掌心上抹一下。

（二）左手直立，掌心向前；右手伸食指，抵于左手掌心，双手同时向前移动一下。

图书馆　túshūguǎn

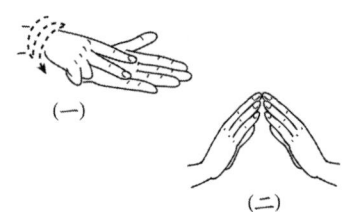

（一）左手平伸；右手食、中指分开，从左手掌心上向右翻动两下。
（二）双手搭成"∧"形。

图瓦卢　Túwǎlú

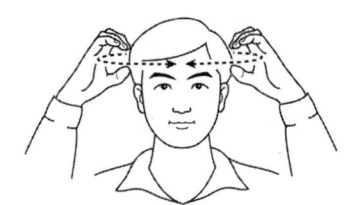

双手五指弯曲，虎口朝内，自头两侧同时向前额移动，表示图瓦卢民众头上戴的花环装饰。
（此为国外聋人手语）

图像　túxiàng

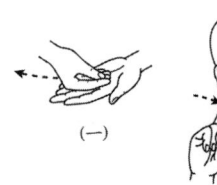 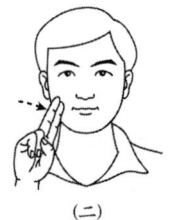

（一）左手横伸；右手五指撮合，指背在左手掌心上抹一下。
（二）一手食、中指直立并拢，掌心向斜前方，朝脸颊碰一下。

图形　túxíng

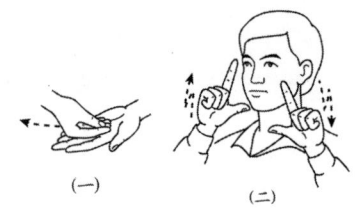 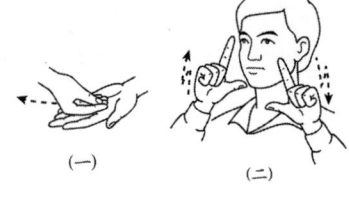

（一）左手横伸；右手五指撮合，指背在左手掌心上抹一下。
（二）双手拇、食指成"⌊⌋"形，置于脸颊两侧，上下交替动两下。

涂改带　túgǎidài

左手横伸；右手伸拇指，指尖朝下，按于左手掌心上，并移动一下。

涂料（漆器）　túliào（qīqì）

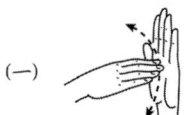
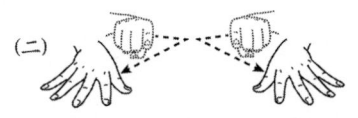

（一）左手直立，掌心向右；右手五指并拢，手背向上，指尖对着左手掌心上下移动两下。
（二）双手食指指尖朝前，手背向上，先互碰一下，再分开并张开五指。

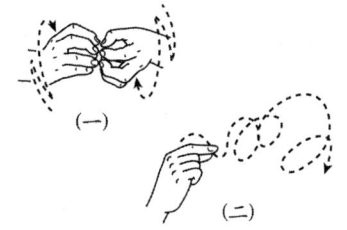

涂鸦 túyā
（一）双手虚握，指尖左右相抵，前后反向拧动几下。
（二）一手拇、食指相捏，指尖朝前，随意划几下。

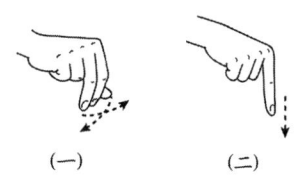

土地 tǔdì
（一）一手拇、食、中指相捏，指尖朝下，互捻几下。
（二）一手伸食指，指尖朝下一指。

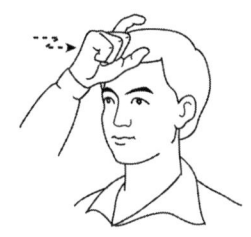

土耳其 Tǔ'ěrqí
右手拇、食指成半圆形，虎口朝内，碰两下前额。
（此为国外聋人手语）

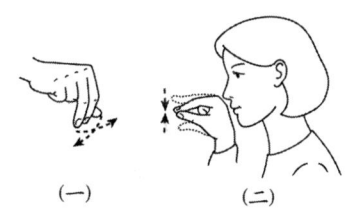

土鸡（柴鸡） tǔjī（cháijī）
（一）一手拇、食、中指相捏，指尖朝下，互捻几下。
（二）一手手背贴于嘴部，拇、食指先张开再相捏，仿鸡的嘴。

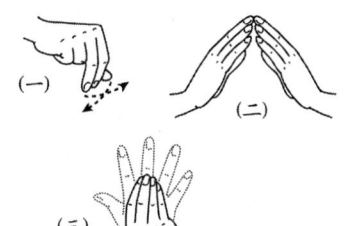

土家族 Tǔjiāzú
（一）一手拇、食、中指相捏，指尖朝下，互捻几下。
（二）双手搭成"∧"形。
（三）一手五指张开，指尖朝上，然后撮合。

土库曼斯坦 Tǔkùmànsītǎn
右手食、中、无名指直立分开，掌心向左，碰两下太阳穴。
（此为国外聋人手语）

土族 Tǔzú

（一）一手拇、食、中指相捏，指尖朝下，互捻几下。

（二）一手五指张开，指尖朝上，然后撮合。

吐司 tǔsī

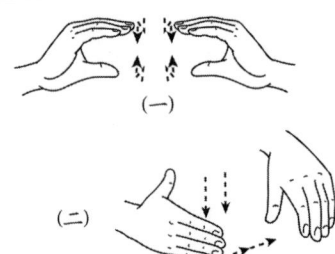

（一）双手五指成"⊏⊐"形，指尖相对，虎口朝内，轻捏几下。

（二）左手五指成"∩"形，虎口朝右；右手侧立，在左手旁从右向左切两下，如切面包片状。

兔① tù①

一手拇、中、无名指相捏，食、小指直立，如兔子的两只长耳朵，掌心向外，微动两下。

兔② tù②

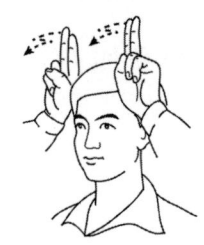

双手食、中指直立并拢，掌心向外，置于头两侧，向前弯动两下。

团（团结①） tuán (tuánjié ①)

双手五指弯曲，相互握住，表示团的建制，一般也用于表示两者之间的团结。

团结② tuánjié ②

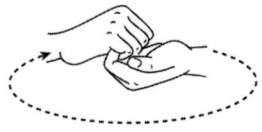

双手五指弯曲，相互握住，顺时针平行转动一圈，表示多者之间的团结。

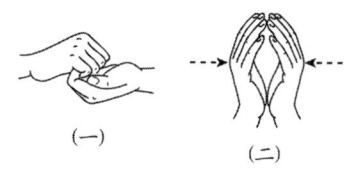

团体 tuántǐ
（一）双手五指弯曲，相互握住。
（二）双手直立，掌心左右相对，五指微曲，从两侧向中间移动。

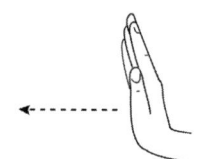

推 tuī
一手直立，掌心向前推一下。
（可根据实际表示推的动作）

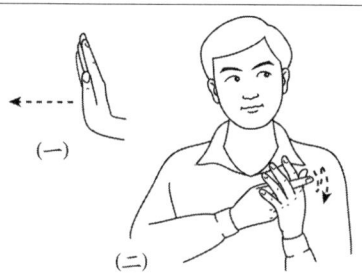

推测 tuīcè
（一）一手直立，掌心向前推一下。
（二）左手直立，手背向外，五指张开；右手食指在左手食、中指指缝间点动两下，面露思考的表情。

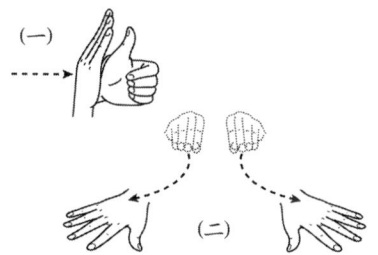

推广 tuīguǎng
（一）左手伸拇指；右手直立，掌心向前，五指并拢，置于左手后，向前推一下左手。
（二）双手五指撮合，指尖朝前，手背向上，边向两侧做弧形移动边张开。

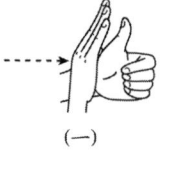
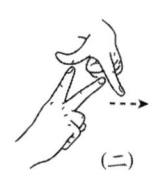

推介（推荐） tuījiè (tuījiàn)
（一）左手伸拇指；右手直立，掌心向前，五指并拢，置于左手后，向前推一下左手。
（二）左手拇、食指与右手食、中指搭成"介"字形，向前移动一下。

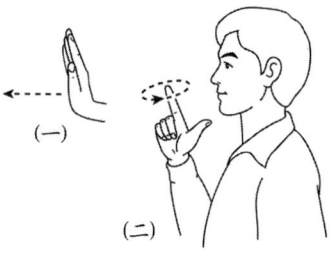

推理 tuīlǐ
（一）一手直立，掌心向前推一下。
（二）一手打手指字母"L"的指式，逆时针平行转动一下。

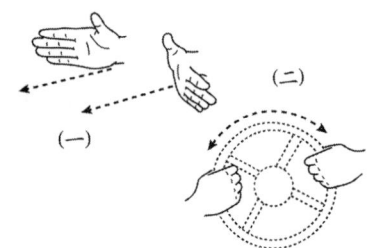

推土机 tuītǔjī
（一）双手斜立，掌心向外，向外缓慢移动。
（二）双手虚握，左右转动，如操纵方向盘状。

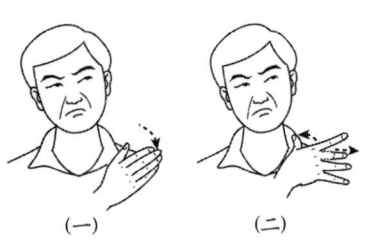

推诿（扯皮） tuīwěi（chěpí）
（一）右手拍一下左肩。
（二）右手拇、中指先相捏，然后在左肩部弹开，歪头，面露敷衍的表情。

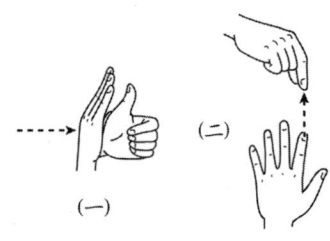

推选 tuīxuǎn
（一）左手伸拇指；右手直立，掌心向前，五指并拢，置于左手后，向前推一下左手。
（二）左手直立，掌心向内，五指张开；右手拇、食指捏一下左手食指，然后向上移动。

颓废 tuífèi
左手五指成半圆形，虎口朝上；右手握拳，手背向外，从上向下移入左手虎口内。

腿①（大腿①） tuǐ①（dàtuǐ①）
自然站立，一手拍一下同侧大腿。

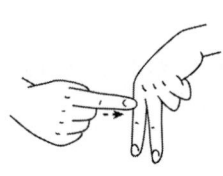

腿②（大腿②） tuǐ②（dàtuǐ②）
左手食、中指分开，指尖朝下，手背向外；右手伸食指，指一下左手食指近节指，表示腿。

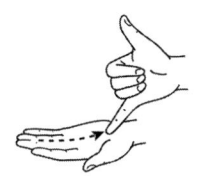

退① tuì ①
左手平伸,掌心向上;右手伸拇、小指,小指尖抵于左手指尖,再向后移动。

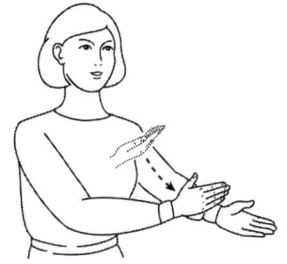

退步②(退②) tuìbù ②(tuì ②)
左手平伸,掌心向上;右手横立,掌心向内,置于左上臂,然后向左手腕方向移动。

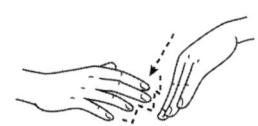

退潮 tuìcháo
左手斜伸,手背向右上方;右手横伸,掌心向下,五指张开,边交替点动边沿左手背向下移动,表示退潮。

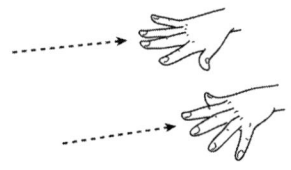

退却(撤退) tuìquè(chètuì)
双手平伸,掌心向下,五指张开,同时向后移动。

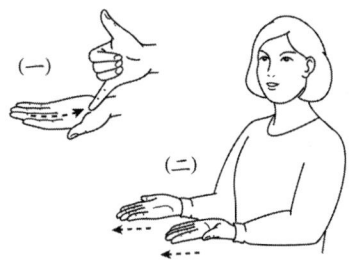

退让 tuìràng
(一)左手平伸,掌心向上;右手伸拇、小指,小指尖抵于左手指尖,再向后移动。
(二)双手平伸,掌心向上,同时向前移动一下,身体稍向后仰。

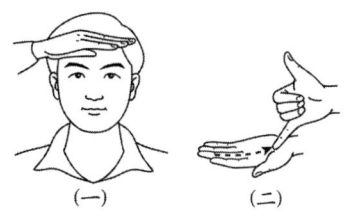

退伍(复员) tuìwǔ(fùyuán)
(一)右手横伸,掌心向下,置于前额,表示军帽帽檐。
(二)左手平伸,掌心向上;右手伸拇、小指,小指尖抵于左手指尖,再向后移动。

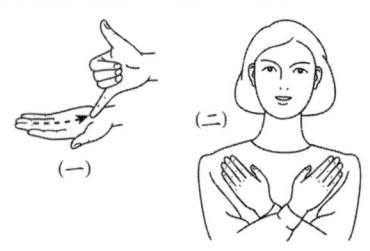

退休 tuìxiū
（一）左手平伸，掌心向上；右手伸拇、小指，小指尖抵于左手指尖，再向后移动。
（二）双手交叉，手背向外，贴于胸部，表示休息的意思。

退学 tuìxué
（一）双手斜伸，掌心向内，置于身前。
（二）左手平伸，掌心向上；右手伸拇、小指，小指尖抵于左手指尖，再向后移动。

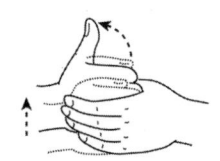

蜕化（蜕皮） tuìhuà (tuìpí)
右手握拳；左手包住右拳，然后左手不动，右手边伸出拇指边从左手虎口内慢慢上移，表示虫类蜕化脱皮。

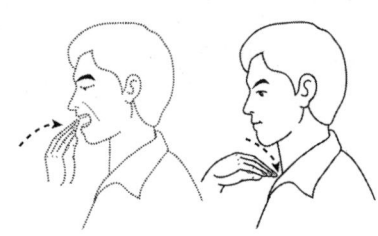

吞（咽） tūn (yàn)
口张开，一手五指撮合，指尖朝内，从嘴部移向喉部，嘴同时闭拢，模仿吞的动作。
（可根据实际表示吞的样子）

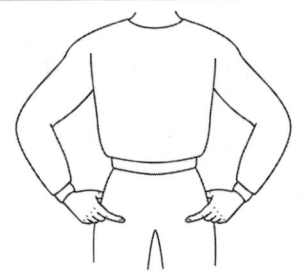

臀围 túnwéi
双手拇、食指张开，虎口朝上，置于臀部两侧。

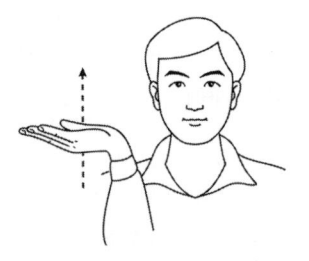

托 tuō
一手横伸，掌心向上，置于同侧肩膀前，并向上移动，如托物状。
（可根据实际表示托的动作）

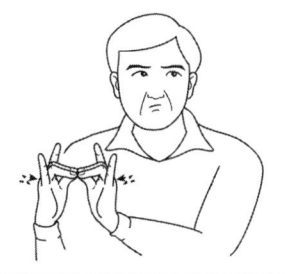

托儿 tuōr

双手拇、中、无名指相捏,虎口朝内,置于身体一侧,互碰几下,表示托儿与他人暗中通气。

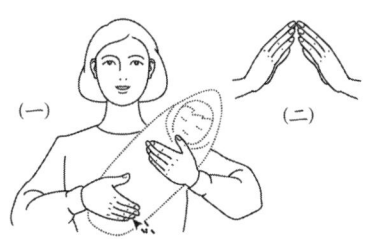

托儿所 tuō'érsuǒ

(一)双手五指微曲,手背向外,一上一下,置于胸前,下边的手拍动两下,如拍怀抱里的婴儿状。
(二)双手搭成"∧"形。

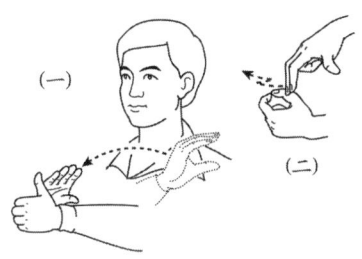

托养 tuōyǎng

(一)左手伸拇指;右手五指成"⊐"形,置于左肩,然后移至左手拇指背。
(二)左手拇、食指捏成圆形,虎口朝上;右手伸拇、食、中指,食、中指并拢弯曲,指尖朝下,在左手虎口处向外拨动两下。

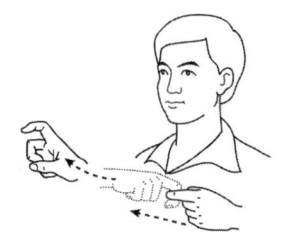

托运 tuōyùn

双手食指相勾,边从左下方向右上方移动边松开,表示托运或邮寄包裹物品。

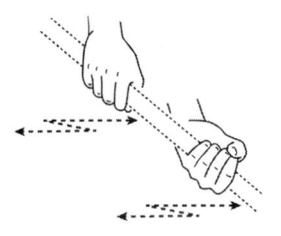

拖把(墩布、擦地) tuōbǎ (dūnbù、cādì)

双手虚握,虎口朝前下方,一高一低,模仿用拖把拖地的动作。

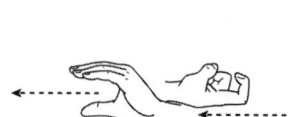

拖车 tuōchē

左手五指成"⊏"形,指尖朝右;右手食指弯曲,手背向下,置于左手左侧,然后双手同时向右移动。

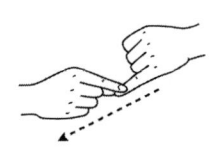

拖拉 tuōlā

左手伸小指，手背向外；右手拇、食指捏住左手小指，向右下方拉动。

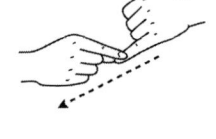

拖拉机 tuōlājī

左手平伸；右手握拳，手背向上，在左手掌心上向前一颠一颠移动。

拖累 tuōlěi

双手虚握，一前一后，置于肩头一侧，然后同时向一侧拽动并握拳。

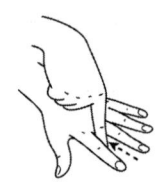

拖鞋 tuōxié

左手平伸，掌心向下，五指张开；右手伸食指，指尖朝下，在左手食、中指指缝间向后移动一下，表示人字拖鞋前面的鞋绊儿。

（可根据实际表示拖鞋的样式）

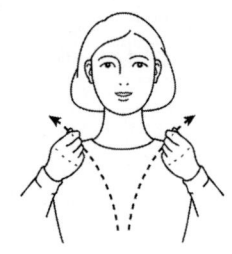

脱 tuō

双手食指弯曲，拇指按于食指中部，做脱衣服的动作。
（可根据实际表示脱的动作）

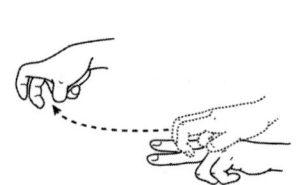

脱轨（出轨❷） tuōguǐ（chūguǐ❷）

左手食、中指分开，指尖朝前，手背向上；右手食、中指弯曲，指尖抵于左手食、中指上，然后边向前移动边歪向一侧。

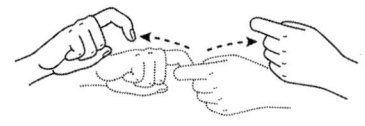

脱节（脱钩） tuōjié (tuōgōu)

双手食指弯曲，相互勾住，然后向两侧分开。

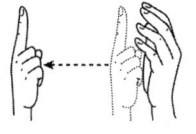

脱离 tuōlí

左手直立，掌心向右，五指微曲；右手食指直立，从左手旁向右移动。

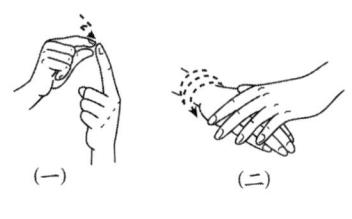

脱粒 tuōlì

（一）左手食指向右微曲；右手拇、食指微张，相距约一粒米大小，在左手食指尖处点动两下，如稻穗上的一粒粒稻子。

（二）右手五指撮合，指尖朝左，手背向上；左手平伸，掌心向下，五指微曲张开，罩住右手背，右手腕向前转动几下，如脱粒状。

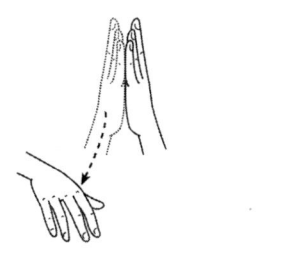

脱落 tuōluò

双手直立，掌心左右相贴，然后左手不动，右手向下移动，五指张开，掌心向下。

（可根据实际表示脱落的状态）

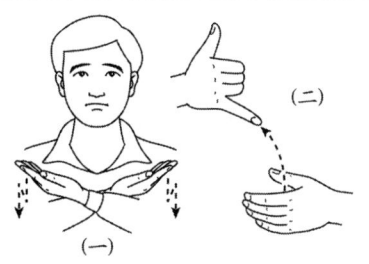

脱贫 tuōpín

（一）双手横伸，掌心向上，手腕交叉相搭，然后向下颠动两下。

（二）左手五指成半圆形，虎口朝上；右手伸拇、小指，从左手虎口内向外移出。

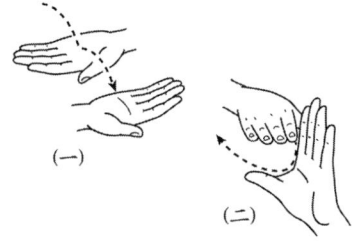

脱销 tuōxiāo

（一）双手横伸，右手背在左手掌心上拍一下，然后向外移动。

（二）左手直立，掌心向斜前方，拇指张开；右手平伸，掌心向下，沿左手虎口向右刮一下，表示一点儿不剩的意思。

驮　tuó
　　左手伸拇指；右手五指成"∩"形，虎口朝内，置于左手上，双手上下微动几下。

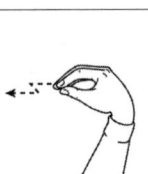 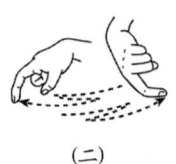

鸵鸟　tuóniǎo
　　（一）一手五指撮合，指尖朝前，向前移动两下。
　　（二）双手食指微曲，指尖朝下，交替前后划动，如鸵鸟奔跑状。

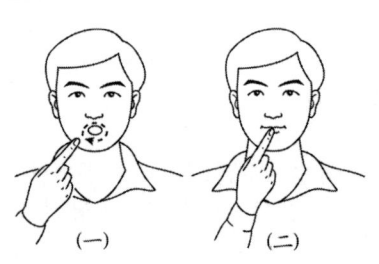

唾液（口水）　tuòyè（kǒushuǐ）
　　（一）一手伸食指，沿嘴部转动一圈，口张开。
　　（二）一手伸食指，指尖贴于下嘴唇。

W

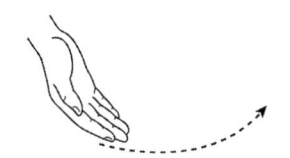

挖 wā

一手斜伸,五指并拢,指尖朝下,做挖掘的动作。(可根据实际表示挖的动作)

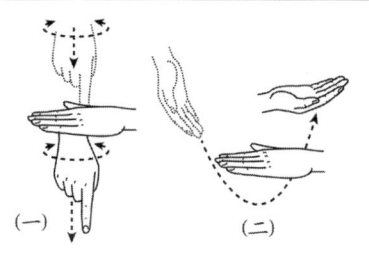

挖潜 wāqián

(一)左手横伸,手背向上;右手伸食指,指尖朝下,在左手内侧边转动边向下移动。

(二)左手横伸,手背向上;右手斜伸,掌心向左,五指并拢,指尖朝下,先向下挖一下,再向上移动,掌心向上。

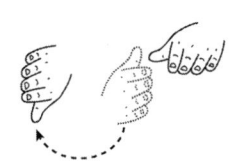
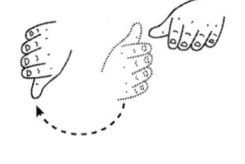

洼地(坑) wādì(kēng)

左手平伸,掌心向下;右手侧立,在左手旁做先伏后起的移动,表示地面坑洼。

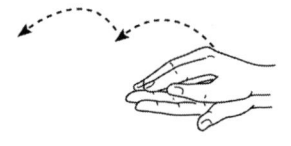

蛙 wā

左手平伸;右手平伸,手背拱起,置于左手掌心上,然后向前跳动,模仿蛙跳跃的动作。

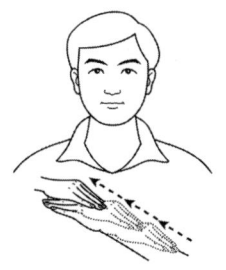

瓦 wǎ

双手斜伸,左手在下不动,指尖朝右上方,右手手背拱起,从左小臂向左手背方向一顿一顿移动几下,如铺房瓦状。

瓦解 wǎjiě

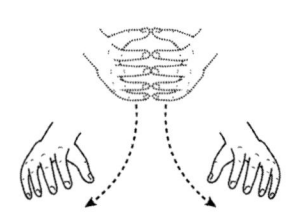

双手五指搭成球形,虎口朝上,然后向两侧斜下方移动,指尖朝下。

瓦努阿图 Wǎnǔ'ātú

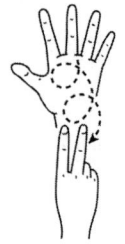

左手直立,掌心向右,五指张开;右手打手指字母"V"的指式,表示瓦努阿图英文国名首字母,指尖抵于左手掌心,手背向右,然后边转动边向下移动。

(此为国外聋人手语)

瓦斯 wǎsī

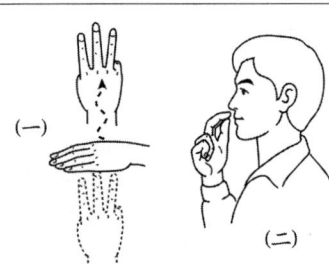

(一)左手横伸,掌心向下;右手打手指字母"W"的指式,手背向外,从左手内侧边微晃边向上移动。

(二)一手打手指字母"Q"的指式,指尖朝内,置于鼻孔处。

佤族 Wǎzú

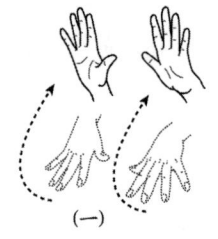 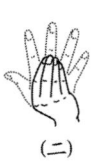

(一)双手五指张开,指尖朝下,手背向外,然后向上一甩,掌心向外,头同时向上仰起,如佤族妇女甩头发状。

(二)一手五指张开,指尖朝上,然后撮合。

瓦刀 wǎdāo

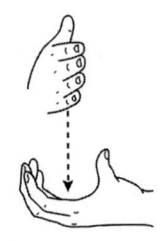 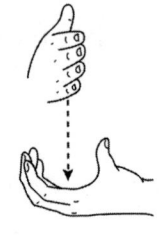

左手五指成"凵"形,虎口朝外;右手侧立,用力向左手掌心上一击,如用瓦刀剁砖状。

袜子 wà·zi

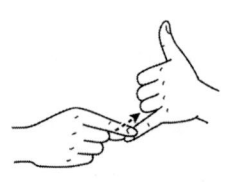

左手伸拇、小指;右手拇、食指先捏住左手小指尖,再向内微移,如穿袜子状。

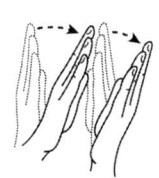

歪（倾斜） wāi（qīngxié）
双手直立，掌心左右相对，然后同时歪向一侧。
（可根据实际表示歪的状态）

外（外面） wài（wàimiàn）
左手横立；右手伸食指，指尖朝下，在左手背外向下指。
（可根据实际表示外面的意思）

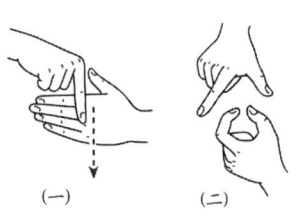

外公 wàigōng
（一）左手横立；右手伸食指，指尖朝下，在左手背外向下指。
（二）双手拇、食指搭成"公"字形，虎口朝外。

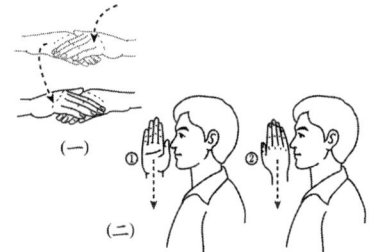

外行 wàiháng
（一）双手横伸，掌心向下，互拍手背。
（二）右手直立，掌心向左，五指并拢，在脸部正中从上向下划一下，再转腕，掌心向右，从上向下划一下。
（此手势表示知识欠缺，技术"二把刀"）

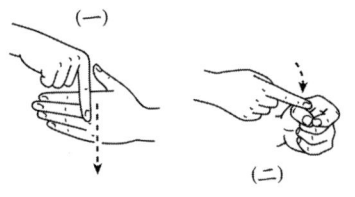

外汇 wàihuì
（一）左手横立；右手伸食指，指尖朝下，在左手背外向下指。
（二）左手拇、食指捏成圆形，虎口朝上；右手伸食指，敲一下左手拇指。

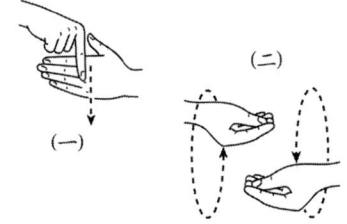

外交 wàijiāo
（一）左手横立；右手伸食指，指尖朝下，在左手背外向下指。
（二）双手五指撮合，掌心向上，前后交替转动。

外卡钳　wàikǎqián

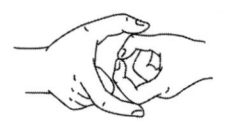

左手拇、食指捏成圆形，虎口朝外；右手拇、食指成半圆形，虎口朝外，指尖抵于左手圆形外侧，如用外卡钳量尺寸状。

外科　wàikē

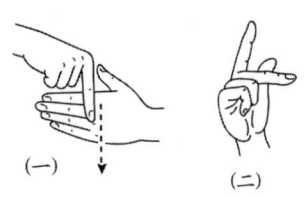

（一）左手横立；右手伸食指，指尖朝下，在左手背外向下指。
（二）一手打手指字母"K"的指式。

外卖　wàimài

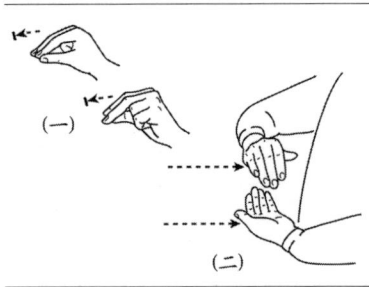

（一）双手拇、食、中指相捏，一高一低，指尖朝前一顿，表示向外订购。
（二）双手横伸，掌心上下相对，手背拱起，向内移动一下，表示订购的盒饭送到。
（可根据实际更换第二个手势）

外婆　wàipó

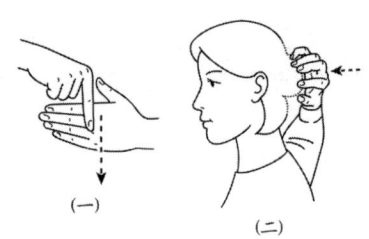

（一）左手横立；右手伸食指，指尖朝下，在左手背外向下指。
（二）一手五指微曲，指尖抵于脑后，向前点动一下，仿发髻的形状。

外甥　wài·sheng

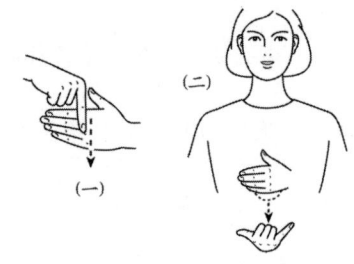

（一）左手横立；右手伸食指，指尖朝下，在左手背外向下指。
（二）左手横立，五指微曲，置于腹前；右手伸拇、小指，手背向下，先置于左手掌心内，再向下移出。"生"与"甥"音同形近，借代。

外甥女　wài·shengnǚ

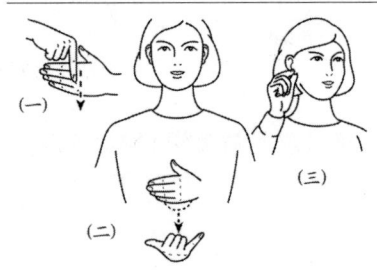

（一）左手横立；右手伸食指，指尖朝下，在左手背外向下指。
（二）左手横立，五指微曲，置于腹前；右手伸拇、小指，手背向下，先置于左手掌心内，再向下移出。"生"与"甥"音同形近，借代。
（三）一手拇、食指捏一下耳垂。

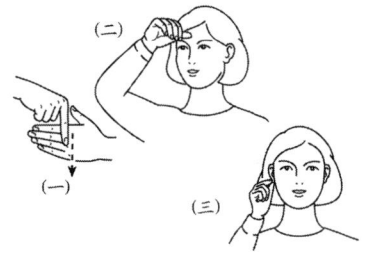

外孙女 wàisūn·nǚ

（一）左手横立；右手伸食指，指尖朝下，在左手背外向下指。

（二）一手打手指字母"S"的指式，拇指尖抵于前额。

（三）一手拇、食指捏一下耳垂。

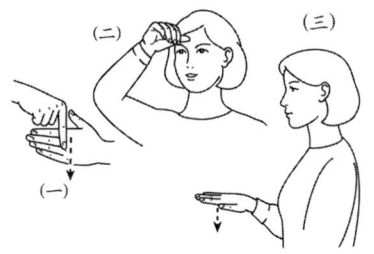

外孙子 wàisūn·zi

（一）左手横立；右手伸食指，指尖朝下，在左手背外向下指。

（二）一手打手指字母"S"的指式，拇指尖抵于前额。

（三）一手平伸，掌心向下，按动一下。

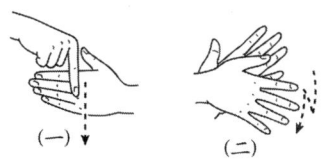

外因 wàiyīn

（一）左手横立；右手伸食指，指尖朝下，在左手背外向下指。

（二）双手五指张开，掌心左右相贴，左手不动，右手向下转动两下。

外语 wàiyǔ

（一）左手横立；右手伸食指，指尖朝下，在左手背外向下指。

（二）一手食指横伸，在嘴前前后转动两下。

弯 wān

左手食指直立；右手拇、食指捏住左手食指尖，然后向下弯动。

（可根据实际表示弯的状态）

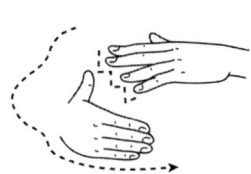

湾 wān

左手横伸，掌心向下，五指张开，交替点动几下；右手侧立，在左手旁向前做曲线形移动。

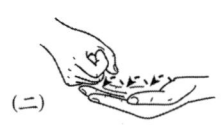

豌豆 wāndòu

（一）双手拇指搭在食指上，然后向两侧掰动两下，模仿剥豆的动作。

（二）左手横伸，掌心凹进；右手拇、食指捏成小圆形，在左手掌心上从左向右移动几下，表示豌豆荚。

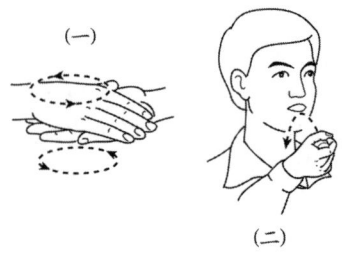

丸药 wányào

（一）双手横伸，掌心上下相对，交替平行转动两下，模仿搓药丸的动作。

（二）口张开，一手拇、食指捏成小圆形，从嘴部移向喉部。

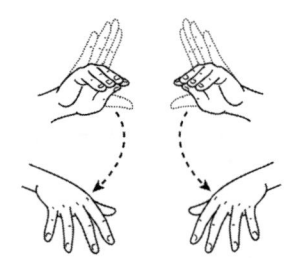

完成（结束、完了） wánchéng (jiéshù、wánliǎo)

双手（或一手）直立，掌心向斜前方，拇指张开，然后其他四指弯动与拇指捏合，再向下一甩，五指张开。

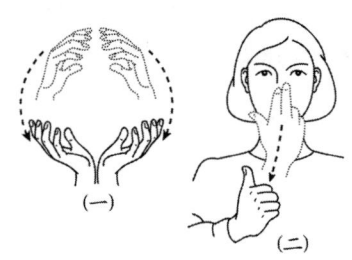

完美 wánměi

（一）双手五指微曲，指尖左右相对，然后向下做弧形移动，手腕靠拢。

（二）一手伸拇、食、中指，食、中指并拢，先置于鼻部，然后边向外移动边缩回食、中指。

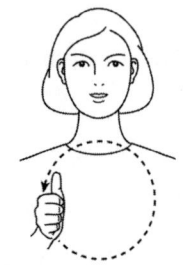

完全❷（完整无缺、周到）

wánquán❷ (wánzhěng wúquē、zhōudào)

一手伸拇指，在胸前从上向下顺时针转动一圈，表示齐全的意思。

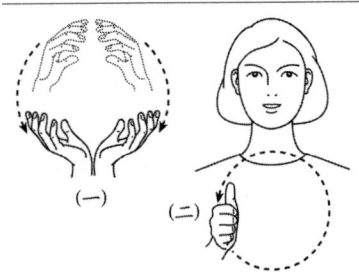

完善 wánshàn

（一）双手五指微曲，指尖左右相对，然后向下做弧形移动，手腕靠拢。

（二）一手伸拇指，在胸前从上向下顺时针转动一圈。

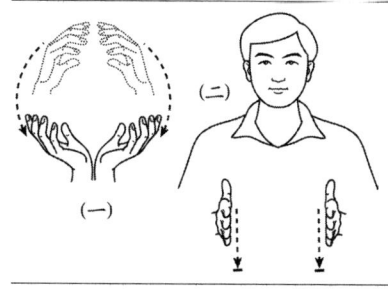

完整 wánzhěng

（一）双手五指微曲，指尖左右相对，然后向下做弧形移动，手腕靠拢。

（二）双手侧立，掌心相对，向下一顿。

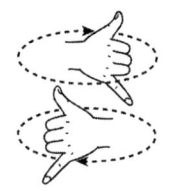

玩① wán①

双手伸拇、小指，一上一下，顺时针平行交替转动一圈。

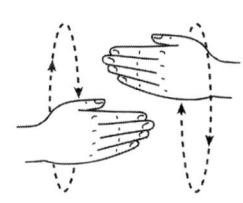

玩② wán②

双手横立，手背向外，五指并拢，前后交替转动几下。

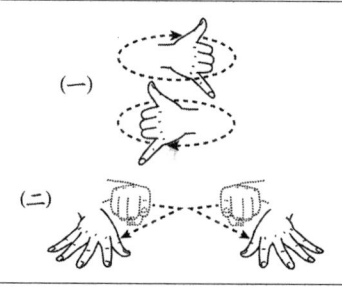

玩具 wánjù

（一）双手伸拇、小指，一上一下，顺时针平行交替转动一圈。

（二）双手食指指尖朝前，手背向上，先互碰一下，再分开并张开五指。

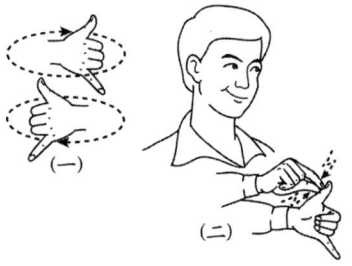

玩弄 wánnòng

（一）双手伸拇、小指，一上一下，顺时针平行交替转动一圈。

（二）左手伸拇、小指；右手拇、食指张开，在左手拇指背随意捏动几下，面带坏相。

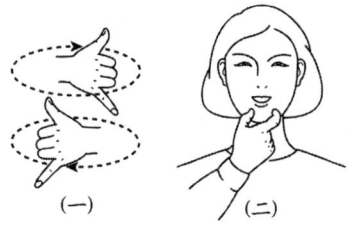

玩笑 wánxiào

（一）双手伸拇、小指，一上一下，顺时针平行交替转动一圈。

（二）一手拇、食指弯曲，指尖朝内，抵于颏部，面带笑容。

（此手势既表示玩笑的名词意思，又表示开玩笑的意思）

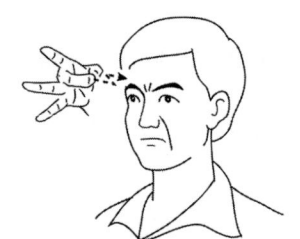

顽固①（任性②） wángù ① (rènxìng ②)

一手拇、中指相捏，朝头一侧弹两下。

顽固② wángù ②

一手伸拇、小指，拇指尖抵于太阳穴，小指向上一翘。

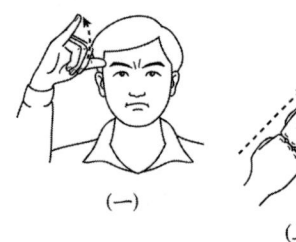

顽抗 wánkàng

（一）一手伸拇、小指，拇指尖抵于太阳穴，小指向上一翘。

（二）双手握拳屈肘，两拳斜向相抵，右拳将左拳向左上方顶出。

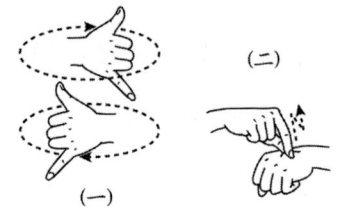

顽皮 wánpí

（一）双手伸拇、小指，一上一下，顺时针平行交替转动一圈。

（二）左手握拳，不动；右手拇、食指捏住左手背皮肤，向上揪两下。

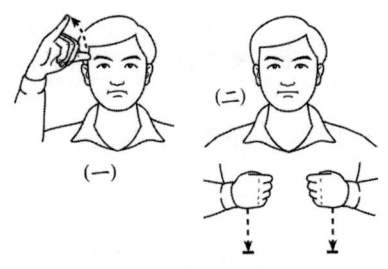

顽强 wánqiáng

（一）一手伸拇、小指，拇指尖抵于太阳穴，小指向上一翘。

（二）双手握拳屈肘，同时用力向下一顿。

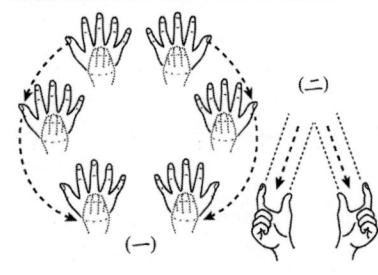

挽联 wǎnlián

（一）双手五指撮合，指尖朝上，边从上向下做弧形移动边连续做开合的动作。

（二）双手拇、食指张开，指尖朝上，虎口朝内，从上向两侧斜下方移动，表示花圈上的挽联。

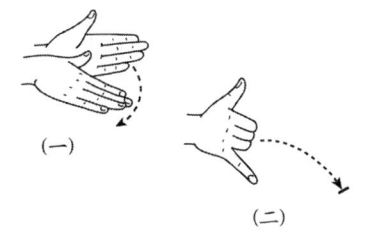

晚到（迟到②） wǎndào (chídào ②)

（一）左手侧立；右手平伸，拇指尖抵于左手掌心，其他四指向下转动，表示时间已迟。
（二）一手伸拇、小指，向前做弧形移动，然后向下一顿。

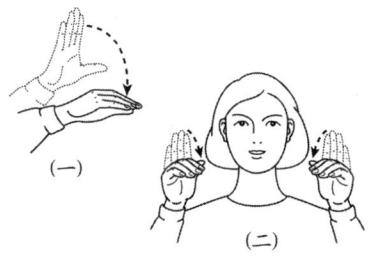

晚会 wǎnhuì

（一）右手直立，掌心向左，拇指张开，置于面前，其他四指向下弯动与拇指捏合。
（二）双手直立，掌心分别向左右斜前方，食、中、无名、小指弯动一下。

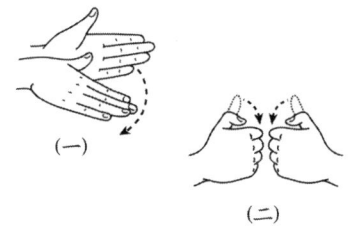

晚婚 wǎnhūn

（一）左手侧立；右手平伸，拇指尖抵于左手掌心，其他四指向下转动，表示时间已迟。
（二）双手伸拇指，指面相对，手背向外，弯动一下。

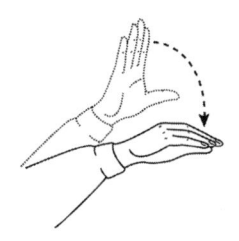

晚上（夜晚） wǎn·shang (yèwǎn)

右手直立，掌心向左，拇指张开，置于面前，其他四指向下弯动与拇指捏合。

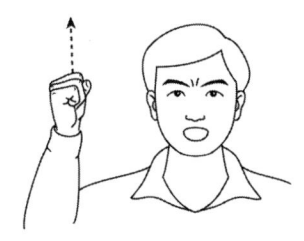

万岁 wànsuì

右手握拳，手背向右，边上举边张口，如呼口号状。

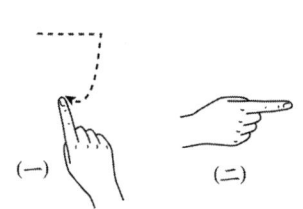

万一① wànyī ①

（一）一手伸食指，指尖朝前，书空"丁"形，表示"万"字的横折钩部分。
（二）一手食指横伸，手背向外。

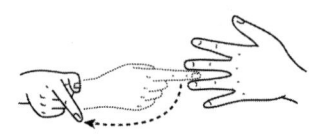

万一② wànyī②

左手横立,手背向外,五指张开;右手食指横伸,手背向外,从左手中、无名指指缝间向右划出。

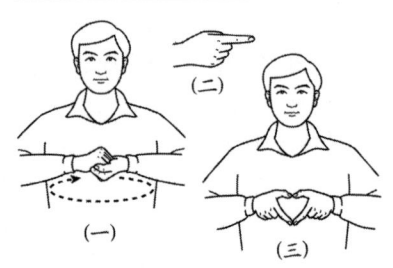

万众一心(团结一心) wànzhòng-yīxīn (tuánjié-yīxīn)

(一)双手五指弯曲,相互握住,顺时针平行转动一圈。
(二)一手食指横伸,手背向外。
(三)双手拇、食指张开仿"♡"形,手背向外,置于胸部。

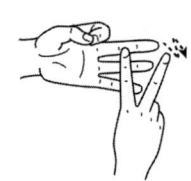

汪 Wāng

左手中、无名、小指与右手食、中指搭成"汪"字形,右手中指微动几下,表示姓氏"汪"。

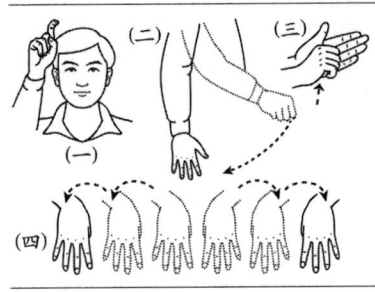

亡羊补牢 wángyáng-bǔláo

(一)一手食指弯曲如钩,虎口贴于太阳穴,仿羊头上弯曲的角。
(二)一手虚握,向身后一甩,五指张开。
(三)左手侧立;右手虚握,虎口朝左,贴向左手掌心。
(四)双手食、中、无名、小指分开,指尖朝下,手背向外,从中间向两侧插两下。

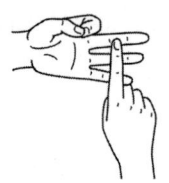

王 wáng

左手中、无名、小指与右手食指搭成"王"字形。

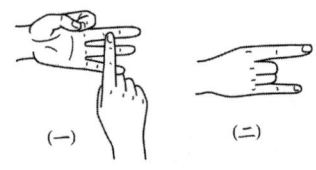

王子(太子) wángzǐ (tàizǐ)

(一)左手中、无名、小指与右手食指搭成"王"字形。
(二)一手打手指字母"Z"的指式。

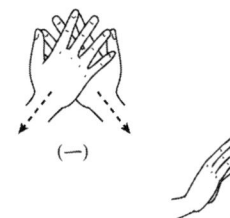

网店 wǎngdiàn
（一）双手五指张开，手背向外，交叉相搭，向两侧斜下方移动。
（二）双手搭成"∧"形。

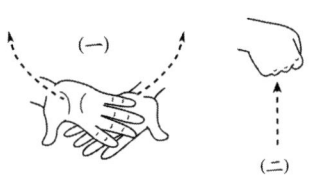

网兜 wǎngdōu
（一）双手五指张开，掌心向上，交叉相搭，成网状，然后向上做弧形移动。
（二）一手虚握，虎口朝前，向上一提。

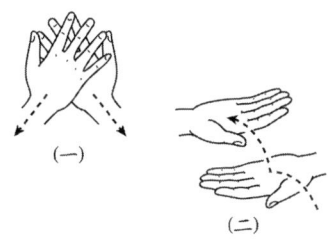

网购 wǎnggòu
（一）双手五指张开，手背向外，交叉相搭，向两侧斜下方移动。
（二）双手横伸，右手背在左手掌心上拍一下，然后向内移动。

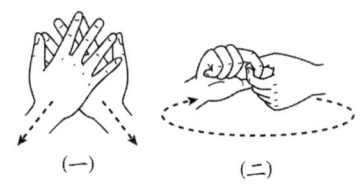

网络 wǎngluò
（一）双手五指张开，手背向外，交叉相搭，向两侧斜下方移动。
（二）双手拇、食指套环，顺时针平行转动一圈。

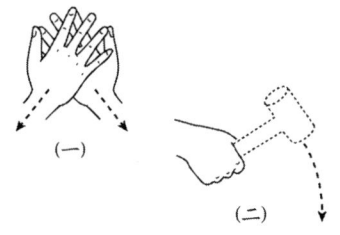

网拍 wǎngpāi
（一）双手五指张开，手背向外，交叉相搭，向两侧斜下方移动。
（二）一手如握槌柄状，向下挥动一下。

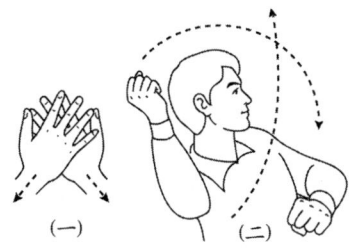

网球 wǎngqiú
（一）双手五指张开，手背向外，交叉相搭，向两侧斜下方移动。
（二）一手虚握，在胸前左右挥动，模仿打网球的动作。

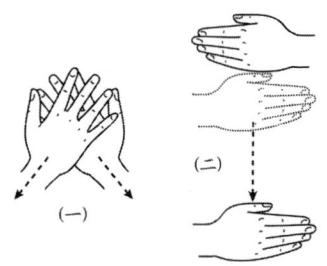

网页 wǎngyè

（一）双手五指张开，手背向外，交叉相搭，向两侧斜下方移动。

（二）双手横立，掌心向内，五指并拢，左手在上不动，右手向下移动一下。

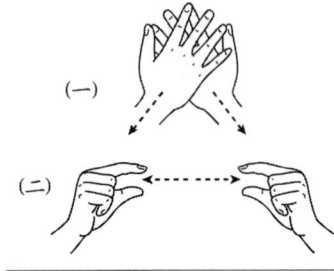

网址 wǎngzhǐ

（一）双手五指张开，手背向外，交叉相搭，向两侧斜下方移动。

（二）双手拇、食指张开，指尖相对，虎口朝内，从中间向两侧拉开。

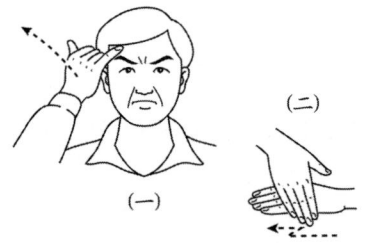

妄图（妄想） wàngtú (wàngxiǎng)

（一）一手伸拇、小指，贴于太阳穴一侧，然后向斜上方移动，面带坏相。

（二）左手横伸，掌心向下；右手食、中、无名、小指并拢，指尖朝下，沿左手小指外侧划两下。

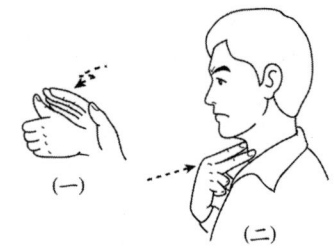

忘恩负义 wàng'ēn-fùyì

（一）左手伸拇指；右手五指并拢，轻拍两下左手拇指背。

（二）一手食、中指分开，指尖朝内，插向喉部。

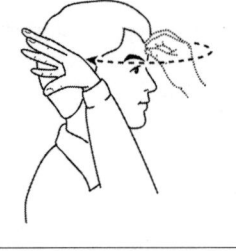

忘记（遗忘） wàngjì (yíwàng)

一手五指撮合，按于前额，然后边向脑后移动边张开。

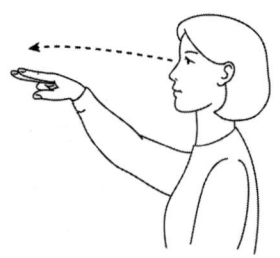

望（遥望、展望、眺望）
wàng (yáowàng、zhǎnwàng、tiàowàng)

一手食、中指分开，指尖朝前，手背向上，从眼前向远处伸出，头略抬起，眼睛朝手指方向眺望。

（可根据实际表示望的动作）

望远镜 wàngyuǎnjìng

双手五指成圆形,虎口贴于双眼,模仿使用望远镜的动作。

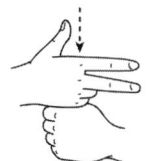

危地马拉 Wēidìmǎlā

左手握拳,虎口朝上;右手伸拇、食、中指,手背向外,向下砸一下左手。

(此为国外聋人手语)

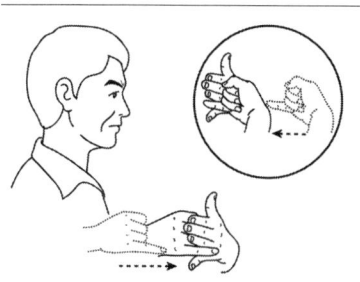

危害(伤害) wēihài (shānghài)

左手横立,掌心向内;右手伸小指,指尖朝前,插入左手无名、小指指缝间,表示危害别人(表示危害自己时,右手伸小指,指尖朝后,插入左手无名、小指指缝间)。

危险①(危机①) wēixiǎn ① (wēijī ①)

左手伸食指,指尖朝前;右手伸拇、小指,小指立于左手食指上,左右晃动几下,面露害怕的表情。

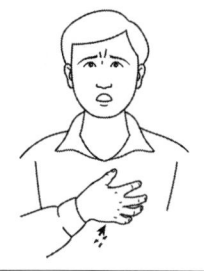

危险②(危机②、害怕) wēixiǎn ② (wēijī ②、hàipà)

一手五指微曲,掌心向内,按两下胸部,面露害怕的表情。

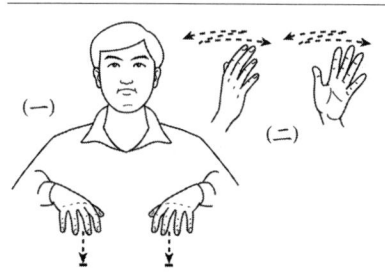

威风 wēifēng

(一)双手五指微曲,指尖朝下一顿,同时挺胸抬头,面露威武的神态。

(二)双手直立,掌心左右相对,五指微曲,左右来回扇动。

威望　wēiwàng

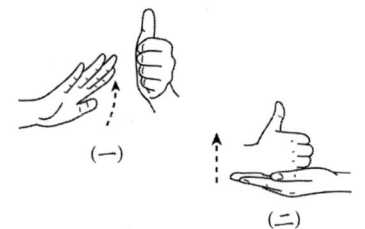

（一）左手伸拇指，手背向左；右手五指张开，掌心向下，置于左手右下方，然后指尖朝左手微仰，表示仰慕他人。

（二）左手横伸；右手伸拇指，置于左手掌心上，左手向上一抬。

威武（霸气）　wēiwǔ（bàqì）

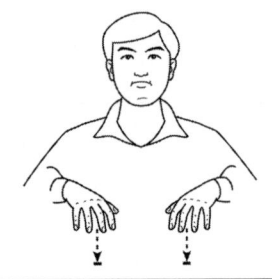

双手五指微曲，指尖朝下一顿，同时挺胸抬头，面露威武的神态。

威胁（威慑）　wēixié（wēishè）

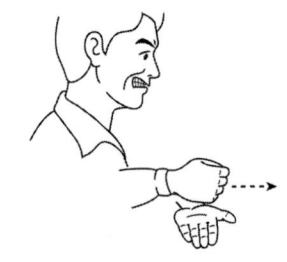

左手横伸；右手握拳，置于左手掌心上方，双手同时用力向外移动一下，面露凶恶的表情。

威信　wēixìn

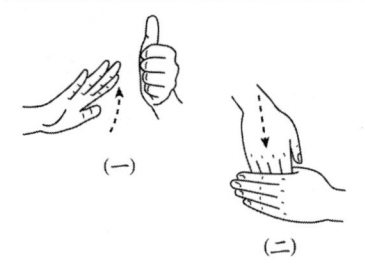

（一）左手伸拇指，手背向左；右手五指张开，掌心向下，置于左手右下方，然后指尖朝左手微仰，表示仰慕他人。

（二）左手五指成"匸"形，虎口朝上；右手五指并拢，指尖朝下，插入左手虎口内。

威严　wēiyán

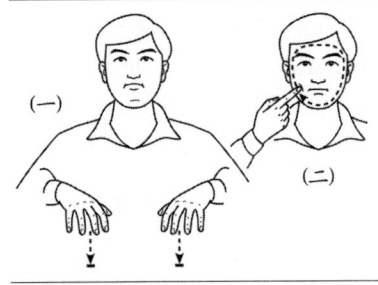

（一）双手五指微曲，指尖朝下一顿，同时挺胸抬头，面露威武的神态。

（二）一手拇指尖按于食指根部，食指绕脸部转动一圈，然后抵于脸颊，面露严肃的表情。

微波炉　wēibōlú

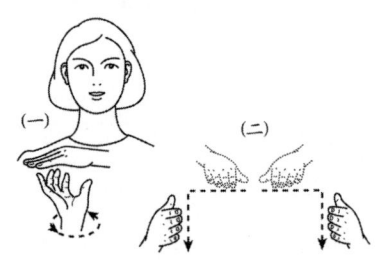

（一）左手横伸；右手五指弯曲，指尖朝上，在左手掌心下转动两下。

（二）双手平伸，掌心向下，先从中间向两侧平移，再折而下移成"冂"形。

微博（博客） wēibó (bókè)

　　一手拇、食指相捏，虎口朝内，置于眼部一侧，其他三指直立分开，然后弯动两下，仿新浪微博的标志。

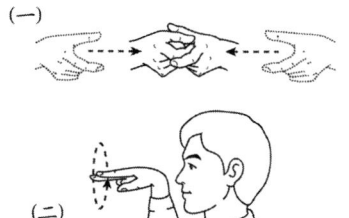

微观 wēiguān

　　（一）双手拇、食指成大圆形，虎口朝上，从两侧向中间移动，左手拇、食指套住右手拇、食指。
　　（二）一手食、中指分开，指尖朝前，手背向上，在面前转动一圈。

微米（μm） wēimǐ

　　一手连续打手指字母"U""M"的指式，表示微米的法定计量单位符号。

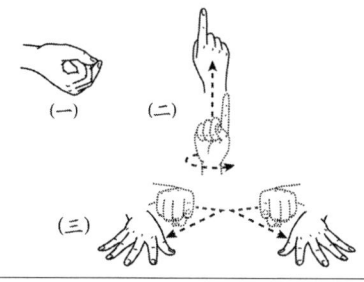

微生物 wēishēngwù

　　（一）一手拇、小指相捏，指尖朝上。
　　（二）一手食指直立，边转动手腕边向上移动。
　　（三）双手食指指尖朝前，手背向上，先互碰一下，再分开并张开五指。

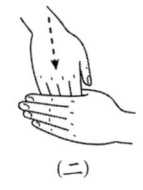

微信 wēixìn

　　（一）一手打手指字母"W"的指式。
　　（二）左手五指成"⊏"形，虎口朝上；右手五指并拢，指尖朝下，插入左手虎口内。

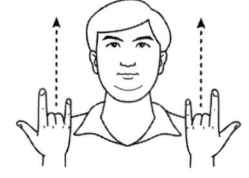

巍峨 wēi'é

　　双手拇、食、小指直立，手背向外，同时用力上移，头上仰，表示山巅峨雄壮。

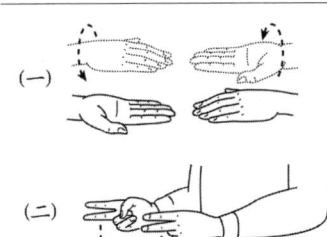

违法① wéifǎ ①
（一）双手横伸，掌心朝向一上一下，然后同时翻转一下。
（二）双手打手指字母"F"的指式，指尖朝前，向下一顿。

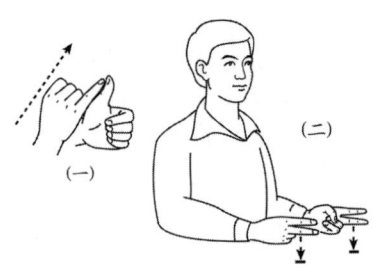

违法② wéifǎ ②
（一）左手伸拇指；右手伸小指，从下向上在左手拇指背上划一下。
（二）双手打手指字母"F"的指式，指尖朝前，向下一顿。

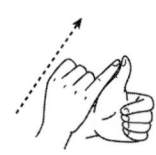

违反①（触犯、得罪、不孝②）
wéifǎn ① (chùfàn、dézuì、bùxiào ②)
左手伸拇指；右手伸小指，从下向上在左手拇指背上划一下。

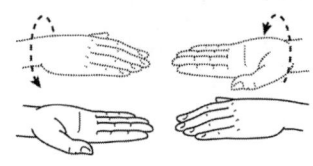

违反②（相反、反倒、反而、反差）
wéifǎn ② (xiāngfǎn、fǎndào、fǎn'ér、fǎnchā)
双手横伸，掌心朝向一上一下，然后同时翻转一下。

围巾 wéijīn
左手按于胸部；右手五指撮合，绕颈部转动一圈，模仿围围巾的动作。

围棋 wéiqí
一手食、中指相叠，指尖朝下一点，模仿下围棋的动作。既表示围棋的名词意思，又表示下围棋的意思。

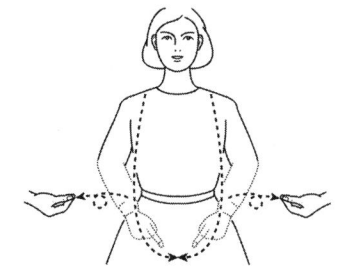

围裙 wéi·qún

双手伸食指，指尖朝内，在身上从上向下划出围裙的外形，然后拇、食指在背后做系带的动作。

（可根据实际表示围裙的形状）

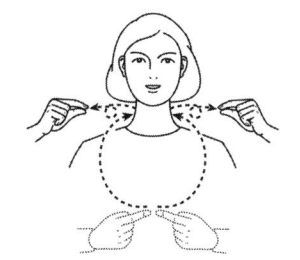

围嘴儿 wéizuǐr

双手伸食指，指尖朝内，在胸部从下向上划出围嘴儿的外形，然后拇、食指在脖子后做系围嘴儿的动作。

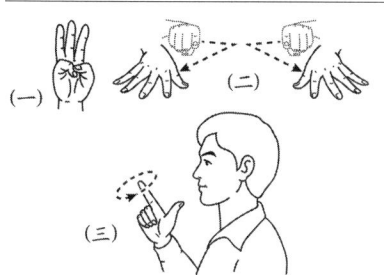

唯物论 wéiwùlùn

（一）一手打手指字母"W"的指式。

（二）双手食指指尖朝前，手背向上，先互碰一下，再分开并张开五指。

（三）一手打手指字母"L"的指式，逆时针平行转动一下。

唯心论 wéixīnlùn

（一）一手打手指字母"W"的指式。

（二）双手拇、食指张开仿"♡"形，手背向外，置于胸部。

（三）一手打手指字母"L"的指式，逆时针平行转动一下。

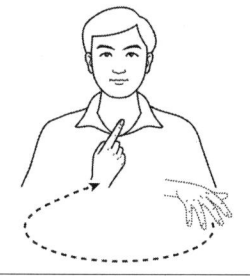

唯一 wéiyī

一手五指张开，掌心向下，在胸前转动半圈，然后食指直立，手背向外。

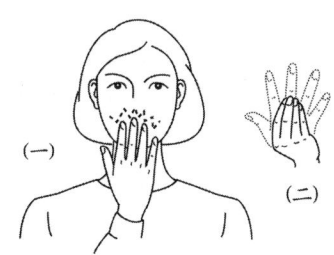

维吾尔族 Wéiwú'ěrzú

（一）一手直立，掌心向内，五指张开，在嘴唇部交替点动。

（二）一手五指张开，指尖朝上，然后撮合。

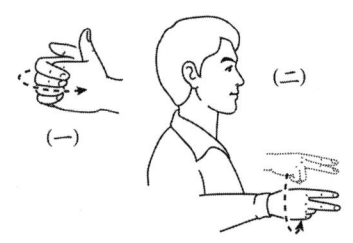

维修 wéixiū

（一）左手伸拇指；右手五指微曲，从右向左绕左手转动半圈。

（二）一手食、中指分开，指尖朝前，手背向上，手腕翻转一下。

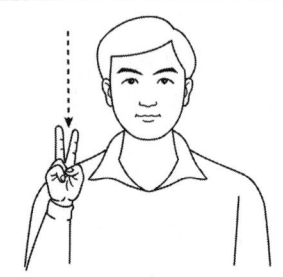

维也纳 Wéiyěnà

一手打手指字母"V"的指式，表示维也纳市英文名首字母，从上向下移动一下。

（此为国外聋人手语）

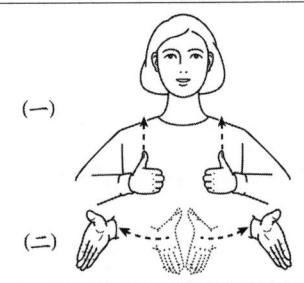

伟大 wěidà

（一）双手伸拇指，手背向外，同时向上一举。

（二）双手侧立，掌心相对，同时向两侧移动，幅度要大些。

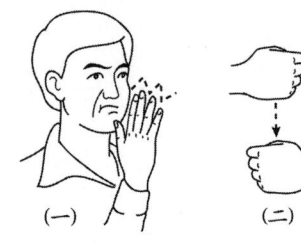

伪造 wěizào

（一）右手直立，掌心向左，拇指尖抵于颏部，其他四指交替点动几下，面露怀疑的表情。

（二）双手握拳，一上一下，右拳向下砸一下左拳。

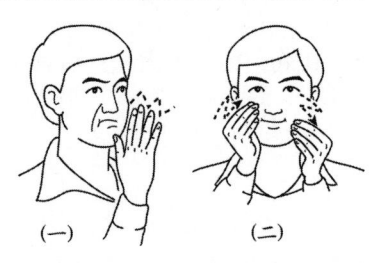

伪装 wěizhuāng

（一）右手直立，掌心向左，拇指尖抵于颏部，其他四指交替点动几下，面露怀疑的表情。

（二）双手五指撮合，在脸颊两侧交替做擦粉的动作。

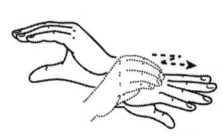

尾气 wěiqì

左手五指成"匚"形，指尖朝右；右手五指撮合，指尖朝左，置于左手腕，然后开合两下，表示机动车尾部喷出的尾气。

纬线 wěixiàn

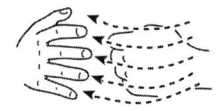
左手握拳,手背向外,表示地球;右手横立,手背向外,五指张开,沿左手背从左向右划动一下,表示纬线。

委内瑞拉 Wěinèiruìlā

右手打手指字母"V"的指式,在身体右侧左右晃动两下。
(此为国外聋人手语)

委托 wěituō

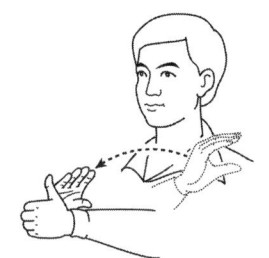
左手伸拇指;右手五指成"⊐"形,置于左肩,然后移至左手拇指背。
(可根据实际决定手的移动方向)

委员 wěiyuán

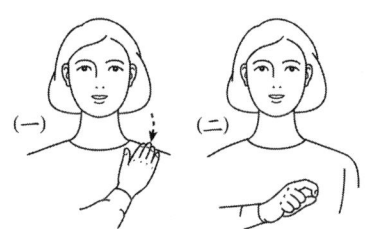
(一)右手拍一下左肩。
(二)右手拇、食指捏成圆形,虎口朝内,贴于左胸部。

委员长 wěiyuánzhǎng

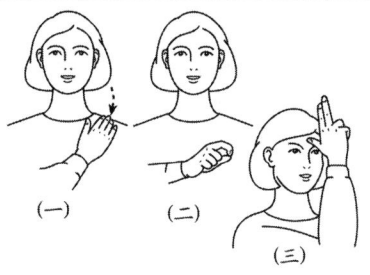
(一)右手拍一下左肩。
(二)右手拇、食指捏成圆形,虎口朝内,贴于左胸部。
(三)一手伸拇、食、中指,拇指尖抵于前额,食、中指直立并拢。

萎缩 wěisuō

双手五指微曲张开,指尖左右相对,边慢慢撮合边向中间靠拢。
(可根据实际表示萎缩的样子)

卫 Wèi
一手拇、食、小指直立，拇指尖抵于胸部一侧，表示姓氏"卫"。

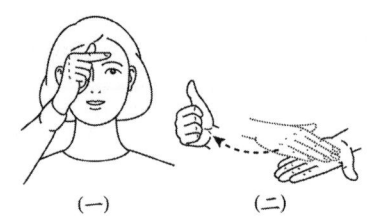

卫生 wèishēng
（一）一手拇、食指搭成"十"字形，置于前额。
（二）左手横伸；右手平伸，掌心向下，贴于左手掌心，边向左手指尖方向移动边食、中、无名、小指弯曲，指尖抵于掌心，拇指直立。

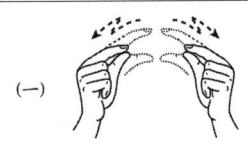

卫生巾 wèishēngjīn
（一）双手拇、食指张开，指尖相对，虎口朝内，边从中间向两侧做弧形移动边相捏，如弯月状，重复一次。
（二）双手拇、中指相捏，指尖朝下，微抖几下。

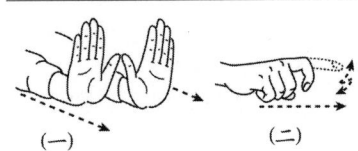

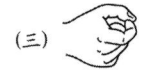

卫生球（樟脑球、防虫丸）
wèishēngqiú (zhāngnǎoqiú、fángchóngwán)
（一）双手直立，掌心向外一推。
（二）一手食指横伸，手背向上，边弯动边向一侧移动。
（三）一手拇、食指捏成圆形，虎口朝上，如樟脑球大小。

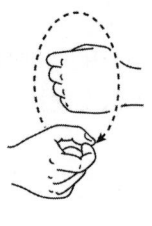

卫星 wèixīng
左手握拳，手背向外；右手拇、食指捏成圆形，虎口朝上，绕左拳转动一圈，表示宇宙自然存在的一个星体绕另一个星体转动。

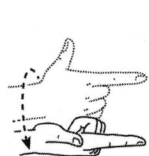

为（为了） wèi (wèi·le)
一手伸拇、食指，食指尖朝前，然后转腕，手背向下。

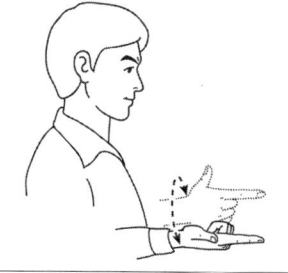

为什么 wèi shén·me

一手伸拇、食指，食指尖朝前，然后手腕左右转动两下，面露疑问的表情。

位置❶（位） wèi·zhì ❶ (wèi)

左手横伸；右手伸拇指，置于左手掌心上，表示人的地位或职位。

位置❷（庄） wèi·zhì ❷ (Zhuāng)

左手横伸；右手五指弯曲，指尖朝下，置于左手掌心上，表示物体的位置。也用于表示姓氏"庄"。

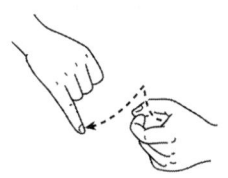

味精 wèijīng

左手拇、食指捏成圆形，虎口朝上；右手伸小指，从左手虎口内挑一下并向下一甩，表示放味精。

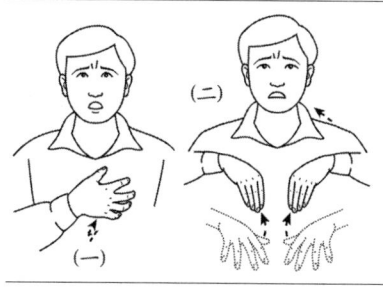

畏缩 wèisuō

（一）一手五指微曲，掌心向内，按两下胸部，面露害怕的表情。

（二）双手五指张开，指尖朝下，边随身体后仰边撮合，面露害怕的表情。

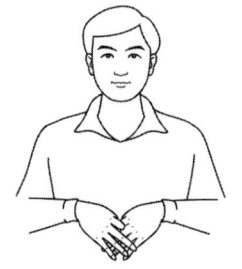

胃 wèi

双手中、无名、小指搭成"田"字形，指尖朝斜下方，手背向外，贴于胃部。

谓语 wèiyǔ

（一）一手打手指字母"W"的指式。
（二）一手食指横伸，在嘴前前后转动两下。

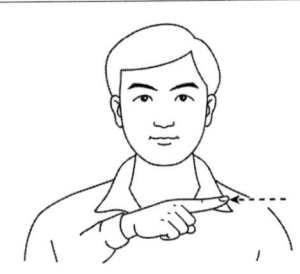

尉 wèi

右手食指横伸，在左肩上从左向右划动一下，表示尉官肩章上的一条杠。

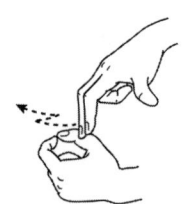

喂（喂养①、营养） wèi（wèiyǎng①、yíngyǎng）

左手拇、食指捏成圆形，虎口朝上；右手伸拇、食、中指，食、中指并拢弯曲，指尖朝下，在左手虎口处向外拨动两下。
（可根据实际表示喂的动作）

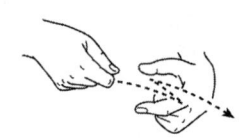

喂养② wèiyǎng②

左手拇、食指成半圆形，虎口朝上；右手拇、食指相捏，从左手半圆形中向外舀动两下，如用勺子喂食状。
（可根据实际表示喂的动作）

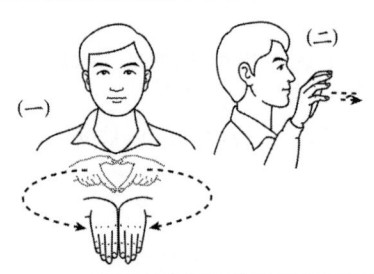

慰问（问候） wèiwèn（wènhòu）

（一）双手拇、食指张开仿"♡"形，手背向外，置于胸部，然后边向前做弧形移动边双手五指并拢相挨，指尖朝下，手背向外。
（二）一手五指微曲，掌心向外，从嘴前向外微移两下。

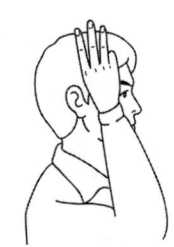

魏 Wèi

右手打手指字母"W"的指式，手背向右，置于头一侧，表示姓氏"魏"；也用于表示三国时期的"魏国"。

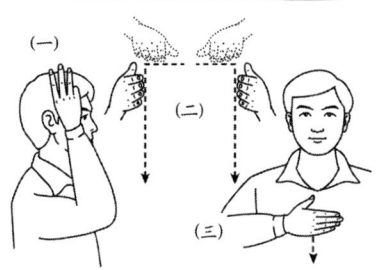

魏碑体 wèibēitǐ

（一）右手打手指字母"W"的指式，手背向右，置于头一侧。

（二）双手平伸，掌心向下，先向两侧移动少许距离再折而下移，仿碑的形状。

（三）一手掌心贴于胸部，向下移动一下。

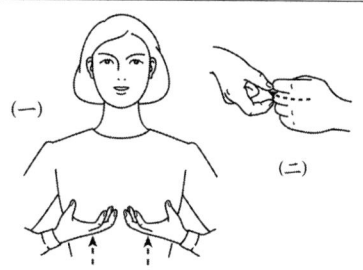

温带 wēndài

（一）双手横伸，掌心向上，五指微曲，从腹部慢慢上移。

（二）左手握拳，手背向外；右手拇、食指微张，指尖朝内，沿左手中指关节转动半圈。

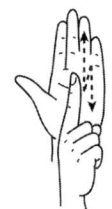

温度（温度计①） wēndù（wēndùjì①）

左手直立，掌心向外；右手食指直立，贴于左手掌心，上下移动两下。

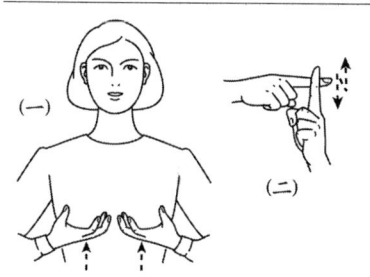

温度计② wēndùjì②

（一）双手横伸，掌心向上，五指微曲，从腹部慢慢上移。

（二）左手食指直立；右手食指横贴在左手食指上，然后上下微动几下。

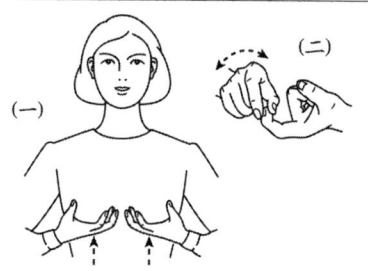

温柔（温和） wēnróu（wēnhé）

（一）双手横伸，掌心向上，五指微曲，从腹部慢慢上移。

（二）右手拇、食指捏住左手食指尖，随意晃动几下，左手食指随之弯曲，面露和蔼的表情。

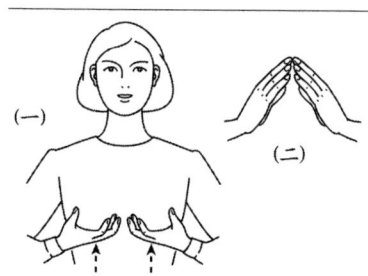

温室 wēnshì

（一）双手横伸，掌心向上，五指微曲，从腹部慢慢上移。

（二）双手搭成"∧"形。

文化① wénhuà ①

 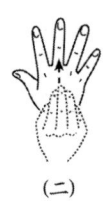

（一）一手五指撮合，指尖朝前，撇动一下，如执毛笔写字状。
（二）一手五指撮合，指尖朝上，边向上微移边张开。
（"文化"的手语存在地域差异，可根据实际选择使用）

文化② wénhuà ②

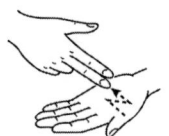

左手横伸；右手伸拇、食、中指，食、中指并拢，在左手掌心上向后划动两下。
（"文化"的手语存在地域差异，可根据实际选择使用）

文化馆 wénhuàguǎn

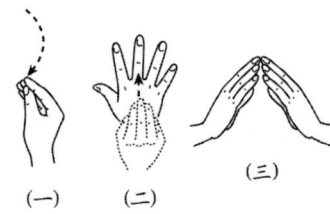

（一）一手五指撮合，指尖朝前，撇动一下，如执毛笔写字状。
（二）一手五指撮合，指尖朝上，边向上微移边张开。
（三）双手搭成"∧"形。

文件① wénjiàn ①

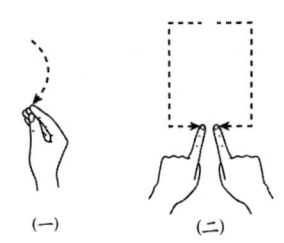

（一）一手五指撮合，指尖朝前，撇动一下，如执毛笔写字状。
（二）双手伸食指，指尖朝前，在面前划一个"口"形。

文件夹① wénjiànjiā ①

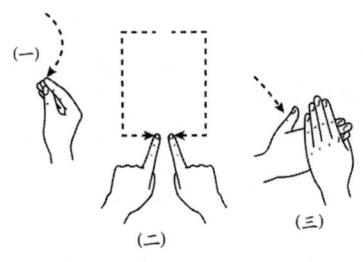

（一）一手五指撮合，指尖朝前，撇动一下，如执毛笔写字状。
（二）双手伸食指，指尖朝前，在面前划一个"口"形。
（三）左手五指成"U"形，虎口朝左；右手横立，掌心向内，插入左手虎口。

文件夹② wénjiànjiā ②

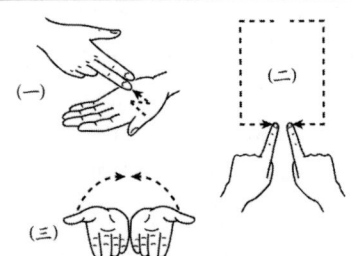

（一）左手横伸；右手伸拇、食、中指，食、中指并拢，在左手掌心上向后划动两下。
（二）双手伸食指，指尖朝前，在面前划一个"口"形。
（三）双手平伸相挨，掌心向上，然后相合。

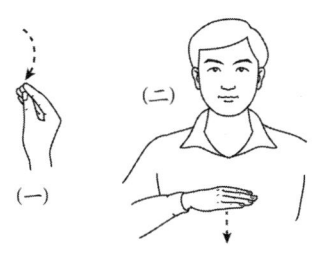

文静 wénjìng

（一）一手五指撮合，指尖朝前，撇动一下，如执毛笔写字状。

（二）一手横伸，掌心向下，从胸部缓慢向下移动。

文莱 Wénlái

双手直立，掌心左右相对，手背微拱，置于头前两侧，表示文莱国旗图案上的两只手。

（此为国外聋人手语）

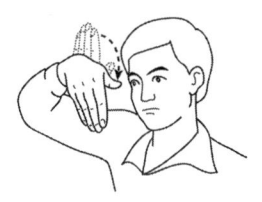

文盲 wénmáng

右手直立，掌心向内，置于眼前，然后翻转为指尖朝下，表示文盲倒着看字，却不知道字是颠倒的。

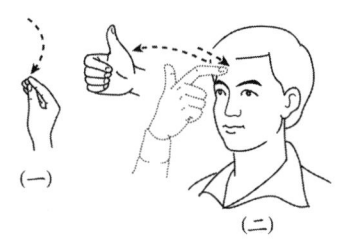

文明 wénmíng

（一）一手五指撮合，指尖朝前，撇动一下，如执毛笔写字状。

（二）一手伸拇、食指，食指点一下前额，边向外移出边缩回食指。

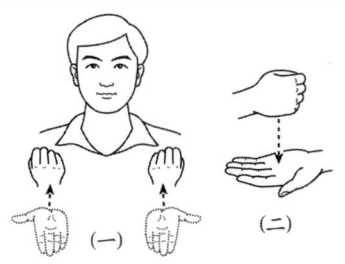

文凭（毕业证） wénpíng (bìyèzhèng)

（一）双手平伸，掌心向上，边从下向上移动边握拳，手背向外。

（二）左手横伸；右手虚握，虎口朝上，在左手掌心上砸一下。

文身 wénshēn

右手伸拇、食指，食指尖在左臂上边点动边移动，表示在身上画图。

（可根据实际表示文身的部位）

文物(文件②) wénwù (wénjiàn②)

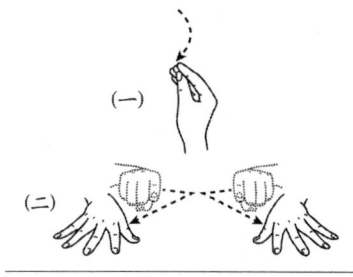

（一）一手五指撮合，指尖朝前，撇动一下，如执毛笔写字状。
（二）双手食指指尖朝前，手背向上，先互碰一下，再分开并张开五指。

文学 wénxué

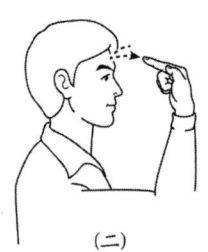

（一）一手五指撮合，指尖朝前，撇动一下，如执毛笔写字状。
（二）一手五指撮合，指尖朝内，按向前额。

文雅 wényǎ

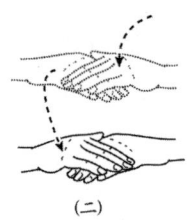

（一）一手五指撮合，指尖朝前，撇动一下，如执毛笔写字状。
（二）一手拇指尖按于食指根部，食指点一下前额再弹出，面露优雅的神态。

文艺 wényì

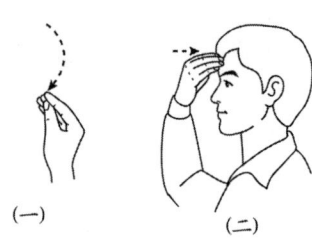

（一）一手五指撮合，指尖朝前，撇动一下，如执毛笔写字状。
（二）双手横伸，掌心向下，互拍手背。

文章 wénzhāng

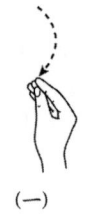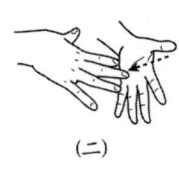

（一）一手五指撮合，指尖朝前，撇动一下，如执毛笔写字状。
（二）左手斜伸，掌心向后上方，五指张开；右手平伸，掌心向下，五指张开，在左手掌心上从上向下移动。

闻(嗅) wén (xiù)

一手伸食、中指，指尖朝鼻孔点一下，手背向外，头同时微抬。
（可根据实际表示闻的动作）

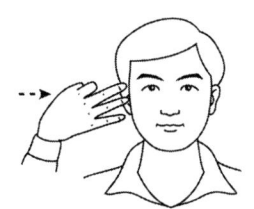

闻名（驰名、有名、名声）
wénmíng（chímíng、yǒumíng、míngshēng）

一手中、无名、小指横伸分开，指尖朝耳部点一下，手背向外。

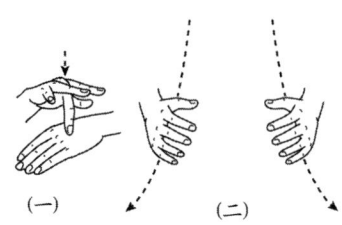

蚊帐　wénzhàng

（一）左手横伸；右手伸拇、食、无名、小指，中指尖朝下，在左手背上点一下，表示蚊子叮人。
（二）双手五指弯曲，掌心相对，虎口朝上，边从上向下移动边扩大，仿圆顶蚊帐的形状。

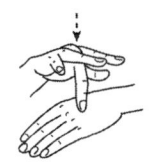

蚊子（叮）　wén·zi（dīng）

左手横伸；右手伸拇、食、无名、小指，中指尖朝下，在左手背上点一下，表示蚊子叮人。

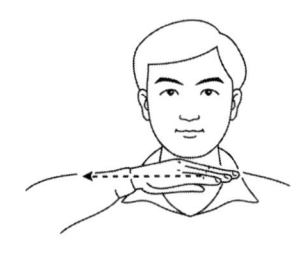

刎　wěn

右手横伸，掌心向下，置于颈部，向右一划。

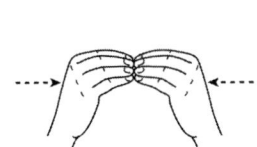

吻　wěn

双手五指撮合，指尖左右相对，互碰一下。
（可根据实际表示吻的动作）

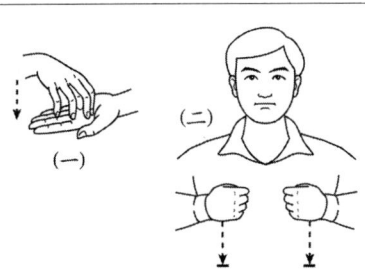

稳健　wěnjiàn

（一）左手横伸；右手五指弯曲，指尖朝下，抵于左手掌心，向下一按。
（二）双手握拳屈肘，同时用力向下一顿。

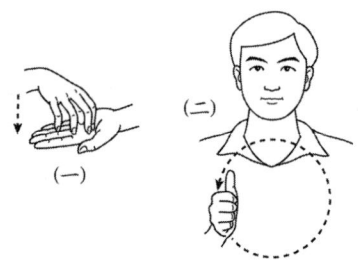

稳妥　wěntuǒ

（一）左手横伸；右手五指弯曲，指尖朝下，抵于左手掌心，向下一按。

（二）一手伸拇指，在胸前从上向下顺时针转动一圈。

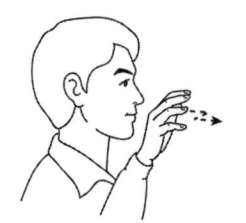

问（访问、咨询、审问）

wèn（fǎngwèn、zīxún、shěnwèn）

一手五指微曲，掌心向外，从嘴前向外微移两下。

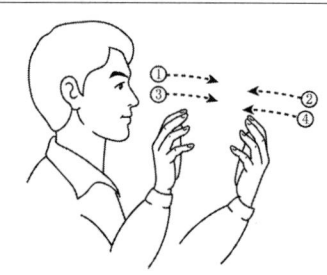

问答（答辩）　wèndá（dábiàn）

双手五指微曲，左手掌心向内，右手掌心向外，置于嘴前，手腕前后交替弯动两下，表示问答、对话一来一往。

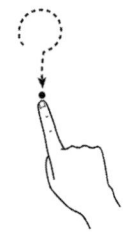

问号（问题）　wènhào（wèntí）

一手伸食指，指尖朝前，书空"？"。

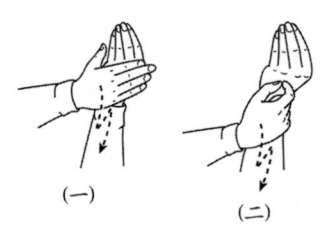

莴苣　wō·jù

（一）左手五指撮合，指尖朝上；右手食、中、无名、小指并拢，掌心向内，在左手上向下划动两下，模仿削莴苣的动作。

（二）左手五指撮合，指尖朝上；右手拇、食指相捏，虎口朝上，在左手上向下扯两下，模仿剥莴苣皮的动作。

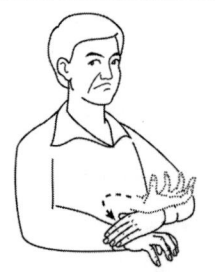

窝藏　wōcáng

左手横伸；右手五指微曲，指尖朝上，边从左手背上移入左手掌心下边转腕，指尖朝下，面带坏相，表示窝藏赃物。

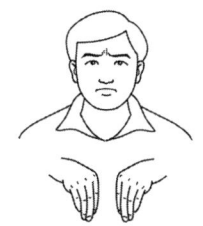

窝囊 wō·nang
双手五指撮合，手背向外，贴于胸部，面露抑郁的表情。

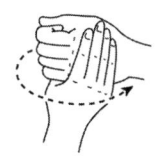

窝头 wōtóu
左手虚握，虎口朝上；右手拇指插入左拳底部，其他四指贴左拳转动，模仿做窝头的动作。

蜗牛 wōniú
右手拇、中、无名指相捏，指尖朝前，食、小指直立；左手五指成半圆形，指尖抵于右手背上，然后双手缓慢向前移动，仿蜗牛的外形。

我 wǒ
一手伸食指，指一下自己（或一手手掌拍一下胸部）。

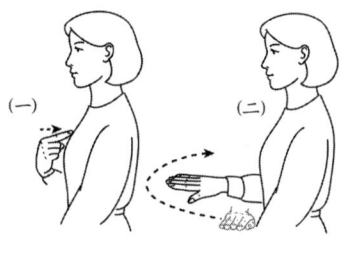

我们 wǒ·men
（一）一手伸食指，指一下自己（或一手手掌拍一下胸部）。
（二）一手横伸，掌心向下，顺时针平行转动半圈。

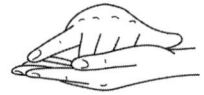

卧 wò
左手横伸；右手伸拇、小指，手背向上，置于左手掌心上。
（可根据实际表示卧的动作）

卧倒 wòdǎo
左手横伸；右手伸拇、小指，小指尖抵于左手中、无名指指缝间，然后向左倒下。

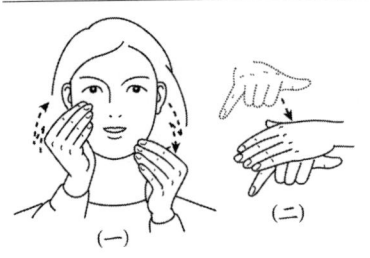

卧底 wòdǐ
（一）双手五指撮合，在脸颊两侧交替做擦粉的动作，表示化妆。
（二）左手横伸；右手伸拇、小指，手背向上，从后向前移入左手掌心下。

卧铺 wòpù
左手平伸；右手伸拇、小指，手背向上，置于左手掌心上，双手同时前后移动几下。

卧室（寝室、宿舍） wòshì (qǐnshì、sùshè)
（一）一手掌心贴于脸部，头微侧，闭眼，如睡觉状。
（二）双手搭成"∧"形。

乌 Wū
一手打手指字母"W"的指式，在头发一侧向下抹一下，表示姓氏"乌"。

乌干达 Wūgāndá
左手横伸；右手拇、食指成"⊐"形，虎口朝上，向下移至左手掌心。
（此为国外聋人手语）

乌龟 wūguī
　　右手伸拇指,指尖朝前;左手手背拱起,置于右手背上,右手拇指转动两下。

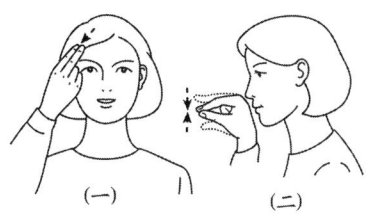
乌鸡 wūjī
　　(一)一手打手指字母"H"的指式,摸一下头发。
　　(二)一手手背贴于嘴部,拇、食指先张开再相捏,仿鸡的嘴。

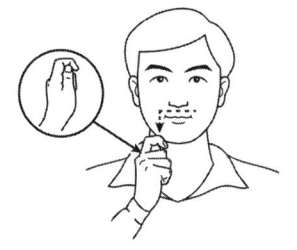
乌克兰 Wūkèlán
　　右手食指弯曲,拇指尖抵于食指中部,掌心向左,置于上唇左侧,然后向右移动再折而下移。
　　(此为国外聋人手语)

乌拉圭 Wūlāguī
　　一手食、中指直立并拢,掌心向外,然后翻转为掌心向内。
　　(此为国外聋人手语)

乌鲁木齐 Wūlǔmùqí
　　一手食、中指相叠,指尖抵于鼻翼一侧,然后微转两下。

乌鸦 wūyā
　　(一)一手打手指字母"H"的指式,摸一下头发。
　　(二)一手手背贴于嘴部,拇、食指先张开再相捏,然后双手侧伸,掌心向下,扇动几下。

乌贼 wūzéi

一手手背贴于前额,五指交替点动几下,仿乌贼的触手。

乌孜别克族 Wūzībiékèzú

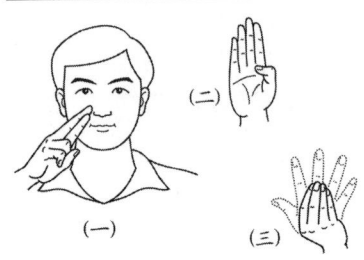

(一)一手食、中指相叠,指尖抵于鼻翼一侧。
(二)一手打手指字母"B"的指式。
(三)一手五指张开,指尖朝上,然后撮合。

乌兹别克斯坦 Wūzībiékèsītǎn

一手握拳,手背向后,置于头一侧,然后转腕,变为手背向前,重复一次。
(此为国外聋人手语)

污染 wūrǎn

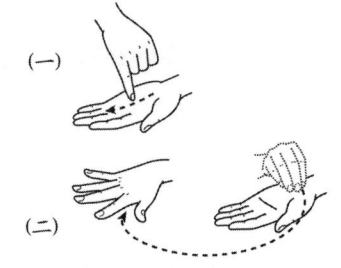

(一)左手平伸;右手伸小指,指尖朝下,在左手掌心上向前划动一下。
(二)左手平伸,掌心向上;右手五指撮合,置于左手腕的脉门处,然后边向外做弧形移动边张开。

无产阶级 wúchǎn jiējí

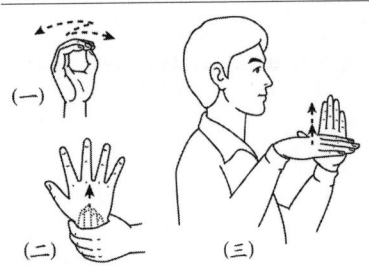

(一)一手五指捏成圆形,虎口朝内,左右晃动几下。
(二)左手五指成半圆形,虎口朝上;右手五指撮合,指尖朝上,手背向外,边从左手虎口内伸出边张开。
(三)左手直立,掌心向右;右手平伸,掌心向下,在左手掌心上向上一顿一顿移动两下。

无党派 wúdǎngpài

  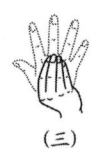

(一)一手五指捏成圆形,虎口朝内,左右晃动几下。
(二)一手打手指字母"D"的指式。
(三)一手五指张开,指尖朝上,然后撮合。

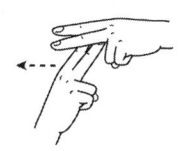
无轨电车 wúguǐ-diànchē
左手食、中指横伸分开,手背向上;右手食、中指斜立分开,指尖抵于左手食、中指,并向右移动。

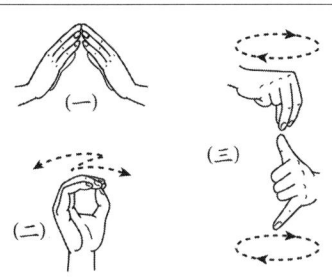
无家可归 wújiā-kěguī
(一)双手搭成"∧"形。
(二)一手五指捏成圆形,虎口朝内,左右晃动几下。
(三)左手伸拇、小指;右手拇、食、中指相捏,指尖朝下,置于左手上,然后双手同时顺时针平行转动两圈,表示无家可归。

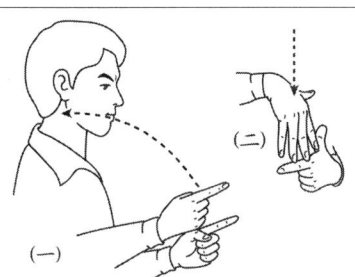
无期徒刑 wúqī túxíng
(一)双手伸食指,指尖朝前,左手在下不动,右手向肩部上方移动,表示时间长久。
(二)左手伸拇、食指,食指尖朝右,手背向外;右手五指张开,指尖朝下,手背向外,从上向下移向左手食指。

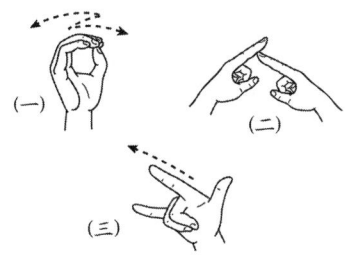
无人机 wúrénjī
(一)一手五指捏成圆形,虎口朝内,左右晃动几下。
(二)双手食指搭成"人"字形。
(三)一手伸拇、食、小指,手背向上,从低向高移动,如飞机起飞状。

无所谓①(无聊) wúsuǒwèi ①(wúliáo)
右手直立,掌心向左,朝颊部碰几下。

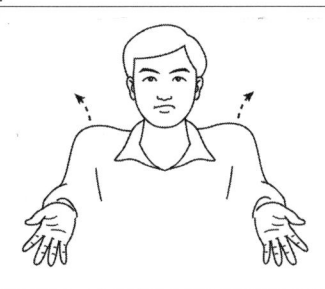
无所谓② wúsuǒwèi ②
双手平伸,掌心向上,做耸肩的动作,面露不在乎的表情。

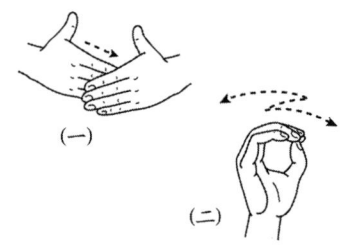

无限① wúxiàn ①

（一）左手侧立；右手横立，掌心向内，然后移至左手并停住，表示遇到障碍。
（二）一手五指捏成圆形，虎口朝内，左右晃动几下。

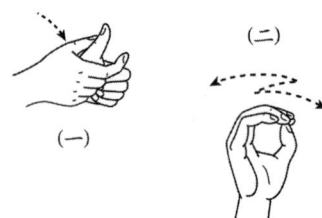

无限② wúxiàn ②

（一）左手伸拇指；右手拇、食指张开，指尖朝前，从后向下套向左手拇指，表示限定了范围。
（二）一手五指捏成圆形，虎口朝内，左右晃动几下。

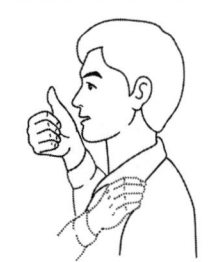

无线电话（对讲机） wúxiàn diànhuà (duìjiǎngjī)

右手虚握，指尖朝内，先抵于左肩部，然后拇指伸出，食、中、无名、小指弯曲，置于嘴前，口微张。
（可根据实际表示使用对讲机的动作）

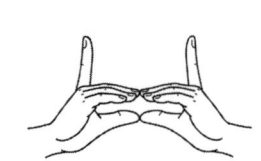

无线路由器 wúxiàn lùyóuqì

双手食指直立，拇、中、无名、小指指尖相抵，搭成"匚ㄱ"形，虎口朝内，仿有两个天线的无线路由器外形。

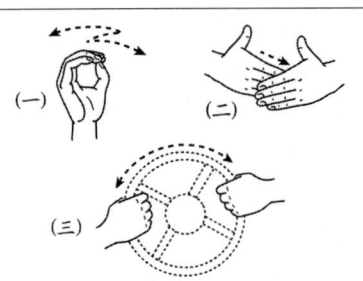

无障碍车 wúzhàng'àichē

（一）一手五指捏成圆形，虎口朝内，左右晃动几下。
（二）左手侧立；右手横立，掌心向内，然后移至左手并停住，表示遇到障碍。
（三）双手虚握，左右转动，如操纵方向盘状。

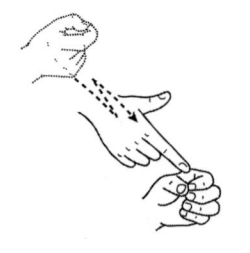

无中生有（添油加醋） wúzhōngshēngyǒu (tiānyóu-jiācù)

左手五指成圆形，虎口朝上；右手拇、食指相捏，边张开边食指尖点一下左手虎口处，重复一次。

吴　Wú

一手五指捏成球形,手背向下,左右微晃几下,表示姓氏"吴";也用于表示三国时期的"吴国"。

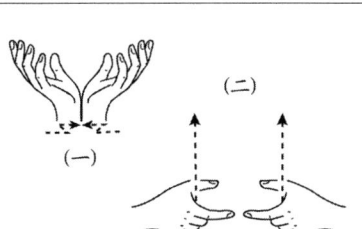

梧桐树　wútóngshù

(一)双手五指微曲张开,掌心向上,手腕互碰两下。
(二)双手拇、食指成大圆形,虎口朝上,同时向上移动。

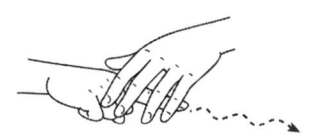

蜈蚣　wú·gōng

左手横伸,掌心向下,五指张开;右手伸食指,指尖朝前,手背向上,置于左手手指下,边弯动边双手同时向前移动,仿蜈蚣的外形。

五代　Wǔ Dài

(一)一手五指直立张开,掌心向外。
(二)双手伸食指,手腕交叉相贴,然后前后转动,互换位置。

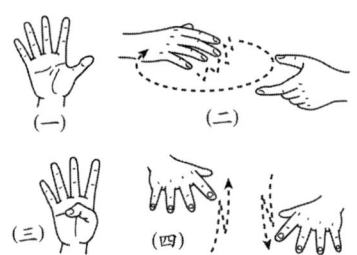

五湖四海　wǔhú-sìhǎi

(一)一手五指直立张开,掌心向外。
(二)左手拇、食指成半圆形,虎口朝上;右手横伸,掌心向下,五指张开,边交替点动边在左手旁顺时针转动一圈。
(三)一手食、中、无名、小指直立分开,掌心向外。
(四)双手平伸,掌心向下,五指张开,上下交替移动,表示起伏的波浪。

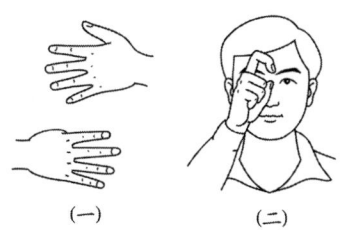

五四青年节　Wǔ-Sì Qīngnián Jié

(一)左手横立,手背向外,五指张开,在上;右手食、中、无名、小指横伸分开,手背向外,在下,表示公历五月四日。
(二)一手打手指字母"J"的指式,置于前额。

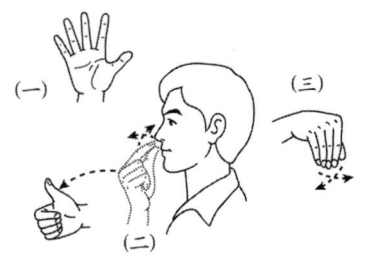

五香粉 wǔxiāngfěn

（一）一手五指直立张开，掌心向外。
（二）一手拇、食指在鼻孔前捻动，然后伸出拇指。
（三）一手五指撮合，指尖朝下，互捻几下。

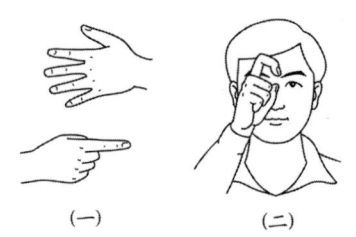

五一劳动节（五一节） Wǔ-Yī Láodòng Jié（Wǔ-Yī Jié）

（一）左手横立，手背向外，五指张开，在上；右手食指横伸，手背向外，在下，表示公历五月一日。
（二）一手打手指字母"J"的指式，置于前额。

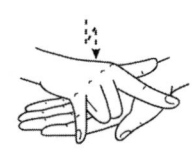

武汉 Wǔhàn

左手横伸；右手伸拇、食、小指，手背向上，向左手掌心上碰两下，表示武汉三镇。

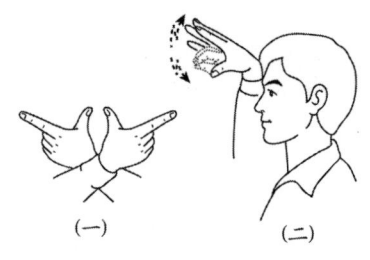

武警 wǔjǐng

（一）双手伸拇、食指，手背向外，手腕交叉相搭，仿武警标志。
（二）一手手腕贴于前额，五指撮合，然后开合两下，表示警察的帽徽。

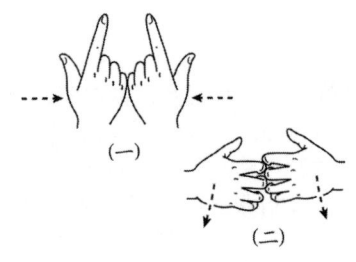

武器 wǔqì

（一）双手伸拇、食指，食指尖朝上，掌心向内，小指下缘互碰一下。
（二）双手五指弯曲，食、中、无名、小指关节交错相触，向下转动一下。

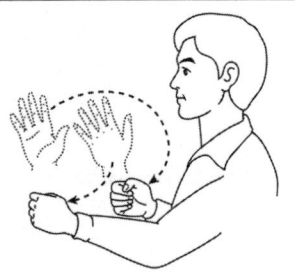

武术 wǔshù

双手直立，掌心朝向一左一右，五指张开，一前一后，然后边向后转动边握拳并互换位置，瞪眼闭嘴，面露坚毅的表情。
（可根据实际表示武术动作）

武装（武） wǔzhuāng (Wǔ)

双手伸拇、食、中指，食、中指并拢，指尖朝左上方，一上一下，模仿持枪的动作；也用于表示姓氏"武"。

（可根据实际表示武装的动作）

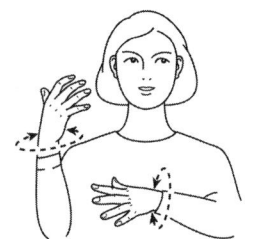

舞蹈（跳舞） wǔdǎo (tiàowǔ)

双手五指微曲张开，左手横伸，手背向上，右手直立，手背向右，同时扭动两下手腕，模仿舞蹈动作。

（可根据实际表示舞蹈动作）

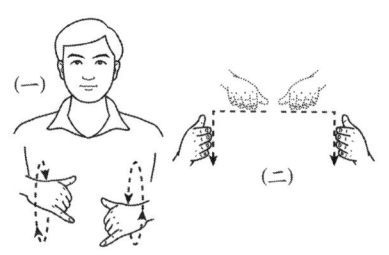

舞台 wǔtái

（一）双手伸拇、小指，手背向斜上方，交替向后转动两下。

（二）双手平伸，掌心向下，先从中间向两侧平移，再折而下移成"冂"形。

（可根据实际表示舞台的样式）

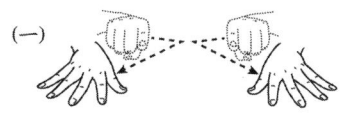

物价 wùjià

（一）双手食指指尖朝前，手背向上，先互碰一下，再分开并张开五指。

（二）左手拇、食指捏成圆形，虎口朝上；右手伸食指，敲一下左手拇指。

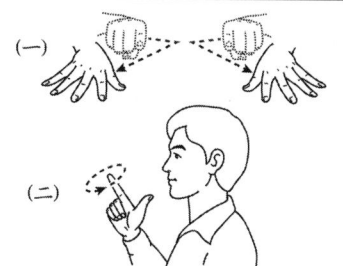

物理 wùlǐ

（一）双手食指指尖朝前，手背向上，先互碰一下，再分开并张开五指。

（二）一手打手指字母"L"的指式，逆时针平行转动一下。

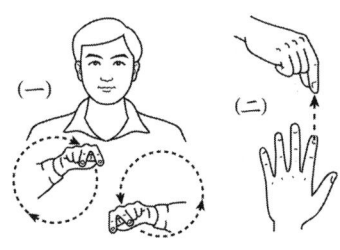

物色 wùsè

（一）双手食、中指分开，指尖朝前，手背向上，左右交替转动两下。

（二）左手直立，掌心向内，五指张开；右手拇、食指捏一下左手食指，然后向上移动。

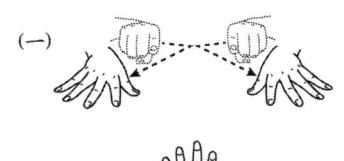
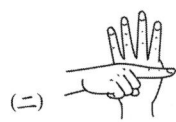

物业 wùyè

（一）双手食指指尖朝前，手背向上，先互碰一下，再分开并张开五指。

（二）左手食、中、无名、小指直立分开，手背向外；右手食指横伸，置于左手四指根部，仿"业"字形。

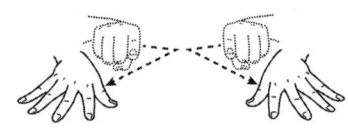

物质①（东西①、材料①、物资①）

wùzhì ①（dōng·xi ①、cáiliào ①、wùzī ①）

双手食指指尖朝前，手背向上，先互碰一下，再分开并张开五指。

（"物质"的手语存在地域差异，可根据实际选择使用）

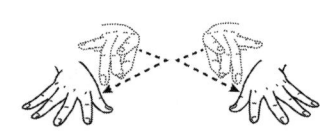

物质②（东西②、材料②、物资②）

wùzhì ②（dōng·xi ②、cáiliào ②、wùzī ②）

双手拇、中指相捏，食、无名、小指伸出，指尖朝前，手背向上，边互碰一下边拇、中指弹开。

（"物质"的手语存在地域差异，可根据实际选择使用）

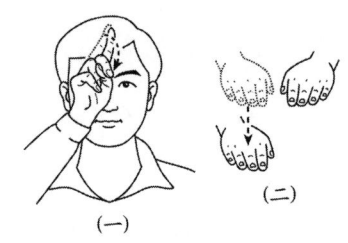

误差 wùchā

（一）一手食、中指直立相叠，掌心向外，置于前额，中指向下弯动一下。

（二）双手平伸，掌心向下，左手不动，右手向下一沉。

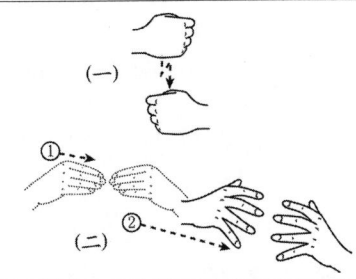

误工① wùgōng①

（一）双手握拳，一上一下，右拳向下砸两下左拳。

（二）双手五指撮合，手背向外，边右手碰一下左手边双手同时向左侧移动，五指张开，指尖左右相对。

（此手势表示受别人影响而耽误了工作）

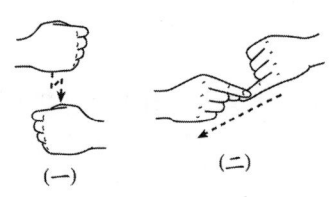

误工② wùgōng②

（一）双手握拳，一上一下，右拳向下砸两下左拳。

（二）左手伸小指，手背向外；右手拇、食指捏住左手小指，向右下方拉动。

（此手势表示因拖延而耽误了工作）

误会（误解） wùhuì (wùjiě)

　　双手拇、食指相捏，其他三指伸出，虎口朝内，置于眼前，然后左右交换位置。

雾 wù

　　双手直立，掌心向外，五指张开，在眼前交替转动两下，同时眯眼，表示重雾迷目。

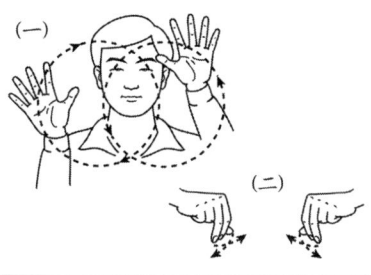

雾霾 wùmái

　　（一）双手直立，掌心向外，五指张开，在眼前交替转动两下，同时眯眼，表示重雾迷目。
　　（二）双手拇、食、中指相捏，指尖朝下，互捻几下，表示雾霾中的细微灰尘。

X

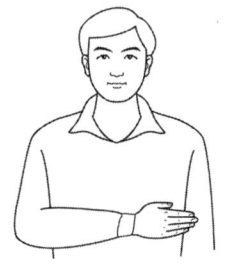

西① xī①

右手横立,指尖朝左。

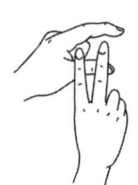

西② xī②

左手拇、食指成"匚"形,虎口朝内;右手食、中指直立分开,手背向内,贴于左手拇指,仿"西"字部分字形。

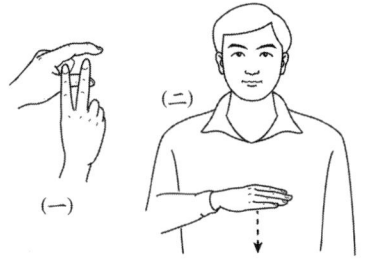

西安 Xī'ān

(一)左手拇、食指成"匚"形,虎口朝内;右手食、中指直立分开,手背向内,贴于左手拇指,仿"西"字部分字形。

(二)一手横伸,掌心向下,自胸部向下一按。

西班牙 Xībānyá

右手拇、食指相捏,虎口朝上,然后向内转腕,虎口贴于左胸部。

(此为国外聋人手语)

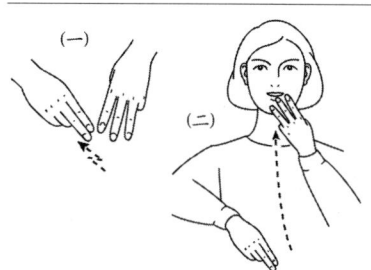

西餐 xīcān

(一)左手食、中、无名指分开,指尖朝下,手背向外,如叉状;右手食、中指并拢,指尖朝前下方,在左手旁向内划动两下,如用餐刀切肉状。

(二)左手食、中、无名指分开,指尖朝上,手背向外,移向嘴部;右手食、中指并拢,指尖朝前下方。

西服 xīfú

　　双手伸拇指，手背向外，从颈部两侧向下方移动，表示西服领口外形。

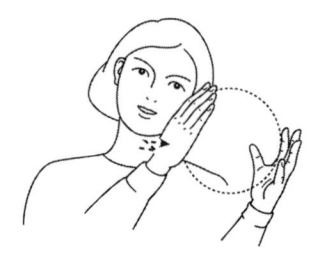

西瓜① xī·guā①

　　左手如托西瓜状，置于头一侧；右手拍两下，如拍西瓜状。

　　("西瓜"的手语存在地域差异，可根据实际选择使用)

西瓜② xī·guā②

　　一手伸拇、小指，指尖朝上，手背向外，在嘴前左右移动两下。

　　("西瓜"的手语存在地域差异，可根据实际选择使用)

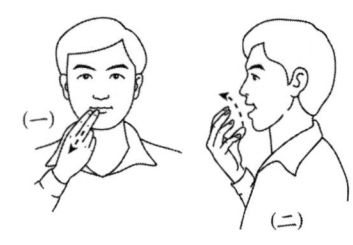

西红柿（番茄） xīhóngshì (fānqié)

　　(一)一手打手指字母"H"的指式，摸一下嘴唇。
　　(二)一手五指弯曲，指尖朝内，置于嘴前，然后向前上方移动，嘴做咬的动作。

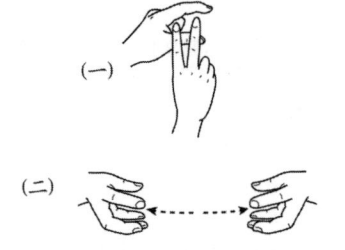

西葫芦 xīhú·lu

　　(一)左手拇、食指成"⊏"形，虎口朝内；右手食、中指直立分开，手背向内，贴于左手拇指，仿"西"字部分字形。
　　(二)双手五指弯曲，指尖相对，虎口朝上，从中间向两侧移动，仿西葫芦外形。

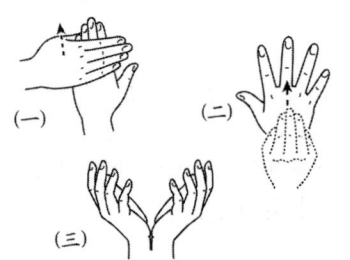

西蓝花① xīlánhuā①

　　(一)左手食、中、无名、小指并拢，指尖朝右上方，手背向外；右手五指向上捋一下左手四指，表示西蓝花是绿色的。
　　(二)一手五指撮合，指尖朝上，边向上微移边张开。
　　(三)双手五指弯曲，指尖朝上，手腕相挨，仿西蓝花形状。

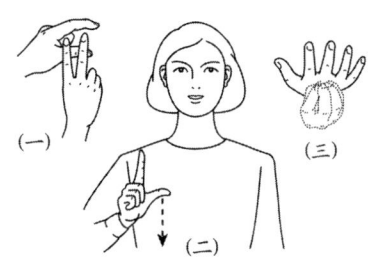

西蓝花② xīlánhuā ②

（一）左手拇、食指成"匸"形，虎口朝内；右手食、中指直立分开，手背向内，贴于左手拇指，仿"西"字部分字形。

（二）一手打手指字母"L"的指式，沿胸的一侧划下。

（三）一手五指撮合，指尖朝上，然后张开。

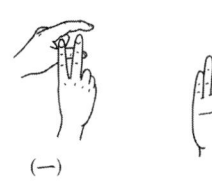

西门 xīmén

（一）左手拇、食指成"匸"形，虎口朝内；右手食、中指直立分开，手背向内，贴于左手拇指，仿"西"字部分字形。

（二）双手并排直立，掌心向外，五指并拢。

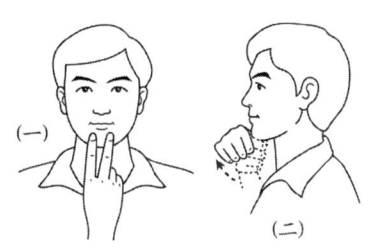

西宁 Xīníng

（一）一手食、中指直立分开，掌心向内，贴于颏部。

（二）一手虚握，虎口贴于颏部，再向上一翘。

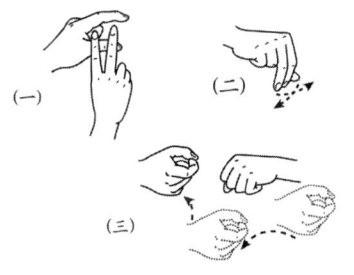

西沙群岛 Xīshāqúndǎo

（一）左手拇、食指成"匸"形，虎口朝内；右手食、中指直立分开，手背向内，贴于左手拇指，仿"西"字部分字形。

（二）一手拇、食、中指相捏，指尖朝下，互捻几下。

（三）左手横伸握拳，手背向上；右手拇、食指捏成圆形，虎口朝上，在左手周围不同位置点动几下，表示有许多岛。

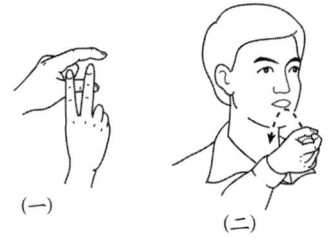

西药 xīyào

（一）左手拇、食指成"匸"形，虎口朝内；右手食、中指直立分开，手背向内，贴于左手拇指，仿"西"字部分字形。

（二）口张开，一手拇、食指捏成小圆形，从嘴部移向喉部。

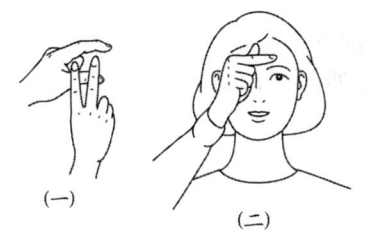

西医 xīyī

（一）左手拇、食指成"匸"形，虎口朝内；右手食、中指直立分开，手背向内，贴于左手拇指，仿"西"字部分字形。

（二）一手拇、食指搭成"十"字形，置于前额。

西藏 Xīzàng

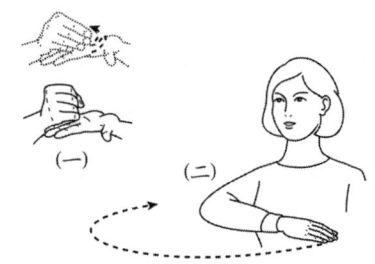

（一）左手横伸；右手在左手掌心上模仿做糌粑的动作。
（二）一手横伸，掌心向下，五指并拢，齐胸部从一侧向另一侧做大范围的弧形移动。

吸（吸气、吸收） xī (xīqì、xīshōu)

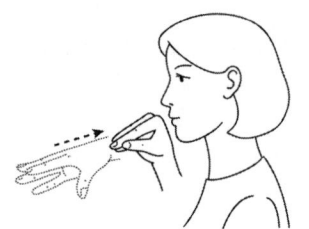

一手五指张开，掌心向下，边向嘴部移动边撮合，口先张开再闭拢，如吸气状。
（可根据实际表示吸气的动作）

吸尘器 xīchénqì

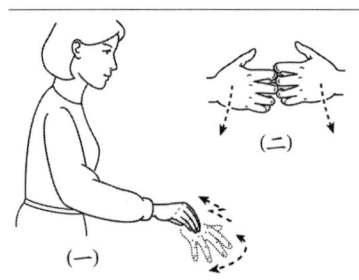

（一）一手五指张开，掌心向下，边来回移动边连续做开合的动作，如吸尘状。
（二）双手五指弯曲，食、中、无名、小指关节交错相触，向下转动一下。

吸顶灯 xīdǐngdēng

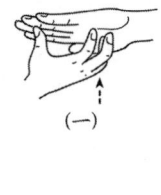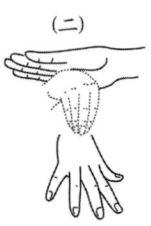

（一）左手横伸，掌心向下；右手五指微曲，指尖朝上，移至左手掌心。
（二）左手横伸，掌心向下；右手五指撮合，指尖朝下，置于左手掌心下，然后张开。

吸毒 xīdú

左手横伸；右手伸拇、小指，拇指尖在鼻下，小指尖在左手掌心上向右划动两下。

希腊 Xīlà

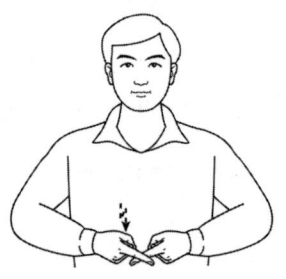

双手伸食指，指尖朝斜前方，左手在下不动，右手食指向下碰两下左手食指，表示希腊国旗上的"十"字形。
（此为国外聋人手语）

希望（向往） xīwàng（xiàngwǎng）
　　一手打手指字母"X"的指式，先置于太阳穴，然后向外移动，面露期待的表情。

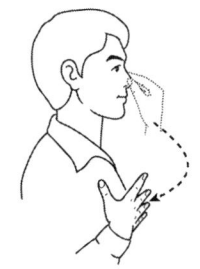

牺牲❶ xīshēng ❶
　　一手捏一下鼻子，然后向胸部一甩，五指张开，表示舍弃自我的意思。

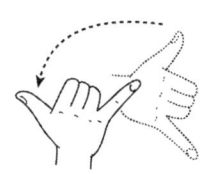

牺牲❷（就义、逝世、死亡、遇难）
　　xīshēng ❷（jiùyì、shìshì、sǐwáng、yùnàn）
　　右手伸拇、小指，先直立，再向右转腕。

硒鼓① xīgǔ ①
　　（一）左手平伸；右手打手指字母"Y"的指式，手背向上，置于左手掌心上，然后向前移动。
　　（二）双手虚握，虎口相对，从中间向两侧移动，仿硒鼓的形状。
　　（此手势表示打印机硒鼓）

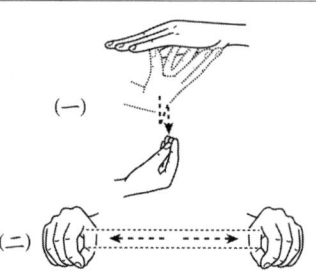

硒鼓② xīgǔ ②
　　（一）左手横伸；右手五指张开，指尖朝上，抵于左手掌心，然后边向下移动边撮合，重复一次，表示复印。
　　（二）双手虚握，虎口相对，从中间向两侧移动，仿硒鼓的形状。
　　（此手势表示复印机硒鼓）

悉尼 Xīní
　　双手拇、食、中指相捏，虎口朝内，边向中间上方移动边张开，搭成"△"形。
　　（此为国外聋人手语）

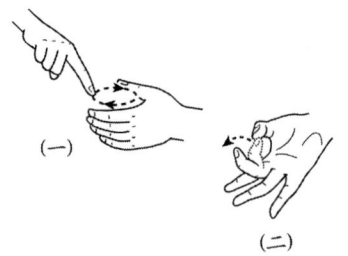

稀 xī

（一）左手五指成半圆形，虎口朝上；右手伸食指，指尖朝下，在左手虎口内快速转动几下。

（二）一手平伸，手背向下，拇、中指先相捏，再弹开。（可根据实际表示稀的状态）

犀牛 xīniú

一手伸拇、小指，指尖朝上，拇指背贴于鼻尖，仿一只角的犀牛（表示两只角的犀牛时，一手伸拇、食、小指，指尖朝上，拇指背贴于鼻尖）。

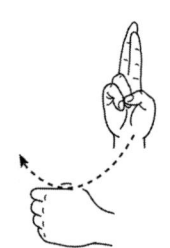

锡 xī

左手握拳，虎口朝上；右手打手指字母"X"的指式，手腕砸一下左手虎口后向前移动，表示锡的声母。

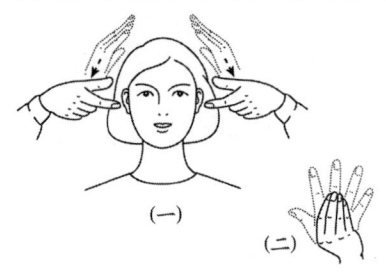

锡伯族 Xībózú

（一）双手斜伸，掌心相对，置于头两侧，然后边向下微移边拇、食指成大圆形，虎口朝上，仿锡伯族男子戴的圆顶帽的形状。

（二）一手五指张开，指尖朝上，然后撮合。

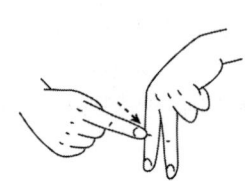
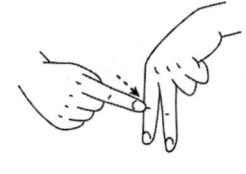

膝盖 xīgài

左手食、中指分开，指尖朝下，手背向外；右手伸食指，指一下左手食指中节指关节，表示膝盖。

蟋蟀（蛐蛐儿） xīshuài（qū·qur）

双手食、中指弯曲，手背向上，指关节边互碰两下边向下弯动，仿蟋蟀相斗的样子。

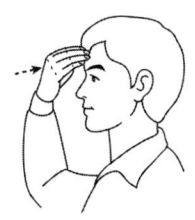
习 Xí
一手五指撮合,指尖朝内,按向前额,表示姓氏"习"。

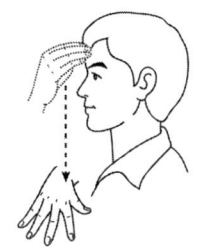
习惯 xíguàn
一手五指撮合,指尖朝内,按于前额,然后边向下移动边张开。

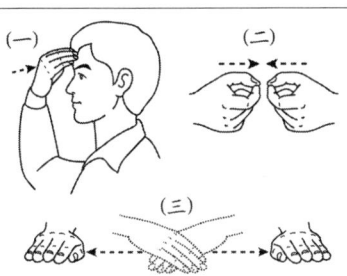
习近平 Xí Jìnpíng
(一)一手五指撮合,指尖朝内,按向前额。
(二)双手拇、食指相捏,虎口朝上,相互靠近。
(三)双手五指并拢,掌心向下,交叉相搭,然后分别向两侧移动。

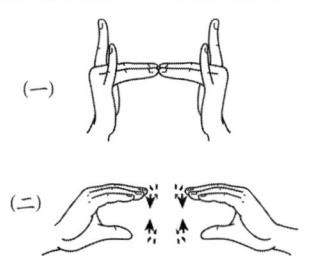
席梦思 xímèngsī
(一)双手食、小指直立,中、无名指与手掌成直角,指尖相抵,拇指贴于食指,仿床的形状。
(二)双手五指成"⌐⌐"形,指尖相对,虎口朝内,捏动几下。

洗 xǐ
双手握拳,拳心上下相对,前后交替移动几下,模仿洗衣服的动作。
(可根据实际表示洗的动作)

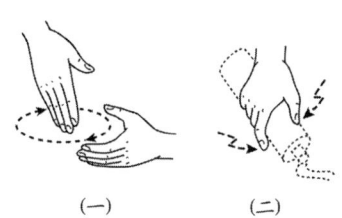
洗洁精 xǐjiéjīng
(一)左手五指成半圆形,虎口朝上;右手食、中、无名、小指并拢,指尖朝下,在左手虎口内转动两下,如刷碗状。
(二)右手五指弯曲,虎口朝左下方,做从瓶子中挤液体的动作。
(可根据实际表示手持洗洁精容器的动作)

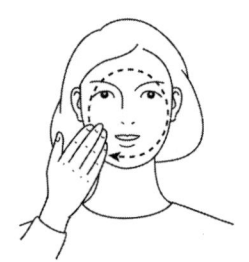

洗脸 xǐliǎn

一手（或双手）食、中、无名、小指并拢，掌心向内，在面部转动一（或两）圈，如洗脸状。
（可根据实际表示洗脸的动作）

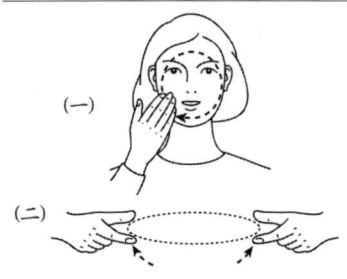

洗脸盆 xǐliǎnpén

（一）一手（或双手）食、中、无名、小指并拢，掌心向内，在面部转动一（或两）圈，如洗脸状。
（二）双手拇、食指成大圆形，从下向上做弧形移动，仿脸盆的形状。

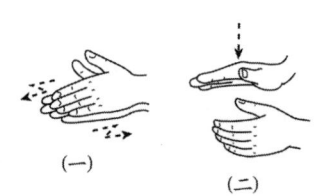

洗手液 xǐshǒuyè

（一）双手掌心相搓，如洗手状。
（二）左手五指成半圆形，虎口朝上；右手平伸，掌心向下，在左手上向下按动，模仿按洗手液瓶子的动作。
（可根据实际表示洗手液）

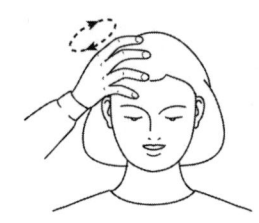

洗头 xǐtóu

一手（或双手）五指张开，掌心向下，在头发上随意转动几下，头微低，模仿洗头的动作。
（可根据实际表示洗头的动作）

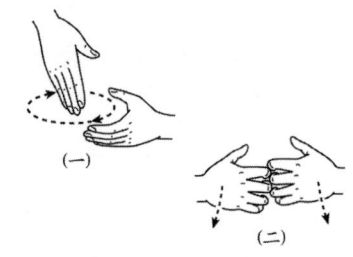

洗碗机 xǐwǎnjī

（一）左手五指成半圆形，虎口朝上；右手食、中、无名、小指并拢，指尖朝下，在左手虎口内转动两下，如刷碗状。
（二）双手五指弯曲，食、中、无名、小指关节交错相触，向下转动一下。

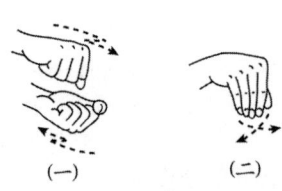

洗衣粉 xǐyīfěn

（一）双手握拳，拳心上下相对，前后交替移动几下，模仿洗衣服的动作。
（二）一手五指撮合，指尖朝下，互捻几下。

洗衣机　xǐyījī

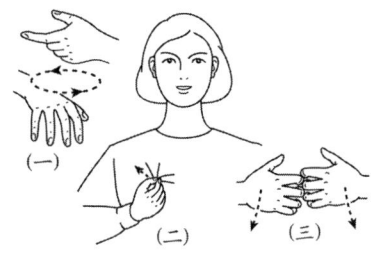

（一）左手拇、食指成半圆形，虎口朝上；右手五指张开，掌心向下，在左手下转动几下，表示洗衣机滚筒在转动。
（二）一手拇、食指揪一下胸前衣服。
（三）双手五指弯曲，食、中、无名、小指关节交错相触，向下转动一下。

洗衣液　xǐyīyè

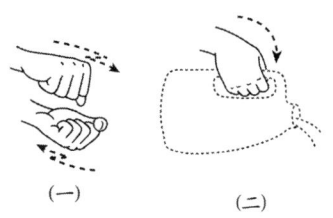

（一）双手握拳，拳心上下相对，前后交替移动几下，模仿洗衣服的动作。
（二）右手虚握，虎口朝上，然后向左转腕，模仿倒洗衣液的动作。
（可根据实际表示洗衣液）

洗衣皂　xǐyīzào

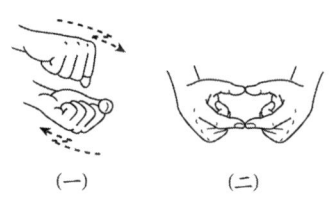

（一）双手握拳，拳心上下相对，前后交替移动几下，模仿洗衣服的动作。
（二）双手拇、食指搭成长方形，虎口朝上。

洗澡　xǐzǎo

双手五指张开，掌心贴于胸部，上下交替移动几下。
（可根据实际表示洗澡的动作）

铣床　xǐchuáng

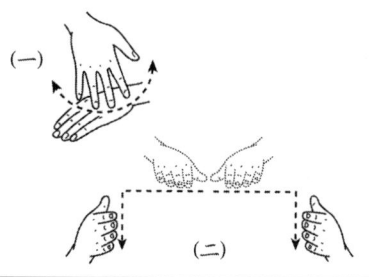

（一）左手横伸；右手五指张开，指尖朝下，手背向外，在左手背上左右来回做弧形移动，如铣刀工作状。
（二）双手平伸，掌心向下，先从中间向两侧平移，再折而下移成"冂"形。

喜欢（愿意）　xǐ·huan（yuànyì）

一手拇、食指弯曲，指尖朝颏部点两下，头同时微点两下。

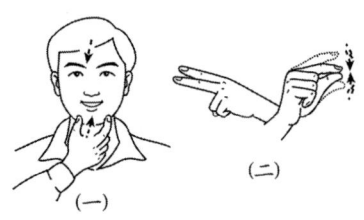

喜鹊 xǐquè

（一）一手拇、食指弯曲，指尖朝颊部点一下，头同时微点一下。

（二）双手手腕交叉相搭，左手食、中指分开，指尖朝右上方，手背向上，表示喜鹊的尾巴；右手拇、食指开合两下，表示喜鹊的喙。

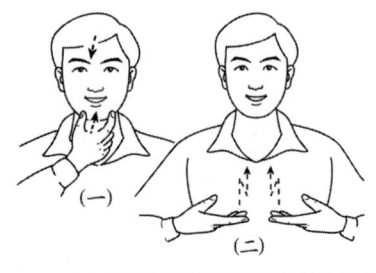

喜悦 xǐyuè

（一）一手拇、食指弯曲，指尖朝颊部点一下，头同时微点一下。

（二）双手横伸，掌心向上，在胸前同时向上移动两下，面带笑容。

戏剧① （戏①） xìjù ① (xì ①)

左手做捋长胡须的动作；右手食、中指并拢，指尖朝前，边抖动边向前移动，口张开，模仿京剧男角的动作。

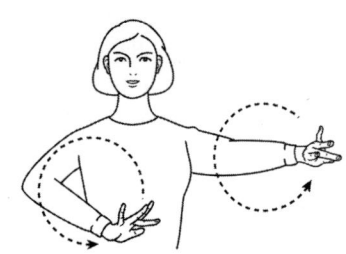

戏剧② （戏②） xìjù ② (xì ②)

双手拇、中指指关节靠近，其他三指指尖翘起，左臂横伸，右手置于腹前，一高一低，转动一圈，模仿京剧女角的动作。

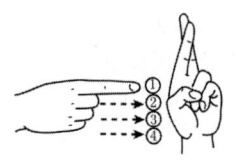

系列 xìliè

左手打手指字母"X"的指式；右手握拳，手背向外，虎口朝上，然后依次伸出食、中、无名、小指，表示数字"1、2、3、4"（或右手握拳，虎口朝左，边向右移动边依次打数字"1、2、3、4"的手势），表示系列。

系统 xìtǒng

左手打手指字母"X"的指式，在上不动；右手五指撮合，指尖朝下，边从左手腕向下移动边张开，表示系统。

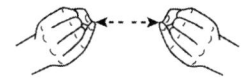

细（细致、仔细） xì (xìzhì、zǐxì)

双手拇、小指相捏，从中间向两侧微微拉开。
（可根据实际表示细的状态）

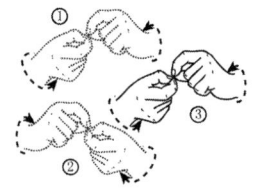

细胞 xìbāo

双手拇、食指捏成圆形，指尖相抵，边前后反向微转边随意移动，表示彼此相挨的细胞结构。

细菌 xìjūn

左手横伸；右手伸小指，小指外侧贴于左手掌心上，弯动几下，表示细菌。

虾（对虾） xiā (duìxiā)

左手横伸；右手伸食指，先在左手掌心上点一下，然后边弯动边向上跳起，如虾跳动状。

虾蛄（皮皮虾） xiāgū (pípíxiā)

左手横伸；右手食、中指并拢，先在左手掌心上点一下，然后边弯动边向上跳起。

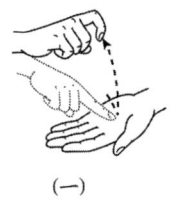 

虾米（海米） xiā·mi (hǎimǐ)

（一）左手横伸；右手伸食指，先在左手掌心上点一下，然后边弯动边向上跳起。
（二）一手拇、食指微张，虎口朝内。

（一）　　（二）

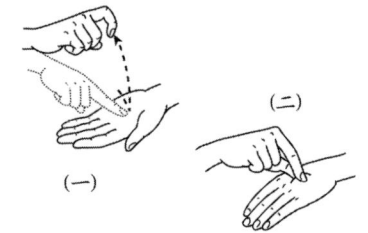

虾皮 xiāpí

（一）左手横伸；右手伸食指，先在左手掌心上点一下，然后边弯动边向上跳起。

（二）左手横伸，手背向上；右手拇、食指捏一下左手背皮肤。

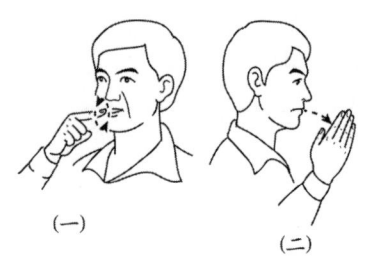

瞎话 xiāhuà

（一）一手食指横伸，在嘴前前后转动两下。

（二）右手直立，掌心向左，从嘴前向前挥动一下，面露不满的表情。

瞎说 xiāshuō

（一）一手横立，掌心向内，罩住眼部。

（二）一手食指横伸，在嘴前前后转动两下。

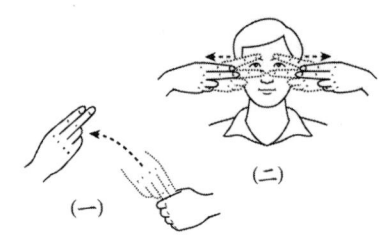

侠客 xiákè

（一）左手虚握，虎口朝斜上方，置于腰部；右手食、中指并拢，手背向外，从左手虎口内向外拔出，模仿拔剑的动作。

（二）双手食、中指分开，掌心向内，置于眼部，然后分别向两侧移动并并拢。

（可根据实际表示侠客的样子）

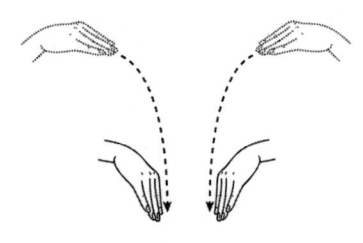

峡谷（山沟） xiágǔ (shāngōu)

双手手背拱起，指尖左右相对，然后同时向中间下方转动，指背相对，表示两山之间的峡谷。

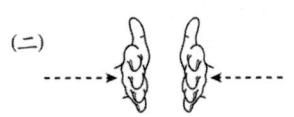

狭隘❶（心胸狭窄） xiá'ài ❶ (xīnxiōng-xiázhǎi)

（一）双手拇、食指张开仿"♡"形，手背向外，置于胸部。

（二）双手侧立，掌心相对，从两侧向中间移动，相距较近。

（此手势表示心胸、气量不宽广的意思）

霞（霞光） xiá (xiáguāng)

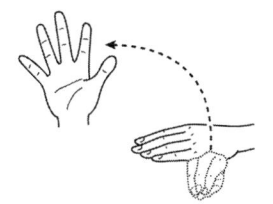

左手横伸，掌心向下；右手五指撮合，指尖朝前，手背向上，置于左手前，然后边向右做弧形移动边张开。

下（下面、下边、地） xià (xiàmiàn、xià·bian、dì)

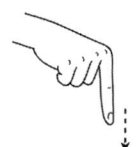

一手伸食指，指尖朝下一指。

下班① xiàbān①

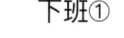

（一）一手伸食指，指尖朝下一指。
（二）双手握拳，一上一下，右拳向下砸一下左拳。

下班② xiàbān②

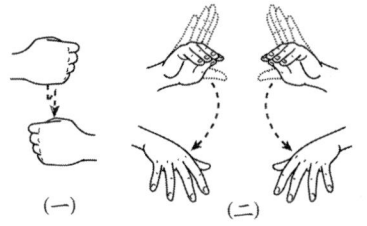

（一）双手握拳，一上一下，右拳向下砸两下左拳。
（二）双手直立，掌心向斜前方，拇指张开，然后其他四指弯动与拇指捏合，再向下一甩，五指张开。
（此手势表示工作做完了，引申为下班）

下课 xiàkè

一手打手指字母"K"的指式，食指尖朝前上方，手腕向下微动两下。

下流① xiàliú①

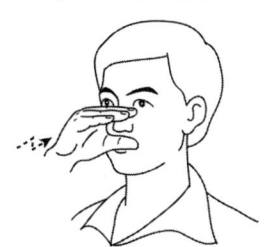

一手五指成"冂"形，虎口朝内，碰两下鼻部。

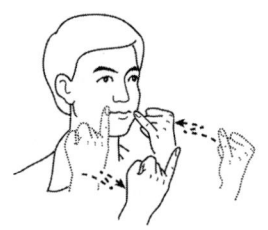

下流② xiàliú ②
双手伸小指，掌心向内，交替从嘴部向外移出。

下午① xiàwǔ ①
一手伸食指，指尖朝下，手背向外，然后边向下移动边张开五指。
（"下午"的手语存在地域差异，可根据实际选择使用）

下午② xiàwǔ ②
一手伸食、中指，手背贴于颏部下方，然后弯动两下，表示早上刮的胡须又长出来，引申为下午。
（"下午"的手语存在地域差异，可根据实际选择使用）

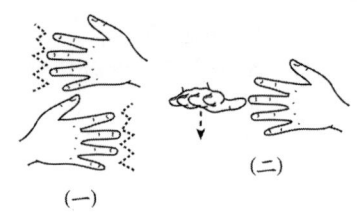

下旬 xiàxún
（一）双手横立，手背向外，一上一下，五指张开，交替点动几下。上面的手代表月份，下面的手代表日期。
（二）左手横立，手背向外，五指张开；右手平伸，掌心向下，在左手旁向下移动一下，表示月末。

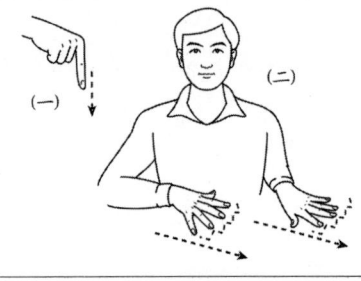

下游 xiàyóu
（一）右手伸食指，置于身体左前方，指尖朝下一指。
（二）双手五指张开，指尖朝左前方，掌心向下，边交替点动边向左前方移动。

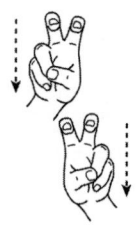

下载 xiàzài
双手食、中指弯曲，指尖朝前，一上一下，同时向下拉动。

夏② xià ②
　　左手握拳，手背向上；右手食指点一下左手中指根部关节。
　　（"夏"的手语存在地域差异，可根据实际选择使用）

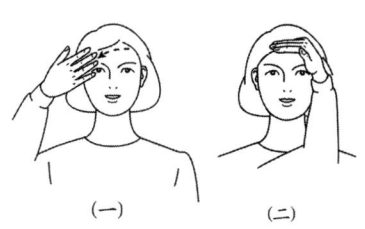

夏侯 Xiàhóu
　　（一）一手五指张开，手背向外，在额头上一抹，如流汗状。
　　（二）一手手腕翻转，五指并拢，指面向下，小指外侧贴于前额，模仿猴的动作。"侯"与"猴"音同，借代。
　　（此手势表示复姓"夏侯"）

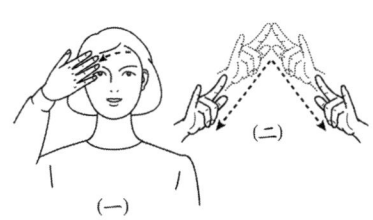

夏令营 xiàlìngyíng
　　（一）一手五指张开，手背向外，在额头上一抹，如流汗状。
　　（二）双手伸拇、食、小指，食指尖相抵，然后向两侧斜下方移动。

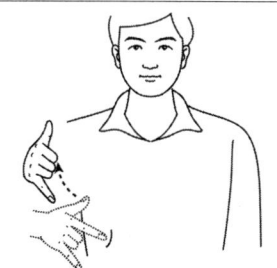

夏娃 Xiàwá
　　一手伸拇、食、小指，食指点一下肋骨处，然后边向外移出边缩回食指，表示夏娃是用肋骨造出的人。

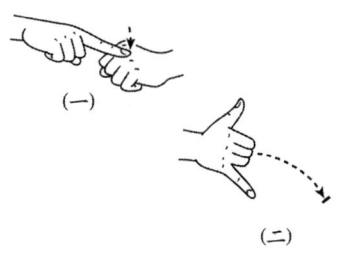

夏至 xiàzhì
　　（一）左手握拳，手背向上；右手食指点一下左手中指根部关节。
　　（二）一手伸拇、小指，向前做弧形移动，然后向下一顿。

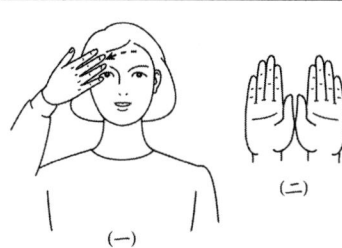

厦门 Xiàmén
　　（一）一手五指张开，手背向外，在额头上一抹，如流汗状。"夏"与"厦"音同形近，借代。
　　（二）双手并排直立，掌心向外，五指并拢。

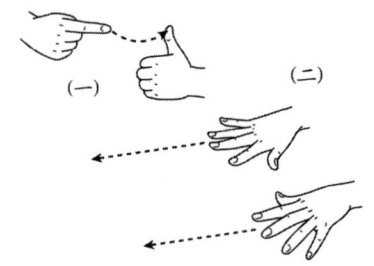
先锋 xiānfēng
（一）左手伸拇指；右手伸食指，碰一下左手拇指。
（二）双手平伸，掌心向下，五指张开，同时用力向前移动一下。

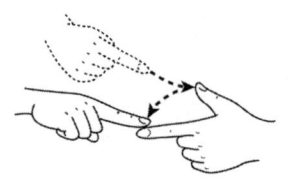
先后 xiānhòu
左手伸拇、食指，手背向外；右手伸食指，先碰一下左手拇指，再碰一下左手食指。

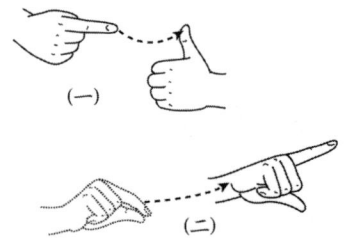
先进 xiānjìn
（一）左手伸拇指；右手伸食指，碰一下左手拇指。
（二）一手拇、食指相捏，然后边向前上方移动边张开。

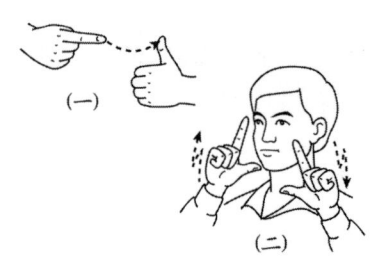

先兆（前兆） xiānzhào (qiánzhào)
（一）左手伸拇指；右手伸食指，碰一下左手拇指。
（二）双手拇、食指成"⌐ ⌐"形，置于脸颊两侧，上下交替动两下。

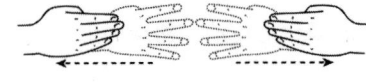
纤维 xiānwéi
双手食、中、无名、小指横伸分开，手背向外，边从中间向两侧移动边并拢，表示纤维的细丝。

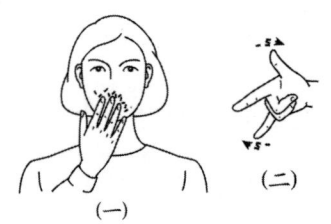
鲜艳 xiānyàn
（一）一手直立，掌心向内，五指张开，在嘴唇部交替点动。
（二）一手伸拇、食、小指，指尖朝斜前方，左右晃动几下。

 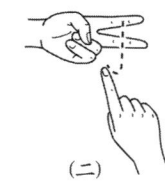

鲜于 Xiānyú

（一）一手伸拇、食、小指，指尖朝斜前方，左右晃动几下。

（二）左手食、中指横伸分开，掌心向内；右手伸食指，在左手两指上书空"丿"，仿"于"字形。

（此手势表示复姓"鲜于"）

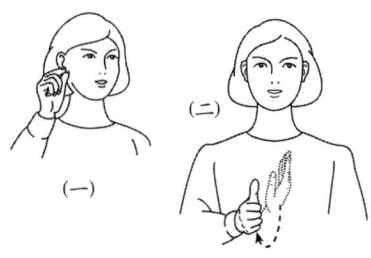

贤惠 xiánhuì

（一）一手拇、食指捏一下耳垂。

（二）右手直立，掌心向右，小指外侧贴于胸部正中，先向下再向外上方移动，并伸出拇指。

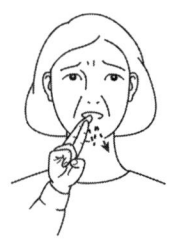

咸 xián

一手打手指字母"X"的指式，置于嘴前，向下微动两下，面露不舒服的表情。

（可根据实际表示不同的表情）

显摆（炫耀、标榜） xiǎn·bai（xuànyào、biāobǎng）

（一）双手伸拇、食指，食指尖朝内，交替向胸部两侧点动，身体随之左右晃动，面露傲慢的表情，表示自我显示。

（二）一手伸拇指，指尖置于鼻尖下，然后将鼻子向上顶起，面露傲慢的表情。

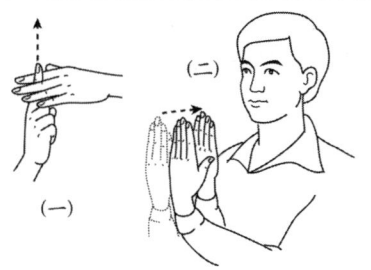

显著 xiǎnzhù

（一）左手横伸，掌心向下，五指稍张开；右手食指直立，从左手食、中指指缝间用力伸出。

（二）双手直立，掌心向内，左手不动，右手向内移动一下。

 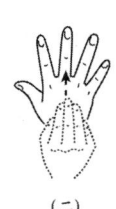

苋菜 xiàncài

（一）一手打手指字母"H"的指式，摸一下嘴唇。

（二）一手五指撮合，指尖朝上，边向上微移边张开。

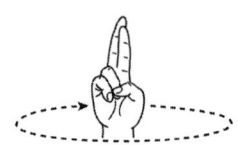

县　xiàn
一手打手指字母"X"的指式，顺时针平行转动一圈。

现代（当代）　xiàndài（dāngdài）
（一）双手横伸，掌心向上，在腹前向下微动一下。
（二）双手伸食指，手腕交叉相贴，然后前后转动，互换位置。

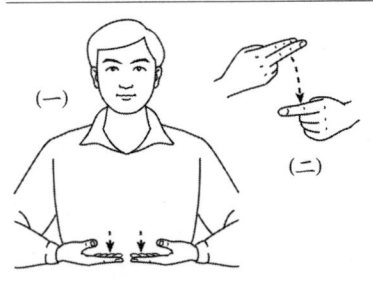

现实　xiànshí
（一）双手横伸，掌心向上，在腹前向下微动一下。
（二）左手食指横伸；右手食、中指相叠，敲一下左手食指。

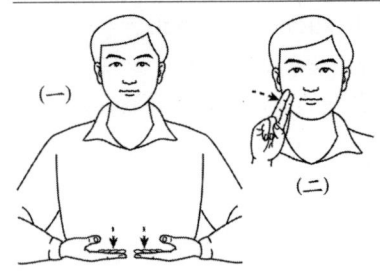

现象　xiànxiàng
（一）双手横伸，掌心向上，在腹前向下微动一下。
（二）一手食、中指直立并拢，掌心向斜前方，朝脸颊碰一下。

现在（如今、目前）　xiànzài（rújīn、mùqián）
双手横伸，掌心向上，在腹前同时向下微动两下。

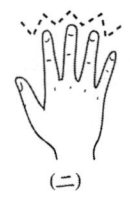

限额（额度）　xiàn'é（édù）
（一）左手伸拇指；右手拇、食指张开，指尖朝前，从后向下套向左手拇指。
（二）一手直立，掌心向内，五指张开，交替点动几下。

线（丝❷） xiàn (sī ❷)

双手拇、食指相捏，虎口朝上，从中间向两侧拉开。

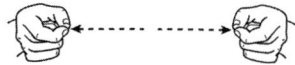

宪法 xiànfǎ

（一）左手伸拇指；右手伸食指，碰一下左手拇指，表示宪法是排在首位的大法。
（二）双手打手指字母"F"的指式，指尖朝前，向下一顿。

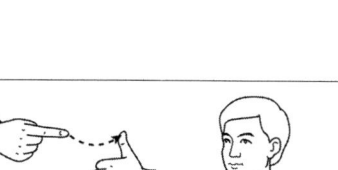

馅儿饼 xiànrbǐng

（一）左手平伸；右手掌在左手掌心上抹一下，表示加馅，左手随之握拳，模仿做馅饼的动作。
（二）双手拇、食指成大圆形，虎口朝上，仿饼的外形。

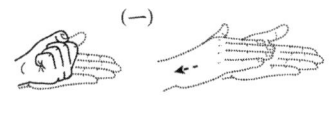

献血 xiànxiě

（一）右手伸食指，在左臂处上下划动几下。
（二）双手横立，掌心向内，贴于身上，向前上方移动，手平伸，掌心向上。

乡 xiāng

左手中、无名、小指横伸分开，掌心向内；右手伸食指，指尖朝前，在左手小指旁书空"丿"，仿"乡"字形，表示乡一级行政区划、政府机关名称。

乡亲 xiāngqīn

（一）双手五指弯曲，掌心向下，一前一后，向后移动两下，模仿耙地的动作。
（二）一手五指微曲，指尖朝内，在颏部左右微动几下。

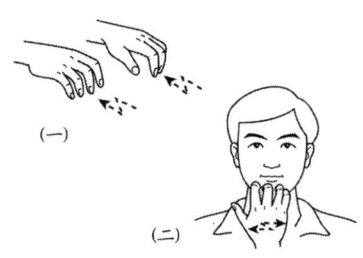

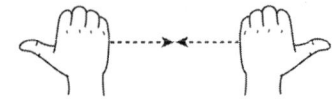

相当 xiāngdāng

双手伸拇指,手背向外,小鱼际部位互碰一下。

相同（一样、等同） xiāngtóng (yīyàng、děngtóng)

一手食、中指横伸分开,手背向上,向前移动两下。

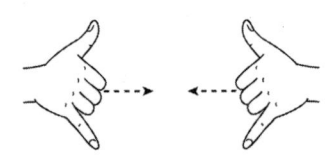

相向（相遇、相对、遇） xiāngxiàng (xiāngyù、xiāngduì、Yù)

双手伸拇、小指,指尖左右相对,手背向外,从两侧向中间移动；也用于表示姓氏"遇"。

（可根据实际表示相遇的方向）

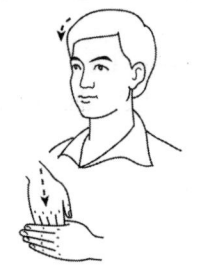

相信（信任） xiāngxìn (xìnrèn)

左手五指成"匚"形,虎口朝上；右手五指并拢,指尖朝下,插入左手虎口内,同时点头,面露信任的表情。

（可根据实际决定手的位置）

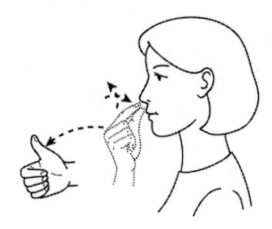

香 xiāng

一手拇、食指在鼻孔前捻动,然后伸出拇指,面露欣赏的表情。

（可根据实际表示香的状态）

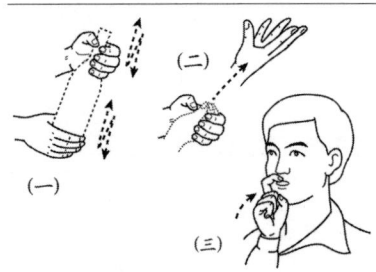

香槟酒 xiāngbīnjiǔ

（一）双手五指弯曲,虎口朝上,一上一下,用力摇动两下。

（二）左手五指弯曲,虎口朝上；右手五指撮合,指尖朝上,边从左手虎口处向上移动边张开,手背向外,表示香槟酒喷出来。

（三）一手打手指字母"J"的指式,移向嘴部,如喝酒状。

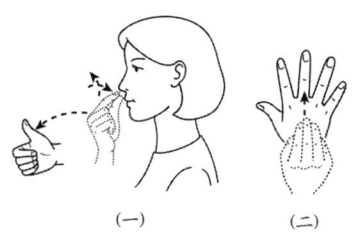

香菜 xiāngcài
（一）一手拇、食指在鼻孔前捻动，然后伸出拇指。
（二）一手五指撮合，指尖朝上，边向上微移边张开。

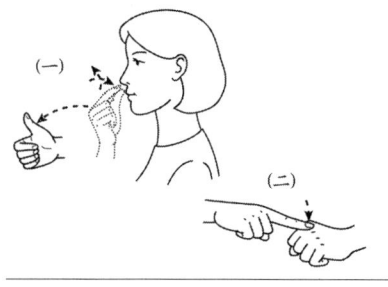

香椿 xiāngchūn
（一）一手拇、食指在鼻孔前捻动，然后伸出拇指。
（二）左手握拳，手背向上；右手食指点一下左手食指根部关节。"春"与"椿"音同形近，借代。

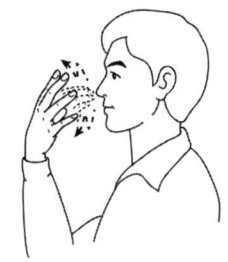

香港（港） Xiānggǎng (Gǎng)
一手五指撮合，指尖对着鼻部，然后开合两下。

香火 xiānghuǒ
双手食、中、无名指直立分开，掌心向内，左手在下不动，右手边晃动边向上移动。

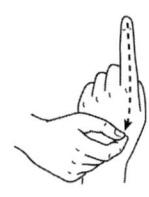

香蕉（焦） xiāngjiāo (Jiāo)
左手食指直立；右手拇、食指沿左手食指尖向下一扯，模仿剥香蕉皮的动作。"蕉"与"焦"音同形近，借代，也用于表示姓氏"焦"。

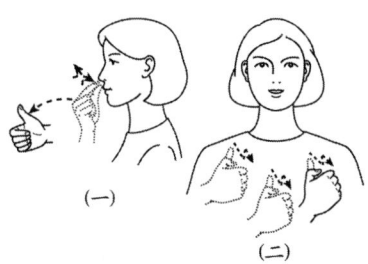

香水 xiāngshuǐ
（一）一手拇、食指在鼻孔前捻动，然后伸出拇指。
（二）一手伸拇指，在胸前不同位置弯动几下，如喷香水状。
（此手势既表示香水的名词意思，又表示喷香水的意思）

香烟（吸烟） xiāngyān (xīyān)
一手食、中指直立稍分开，手背向外，置于嘴边，如吸烟状。

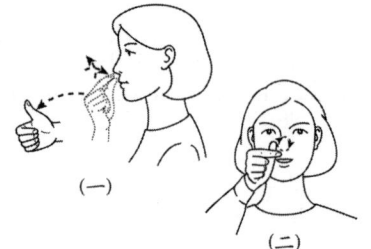

香油 xiāngyóu
（一）一手拇、食指在鼻孔前捻动，然后伸出拇指。
（二）一手拇、食指搭成"十"字形，置于鼻翼一侧，微转两下。

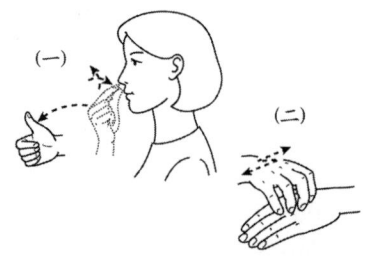

香皂 xiāngzào
（一）一手拇、食指在鼻孔前捻动，然后伸出拇指。
（二）左手平伸；右手五指微曲，指尖朝下，在左手背上做擦香皂的动作。

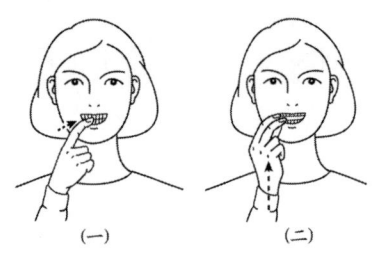

镶牙 xiāngyá
（一）一手伸食指，指一下牙齿。
（二）口张开，一手拇、食、中指相捏，置于牙一侧，然后向上一顶。

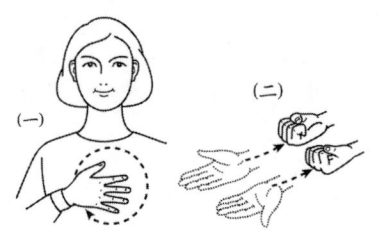

享受 xiǎngshòu
（一）一手五指张开，掌心贴胸部逆时针转动一圈，面露惬意的表情。
（二）双手平伸，掌心向上，边向内移动边握拳。

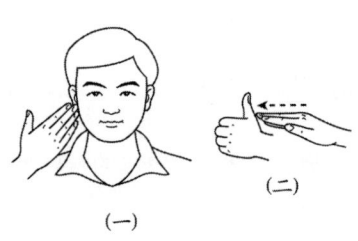

响应 xiǎngyìng
（一）一手食、中、无名、小指并拢，指尖抵于耳前，手背向外，头微低。
（二）左手伸拇指；右手平伸，掌心向下，五指并拢，指尖抵于左手拇指背，向前推一下左手。

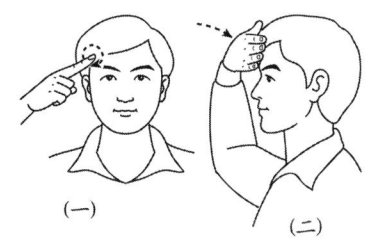

想念（思念、怀念） xiǎngniàn (sīniàn、huáiniàn)

（一）一手伸食指，在太阳穴前后转动一（或两）圈，面露思考的表情。

（二）一手拍一下前额。

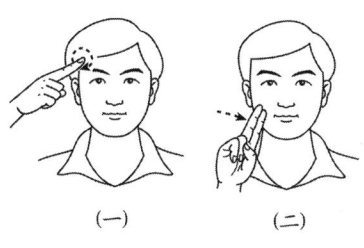

想象 xiǎngxiàng

（一）一手伸食指，在太阳穴前后转动一（或两）圈，面露思考的表情。

（二）一手食、中指直立并拢，掌心向斜前方，朝脸颊碰一下。

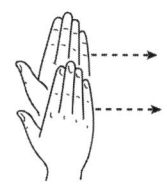

向（朝） xiàng (cháo)

双手直立，掌心左右相对，向前移动一下。

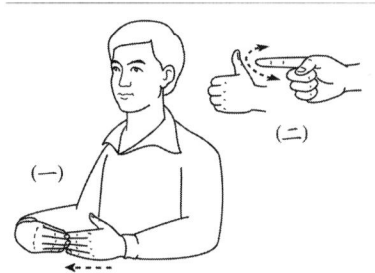

向导（引导❶） xiàngdǎo (yǐndǎo ❶)

（一）左手斜立，指尖朝右前方；右手捏住左手指尖，虎口朝上，双手同时向右前方移动。

（二）左手伸拇指；右手伸食指，指尖朝前，在左手拇指后左右移动。

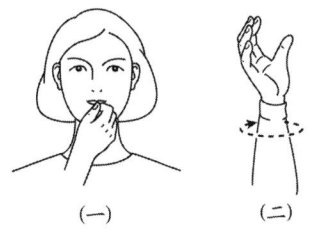

向日葵 xiàngrìkuí

（一）一手拇、食指相捏，指尖朝内，置于嘴边，嘴同时微动一下，如嗑瓜子状。

（二）一手五指微曲，掌心向前上方，然后手腕转动一下，仿向日葵形状。

项链 xiàngliàn

右手拇、食指捏成小圆形，虎口朝外，沿颈部从左向右做弧形移动。

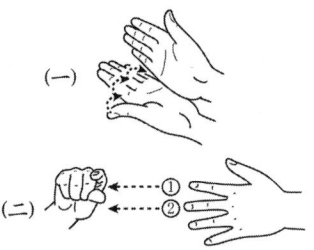

项目 xiàngmù

（一）左手平伸；右手斜立于左手掌心上，然后向右一顿一顿做弧形移动。

（二）左手横立，手背向外，五指张开；右手拇、食指张开，指尖朝前，在左手旁从上向下依次向右划动两下。

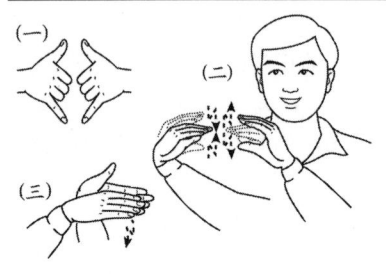

相声 xiàng·sheng

（一）双手伸拇、小指，指尖左右相对，手背向外。

（二）头偏向一侧；双手五指撮合，指尖左右相对，在头一侧交替做开合的动作。

（三）左手侧立；右手平伸，掌心向下，在左手旁向下扇动两下，表示幽默。

象 xiàng

一手伸食指，指尖朝下，手腕贴于嘴部，然后向下移动，仿大象鼻子。

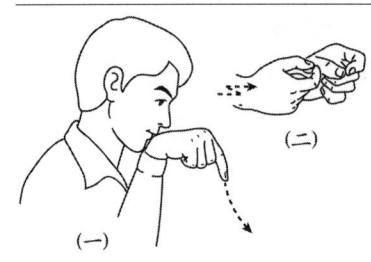

象棋 xiàngqí

（一）一手伸食指，指尖朝下，手腕贴于嘴部，然后向下移动，仿大象鼻子。

（二）双手拇、食指捏成圆形，虎口朝上，左手在前不动，右手食指向前碰两下左手拇指。

（此手势既表示象棋的名词意思，又表示下象棋的意思）

象征 xiàngzhēng

（一）一手食、中指直立并拢，掌心向斜前方，朝脸颊碰一下。

（二）双手拇、食指成"⌐⌐"形，置于脸颊两侧，向前移动一下。

像（好像、仿佛、似） xiàng（hǎoxiàng、fǎngfú、sì）

一手食、中指直立并拢，掌心向斜前方，朝脸颊碰两下（表示肯定的意思时，面露肯定的表情；表示不肯定的意思时，面露疑问的表情）。

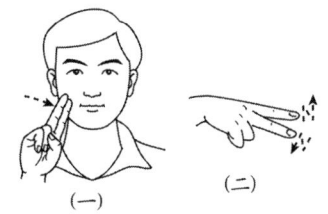

像……似的 xiàng…shì·de

（一）一手食、中指直立并拢，掌心向斜前方，朝脸颊碰一下。

（二）一手食、中指分开，指尖朝前，手背向上，上下交替点动几下。

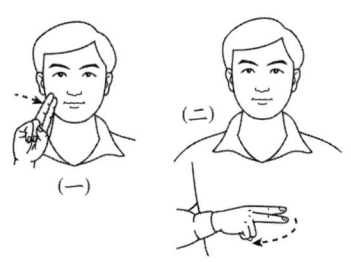

像……一样 xiàng…yīyàng

（一）一手食、中指直立并拢，掌心向斜前方，朝脸颊碰一下。

（二）一手食、中指横伸分开，手背向上，向前移动一下。

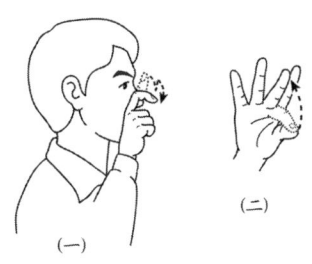

橡胶 xiàngjiāo

（一）右手食指直立，置于鼻翼一侧，然后向左弯动两下。

（二）一手拇、中指相捏，然后缓慢张开，指尖朝前。

橡皮 xiàngpí

左手平伸；右手拇指尖按于食指尖外侧，手背向上，在左手掌心上前后擦动几下，如用橡皮擦去笔迹状。

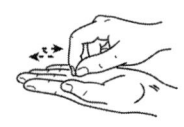

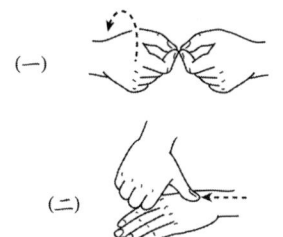

橡皮膏（医用胶带） xiàngpígāo (yīyòng jiāodài)

（一）双手拇、食指相捏，指尖相对，虎口朝上，然后左手不动，右手向内转腕并移动，如撕胶带状。

（二）左手横伸；右手伸拇指，指尖朝下，在左手背上抹一下。

橡皮筋 xiàngpíjīn

（一）右手食指直立，置于鼻翼一侧，然后向左弯动两下。

（二）双手拇、食指捏成圆形，虎口朝上，从中间向两侧来回拉动两下。

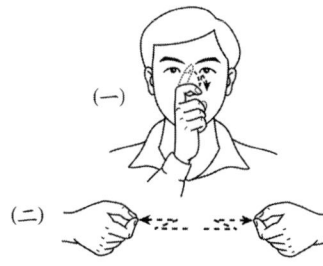

肖 Xiāo

一手打手指字母"X"的指式,沿脸颊一侧向下移动一下,表示姓氏"肖"。

削 xiāo

左手伸食指,指尖朝前,手背向左;右手食指横伸,手背向上,在左手食指上做削铅笔的动作。
(可根据实际表示削的动作)

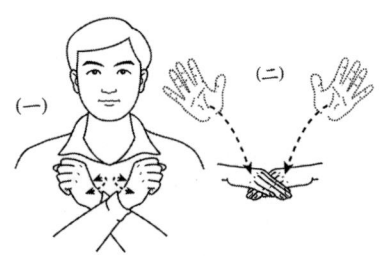

消毒 xiāodú

(一)双手握拳屈肘,手腕交叉相搭,置于身前,前后微转两下。
(二)双手五指张开,掌心向外,边交叉向下移动边撮合,右手掌压住左手背。

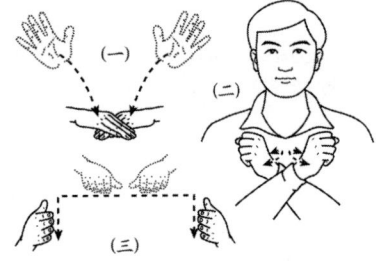

消毒柜 xiāodúguì

(一)双手五指张开,掌心向外,边交叉向下移动边撮合,右手掌压住左手背。
(二)双手握拳屈肘,手腕交叉相搭,置于身前,前后微转两下。
(三)双手平伸,掌心向下,先从中间向两侧平移,再折而下移成"冂"形。

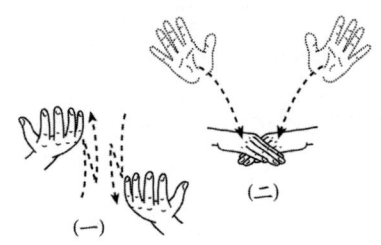

消防① xiāofáng①

(一)双手五指微曲,指尖朝上,上下交替动几下,如火苗跳动状。
(二)双手五指张开,掌心向外,边交叉向下移动边撮合,右手掌压住左手背。

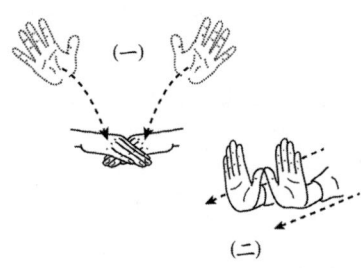

消防② xiāofáng②

(一)双手五指张开,掌心向外,边交叉向下移动边撮合,右手掌压住左手背。
(二)双手直立,掌心向外一推。

消防车（救火车） xiāofángchē (jiùhuǒchē)

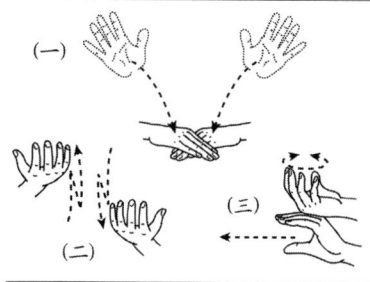

（一）双手五指张开，掌心向外，边交叉向下移动边撮合，右手掌压住左手背。
（二）双手五指微曲，指尖朝上，上下交替动几下，如火苗跳动状。
（三）左手五指成"匚"形，指尖朝前；右手五指弯曲，指尖朝上，置于左手食、中、无名、小指指背上，边转动边双手同时向前移动，表示车上闪烁的警示灯。

消化 xiāohuà

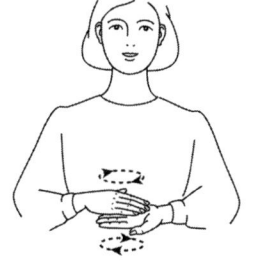

双手横伸，掌心相贴，置于胃部，慢慢摩擦两下，表示胃消化食物。

消灭 xiāomiè

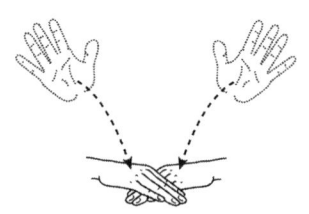

双手五指张开，掌心向外，边交叉向下移动边撮合，右手掌压住左手背。

消遣（消闲） xiāoqiǎn (xiāoxián)

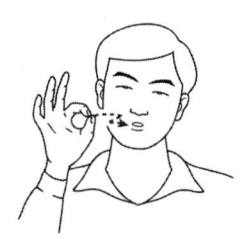

右手拇、食指相捏，指尖朝左，其他三指直立，然后朝嘴角一侧微动两下，面露轻松的表情。

销毁 xiāohuǐ

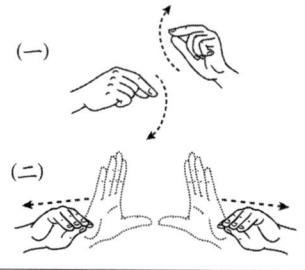

（一）双手拇、食指相捏，分别向上下方向移动，如撕东西状。
（二）双手直立，掌心向斜前方，拇指张开，边向两侧移动边撮合五指，表示东西全无。
（可根据实际表示销毁的动作）

潇洒① xiāosǎ ①

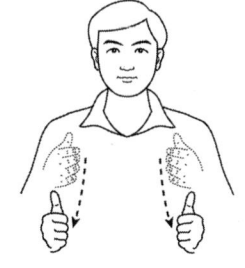

双手侧立，掌心相对，在身体两侧边向下移动边伸出拇指。

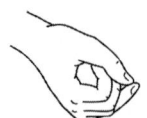
小　xiǎo
一手拇、小指相捏，指尖朝上。
（可根据实际表示小的状态）

小便（尿）　xiǎobiàn（niào）
一手小指直立，弯动两下。

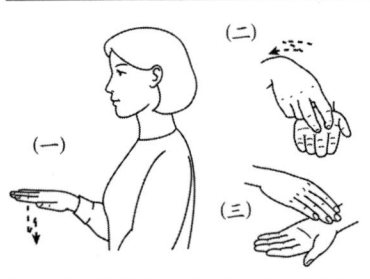
小儿麻痹症　xiǎo'ér mábìzhèng
（一）一手平伸，掌心向下，按动两下。
（二）左手平伸；右手食、中指分开，指尖朝下，置于左手掌心上，边歪向一侧边弯曲，重复一次，表示小儿麻痹症后遗症行走不便的状态。
（三）左手平伸，掌心向上；右手五指并拢，食、中、无名指指尖按于左手腕的脉门处。

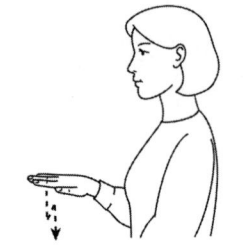
小孩儿（儿童、少年、童）
xiǎoháir（értóng、shàonián、Tóng）
一手平伸，掌心向下，按动两下；也用于表示姓氏"童"。
（可根据实际决定手的位置）

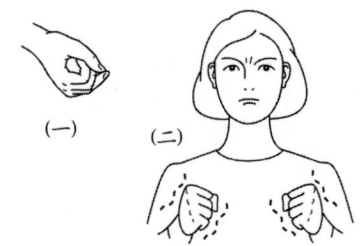
小寒　xiǎohán
（一）一手拇、小指相捏，指尖朝上。
（二）双手握拳屈肘，小臂颤动几下，如哆嗦状，表示冷。

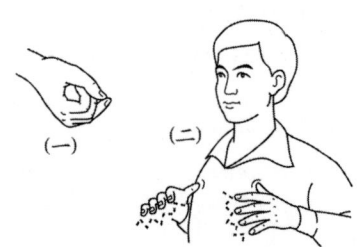
小康　xiǎokāng
（一）一手拇、小指相捏，指尖朝上。
（二）双手五指张开，掌心向下，拇指尖抵于胸部，其他四指交替点动几下。

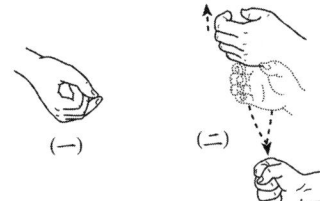

小萝卜 xiǎoluó·bo

（一）一手拇、小指相捏，指尖朝上。
（二）双手五指成半圆形，虎口朝上，上下相叠，左手向上微动，右手边向下移动边收拢。
（可根据实际表示小萝卜的形状）

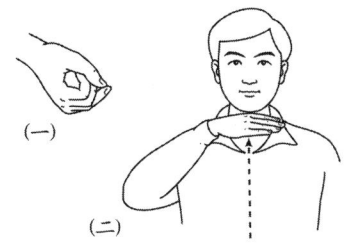

小满 xiǎomǎn

（一）一手拇、小指相捏，指尖朝上。
（二）一手横伸，掌心向下，从腹部向颏部移动。

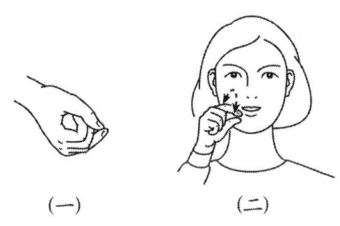

小米 xiǎomǐ

（一）一手拇、小指相捏，指尖朝上。
（二）一手拇、食指微张，在嘴角处前后微转几下。

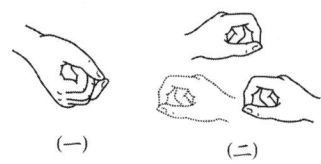

小品 xiǎopǐn

（一）一手拇、小指相捏，指尖朝上。
（二）双手拇、食指捏成圆形，虎口朝内，左手在上不动，右手在下连打两下，仿"品"字形。

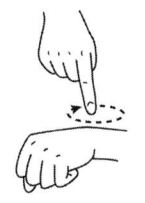

小时 xiǎoshí

左手握拳，手背向上；右手伸食指，指尖朝下，在左手腕顺时针转动一圈。

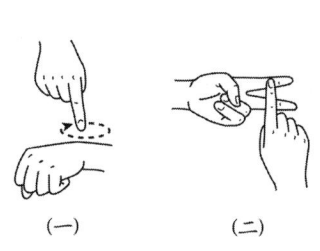

小时工（钟点工） xiǎoshígōng (zhōngdiǎngōng)

（一）左手握拳，手背向上；右手伸食指，指尖朝下，在左手腕顺时针转动一圈。
（二）左手食、中指与右手食指搭成"工"字形。

小暑 xiǎoshǔ

（一）一手拇、小指相捏，指尖朝上。
（二）一手五指张开，手背向外，在额头上一抹，如流汗状。

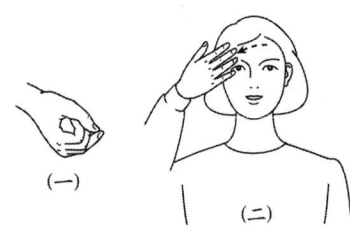

小数 xiǎoshù

（一）一手拇、小指相捏，指尖朝上。
（二）一手直立，掌心向内，五指张开，交替点动几下。

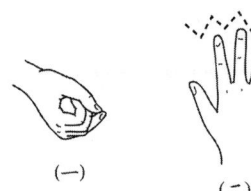

小说 xiǎoshuō

（一）一手拇、小指相捏，指尖朝上。
（二）一手食指横伸，在嘴前前后转动两下。

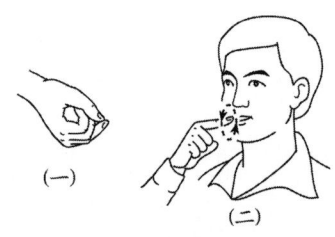

小提琴 xiǎotíqín

左手五指微曲，指尖朝上，交替按动几下；右手虚握，手背向上，左右来回拉动，模仿拉小提琴的动作。既表示小提琴的名词意思，又表示拉小提琴的意思。

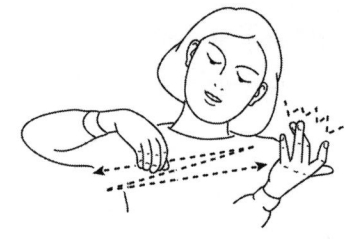

小腿 xiǎotuǐ

左手食、中指分开，指尖朝下，手背向外；右手伸食指，指一下左手食指中节指，表示小腿。

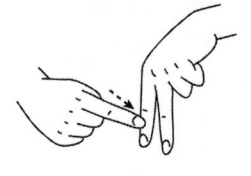

小心 xiǎoxīn

（一）一手拇、小指相捏，指尖朝上。
（二）双手拇、食指张开仿"♡"形，手背向外，置于胸部。

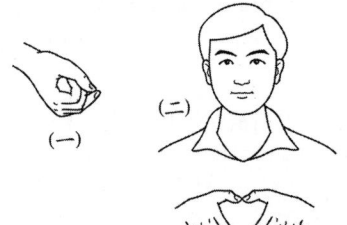

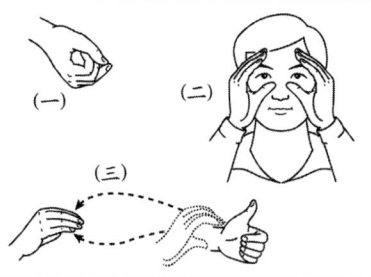

小熊猫 xiǎoxióngmāo
（一）一手拇、小指相捏，指尖朝上。
（二）双手五指弯曲，虎口朝内，斜向置于眼部。
（三）左手伸拇指；右手五指弯曲，边从左手腕向后做弧形移动边撮合。

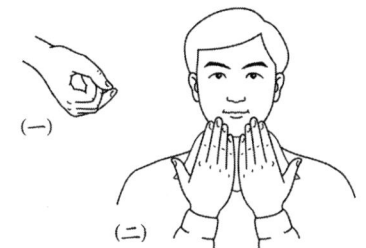

小学 xiǎoxué
（一）一手拇、小指相捏，指尖朝上。
（二）双手斜伸，掌心向内，置于身前。

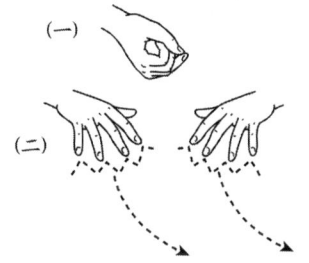

小雪 xiǎoxuě
（一）一手拇、小指相捏，指尖朝上。
（二）双手平伸，掌心向下，五指张开，边交替点动边向斜下方缓缓下降，如雪花飘落状。

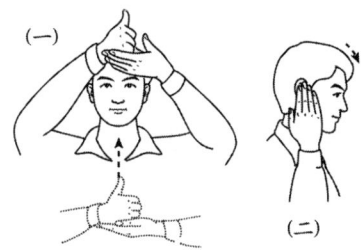

孝顺 xiàoshùn
（一）左手横伸；右手伸拇指，置于左手掌心上，然后左手向上抬至前额。
（二）一手手掌贴于耳部，头微低，表示服从。

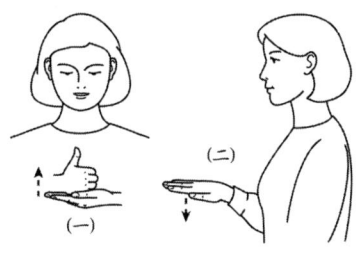

孝子 xiàozǐ
（一）左手横伸；右手伸拇指，置于左手掌心上，左手向上一抬，头同时微低，表示对长辈恭敬。
（二）一手平伸，掌心向下，按动一下。

校 xiào
右手食、中指横伸分开，在左肩上从左向右划动一下，表示校官肩章上的两条杠。

校服 xiàofú

（一）双手斜伸，掌心向内，置于身前。
（二）双手搭成"∧"形。
（三）一手拇、食指揪一下胸前衣服。

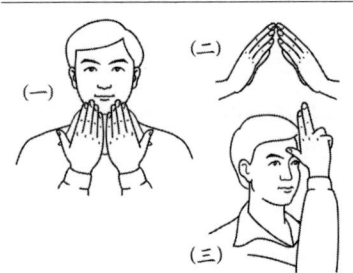

校长 xiàozhǎng

（一）双手斜伸，掌心向内，置于身前。
（二）双手搭成"∧"形。
（三）一手伸拇、食、中指，拇指尖抵于前额，食、中指直立并拢。

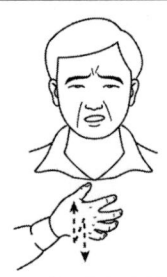

哮喘（气喘、气喘吁吁）
xiàochuǎn（qìchuǎn、qìchuǎnxūxū）

一手五指弯曲张开，指尖抵于胸部，边上下移动边做喘气状，面露无力的表情。

笑 xiào

一手拇、食指弯曲，指尖朝内，抵于颏部，面带笑容。（可根据实际表示笑的动作）

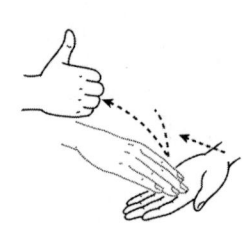

效益 xiàoyì

左手横伸，掌心向上；右手先拍一下左手掌，再伸出拇指，双手同时向内移动。

蝎子 xiē·zi

左手拇、食指弯曲，虎口朝上，手背向外；右手背贴于左手，食指翘起，双手同时弯动两下，表示蝎子的螯和带毒刺的尾巴。

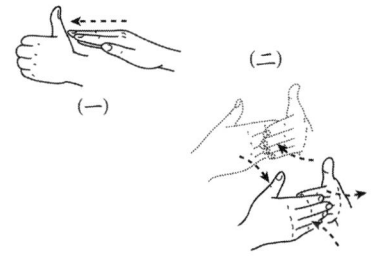

协办 xiébàn

（一）左手伸拇指；右手平伸，掌心向下，五指并拢，指尖抵于左手拇指背，向前推一下左手。

（二）双手横立，掌心向内，互拍手背。

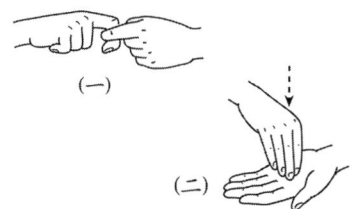

协定 xiédìng

（一）双手食指相互勾住。

（二）左手横伸；右手五指撮合，指尖朝下，按向左手掌心。

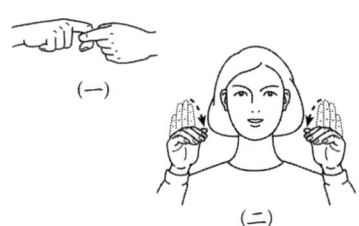

协会 xiéhuì

（一）双手食指相互勾住。

（二）双手直立，掌心分别向左右斜前方，食、中、无名、小指弯动一下。

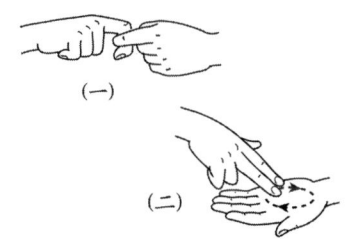

协商① xiéshāng①

（一）双手食指相互勾住。

（二）左手横伸；右手伸拇、食、中指，食、中指并拢，在左手掌心上转动两下。

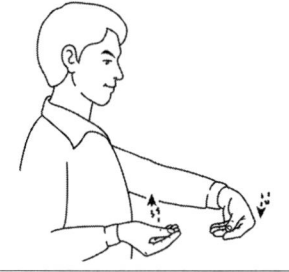

协商②（商量①、酝酿①、谈判、洽谈）

xiéshāng ②（shāng·liang ①、yùnniàng ①、tánpàn、qiàtán）

双手五指撮合，指尖前后相对，手背向下，上下交替移动两下（表示商量时，动作幅度小，表情温和；表示谈判时，动作幅度大，表情严肃）。

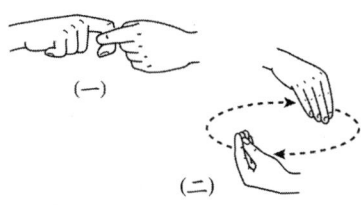

协调 xiétiáo

（一）双手食指相互勾住。

（二）双手五指撮合，指尖上下相对，交替平行转动两下。

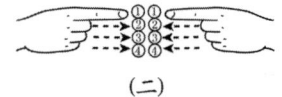

协议 xiéyì
（一）双手食指相互勾住。
（二）双手握拳，手背向外，虎口朝上，同时依次伸出食、中、无名、小指。

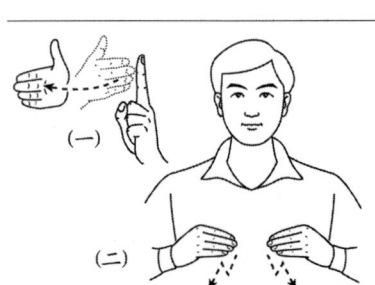

协作 xiézuò
（一）双手食指相互勾住，顺时针平行转动一圈。
（二）双手握拳，一上一下，右拳向下砸一下左拳。

邪教 xiéjiào
（一）左手食指直立；右手侧立，指向左手食指，然后向右一偏。
（二）双手五指撮合，指尖相对，手背向外，在胸前向前晃动两下。

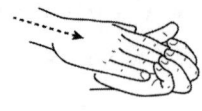

斜视 xiéshì
双手拇、食指捏成圆形，虎口朝内，置于眼前，然后向一侧偏移，眼睛同时斜视。
（可根据实际表示斜视的不同状态）

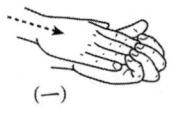

鞋 xié
左手五指弯曲，掌心向上；右手平伸，掌心向下，指尖朝前，抵于左手。

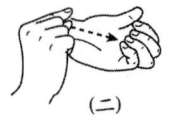

鞋垫 xiédiàn
（一）左手五指弯曲，掌心向上；右手平伸，掌心向下，指尖朝前，抵于左手。
（二）左手五指弯曲，掌心向上；右手拇、食指微张，指尖朝左，在左手掌心上从后向前移动一下。

写字 xiězì

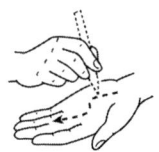

左手横伸；右手如执笔状，在左手掌心上做写字的动作。

写作 xiězuò

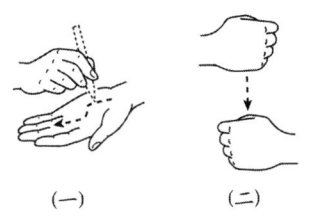

（一）左手横伸；右手如执笔状，在左手掌心上做写字的动作。
（二）双手握拳，一上一下，右拳向下砸一下左拳。

泄漏 xièlòu

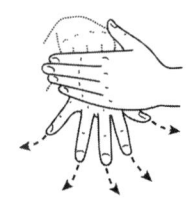

左手横立；右手五指撮合，指尖朝下，置于左手掌心内，然后边慢慢向下伸出边张开。
（可根据实际表示泄漏的样子）

泄密 xièmì

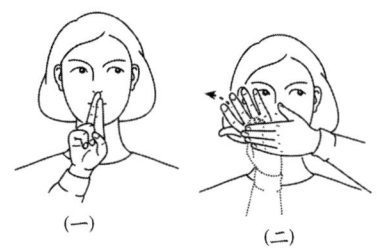

（一）一手食、中指直立相叠，手背向斜后方，贴于嘴部，嘴闭拢。
（二）左手横立，置于嘴前；右手五指撮合，指尖朝上，置于左手掌心内，然后边向上移动边张开。

心 xīn

双手拇、食指张开仿"♡"形，手背向外，置于心脏部位（表示有关心脏的生理、病理的意思时，手置于心脏部位；表示心理活动的意思时，手一般置于胸部中间）。

心电图 xīndiàntú

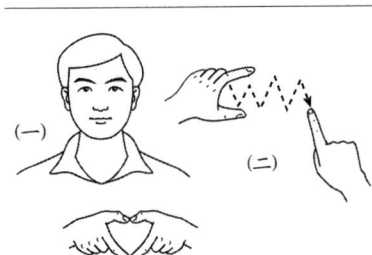

（一）双手拇、食指张开仿"♡"形，手背向外，置于心脏部位。
（二）左手拇、食指成"匚"形，虎口朝内；右手伸食指，指尖朝前，在左手"匚"形内从左向右划折线。

心浮（浮躁） xīnfú (fúzào)

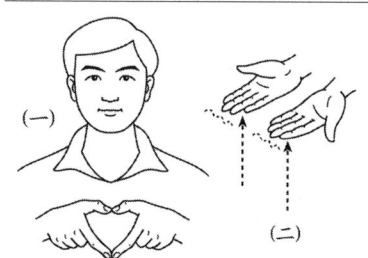

（一）双手拇、食指张开仿"♡"形，手背向外，置于胸部。

（二）双手平伸，掌心向上，边晃动边向上移动。

心理 xīnlǐ

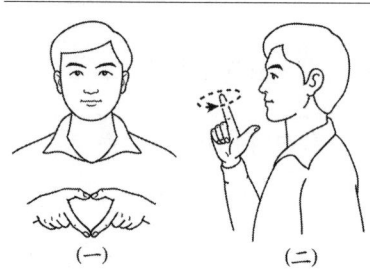

（一）双手拇、食指张开仿"♡"形，手背向外，置于胸部。

（二）一手打手指字母"L"的指式，逆时针平行转动一下。

心律 xīnlǜ

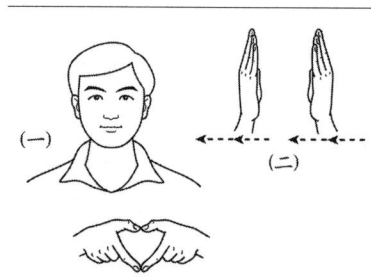

（一）双手拇、食指张开仿"♡"形，手背向外，置于心脏部位。

（二）双手直立，掌心左右相对，向一侧一顿一顿移动几下。

心率 xīnlǜ

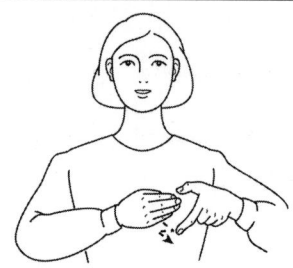

左手拇、食指张开，手背向外，置于心脏部位；右手五指并拢，手背微拱，在左手虎口处向外微动几下，表示心跳的频率。

心平气和 xīnpíng-qìhé

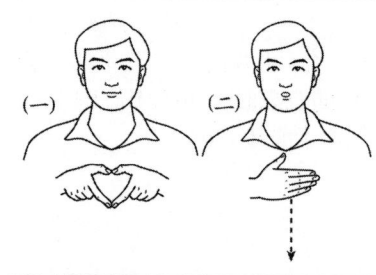

（一）双手拇、食指张开仿"♡"形，手背向外，置于胸部。

（二）口张开，一手掌心贴于胸部，边向下移动边长呼一口气。

心情（情绪） xīnqíng (qíngxù)

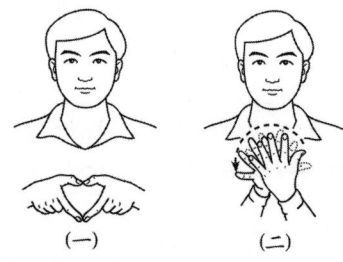

（一）双手拇、食指张开仿"♡"形，手背向外，置于胸部。

（二）双手直立，掌心前后相贴，五指张开，左手不动，右手向右转动一下。

心愿　xīnyuàn

（一）双手拇、食指张开仿"♡"形，手背向外，置于胸部。

（二）一手拇、食指弯曲，指尖朝颏部点一下，头同时微点一下。

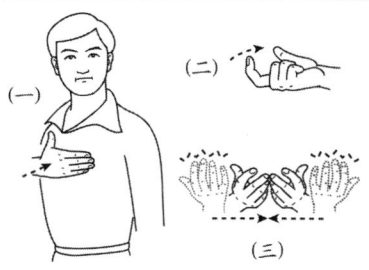

心中有数（胸有成竹）　xīnzhōng-yǒushù (xiōngyǒuchéngzhú)

（一）一手拍一下胸部。

（二）一手伸拇、食指，手背向下，拇指不动，食指向内弯动一下。

（三）双手五指微曲，掌心向上，边交替点动边互碰。

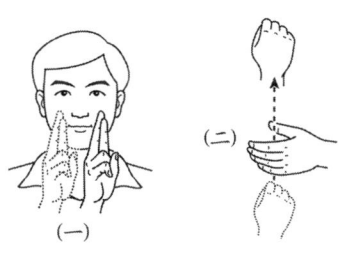

辛亥革命　Xīnhài Gémìng

（一）一手打数字"10"的手势，先置于嘴右侧，再置于嘴左侧。

（二）左手五指弯曲，虎口朝上；右手握拳，手背向外，从左手虎口处向上一举。

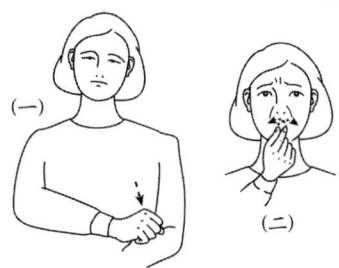

辛苦　xīnkǔ

（一）右手握拳，手背向上，捶一下左肘窝处，面露疲劳的表情。

（二）一手拇、食指相捏，指尖朝上，置于嘴边，互捻几下，面露难受的表情。

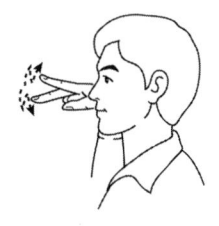

欣赏　xīnshǎng

一手食、中指分开，指尖朝前，手贴于脸颊一侧，在眼前交替点动，面露欣赏的表情。

（可根据实际表示欣赏的动作）

新①　xīn①

左手横伸；右手伸拇指，在左手背上从左向右划出。

（"新"的手语存在地域差异，可根据实际选择使用）

新②（新鲜） xīn ② (xīn·xiān)

一手伸拇、食、小指，指尖朝斜前方，左右晃动几下。
（"新"的手语存在地域差异，可根据实际选择使用）

新潮（时尚） xīncháo (shíshàng)

（一）左手横伸；右手伸拇指，在左手背上从左向右划出。
（二）一手平伸，掌心向下，五指张开，边交替点动边向前移动两下。

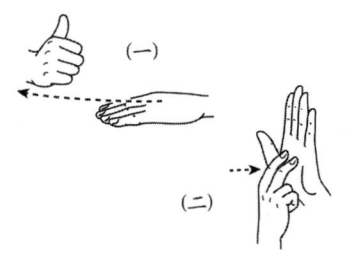

新词（生词） xīncí (shēngcí)

（一）左手横伸；右手伸拇指，在左手背上从左向右划出。
（二）左手直立，掌心向外；右手食、中指弯曲，指尖朝内，点一下左手掌心。

新加坡 Xīnjiāpō

双手握拳，拳心向下，左手不动，右手在上，顺时针转动多半圈后置于左手背上。
（此为国外聋人手语）

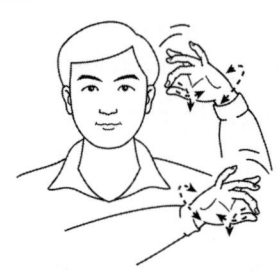

新疆 Xīnjiāng

双手上举，一上一下，置于身体一侧，拇、中指互捻，手腕转动，模仿跳新疆舞的动作。

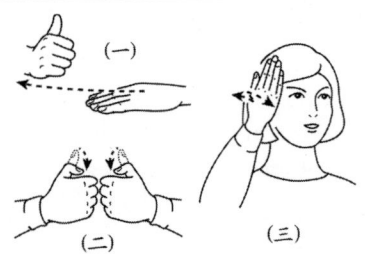

新郎 xīnláng

（一）左手横伸；右手伸拇指，在左手背上从左向右划出。
（二）双手伸拇指，指面相对，手背向外，弯动一下。
（三）一手直立，掌心贴于头一侧，前后移动两下。

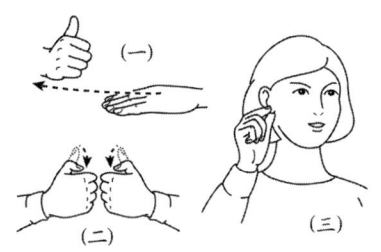

新娘 xīnniáng
（一）左手横伸；右手伸拇指，在左手背上从左向右划出。
（二）双手伸拇指，指面相对，手背向外，弯动一下。
（三）一手拇、食指捏一下耳垂。

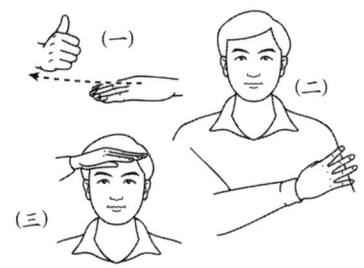

新四军 Xīn Sì Jūn
（一）左手横伸；右手伸拇指，在左手背上从左向右划出。
（二）一手食、中、无名、小指分开，手背向外，贴于左上臂。
（三）右手横伸，掌心向下，置于前额，表示军帽帽檐。

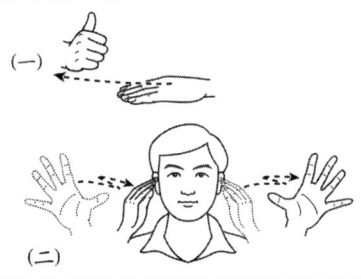

新闻 xīnwén
（一）左手横伸；右手伸拇指，在左手背上从左向右划出。
（二）左手五指撮合，指尖抵于左耳，右手五指张开，掌心向外，然后左手向左移动并张开，掌心向外，右手同时向右耳移动并撮合，指尖抵于右耳，双手重复一次。

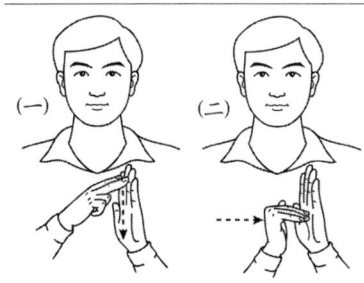

新西兰 Xīnxīlán
（一）左手直立，掌心向右；右手食、中指并拢，指尖抵于左手指尖，手背向上，然后向下移动。
（二）左手直立，掌心向右；右手五指与手掌成"⊓"形，指尖顶向左手掌心。
（此为国外聋人手语）

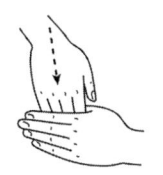

信 xìn
左手五指成"凵"形，虎口朝上；右手五指并拢，指尖朝下，插入左手虎口内。

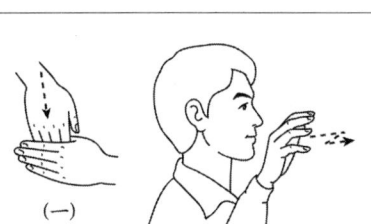

信访 xìnfǎng
（一）左手五指成"凵"形，虎口朝上；右手五指并拢，指尖朝下，插入左手虎口内。
（二）一手五指微曲，掌心向外，从嘴前向外微移两下。

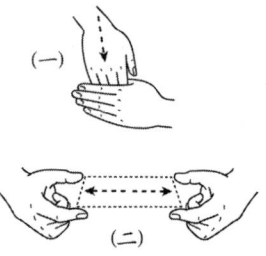

信封 xìnfēng

（一）左手五指成"冂"形，虎口朝上；右手五指并拢，指尖朝下，插入左手虎口内。

（二）双手拇、食指张开，指尖相对，虎口朝上，从中间向两侧移动，如信封大小。

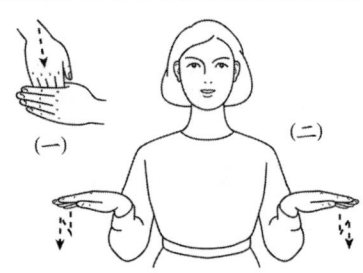

信鸽（鸽子） xìngē (gē·zi)

（一）左手五指成"冂"形，虎口朝上；右手五指并拢，指尖朝下，插入左手虎口内。

（二）双手侧伸，小臂抬起，掌心向下扇动几下。

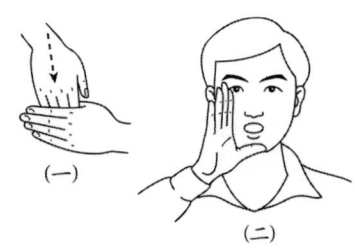

信号 xìnhào

（一）左手五指成"冂"形，虎口朝上；右手五指并拢，指尖朝下，插入左手虎口内。

（二）一手五指成"⌐"形，虎口贴于嘴边，口张开。

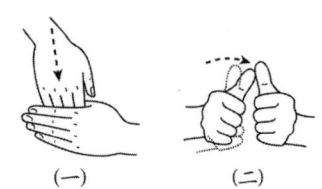

信赖 xìnlài

（一）左手五指成"冂"形，虎口朝上；右手五指并拢，指尖朝下，插入左手虎口内。

（二）双手伸拇指，右手向左转动，拇指靠向左手拇指。

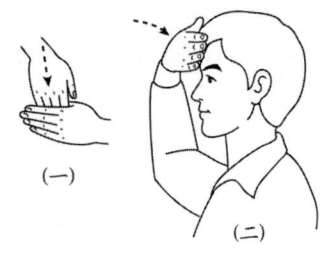

信念 xìnniàn

（一）左手五指成"冂"形，虎口朝上；右手五指并拢，指尖朝下，插入左手虎口内。

（二）一手拍一下前额。

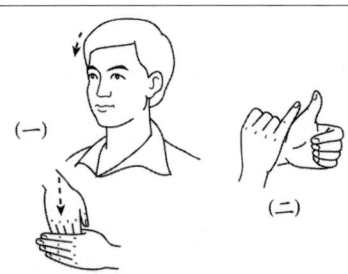

信徒 xìntú

（一）左手五指成"冂"形，虎口朝上；右手五指并拢，指尖朝下，插入左手虎口内，同时低头，面露信任的表情。

（二）左手伸拇指；右手伸小指，贴于左手拇指背。

信息（消息） xìnxī (xiāo·xi)

左手五指撮合，指尖抵于左耳，右手五指张开，掌心向外，然后左手向左移动并张开，掌心向外，右手同时向右耳移动并撮合，指尖抵于右耳，双手重复一次。

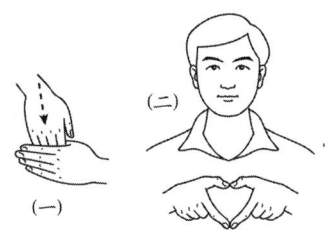

信心 xìnxīn

（一）左手五指成"匚"形，虎口朝上；右手五指并拢，指尖朝下，插入左手虎口内。

（二）双手拇、食指张开仿"♡"形，手背向外，置于胸部。

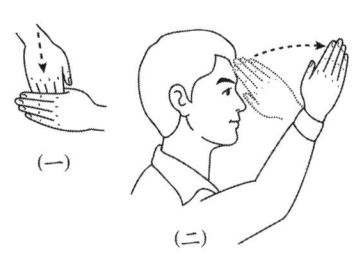

信仰 xìnyǎng

（一）左手五指成"匚"形，虎口朝上；右手五指并拢，指尖朝下，插入左手虎口内。

（二）一手五指并拢，食指外侧贴于前额，然后向外一挥。

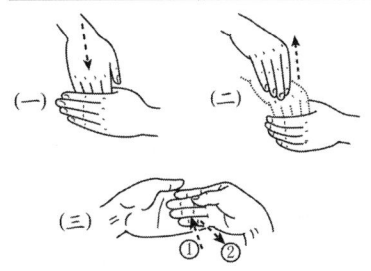

信用卡 xìnyòngkǎ

（一）左手五指成"匚"形，虎口朝上；右手五指并拢，指尖朝下，插入左手虎口内。

（二）左手五指成"匚"形，虎口朝上；右手五指撮合，指尖朝下，从左手虎口内抽出。

（三）左手横立，掌心向内，五指并拢，在前不动；右手五指撮合，指背贴一下左手掌心，然后移开，模仿刷卡的动作。

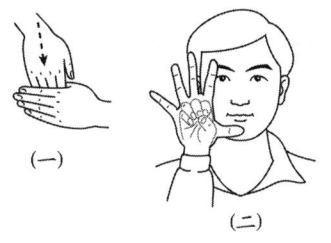

信誉 xìnyù

（一）左手五指成"匚"形，虎口朝上；右手五指并拢，指尖朝下，插入左手虎口内。

（二）一手虚握，虎口贴于脸颊，然后张开五指。

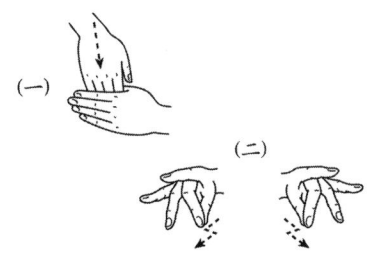

信纸 xìnzhǐ

（一）左手五指成"匚"形，虎口朝上；右手五指并拢，指尖朝下，插入左手虎口内。

（二）双手拇、中指相捏，指尖朝下，微抖几下。

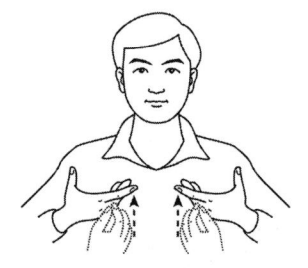

兴奋 xīngfèn

双手五指撮合,指尖朝上,然后边向上移动边张开。

星(星星) xīng (xīng·xing)

一手拇、食指搭成"十"字形,在头前上方随意晃动几下,表示天上的星星,眼睛注视手的动作。

星期一① xīngqīyī ①

左手直立,掌心向外;右手食指直立,掌心向内,碰一下左手掌心,表示星期一(表示星期二时,右手食、中指直立分开,掌心向内,碰一下左手掌心,以此类推)。

("星期几"的手语存在地域差异,可根据实际选择使用)

星期一② xīngqīyī ②

右手伸食指,指尖朝下,在左胸部蹭一下,然后指尖朝上,手背向外(表示星期二时,右手食、中指分开,指尖朝下,在左胸部蹭一下,然后指尖朝上,手背向外,以此类推)。

("星期几"的手语存在地域差异,可根据实际选择使用)

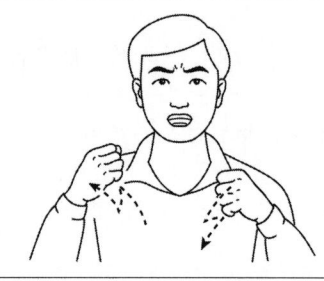

猩猩 xīng·xing

双手握拳,交替捶两下胸部,口张开,模仿猩猩的动作和表情。

腥 xīng

一手打手指字母"X"的指式,在鼻前晃动两下,面露厌恶的表情。

(可根据实际表示腥的状态)

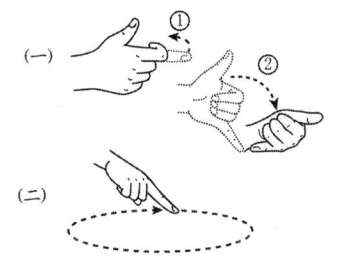

刑场 xíngchǎng

（一）左手伸拇、小指；右手伸拇、食指，食指对着左手弯动一下，左手随之倒下。

（二）一手伸食指，指尖朝下划一大圈。

（可根据实际表示刑场）

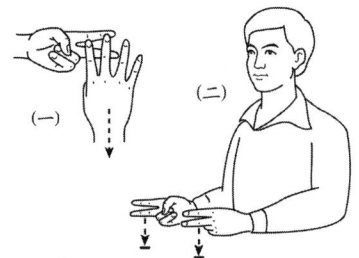

刑法 xíngfǎ

（一）左手食、中指横伸分开，手背向外；右手食、中、无名、小指直立分开，食、中指贴于左手食、中指，手背向内，然后向下拉动一下，仿"刑"字形。

（二）双手打手指字母"F"的指式，指尖朝前，向下一顿。

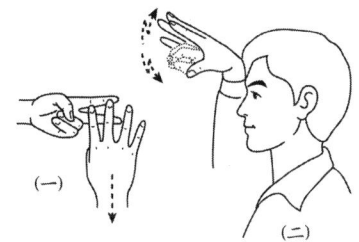

刑警 xíngjǐng

（一）左手食、中指横伸分开，手背向外；右手食、中、无名、小指直立分开，食、中指贴于左手食、中指，手背向内，然后向下拉动一下，仿"刑"字形。

（二）一手手腕贴于前额，五指撮合，然后开合两下，表示警察的帽徽。

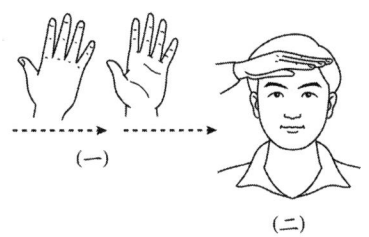

行军 xíngjūn

（一）双手直立，五指张开，一前一后排成一列，然后同时向前移动。

（二）右手横伸，掌心向下，置于前额，表示军帽帽檐。

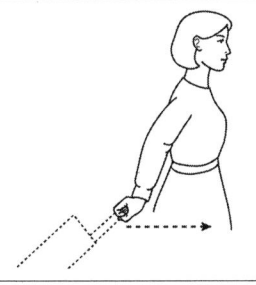

行李 xíng·li

一手虚握，手臂伸直，置于身后，然后向前拉动，模仿拉行李箱的动作。

（可根据实际表示行李的式样）

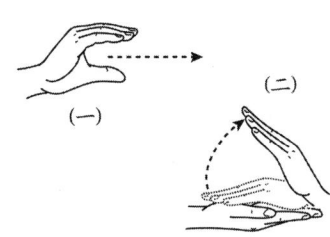

行驶证 xíngshǐzhèng

（一）一手五指成"⊐"形，指尖朝前，向前移动一下。

（二）双手横伸，掌心相贴，左手在上，向左翻开。

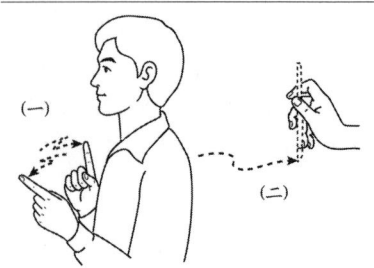

行书 xíngshū
（一）双手食指直立，在胸前随意交替摆动几下。
（二）一手如执毛笔写行书状。

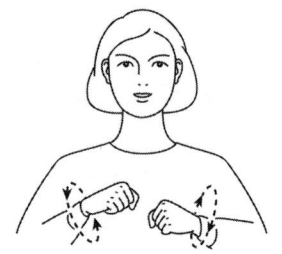

行为（行动、举措） xíngwéi（xíngdòng、jǔcuò）
双手握拳屈肘，前后交替转动两下。

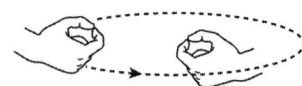

行星 xíngxīng
双手拇、食指捏成圆形，虎口朝上，左手不动，右手绕左手逆时针转动一圈。

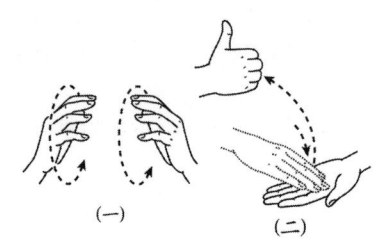

形成 xíngchéng
（一）双手五指微曲张开，掌心相对，同时向前转动一下。
（二）左手横伸，掌心向上；右手先拍一下左手掌，再伸出拇指。

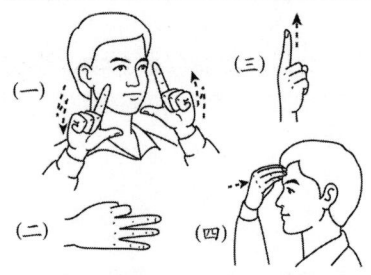

形而上学 xíng'érshàngxué
（一）双手拇、食指成"⌊⌋"形，置于脸颊两侧，上下交替动两下。
（二）一手打手指字母"E"的指式。
（三）一手食指直立，向上一指。
（四）一手五指撮合，指尖朝内，按向前额。

形容词 xíngróngcí
（一）双手拇、食指成"⌊⌋"形，置于脸颊两侧，上下交替动两下。
（二）左手直立，掌心向外；右手食、中指弯曲，指尖朝内，点一下左手掌心。

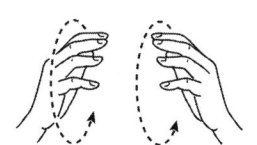

形势（局势、趋势） xíngshì (júshì、qūshì)

双手五指微曲张开，掌心相对，同时向前转动一下。

形象 xíngxiàng

（一）双手拇、食指成"⌊⌋"形，置于脸颊两侧，上下交替动两下。

（二）一手食、中指直立并拢，掌心向斜前方，朝脸颊碰一下。

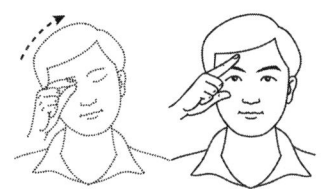

醒 xǐng

头先歪向一边，眼闭拢，一手拇、食指相捏，虎口朝内，置于眼角一侧，然后张开，眼睛同时睁开，头抬正。

（可根据实际表示醒的状态）

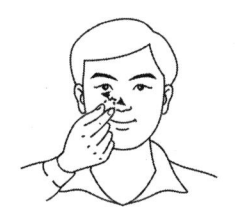

兴趣（趣味） xìngqù (qùwèi)

一手拇、食指相捏，在鼻翼一侧互捻几下，面露喜欢的表情。

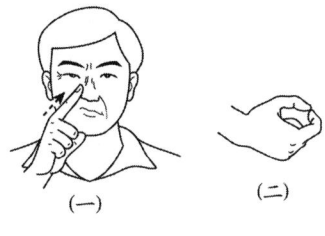

杏 xìng

（一）一手食指直立，在鼻翼一侧向上移动一下，同时耸鼻。

（二）一手拇、食指捏成圆形，虎口朝上。

幸福 xìngfú

一手打手指字母"X"的指式，贴胸部逆时针转动一圈。

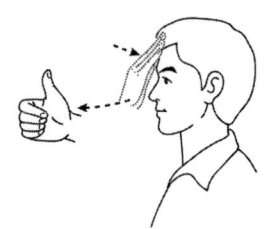

幸亏（侥幸） xìngkuī (jiǎoxìng)

一手拍一下前额，然后边向前下方移动边伸出拇指。

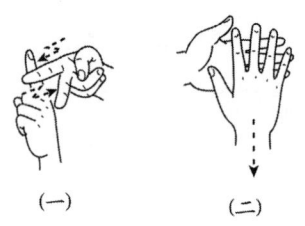

性格（秉性） xìnggé (bǐngxìng)

（一）左手食指直立；右手食、中指横伸，指背交替弹左手食指背。

（二）双手五指张开，一横一竖搭成方格形，然后左手不动，右手向下移。

性质 xìngzhì

左手食指直立；右手食、中指横伸，指背交替弹左手食指背。

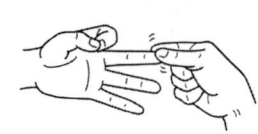

姓 xìng

左手中、无名、小指横伸分开，掌心向内；右手拇、食指捏住左手中指尖，前后微晃。

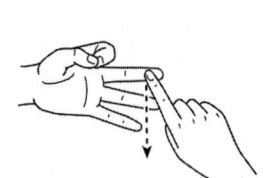

姓名 xìngmíng

左手中、无名、小指横伸分开，掌心向内；右手伸食指，自左手中指尖向下划动。

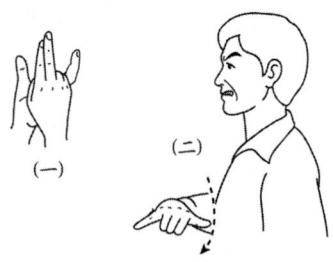

凶恶 xiōng'è

（一）左手拇、食指成"凵"形，虎口朝外；右手食、中指相叠，掌心向外，置于左手虎口，仿"凶"字形。

（二）一手伸拇、小指，拇指尖抵于胸部，用力向下一划，面露凶恶的表情。

凶猛 xiōngměng

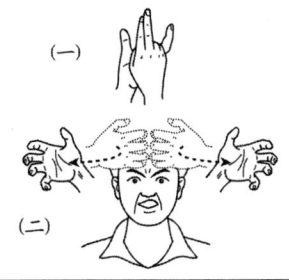

（一）左手拇、食指成"凵"形，虎口朝外；右手食、中指相叠，掌心向外，置于左手虎口，仿"凶"字形。

（二）双手五指弯曲，指尖朝内，抵于前额，然后猛然向外转腕，指尖朝前，同时绷脸瞪眼。

凶手 xiōngshǒu

 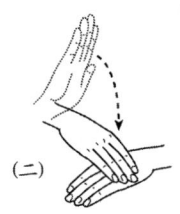

（一）左手拇、食指成"凵"形，虎口朝外；右手食、中指相叠，掌心向外，置于左手虎口，仿"凶"字形。

（二）左手横伸，掌心向下；右手拍一下左手背。

匈牙利 Xiōngyálì

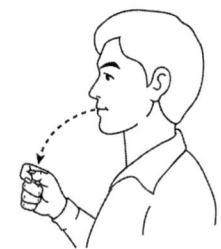

一手食指弯曲，拇指尖抵于食指中部，从嘴部向前下方移动，虎口朝上。

（此为国外聋人手语）

胸 xiōng

一手伸食指，在胸部划一圈。

胸闷 xiōngmèn

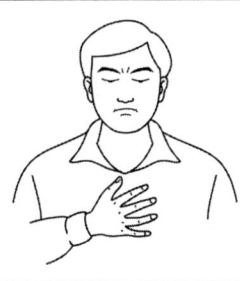

一手五指张开，按于胸部，同时含胸，嘴闭拢，面露难受的表情。

胸围 xiōngwéi

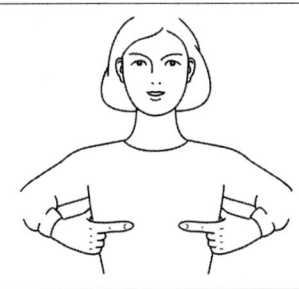

双手拇、食指张开，虎口朝上，置于胸部两侧。

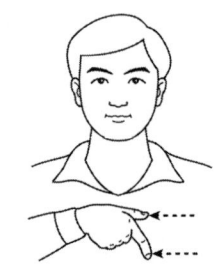

胸章 xiōngzhāng

右手拇、食指张开,指尖朝内,在左胸部从左向右划动一下,表示胸章。

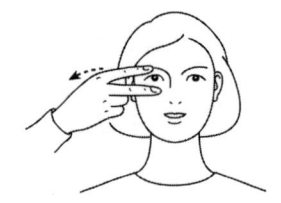

胸罩(文胸、乳罩) xiōngzhào (wénxiōng、rǔzhào)

右手食、中指横伸分开,手背向外,置于眼部一侧,然后向右移动一下。

雄(公) xióng (gōng)

双手拇、食指搭成"公"字形,虎口朝外。

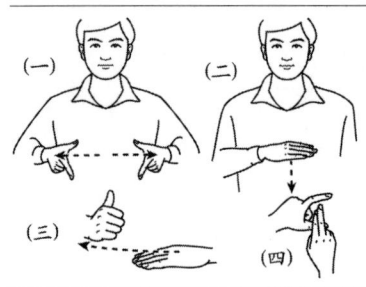

雄安新区 Xióng'ān-Xīnqū

(一)双手伸拇、食指,食指尖朝下,贴于腹部,然后用力向两侧拉开。

(二)一手横伸,掌心向下,自胸部向下一按。

(三)左手横伸;右手伸拇指,在左手背上从左向右划出。

(四)左手拇、食指成"匚"形,虎口朝内;右手食、中指相叠,手背向内,置于左手"匚"形中,仿"区"字形。

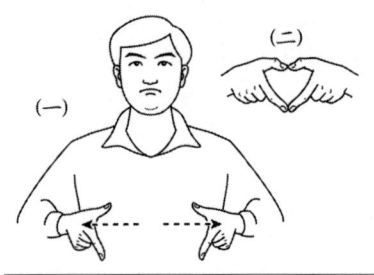

雄心 xióngxīn

(一)双手伸拇、食指,食指尖朝下,贴于腹部,然后用力向两侧拉开,挺胸抬头,面露坚毅的表情。

(二)双手拇、食指张开仿"♡"形,手背向外,置于胸部。

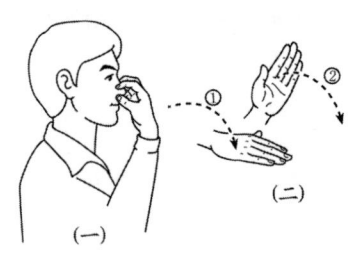

熊 xióng

(一)一手五指弯曲,指尖朝内,置于鼻部,仿熊鼻子的外形。

(二)双手平伸,掌心向下,交替向前伸出,仿熊行走的步态。

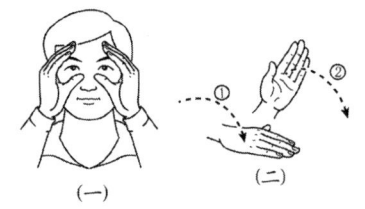

熊猫 xióngmāo

（一）双手五指弯曲，虎口朝内，斜向置于眼部，仿熊猫的黑眼眶。

（二）双手平伸，掌心向下，交替向前伸出，仿熊猫行走的步态。

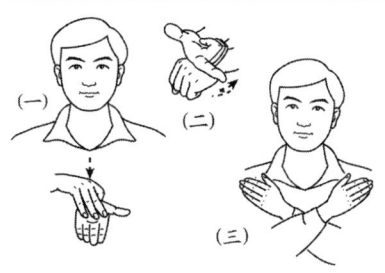

休庭 xiūtíng

（一）左手平伸；右手伸中、无名、小指，手背向上，表示"法"字的"氵"，在左手掌心上贴一下。

（二）左手握拳，手背向上；右手伸拇、食指，手背斜贴于左手腕，食指弯动两下。

（三）双手交叉，手背向外，贴于胸部，表示休息的意思。

休息（休假） xiū·xi (xiūjià)

双手交叉，手背向外，贴于胸部，表示休息的意思。

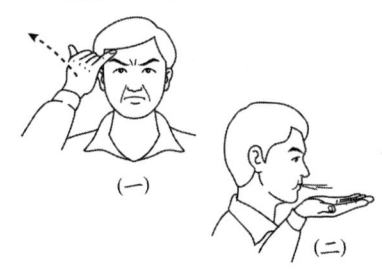

休想 xiūxiǎng

（一）一手伸拇、小指，贴于太阳穴一侧，然后向斜上方移动。

（二）一手平伸，掌心向上，置于嘴前，嘴做吹气的动作。

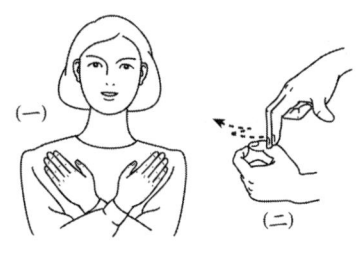

休养（疗养） xiūyǎng (liáoyǎng)

（一）双手交叉，手背向外，贴于胸部，表示休息的意思。

（二）左手拇、食指捏成圆形，虎口朝上；右手伸拇、食、中指，食、中指并拢弯曲，指尖朝下，在左手虎口处向外拨动两下。

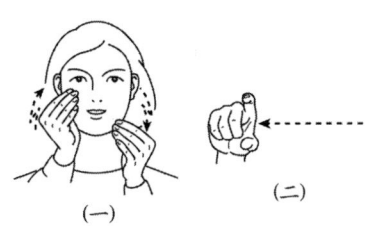

修辞 xiūcí

（一）双手五指撮合，在脸颊两侧交替做擦粉的动作，表示化妆，引申为修饰。

（二）一手拇、食指张开，指尖朝前，向一侧移动一下。

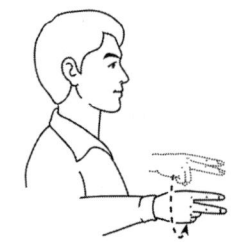

修理 xiūlǐ

一手食、中指分开，指尖朝前，手背向上，手腕翻转一下。

（可根据实际表示修理物件的状态）

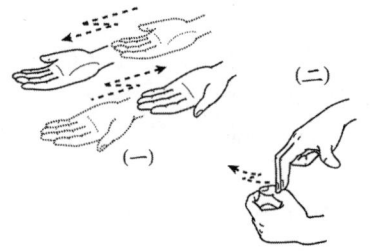

修养（涵养） xiūyǎng (hányǎng)

（一）双手平伸，掌心向上，前后交替移动两下，表示待人恭敬有礼，举止儒雅有涵养。

（二）左手拇、食指捏成圆形，虎口朝上；右手伸拇、食、中指，食、中指并拢弯曲，指尖朝下，在左手虎口处向外拨动两下。

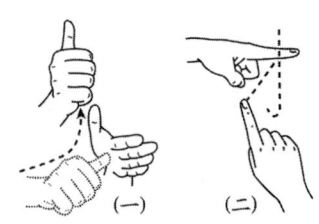

秀才 xiù·cai

（一）左手侧立；右手伸拇指，边指尖顶向左手掌心边竖起。

（二）左手食指横伸；右手伸食指，在左手食指上书空"丨""丿"，仿"才"字形。

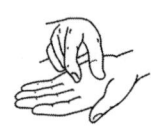

袖珍 xiùzhēn

左手横伸；右手拇、食指张开，相距2厘米，置于左手掌心上，表示袖珍的物品。

（可根据实际表示袖珍的状态）

 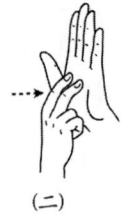

虚词 xūcí

（一）右手直立，掌心向左，拇指尖抵于颊部，其他四指交替点动几下。

（二）左手直立，掌心向外；右手食、中指弯曲，指尖朝内，点一下左手掌心。

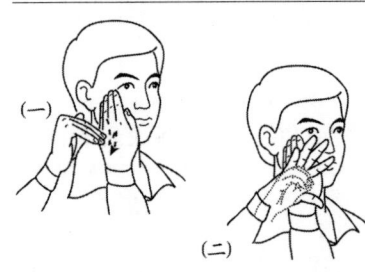

虚荣 xūróng

（一）左手直立，贴于脸部右侧；右手五指并拢，在左手背上向下涂抹两下。

（二）左手直立，贴于脸部右侧；右手五指撮合，指尖朝外，然后张开。

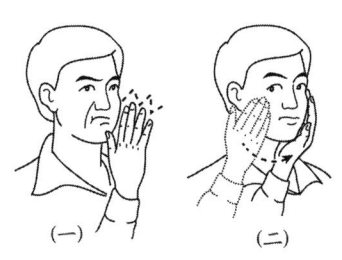

虚伪 xūwěi

（一）右手直立，掌心向左，拇指尖抵于颏部，其他四指交替点动几下，面露怀疑的表情。

（二）右手掌先贴于右脸颊，再贴于左脸颊，眼睛斜视。

虚心 xūxīn

（一）一手伸小指，指尖朝内，点一下胸部，同时含胸，面露谦虚的表情。

（二）双手拇、食指张开仿"♡"形，手背向外，置于胸部。

需要① xūyào ①

一手平伸，掌心向上，向后微移两下。

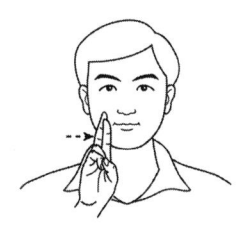

徐 Xú

一手打手指字母"X"的指式，碰一下嘴角一侧，表示姓氏"徐"。

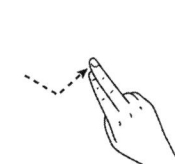

许 Xǔ

一手打手指字母"X"的指式，书空上声"∨"，表示姓氏"许"。

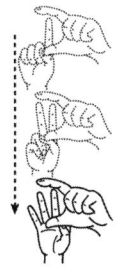

序号 xùhào

左手拇、食指成"⊏"形，虎口朝内；右手食指直立，掌心向外，贴于左手"⊏"形中，然后边向下移动边打数字"2、3……"的手势。

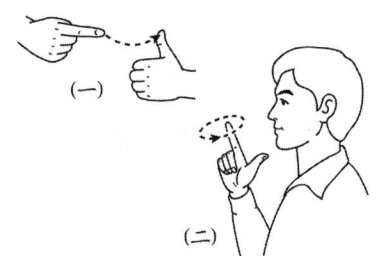

序论 xùlùn

（一）左手伸拇指；右手伸食指，碰一下左手拇指。
（二）一手打手指字母"L"的指式，逆时针平行转动一下。

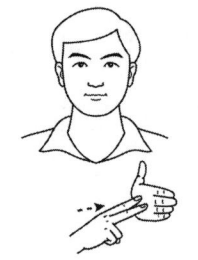

叙利亚 Xùlìyà

左手侧立；右手食、中指横伸分开，指尖朝左，手背向上，点一下左手掌心，表示叙利亚国旗上的两颗星。
（此为国外聋人手语）

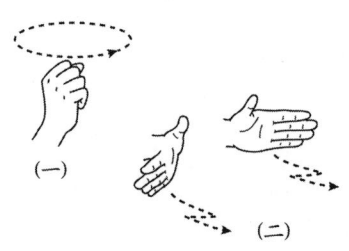

畜牧 xùmù

（一）一手握拳上举，做扬鞭的动作。
（二）双手斜立，掌心向外，向前移动两下，如赶牲畜状。

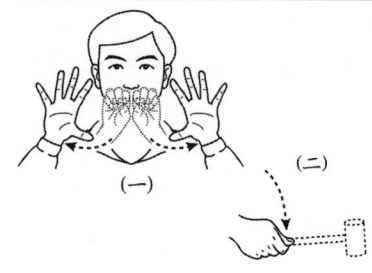

宣判 xuānpàn

（一）双手虚握，掌心向外，置于嘴部，然后边向前方两侧移动边张开五指。
（二）一手如握法槌状，向下挥动一下。

宣誓（党❷） xuānshì (Dǎng ❷)

右手握拳，拳心向前，置于肩前，嘴做讲话状；也用于表示姓氏"党"。
（可根据实际表示宣誓的动作）

悬空 xuánkōng

左手拇、食、中指相捏，指尖朝下；右手五指弯曲，指尖朝上，置于左手下，左右晃动两下。
（可根据实际表示悬空的动作）

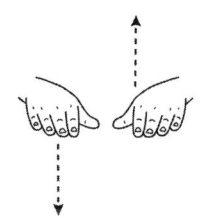

悬殊 xuánshū

双手平伸,掌心向下,然后左手上抬,右手下移。

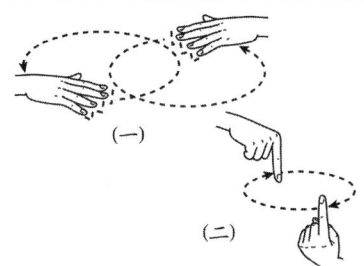

漩涡 xuánwō

(一)双手横伸,掌心向下,五指张开,边交替点动边平行转动。

(二)双手伸食指,指尖上下相对,交替平行快速转动。

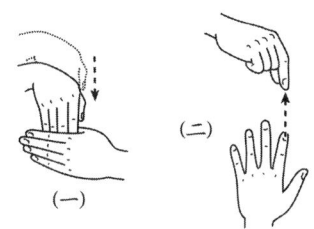

选举② xuǎnjǔ ②

(一)左手五指成"匸"形,虎口朝上;右手五指并拢,指尖朝下,插入左手虎口内,表示投票。

(二)左手直立,掌心向内,五指张开;右手拇、食指捏一下左手食指,然后向上移动。

(可根据实际表示选举的方式)

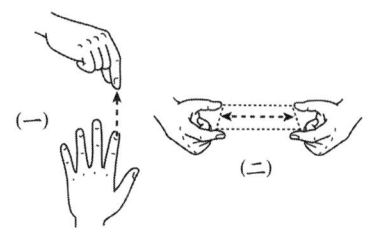

选票 xuǎnpiào

(一)左手直立,掌心向内,五指张开;右手拇、食指捏一下左手食指,然后向上移动。

(二)双手拇、食指张开,指尖相对,虎口朝上,从中间向两侧移动,如选票大小。

选修课 xuǎnxiūkè

(一)左手直立,掌心向内,五指张开;右手拇、食指捏一下左手食指,然后向上移动。

(二)一手五指撮合,指尖朝内,按向前额。

(三)一手打手指字母"K"的指式,中指尖朝前,向前微动一下。

 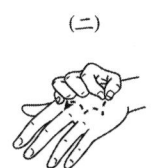

癣 xuǎn

(一)左手横伸,五指微曲张开;右手五指弯曲,在左手背上挠几下,如搔痒状。

(二)左手横伸,五指微曲张开;右手拇、食指捏成圆形,虎口朝上,在左手背上贴几下,表示皮肤上的癣。

绚丽多彩 xuànlìduōcǎi

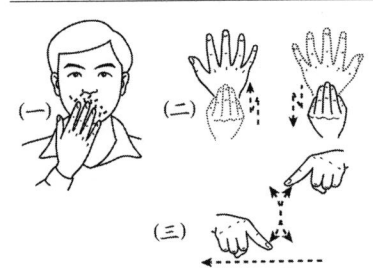

（一）一手直立，掌心向内，五指张开，在嘴唇部交替点动。
（二）双手五指撮合，指尖朝上，边上下交替移动边做开合的动作。
（三）双手伸食指，指尖朝斜前方，手背向上，边指尖上下交替互碰边向一侧移动，表示多种多样。
（可根据实际表示绚丽多彩的样子）

削弱 xuēruò

 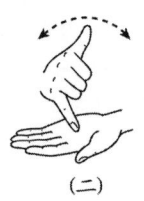

（一）左手食指直立；右手横立，小指外侧向下刮两下左手食指背。
（二）左手横伸；右手伸拇、小指，小指尖抵于左手掌心，左右晃动。

靴子 xuē·zi

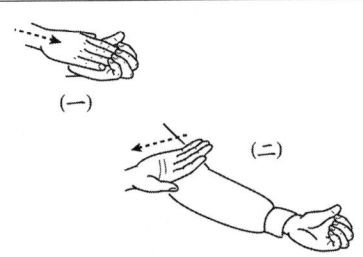

（一）左手五指弯曲，掌心向上；右手平伸，掌心向下，指尖朝前，抵于左手。
（二）左臂平伸，左手五指弯曲，掌心向上；右手横伸，掌心向上，在左上臂划一下。

薛 Xuē

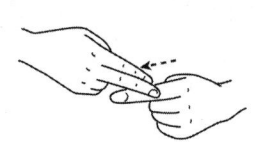

左手伸食指，指尖朝前；右手食、中指相叠，沿左手食指向前划一下，表示姓氏"薛"。

学而不厌 xué'érbùyàn

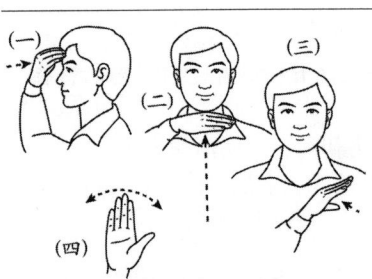

（一）一手五指撮合，指尖朝内，按向前额。
（二）一手横伸，掌心向下，从腹部向颏部移动。
（三）右手五指成"⌐"形，虎口朝内，碰向左胸部。
（四）一手直立，掌心向外，左右摆动几下。

学籍 xuéjí

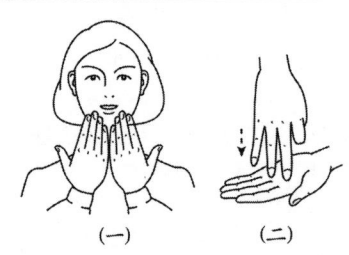

（一）双手斜伸，掌心向内，置于身前。
（二）左手横伸；右手伸中、无名、小指，指尖朝下，在左手掌心上点一下。

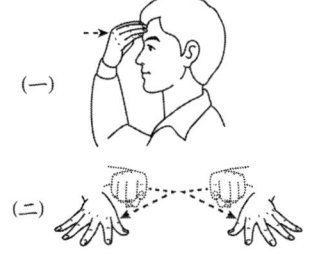
学具　xuéjù
（一）一手五指撮合，指尖朝内，按向前额。
（二）双手食指指尖朝前，手背向上，先互碰一下，再分开并张开五指。

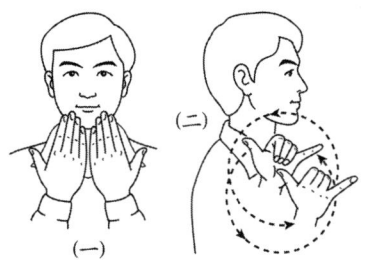
学历　xuélì
（一）双手斜伸，掌心向内，置于身前。
（二）双手伸拇、小指，指尖朝上，交替向肩后转动。

学龄　xuélíng
（一）双手斜伸，掌心向内，置于身前。
（二）左手握拳，手背向外，虎口朝上；右手直立，掌心贴于左手背，五指张开，交替点动几下。

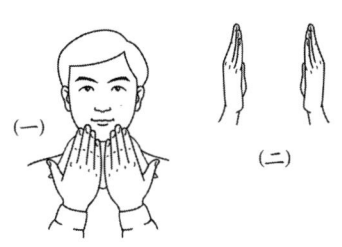
学期　xuéqī
（一）双手斜伸，掌心向内，置于身前。
（二）双手直立，掌心左右相对。

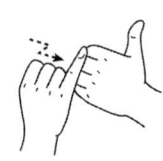
学生　xué·shēng
左手伸拇指，手背向外；右手伸小指，小指外侧在左手食、中、无名、小指指背上碰两下。

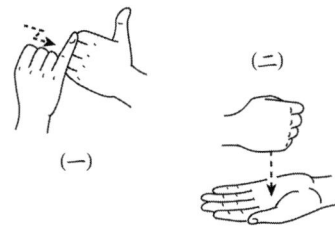
学生证　xuéshēngzhèng
（一）左手伸拇指，手背向外；右手伸小指，小指外侧在左手食、中、无名、小指指背上碰两下。
（二）左手横伸；右手虚握，虎口朝上，在左手掌心上砸一下，如盖章状。

学士 xuéshì

左手横伸，掌心向下，置于头顶；右手食指直立，掌心向外，从左手指尖处向下移动。

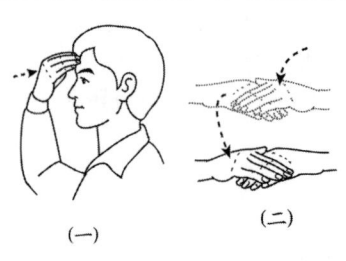

学术 xuéshù

（一）一手五指撮合，指尖朝内，按向前额。
（二）双手横伸，掌心向下，互拍手背。

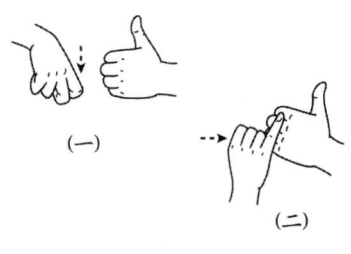

学徒（徒弟） xuétú (tú·dì)

（一）左手伸拇指，手背向外；右手食、中指弯曲，手背向左上方，在左手旁向下按动一下。
（二）左手伸拇指，手背向外；右手伸小指，小指外侧在左手食、中、无名、小指指背上碰一下。

学位 xuéwèi

（一）双手斜伸，掌心向内，置于身前。
（二）左手横伸；右手伸拇指，置于左手掌心上。

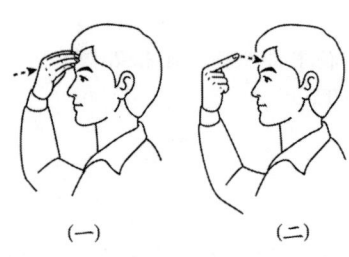

学问（学识） xué·wèn (xuéshí)

（一）一手五指撮合，指尖朝内，按向前额。
（二）一手伸食指，点一下前额。

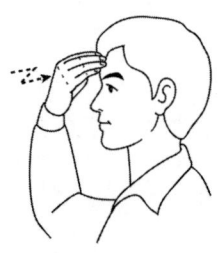

学习① xuéxí ①

一手五指撮合，指尖朝内，朝前额按动两下，表示学习知识。

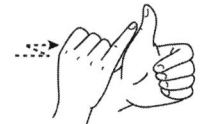
学习②（请教） xuéxí② (qǐngjiào)
　　左手伸拇指；右手伸小指，指尖朝上，碰两下左手拇指背，表示向某人学习。

学校 xuéxiào
　　（一）双手斜伸，掌心向内，置于身前。
　　（二）双手搭成"∧"形。

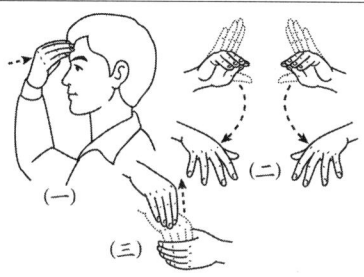
学以致用 xuéyǐzhìyòng
　　（一）一手五指撮合，指尖朝内，按向前额。
　　（二）双手直立，掌心向斜前方，拇指张开，然后其他四指弯动与拇指捏合，再向下一甩，五指张开。
　　（三）左手五指成"⊏"形，虎口朝上；右手五指撮合，指尖朝下，从左手虎口内抽出。

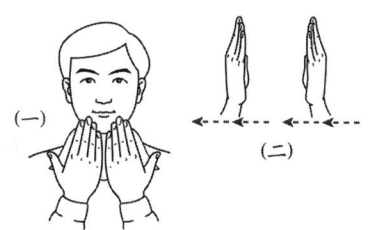
学制 xuézhì
　　（一）双手斜伸，掌心向内，置于身前。
　　（二）双手直立，掌心左右相对，向一侧一顿一顿移动几下。

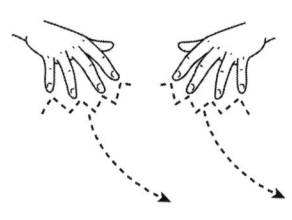
雪 xuě
　　双手平伸，掌心向下，五指张开，边交替点动边向斜下方缓缓下降，如雪花飘落状。

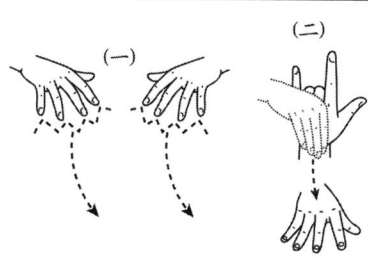
雪崩 xuěbēng
　　（一）双手平伸，掌心向下，五指张开，边交替点动边向斜下方缓缓下降，如雪花飘落状。
　　（二）左手拇、食、小指直立，手背向外，仿"山"字形；右手五指撮合，指尖朝下，置于左手背上，然后快速向下移动，五指张开，掌心向下，表示山上积雪崩塌下落。

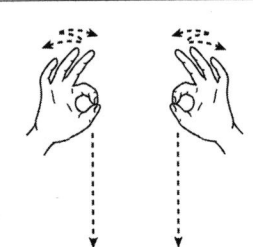

雪花 xuěhuā

双手拇、食指相捏，其他三指直立分开，虎口朝内，边晃动边向下移动。

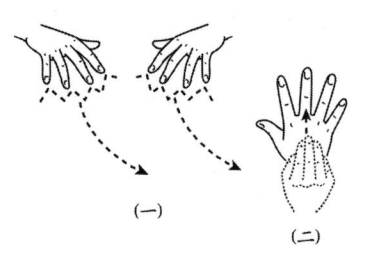

雪里蕻①（雪菜①） xuělǐhóng①（xuěcài①）

（一）双手平伸，掌心向下，五指张开，边交替点动边向斜下方缓缓下降，如雪花飘落状。
（二）一手五指撮合，指尖朝上，边向上微移边张开。

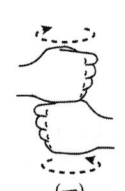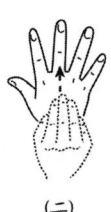

雪里蕻②（雪菜②） xuělǐhóng②（xuěcài②）

（一）双手虚握，虎口朝上，一上一下，分别向相反方向拧动一下。
（二）一手五指撮合，指尖朝上，边向上微移边张开。

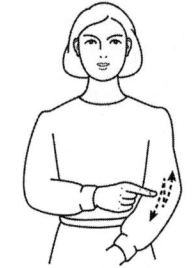

血② xuè②

右手伸食指，在左臂处上下划动几下。

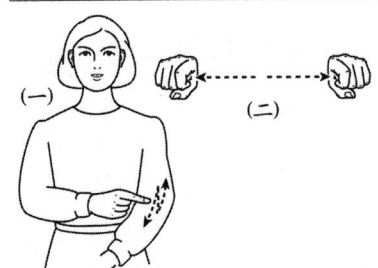

血管 xuèguǎn

（一）右手伸食指，在左臂处上下划动几下。
（二）双手拇、食指捏成小圆形，虎口相对，从中间向两侧移动。

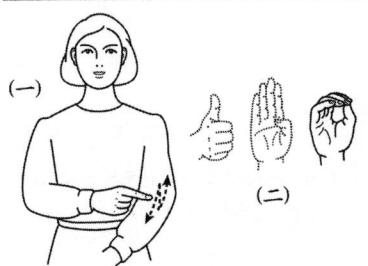

血型 xuèxíng

（一）右手伸食指，在左臂处上下划动几下。
（二）一手打手指字母"A""B""O"的指式。
（可根据实际血型选择字母指式）

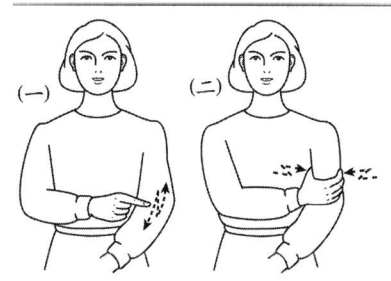

血压 xuèyā

（一）右手伸食指，在左臂处上下划动几下。
（二）右手捏两下左上臂。

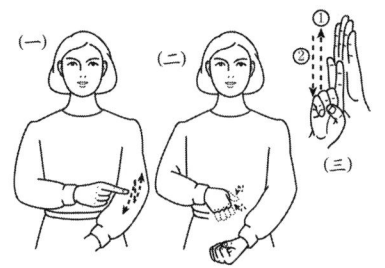

血压计 xuèyājì

（一）右手伸食指，在左臂处上下划动几下。
（二）左手虚握，手背向下；右手五指弯曲，虎口朝左，捏动两下。
（三）左手直立，掌心向右；右手食指直立，掌心向外，在左手掌心上先向上再向下移动。
（此手势也用于表示量血压的意思）

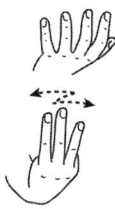

熏 xūn

左手平伸，掌心向上，五指微曲；右手食、中、无名指直立分开，手背向外，在左手下左右晃动几下。

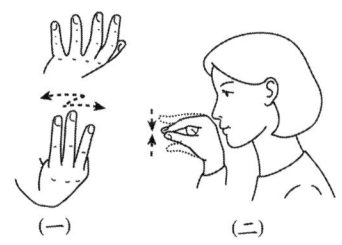

熏鸡 xūnjī

（一）左手平伸，掌心向上，五指微曲；右手食、中、无名指直立分开，手背向外，在左手下左右晃动几下。
（二）一手手背贴于嘴部，拇、食指先张开再相捏，仿鸡的嘴。

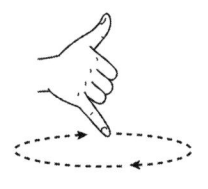

巡回 xúnhuí

一手伸拇、小指，顺时针平行转动两圈。
（可根据实际表示巡回的状态）

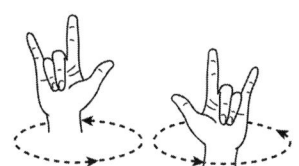

巡逻 xúnluó

双手拇、食、小指直立，掌心向外，左右交替平行转动两圈。
（可根据实际表示巡逻的动作）

荀子 Xúnzǐ

 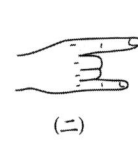

（一）一手打手指字母"X"的指式，左右晃动两下。
（二）一手打手指字母"Z"的指式。

循环 xúnhuán

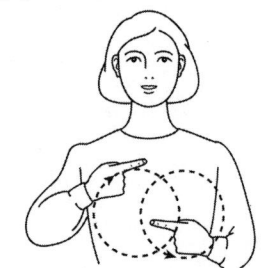

双手伸食指，指尖朝内，在身前上下交替转动。

殉葬 xùnzàng

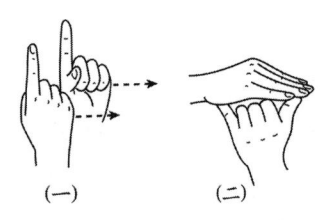

（一）双手食指直立，虎口朝内，一左一右，一前一后，同时向前移动。
（二）左手伸拇、小指，指尖朝上；右手横伸，手背拱起，置于左手上。

国家通用手语系列
中国残疾人联合会 组编

国家通用手语词典

中国聋人协会
国家手语和盲文研究中心 编

第4册

图书在版编目（CIP）数据

国家通用手语词典：全四册 / 中国残疾人联合会组编；中国聋人协会，国家手语和盲文研究中心编. -- 北京：华夏出版社，2019.10（2022.9 重印）
（国家通用手语系列）
ISBN 978-7-5080-9648-3

Ⅰ. ①国… Ⅱ. ①中… ②中… ③国… Ⅲ. ①手势语—中国—词典 Ⅳ. ① H126.3-61

中国版本图书馆 CIP 数据核字 (2019) 第 004905 号

© 华夏出版社有限公司　未经许可，不得以任何方式使用本书全部及任何部分内容，违者必究。

Y

压(施压) yā (shīyā)

左手握拳,手背向外,虎口朝上;右手横伸,掌心向下,置于左手虎口上,并向下一压,表示压物品的意思。
(可根据实际表示压的动作)

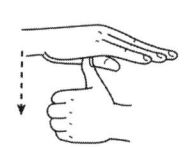

压迫 yāpò

左手伸拇指,手背向外,置于身前;右手横伸,掌心向下,置于左手拇指上,然后用力向下一压,表示压迫人、民族的意思。
(可根据实际决定手的移动方向)

压缩 yāsuō

双手横伸,掌心上下相对,五指微曲张开,边向中间移动边握拳。

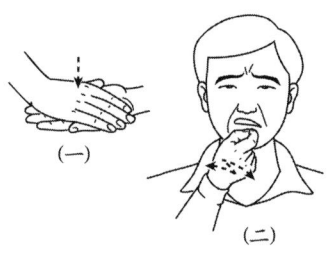

压痛 yātòng

(一)双手横伸,掌心相贴,右手用力压一下左手。
(二)一手拇、食指相捏,置于嘴边,左右晃动几下,面露难受的表情。

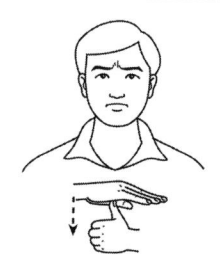

压抑 yāyì

左手伸拇指,手背向外,置于胸部;右手横伸,掌心向下,置于左手拇指上,然后向下微压,面露抑郁的表情。

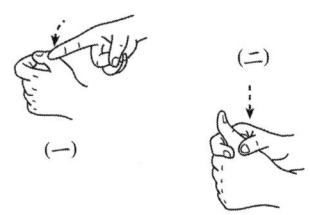

押金 yājīn

（一）左手拇、食指捏成圆形，虎口朝上；右手伸食指，敲一下左手拇指。

（二）左手伸拇指；右手拇、食指成半圆形，从上向下套向左手拇指。

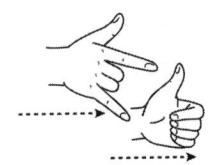

押送（遣送、押运） yāsòng (qiǎnsòng、yāyùn)

左手伸拇指；右手伸拇、食、小指，指尖对着左手拇指，手背向右，然后双手同时向前移动。

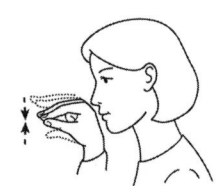

鸭 yā

一手手背贴于嘴部，拇、食、中指先张开再相捏，仿鸭的嘴。

牙齿 yáchǐ

一手伸食指，指一下牙齿。

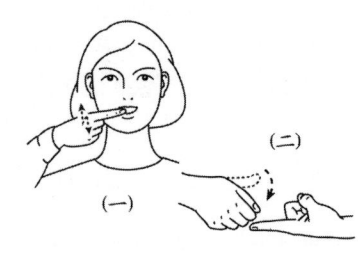

牙膏 yágāo

（一）一手食指横伸，手背向外，在嘴部上下移动，模仿刷牙的动作。

（二）左手食指横伸，掌心向上；右手如持牙膏状，向左手食指做挤牙膏的动作。

牙买加 Yámǎijiā

左手横伸，掌心向下；右手食、中、无名、小指并拢，掌心向内，从右向左沿左手转动半圈。

（此为国外聋人手语）

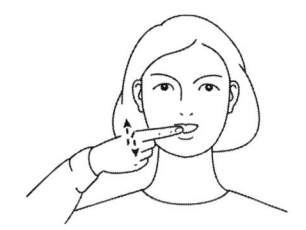

牙刷(刷牙) yáshuā (shuāyá)

一手食指横伸,手背向外,在嘴部上下移动,模仿刷牙的动作。

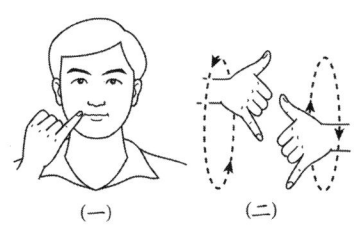

哑剧(默剧) yǎjù (mòjù)

(一)一手伸小指,指尖抵于嘴角一侧。
(二)双手伸拇、小指,手背向外,前后交替转动两下。

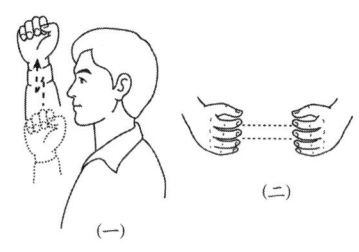

哑铃 yǎlíng

(一)一手虚握屈肘,然后向上反复举起,如举哑铃状。
(二)双手五指弯曲,指尖左右相对,虎口朝上,相距约10厘米。

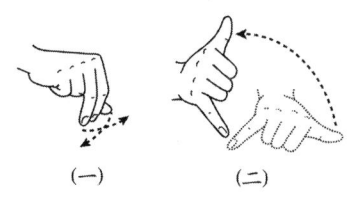

亚当 Yàdāng

(一)一手拇、食、中指相捏,指尖朝下,互捻几下。
(二)一手伸拇、小指,手背向上,然后转腕,拇指尖朝上。
(此手势表示亚当是用土造出的人)

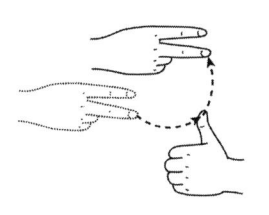

亚军(第二②、第二名) yàjūn (dì-èr ②、dì'èrmíng)

左手伸拇指;右手食、中指横伸分开,手背向外,先碰一下左手拇指,再向上移动。

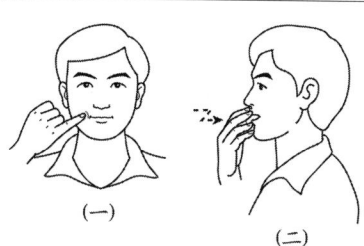

亚麻 yàmá

(一)一手伸小指,指尖抵于嘴角一侧。"哑"与"亚"音形相近,借代。
(二)一手五指弯曲,指尖朝内,在嘴前点动几下。

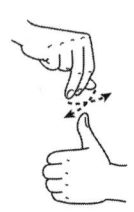

亚美尼亚 Yàměiníyà

左手伸拇指；右手拇、食、中指相捏，指尖朝下，在左手上方互捻几下。

（此为国外聋人手语）

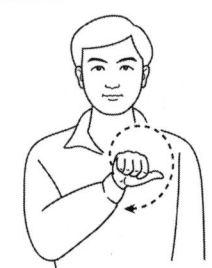

亚洲 Yàzhōu

右手打手指字母"A"的指式，拇指尖朝左，手背向内，在胸前逆时针转动一圈。

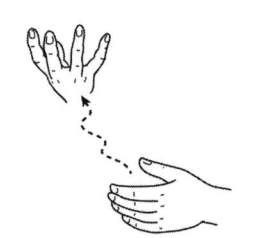

烟囱（冒烟） yāncōng (màoyān)

左手五指成半圆形，虎口朝上；右手五指微曲，掌心向上，从左手虎口处边晃动边向上移动。

（可根据实际表示冒烟的状态）

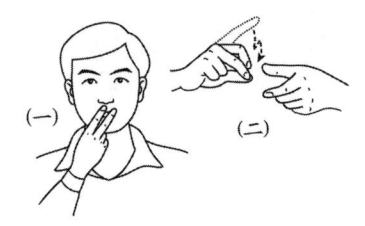

烟灰缸 yānhuīgāng

（一）一手食、中指直立稍分开，手背向外，置于嘴边，如吸烟状。

（二）左手拇、食指成半圆形，虎口朝上，表示烟灰缸；右手拇、中指相捏，食指向下弯动两下，模仿弹烟灰的动作。

淹没 yānmò

左手直立，掌心向右；右手横伸，掌心向下，五指张开，边交替点动边向上移动，然后高过左手，向左移出。

（可根据实际表示淹没的状态）

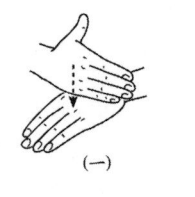 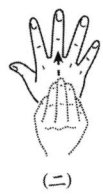

腌菜 yāncài

（一）左手横伸；右手侧立，置于左手背上，向下一按。

（二）一手五指撮合，指尖朝上，边向上微移边张开。

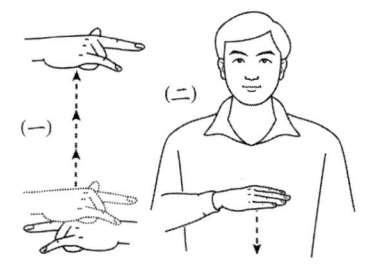

延安 Yán'ān

（一）双手伸拇、食、小指，手背向上，上下相叠，左手在下不动，右手向上一顿一顿移动几下。

（二）一手横伸，掌心向下，自胸部向下一按。

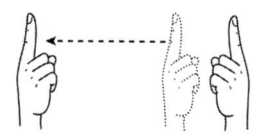

延长 yáncháng

双手食指直立，掌心左右相对，左手不动，右手向右移动一下。

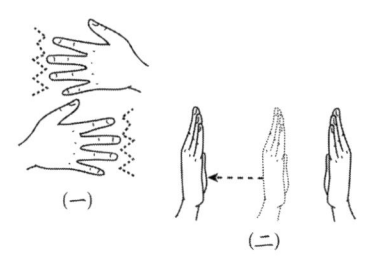

延期❶ yánqī

（一）双手横立，手背向外，一上一下，五指张开，交替点动几下。上面的手代表月份，下面的手代表日期。

（二）双手直立，掌心左右相对，左手不动，右手向右移动一下。

（此手势表示原定的时间延长）

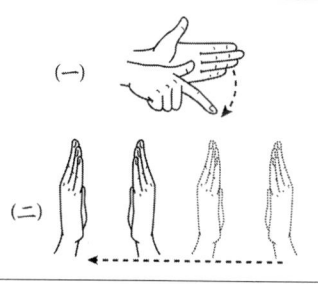

延期❷（延后、推迟） yánqī❷ (yánhòu、tuīchí)

（一）左手侧立；右手伸拇、食指，拇指尖抵于左手掌心，食指向下转动。

（二）双手直立，掌心左右相对，同时向右移动一下。

（此手势表示时间推后）

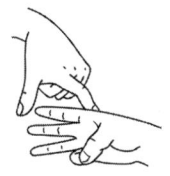

闫 Yán

左手拇、食指成"冂"形，虎口朝内；右手食、中、无名指横伸分开，掌心向内，置于左手下，仿"闫"字形，表示姓氏"闫"。

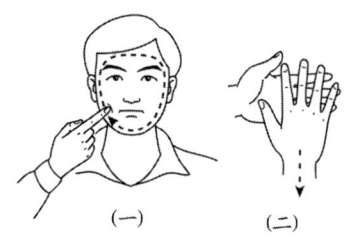

严格 yángé

（一）一手拇指尖按于食指根部，食指绕脸部转动一圈，然后抵于脸颊，面露严肃的表情。

（二）双手五指张开，一横一竖搭成方格形，然后左手不动，右手向下移。

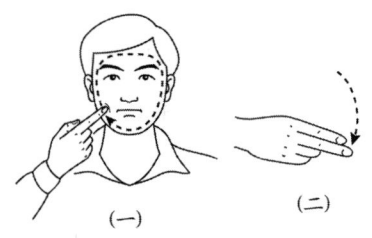

严令（勒令） yánlìng (lèlìng)
（一）一手拇指尖按于食指根部，食指绕脸部转动一圈，然后抵于脸颊，面露严肃的表情。
（二）一手食、中指并拢，向下一挥。

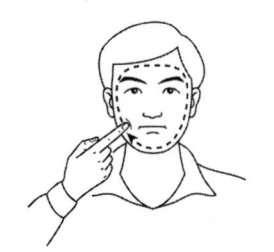

严肃（严） yánsù (Yán)
一手拇指尖按于食指根部，食指绕脸部转动一圈，然后抵于脸颊，面露严肃的表情；也用于表示姓氏"严"。

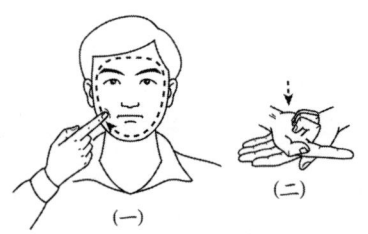

严重 yánzhòng
（一）一手拇指尖按于食指根部，食指绕脸部转动一圈，然后抵于脸颊，面露严肃的表情。
（二）左手横伸；右手伸食指，拇指尖按于食指根部，手背向下，用力砸向左手掌心，表示程度重。

言论 yánlùn
（一）一手食指横伸，在嘴前前后转动两下。
（二）一手打手指字母"L"的指式，逆时针平行转动一下。

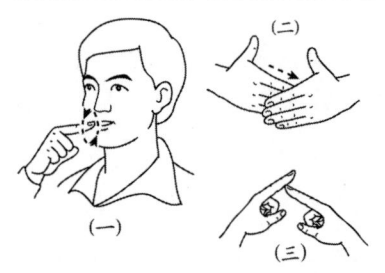

言语残疾人（言语障碍者） yányǔcánjírén (yányǔzhàng'àizhě)
（一）一手食指横伸，在嘴前前后转动两下。
（二）左手侧立；右手横立，掌心向内，然后移至左手并停住，表示遇到障碍。
（三）双手食指搭成"人"字形。

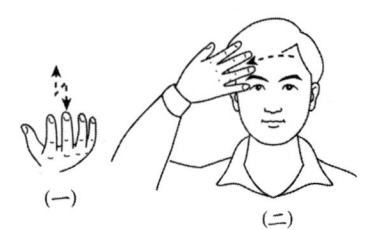

炎热 yánrè
（一）一手五指微曲，指尖朝上，上下动几下，面露烦躁的表情。
（二）一手五指张开，手背向外，在额头上一抹，如流汗状。

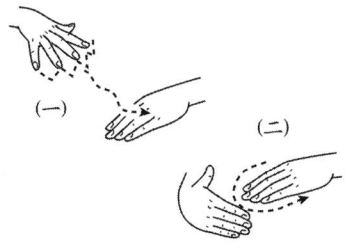

沿岸（沿海） yán'àn (yánhǎi)

（一）左手平伸；右手横伸，掌心向下，五指张开，边交替点动边移向左手背。

（二）左手平伸；右手食、中、无名、小指并拢，掌心向内，沿左手外侧转动半圈。

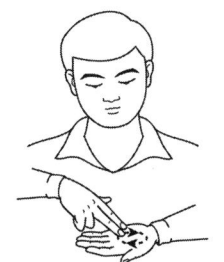

研究（商量②、酝酿②）

yánjiū (shāng·liang ②、yùnniàng ②)

左手横伸；右手伸拇、食、中指，食、中指并拢，在左手掌心上转动两下，面露思考的表情。

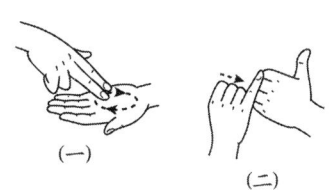

研究生 yánjiūshēng

（一）左手横伸；右手伸拇、食、中指，食、中指并拢，在左手掌心上转动两下。

（二）左手伸拇指，手背向外；右手伸小指，小指外侧在左手食、中、无名、小指指背上碰一下。

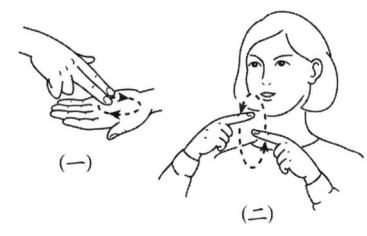

研讨（探讨） yántǎo (tàntǎo)

（一）左手横伸；右手伸拇、食、中指，食、中指并拢，在左手掌心上转动两下。

（二）双手食指横伸，在嘴前前后交替转动两下。

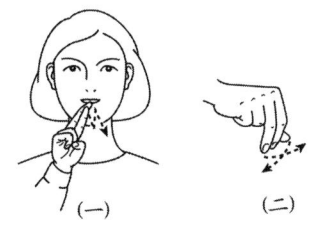

盐 yán

（一）一手打手指字母"X"的指式，置于嘴前，向下微动两下。

（二）一手拇、食、中指相捏，指尖朝下，互捻几下。

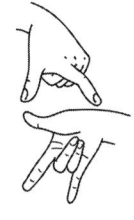

阎 Yán

左手拇、食指成"冂"形，虎口朝内；右手伸拇、食、小指，食、小指朝左下方，置于左手下，仿"阎"字部分字形，表示姓氏"阎"。

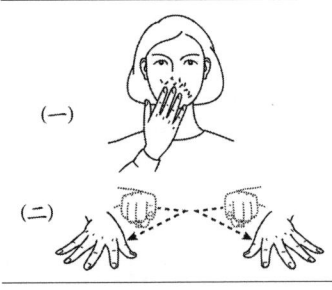

颜料 yánliào

（一）一手直立，掌心向内，五指张开，在嘴唇部交替点动。

（二）双手食指指尖朝前，手背向上，先互碰一下，再分开并张开五指。

颜色（彩色、色彩） yánsè (cǎisè、sècǎi)

一手直立，掌心向内，五指张开，在嘴唇部交替点动。

掩盖（遮掩） yǎngài (zhēyǎn)

双手直立，掌心向外，左右交叉移动一下，面露遮掩的表情。

（可根据实际表示掩盖的动作）

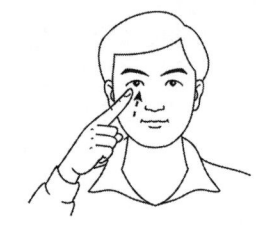

眼 yǎn

一手伸食指，指一下眼睛。

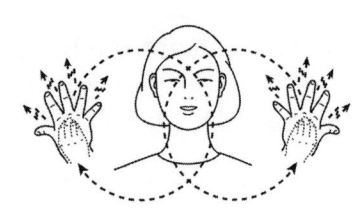

眼花缭乱 yǎnhuā-liáoluàn

双手五指撮合，指尖朝内，在面前边交替转动边连续做开合的动作，眼睛随之眨动。

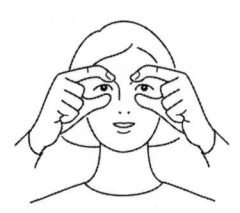

眼镜 yǎnjìng

双手拇、食指弯曲，虎口朝内，置于眼部。

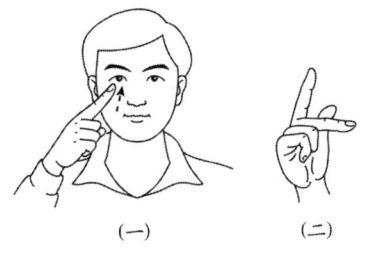

眼科 yǎnkē
（一）一手伸食指，指一下眼睛。
（二）一手打手指字母"K"的指式。

眼药水 yǎnyàoshuǐ
头抬起，一手拇、食、中指虚捏，如持眼药水瓶向眼中滴眼药水状。既表示眼药水的名词意思，又表示滴眼药水的意思。

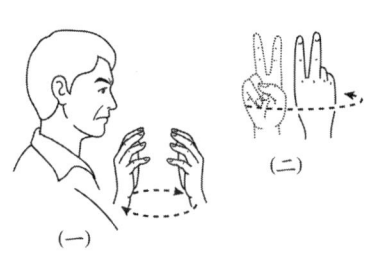

演变 yǎnbiàn
（一）双手五指微曲，掌心前后相对，然后前后转动，交换位置。
（二）一手食、中指直立分开，由掌心向外翻转为掌心向内。

演讲（发言②） yǎnjiǎng (fāyán②)
左手横伸，掌心向上，托住右手肘部；右手直立，掌心向左，五指张开，前后微动几下，嘴微动，身体随之晃动，表示在滔滔不绝地演讲。

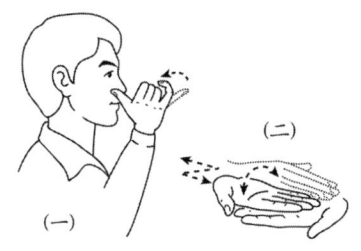

演习（演练） yǎnxí (yǎnliàn)
（一）一手伸拇、小指，指尖朝上，拇指置于鼻翼一侧，小指弯动一下。
（二）左手横伸；右手平伸，掌心、手背在左手掌心上交替蹭一下。

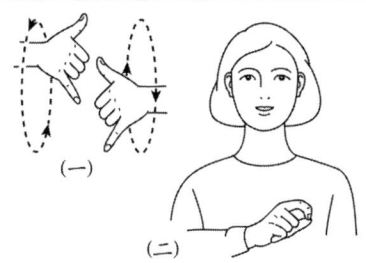

演员 yǎnyuán
（一）双手伸拇、小指，手背向外，前后交替转动两下。
（二）右手拇、食指捏成圆形，虎口朝内，贴于左胸部。

厌恶（讨厌） yànwù (tǎoyàn)

一手拇、食指捏一下鼻翼，然后用力向外一甩，五指张开，掌心向下，面露厌恶的表情。

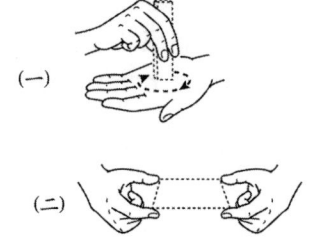

砚台 yàn·tai

（一）左手横伸；右手拇、食、中指相捏，指尖朝下，在左手掌心上方顺时针转动两下，如研墨状。

（二）双手拇、食指张开，指尖相对，虎口朝上，仿方形砚台形状。

（可根据实际表示砚台的形状）

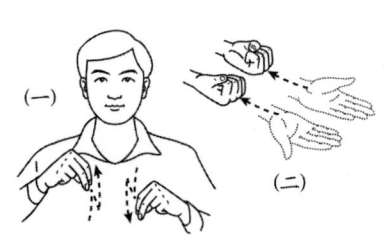

验收（查收） yànshōu (cháshōu)

（一）双手拇、食、中指相捏，指尖朝下，上下交替动两下。

（二）双手平伸，掌心向上，边向内移动边握拳。

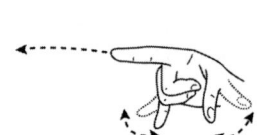

雁（大雁） yàn (dàyàn)

一手伸拇、食、小指，手背向上，边弯动拇、小指边向前移动。

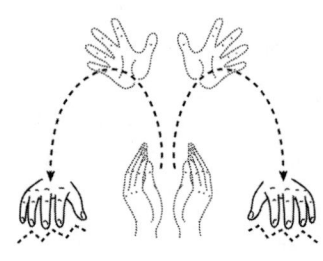

焰火（礼花） yànhuǒ (lǐhuā)

双手五指撮合，指尖朝上，掌心左右相对，迅速移过头顶，然后转腕，五指张开，边交替点动边下移。

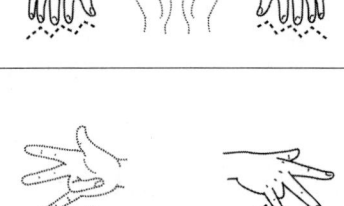

燕 yàn

一手伸拇、食、中、小指，仿燕子外形，左右来回移动，如燕子飞行状。

羊(杨) yáng (Yáng)
一手食指弯曲如钩,虎口贴于太阳穴,仿羊头上弯曲的角。"羊"与"杨"音同,借代,也用于表示姓氏"杨"。

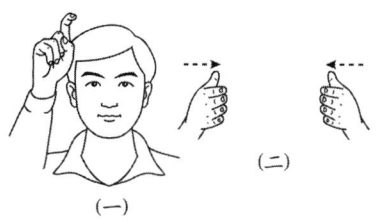

羊羔 yánggāo
(一)一手食指弯曲如钩,虎口贴于太阳穴,仿羊头上弯曲的角。
(二)双手侧立,掌心相对,从两侧向中间微移一下,表示羊羔体型小。

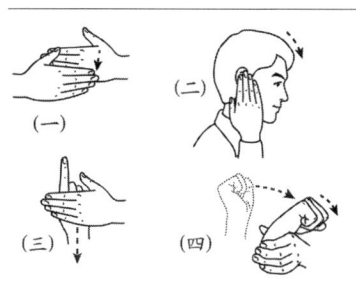

阳奉阴违 yángfèng-yīnwéi
(一)左手横立,手背向外;右手摸一下左手背。
(二)一手手掌贴于耳部,头微低。
(三)左手横立;右手食指直立,在左手掌心内从上向下移动。
(四)左手五指成半圆形,虎口朝上;右手握拳,拳心向前,边移向左手虎口内边垂下,头同时歪向一边。

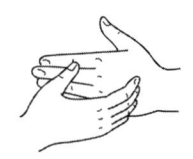

阳台 yángtái
左手横立;右手五指成半圆形,指尖朝内,虎口朝上,抵于左手背,表示阳台。

阳性 yángxìng
(一)一手拇、食指搭成"+"形。
(二)左手食指直立;右手食、中指横伸,指背交替弹左手食指背。

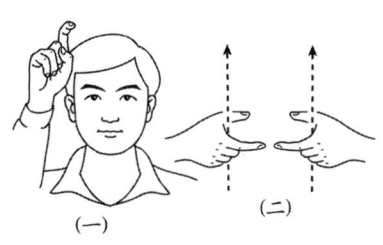

杨树 yángshù
(一)一手食指弯曲如钩,虎口贴于太阳穴,仿羊头上弯曲的角。"羊"与"杨"音同,借代。
(二)双手拇、食指成大圆形,虎口朝上,同时向上移动。

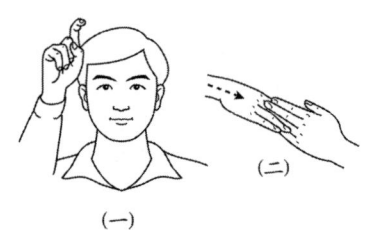

杨桃　yángtáo

（一）一手食指弯曲如钩，虎口贴于太阳穴，仿羊头上弯曲的角。"羊"与"杨"音同，借代。

（二）双手五指并拢，左手指尖朝右上方，手背向外，右手指尖朝左下方，手背向上，插入左手中、无名指指缝间，仿杨桃的外形。

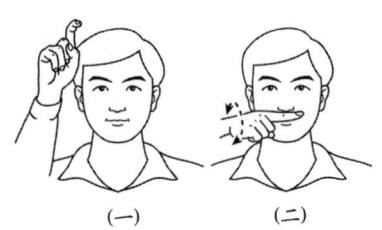

洋葱（葱头）　yángcōng（cōngtóu）

（一）一手食指弯曲如钩，虎口贴于太阳穴，仿羊头上弯曲的角。"羊"与"洋"音同形近，借代。

（二）一手食指横伸，置于鼻下，前后微转两下。

仰视　yǎngshì

一手食、中指分开，指尖朝前上方移动，手背向上，头同时后仰。

（可根据实际表示仰视的动作）

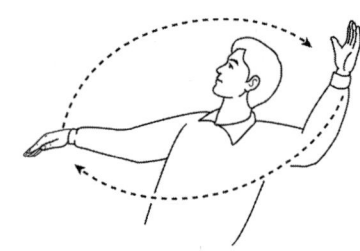

仰泳　yǎngyǒng

双手交替向后扬，模仿仰泳的动作。

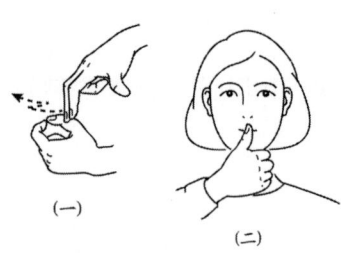

养父　yǎngfù

（一）左手拇、食指捏成圆形，虎口朝上；右手伸拇、食、中指，食、中指并拢弯曲，指尖朝下，在左手虎口处向外拨动两下，表示在喂碗里的饭，引申为养育。

（二）右手伸拇指，指尖左侧贴在嘴唇上。

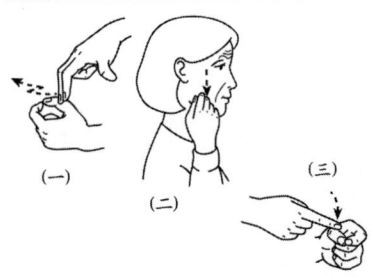

养老金　yǎnglǎojīn

（一）左手拇、食指捏成圆形，虎口朝上；右手伸拇、食、中指，食、中指并拢弯曲，指尖朝下，在左手虎口处向外拨动两下。

（二）一手五指弯曲，食、中、无名、小指指背贴于脸颊，从上向下移动，表示脸上的皱纹。

（三）左手拇、食指捏成圆形，虎口朝上；右手伸食指，敲一下左手拇指。

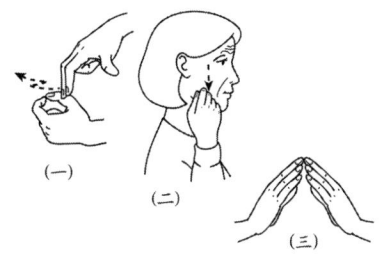

养老院 yǎnglǎoyuàn
（一）左手拇、食指捏成圆形，虎口朝上；右手伸拇、食、中指，食、中指并拢弯曲，指尖朝下，在左手虎口处向外拨动两下。
（二）一手五指弯曲，食、中、无名、小指指背贴于脸颊，从上向下移动，表示脸上的皱纹。
（三）双手搭成"∧"形。

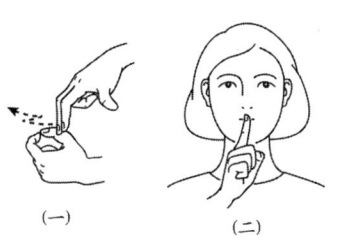

养母 yǎngmǔ
（一）左手拇、食指捏成圆形，虎口朝上；右手伸拇、食、中指，食、中指并拢弯曲，指尖朝下，在左手虎口处向外拨动两下，表示在喂碗里的饭，引申为养育。
（二）右手食指直立，指尖左侧贴在嘴唇上。

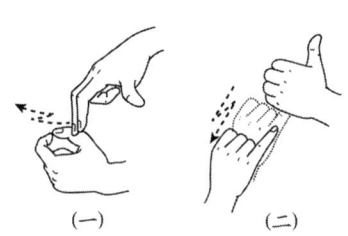

养殖 yǎngzhí
（一）左手拇、食指捏成圆形，虎口朝上；右手伸拇、食、中指，食、中指并拢弯曲，指尖朝下，在左手虎口处向外拨动两下。
（二）左手伸拇指，其他四指攥住右手小指，然后右手小指从左手掌心内向下移出两下。

氧 yǎng
一手打手指字母"O"的指式，置于鼻前，逆时针转动一小圈，表示氧的元素符号"O"。

氧气 yǎngqì
（一）一手打手指字母"O"的指式，置于鼻前，逆时针转动一小圈，表示氧的元素符号"O"。
（二）一手打手指字母"Q"的指式，指尖朝内，置于鼻孔处。

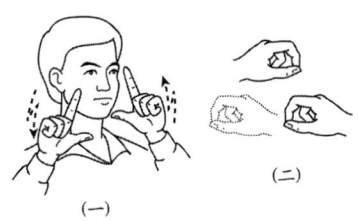

样品 yàngpǐn
（一）双手拇、食指成"⌐"形，置于脸颊两侧，上下交替动两下。
（二）双手拇、食指捏成圆形，虎口朝内，左手在上不动，右手在下连打两下，仿"品"字形。

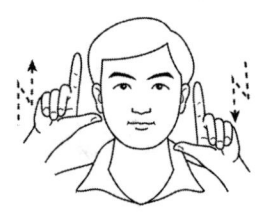

样子（姿态、状态、态度、形式）
yàng·zi (zītài、zhuàngtài、tài·dù、xíngshì)

双手拇、食指成"凵"形，置于脸颊两侧，上下交替动两下。

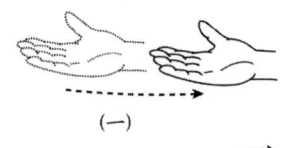

要求 yāoqiú
（一）一手平伸，掌心向上，向后移动一下。
（二）双手抱拳，向后晃动一下，面露恳求或严肃的表情。

腰 yāo
一手伸食指，指一下腰部。

腰带❷ yāodài ❷
双手拇、食指微张，指尖相对，虎口朝外，置于腹部，从中间向两侧拉开。

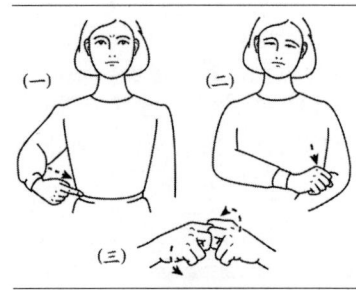

腰肌劳损 yāojī láosǔn
（一）一手伸食指，指一下腰部。
（二）右手握拳，手背向上，捶一下左肘窝处，面露疲劳的表情。
（三）双手食、中指弯曲，相互咬住，手背向上，分别向相反方向扭转。

腰围 yāowéi
双手拇、食指张开，虎口朝上，置于腰部两侧。

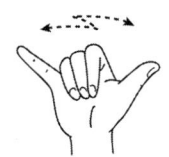
姚 Yáo
　　一手打手指字母"Y"的指式,掌心向外,左右摇动两下,表示姓氏"姚"。

窑洞 yáodòng
　　(一)一手掌心贴于脸部,头微侧,闭眼,如睡觉状。
　　(二)左手五指成"∩"形,虎口朝右;右手五指并拢,在左手下做弧形移动,仿窑洞形状。

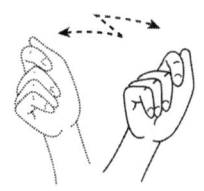
摇 yáo
　　一手拇指按于食指中部,如执物状,摇动两下。
　　(可根据实际表示摇的动作)

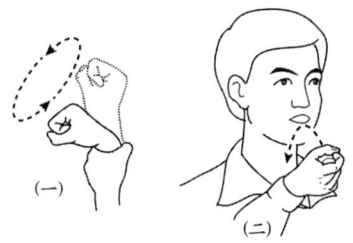
摇头丸 yáotóuwán
　　(一)左手握住右手腕;右手握拳,拳心向前,随意摇动几下。
　　(二)口张开,一手拇、食指捏成小圆形,从嘴部移向喉部。

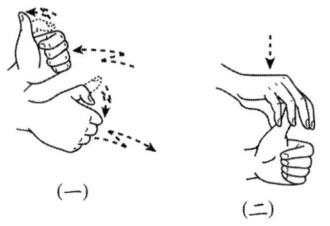
遥控 yáokòng
　　(一)双手伸拇指,边弯动边前后交替微转两下手腕,模仿操纵遥控器的动作。
　　(二)左手伸拇指;右手五指微曲,掌心向下,罩向左手拇指。
　　(可根据实际表示遥控物件的状态)

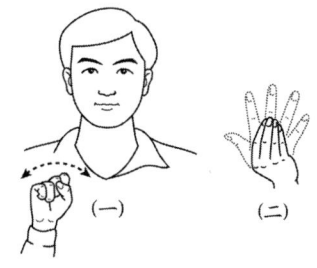
瑶族 Yáozú
　　(一)一手握拳,手背向内,左右摇动两下。
　　(二)一手五指张开,指尖朝上,然后撮合。

咬 yǎo

一手五指微曲，指尖朝前，置于嘴前，然后边向前微移边虚握，如咬物状。

（可根据实际表示咬的动作）

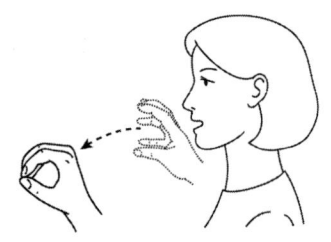

舀 yǎo

一手虚握，从下向上移动，如舀水状。

（可根据实际表示舀的动作）

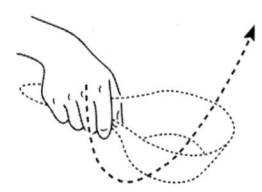

药（服药、吃药） yào (fúyào、chīyào)

口张开，一手拇、食指捏成小圆形，从嘴部移向喉部，如吃药片状。

药方（处方） yàofāng (chǔfāng)

（一）口张开，一手拇、食指捏成小圆形，从嘴部移向喉部。

（二）双手拇、食指搭成"□"形。

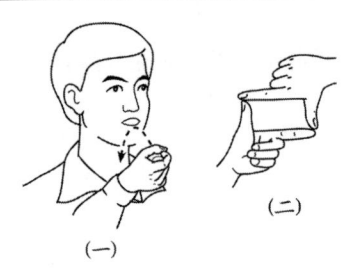

药房 yàofáng

（一）口张开，一手拇、食指捏成小圆形，从嘴部移向喉部。

（二）双手搭成"∧"形。

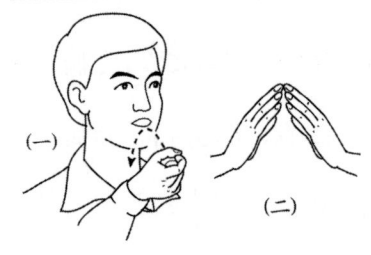

药膏 yàogāo

左手横伸；右手在左手背上做挤药膏的动作，表示抹在皮肤上的药膏（表示用在其他部位的药膏时，先打出该部位的手势，再在该部位做挤药膏的动作）。

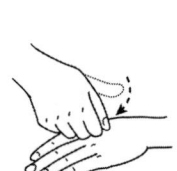

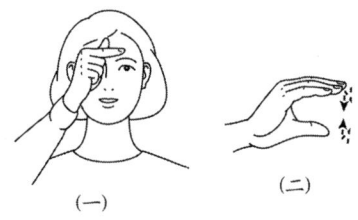

药棉 yàomián
（一）一手拇、食指搭成"十"字形，置于前额。
（二）一手五指成"冂"形，虎口朝内，轻捏几下。

 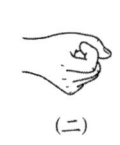

药片 yàopiàn
（一）口张开，一手拇、食指捏成小圆形，从嘴部移向喉部。
（二）一手拇、食指捏成小圆形，虎口朝上。

药水 yàoshuǐ
（一）口张开，一手拇、食指捏成小圆形，从嘴部移向喉部。
（二）一手伸食指，指尖贴于下嘴唇。

要（需要②、须要） yào (xūyào ②、xūyào)
一手平伸，掌心向上，向后移动一下。

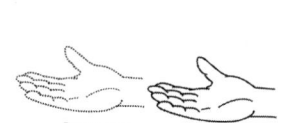

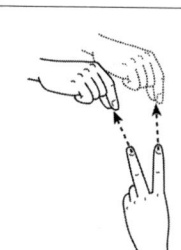

要么……要么……①（是……还是……②）
yào·me…yào·me…①(shì…háishì…②)
左手食、中指直立分开，掌心向内；右手拇、食指先向上揪一下左手食指，再向上揪一下左手中指，眼睛注视对方。

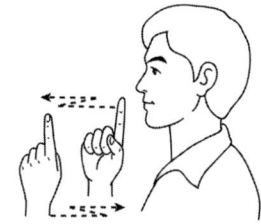

要么……要么……② yào·me…yào·me…②
双手食指直立，掌心左右相对，前后交替移动，眼睛注视对方。

钥匙 yào·shi
左手侧立；右手拇、食指相捏，在左手掌心上转动一下。

耶稣 Yēsū
双手直立，掌心左右相对，右手中指先点一下左手掌心，左手中指再点一下右手掌心。

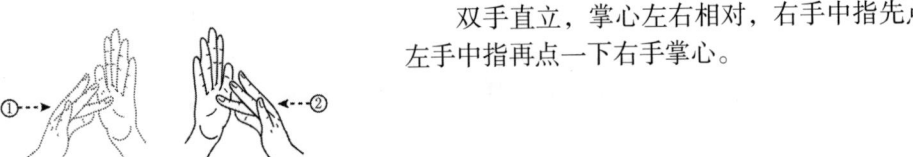

椰汁 yēzhī
（一）双手五指微曲，掌心斜向相对，置于肩头一侧，上下晃动两下。

（二）左手五指微曲，虎口朝后上方；右手拇、食指相捏，置于嘴前，嘴做吸吮的动作。

（可根据实际表示喝椰汁的动作）

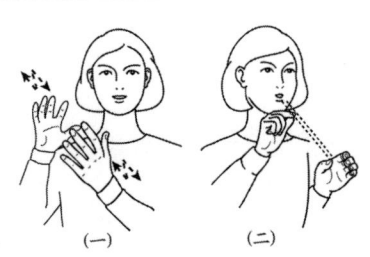

椰子 yē·zi
（一）双手拇、食指成大圆形，虎口朝上，同时向上移动。

（二）双手五指微曲，掌心斜向相对，置于肩头一侧，上下晃动两下。

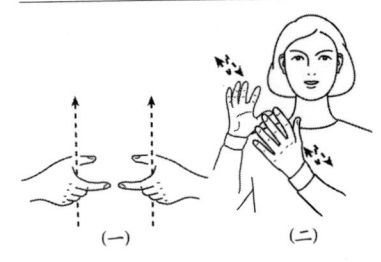

爷爷（祖父） yé·ye (zǔfù)
一手打手指字母"Y"的指式，手背向外，从颏部向下移动两下。

也 yě
一手伸拇、小指，拇指尖朝内，手背向上，向前移动一下。

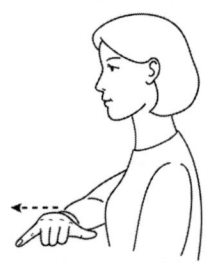

也门 Yěmén

一手伸拇、小指，手背向外，在腰部一侧向下移动一下。（此为国外聋人手语）

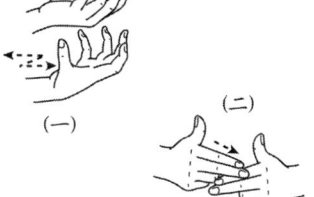

冶金（冶炼） yějīn（yěliàn）

（一）双手平伸，五指微曲，指尖朝上，左手在上不动，右手在左手下前后移动两下。

（二）双手伸拇、食、中指，食、中指并拢，交叉相搭，右手中指蹭一下左手食指。

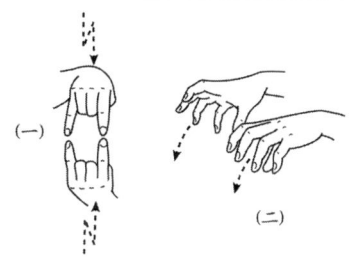

野兽 yěshòu

（一）双手伸食、小指，指尖上下相对，然后互碰两下，表示野兽的獠牙。

（二）双手五指弯曲，指尖朝下，如兽爪，同时向前下方按动一下。

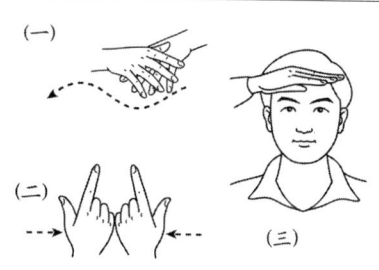

野战军 yězhànjūn

（一）双手五指张开，手背向上，交叉相搭，然后向一侧做起伏状移动，表示起伏不平的地形。

（二）双手伸拇、食指，食指尖朝上，掌心向内，小指下缘互碰一下。

（三）右手横伸，掌心向下，置于前额，表示军帽帽檐。

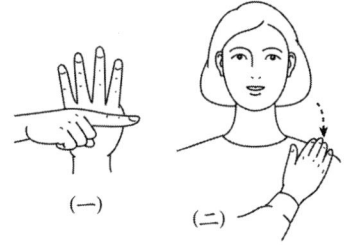

业务 yèwù

（一）左手食、中、无名、小指直立分开，手背向外；右手食指横伸，置于左手四指根部，仿"业"字形。

（二）右手拍一下左肩。

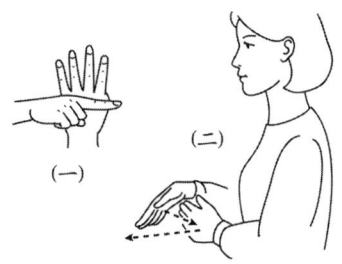

业余 yèyú

（一）左手食、中、无名、小指直立分开，手背向外；右手食指横伸，置于左手四指根部，仿"业"字形。

（二）左手横立；右手拍一下左手背，然后向外移。

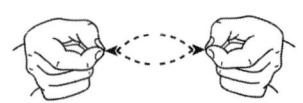

叶② yè②
　　双手拇、食指张开，指尖相对，虎口朝上，边向两侧移动边相捏，仿叶子状。

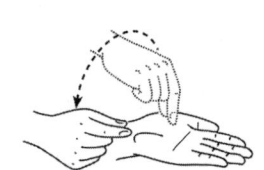

页 yè
　　左手平伸；右手拇、食指相捏，从左手掌心上做向右翻页的动作。

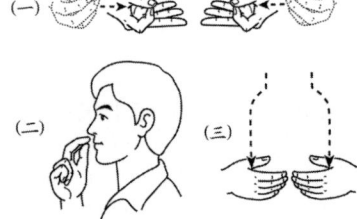

液化气罐（气瓶） yèhuàqìguàn（qìpíng）
　　（一）双手五指撮合，指尖左右相对，手背向下，边向中间移动边伸出中、无名、小指，表示燃气灶打着火苗。
　　（二）一手打手指字母"Q"的指式，指尖朝内，置于鼻孔处。
　　（三）双手五指弯曲，掌心左右相对，虎口朝上，然后做上小下大的移动，仿煤气罐外形。

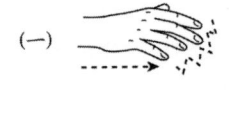
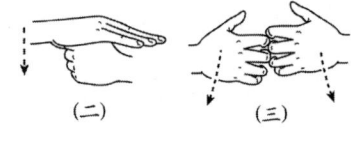

液压机 yèyājī
　　（一）一手横伸，掌心向下，五指张开，边交替点动边向一侧移动。
　　（二）左手握拳，手背向外，虎口朝上；右手横伸，掌心向下，置于左手虎口上，并向下一压。
　　（三）双手五指弯曲，食、中、无名、小指关节交错相触，向下转动一下。

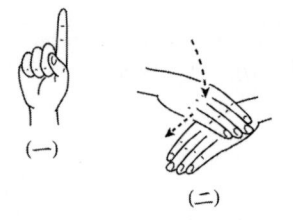

一般 yībān
　　（一）一手食指直立，掌心向外。
　　（二）左手横伸；右手平伸，掌心向下，边拍一下左手背边向右移动。

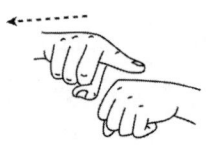

一刹那 yīchànà
　　左手握拳，手背向上；右手伸食指，指尖朝前，在左拳上方迅速向右划动一下。

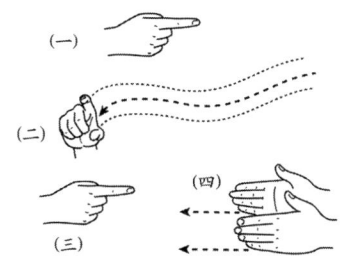

一带一路 yī dài yī lù

（一）一手食指横伸，手背向外。
（二）一手拇、食指张开，指尖朝前，从左向右做曲线形移动。
（三）一手食指横伸，手背向外。
（四）双手侧立，掌心相对，向前移动。

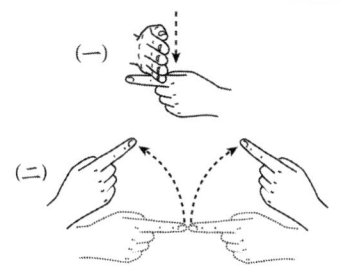

一刀两断 yīdāo-liǎngduàn

（一）左手食指横伸，手背向外；右手侧立，向左手食指中部一切。
（二）双手食指横伸，指尖相对，手背向外，同时向上一挑。

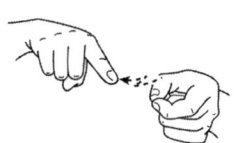

一分 yīfēn

左手拇、食指捏成圆形，虎口朝上；右手伸食指，指尖朝前，手背向上，边蹭左手拇指尖边向右微动两下，表示一分钱（表示两分钱时，右手伸食、中指，指尖朝前，手背向上，边蹭左手拇指尖边向右微动两下，以此类推）。

一个月 yīgèyuè

左手伸拇、食指，虎口朝上，手背向外；右手伸食指，指尖在左手虎口内划一下，然后直立，手背向外（表示两个月时，右手伸食、中指，指尖在左手虎口内划一下，然后直立，手背向外，以此类推）。

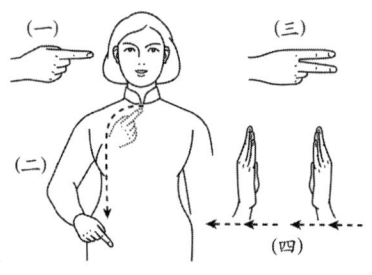

一国两制 yī guó liǎng zhì

（一）一手食指横伸，手背向外。
（二）一手伸食指，自咽喉部顺肩胸部划至右腰部，以民族服装"旗袍"的前襟线表示中国。
（三）一手食、中指横伸分开，手背向外。
（四）双手直立，掌心左右相对，向一侧一顿一顿移动几下。

一会儿 yīhuìr

一手拇、食指相捏，指尖朝上，左右微晃几下。

一技之长　yījìzhīcháng

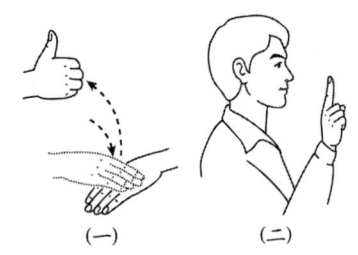

（一）左手横伸，掌心向下；右手拍一下左手背，再伸出拇指。
（二）一手食指直立，掌心向外。

一季度　yījìdù

左手握拳，手背向外；右手食指横伸，手背向外，在左手食指根部关节处向右划一下（表示二季度时，右手食、中指横伸分开，手背向外，在左手食指根部关节处向右划一下，以此类推）。

一见钟情　yījiàn-zhōngqíng

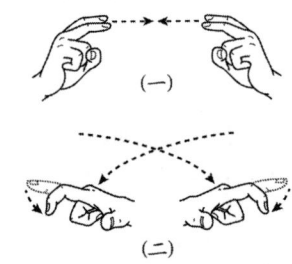

（一）双手食、中指微曲，指尖左右相对，从两侧向中间移动。
（二）双手伸拇、食指，手背向上，边左右互换位置边食指弯动一下，表示相互看中的意思。

一角　yījiǎo

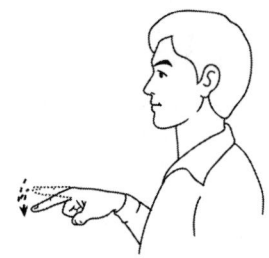

一手伸食指，指尖朝前，向下点两下（表示两角钱时，一手伸食、中指，指尖朝前，向下点两下，以此类推）。

一举两得　yījǔ-liǎngdé

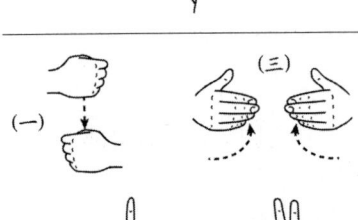

（一）双手握拳，一上一下，右拳向下砸一下左拳。
（二）一手食指直立，掌心向外。
（三）双手横立，掌心向内，五指微曲，从外向内收进。
（四）一手食、中指直立分开，掌心向外。

一窍不通　yīqiào-bùtōng

右手直立，掌心向左，五指并拢，在脸部正中从上向下划一下，再转腕，掌心向右，从上向下划一下。

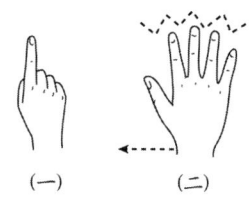

一些① yīxiē ①

（一）一手食指直立，手背向外。
（二）一手直立，手背向外，五指张开，边交替点动边向一侧微移。

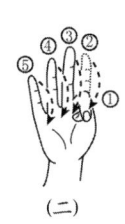

一些② yīxiē ②

（一）一手食指直立，掌心向外。
（二）一手直立，掌心向外，五指张开，依次弯动拇、食、中、无名、小指。

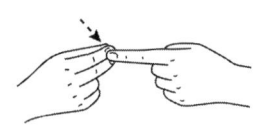

一星期（一周） yīxīngqī（yīzhōu）

左手食指横伸，手背向外；右手拇、食、中指相捏，碰一下左手食指（表示两周时，左手食、中指横伸分开，手背向外；右手拇、食、中指相捏，碰一下左手食指，以此类推）。

一氧化碳 yīyǎnghuàtàn

左手打手指字母"C"的指式；右手打手指字母"O"的指式，表示一氧化碳的化学分子式。

一元 yīyuán

一手食指直立，掌心向内，从颏部向外移出少许（表示两元钱时，一手食、中指直立分开，掌心向内，从颏部向外移出少许，以此类推）。

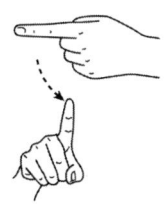

一月（一月份） yīyuè（yīyuèfèn）

左手食指横伸，手背向外；右手伸食指，指尖朝前，在左手下向左一撇，表示"月"字的左边一撇（表示二月份时，左手食、中指横伸分开，手背向外；右手伸食指，指尖朝前，在左手下向左一撇，以此类推）。

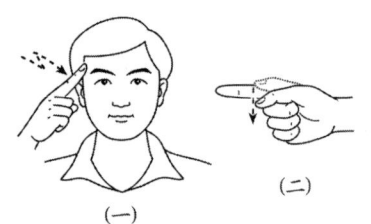

一知半解 yīzhī-bànjiě

（一）一手伸食指，点两下太阳穴。
（二）一手食指横伸，手背向外，拇指在食指中部划一下。

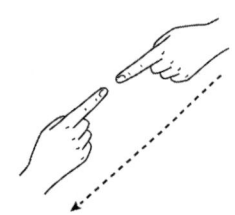

一直（继续、进行） yīzhí (jìxù、jìnxíng)

双手伸食指，指尖斜向相对，同时向斜下方移动。

伊拉克 Yīlākè

右手直立，掌心向左，拇指外侧碰两下前额。
（此为国外聋人手语）

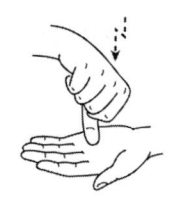

伊朗 Yīlǎng

左手横伸；右手伸拇指，指尖朝下，向下碰两下左手掌心。
（此为国外聋人手语）

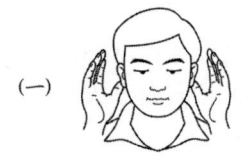

伊斯兰教 Yīsīlánjiào

（一）双手直立，掌心左右相对，五指微曲，拇指尖抵于耳垂后部。
（二）双手五指撮合，指尖相对，手背向外，在胸前向前晃动两下。

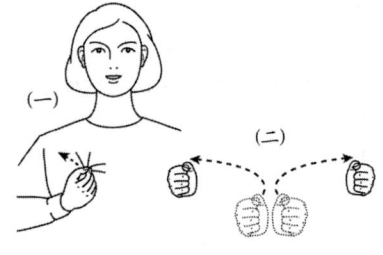

衣橱（衣柜） yīchú (yīguì)

（一）一手拇、食指揪一下胸前衣服。
（二）双手虚握，虎口朝上，从中间向两侧做弧形移动，模仿开柜门的动作。
（可根据实际表示开柜门的动作）

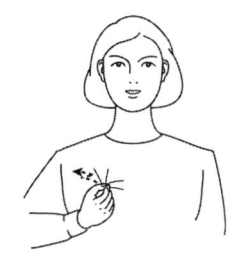

衣服（布） yī·fu (bù)

一手拇、食指揪两下胸前衣服。

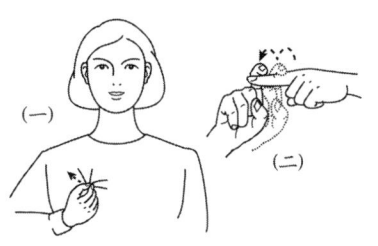

衣架 yījià

（一）一手拇、食指揪一下胸前衣服。

（二）左手食指横伸，手背向上；右手食指弯曲如钩，向左手食指挂几下。

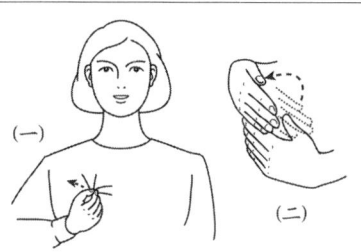

衣箱 yīxiāng

（一）一手拇、食指揪一下胸前衣服。

（二）左手五指成"匚"形，虎口朝上；右手横伸，掌心向下，置于左手虎口上，然后向上翻动，如打开箱盖状。

（可根据实际表示箱子的大小）

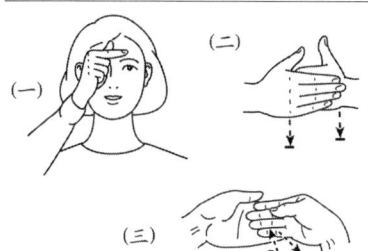

医保卡 yībǎokǎ

（一）一手拇、食指搭成"十"字形，置于前额。

（二）左手伸拇指；右手横立，掌心向内，五指微曲，置于左手前，然后双手同时向下一顿。

（三）左手横立，掌心向内，五指并拢，在前不动；右手五指撮合，指背贴一下左手掌心，然后移开，模仿刷卡的动作。

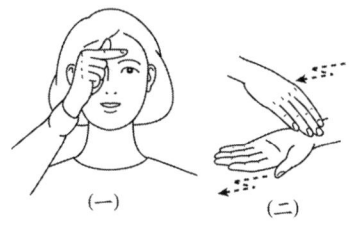

医疗 yīliáo

（一）一手拇、食指搭成"十"字形，置于前额。

（二）左手平伸，掌心向上；右手五指并拢，食、中、无名指指尖按于左手腕的脉门处，双手同时向前移动两下。

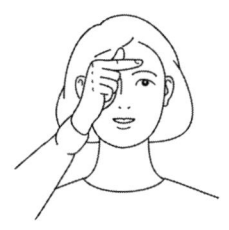

医生（大夫） yīshēng (dài·fu)

一手拇、食指搭成"十"字形，置于前额。

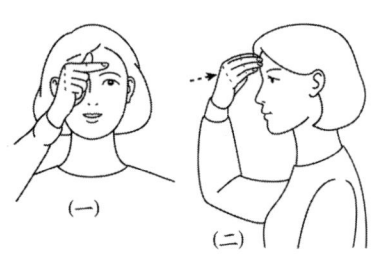

医学 yīxué
（一）一手拇、食指搭成"十"字形，置于前额。
（二）一手五指撮合，指尖朝内，按向前额。

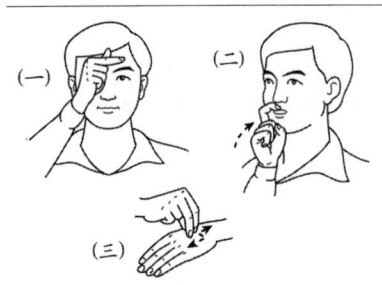

医用酒精 yīyòng jiǔjīng
（一）一手拇、食指搭成"十"字形，置于前额。
（二）一手打手指字母"J"的指式，移向嘴部，如喝酒状。
（三）左手横伸；右手拇、食、中指相捏，指尖朝下，在左手背上擦几下，如抹碘酒状。

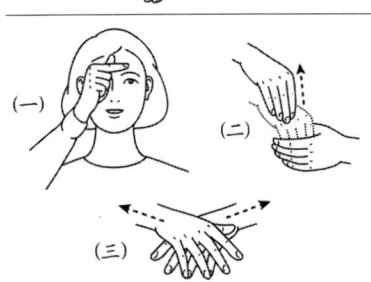

医用纱布 yīyòng shābù
（一）一手拇、食指搭成"十"字形，置于前额。
（二）左手五指成"匚"形，虎口朝上；右手五指撮合，指尖朝下，从左手虎口内抽出。
（三）双手五指张开，手背向上，交叉相搭，然后向两侧拉开，表示纱布网眼。

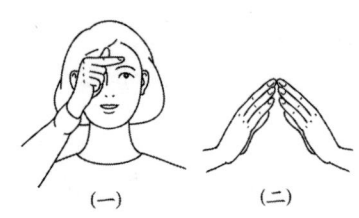

医院 yīyuàn
（一）一手拇、食指搭成"十"字形，置于前额。
（二）双手搭成"∧"形。

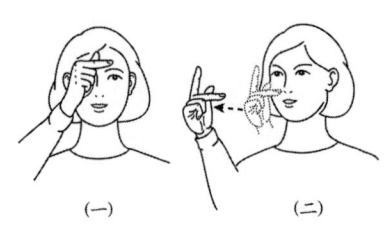

医嘱 yīzhǔ
（一）一手拇、食指搭成"十"字形，置于前额。
（二）右手打手指字母"K"的指式，中指尖朝左，从嘴部向前移出。

依靠（依托） yīkào（yītuō）
双手伸拇指，右手向左转动，拇指靠向左手拇指。

仪表 yíbiǎo

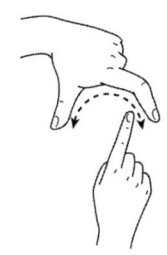

左手拇、食指成"∩"形,虎口朝右前方;右手伸食指,在左手虎口下左右摆动,如仪表指针显示状。
(可根据实际表示仪表的形状)

仪器 yíqì

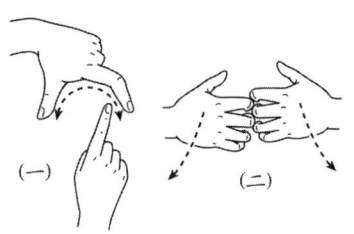

(一)左手拇、食指成"∩"形,虎口朝右前方;右手伸食指,在左手虎口下左右摆动。
(二)双手五指弯曲,食、中、无名、小指关节交错相触,向下转动一下。
(可根据实际表示仪器的形状)

仪仗队 yízhàngduì

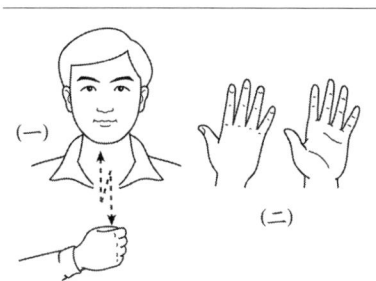

(一)一手虚握,虎口朝上,在胸前上下动两下,如仪仗队指挥手持仪仗指挥奏乐状。
(二)双手直立,五指张开,一前一后排成一列。

姨父 yí·fu

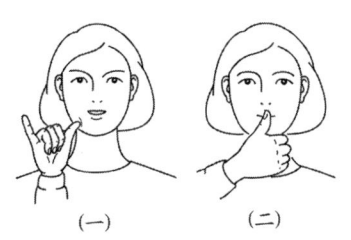

(一)一手打手指字母"Y"的指式,置于颊部一侧。
(二)右手伸拇指,指尖左侧贴在嘴唇上。

姨母(姨妈) yímǔ(yímā)

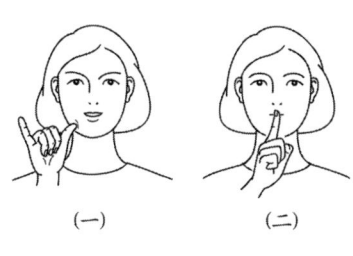

(一)一手打手指字母"Y"的指式,置于颊部一侧。
(二)右手食指直立,指尖左侧贴在嘴唇上。

胰腺 yíxiàn

右手打手指字母"Y"的指式,拇指尖朝上,手背向外,置于胰腺部位;左手拇、食指微张,沿右手小指尖边向左移动边相捏,仿胰腺外形。

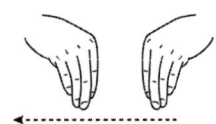

移动 yídòng

双手五指撮合,指尖朝下,从一侧向另一侧移动。(可根据实际表示移动的动作)

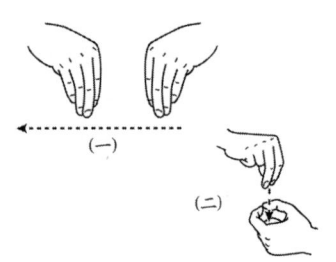

移植 yízhí

(一)双手五指撮合,指尖朝下,从一侧向另一侧移动。
(二)左手拇、食指捏成圆形,虎口朝上;右手拇、食、中指相捏,指尖朝下,插入左手虎口内。

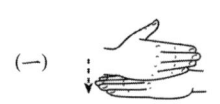
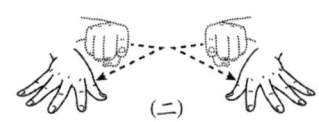

遗产❶(遗物) yíchǎn ❶ (yíwù)

(一)左手横伸;右手横立,掌心向内,置于左手背上,然后向下一按。
(二)双手食指指尖朝前,手背向上,先互碰一下,再分开并张开五指。
(此手势表示家庭或个人留下的遗产)

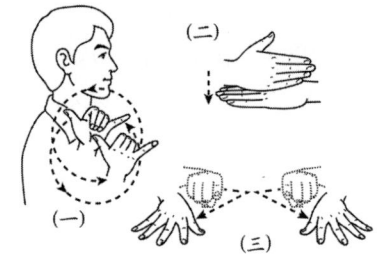

遗产❷ yíchǎn ❷

(一)双手伸拇、小指,指尖朝上,交替向肩后转动。
(二)左手横伸;右手横立,掌心向内,置于左手背上,然后向下一按。
(三)双手食指指尖朝前,手背向上,先互碰一下,再分开并张开五指。
(此手势表示历史留下的文化遗产)

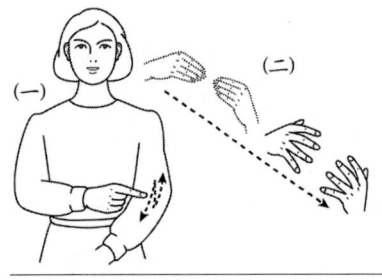

遗传 yíchuán

(一)右手伸食指,在左臂处上下划动几下。
(二)双手五指撮合,指尖斜向相对,边向斜下方移动边张开。

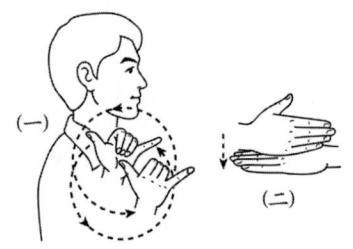

遗存(遗留) yícún (yíliú)

(一)双手伸拇、小指,指尖朝上,交替向肩后转动。
(二)左手横伸;右手横立,掌心向内,置于左手背上,然后向下一按。

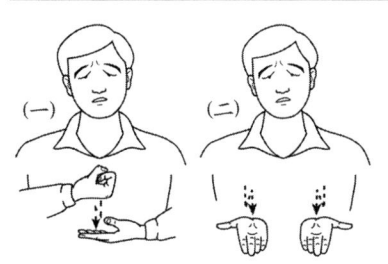

遗憾 yíhàn

（一）左手横伸；右手握拳，手背在左手掌心上轻捶两下，面露遗憾的表情。

（二）双手平伸，掌心向上，向下颠动两下，面露遗憾的表情。

（可根据实际表示遗憾的样子）

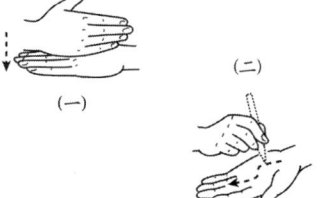

遗书（遗嘱①） yíshū（yízhǔ①）

（一）左手横伸；右手横立，掌心向内，置于左手背上，然后向下一按。

（二）左手横伸；右手如执笔状，在左手掌心上做写字的动作。

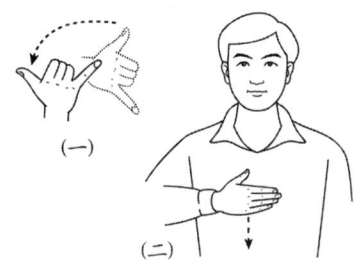

遗体 yítǐ

（一）右手伸拇、小指，先直立，再向右转腕。

（二）一手掌心贴于胸部，向下移动一下。

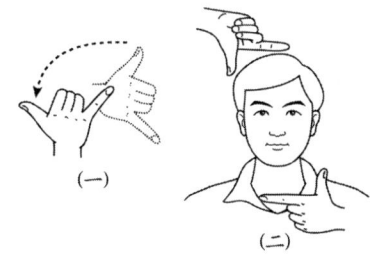

遗像 yíxiàng

（一）右手伸拇、小指，先直立，再向右转腕。

（二）双手伸拇、食指，一上一下，分别置于头上下两侧，表示头像照片。

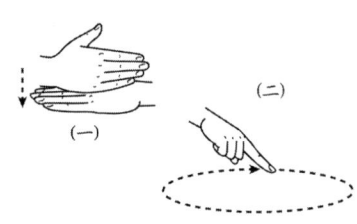

遗址 yízhǐ

（一）左手横伸；右手横立，掌心向内，置于左手背上，然后向下一按。

（二）一手伸食指，指尖朝下划一大圈。

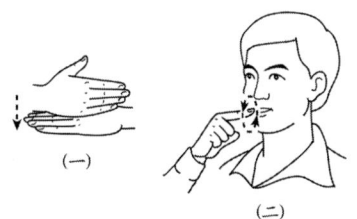

遗嘱②（遗言） yízhǔ②（yíyán）

（一）左手横伸；右手横立，掌心向内，置于左手背上，然后向下一按。

（二）一手食指横伸，在嘴前前后转动两下。

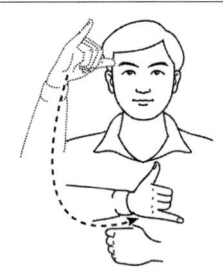

颐和园 Yíhéyuán

左手握拳，虎口朝上；右手伸拇、小指，拇指尖抵于太阳穴，小指尖朝前，然后向下移动，手腕砸一下左手虎口，表示颐和园的铜牛。

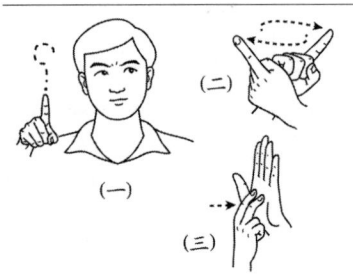

疑问代词 yíwèn dàicí

（一）一手伸食指，指尖朝前，书空"？"，面露疑问的表情。

（二）双手伸食指，手腕交叉相贴，然后前后转动，互换位置。

（三）左手直立，掌心向外；右手食、中指弯曲，指尖朝内，点一下左手掌心。

彝族 Yízú

（一）右手五指成半圆形，掌心向外，置于头一侧，边向右前上方做弧形移动边握拳，仿彝族男士头饰上的英雄结。

（二）一手五指张开，指尖朝上，然后撮合。

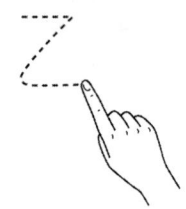

乙 yǐ

一手伸食指，指尖朝前，书空"乙"字。

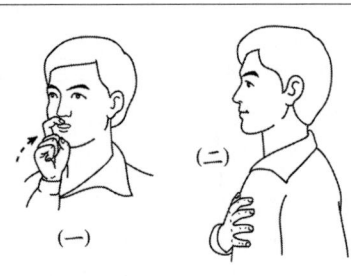

乙醇（酒精） yǐchún (jiǔjīng)

（一）一手打手指字母"J"的指式，移向嘴部，如喝酒状。

（二）一手五指微曲张开，掌心贴于胸部。

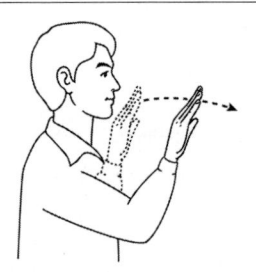

以后（将来） yǐhòu (jiānglái)

一手直立，掌心向外，向前挥动一下。

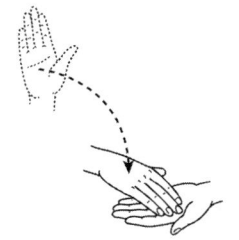

以来（从来） yǐlái (cónglái)

左手横伸；右手直立，掌心向外，从后向下拍向左手掌心。

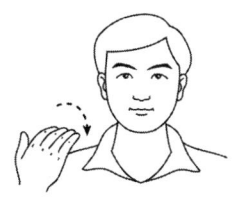

以前（曾经、过去、先前）
yǐqián (céngjīng、guòqù、xiānqián)

一手直立，掌心向内，向肩后挥动一下。

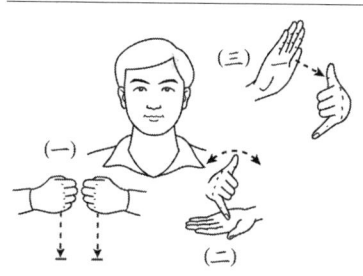

以强凌弱 yǐqiáng-língruò

（一）双手握拳屈肘，在身体右侧同时用力向下一顿。
（二）左手横伸，置于身体左侧；右手伸拇、小指，小指尖抵于左手掌心，左右晃动。
（三）左手伸拇、小指，手背向左；右手直立，掌心向左，用力拍向左手拇指，表示强者欺负弱者。

以色列 Yǐsèliè

一手小指直立，手背向外，在嘴角两侧分别向下划动一下。

（此为国外聋人手语）

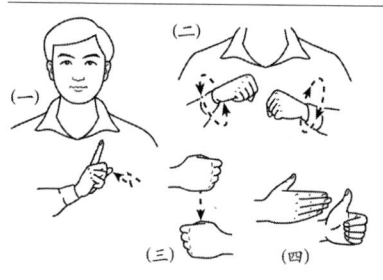

以身作则 yǐshēn-zuòzé

（一）右手食指直立，虎口朝内，碰两下左胸部。
（二）双手握拳屈肘，前后交替转动两下。
（三）双手握拳，一上一下，右拳向下砸一下左拳。
（四）左手伸拇指；右手侧立，指向左手拇指。

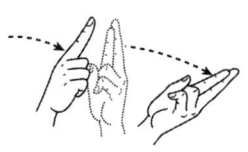

以一当十（以少胜多） yǐyī-dāngshí (yǐshǎo-shèngduō)

左手食、中指直立相叠，手背向外；右手食指直立，向前敲一下左手食指，左手随之向外倾斜。

椅子　yǐ·zi

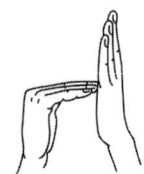

左手直立，掌心向右；右手五指与手掌成"⌐"形，指尖抵于左手掌心，仿椅子形状。

义务　yìwù

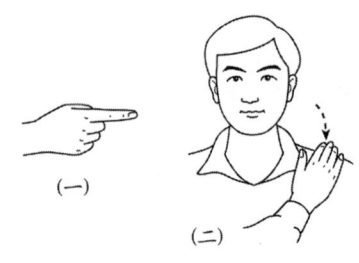

（一）一手食指横伸，手背向外。"一"与"义"音近，借代（或一手伸食指，指尖朝前，书空"义"字）。
（二）右手拍一下左肩。

艺术　yìshù

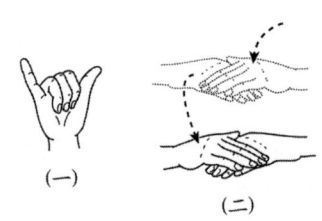

（一）一手打手指字母"Y"的指式。
（二）双手横伸，掌心向下，互拍手背。

议会　yìhuì

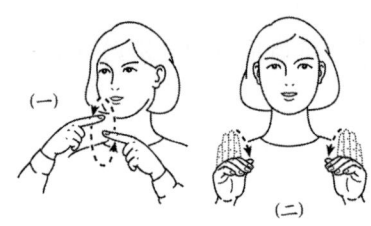

（一）双手食指横伸，在嘴前前后交替转动两下。
（二）双手直立，掌心分别向左右斜前方，食、中、无名、小指弯动一下。

议价　yìjià

（一）左手拇、食指捏成圆形，虎口朝上；右手伸食指，敲一下左手拇指。
（二）双手五指撮合，指尖前后相对，手背向下，上下交替移动两下。

议论文　yìlùnwén

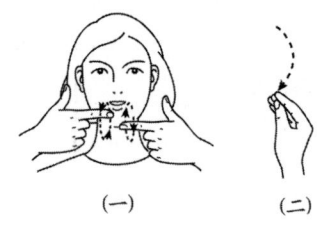

（一）双手伸拇、食指，食指尖左右相对，手背向外，在嘴前前后交替转动两下。
（二）一手五指撮合，指尖朝前，撇动一下，如执毛笔写字状。

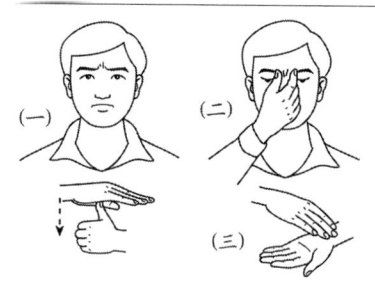

抑郁症 yìyùzhèng

（一）左手伸拇指，手背向外，置于胸部；右手横伸，掌心向下，置于左手拇指上，然后向下微压，面露抑郁的表情。

（二）一手拇、食指在眉间相捏，两眉紧皱。

（三）左手平伸，掌心向上；右手五指并拢，食、中、无名指指尖按于左手腕的脉门处。

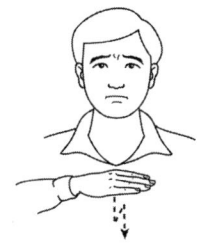

抑制 yìzhì

一手横伸，掌心向下，自胸部向下按动两下，表示情绪被压制住。

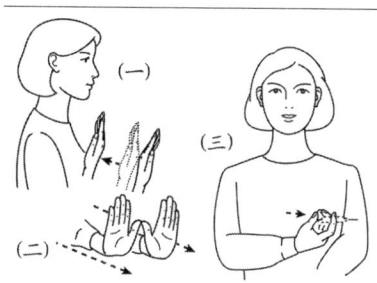

疫苗（预防针） yìmiáo (yùfángzhēn)

（一）双手直立，手背前后相贴，左手在前不动，右手向后移动。

（二）双手直立，掌心向外一推。

（三）右手拇、食、中指在左臂上做注射的动作。

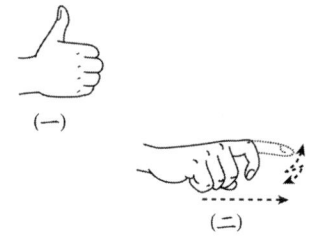

益虫 yìchóng

（一）一手伸拇指。

（二）一手食指横伸，手背向上，边弯动边向一侧移动。

意大利 Yìdàlì

右手拇、食指弯曲，指尖朝前，虎口朝上，从上向下做曲线形移动，表示意大利版图。

（此为国外聋人手语）

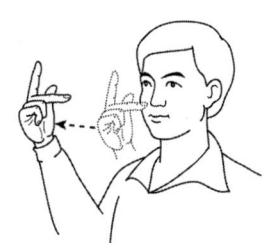

意见（主张） yì·jiàn (zhǔzhāng)

右手打手指字母"K"的指式，中指尖朝左，从嘴部向前移出。

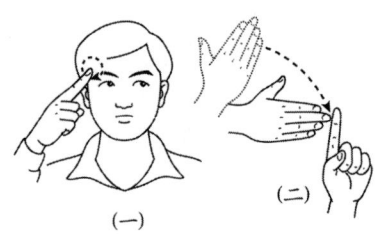

意料之中 yìliàozhīzhōng

（一）一手伸食指，在太阳穴前后转动一（或两）圈，面露思考的表情。

（二）左手食指直立；右手食、中、无名、小指并拢，指尖朝前上方，然后向下一划，指向左手食指。

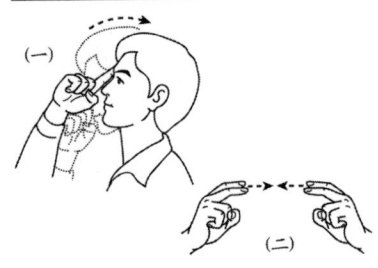

意识❷ yì·shí ❷

（一）一手食指抵于太阳穴，头同时微抬。

（二）双手食、中指微曲，指尖左右相对，从两侧向中间移动。

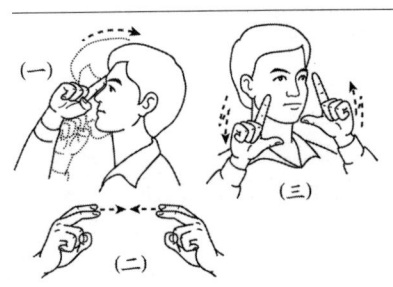

意识形态 yì·shí xíngtài

（一）一手食指抵于太阳穴，头同时微抬。

（二）双手食、中指微曲，指尖左右相对，从两侧向中间移动。

（三）双手拇、食指成"⌊⌋"形，置于脸颊两侧，上下交替动两下。

意思 yì·si

一手平伸，手背向下，拇、中指先相捏，然后弹动两下。

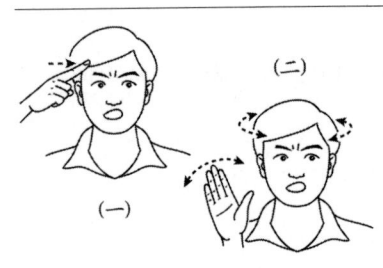
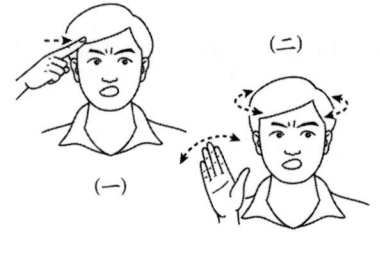

意外（没想到、竟然） yìwài (méixiǎngdào、jìngrán)

（一）一手伸食指，点一下太阳穴，面露惊奇的表情。

（二）一手直立，掌心向外，左右摆动几下，同时摇头。

意义 yìyì

一手食指横伸，手背向外，再向一侧移动一下。"一"与"意""义"音近，借代。

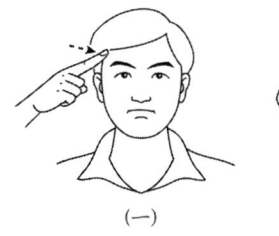

意志 yìzhì

（一）一手伸食指，点一下太阳穴。
（二）一手握拳，虎口朝后上方。

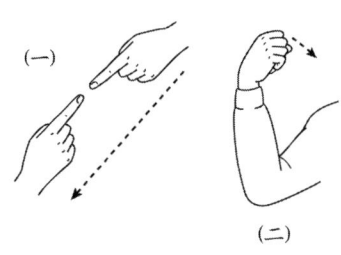

毅力 yìlì

（一）双手伸食指，指尖斜向相对，同时向斜下方移动。
（二）一手握拳屈肘，用力向内弯动一下。

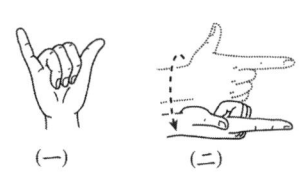

因为①（由于①） yīn·wèi① (yóuyú①)

（一）一手打手指字母"Y"的指式。
（二）一手伸拇、食指，食指尖朝前，然后转腕，手背向下。

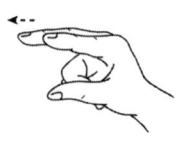

因为②（由于②） yīn·wèi② (yóuyú②)

一手拇、食、中指叉开，拇指在下，成"∴"形，指尖朝前点一下，仿数学"因为"符号。

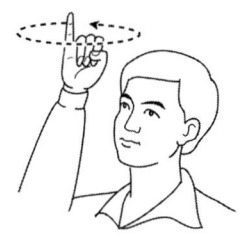

阴 yīn

一手伸小指，指尖朝上，在头前上方转动一圈，头同时微抬，表示阴天。

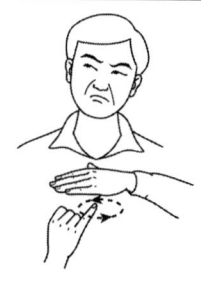

阴谋（阴险） yīnmóu (yīnxiǎn)

左手横伸，置于胸前；右手伸小指，指尖朝上，在左手掌心下转动两圈，面带坏相。

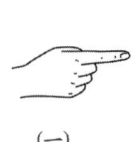 

阴性 yīnxìng

（一）一手食指横伸，手背向外。

（二）左手食指直立；右手食、中指横伸，指背交替弹左手食指背。

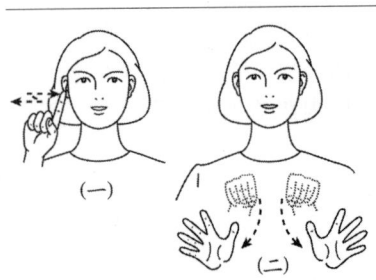

音响 yīnxiǎng

（一）一手食指直立，掌心向外，在耳边左右晃动两下。

（二）双手五指撮合，指尖朝前，置于胸前，然后边向前移动边张开，表示音响喇叭震响。

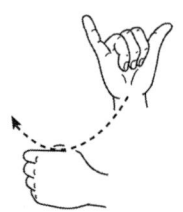

银❶ yín ❶

左手握拳，虎口朝上；右手打手指字母"Y"的指式，手腕砸一下左手虎口后向前移动，表示银的声母。

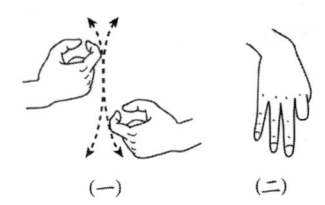

银川 Yínchuān

（一）双手拇、食指成圆形，指尖稍分开，虎口朝上，食指上下交替互碰两下。

（二）一手中、无名、小指分开，指尖朝下，手背向外，仿"川"字形。

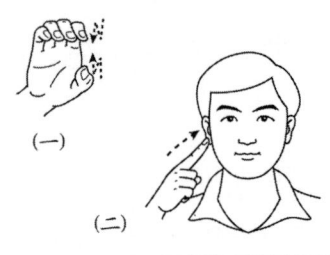 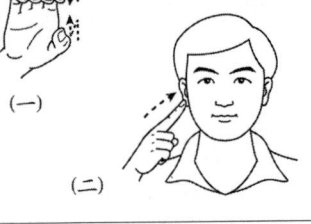

银耳（白木耳） yín'ěr (báimù'ěr)

（一）一手五指弯曲，掌心向外，指尖弯动两下。

（二）一手伸食指，指一下耳朵。

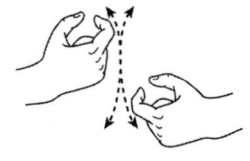

银行（银❷、金融） yínháng (yín❷、jīnróng)

双手拇、食指成圆形，指尖稍分开，虎口朝上，食指上下交替互碰两下。

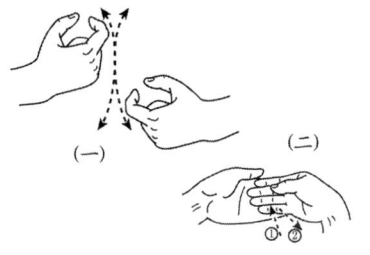

银行卡 yínhángkǎ

（一）双手拇、食指成圆形，指尖稍分开，虎口朝上，食指上下交替互碰两下。

（二）左手横立，掌心向内，五指并拢，在前不动；右手五指撮合，指背贴一下左手掌心，然后移开，模仿刷卡的动作。

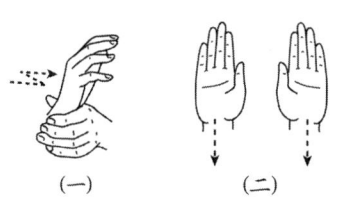

银幕 yínmù

（一）左手五指成半圆形，虎口朝上；右手五指弯曲，指尖朝前，手腕碰两下左手虎口。

（二）双手直立，掌心向外，从上向下移动。
（可根据实际表示银幕的样子）

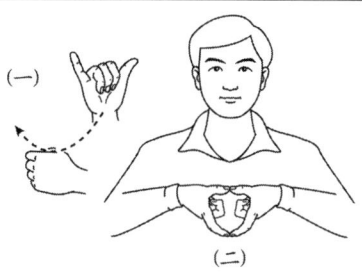

银牌 yínpái

（一）左手握拳，虎口朝上；右手打手指字母"Y"的指式，手腕砸一下左手虎口后向前移动。

（二）双手拇、食指搭成圆形，虎口朝外，置于胸前。

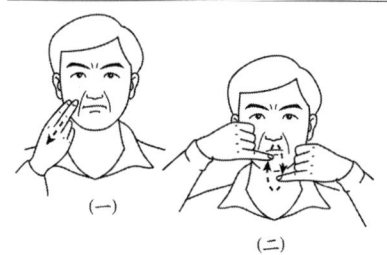

淫秽（色情） yínhuì (sèqíng)

（一）一手打手指字母"H"的指式，摸一下脸颊。

（二）双手小指横伸，手背向外，前后交替转动两下。

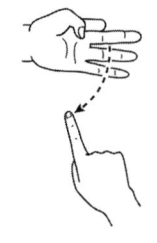

尹 Yǐn

左手中、无名、小指横伸分开，手背向外；右手伸食指，指尖朝前，从左手中指向下一划，仿"尹"字形，表示姓氏"尹"。

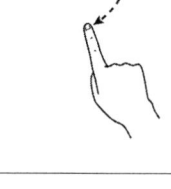

引（吸引、勾引、引诱） yǐn (xīyǐn、gōuyǐn、yǐnyòu)

一手食指弯曲，手背向下，从外向内移动，表示吸引别人（表示被人吸引时，一手食指弯曲，手背向下，从内向外移动）。

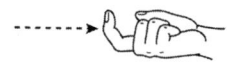

引渡　yǐndù

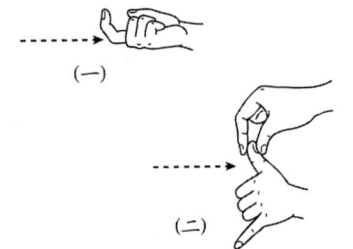

（一）一手食指弯曲，手背向下，从外向内移动。

（二）左手伸拇、小指；右手拇、食指捏住左手拇指，向一侧移动，表示将跑到国外的犯罪人员引渡回国。

引号　yǐnhào

双手伸食、中指，指尖朝前，同时手腕向内微转，仿双引号形状。

引进　yǐnjìn

双手食指弯曲，指尖上下相对，同时从外向内移动。

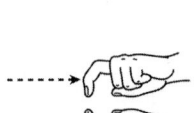

引力　yǐnlì

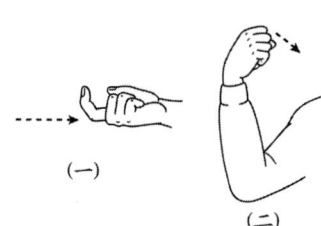

（一）一手食指弯曲，手背向下，从外向内移动。

（二）一手握拳屈肘，用力向内弯动一下。

饮料　yǐnliào

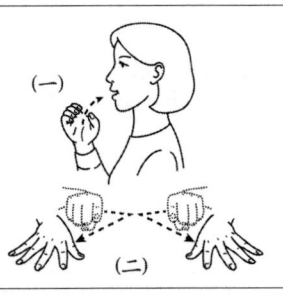

（一）一手五指成半圆形，如拿杯子状，模仿喝水的动作。

（二）双手食指指尖朝前，手背向上，先互碰一下，再分开并张开五指。

饮水机　yǐnshuǐjī

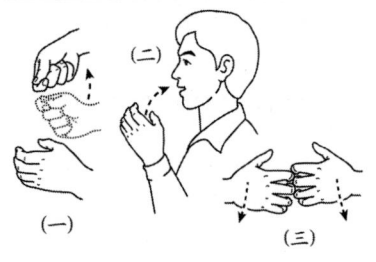

（一）左手五指成半圆形，虎口朝上；右手拇、食指相捏，置于左手上，然后手腕向上一抬，指尖朝下，如按饮水机开关状。

（二）一手五指成半圆形，如拿杯子状，模仿喝水的动作。

（三）双手五指弯曲，食、中、无名、小指关节交错相触，向下转动一下。

（可根据实际表示开饮水机龙头的动作）

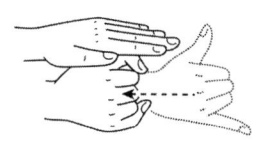

隐蔽（隐藏、躲避、逃避）
yǐnbì (yǐncáng、duǒbì、táobì)
左手平伸；右手拇、小指伸出，手背向右，边向左手掌心下移动边蜷曲。

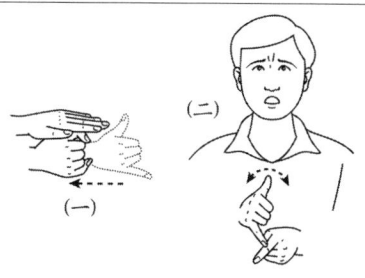

隐患 yǐnhuàn
（一）左手平伸；右手拇、小指伸出，手背向右，边向左手掌心下移动边蜷曲。
（二）左手伸食指，指尖朝前；右手伸拇、小指，小指立于左手食指上，左右晃动几下，面露害怕的表情。

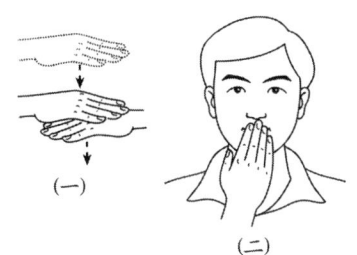

隐瞒 yǐnmán
（一）双手横伸，掌心向下，右手边拍一下左手背边向下一按。
（二）一手捂于嘴部。

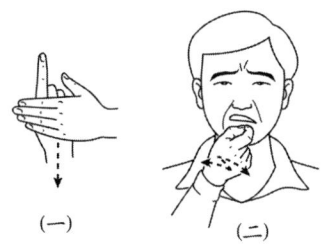

隐痛 yǐntòng
（一）左手横立；右手食指直立，在左手掌心内从上向下移动。
（二）一手拇、食指相捏，置于嘴边，左右晃动几下，面露难受的表情。

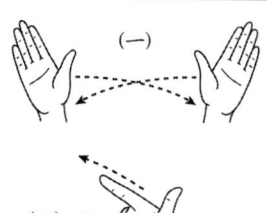

隐形飞机 yǐnxíng fēijī
（一）双手直立，掌心向外，左右交叉移动一下，表示看不见。
（二）一手伸拇、食、小指，手背向上，从低向高移动，如飞机起飞状。

瘾①（上瘾①、成瘾①） yǐn① (shàngyǐn①、chéngyǐn①)
一手五指张开，指尖贴于喉部，手背向外，边挠边握拳，面露贪婪的表情，多表示对某种食品上瘾。

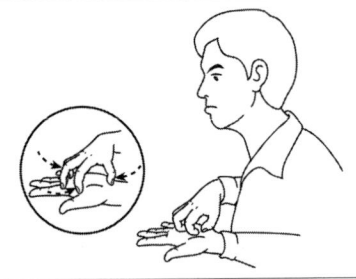

瘾②（上瘾②、成瘾②） yǐn②（shàngyǐn②、chéngyǐn②）

左手平伸，五指张开；右手五指弯曲，指尖朝下，在左手掌心上边挠边收拢，即手心痒痒，面露贪婪的表情，多表示对某种事情上瘾。

印度 Yìndù

一手伸拇指，指面向上，指尖抵于眉心。
（此为国外聋人手语）

印度尼西亚 Yìndùníxīyà

右手食、中指并拢，手背向外，从左向右做波纹状移动。
（此为国外聋人手语）

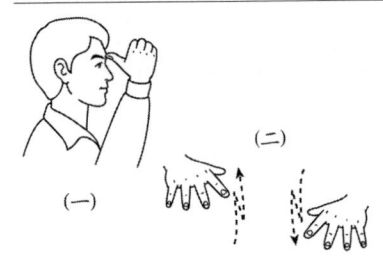

印度洋 Yìndùyáng

（一）一手伸拇指，指面向上，指尖抵于眉心。
（二）双手平伸，掌心向下，五指张开，上下交替移动，表示起伏的波浪。

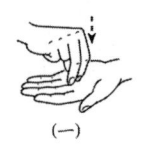 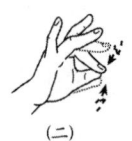

印泥 yìnní

（一）左手横伸；右手拇、食、中指相捏（或五指撮合），指尖朝下，按向左手掌心，模仿盖印章的动作。
（二）一手拇、中指相捏两下，指尖朝前。

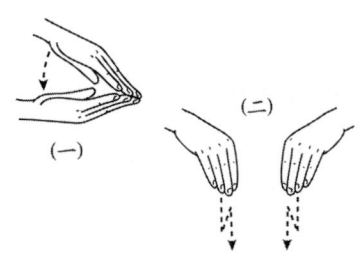

印染 yìnrǎn

（一）左手平伸，掌心向上，在下；右手斜伸，手背向前上方，指尖抵于左手指尖，然后向下一按。
（二）双手五指撮合，指尖朝下，同时向下动两下。

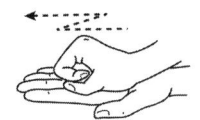

印刷 yìnshuā

左手平伸；右手握拳，手背向上，在左手掌心上向前移动两下。

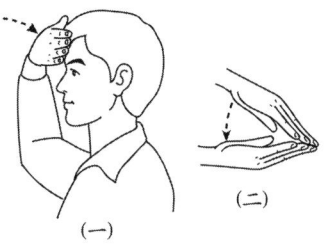

印象 yìnxiàng

（一）一手拍一下前额。

（二）左手平伸，掌心向上，在下；右手斜伸，手背向前上方，指尖抵于左手指尖，然后向下一按。

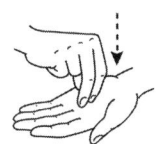

印章（印、章） yìnzhāng (yìn、Zhāng)

左手横伸；右手拇、食、中指相捏（或五指撮合），指尖朝下，按向左手掌心，模仿盖印章的动作。也用于表示姓氏"章"。

（可根据实际表示捏印章的动作）

应该 yīnggāi

一手食、中指横伸，手背向上，交替弹颏部。

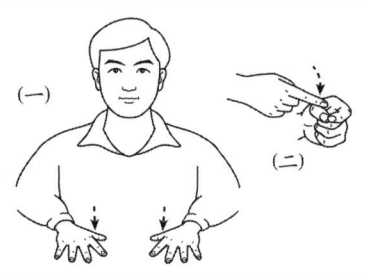

英镑 yīngbàng

（一）双手平伸，掌心向下，五指稍张开，按动一下。

（二）左手拇、食指捏成圆形，虎口朝上；右手伸食指，敲一下左手拇指。

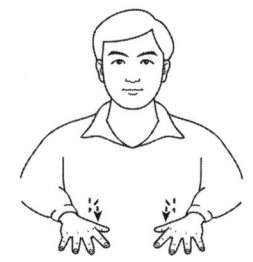

英国 Yīngguó

双手平伸，掌心向下，五指稍张开，按动两下。

（此为英国聋人手语）

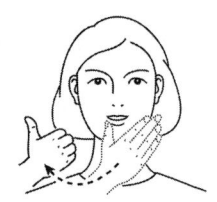

英俊 yīngjùn

一手横立,掌心向内,边从颏部向一侧移动边伸出拇指,面露羡慕的表情。

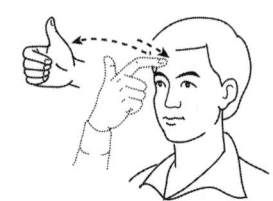

英明 yīngmíng

一手伸拇、食指,食指点一下前额,边向外移出边缩回食指。

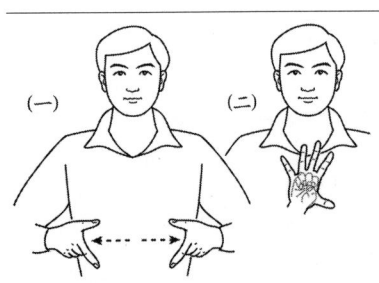

英雄 yīngxióng

(一)双手伸拇、食指,食指尖朝下,贴于腹部,然后用力向两侧拉开。
(二)一手虚握,手背向内,置于胸部正中,然后张开五指,表示佩戴的光荣花。

婴儿(宝宝) yīng'ér (bǎo·bao)

双手五指微曲,手背向外,一上一下,置于胸前,下边的手拍动两下,如拍怀抱里的婴儿状。

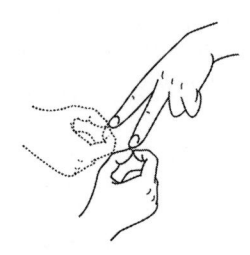
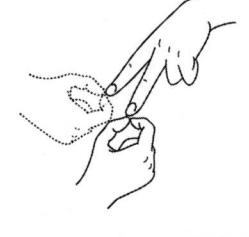

樱桃 yīng·tao

左手食、中指分开,指尖朝下;右手拇、食指捏成圆形,分别碰一下左手食、中指指尖。

鹰 yīng

一手食指弯曲如钩,指尖朝内,手背向上,手腕置于嘴部,表示鹰的喙。

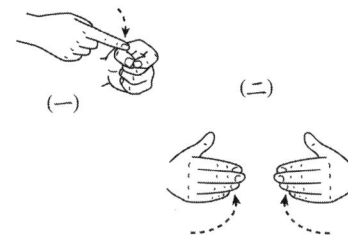

盈利 yínglì
（一）左手拇、食指捏成圆形，虎口朝上；右手伸食指，敲一下左手拇指。
（二）双手横立，掌心向内，五指微曲，从外向内收进。

萤火虫 yínghuǒchóng
双手手背上下相贴，左手食指弯曲，在下，右手五指撮合，连续做开合的动作，表示萤火虫发光。

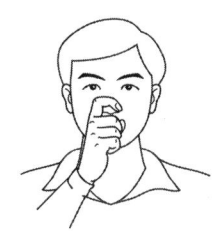

营 yíng
一手食指弯曲，虎口朝内，贴于鼻尖。

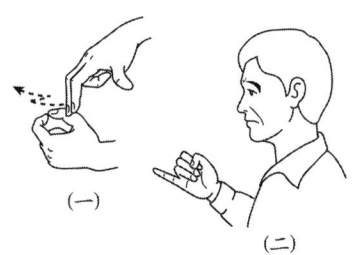

营养不良 yíngyǎng bùliáng
（一）左手拇、食指捏成圆形，虎口朝上；右手伸拇、食、中指，食、中指并拢弯曲，指尖朝下，在左手虎口处向外拨动两下。
（二）一手伸小指，指尖朝前上方。

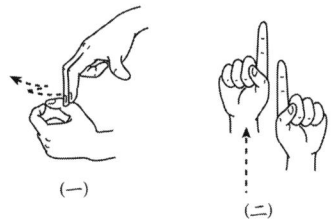

营养过剩 yíngyǎng guòshèng
（一）左手拇、食指捏成圆形，虎口朝上；右手伸拇、食、中指，食、中指并拢弯曲，指尖朝下，在左手虎口处向外拨动两下。
（二）双手食指直立，掌心向外，左手不动，右手向上动一下。

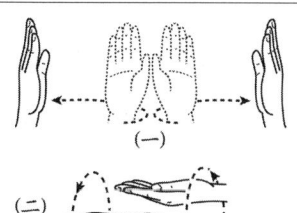

营业 yíngyè
（一）双手并排直立，掌心向外，然后向内转动90度，掌心相对。
（二）双手横伸，掌心向上，前后交替转动两下。

影碟 yǐngdié

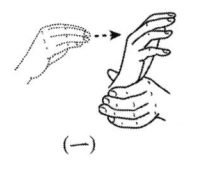
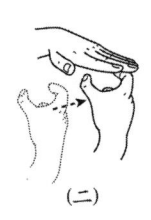

（一）左手五指成半圆形，虎口朝上；右手五指撮合，指尖朝前，边手腕碰向左手虎口边张开。

（二）左手横伸；右手拇、食指成半圆形，虎口朝上，从后向前移入左手掌心下。

影响（妨碍、耽误②、导致） yǐngxiǎng (fáng'ài、dān·wu②、dǎozhì)

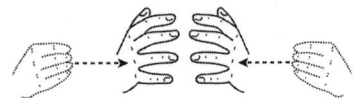

双手五指撮合，指尖左右相对，边从两侧向中间移动边张开。

（可根据实际决定手的移动方向）

硬 yìng

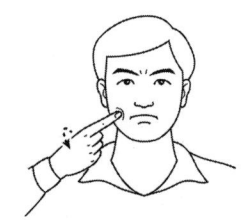

一手食指抵于脸颊，向前微转一下，同时牙关紧咬。

（可根据实际表示硬的状态）

硬件 yìngjiàn

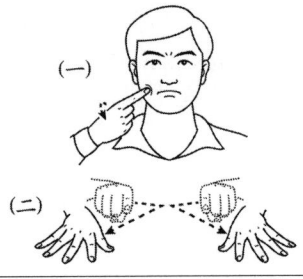

（一）一手食指抵于脸颊，向前微转一下，同时牙关紧咬。

（二）双手食指指尖朝前，手背向上，先互碰一下，再分开并张开五指。

硬盘 yìngpán

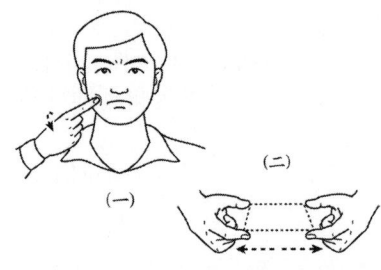

（一）一手食指抵于脸颊，向前微转一下，同时牙关紧咬。

（二）双手拇、食指张开，指尖相对，虎口朝上，从中间向两侧移动，如硬盘大小。

硬卧 yìngwò

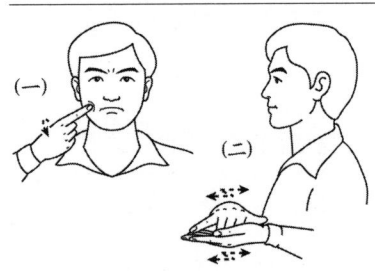

（一）一手食指抵于脸颊，向前微转一下，同时牙关紧咬。

（二）左手平伸；右手伸拇、小指，手背向上，置于左手掌心上，双手同时前后移动几下。

拥护 yōnghù

左手伸拇指；右手直立，掌心向前，五指并拢，置于左手后，向前推一下左手。

拥挤 yōngjǐ

双手五指撮合，指尖朝上，指背相抵，左右移动两下。

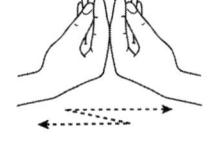

庸俗 yōngsú

（一）左手横伸；右手平伸，掌心向下，边拍一下左手背边向右移动。

（二）一手伸小指，指尖朝上，手背向外，左右晃动几下。

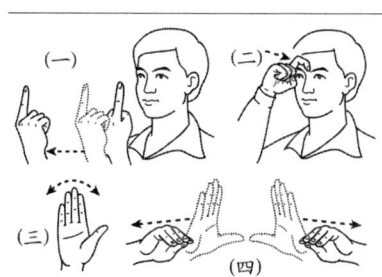

永垂不朽 yǒngchuí-bùxiǔ

（一）双手食指直立，手背向外，置于身前，左手在后不动，右手向前移动。

（二）一手打手指字母"J"的指式，碰一下前额。

（三）一手直立，掌心向外，左右摆动几下。

（四）双手直立，掌心向斜前方，拇指张开，边向两侧移动边撮合五指。

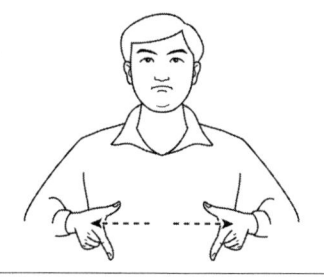

勇敢（胆量、英勇、勇于、不惧）

yǒnggǎn（dǎnliàng、yīngyǒng、yǒngyú、bùjù）

双手伸拇、食指，食指尖朝下，贴于腹部，然后用力向两侧拉开，挺胸抬头，面露坚毅的表情。

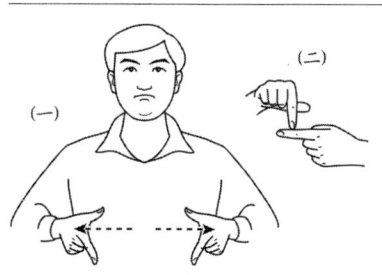

勇士 yǒngshì

（一）双手伸拇、食指，食指尖朝下，贴于腹部，然后用力向两侧拉开，挺胸抬头，面露坚毅的表情。

（二）左手食指与右手拇、食指搭成"士"字形。

蛹 yǒng

左手五指成半圆形,虎口朝外;右手伸食指,在左手掌心内弯动两下。

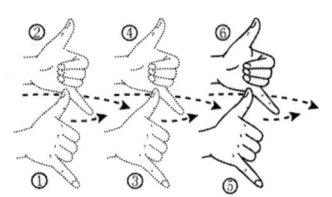

踊跃① yǒngyuè ①

双手伸拇、小指,指尖朝前,交替向前移动几下,表示踊跃参与某种活动。

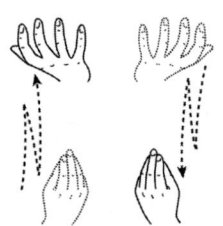

踊跃②(积极) yǒngyuè ②(jījí)

双手五指撮合,指尖朝上,边上下交替移动边开合几下,表示踊跃发言。

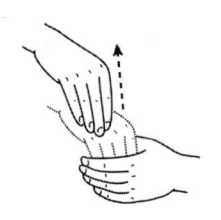
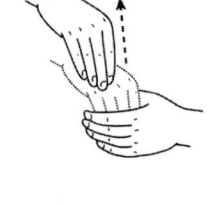

用(以) yòng (yǐ)

左手五指成"匚"形,虎口朝上;右手五指撮合,指尖朝下,从左手虎口内抽出,表示利用资源的意思。

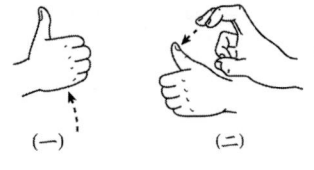

优待 yōudài

(一)一手伸拇指,向上一挑。
(二)左手伸拇指,在前;右手食、中指微曲,在后,指尖朝左手拇指点动一下。

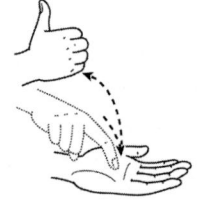

优点 yōudiǎn

左手平伸;右手伸食指,指尖朝下,点一下左手掌心后缩回,伸出拇指。

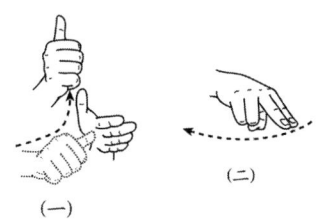

优化 yōuhuà

（一）左手侧立；右手伸拇指，边指尖顶向左手掌心边竖起。
（二）一手打手指字母"H"的指式，指尖朝前斜下方，平行划动一下。

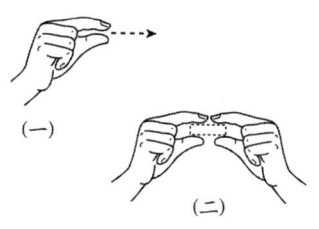

优盘（U 盘） yōupán（U pán）

（一）一手拇、食指微张，指尖朝前一插。
（二）双手拇、食指搭成"□"形，虎口朝内，如 U 盘大小。
（可根据实际表示 U 盘、移动硬盘的形状）

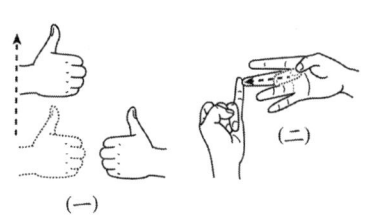

优胜劣汰 yōushèng-liètài

（一）双手伸拇指，左手不动，右手向上一挑。
（二）左手伸小指，指尖朝上；右手拇、中指相捏，中指弹一下左手小指。

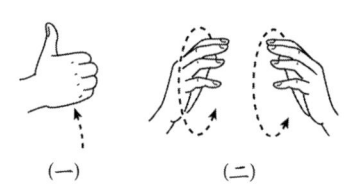

优势 yōushì

（一）一手伸拇指，向上一挑。
（二）双手五指微曲张开，掌心相对，同时向前转动一下。

优先 yōuxiān

左手伸拇指，手背向外；右手伸食指，碰两下左手拇指。

优秀 yōuxiù

左手侧立；右手伸拇指，边指尖顶向左手掌心边竖起。

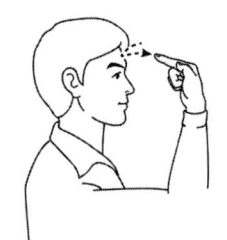

优雅（绅士❷） yōuyǎ (shēnshì ❷)

一手拇指尖按于食指根部，食指点一下前额再弹出，面露优雅的神态。

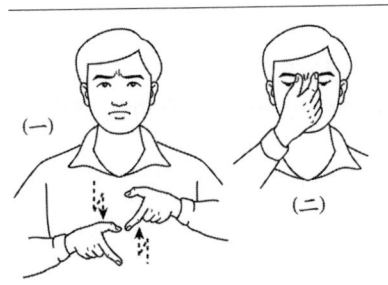

忧愁 yōuchóu

（一）双手拇、食指张开，食指尖朝下，置于胸部，然后上下交替移动。

（二）一手拇、食指在眉间相捏，两眉紧皱。

幽默（风趣） yōumò (fēngqù)

左手侧立；右手平伸，掌心向下，在左手旁向下扇动两下。

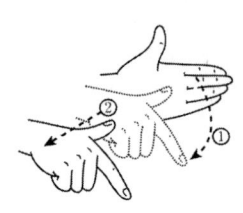

悠久 yōujiǔ

左手侧立；右手伸拇、食指，拇指尖抵于左手掌心，食指边向下转动边向右移动，表示时间很长。

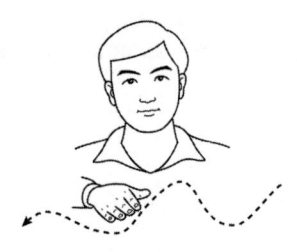

悠扬 yōuyáng

一手平伸，掌心向下，从一侧向另一侧做起伏状移动，表示抑扬顿挫的声音。

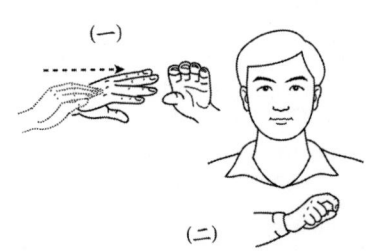

邮递员 yóudìyuán

（一）左手五指成"匚"形，虎口朝内；右手五指撮合，指尖朝前，边移向左手虎口边张开，表示投递的意思。

（二）右手拇、食指捏成圆形，虎口朝内，贴于左胸部。

邮局 yóujú

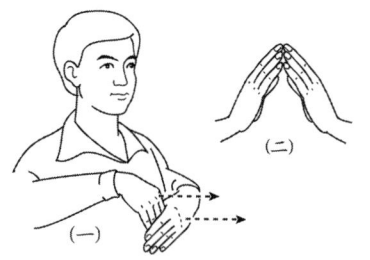

（一）左手五指成"匚"形，虎口朝上；右手五指并拢，指尖朝下，插入左手虎口内，然后双手同时向外移动。
（二）双手搭成"∧"形。

邮票 yóupiào

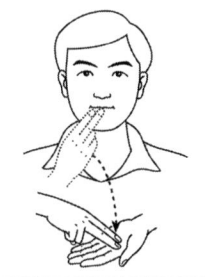

左手横伸；右手食、中指并拢，先在嘴唇上抹一下，再贴向左手掌心，模仿用唾液溶化邮票背胶后贴邮票的动作。

邮政编码 yóuzhèng biānmǎ

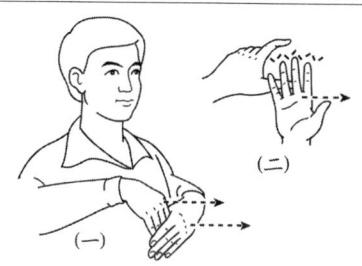

（一）左手五指成"匚"形，虎口朝上；右手五指并拢，指尖朝下，插入左手虎口内，然后双手同时向外移动。
（二）左手拇、食指成"匚"形，虎口朝内；右手直立，手背向外，五指张开，在左手"匚"形内边从左向右移动边连续点动，表示一串数码。

犹豫 yóuyù

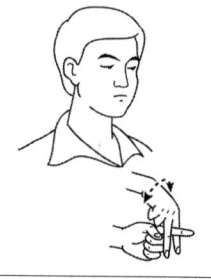

左手伸食指，指尖朝前，手背向左；右手食、中指分开，插在左手食指上，左右晃动，面露思考的表情。

油① yóu①

一手拇、食指搭成"十"字形，置于鼻翼一侧，微转两下。

油② yóu②

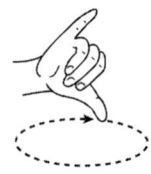

一手伸拇、小指，拇指尖朝下，转动一圈，如持油壶倒油状。既表示油的名词意思，又表示倒油的意思。

油饼 yóubǐng
（一）一手拇、食指搭成"十"字形，置于鼻翼一侧，微转两下。
（二）双手拇、食指成大圆形，虎口朝上，仿饼的外形。

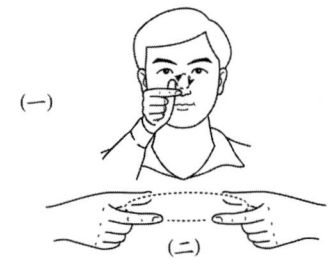

油菜 yóucài
（一）一手拇、食指搭成"十"字形，置于鼻翼一侧，微转两下。
（二）一手五指撮合，指尖朝上，边向上微移边张开。

 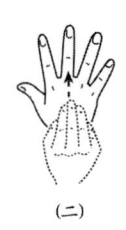

油壶 yóuhú
（一）一手拇、食指搭成"十"字形，置于鼻翼一侧，微转两下。
（二）一手伸拇、小指，指尖朝上，手背向内，然后拇指尖朝下，如倒液体状。
（可根据实际表示油壶的形状）

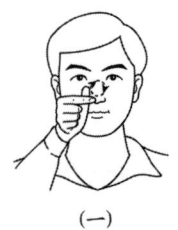 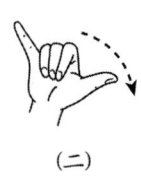

油画 yóuhuà
（一）一手拇、食指搭成"十"字形，置于鼻翼一侧，微转两下。
（二）左手横伸；右手五指撮合，指背在左手掌心上抹一下。

油漆 yóuqī
（一）一手拇、食指搭成"十"字形，置于鼻翼一侧，微转两下。
（二）左手直立，掌心向右；右手五指并拢，手背向上，指尖对着左手掌心上下移动两下，如刷油漆状。

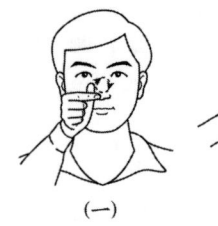

油条 yóutiáo
（一）一手拇、食指搭成"十"字形，置于鼻翼一侧，微转两下。
（二）双手拇、食、中指相捏，指尖相对，边向相反方向扭动边向两侧移动。

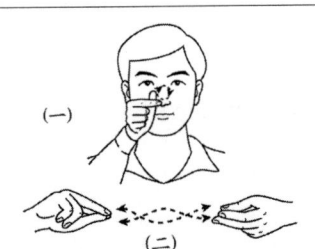

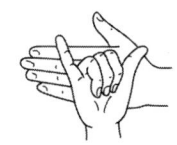

铀 yóu

左手横立；右手打手指字母"Y"的指式，手背贴于左手背，表示铀的声母。

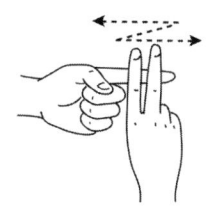

游标卡尺 yóubiāokǎchǐ

左手食指横伸，掌心向内；右手食、中指直立分开，掌心向外，贴于左手食指上，左右移动两下。

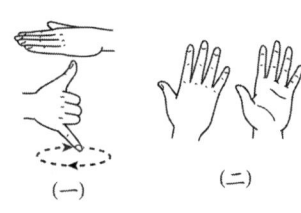

游击队 yóujīduì

（一）左手横伸；右手伸拇、小指，在左手掌心下转动两圈。

（二）双手直立，五指张开，一前一后排成一列。

游戏（游艺） yóuxì（yóuyì）

双手伸拇、小指，手腕交叉相搭，晃动几下。

游行 yóuxíng

双手五指张开，指尖朝下，手背向外，一前一后，边甩动边向前移动。

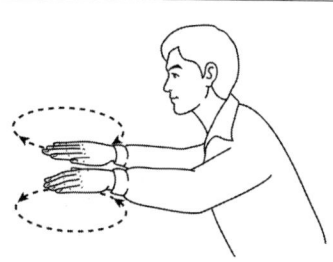

游泳（蛙泳） yóuyǒng（wāyǒng）

双手平伸，同时向两侧做划水的动作，重复一次，模仿蛙泳的动作。

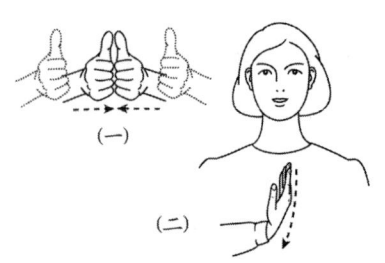

友善 yǒushàn

（一）双手伸拇指，互碰一下。

（二）右手直立，掌心向右，小指外侧贴于胸部正中，从上向下移动。

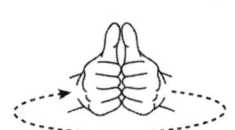

友谊 yǒuyì

双手伸拇指，靠在一起，顺时针平行转动一圈。

有 yǒu

一手伸拇、食指，手背向下，拇指不动，食指向内弯动两下。

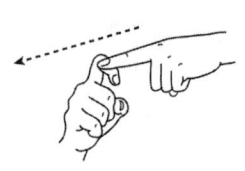

有轨电车 yǒuguǐ-diànchē

左手食指横伸，手背向上；右手食指弯曲如钩，中节指背抵于左手食指，并向右移动。

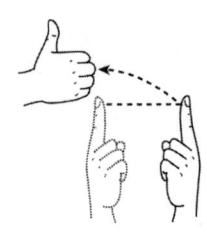

有利于 yǒulìyú

双手食指直立，指面相对，左手在前不动，右手食指碰一下左手食指，然后伸出拇指。

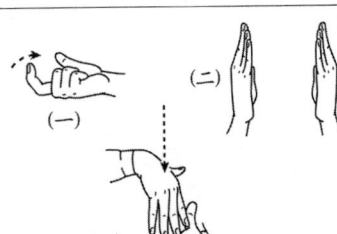

有期徒刑 yǒuqī túxíng

（一）一手伸拇、食指，手背向下，拇指不动，食指向内弯动一下。

（二）双手直立，掌心左右相对。

（三）左手伸拇、食指，食指尖朝右，手背向外；右手五指张开，指尖朝下，手背向外，从上向下移向左手食指。

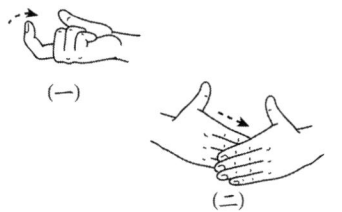

有限① yǒuxiàn ①

（一）一手伸拇、食指，手背向下，拇指不动，食指向内弯动一下。

（二）左手侧立；右手横立，掌心向内，然后移至左手并停住，表示遇到障碍。

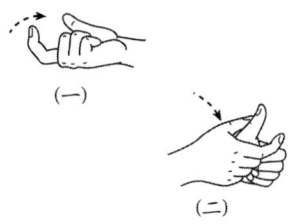

有限② yǒuxiàn ②

（一）一手伸拇、食指，手背向下，拇指不动，食指向内弯动一下。

（二）左手伸拇指；右手拇、食指张开，指尖朝前，从后向下套向左手拇指，表示限定了范围。

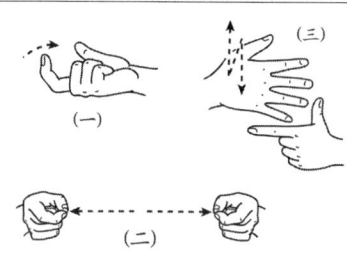

有线电视（闭路电视） yǒuxiàn diànshì (bìlù-diànshì)

（一）一手伸拇、食指，手背向下，拇指不动，食指向内弯动一下。

（二）双手拇、食指相捏，虎口朝上，从中间向两侧拉开。

（三）左手伸拇、食指，食指尖朝右，手背向外；右手横立，手背向外，五指张开，在左手食指上方上下晃动几下。

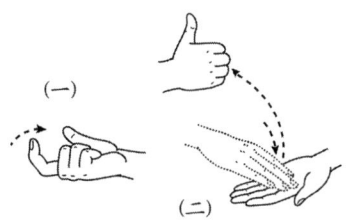

有效① yǒuxiào ①

（一）一手伸拇、食指，手背向下，拇指不动，食指向内弯动一下。

（二）左手横伸，掌心向上；右手先拍一下左手掌，再伸出拇指。

（"有效"的手语存在地域差异，可根据实际选择使用）

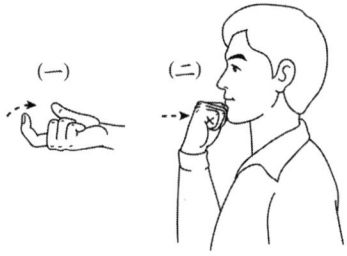

有效② yǒuxiào ②

（一）一手伸拇、食指，手背向下，拇指不动，食指向内弯动一下。

（二）一手握拳，手背向外，碰一下颏部。

（"有效"的手语存在地域差异，可根据实际选择使用）

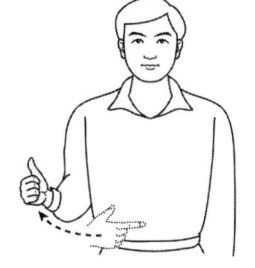

有用① yǒuyòng ①

一手伸拇、食指，食指尖朝内，点一下腹部，然后边向外移动边缩回食指。

（"有用"的手语存在地域差异，可根据实际选择使用）

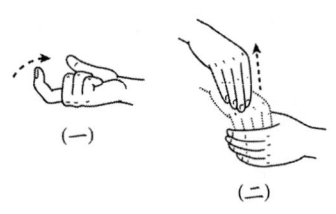

有用② yǒuyòng ②

（一）一手伸拇、食指，手背向下，拇指不动，食指向内弯动一下。

（二）左手五指成"匚"形，虎口朝上；右手五指撮合，指尖朝下，从左手虎口内抽出。

（"有用"的手语存在地域差异，可根据实际选择使用）

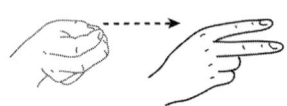

又（再、还） yòu (zài、hái)

右手拇、食、中指相捏，手背向外，边向左移动边伸出食、中指。

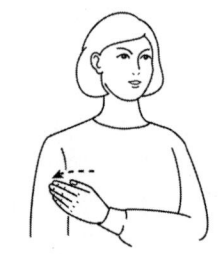

右（右面、右边） yòu (yòumiàn、yòu·bian)

左手拍一下右臂（或一手伸食指，向右一指）。

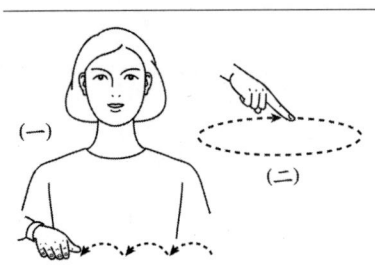

幼儿园 yòu'éryuán

（一）一手平伸，掌心向下，边向一侧移动边按动几下，表示有许多儿童。

（二）一手伸食指，指尖朝下划一大圈。

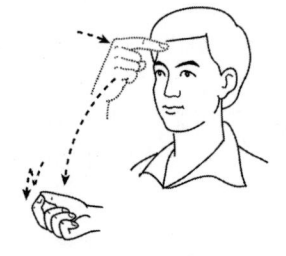

幼稚① yòuzhì ①

一手伸食指，点一下前额，然后边向下移动边拇、食指相捏，指尖朝上，向下晃动两下，表示头脑简单幼稚的意思。

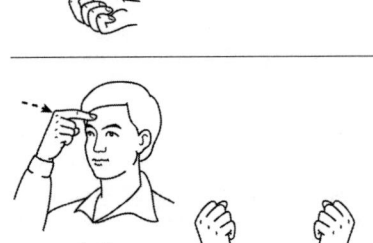

幼稚②（天真） yòuzhì ②（tiānzhēn）

（一）一手伸食指，点一下前额。

（二）双手虚握，虎口朝上，同时平行转动几下，如转拨浪鼓玩具状。

（此手势表示幼儿天真幼稚的意思）

诱导（引导❷） yòudǎo (yǐndǎo❷)

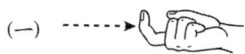
（一）一手食指弯曲，手背向下，从外向内移动。

（二）左手伸拇指；右手伸食指，指尖朝前，在左手拇指后左右移动。

于❶ Yú❶

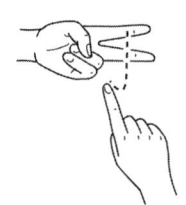
左手食、中指横伸分开，掌心向内；右手伸食指，在左手两指上书空"丁"，仿"于"字形，表示姓氏"于"。

鱼（俞） yú (Yú)

一手横立，手背向外，向一侧做曲线形移动（或一手侧立，向前做曲线形移动），如鱼游动状；也用于表示姓氏"俞"。

鱼叉 yúchā

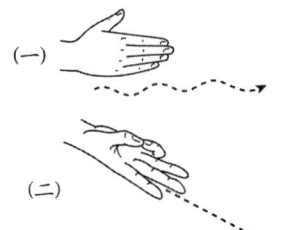
（一）一手横立，手背向外，向一侧做曲线形移动（或一手侧立，向前做曲线形移动），如鱼游动状。
（二）一手食、中、无名指分开，指尖朝前下方一叉，手背向下。

鱼饵 yú'ěr

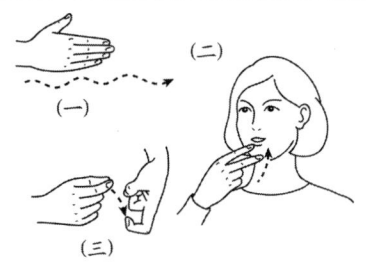
（一）一手横立，手背向外，向一侧做曲线形移动（或一手侧立，向前做曲线形移动），如鱼游动状。
（二）一手伸食、中指，向嘴边拨动，如用筷子吃饭状。
（三）左手食指弯曲如钩，虎口朝外；右手拇、食指捏成圆形，套向左手食指。

鱼钩 yúgōu

（一）一手横立，手背向外，向一侧做曲线形移动（或一手侧立，向前做曲线形移动），如鱼游动状。
（二）一手食指弯曲如钩，虎口朝外。

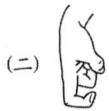

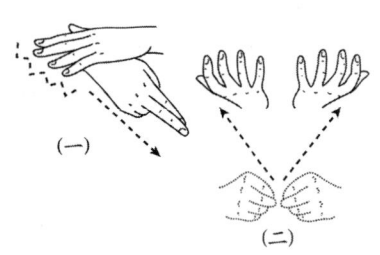

鱼雷 yúléi

（一）左手横伸，五指张开，交替点动几下；右手食、中指相叠，指尖朝前，在左手掌心下快速向前移动。

（二）双手虚握，虎口朝上，然后迅速向上弹起并张开五指。

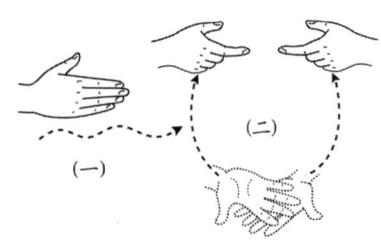

鱼篓 yúlǒu

（一）一手横立，手背向外，向一侧做曲线形移动（或一手侧立，向前做曲线形移动），如鱼游动状。

（二）双手五指张开，掌心向上，交叉相搭，然后边向上移动边双手拇、食指成大圆形，虎口朝上，如鱼篓状。

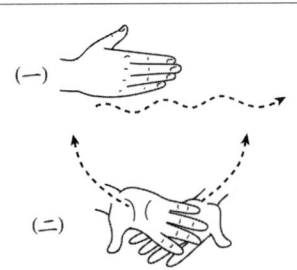

渔网 yúwǎng

（一）一手横立，手背向外，向一侧做曲线形移动（或一手侧立，向前做曲线形移动），如鱼游动状。

（二）双手五指张开，掌心向上，交叉相搭，然后向上做弧形移动，如渔网状。

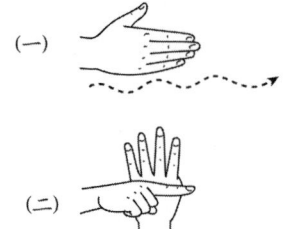

渔业 yúyè

（一）一手横立，手背向外，向一侧做曲线形移动（或一手侧立，向前做曲线形移动），如鱼游动状。

（二）左手食、中、无名、小指直立分开，手背向外；右手食指横伸，置于左手四指根部，仿"业"字形。

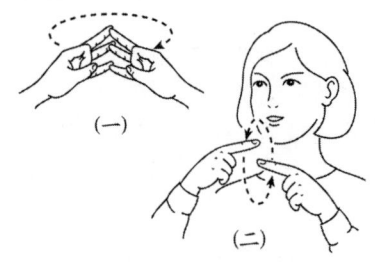

舆论 yúlùn

（一）双手中、无名、小指指尖斜向相抵，虎口朝上，顺时针转动一圈。

（二）双手食指横伸，在嘴前前后交替转动两下。

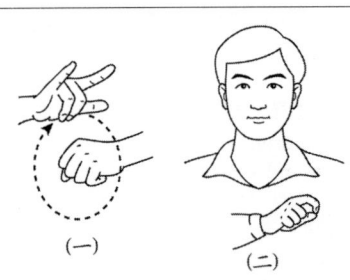

宇航员 yǔhángyuán

（一）左手握拳，手背向上；右手伸拇、食、小指，手背向上，绕左手前后转动一圈。

（二）右手拇、食指捏成圆形，虎口朝内，贴于左胸部。

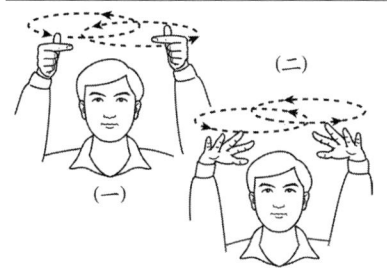

宇宙（太空） yǔzhòu (tàikōng)

（一）双手拇、食指搭成"十"字形，在头前上方交替平行转动两下，表示茫茫星海。

（二）双手平伸，掌心向下，五指张开，在头前上方交替平行转动两下。

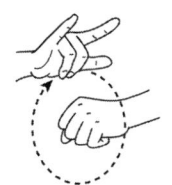

宇宙飞船 yǔzhòu fēichuán

左手握拳，手背向上；右手伸拇、食、小指，手背向上，绕左手前后转动一圈。

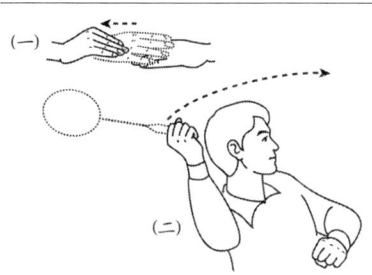

羽毛球 yǔmáoqiú

（一）左手横伸；右手五指在左手背上轻捋一下，如摸毛絮状。

（二）一手虚握，向前挥动，模仿打羽毛球的动作。

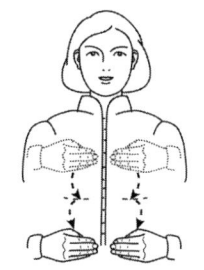

羽绒服 yǔróngfú

双手横立，手背拱起，从胸部向腹部做起伏状移动。

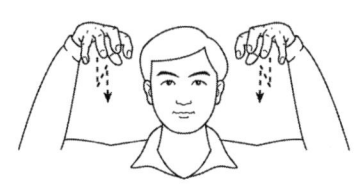

雨 yǔ

双手五指微曲，指尖朝下，在头前快速向下动几下，表示雨点落下。

（可根据实际决定动作的力度）

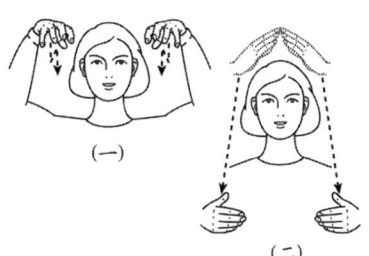

雨披 yǔpī

（一）双手五指微曲，指尖朝下，在头前快速向下动几下，表示雨点落下。

（二）双手搭成"∧"形，置于头上方，然后边向身体两侧下方移动边变为手横立，掌心向内，如穿雨披状。

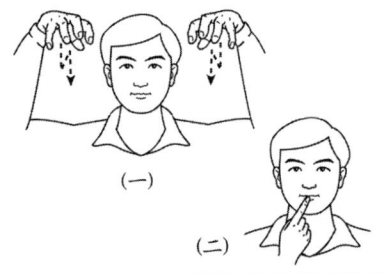

雨水 yǔshuǐ

（一）双手五指微曲，指尖朝下，在头前快速向下动几下，表示雨点落下。

（二）一手伸食指，指尖贴于下嘴唇。

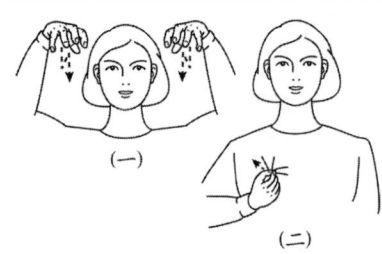

雨衣 yǔyī

（一）双手五指微曲，指尖朝下，在头前快速向下动几下，表示雨点落下。

（二）一手拇、食指揪一下胸前衣服。

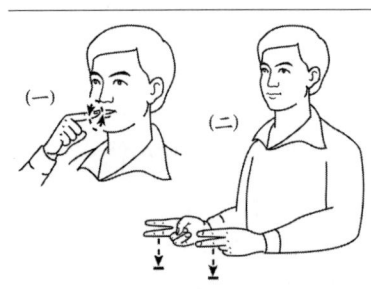

语法 yǔfǎ

（一）一手食指横伸，在嘴前前后转动两下。

（二）双手打手指字母"F"的指式，指尖朝前，向下一顿。

语气词 yǔqìcí

（一）一手食指横伸，在嘴前前后转动两下。

（二）一手打手指字母"Q"的指式，指尖朝内，置于鼻孔处。

（三）左手直立，掌心向外；右手食、中指弯曲，指尖朝内，点一下左手掌心。

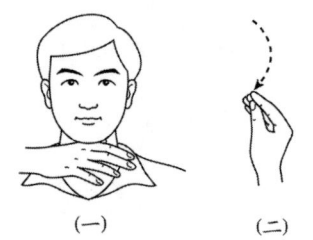

语文 yǔwén

（一）一手横伸，手背贴于颌部下方，五指微曲张开。

（二）一手五指撮合，指尖朝前，撇动一下，如执毛笔写字状。

玉米（玉） yùmǐ (yù)

一手五指撮合，置于嘴前，前后转动，如吃玉米状；也用于表示玉石。

芋头（芋艿） yù·tou (yùnǎi)

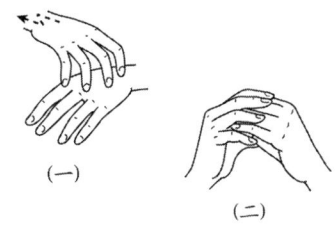

（一）左手横伸，五指微曲张开；右手五指弯曲，在左手背上挠几下。
（二）左手五指撮合，虎口朝内；右手握住左手，虎口朝内，仿芋头形状。

育人 yùrén

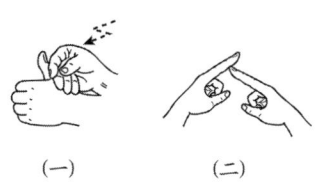

（一）左手伸拇指；右手五指撮合，指背碰两下左手拇指背。
（二）双手食指搭成"人"字形。

育种 yùzhǒng

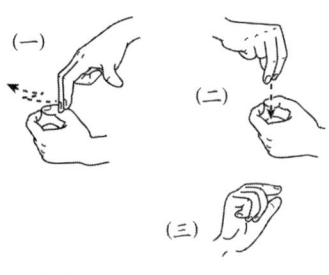

（一）左手拇、食指捏成圆形，虎口朝上；右手伸拇、食、中指，食、中指并拢弯曲，指尖朝下，在左手虎口处向外拨动两下。
（二）左手拇、食指捏成圆形，虎口朝上；右手拇、食、中指相捏，指尖朝下，插入左手虎口内。
（三）一手拇、食指微张，指尖朝前，如种子粒大小。

浴液 yùyè

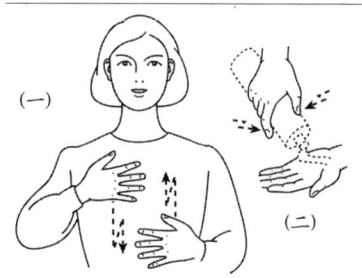

（一）双手五指张开，掌心贴于胸部，上下交替移动几下。
（二）左手横伸，掌心向上；右手五指弯曲，虎口朝左下方，做从瓶子中挤液体的动作。
（可根据实际表示手持浴液容器的动作）

预备役 yùbèiyì

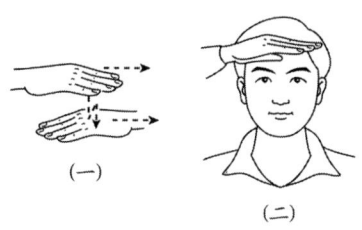

（一）双手横伸，掌心向下，边右手掌拍左手背边双手同时向左移动。
（二）右手横伸，掌心向下，置于前额，表示军帽帽檐。

预测 yùcè

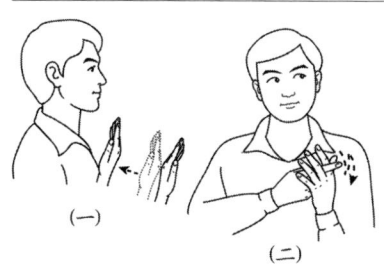

（一）双手直立，手背前后相贴，左手在前不动，右手向后移动。
（二）左手直立，手背向外，五指张开；右手食指在左手食、中指指缝间点动两下，面露思考的表情。

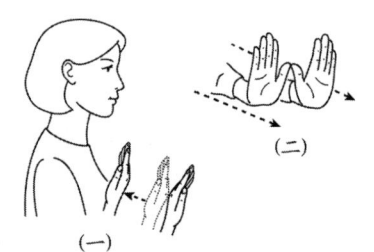

预防 yùfáng

（一）双手直立，手背前后相贴，左手在前不动，右手向后移动。
（二）双手直立，掌心向外一推。

预警机 yùjǐngjī

右手伸拇、食、小指，指尖朝前，手背向上；左手拇、食指成圆形，指尖稍分开，虎口朝上，置于右手背上，然后双手同时向前移动。

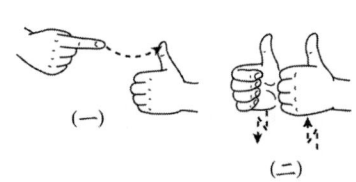

预赛（初赛） yùsài (chūsài)

（一）左手伸拇指；右手伸食指，碰一下左手拇指。
（二）双手伸拇指，上下交替动两下。

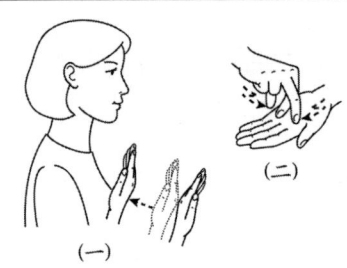

预算 yùsuàn

（一）双手直立，手背前后相贴，左手在前不动，右手向后移动。
（二）左手横伸；右手伸拇、食、中指，指尖朝下，在左手掌心上做打算盘的动作。

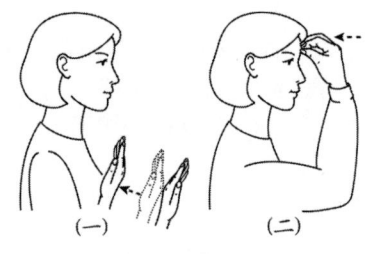

预习 yùxí

（一）双手直立，手背前后相贴，左手在前不动，右手向后移动。
（二）一手五指撮合，指尖朝内，按向前额。

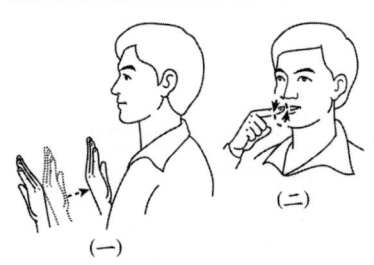

预言 yùyán

（一）双手直立，手背前后相贴，左手在前不动，右手向后移动。
（二）一手食指横伸，在嘴前前后转动两下。

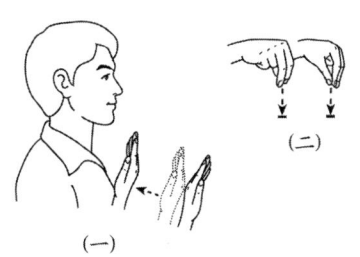

预约 yùyuē

（一）双手直立，手背前后相贴，左手在前不动，右手向后移动。

（二）双手拇、食、中指相捏，指尖朝下，一前一后，同时向下一顿。

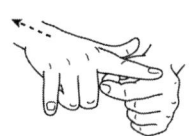

尉迟 Yùchí

左手拇、食指捏成圆形，虎口朝上；右手伸拇、食、小指，手背向上，食指在左手虎口上斜划一下，表示复姓"尉迟"。

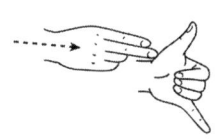

遇刺 yùcì

左手伸拇、小指，手背向左；右手食、中指并拢，从后向前刺向左手拇指背。

（可根据实际表示遇刺的情景）

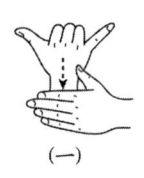

寓言 yùyán

（一）左手横立；右手打手指字母"Y"的指式，手背向外，从上向下移入左手掌心内，表示内含寓意的意思。

（二）一手食指横伸，在嘴前前后转动两下。

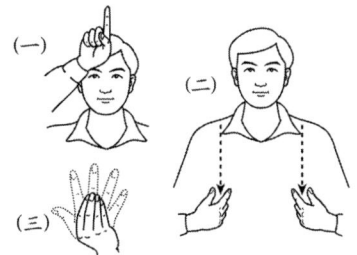

裕固族 Yùgùzú

（一）一手食指直立，手背向内，置于前额，仿裕固族头饰。

（二）双手拇、食指张开，指尖朝内，同时从肩部向下移动，仿裕固族衣服上的装饰。

（三）一手五指张开，指尖朝上，然后撮合。

豫（河南②） Yù (Hénán ②)

右手握拳屈肘，肘部向身体夹动两下。

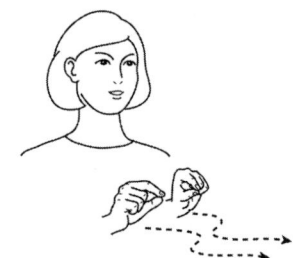

鸳鸯 yuān·yāng

双手拇、食指相捏,虎口相对,一前一后,边同时左右移动边向前移动,表示鸳鸯在一起戏水。

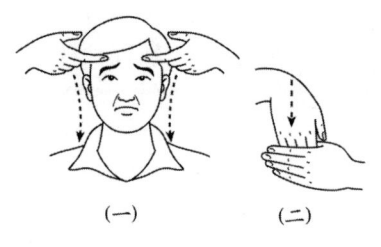

冤案 yuān'àn

(一)双手拇、食指成大圆形,虎口朝上,从上方扣向头部。
(二)左手五指成"匚"形,虎口朝上;右手五指并拢,指尖朝下,插入左手虎口内。

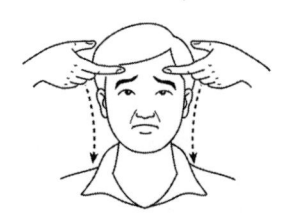

冤枉(扣帽子) yuān·wang (kòumào·zi)

双手拇、食指成大圆形,虎口朝上,从上方扣向头部,表示扣帽子。

元代 Yuándài

(一)一手拇、食指捏成圆形,虎口朝上。
(二)双手伸食指,手腕交叉相贴,然后前后转动,互换位置。

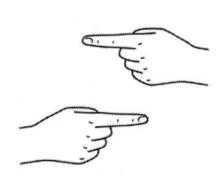

元旦 Yuándàn

双手食指横伸,手背向外,一上一下,表示公历一月一日。

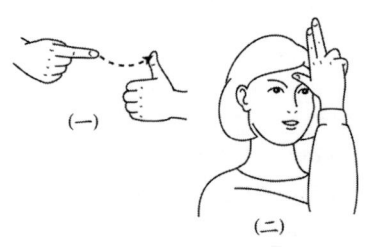

元首(首脑) yuánshǒu (shǒunǎo)

(一)左手伸拇指;右手伸食指,碰一下左手拇指。
(二)一手伸拇、食、中指,拇指尖抵于前额,食、中指直立并拢。

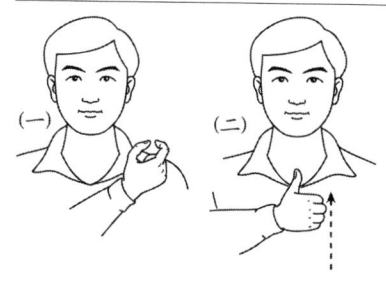

元帅 yuánshuài
（一）右手拇、食指成圆形，指尖稍分开，置于左肩上，表示元帅肩章上的标志。
（二）一手伸拇指，先贴于胸部，再向上一举。

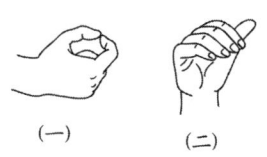

元素 yuánsù
（一）一手拇、食指捏成圆形，虎口朝上。
（二）一手打手指字母"S"的指式。

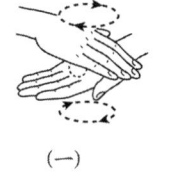

元宵（汤圆） yuánxiāo (tāngyuán)
（一）双手掌心上下相对，交替平行转动两下，模仿搓元宵的动作。
（二）一手拇、食指捏成圆形，虎口朝上。

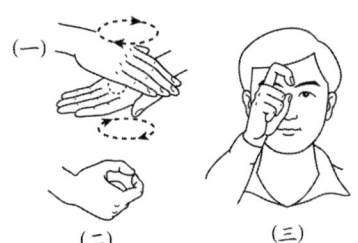

元宵节 Yuánxiāo Jié
（一）双手掌心上下相对，交替平行转动两下，模仿搓元宵的动作。
（二）一手拇、食指捏成圆形，虎口朝上。
（三）一手打手指字母"J"的指式，置于前额。

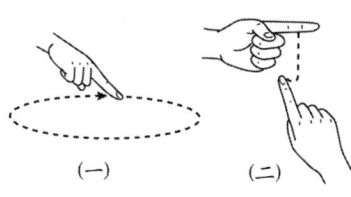

园丁 yuándīng
（一）一手伸食指，指尖朝下划一大圈。
（二）左手食指横伸，手背向外；右手伸食指，指尖朝前，在左手食指下书空"亅"，仿"丁"字形。

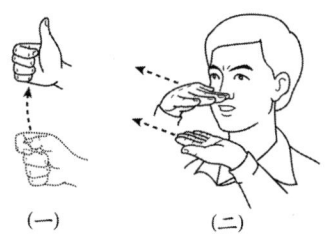

原告 yuángào
（一）一手拇、食指相捏，然后边向上移动边弹出拇指，表示发起的意思。
（二）双手横伸，掌心上下相对，从嘴前向前上方移出。

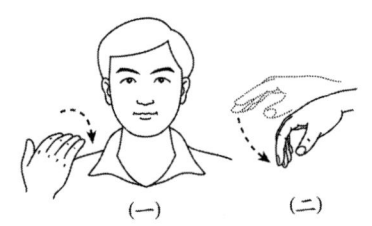

原来 yuánlái

（一）一手直立，掌心向内，向肩后挥动一下。
（二）一手平伸，掌心向下，五指微曲，向内挥动一下。

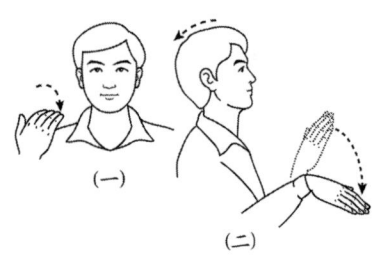

原来如此 yuánláirúcǐ

（一）一手直立，掌心向内，向肩后挥动一下。
（二）一手直立，掌心向前，向下挥动一下，头同时后仰。

原理 yuánlǐ

（一）一手拇、食指成圆形，指尖稍分开，虎口朝上。
（二）一手打手指字母"L"的指式，逆时针平行转动一下。

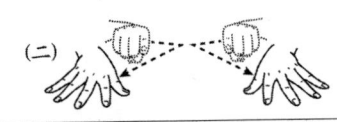

原料 yuánliào

（一）一手直立，掌心向内，向肩后挥动一下。
（二）双手食指指尖朝前，手背向上，先互碰一下，再分开并张开五指。

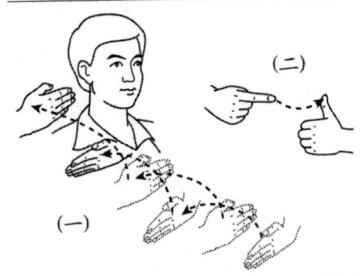

原始 yuánshǐ

（一）双手横立，掌心向内，五指并拢，一前一后，交替向肩后移动。
（二）左手伸拇指；右手伸食指，碰一下左手拇指。

原形毕露 yuánxíng-bìlù

双手握拳，手背向外，置于头前，然后向下移动，表示揭去了假面具，露出原形。

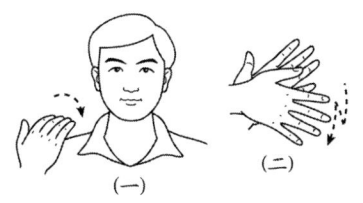

原因(缘故) yuányīn (yuángù)

（一）一手直立，掌心向内，向肩后挥动一下。
（二）双手五指张开，掌心左右相贴，左手不动，右手向下转动两下。

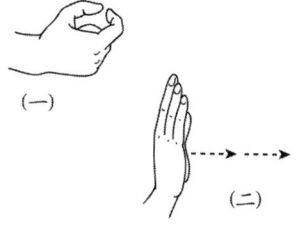

原则 yuánzé

（一）一手拇、食指成圆形，指尖稍分开，虎口朝上。
（二）右手直立，掌心向左，向左一顿一顿移动几下。

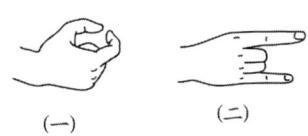

原子 yuánzǐ

（一）一手拇、食指成圆形，指尖稍分开，虎口朝上。
（二）一手打手指字母"Z"的指式。

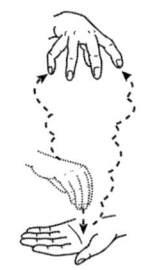

原子弹(蘑菇云) yuánzǐdàn (mó·guyún)

左手横伸；右手五指撮合，指尖朝下，碰一下左手掌心，然后边向上移动边连续做开合的动作，如蘑菇云状。

圆(圆形) yuán (yuánxíng)

双手拇、食指搭成圆形，虎口朝内。

圆白菜(洋白菜、甘蓝)
yuánbáicài (yángbáicài、gānlán)

（一）左手握拳，虎口朝上；右手手背拱起，从上向下绕左拳转动半圈。
（二）一手五指撮合，指尖朝上，边向上微移边张开。

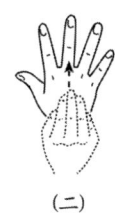

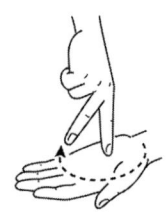

圆规　yuánguī

左手横伸；右手食、中指分开，食指尖抵于左手掌心，中指转动半圈，如用圆规画圆状。

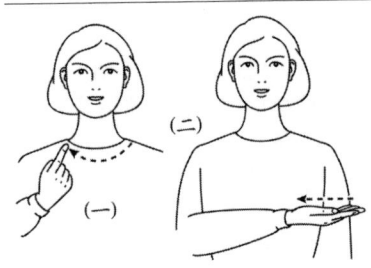

圆领衫（文化衫、汗衫）　yuánlǐngshān（wénhuàshān、hànshān）

（一）一手伸食指，指尖在颈部从左向右做弧形移动，表示圆领衫领口外形。

（二）右手横伸，掌心向上，在左上臂划一下，表示短袖。（可根据实际表示圆领衫的样式）

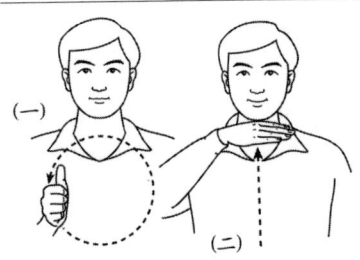

圆满　yuánmǎn

（一）一手伸拇指，在胸前从上向下顺时针转动一圈。

（二）一手横伸，掌心向下，从腹部向颏部移动。

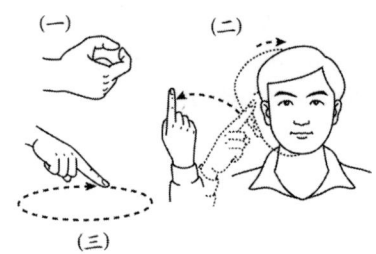

圆明园　Yuánmíngyuán

（一）一手拇、食指捏成圆形，虎口朝上。

（二）头微偏，一手食指抵于太阳穴，然后向外移动，头转正。

（三）一手伸食指，指尖朝下划一大圈。

（此为当地聋人手语）

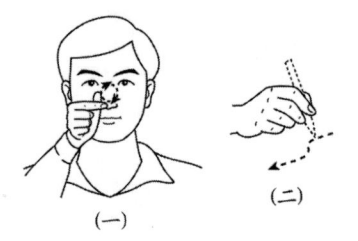

圆珠笔　yuánzhūbǐ

（一）一手拇、食指搭成"十"字形，置于鼻翼一侧，微转两下。

（二）一手如执笔写字状。

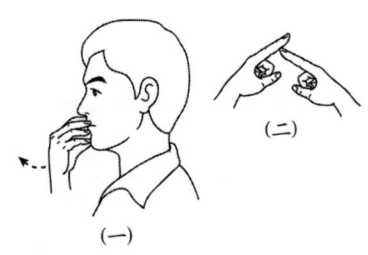

猿人　yuánrén

（一）一手五指弯曲，指尖朝内，置于嘴部，然后手腕向外翘起，仿猿人嘴部外形。

（二）双手食指搭成"人"字形。

远 yuǎn

一手拇指尖按于食指根部，食指尖朝前，手背向下，向前上方移动。
（可根据实际表示远的状态）

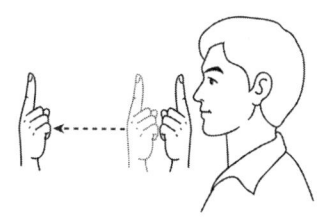

远见（前景） yuǎnjiàn (qiánjǐng)

双手食指直立，指面前后相对，置于眼前，左手在后不动，右手向前移动。

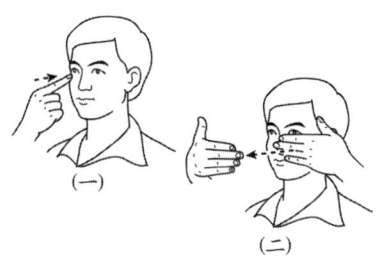

远视（远视眼） yuǎnshì (yuǎnshìyǎn)

（一）一手伸食指，指一下眼睛。
（二）双手横立，掌心向内，置于眼前，左手在后不动，右手从后向前移动。

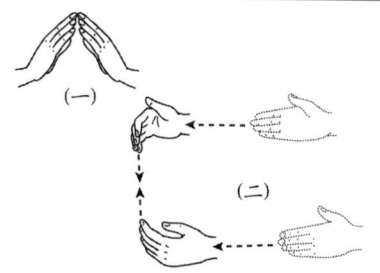

院墙 yuànqiáng

（一）双手搭成"∧"形。
（二）双手侧立，掌心相对，先向前移动再折向中间，指尖相抵。

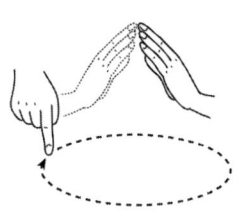

院子（家园） yuàn·zi (jiāyuán)

双手搭成"∧"形，然后左手不动，右手伸食指，指尖朝下划一大圈。

约旦 Yuēdàn

一手伸拇、食指，拇指尖碰两下前额，食指尖朝上。
（此为国外聋人手语）

约会 yuē·huì

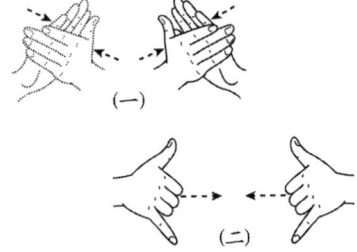

（一）双手掌心交替互拍，表示约定。
（二）双手伸拇、小指，指尖左右相对，手背向外，从两侧向中间移动。

约束（束缚、限制、局限） yuēshù (shùfù、xiànzhì、júxiàn)

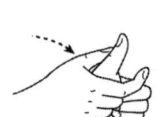

左手伸拇指；右手拇、食指张开，指尖朝前，从后向下套向左手拇指，表示限定了范围。

月饼① yuèbǐng①

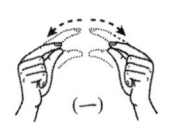

（一）双手拇、食指张开，指尖相对，虎口朝内，边从中间向两侧做弧形移动边相捏，如弯月状。
（二）双手拇、食指搭成圆形，虎口朝上，如月饼大小。
（"月饼"的手语存在地域差异，可根据实际选择使用）

月饼② yuèbǐng②

（一）双手拇、食指张开，指尖相对，虎口朝内，边从中间向两侧做弧形移动边相捏，如弯月状。
（二）左手拇、食指成半圆形，虎口朝上；右手先侧立，再横立，模仿切月饼的动作。
（"月饼"的手语存在地域差异，可根据实际选择使用）

月季花 yuèjìhuā

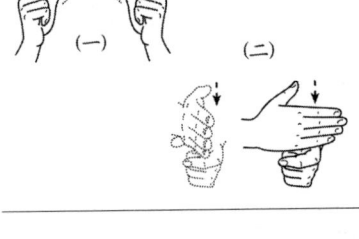

（一）双手拇、食指张开，指尖相对，虎口朝内，边从中间向两侧做弧形移动边相捏，如弯月状。
（二）一手五指撮合，指尖朝上，然后张开。

月经（例假） yuèjīng (lìjià)

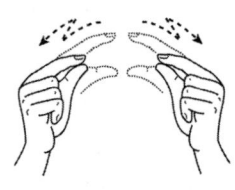

双手拇、食指张开，指尖相对，虎口朝内，边从中间向两侧做弧形移动边相捏，如弯月状，重复一次。

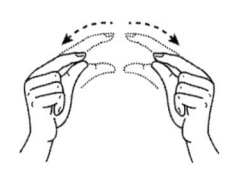

月亮 yuè·liang

双手拇、食指张开,指尖相对,虎口朝内,边从中间向两侧做弧形移动边相捏,如弯月状。

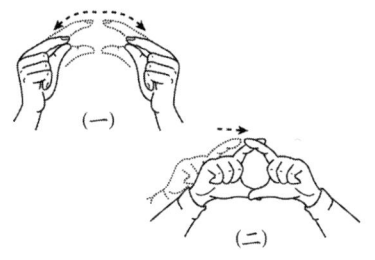

月食 yuèshí

(一)双手拇、食指张开,指尖相对,虎口朝内,边从中间向两侧做弧形移动边相捏,如弯月状。

(二)双手拇、食指弯曲,虎口朝内,然后左手不动,右手向左手移动并遮挡左手。

(可根据月偏食、月全食的不同决定遮挡的程度)

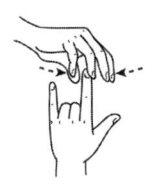

岳 Yuè

左手拇、食、小指直立,手背向外;右手五指弯曲,指尖朝下,在左手上弯动一下,表示姓氏"岳"。

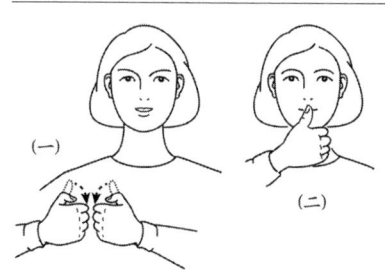

岳父(老丈人) yuèfù (lǎozhàng·ren)

(一)双手伸拇指,指面相对,手背向外,置于身体一侧,弯动一下。

(二)右手伸拇指,指尖左侧贴在嘴唇上。

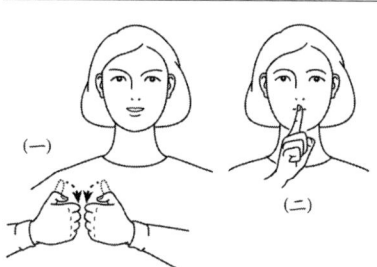

岳母(丈母娘) yuèmǔ (zhàngmǔniáng)

(一)双手伸拇指,指面相对,手背向外,置于身体一侧,弯动一下。

(二)右手食指直立,指尖左侧贴在嘴唇上。

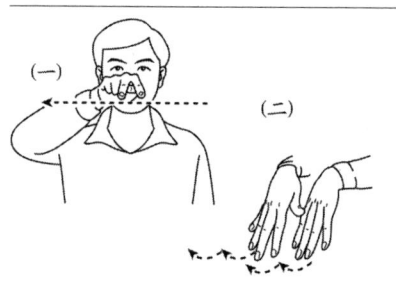

阅兵① yuèbīng ①

(一)一手食、中指分开,指尖朝前,手背向上,从左向右移动一下,目光随之移动,表示领导检阅阅兵部队。

(二)双手五指张开,指尖朝下,手背向外,一前一后,边甩动边向前移动。

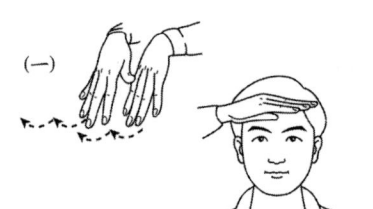

阅兵② yuèbīng ②
（一）双手五指张开，指尖朝下，手背向外，一前一后，边甩动边向前移动。
（二）右手横伸，掌心向下，置于前额，表示军帽帽檐。

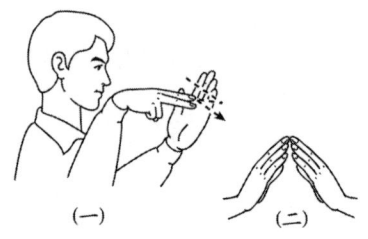

阅览室 yuèlǎnshì
（一）左手斜伸，掌心向内，置于面前；右手食、中指分开，指尖对着左手掌心，手背向上，从左向右、从上向下移动。
（二）双手搭成"∧"形。

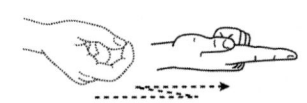

越……越……① yuè…yuè…①
右手拇、食指相捏，手背向下，边向左移动边拇指移向食指根部，重复一次。

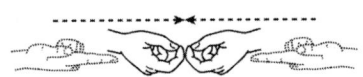

越……越……②（逐渐①、渐渐①）
yuè…yuè…②（zhújiàn ①、jiànjiàn ①）
双手食指横伸，手背向下，拇指尖先按于食指根部，然后向指尖方向移动，双手同时向中间靠拢，表示程度越来越轻（表示程度越来越重时，双手拇、食指相捏，手背向下，然后拇指移向食指根部，双手同时从中间向两侧移动）。

越南 Yuènán
右手食、中指直立分开，掌心向外，做"S"形划动。
（此为越南北方聋人手语）

越野车（吉普车） yuèyěchē（jípǔchē）
双手拇、食指成半圆形，指尖朝下，上下交替动两下。

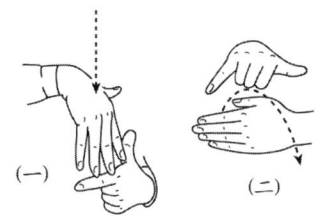

越狱 yuèyù

（一）左手伸拇、食指，食指尖朝右，手背向外；右手五指张开，指尖朝下，手背向外，从上向下移向左手食指。

（二）左手横立，掌心向内，五指并拢；右手伸拇、小指，手背向上，从内向外越过左手。

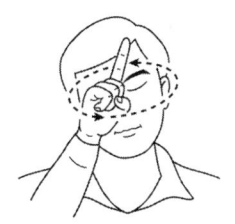

晕 yūn

一手食指直立，在头前方平行转动两下，眼微闭，头微晃，如头晕状。

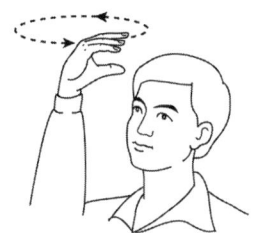

云①（云层） yún①（yúncéng）

一手（或双手）五指成"⊐"形，虎口朝内，在头前上方平行转动两下。

云②（云海） yún②（yúnhǎi）

双手平伸，掌心向下，五指张开，在头前上方交替平行转动两下。

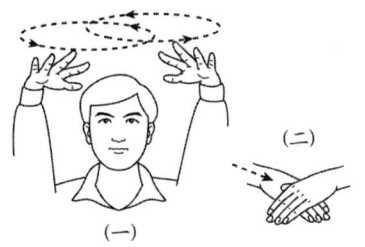

云存储 yúncúnchǔ

（一）双手平伸，掌心向下，五指张开，在头前上方交替平行转动两下。

（二）左手横伸；右手平伸，手背向上，从后向前移入左手掌心下。

云南 Yúnnán

（一）一手五指成"⊐"形，虎口朝内，在头前上方平行转动两下。

（二）右手五指并拢，指尖朝下，掌心向左，置于身前正中。

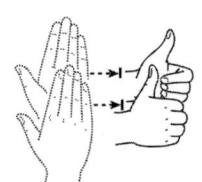

匀称②（正好） yún·chèn ② (zhènghǎo)

双手直立，掌心左右相对，边向前一顿边伸出拇指。

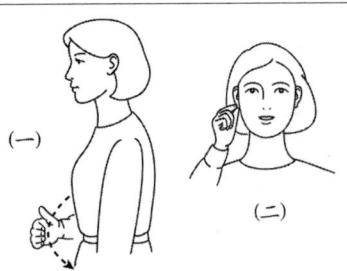

孕妇 yùnfù

（一）一手五指微曲，掌心向内，在腹部做弧形移动。
（二）一手拇、食指捏一下耳垂。

运动 yùndòng

双手握拳屈肘，手背向上，虎口朝内，用力向后移动两下。

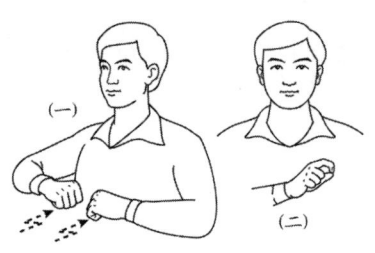

运动员 yùndòngyuán

（一）双手握拳屈肘，手背向上，虎口朝内，用力向后移动两下。
（二）右手拇、食指捏成圆形，虎口朝内，贴于左胸部。

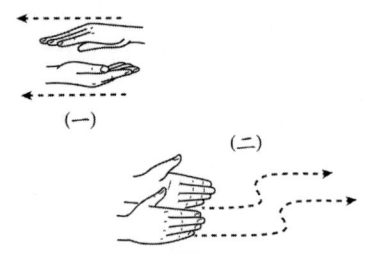

运河 yùnhé

（一）双手横伸，掌心上下相对，向一侧移动一下。
（二）双手侧立，掌心相对，相距窄些，向前做曲线形移动。

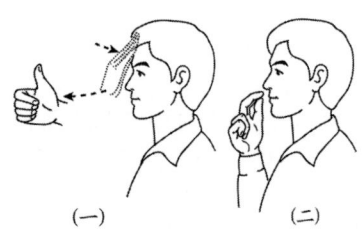

运气 yùn·qi

（一）一手拍一下前额，然后边向前下方移动边伸出拇指。
（二）一手打手指字母"Q"的指式，指尖朝内，置于鼻孔处。

运输 yùnshū

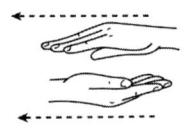
双手横伸,掌心上下相对,向一侧移动一下。

蕴藏 yùncáng

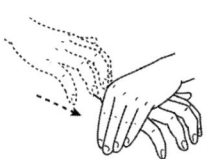
左手横伸,手背拱起;右手五指微曲,掌心向下,从后向前移入左手掌心下。

熨斗 yùndǒu

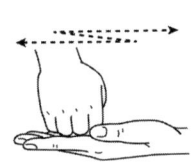
左手横伸;右手虚握,手背向外,在左手掌心上左右来回移动两下,如熨衣服状。

Z

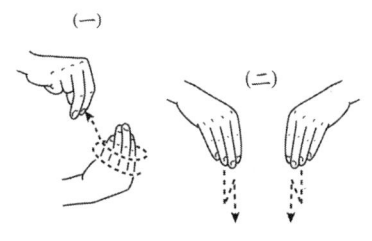

扎染 zārǎn
（一）左手五指撮合，指尖朝上；右手拇、食、中指相捏，在左手上绕两圈，模仿捆扎的动作。
（二）双手五指撮合，指尖朝下，同时向下动两下。

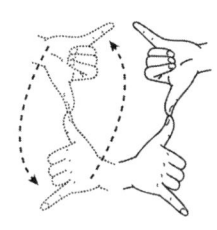

杂技 zájì
双手伸拇、小指，拇指尖上下相抵，然后互换位置。

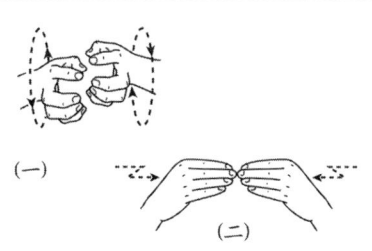

杂交 zájiāo
（一）双手五指弯曲，指尖左右相对，前后交替转动几下。
（二）双手五指撮合，手背向外，指尖互碰两下。

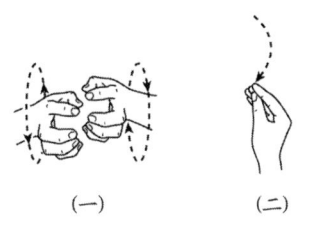

杂文 záwén
（一）双手五指弯曲，指尖左右相对，前后交替转动几下。
（二）一手五指撮合，指尖朝前，撇动一下，如执毛笔写字状。

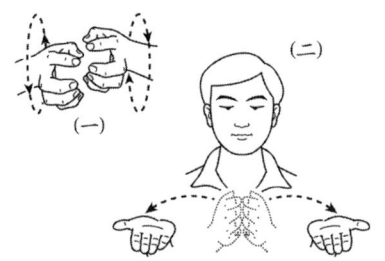

杂志 zázhì
（一）双手五指弯曲，指尖左右相对，前后交替转动几下。
（二）双手侧立，掌心相贴，然后向两侧打开，动作幅度稍大些。

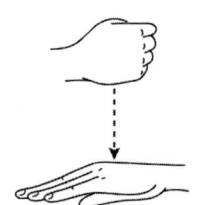

砸 zá
左手横伸；右手握拳，用力砸向左手背。
（可根据实际表示砸的动作）

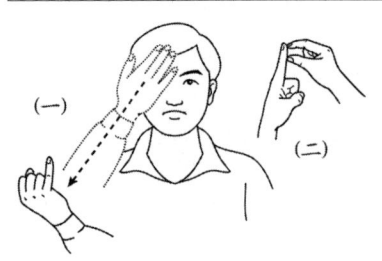

灾民（难民） zāimín (nànmín)
（一）一手拍一下前额，然后边向前下方移动边伸出小指。
（二）左手食指与右手拇、食指搭成"民"字的一部分。

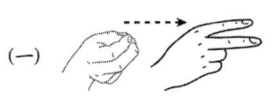

再婚（二婚） zàihūn (èrhūn)
（一）右手拇、食、中指相捏，手背向外，边向左移动边伸出食、中指。
（二）双手伸拇指，指面相对，手背向外，弯动一下。

再见（告别） zàijiàn (gàobié)
一手上举，掌心向外，左右摆动几下，面带笑容。
（可根据实际表示再见的动作）

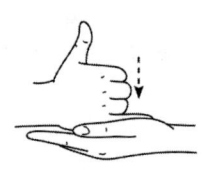

在（当、于❷） zài (dāng、yú❷)
左手横伸；右手伸拇、小指，从上向下移至左手掌心。
也用于表示介词"当""于"的意思。

糌粑 zān·ba
左手横伸；右手在左手掌心上模仿做糌粑的动作。

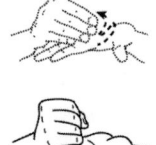

咱们（咱俩） zán·men (zánliǎ)

一手食、中指前后叉开，指尖朝上，然后前后微动几下。

暂时（临时） zànshí (línshí)

左手握拳，手背向上；右手伸拇、食指，手背斜贴于左手腕，食指弯动两下。

赞比亚 Zànbǐyà

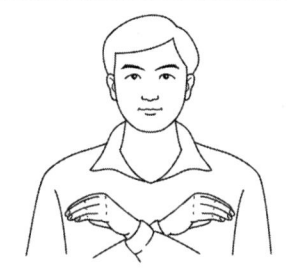

双手五指撮合，手背向上，手腕交叉相搭。
（此为国外聋人手语）

赞助 zànzhù

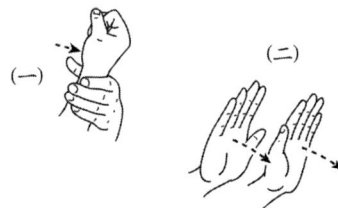

（一）左手五指成半圆形，虎口朝上；右手握拳，手背向外，手腕用力碰一下左手虎口，表示支持。
（二）双手斜伸，掌心向外，按动一下，表示给人帮助。

赃物 zāngwù

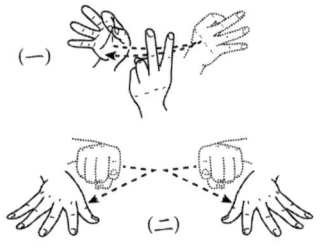

（一）左手食、中指直立分开，手背向外；右手伸中、无名、小指，指尖朝前，左右来回划过左手食、中指，仿"非"字形。
（二）双手食指指尖朝前，手背向上，先互碰一下，再分开并张开五指。

脏 zāng

一手伸小指，在胸前从上向下划动一下，表示衣服很脏的意思。
（可根据实际表示脏的状态）

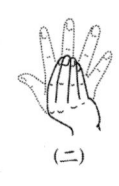

藏族 Zàngzú

（一）左手横伸；右手在左手掌心上模仿做糌粑的动作。
（二）一手五指张开，指尖朝上，然后撮合。

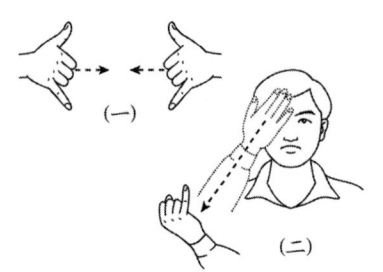

遭遇 zāoyù

（一）双手伸拇、小指，指尖左右相对，手背向外，从两侧向中间移动，表示碰到、遇见的意思。
（二）一手拍一下前额，然后边向前下方移动边伸出小指。

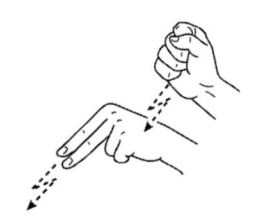

凿子 záo·zi

左手食、中指并拢，指尖朝前下方；右手握拳，在左手背上轻轻击打两下，双手同时向前下方微移，如用凿子凿木状。

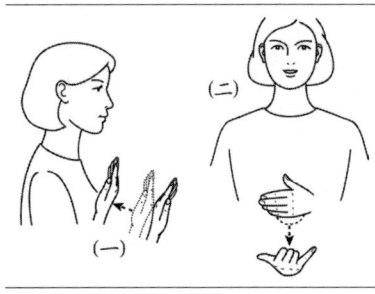

早产 zǎochǎn

（一）双手直立，手背前后相贴，左手在前不动，右手向后移动。
（二）左手横立，五指微曲，置于腹前；右手伸拇、小指，手背向下，先置于左手掌心内，再向下移出。

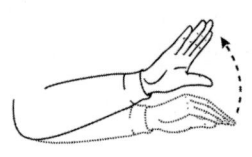

早上① zǎo·shang①

一手五指撮合，手背向上，虎口朝内，置于面前，边向上做弧形移动边张开。
（"早上"的手语存在地域差异，可根据实际选择使用）

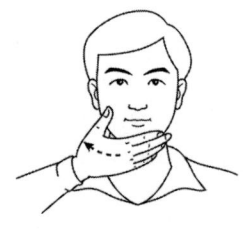

早上②（上午②） zǎo·shang②（shàngwǔ②）

一手横立，掌心向内，食、中、无名、小指并拢，在颊部从左向右摸一下。
（"早上""上午"的手语存在地域差异，可根据实际选择使用）

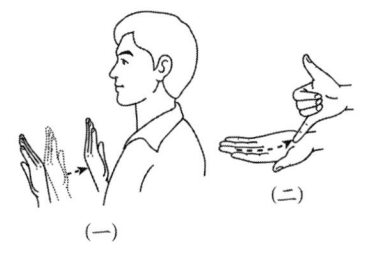

早退 zǎotuì
（一）双手直立，手背前后相贴，左手在前不动，右手向后移动。
（二）左手平伸，掌心向上；右手伸拇、小指，小指尖抵于左手指尖，再向后移动。

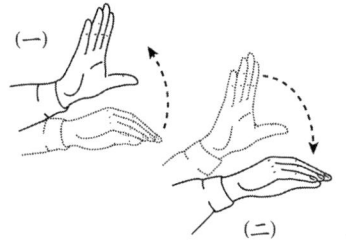

早晚（迟早） zǎowǎn (chízǎo)
（一）右手五指撮合，手背向上，虎口朝内，置于面前，边向上做弧形移动边张开。
（二）右手直立，掌心向左，拇指张开，置于面前，其他四指向下弯动与拇指捏合。

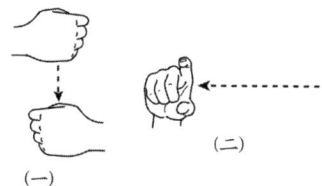

造句 zàojù
（一）双手握拳，一上一下，右拳向下砸一下左拳。
（二）一手拇、食指张开，指尖朝前，向一侧移动一下。

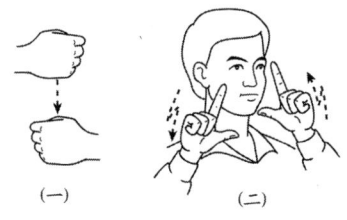

造型 zàoxíng
（一）双手握拳，一上一下，右拳向下砸一下左拳。
（二）双手拇、食指成"⌐"形，置于脸颊两侧，上下交替动两下。

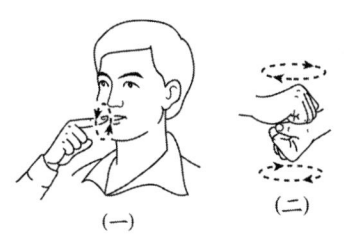

造谣（谣言） zàoyáo (yáoyán)
（一）一手食指横伸，在嘴前前后转动两下。
（二）双手握拳，拳心上下相贴，交替平行转动两下。

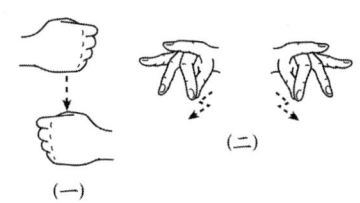

造纸 zàozhǐ
（一）双手握拳，一上一下，右拳向下砸一下左拳。
（二）双手拇、中指相捏，指尖朝下，微抖几下。

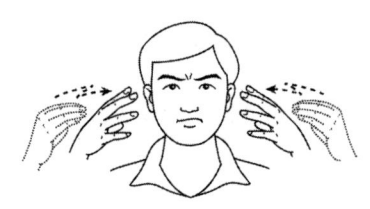

噪音 zàoyīn

双手五指撮合，指尖对着耳部开合几下，面露烦躁的表情。

责备（指责、谴责、责怪） zébèi (zhǐzé、qiǎnzé、zéguài)

左手伸拇、小指；右手伸食指，朝左手拇指背用力点两下，面露不满的表情。

怎样（什么样、怎么、如何）
zěnyàng (shén·meyàng、zěn·me、rúhé)

（一）双手拇、食指成"⌐⌐"形，置于脸颊两侧，上下交替动两下。

（二）双手平伸，掌心向上，从中间向两侧微移一下，面露疑问的表情。

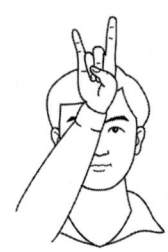

曾 Zēng

一手打手指字母"Z"的指式，食、小指指尖朝上，掌心向外，置于前额，仿"曾"字上半部的"丷"笔画，表示姓氏"曾"。

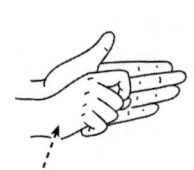

增加 zēngjiā

左手侧立；右手拇、食指捏成圆形，虎口朝左，贴向左手掌心。

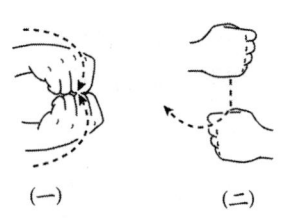

轧钢 zhágāng

（一）双手握拳，一上一下，指背相抵并转动，如轧钢机轧钢板状。

（二）双手握拳，虎口朝上，一上一下，右拳向下砸一下左拳，再向外移动。

炸 zhá

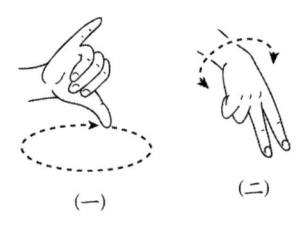

（一）一手伸拇、小指，拇指尖朝下，转动一圈，如持油壶倒油状。

（二）一手食、中指分开，指尖朝下，手腕转动两下，如翻动锅中的油炸食品状。

铡刀 zhádāo

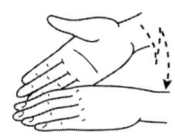

左手平伸，掌心向下；右手侧立，手腕抬起，沿左手拇指边缘向下切两下，如用铡刀铡草状。

乍得 Zhàdé

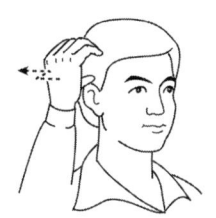

一手打手指字母"C"的指式，表示乍得英文国名首字母，置于耳部上方，向后移动两下，表示当地酋长戴的帽子。

（此为国外聋人手语）

诈骗（讹诈、敲诈） zhàpiàn (ézhà、qiāozhà)

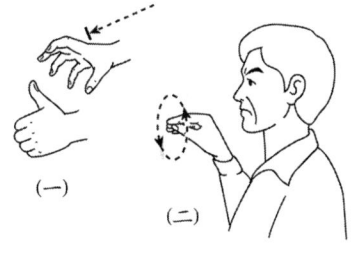

（一）左手伸拇指；右手五指弯曲，指尖朝下，移向左手拇指并一顿，面露威胁的表情。

（二）一手五指撮合，指尖朝前，手腕转动两下，面露阴险的表情。

榨菜 zhàcài

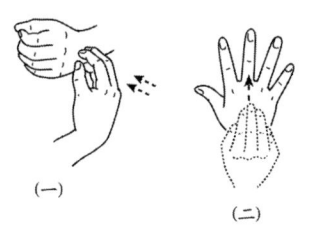

（一）左手虚握，虎口朝上；右手五指弯曲，在左手背不同位置随意点几下，仿榨菜形状。

（二）一手五指撮合，指尖朝上，边向上微移边张开。

榨汁 zhàzhī

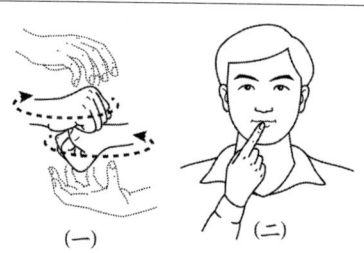

（一）双手五指微曲，掌心上下相对，然后边握拳边反向拧动，两拳相挨，表示榨果汁。

（二）一手伸食指，指尖贴于下嘴唇。

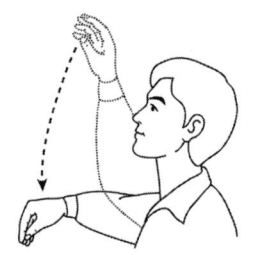

摘 zhāi
　　一手五指微曲，在头一侧上方向下揪一下，头同时抬起，眼睛注视手的动作。
　　（可根据实际表示摘的动作）

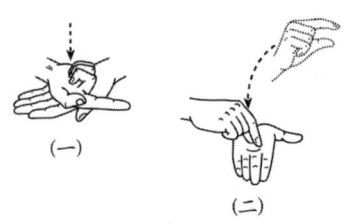

摘要 zhāiyào
　　（一）左手横伸；右手伸食指，拇指尖按于食指根部，手背向下，用力砸向左手掌心，表示程度重。
　　（二）左手横伸；右手拇、食指微张，指尖朝前，从前上方移至左手掌心。

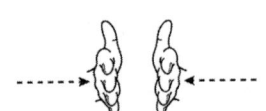

窄（狭小、狭隘❷）　zhǎi (xiáxiǎo、xiá'ài ❷)
　　双手侧立，掌心相对，从两侧向中间移动，相距较近。
　　（可根据实际表示窄的状态）

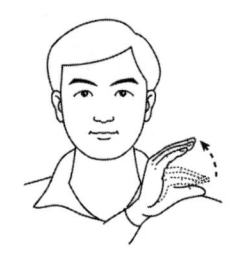

债（负债、欠债）　zhài (fùzhài、qiànzhài)
　　右手五指撮合，置于左肩上，然后张开，表示负债。

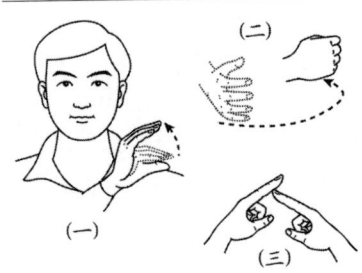

债权人（债主）　zhàiquánrén (zhàizhǔ)
　　（一）右手五指撮合，置于左肩上，然后张开，表示负债。
　　（二）右手侧立，五指微曲张开，边向左做弧形移动边握拳。
　　（三）双手食指搭成"人"字形。

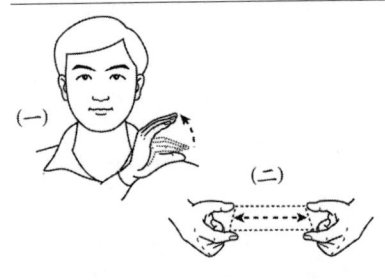

债券　zhàiquàn
　　（一）右手五指撮合，置于左肩上，然后张开，表示负债。
　　（二）双手拇、食指张开，指尖相对，虎口朝上，从中间向两侧移动。

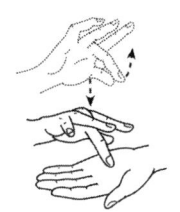

沾（粘贴） zhān (zhāntiē)

左手横伸；右手拇、中指相捏，然后张开，中指贴一下左手掌心。

（可根据实际表示沾的动作）

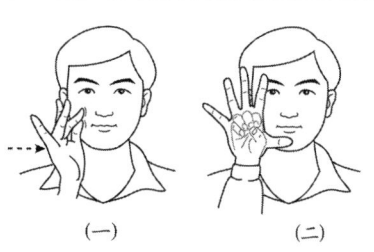

沾光 zhānguāng

（一）一手拇、中指相捏，然后中指贴一下脸颊。

（二）一手虚握，虎口贴于脸颊，然后张开五指。

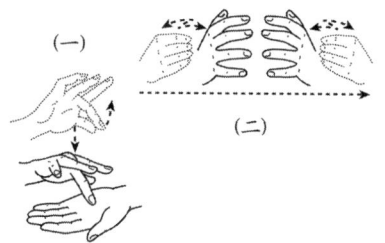

沾染 zhānrǎn

（一）左手横伸；右手拇、中指相捏，然后张开，中指贴一下左手掌心。

（二）双手五指撮合，指尖左右相对，边向一侧移动边连续做开合的动作。

詹 Zhān

一手伸拇、食、小指，食、小指指尖朝左下方，手背向外，置于前额上方，仿"詹"字上半部的"⺈"笔画，表示姓氏"詹"。

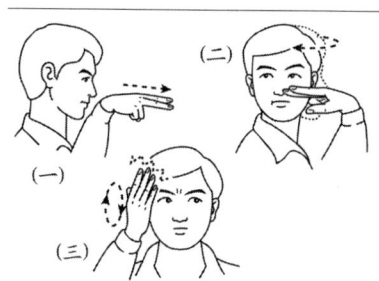

瞻前顾后 zhānqián-gùhòu

（一）一手食、中指分开，手背向上，指尖向前一指。

（二）一手食、中指分开，手背向上，指尖朝后一指，同时扭头。

（三）右手直立，掌心向左，五指张开，在太阳穴边交替点动边前后微转，面露疑难的表情。

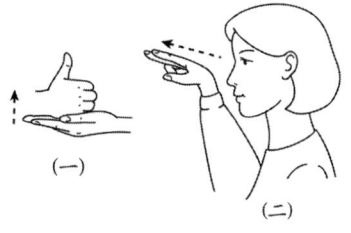

瞻仰 zhānyǎng

（一）左手横伸；右手伸拇指，置于左手掌心上，左手向上一抬。

（二）一手食、中指分开，指尖朝前上方，手背向上，从眼部向前上方一指。

（可根据实际表示瞻仰的样子）

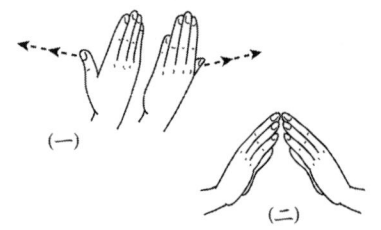

展览馆（博物馆） zhǎnlǎnguǎn (bówùguǎn)

（一）双手直立，掌心向内，置于面前，从中间向两侧一顿一顿移动几下。

（二）双手搭成"∧"形。

（可根据实际表示展示的情景）

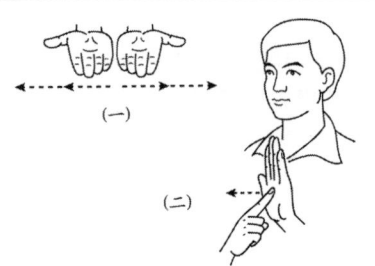

展示 zhǎnshì

（一）双手平伸，掌心向上，从中间向两侧一顿一顿移动几下。

（二）左手直立，掌心向前；右手伸食指，抵于左手掌心，双手同时向前移动一下。

（可根据实际表示展示的情景）

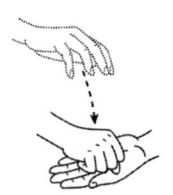

占领 zhànlǐng

左手横伸；右手五指微曲，指尖朝下，边移向左手掌心边握拳，表示占据、把控了一个地方。

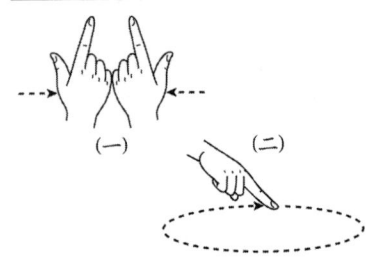

战场 zhànchǎng

（一）双手伸拇、食指，食指尖朝上，掌心向内，小指下缘互碰一下。

（二）一手伸食指，指尖朝下划一大圈。

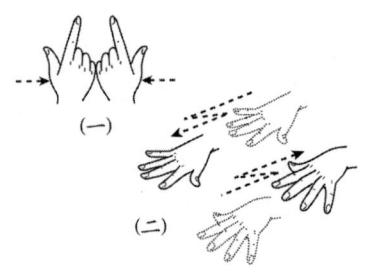

战略 zhànlüè

（一）双手伸拇、食指，食指尖朝上，掌心向内，小指下缘互碰一下。

（二）双手平伸，掌心向下，五指张开，前后交替移动两下。

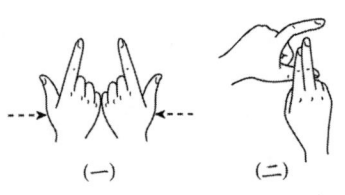

战区 zhànqū

（一）双手伸拇、食指，食指尖朝上，掌心向内，小指下缘互碰一下。

（二）左手拇、食指成"匚"形，虎口朝内；右手食、中指相叠，手背向内，置于左手"匚"形中，仿"区"字形。

战士 zhànshì

（一）双手伸拇、食指，食指尖朝上，掌心向内，小指下缘互碰一下。

（二）左手食指与右手拇、食指搭成"士"字形。

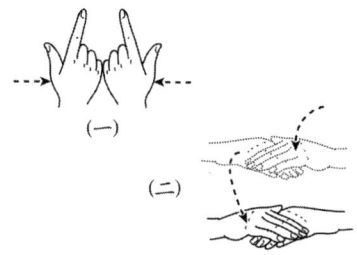

战术 zhànshù

（一）双手伸拇、食指，食指尖朝上，掌心向内，小指下缘互碰一下。

（二）双手横伸，掌心向下，互拍手背。

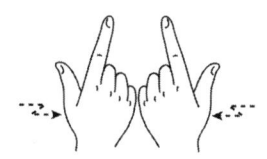

战争（战役、战斗） zhànzhēng (zhànyì、zhàndòu)

双手伸拇、食指，食指尖朝上，掌心向内，小指下缘互碰两下。

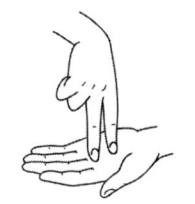

站（立） zhàn (lì)

左手横伸；右手食、中指分开，指尖朝下，立于左手掌心上。

（可根据实际表示站的动作）

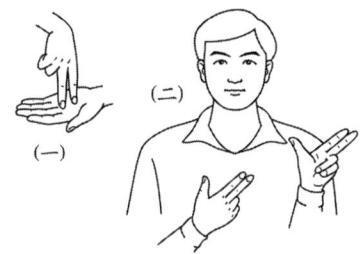

站岗（放哨） zhàngǎng (fàngshào)

（一）左手横伸；右手食、中指分开，指尖朝下，立于左手掌心上。

（二）双手伸拇、食、中指，食、中指并拢，指尖朝左上方，一上一下，模仿持枪的动作。

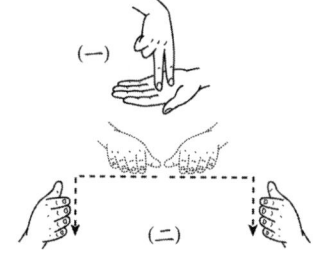

站台 zhàntái

（一）左手横伸；右手食、中指分开，指尖朝下，立于左手掌心上。

（二）双手平伸，掌心向下，先从中间向两侧平移，再折而下成"冂"形。

章鱼　zhāngyú

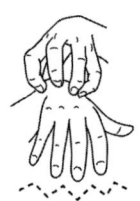

双手五指微曲，指尖朝下，左手置于右手上，右手五指交替点动。

樟树　zhāngshù

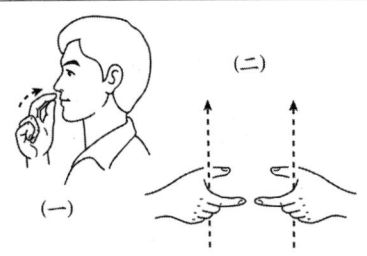

（一）一手打手指字母"Q"的指式，指尖朝内，移向鼻部，表示樟木有樟脑气味。
（二）双手拇、食指成大圆形，虎口朝上，同时向上移动。

蟑螂　zhāngláng

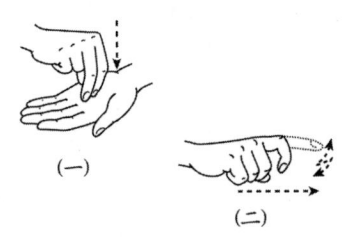

（一）左手横伸；右手拇、食、中指相捏，指尖朝下，按向左手掌心。"章"与"蟑"音同形近，借代。
（二）一手食指横伸，手背向上，边弯动边向一侧移动。

长辈（上辈）　zhǎngbèi (shàngbèi)

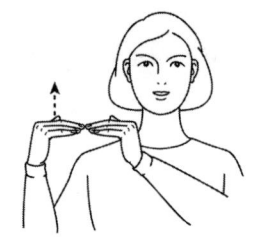

双手五指与手掌成"⌐⌐"形，置于肩前一侧，左手不动，右手向上移动一下。

长女　zhǎngnǚ

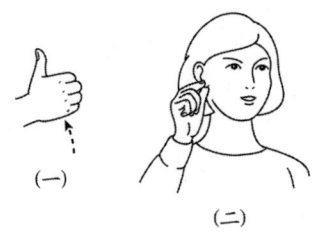

（一）一手伸拇指，向上一挑。
（二）一手拇、食指捏一下耳垂。

长孙❶　zhǎngsūn❶

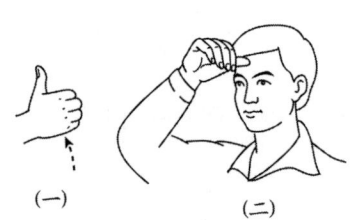

（一）一手伸拇指，向上一挑。
（二）一手打手指字母"S"的指式，拇指尖抵于前额。
（此手势表示排行最大的孙子）

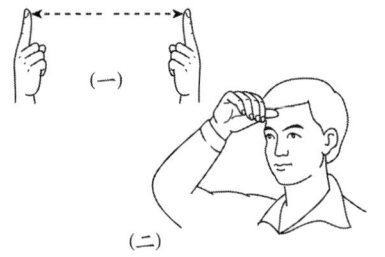

长孙❷　Zhǎngsūn ❷
（一）双手食指直立，指面相对，从中间向两侧拉开。
（二）一手打手指字母"S"的指式，拇指尖抵于前额。
（此手势表示复姓"长孙"）

长相　zhǎngxiàng
（一）一手伸食指，绕脸部转动一圈。
（二）双手拇、食指成"⌊⌋"形，置于脸颊两侧，上下交替动两下。

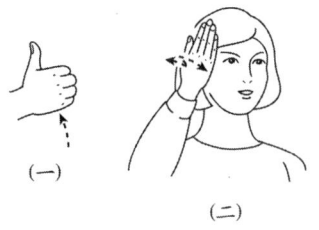

长子　zhǎngzǐ
（一）一手伸拇指，向上一挑。
（二）一手直立，掌心贴于头一侧，前后移动两下。

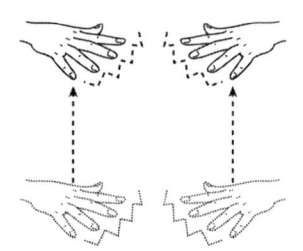

涨水　zhǎngshuǐ
双手横伸，手背向上，五指张开，边交替点动边向上移动，表示涨水。
（可根据实际表示涨的状态）

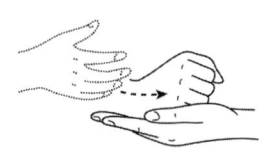

掌握（把握、把持）　zhǎngwò（bǎwò、bǎchí）
左手横伸；右手侧立，五指微曲张开，边向左手掌心移动边握拳。

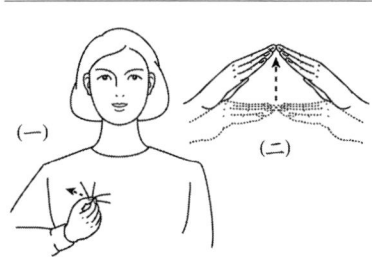

帐篷①　zhàng·peng ①
（一）一手拇、食指揪一下胸前衣服，表示布。
（二）双手横伸，手背微拱，然后向上翘起，搭成"∧"形，表示支起的帐篷。
（可根据实际表示帐篷的外形）

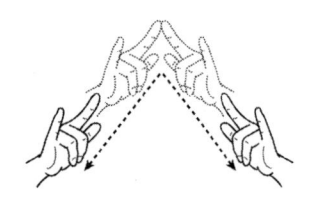

帐篷② zhàng·peng②

双手伸拇、食、小指,食指尖相抵,然后向两侧斜下方移动,表示野外宿营帐篷。

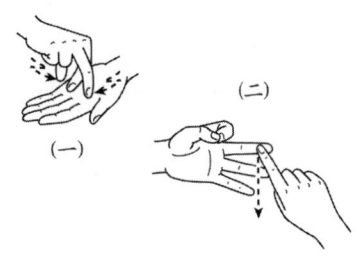

账户 zhànghù

(一)左手横伸;右手伸拇、食、中指,指尖朝下,在左手掌心上做打算盘的动作。

(二)左手中、无名、小指横伸分开,掌心向内;右手伸食指,自左手中指尖向下划动。

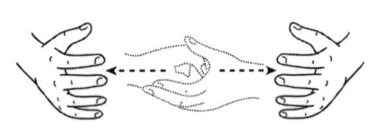

胀 zhàng

右手虚握,虎口朝上;左手五指弯曲,虎口朝上,包住右手,然后双手边向两侧移动边张开五指。

(可根据实际表示胀的状态)

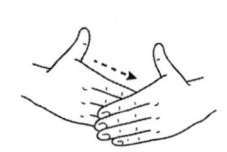

障碍 zhàng'ài

左手侧立;右手横立,掌心向内,然后移至左手并停住,表示遇到障碍。

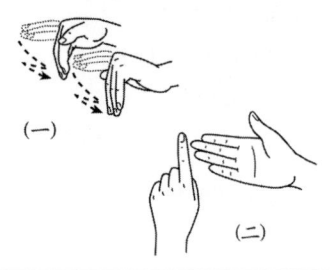

招标 zhāobiāo

(一)双手平伸,掌心向下,向内挥动两下,如招呼人过来状。

(二)左手食指直立;右手侧立,指向左手食指。

招呼 zhāo·hu

一手上举,五指微曲,向前挥动几下,口微张,表示向别人打招呼。

(可根据实际表示招呼的动作)

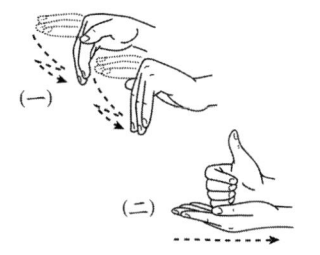

招聘 zhāopìn

（一）双手平伸，掌心向下，向内挥动两下，如招呼人过来状。

（二）左手平伸；右手伸拇指，置于左手掌心上，双手同时向内移动。

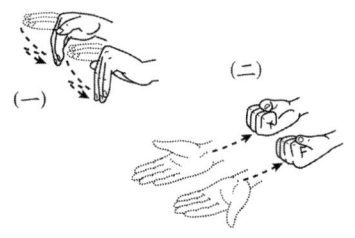

招收 zhāoshōu

（一）双手平伸，掌心向下，向内挥动两下，如招呼人过来状。

（二）双手平伸，掌心向上，边向内移动边握拳。

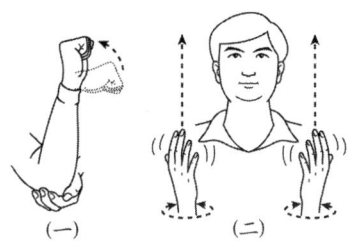

朝气蓬勃 zhāoqì-péngbó

（一）左手托住右手肘部；右手握拳，向前垂下，再用力向上抬起。

（二）双手直立，掌心左右相对，五指张开，边晃动边向上移动，挺胸抬头。

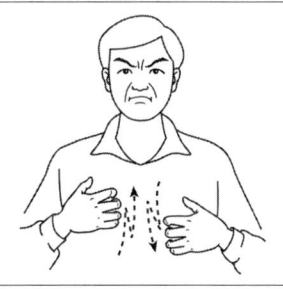

着急（急躁、仓促） zháojí (jízào、cāngcù)

双手五指弯曲，指尖抵于胸部，上下交替动几下，面露焦急的表情。

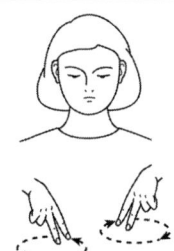

找（寻找、探索、探寻）

zhǎo (xúnzhǎo、tànsuǒ、tànxún)

双手食、中指分开，指尖朝下，左右交替转动两下，头微低，眼睛注视手的动作。

（可根据实际表示找的动作）

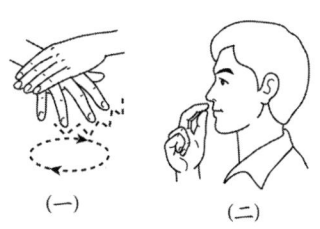

沼气 zhǎoqì

（一）左手横伸；右手平伸，掌心向下，五指张开，在左手掌心下边交替点动边转动，表示水里的东西。

（二）一手打手指字母"Q"的指式，指尖朝内，置于鼻孔处。

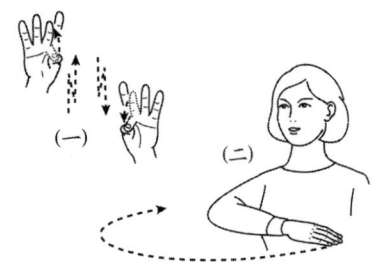

沼泽（湿地） zhǎozé (shīdì)

（一）双手拇、中指相捏，手背向内，边上下交替移动边连续做开合的动作。

（二）一手横伸，掌心向下，五指并拢，齐胸部从一侧向另一侧做大范围的弧形移动。

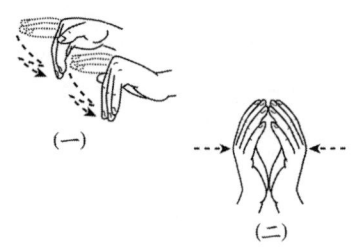

召集 zhàojí

（一）双手平伸，掌心向下，向内挥动两下，如招呼人过来状。

（二）双手直立，掌心左右相对，五指微曲，从两侧向中间移动。

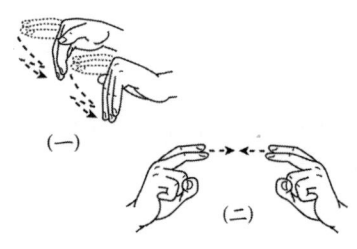

召见 zhàojiàn

（一）双手平伸，掌心向下，向内挥动两下，如招呼人过来状。

（二）双手食、中指微曲，指尖左右相对，从两侧向中间移动，表示双方目光相接。

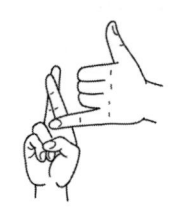

赵 Zhào

左手伸拇、小指，小指横伸，手背向外；右手食、中指相叠，掌心向外，贴于左手小指，表示姓氏"赵"。

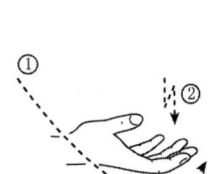

笊篱 zhào·li

一手五指微曲张开，先做捞物的动作，掌心向上，再向下颠动两下。

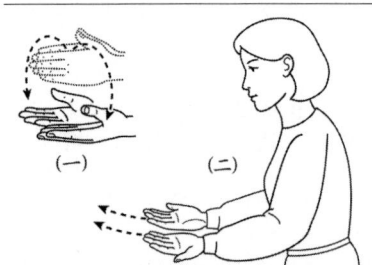

照会 zhàohuì

（一）双手侧立，掌心相贴，然后向两侧打开。

（二）双手平伸，掌心向上，同时向前伸出。

照片 zhàopiàn
（一）双手拇、食指成"⊏⊐"形,虎口朝内,如持照相机状,置于眼前,右手食指向下一按,模仿按快门的动作。
（二）双手拇、食指搭成"□"形。

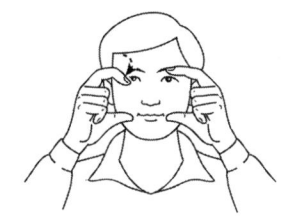

照相（摄影） zhàoxiàng (shèyǐng)
双手拇、食指成"⊏⊐"形,虎口朝内,如持照相机状,置于眼前,右手食指向下一按,模仿按快门的动作。

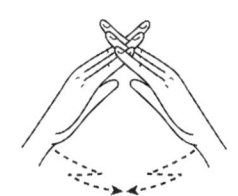

折叠 zhédié
双手五指张开,指尖朝上,斜向交叉相搭,然后合拢,重复一次。

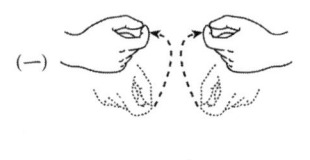

折价 zhéjià
（一）双手拇、食指相捏,虎口左右相对,然后向上掰动一下。
（二）左手拇、食指捏成圆形,虎口朝上;右手伸食指,敲一下左手拇指。

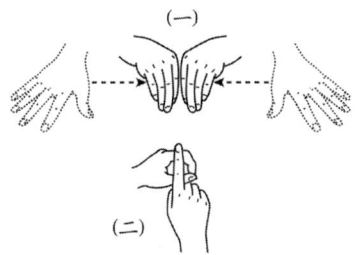

折中 zhézhōng
（一）双手五指张开,指尖朝下,边从两侧向中间移动边撮合,表示将不同的意见凑在一起。
（二）左手拇、食指与右手食指搭成"中"字形。

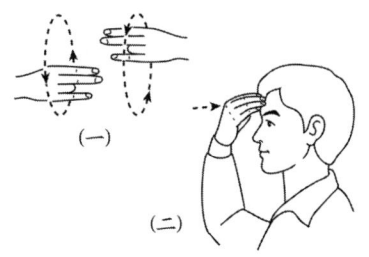

哲学 zhéxué
（一）双手打手指字母"ZH"的指式,前后交替转动两下。
（二）一手五指撮合,指尖朝内,按向前额。

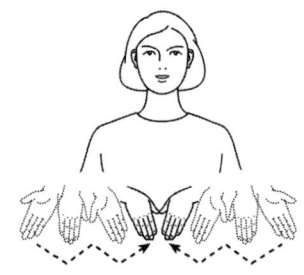

褶子 zhě·zi

双手食、中、无名、小指并拢,指尖朝下,掌心向外,然后从两侧向中间做折叠状移动。
(可根据实际表示褶子的状态)

这里 zhè·lǐ

一手伸食指,指尖朝下指两下。
(可根据实际决定手指的朝向)

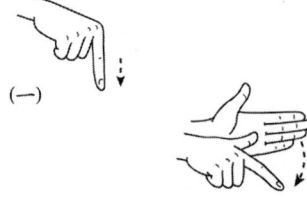

这时(此时) zhèshí (cǐshí)

(一)一手伸食指,指尖朝下一指。
(二)左手侧立;右手伸拇、食指,拇指尖抵于左手掌心,食指向下转动。

浙江(浙) Zhèjiāng (Zhè)

右手小指微曲,指尖朝前,手腕向左转动一下,表示杭州湾。

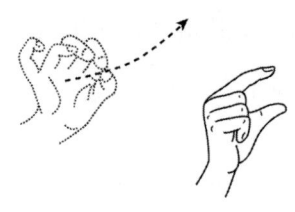
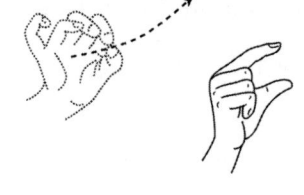

针 zhēn

一手拇、食指相捏,其他三指弯曲,做执针缝补的动作,然后拇、食指张开,指尖朝前,如针的长度。

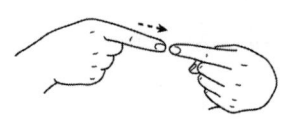

针对 zhēnduì

双手伸食指,指尖前后相对,左手不动,右手向前移动一下。

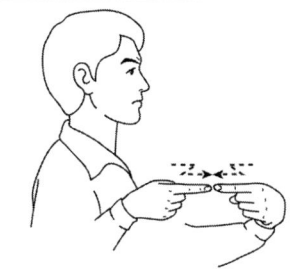

针锋相对 zhēnfēng-xiāngduì

双手伸食指，指尖前后相对，同时向中间移动两下。

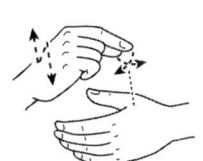

针灸 zhēnjiǔ

左手五指成半圆形，虎口朝上；右手拇、食指相捏，在左手虎口上边捻动边上下微移，模仿针灸的动作。

针织 zhēnzhī

双手食指交叉相搭，手背向上，模仿织毛线的动作。

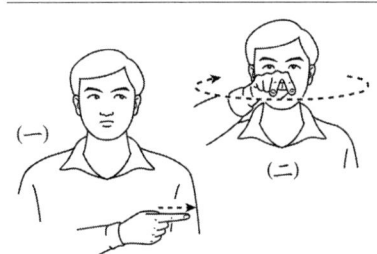

侦察 zhēnchá

（一）右手食指横伸，手背向外，在左上臂上向左划一下。
（二）一手食、中指分开，指尖朝前，手背向上，在面前转动半圈，目光随之移动。

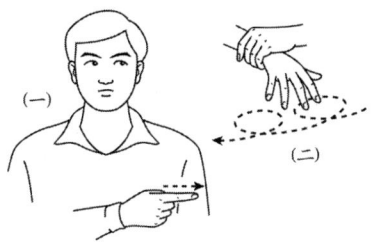

侦探 zhēntàn

（一）右手食指横伸，手背向外，在左上臂上向左划一下。
（二）左手握住右手腕；右手五指张开，指尖朝下，边转动边向一侧移动，目光随之移动。

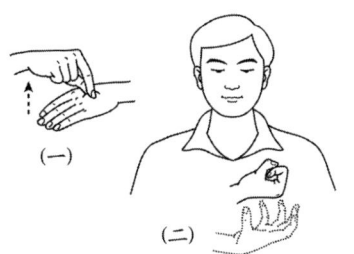

珍惜 zhēnxī

（一）左手横伸；右手拇、食指捏住左手背皮肤，向上一揪，双手同时向上移动。
（二）一手五指弯曲，指尖朝上，置于心脏部位，然后慢慢握拳，嘴闭拢，面露舍不得的表情。

真①（真实①、实际①） zhēn ① (zhēnshí ①、shíjì ①)
左手食指横伸；右手食指直立，向下敲一下左手食指。
（"真""真实""实际"的手语存在地域差异，可根据实际选择使用）

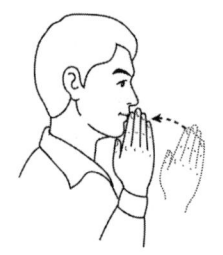

真②（真实②、实际②、实②）
zhēn ② (zhēnshí ②、shíjì ②、shí ②)
右手直立，掌心向左，从外向内碰一下嘴部。
（"真""真实""实际""实"的手语存在地域差异，可根据实际选择使用）

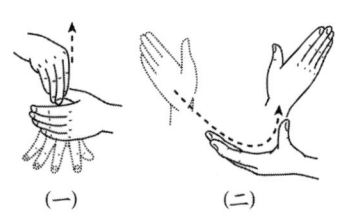

真空① zhēnkōng ①
（一）左手五指成半圆形，虎口朝上；右手五指张开，指尖朝下，边从左手虎口内移出边撮合，表示把物体内的空气抽出。
（二）左手斜伸，掌心向斜后方；右手食、中、无名、小指并拢，指尖朝前，小指外侧从右向左在左手虎口处刮一下。
（此手势既表示真空的名词意思，又表示抽真空的意思）

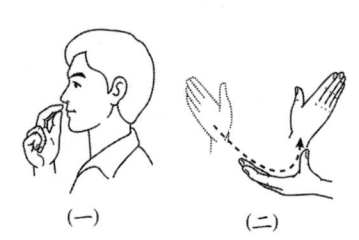

真空② zhēnkōng ②
（一）一手打手指字母"Q"的指式，指尖朝内，置于鼻孔处。
（二）左手斜伸，掌心向斜后方；右手食、中、无名、小指并拢，指尖朝前，小指外侧从右向左在左手虎口处刮一下。
（此手势表示环境是真空的意思）

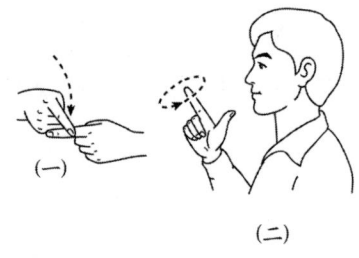

真理 zhēnlǐ
（一）左手食指横伸；右手食指直立，向下敲一下左手食指。
（二）一手打手指字母"L"的指式，逆时针平行转动一下。

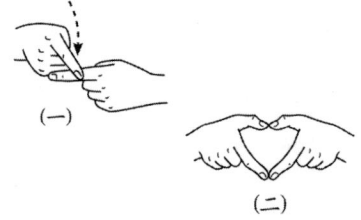

真心（衷心） zhēnxīn (zhōngxīn)
（一）左手食指横伸；右手食指直立，向下敲一下左手食指。
（二）双手拇、食指张开仿"♡"形，手背向外，置于胸部。

斟酌（揣摩） zhēnzhuó（chuǎimó）

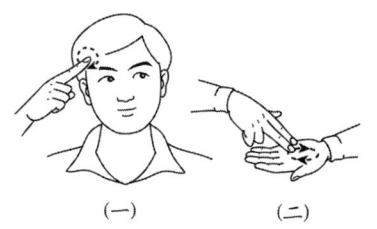

（一）一手伸食指，在太阳穴前后转动一（或两）圈，面露思考的表情。
（二）左手横伸；右手伸拇、食、中指，食、中指并拢，在左手掌心上转动两下。

诊断 zhěnduàn

 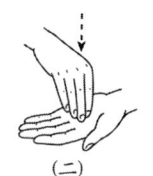

（一）左手平伸，掌心向上；右手五指并拢，食、中、无名指指尖按于左手腕的脉门处，双手同时向前移动两下。
（二）左手横伸；右手五指撮合，指尖朝下，按向左手掌心。

枕套 zhěntào

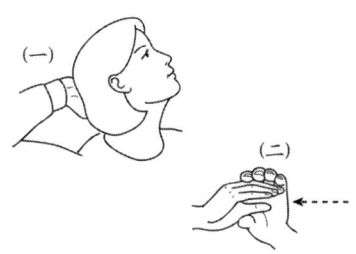

（一）一手手掌贴于脑后，头稍向后仰。
（二）左手五指成"匸"形，虎口朝内，在前；右手五指成"コ"形，指尖朝前，在后，左手向后移动，套向右手。

枕头 zhěn·tou

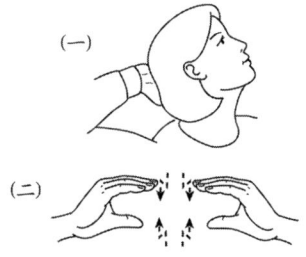

（一）一手手掌贴于脑后，头稍向后仰。
（二）双手五指成"匸コ"形，指尖相对，虎口朝内，捏动几下。

阵地 zhèndì

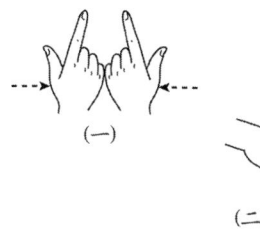

（一）双手伸拇、食指，食指尖朝上，掌心向内，小指下缘互碰一下。
（二）一手伸食指，指尖朝下一指。

阵痛 zhèntòng

一手拇、食指相捏，置于嘴边，左右晃动几下，然后停顿片刻，再在嘴边左右晃动几下，表情随之由痛苦到舒缓再到痛苦，表示阵痛。

阵线（战线） zhènxiàn (zhànxiàn)

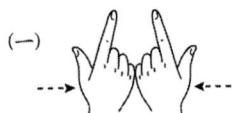

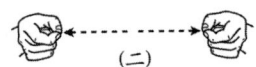

（一）双手伸拇、食指，食指尖朝上，掌心向内，小指下缘互碰一下。
（二）双手拇、食指相捏，虎口朝上，从中间向两侧拉开。

阵雨 zhènyǔ

双手五指微曲，指尖朝下，在头前快速向下动几下，然后撮合，再快速向下动几下，表示雨下一会儿停一会儿。

振兴 zhènxīng

（一）左手握住右手腕；右手握拳，向前垂下，再用力向上抬起，同时挺胸抬头。
（二）双手虚握，虎口朝上，然后边向两侧移动边张开五指。

赈灾 zhènzāi

（一）一手拍一下前额，然后边向前下方移动边伸出小指。
（二）左手五指成半圆形，虎口朝上；右手握拳，手背向外，手腕用力碰一下左手虎口，表示支持。

震动（振动） zhèndòng (zhèndòng)

双手平伸，掌心向下，五指张开，左右晃动几下。
（可根据实际表示震动的动作）

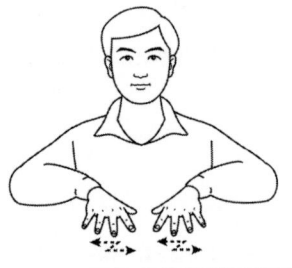

镇 zhèn

一手打手指字母"ZH"的指式，顺时针平行转动一圈。

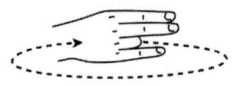

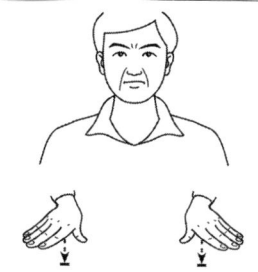

镇压 zhènyā

双手斜伸，掌心向下，用力向下一顿，面露严厉的表情。

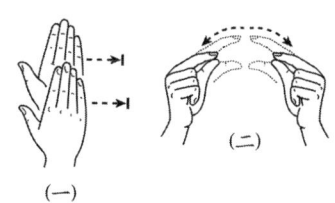

正月 zhēngyuè

（一）双手直立，掌心左右相对，向前一顿。
（二）双手拇、食指张开，指尖相对，虎口朝内，边从中间向两侧做弧形移动边相捏，如弯月状。

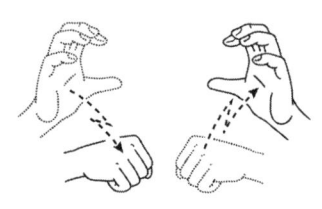

争夺（掠夺） zhēngduó (lüèduó)

双手五指弯曲，掌心左右相对，然后交替向下做抓物的动作，表示双方争夺财富。

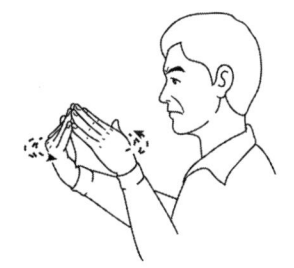

争议（争端、争辩） zhēngyì (zhēngduān、zhēngbiàn)

双手食、中、无名、小指指尖斜向相抵，指尖朝上，手腕前后来回微转，面露紧张的表情，表示双方在激烈争辩。

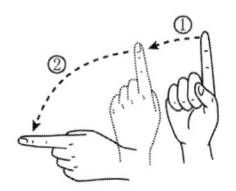

征服❶ zhēngfú ❶

双手食指直立，一前一后，右手食指用力向前碰一下左手食指，左手食指随之倒下，表示征服困难。

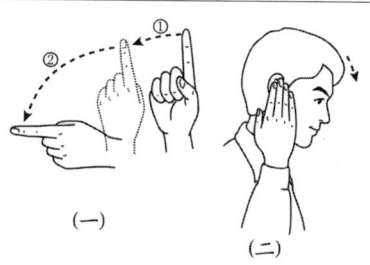

征服❷ zhēngfú ❷

（一）双手食指直立，一前一后，右手食指用力向前碰一下左手食指，左手食指随之倒下。
（二）一手手掌贴于耳部，头微低。
（此手势表示征服对手）

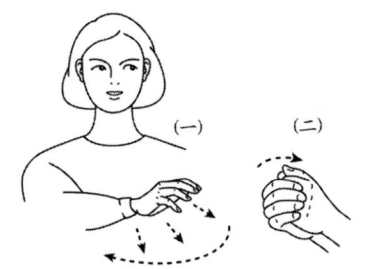

征求 zhēngqiú

（一）右手五指微曲，掌心向外，边从左向右移动边向前点动，表示多方询问他人意见的意思。

（二）双手抱拳，向后晃动一下。

（可根据实际决定手的移动方向和次数）

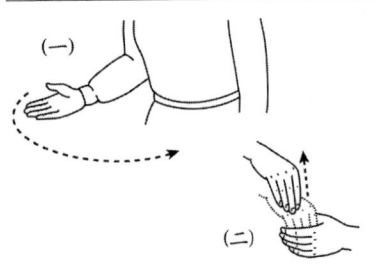

征用 zhēngyòng

（一）一手平伸，掌心向上，从一侧向另一侧做弧形移动，表示征集的意思。

（二）左手五指成"匚"形，虎口朝上；右手五指撮合，指尖朝下，从左手虎口内抽出。

挣扎 zhēngzhá

双手握拳，手腕交叉相搭，身体左右扭动，面露痛苦的表情，表示手和上身被捆住后用力挣脱的样子。

（可根据实际表示挣扎的动作）

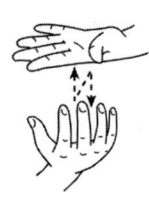

蒸 zhēng

左手横伸，掌心向上，五指张开，表示蒸屉；右手五指微曲，指尖朝上，在左手下上下微动几下。

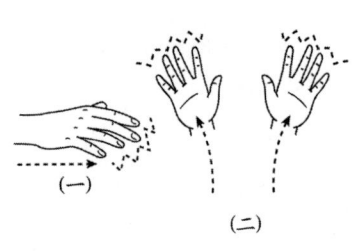

蒸发 zhēngfā

（一）一手横伸，掌心向下，五指张开，边交替点动边向一侧移动。

（二）双手直立，掌心向外，五指张开，边交替点动边向上移动，表示液体挥发。

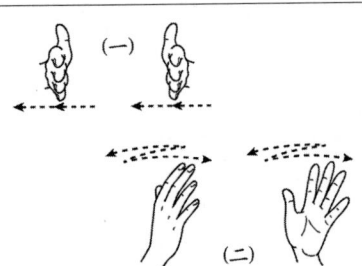

整风 zhěngfēng

（一）双手侧立，掌心相对，向一侧一顿一顿移动几下。

（二）双手直立，掌心左右相对，五指微曲，左右来回扇动。

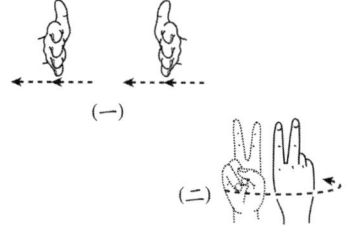

整改 zhěnggǎi

（一）双手侧立，掌心相对，向一侧一顿一顿移动几下。

（二）一手食、中指直立分开，由掌心向外翻转为掌心向内。

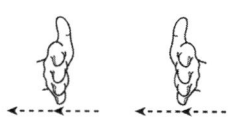

整理（规范❷） zhěnglǐ (guīfàn ❷)

双手侧立，掌心相对，向一侧一顿一顿移动几下；也用于表示规范的动词意思。

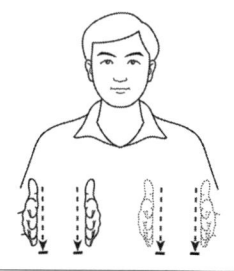

整齐（整顿） zhěngqí (zhěngdùn)

双手侧立，掌心相对，先在左侧向下一顿，再在右侧向下一顿。

（可根据实际表示整齐的状态）

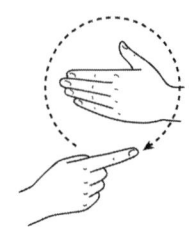

整体 zhěngtǐ

左手横立；右手伸食指，指尖朝内，绕左手转动一圈，表示整体。

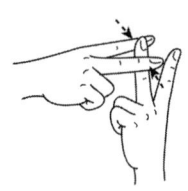

整枝 zhěngzhī

左手食、中指直立分开，表示树枝；右手食、中指夹一下左手中指，做剪的动作。

正（端正❷） zhèng (duānzhèng ❷)

双手直立，掌心左右相对，向前一顿，表示端正的形容词意思。

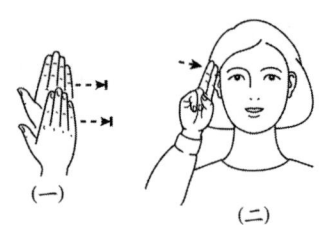

正常 zhèngcháng
（一）双手直立，掌心左右相对，向前一顿。
（二）一手食、中指直立并拢，掌心向外，向太阳穴碰一下。

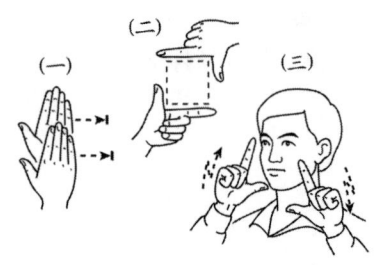

正方形 zhèngfāngxíng
（一）双手直立，掌心左右相对，向前一顿。
（二）双手拇、食指成"囗"形。
（三）双手拇、食指成"∟⏋"形，置于脸颊两侧，上下交替动两下。

正面❶（前面） zhèngmiàn ❶ (qiánmiàn)
左手直立，掌心向外；右手伸食指，指一下左手掌心，表示物体的正面。

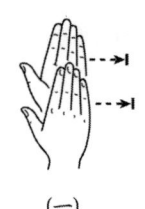 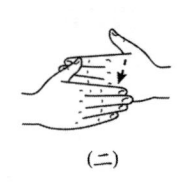

正面❷ zhèngmiàn ❷
（一）双手直立，掌心左右相对，向前一顿。
（二）左手横立，手背向外；右手摸一下左手背。
（此手势表示正确的一面）

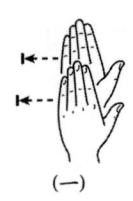 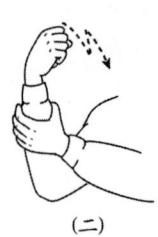

正能量 zhèngnéngliàng
（一）双手直立，掌心左右相对，向前一顿。
（二）左手握住右小臂；右手握拳屈肘，用力向内弯动两下。

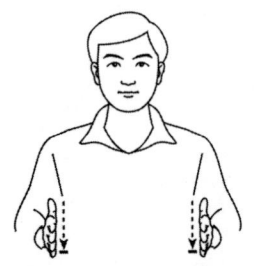

正派 zhèngpài
双手侧立，掌心相对，沿身体两侧向下一顿，面露严肃的表情。

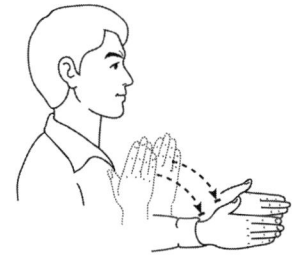

正式（正规、郑重） zhèngshì (zhèngguī、zhèngzhòng)

　　双手直立，掌心左右相对，置于身前，然后向下一顿，指尖朝前，眼睛平视，面露严肃的表情。

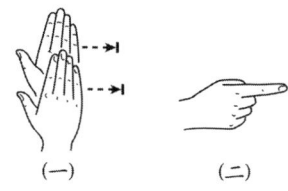

正义 zhèngyì

　　（一）双手直立，掌心左右相对，向前一顿。
　　（二）一手食指横伸，手背向外。"一"与"义"音近，借代（或一手伸食指，指尖朝前，书空"义"字）。

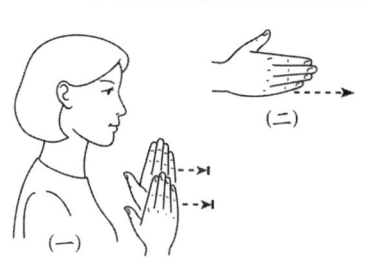

正直 zhèngzhí

　　（一）双手直立，掌心左右相对，向前一顿。
　　（二）一手侧立，向前移动一下。

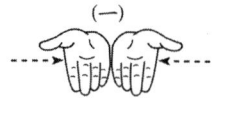
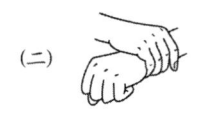

证据① zhèngjù①

　　（一）双手平伸，掌心向上，从两侧向中间移动并互碰。
　　（二）左手握拳，手背向上；右手握住左手腕。

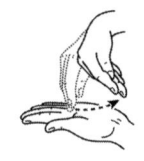

证据②（取证） zhèngjù②(qǔzhèng)

　　左手平伸；右手五指撮合，指尖朝下，在左手掌心上向后一抹。

证明❶（凭证、对证、对照、核对）
　　zhèngmíng ❶ (píngzhèng、duìzhèng、duìzhào、héduì)

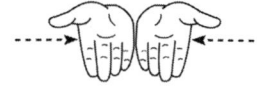

　　双手平伸，掌心向上，从两侧向中间移动并互碰，表示证明的动词意思和名词意思。

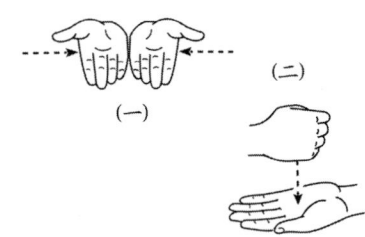

证明❷　zhèngmíng ❷

（一）双手平伸，掌心向上，从两侧向中间移动并互碰。

（二）左手横伸；右手虚握，虎口朝上，在左手掌心上砸一下，如盖章状。

（此手势专用于表示证明的名词意思）

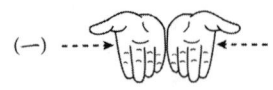

证券　zhèngquàn

（一）双手平伸，掌心向上，从两侧向中间移动并互碰。

（二）双手拇、食指张开，指尖相对，虎口朝上，从中间向两侧移动。

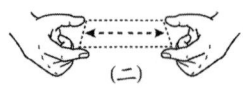

证人　zhèng·rén

（一）双手平伸，掌心向上，从两侧向中间移动并互碰。

（二）双手食指搭成"人"字形。

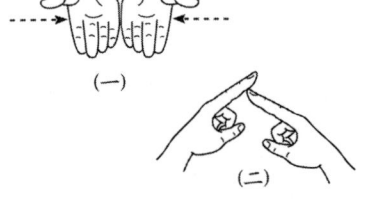

证书　zhèngshū

（一）左手横伸；右手虚握，虎口朝上，在左手掌心上砸一下，如盖章状。

（二）双手侧立，掌心相贴，然后向两侧打开。

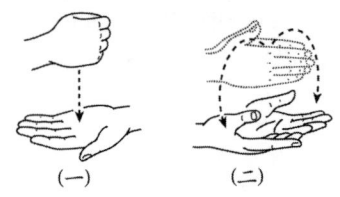

郑州　Zhèngzhōu

左手食指横伸，手背向外；右手五指弯曲，套入左手食指尖，然后前后转动两下，表示郑州是交通枢纽。

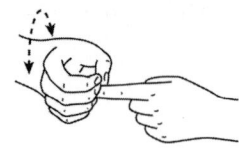

政变①　zhèngbiàn ①

（一）双手打手指字母"ZH"的指式，指尖朝前，向下一顿。

（二）一手食、中指直立分开，由掌心向外翻转为掌心向内。

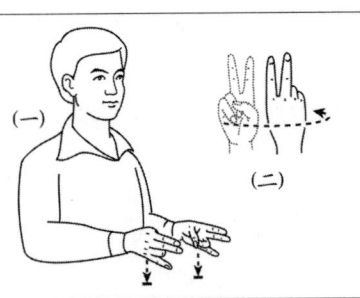

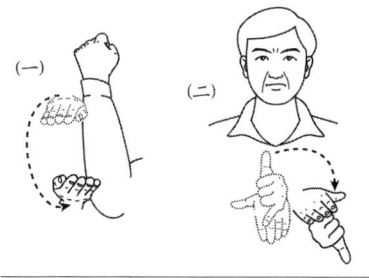

政变② zhèngbiàn ②

（一）左手握拳屈肘，手背向外；右手五指并拢，手背向上，贴于左小臂，然后向下做弧形移动，翻转为掌心向上。

（二）左手伸拇、小指，置于右手掌心上，然后右手转腕，将左手倾覆，表示政变成功。

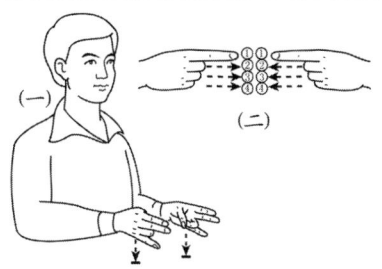

政策 zhèngcè

（一）双手打手指字母"ZH"的指式，指尖朝前，向下一顿。

（二）双手握拳，手背向外，虎口朝上，同时依次伸出食、中、无名、小指。

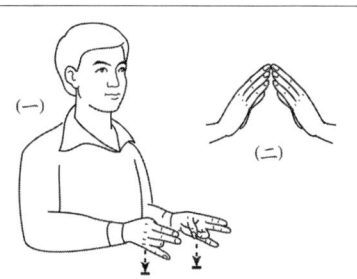

政府① zhèngfǔ ①

（一）双手打手指字母"ZH"的指式，指尖朝前，向下一顿。

（二）双手搭成"∧"形。

（"政府"的手语存在地域差异，可根据实际选择使用）

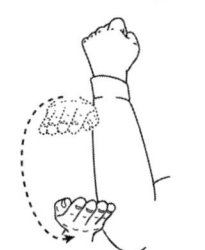

政府② zhèngfǔ ②

左手握拳屈肘，手背向外；右手五指并拢，手背向上，贴于左小臂，然后向下做弧形移动，翻转为掌心向上。

（"政府"的手语存在地域差异，可根据实际选择使用）

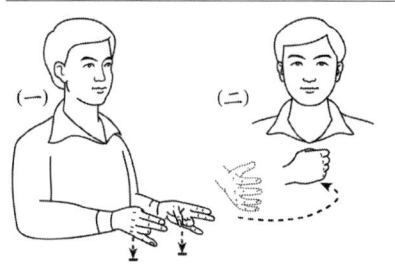

政权① zhèngquán ①

（一）双手打手指字母"ZH"的指式，指尖朝前，向下一顿。

（二）右手侧立，五指微曲张开，边向左做弧形移动边握拳。

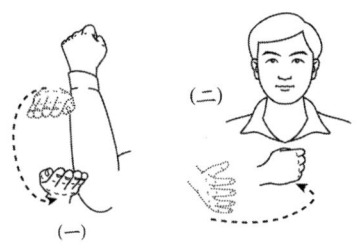

政权② zhèngquán ②

（一）左手握拳屈肘，手背向外；右手五指并拢，手背向上，贴于左小臂，然后向下做弧形移动，翻转为掌心向上。

（二）右手侧立，五指微曲张开，边向左做弧形移动边握拳。

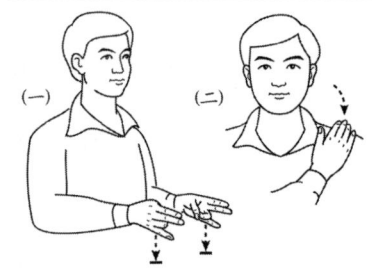

政委 zhèngwěi

（一）双手打手指字母"ZH"的指式，指尖朝前，向下一顿。
（二）右手拍一下左肩。

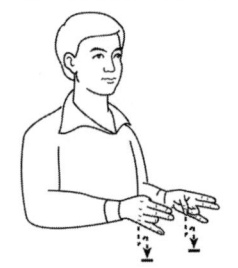

政治① zhèngzhì ①

双手打手指字母"ZH"的指式，指尖朝前，向下顿两下。
（"政治"的手语存在地域差异，可根据实际选择使用）

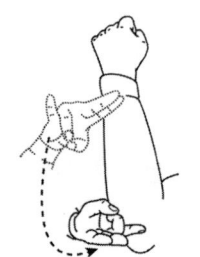

政治② zhèngzhì ②

左手握拳屈肘，手背向外；右手打手指字母"ZH"的指式，手背向上，贴于左小臂，然后向下做弧形移动，翻转为掌心向上。
（"政治"的手语存在地域差异，可根据实际选择使用）

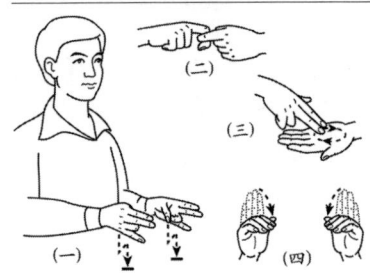

政治协商会议 zhèngzhì xiéshāng huìyì

（一）双手打手指字母"ZH"的指式，指尖朝前，向下顿两下。
（二）双手食指相互勾住。
（三）左手横伸；右手伸拇、食、中指，食、中指并拢，在左手掌心上转动两下。
（四）双手直立，掌心分别向左右斜前方，食、中、无名、小指弯动一下。

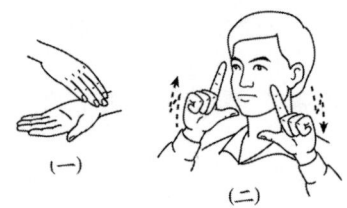
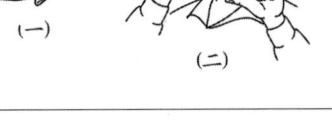

症状（体征） zhèngzhuàng (tǐzhēng)

（一）左手平伸，掌心向上；右手五指并拢，食、中、无名指指尖按于左手腕的脉门处。
（二）双手拇、食指成"⌐⌐"形，置于脸颊两侧，上下交替动两下。

支部 zhībù

（一）一手打手指字母"ZH"的指式。
（二）一手打手指字母"B"的指式。

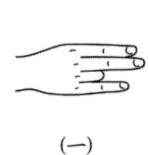

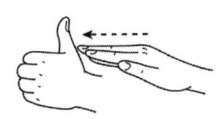
支持　zhīchí
　　左手伸拇指；右手平伸，掌心向下，五指并拢，指尖抵于左手拇指背，向前推一下左手。

支出②（消费②）　zhīchū ②（xiāofèi ②）
　　双手拇、食指捏成圆形，虎口朝上，置于腰部两侧，交替向前甩动。

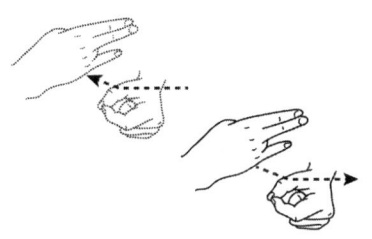
支付宝　zhīfùbǎo
　　左手拇、食指捏成圆形，虎口朝上；右手打手指字母"ZH"的指式，边前后移动边碰向左手拇指，表示来回支付钱。

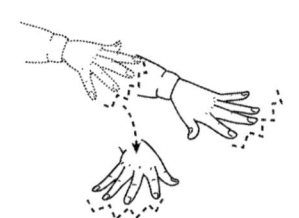
支流　zhīliú
　　双手平伸，掌心向下，五指张开，交替点动几下，左手在前，右手从左手后方向右前方移动，表示从主流分出的支流。
　　（可根据实际表示支流的流向）

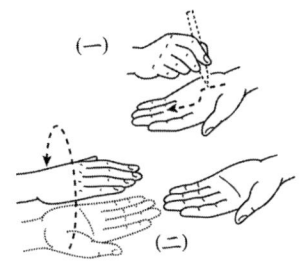
支票　zhīpiào
　　（一）左手横伸；右手如执笔状，在左手掌心上做写字的动作。
　　（二）双手横伸，掌心向上，指尖相对，左手不动，右手向内翻转，如撕支票状。

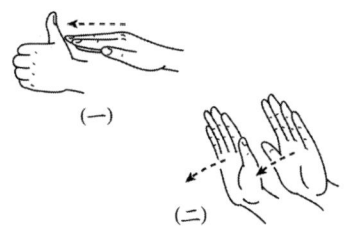
支援①（援助）　zhīyuán ①（yuánzhù）
　　（一）左手伸拇指；右手平伸，掌心向下，五指并拢，指尖抵于左手拇指背，向前推一下左手。
　　（二）双手斜伸，掌心向外，按动一下，表示给人帮助。

支援② zhīyuán ②

左手五指成半圆形,虎口朝上;右手握拳,手背向外,手腕用力碰两下左手虎口,表示支持。

支柱 zhīzhù

左手横伸,掌心向下;右手握拳,拳心向左,抵于左手掌心。

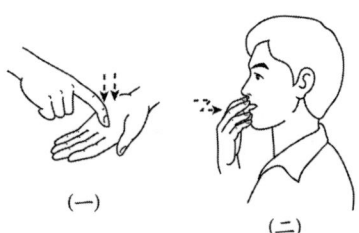

芝麻 zhī·ma

(一)左手横伸;右手伸食指,指尖朝下,在左手掌心上随意点动两下。
(二)一手五指弯曲,指尖朝内,在嘴前点动几下。

知道(懂、明白) zhī·dào(dǒng、míng·bai)

一手伸食指,点两下太阳穴。

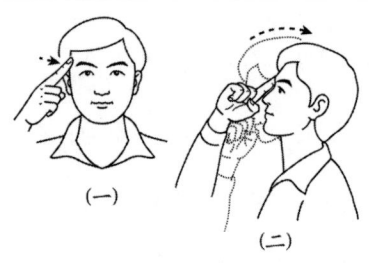

知觉 zhījué

(一)一手伸食指,点一下太阳穴。
(二)一手食指抵于太阳穴,头同时微抬。

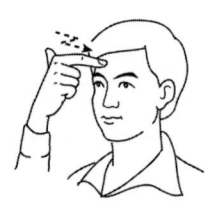

知识 zhī·shi

一手伸拇、食指,食指点两下前额。

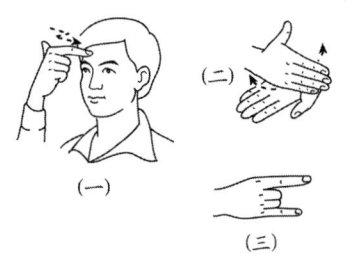

知识分子 zhī·shi fènzǐ

（一）一手伸拇、食指，食指点两下前额。
（二）左手横伸；右手侧立，置于左手掌心上，并左右拨动一下。
（三）一手打手指字母"Z"的指式。

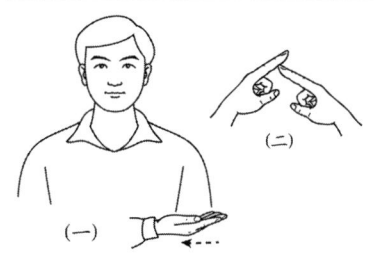

肢体残疾人（肢残人②） zhītǐcánjírén (zhīcánrén②)

（一）右手横伸，掌心向上，在左上臂划一下，表示肢体截肢。
（二）双手食指搭成"人"字形。

脂肪 zhīfáng

左手横伸，掌心向下；右手五指成"⊐"形，指尖朝前，贴于左手掌心，然后左右微动几下，表示皮下脂肪。

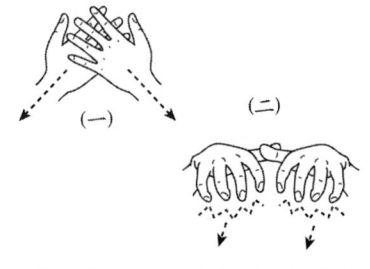

蜘蛛 zhīzhū

（一）双手五指张开，手背向外，交叉相搭，向两侧斜下方移动。
（二）双手拇指相搭，其他四指弯曲，指尖朝下，边交替点动边向前移动，如蜘蛛爬行状。

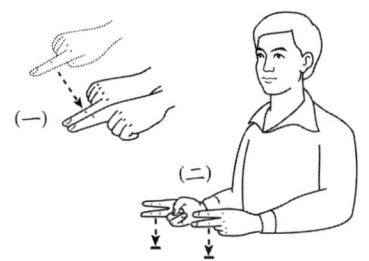

执法 zhífǎ

（一）双手伸食指，指尖朝前，手背向上，左手不动，右手食指从右侧靠向左手食指。
（二）双手打手指字母"F"的指式，指尖朝前，向下一顿。

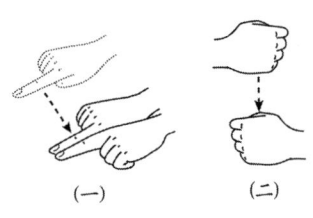

执行 zhíxíng

（一）双手伸食指，指尖朝前，手背向上，左手不动，右手食指从右侧靠向左手食指。
（二）双手握拳，一上一下，右拳向下砸一下左拳。

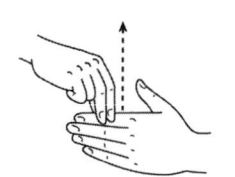

执照 zhízhào

左手横立；右手伸拇、食、中指，指尖朝下，夹住左手食指，然后向上一提。

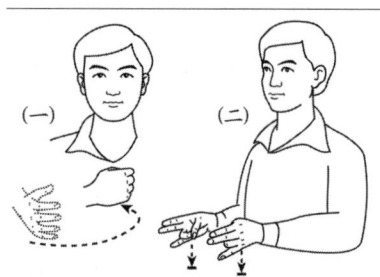

执政 zhízhèng

（一）右手侧立，五指微曲张开，边向左做弧形移动边握拳。

（二）双手打手指字母"ZH"的指式，指尖朝前，向下一顿。

直（直接） zhí (zhíjiē)

一手侧立，向前移动一下。

（可根据实际表示直的状态）

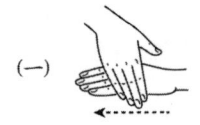
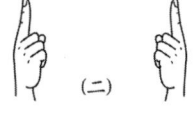

直尺（尺子） zhíchǐ (chǐ·zi)

（一）左手横伸，掌心向下；右手食、中、无名、小指并拢，指尖朝下，沿左手小指外侧划一下。

（二）双手食指直立，指面左右相对，相距约30厘米。

直径 zhíjìng

左手拇、食指成半圆形，虎口朝内；右手伸食指，指尖朝前，从左手食指划向左手拇指。

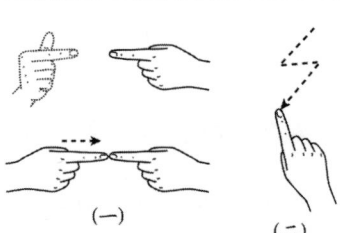

直流电 zhíliúdiàn

（一）左手食指横伸，手背向外，表示负极；右手拇、食指搭成"+"形，表示正极，然后左手不动，右手食指横伸，手背向外，向左手食指尖移动，表示直流电流只能单向流动的特点。

（二）一手食指书空"⌐"形。

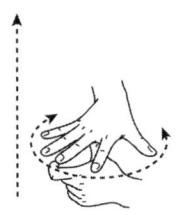
直升飞机① zhíshēng fēijī ①
左手拇指直立,食指弯曲;右手五指张开,掌心向下,抵于左手拇指上,边左右转动边双手同时向上移动。

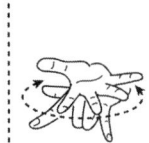
直升飞机② zhíshēng fēijī ②
双手手背相贴,左手伸拇、食、小指,在下,右手五指张开,边左右转动边双手同时向上移动。

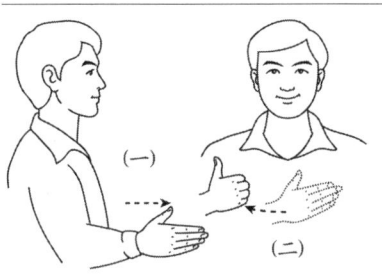
直爽 zhíshuǎng
(一)一手侧立,向前移动一下。
(二)一手横立,掌心贴于胸部,边向一侧移动边伸出拇指,面露满意的表情。

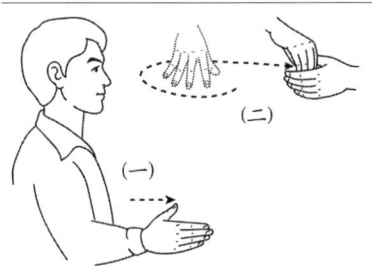
直系 zhíxì
(一)一手侧立,向前移动一下。
(二)左手五指成半圆形,虎口朝上;右手五指张开,指尖朝下,边在左手右侧转动半圈边撮合,并移向左手虎口内。

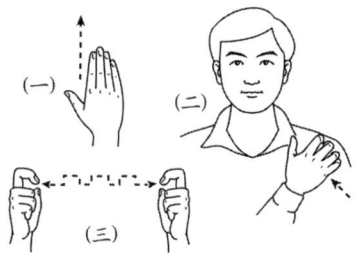
直辖市 zhíxiáshì
(一)右手直立,掌心向左,向上移动,表示对上直属中央。
(二)右手五指微曲,指尖朝内,按向左肩。
(三)双手食指直立,指面相对,从中间向两侧弯动(或弯动一下),仿城墙"⊓⊓⊓"形。

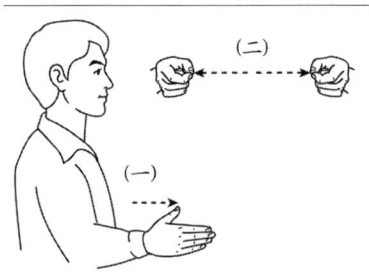
直线 zhíxiàn
(一)一手侧立,向前移动一下。
(二)双手拇、食指相捏,虎口朝上,从中间向两侧拉开。

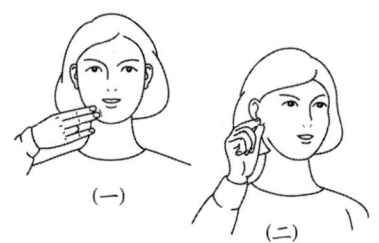

侄女　zhí·nǚ
（一）一手打手指字母"ZH"的指式，置于颊部一侧。
（二）一手拇、食指捏一下耳垂。

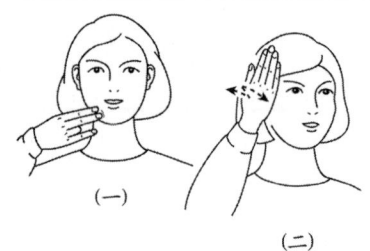

侄子　zhí·zi
（一）一手打手指字母"ZH"的指式，置于颊部一侧。
（二）一手直立，掌心贴于头一侧，前后移动两下。

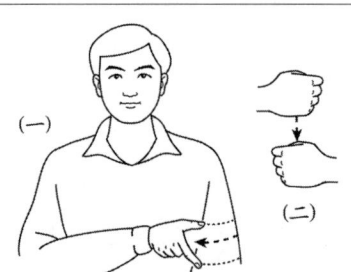

值班（值勤）　zhíbān (zhíqín)
（一）右手拇、食指张开，虎口朝外，在左臂上向右横划一下，如值班时戴的袖章。
（二）双手握拳，一上一下，右拳向下砸一下左拳。

值日（袖章）　zhírì (xiùzhāng)
右手拇、食指张开，虎口朝外，在左臂上向右横划一下，如值班时戴的袖章。

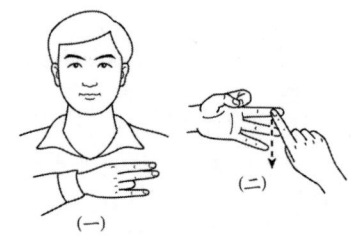

职称　zhíchēng
（一）右手打手指字母"ZH"的指式，贴于左胸部。
（二）左手中、无名、小指横伸分开，掌心向内；右手伸食指，自左手中指尖向下划动。

 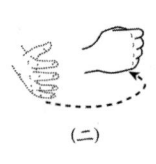

职权　zhíquán
（一）右手打手指字母"ZH"的指式，贴于左胸部。
（二）右手侧立，五指微曲张开，边向左做弧形移动边握拳。

职位 zhíwèi

（一）右手打手指字母"ZH"的指式，贴于左胸部。
（二）左手横伸；右手伸拇指，置于左手掌心上。

职务（职责） zhíwù（zhízé）

（一）右手打手指字母"ZH"的指式，贴于左胸部。
（二）右手拍一下左肩。

职业 zhíyè
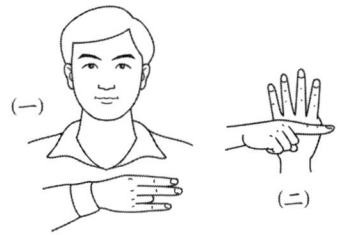
（一）右手打手指字母"ZH"的指式，贴于左胸部。
（二）左手食、中、无名、小指直立分开，手背向外；右手食指横伸，置于左手四指根部，仿"业"字形。

职业学校 zhíyè xuéxiào
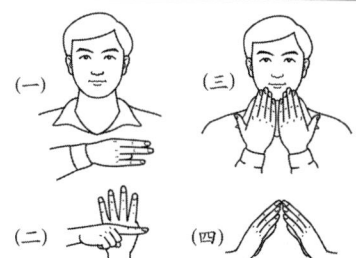
（一）右手打手指字母"ZH"的指式，贴于左胸部。
（二）左手食、中、无名、小指直立分开，手背向外；右手食指横伸，置于左手四指根部，仿"业"字形。
（三）双手斜伸，掌心向内，置于身前。
（四）双手搭成"∧"形。

职员 zhíyuán
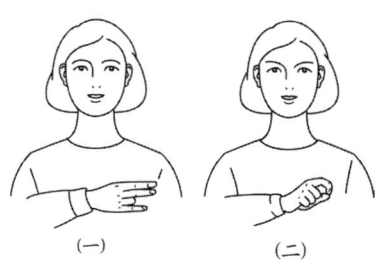
（一）右手打手指字母"ZH"的指式，贴于左胸部。
（二）右手拇、食指捏成圆形，虎口朝内，贴于左胸部。

植被 zhíbèi
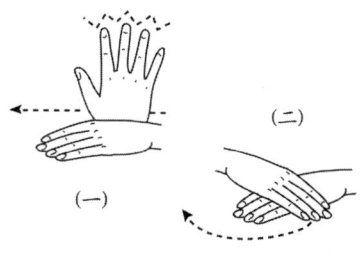
（一）左手横伸；右手直立，手背贴于左手内侧，五指张开，边交替点动边向左手指尖方向移动，表示地上的植物。
（二）左手横伸；右手平伸，掌心向下，贴于左手背，向一侧做弧形移动。

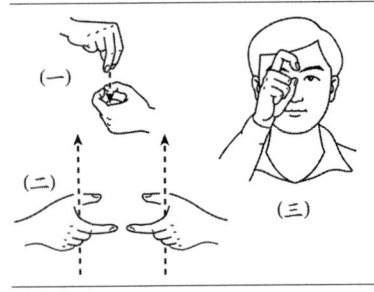

植树节 Zhíshù Jié

（一）左手拇、食指捏成圆形，虎口朝上；右手拇、食、中指相捏，指尖朝下，插入左手虎口内。

（二）双手拇、食指成大圆形，虎口朝上，同时向上移动。

（三）一手打手指字母"J"的指式，置于前额。

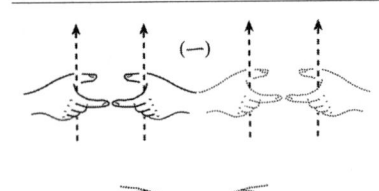

植物 zhíwù

（一）双手拇、食指成大圆形，虎口朝上，在不同位置向上移动两下，表示众多的树木。

（二）双手食指指尖朝前，手背向上，先互碰一下，再分开并张开五指。

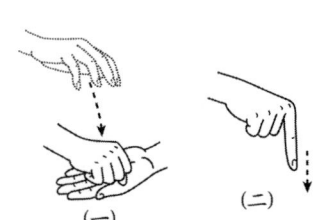

殖民地 zhímíndì

（一）左手横伸；右手五指微曲，指尖朝下，边移向左手掌心边握拳，表示侵占、把控了别国的地方。

（二）一手伸食指，指尖朝下一指。

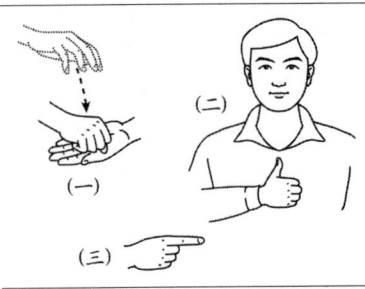

殖民主义 zhímín zhǔyì

（一）左手横伸；右手五指微曲，指尖朝下，边移向左手掌心边握拳，表示侵占、把控了别国的地方。

（二）一手伸拇指，贴于胸部。

（三）一手食指横伸，手背向外。"一"与"义"音近，借代。

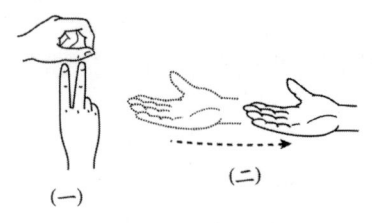

只要② zhǐyào ②

（一）左手拇、食指相捏，虎口朝内；右手食、中指直立分开，手背向内，在左手下点一下，仿"只"字形。

（二）一手平伸，掌心向上，向后移动一下。

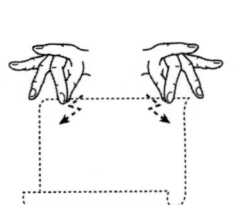

纸（纸张、张） zhǐ (zhǐzhāng、Zhāng)

双手拇、中指相捏，指尖朝下，微抖几下；也用于表示姓氏"张"。

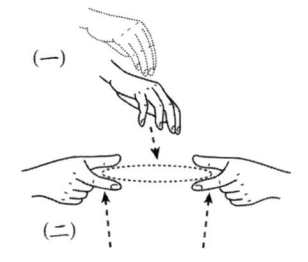

纸篓 zhǐlǒu
（一）一手五指撮合，指尖朝下，做扔东西的动作。
（二）双手拇、食指成大圆形，虎口朝上，做下小上大的移动，仿纸篓外形。

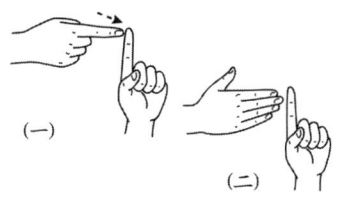

指标 zhǐbiāo
（一）左手食指直立；右手伸食指，指尖朝前，指向左手食指。
（二）左手食指直立；右手侧立，指向左手食指。

指挥❶ zhǐhuī ❶
双手伸食指，指尖朝前上方，模仿指挥乐曲的动作；专用于表示乐队指挥。
（可根据实际表示指挥的动作）

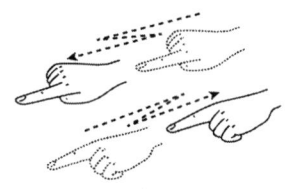

指挥❷ zhǐhuī ❷
双手伸食指，指尖朝前，手背向上，前后交替移动两下。既表示指挥的名词意思，又表示指挥的动词意思。

指甲 zhǐ·jia
左手伸拇指；右手伸食指，指尖朝下，在左手拇指指甲盖儿上转动一下。

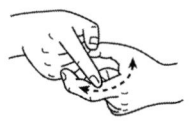

指南针 zhǐnánzhēn
左手拇、食指成半圆形，虎口朝上；右手伸食指，指尖朝前，置于左手虎口上，左右微转。

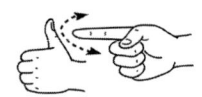

指示（指导） zhǐshì (zhǐdǎo)

左手伸拇指；右手伸食指，指尖朝前，在左手拇指后左右移动。

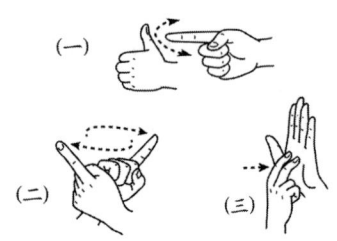

指示代词 zhǐshì dàicí

（一）左手伸拇指；右手伸食指，指尖朝前，在左手拇指后左右移动。

（二）双手伸食指，手腕交叉相贴，然后前后转动，互换位置。

（三）左手直立，掌心向外；右手食、中指弯曲，指尖朝内，点一下左手掌心。

指示灯 zhǐshìdēng

一手五指撮合，指尖朝前，连续做开合的动作。
（可根据实际决定手指的朝向）

志气 zhì·qì

（一）一手打手指字母"ZH"的指式。

（二）一手打手指字母"Q"的指式，指尖朝内，置于鼻孔处。

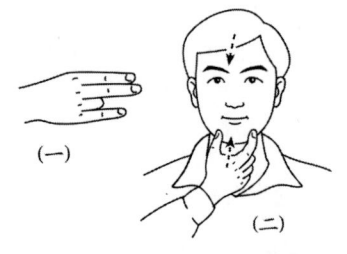

志愿 zhìyuàn

（一）一手打手指字母"ZH"的指式。

（二）一手拇、食指弯曲，指尖朝颈部点一下，头同时微点一下。

志愿军 zhìyuànjūn

（一）一手打手指字母"ZH"的指式。

（二）一手拇、食指弯曲，指尖朝颈部点一下，头同时微点一下。

（三）右手横伸，掌心向下，置于前额，表示军帽帽檐。

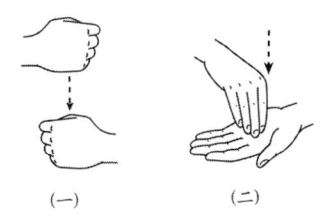

制定(制订) zhìdìng (zhìdìng)

(一)双手握拳,一上一下,右拳向下砸一下左拳。

(二)左手横伸;右手五指撮合,指尖朝下,按向左手掌心。

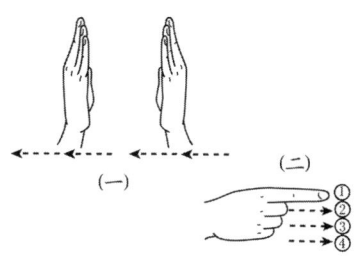

制度❷ zhìdù ❷

(一)双手直立,掌心左右相对,向一侧一顿一顿移动几下。

(二)一手握拳,手背向外,虎口朝上,依次伸出食、中、无名、小指。

(此手势表示要共同遵守的办事规程或行动准则)

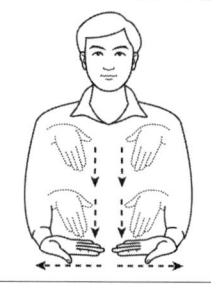

制服(中山装) zhìfú (zhōngshānzhuāng)

双手食、中、无名、小指并拢,指尖朝下,掌心向内,在胸部及腰部各贴一下,然后变为掌心向上,在小腹处分别向两侧横划一下。

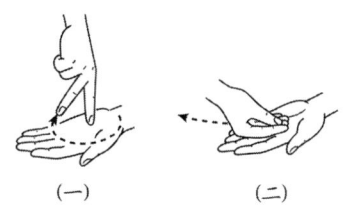

制图 zhìtú

(一)左手横伸;右手食、中指分开,食指尖抵于左手掌心,中指转动半圈,如用圆规画圆状。

(二)左手横伸;右手五指撮合,指背在左手掌心上抹一下。

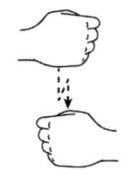

制造(工作❷、操持) zhìzào (gōngzuò ❷、cāochí)

双手握拳,一上一下,右拳向下砸两下左拳。

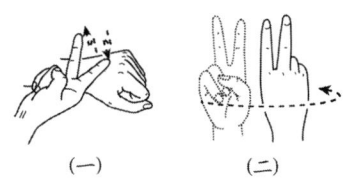

质变 zhìbiàn

(一)左手握拳;右手食、中指横伸,指背交替弹左手背。

(二)一手食、中指直立分开,由掌心向外翻转为掌心向内。

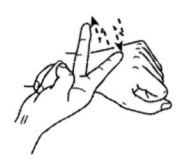

质量 zhìliàng
左手握拳；右手食、中指横伸，指背交替弹左手背。

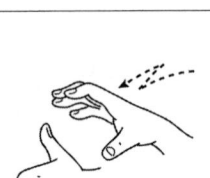

质询（质问、盘问） zhìxún (zhìwèn、pánwèn)
左手伸拇指，在前；右手五指微曲，掌心向外，对着左手微移两下。

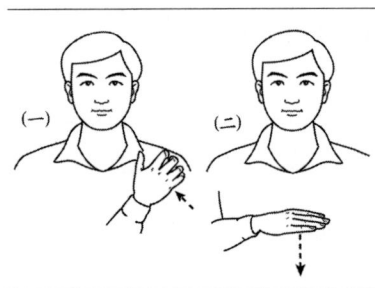

治安 zhì'ān
（一）右手五指微曲，指尖朝内，按向左肩。
（二）一手横伸，掌心向下，自胸部向下一按。

治疗 zhìliáo
左手平伸，掌心向上；右手五指并拢，食、中、无名指指尖按于左手腕的脉门处，双手同时向前移动两下。
（可根据实际表示治疗的状态）

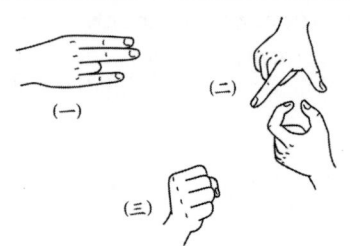

致公党 Zhìgōngdǎng
（一）一手打手指字母"ZH"的指式。
（二）双手拇、食指搭成"公"字形，虎口朝外。
（三）一手打手指字母"D"的指式。

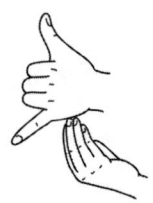

痔疮 zhìchuāng
左手伸拇、小指，手背向左；右手五指撮合，指尖朝上，抵于左手小鱼际处。

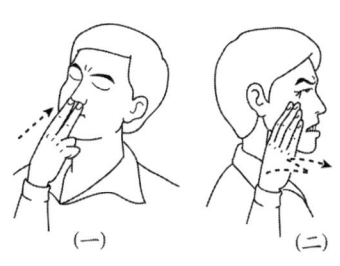

窒息① zhìxī ①
（一）一手食、中指稍分开，指尖朝上，移向鼻部，如吸气状。
（二）一手直立，掌心向外，在脸颊一侧向前扇动两下，表示不听使唤，面露痛苦的表情。

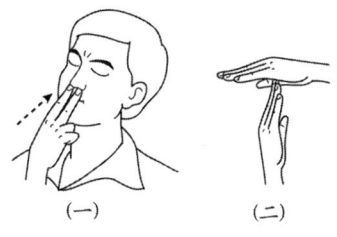

窒息② zhìxī ②
（一）一手食、中指稍分开，指尖朝上，移向鼻部，如吸气状。
（二）左手横伸，掌心向下；右手直立，掌心向左，指尖抵于左手掌心。

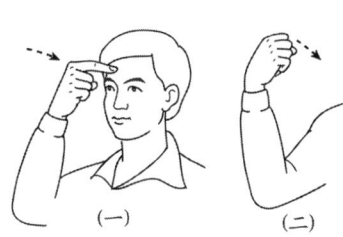

智力 zhìlì
（一）一手伸食指，点一下前额。
（二）一手握拳屈肘，用力向内弯动一下。

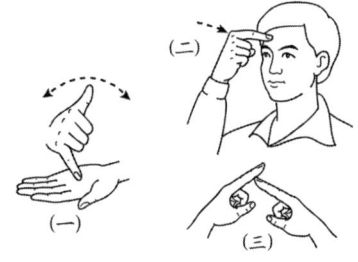

智力残疾人（弱智人） zhìlìcánjírén（ruòzhìrén）
（一）左手横伸；右手伸拇、小指，小指尖抵于左手掌心，左右晃动。
（二）一手伸食指，点一下前额。
（三）双手食指搭成"人"字形。

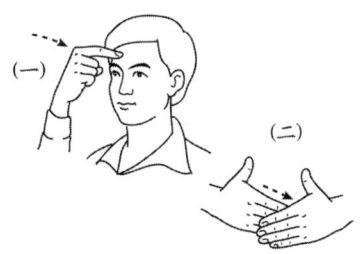

智力障碍 zhìlìzhàng'ài
（一）一手伸食指，点一下前额。
（二）左手侧立；右手横立，掌心向内，然后移至左手并停住，表示遇到障碍。

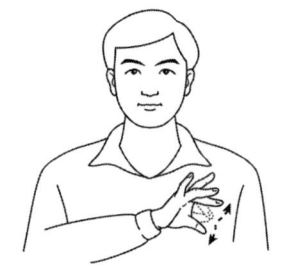

智利 Zhìlì
右手拇、中指相捏，其他三指伸出，置于左胸部，然后拇、中指张开。
（此为国外聋人手语）

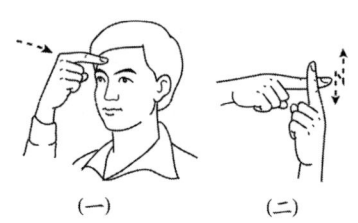

智商 zhìshāng

（一）一手伸食指，点一下前额。

（二）左手食指直立；右手食指横贴在左手食指上，然后上下微动几下。

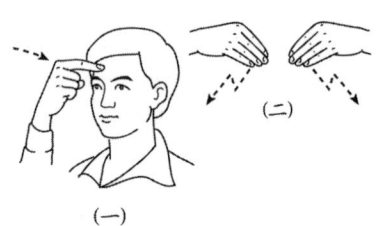

智育 zhìyù

（一）一手伸食指，点一下前额。

（二）双手五指撮合，指尖相对，手背向外，在胸前向前晃动两下。

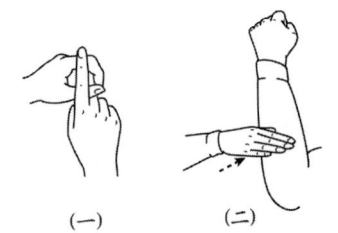

中档 zhōngdàng

（一）左手拇、食指与右手食指搭成"中"字形。

（二）左手直立握拳，手背向外；右手横伸，掌心向下，碰一下左小臂中部。

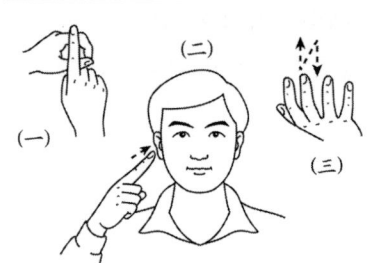

中耳炎 zhōng'ěryán

（一）左手拇、食指与右手食指搭成"中"字形。

（二）一手伸食指，指一下耳朵。

（三）一手五指微曲，指尖朝上，上下微动几下。

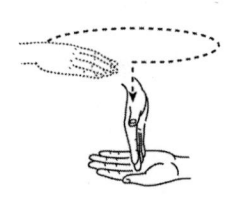

中非 Zhōngfēi

双手横伸，掌心上下相对，左手在下不动，右手顺时针转动多半圈后变为手垂立，掌心向左，移至左手掌心，表示中非位于非洲中部。

（此为国外聋人手语）

中国 Zhōngguó

一手伸食指，自咽喉部顺肩胸部划至右腰部，以民族服装"旗袍"的前襟线表示中国。

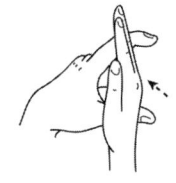

中间 zhōngjiān

左手拇、食指成"匚"形,虎口朝内;右手直立,掌心向左,五指并拢,朝左手拇、食指中部碰一下。
(可根据实际表示中间的状态)

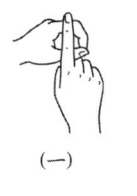 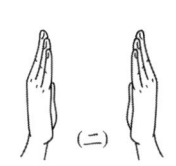

中期 zhōngqī

(一)左手拇、食指与右手食指搭成"中"字形。
(二)双手直立,掌心左右相对。

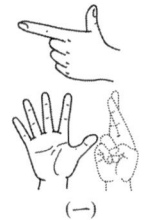 

中秋节① Zhōngqiū Jié ①

(一)左手伸拇、食指,手背向外,在上,即数字"八"的手势;右手食、中指先相叠,然后五指张开,掌心向外,在下,即数字"十五"的手势,表示农历八月十五日。
(二)一手打手指字母"J"的指式,置于前额。

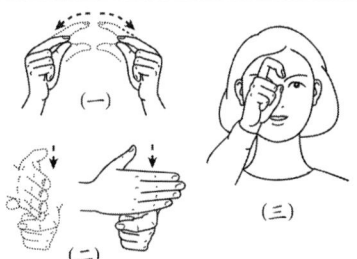

中秋节② Zhōngqiū Jié ②

(一)双手拇、食指张开,指尖相对,虎口朝内,边从中间向两侧做弧形移动边相捏,如弯月状。
(二)左手拇、食指成半圆形,虎口朝上;右手先侧立,再横立,模仿切月饼的动作。
(三)一手打手指字母"J"的指式,置于前额。

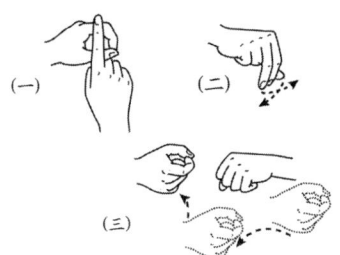

中沙群岛 Zhōngshāqúndǎo

(一)左手拇、食指与右手食指搭成"中"字形。
(二)一手拇、食、中指相捏,指尖朝下,互捻几下。
(三)左手横伸握拳,手背向上;右手拇、食指捏成圆形,虎口朝上,在左手周围不同位置点动几下,表示有许多岛。

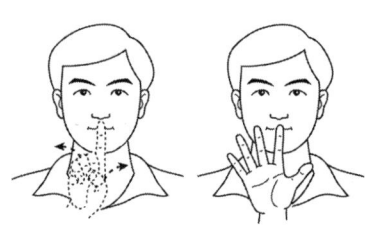

中午① zhōngwǔ ①

一手食指直立,手背向内,置于嘴部,然后五指张开。

中午② zhōngwǔ ②

　　一手食、中指相叠,指尖朝上,手背向内,置于头前,然后分开,表示数字 12,引申为中午。

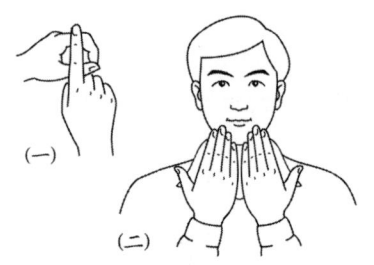

中学 zhōngxué

　　(一)左手拇、食指与右手食指搭成"中"字形。
　　(二)双手斜伸,掌心向内,置于身前。

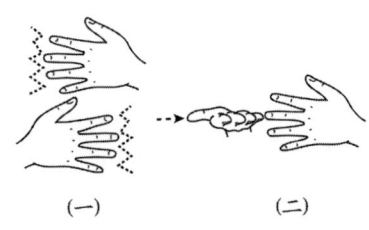

中旬 zhōngxún

　　(一)双手横立,手背向外,一上一下,五指张开,交替点动几下。上面的手代表月份,下面的手代表日期。
　　(二)左手横立,手背向外,五指张开;右手平伸,掌心向上,小指外侧碰一下左手中指,表示月中。

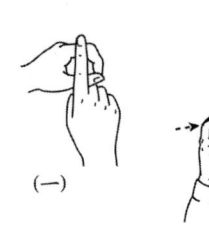
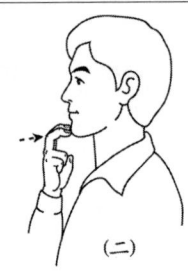

中央 zhōngyāng

　　(一)左手拇、食指与右手食指搭成"中"字形。
　　(二)一手食、中指弯曲,指尖朝内,朝颏部点一下,与口结合仿"央"字的一部分。

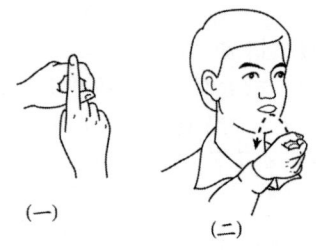

中药 zhōngyào

　　(一)左手拇、食指与右手食指搭成"中"字形。
　　(二)口张开,一手拇、食指捏成小圆形,从嘴部移向喉部。
　　(可根据实际表示中药形状)

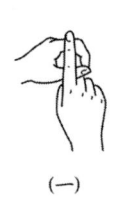
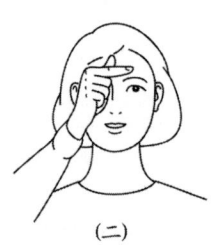

中医 zhōngyī

　　(一)左手拇、食指与右手食指搭成"中"字形。
　　(二)一手拇、食指搭成"十"字形,置于前额。

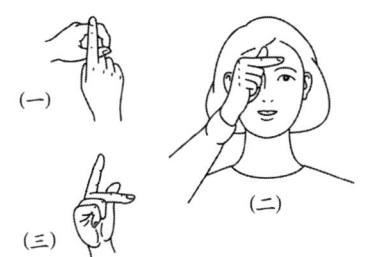

中医科 zhōngyīkē

（一）左手拇、食指与右手食指搭成"中"字形。
（二）一手拇、食指搭成"十"字形，置于前额。
（三）一手打手指字母"K"的指式。

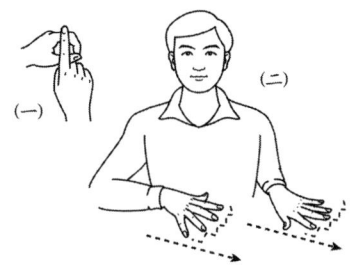

中游 zhōngyóu

（一）左手拇、食指与右手食指搭成"中"字形，置于身前正中。
（二）双手五指张开，指尖朝左前方，掌心向下，边交替点动边向左前方移动。

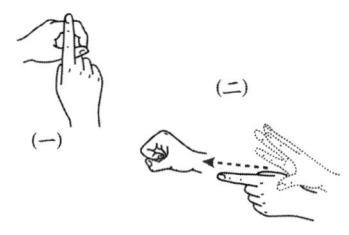

中专 zhōngzhuān

（一）左手拇、食指与右手食指搭成"中"字形。
（二）左手伸食指，指尖朝前，虎口朝上；右手五指张开，掌心向前下方，置于左手食指根部，然后边向前移动边握拳。

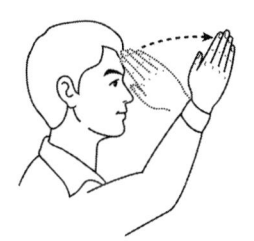

忠诚（忠实） zhōngchéng (zhōngshí)

一手五指并拢，食指外侧贴于前额，然后向外一挥。

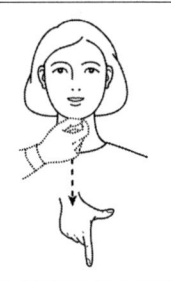

终身（一辈子、一生、毕生）
zhōngshēn (yībèi·zi、yīshēng、bìshēng)

一手拇、食指相捏，拇指贴于颏部，边向下移动边伸出拇、食指，食指尖朝下，手背向外。

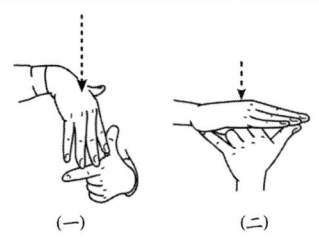

终身监禁 zhōngshēn jiānjìn

（一）左手伸拇、食指，食指尖朝右，手背向外；右手五指张开，指尖朝下，手背向外，从上向下移向左手食指。
（二）左手伸拇、小指，指尖朝上；右手横伸，掌心向下，置于左手上。

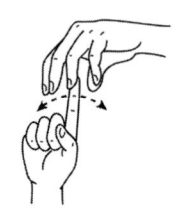
钟❶（铃） zhōng ❶ (líng)
左手五指弯曲，指尖朝下；右手食指直立，掌心向外，在左手掌心下左右晃动两下，仿铸钟的形状，表示敲击的铸钟或铃。

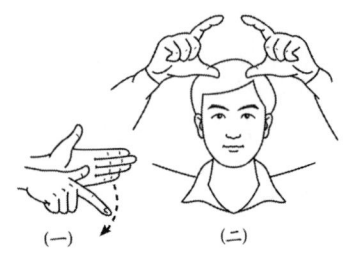
钟❷ zhōng ❷
（一）左手侧立；右手伸拇、食指，拇指尖抵于左手掌心，食指向下转动。
（二）双手拇、食指成大圆形，虎口朝内，置于头顶上。
（此手势表示计时的钟）

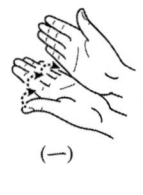 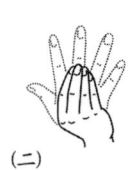
种类 zhǒnglèi
（一）左手平伸；右手斜立于左手掌心上，然后向右一顿一顿做弧形移动。
（二）一手五指张开，指尖朝上，然后撮合。

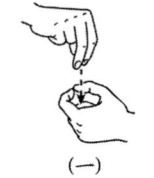 
种子 zhǒng·zi
（一）左手拇、食指捏成圆形，虎口朝上；右手拇、食、中指相捏，指尖朝下，插入左手虎口内。
（二）一手拇、食指微张，指尖朝前，如种子粒大小。
（可根据实际表示种子的形状）

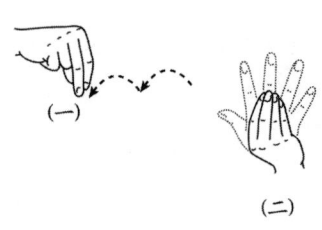
种族 zhǒngzú
（一）一手拇、食、中指相捏，指尖朝下，在不同位置点动两下。
（二）一手五指张开，指尖朝上，然后撮合。

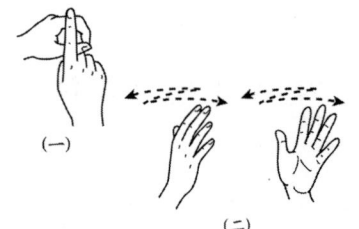
中风 zhòngfēng
（一）左手拇、食指与右手食指搭成"中"字形。
（二）双手直立，掌心左右相对，五指微曲，左右来回扇动。

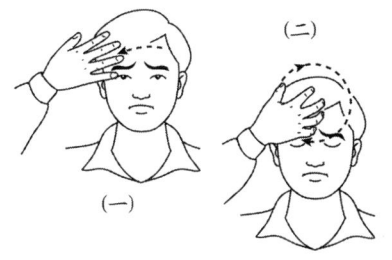

中暑 zhòngshǔ

（一）一手五指张开，手背向外，在额头上一抹，如流汗状。

（二）一手五指微曲，指尖朝内，在前额转动两下，眼闭拢。

仲 Zhòng

右手打手指字母"ZH"的指式，指尖朝上，掌心向左，碰一下嘴唇，表示姓氏"仲"。

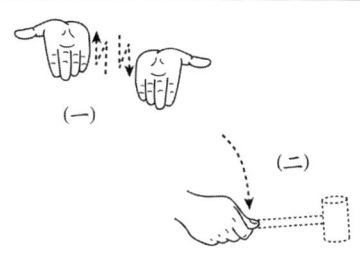

仲裁 zhòngcái

（一）双手平伸，掌心向上，上下交替移动。

（二）一手如握法槌状，向下挥动一下。

种植 zhòngzhí

左手拇、食指捏成圆形，虎口朝上；右手拇、食、中指相捏，指尖朝下，插入左手虎口内。

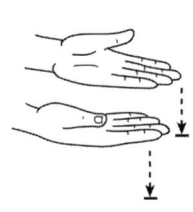

重❶（沉重） zhòng ❶ (chénzhòng)

双手平伸，掌心向上，同时向下一顿，表示物体的重量。（可根据实际表示重的状态）

重❷（重要、关键、要害）

zhòng ❷ (zhòngyào、guānjiàn、yàohài)

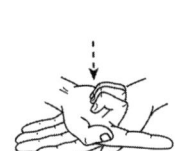

左手横伸；右手伸食指，拇指尖按于食指根部，手背向下，用力砸向左手掌心，表示程度重。

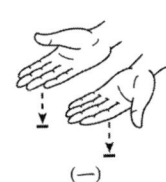 

重量 zhòngliàng

（一）双手平伸，掌心向上，同时向下一顿。
（二）一手直立，掌心向内，五指张开，交替点动几下。

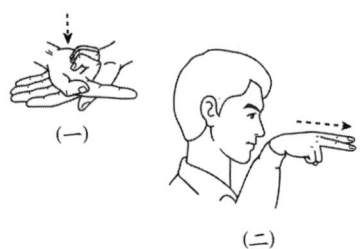

重视 zhòngshì

（一）左手横伸；右手伸食指，拇指尖按于食指根部，手背向下，用力砸向左手掌心，表示程度重。
（二）一手食、中指分开，指尖朝前，手背向上，从眼部向前一指。

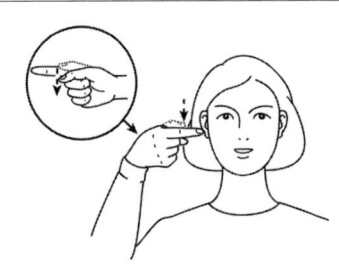

重听 zhòngtīng

一手食指横伸，指尖抵于耳部，手背向外，拇指在食指中部划一下，表示重听者有一部分听力。

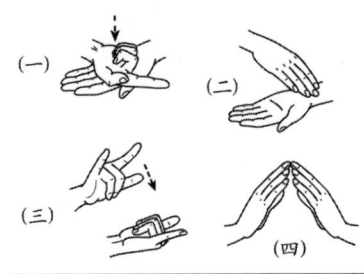

重症监护室（ICU） zhòngzhèngjiānhùshì

（一）左手横伸；右手伸食指，拇指尖按于食指根部，手背向下，用力砸向左手掌心，表示程度重。
（二）左手平伸，掌心向上；右手五指并拢，食、中、无名指指尖按于左手腕的脉门处。
（三）左手伸拇、小指，手背向下；右手伸拇、食、小指，掌心向下，移向左手，表示在监护病人。
（四）双手搭成"∧"形。

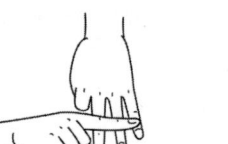

州 zhōu

左手中、无名、小指分开，指尖朝下，手背向外；右手食指横伸，置于左手三指间，仿"州"字形。

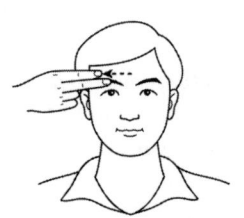

周 Zhōu

一手食、中指横伸并拢，指面摸一下眉毛，表示姓氏"周"。

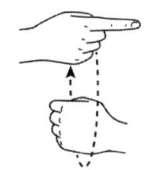
周年(一周年) zhōunián (yīzhōunián)
左手握拳,手背向外,虎口朝上;右手食指横伸,手背向外,绕左拳前后转动一圈(表示两周年时,右手食、中指横伸分开,手背向外,绕左拳前后转动一圈,以此类推)。

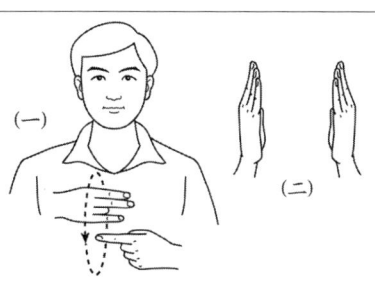
周期 zhōuqī
(一)左手食指横伸,手背向外;右手打手指字母"ZH"的指式,绕左手食指前后转动一圈,再回到初始位置,表示循环一周。
(二)双手直立,掌心左右相对。

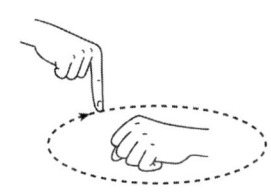
周围 zhōuwéi
左手虚握,手背向上;右手伸食指,指尖朝下,绕左手顺时针平行转动一圈。
(可根据实际表示周围的意思)

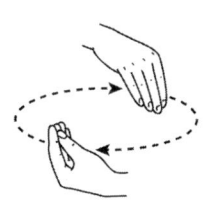
周转(调剂) zhōuzhuǎn (tiáojì)
双手五指撮合,指尖上下相对,交替平行转动两下。

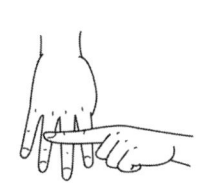
洲 zhōu
右手食、中、无名、小指分开,指尖朝下,手背向外;左手食指横伸,置于右手食、中、无名指间,仿"洲"字形。

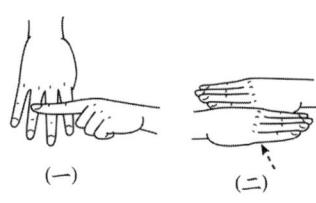
洲际 zhōujì
(一)右手食、中、无名、小指分开,指尖朝下,手背向外;左手食指横伸,置于右手食、中、无名指间,仿"洲"字形。
(二)双手横伸,掌心向下,左手在后不动,右手向后碰一下左手。

粥　zhōu
左手拇、食指成半圆形，虎口朝上；右手横伸，掌心凹进，向嘴部拨动两下，口微张，表示喝粥。

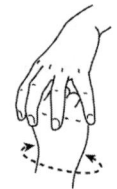

轴承①　zhóuchéng①
左手五指弯曲，指尖朝下；右手握拳，在左手掌心内来回转动。

轴承②　zhóuchéng②
左手拇、食指成半圆形，虎口朝外；右手拇、食指捏成圆形，虎口朝外，置于左手虎口处，两手之间相距约2厘米，然后向相反方向转动，仿轴承由内圈、外圈、滚动体等构成的外形。

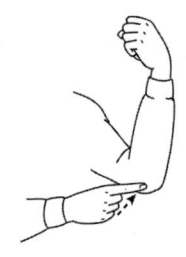

肘　zhǒu
左手握拳屈肘；右手伸食指，指一下左臂肘部。

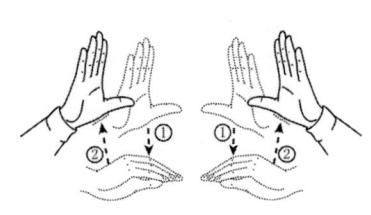

昼夜　zhòuyè
双手直立，掌心左右相对，拇指张开，置于面前，然后其他四指向下弯动与拇指捏合，再向上张开。

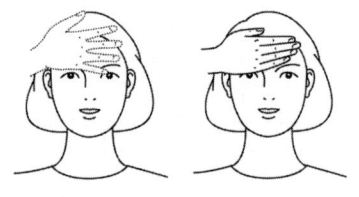

皱　zhòu
一手横立，掌心向内，五指张开，置于前额，然后并拢，表示额上的皱纹。
（可根据实际表示皱的状态）

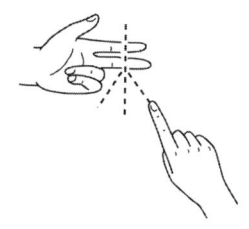

朱 Zhū

左手拇、食、中指分开,手背向外;右手伸食指,在左手食、中指上书空"丨、丿、丶",仿"朱"字形,表示姓氏"朱"。

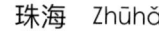

珠海 Zhūhǎi

(一)双手拇、食指捏成圆形,虎口朝上,随意晃动几下。
(二)双手平伸,掌心向下,五指张开,上下交替移动,表示起伏的波浪。

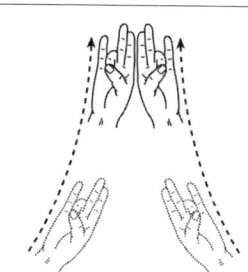

珠穆朗玛峰 Zhūmùlǎngmǎfēng

双手打手指字母"ZH"的指式,指尖朝斜上方,掌心向外,从下向上做弧形移动至双手食指相贴。

猪 zhū

一手掌心向下,拇指尖抵于太阳穴,其他四指扇动几下,仿猪的大耳朵。

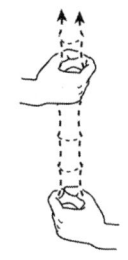

竹 zhú

双手拇、食指捏成圆形,虎口朝上,上下相叠,左手在下不动,右手向上一顿一顿移动,仿竹的外形。

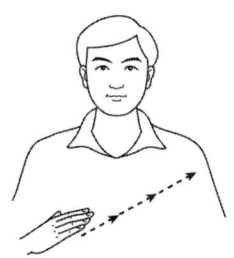

逐步(逐渐②、渐渐②) zhúbù (zhújiàn②、jiànjiàn②)

右手斜伸,掌心向左下方,向左上方一顿一顿移动。

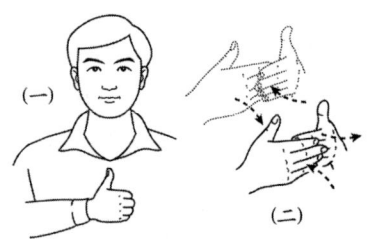

主办 zhǔbàn

（一）一手伸拇指，贴于胸部。
（二）双手横立，掌心向内，互拍手背。

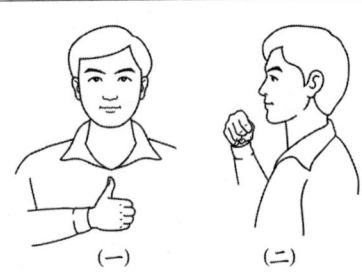

主持 zhǔchí

（一）一手伸拇指，贴于胸部。
（二）一手握拳，虎口朝后上方，置于嘴前，如主持人手持话筒主持活动状。

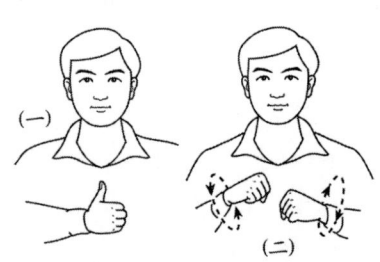

主动 zhǔdòng

（一）一手伸拇指，贴于胸部。
（二）双手握拳屈肘，前后交替转动两下。

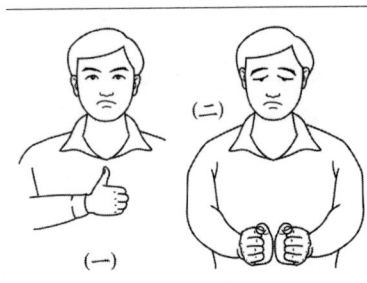

主犯（首恶、罪魁祸首） zhǔfàn (shǒu'è、zuìkuí-huòshǒu)

（一）一手伸拇指，贴于胸部。
（二）双手握拳，手腕相贴，如戴手铐状，头微低。

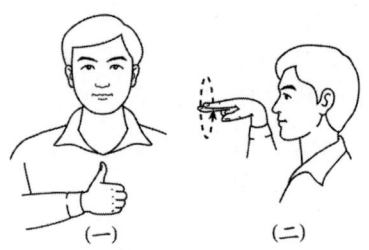

主观 zhǔguān

（一）一手伸拇指，贴于胸部。
（二）一手食、中指分开，指尖朝前，手背向上，在面前转动一圈。

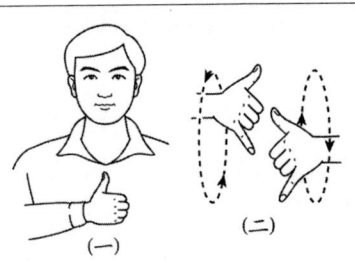

主角（主演） zhǔjué (zhǔyǎn)

（一）一手伸拇指，贴于胸部。
（二）双手伸拇、小指，手背向外，前后交替转动两下。

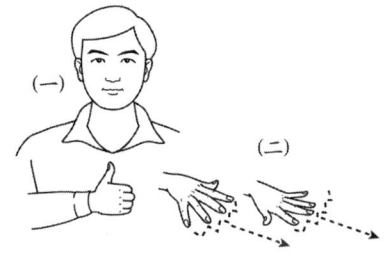

主流② zhǔliú ②
（一）一手伸拇指，贴于胸部。
（二）双手平伸，掌心向下，五指张开，边交替点动边向前移动。

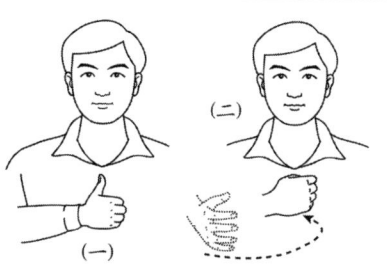

主权 zhǔquán
（一）一手伸拇指，贴于胸部。
（二）右手侧立，五指微曲张开，边向左做弧形移动边握拳。

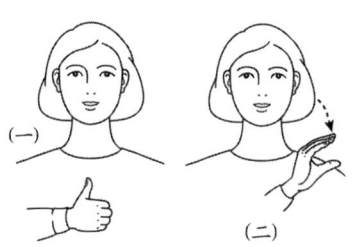

主任 zhǔrèn
（一）一手伸拇指，贴于胸部。
（二）右手五指成"⊐"形，按向左肩。

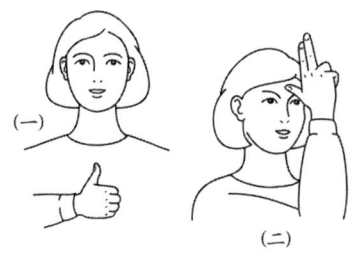

主席 zhǔxí
（一）一手伸拇指，贴于胸部。
（二）一手伸拇、食、中指，拇指尖抵于前额，食、中指直立并拢。

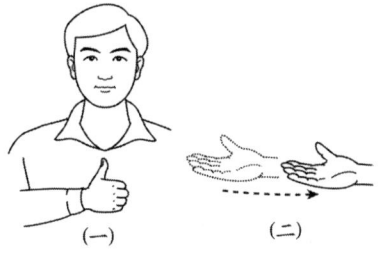

主要 zhǔyào
（一）一手伸拇指，贴于胸部。
（二）一手平伸，掌心向上，向后移动一下。

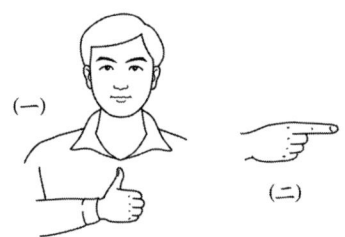

主义 zhǔyì
（一）一手伸拇指，贴于胸部。
（二）一手食指横伸，手背向外。"一"与"义"音近，借代。

主语 zhǔyǔ
（一）一手伸拇指，贴于胸部。
（二）一手食指横伸，在嘴前前后转动两下。

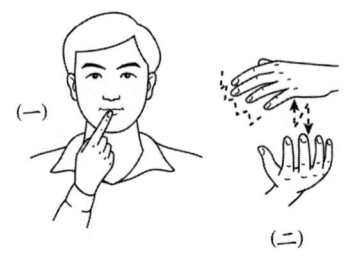

煮（炖、熬） zhǔ（dùn、āo）
（一）一手伸食指，指尖贴于下嘴唇。
（二）左手横伸，五指张开，交替点动几下；右手五指微曲，指尖朝上，在左手掌心下上下微动几下。
（可根据实际表示煮、炖、熬的情况）

嘱咐（叮嘱、吩咐②） zhǔ·fù（dīngzhǔ、fēn·fù②）
左手伸拇指；右手食指横伸，在嘴前前后转动两下。

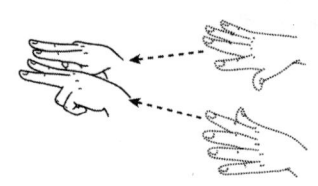

瞩目 zhǔmù
双手平伸，手背向上，五指张开，边从两侧向前方中间移动边缩回拇、无名、小指，表示很多人同时注视着同一个事物。

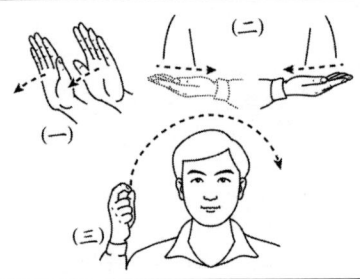

助残日 Zhùcánrì
（一）双手斜伸，掌心向外，按动一下，表示给人帮助。
（二）双手横伸，掌心向上，交替在对侧上臂划一下，表示肢体不健全。
（三）右手拇、食指捏成圆形，虎口朝内，从右向左做弧形移动，越过头顶。

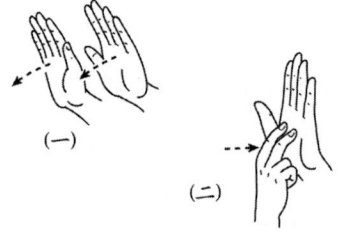

助词 zhùcí
（一）双手斜伸，掌心向外，按动一下，表示给人帮助。
（二）左手直立，掌心向外；右手食、中指弯曲，指尖朝内，点一下左手掌心。

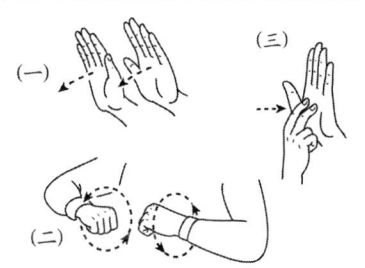

助动词 zhùdòngcí

（一）双手斜伸，掌心向外，按动一下，表示给人帮助。
（二）双手握拳屈肘，前后交替转动两下。
（三）左手直立，掌心向外；右手食、中指弯曲，指尖朝内，点一下左手掌心。

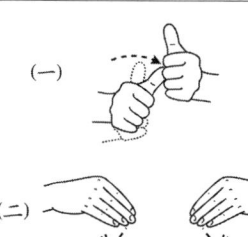

助教 zhùjiào

（一）双手伸拇指，左手在上不动，右手向左转动，拇指靠向左手掌心。
（二）双手五指撮合，指尖相对，手背向外，在胸前向前晃动两下。

助理 zhùlǐ

双手伸拇指，左手在上不动，右手向左转动，拇指靠向左手掌心，表示助理是辅助主要负责人办事的人员。

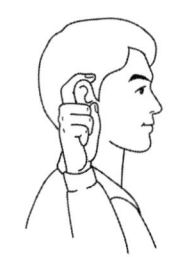

助听器 zhùtīngqì

一手食指弯曲，挂在耳背上，仿耳背式助听器的佩戴方式。

（可根据实际表示助听器的形状）

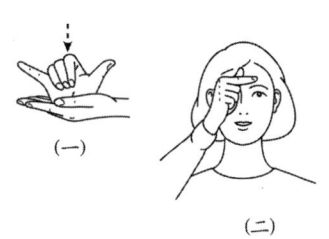

住院① zhùyuàn①

（一）左手平伸；右手伸拇、小指，指尖朝上，从上向下移至左手掌心。
（二）一手拇、食指搭成"十"字形，置于前额。

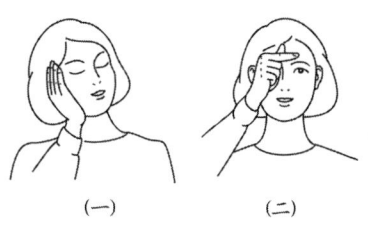

住院② zhùyuàn②

（一）一手掌心贴于脸部，头微侧，闭眼，如睡觉状。
（二）一手拇、食指搭成"十"字形，置于前额。

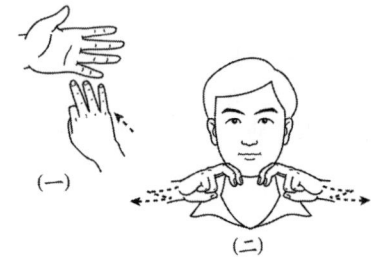

注解（注释） zhùjiě (zhùshì)

（一）左手横立，掌心向内，五指张开；右手伸中、无名、小指，指尖朝前，手背向上，在左手下点一下。

（二）双手食、中指弯曲，手背向上，在嘴前同时从中间向两侧扒动两下。

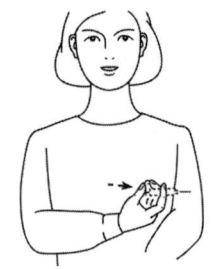

注射 zhùshè

右手拇、食、中指在左臂上做注射的动作。

（可根据实际表示注射的动作）

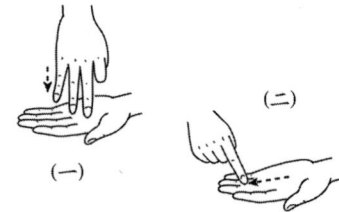

注销 zhùxiāo

（一）左手横伸；右手伸中、无名、小指，指尖朝下，在左手掌心上点一下。

（二）左手横伸；右手伸食指，指尖朝下，在左手掌心上向右横划一下。

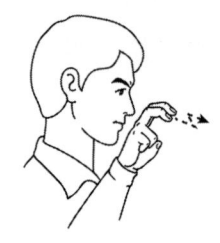

注意① zhùyì①

一手食、中指弯曲分开，指尖朝前，点动两下，面露严肃的表情。

（"注意"的手语存在地域差异，可根据实际选择使用）

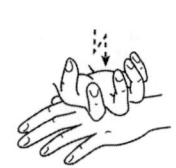

注意② zhùyì②

左手横伸，掌心向下，五指微曲；右手五指弯曲，掌心向上，右手背向左手背碰两下，面露严肃的表情。

（"注意"的手语存在地域差异，可根据实际选择使用）

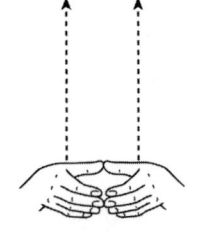

柱子 zhù·zi

双手五指搭成圆形，指尖相抵，虎口朝上，向上移动一下，仿柱子形状。

（可根据实际表示柱子）

祝愿　zhùyuàn

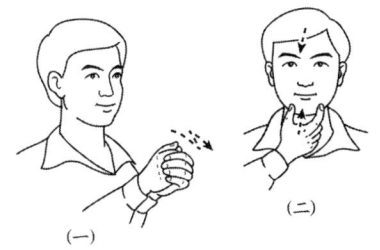

（一）双手作揖，向前晃动两下，面露喜悦的表情。
（二）一手拇、食指弯曲，指尖朝颏部点一下，头同时微点一下。

著名（大名鼎鼎）　zhùmíng（dàmíng-dǐngdǐng）

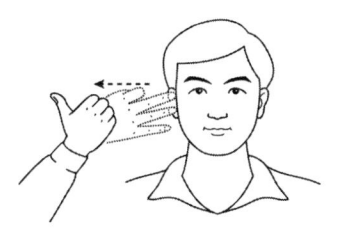

右手中、无名、小指横伸分开，指尖对着耳部，手背向外，然后边向右移动边伸出拇指。

著作　zhùzuò

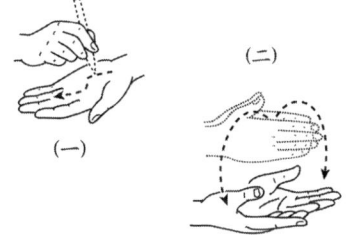

（一）左手横伸；右手如执笔状，在左手掌心上做写字的动作。
（二）双手侧立，掌心相贴，然后向两侧打开。

蛀牙　zhùyá

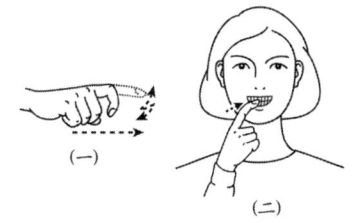

（一）一手食指横伸，手背向上，边弯动边向一侧移动。
（二）一手伸食指，指一下牙齿。

铸造　zhùzào

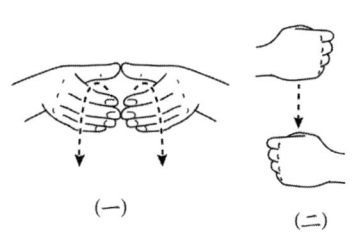

（一）双手五指搭成圆形，指尖相抵，虎口朝上，然后向外一倒，如浇铸钢水状。
（二）双手握拳，一上一下，右拳向下砸一下左拳。

抓　zhuā

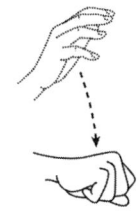

一手五指微曲张开，掌心向外，边向下移动边握拳。
（可根据实际表示抓的动作）

 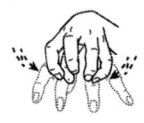

爪子 zhuǎ·zi
双手五指弯曲张开,指尖朝下,弯动两下。
(可根据实际表示爪子)

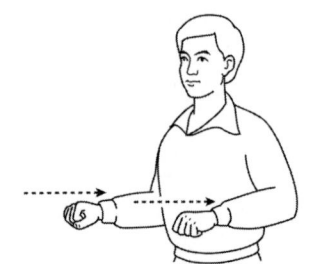

拽 zhuài
双手握拳,手背向上,向内一拽。
(可根据实际表示拽的动作)

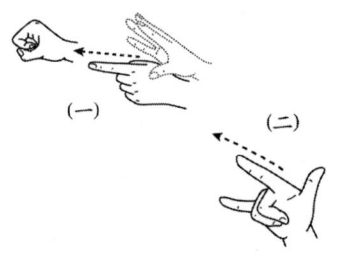

专机(座机) zhuānjī(zuòjī)
(一)左手伸食指,指尖朝前,虎口朝上;右手五指张开,掌心向前下方,置于左手食指根部,然后边向前移动边握拳。
(二)一手伸拇、食、小指,手背向上,从低向高移动,如飞机起飞状。

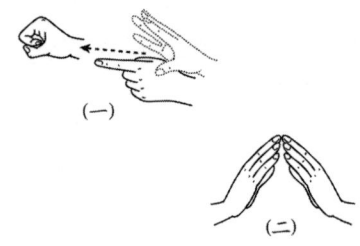

专家 zhuānjiā
(一)左手伸食指,指尖朝前,虎口朝上;右手五指张开,掌心向前下方,置于左手食指根部,然后边向前移动边握拳。
(二)双手搭成"∧"形。

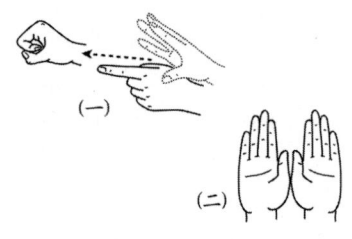

专门(特意) zhuānmén(tèyì)
(一)左手伸食指,指尖朝前,虎口朝上;右手五指张开,掌心向前下方,置于左手食指根部,然后边向前移动边握拳。
(二)双手并排直立,掌心向外,五指并拢。

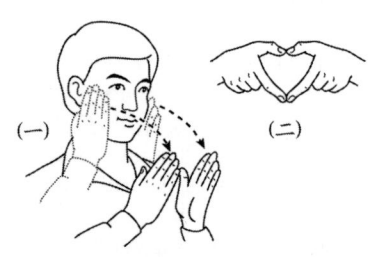

专心 zhuānxīn
(一)双手直立,掌心左右相对,从脸颊两侧向前下方一切,眼睛同时向下看。
(二)双手拇、食指张开仿"♡"形,手背向外,置于胸部。

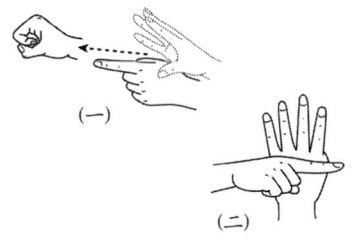

专业 zhuānyè

（一）左手伸食指，指尖朝前，虎口朝上；右手五指张开，掌心向前下方，置于左手食指根部，然后边向前移动边握拳。

（二）左手食、中、无名、小指直立分开，手背向外；右手食指横伸，置于左手四指根部，仿"业"字形。

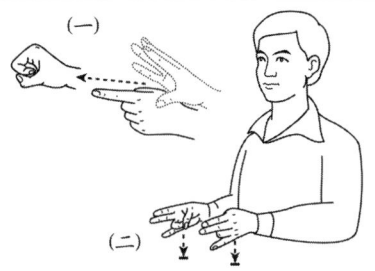

专政 zhuānzhèng

（一）左手伸食指，指尖朝前，虎口朝上；右手五指张开，掌心向前下方，置于左手食指根部，然后边向前移动边握拳。

（二）双手打手指字母"ZH"的指式，指尖朝前，向下一顿。

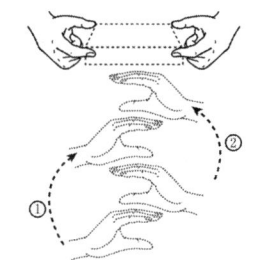

砖 zhuān

双手五指成"⊏⊐"形，虎口朝内，交替上叠，模仿垒砖的动作，然后双手拇、食指成"⊏⊐"形，虎口朝上。

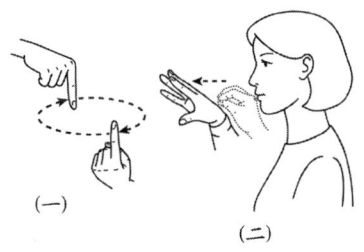

转达（转告） zhuǎndá（zhuǎngào）

（一）双手伸食指，指尖上下相对，交替平行转动两圈。

（二）一手五指撮合，指尖朝前，置于嘴部，边向前移动边张开。

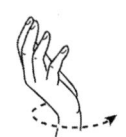

转化 zhuǎnhuà

一手直立，五指微曲，指尖朝斜上方，手腕平行转动一下。

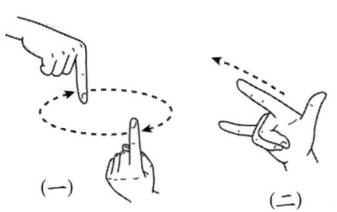

转机 zhuǎnjī

（一）双手伸食指，指尖上下相对，交替平行转动两圈。

（二）一手伸拇、食、小指，手背向上，从低向高移动，如飞机起飞状。

（此手势表示转乘飞机的意思）

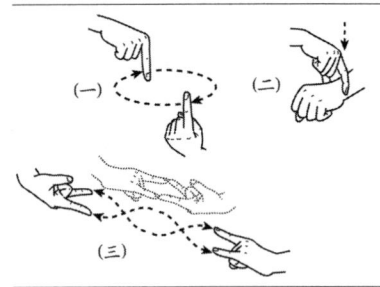

转基因 zhuǎnjīyīn

（一）双手伸食指，指尖上下相对，交替平行转动两圈。
（二）左手握拳，手背向上；右手拇、食指张开，指尖朝下，插向左手腕两侧。
（三）双手伸食、小指，指尖斜向相抵，左手掌心向上，右手掌心向下，然后边同时转腕边向两侧移动。

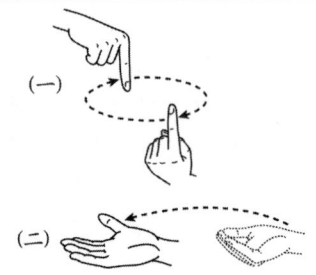

转让（出让） zhuǎnràng（chūràng）

（一）双手伸食指，指尖上下相对，交替平行转动两圈。
（二）一手五指撮合，掌心向上，边向外移动边变为手平伸。

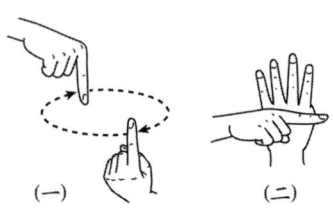

转业 zhuǎnyè

（一）双手伸食指，指尖上下相对，交替平行转动两圈。
（二）左手食、中、无名、小指直立分开，手背向外；右手食指横伸，置于左手四指根部，仿"业"字形。

转折（拐弯） zhuǎnzhé（guǎiwān）

一手侧立，先向前一伸，再转向一侧。
（可根据实际表示物体拐弯的状态）

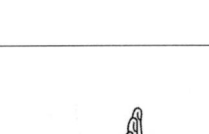

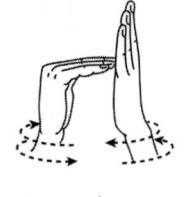

转椅 zhuànyǐ

左手直立，掌心向右；右手五指与手掌成"⌐"形，指尖抵于左手掌心，仿椅子形状，然后双手同时平行转动两下。

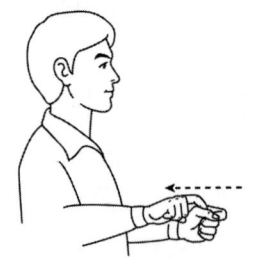

赚 zhuàn

左手拇、食指捏成圆形，虎口朝上；右手食指勾住左手拇指，向内一拉，表示赚钱。

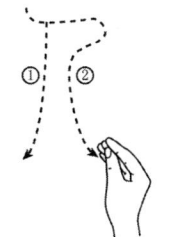

篆书 zhuànshū

一手如执笔写篆书状。

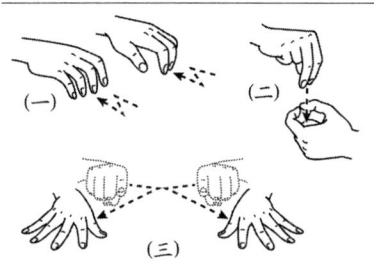

庄稼（农作物） zhuāng·jia (nóngzuòwù)

（一）双手五指弯曲，掌心向下，一前一后，向后移动两下，模仿耙地的动作。

（二）左手拇、食指捏成圆形，虎口朝上；右手拇、食、中指相捏，指尖朝下，插入左手虎口内。

（三）双手食指指尖朝前，手背向上，先互碰一下，再分开并张开五指。

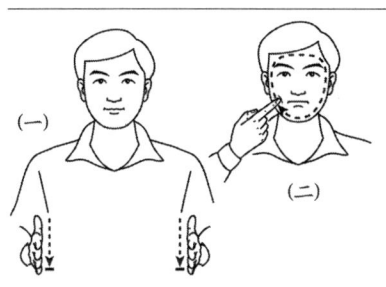

庄严 zhuāngyán

（一）双手侧立，掌心相对，沿身体两侧向下一顿，面露严肃的表情。

（二）一手拇指尖按于食指根部，食指绕脸部转动一圈，然后抵于脸颊，面露严肃的表情。

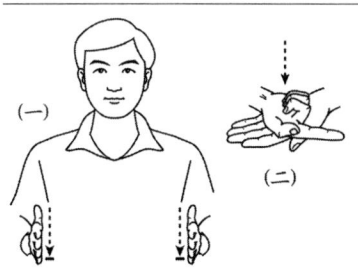

庄重 zhuāngzhòng

（一）双手侧立，掌心相对，沿身体两侧向下一顿，面露严肃的表情。

（二）左手横伸；右手伸食指，拇指尖按于食指根部，手背向下，用力砸向左手掌心，表示程度重。

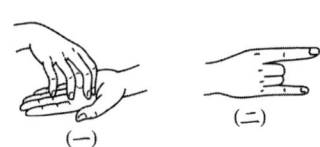

庄子 Zhuāngzǐ

（一）左手横伸；右手五指弯曲，指尖朝下，置于左手掌心上。

（二）一手打手指字母"Z"的指式。

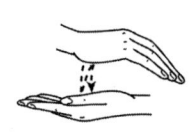

装订（订书机） zhuāngdìng (dìngshūjī)

双手横伸，掌心上下相对，五指微曲，左手在下不动，右手向下压动两下。

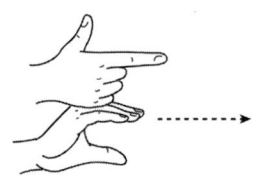

装甲车 zhuāngjiǎchē

左手五指成"匚"形,指尖朝前;右手伸拇、食指,食指尖朝前,手背向右,置于左手背上,然后双手同时向前移动。

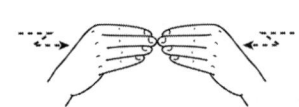

装配(搭配) zhuāngpèi (dāpèi)

双手五指撮合,手背向外,指尖互碰两下,表示组装的动作。

(可根据实际表示装配的动作)

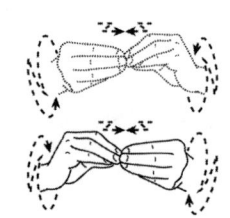

装饰(点缀) zhuāngshì (diǎnzhuì)

双手五指撮合,指尖相抵,边前后反向转动边互碰几下。

(可根据实际表示装饰的动作)

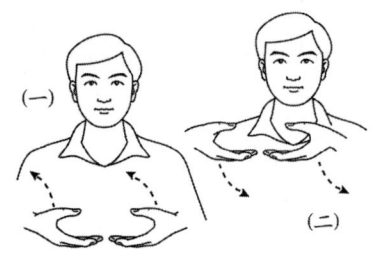

装卸 zhuāngxiè

双手五指成"匚匚"形,虎口朝外,先向斜上方移动,再向斜下方移动,如装卸物品状。

(可根据实际表示装卸的动作)

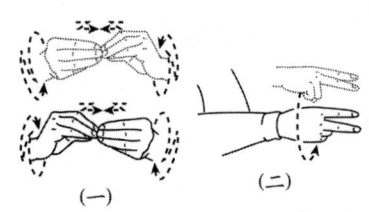

装修 zhuāngxiū

(一)双手五指撮合,指尖相抵,边前后反向转动边互碰几下。

(二)一手食、中指分开,指尖朝前,手背向上,手腕翻转一下。

(可根据实际表示装修的动作)

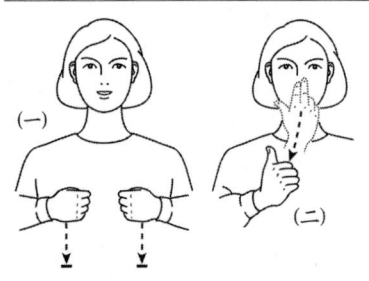

壮丽 zhuànglì

(一)双手握拳屈肘,同时用力向下一顿。

(二)一手伸拇、食、中指,食、中指并拢,先置于鼻部,然后边向外移动边缩回食、中指。

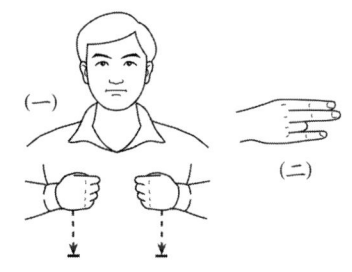

壮志 zhuàngzhì
（一）双手握拳屈肘，同时用力向下一顿。
（二）一手打手指字母"ZH"的指式。

壮族 Zhuàngzú
（一）双手虚握，虎口左右相对，置于头两侧，前后交替拧动两下。
（二）一手五指张开，指尖朝上，然后撮合。

状语 zhuàngyǔ
（一）双手拇、食指成"⌊⌋"形，置于脸颊两侧，上下交替动两下。
（二）一手食指横伸，在嘴前前后转动两下。

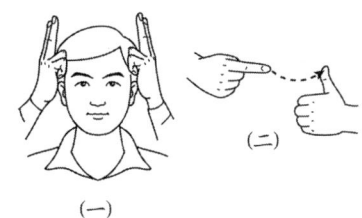

状元 zhuàng·yuan
（一）双手食、中指直立并拢，指面相对，置于头两侧，仿状元帽上的两支花翎。
（二）左手伸拇指；右手伸食指，碰一下左手拇指。

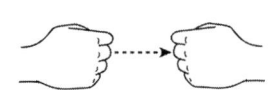

撞 zhuàng
双手握拳，手背向外，左手不动，右手用力碰向左手。（可根据实际表示撞的动作）

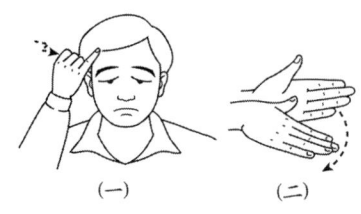

追悔莫及（后悔莫及） zhuīhuǐ-mòjí (hòuhuǐ-mòjí)
（一）一手伸小指，指尖朝头一侧点两下。
（二）左手侧立；右手平伸，拇指尖抵于左手掌心，其他四指向下转动，表示时间已迟。

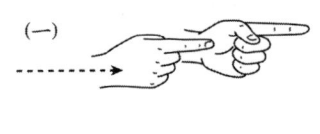

追求　zhuīqiú

（一）双手伸食指，指尖朝前，掌心左右相对，左手在前不动，右手从后向前移动。
（二）双手抱拳，向后晃动一下，面露恳求的表情。

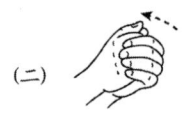

追尾　zhuīwěi

双手五指成"⊐"形，指尖朝前，左手在前不动，右手从后碰向左手背，表示后车发生追尾。
（可根据实际表示追尾的情况）

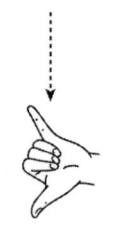

坠落　zhuìluò

一手伸拇、小指，拇指尖朝下，从上向下快速移动。
（可根据实际表示坠落的状态）

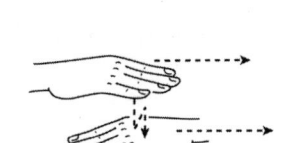

准备（筹备）　zhǔnbèi（chóubèi）

双手横伸，掌心向下，边右手掌拍左手背边双手同时向左移动。

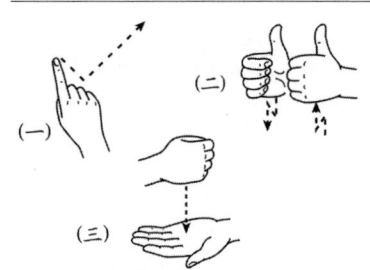

准考证　zhǔnkǎozhèng

（一）一手伸食指，指尖朝前，划"√"形。
（二）双手伸拇指，上下交替动两下。
（三）左手横伸；右手虚握，虎口朝上，在左手掌心上砸一下，如盖章状。

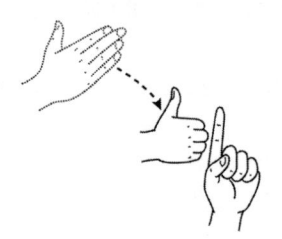

准确（精确）　zhǔnquè（jīngquè）

左手食指直立；右手食、中、无名、小指并拢，指尖朝前上方，边向左手食指移动边缩回，拇指伸出。

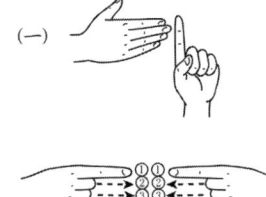

准则 zhǔnzé

（一）左手食指直立；右手侧立，指向左手食指。
（二）双手握拳，手背向外，虎口朝上，同时依次伸出食、中、无名、小指。

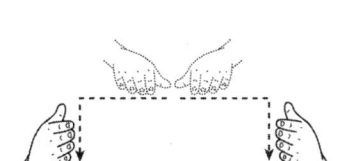

桌子（台❷） zhuō·zi (tái ❷)

双手平伸，掌心向下，先从中间向两侧平移，再折而下移成"⊓"形，如桌子状。

灼痛 zhuótòng

（一）双手五指微曲，指尖朝上，上下交替动几下。
（二）一手拇、食指相捏，置于嘴边，左右晃动几下，面露难受的表情。

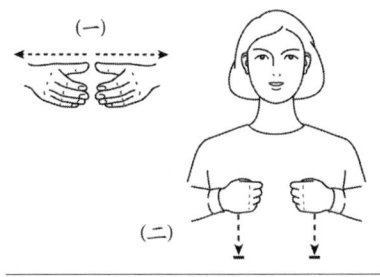

茁壮（粗壮） zhuózhuàng (cūzhuàng)

（一）双手五指成圆形，虎口朝上，从中间向两侧移动。
（二）双手握拳屈肘，同时用力向下一顿。

啄木鸟 zhuómùniǎo

左臂上举，五指张开，掌心向外；右手拇、食指相捏，指尖在左臂上点几下，如啄木鸟啄木状。

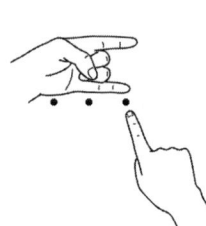

着重号 zhuózhònghào

左手打手指字母"Z"的指式；右手伸食指，指尖朝前，在左手下从左向右点几下，表示文字下面的着重号。

资本　zīběn

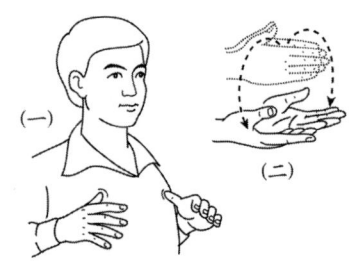

（一）双手五指张开，掌心向下，拇指尖抵于胸部。
（二）双手侧立，掌心相贴，然后向两侧打开。

资本家　zīběnjiā

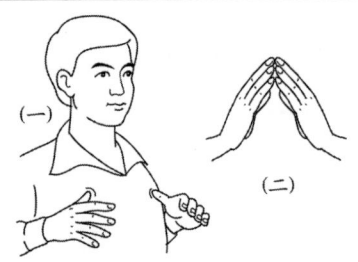

（一）双手五指张开，掌心向下，拇指尖抵于胸部。
（二）双手搭成"∧"形。

资本主义　zīběn zhǔyì

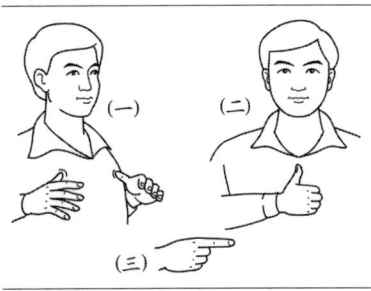

（一）双手五指张开，掌心向下，拇指尖抵于胸部。
（二）一手伸拇指，贴于胸部。
（三）一手食指横伸，手背向外。"一"与"义"音近，借代。

资产阶级　zīchǎn jiējí

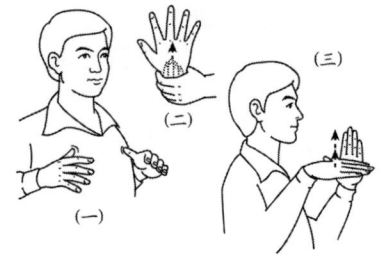

（一）双手五指张开，掌心向下，拇指尖抵于胸部。
（二）左手五指成半圆形，虎口朝上；右手五指撮合，指尖朝上，手背向外，边从左手虎口内伸出边张开。
（三）左手直立，掌心向右；右手平伸，掌心向下，在左手掌心上向上一顿一顿移动两下。

资格　zīgé

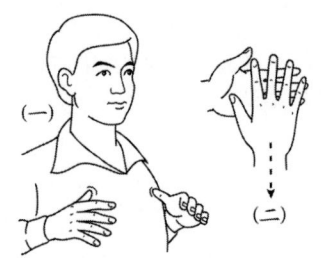

（一）双手五指张开，掌心向下，拇指尖抵于胸部。
（二）双手五指张开，一横一竖搭成方格形，然后左手不动，右手向下移。

资源　zīyuán

（一）双手五指张开，掌心向下，拇指尖抵于胸部。
（二）左手横伸，手背拱起；右手平伸，掌心向下，移入左手下，五指交替点动。

资源教室　zīyuán jiàoshì

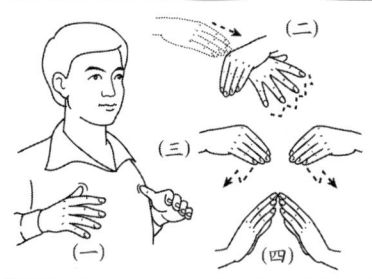

（一）双手五指张开，掌心向下，拇指尖抵于胸部。
（二）左手横伸，手背拱起；右手平伸，掌心向下，移入左手下，五指交替点动。
（三）双手五指撮合，指尖相对，手背向外，在胸前向前晃动两下。
（四）双手搭成"∧"形。

资助　zīzhù

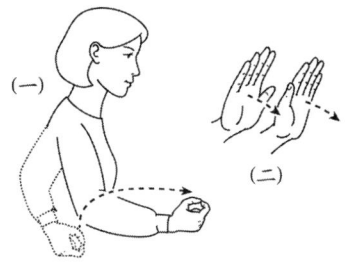

（一）一手拇、食指捏成圆形，虎口朝前上方，从腰部向前移出，表示掏钱。
（二）双手斜伸，掌心向外，按动一下，表示给人帮助。

子弹　zǐdàn

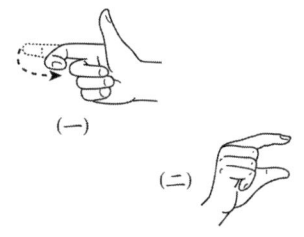

（一）一手伸拇、食指，食指尖朝前，弯动一下，如握手枪射击状。
（二）一手拇、食指张开，指尖朝前，如子弹大小。

子宫　zǐgōng

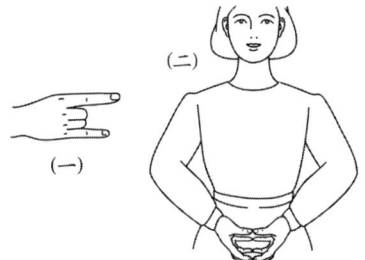

（一）一手打手指字母"Z"的指式。
（二）双手五指弯曲，指尖相抵，虎口朝外，置于下腹部。

紫　zǐ

一手打手指字母"Z"的指式，食指尖置于嘴唇处。

紫菜　zǐcài

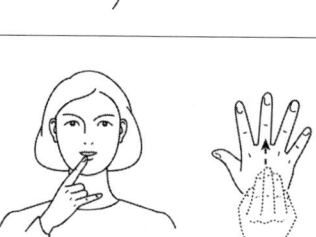

（一）一手打手指字母"Z"的指式，食指尖置于嘴唇处。
（二）一手五指撮合，指尖朝上，边向上微移边张开。

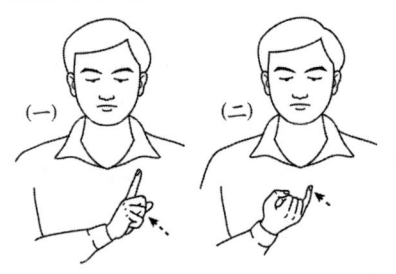

自卑 zìbēi

（一）右手食指直立，虎口朝内，贴向左胸部，低头，面露自卑的表情。

（二）一手伸小指，指尖点一下胸部，低头，面露自卑的表情。

自豪 zìháo

（一）右手食指直立，虎口朝内，贴向左胸部。

（二）一手伸拇指，指尖置于鼻尖下，然后将鼻子向上顶起。

自己 zìjǐ

右手食指直立，虎口朝内，碰两下左胸部。

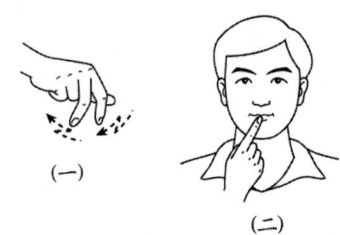

自来水 zìláishuǐ

（一）一手拇、食、中指弯曲，指尖朝下，拧动两下，如拧自来水龙头状。

（二）一手伸食指，指尖贴于下嘴唇。

（可根据实际表示开启水龙头的动作）

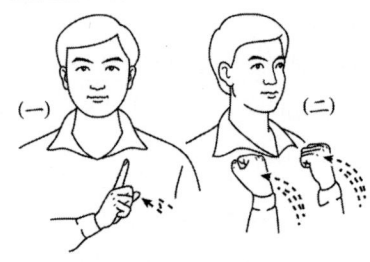

自力更生 zìlì-gēngshēng

（一）右手食指直立，虎口朝内，碰两下左胸部。

（二）双手握拳屈肘，用力向内弯动两下。

自立 zìlì

（一）右手食指直立，虎口朝内，贴向左胸部。

（二）左手横伸；右手食、中指分开，指尖朝下，立于左手掌心上。

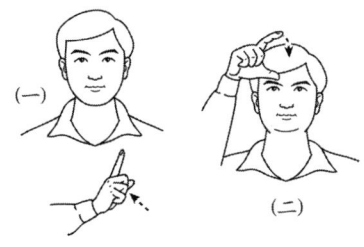

自拍 zìpāi

（一）右手食指直立，虎口朝内，贴向左胸部。
（二）一手拇、食指张开，虎口朝内，置于前上方，眼睛注视着手，食指按动一下，模仿自拍的动作。

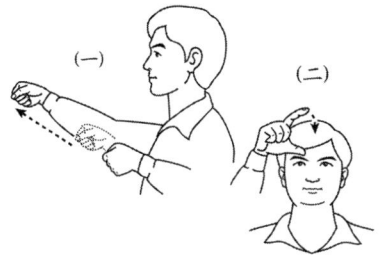

自拍杆 zìpāigān

（一）双手虚握，虎口朝前上方，前后相抵，左手不动，右手向前上方移动。
（二）一手拇、食指张开，虎口朝内，置于前上方，眼睛注视着手，食指按动一下，模仿自拍的动作。

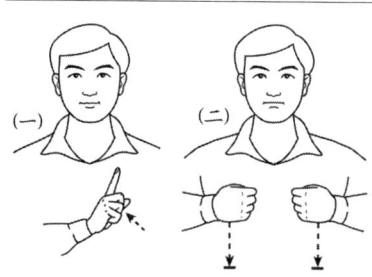

自强 zìqiáng

（一）右手食指直立，虎口朝内，贴向左胸部。
（二）双手握拳屈肘，同时用力向下一顿。

自然 zìrán

右手拇、中指相捏，边碰向左胸部边张开。

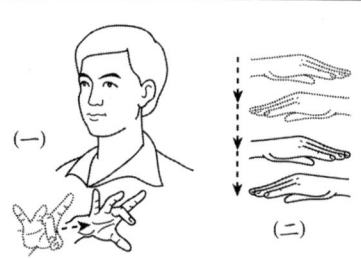

自然段 zìránduàn

（一）右手拇、中指相捏，边碰向左胸部边张开。
（二）双手横伸，掌心向下，一上一下，同时向下一顿一顿移动几下。

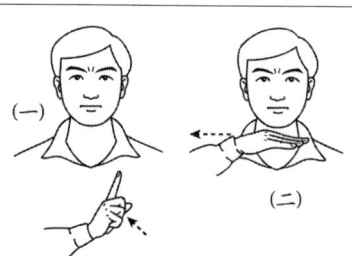

自杀（轻生） zìshā (qīngshēng)

（一）右手食指直立，虎口朝内，贴向左胸部。
（二）一手横伸，掌心向下，在颈部划一下。
（可根据实际表示轻生的方式）

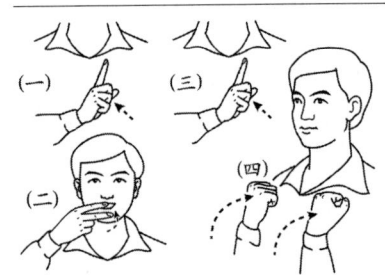

自食其力 zìshí-qílì

（一）右手食指直立，虎口朝内，贴向左胸部。
（二）一手伸食、中指，向嘴边拨动，如用筷子吃饭状。
（三）右手食指直立，虎口朝内，贴向左胸部。
（四）双手握拳屈肘，用力向内弯动一下。

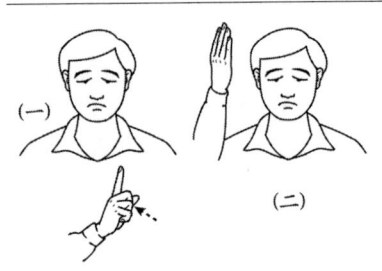

自首 zìshǒu

（一）右手食指直立，虎口朝内，贴向左胸部，头微低。
（二）右手直立，掌心向左，五指并拢，头微低。

自私 zìsī

双手拇、中指相捏，虎口朝内，边碰向同侧胸部边张开。

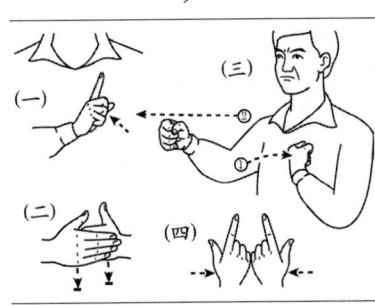

自卫反击战 zìwèifǎnjīzhàn

（一）右手食指直立，虎口朝内，贴向左胸部。
（二）左手伸拇指；右手横立，掌心向内，五指微曲，置于左手前，然后双手同时向下一顿。
（三）左手握拳，先打自己左胸部，随后右手握拳，向外挥出。
（四）双手伸拇、食指，食指尖朝上，掌心向内，小指下缘互碰一下。

自卸车（翻斗车） zìxièchē (fāndǒuchē)

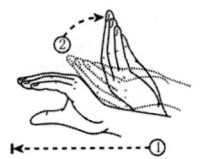

左手五指成"匚"形，指尖朝前；右手掌心凹进，手背贴于左手背上，双手同时向前移动一下，然后左手不动，右手向后翻起，表示倾卸物料。

自信 zìxìn

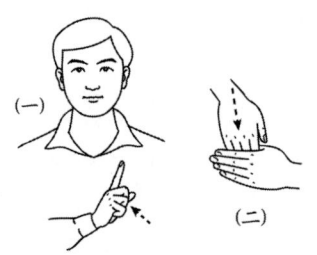

（一）右手食指直立，虎口朝内，贴向左胸部。
（二）左手五指成"匚"形，虎口朝上；右手五指并拢，指尖朝下，插入左手虎口内。

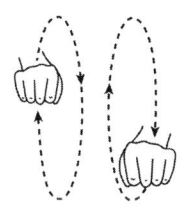

自行车① zìxíngchē ①

双手握拳,手背向上,在胸前前后交替转动两下,如骑自行车状。

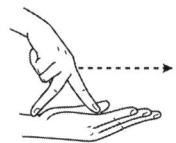

自行车② zìxíngchē ②

左手平伸;右手食、中指前后叉开,指尖朝下,在左手掌心上向前移动。

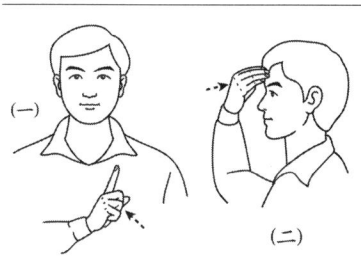

自修(自学) zìxiū(zìxué)

(一)右手食指直立,虎口朝内,贴向左胸部。
(二)一手五指撮合,指尖朝内,按向前额。

自由(随便②、轻率②、轻浮②、潇洒②)
zìyóu(suíbiàn ②、qīngshuài ②、qīngfú ②、xiāosǎ ②)

双手食指直立,在胸前随意交替摆动几下,表示不受管束、自由自在的意思。

自由泳 zìyóuyǒng

双手交替向前做划水的动作,模仿自由泳的动作。

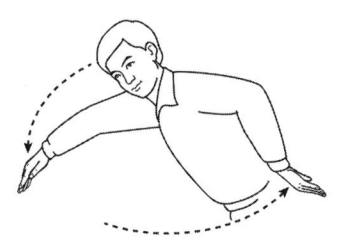

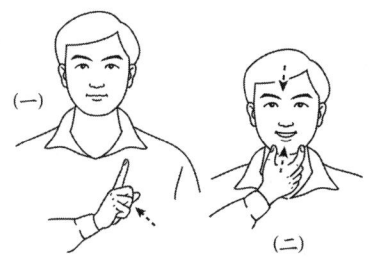

自愿(甘愿) zìyuàn(gānyuàn)

(一)右手食指直立,虎口朝内,贴向左胸部。
(二)一手拇、食指弯曲,指尖朝颏部点一下,头同时微点一下。

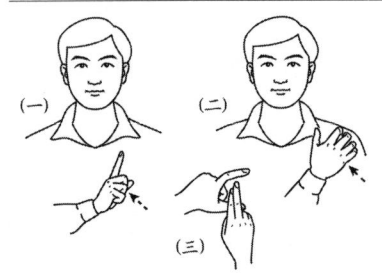

自治区 zìzhìqū

（一）右手食指直立，虎口朝内，贴向左胸部。

（二）右手五指微曲，指尖朝内，按向左肩。

（三）左手拇、食指成"匚"形，虎口朝内；右手食、中指相叠，手背向内，置于左手"匚"形中，仿"区"字形。

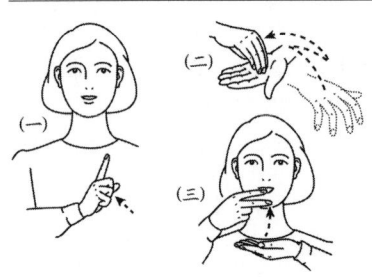

自助餐 zìzhùcān

（一）右手食指直立，虎口朝内，贴向左胸部。

（二）左手横伸，掌心向上；右手五指微曲，指尖朝下，边向左手掌心移动边撮合，重复一次。

（三）左手横伸，掌心向上；右手伸食、中指，向嘴边拨动，如用筷子吃饭状。

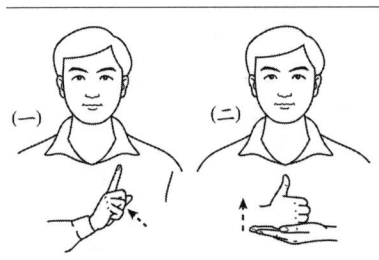

自尊 zìzūn

（一）右手食指直立，虎口朝内，贴向左胸部。

（二）左手横伸；右手伸拇指，置于左手掌心上，左手向上一抬。

字 zì

一手打手指字母"Z"的指式。

字典 zìdiǎn

（一）一手打手指字母"Z"的指式。

（二）双手五指微曲，指尖相对，虎口朝外，然后手腕向两侧转动，模仿翻字典的动作。

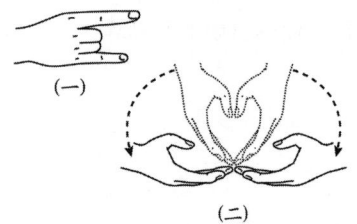

字幕 zìmù

左手横立，掌心向内，五指张开；右手打手指字母"Z"的指式，在左手下从左向右移动一下。

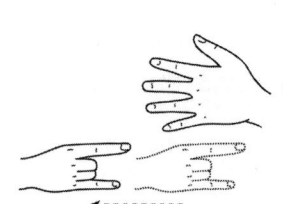

字帖 zìtiè
（一）左手平伸；右手打手指字母"Z"的指式，在左手掌心上从上向下移动一下。
（二）左手平伸，掌心向上；右手在旁如执毛笔写字状，目光左右移动，如看字帖写字状。

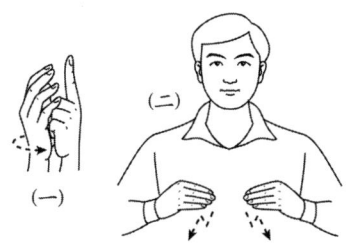

宗教 zōngjiào
（一）左手食指直立；右手五指微曲，指尖朝上，从内向外绕左手食指转动一下。
（二）双手五指撮合，指尖相对，手背向外，向前晃动两下。

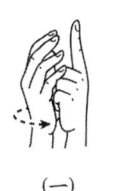 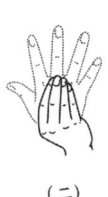

宗派 zōngpài
（一）左手食指直立；右手五指微曲，指尖朝上，从内向外绕左手食指转动一下。
（二）一手五指张开，指尖朝上，然后撮合。

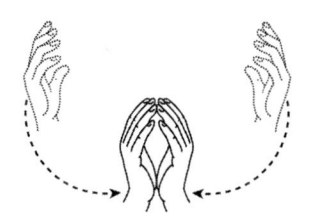

综合 zōnghé
双手五指微曲，掌心左右相对，从上向下做弧形移动并合拢。

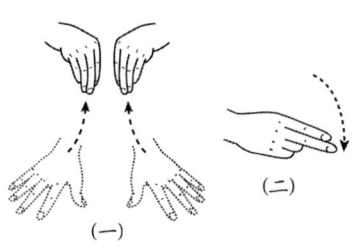

总裁 zǒngcái
（一）双手五指张开，掌心向下，边向上移动边撮合，双手靠近。
（二）一手食、中指并拢，向下一挥。

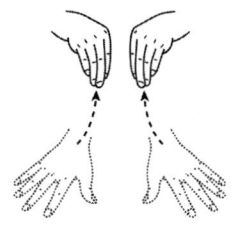

总结 zǒngjié
双手五指张开，掌心向下，边向上移动边撮合，双手靠近。

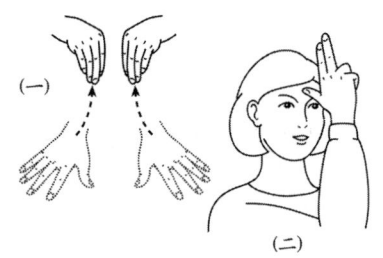

总理 zǒnglǐ

（一）双手五指张开，掌心向下，边向上移动边撮合，双手靠近。

（二）一手伸拇、食、中指，拇指尖抵于前额，食、中指直立并拢。

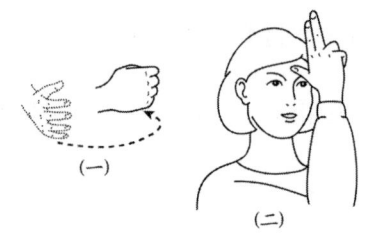

总统 zǒngtǒng

（一）右手侧立，五指微曲张开，边向左做弧形移动边握拳。

（二）一手伸拇、食、中指，拇指尖抵于前额，食、中指直立并拢。

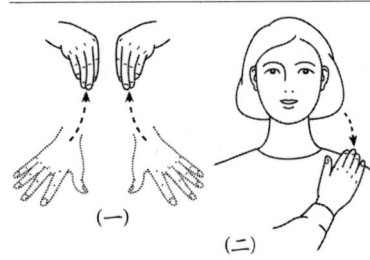

总务 zǒngwù

（一）双手五指张开，掌心向下，边向上移动边撮合，双手靠近。

（二）右手拍一下左肩。

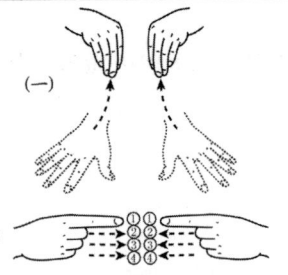

总则 zǒngzé

（一）双手五指张开，掌心向下，边向上移动边撮合，双手靠近。

（二）双手握拳，手背向外，虎口朝上，同时依次伸出食、中、无名、小指。

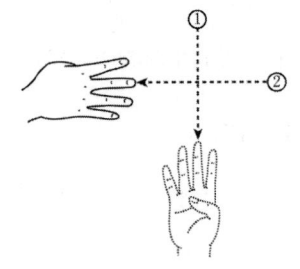
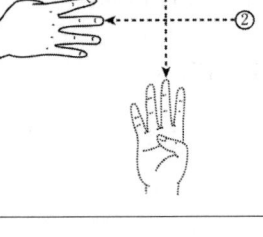

纵横（行列②） zònghéng (hángliè ②)

一手伸食、中、无名、小指，掌心向外，竖向移动一下，再横立，掌心向内，横向移动一下。

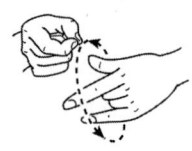

粽子 zòng·zi

左手拇、食、小指叉开，指尖朝右；右手拇、食指相捏，绕左手转动几圈，模仿捆粽子的动作。

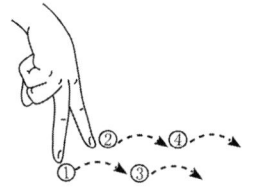

走 zǒu

一手食、中指分开,指尖朝下,交替向前移动。(可根据实际表示走的动作)

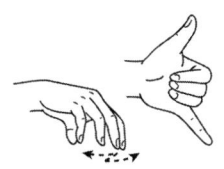

走狗(奴才、汉奸) zǒugǒu (nú·cai、hànjiān)

左手伸拇、小指,指尖朝前;右手五指弯曲,指尖朝下,在左手后前后晃动几下。

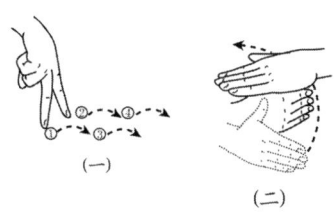

走后门 zǒu hòumén

(一)一手食、中指分开,指尖朝下,交替向前移动。
(二)左手横伸;右手侧立,置于左手掌心下,向后扇动一下,动作幅度要大。

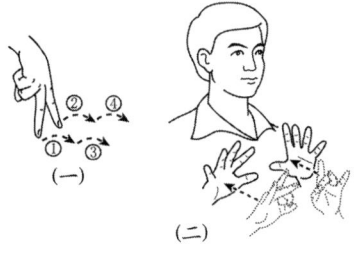

走私 zǒusī

(一)一手食、中指分开,指尖朝下,交替向前移动。
(二)双手拇、中指相捏,虎口朝内,边碰向同侧胸部边张开。

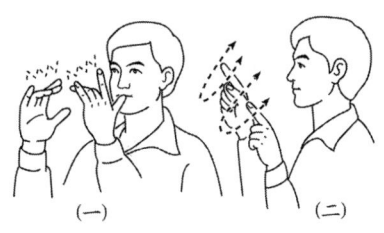

奏乐 zòuyuè

(一)双手五指弯曲,虎口朝内,一前一后,置于嘴前,交替点动几下,模仿吹喇叭的动作。
(二)双手伸食指,指尖朝前上方,模仿指挥乐曲的动作。
(可根据实际表示演奏乐器的动作)

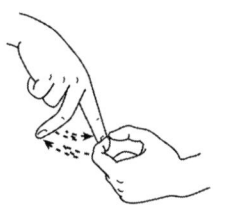

足球 zúqiú

左手拇、食指捏成圆形,虎口朝上;右手食、中指叉开,指尖朝下,交替弹击左手圆形,如踢足球状。

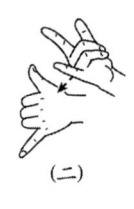

诅咒① zǔzhòu ①
（一）一手食指横伸，在嘴前前后转动两下。
（二）左手伸拇、小指，手背向左；右手伸拇、食、小指，手背向前下方，用力贴向左手拇指背。

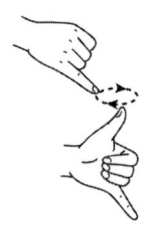

诅咒② zǔzhòu ②
左手伸拇、小指；右手伸小指，指尖朝下，在左手上方转动几下，面露诅咒的表情。

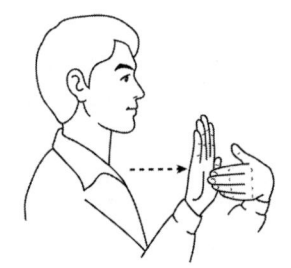

阻击 zǔjī
左手食、中、无名、小指并拢，指尖朝内，掌心向左，不动；右手直立，掌心向外，用力向前移动一下，将左手挡住。

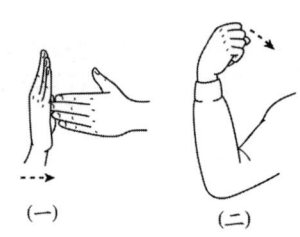

阻力 zǔlì
（一）左手横立，掌心向内；右手直立，掌心抵于左手指尖，然后向左推一下左手。
（二）一手握拳屈肘，用力向内弯动一下。

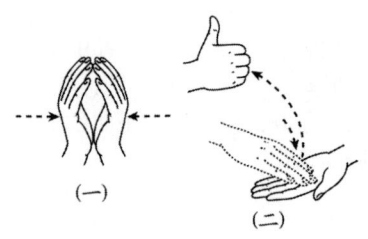

组成（构成） zǔchéng (gòuchéng)
（一）双手直立，掌心左右相对，五指微曲，从两侧向中间移动。
（二）左手横伸，掌心向上；右手先拍一下左手掌，再伸出拇指。

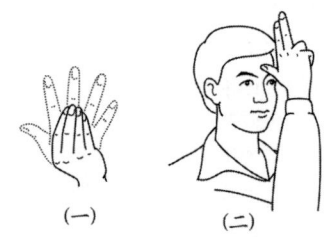

组长 zǔzhǎng
（一）一手五指张开，指尖朝上，然后撮合。
（二）一手伸拇、食、中指，拇指尖抵于前额，食、中指直立并拢。

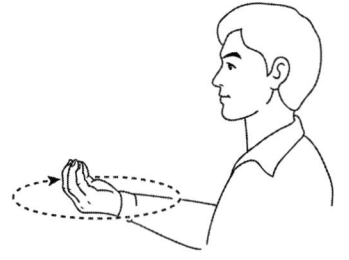

组织❷　zǔzhī ❷
　　一手五指撮合，指尖朝上，平行转动一圈，表示组织的名词意思。

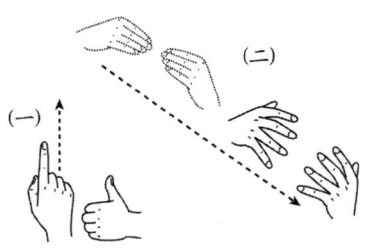

祖传　zǔchuán
　　（一）左手伸拇指，手背向外；右手食指直立，拇指尖按于食指根部，手背向外，置于左手旁，然后向上移动。
　　（二）双手五指撮合，指尖斜向相对，边向斜下方移动边张开。

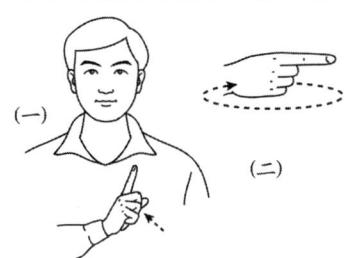

祖国　zǔguó
　　（一）右手食指直立，虎口朝内，贴向左胸部。
　　（二）一手打手指字母"G"的指式，顺时针平行转动一圈。

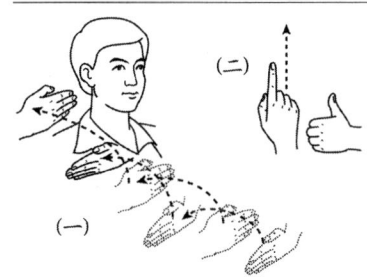

祖先①　zǔxiān ①
　　（一）双手横立，掌心向内，五指并拢，一前一后，交替向肩后移动。
　　（二）左手伸拇指，手背向外；右手食指直立，拇指尖按于食指根部，手背向外，置于左手旁，然后向上移动。
　　（此手势表示民族祖先的意思）

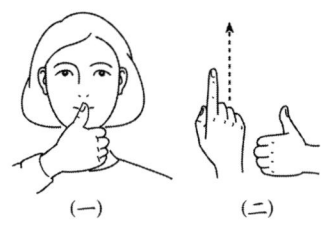

祖先②　zǔxiān ②
　　（一）右手伸拇指，指尖左侧贴在嘴唇上。
　　（二）左手伸拇指，手背向外；右手食指直立，拇指尖按于食指根部，手背向外，置于左手旁，然后向上移动。
　　（此手势表示家族祖先的意思）

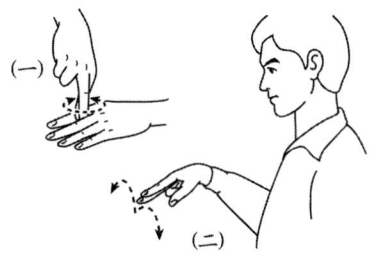

钻探（勘探、探测）　zuāntàn（kāntàn、tàncè）
　　（一）左手横伸，手背向上，五指张开；右手食、中指相叠，指尖朝下，在左手食、中指指缝间钻动两下。
　　（二）一手食、中指分开，指尖朝下，左右点动一下。
　　（可根据实际表示勘探的动作）

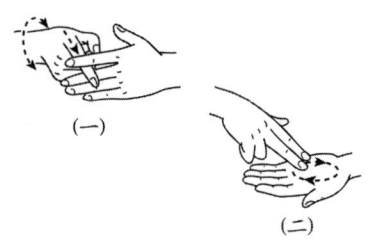

钻研　zuānyán

（一）左手横立，掌心向内；右手伸食指，指尖朝前，边转动边从左手食、中指指缝间穿出。

（二）左手横伸；右手伸拇、食、中指，食、中指并拢，在左手掌心上转动两下。

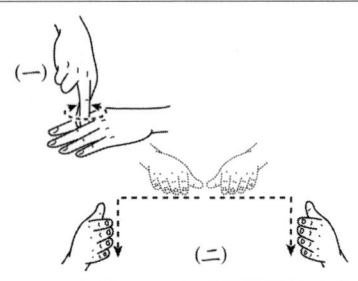

钻床（台床）　zuànchuáng (táichuáng)

（一）左手横伸，手背向上，五指张开；右手食、中指相叠，指尖朝下，在左手食、中指指缝间钻动两下。

（二）双手平伸，掌心向下，先从中间向两侧平移，再折而下移成"冂"形。

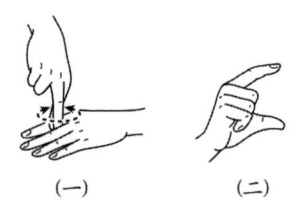

钻头　zuàntóu

（一）左手横伸，手背向上，五指张开；右手食、中指相叠，指尖朝下，在左手食、中指指缝间钻动两下。

（二）一手拇、食指张开，相距约5厘米，指尖朝前，如钻头长短。

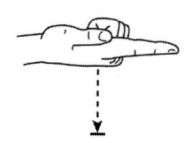

最①（太①、更①、极①、很①）

zuì① (tài①、gèng①、jí①、hěn①)

一手食指横伸，拇指尖按于食指根部，手背向下，向下一顿。

（可根据程度不同变化表情和动作力度）

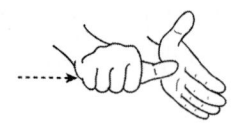

最②（太②、更②、极②、很②）

zuì② (tài②、gèng②、jí②、hěn②)

左手侧立；右手伸拇指，手背向上，顶向左手掌心。

（可根据程度不同变化表情和动作力度）

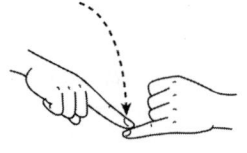

最后（究竟、到底、终于、以至于、结尾）

zuìhòu (jiūjìng、dàodǐ、zhōngyú、yǐzhìyú、jiéwěi)

左手伸小指；右手伸食指，敲一下左手小指，表示最后的意思。

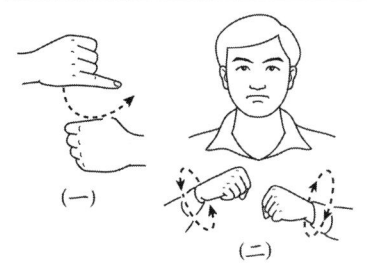

罪行 zuìxíng

（一）左手握拳，虎口朝上；右手伸小指，边从上向下砸向左手虎口边向左移动，表示做坏事。

（二）双手握拳屈肘，前后交替转动两下。

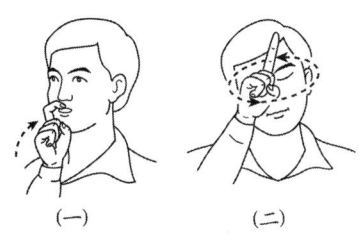

醉 zuì

（一）一手打手指字母"J"的指式，移向嘴部，如喝酒状。

（二）一手食指直立，在头前方平行转动两下，眼微闭，头微晃，如头晕状。

（可根据实际表示醉的状态）

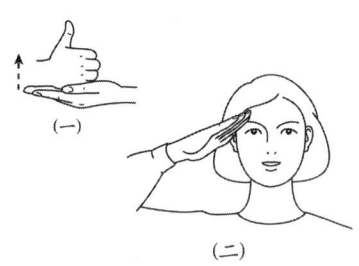

尊敬（恭敬、孝敬） zūnjìng（gōngjìng、xiàojìng）

（一）左手横伸；右手伸拇指，置于左手掌心上，左手向上一抬。

（二）一手五指并拢，掌心向下，贴于前额一侧，如军人行军礼状。

（可根据实际表示敬礼的动作）

尊重 zūnzhòng

左手横伸；右手伸拇指，置于左手掌心上，左手向上一抬。

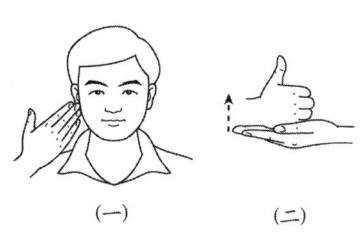

遵守 zūnshǒu

（一）一手食、中、无名、小指并拢，指尖抵于耳前，手背向外，头微低，表示听话的意思。

（二）左手横伸；右手伸拇指，置于左手掌心上，左手向上一抬。

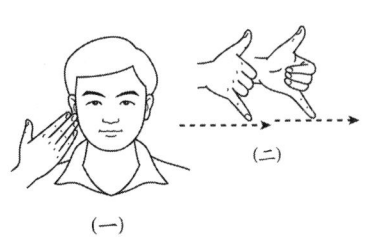

遵循 zūnxún

（一）一手食、中、无名、小指并拢，指尖抵于耳前，手背向外，头微低，表示听话的意思。

（二）双手伸拇、小指，前后相挨，同时向前移动。

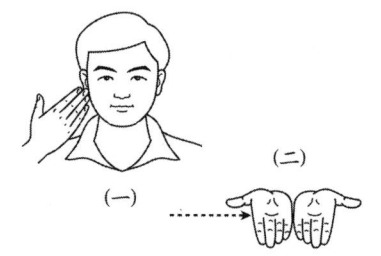

遵照 zūnzhào

（一）一手食、中、无名、小指并拢，指尖抵于耳前，手背向外，头微低，表示听话的意思。
（二）双手平伸，掌心向上，左手不动，右手移向左手并相碰。

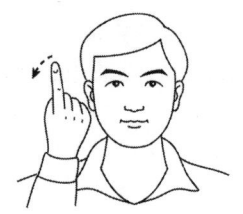

昨天 zuótiān

一手食指直立，掌心向内，自头一侧向后划动一下。

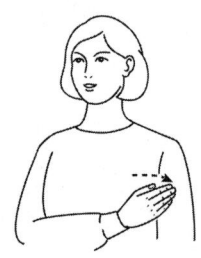

左（左面、左边） zuǒ（zuǒmiàn、zuǒ·bian）

右手拍一下左臂（或一手伸食指，向左一指）。

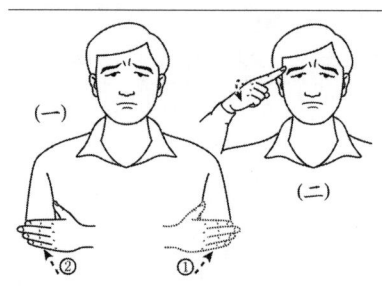

左右为难 zuǒyòu-wéinán

（一）右手先拍左臂，左手再拍右臂。
（二）一手食指抵于太阳穴，并钻动一下。

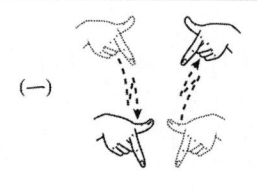
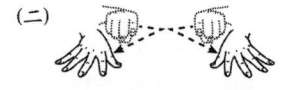

佐料 zuǒliào

（一）双手伸拇、食指，食指尖朝下，向下交替点动几下。
（二）双手食指指尖朝前，手背向上，先互碰一下，再分开并张开五指。

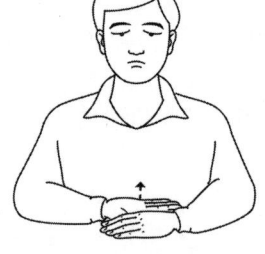

作弊 zuòbì

双手横伸，掌心相贴，左手在上，右手在下，然后右手向胸前移动，眼睛同时偷看右手。
（可根据实际表示作弊的样子）

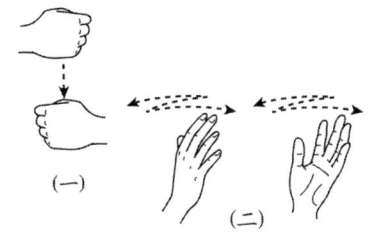

作风 zuòfēng

（一）双手握拳，一上一下，右拳向下砸一下左拳。

（二）双手直立，掌心左右相对，五指微曲，左右来回扇动。

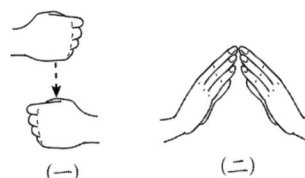

作家 zuòjiā

（一）双手握拳，一上一下，右拳向下砸一下左拳。

（二）双手搭成"∧"形。

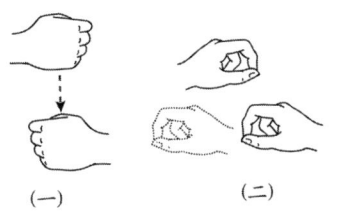

作品 zuòpǐn

（一）双手握拳，一上一下，右拳向下砸一下左拳。

（二）双手拇、食指捏成圆形，虎口朝内，左手在上不动，右手在下连打两下，仿"品"字形。

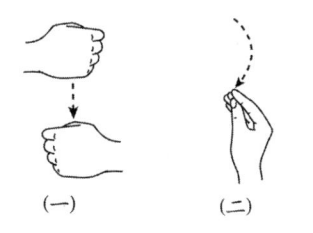

作文 zuòwén

（一）双手握拳，一上一下，右拳向下砸一下左拳。

（二）一手五指撮合，指尖朝前，撇动一下，如执毛笔写字状。

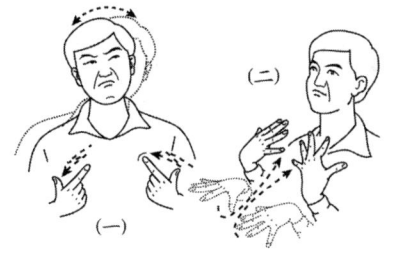

作秀 zuòxiù

（一）双手伸拇、食指，食指尖朝内，交替向胸部两侧点动，身体随之左右晃动，表示自我显示。

（二）双手五指张开，指尖朝前，掌心向下，然后转腕，表示吸引大家看。

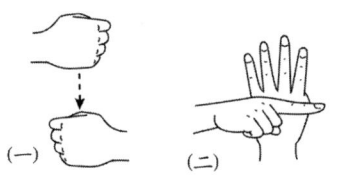

作业 zuòyè

（一）双手握拳，一上一下，右拳向下砸一下左拳。

（二）左手食、中、无名、小指直立分开，手背向外；右手食指横伸，置于左手四指根部，仿"业"字形。

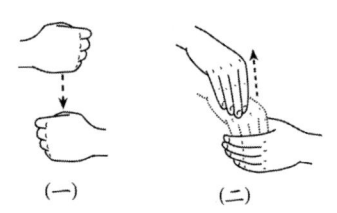

作用 zuòyòng

（一）双手握拳，一上一下，右拳向下砸一下左拳。
（二）左手五指成"匚"形，虎口朝上；右手五指撮合，指尖朝下，从左手虎口内抽出。

坐 zuò

左手横伸；右手伸拇、小指，置于左手掌心上。
（可根据实际表示坐的动作）

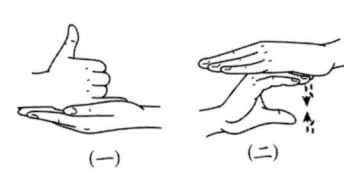

坐垫 zuòdiàn

（一）左手横伸；右手伸拇、小指，置于左手掌心上。
（二）左手横伸；右手五指成"冂"形，指尖朝左，在左手掌心下捏动几下。

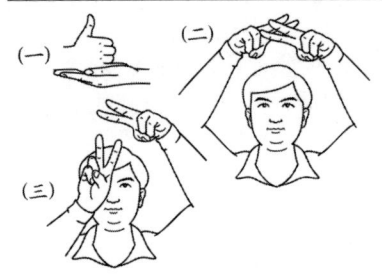

坐井观天 zuòjǐng-guāntiān

（一）左手横伸；右手伸拇、小指，置于左手掌心上。
（二）双手食、中指搭成"井"字形，手背向上，置于头前上方。
（三）左手食、中指分开，手背向上，在上；右手食、中指直立分开，置于头前上方，眼睛同时向上看。

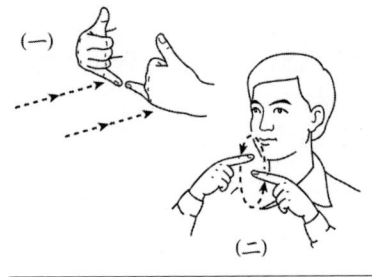

座谈 zuòtán

（一）双手伸拇、小指，指尖相对，手背向外，从前向后一顿一顿移动几下，表示面对面并排而坐。
（二）双手食指横伸，在嘴前前后交替转动两下。

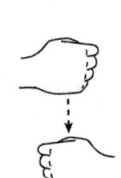

做 zuò

双手握拳，一上一下，右拳向下砸一下左拳。

其 他

0（零） 0 (líng)
一手五指捏成圆形,虎口朝内。

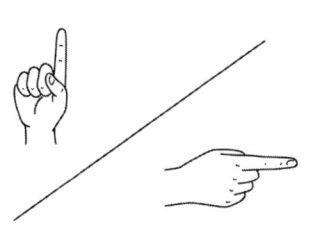

1（一、壹） 1 (yī、yī)
一手食指直立,掌心向外(或向内);也可以一手食指横伸,手背向外。

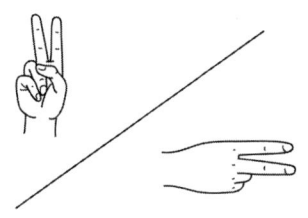

2（二、贰） 2 (èr、èr)
一手食、中指直立分开,掌心向外(或向内);也可以一手食、中指横伸分开,手背向外。

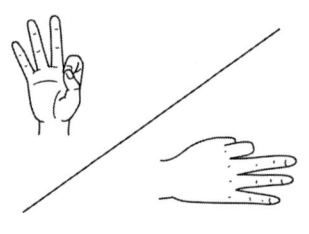

3（三、叁） 3 (sān、sān)
一手中、无名、小指直立分开,掌心向外(或向内);也可以一手中、无名、小指横伸分开,手背向外。

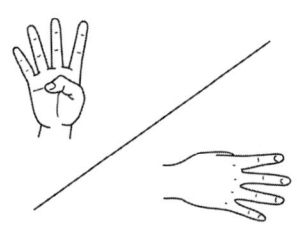

4（四、肆） 4 (sì、sì)
一手食、中、无名、小指直立分开,掌心向外(或向内);也可以一手食、中、无名、小指横伸分开,手背向外。

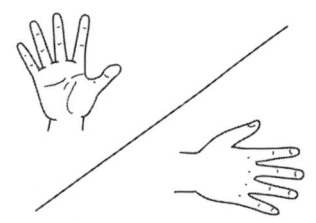

5〔五、伍〕 5 (wǔ、wǔ)

一手五指直立张开,掌心向外(或向内);也可以一手五指横伸张开,手背向外。

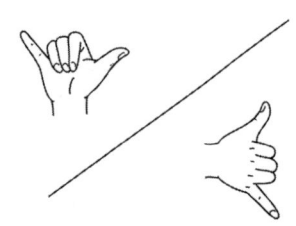

6〔六、陆〕 6 (liù、liù)

一手拇、小指直立,掌心向外(或向内);也可以一手伸拇、小指,指尖朝左(或朝右),手背向外。

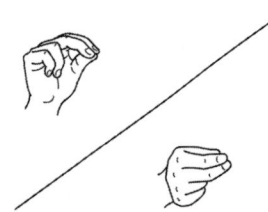

7〔七、柒〕 7 (qī、qī)

一手拇、食、中指相捏,指尖朝斜前方,虎口朝斜后方;也可以一手拇、食、中指相捏,指尖朝左(或朝右),虎口朝上。

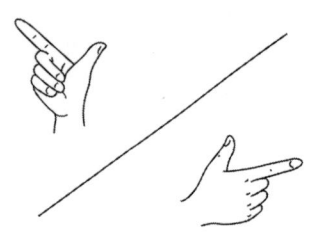

8〔八、捌〕 8 (bā、bā)

一手伸拇、食指,掌心向外(或向内);也可以一手伸拇、食指,手背向外。

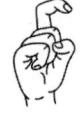

9〔九、玖〕 9 (jiǔ、jiǔ)

一手食指弯曲,中节指指背向上,虎口朝内。

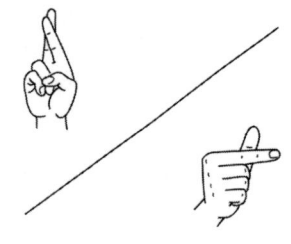

10〔十、拾❷〕 10 (shí、shí❷)

一手食、中指直立相叠,掌心向外(或向内);也可以一手拇、食指搭成"十"字形。

20（二十）　20 (èrshí)

一手食、中指直立分开，掌心向外（或向内），弯动两下。

30（三十）　30 (sānshí)

一手中、无名、小指直立分开，掌心向外（或向内），弯动两下。

40（四十）　40 (sìshí)

一手食、中、无名、小指直立分开，掌心向外（或向内），弯动两下。

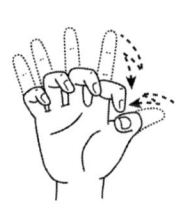

50（五十）　50 (wǔshí)

一手五指直立张开，掌心向外（或向内），弯动两下。

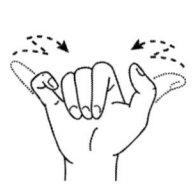

60（六十）　60 (liùshí)

一手拇、小指直立，掌心向外（或向内），弯动两下。

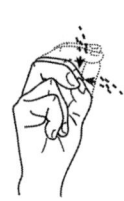

70（七十）　70 (qīshí)

一手拇、食、中指相捏，指尖朝斜前方，虎口朝斜后方，向内缩动两下。

80（八十） 80 (bāshí)
一手伸拇、食指，掌心向外（或向内），弯动两下。

90（九十） 90 (jiǔshí)
一手食指弯曲，中节指指背向上，虎口朝内，弯动两下。

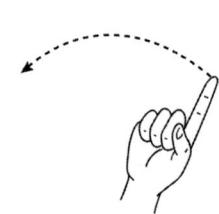

100（一百、佰） 100 (yībǎi、bǎi)
右手伸食指，从左向右挥动一下。

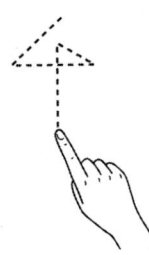

千（一千、仟） qiān (yīqiān、qiān)
一手伸食指，指尖朝前，书空"千"字形（表示二千时，一手伸食、中指，指尖朝前，书空"千"字形，以此类推）。

万（一万） wàn (yīwàn)
一手伸食指，指尖朝前，书空"コ"形，表示"万"字的横折钩部分（表示二万时，一手伸食、中指，指尖朝前，书空"コ"形，以此类推）。

亿 yì
右手五指成"コ"形，指尖朝左，从外向内（或从内向外）微移一下。

3D

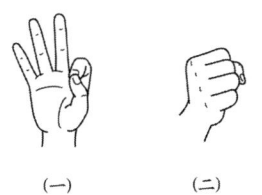

（一）一手中、无名、小指直立分开，掌心向外。
（二）一手打手指字母"D"的指式。

B超　B chāo

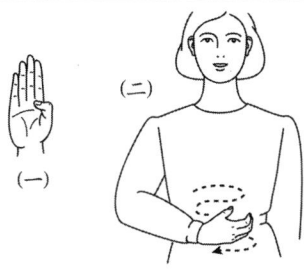

（一）一手打手指字母"B"的指式。
（二）一手五指弯曲，指尖朝内，在腹部随意移动几下，如做B超检查状。
（可根据实际表示B超检查的部位）

CT

 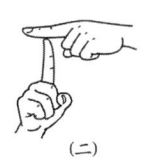

（一）一手打手指字母"C"的指式。
（二）双手食指搭成"T"形。

KTV

双手打手指字母"K"的指式，中指尖朝前，一高一低，同时向前晃动两下，身体随之摆动，模仿在KTV跳舞的动作。

K粉　K fěn

 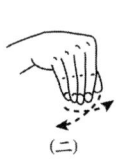

（一）一手打手指字母"K"的指式。
（二）一手五指撮合，指尖朝下，互捻几下。

QQ

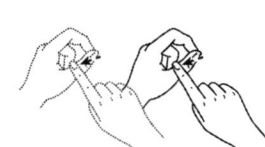

左手拇、食指捏成圆形，虎口朝内；右手食指斜伸，碰一下左手拇指背，然后双手向一侧移动，右手食指再碰一下左手拇指背，仿"QQ"的形状。

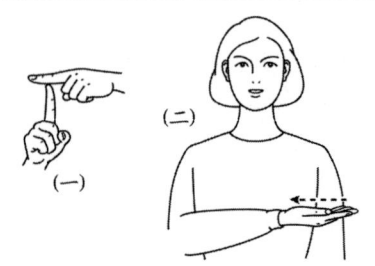

T恤　Txù
（一）双手食指搭成"T"形。
（二）右手横伸，掌心向上，在左上臂划一下，表示短袖。
（可根据实际表示T恤的样式）

WIFI

左手食指直立，手背向左；右手中、无名、小指分开，掌心向内，在左手上从左向右做弧形移动。

附录

手语语法特点例举

国家通用手语句法研究课题组

  手语是视觉语言。一方面,手语在音系学、形态学、句法学以及语义学方面具有人类语言的共同特征;另一方面,手语也有与有声语言不同的特点,具有空间性和同时性等显著特征,是独立的语言。

  手语语法是手语研究中的重要部分。本"手语语法特点例举"源于对国家通用手语的研究。自2012年起,课题组以普通语言学和手语语言学理论为指导,通过田野调查的方法采集手语,以话题和看图打手语的方式,共采集了109位聋人的191个话题和778个专题调查的手语句子语料。其中,男63人,女46人,涉及30个省(自治区、直辖市)。一代聋人99人,占总数的90.8%;二代聋人9人,三代聋人1人,二、三代聋人占总数的9.2%[1]。我们调查了其中的67位聋人,语前聋(三岁以内)者49人,约占73%;语后聋(四岁以上)者10人,约占15%;不清楚者8人,约占12%。

  之后,我们根据本课题手语语法研究的需要,运用ELAN软件进行转写和标注,将ELAN分为9层,记录手语的转写、句法成分、面部表情、身体姿势、词性和汉语翻译等,研究了手语语料转写的切分、ELAN的转写和标注内容;参考国外研究资料,结合聋人手语语料制作了面部基本表情图,对面部基本表情通常所表达的意思进行了描写;建立了手语句法数据库,运用信息化手段进行手语句法语料的查询、统计和分析;对一致动词、空间动词、类标记手形和类标记结构、名动同形、重复、数量表达、非手控、同时性、句类、句式、语序、时间的表达和话题句等等进行了初步的专题研究。

  鉴于我们对手语的研究时间较短,本部分主要根据北京聋人的手语语料和借鉴国内外已有的研究成果,仅从手语的形态和句法方面对手语的若干语法特点进行例举式描写。所举例子尽量采用简明、通俗的表达方法,分别标明"手语""汉语"的表达;对手语的切分用"//"表示;用标注字母的方式表示施事者与受事者或空间位置;非手控(包括姿势)特征以及手势之外所包含的内容等在"( )"内描写;对图例用文字进行说明,便于读者了解手语的一些语法特点。

---

 1 注:一代聋人是指受访者家庭中只有受访者自己是聋人,二代聋人是指受访者自己与父母均是聋人,三代聋人是指受访者自己、父母、(外)祖父母均是聋人。

一、手语动词的特点

动词在手语中处于重要地位,手语动词主要包括:普通动词、一致动词、空间动词。

1. 普通动词

普通动词是指空间上手势动作不发生方向变化的动词。

例如:想、喜欢、笑、哭、知道、死、是等等。

例如:

手语:/你/想/。

汉语:你想。

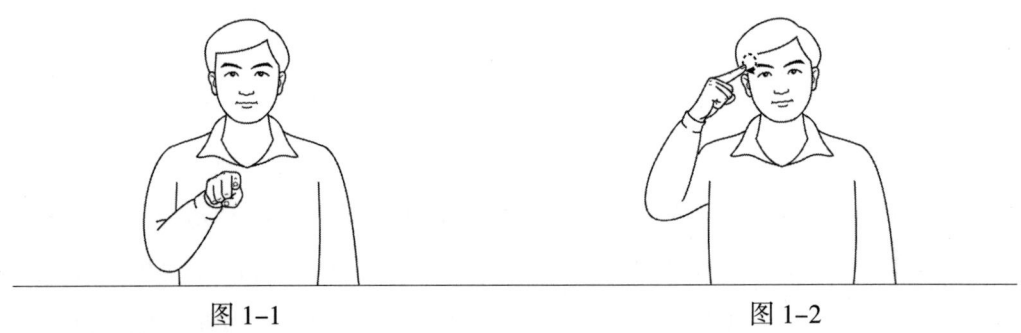

图 1-1　　　　　　　　　　图 1-2

图 1

图 1 手语"/你/想/"中,图 1-1 一手打"你"的手势;图 1-2 一手打"想"的手势。

例如:

手语:/我/想/。

汉语:我想。

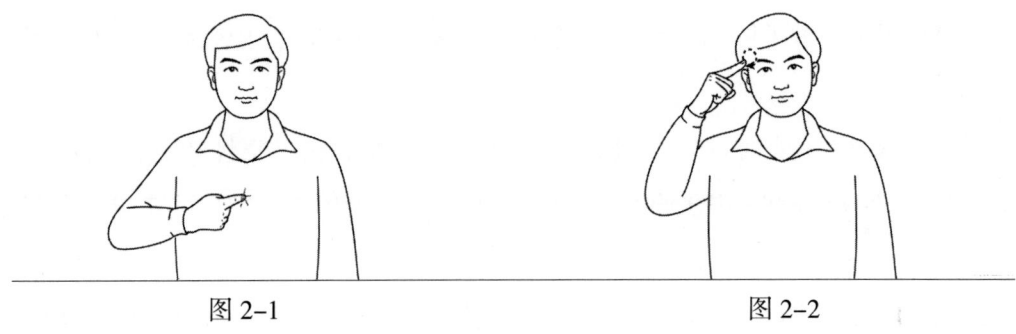

图 2-1　　　　　　　　　　图 2-2

图 2

图 2 手语"/我/想/"中,图 2-1 一手打"我"的手势;图 2-2 一手打"想"的手势。

图 1 和图 2 中,"想"的手势动作都没有变化,是普通动词。

例如：

手语：/你/喜欢/我/。

汉语：你喜欢我。

图 3-1　　　　　　　　　图 3-2　　　　　　　　　图 3-3

图 3

图 3 手语"/你/喜欢/我/"中，图 3-1 一手打"你"的手势；图 3-2 一手打"喜欢"的手势；图 3-3 一手打"我"的手势。

例如：

手语：/我/喜欢/你/。

汉语：我喜欢你。

图 4-1　　　　　　　　　图 4-2　　　　　　　　　图 4-3

图 4

图 4 手语"/我/喜欢/你/"中，图 4-1 一手打"我"的手势；图 4-2 一手打"喜欢"的手势；图 4-3 一手打"你"的手势。

图 3 和图 4 中，"喜欢"的手势动作都没有变化，是普通动词。

普通动词的句法功能是作谓语。

2. 一致动词

一致动词是指手语中含有主语、宾语、人称以及数的信息，通过动作方向的变化，反映主语和宾语的人称等不同语义关系的动词。

例如：给（递）、教、帮助、欺负、打、看、告诉、问、开除、支持等等。

例如：

手语：/（我）告诉（你）/。

汉语：我告诉你。

图 5

图 5 手语"/（我）告诉（你）/"中，一手打"告诉"的手势，从自己的嘴前向外移动，通过运动的方向，本身就包含了"（我）告诉（你）"的意思。

例如：

手语：/（你）告诉（我）/。

汉语：你告诉我。

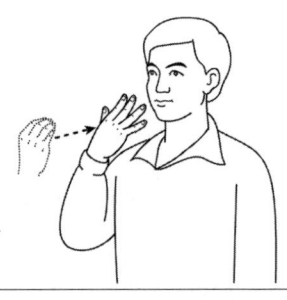

图 6

图 6 手语"/（你）告诉（我）/"中，一手打"告诉"的手势，指尖朝内，从外向自己方向移动，通过运动的方向，本身就包含了"（你）告诉（我）"的意思。

图 5 和图 6 中，通过手势动作方向的变化，反映出主语和宾语的人称关系，即："（我）告诉（你）"，还是"（你）告诉（我）"，"告诉"是一致动词。

例如：

手语：/（你）帮助（我）/刷碗/。

汉语：你帮助我刷碗。

 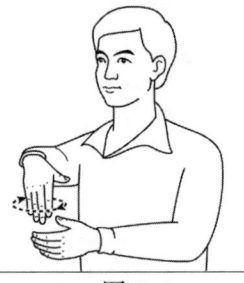

图 7-1　　　　　　　　图 7-2

图 7

图7手语"/（你）帮助（我）/刷碗/"中，图7-1双手打"帮助"的手势，从外向自己方向移动，通过运动的方向，本身就包含了"（你）帮助（我）"的意思，"帮助"是一致动词；图7-2双手打"刷碗"的手势。其中，"帮助""刷碗"都是作谓语。

一致动词的句法功能是作谓语。

3. 空间动词

空间动词是指手语中通过运动方向和空间轨迹的改变，表示物体位置及移动变化的动词。

例如：去、到、来、送、搬、放、拿等等。

例如：

手语：/ 上海 $_b$/ 我 $_a$/$_a$ 去 $_b$/。

汉语：我去上海。

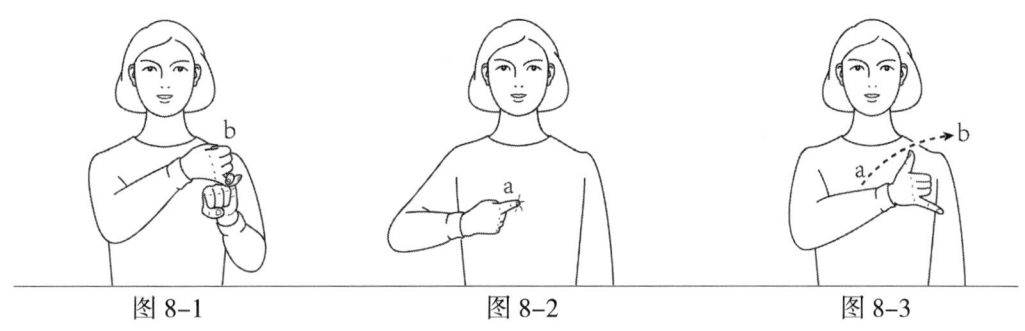

图8

图8手语"/上海$_b$/我$_a$/$_a$去$_b$/"中，图8-1双手在b点打"上海"的手势；图8-2一手在a点打"我"的手势；图8-3一手由a点向b点打"去"的手势，表示"我"从a点（出发地）去b点（目的地）的移动轨迹和空间位置的变化。此时，"去"是空间动词。

例如：

手语：/ 书 $_a$/$_a$ 放 $_b$/。

汉语：把这儿的书放到那儿。

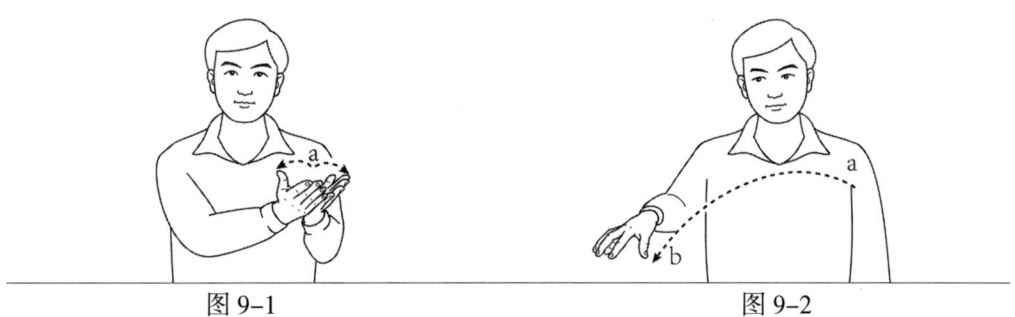

图9

图 9 手语 "/书$_a$/$_a$放$_b$/"中，图 9-1 双手在 a 点打"书"的手势；图 9-2 一手五指张开，指尖朝下，从 a 点向 b 点移动，表示书从 a 点(这儿)放到 b 点(那儿)的移动轨迹和空间位置的变化。此时，"放"是空间动词。

空间动词的句法功能是作谓语。

二、手语类标记手形和类标记结构

类标记手形和类标记结构在手语中具有很典型的特点。

(一) 类标记手形

1. 类标记手形指手语中可代表某一类（或某几类）事物的手形。

类标记手形例举

顺序	手形图	一般代表
1		1. 人、物、组织（机构）。 2. 拇指按压的物体或痕迹。
2		1. 棍状、线状的物体。 2. 人及其他生物。 3. 爬行、蠕动的生物（手指反复弯动）。
3		弯钩形的物体。
4		1. 手枪状的物体。 2. 带边角的物体。 3. 大小不等、有边框的物体（双手）。
5		1. 人和动物的整个身体。 2. 长尖角的动物。 3. 壶状的物体。

6		1. 有两条平行线的物体。 2. V形的物体。 3. 生物的双腿、双眼。
7		1. 窄长的物体。 2. 人的双腿。
8		1. 绞状的物体。 2. 锥形的物体。
9		1. 带有三个支点的物体。 2. 齿牙状的物体。
10		1. 手握的圆柱形物体。 2. 管状、棍状、柱状的物体（双手）。
11		1. 手握的物体。 2. 石头或星球体。 3. 人的头部。
12		某些口鼻部凸出、有双耳或触角的动物。

13		1. 扁平的工具。 2. 人或动物的手、足。 3. 平面的物体。
14		窄长、条状的物体。
15		1. 较宽的条状物体。 2. 长方形的物体（双手）。
16		1. 有厚度或厢形的物体。 2. 柔软、有弹性的物体（通常有开合动作）。
17		1. 圆形、球形、环形的物体。 2. 棍状、管状的物体（双手）。
18		1. 尖嘴状的物体。 2. 手指拿捏着的细小物体。
19		1. 带双钩或双齿的物体。 2. 弯曲的双腿。

20		摄像器材。
21		1. 飞行物。 2. 某些长角的动物。
22		1. 有爪的凶猛动物。 2. 多齿的工具。 3. 散乱分布的小斑点。 4. 块状的物体。
23		小的球形、块状物体。
24		凹陷或凸起状的物体。
25		细微颗粒或粉末状的物体（有手指互捻动作）。
26		1. 平行的条纹。 2. 排列的物体。 3. 较多的人、生物、物体（手指可微曲）。 4. 树冠状的物体（手指可微曲）。 5. 较大的球形物体（双手微曲）。 6. 网格状的物体（双手相搭）。 7. 花、菜类或光线、发光类（五指先撮合，然后张开）。

2. 类标记手形的分类

类标记手形分为物类类标记、操持类标记、形状类标记、身体类标记四种。

(1) 物类类标记：指代表物体类型的手形。

例如：

手语：/ 桥 / 船 / 船过桥 /。

汉语：船从桥下驶过。

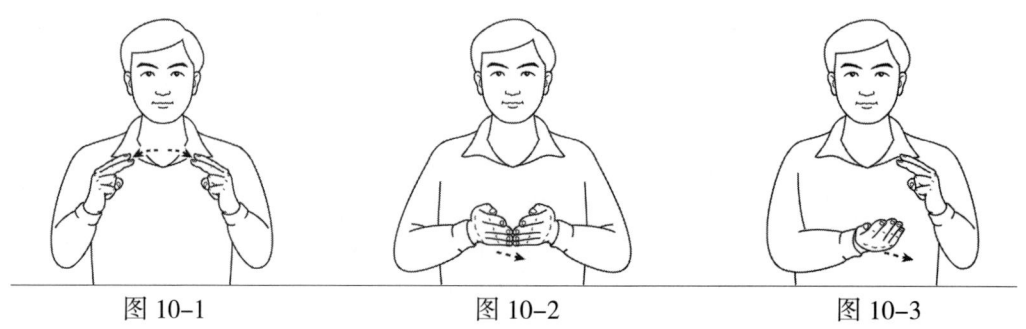

图 10-1　　　　　图 10-2　　　　　图 10-3

图 10

图 10 手语"/ 桥 / 船 / 船过桥 /"中，图 10-1 双手打"桥"的手势；图 10-2 双手打"船"的手势；图 10-3 左、右手都是物类类标记，此处，左手代表"桥"，右手代表"船"。左手在上不动，右手在左手下按动作线箭头指示移动，表示"船从桥下驶过"。

(2) 操持类标记：指表示手持工具或物体的手形。

例如：

手语：/ 握（水壶）杯子 / 握（水壶）倒水杯子 /。

汉语：手握水壶往杯子里倒水。

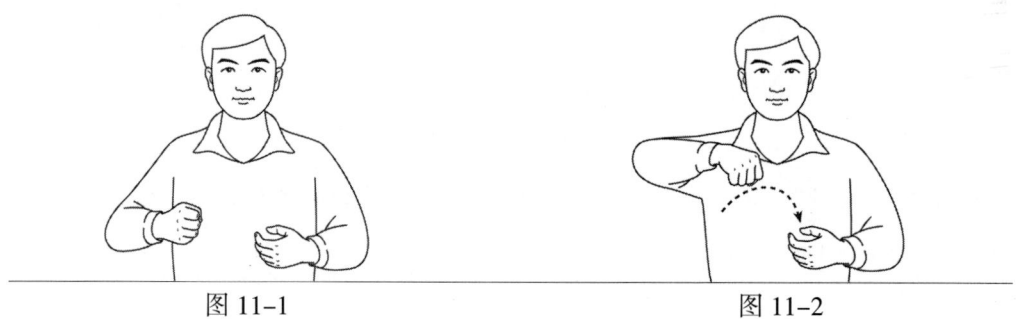

图 11-1　　　　　　　　图 11-2

图 11

图 11 手语"/ 握（水壶）杯子 / 握（水壶）倒水杯子 /"中，图 11-1 右手是操持类标记，此处表示手握水壶的动作，左手是"杯子"的手势；图 11-2 左手不动，右手按动作线箭头指示移动。右手的移动轨迹表示"手握水壶往杯子里倒水"。

(3) 形状类标记：指代表物体形状和大小的手形。

例如：

手语：/鸡/刀/拎（鸡）刀刺/。

汉语：用刀杀鸡。

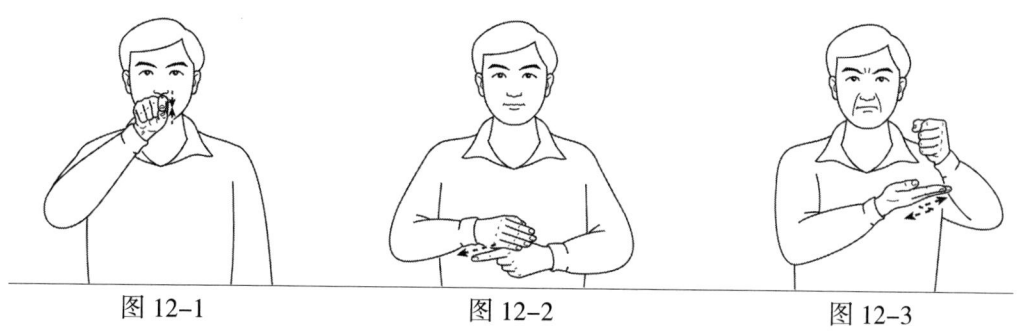

图 12-1　　　　　图 12-2　　　　　图 12-3

图 12

图 12 手语"/鸡/刀/拎（鸡）刀刺"中，图 12-1 一手打"鸡"的手势；图 12-2 双手打"刀"的手势；图 12-3 左手是操持类标记，此处代表"拎着鸡"，右手是形状类标记，此处代表"刀"。右手在左手下方来回移动，表示"用刀杀鸡"。

(4) 身体类标记：指代表身体某一部位的手形，或直接用身体的某一部位表示。

例如：

手语：/走下山/。

汉语：人从山上走下来。

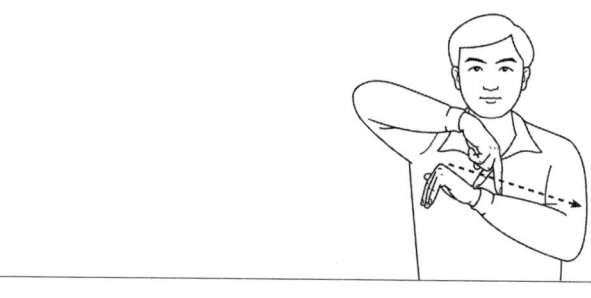

图 13

图 13 手语"/走下山/"中，左手是物类类标记，此处代表"山"；右手伸食、中指，指尖朝下，是身体类标记，此处代表"人的两条腿"。右手按动作线箭头指示移动，右手的移动轨迹表示"人从山上走下来"。

例如：

手语：/足球/足球砸头/。

汉语：足球飞过来砸在头上。

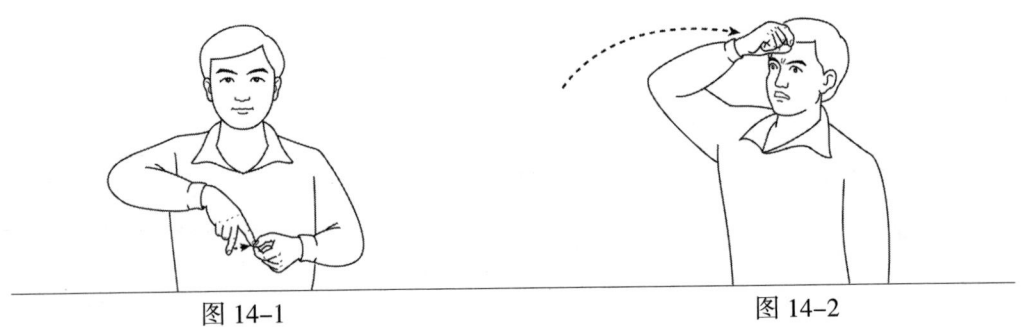

图 14

图14手语"/足球/足球砸头/"中，图14-1双手打"足球"的手势；图14-2右手是物类类标记，此处代表"足球"；"头"没有打手语，而是直接用头部表示，是身体类标记。右手按动作线箭头指示向头部移动，表示"足球飞过来砸在头上"。

（二）类标记结构

类标记结构是一种带有复杂谓语形态的句子，是由类标记与位置、方向、运动及表情、体态等成分结合构成的。

类标记结构前面一般有先行词。先行词指在类标记结构出现之前所交待的与类标记结构有关的事物或场景。

例如：

手语：/树/汽车/树砸汽车/。

汉语：树砸了汽车。

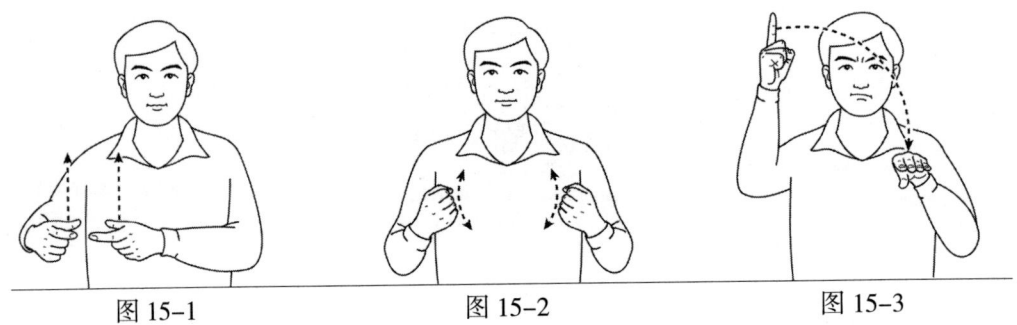

图 15

图15手语"/树/汽车/树砸汽车/"中，图15-1"树"的手势和图15-2"汽车"的手势是图15-3"/树砸汽车/"类标记结构的先行词。图15-3左手和右手都是物类类标记，此处，左手代表"汽

车",右手代表"树";右手按动作线箭头指示移动,表示"树砸了汽车"。"/树砸汽车/"是类标记结构。

例如:

手语:/人/屋子/人(在)屋子(里)/。

汉语:人在屋里。

图 16-1　　　　　　　图 16-2　　　　　　　图 16-3

图 16

图 16 手语"/人/屋子/人(在)屋子(里)/"中,图 16-1"人"的手势和图 16-2"屋子"的手势是图 16-3"/人(在)屋子(里)/"类标记结构的先行词。图 16-3 左手和右手都是物类类标记,此处,左手代表"屋子",右手代表"人";根据双手的空间位置,表示"人在屋子里"。"/人(在)屋子(里)/"是类标记结构。

例如:

手语:/人人围坐/。

汉语:大家围坐在一起。

图 17

图 17 手语"/人人围坐/"中,左手和右手都是物类类标记,此处代表相同的指示物"人";双手按动作线箭头指示移动,表示"很多人围坐在一起"。"/人人围坐/"是类标记结构。

有的类标记结构，在前面已经交代了有关事物或场景，因此，先行词可不用再出现。

例如：

手语：/ 楼 / 人下（楼）/。

汉语：人从楼上走下来。

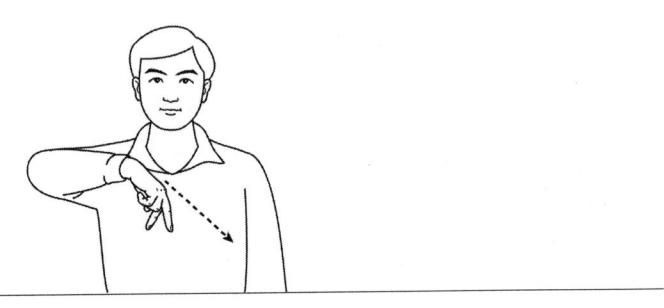

图 18

图 18 手语 "/ 楼 / 人下（楼）/" 中，右手伸食、中指，指尖朝下，是身体类标记，此处代表 "人的两条腿"。由于手语者此前曾交代过人在楼上的情境，因此，右手按动作线箭头指示向下移动，"楼" 隐含其中，表示 "人从楼上走下来"。"/ 人下（楼）/" 是类标记结构。

三、手语否定意义的表达

手语中否定词常常出现在谓语后面或句末，否定词后置。

例如：

手语：/ 我 / 吃 / 不能 /。

汉语：我不能吃。

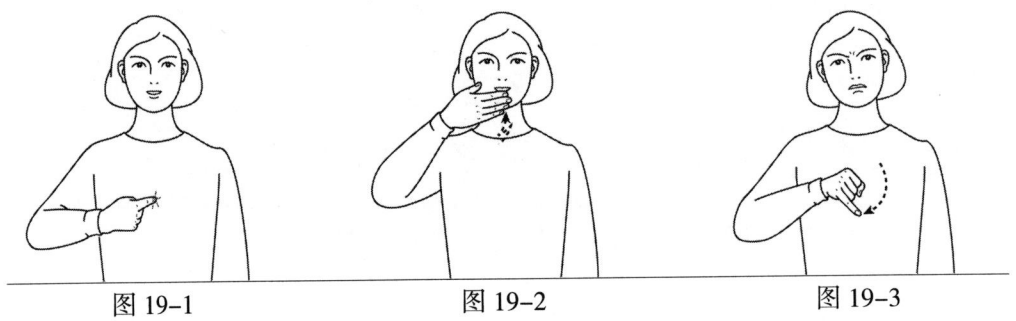

图 19-1　　　　　图 19-2　　　　　图 19-3

图 19

图 19 手语 "/ 我 / 吃 / 不能 /" 中，图 19-1 一手打 "我" 的手势；图 19-2 一手打 "吃" 的手势；图 19-3 一手打 "不能" 的手势。其中，否定词 "不能" 后置。

例如：

手语：/医院/便宜/去/不/。

汉语：别去等级低的医院。

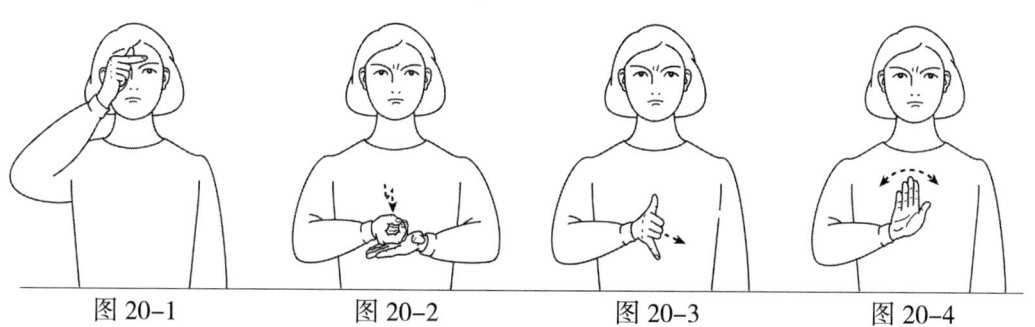

图 20

图 20 手语"/医院/便宜/去/不/"中，图 20-1 一手打"医院"的手势；图 20-2 双手打"便宜"的手势；图 20-3 一手打"去"的手势；图 20-4 一手打"不"的手势。其中，否定词"不"后置。

四、手语名动同形的现象

手语中有些名词和动词的手势动作是一样的，称作"名动同形"。"名动同形"是手语的一种形态特征。在一定语境中，"名动同形"作名词或作动词（相当于汉语的动宾结构）时，其动作的次数、力度、口形等可稍有不同。

例如：花—开花、饺子—包饺子、书—打开书、牙刷—刷牙、电话—打电话等等。

例如：

手语：/我/刷牙/。

汉语：我刷牙。

图 21

图 21 手语"/我/刷牙/"中，图 21-1 一手打"我"的手势；图 21-2 一手打"刷牙"的手势。

例如：

手语：/ 我 / 买 / 牙刷 /。

汉语：我买牙刷。

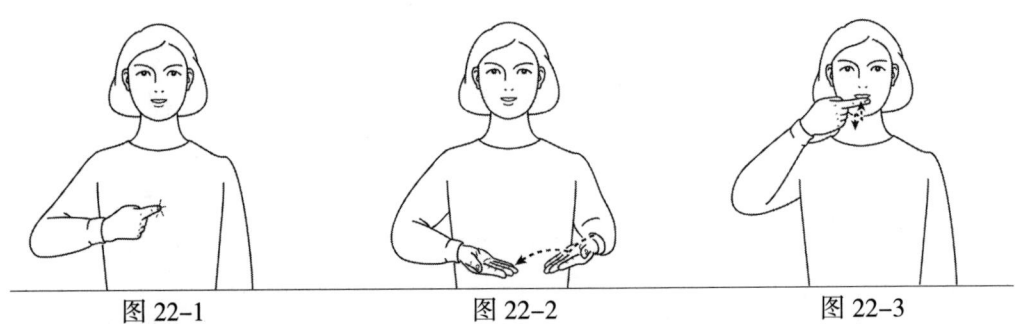

图 22-1　　　　　　图 22-2　　　　　　图 22-3

图 22

图 22 手语"/ 我 / 买 / 牙刷 /"中，图 22-1 一手打"我"的手势；图 22-2 双手打"买"的手势；图 22-3 一手打"牙刷"的手势。

图 21 和图 22 中，"/ 我 / 刷牙 /"中的"刷牙"是动词，"/ 我 / 买 / 牙刷 /"中的"牙刷"是名词，手势都是一样的。有的聋人根据不同的语境，手势动作的次数、力度和面部表情等会稍有不同，用以表达不同的语义；有的聋人认为手势动作没有区别。

五、手语中"重复"的作用

"重复"是指手语中反复打同一个手势动作，表示连续做某事或数量（次数）很多，也用于表示对事件的强调和量的程度。有的"重复"伴有明显的非手控特征（面部表情及肢体动作）。

1. 表示连续做某事或数量（次数）很多

例如：

手语：/ 我 / 拍照拍照拍照 /。

汉语：我连续拍照。

图 23-1　　　　　　　　图 23-2

图 23

图 23 手语 "/我/拍照拍照拍照/" 中，图 23-1 一手打 "我" 的手势；图 23-2 双手重复打 "拍照" 的手势，表示 "拍了很多张照片"。

2. 表示强调

例如：

手语：/书/我（+强调表情）/我（+强调表情）/。

汉语：这本书是我的。

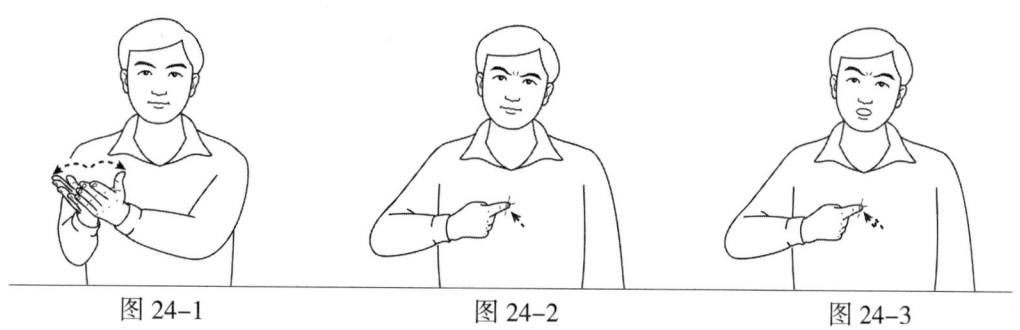

图 24

图 24 手语 "/书/我（+强调表情）/我（+强调表情）/" 中，图 24-1 双手打 "书" 的手势；图 24-2、24-3 一手重复打 "我" 的手势，伴随 "皱眉或扬眉+口动" 等非手控特征，表示强调 "这本书是我的"。

3. 表示程度

例如：

手语：/这（手指上臂）/流血（+痛苦表情）/流血（+痛苦表情）/。

汉语：胳膊流了很多血。

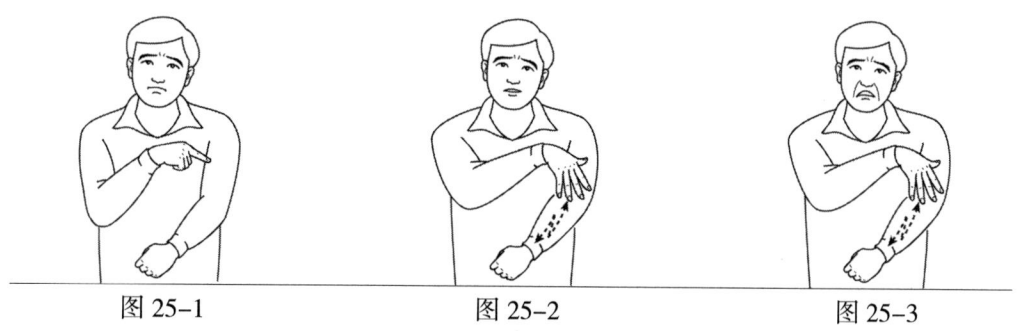

图 25

图 25 手语 "/胳膊/流血（+痛苦表情）/流血（+痛苦表情）/" 中，图 25-1 右手伸食指，指一下左上臂；图 25-2、25-3 右手重复打 "流血" 的手势，伴随 "皱眉+口动" 等非手控特征，表示流血的程度——流了很多血。

六、手语中"非手控"的作用

手语中"非手控"是指具有语法意义的表情和姿势,即手势之外的身体语言,包括面部表情(眼睛、眉毛、面部肌肉、口动等)以及头、躯干的姿态和运动。非手控特征和手势动作配合使用,其主要的句法功能是起到补充、修饰的作用。

非手控特征主要表示程度、强调、疑问(询问)、情感和说话对象的转变。

1. 表示程度

例如:

手语:/防守(+坚毅的表情和动作持续)/。

汉语:我们顽强防守。

图 26

图 26 手语"/防守(+坚毅的表情和动作持续)/"中,用"防守"的手势伴随"坚毅的表情+动作持续"等非手控特征,表示"顽强防守"。

2. 表示强调

例如:

手语:/花/掐花/不行(+强调的表情)/!

汉语:绝对不许掐花!

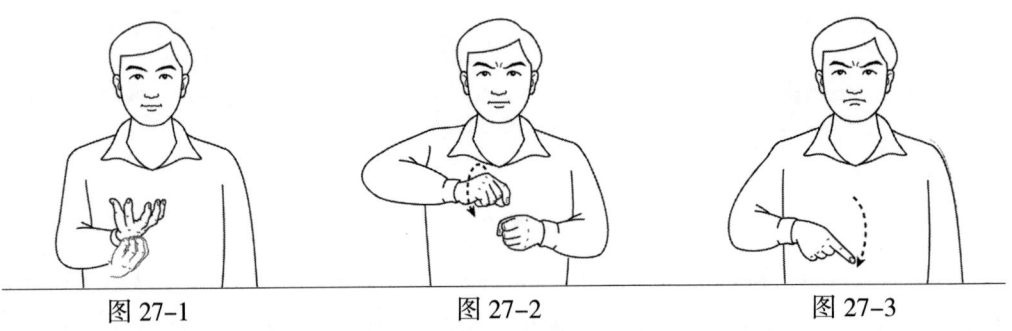

图 27-1　　　　图 27-2　　　　图 27-3

图 27

图 27 手语"/花/掐花/不行（+强调的表情）/"中，图 27-1 一手打"花"的手势；图 27-2 双手打"掐花"的手势；图 27-3 用"不行"的手势伴随"手势的力度+皱眉"等非手控特征，表示强调"绝对不行"。

3. 表示疑问（询问）

例如：

手语：/有（+疑问的表情）/？

汉语：有吗？

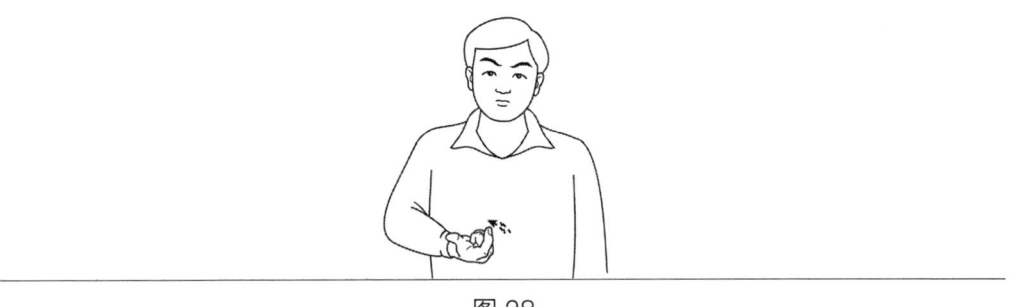

图 28

图 28 手语"/有（+疑问的表情）/"中，用"有"的手势伴随"扬眉+睁大眼睛+身体稍稍前倾"等非手控特征，表示询问（疑问）。

例如：

手语：/电影/去（+询问的表情）/？

汉语：去看电影吗？

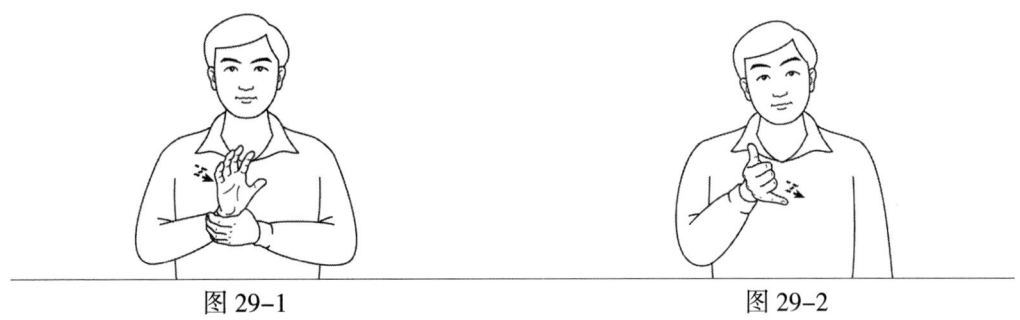

图 29-1　　　　　　　　　　图 29-2

图 29

图 29 手语"/电影/去（+询问的表情）/"中，图 29-1 双手打"电影"的手势；图 29-2 用"去"的手势伴随"扬眉+睁大眼睛+身体稍稍前倾"等非手控特征，表示询问"去看电影吗？"

4. 表示情感

例如：

手语：/看（+不情愿的表情）/。

汉语：很不情愿地看。

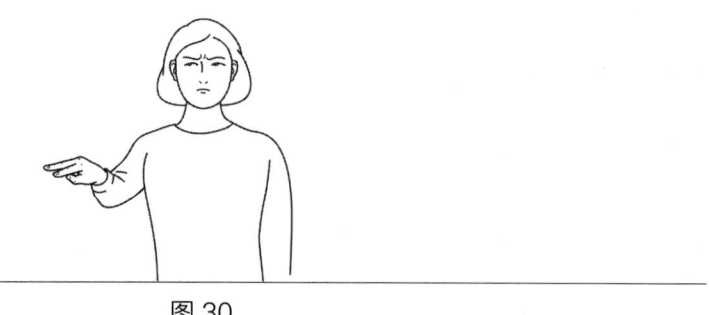

图 30

图 30 手语"/看（+不情愿的表情）/"中，用"看"的手势伴随"皱眉+不屑一顾的眼神"等非手控特征，表示"很勉强""不情愿"的态度。

5. 表示说话对象的转变

手语中往往通过改变身体的朝向表示说话对象的转变。

例如：

手语：/（A）递（东西）/（B）接（东西）/。

汉语：我递给他东西，他接过来。

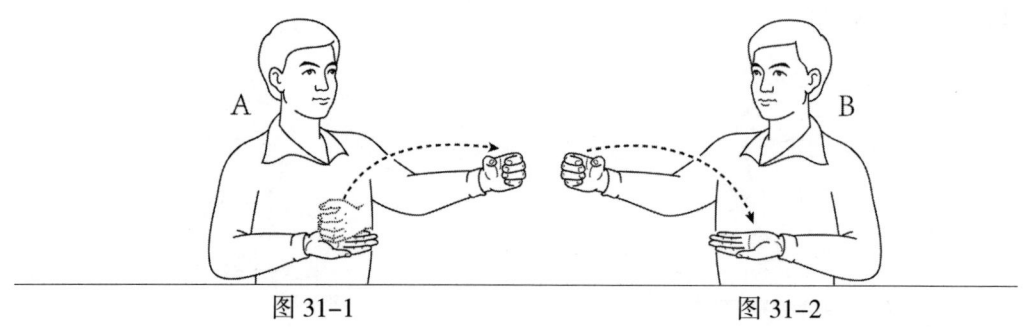

图 31

图 31 手语"/（A）递（东西）/（B）接（东西）/"中，图 31-1 先面向左前方打"递"的手势，表示 A 把物品递出去；图 31-2 再面向右前方打"接"的手势，表示 B 接过 A 递来的物品。通过身体朝向的变化表示角色的转变。

例如：

手语：/（A）（B）互打招呼/。

汉语：两个人互相打招呼。

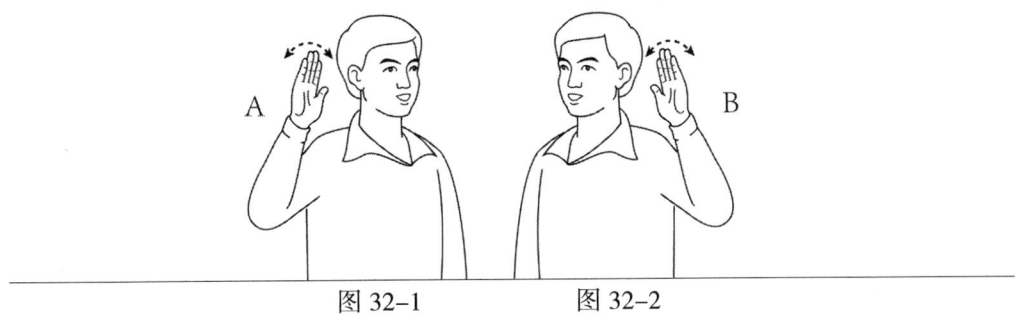

图 32-1　　　　　　图 32-2

图 32

图 32 手语"/（A）（B）互打招呼/"中，图 32-1 身体先偏向左前方，右手打"招呼"的手势，表示 A 向 B 打招呼；图 32-2 身体再偏向右前方，左手打"招呼"的手势，表示 B 向 A 打招呼。通过身体朝向或左右手的变化表示角色的转变。

七、手语"同时性"的现象

同时性也是手语的一个显著特点。手语的发音器官是双手，有时可以通过双手同时表示两个语法成分（不包括本身就是双手动作的词汇）或用手势＋非手控（表情和姿势）来表达意思，构成手语"同时性"的现象。

本文主要介绍手语语法同时性的几种表现形式。

1. 两个类标记的同时性

例如：

手语：/桌子/兔子/兔子（在）桌子（上）/。

汉语：兔子在桌子上。

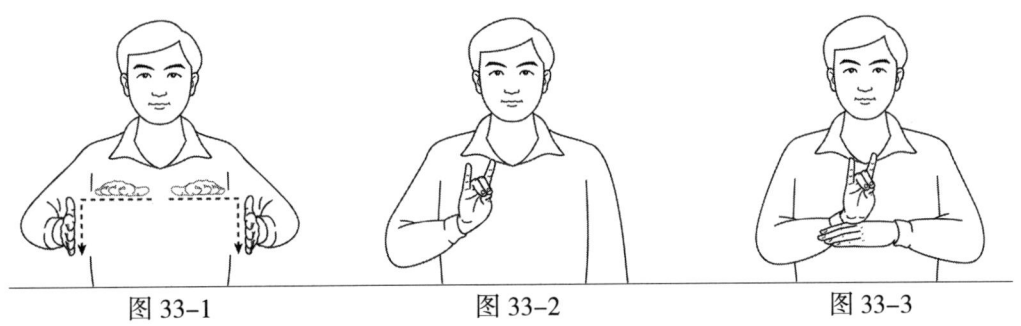

图 33-1　　　　　图 33-2　　　　　图 33-3

图 33

图 33 手语"/桌子/兔子/兔子（在）桌子（上）/"中，图 33-1 双手打"桌子"的手势，交代了事件发生的处所；图 33-2 一手打"兔子"的手势，交代了事件涉及的主体；"桌子"和"兔子"

是图33-3"/兔子（在）桌子（上）/"类标记结构的先行词。图33-3左手和右手都是物类类标记，此处，左手代表"桌子"，右手代表"兔子"。在这个类标记结构中，两个类标记同时出现，通过双手的空间位置，可以看出两者之间的处所关系——"兔子在桌子上"。其中，"在……上"是通过手语的空间位置表现出来的。

2. 类标记+手势的同时性

例如：

手语：/看书吸烟/。

汉语：一边看书，一边吸烟。

图34

图34手语"/看书吸烟/"中，左手是物类类标记，此处代表"书"，它与"眼睛"这个身体类标记构成"看书"的类标记结构；右手是"吸烟"的手势。左手和右手表达了同时做的两件事，即"一边看书，一边吸烟"。

3. 手势+手势的同时性

(1) 一致动词的同时性

例如：

手语：/（A）十万十万（同时）给（B）(C)/。

汉语：A同时给B、C两队各十万元。

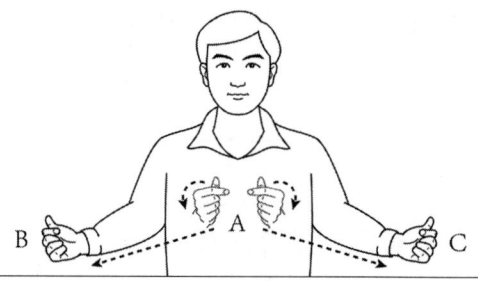

图35

图 35 手语"/（A）十万十万（同时）给（B）(C)/"中，双手先打"十万"的手势，然后同时分别移向 B、C，表示同时给 B、C 两队各十万元，表示一致动词"给"的同时性。

(2) 主谓结构的同时性

例如：

手语：/你负责/。

汉语：你负责。

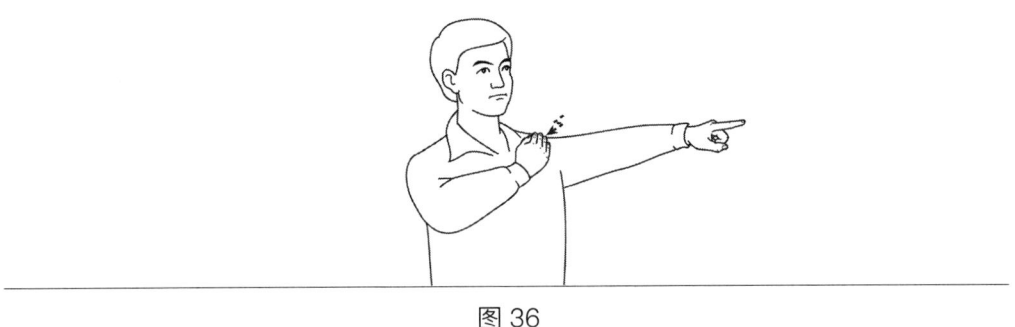

图 36

图 36 手语"/你负责/"中，左手打"你"的手势，在句子中充当主语；右手打"负责"的手势，在句子中充当谓语，形成主谓结构。左、右手同时打相应的手势，表示主谓结构的同时性。

例如：

手语：/我承认/。

汉语：我承认。

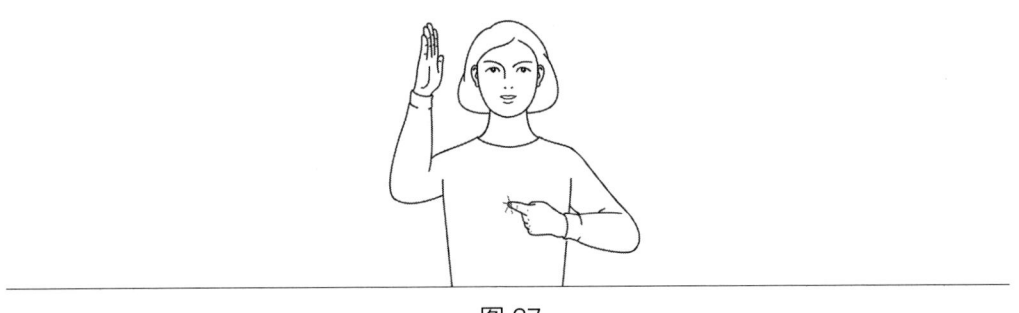

图 37

图 37 手语"/我承认/"中，左手打"我"的手势，在句子中充当主语；右手打"承认"的手势，在句子中充当谓语，形成主谓结构。左、右手同时打相应的手势，表示主谓结构的同时性。

4. 手势 + 非手控的同时性

例如：

手语：/走（+无精打采的表情）/。

汉语：无精打采地走。

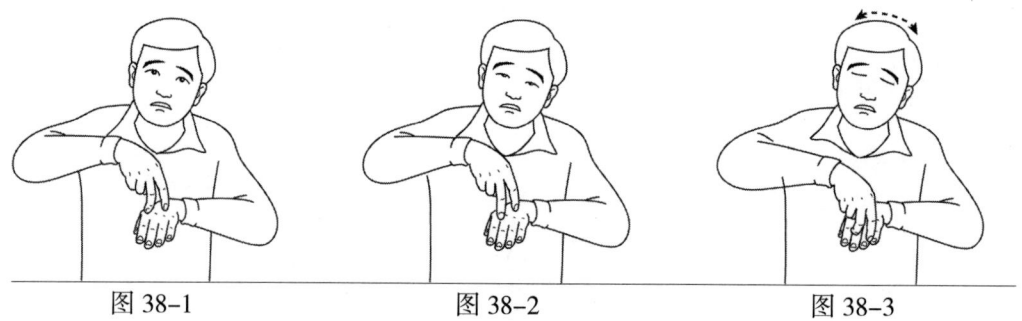

图 38-1　　　　　图 38-2　　　　　图 38-3

图 38

图 38 手语 "/走（+无精打采的表情）/" 中，右手打 "走" 的手势，伴随面部表情 "闭眼"，头左右摆动，用非手控特征表示修饰成分，意思是 "无精打采地走"。

另外，还可以通过面部表情加强语气。

例如：

手语：/六十（+感叹的表情）/多（+感叹的表情）/年（+感叹的表情）/！

汉语：六十多年啊！

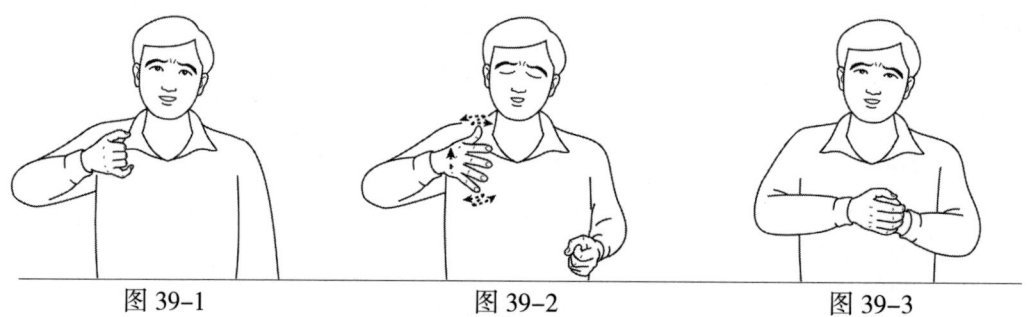

图 39-1　　　　　图 39-2　　　　　图 39-3

图 39

图 39 手语 "/六十（+感叹的表情）/多（+感叹的表情）/年（+感叹的表情）/" 中，图 39-1 一手打 "六十" 的手势；图 39-2 一手打 "多" 的手势；图 39-3 双手打 "年" 的手势；有时伴随 "皱眉" 的表情，有时伴随 "闭眼" 的表情，用非手控特征表示强调 "六十多年啊！"

参考文献：

[1] 高名凯, 石安石. 语言学概论 [M]. 北京：中华书局, 1963.

[2] 叶蜚声, 徐通锵. 语言学纲要 [M]. 北京：北京大学出版社, 1981.

[3] 徐通锵. 基础语言学教程 [M]. 北京：北京大学出版社, 2004.

[4] 黄柏荣, 廖序东. 现代汉语 [M]. 北京：高等教育出版社, 1991.

[5] 傅逸亭, 梅次开. 聋人手语概论 [M]. 上海：学林出版社, 1986.

[6] 赵锡安. 中国手语研究 [M]. 北京：华夏出版社, 1999.

[7] 中国残疾人联合会教育就业部, 中国聋人协会. 中国手语(修订版)[M]. 北京：华夏出版社, 2003.

[8] 邓慧兰. 香港手语词典 [M]. 香港：香港中文大学出版社, 2007.

[9] 郑璇. 中国手语如何表达非视觉概念 [M]. 北京：知识产权出版社, 2011.

[10] 游顺钊. 手势创造与语言起源 [M]. 北京：语文出版社, 2013.

[11] 杨军辉, 吴安安. 中国手语入门 [M]. 郑州：郑州大学出版社, 2014.

[12] 倪兰. 中国手语动词研究 [M]. 上海：上海大学出版社, 2015.

[13] 陈小红. 中国手语动词及类标记结构方向性研究 [M]. 湖南：湖南人民出版社, 2015.

[14] 邓慧兰. 香港手语动词获得之研究方向 [J]. 当代语言学, 2011(2):164-174.

[15] 沈玉林, 吴安安, 褚朝禹主编. 双语聋教育的理论与实践 [M]. 北京：华夏出版社, 2005:61-90.

[16] 于松梅, 张宁生. 聋人手语的语言学研究 [J]. 中国特殊教育, 2004(9):61-64.

[17] 吴铃. 汉语手语语法研究 [J]. 中国特殊教育, 2005(8):15-22.

[18] 倪兰. 中国手语动词方向性研究 [D]. 上海：复旦大学博士论文, 2007:161-167.

[19] 余晓婷, 贺荟中. 国内手语研究综述 [J]. 中国特殊教育, 2009(4):36-41.

[20] 刘润楠. 中国大陆手语语言学研究现状 [J]. 中国特殊教育, 2005(5):26-29.

[21] 吕会华, 王红英, 巩卓. 国内外手语语序研究综述 [J]. 中州大学学报, 2014(3):73-79.

[22] 陈小红. 手语类标记与类标记谓语研究述评 [J]. 宁夏大学学报, 2011(4):160-166.

[23] 何佳. 天津手语的工具动量词研究 [J]. 当代语言学, 2011(2):144-152.

[24] 龚群虎, 杨军辉. 中国手语汉语转写方案 [Z].

[25] 手语标示法则 [Z]. 北京：当代语言学, 2011(2):188.

[26] 香港中文大学手语及聋人研究中心. 双手手语的注释. 手语研究工作坊会议发言, 2012.

[27] 何佳. 手语中的形态学和句法学. 手语研究工作坊会议发言, 2012.

[28] 邹雅静. 台湾手语静态空间关系之研究 [D]. 台湾：中正大学硕士论文, 2004:10-28.

[29] 洪卡娜. 上海手语类标记调查与研究 [D]. 上海：复旦大学硕士论文, 2008:9,28-35.

[30] 李线宜. 上海手语类标记结构调查研究 [D]. 上海：复旦大学博士论文, 2010:2-10,16-68.

[31] 陈秀君. 汉语动宾结构在上海手语中的表达 [D]. 上海：复旦大学硕士论文, 2012:12-29.

汉语拼音索引

A

Āchāngzú 阿昌族	1
Ā'ěrbāníyà 阿尔巴尼亚	1
Ā'ěrjílìyà 阿尔及利亚	1
Āfùhàn 阿富汗	1
Āgēntíng 阿根廷	1
Ālābóliánhéqiúzhǎngguó
阿拉伯联合酋长国	2
Āmàn 阿曼	2
Āsàibàijiāng 阿塞拜疆	2
āyí 阿姨	2
āidào 哀悼	620
āiqiú 哀求	513
āitàn 哀叹	3
āiyuè 哀乐	2
Āifēi'ěrtiětǎ 埃菲尔铁塔	19
Āijí 埃及	2
Āisài'ébǐyà 埃塞俄比亚	3
āigèr 挨个儿	3
āitàn 唉叹	3
ái 癌	3
ǎi 矮	3
ài 艾	3
àizībìng 艾滋病	4
ài 爱	4
àibùshìshǒu 爱不释手	4
àidā-bùlǐ 爱搭不理	4
àidài 爱戴	4
Ài'ěrlán 爱尔兰	4
Ài'ěrrì 爱耳日	5
àiguó① 爱国①	5
àiguó② 爱国②	5
àihù 爱护	5
àimònéngzhù 爱莫能助	5
àimù 爱慕	5
àiqíng 爱情	6
ài·ren 爱人	6
Àishāníyà 爱沙尼亚	6
àixī 爱惜	6
Àiyǎnrì 爱眼日	6
àizēng-fēnmíng 爱憎分明	6
ān 安	7

ānchā 安插	107
Āndào'ěr 安道尔	7
āndìng 安定	7
āndùn 安顿	10
ānfèn 安分	7
ānfèn-shǒujǐ 安分守己	7
Āngēlā 安哥拉	7
Ānhuī 安徽	8
ānjiǎn 安检	8
ānjìng 安静	8
ānjū-lèyè 安居乐业	8
Ānlǐhuì 安理会	8
ānmiányào 安眠药	8
ānpái 安排	9
ānquán 安全	9
ānquándài① 安全带①	9
ānquándài② 安全带②	9
Āntíguā hé Bābùdá
安提瓜和巴布达	9
ānwèi 安慰	9
ānxī 安息	10
ānxiáng 安详	10
ānxīn 安心	10
ānzhì 安置	10
ānzhuāng 安装	10
ān·chún 鹌鹑	10
ān·chúndàn 鹌鹑蛋	11
ānmǎ 鞍马	11
ān·zi 鞍子	11
àn 岸	11
ànmó 按摩	11
ànniǔ 按钮	497
ànshí 按时	11
ànzhào 按照	12
ànbǎn 案板	12
ànfàn 案犯	266
ànbǎo 暗堡	217
àndì 暗地	12
ànfǎng 暗访	12
ànjiāo 暗礁	12
ànshā 暗杀	12
ànshì❶ 暗示❶	13
ànshì❷ 暗示❷	13

ànxiāng cāozuò 暗箱操作	13
ángguì 昂贵	346
ángshǒu 昂首	13
ángyáng 昂扬	13
āo 凹	13
āo 熬	1104
áoyóu 遨游	654
áoyè 熬夜	13
áoxiáng 翱翔	654
àomàn① 傲慢①	14
àomàn② 傲慢②	450
Àodìlì 奥地利	14
Àolínpǐkè 奥林匹克	14
àomì 奥秘	14
Àoyùnhuì 奥运会	14
Ào 澳	15
Àodàlìyà 澳大利亚	14
Àomén 澳门	15
àohuǐ 懊悔	15

B

bā 八	1134
bābǎozhōu 八宝粥	17
bāguà 八卦	17
bājiǎo huíxiāng 八角茴香	178
Bā Lù Jūn 八路军	17
bāshí 八十	1136
Bā-Yī Jiànjūn Jié
八一建军节	17
Bā-Yī Jié 八一节	17
Bābāduōsī 巴巴多斯	17
Bābùyàxīnjǐnèiyà
巴布亚新几内亚	18
Bāhāmǎ 巴哈马	18
Bājīsītǎn 巴基斯坦	18
bā·jie 巴结	18
Bālāguī 巴拉圭	18
Bālèsītǎn 巴勒斯坦	18
Bālí 巴黎	19
Bālín 巴林	19
Bānámǎ 巴拿马	19
bāshì 巴士	19
Bāxī 巴西	19

bālěiwǔ	芭蕾舞	19	bǎiyèchuāng	百叶窗	26	bǎngjià	绑架	32
bā	疤	20	bǎi	佰	1136	bǎngyàng	榜样	33
bā	捌	1134	bǎishù	柏树	26	bàng	蚌	33
bá	拔	20	bǎi①	摆①	26	bàng	棒	33
bá guàn·zi	拔罐子	20	bǎi②	摆②	26	bàngqiú	棒球	33
báhé	拔河	20	bǎi·bù	摆布	103	bàngwǎn	傍晚	33
bájiānr	拔尖儿	862	bǎi jià·zi	摆架子	26	bàng	磅	33
bámiáo-zhùzhǎng	拔苗助长	20	bǎishè	摆设	129	bāo①	包①	34
bǎ	把	20	bǎitānr	摆摊儿	824	bāo②	包②	34
bǎchí	把持	1061	bǎituō	摆脱	27	bāobì	包庇	34
bǎguān	把关	21	bàisù	败诉	27	bāochǎn	包产	34
bǎ·shou	把手	21	bàifǎng	拜访	27	bāofáng	包房	34
bǎshǒu	把守	270	bàinián	拜年	710	bāo·fu①	包袱①	34
bǎwò	把握	1061	bàishī	拜师	27	bāo·fu②	包袱②	47
bà·ba	爸爸	292	bàituō	拜托	712	bāoguǒ①	包裹①	35
bàgōng	罢工	21	bān	扳	27	bāoguǒ②	包裹②	35
bàguān①	罢官①	21	bān①	班①	27	bāohán	包含	35
bàguān②	罢官②	604	bān②	班②	28	bāo·hán①	包涵①	35
bàmiǎn	罢免	604	bānzhǎng	班长	28	bāo·hán②	包涵②	35
bàdào	霸道	21	bānpèi	般配	28	bāojiān	包间	34
bàqì	霸气	888	bānbù	颁布	852	bāokuò①	包括①	35
bàquán	霸权	21	bānfā	颁发	28	bāokuò②	包括②	524
bàzhàn	霸占	22	bānjiǎng①	颁奖①	28	bāolǎn	包揽	35
bāi	掰	22	bānjiǎng②	颁奖②	445	bāoróng	包容	44
bái	白	22	bānmǎ	斑马	28	bāowéi	包围	36
bái'ái'ái	白皑皑	22	bānmǎxiàn	斑马线	28	bāozā	包扎	114
báibǎnbǐ	白板笔	22	bān	搬	29	bāozhuāng	包装	34
báicài	白菜	22	bānjiā	搬家	29	bāozhuāngxiāng	包装箱	36
Bái'éluósī	白俄罗斯	23	bānyùn	搬运	29	bāo·zi	包子	36
báifèi	白费	23	bǎnbào	板报	29	bāo	煲	36
báijìtún	白鱀豚	23	bǎnkuài①	板块①	29	bāobiǎn	褒贬	36
báijiǔ	白酒	23	bǎnkuài②	板块②	29	bāoyìcí	褒义词	36
báilù	白露	23	bǎnshū	板书	29	báo	薄	37
báiluó·bo	白萝卜	23	bǎnquán	版权	30	bǎo①	饱①	37
báimángmáng	白茫茫	22	bànfǎ	办法	30	bǎo②	饱②	586
báimiànr	白面儿	358	bàngōng	办公	30	bǎojīng-cāngsāng	饱经沧桑	37
báimù'ěr	白木耳	1010	bàngōngshì	办公室	30	bǎojīng-fēngshuāng	饱经风霜	37
báinèizhàng	白内障	24	bàn	半	30	bǎo·bao	宝宝	1016
báishǒu-qǐjiā	白手起家	24	bàndǎotǐ	半导体	30	bǎo·bèi	宝贝	37
báishǔ	白薯	24	bàntú'érfèi	半途而废	31	bǎoguì	宝贵	346
báitiān	白天	24	bànyè	半夜	31	bǎoshí	宝石	37
báitóu-xiélǎo	白头偕老	24	bànyè-sāngēng	半夜三更	31	bǎo'ān	保安	37
Báizú	白族	24	bànyuányí	半圆仪	550	Bǎo'ānzú	保安族	38
bǎifēnshù	百分数	25	bànkù	扮酷	31	bǎobiāo	保镖	38
bǎifēnlǜ	百分率	25	bànyǎn	扮演	31	bǎochí	保持	38
bǎihé	百合	25	bànláng	伴郎	31	bǎodān①	保单①	38
bǎihéhuā	百合花	25	bànlǚ	伴侣	31	bǎodān②	保单②	38
bǎihuā-qífàng	百花齐放	25	bànniáng	伴娘	32	bǎodǐ	保底	38
bǎijiāxìng	百家姓	25	bàn	拌	32	bǎoguǎn	保管	39
bǎijiā-zhēngmíng	百家争鸣	25	bàn	绊	32	bǎohù①	保护①	39
bǎi wén bù rú yī jiàn 百闻不如一见		26	bāngjiāo	邦交	32	bǎohù②	保护②	39
bǎixìng	百姓	532	bāngzhù	帮助	32	Bǎojiālìyà	保加利亚	39
			bǎng	绑	523			

bǎojiàn	保健	39	bàomǐhuā	爆米花	46	bēngkuì	崩溃	53
bǎoliú	保留	39	bàozhà	爆炸	47	bēngpán	崩盘	53
bǎomì	保密	602	bàozhú	爆竹	47	bēngdài	绷带	53
bǎomǔ	保姆	40	bēi·zi	杯子	47	béng	甭	85
bǎonuǎnkù	保暖裤	40	bēibǐ	卑鄙	552	bèngdí	蹦迪	201
bǎoshì	保释	40	bēi	背	47	bèngjí	蹦极	53
bǎoshǒu	保守	40	bēibāo	背包	789	bīzhēn	逼真	54
bǎowèi	保卫	40	bēicǎn	悲惨	630	bí·qi	荸荠	54
bǎoxiānmó	保鲜膜	40	bēiguān	悲观	47	bí	鼻	54
bǎoxiǎn	保险	41	bēitòng	悲痛	630	bítì	鼻涕	301
bǎoxiǎnsī	保险丝	41	bēi	碑	47	bǐshǒu	匕首	54
bǎoyǎng	保养	41	běi①	北①	48	bǐ	比	54
bǎoyùyuán	保育员	41	běi②	北②	48	bǐ·hua	比划	785
bǎozhàng①	保障①	39	Běibīngyáng	北冰洋	48	bǐjīní	比基尼	54
bǎozhàng②	保障②	39	běidǒuxīng	北斗星	48	bǐjiào	比较	55
bǎozhèng	保证	41	běijí	北极	48	Bǐlìshí	比利时	55
bǎozhí	保值	41	Běijīng	北京	48	bǐlì❶	比例❶	55
bào'àn	报案	42	Běimǎqídùn Gònghéguó			bǐlì❷	比例❷	55
bàochóu	报仇	42		北马其顿共和国	49	bǐrú	比如	55
bào·chou	报酬	42	Běiměizhōu	北美洲	49	bǐsài	比赛	55
bàodá	报答	42	bèi	贝	49	bǐyù	比喻	55
bàodào	报到	42	bèiké	贝壳	49	bǐ'àn	彼岸	55
bào·fù	报复	42	bèiléimào	贝雷帽	49	bǐcǐ	彼此	637
bàogào	报告	309	Bèiníng	贝宁	49	bǐ	笔	56
bàojǐng	报警	42	bèiwànglù	备忘录	50	bǐgòng	笔供	56
bàomíng	报名	692	bèidì·li	背地里	12	bǐhuà	笔划	56
bàoshè	报社	42	bèijǐng	背景	50	bǐhuà	笔画	56
bàotān	报摊	43	bèimiàn	背面	264	bǐjì	笔记	56
bàotíng	报亭	43	bèisòng	背诵	50	bǐjìběn	笔记本	56
bàoxiāo	报销	43	bèixīn	背心	50	bǐjìběn diànnǎo	笔记本电脑	56
bàoxiào	报效	43	bèiyǐng	背影	50	bǐmào	笔帽	57
bàozhǐ	报纸	43	bèi	倍	50	bǐmíng	笔名	57
bàochuáng	刨床	43	bèi	被	51	bǐtán	笔谈	57
bào·zi	刨子	44	bèidòng	被动	51	bǐtǐng	笔挺	57
bào	抱	44	bèigào	被告	51	bǐxīn	笔芯	57
bàoqiàn	抱歉	44	bèigàorén	被告人	51	bǐzhí	笔直	57
bàoyǎng	抱养	44	bèipò①	被迫①	51	bǐshì	鄙视	58
bào·yuàn	抱怨	44	bèipò②	被迫②	51	bìdìng	必定	58
bào	豹	44	bèizhào	被罩	51	bìrán	必然	58
Bào	鲍	45	bèi·zi	被子	52	bìxiūkè	必修课	58
bàoyú	鲍鱼	45	bèi	焙	52	bìxū	必须	58
bàodiē	暴跌	45	bēnténg	奔腾	79	bìxū	必需	58
bàofāhù	暴发户	45	bēn	锛	52	bìyào	必要	58
bàofēng-zhòuyǔ	暴风骤雨	45	běn	本	789	bìgōng-bìjìng	毕恭毕敬	58
bàofù	暴富	45	běnfèn	本分	7	bìshēng	毕生	1095
bàojūn	暴君	45	běnkē	本科	52	bìyè	毕业	58
bàolì	暴力	46	běnlǐng	本领	422	bìyèzhèng	毕业证	899
bàolì	暴利	46	běnmò-dàozhì	本末倒置	52	bìguān-zìshǒu	闭关自守	59
bàolù	暴露	46	běn·shi	本事	422	bìhé	闭合	59
bàotú	暴徒	46	běn·zhe	本着	12	bìlù-diànshì	闭路电视	1027
bàoyǔ	暴雨	182	běnzhí	本职	52	bìmù	闭幕	59
bàozào	暴躁	46	běnzhì	本质	53	bìhù	庇护	59
bàofā	爆发	47	bèn	笨	53	Bìlǔ	秘鲁	59

bìxié	辟邪	59	biàntiáo	便条	66	biéshù	别墅	73
bì·zi	箅子	59	biànyī	便衣	66	biézhēn	别针	73
bìduān	弊端	717	biàndì	遍地	679	biè·niu	别扭	73
bìbào	壁报	60	biànhùrén	辩护人	66	bīnguǎn	宾馆	572
bìhǔ	壁虎	60	biànjiě	辩解	67	bīnyǔ	宾语	73
bìlěi-sēnyán	壁垒森严	60	biànzhèngfǎ	辩证法	67	bīnbīnyǒulǐ	彬彬有礼	74
bìléizhēn	避雷针	60	biàn·zi	辫子	67	bīnlín	濒临	471
bìmiǎn	避免	270	biāobǎng	标榜	931	bìnyíguǎn	殡仪馆	74
bìnànsuǒ	避难所	60	biāoběn	标本	67	bìnjiǎo	鬓角	74
bìràng	避让	60	biāobīng	标兵	67	bīng①	冰①	74
bìxián	避嫌	399	biāodiǎn fúhào	标点符号	67	bīng②	冰②	549
bìxiǎn	避险	61	biāojià	标价	68	bīngbáo	冰雹	74
bìyùn	避孕	61	biāoqiāng	标枪	68	Bīngdǎo	冰岛	74
bìyùntào	避孕套	61	biāotí①	标题①	68	bīngdú	冰毒	75
bìbǎng	臂膀	310	biāotí②	标题②	487	bīngguà	冰挂	75
bìzhāng	臂章	61	biāotí③	标题③	837	bīnggùnr	冰棍儿	75
biān	边	61	biāoyǔ	标语	68	bīnghú	冰壶	75
biānchuí	边陲	62	biāozhì	标志	68	bīngliáng	冰凉	549
biānfáng	边防	61	biāozhǔn	标准	68	bīngqílín	冰淇淋	75
biānguān	边关	62	biāohàn	彪悍	69	bīngqiú	冰球	75
biānjiāng	边疆	62	biāochē	飙车	69	bīngxiāng	冰箱	210
biānjiè	边界	61	biāoshēng	飙升	69	bīngzhèn	冰镇	76
biānjìng	边境	62	biǎodá①	表达①	69	bīng	兵	492
biānyuán	边缘	61	biǎodá②	表达②	71	Bīngmǎyǒng	兵马俑	76
biānjí	编辑	62	biǎodì	表弟	69	bǐng	丙	76
biānmǎ	编码	365	biǎogē	表哥	69	bǐngxìng	秉性	960
biānxiě	编写	62	biǎogé	表格	70	bǐng	饼	76
biānzhī	编织	62	biǎojiě	表姐	70	bǐnggān	饼干	76
biānzhì	编制	63	biǎojué	表决	70	bìngguǐ	并轨	76
biānzhuàn	编撰	62	biǎojuéqì	表决器	70	bìnglián	并联	77
biānfú	蝙蝠	63	biǎolǐ-rúyī	表里如一	70	bìngliè	并列	77
biānyú	鳊鱼	63	biǎomèi	表妹	70	bìngpái	并排	77
biāncè	鞭策	414	biǎomiàn	表面	71	bìng	病	77
biān·zi	鞭子	63	biǎomíng	表明	71	bìng'àn	病案	78
biǎnyìcí	贬义词	63	biǎoqíng	表情	71	bìngdú	病毒	77
biǎnzhí	贬值	63	biǎoshì	表示	71	bìngfáng	病房	77
biǎnzhí	贬职	64	biǎoshù	表述	69	bìngjià	病假	78
biǎn·dan	扁担	64	biǎoshuài	表率	33	bìnglì	病历	78
biǎndòu	扁豆	64	biǎotài	表态	71	bìngshǐ	病史	78
biǎntáotǐ	扁桃体	64	biǎoxiàn①	表现①	71	bìngwēi	病危	78
Biàn	卞	64	biǎoxiàn②	表现②	71	bō	拨	78
biànfǎ	变法	64	biǎoxiàng	表象	72	bōkuǎn	拨款	78
biànhuà	变化	65	biǎoyǎn	表演	72	bō·nòng-shìfēi	拨弄是非	847
biànhuàn-mòcè	变幻莫测	65	biǎoyáng	表扬	131	bōdòng	波动	288
biànjiāo	变焦	65	biē·men	憋闷	72	Bōduōlígè	波多黎各	79
biànliǎn	变脸	65	biēqì	憋气	724	Bōhēi	波黑	79
biànxiàn	变现	65	biē·qu	憋屈	72	Bōlán	波兰	79
biànyāqì	变压器	65	biē	鳖	72	bōlàng	波浪	79
biànchí	便池	66	bié	别	85	Bōsīníyà hé Hēisàigēwéinà		
biànfú	便服	66	biéchū-xīncái	别出心裁	72	波斯尼亚和黑塞哥维那		79
biànjié	便捷	438	biéjù-yīgé	别具一格	72	bō·li	玻璃	79
biànlì	便利	438	biémíng	别名	73	Bōlìwéiyà	玻利维亚	79
biànmì	便秘	66	biérén	别人	73	bōduó	剥夺	80

bōxuē①	剥削①	80	bùjiǔ	不久	303	bùzhì	布置	92
bōxuē②	剥削②	80	bùjù	不惧	1019	bùqiāng	步枪	93
bōcài	菠菜	80	bùkān-huíshǒu	不堪回首	87	bùzhòu	步骤	93
bōluó	菠萝	80	bùkě-yúyuè	不可逾越	87	bù	部	93
bōyīn	播音	80	bùlǐcǎi	不理睬	87	bùduì	部队	93
bōzhòng	播种	81	bùlìyú	不利于	87	bù·fen	部分	94
bófù	伯父	81	bùlùn	不论	88	bùluò	部落	94
Bólìzī	伯利兹	81	bùmǎn	不满	88	bùshǒu	部首	94
bómǔ	伯母	81	bùmáozhīdì	不毛之地	395	bùshǔ	部署	92
bóchì	驳斥	263	bùmíng·bai	不明白	91	bùzhǎng	部长	94
bóhuà	帛画	81	bùnéng❶	不能❶	90			
bówèi	泊位	81	bùnéng❷	不能❷	90	**C**		
Bólín	柏林	82	bùpiān-bùyǐ	不偏不倚	88			
bó·zi	脖子	82	bùpíngděng	不平等	107	cā	擦	95
bócǎi-zhòngcháng	博采众长	82	bùqiú-shènjiě	不求甚解	88	cādì	擦地	871
Bócíwǎnà	博茨瓦纳	82	bùqū-bùnáo	不屈不挠	88	cā·zi	擦子	95
bókè	博客	889	bùshì	不是	88	cāi	猜	95
bólǎnhuì	博览会	82	bùshì……jiùshì……			cāicè	猜测	95
bóshì	博士	82		不是……就是……	89	cáinéng	才能	422
bóshìhòu	博士后	83	bùsùzhīkè	不速之客	89	cáiliào①	材料①	912
bówùguǎn	博物馆	1058	bùtīnghuà	不听话	89	cáiliào②	材料②	912
Bóhǎi	渤海	83	bùtóng	不同	89	cáichǎn	财产	95
bódòu	搏斗	83	bùxǐhuān	不喜欢	89	cáiwù	财务	95
bójī	搏击	716	bùxiànghuà	不像话	89	cáiwù	财物	95
bò·ji	簸箕	83	bùxiào①	不孝①	90	cáizhèng	财政	96
Bǔ	卜	83	bùxiào②	不孝②	890	cái·feng	裁缝	96
bǔcháng	补偿	83	bùxìn	不信	90	cáijiǎn	裁减	96
bǔtiē	补贴	84	bùxìnrèn	不信任	90	cáijué	裁决	655
bǔxuǎn	补选	84	bùxíng❶	不行❶	90	cáipàn	裁判	96
bǔyǔ	补语	84	bùxíng❷	不行❷	90	cǎi	采	96
bǔzhòng	补种	84	bùxìng	不幸	90	cǎifǎng	采访	96
bǔzhù	补助	84	bùyán'éryù	不言而喻	90	cǎikuàng	采矿	97
bǔ	捕	84	bùyán-bùyǔ	不言不语	128	cǎinà	采纳	458
bù	不	85	bùyàojǐn	不要紧	592	cǎiqǔ	采取	96
bù'ān	不安	85	bùyīdìng①	不一定①	91	cǎibǐ	彩笔	97
bùbānpèi	不般配	85	bùyīdìng②	不一定②	91	cǎidēng	彩灯	637
bùbēi-bùkàng	不卑不亢	85	bùyīyàng	不一样	89	cǎipiào	彩票	97
bùchènxīn	不称心	86	bùyuànyì	不愿意	89	cǎisè	彩色	982
bùcí'érbié	不辞而别	85	bùzhānguō	不粘锅	91	cǎiyún	彩云	97
Bùdān	不丹	85	bùzhīdào①	不知道①	91	cǎi	踩	97
bùdǒng	不懂	91	bùzhīdào②	不知道②	91	cài	菜	97
bùfúhé	不符合	86	bùzhí	不值	91	càidān❶	菜单❶	98
bùgānjiāo	不干胶	86	bùzhì-kěfǒu	不置可否	92	càidān❷	菜单❷	98
bùgōngpíng	不公平	86	bùzhǔn	不准	472	càihuā①	菜花①	98
bùgòu	不够	86	bùzūnzhòng	不尊重	92	càihuā②	菜花②	98
bùguǎn	不管	88	bù	布	999	càipǔ	菜谱	98
bù hǎoyì·si	不好意思	86	bùgào	布告	92	càitái	菜薹	98
bùhésuàn	不合算	91	bùgǔ	布谷	233	càiyuán	菜园	98
bùhuì	不会	91	Bùjīnàfǎsuǒ	布基纳法索	92	Cài	蔡	512
bùjígé	不及格	86	bùjú	布局	92	cānguān	参观	99
bùjiéméng	不结盟	87	Bùlǎngzú	布朗族	92	cānjiā	参加	99
bùjǐngqì	不景气	87	Bùlóngdí	布隆迪	93	cānjūn	参军	99
bùjìng	不敬	92	Bùyīzú	布依族	93	cānkǎo	参考	99
						cānkǎoshū	参考书	99

cānmóu	参谋	99	cètīng	测听	106	chāiqiān	拆迁	112
cānzàn	参赞	100	cèyàn	测验	504	chāitái	拆台	113
cānzhào	参照	12	cèhuà	策划	106	chāixiàn	拆线	113
cānzhàowù	参照物	100	cèlüè	策略	420	cháidāo①	柴刀①	290
cānzhàoxì	参照系	100	cēncī-bùqí①	参差不齐①	106	cháidāo②	柴刀②	664
cānjīnzhǐ	餐巾纸	606	cēncī-bùqí②	参差不齐②	106	cháijī	柴鸡	865
cāntīng	餐厅	775	céngcì	层次	457	chānjiǎ	掺假	113
Cán'àohuì	残奥会	100	céngjí	层级	457	chānzá	掺杂	113
cánjírén①	残疾人①	100	céngjīng	曾经	1005	chān	搀	113
cánjírén②	残疾人②	100	céngyòngmíng	曾用名	73	chán	馋	113
cánjíréndàibùchē 残疾人代步车		100	cèng	蹭	106	chányuàn	禅院	808
cánjírénzhèng	残疾人证	101	chā	叉	106	chán	缠	114
Cánjíyùfángrì	残疾预防日	101	chāchē	叉车	107	chánmián	缠绵	114
cánkù	残酷	231	chā	差	107	chán	蝉	114
cán	蚕	806	chābié	差别	107	chánlián	蝉联	546
cándòu	蚕豆	101	chā'é	差额	107	chánchú	蟾蜍	114
cánsī	蚕丝	806	chājià	差价	107	chǎnfù	产妇	114
cánkuì	惭愧	101	chājù	差距	107	chǎnjià	产假	114
cǎnjǐng	惨景	101	chā	插	107	chǎnkē	产科	115
cànlàn	灿烂	101	chābānshēng	插班生	108	chǎnliàng	产量	115
cāngchǔ	仓储	102	chāduì	插队	108	chǎnpǐn	产品	115
cāngcù	仓促	1063	chāhuā	插花	108	chǎnshēng	产生	255
cāngkù	仓库	102	chāhuà	插话	108	chǎnzhí	产值	115
cānglǎo	苍老	532	chātóu	插头	108	chǎnchē	铲车	115
cāng·ying	苍蝇	102	chāxiāo	插销	108	chǎn·zi	铲子	115
cāngwèi①	舱位①	102	chāxù	插叙	108	chǎnmíng	阐明	804
cāngwèi②	舱位②	102	chāyāng	插秧	109	chànhuǐ	忏悔	116
cāochǎng	操场	838	chāyāngjī	插秧机	109	chàndǒu	颤抖	116
cāochí	操持	1089	chāzuò	插座	109	chāngkuáng	猖狂	284
cāoláo	操劳	531	chá	茶	109	chāngjì	娼妓	423
cāoxīn	操心	102	cháhú	茶壶	109	chāngyú①	鲳鱼①	116
cāozòng	操纵	103	chájī	茶几	109	chāngyú②	鲳鱼②	116
cāozuò	操作	103	cháyè①	茶叶①	109	cháng	长	116
Cáo	曹	103	cháyè②	茶叶②	110	Chángchéng	长城	116
cǎo	草	103	cháchǔ	查处	110	Chángchūn	长春	117
cǎo'àn	草案	103	cháfēng	查封	110	chángfāngxíng	长方形	117
cǎogǎo	草稿	103	cháshōu	查收	984	Chángjiāng	长江	117
cǎomào	草帽	103	cháxún	查询	110	chángjiāojìngtóu 长焦镜头		117
cǎoméi	草莓	104	cházhàng	查账	110	chángjǐnglù	长颈鹿	117
cǎonǐ	草拟	104	chá	搽	110	chángláng	长廊	117
cǎopíng	草坪	104	chǎ	镲	111	Chángshā	长沙	118
cǎoshū	草书	104	chàlù	岔路	111	chángtǒngwà	长筒袜	118
cǎoshuài	草率	581	chàqì	岔气	111	chángtúqìchē	长途汽车	118
cǎoyú	草鱼	104	chà	差	111	chángxiàng	长项	422
cǎoyuán	草原	104	chà·buduō	差不多	111	chángzhēng	长征	118
cè	册	789	chàdiǎnr❶	差点儿❶	111	cháng	肠	118
cèsuǒ	厕所	105	chàdiǎnr❷	差点儿❷	112	chánggěngzǔ	肠梗阻	118
cèmiàn	侧面	105	chàjìn	差劲	112	chángshì	尝试	474
cèshēn	侧身	105	chāi❶	拆❶	22	chángcháng	常常	119
cèhuì	测绘	105	chāi❷	拆❷	112	chángshí	常识	119
cèliáng①	测量①	105	chāichú	拆除	112	chángwěi	常委	119
cèliáng②	测量②	105	chāifēng	拆封	112	Cháng'é	嫦娥	119
			chāijiě	拆解	112	Cháng'é bēnyuè 嫦娥奔月		119

chǎngzhǎng	厂长	119	chēxiāng①	车厢①	127	chéngniánrén	成年人	133
chǎnghé	场合	342	chēxiāng②	车厢②	127	chéngpǐn	成品	133
chǎngmiàn	场面	120	chēzhá	车闸	741	chéngshú	成熟	793
chǎngkāi	敞开	120	chēzhàn	车站	127	chéngxiào	成效	132
chǎngpéngchē	敞篷车	120	chěpí	扯皮	868	chéngxīn	成心	333
chàngsuǒyùyán	畅所欲言	120	chèdǐ	彻底	127	chéngyǐn①	成瘾①	1013
chàngtōng	畅通	853	chèhuàn①	撤换①	127	chéngyǐn②	成瘾②	1014
chàngxiāo	畅销	120	chèhuàn②	撤换②	127	chéngyǔ	成语	133
chàngdǎo	倡导	120	chèsù	撤诉	128	chéngyuán	成员	133
chàngyì	倡议	121	chètuì	撤退	869	chéngyuánguó	成员国	134
chàng fǎndiào	唱反调	121	chèxiāo	撤销	128	chéngzhǎng	成长	763
chànggē	唱歌	121	chèzī	撤资	128	chéngxiàng	丞相	339
chàngpiàn	唱片	121	chēnmiàn	抻面	606	chéngkěn	诚恳	134
chāojìnr	抄近儿	462	chén	臣	339	chéng·shí	诚实	134
chāotí	抄题	121	chéndiàn	沉淀	128	chéngxīn	诚心	134
chāoxiě	抄写	121	chénmí	沉迷	128	chéngxìn	诚信	134
chāo	超	122	chénmò	沉默	128	chéngbàn	承办	134
chāochǎn	超产	122	chényuān	沉冤	129	chéngbāo	承包	134
chāodǎo	超导	122	chénzhòng	沉重	1097	chéngdān	承担	135
chāo'é	超额	122	chénzhù qì	沉住气	129	chéngjiē	承接	135
chāofùhè①	超负荷①	122	chénzhuó	沉着	129	chéngnuò	承诺	135
chāofùhè②	超负荷②	122	Chén	陈	129	chéngqián-qǐhòu	承前启后	425
chāoguò	超过	122	chénjiù	陈旧	482	chéngrèn	承认	135
chāoshì	超市	123	chénliè	陈列	129	chéngshàng-qǐxià	承上启下	135
chāoyuè	超越	122	chénshè	陈设	129	chéngshòu	承受	135
chāozhī❶	超支❶	123	chénshù	陈述	607	chéngqū①	城区①	135
chāozhī❷	超支❷	123	chèntuō	衬托	129	chéngqū②	城区②	136
cháo	巢	123	chènyī	衬衣	129	chéngshì	城市	777
cháo	朝	937	chènxīn	称心	130	chéngchuán	乘船	136
cháobài	朝拜	123	chènxīn-rúyì	称心如意	130	chéngfǎ	乘法	136
cháodài	朝代	123	chènzhí	称职	130	chéngjī	乘机	136
cháotíng	朝廷	395	chènjī	趁机	136	chéngkè	乘客	136
Cháoxiǎn①	朝鲜①	124	chēngbà	称霸	130	chéngliáng	乘凉	136
Cháoxiǎn②	朝鲜②	124	chēnghào	称号	130	Chéng	程	137
Cháoxiǎnzú①	朝鲜族①	124	chēng·hu	称呼	130	chéngdù	程度	137
Cháoxiǎnzú②	朝鲜族②	124	chēngwèi	称谓	130	chéngxù	程序	93
cháonòng	嘲弄	124	chēngxiōng-dàodì	称兄道弟	130	chéngfá	惩罚	152
cháoxiào	嘲笑	124	chēngzàn①	称赞①	131	chéngqīng	澄清	137
cháoliú	潮流	562	chēngzàn②	称赞②	131	chéngsè	橙色	137
cháoshuǐ	潮水	125	chēng	撑	131	chéngzhī	橙汁	137
chǎojià	吵架	125	chēnggān tiàogāo	撑杆跳高	131	chéng·zi	橙子	137
chǎo	炒	125	chēngyāo	撑腰	131	chěngnéng	逞能	138
chǎocàiguō	炒菜锅	125	chēngmù-jiéshé	瞠目结舌	131	chèng	秤	138
chǎogǔ	炒股	125	chéngběn	成本	132	chī	吃	267
chǎo yóuyú	炒鱿鱼	463	Chéngdū	成都	132	chī·buxiāo	吃不消	788
chǎozuò	炒作	125	chénggōng①	成功①	132	chīfàn	吃饭	267
chēchuáng	车床	126	chénggōng②	成功②	765	chīkuī	吃亏	138
chēcì	车次	126	chéngguǒ	成果	132	chīlì	吃力	138
chēhào	车号	126	chéngjì	成绩	132	chīyào	吃药	990
chējiān	车间	126	chéngjiāo	成交	132	chī yī qiàn, zhǎng yī zhì		
chēlún	车轮	126	chéngjiù	成就	132	吃一堑，长一智		138
chēpái	车牌	126	chénglì	成立	133	chítáng	池塘	382
chētāi	车胎	575	chéngnián-lěiyuè	成年累月	133	chímíng	驰名	901

拼音	词	页码
chí	迟	188
chídào①	迟到①	138
chídào②	迟到②	883
chízǎo	迟早	1053
chǐ	尺	139
chǐ·zi	尺子	1082
chǐlún	齿轮	410
chǐrǔ	耻辱	139
chǐxiào	耻笑	124
chìzī	斥资	149
chìbó-shàngzhèn	赤膊上阵	139
chìdǎn-zhōngxīn	赤胆忠心	139
chìdào	赤道	139
Chìdàojǐnèiyà	赤道几内亚	139
chìluǒ	赤裸	140
chìshǒu-kōngquán 赤手空拳		140
chìzì	赤字	140
chìbǎng	翅膀	140
chōngcì	冲刺	140
chōngdòng	冲动	140
chōngfēng	冲锋	141
chōngfēngqiāng	冲锋枪	141
chōngjī	冲击	141
chōngtū	冲突	141
chōngdiàn	充电	141
chōngdiànbǎo	充电宝	141
chōngdiànzhuāng	充电桩	141
chōng'ěr-bùwén	充耳不闻	142
chōnggōng	充公	618
chōngmǎn	充满	142
chōngzú	充足	326
chōngjǐng	憧憬	142
chóng	虫	142
chóngfù	重复	263
chónghūn	重婚	142
chóngluán-diézhàng 重峦叠嶂		142
Chóngqìng	重庆	143
Chóngyáng Jié	重阳节	143
chóngbài	崇拜	143
chónggāo	崇高	143
chóngshān-jùnlǐng 崇山峻岭		142
chǒng'ài	宠爱	143
chǒngwù	宠物	143
chòngchuáng	冲床	144
chōu	抽	845
chōuchá	抽查	144
chōuchù	抽搐	208
chōujīn	抽筋	144
chōuqiān	抽签	144
chōushuǐjī	抽水机	144
chōu·ti	抽屉	144
chōuxiàng	抽象	145
chōuxiě	抽血	145
chōuyàng	抽样	145
chōuyóuyānjī	抽油烟机	145
chóu	仇	145
chóuhèn	仇恨	145
chóurén	仇人	146
chóuxiè	酬谢	146
chóu	稠	146
chóuméi-kǔliǎn	愁眉苦脸	146
chóubèi	筹备	1114
chóuchú-bùqián	踌躇不前	146
chǒu	丑	146
chǒu'è	丑恶	147
chòu	臭	147
chòu·chong	臭虫	147
chòudòu·fu	臭豆腐	147
chū	出	714
chūbǎn	出版	147
chūchāi	出差	318
chū'ěr-fǎn'ěr①	出尔反尔①	147
chū'ěr-fǎn'ěr②	出尔反尔②	148
chūguǐ❶	出轨❶	148
chūguǐ❷	出轨❷	872
chūkǒu	出口	148
chūqíbùyì	出其不意	862
chūqín	出勤	148
chūràng	出让	1110
chūshēng	出生	762
chūshì	出示	148
chūshì	出事	148
chū·xi	出息	694
chūxí	出席	99
chūxiàn❶	出现❶	149
chūxiàn❷	出现❷	749
chūxiě	出血	149
chūzī	出资	149
chūzū	出租	149
chūzūchē	出租车	149
chū	初	787
chūgǎo	初稿	149
chūqī	初期	150
chūsài	初赛	1034
chūzhōng	初中	150
chúfǎ	除法	150
chú·le	除了	150
chúwài	除外	150
chúxī	除夕	150
chúfáng	厨房	150
chúshī	厨师	151
chú	锄	151
chúxíng	雏形	151
chúchuāng	橱窗	151
chǔfá①	处罚①	151
chǔfá②	处罚②	151
chǔfāng	处方	990
chǔfèn	处分	152
chǔjìng	处境	152
chǔlǐ❶	处理❶	151
chǔlǐ❷	处理❷	463
chǔshǔ	处暑	152
chǔzhì	处置	463
chǔ	杵	164
chǔbèi	储备	152
chǔxù	储蓄	152
Chǔ	楚	152
chù	处	153
chùchù	处处	194
chùzhǎng	处长	153
chùdiàn	触电	153
chùfàn	触犯	890
chùjǐng-shēngqíng 触景生情		153
chùmù-jīngxīn	触目惊心	153
chùlì	矗立	810
chuāi	揣	153
chuǎimó	揣摩	1069
chuài	踹	154
chuānliú-bùxī①	川流不息①	154
chuānliú-bùxī②	川流不息②	721
chuān	穿	589
chuánbō	传播	852
chuánchéng	传承	154
chuándá	传达	154
chuándǎo	传导	154
chuándì①	传递①	154
chuándì②	传递②	155
chuánméi	传媒	155
chuánpiào	传票	155
chuánrǎn❶	传染❶	155
chuánrǎn❷	传染❷	301
chuánshuō	传说	155
chuánsòng	传送	29
chuántǒng	传统	155
chuánxiāo	传销	156
chuánxùn	传讯	156
chuánzhēn	传真	156
chuán	船	156
chuánwà	船袜	156
chuànlián	串联	156
chuàntōng-yīqì	串通一气	157
chuāng	窗	157
chuáng	床	157
chuángdān	床单	157
chuángdiàn	床垫	731

chuángzhào	床罩	157	cì·hou①	伺候①	164	cúnzhé	存折	171
chuǎng	闯	157	cì·hou②	伺候②	164	cùntóu	寸头	234
chuǎngdàng	闯荡	157	cì	刺	164	cùntǔ-bìzhēng	寸土必争	171
chuànghuì	创汇	157	cìbí	刺鼻	164	cuō	搓	171
chuàngjǔ	创举	158	cìdāo	刺刀	164	cuōbǎn	搓板	171
chuàngkān	创刊	158	cìjī	刺激	164	cuō	撮	171
chuàngkětiē	创可贴	158	cìtòng	刺痛	165	cuòbài	挫败	171
chuàngxīn	创新	158	cì·wei	刺猬	165	cuòzhé	挫折	172
chuàngzào	创造	158	cìxiù	刺绣	165	cuòshī	措施	30
chuīfēngjī	吹风机	158	cōng①	葱①	165	cuòbiézì	错别字	172
chuīmáo-qiúcī	吹毛求疵	159	cōng②	葱②	165	cuòwù	错误	172
chuīniú	吹牛	159	cōngtóu	葱头	986	cuòzì	错字	172
chuīxū	吹嘘	526	cōng·míng①	聪明①	165			
chuīshìyuán	炊事员	159	cōng·míng②	聪明②	166		**D**	
chuī·zhou	炊帚	159	cóng	从	166	dā	搭	173
chuítóu-sàngqì	垂头丧气	768	cóngcǐ	从此	166	dāchē	搭车	748
chuíxiàn	垂线	159	cóng'ér①	从而①	817	dājiàn	搭建	173
chuízhí	垂直	159	cóng'ér②	从而②	818	dāpèi	搭配	1112
chuí	捶	159	cóngfàn	从犯	166	dā·ying	答应	856
chuí·zi	锤子	160	cóngkuān	从宽	166	dábiāo	达标	173
chūn①	春①	160	cónglái	从来	1005	Dáwò'ěrzú	达斡尔族	173
chūn②	春②	160	cóngqīng	从轻	166	dá'àn	答案	173
chūnfēn	春分	160	cóngróng	从容	167	dábiàn	答辩	902
Chūnjié	春节	160	cóngyán	从严	167	dǎ	打	174
Chūnqiū-Zhànguó	春秋战国	160	cóngzhòng	从重	167	dǎ·ban	打扮	389
chūnyì-àngrán	春意盎然	161	Cóng	丛	166	dǎchē	打车	149
chúnjiǎn	纯碱	827	cóngshū	丛书	167	dǎdì	打的	149
chúnjié	纯洁	706	còu·he	凑合	605	dǎdǔ	打赌	174
chúnmián	纯棉	161	cū①	粗①	167	dǎgāo	打糕	174
chúngāo	唇膏	161	cū②	粗②	167	dǎgōng	打工	174
chuō	戳	164	cūcāo	粗糙	168	dǎ guān·si	打官司	174
chuòxué	辍学	161	cū·lǔ	粗鲁	168	dǎhuǒjī	打火机	174
cí	词	161	cūxīn	粗心	168	dǎjià	打架	175
cídiǎn	词典	161	cūzhuàng	粗壮	1115	dǎjǐng	打井	175
cíhuì	词汇	162	cùjìn	促进	168	dǎkǎ①	打卡①	495
cízǔ	词组	162	cùxiāo	促销	168	dǎkǎ②	打卡②	495
cíqì	瓷器	162	cùfā	猝发	862	dǎ·liang	打量	175
cídiǎn	辞典	161	cù	醋	168	dǎliè	打猎	175
cítuì	辞退	463	cùyōng	簇拥	169	dǎmájiàng	打麻将	175
cízhí①	辞职①	162	cuànduó	篡夺	169	dǎrǎo	打扰	175
cízhí②	辞职②	162	cuàngǎi	篡改	169	dǎ·suàn	打算	176
cí'ài	慈爱	162	Cuī	崔	169	dǎ·ting	打听	176
císhàn	慈善	163	cuī	催	169	dǎyìnjī	打印机	176
cíxiáng	慈祥	367	cuīcù	催促	169	dǎzhé	打折	176
cí	磁	163	cuīcán	摧残	169	dǎzhuāng	打桩	176
cítiě	磁铁	163	cuīhuǐ	摧毁	170	dǎzì	打字	176
cíxuánfú-lièchē	磁悬浮列车	163	cuì	脆	170	dǎzìyuán	打字员	790
cí	雌	621	cūn	村	170	dǎzuò	打坐	177
cǐshí	此时	1066	cúnchǔ	存储	170	dà	大	177
cǐwài	此外	559	cúndàng①	存档①	170	dàbiàn	大便	177
cì	次	163	cúndàng②	存档②	170	dàdòu	大豆	396
cìpǐn	次品	163	cúnkuǎn	存款	152	dà·fang	大方	177
			cúnpán	存盘	170	dàgài	大概	182

dàgāng 大纲 177	dàibiǎo 代表 183	dàndìng 淡定 189
dàhán 大寒 177	dàicí 代词 183	dànbái 蛋白 189
dàhòutiān 大后天 178	dàilǐ 代理 184	dànbáizhì 蛋白质 190
dàhuǒr 大伙儿 178	dàishù 代数 184	dàngāo① 蛋糕① 190
dàjiā 大家 178	dàitì 代替 394	dàngāo② 蛋糕② 190
dàjīng-xiǎoguài 大惊小怪 178	dài❶ 带❶ 184	dàngēng 蛋羹 190
dàkāi-yǎnjiè 大开眼界 178	dài❷ 带❷ 625	dànféi 氮肥 190
dàlǐshí 大理石 178	dàilǐng 带领 184	dāng 当 1050
dàliào 大料 178	dàiyú 带鱼 184	dāngdài 当代 932
dàlù 大陆 179	dài·zi 带子 184	dāngmiàn 当面 190
dàlùjià 大陆架 179	dàikuǎn 贷款 184	dāngshí 当时 625
dàmá 大麻 179	dàiyè 待业 185	dāngxuǎn 当选 191
dàmǐ 大米 179	dàiyù 待遇 185	dāngzhīwúkuì 当之无愧 611
dàmíng-dǐngdǐng 大名鼎鼎 1107	dàigōng 怠工 185	dǎng 挡 191
dànián 大年 732	dàishǔ 袋鼠 185	dǎng❶ 党❶ 191
dàpáidàng 大排档 179	dàibǔ 逮捕 185	Dǎng❷ 党❷ 966
dàqiántiān 大前天 179	Dài 戴 185	dàngtiān 当天 191
dàqūshì 大趋势 180	dāndǐnghè 丹顶鹤 186	dàng'àn① 档案① 191
dà·ren 大人 133	Dānmài 丹麦 186	dàng'àn② 档案② 191
dàshī-suǒwàng 大失所望 180	dān 担 845	dàngcì 档次 192
dàshǐ❶ 大使❶ 180	dānbǎo① 担保① 186	dāo 刀 192
dàshǐ❷ 大使❷ 180	dānbǎo② 担保② 186	dāoxiāomiàn 刀削面 192
dàshǐguǎn 大使馆 180	dānbǎorén 担保人 186	dǎodàn 导弹 192
dàshì-suǒqū 大势所趋 180	dāndāng 担当 135	dǎoháng① 导航① 192
dàshǔ 大暑 180	dānfù 担负 135	dǎoháng② 导航② 192
dàtóuzhēn 大头针 181	dānjià 担架 186	dǎoshī 导师 193
dàtuǐ① 大腿① 868	dānrèn 担任 135	dǎotǐ 导体 193
dàtuǐ② 大腿② 868	dānxīn 担心 187	dǎoyǎn 导演 193
dàwúwèi 大无畏 181	dānyōu 担忧 187	dǎoyóu❶ 导游❶ 193
Dàxīyáng 大西洋 181	dān 单 187	dǎoyóu❷ 导游❷ 193
dàxué 大学 181	dānchún① 单纯① 187	dǎozhì 导致 1018
dàxuě 大雪 181	dānchún② 单纯② 438	dǎo 岛 193
dàyàn 大雁 984	dāndiào 单调 189	dǎoyǔ 岛屿 194
Dàyángzhōu 大洋洲 181	dāndú 单独 187	dǎoluàn 捣乱 194
dàyì-lǐnrán 大义凛然 642	dānfǎn xiàngjī 单反相机 187	dǎobì 倒闭 194
dàyì 大意 168	dāngàng 单杠 187	dǎoméi 倒霉 90
dàyǔ 大雨 182	dānjià 单价 187	dǎoxiū 倒休 194
dàyuē 大约 182	dānjù 单句 188	dǎogào① 祷告① 683
dàzáhuì❶ 大杂烩❶ 182	dānjù 单据 668	dǎogào② 祷告② 684
dàzáhuì❷ 大杂烩❷ 182	dānwèi 单位 188	dào 到 194
dàzhāng-qígǔ 大张旗鼓 182	dānyǐnhào 单引号 188	dàochù① 到处① 194
dàzhì 大致 182	dānyuán 单元 188	dàochù② 到处② 195
dàzhuān 大专 182	dān·wu① 耽误① 188	dàodǐ 到底 1128
dāi 呆 183	dān·wu② 耽误② 1018	dào 倒 195
dāibǎn① 呆板① 807	dǎn 胆 188	dàochāmén 倒插门 195
dāibǎn② 呆板② 808	dǎnliàng 胆量 1019	dàochē 倒车 195
dāishǎ 呆傻 183	dǎnqiè 胆怯 484	dàojìshí 倒计时 195
dǎitú 歹徒 46	dǎnzhàn-xīnjīng 胆战心惊 189	dàolì 倒立 195
Dǎizú 傣族 183	dànshì① 但是① 189	dàoxù 倒叙 196
dài·fu 大夫 999	dànshì② 但是② 189	dàoqiè 盗窃 196
dài 代 183	dànchén 诞辰 761	dàodé 道德 196
dàibàn 代办 183	dànshēng 诞生 762	Dàojiào 道教 196
	dàn 淡 189	dàojù 道具 196

dào·li ❶	道理❶	196	dīpiàn	底片	451	diǎnfàn	典范	615
dào·li ❷	道理❷	540	dì	地	927	diǎnlǐ	典礼	710
dàolù	道路	197	dìbǎngé	地板革	203	diǎnxíng	典型	209
dàoqiàn	道歉	44	dìfāng	地方	203	diǎnmíng	点名	209
dào·shi	道士	197	dì·fang	地方	203	diǎnxīn	点心	209
dào·zi	稻子	197	dìgōu	地沟	203	diǎnzàn	点赞	209
déyì	得意	197	dìjiào	地窖	203	diǎnzhuì	点缀	1112
déyì-wàngxíng	得意忘形	197	dìkù	地库	203	diǎn	碘	209
déyì-yángyáng	得意洋洋	197	dìléi	地雷	203	diǎndīng	碘酊	210
dézuì	得罪	890	dìlǐ	地理	204	diǎnjiǔ	碘酒	210
Dé'ángzú	德昂族	198	dìmào	地貌	206	diǎnyán	碘盐	210
dégāo-wàngzhòng			dìmíng	地名	204	diǎn	踮	210
	德高望重	198	dìnuǎn	地暖	204	diàn	电	745
Déguó	德国	198	dìqiú	地球	204	diànbào	电报	210
déyù	德育	198	dìrè	地热	204	diànbiǎo	电表	210
·de	地	191	dìshì	地势	206	diànbīngxiāng	电冰箱	210
·de	的	191	dìtǎn	地毯	204	diànbō	电波	211
·de	得	191	dìtiě	地铁	205	diànchí	电池	211
dēngzhào	灯罩	198	dìtú ①	地图①	205	diàncíbō	电磁波	211
dēng'àn	登岸	199	dìtú ②	地图②	205	diàncílú	电磁炉	211
dēngbào	登报	198	dìwèi	地位	205	diàndēng	电灯	211
dēngchuán	登船	136	dìxiàshì	地下室	203	diàndòngjī	电动机	211
dēngjī	登机	199	dìxià tíngchēchǎng			diàndòngqìchē	电动汽车	211
dēngjì	登记	692		地下停车场	205	diàndòngtìxūdāo		
dēnglù	登陆	199	dìxià tōngdào	地下通道	205		电动剃须刀	212
dēngshān	登山	199	dìxíng	地形	206	diàndòngzìxíngchē		
dēngzhàng	登账	421	dìyù	地狱	206		电动自行车	212
děng	等	199	dìzhèn	地震	206	diàndù	电镀	212
děnghòu	等候	199	dìzhǐ	地址	206	diànfànguō	电饭锅	212
děngjí	等级	457	dìzhì	地质	206	diànfēngshàn	电风扇	212
děngtóng	等同	934	dìzhǔ	地主	206	diànhàn	电焊	212
děngyú	等于	199	dìzhuān	地砖	207	diànhuà	电话	213
Dèng	邓	199	dì·di	弟弟	207	diànhuàjī	电话机	213
Dèng Xiǎopíng	邓小平	200	dìxí	弟媳	207	diànlào·tie	电烙铁	213
dèng·zi	凳子	200	dìguó zhǔyì	帝国主义	207	diànliú	电流	213
dèng	瞪	200	dìjìn	递进	207	diànshìjī	电视机	213
dī	低	3	dì-èr ①	第二①	683	diànshìtǎ	电视塔	213
dīdàng	低档	200	dì-èr ②	第二②	977	diànshìtái	电视台	213
dīshāo	低烧	200	dì'èrmíng	第二名	977	diànshuǐhú	电水壶	214
dīxuèyā	低血压	200	dì-sān	第三	424	diàntī	电梯	214
dībà	堤坝	201	dìsānmíng	第三名	424	diànyā	电压	214
dī	滴	567	dì-yī ①	第一①	207	diànyǐng	电影	214
dīguàn	滴灌	201	dì-yī ②	第一②	787	diànyǐngyuàn	电影院	214
díshìníLèyuán	迪士尼乐园	201	dìyīcì	第一次	208	diànzhá	电闸	214
dísīkē	迪斯科	201	dìyījiè	第一届	208	diànzǐ	电子	215
dírén	敌人	201	dìyīmíng	第一名	341	diànzǐ shāngwù	电子商务	215
dí·zi	笛子	201	diān	掂	208	diànzǐ yóujiàn	电子邮件	215
dǐchù	抵触	202	diān·liang	掂量	208	diànzǐ yóuxiāng	电子邮箱	215
dǐdǎng	抵挡	202	diāndǎo	颠倒	208	diànzǔ	电阻	215
dǐkàng	抵抗	202	diānfù	颠覆	208	diàn·zi	垫子	215
dǐlài	抵赖	202	diānsān-dǎosì	颠三倒四	208	diànfěn	淀粉	216
dǐyā	抵押	202	diānxián	癫痫	208	diàn·ji	惦记	216
dǐzhì	抵制	202	diǎndàng	典当	209	diàndìng	奠定	216

Pinyin	词	页码	Pinyin	词	页码	Pinyin	词	页码
diànjī	奠基	216	dōngdàozhǔ	东道主	223	dúlǎn	独揽	231
Diāo	刁	216	Dōngdìwèn	东帝汶	223	dúlì	独立	231
diāonàn	刁难	216	dōngfāng	东方	223	Dúlóngzú	独龙族	232
diāo	叼	217	Dōngguō	东郭	224	dúshū	读书	232
diāoxiè	凋谢	217	Dōnghǎi	东海	224	dúzhí	渎职	185
diāopí	貂皮	217	Dōngjīng	东京	224	dǔxìn	笃信	232
diāobǎo	碉堡	217	Dōngshā qúndǎo	东沙群岛	224	dǔ	堵	734
diāo	雕	483	dōng·xi①	东西①	912	dǔchē	堵车	232
diāokè	雕刻	217	dōng·xi②	东西②	912	dǔbó	赌博	232
diāosù	雕塑	217	Dōngxiāngzú	东乡族	224	dǔqì	赌气	232
diàochē	吊车	218	dōng①	冬①	224	Dù	杜	233
diàodēng	吊灯	218	dōng②	冬②	225	dùjuān❶	杜鹃❶	233
diàohuán	吊环	218	Dōng'àohuì	冬奥会	225	dùjuān❷	杜鹃❷	233
diàoyàn	吊唁	620	dōng·guā	冬瓜	225	dùjuānhuā	杜鹃花	233
diào	钓	218	dōnglìngyíng	冬令营	225	dùjué①	杜绝①	472
Diàoyúdǎo	钓鱼岛	218	dōngzhì	冬至	225	dùjué②	杜绝②	472
diàochá	调查	436	Dǒng	董	225	dùjià	度假	233
diàochū	调出	218	dǒngshì	董事	226	dù	渡	233
diàodòng①	调动①	218	dǒngshìzhǎng	董事长	226	dùkǒu	渡口	305
diàodòng②	调动②	219	dǒng	懂	1080	duān	端	233
diàodù	调度	219	dòngchē①	动车①	226	Duānmù	端木	234
diàoduì	掉队	219	dòngchē②	动车②	226	Duānwǔ Jié	端午节	234
diàotóu	掉头	219	dòngcí	动词	226	Duānyáng Jié	端阳节	234
diē	跌	219	dònghuàpiàn	动画片	226	duānzhèng❶	端正❶	234
dié❶	叠❶	34	dòngjī	动机	227	duānzhèng❷	端正❷	1073
dié❷	叠❷	219	dòngmài yìnghuà	动脉硬化	227	duānzhuāng	端庄	234
diéyǒng	蝶泳	220	dòngmàn	动漫	227	duǎn	短	234
dīng	丁	220	dòngtài	动态	227	duǎnfà①	短发①	234
dīngkè	丁克	220	dòngwù	动物	227	duǎnfà②	短发②	235
dīngxiāng	丁香	220	dòngyuán	动员	227	duǎnjiàn	短见	235
dīngzìgǎo	丁字镐	220	dòngzuò	动作	228	duǎnjiāo jìngtóu	短焦镜头	235
dīng	叮	901	dòngchuāng	冻疮	228	duǎnjù	短句	235
dīngzhǔ	叮嘱	1104	Dòngzú	侗族	228	duǎnkù	短裤	235
dīng·zi	钉子	220	dòngfáng	洞房	228	duǎnxìn	短信	235
dīng·zihù	钉子户	221	dōu	都	228	duǎnyǔ	短语	235
dǐng	顶	221	dǒulì	斗笠	228	Duàn	段	236
dǐngfēng zuò'àn	顶风作案	221	dǒuqiào	陡峭	229	duànluò	段落	236
dǐngtì	顶替	394	dòuzhēng	斗争	229	duàn	断	236
dǐnglì	鼎立	736	dòu①	豆①	229	duàndìng	断定	236
dìnghù	订户	221	dòu②	豆②	229	duànduànxùxù	断断续续	236
dìnghūn	订婚	221	dòu·fu①	豆腐①	229	duànjiāo	断交	236
dìngshūjī	订书机	1111	dòu·fu②	豆腐②	229	duànjué	断绝	236
dìngzhèng	订正	297	dòujiāng	豆浆	230	duànrán	断然	353
dìngjū	定居	221	dòuyár	豆芽儿	230	duànzhāng-qǔyì		
dìngjú	定局	222	dòu	逗	230		断章取义	237
dìngliàng	定量	222	dòuhào	逗号	230	duànliàn❶	锻炼❶	237
dìnglǜ	定律	222	dūcù	督促	230	duànliàn❷	锻炼❷	838
dìngqī	定期	222	dūdǎo	督导	230	duànyā	锻压	237
dìngyǔ	定语	222	dúlà	毒辣	231	duījī	堆积	237
diū	丢	222	dúpǐn	毒品	231	duì·wu	队伍	237
diūliǎn	丢脸	223	dúcái	独裁	231	duìzhǎng	队长	237
dōng①	东①	223	dúchuàng	独创	231	duì	对	238
dōng②	东②	223				duì·buqǐ①	对不起①	44

duì·buqǐ② 对不起②	238	
duìchèn 对称	238	
duìdài 对待	238	
duìgōu 对勾	664	
duìhuà 对话	238	
duìjiǎngjī 对讲机	908	
duìjiāo 对焦	238	
duìkàng 对抗	239	
duìlì 对立	239	
duìlián 对联	239	
duìliú① 对流①	239	
duìliú② 对流②	239	
duìmiàn 对面	239	
duìshǒu 对手	240	
duìxiā 对虾	925	
duìxiàng❶ 对象❶	240	
duìxiàng❷ 对象❷	240	
duìyìng 对应	240	
duìyú 对于	240	
duìzhàng 对仗	240	
duìzhào 对照	1075	
duì·zhegàn 对着干	239	
duìzhèng 对证	1075	
duìzhì 对峙	239	
duìzhǔn 对准	607	
duìxiàn 兑现	241	
dūn 吨	241	
dūnbù 墩布	871	
dūn 蹲	241	
dùn 囤	241	
dùn 炖	1104	
dùn 钝	241	
dùnpái 盾牌	241	
dùnhào 顿号	242	
dùnshí 顿时	520	
duō 多	242	
duōchóngcánjírén 多重残疾人	242	
Duōgē 多哥	242	
duōméitǐ 多媒体	242	
Duōmǐníjiā 多米尼加	242	
Duōmǐníkè 多米尼克	243	
duōshǎo 多少	796	
duō·shao 多少	796	
duōshǎoqián 多少钱	432	
duōyú 多余	243	
duō·suo 哆嗦	116	
duó 夺	697	
duǒbì 躲避	1013	
duò 垛	243	
duò 舵	243	
duòluò 堕落	243	
duò 跺	97	

E		
ézhà 讹诈	1055	
Éluósī 俄罗斯	245	
Éluósīzú 俄罗斯族	245	
é 鹅	245	
é 蛾	245	
édù 额度	932	
ě·xin 恶心	245	
Èguāduō'ěr 厄瓜多尔	246	
èshā 扼杀	246	
èshǒu 扼守	270	
èyào 扼要	246	
èdú 恶毒	246	
èhuà 恶化	246	
èliè① 恶劣①	372	
èliè② 恶劣②	552	
èyì 恶意	246	
è 饿	247	
Èlúnchūnzú 鄂伦春族	247	
Èwēnkèzú 鄂温克族	247	
èzhǐ 遏止	191	
èzhì 遏制	472	
èmèng 噩梦	247	
èyú 鳄鱼	247	
ēn'ài 恩爱	247	
ēncì 恩赐	248	
ēnqíng 恩情	248	
ēnyuàn 恩怨	591	
èndīngr 摁钉儿	863	
érkē 儿科	248	
értóng 儿童	942	
érxí 儿媳	248	
ér·zi① 儿子①	248	
ér·zi② 儿子②	627	
ěryú-wǒzhà① 尔虞我诈①	248	
ěryú-wǒzhà② 尔虞我诈②	249	
ěr 耳	249	
ěrbíhóukē 耳鼻喉科	249	
ěrdīng 耳钉	249	
ěrhuán 耳环	249	
ěrjī 耳机	249	
ěrmài 耳麦	250	
ěrmó 耳模	250	
ěrmó 耳膜	250	
ěrmù-yīxīn 耳目一新	250	
ěrpángfēng 耳旁风	250	
ěrzhuì 耳坠	250	
èr 二	1133	
èrhú 二胡	381	
èrhūn 二婚	1050	
èrnǎi 二奶	251	
èrshí 二十	1135	

èrshǒu shìchǎng 二手市场	849	
èrwéimǎ 二维码	251	
èryǎnghuàtàn 二氧化碳	251	
èr 贰	1133	
F		
fā 发	253	
fābiǎo 发表	253	
fācái 发财	253	
fāchù 发怵	253	
fāchù 发憷	253	
fādá 发达	253	
fādāi 发呆	254	
fādòng❶ 发动❶	254	
fādòng❷ 发动❷	254	
fāfèn-túqiáng 发愤图强	254	
fāfú 发福	254	
fāgāo 发糕	254	
fāhuī 发挥	255	
fājué 发掘	97	
fāmíng 发明	255	
fāpiào 发票	255	
fāshāo 发烧	255	
fāshè 发射	406	
fāshètǎ 发射塔	255	
fāshēng 发生	255	
fāshì 发誓	135	
fāxiàn❶ 发现❶	256	
fāxiàn❷ 发现❷	256	
fāxiángdì 发祥地	256	
fāxíng① 发行①	253	
fāxíng② 发行②	256	
fāyá 发芽	599	
fāyán① 发言①	256	
fāyán② 发言②	983	
fāyán 发炎	256	
fāyáng 发扬	255	
fāyīn 发音	257	
fāyù 发育	257	
fāyuándì 发源地	256	
fāzhǎn 发展	257	
fāzhǎnguān 发展观	257	
fálì 乏力	257	
fáwèi 乏味	593	
fǎ① 法①	257	
fǎ② 法②	258	
fǎchuí 法槌	258	
fǎguān 法官	258	
fǎguī 法规	259	
Fǎguó 法国	258	
fǎjǐng 法警	258	
fǎlìng 法令	258	
fǎlǜ 法律	259	

fǎrén	法人	259	fǎnyìng❶	反映❶	265	fàngshào	放哨	1059
fǎtíng	法庭	259	fǎnyìng❷	反映❷	266	fàngshèkē	放射科	272
fǎxīsī	法西斯	259	fǎngōng	返工	266	fàngxīn	放心	272
fǎyuàn	法院	259	fǎnlǎo-huántóng	返老还童	266	fàngxué	放学	272
fǎzé	法则	259	fǎnpìn	返聘	266	fàngyìng	放映	214
fǎzhì	法制	259	fǎnxiū	返修	266	fēibiāo	飞镖	272
fǎzhì	法治	260	fànhún	犯浑	168	fēidié❶	飞碟❶	272
fàjì	发髻	197	fànrén	犯人	266	fēidié❷	飞碟❷	273
fàjiāo	发胶	260	fànzuì	犯罪	267	fēijī	飞机	273
fàláng	发廊	260	fànzuì xiányírén			fēiwěn	飞吻	273
fàqī	发妻	260		犯罪嫌疑人	267	fēiyáng-báhù	飞扬跋扈	273
fàxiǎor	发小儿	260	fàn fàn	饭	267	fēiyuè	飞跃	69
fān	帆	260	fàndiàn	饭店	775	fēidiǎn	非典	273
fānchuán	帆船	260	fànwǎn	饭碗	267	fēidiǎnxíng fèiyán		
fānqié	番茄	916	fànlàn	泛滥	267		非典型肺炎	273
fān	翻	261	Fàn	范	267	fēifǎ	非法	273
fānchē	翻车	261	fànwéi	范围	268	Fēizhōu	非洲	274
fāndǒuchē	翻斗车	1120	fànmài	贩卖	268	Fēilǜbīn	菲律宾	274
fānliǎn	翻脸	261	fāng	方	268	féi	肥	274
fānlǐng	翻领	261	fāng'àn	方案	268	féiliào	肥料	274
fānyì	翻译	261	fāngbiàn	方便	438	féipàngzhèng	肥胖症	274
fānyuè	翻越	261	fāngbiànmiàn	方便面	268	féiwò	肥沃	274
fánrén	凡人	262	fāngfǎ	方法	268	fěibàng	诽谤	275
fánmèn	烦闷	262	fāngshì	方式	269	Fěijì	斐济	275
Fán	樊	262	fāngxiàng	方向	269	fèi	肺	275
fánróng	繁荣	262	fāngxiàngpán	方向盘	688	fèihuóliàng	肺活量	275
fánsuǒ	繁琐	295	fāngzhēn	方针	269	fèichú	废除	128
fánzá	繁杂	295	fángbào jǐngchá	防暴警察	269	fèipǐn	废品	275
fánzhí	繁殖	262	fángchóngwán	防虫丸	894	fèiwù	废物	275
fǎnbàiwéishèng	反败为胜	262	fángdàomén	防盗门	269	fèiténg	沸腾	276
fǎnbó	反驳	263	fánghóng	防洪	269	Fèi	费	461
fǎnchā	反差	890	fángkōng	防空	270	fèilì	费力	276
fǎncháng	反常	263	fángkōng shíbiéqū			fèixīn	费心	102
fǎndào	反倒	890		防空识别区	270	fèi·zi	痱子	276
fǎnduì①	反对①	263	fángshǒu	防守	270	fēnbèi	分贝（dB）	276
fǎnduì②	反对②	472	fángxùn	防汛	269	fēnbié	分别	276
fǎn'ér	反而	890	fángzhǐ	防止	270	fēnbù	分布	276
fǎnfǔ-chànglián	反腐倡廉	263	fáng'ài	妨碍	1018	fēngē	分割	277
fǎnfù	反复	263	fáng	房	429	fēnhào	分号	277
fǎngémìng	反革命	263	fángdǐng	房顶	270	fēnjiě	分解	729
fǎnhuǐ	反悔	264	fángliáng	房梁	270	fēnjū	分居	277
fǎnjī	反击	392	fángyán	房檐	271	fēnkāi❶	分开❶	276
fǎnkàng	反抗	264	fáng·zi	房子	429	fēnkāi❷	分开❷	277
fǎnkǒng	反恐	264	fǎngfú	仿佛	938	fēnlí	分离	277
fǎnkuì	反馈	264	fǎngzhì	仿制	271	fēnliè	分裂	277
fǎnmiàn❶	反面❶	264	fǎngwèn	访问	902	fēnliú	分流	277
fǎnmiàn❷	反面❷	264	fǎngzhī	纺织	271	fēnmǐ	分米（dm）	278
fǎnpá	反扒	265	fàng	放	271	fēnmiǎn	分娩	762
fǎnshè	反射	265	fàngdà	放大	271	fēnmíng	分明	278
fǎnsī	反思	265	fàngjià	放假	271	fēnpèi	分配	278
fǎnxǐng	反省	265	fàngliáo	放疗	272	fēnqí	分歧	278
fǎnyìcí	反义词	265	fàngpì	放屁	666	fēnshǒu	分手	276
fǎnyìng	反应	265	fàngqì	放弃	271	fēnshù❶	分数❶	132

拼音	词语	页码
fēnshù❷	分数❷	278
fēnxī	分析	278
fēnzhōng	分钟	279
fēnfāng	芬芳	279
Fēnlán	芬兰	279
fēn·fù①	吩咐①	279
fēn·fù②	吩咐②	1104
fénmù	坟墓	623
fěnbǐ	粉笔	279
fěnhóngsè	粉红色	279
fěnsī	粉丝	280
fěnsuì❶	粉碎❶	280
fěnsuì❷	粉碎❷	280
fěntiáo	粉条	280
fènzǐ	分子	280
fènbùgùshēn	奋不顾身	280
fèndòu	奋斗	229
fèn	粪	177
fènnù	愤怒	281
fēngfù	丰富	281
fēngmǎn	丰满	281
fēngshōu	丰收	281
fēng	风	281
fēngcǎi	风采	281
fēngchē	风车	282
fēngdù	风度	282
fēnggé	风格	282
fēngjǐng	风景	282
fēngliú	风流	282
fēngmào	风貌	282
fēngmǐ	风靡	283
fēngqù	风趣	1022
fēngshībìng	风湿病	283
fēngsú	风俗	283
fēngyóujīng	风油精	283
fēng·zheng	风筝	283
fēngshù	枫树	283
Fēng	封	284
fēngbì	封闭	40
fēngjiàn	封建	40
fēngjiàn zhǔyì	封建主义	284
fēngmiàn	封面	284
fēngsuǒ	封锁	284
fēng①	疯①	284
fēng②	疯②	284
fēng	峰	743
fēnglì	锋利	433
fēngmáng	锋芒	284
fēngwōméi	蜂窝煤	285
Féng	冯	285
féng	缝	285
féngbǔ	缝补	285
féngrènjī	缝纫机	285

拼音	词语	页码
fěngcì①	讽刺①	285
fěngcì②	讽刺②	285
fènghuáng	凤凰	286
fèng·cheng	奉承	324
fèngxiàn	奉献	325
fèngxì	缝隙	553
Fódéjiǎo	佛得角	286
Fójiào	佛教	286
fójīng	佛经	286
fǒudìng	否定	286
fǒurèn	否认	286
fū·zi	麸子	287
fū·yǎn	敷衍	581
fúbǐ	伏笔	287
fúfǎ	伏法	696
fúchí	扶持	287
fútī	扶梯	287
fúzhí	扶植	287
fúxiǎo	拂晓	555
fúcóng	服从	287
fúwù	服务	287
fúwùqì	服务器	288
fúwùyuán	服务员	288
fúyào	服药	990
fúdòng	浮动	288
fúlián	浮莲	288
fúpíng	浮萍	288
fúxiǎng-liánpiān	浮想联翩	288
fúzào	浮躁	950
fúzhǒng	浮肿	289
fúhé	符合	289
Fújiàn①	福建①	289
Fújiàn②	福建②	610
fúlì	福利	289
fúlìhuì	福利会	289
fúlìyuàn	福利院	289
fúyīn	福音	290
Fúzhōu	福州	290
fǔxù	抚恤	290
fǔyǎng	抚养	290
fǔ·zi	斧子	290
fǔchōng	俯冲	290
fǔshì	俯视	291
fǔshǒu-tiē'ěr	俯首帖耳	287
fǔdǎo	辅导	291
fǔdú xuéxiào	辅读学校	659
fǔzhù	辅助	291
fǔbài	腐败	291
fǔlàn	腐烂	291
fǔrǔ	腐乳	446
fǔshí	腐蚀	291
fǔxiǔ	腐朽	292
fù·qīn	父亲	292

拼音	词语	页码
Fùqīn Jié	父亲节	292
fùgào	讣告	292
Fù	付	683
fùdān	负担	292
fùhè	负荷	292
fùzé	负责	292
fùzhài	负债	1056
fùkē	妇科	293
fùlián	妇联	293
fùnǚ liánhéhuì	妇女联合会	293
fùhè	附和	293
fùjiàn	附件	293
fùjìn	附近	471
fùlù	附录	293
fùshǔ	附属	293
fùyōng	附庸	293
fùzé	附则	293
fùbì	复辟	293
fùhébǎn	复合板	294
fùhuó	复活	294
fùjù	复句	294
fùxí	复习	294
fùxīng	复兴	294
fùyì	复议	294
fùyìn	复印	295
fùyuán	复员	869
fùyuán	复原	398
fùzá	复杂	295
fùzhì	复制	271
fù	副	683
fùcí	副词	295
fùyè	副业	295
Fù	傅	683
Fù	富	296
fùqiáng	富强	295
fùráo	富饶	296
fùwēng	富翁	295
fùyù	富裕	296
fù	腹	296
fùxiè	腹泻	296
fùgài	覆盖	296

G

拼音	词语	页码
gǎibiàn	改变	65
gǎigé	改革	297
gǎiliáng	改良	297
gǎipàn	改判	297
gǎiqiān	改签	297
gǎishàn	改善	297
gǎizhèng	改正	297
gǎizhuī	改锥	298
gài	钙	298
gàipiàn	钙片	298

gài 盖	298
gàikuò 概括	298
gàiniàn 概念	298
gān 干	299
gāncuì 干脆	353
gānjìng 干净	299
gānkū 干枯	299
gānrǎo 干扰	175
gānshè 干涉	299
Gān 甘	299
gānlán 甘蓝	1039
Gānsù 甘肃	299
gānyuàn 甘愿	1121
gān·zhe 甘蔗	299
gān 肝	300
gǎnjí 赶集	417
gǎnzǒu 赶走	713
gǎndòng 感动	300
gǎn'ēn 感恩	300
gǎnhuà 感化	300
gǎnjī 感激	300
gǎnjué 感觉	300
gǎnkǎi 感慨	476
gǎnmào 感冒	301
gǎnqíng 感情	301
gǎnrǎn❶ 感染❶	301
gǎnrǎn❷ 感染❷	301
gǎnshòu 感受	301
gǎnxiǎng 感想	301
gǎnxiè 感谢	302
gǎnxìng 感性	302
gǎnlǎn 橄榄	302
gǎnmiànzhàng 擀面杖	302
gànbù 干部	302
gànliú 干流	302
Gàn 赣	443
Gāngbǐyà 冈比亚	303
gāngcái 刚才	303
Gāngguǒ (Bù) 刚果（布）	303
Gāngguǒ (Jīn) 刚果（金）	303
gāngmén 肛门	303
gānglǐng 纲领	303
gāngmù 纲目	836
gāngyào 纲要	304
gāng 钢	304
gāngbǎn 钢板	304
gāngbǐ 钢笔	304
gāngcái 钢材	304
gāngcuò 钢锉	304
gāngguǐ 钢轨	305
gāngjīn 钢筋	305
gāngqín 钢琴	305
gǎngwèi 岗位	305
Gǎng 港	935
gǎngbì 港币	305
gǎngkǒu 港口	305
gànggǎn 杠杆	306
gāo 高	306
gāodàng 高档	306
gāodīgàng 高低杠	306
gāo'ěrfūqiú 高尔夫球	306
gāogēnxié 高跟鞋	306
gāoguì 高贵	307
gāo·liang 高粱	307
Gāoshānzú 高山族	307
gāoshàng 高尚	143
gāotiě① 高铁①	226
gāotiě② 高铁②	307
gāoxìng 高兴	307
gāoxuètáng 高血糖	307
gāoxuèyā 高血压	308
gāoxuèzhī 高血脂	308
gāoyāguō 高压锅	308
gāoyǎ 高雅	308
gāoyuán 高原	308
gāozhōng 高中	308
gāo·yao 膏药	309
gāo 篙	309
gǎohuó 搞活	309
gǎozhǐ 稿纸	309
gàobié 告别	1050
gào·su 告诉	854
gàozhuàng 告状	309
Gēlǎozú 仡佬族	309
gē·da 疙瘩	310
gē·ge 哥哥	310
Gēlúnbǐyà 哥伦比亚	310
Gēsīdálíjiā 哥斯达黎加	310
gē·bo 胳膊	310
gē·zi 鸽子	954
gēqiǎn 搁浅	310
gēzhì 搁置	39
gē 割	311
gējù 割据	311
gēchàng 歌唱	121
gēsòng 歌颂	311
gémìng 革命	311
Gélínnàdá 格林纳达	311
Gélǔjíyà 格鲁吉亚	311
gé·lí 蛤蜊	49
gébì 隔壁	312
gé·duàn 隔断	697
gékāi 隔开	312
gè 个	312
gèbié 个别	312
gèbiéhuà jiàoyùjìhuà 个别化教育计划	312
gètǐhù 个体户	312
gè 各	595
gègè 各个	595
gèháng-gèyè 各行各业	363
gèjìn-suǒnéng 各尽所能	313
gèzì 各自	313
gěi 给	313
gēn❶ 根❶	313
gēn❷ 根❷	463
gēnjù 根据	313
gēnyuán 根源	313
gēn 跟	314
gēnsuí 跟随	314
gēngniánqī 更年期	314
gēngxīn 更新	314
gēngdì❶ 耕地❶	314
gēngdì❷ 耕地❷	314
gěnggěngyúhuái 耿耿于怀	314
gěngsè 梗塞	734
gèng① 更①	1128
gèng② 更②	1128
gōngchǎng 工厂	315
gōngchéng 工程	315
gōngdú xuéxiào 工读学校	315
gōnghuì 工会	315
gōngjù 工具	315
gōngjùlán 工具栏	315
gōng·qián 工钱	317
gōngrén 工人	316
gōngrén jiējí 工人阶级	316
gōngshāng 工伤	316
gōngxù 工序	316
gōngyè 工业	316
gōngyì 工艺	316
gōngyìpǐn 工艺品	317
gōngzī 工资	317
gōngzuò① 工作①	317
gōngzuò② 工作②	1089
gōngzuòfú 工作服	317
gōng 公	962
gōng'ānjú 公安局	317
gōngbù 公布	317
gōngchū 公出	318
gōng·gong 公公	318
gōngguān 公关	318
gōnghán 公函	318
gōngjījīn 公积金	318
gōngjiāochē 公交车	318
gōngjiāokǎ 公交卡	319
gōngjīn 公斤	319

拼音	词条	页码
gōngkāi	公开	317
gōnglǐ	公里	690
gōnglì	公历	319
gōngmín	公民	319
gōngpíng	公平	319
gōngpú	公仆	319
gōngshè	公社	320
gōngshì	公式	320
gōngsī	公司	320
gōngsùrén	公诉人	320
Gōngsūn	公孙	320
gōngwén	公文	320
gōngwùyuán	公务员	321
gōngyì	公益	321
gōngyìjīn	公益金	321
gōngyuán	公元	321
gōngyuán	公园	321
gōngyuē	公约	321
gōngzhèng	公正	322
gōngzhèng	公证	322
gōngzhǔ	公主	322
gōngchén	功臣	322
gōngjì	功绩	322
gōngláo	功劳	322
gōnglǜ	功率	322
gōngnéng	功能	323
gōngxūn	功勋	323
gōngguān	攻关	323
gōngshì	攻势	323
gōngyìng	供应	323
Gōng	宫	323
gōngdiàn	宫殿	324
gōngjìng	恭敬	1129
gōng·wéi	恭维	324
Gǒng	巩	324
gǒnggù	巩固	324
gǒng	汞	324
gòngchǎndǎng	共产党	324
gòngchǎn zhǔyì	共产主义	325
gòngqīngtuán	共青团	325
gòngtóng	共同	325
gòngxiǎng dānchē	共享单车	325
gòngxiàn	贡献	325
gōuduì	勾兑	325
gōujié	勾结	326
gōuyǐn	勾引	1011
gōutōng	沟通	326
gǒu①	狗①	326
gǒu②	狗②	326
gòuchéng	构成	1126
gòujià	构架	432
gòusī	构思	326
gòu	够	326
gòu·buzháo	够不着	327
gòu·dezháo	够得着	327
gūjì	估计	327
gūsuàn	估算	327
gūdú	孤独	187
gūdúzhèng	孤独症	327
gū'ér	孤儿	327
gūlì❶	孤立❶	328
gūlì❷	孤立❷	328
gūpì	孤僻	328
gū·fu	姑父	328
gūmā	姑妈	328
gūmǔ	姑母	328
gū·niang	姑娘	646
gūfù	辜负	328
Gǔbā	古巴	329
gǔdài	古代	329
gǔdiǎn①	古典①	329
gǔdiǎn②	古典②	329
gǔdǒng	古董	330
gǔjí	古籍	329
gǔjì	古迹	329
gǔshū	古书	329
gǔwù	古物	330
Gǔ	谷	330
gǔyǔ	谷雨	330
gǔ·zi	谷子	330
gǔ	股	330
gǔdōng	股东	330
gǔfèn	股份	330
gǔpiào	股票	331
gǔshì	股市	331
gǔxī	股息	331
gǔzhǎng	股长	331
gǔ	骨	331
gǔhuīhé	骨灰盒	331
gǔkē	骨科	332
gǔhuò	蛊惑	332
gǔ	鼓	332
gǔdòng	鼓动	332
gǔlì	鼓励	332
gǔwǔ	鼓舞	332
gǔzhǎng	鼓掌	332
gùdìng	固定	333
gù·zhi	固执	492
Gùgōng	故宫	333
gù·shi	故事	333
gù·shipiàn	故事片	333
gùxiāng	故乡	429
gùyì	故意	333
gùzhàng	故障	333
Gù	顾	334
gùkè	顾客	511
gùlǜ	顾虑	334
gùmíng-sīyì	顾名思义	334
gùwèn	顾问	334
gùyuán	雇员	334
guāfēn	瓜分	334
guāzǐ	瓜子	512
guā	刮	335
guāfēng	刮风	281
guāgōng	刮宫	722
guāliǎn	刮脸	335
guǎcèng	剐蹭	335
guǎbùdízhòng	寡不敌众	335
guǎ·fu	寡妇	335
guà①	挂①	335
guà②	挂②	336
guàhào	挂号	336
guàhàoxìn	挂号信	336
guàlì	挂历	336
guàmiàn	挂面	336
guàshī	挂失	336
guāi	乖	337
guǎimài	拐卖	337
guǎiwān	拐弯	1110
guài·bu·de	怪不得	630
Guān	关	59
guānhuái	关怀	337
guānjiàn	关键	1097
guānjiàncí	关键词	337
guānjié	关节	337
guānjiéyán	关节炎	337
guān·xi	关系	546
guānxīn	关心	337
guānyā	关押	435
guānyú	关于	338
guānzhào	关照	338
guānchá	观察	99
guāncháshì	观察室	338
guāndiǎn	观点	338
guānguāng diàntī	观光电梯	338
guānmó	观摩	338
guānniàn	观念	339
Guānyīn púsà	观音菩萨	339
guān①	官①	339
guān②	官②	558
guānliáo	官僚	339
guānliáo zhǔyì	官僚主义	339
guānxīnbìng	冠心病	339
guānfū	鳏夫	340
guǎndào	管道	340
guǎnlǐ	管理	340
guǎnzhì	管制	340

guànchè 贯彻	340
guànchuān 贯穿	340
guànjūn 冠军	341
guànxìng 惯性	341
guàn 灌	449
guànmù 灌木	341
guàn 罐	830
guàn·tou 罐头	341
guāng❶ 光❶	211
guāng❷ 光❷	341
guānghuá 光滑	341
guānghuī 光辉	211
guāngmíng 光明	342
guāngpán 光盘	342
guāngquān 光圈	342
guāngróng 光荣	342
guāngtóu 光头	839
guǎngbō 广播	342
guǎngchǎng 广场	342
Guǎngdōng 广东	343
guǎngfàn 广泛	679
guǎnggào 广告	343
guǎngjiǎo-jìngtóu 广角镜头	343
Guǎngxī 广西	343
Guǎngzhōu 广州	343
guàngjiē 逛街	343
guīnà 归纳	344
guīqiáo 归侨	344
Guìyànà 圭亚那	344
guīchéng 规程	344
guīdìng❶ 规定❶	344
guīdìng❷ 规定❷	344
guīfàn❶ 规范❶	68
guīfàn❷ 规范❷	1073
guīgé 规格	345
guīhuà 规划	345
guīlǜ 规律	421
guīmó 规模	345
guīzé 规则	345
guīmì 闺蜜	701
guǐdào 轨道	345
guǐ 鬼	345
guǐguǐ-suìsuì 鬼鬼祟祟	346
guìtái 柜台	346
guìyuánjī 柜员机	346
guì 贵	346
guìfēi 贵妃	346
Guìyáng 贵阳	346
Guìzhōu 贵州	347
guìzú 贵族	347
Guì 桂	343
guìhuā 桂花	347
guìyuán 桂圆	564
guì 跪	347
guìbài 跪拜	347
gǔn 滚	347
gǔntī 滚梯	287
gùnbàng 棍棒	348
Guō 郭	348
guō 锅	348
guōgài 锅盖	348
guōlú 锅炉	348
guóbīn 国宾	348
guófáng 国防	349
guógē 国歌	349
guóhuà 国画	349
guóhuī 国徽	349
guójí① 国籍①	349
guójí② 国籍②	349
guójì① 国际①	350
guójì② 国际②	776
Guójì Cánjírénrì 国际残疾人日	350
guójì xiàngqí 国际象棋	350
guójiā 国家	350
Guójiā Gōngjìrì 国家公祭日	350
Guójiā Xiànfǎrì 国家宪法日	350
guójiè 国界	351
guókù 国库	351
guókùquàn 国库券	351
guómín 国民	351
Guómíndǎng Gémìng Wěiyuánhuì 国民党革命委员会	351
guómíng 国名	351
guóqí 国旗	352
Guóqìng Jié① 国庆节①	352
guóqìng Jié② 国庆节②	352
guóshū 国书	352
guótài-mín'ān 国泰民安	352
guówùyuàn 国务院	352
guóyàn 国宴	353
guózhài 国债	351
guǒduàn 果断	353
guǒrán 果然	353
guòchéng 过程	353
guòjiē tiānqiáo 过街天桥	353
guòlǜ 过滤	353
guòmǐn① 过敏①	354
guòmǐn② 过敏②	423
guòqī 过期	354
guòqù 过去	1005
guòshānchē 过山车	354
guòshī 过失	172

H

Hā'ěrbīn 哈尔滨	355
hāmìguā 哈密瓜	355
Hānízú 哈尼族	355
Hāsàkèsītǎn 哈萨克斯坦	355
Hāsàkèzú 哈萨克族	355
hǎdá 哈达	356
hái 还	1028
hǎi 海	356
hǎibá 海拔	356
hǎibào 海豹	356
hǎidài 海带	356
hǎidào 海盗	356
Hǎidì 海地	357
hǎifáng 海防	357
hǎiguān 海关	357
hǎijūn 海军	357
Hǎikǒu 海口	357
hǎilàng 海浪	356
hǎiluó 海螺	357
hǎiluòyīn 海洛因	358
hǎimǐ 海米	925
Hǎinán 海南	358
hǎi'ōu 海鸥	358
hǎishēn 海参	358
hǎishī 海狮	358
hǎitān 海滩	358
hǎitáng 海棠	359
hǎitún 海豚	359
hǎixiá 海峡	359
hǎixiàng 海象	359
hǎixiào 海啸	359
hǎiyàn 海燕	359
hǎiyáng 海洋	356
hǎizhé 海蜇	360
hàichóng 害虫	360
hàipà 害怕	887
hàixiū 害羞	360
hān 蚶	360
hánxù 含蓄	360
hánshòu 函授	360
hányǎng 涵养	964
Hán 韩	361
Hánguó 韩国	361
háncháo 寒潮	361
hándài 寒带	361
hánjià 寒假	361
hánlěng 寒冷	225
hánliú 寒流	361
hánlù 寒露	361
hánsuān 寒酸	361
hánxīn 寒心	362

hǎnjiàn	罕见	683	hé·shang	和尚	367	hóngjūn	红军	374
hǎn	喊	362	héxié	和谐	368	hónglǐngjīn	红领巾	375
hànbǎobāo	汉堡包	362	hé	河	368	hóng-lǜdēng	红绿灯	375
Hàndài	汉代	362	Héběi	河北	368	Hóngshízìhuì	红十字会	375
hànjiān	汉奸	1125	héchuān	河川	368	hóngsīdài	红丝带	375
hànyǔ pīnyīn	汉语拼音	362	hémǎ	河马	368	hóngtí	红提	375
Hànzú	汉族	362	Hénán①	河南①	368	hóngyè	红叶	375
hàn	汗	720	Hénán②	河南②	1035	hóngzǎo	红枣	376
hànshān	汗衫	1040	héhuā	荷花	368	hóngzhīzhū	红蜘蛛	376
hànbīng	旱冰	574	Hélán	荷兰	369	hóngguān	宏观	376
hànzāi	旱灾	363	héchá	核查	369	hóngwěi	宏伟	376
hànjiē	焊接	363	hécí-gòngzhèn	核磁共振	369	hóng	虹	376
háng	行	487	héduì	核对	1075	Hóngdūlāsī	洪都拉斯	376
hángliè①	行列①	237	héfúshè	核辐射	369	hóngliàng	洪亮	377
hángliè②	行列②	1124	héqiántǐng	核潜艇	369	hóngshuǐ	洪水	79
hángyè	行业	363	héshí	核实	369	hǒng	哄	377
Hángzhōu	杭州	363	hé·tao	核桃	369	Hóu	侯	377
hángbānhào	航班号	363	héxīn	核心	370	hóu	喉	377
hángbiāo	航标	363	hé·zi	盒子	370	hóu	猴	377
hángkōng	航空	273	Hè	贺	710	hǒushēng	吼声	377
hángkōng mǔjiàn	航空母舰	364	hèkǎ	贺卡	370	hòu①	后①	377
hángtiān fēijī	航天飞机	364	hècǎi	喝彩	370	hòu②	后②	378
hángzhànlóu	航站楼	379	Hèzhézú	赫哲族	370	hòubà	后爸	425
háomǐ	毫米（mm）	364	hèzī	赫兹（Hz）	370	hòubèi	后辈	378
háohuá	豪华	364	hèsè	褐色	495	hòudài	后代	378
hǎo	好	364	hè	鹤	371	hòugùzhīyōu	后顾之忧	378
hǎo·buhǎo	好不好	36	hēi	黑	371	hòuhuǐ	后悔	15
hǎochù	好处	544	hēi'àn	黑暗	371	hòuhuǐ-mòjí	后悔莫及	1113
hǎokàn	好看	596	hēibǎn	黑板	371	hòumā	后妈	425
hǎoxiàng	好像	938	Hēilóngjiāng	黑龙江	371	hòumiàn	后面	264
hǎozhuǎn	好转	364	hēimǐ	黑米	371	hòuqī	后期	378
Hǎo	郝	365	Hēishān	黑山	372	hòuqín	后勤	378
hàomǎ	号码	365	hēishèhuì	黑社会	372	hòushìjìng	后视镜	379
hàozhào	号召	365	hēiwōdiǎn	黑窝点	372	hòutiān	后天	379
hàohàodàngdàng❶ 浩浩荡荡❶		365	hēixiá·zi	黑匣子	372	hòu	厚	379
hàohàodàngdàng❷ 浩浩荡荡❷		365	hěn①	很①	1128	hòujīlóu	候机楼	379
hē	喝	365	hěn②	很②	1128	hū	呼	379
héfǎ	合法	366	hěn	狠	372	Hūhéhàotè	呼和浩特	379
Héféi	合肥	366	hěnxīn	狠心	372	hūhuàn	呼唤	380
hégé	合格	366	hèn	恨	373	hūjiào	呼叫	80
héjīn	合金	366	héngxīn	恒心	373	hūqì	呼气	379
héshì①	合适①	289	héngxīng	恒星	373	hūxī	呼吸	380
héshì②	合适②	366	héng	横	373	Hūyán	呼延	380
hésuàn	合算	432	héngfú	横幅	373	hūyù	呼吁	380
hé·tóng	合同	366	héngshì	横式	487	hūrán	忽然	862
hézī	合资	367	héngliáng	衡量	373	hūshì	忽视	380
hézuò	合作	367	hōngzhàjī	轰炸机	374	hú·li	狐狸	380
hé	和	367	hóngyáng	弘扬	120	hú	弧	380
hé'ǎi	和蔼	367	hóng	红	374	Hú	胡	381
hémù	和睦	368	hóngbāo	红包	374	hújiāofěn	胡椒粉	381
hépíng gòngchǔ 和平共处		367	hóngdòu	红豆	374	húluó·bo	胡萝卜	381
			hóngguǒr	红果儿	744	hú·qin	胡琴	381
			hóngjiǔ	红酒	374	húshuō①	胡说①	381

拼音	词条	页码	拼音	词条	页码	拼音	词条	页码
húshuō②	胡说②	381	huàjiǎn	化简	389	huáng①	黄①	396
húshuō-bādào	胡说八道	381	huàshí	化石	389	huáng②	黄②	396
húsī-luànxiǎng	胡思乱想	382	huàxiān	化纤	389	huángdòu	黄豆	396
hútòng	胡同	382	huàxué	化学	389	huáng·guā	黄瓜	396
hú·zi	胡子	382	huàyàn	化验	389	Huánghǎi	黄海	396
hú·lu	葫芦	382	huàzhuāng	化妆	389	Huánghé	黄河	396
hú	湖	382	huàfēn	划分	390	huánghuāyú	黄花鱼	397
Húběi	湖北	382	huàjiā	画家	390	huánghūn	黄昏	33
Húnán	湖南	383	huàshì	画室	390	huángjiǔ	黄酒	397
húdié	蝴蝶	383	huàjù	话剧	390	huángshǔláng	黄鼠狼	397
hú·tu	糊涂	383	huàtǒng	话筒	390	huángyòu	黄鼬	397
hǔ	虎	383	huàshù	桦树	390	huángyú	黄鱼	397
hǔtóu-shéwěi	虎头蛇尾	383	huáiniàn	怀念	937	huángchóng	蝗虫	397
hùliánwǎng	互联网	383	huáiyí	怀疑	390	huǎng·hū	恍惚	397
hùxiāng	互相	384	huáiyùn	怀孕	391	huǎngrándàwù	恍然大悟	398
hùjí	户籍	384	huáishù①	槐树①	391	huǎnghuà	谎话	398
hùkǒu	户口	384	huáishù②	槐树②	391	huīchén	灰尘	741
hùkǒubù	户口簿	384	huài	坏	391	huīsè	灰色	398
hùxíng	户型	384	huānjù	欢聚	391	huīfā	挥发	398
hùfūshuāng	护肤霜	384	huānsòng	欢送	391	huīhuò	挥霍	398
hùgōng	护工	384	huānxīn-gǔwǔ	欢欣鼓舞	392	huīfù	恢复	398
hùlǐ	护理	164	huānyíng①	欢迎①	332	huīhuáng	辉煌	101
hù·shi	护士	385	huānyíng②	欢迎②	392	huīzhāng	徽章	399
Hù·shi Jié	护士节	385	huán	还	392	huíbào	回报	399
hùsòng	护送	385	huánjī	还击	392	huíbì	回避	399
hùzhào	护照	385	huánqián	还钱	392	huígòu	回购	399
Hù Hù	沪	749	huánshǒu	还手	392	huíguī zhǔliú	回归主流	399
huā	花	385	huányuán	还原	398	huíguōròu	回锅肉	399
huācài①	花菜①	98	huánzhài	还债	392	huíjiā①	回家①	400
huācài②	花菜②	98	huánzhàng	还账	392	huíjiā②	回家②	400
huājiǎ	花甲	385	huánjié	环节	393	huíkòu	回扣	400
huājuǎn	花卷	386	huánjìng	环境	342	huíluò①	回落①	400
huālěi	花蕾	386	huǎnhé❶	缓和❶	393	huíluò②	回落②	446
huāquān	花圈	386	huǎnhé❷	缓和❷	393	huíshǒu	回首	400
huāsǎ	花洒	386	huǎnjiě	缓解	393	huíwèi	回味	400
huāshēng	花生	386	huǎnqī	缓期	393	huíxiǎng	回想	401
huāwén	花纹	386	huǎnxíng	缓刑	393	huíxíngzhēn	回形针	713
huāyēcài①	花椰菜①	98	huàndēngpiàn	幻灯片	512	huíyì	回忆	401
huāyēcài②	花椰菜②	98	huànxiǎng	幻想	393	Huízú①	回族①	401
huāyuán	花园	387	huànguān	宦官	822	Huízú②	回族②	401
huá·bulái	划不来	91	huàn	换	394	huíxiāng	茴香	401
Huá	华	97	huànqìshàn	换气扇	394	huǐyuē	毁约	401
huáqiáo	华侨	387	huànsàn	涣散	394	huìbào	汇报	309
Huáshèngdùn	华盛顿	387	huàndé-huànshī	患得患失	394	huìhé	汇合	401
huáshìdù	华氏度(°F)	387	huànfā	焕发	13	huìkuǎn	汇款	402
huábǎn	滑板	387	huāngdì	荒地	394	huìlǜ	汇率	402
huábīng	滑冰	387	huāngmiù	荒谬	394	huì	会	402
huá·jī	滑稽	388	huāng·táng	荒唐	395	huìhuà	会话	238
huálún	滑轮	388	huāngyě	荒野	395	huìjiàn	会见	402
huápō	滑坡	388	huāng	慌	395	huìkèshì	会客室	458
huátī	滑梯	388	huángdì	皇帝	395	huìtán	会谈	402
huáxuě	滑雪	388	huánggōng	皇宫	395	huìtáng	会堂	402
huàféi	化肥	388	huánghòu	皇后	395	huìyì	会议	497

huìyìshì	会议室	402	jīqiāng	机枪	410	jíhuì	集会	417
huìyuán	会员	403	jīxiè	机械	410	jíshì	集市	417
huìzhěn	会诊	403	jīyù	机遇	409	jísī-guǎngyì	集思广益	417
huìhuà	绘画	403	jīzhì	机制	410	jítǐ	集体	417
huìlù	贿赂	403	jīzhì	机智	410	jítuán	集团	417
huìxīng	彗星	403	jīròu	肌肉	410	jítuánjūn	集团军	417
hūndǎo	昏倒	403	jī	鸡	410	jíyóu	集邮	418
hūnmí	昏迷	404	jīdàn	鸡蛋	411	jízhōng	集中	418
hūncài	荤菜	404	jīwěijiǔ	鸡尾酒	411	jízī	集资	367
hūnyīn	婚姻	461	jījí	积极	1020	jídù	嫉妒	423
húnshēnshìdǎn	浑身是胆	404	jīláochéngjí	积劳成疾	411	jíhèn	嫉恨	423
húnzhuó	浑浊	404	jīmù	积木	411	jíguàn	籍贯	418
hún·tun	馄饨	404	jīyā	积压	411	jǐhé	几何	418
hùnfǎng	混纺	404	jīběn	基本	412	Jǐnèiyà	几内亚	418
hùnhé	混合	405	jīběnfǎ	基本法	411	Jǐnèiyàbǐshào	几内亚比绍	418
hùnhé dònglìchē	混合动力车	405	jīcéng	基层	412	jǐ	挤	419
hùnxiáo	混淆	405	jīchǔ	基础	412	Jǐnán	济南	419
huómiàn	和面	405	Jīdūjiào	基督教	412	jǐzhù	脊柱	419
huó	活	405	jīféi	基肥	412	jǐzhuī	脊椎	419
huódòng	活动	405	jījīn	基金	412	jìchóu	计酬	419
huógāi	活该	405	jījīnhuì	基金会	412	jìhuà	计划	419
huó·pō	活泼	405	Jīlǐbāsī	基里巴斯	413	jìjiào	计较	419
huǒ	火	719	Jīnuòzú	基诺族	413	jìmóu	计谋	420
huǒchái	火柴	406	jīwéixiā	基围虾	413	jìsuàn	计算	420
huǒchē	火车	406	jīyīn	基因	413	jìsuànjī	计算机	420
huǒguō	火锅	406	jīchá	缉查	811	jìsuànqì	计算器	420
huǒhuà	火化	406	jīsī	缉私	413	jìfēnpái	记分牌	420
huǒjiàn	火箭	406	jīxíng	畸形	413	jìláo	记牢	532
huǒjiànjūn	火箭军	406	jīdòng	激动	414	jìlù❶	记录❶	420
huǒjiànpào	火箭炮	407	jīguāng	激光	414	jìlù❷	记录❷	421
huǒjù	火炬	407	jīlì	激励	414	jìxùwén	记叙文	421
huǒjùshǒu	火炬手	407	jīsù	激素	414	jìyì	记忆	421
huǒlóngguǒ	火龙果	407	jígé	及格	414	jìzhàng	记账	421
huǒshān	火山	407	jígéxiàn	及格线	414	jìzhě	记者	421
huǒ·shao	火烧	750	jíshí①	及时①	415	Jì	纪	421
huǒzàng	火葬	406	jíshí②	及时②	415	jìlù❶	纪录❶	420
huǒbàn	伙伴	662	Jíbùtí	吉布提	415	jìlù❷	纪录❷	421
huòzhě	或者	407	Jí'ěrjísīsītǎn	吉尔吉斯斯坦	415	jìlǜ	纪律	421
huòbì	货币	694	Jílín	吉林	415	jìniàn	纪念	422
huòchē	货车	496	jípǔchē	吉普车	1044	jìshī	技师	422
huò	祸	90	jíxiáng	吉祥	415	jìshù	技术	422
Huò	霍	407	jíbié	级别	457	jìshùchà	技术差	422
huòrán-kāilǎng	豁然开朗	398	jí①	极①	1128	jìshùhǎo	技术好	422
			jí②	极②	1128	jìshùyuán	技术员	422
J			jíduān	极端	416	jìxiào	技校	423
jīhán-jiāopò	饥寒交迫	409	jíxiàn	极限	416	jì·du	忌妒	423
jīchǎng	机场	409	jíjiù	急救	416	jì·huì	忌讳	423
jīgòu	机构	409	jímáng	急忙	416	jìkǒu	忌口	423
jīguān	机关	409	jíyúqiúchéng	急于求成	416	jìnǚ	妓女	423
jīhuì	机会	409	jízào	急躁	1063	Jì	季	423
jīmì	机密	602	jízhěnshì	急诊室	416	jìdù	季度	424
jī·qì	机器	410	jíchí	疾驰	69	jìjié	季节	424
			jíhé	集合	367	jìjūn	季军	424

拼音	词	页码
jìcài	荠菜	424
jìchéng❶	继承❶	424
jìchéng❷	继承❷	424
jìfù	继父	425
jìmǔ	继母	425
jìwǎng-kāilái	继往开来	425
jìxù	继续	998
jìdiàn	祭奠	620
jìpǐn	祭品	425
jìsì	祭祀	425
jìcún	寄存	425
jìshēng	寄生	426
jìshēngchóng	寄生虫	426
jìtuō	寄托	426
jìxìn	寄信	426
jìjìng	寂静	393
jìmò	寂寞	426
jì	暨	367
jìyú	鲫鱼	426
Jì	冀	48
jiābān	加班	427
jiāfǎ	加法	427
jiāgōng	加工	427
jiājǐn	加紧	427
Jiā'nádà	加拿大	427
Jiā'nà	加纳	427
Jiāpéng	加蓬	428
jiāqiáng	加强	428
jiāsāir	加塞儿	108
jiāshīqì	加湿器	428
jiāxíng	加刑	428
jiāyóu	加油	428
jiā	夹	428
jiākè	夹克	429
jiā	家	429
jiājù	家具	429
jiājuàn	家眷	429
jiāqín	家禽	429
jiāshǔ	家属	429
jiātíng	家庭	429
jiāxiāng	家乡	429
jiāyuán	家园	1041
Jiāyùguān	嘉峪关	430
jiǎ	甲	430
jiǎchóng	甲虫	430
jiǎgǔwén①	甲骨文①	430
jiǎgǔwén②	甲骨文②	430
jiǎyú	甲鱼	72
Jiǎ Jiǎ	贾	430
jiǎ	钾	431
jiǎféi	钾肥	431
jiǎ	假	431
jiǎdìng	假定	431
jiǎhuà	假话	398
jiǎmào	假冒	431
jiǎshè	假设	431
jiǎshì	假释	431
jiàgé	价格	432
jiàzhí	价值	432
jiàzhíguān	价值观	432
jiàshǐ	驾驶	688
jiàshǐzhèng	驾驶证	432
jiàzhào	驾照	432
jiàgòu	架构	432
jiàqī	假期	432
jià	嫁	433
jiàjiē	嫁接	433
jiān	尖	433
jiānduān	尖端	433
jiānruì	尖锐	433
jiānchí	坚持	433
jiānchíbùxiè	坚持不懈	433
jiāndìng	坚定	433
jiāngù	坚固	532
jiānjué	坚决	433
jiānqiáng	坚强	434
jiānrèn	坚韧	532
jiānshǒu	坚守	434
jiānzhēn-bùqū	坚贞不屈	642
jiānzhāng	肩章	434
jiānkǔ	艰苦	434
jiānnán①	艰难①	524
jiānnán②	艰难②	524
jiānchá	监察	434
jiāndū	监督	434
jiānhùrén	监护人	434
jiānjìn	监禁	434
jiānkǎo	监考	435
jiānshì	监视	434
jiānyù	监狱	435
jiānbìng	兼并	435
jiānzhí	兼职	435
jiān	煎	435
jiǎn	拣	436
Jiǎnpǔzhài	柬埔寨	435
jiǎn	捡	436
jiǎnchá	检查	436
jiǎncháguān	检察官	436
jiǎncháyuàn	检察院	436
jiǎncházhǎng	检察长	436
jiǎnjǔ	检举	436
jiǎnlùchù	检录处	436
jiǎnsuǒ	检索	437
jiǎntǎo	检讨	437
jiǎnxiū	检修	437
jiǎnfǎ	减法	437
jiǎnshǎo	减少	437
jiǎnxíng	减刑	437
jiǎncǎi	剪彩	438
jiǎnjí	剪辑	438
jiǎnzhǐ	剪纸	438
jiǎn·zi	剪子	438
jiǎndān	简单	438
jiǎnhuà	简化	389
jiǎnliàn	简练	438
jiǎnlòu	简陋	439
jiǎn	碱	439
jiànduō-shíguǎng	见多识广	439
jiànlì-wàngyì	见利忘义	439
jiànmiàn	见面	439
jiànyì-yǒngwéi	见义勇为	439
jiàndié	间谍	440
jiànjiē	间接	440
jiànmiáo	间苗	440
jiànzuò	间作	440
jiànjiāo	建交	440
jiànlì	建立	133
jiànshè	建设	440
jiànzhù❶	建筑❶	440
jiànzhù❷	建筑❷	441
jiàn	剑	441
jiànkāng	健康	441
jiànquán❶	健全❶	441
jiànquán❷	健全❷	441
jiànshēnfáng	健身房	441
jiànzhuàng	健壮	442
jiànbiàn	渐变	442
jiànjiàn①	渐渐①	1044
jiànjiàn②	渐渐②	1101
jiàndìng	鉴定	442
jiànyú	鉴于	313
jiànpán	键盘	442
jiànrù	键入	569
Jiāng❶	江❶	442
jiāng❷	江❷	442
jiāngmǐ	江米	648
Jiāngsū	江苏	443
Jiāngxī	江西	443
jiāngjūn	将军	443
jiānglái	将来	1004
jiāng	姜	443
jiāngdòu	豇豆	443
jiāngchí	僵持	443
jiāng·shéng	缰绳	444
jiǎnghuà	讲话	804
jiǎng·jiu	讲究	444
jiǎngkè①	讲课①	444
jiǎngkè②	讲课②	444
jiǎngshī	讲师	444

jiǎngxué	讲学	444	jiāodiǎn	焦点	451	jiētóu	接头	190
jiǎngzuò	讲座	444	jiāojù	焦距	451	jiē	揭	458
jiǎngjīn	奖金	445	jiāotàn	焦炭	451	jiēfā	揭发	458
jiǎnglì①	奖励①	445	jiāoshí	礁石	452	jiēmù	揭幕	459
jiǎnglì②	奖励②	445	jiáo	嚼	452	jiēxiǎo	揭晓	317
jiǎngzhāng	奖章	445	jiáo·zi	嚼子	452	jiēdào	街道	197
jiǎngzhuàng	奖状	445	jiǎo	角	452	jiéjiǎn①	节俭①	459
jiǎng	桨	445	jiǎoxìng	侥幸	960	jiéjiǎn②	节俭②	459
Jiǎng	蒋	445	jiǎohuá	狡猾	452	jiémù	节目	459
jiàng	降	446	jiǎo·zi	饺子	452	jiémùdān	节目单	459
jiàngjià	降价	446	jiǎo	绞	642	jié·qi	节气	459
jiàngluòsǎn	降落伞	446	jiǎotòng	绞痛	453	jiérì	节日	459
jiàngshuǐliàng	降水量	446	jiǎoxíng	绞刑	453	jiéyú	节余	460
jiàngzhí	降职	64	jiǎo①	脚①	453	jiéyuē①	节约①	459
jiàng	酱	446	jiǎo②	脚②	453	jiéyuē②	节约②	459
jiàngdòu·fu	酱豆腐	446	jiǎoliào	脚镣	453	jiézòu	节奏	460
jiàngyóu	酱油	447	jiào❶	叫❶	362	jiéjū	拮据	460
jiāodài❶	交代❶	447	jiào❷	叫❷	453	jiécèlíng	洁厕灵	460
jiāodài❷	交代❷	447	jiàokǔ	叫苦	454	jiégòu	结构	460
jiāodài	交待	447	jiàoduì	校对	454	jiéguǒ	结果	460
jiāodiǎn	交点	451	jiàochē	轿车	688	jiéhébìng	结核病	461
jiāohuàn	交换	447	jiào'àn	教案	454	jiéhūn	结婚	461
jiāojì	交际	447	jiàocái	教材	454	jiéméng	结盟	547
jiāojìwǔ	交际舞	447	jiàodǎo	教导	454	jiéshè	结社	461
jiāojiē	交接	448	jiàohuì	教会	454	jiéshù	结束	880
jiāojǐng	交警	448	jiàojù	教具	454	jiésuàn	结算	461
jiāoliú	交流	448	jiàoliàn	教练	455	jiéwěi	结尾	1128
jiāoliúdiàn	交流电	448	jiàoshī	教师	455	jiéyè	结业	461
jiāo·qing	交情	448	Jiàoshī Jié	教师节	455	jiézhàng	结账	461
jiāoshè	交涉	448	jiàoshì	教室	455	jiébào	捷报	462
jiāoshuì	交税	626	jiàoshòu	教授	455	jiéjìng	捷径	462
jiāotōng	交通	449	jiàosuō	教唆	455	Jiékè	捷克	462
jiāotōngkǎ	交通卡	319	jiàotáng	教堂	456	jiélì	竭力	469
jiāotōng xìnhàodēng①			jiàotiáo zhǔyì	教条主义	456	jiě·fu①	姐夫①	462
	交通信号灯①	375	jiàotú	教徒	456	jiě·fu②	姐夫②	462
jiāotōng xìnhàodēng②			jiàoxué	教学	456	jiě·jie	姐姐	462
	交通信号灯②	449	jiào·xùn❶	教训❶	456	jiě	解	463
jiāowǎng	交往	447	jiào·xùn❷	教训❷	456	jiěchú	解除	236
jiāoyì	交易	591	jiàoyù	教育	457	jiěfàng	解放	463
jiāoqū	郊区	449	jiàomǔfěn	酵母粉	457	jiěfàngjūn	解放军	463
jiāobái	茭白	449	jiēcéng	阶层	457	jiěfàng zhànzhēng		
jiāo	浇	449	jiēduàn①	阶段①	457		解放战争	463
jiāoshuǐ	浇水	449	jiēduàn②	阶段②	681	jiěgù	解雇	463
jiāoguàn	娇惯	450	jiējí	阶级	457	jiějué	解决	463
jiāo·qì	娇气	450	jiē·shi	结实	532	jiěpìn	解聘	463
jiāo'ào❶	骄傲❶	450	jiēchù	接触	457	jiěpōu	解剖	463
jiāo'ào❷	骄傲❷	450	jiēdài	接待	709	jiěsàn	解散	464
jiāobàng	胶棒	450	jiēdàishì	接待室	458	jiěshì	解释	464
jiāodài	胶带	450	jiējiàn	接见	458	jiětuō	解脱	27
jiāojuǎn	胶卷	451	jiējìn	接近	458	jiěyāsuō	解压缩	464
jiāonáng	胶囊	451	jiēlì	接力	458	jiècí	介词	464
jiāoshuǐ	胶水	451	jiēshōu	接收	458	jièshào	介绍	464
Jiāo	焦	935	jiēshòu	接受	458	jièdú	戒毒	464

jièxīn	戒心	465	jìnxiū	进修	471	jǐngchá	警察	477
jiè·zhi	戒指	465	jìn	近	471	jǐngchē	警车	478
jiècài	芥菜	465	jìndài	近代	471	jǐngdēng	警灯	478
jiè	届	465	jìnshì	近视	471	jǐnggào	警告	478
jièmiàn	界面	465	jìnshìyǎn	近视眼	471	jǐnggùn	警棍	478
jièxiàn	界限	465	jìnyìcí	近义词	471	jǐngtì	警惕	478
jiè①	借①	466	Jìn	晋	472	jǐngwèi❶	警卫❶	478
jiè②	借②	466	jìndú	禁毒	472	jǐngwèi❷	警卫❷	479
jièdài	借代	466	jìnzhǐ①	禁止①	472	jìngshuǐqì	净水器	479
jièdài	借贷	466	jìnzhǐ②	禁止②	472	jìngxuǎn	竞选	479
jièjiàn	借鉴	466	jīng	茎	472	jìngzhēng	竞争	479
jièkǒu	借口	828	Jīng	京	48	jìngzǒu	竞走	479
jièkuǎn	借款	466	jīngjù	京剧	472	jìngrán	竟然	1008
jiètiáo①	借条①	466	Jīngzú	京族	473	jìnglǎoyuàn	敬老院	479
jiètiáo②	借条②	467	jīngcháng	经常	119	jìnglǐ	敬礼	480
jièyòng	借用	545	jīngfèi	经费	473	jìngpèi	敬佩	480
jīnjīn-jìjiào	斤斤计较	419	jīngguò	经过	473	jìngwèi	敬畏	480
jīntiān	今天	467	jīngjìrén	经纪人	473	jìngyè	敬业	480
jīn①	金①	467	jīngjì	经济	473	jìngzhǐ	静止	480
jīn②	金②	467	jīnglǐ	经理	473	jìng·zi	镜子	480
jīn'é	金额	432	jīnglì❶	经历❶	474	jiūchán	纠缠	114
jīngāngshí	金刚石	467	jīnglì❷	经历❷	474	jiūfēn	纠纷	125
jīnhuācài	金花菜	467	jīngluò	经络	474	jiūzhèng	纠正	297
jīnkù	金库	351	jīngxiàn	经线	474	jiūjìng	究竟	1128
jīnpái	金牌	468	jīngxiāo	经销	585	jiū	揪	481
jīnqiánbào	金钱豹	44	jīngyàn	经验	474	jiūxīn	揪心	481
jīnróng	金融	1010	jīngyíng	经营	474	jiǔ	九	1134
jīnsè	金色	468	jīngdòng	惊动	475	Jiǔsān Xuéshè	九三学社	481
jīnshǔ	金属	467	jīngqí	惊奇	475	jiǔshí	九十	1136
jīnsīhóu	金丝猴	468	jīngtànhào	惊叹号	475	jiǔ	玖	1134
jīnwén	金文	468	jīngyà	惊讶	475	jiǔcài	韭菜	481
jīnzìtǎ	金字塔	2	jīngzhé	惊蛰	475	jiǔ	酒	481
Jīn	津	840	jīngcǎi	精彩	475	jiǔbā	酒吧	481
Jīnbābùwéi	津巴布韦	468	jīnghuá	精华	475	jiǔdiàn	酒店	572
jīntiē	津贴	84	jīnglì	精力	476	jiǔjīng	酒精	1004
jīn·buqǐ	禁不起	788	jīngměi	精美	476	jiǔwō	酒窝	482
jǐn	紧	468	jīngquè	精确	1114	jiù	旧	482
jǐnzhāng	紧张	469	jīngshén	精神	476	jiù	救	482
jǐnbiāosài	锦标赛	469	jīng·shen	精神	476	jiùhùchē	救护车	482
jǐnlún	锦纶	635	jīngshéncánjírén			jiùhuǒchē	救火车	941
jǐnshèn	谨慎	469		精神残疾人	476	jiùzāi	救灾	482
jìnlì	尽力	469	jīngshénzhàng'àizhě			jiùzhù	救助	482
jìnqíng	尽情	469		精神障碍者	476	jiù	就	483
jìnshōu-yǎndǐ	尽收眼底	469	jīngyìqiújīng	精益求精	476	jiùyè	就业	483
jìnxīn	尽心	470	jīngzhàn	精湛	422	jiùyì	就义	919
jìn	进	470	jīngzǐ	精子	507	jiùfù	舅父	483
jìnbù①	进步①	470	jīng	鲸	476	jiù·jiu	舅舅	483
jìnbù②	进步②	470	jīngyú	鲸鱼	476	jiùmā	舅妈	483
jìndù	进度	470	jǐng	井	477	jiù·mu	舅母	483
jìngōng	进攻	141	Jǐnggāngshān	井冈山	477	jiù	鹫	483
jìnkǒu	进口	470	jǐngzhuī	颈椎	477	jūliú	拘留	483
jìnshì	进士	471	Jǐngpōzú	景颇族	477	jūshù	拘束	484
jìnxíng	进行	998	jǐngbèi	警备	477	jūmín	居民	484

jūzhōng 居中		484
jūzhù 居住		803
jūzhùzhèng 居住证		484
jūgōng 鞠躬		484
jú 局		484
júbù 局部		485
júmiàn 局面		485
júshì 局势		959
júxiàn 局限		1042
júzhǎng 局长		485
júhuā 菊花		485
jú·zi 橘子		485
jǔ 举		485
jǔbàn 举办		486
jǔbào 举报		436
jǔcuò 举措		958
jǔlì 举例		486
jǔxíng 举行		486
jǔyī-fǎnsān 举一反三		486
jǔzhèng 举证		486
jǔzhòng 举重		486
jùhào 句号		487
jù·zi 句子		487
jùjué 拒绝		487
jùtǐ 具体		487
jùlèbù 俱乐部		487
jùliè 剧烈		487
jùtòng 剧痛		488
jùtuán 剧团		488
jùlí❶ 距离❶		488
jùlí❷ 距离❷		488
jùfēng 飓风		521
jù 锯		488
jùchuáng 锯床		488
jù·zi 锯子		488
jùjīng-huìshén 聚精会神		725
jùjū 聚居		489
juānxiàn 捐献		489
juǎn 卷		489
juǎnbǐdāo 卷笔刀		489
juǎnchǐ 卷尺		489
juǎnyèchóng 卷叶虫		489
juànyǎng 圈养		809
juécè 决策		490
juédī 决堤		490
juédìng 决定		490
juékǒu 决口		490
juéliè 决裂		490
juésài 决赛		490
juésuàn 决算		490
juéxīn 决心		491
juéyì 决议		491
juéwù 觉悟		491
juéjiāo 绝交		236
juémì 绝密		602
juéshōu 绝收		491
juéyù 绝育		491
juéyuántǐ 绝缘体		491
juéjiàng 倔强		492
juéqǐ 崛起		492
jūn 军		492
jūnduì 军队		492
jūnfá 军阀		492
jūnjiàn 军舰		492
jūnqū 军区		493
jūnshì 军事		493
jūnshì zhuāngbèi 军事装备		493
jūnshǔ 军属		493
jūnxián 军衔		493
jūnxùn 军训		493
jūnyuèduì 军乐队		494
jūnzhǔ 君主		494
jùngōng 竣工		494

K

kāfēi 咖啡		495
kāfēisè 咖啡色		495
Kāmàilóng 喀麦隆		495
kǎ① 卡①		495
kǎ② 卡②		495
kǎchē 卡车		496
kǎlā OK 卡拉 OK		496
Kǎtǎ'ěr 卡塔尔		496
kǎxiě 咯血		688
kāichē 开车		496
kāichú 开除		496
kāichuàng 开创		496
kāiduān 开端		498
kāifāqū 开发区		497
kāifàng❶ 开放❶		497
kāifàng❷ 开放❷		497
kāiguān 开关		497
kāihù 开户		497
kāihuì 开会		497
kāikěn 开垦		537
kāikuò❶ 开阔❶		498
kāikuò❷ 开阔❷		551
kāilǎng 开朗		498
kāimén 开门		497
kāimù 开幕		498
kāipì 开辟		499
kāishǐ 开始		498
kāishuǐ 开水		498
kāitóu 开头		498
kāituò 开拓		499
kāixué 开学		499
kāizhǎn 开展		486
kǎishū 楷书		499
kānwù 刊物		499
kānshǒusuǒ 看守所		499
kāntàn 勘探		1127
kǎnjiān 坎肩		499
kǎnjià 砍价		500
kàn① 看①		500
kàn② 看②		500
kàn·buqǐ 看不起		500
kàn·deqǐ 看得起		500
kànhuà 看话		500
kànkǒu 看口		500
kànwàng 看望		501
Kāng 康		441
kāngfù 康复		501
kāngkǎi 慷慨		501
kāng 糠		501
káng 扛		845
kànghàn 抗旱		501
kànghóng 抗洪		501
kàngjù 抗拒		502
kàngměiyuáncháo 抗美援朝		502
Kàng Rì Zhànzhēng 抗日战争		502
kàngyì 抗议		502
kàngzhàn 抗战		502
Kàngzhànshènglìjìniànrì 抗战胜利纪念日		502
kǎochá 考察		99
kǎofēn① 考分①		503
kǎofēn② 考分②		503
kǎogǔ 考古		503
kǎohé 考核		503
kǎojuàn 考卷		503
kǎolǜ 考虑		503
kǎoqín 考勤		504
kǎoshì① 考试①		55
kǎoshì② 考试②		504
kǎoyàn① 考验①		504
kǎoyàn② 考验②		504
kǎochuàn 烤串		504
kǎojī 烤鸡		504
kǎoxiāng 烤箱		505
kǎoyā 烤鸭		505
kào 靠		505
Kē'ěrkèzīzú 柯尔克孜族		505
kē 科		505
Kēmóluó 科摩罗		505
kēmù 科目		506
Kēsuǒwò 科索沃		506
Kētèdíwǎ 科特迪瓦		506

Pinyin	词条	页码
Kēwēitè	科威特	506
kēxué	科学	506
kēyán	科研	506
kēzhǎng	科长	507
kē	磕	507
kēshuì	瞌睡	507
kēdǒu	蝌蚪	507
ké·sou	咳嗽	507
kěkào①	可靠①	507
kěkào②	可靠②	508
kělián	可怜	508
kěnéng①	可能①	508
kěnéng②	可能②	508
kěshì	可是	508
kěxī	可惜	508
kěxìn	可信	509
kěyǐ	可以	509
kě	渴	509
kè	克	509
kèfú①	克服①	509
kèfú②	克服②	724
kèlóng	克隆	509
Kèluódìyà	克罗地亚	510
kèkǔ	刻苦	510
kèlùjī	刻录机	510
kèzhōu-qiújiàn	刻舟求剑	510
kèguān	客观	510
kèhù	客户	510
kè·qi	客气	511
kè·rén	客人	511
kètīng	客厅	510
kè	课	511
kèběn	课本	511
kèbiāo	课标	511
kèbiǎo	课表	511
kèchéng	课程	511
kèjiān	课间	512
kèjiàn	课件	512
kètáng	课堂	512
kètí	课题	512
kè	嗑	512
Kěndéjī	肯德基	512
kěndìng	肯定	513
Kěnníyà	肯尼亚	513
kěnqǐng	恳请	513
kěnqiú	恳求	513
kēng	坑	875
kēnghài	坑害	676
kōng	空	513
kōngjiān①	空间①	513
kōngjiān②	空间②	840
kōngjūn	空军	513
kōngqì	空气	841
kōngtiáo	空调	514
kōngtóu	空投	514
kōngxí	空袭	514
kōngxīncài①	空心菜①	514
kōngxīncài②	空心菜②	514
kōngzhōng jiāyóujī	空中加油机	514
kōngzhú	空竹	515
kǒngquè	孔雀	515
Kǒngzǐ	孔子	515
kǒngbù	恐怖	515
kǒngbù fènzǐ	恐怖分子	515
kǒnghè	恐吓	515
kǒnglóng①	恐龙①	516
kǒnglóng②	恐龙②	516
kǒngpà	恐怕	516
kònggào	控告	309
kòngzhì	控制	516
kǒu	口	516
kǒugòng	口供	516
kǒuhào	口号	517
kǒuhóng①	口红①	161
kǒuhóng②	口红②	517
kǒujué	口诀	517
kǒuqiāngkē	口腔科	517
kǒuqín	口琴	517
kǒushuǐ	口水	874
kǒuyǔ	口语	517
kǒuzhào	口罩	518
kòuchú	扣除	518
kòuliú	扣留	483
kòumào·zi	扣帽子	1036
kòutí	扣题	518
kūjié	枯竭	518
kū	哭	518
kū·long	窟窿	518
kǔ①	苦①	519
kǔ②	苦②	519
kǔguā	苦瓜	519
kǔmèn	苦闷	519
kùchǎr❶	裤衩儿❶	235
kùchǎr❷	裤衩儿❷	633
kù·zi	裤子	519
kù	酷	519
kuājiǎng	夸奖	131
kuāzhāng	夸张	520
kuà	挎	113
kuà	跨	520
kuàlán	跨栏	520
kuài·jì	会计	520
kuài	块	520
kuài	快	520
kuàicān	快餐	521
kuàidì	快递	812
kuàidìyuán	快递员	812
kuàilè	快乐	307
kuài·zi	筷子	521
kuān	宽	521
kuānguǎng	宽广	521
Kuāng	匡	521
kuāng	筐	521
kuángfēng	狂风	521
kuángquǎnbìng	狂犬病	522
kuànggōng	旷工	522
kuàngcáng	矿藏	522
kuànggōng	矿工	522
kuàngshí	矿石	522
kuīběn	亏本	522
kuí·wu	魁梧	523
kuǐlěi	傀儡	523
kūnbiāo	坤表	523
Kūnmíng	昆明	523
kǔn	捆	523
kùnhuò	困惑	523
kùn·nan①	困难①	524
kùn·nan②	困难②	524
kuòdà	扩大	177
kuòyìn	扩印	271
kuòzhǎn①	扩展①	177
kuòzhǎn②	扩展②	524
kuòhào	括号	524
kuò·qi	阔气	524

L

Pinyin	词条	页码
lājī	垃圾	525
lā	拉	525
lādù·zi	拉肚子	296
Lāhùzú	拉祜族	525
lālì	拉力	525
lā·lǒng	拉拢	525
lāmiàn	拉面	606
Lāsà	拉萨	526
Lātuōwéiyà	拉脱维亚	526
lǎ·ba	喇叭	526
lǎ·ma	喇嘛	526
Làbā Jié	腊八节	526
làbāzhōu	腊八粥	526
làyuè	腊月	527
làbǐ	蜡笔	527
làrǎn	蜡染	527
làzhú	蜡烛	527
là	辣	527
làjiāo	辣椒	527
lái	来	528
lái·bují	来不及	528
lái·dejí	来得及	528

Láisuǒtuō	莱索托	528	lěiqiú	垒球	33	lìshǐ	历史	541
Lài	赖	528	lèigǔ	肋骨	653	lì·hai	厉害	542
làipí	赖皮	528	lèi	累	535	lì	立	1059
làihá·ma	癞蛤蟆	114	lèixīn	累心	102	lìchǎng	立场	542
lánhuā	兰花	529	lěng	冷	225	lìchūn	立春	542
Lánzhōu	兰州	529	lěngdàn	冷淡	535	lìdìng tiàoyuǎn	立定跳远	848
lánjié	拦截	191	lěngjìng	冷静	536	lìdōng	立冬	542
lángān	栏杆	529	lěngluò	冷落	87	lìfǎ	立法	542
lánwěiyán	阑尾炎	529	lěngquè	冷却	536	lìfāng	立方	542
lán①	蓝①	111	lèngshénr	愣神儿	254	lìjiāoqiáo	立交桥	543
lán②	蓝②	529	límǐ	厘米（cm）	536	lìkè	立刻	520
lányá①	蓝牙①	529	líbié	离别	276	lìqiū	立秋	543
lányá②	蓝牙②	530	líhūn	离婚	536	Lìtáowǎn	立陶宛	543
lánqiú	篮球	530	líxiū	离休	536	lìxià	立夏	543
lán·zi	篮子	530	lí	梨	536	lìzhèng	立正	543
lǎnchē	缆车	530	lí	犁	537	Lìbǐlǐyà	利比里亚	543
lǎn	懒	530	Líbānèn	黎巴嫩	537	Lìbǐyà	利比亚	544
lànyòng	滥用	530	límíng	黎明	555	lìlǜ	利率	544
láng	狼	531	Lízú	黎族	537	lìrùn	利润	544
làngfèi	浪费	531	lí·ba	篱笆	529	lì·suo	利索	610
lāo	捞	531	lǐhuā	礼花	984	lìxī	利息	544
lāoqǔ	捞取	531	lǐjié	礼节	537	lìyì	利益	544
láodòng	劳动	531	lǐmào	礼貌	537	lìyòng①	利用①	544
láodòng gǎizào	劳动改造	531	lǐpào	礼炮	537	lìyòng②	利用②	545
láojià	劳驾	532	lǐtáng	礼堂	538	lìjià	例假	1042
láowùfèi	劳务费	42	lǐwù	礼物	538	lìjù	例句	545
láogù	牢固	532	lǐyí	礼仪	537	lì·zi	例子	545
láojì	牢记	532	Lǐ	李	538	lìshū	隶书	545
láo·sāo	牢骚	532	lǐ·zi	李子	538	lìzhī	荔枝	545
láo·dao	唠叨	575	lǐchéng①	里程①	488	Lìsùzú	傈僳族	545
lǎo	老	532	lǐchéng②	里程②	488	lì·ji	痢疾	296
lǎobǎixìng	老百姓	532	lǐlòng	里弄	538	lián	连	546
lǎobǎn	老板	533	lǐmiàn	里面	632	liáncí	连词	546
lǎohuāyǎn	老花眼	533	lǐcái	理财	538	liánhuánhuà	连环画	546
lǎojiā	老家	533	lǐcáijīn	理财金	538	liánsuǒdiàn	连锁店	546
lǎoliàn	老练	533	lǐfà	理发	539	liánxù	连续	546
lǎonóng	老农	534	lǐjiě	理解	539	liányīqún	连衣裙	546
lǎorén	老人	533	lǐliáo	理疗	539	liánmǐn	怜悯	855
lǎoshī	老师	533	lǐlùn	理论	539	lián·zi	帘子	547
lǎo·shi	老实	534	lǐshì	理事	539	liánwù	莲雾	547
lǎoshǔ	老鼠	794	lǐshìhuì	理事会	539	liánbāng	联邦	547
Lǎowō	老挝	534	lǐshìzhǎng	理事长	540	Liánhéguó	联合国	547
lǎoxiāng	老乡	534	lǐshùn	理顺	540	liánhéhuì	联合会	547
lǎozhàng·ren	老丈人	1043	lǐxiǎng	理想	540	liánhuānhuì	联欢会	547
Lǎozǐ	老子	534	lǐxìng	理性	540	liánméng	联盟	547
lǎo·lao	姥姥	534	lǐyóu	理由	540	liánxì	联系	548
lǎo·ye	姥爷	534	lǐzhí-qìzhuàng	理直气壮	540	liánjié	廉洁	706
làobǐng	烙饼	76	lǐ	锂	541	liánzhèng	廉政	548
lèguān	乐观	535	lǐyú	鲤鱼	541	liányú	鲢鱼	548
lèlìng	勒令	980	lì	力	541	liándāo	镰刀	548
·le	了	535	lìbùcóngxīn	力不从心	138	liǎn	脸	548
léi	雷	535	lì·liàng	力量	541	liànxí	练习	548
léidá	雷达	535	lìlái	历来	541	liànxítí	练习题	549

liàn'ài 恋爱	549	líng 铃	1096	liǔshù 柳树	563
liàn 链	393	língchén① 凌晨①	555	liù 六	1134
liànjiē 链接	549	língchén② 凌晨②	556	liùshí 六十	1135
liánghǎo 良好	549	líng·jiao 菱角	556	Liù-Yī Értóng Jié	
liángxīn 良心	549	língxíng 菱形	556	六一儿童节	563
liáng 凉	549	língyáng 羚羊	556	Liù-Yī Jié 六一节	563
liángxí 凉席	550	líng 零	1133	liù 陆	1134
liángjiǎoqì 量角器	550	língjiàn 零件	556	lóng 龙	563
liáng·shi 粮食	601	língjùjué 零拒绝	556	lóngjǐng 龙井	564
liǎngmiànpài 两面派	550	língshòu 零售	557	lóngjuǎnfēng 龙卷风	564
liǎngxiāngchē 两厢车	550	lǐngbān 领班	557	lóngxiā 龙虾	564
liàng 亮	342	lǐngdài 领带	557	lóngyǎn 龙眼	564
liàngbiàn 量变	550	lǐngdǎo❶ 领导❶	557	lóng① 聋①	564
liàngcí 量词	796	lǐngdǎo❷ 领导❷	558	lóng② 聋②	564
liāo 撩	550	lǐngduì 领队	557	Lóng'àohuì 聋奥会	565
Liáo 辽	551	lǐnghǎi 领海	557	lóngrén① 聋人①	851
liáokuò 辽阔	551	lǐnghuì 领会	539	lóngrén② 聋人②	851
Liáoníng 辽宁	551	lǐngjiǎng 领奖	558	Lóngrén Jié 聋人节	565
liáoyǎng 疗养	963	lǐngjié 领结	558	lóngxiào 聋校	565
liáotiānr 聊天儿	785	lǐngkōng 领空	558	lóngtì 笼屉	565
liǎo·buqǐ 了不起	33	lǐngshìguǎn 领事馆	180	lóngtǒng 笼统	565
liǎojiě① 了解①	551	lǐngtǔ 领土	558	lóng·tou 笼头	565
liǎojiě② 了解②	551	lǐngxiù 领袖	558	lóngzhòng 隆重	566
Lièníng 列宁	551	lǐngyù 领域	342	lǒng 垄	843
lièxí 列席	551	lǐngzhāng 领章	558	lǒngduàn 垄断	566
Lièzhīdūnshìdēng		lìngwài 另外	559	lǒngluò 笼络	525
列支敦士登	552	Liú 刘	559	lóu 楼	810
liè 劣	552	liúlǎn 浏览	559	lóucéng 楼层	566
lièjì 劣迹	552	liúliàn 留恋	559	lóufáng 楼房	566
lièshì 劣势	552	liúshǒu 留守	559	lóutī 楼梯	566
lièshì 烈士	552	liúxué 留学	559	lóugū 蝼蛄	566
Lièshìjìniànrì 烈士纪念日	552	liúxuéshēng 留学生	560	lǒu 搂	44
lièshǔ 烈属	553	liúchǎn 流产	560	lǒu 篓	521
lièqiāng 猎枪	553	liúchàng 流畅	560	lòu 漏	567
lièrén 猎人	553	liúchéng❶ 流程❶	560	lòudiàn 漏电	567
lièshǒu 猎手	553	liúchéng❷ 流程❷	560	lòu mǎjiǎo 露马脚	567
lièfèng 裂缝	553	liúgǎn 流感	560	lòuxiànr 露馅儿	567
línjū① 邻居①	553	liúlàng① 流浪①	561	lū 撸	567
línjū② 邻居②	553	liúlàng② 流浪②	561	Lú 卢	567
lín 林	554	liúliàng❶ 流量❶	561	lúbù 卢布	567
línjìn 临近	471	liúliàng❷ 流量❷	561	Lúgōuqiáo 卢沟桥	568
línmó 临摹	554	liúmáng① 流氓①	561	Lúsēnbǎo 卢森堡	568
línshí 临时	1051	liúmáng② 流氓②	561	Lúwàngdá 卢旺达	568
línyù 淋浴	554	liúshuǐxiàn 流水线	562	lúwěi 芦苇	568
línféi 磷肥	554	liútōng 流通	562	lúyú 鲈鱼	568
lìnsè 吝啬	554	liúxiànxíng 流线型	562	Lǔ❶ 鲁❶	568
Línghú 令狐	554	liúxīng 流星	562	Lǔ❷ 鲁❷	569
língchē 灵车	555	liúxīngyǔ 流星雨	562	lǔ 橹	569
línghún 灵魂	555	liúxíng 流行	562	Lù 陆	569
língjiù 灵柩	555	liúxuè 流血	149	lùdì 陆地	569
língmǐn 灵敏	555	liúlián 榴莲	563	lùjūn 陆军	569
língtáng 灵堂	74	liú 瘤	563	lùqǔ① 录取①	191
língzhī 灵芝	555	liǔ 柳	563	lùqǔ② 录取②	570

拼音	词条	页码	拼音	词条	页码	拼音	词条	页码
lùrù	录入	569	luó·bo	萝卜	576	mà	骂	584
lùxiàng	录像	755	luó·jí	逻辑	576	mái	埋	844
lùyīnbǐ	录音笔	570	luó	锣	576	máidān	埋单	461
lùyòng	录用	570	luó	骡	576	mái·fú	埋伏	584
lù	鹿	570	luósīdāo	螺丝刀	298	mǎi	买	584
lùguò	路过	570	luósīdīng	螺丝钉	576	mǎidān	买单	461
lùxiàn	路线	570	luósīmào	螺丝帽	577	mài	迈	584
lù·lu	辘轳	570	luǒlù	裸露	140	Mài	麦	584
lù	露	571	luǒtǐ	裸体	140	Màidāngláo	麦当劳	584
lùgǔ	露骨	571	luò·tuo	骆驼	577	màikèfēng	麦克风	390
lǘ	驴	571	Luòbāzú	珞巴族	577	mài·zi	麦子	584
Lúqiū	闾丘	571	luò	落	577	mài	卖	585
Lǚ	吕	571	luòdìchuāng	落地窗	577	màiyín	卖淫	585
lǚ	捋	678	luòhòu	落后	577	màibó	脉搏	585
lǚ	旅	571	luòmǎ	落马	578	mányuàn	埋怨	44
lǚguǎn	旅馆	572	luòshí	落实	578	mánhèng	蛮横	585
lǚkè①	旅客①	136	luòxuǎn	落选	578	mán·tou①	馒头①	585
lǚkè②	旅客②	572				mán·tou②	馒头②	585
lǚxíng	旅行	572		**M**		mán	鳗	586
lǚxíngshè	旅行社	572	mā·ma	妈妈	621	mǎn	满	586
lǚyóu	旅游	572	mābù	抹布	579	mǎnyì	满意	586
lǚyóutuán	旅游团	572	má	麻	579	mǎnzú	满足	586
lǚ	铝	571	mábì	麻痹	579	Mǎnzú	满族	586
lǚhéjīn	铝合金	572	má·fan	麻烦	579	mànhuà	漫画	586
lǚcì	屡次	669	máhuā	麻花	579	mànyóu	漫游	587
lǚlì	履历	474	májiàng	麻将	580	màn①	慢①	587
lǜdòng	律动	573	mápó dòu·fu	麻婆豆腐	580	màn②	慢②	587
lǜshī	律师	573	máquè	麻雀	580	mángguǒ	芒果	587
lǜ	绿	109	máyào	麻药	580	mángzhòng	芒种	587
lǜdòu	绿豆	573	mázhěn	麻疹	580	máng	忙	587
lǜkǎ	绿卡	573	mázuì	麻醉	580	mángchángyán	盲肠炎	529
luánshēng	孪生	798	mǎ	马	581	mángmù	盲目	588
luǎncháo	卵巢	573	mǎdá	马达	211	mángrén	盲人	779
luàn	乱	573	Mǎdájiāsījiā	马达加斯加	581	mángxiào	盲校	588
lüèduó	掠夺	1071	Mǎ'ěrdàifū	马尔代夫	581	mángrán	茫然	383
lüèwēi	略微	750	Mǎ'ěrtā	马耳他	581	mǎng	蟒	588
Lúndūn	伦敦	574	mǎ·hu①	马虎①	581	māo	猫	588
lúnbān①	轮班①	574	mǎ·hu②	马虎②	581	māobù	猫步	588
lúnbān②	轮班②	574	mǎjiǎ	马甲	499	māotóuyīng	猫头鹰	588
lúnchuán	轮船	156	Mǎkèsī	马克思	582	Máo	毛	589
lúnhuá	轮滑	574	mǎlāsōng	马拉松	582	máobǐ	毛笔	589
lúnhuàn	轮换	574	Mǎlāwéi	马拉维	582	máojīn	毛巾	589
lúnliú	轮流	574	Mǎláixīyà	马来西亚	582	máokù	毛裤	589
lúntāi	轮胎	575	Mǎlǐ	马里	582	Máolǐqiúsī	毛里求斯	589
lúnyǐ	轮椅	575	mǎlíngshǔ	马铃薯	582	Máolǐtǎníyà	毛里塔尼亚	589
lúnzuò	轮作	575	mǎsàikè	马赛克	583	Máonánzú	毛南族	590
lùnshù	论述	575	Mǎshào'ěrqúndǎo 马绍尔群岛		583	máotǎn	毛毯	590
lùnwén	论文	575	mǎshù	马术	583	máoxiàn	毛线	590
luō	捋	567	mǎtǒng	马桶	583	máoyī	毛衣	590
luō·suo	啰唆	575	mǎxì	马戏	583	Máo Zédōng	毛泽东	590
luō·suo	啰嗦	575	mǎ·tóu	码头	305	máodùn❶	矛盾❶	590
Luó	罗	576	mǎyǐ	蚂蚁	583	máodùn❷	矛盾❷	591
Luómǎníyà	罗马尼亚	576				máosè-dùnkāi	茅塞顿开	398

màoshèng	茂盛	662	mèilì	魅力	598	miànmào	面貌	606
màohào	冒号	591	mén	门	598	miàntiáo①	面条①	606
màopái	冒牌	591	Ménbāzú	门巴族	599	miàntiáo②	面条②	606
màosǐ	冒死	591	ménpái	门牌	599	miáo	苗	606
màoxiǎn	冒险	591	ménwèi	门卫	599	miáopǔ	苗圃	606
màoyān	冒烟	978	ménzhěn	门诊	599	miáo·tiao	苗条	607
màoyì	贸易	591	méngyá	萌芽	599	Miáozú	苗族	607
mào·zi	帽子	592	Méng	蒙	588	miáoshù	描述	607
méibìyào	没必要	592	méngbì	蒙蔽	599	miáotú	描图	607
méi guān·xi ❶	没关系❶	592	ménghùnguòguān			miáozhǔn	瞄准	607
méi guān·xi ❷	没关系❷	592		蒙混过关	600	miǎozhōng	秒钟	607
méishì	没事	592	méng	盟	547	miàoyǔ	庙宇	808
méixīwàng	没希望	592	Měnggǔ	蒙古	600	mièchóng	灭虫	608
méixì	没戏	592	Měnggǔzú	蒙古族	600	mínbīng	民兵	608
méixiǎngdào	没想到	1008	Mèng	孟	600	mínfǎ	民法	608
méixìngqù	没兴趣	593	Mèngjiālāguó	孟加拉国	600	Mín'gé	民革	351
méixiū	没羞	593	Mèngzǐ	孟子	600	Mínguó	民国	608
méi yì·si	没意思	593	mèng	梦	601	mínjiān	民间	608
méiyòng①	没用①	593	mèngxiǎng	梦想	601	Mínjiàn	民建	609
méiyòng②	没用②	593	mí·huò	迷惑	383	Mínjìn	民进	609
méi·yǒu①	没有①	593	míxìn	迷信	601	Mínméng	民盟	609
méi·yǒu②	没有②	594	míhóutáo	猕猴桃	601	mínzhèng①	民政①	608
méi·guihuā	玫瑰花	594	míyǔ	谜语	601	mínzhèng②	民政②	609
méi	眉	594	mílù	麋鹿	601	mínzhǔ	民主	609
Méi	梅	594	mǐ❶	米❶	601	Mínzhǔ Cùjìnhuì		
méihuā	梅花	594	mǐ❷	米❷ (m)	602		民主促进会	609
méihuālù	梅花鹿	594	mǐfàn	米饭	601	mínzhǔ dǎngpài	民主党派	609
méiyǔ	梅雨	594	mǐlǎoshǔ	米老鼠	602	Mínzhǔ Jiànguóhuì		
méijiè	媒介	595	mìniàokē	泌尿科	602		民主建国会	609
méitǐ	媒体	595	mìmì	秘密	602	Mínzhǔ Tóngméng		
méi	煤	595	mìshū	秘书	602		民主同盟	609
méikuài	煤块	595	mì	密	602	mínzú	民族	610
méiqì	煤气	595	mìdù	密度	603	mínzúwǔ	民族舞	610
méiqiú	煤球	595	mìjí	密集	602	Mǐn	闽	610
méiyǔ	霉雨	594	Mìkèluóníxīyà			mǐnjié	敏捷	610
měi	每	595		密克罗尼西亚	603	mǐnruì①	敏锐①	555
měigè	每个	595	mìmǎ	密码	603	mǐnruì②	敏锐②	610
měinián	每年	596	mìfēng	蜜蜂	603	míngcí	名词	610
měitiān	每天	596	mìyuè	蜜月	603	míng'é	名额	723
měiyuè	每月	596	miányáng	绵羊	603	míngfùqíshí	名副其实	611
měizhōu	每周	596	mián·huā	棉花	604	mínglì	名利	611
měi	美	596	miányáchóng	棉蚜虫	604	míngpái	名牌	611
měifà	美发	596	miǎnfèi	免费	604	míngpiàn	名片	611
Měiguó	美国	597	miǎnyìlì	免疫力	604	míngshēng	名声	901
měiróng	美容	597	miǎnzhí①	免职①	604	míngshèng	名胜	611
měishù❶	美术❶	597	miǎnzhí②	免职②	604	míngwàng	名望	611
měishù❷	美术❷	597	miǎnqiǎng	勉强	605	míngyì	名义	612
měiyù	美育	597	Miǎndiàn	缅甸	605	míngyù	名誉	612
měiyuán	美元	597	miǎntiǎn	腼腆	605	míng·bai	明白	1080
Měizhōu	美洲	598	miànbāo	面包	605	Míngdài	明代	612
mèi·fu①	妹夫①	598	miànfěn	面粉	605	míngquè	明确	706
mèi·fu②	妹夫②	598	miànjī	面积	605	míngtiān	明天	612
mèi·mei	妹妹	598	miànjīnzhǐ	面巾纸	606	míngxiǎn①	明显①	612

míngxiǎn ②	明显②	612	mòzhī	墨汁	619	Nàcuì	纳粹	259
míngxìnpiàn	明信片	613	Mòzǐ	墨子	619	nàmènr ①	纳闷儿①	683
míngxīng	明星	613	mò'āi	默哀	620	nàmènr ②	纳闷儿②	683
míngzhīgùfàn	明知故犯	613	mòjù	默剧	977	nàmǐ	纳米（nm）	626
míngzhīgùwèn	明知故问	613	mòqì	默契	620	Nàmǐbǐyà	纳米比亚	626
míngsī-kǔxiǎng	冥思苦想	613	mòrèn	默认	620	nàrù	纳入	626
mìnglìng	命令	613	mòxiě	默写	620	nàshuì	纳税	626
mìngmíng	命名	614	mòxǔ	默许	620	Nàxīzú	纳西族	626
mìngtí ❶	命题❶	614	mǒu ①	某①	620	nà	钠	626
mìngtí ❷	命题❷	614	mǒu ②	某②	799	nǎilào	奶酪	627
mìngyùn ❶	命运❶	614	mújù	模具	620	nǎi·nai	奶奶	627
mìngyùn ❷	命运❷	614	mǔ	母	621	nàihuǒzhuān	耐火砖	627
mō	摸	614	mǔ·qīn	母亲	621	nàixīn	耐心	627
mō·suǒ	摸索	615	Mǔqīn Jié	母亲节	621	nán	男	627
mófàn	模范	615	mǔ·danhuā	牡丹花	621	nánhái	男孩	627
mófǎng	模仿	615	mǔ	亩	621	nánshì	男士	628
mó·hu	模糊	383	mù ①	木①	290	nán ①	南①	628
mónǐ	模拟	615	mù ②	木②	621	nán ②	南②	629
móshì	模式	615	mùdìbǎn	木地板	621	Nán-Běi Cháo	南北朝	628
mótèr ❶	模特儿❶	615	mù'ěr	木耳	622	Nánchāng	南昌	628
mótèr ❷	模特儿❷	615	mùguā	木瓜	622	Nánfēi	南非	628
móxíng	模型	616	mùkè	木刻	622	nán·guā	南瓜	628
mócā	摩擦	171	mù'ǒu ❶	木偶❶	523	Nánhǎi	南海	629
Mó'ěrduōwǎ	摩尔多瓦	616	mù'ǒu ❷	木偶❷	622	nánjí	南极	629
mójiān-jiēzhǒng	摩肩接踵	721	mù·tou	木头	621	Nánjízhōu	南极洲	629
Móluògē	摩洛哥	616	mùbiāo	目标	622	Nánjīng	南京	629
Mónàgē	摩纳哥	616	mùdì	目的	622	Nánměizhōu	南美洲	629
mótuōchē	摩托车	616	mùdèng-kǒudāi	目瞪口呆	131	Nánníng	南宁	629
mó	磨	616	mùkōngyīqiè	目空一切	14	Nánshāqúndǎo	南沙群岛	630
mó·ceng	磨蹭	617	mùlù	目录	623	nánchǎn	难产	630
móchuáng	磨床	617	mùqián	目前	932	nánguài	难怪	630
mó·gu	蘑菇	617	mùzhōng-wúrén	目中无人	14	nánmiǎn	难免	630
mó·guyún	蘑菇云	1039	Mùlǎozú	仫佬族	623	nánshòu	难受	630
móguǐ	魔鬼	345	mùmín	牧民	623	nántīng	难听	630
móshù ①	魔术①	617	mùshī	牧师	623	nánwéiqíng	难为情	360
móshù ②	魔术②	617	mùjuān	募捐	623	nànmín	难民	1050
mòbānchē	末班车	617	mùzàng	墓葬	623	náng	馕	631
mòluò	没落	797	Mù	慕	624	náo	挠	631
mòshōu	没收	618	Mùróng	慕容	624	nǎohuǒ	恼火	631
mò·lihuā	茉莉花	618	Mù	穆	624	nǎo	脑	859
mòshēng	陌生	618	mùsīlín	穆斯林	624	nǎogěng	脑梗	632
Mò	莫	618				nǎojīshuǐ	脑积水	631
mòmíngqímiào ①			**N**			nǎomóyán	脑膜炎	631
莫名其妙①		683	ná	拿	625	nǎotān	脑瘫	631
mòmíngqímiào ②			nǎ	哪	757	nǎoxuèshuān	脑血栓	632
莫名其妙②		683	nǎjǐ·ge	哪几个	625	Nǎolǔ	瑙鲁	632
Mòsāngbǐkè	莫桑比克	618	nǎ·lǐ	哪里	757	nàoshì	闹事	738
Mòsīkē	莫斯科	618	nǎxiē ①	哪些①	625	nàoxīn	闹心	632
mò	墨	619	nǎxiē ②	哪些②	625	nèi	内	632
mòhé	墨盒	619	nà·lǐ	那里	625	nèicún	内存	632
mòjìng	墨镜	823	nàshí	那时	625	nèigé	内阁	632
mòshuǐ	墨水	619	nàtiān	那天	191	nèiháng	内行	633
Mòxīgē	墨西哥	619	nàxiē	那些	194	nèijiù	内疚	633

拼音	词	页码
nèikǎqián	内卡钳	633
nèikē	内科	633
nèikù	内裤	633
Nèiměnggǔ	内蒙古	633
nèiróng	内容	634
nèiwài-jiāokùn	内外交困	634
nèiyīn	内因	634
nèiyōu-wàihuàn	内忧外患	634
nèn	嫩	634
néng	能	509
nénggòu	能够	509
nénglì	能力	634
néngliàng①	能量①	509
néngliàng②	能量②	634
néngyuán	能源	635
Níbó'ěr	尼泊尔	635
nígū	尼姑	635
Níjiālāguā	尼加拉瓜	635
nílóng	尼龙	635
Nírì'ěr	尼日尔	635
Nírìlìyà	尼日利亚	636
níbǎn	泥板	636
ní·qiu	泥鳅	636
níshíliú	泥石流	636
níyǒng	泥俑	636
Ní	倪	636
níhóngdēng	霓虹灯	637
nǐrén	拟人	637
nǐ	你	637
nǐliǎ	你俩	637
nǐ·men	你们	637
nìchā	逆差	637
nìmíng①	匿名①	638
nìmíng②	匿名②	638
nì❶	腻❶	593
nì❷	腻❷	638
nì'ài①	溺爱①	143
nì'ài②	溺爱②	638
nián	年	638
niándài	年代	638
niángāo①	年糕①	639
niángāo②	年糕②	639
niánhào	年号	639
niánjí①	年级①	639
niánjí②	年级②	639
niánlíng	年龄	639
niánqīng	年青	703
niánqīng	年轻	703
niánsānshí	年三十	150
niánsuì	年岁	639
niánxiàn	年限	640
niányú	鲇鱼	640
nián	黏	640
niánmǐ	黏米	648
niǎn	捻	640
niǎn·zi	碾子	640
niànnián-bùwàng	念念不忘	640
niǎo	鸟	641
niào	尿	942
niàobùshī	尿不湿	641
niàosù	尿素	641
niē	捏	641
Niè	聂	641
nín	您	637
Níng	宁	551
níngjìng	宁静	393
Níngxià	宁夏	641
níng	拧	642
níngméng	柠檬	642
nínggù	凝固	642
níngjù	凝聚	642
níngshì	凝视	642
nìngsǐ-bùqū	宁死不屈	642
niú	牛	642
niúnǎi	牛奶	643
niúzǎifú	牛仔服	643
niúzǎikù	牛仔裤	643
niǔshāng	扭伤	817
niǔzhuǎn	扭转	643
niǔní	忸怩	450
niǔkòu	纽扣	643
Niǔyuē	纽约	643
Nóng	农	314
nóngchǎng	农场	644
nóngcūn	农村	644
Nónggōng Mínzhǔdǎng 农工民主党		644
nóngjù	农具	644
nónglì	农历	644
nóngmín	农民	644
nóngtián	农田	645
nóngyè	农业	645
nóngzuòwù	农作物	1111
nóng	浓	645
nóngdù	浓度	645
nóngsuō	浓缩	817
nòngxū-zuòjiǎ	弄虚作假	645
nú·cai	奴才	1125
núlì	奴隶	645
núyì	奴役	646
nǔlì	努力	646
Nùzú	怒族	646
nǚ	女	646
nǚbiǎo	女表	523
nǚ'ér①	女儿①	646
nǚ'ér②	女儿②	646
nǚhái	女孩	646
nǚshì	女士	647
nǚ·xu	女婿	647
nuǎn	暖	647
nuǎn·huo	暖和	647
nuǎnqì	暖气	647
nuǎnshuǐpíng	暖水瓶	647
nüè·ji	疟疾	647
nüèdài	虐待	648
Nuówēi	挪威	648
nuóyòng	挪用	648
nuòruò	懦弱	648
nuòmǐ	糯米	648

O

Ōuméng	欧盟	649
Ōuyáng	欧阳	649
ōuyuán	欧元	649
Ōuzhōu	欧洲	649
ōudǎ	殴打	649
ǒutù	呕吐	650
ǒu'ěr①	偶尔①	650
ǒu'ěr②	偶尔②	650
ǒurán①	偶然①	650
ǒurán②	偶然②	650
ǒuxiàng	偶像	143
ǒu	藕	650

P

pā	趴	651
pájī	扒鸡	651
pá	爬	651
pá	耙	651
Pàláo	帕劳	651
pāi	拍	652
pāimài	拍卖	652
pái	排	652
páibǐ	排比	652
pái·chǎng❶	排场❶	652
pái·chǎng❷	排场❷	652
páiduì	排队	653
páifēngshàn	排风扇	394
páigǔ	排骨	653
páilào	排涝	653
páiqiú	排球	653
páishuǐ	排水	653
páiyǎn	排演	653
páihuái	徘徊	653
páibiǎn	牌匾	654
pái·zi	牌子	654
pàichūsuǒ	派出所	654
pàiqiǎn	派遣	654

拼音	词	页码
Pān	潘	654
pān	攀	651
pānbǐ	攀比	55
pánwèn	盘问	1090
pánxuán	盘旋	654
pányáng	盘羊	655
pán·zi	盘子	655
pánshān	蹒跚	655
pànduàn	判断	655
pànjué	判决	655
pànxíng	判刑	655
pànwàng	盼望	656
pànbiàn	叛变	656
pàntú	叛徒	656
pánghuáng	彷徨	653
Páng	庞	656
pángbiān	旁边	656
pángguāng	膀胱	656
pángxiè	螃蟹	656
pàng	胖	657
pàngtóuyú	胖头鱼	657
pāo	抛	657
pāozhuān-yǐnyù	抛砖引玉	657
páo	刨	657
pǎo	跑	657
pǎobù	跑步	657
pǎodào❶	跑道❶	658
pǎodào❷	跑道❷	658
pǎotí	跑题	658
pàocài	泡菜	658
pào	炮	658
pēitāi	胚胎	658
péi	陪	659
péishěnyuán	陪审员	659
péizàngpǐn	陪葬品	659
péixùn	培训	659
péiyǎng	培养	659
péizhì xuéxiào	培智学校	659
péiběn	赔本	522
péicháng	赔偿	660
péilǐ	赔礼	44
Péi	裴	660
pèi·fú	佩服	660
pèi·he	配合	289
pèijiàn	配件	660
pèijué	配角	660
pèitào	配套	660
pēn	喷	661
pēnhú①	喷壶①	661
pēnhú②	喷壶②	661
pēnqī	喷漆	661
pēnquán	喷泉	661
pēntóu	喷头	386
pēnwùqì	喷雾器	661
péndì	盆地	662
pēngrèn	烹饪	662
pēngtiáo	烹调	662
péng·you	朋友	662
Péng	彭	332
péng·zi	棚子	662
péngbó	蓬勃	662
pěng	捧	663
pèngbì	碰壁	663
pèngqiǎo①	碰巧①	663
pèngqiǎo②	碰巧②	663
pèngtóu	碰头	190
pīfā	批发	663
pīgǎi	批改	663
pīpàn	批判	664
pīpíng	批评	664
pīshì	批示	664
pīzhǔn	批准	664
pījiān	披肩	664
pī	劈	290
pīchái	劈柴	664
píchǐ	皮尺	664
pídài❶	皮带❶	665
pídài❷	皮带❷	665
pídàn	皮蛋	809
pífū	皮肤	665
pífūkē	皮肤科	665
pípíxiā	皮皮虾	925
píshì	皮试	665
píjuàn	疲倦	535
píjiǔ	啤酒	665
pí·pa	琵琶	666
pí	脾	666
pí·qi	脾气	666
pì	屁	666
pìjìng	僻静	666
piān	偏	666
piānpì	偏僻	449
piānpiān	偏偏	492
piāntān	偏瘫	667
piāntǎn	偏袒	667
piānxiàng	偏向	705
piānxīn	偏心	667
piān	篇	667
pián·yi	便宜	667
piànmiàn	片面	667
piāo	飘	667
piāoyáng	飘扬	667
piáochāng	嫖娼	668
piáokè	嫖客	668
piǎobái	漂白	668
piào	票	668
piào·liang	漂亮	596
piě	撇	668
pīnbó	拼搏	668
pīncòu	拼凑	668
pīnmìng	拼命	669
pīnyīn	拼音	786
pínkǔ	贫苦	669
pínkùn	贫困	669
pínnóng	贫农	669
pínxuè	贫血	669
pínfán	频繁	669
pínlǜ	频率	670
pǐncháng	品尝	670
pǐndé	品德	670
pǐnjiǔ	品酒	670
pǐnzhì	品质	670
pǐnzhǒng	品种	670
pìnqǐng	聘请	671
pìnshū	聘书	671
pìnyòng	聘用	671
pīngpāngqiú	乒乓球	671
píng	平	671
píngbǎn diànnǎo	平板电脑	671
píngcháng	平常	671
píngdāo	平刀	672
píngděng	平等	672
píngfán	平凡	679
píngfǎn	平反	672
píngfāng	平方	672
pínghéng	平衡	672
pínghéngchē	平衡车	672
pínghéngmù	平衡木	673
píngjūn	平均	673
píngjūnshù	平均数	673
píngmiàn	平面	673
píngshí	平时	673
píngshì	平视	500
píngxī	平息	673
píngxíng	平行	674
píngyì-jìnrén	平易近人	674
píngyú①	平鱼①	116
píngyú②	平鱼②	116
píngyuán	平原	674
píngbǐ	评比	674
píngdìng	评定	442
pínggū	评估	674
píngjià	评价	674
píngwěi	评委	674
píngyì	评议	675
píngguǒ	苹果	675
píngzhèng	凭证	1075
píngfēng	屏风	675
píng	瓶	675

pó·po	婆婆	675	qícì	其次	683	qìgāng	汽缸	689
pǒ·luo	笸箩	675	qíshí	其实	772	qìshuǐ	汽水	689
pòbùjídài	迫不及待	676	qíguài①	奇怪①	683	qìyóu	汽油	689
pòhài	迫害	676	qíguài②	奇怪②	683	qìjī	契机	409
pò	破	676	qíjì	奇迹	683	qìyuē	契约	689
pò'àn	破案	677	qímiào	奇妙	683	qìcái	器材	689
pòchǎn❶	破产❶	676	qíshì	歧视	58	qiā	掐	689
pòchǎn❷	破产❷	676	qídǎo①	祈祷①	683	qiàtán	洽谈	947
pòhuài①	破坏①	676	qídǎo②	祈祷②	684	qiàdàng	恰当	366
pòhuài②	破坏②	677	qífú	祈福	684	qiān	千	1136
pòhuò❶	破获❶	677	qíqū	崎岖	684	qiānfāng-bǎijì	千方百计	690
pòhuò❷	破获❷	677	qíshù	骑术	583	qiānfēnchǐ	千分尺	690
pòlì	魄力	677	qí	旗	684	qiānjūn-yīfà	千钧一发	690
pōuxī	剖析	677	qípáo	旗袍	684	qiānkè	千克	319
pū	扑	651	qǐgài	乞丐	684	qiānmǐ	千米（km）	690
pūkèpái	扑克牌	677	qǐtǎo	乞讨	684	qiān	仟	1136
pū	铺	678	qǐ'é	企鹅	684	qiān·zi	钎子	690
pūdiàn	铺垫	678	qǐtú	企图	685	qiānguà	牵挂	690
pūzhāng	铺张	652	qǐyè	企业	685	qiānlián	牵连	691
púrén	仆人	40	qǐfā	启发	685	qiānshè	牵涉	754
púfú	匍匐	678	qǐshì	启示	685	qiānxiàn	牵线	691
pú·tao	葡萄	678	qǐshì	启事	685	qiān	铅	691
pú·taotáng	葡萄糖	678	qǐzhì xuéxiào	启智学校	659	qiānbǐ	铅笔	691
Pú·taoyá	葡萄牙	678	qǐchuáng	起床	685	qiānbǐhé	铅笔盒	691
púgōngyīng	蒲公英	679	qǐhòng	起哄	685	qiānqiú	铅球	691
pǔsù	朴素	679	qǐ·lái	起来	686	qiānhé	谦和	367
pǔbiàn	普遍	679	qǐlì	起立	686	qiānràng	谦让	537
pǔchá	普查	679	qǐmíng	起名	614	qiānxū	谦虚	692
pǔjí	普及	679	qǐshēn	起身	685	qiāndào	签到	42
Pǔmǐzú	普米族	679	qǐsù	起诉	686	qiāndìng	签订	692
pǔtōng	普通	679	qǐsùshū	起诉书	686	qiānfā	签发	692
pùbù	瀑布	679	qǐyì	起义	311	qiānzhèng	签证	692
	Q		qǐzhēngdiǎn	起征点	686	qiānzì	签字	692
qī	七	1134	qìbiǎo	气表	686	qián①	前①	692
qīshí	七十	1135	qìchǎng	气场	687	qián②	前②	693
qīxīng piáochóng	七星瓢虫	681	qìchuǎn	气喘	946	qiánbèi	前辈	693
qīchá	沏茶	681	qìchuǎnxūxū	气喘吁吁	946	qiánchéng	前程	694
qī·zi	妻子	6	qìdiànchuán	气垫船	686	qiánfù-hòujì	前赴后继	693
qī	柒	1134	qì·fēn	气氛	687	qiánjìn	前进	141
Qī	戚	702	qìfèn	气愤	281	qiánjǐng	前景	1041
qīdài	期待	681	qìgài	气概	687	qiánkē	前科	693
qīhuò	期货	681	qìgōng	气功	687	qiánlièxiàn	前列腺	693
qījiān	期间	681	qìguǎnyán	气管炎	687	qiánmiàn	前面	1074
qīwàng	期望	656	qìhòu	气候	688	qiánqī	前期	150
qīxiàn	期限	682	qìpíng	气瓶	994	qiántiān	前天	693
qī·fu	欺负	682	qìqiú	气球	687	qiántú	前途	694
qīpiàn	欺骗	452	qìtǒng	气筒	687	qiánxī	前夕	694
qīhuà	漆画	682	qìxīyǎnyǎn	气息奄奄	688	qiányán	前言	694
qīqì	漆器	864	qìxiàng	气象	688	qiánzhào	前兆	930
Qí	齐	682	qìyā	气压	688	qiánchéng	虔诚	694
qíxīn-xiélì	齐心协力	682	qìquán	弃权	688	qián	钱	694
Qí	祁	682	qìchē①	汽车①	688	qián·zi	钳子	694
			qìchē②	汽车②	688	qiánfú	潜伏	695

qiánlì	潜力	695	qīnjìn	亲近	701	qīngtíng	蜻蜓	708
qiántǐng	潜艇	695	qīnmì	亲密	701	qíngbào	情报	708
qiǎn ❶	浅 ❶	695	qīn·qi	亲戚	702	qíngfù	情妇	708
qiǎn ❷	浅 ❷	695	qīnqiè	亲切	701	qíngjié	情节	708
qiǎncí-zàojù	遣词造句	695	qīnshǔ	亲属	702	qíngkuàng	情况	708
qiǎnsòng	遣送	976	qíncài ①	芹菜①	702	qíngrén	情人	708
qiǎnzé	谴责	1054	qíncài ②	芹菜②	702	Qíngrén Jié	情人节	709
qiànquē	欠缺	717	Qín	秦	702	qíngxù	情绪	950
qiàntiáo	欠条	696	Qíndài	秦代	702	qíng	晴	709
qiànzhài	欠债	1056	Qínshǐhuáng	秦始皇	702	qǐng	顷	709
qiànshōu	歉收	696	qínliúgǎn	禽流感	702	qǐng	请	709
Qiāngzú	羌族	696	qínfèn	勤奋	646	qǐngjià	请假	709
qiāngjué	枪决	696	qínláo	勤劳	531	qǐngjiào	请教	971
qiānggǔ	腔骨	696	qǐnshì	寝室	904	qǐngkè	请客	709
qiáng	强	696	qīng	青	703	qǐngshì	请示	710
qiángdào	强盗	697	qīngcài	青菜	703	Qìng	庆	710
qiángdiào	强调	697	qīngchūnqī	青春期	703	qìngzhù	庆祝	710
qiángjiān	强奸	697	Qīnghǎi	青海	703	qìngzhùhuì	庆祝会	710
qiángliè	强烈	487	qīngkē	青稞	703	qióng	穷	710
qiángbì	墙壁	697	qīngnián	青年	703	Qióng	琼	358
qiǎng	抢	697	qīngyú	青鱼	704	qiūlíng	丘陵	710
qiǎnggòu	抢购	697	qīng	轻	704	Qiū	邱	710
qiǎngjié	抢劫	698	qīngfú ①	轻浮①	815	qiū ①	秋①	711
qiǎngxiǎnchē	抢险车	698	qīngfú ②	轻浮②	1121	qiū ②	秋②	711
qiǎngpò ①	强迫①	51	qīngguǐ	轻轨	704	qiūfēn	秋分	711
qiǎngpò ②	强迫②	698	qīngshēng	轻生	1119	qiūqiān	秋千	711
qiàng	呛	698	qīngshì	轻视	704	qiūyǐn	蚯蚓	711
qiāo	敲	698	qīngshuài ①	轻率①	815	Qiú	仇	145
qiāozhà	敲诈	1055	qīngshuài ②	轻率②	1121	qiúfàn	囚犯	711
Qiáo	乔	699	qīng	氢	704	qiú	求	712
qiáomù	乔木	698	qīngdàn	氢弹	704	Qiú	裘	712
qiáojuàn	侨眷	699	qīngqì	氢气	705	qū	区	712
qiáo	桥	699	qīngjiā-dàngchǎn	倾家荡产	705	qūhuà	区划	712
qiáodūn	桥墩	699	qīngsù	倾诉	705	qūyù	区域	712
qiáopái	桥牌	699	qīngxiàng	倾向	705	Qū ❶	曲 ❶	712
qiáocuì	憔悴	699	qīngxiāo	倾销	705	qū ❷	曲 ❷	713
qiǎokèlì	巧克力	699	qīngxié	倾斜	877	qūbiézhēn	曲别针	713
qiǎomiào ①	巧妙①	165	qīngzhù	倾注	705	qūxiàn	曲线	713
qiǎomiào ②	巧妙②	166	qīngchá	清查	706	qūzhé	曲折	713
qiàomén	窍门	30	qīngchè	清澈	706	qūzhú	驱逐	713
qiào	撬	700	qīngchú	清除	706	qūfú	屈服	860
qiē	切	700	qīng·chu	清楚	706	qūshì	趋势	959
qiēxiāo	切削	700	Qīngdài	清代	706	qū·qur	蛐蛐儿	920
qié·zi	茄子	700	qīngdàn	清淡	706	Qú	瞿	713
qièqiè-sīyǔ	窃窃私语	700	qīngjié	清洁	299	qǔyì	曲艺	713
qièyì	惬意	700	qīngjiéchē	清洁车	707	qǔ	取	625
qīnpèi	钦佩	480	qīngliángyóu	清凉油	283	qǔjǐng	取景	714
qīnfàn	侵犯	701	qīngmíng	清明	707	qǔkuǎn	取款	714
qīnhài	侵害	701	Qīngmíng Jié	清明节	707	qǔxiāo	取消	128
qīnlüè	侵略	701	qīngqiàn	清欠	707	qǔzhèng	取证	1075
qīnshí	侵蚀	291	qīngxǐng ❶	清醒 ❶	707	qǔ	娶	714
qīntūn	侵吞	701	qīngxǐng ❷	清醒 ❷	707	qù	去	714
qīn'ài	亲爱	701	qīngzhēnsì	清真寺	708	qùwūfěn	去污粉	714

qùwūjì 去污剂	714
qùwèi 趣味	959
quánlì 权力	715
quánlì 权利	715
quánshì 权势	715
quánwēi 权威	715
quánxiàn 权限	715
quányì 权益	715
Quán 全	715
quánbù 全部	228
Quánguó Gōngshānglián 全国工商联	715
Quánguó Gōngshāngyè Liánhéhuì 全国工商业联合会	715
Quánguó Yùndònghuì 全国运动会	716
quánmiàn 全面	716
quánnà jiàoyù 全纳教育	716
quánqiú 全球	776
Quányùnhuì 全运会	716
quán 泉	716
quánjī 拳击	716
quánqū 蜷曲	716
quàngào 劝告	717
quē 缺	717
quēdiǎn 缺点	717
qún·zi 裙子	717
qúnfā 群发	717
qúnzhòng 群众	717

R

rán'ér① 然而①	189
rán'ér② 然而②	189
ránliào 燃料	719
ránqìzào 燃气灶	719
ránshāo 燃烧	719
rǎnliào 染料	719
ràng 让	709
ràngbù 让步	719
rào 绕	114
rè① 热①	647
rè② 热②	720
rè'ài 热爱	720
rèdài 热带	720
rèdàiyú 热带鱼	720
règǒu 热狗	720
rèliè 热烈	720
rè·nao❶ 热闹❶	720
rè·nao❷ 热闹❷	721
rèqìqiú 热气球	721
rèqíng 热情	720
rèshuǐ 热水	721
rèshuǐpíng 热水瓶	647
rèxīn 热心	721
rén 人	721
rénchēngdàicí 人称代词	721
réndào 人道	722
réngōng ěrwō 人工耳蜗	722
réngōng liúchǎn 人工流产	722
rénlèi 人类	722
rénlìsānlúnchē 人力三轮车	722
rén·men 人们	722
rénmín 人民	722
rénmínbì 人民币	723
rénmín dàibiǎo dàhuì 人民代表大会	723
rénshēn 人参	723
rénshēngguān 人生观	723
rénshù 人数	723
rénxíng-héngdào 人行横道	28
rénzào wèixīng 人造卫星	723
rénzhì 人质	724
réncí 仁慈	724
Rén 任	724
rěn 忍	724
rěnnài 忍耐	724
rěnràng 忍让	724
rèn·shi 认识	724
rènwéi 认为	725
rènzhēn 认真	725
rènhé 任何	725
rènmìng 任命	725
rènqī 任期	725
rèn·wu 任务	725
rènxìng① 任性①	492
rènxìng② 任性②	882
rèn 韧	726
rēng 扔	726
réngrán 仍然	726
Rìběn① 日本①	726
Rìběn② 日本②	726
rìchéng 日程	726
rìguāngdēng 日光灯	727
rìjī-yuèlěi 日积月累	727
rìjì 日记	727
rìlì 日历	727
Rìnèiwǎ 日内瓦	727
rìqī 日期	727
rìshí 日食	728
rìyuán 日元	728
rì·zi 日子	761
Róng 荣	342
róngguāng-huànfā 容光焕发	728
róngjī 容积	728
róngyì 容易	728
róngdòng 溶洞	728
róngjiě 溶解	729
rónghuà 熔化	729
róngyán 熔岩	729
rónghé jiàoyù 融合教育	729
rónghuà 融化	729
róuhé 柔和	731
róu 揉	729
ròu 肉	730
ròucháng 肉肠	730
ròujiāmó 肉夹馍	730
rúguǒ 如果	730
rúhé 如何	1054
rújīn 如今	932
rúqī 如期	11
rúxué 儒学	730
rúdòng 蠕动	730
rǔfáng 乳房	731
rǔzhào 乳罩	962
rùmí 入迷	731
rù·zi 褥子	731
ruǎn① 软①	605
ruǎn② 软②	731
ruǎnjiàn 软件	731
ruǎnwò 软卧	731
Ruìdiǎn 瑞典	732
Ruìshì 瑞士	732
rùnnián 闰年	732
rùnhuáyóu 润滑油	732
ruò 弱	732
ruòshì 弱视	732
ruòzhìrén 弱智人	1091

S

sājiāo 撒娇	450
Sālāzú 撒拉族	733
sǎshuǐchē 洒水车	733
sǎ 撒	733
Sà'ěrwǎduō 萨尔瓦多	733
Sàmóyà 萨摩亚	733
sāi 塞	734
sāi·zi 塞子	734
Sài'ěrwéiyà 塞尔维亚	734
Sàilālì'áng 塞拉利昂	734
Sàinèijiā'ěr 塞内加尔	734
Sàipǔlùsī 塞浦路斯	734
Sàishé'ěr 塞舌尔	734
sàipǎo 赛跑	735
sān 三	1133
Sān-Bā Fùnǚ Jié 三八妇女节	735
Sān-Bā Jié 三八节	735
sānbāotāi 三胞胎	735

sānfú 三伏	735	
Sān Guó 三国	735	
sānhébǎn 三合板	735	
sān jí tiàoyuǎn 三级跳远	736	
sānjiǎoxíng 三角形	736	
sānjiǎojià 三脚架	736	
sānlúnchē 三轮车	736	
sānshí 三十	1135	
sānxiāngchē 三厢车	736	
sānxīn-èryì 三心二意	736	
sānzú-dǐnglì 三足鼎立	736	
sān 叁	1133	
sǎn 伞	737	
sǎnmàn 散漫	737	
sǎnwén 散文	737	
sànbù 散步	737	
sànrè 散热	737	
sāoná 桑拿	737	
sāngshù 桑树	738	
sàngshī 丧失	222	
sāo 搔	631	
sāoluàn 骚乱	738	
sāorǎo 骚扰	738	
sāo 臊	738	
sǎodàng 扫荡	738	
sǎodì 扫地	739	
sǎománg 扫盲	738	
sǎomiáoyí 扫描仪	739	
sǎoxìng 扫兴	739	
sǎoyīsǎo 扫一扫	739	
sǎo·sao 嫂嫂	739	
sǎo·zi 嫂子	739	
sào·zhou 扫帚	739	
sècǎi 色彩	982	
sèlāyóu 色拉油	739	
sèqíng 色情	1011	
sè 涩	740	
sēnlín 森林	740	
shā 杀	740	
shārén 杀人	740	
shāfā 沙发	740	
shāhuà 沙画	740	
shāmò 沙漠	741	
Shātè'ālābó 沙特阿拉伯	741	
shāyǎn 沙眼	741	
shā·zi 沙子	741	
shāchē① 刹车①	741	
shāchē② 刹车②	741	
shālún 砂轮	742	
shāzhǐ 砂纸	742	
shāyú 鲨鱼	742	
shāi 筛	742	
shāichá 筛查	742	
shāixuǎn 筛选	742	
shāi·zi 筛子	742	
shài 晒	743	
shān① 山①	743	
shān② 山②	743	
Shāndōng① 山东①	569	
Shāndōng② 山东②	743	
shāndòng 山洞	743	
shānfēng 山峰	743	
shāngōu 山沟	926	
shān·lǐhóng 山里红	744	
shānmài 山脉	744	
Shānxī 山西	744	
shānyá 山崖	744	
shānyáng 山羊	744	
shānyào 山药	744	
shānzhā 山楂	744	
shānshù 杉树	745	
shānchú 删除	830	
shāngǎi 删改	745	
shānhú 珊瑚	745	
shāndòng 煽动	745	
shǎndiàn 闪电	745	
shǎnguāngdēng 闪光灯	745	
shǎnyào 闪耀	746	
Shǎn 陕	746	
Shǎnxī 陕西	746	
Shàn 单	188	
shàn·zi 扇子	746	
shànliáng 善良	746	
shàncháng 擅长	422	
shàn 鳝	746	
shānghài 伤害	887	
shāngkǒu 伤口	746	
shāng nǎojīn① 伤脑筋①	524	
shāng nǎojīn② 伤脑筋②	524	
shāngxīn 伤心	630	
Shāng 商	591	
shāngbiāo 商标	747	
shāngdiàn 商店	747	
shāngfǎ 商法	747	
shāng·liang① 商量①	947	
shāng·liang② 商量②	981	
shāngpǐn 商品	747	
shāngyè 商业	747	
shàng 上	747	
shàngbān① 上班①	317	
shàngbān② 上班②	748	
shàngbèi 上辈	1060	
shàng·bian 上边	747	
shàngchē 上车	748	
shàngdàng 上当	748	
Shàngdì 上帝	748	
shàngdiào 上吊	453	
shàngfǎng 上访	748	
shànggào 上告	749	
shànggōu 上钩	748	
Shàngguān 上官	748	
Shànghǎi 上海	749	
shàngjí 上级	749	
shàngkè 上课	511	
shàngmiàn 上面	747	
shàngshuì 上税	626	
shàngsù 上诉	749	
shàngtái 上台	749	
shàngwǔ① 上午①	749	
shàngwǔ② 上午②	1052	
shàngxué 上学	749	
shàngxún 上旬	750	
shàngyǐn① 上瘾①	1013	
shàngyǐn② 上瘾②	1014	
shàngyóu 上游	750	
Shàng 尚	750	
shāo·bing 烧饼	750	
shāowēi 稍微	750	
sháo 勺	750	
shǎo 少	751	
shǎoshù mínzú 少数民族	751	
shàojiàng 少将	443	
shàonián 少年	942	
shàoniángōng 少年官	751	
shàoniánzhījiā 少年之家	751	
shàoxiānduì 少先队	751	
Shào 邵	751	
shàobīng 哨兵	751	
shàoxī 稍息	752	
shēchǐ 奢侈	531	
shēqiàn 赊欠	752	
Shēzú 畲族	752	
shé 舌	752	
shé 蛇	752	
shě·bu·de 舍不得	752	
shějǐ-jiùrén 舍己救人	753	
shěqì 舍弃	271	
shěshēng-wàngsǐ 舍生忘死	753	
shèbèi 设备	689	
shèjì 设计	753	
shèlì 设立	133	
shèhuì① 社会①	753	
shèhuì② 社会②	753	
shèhuì zhǔyì 社会主义	753	
shèqū 社区	754	
shèchéng 射程	754	
shèjī 射击	93	
shèjiàn 射箭	754	
shèjí 涉及	754	

shèmiǎn	赦免	754	shēngqì	生气	281	shīyè	失业	768
shèshìdù	摄氏度（℃）	754	shēngqián	生前	761	shīzhí	失职	185
shèxiàng	摄像	755	shēngrì①	生日①	761	shīzōng①	失踪①	768
shèxiàngjī	摄像机	755	shēngrì②	生日②	762	shīzōng②	失踪②	768
shèyǐng	摄影	1065	shēngshū	生疏	762	shīzú❶	失足❶	768
Shēn	申	755	shēngtài	生态	762	shīzú❷	失足❷	769
shēnbàn	申办	755	shēngwù①	生物①	762	shīfàn	师范	769
shēnqǐng	申请	755	shēngwù②	生物②	762	shī·fu	师傅	769
shēnsù	申诉	755	shēng·yi	生意	591	shī	诗	769
shēn·fèn	身份	755	shēngyìng	生硬	762	shīgē	诗歌	769
shēnfènzhèng	身份证	756	shēngyù①	生育①	262	shī·zi	虱子	769
shēntǐ	身体	756	shēngyù②	生育②	762	shī	狮	769
shēnyín	呻吟	756	shēngzhǎng	生长	763	shīféi	施肥	770
shēnshì❶	绅士❶	756	shēngbō	声波	763	shīgōng	施工	770
shēnshì❷	绅士❷	1022	shēngmíng	声明	71	shīyā	施压	975
shēn	深	756	shēngyīn	声音	763	shī	湿	770
shēn'ào	深奥	756	shéng·zi	绳子	763	shīdì	湿地	1064
shēnkè	深刻	756	shěng	省	763	shīzhěn	湿疹	770
shēnrù	深入	756	shěnghuì	省会	763	shí	十	1134
Shēnzhèn	深圳	757	shěnglüè	省略	764	shí xiàng quánnéng		
shén·me	什么	757	shěnglüèhào	省略号	764	十项全能		770
shén·meyàng	什么样	1054	Shèngdàn Jié	圣诞节	764	shí	石	770
shén·fu	神甫	757	shèngdì	圣地	764	shíhuī	石灰	771
shénfù	神父	757	Shèngduōměi hé Pǔlínxībǐ			Shíjiāzhuāng	石家庄	771
shénjīng	神经	757	圣多美和普林西比		764	shí·liu	石榴	771
shénjīngkē	神经科	757	Shèngjīng	圣经	764	shí·touzǐr	石头子儿	771
shén·qì	神气	757	Shènglúxīyà	圣卢西亚	764	shíyóu	石油	771
shénshèng	神圣	758	Shèngmǎlìnuò	圣马力诺	765	shíchā	时差	771
shén·xiān	神仙	758	shèngnǚguǒ	圣女果	765	shídài	时代	772
Shěn	沈	758	Shèngwénsēntè hé Gélínnàdīngsī			shí·hou	时候	772
Shěnyáng	沈阳	758	圣文森特和格林纳丁斯		765	shíjī①	时机①	409
shěnchá①	审查①	758	shèngzhǐ	圣旨	765	shíjī②	时机②	772
shěnchá②	审查②	758	shèngdì	胜地	765	shíjiān	时间	772
shěnjì	审计	759	shènglì①	胜利①	765	shíkè	时刻	772
shěnpànyuán	审判员	759	shènglì②	胜利②	766	shíqī	时期	772
shěnpànzhǎng	审判长	759	shèngrèn	胜任	766	shíshàng	时尚	952
shěnwèn	审问	902	shèngsù	胜诉	766	shízhuāng	时装	772
shěnyì	审议	759	shèngchǎn	盛产	766	shíbié	识别	772
shěnmǔ	婶母	759	shèngdà	盛大	766	shí①	实①	772
shěn·shen	婶婶	759	shèngyú	剩余	766	shí②	实②	1068
shèn	肾	759	shībài①	失败①	767	shící	实词	773
shèntòu	渗透	760	shībài②	失败②	767	shíhuì	实惠	544
shēng	升	760	shīcōng①	失聪①	564	shíjì①	实际①	1068
shēngzhí	升值	760	shīcōng②	失聪②	564	shíjì②	实际②	1068
shēng	生	760	shīlì	失利	767	shíjiàn	实践	773
shēngchǎn①	生产①	760	shīlián①	失联①	767	shíshì-qiúshì	实事求是	773
shēngchǎn②	生产②	760	shīlián②	失联②	767	shíxí	实习	773
shēngcí	生词	952	shīliàn	失恋	767	shíxiàn	实现	773
shēngdòng	生动	761	shīluò	失落	768	shíxíng	实行	773
shēnghuó	生活	761	shīmián	失眠	767	shíyàn①	实验①	774
shēnglǐ①	生理①	761	shīwàng	失望	768	shíyàn②	实验②	774
shēnglǐ②	生理②	761	shīwù	失误	172	shízhì	实质	774
shēngmìng	生命	405	shīxìn	失信	768	shí❶	拾	436

shí❷	拾❷	1134	shìfǒu	是否	781	shǒuyào	首要	788
shíjīn-bùmèi	拾金不昧	774	shìdàng	适当	366	shǒuzhǎng	首长	558
shídào	食道	774	shìshí	适时	781	shòumìng	寿命	405
shípǐn	食品	774	shìyìng	适应	781	shòu·buliǎo	受不了	788
shípǐn jiǎobànjī	食品搅拌机	775	shìshì	逝世	919	shòuhuì	受贿	788
shítáng	食堂	775	shìfàng	释放	781	shòulèi	受累	788
shíwù	食物	775	Shìjiāmóuní	释迦牟尼	781	shòufěn	授粉	788
Shǐ	史	541	shōufù	收复	782	shòu	瘦	789
shǐmìng	使命	725	shōugējī	收割机	782	shū	书	789
shǐzhōng	始终	775	shōuhuò	收获	782	shūbāo	书包	789
shìbīng	士兵	775	shōujù	收据	782	shūdiàn	书店	789
shìzú	氏族	775	shōurù	收入	782	shūfǎ	书法	789
shìfàn	示范	776	shōu·shi	收拾	782	shūfáng	书房	789
shìwēi	示威	776	shōutiáo	收条	782	shūguì	书柜	789
shìzhòng	示众	776	shōuyì	收益	782	shūjì	书记	790
shìjì	世纪	776	shōuyīnjī	收音机	783	shūjìyuán	书记员	790
shìjiè①	世界①	776	shǒu	手	783	shūmínghào	书名号	68
shìjiè②	世界②	776	shǒubiǎo	手表	783	shūqíng	抒情	790
shìjièguān	世界观	777	shǒucè	手册	783	shūniǔ	枢纽	790
shì①	市①	777	shǒudiàntǒng	手电筒	783	shūfù	叔父	790
shì②	市②	777	shǒufēngqín	手风琴	783	shū·shu❶	叔叔❶	790
shìchǎng	市场	777	shǒugōng	手工	784	shū·shu❷	叔叔❷	790
shìmín	市民	777	shǒujī	手机	784	shūróng	殊荣	791
shìlì	势力	777	shǒujuàn	手绢	784	shūlǐ	梳理	791
shìjiàn①	事件①	778	shǒukào	手铐	784	shūtóu	梳头	791
shìjiàn②	事件②	778	shǒuléi	手雷	784	shūchàng	舒畅	791
shìlì	事例	778	shǒuliúdàn	手榴弹	784	shū·fu	舒服	791
shì·qing①	事情①	778	shǒupà	手帕	784	shū	疏	791
shì·qing②	事情②	778	shǒuqiāng	手枪	785	shūdǎo	疏导	791
shìshí	事实	778	shǒushā	手刹	785	shū·hu	疏忽	581
shìwù	事物	778	shǒushì	手势	785	shūsōng	疏松	791
shìyè	事业	778	shǒushù	手术	785	shūyuǎn	疏远	792
shìguǎn	试管	779	shǒutào	手套	785	shū①	输①	767
shìjuàn	试卷	503	shǒuxù	手续	785	shū②	输②	767
shìyàn	试验	779	shǒuyǔ	手语	785	shūchū	输出	792
shìzhì	试制	779	shǒuzhá	手闸	785	shūrù	输入	792
shìchá	视察	99	shǒuzhàng	手杖	786	shūxuè	输血	792
shìlì	视力	779	shǒuzhǐyǔ	手指语	786	shūyè	输液	792
shìlìcánjírén	视力残疾人	779	shǒuzhǐ zìmǔ	手指字母	786	shūcài	蔬菜	97
shìpín	视频	779	shǒuzhuó	手镯	786	shú	赎	792
shìpíng	视屏	213	shǒufǎ	守法	786	shú	熟	793
shìmùyǐdài	拭目以待	780	shǒukǒu-rúpíng	守口如瓶	786	shúliàn	熟练	793
shì·zi	柿子	780	shǒuzé	守则	786	shúnéngshēngqiǎo		
shì·zijiāo	柿子椒	780	shǒuzhū-dàitù	守株待兔	787		熟能生巧	793
shì	是	780	shǒubānchē	首班车	787	shú·xi	熟悉	793
shì…háishì…①			shǒuchuàng	首创	787	shǔjià	暑假	793
	是……还是……①	780	shǒudū	首都	787	shǔshí	属实	793
shì…háishì…②			shǒu'è	首恶	1102	shǔxìng	属性	793
	是……还是……②	991	Shǒu'ěr	首尔	787	shǔyú①	属于①	794
shì·bushì	是不是	781	shǒufǔ	首府	763	shǔyú②	属于②	794
shìfēi①	是非①	780	shǒunǎo	首脑	1036	shǔyú③	属于③	794
shìfēi②	是非②	781	shǒuxiān	首先	787	shǔ	署	794
			shǒuxiàng	首相	788	Shǔ	蜀	794

shǔ	鼠	794	shuǐchē	水车	800	sǐbǎn①	死板①	807
shǔbiāo	鼠标	795	shuǐgāng	水缸	801	sǐbǎn②	死板②	808
shǔ·dao	数叨	456	shuǐguǒ	水果	801	sǐwáng	死亡	919
shǔjiǔ	数九	795	shuǐkù	水库	801	sǐxíng	死刑	808
shǔ·luo	数落	456	shuǐlóngtóu	水龙头	801	sì	四	1133
shǔshù	数数	795	shuǐní	水泥	801	sìbiānxíng	四边形	808
shǔguāng	曙光	795	shuǐpíng	水平	801	Sìchuān	四川	808
shùfù	束缚	1042	shuǐpíngmiàn	水平面	802	sìmiàn-bāfāng	四面八方	808
shùshǒu-wúcè	束手无策	795	shuǐqiú	水球	802	sìshí	四十	1135
shù①	树①	795	shuǐqú	水渠	802	sìmiào	寺庙	808
shù②	树②	796	shuǐtǎ	水獭	802	sì	似	938
shùmù	树木	795	shuǐxiānhuā	水仙花	802	sījī	伺机	809
shù	竖	796	shuǐyín	水银	324	sìliào	饲料	809
shù	数	796	shuǐzāi	水灾	802	sìyǎng	饲养	809
shùcí	数词	796	shuǐzhá	水闸	803	sì	肆	1133
shù'é	数额	796	Shuǐzú	水族	803	sōng	松	809
shùliàng	数量	796	shuìkuǎn	税款	803	sōnghuādàn	松花蛋	809
shùmǎ	数码	365	shuìshōu	税收	803	sōngshǔ	松鼠	809
shùxué	数学	796	shuìwùjú	税务局	803	sōngshù	松树	810
shuā	刷	796	shuìjiào	睡觉	803	sōngxiè	松懈	809
shuākǎ①	刷卡①	495	shùnchā	顺差	804	sǒngyǒng	怂恿	455
shuākǎ②	刷卡②	495	shùnlì	顺利	804	sǒnglì①	耸立①	810
shuāyá	刷牙	977	shùnshǒu	顺手	793	sǒnglì②	耸立②	810
shuā·zi	刷子	796	shùnxù	顺序	93	Sòng	宋	810
shuǎ huátóu	耍滑头	797	shùnxù	顺叙	804	Sòngdài	宋代	810
shuāilǎo	衰老	797	shuō	说	804	sòng	送	810
shuāiluò	衰落	797	shuōkè	说课	444	sòngbié	送别	811
shuāituì	衰退	797	shuōmíng	说明	804	sòngjiàoshàngmén		
shuāidǎo	摔倒	219	shuōmíngwén	说明文	804		送教上门	811
shuāijiāo	摔跤	797	shuòshì	硕士	805	sòngxíng	送行	811
shuǎi	甩	668	sī	司	805	sòngyáng	颂扬	131
shuài	帅	797	sīfǎ	司法	805	sōuchá	搜查	811
shuàigē	帅哥	798	sījī	司机	688	sōu	馊	811
shuān	拴	114	sīlìng	司令	805	Sū	苏	811
shuàn	涮	798	Sīmǎ	司马	805	sūdá	苏打	827
shuànguō	涮锅	798	Sītú	司徒	805	Sūdān	苏丹	811
shuāng	双	798	sīzhǎng	司长	806	Sūlǐnán	苏里南	812
shuāngbāotāi	双胞胎	798	sī❶	丝❶	806	sùsòng	诉讼	174
shuāngcéng qìchē	双层汽车	798	sī❷	丝❷	933	sùqīng	肃清	706
shuānggàng	双杠	799	sīchóu	丝绸	806	sùcài	素菜	812
shuāngmiànjiāo	双面胶	799	sīgāo	丝糕	254	sùmiáo	素描	812
shuāng	霜	799	sīguā	丝瓜	806	sùzhì	素质	812
shuāngjiàng	霜降	799	sīxià	私下	12	sùdì	速递	812
shuǎng	爽	799	sīkǎo	思考	806	sùdìyuán	速递员	812
shuǎng·kuai	爽快	799	sīniàn	思念	937	sùdù	速度	813
shuí	谁	799	sīwéi	思维	806	sùshè	宿舍	904
shuǐ①	水①	799	sīxiǎng	思想	806	sùliào	塑料	813
shuǐ②	水②	800	Sīlǐlánkǎ	斯里兰卡	807	sùliàodài	塑料袋	813
shuǐbèng	水泵	144	Sīluòfákè	斯洛伐克	807	suān	酸	168
shuǐbǐ	水笔	800	Sīluòwénníyà	斯洛文尼亚	807	suānnǎi①	酸奶①	813
shuǐbiǎo	水表	800	Sīwēishìlán	斯威士兰	807	suānnǎi②	酸奶②	813
shuǐcǎihuà	水彩画	800	sī	撕	807	suāntòng	酸痛	813
shuǐchǎn	水产	800	sīpiào	撕票	740	suàn	蒜	814

suànmiáo❶	蒜苗❶	814	Táiběi	台北	820	tàntǎo	探讨	981
suànmiáo❷	蒜苗❷	814	táichuáng	台床	1128	tànxún	探寻	1063
suàntái	蒜薹	814	táidēng	台灯	820	tànzhàodēng	探照灯	826
suàn·le	算了	814	táifēng	台风	521	tànsuānnà	碳酸钠	827
suànmìng	算命	814	táijiē	台阶	821	tāng	汤	827
suàn·pán	算盘	814	táilì	台历	821	Tāngjiā	汤加	827
suànzhàng	算账	520	Táiméng	台盟	821	tāngyào	汤药	827
Suí	隋	815	táiqián	台钳	821	tāngyuán	汤圆	1037
Suídài	隋代	815	táiqiú	台球	821	Táng	唐	828
suíbānjiùdú	随班就读	815	Táiwān	台湾	821	Tángdài	唐代	827
suíbiàn①	随便①	815	Táiwān Mínzhǔ Zìzhì Tóngméng			Tángrénjiē	唐人街	827
suíbiàn②	随便②	1121		台湾民主自治同盟	821	tángsè	搪塞	828
suíshí	随时	815	Tái	邰	822	táng	糖	828
suí·zhe	随着	314	tái	抬	822	tánghú·lu	糖葫芦	828
suìyuè	岁月	815	tài①	太①	1128	tángniàobìng	糖尿病	828
suìdào	隧道	816	tài②	太②	1128	tángláng	螳螂	828
Sūn	孙	816	tàijí	太极	822	tǎng	躺	828
sūn·nǚ	孙女	816	tàijíquán	太极拳	822	tàng	烫	829
Sūn Wùkōng	孙悟空	377	tàijítú	太极图	822	tàngfà	烫发	596
Sūn Zhōngshān	孙中山	816	tài·jiàn	太监	822	tāo	掏	829
sūn·zi	孙子	816	tàikōng	太空	1031	táobì	逃避	1013
sǔnhào	损耗	816	tàikōngxíngzǒu	太空行走	822	táopǎo	逃跑	829
sǔnshāng	损伤	817	tàipíngjiān	太平间	823	táo	桃	829
sǔnshī	损失	817	Tàipíngyáng	太平洋	823	táosū	桃酥	829
sǔn	笋	817	tài·yáng	太阳	823	táo	陶	829
suō	缩	817	tàiyángjìng	太阳镜	823	táoguàn	陶罐	830
Suǒluóménqúndǎo			Tàiyuán	太原	823	táoqì	陶器	830
	所罗门群岛	817	tàizǐ	太子	884	táobǎo❶	淘宝❶	830
suǒyǐ①	所以①	817	tài·dù	态度	988	táobǎo❷	淘宝❷	830
suǒyǐ②	所以②	818	Tàiguó	泰国	823	táomǐ	淘米	830
suǒyǒu	所有	228	tānchī	贪吃	824	táoqì	淘气	846
Suǒmǎlǐ	索马里	818	tānlán	贪婪	824	táotài	淘汰	830
suǒxìng	索性	353	tānwū	贪污	824	tǎojià-huánjià	讨价还价	830
suǒ	锁	818	tānfàn	摊贩	824	tǎolùn	讨论	831
			tānpài	摊派	824	tǎolùnkè	讨论课	831
	T		tānhuàn	瘫痪	824	tǎoyàn	讨厌	984
tā	他	819	tán·zi	坛子	825	Tè'àohuì	特奥会	831
tāliǎ	他俩	637	tánpàn	谈判	947	tèbié	特别	833
tā·men	他们	819	tán	弹	825	tèbié xíngzhèngqū		
tārén	他人	73	tánhé	弹劾	825		特别行政区	831
tā	它	819	tánhuáng	弹簧	825	tèdiǎn	特点	831
tā·men	它们	819	tánlì	弹力	825	tèjiàobān	特教班	831
tā	她	819	tán	痰	825	tèjiàoxuéxiào	特教学校	832
tā·men	她们	819	tǎnbái	坦白	447	tèjǐng	特警	832
tākēcài	塌棵菜	819	tǎnkè	坦克	826	tèkuài zhuāndì	特快专递	832
tāxiàn	塌陷	819	Tǎnsāngníyà	坦桑尼亚	826	Tèlìnídá hé Duōbāgē		
tā·shi	踏实	819	tǎnshuài	坦率	826		特立尼达和多巴哥	832
tǎ	塔	820	tǎnhù	袒护	59	tèsè	特色	832
Tǎjíkèsītǎn	塔吉克斯坦	820	tàncí	叹词	826	tèshè	特赦	832
Tǎjíkèzú	塔吉克族	820	tànqì	叹气	3	tèshū	特殊	833
Tǎtǎ'ěrzú	塔塔尔族	820	táncè	探测	1127	tè·wu	特务	833
Tái❶	台❶	821	tànjiū	探究	826	tèxìng	特性	833
tái❷	台❷	1115	tànsuǒ	探索	1063	tèyì	特意	1108

tèzhēng	特征	833	tiānpíng	天平	840	tiǎozhàn	挑战	847
tèzhǒngbīng	特种兵	833	tiānqì	天气	841	tiàowàng	眺望	886
téng'ài	疼爱	833	tiānqì yùbào	天气预报	841	tiào	跳	847
téngtòng①	疼痛①	834	tiānrán	天然	841	tiàobǎntiàoshuǐ	跳板跳水	848
téngtòng②	疼痛②	834	tiānránqì	天然气	841	tiàocáo	跳槽	848
Téng	滕	834	tiānshēng	天生	841	tiàogāo	跳高	848
téng	藤	834	tiānshǐ	天使	841	tiàomǎ	跳马	848
tī	剔	834	Tiāntán	天坛	842	tiàosǎn	跳伞	446
tītián	梯田	834	tiāntáng	天堂	842	tiàoshuǐ	跳水	848
tīxíng	梯形	835	tiāntiān	天天	596	tiàotáitiàoshuǐ	跳台跳水	848
tī	踢	835	tiānwén	天文	842	tiàowǔ	跳舞	911
tí	提	835	tiānxiàn	天线	842	tiàoyuǎn	跳远	848
tí'àn	提案	835	tiānyá-hǎijiǎo	天涯海角	842	tiào·zao	跳蚤	849
tíbá	提拔	835	tiānzhēn	天真	1028	tiào·zao shìchǎng	跳蚤市场	849
tíchàng	提倡	835	Tiānzhǔjiào	天主教	842	tiàozhá	跳闸	849
tíchéng	提成	836	tiānyóu-jiācù	添油加醋	908	tiē	贴	849
tígāng	提纲	836	tián	田	843	tiējìn	贴近	458
tígāo	提高	836	tiángěng	田埂	843	tiēxīn	贴心	849
tígōng	提供	836	tiánjìng	田径	843	tiě	铁	849
tíliàn	提炼	836	tiánluó	田螺	843	tiěbǐng	铁饼	850
tíqián①	提前①	836	tiányě	田野	843	tiěguānyīn	铁观音	850
tíqián②	提前②	837	tián	甜	828	tiěliàn	铁链	850
tíshēng	提升	837	tiáncài	甜菜	843	tiělù	铁路	850
tíxǐng	提醒	854	tiánguā	甜瓜	844	tiěqiāo	铁锹	850
tíyì	提议	837	tiánmì	甜蜜	844	tiěxiān	铁锨	850
tícái	题材	837	tián	填	844	tīngzhǎng	厅长	850
tímù①	题目①	68	tiánbiǎo	填表	844	tīng	听	851
tímù②	题目②	487	tiányā❶	填鸭❶	844	tīnglì	听力	851
tímù③	题目③	837	tiányā❷	填鸭❷	844	tīnglìcánjírén①		
tǐcái	体裁	837	tiǎn	舔	845		听力残疾人①	851
tǐcāo	体操	837	tiāo	挑	845	tīnglìcánjírén②		
tǐhuì	体会	474	tiāo·ti	挑剔	834		听力残疾人②	851
tǐjī	体积	838	tiāoxuǎn	挑选	845	tīngrén	听人	851
tǐwēnjì	体温计	838	tiáo	条	184	tíngchēchǎng①	停车场①	851
tǐxì	体系	838	tiáojiàn	条件	845	tíngchēchǎng②	停车场②	852
tǐxiàn	体现	838	tiáokuǎn	条款	845	tíngjīpíng	停机坪	852
tǐyàn	体验	474	tiáolǐ	条理	845	tíngzhǐ	停止	852
tǐyù	体育	838	tiáolì	条例	845	tōngcháng	通常	671
tǐyùchǎng	体育场	838	tiáowén	条文	845	tōnggào	通告	852
tǐyùguǎn	体育馆	839	tiáoyuē	条约	846	tōngguò❶	通过❶	473
tǐzhēng	体征	1078	tiáojì	调剂	1099	tōngguò❷	通过❷	852
tǐzhì	体制	839	tiáojiě	调解	846	tōngjī	通缉	852
tǐzhì	体质	839	tiáojiǔ	调酒	846	tōngjiān	通奸	853
tìtóu	剃头	839	tiáokòng	调控	846	tōngshùn	通顺	853
tìtóudāo	剃头刀	839	tiáo·lǐ	调理	847	tōngsú	通俗	853
tiān	天	839	tiáopí	调皮	846	tōngxìn	通信	853
Tiān'ānmén	天安门	840	tiáo·xì	调戏	846	tōngxíngzhèng	通行证	853
tiānchē	天车	530	tiáoxiū	调休	194	tōngxùn	通讯	853
tiānchuāng	天窗	840	tiáozhěng	调整	847	tōngyòng	通用	853
tiān'é	天鹅	840	tiǎobō	挑拨	847	tōngzhī①	通知①	854
tiānfù	天赋	841	tiǎodòu	挑逗	847	tōngzhī②	通知②	854
Tiānjīn	天津	840	tiǎo·suō	挑唆	847	tóngbān	同班	854
tiānkōng	天空	840	tiǎoxìn	挑衅	847	tóngbāo①	同胞①	854

tóngbāo②	同胞②	854	tòuxī	透析	861	tuīná	推拿	11
tóngbèi	同辈	854	tū	凸	861	tuīsuàn	推算	420
tóngchuāng	同窗	856	tū	秃	861	tuītǔjī	推土机	868
tóngfáng	同房	855	tūdǐng	秃顶	839	tuīwěi	推诿	868
tónghuà	同化	855	tūbiàn	突变	861	tuīxuǎn	推选	868
tóngjū	同居	855	tūchá	突查	862	tuī·zi	推子	539
tóngméng	同盟	855	tūchū	突出	862	tuífèi	颓废	868
tóngqíng	同情	855	tūfā	突发	862	tuǐ①	腿①	868
tóngshí	同时	855	tūjī	突击	862	tuǐ②	腿②	868
tóngshì	同事	855	Tūnísī	突尼斯	862	tuì①	退①	869
tóngxiāng	同乡	856	tūpò	突破	863	tuì②	退②	869
tóngxué①	同学①	856	tūrán	突然	862	tuìbù①	退步①	577
tóngxué②	同学②	856	tūwéi	突围	863	tuìbù②	退步②	869
tóngyìcí	同义词	856	tūxí	突袭	863	tuìcháo	退潮	869
tóngyì①	同意①	856	tú'àn	图案	863	tuìquè	退却	869
tóngyì②	同意②	856	túdīng	图钉	863	tuìràng	退让	869
tóngzhì	同志	857	túhuà	图画	403	tuìwǔ	退伍	869
tóngzhōu-gòngjì	同舟共济	857	túpiàn	图片	863	tuìxiū	退休	870
tóng	铜	857	túshì	图示	863	tuìxué	退学	870
tóngpái	铜牌	857	túshūguǎn	图书馆	864	tuìhuà	蜕化	870
Tóng	童	942	Túwǎlú	图瓦卢	864	tuìpí	蜕皮	870
tónghuà	童话	857	túxiàng	图像	864	tūn	吞	870
tǒngjì	统计	857	túxíng	图形	864	túnwéi	臀围	870
tǒngshuài	统帅	858	tú·dì	徒弟	970	tuō	托	870
tǒngshuài	统率	858	túgǎidài	涂改带	864	tuōcí	托辞	828
tǒngyī	统一	858	túliào	涂料	864	tuōr	托儿	871
tǒngzhì	统治	858	túyā	涂鸦	865	tuō'érsuǒ	托儿所	871
tǒng	捅	858	tǔ	土	741	tuōyǎng	托养	871
tǒng	桶	858	tǔdì	土地	865	tuōyùn	托运	871
tònghèn	痛恨	373	tǔdòu	土豆	582	tuōbǎ	拖把	871
tòngkǔ	痛苦	859	Tǔ'ěrqí	土耳其	865	tuōchē	拖车	871
tòng·kuài	痛快	799	tǔjī	土鸡	865	tuōlā	拖拉	872
tōu	偷	196	Tǔjiāzú	土家族	865	tuōlājī	拖拉机	872
tóu	头	859	Tǔkùmànsītǎn	土库曼斯坦	865	tuōlěi	拖累	872
tóu·fa	头发	859	tǔzàng	土葬	623	tuōxié	拖鞋	872
tóubèn	投奔	859	Tǔzú	土族	866	tuō	脱	872
tóubiāo	投标	859	tǔsī	吐司	866	tuōgōu	脱钩	873
tóuchǎn①	投产①	760	tù①	兔①	866	tuōguǐ	脱轨	872
tóuchǎn②	投产②	760	tù②	兔②	866	tuōjié	脱节	873
tóudàn	投弹	374	tuán	团	866	tuōlí	脱离	873
tóujī	投机	859	tuánjié①	团结①	866	tuōlì	脱粒	873
tóupiào	投票	860	tuánjié②	团结②	866	tuōluò	脱落	873
tóurù❶	投入❶	705	tuánjié-yīxīn	团结一心	884	tuōpín	脱贫	873
tóurù❷	投入❷	860	tuántǐ	团体	867	tuōxiāo	脱销	873
tóusù	投诉	686	tuī	推	867	tuó	驮	874
tóuxiáng	投降	860	tuīcè	推测	867	tuóniǎo	鸵鸟	874
tóuyǐngyí	投影仪	860	tuīchí	推迟	979	tuǒ·dàng	妥当	366
tóuzhì	投掷	68	tuīfān	推翻	208	tuǒxié	妥协	719
tóuzī	投资	860	tuīguǎng	推广	867	tuòyè	唾液	874
tòuchè	透彻	860	tuījiàn	推荐	867			
tòulù	透露	860	tuījiè	推介	867			
tòumíng	透明	861	tuījìn	推进	168	**W**		
tòushì	透视	861	tuīlǐ	推理	867	wā	挖	875
						wājué	挖掘	97

wāqián	挖潜	875	wánqiáng	顽强	882	wēifēng	微风	281
wādì	洼地	875	wǎn	挽	113	wēiguān	微观	889
wā	蛙	875	wǎnjiù	挽救	482	wēimǐ	微米（μm）	889
wāyǒng	蛙泳	1025	wǎnlián	挽联	882	wēishēngwù	微生物	889
wǎ	瓦	875	wǎnbèi	晚辈	378	wēixìn	微信	889
wǎjiě	瓦解	876	wǎndào	晚到	883	wēi'é	巍峨	889
Wǎnǔ'ātú	瓦努阿图	876	wǎnhuì	晚会	883	wéifǎ❶	违法❶	890
wǎsī	瓦斯	876	wǎnhūn	晚婚	883	wéifǎ❷	违法❷	890
Wǎzú	佤族	876	wǎn·le	晚了	188	wéifǎn❶	违反❶	890
wàdāo	瓦刀	876	wǎn·shang	晚上	883	wéifǎn❷	违反❷	890
wà·zi	袜子	876	wǎnxī	惋惜	508	wéijīn	围巾	890
wāi	歪	877	wǎnzhuǎn❶	婉转❶	713	wéiqí	围棋	890
wài	外	877	wǎnzhuǎn❷	婉转❷	731	wéi·qún	围裙	891
wàigōng	外公	877	wǎn	碗	267	wéirào	围绕	36
wàiguórén yǒngjiǔ jūliúzhèng			wàn	万	1136	wéizuǐr	围嘴儿	891
	外国人永久居留证	573	wànsuì	万岁	883	wéiwùlùn	唯物论	891
wàiháng	外行	877	wànyī❶	万一❶	883	wéixīnlùn	唯心论	891
wàihuì	外汇	877	wànyī❷	万一❷	884	wéiyī	唯一	891
wàijiāo	外交	877	wànzhòng-yīxīn	万众一心	884	wéichí	维持	38
wàikǎqián	外卡钳	878	Wāng	汪	884	wéihù❶	维护❶	39
wàikē	外科	878	wángyáng-bǔláo	亡羊补牢	884	wéihù❷	维护❷	39
wàimài	外卖	878	wáng	王	884	Wéiwú'ěrzú	维吾尔族	891
wàimiàn	外面	877	wángzǐ	王子	884	wéixiū	维修	892
wàipó	外婆	878	wǎng	网	589	Wéiyěnà	维也纳	892
wài·sheng	外甥	878	wǎngdiàn	网店	885	wěidà	伟大	892
wài·shengnǚ	外甥女	878	wǎngdōu	网兜	885	wěizào	伪造	892
wàisūn·nǚ	外孙女	879	wǎnggòu	网购	885	wěizhuāng	伪装	892
wàisūn·zi	外孙子	879	wǎngluò	网络	885	wěi·ba	尾巴	762
wàiyīn	外因	879	wǎngpāi	网拍	885	wěiqì	尾气	892
wàiyǔ	外语	879	wǎngqiú	网球	885	wěixiàn	纬线	893
wān	弯	879	wǎngyè	网页	886	Wěinèiruìlā	委内瑞拉	893
wān	湾	879	wǎngzhǐ	网址	886	wěi·qu	委屈	630
wāndòu	豌豆	880	wàngtú	妄图	886	wěirèn	委任	725
wányào	丸药	880	wàngxiǎng	妄想	886	wěituō	委托	893
wánchéng	完成	880	wàng'ēn-fùyì	忘恩负义	886	wěiyuán	委员	893
wán·le	完了	535	wàngjì	忘记	886	wěiyuánzhǎng	委员长	893
wánliǎo	完了	880	wàng	望	886	wěisuō	萎缩	893
wánměi	完美	880	wàngyuǎnjìng	望远镜	887	wěixiè	猥亵	846
wánquán❶	完全❶	228	Wēidìmǎlā	危地马拉	887	Wèi	卫	894
wánquán❷	完全❷	880	wēihài	危害	887	wèishēng	卫生	894
wánshàn	完善	880	wēijī❶	危机❶	887	wèishēngjiān	卫生间	105
wánzhěng	完整	881	wēijī❷	危机❷	887	wèishēngjīn	卫生巾	894
wánzhěng wúquē	完整无缺	880	wēixiǎn❶	危险❶	887	wèishēngqiú	卫生球	894
wán❶	玩❶	881	wēixiǎn❷	危险❷	887	wèixīng	卫星	894
wán❷	玩❷	881	wēifēng	威风	887	wèi	为	894
wánhū-zhíshǒu	玩忽职守	185	wēishè	威慑	888	wèi·le	为了	894
wánjù	玩具	881	wēiwàng	威望	888	wèi shén·me	为什么	895
wánnòng	玩弄	881	wēiwǔ	威武	888	wèi	位	895
wánxiào	玩笑	881	wēixié	威胁	888	wèi·zhì❶	位置❶	895
wángù❶	顽固❶	882	wēixìn	威信	888	wèi·zhì❷	位置❷	895
wángù❷	顽固❷	882	wēiyán	威严	888	wèijīng	味精	895
wánkàng	顽抗	882	wēibōlú	微波炉	888	wèisuō	畏缩	895
wánpí	顽皮	882	wēibó	微博	889	wèi	胃	895

wèiyǔ 谓语	896	
wèi 尉	896	
wèi 喂	896	
wèiyǎng① 喂养①	896	
wèiyǎng② 喂养②	896	
wèiwèn 慰问	896	
Wèi 魏	896	
wèibēitǐ 魏碑体	897	
wēndài 温带	897	
wēndù 温度	897	
wēndùjì① 温度计①	897	
wēndùjì② 温度计②	897	
wēnhé 温和	897	
wēnnuǎn 温暖	647	
wēnróu 温柔	897	
wēnshì 温室	897	
wénbùduìtí 文不对题	658	
wénhuà① 文化①	898	
wénhuà② 文化②	898	
wénhuàguǎn 文化馆	898	
wénhuàshān 文化衫	1040	
wénjiàn① 文件①	898	
wénjiàn② 文件②	900	
wénjiànjiā① 文件夹①	898	
wénjiànjiā② 文件夹②	898	
wénjìng 文静	899	
wénjùhé 文具盒	691	
Wénlái 文莱	899	
wénmáng 文盲	899	
wénmíng 文明	899	
wénpíng 文凭	899	
wénshēn 文身	899	
wénwù 文物	900	
wénxiōng 文胸	962	
wénxué 文学	900	
wényǎ 文雅	900	
wényì 文艺	900	
wénzhāng 文章	900	
wén 闻	900	
wénmíng 闻名	901	
wénzhàng 蚊帐	901	
wén·zi 蚊子	901	
wěn 刎	901	
wěn 吻	901	
wěndìng 稳定	333	
wěnjiàn 稳健	901	
wěntuǒ 稳妥	902	
wèn 问	902	
wèndá 问答	902	
wènhào 问号	902	
wènhòu 问候	896	
wèntí 问题	902	
wō·jù 莴苣	902	
wō 窝	123	
wōcáng 窝藏	902	
wō·nang 窝囊	903	
wōtóu 窝头	903	
wōniú 蜗牛	903	
wǒ 我	903	
wǒ·men 我们	903	
wò 卧	903	
wòdǎo 卧倒	904	
wòdǐ 卧底	904	
wòpù 卧铺	904	
wòshì 卧室	904	
Wū 乌	904	
Wūgāndá 乌干达	904	
wūguī 乌龟	905	
wūjī 乌鸡	905	
Wūkèlán 乌克兰	905	
Wūlāguī 乌拉圭	905	
Wūlǔmùqí 乌鲁木齐	905	
wūyā 乌鸦	905	
wūzéi 乌贼	906	
Wūzībiékèzú 乌孜别克族	906	
Wūzībiékèsītǎn 乌兹别克斯坦	906	
wūrǎn 污染	906	
wūmiè 诬蔑	275	
wú 无	594	
wúchǎn jiējí 无产阶级	906	
wúdǎngpài 无党派	906	
wúguǐ-diànchē 无轨电车	907	
wújīzhītán 无稽之谈	394	
wújìmíng 无记名	638	
wújiā-kěguī 无家可归	907	
wúlì 无力	257	
wúliáo 无聊	907	
wúlùn 无论	88	
wúqī túxíng 无期徒刑	907	
wúrénjī 无人机	907	
wúsuǒwèi① 无所谓①	907	
wúsuǒwèi② 无所谓②	907	
wúxiàn① 无限①	908	
wúxiàn② 无限②	908	
wúxiàn diànhuà 无线电话	908	
wúxiàn lùyóuqì 无线路由器	908	
wúzhàng'àichē 无障碍车	908	
wúzhōngshēngyǒu 无中生有	908	
Wú 吴	909	
wútóngshù 梧桐树	909	
wú·gōng 蜈蚣	909	
wǔ 五	1134	
Wǔ Dài 五代	909	
wǔhú-sìhǎi 五湖四海	909	
wǔshí 五十	1135	
Wǔ-Sì Qīngnián Jié 五四青年节	909	
wǔxiāngfěn 五香粉	910	
Wǔ-Yī Láodòng Jié 五一劳动节	910	
Wǔ-Yī Jié 五一节	910	
wǔ 伍	1134	
Wǔ 武	911	
wǔchāngyú 武昌鱼	63	
Wǔhàn 武汉	910	
wǔjǐng 武警	910	
wǔqì 武器	910	
wǔshù 武术	910	
wǔzhuāng 武装	911	
wǔrǔ 侮辱	92	
wǔdǎo 舞蹈	911	
wǔtái 舞台	911	
wù 勿	85	
wùgōng 务工	174	
wùjià 物价	911	
wùlǐ 物理	911	
wùsè 物色	911	
wùyè 物业	912	
wùzhì① 物质①	912	
wùzhì② 物质②	912	
wùzī① 物资①	912	
wùzī② 物资②	912	
wùchā 误差	912	
wùgōng① 误工①	912	
wùgōng② 误工②	912	
wùhuì 误会	913	
wùjiě 误解	913	
wù 雾	913	
wùmái 雾霾	913	

X

xī① 西①	915
xī② 西②	915
Xī'ān 西安	915
Xībānyá 西班牙	915
xīcān 西餐	915
xīfú 西服	916
xī·guā① 西瓜①	916
xī·guā② 西瓜②	916
xīhóngshì 西红柿	916
xīhú·lu 西葫芦	916
xīlánhuā① 西蓝花①	916
xīlánhuā② 西蓝花②	917
xīmén 西门	917
Xīníng 西宁	917
Xīshāqúndǎo 西沙群岛	917

xīyào	西药	917	xì	细	925	xiānyàn	鲜艳	930
xīyī	西医	917	xìbāo	细胞	925	Xiānyú	鲜于	931
Xīzàng	西藏	918	xìjūn	细菌	925	xiánhuì	贤惠	931
xī	吸	918	xìzhì	细致	925	xián	咸	931
xīchénqì	吸尘器	918	xiā	虾	925	xiányí	嫌疑	390
xīdǐngdēng	吸顶灯	918	xiāgū	虾蛄	925	xiǎn·bai	显摆	931
xīdú	吸毒	918	xiā·mi	虾米	925	xiǎnwēijìng	显微镜	389
xīqì	吸气	918	xiāpí	虾皮	926	xiǎnyǎn	显眼	612
xīshōu	吸收	918	xiāchuī	瞎吹	159	xiǎnzhù	显著	931
xīyān	吸烟	936	xiāhuà	瞎话	926	xiàncài	苋菜	931
xīyǐn	吸引	1011	xiāshuō	瞎说	926	xiàn	县	932
Xīlà	希腊	918	xiákè	侠客	926	xiàndài	现代	932
xīwàng	希望	919	xiágǔ	峡谷	926	xiànshí	现实	932
xīshēng❶	牺牲❶	919	xiá'ài❶	狭隘❶	926	xiànxiàng	现象	932
xīshēng❷	牺牲❷	919	xiá'ài❷	狭隘❷	1056	xiànzài	现在	932
xīgǔ①	硒鼓①	919	xiáxiǎo	狭小	1056	xiàn'é	限额	932
xīgǔ②	硒鼓②	919	xiá	霞	927	xiànqī	限期	682
Xīní	悉尼	919	xiáguāng	霞光	927	xiànzhì	限制	1042
xī	稀	920	xià	下	927	xiàn	线	933
xīniú	犀牛	920	xiàbān①	下班①	927	xiànfǎ	宪法	933
xī	锡	920	xiàbān②	下班②	927	xiànrbǐng	馅儿饼	933
Xībózú	锡伯族	920	xià·bian	下边	927	xiànmù	羡慕	113
xīgài	膝盖	920	xiàjiàng	下降	400	xiànxiě	献血	933
xīshuài	蟋蟀	920	xiàkè	下课	927	xiāng	乡	933
Xí	习	921	xiàlācàidān	下拉菜单	98	xiāngqīn	乡亲	933
xíguàn	习惯	921	xiàliú①	下流①	927	xiāngdāng	相当	934
Xí Jìnpíng	习近平	921	xiàliú②	下流②	928	xiāngděng	相等	199
xímèngsī	席梦思	921	xiàmiàn	下面	927	xiāngduì	相对	934
xíjī	袭击	862	xiàwǔ①	下午①	928	xiāngfǎn	相反	890
xí·fu	媳妇	6	xiàwǔ②	下午②	928	xiāngtóng	相同	934
xǐ	洗	921	xiàxún	下旬	928	xiāngxiàng	相向	934
xǐjiéjīng	洗洁精	921	xiàyóu	下游	928	xiāngxìn	相信	934
xǐliǎn	洗脸	922	xiàzài	下载	928	xiāngyù	相遇	934
xǐliǎnpén	洗脸盆	922	xià·hu	吓唬	515	xiāng	香	934
xǐshǒuyè	洗手液	922	xià①	夏①	720	xiāngbīnjiǔ	香槟酒	934
xǐtóu	洗头	922	xià②	夏②	929	xiāngcài	香菜	935
xǐwǎnjī	洗碗机	922	Xiàhóu	夏侯	929	xiāngchūn	香椿	935
xǐyīfěn	洗衣粉	922	xiàlìngyíng	夏令营	929	Xiānggǎng	香港	935
xǐyījī	洗衣机	923	Xiàwá	夏娃	929	xiānghuǒ	香火	935
xǐyīyè	洗衣液	923	xiàzhì	夏至	929	xiāngjiāo	香蕉	935
xǐyīzǎo	洗衣皂	923	Xiàmén	厦门	929	xiāngshuǐ	香水	935
xǐzǎo	洗澡	923	xiānbèi	先辈	693	xiāngyān	香烟	936
xǐchuáng	铣床	923	xiānfēng	先锋	930	xiāngyóu	香油	936
xǐ·huan	喜欢	923	xiānhòu	先后	930	xiāngzào	香皂	936
xǐquè	喜鹊	924	xiānjìn	先进	930	Xiāng	湘	383
xǐyuè	喜悦	924	xiānqī	先期	150	xiāngyá	镶牙	936
xì①	戏①	924	xiānqián	先前	1005	xiǎngshòu	享受	936
xì②	戏②	924	xiān·sheng❶	先生❶	533	xiǎngliàng	响亮	377
xìjù①	戏剧①	924	xiān·sheng❷	先生❷	628	xiǎngyìng	响应	936
xìjù②	戏剧②	924	xiānzhào	先兆	930	xiǎng	想	806
xìnòng	戏弄	124	xiānwéi	纤维	930	xiǎngniàn	想念	937
xìliè	系列	924	xiān	掀	458	xiǎngxiàng	想象	937
xìtǒng	系统	924	xiānnèn	鲜嫩	634	xiàng	向	937

xiàngdǎo	向导	937	xiǎomǐ	小米	943	xīnyuàn	心愿	951
xiàngrìkuí	向日葵	937	xiǎopǐn	小品	943	xīnzhōng-yǒushù	心中有数	951
xiàngwǎng	向往	919	xiǎoshí	小时	943	Xīn	辛	535
xiàngliàn	项链	937	xiǎoshígōng	小时工	943	Xīnhài Gémìng	辛亥革命	951
xiàngmù	项目	938	xiǎoshǔ	小暑	944	xīnkǔ	辛苦	951
xiàng	巷	538	xiǎoshù	小数	944	xīnshǎng	欣赏	951
xiàng·sheng	相声	938	xiǎoshuō	小说	944	xīn①	新①	951
xiàng	象	938	xiǎotíqín	小提琴	944	xīn②	新②	952
xiàngqí	象棋	938	xiǎotuǐ	小腿	944	xīncháo	新潮	952
xiàngzhēng	象征	938	xiǎoxīn	小心	944	xīncí	新词	952
xiàng	像	938	xiǎoxióngmāo	小熊猫	945	Xīnjiāpō	新加坡	952
xiàng…shì·de	像……似的	939	xiǎoxué	小学	945	Xīnjiāng	新疆	952
xiàng…yīyàng 像……一样		939	xiǎoxuě	小雪	945	xīnláng	新郎	952
xiàngjiāo	橡胶	939	xiàojìng	孝敬	1129	xīnniáng	新娘	953
xiàngpí	橡皮	939	xiàoshùn	孝顺	945	Xīn Sì Jūn	新四军	953
xiàngpígāo	橡皮膏	939	xiàozǐ	孝子	945	xīnwén	新闻	953
xiàngpíjīn	橡皮筋	939	xiào	校	945	Xīnxīlán	新西兰	953
Xiāo	肖	940	xiàofú	校服	946	xīn·xiān	新鲜	952
xiāo	削	940	xiàozhǎng	校长	946	xìn	信	953
xiāodú	消毒	940	xiàochuǎn	哮喘	946	xìnfǎng	信访	953
xiāodúguì	消毒柜	940	xiào	笑	946	xìnfēng	信封	954
xiāofáng①	消防①	940	xiàoguǒ	效果	132	xìngē	信鸽	954
xiāofáng②	消防②	940	xiàoyì	效益	946	xìnhào	信号	954
xiāofángchē	消防车	941	xiē·zi	蝎子	946	xìnlài	信赖	954
xiāofèi①	消费①	461	xiébàn	协办	947	xìnniàn	信念	954
xiāofèi②	消费②	1079	xiédìng	协定	947	xìnrèn	信任	934
xiāohào	消耗	437	xiéhuì	协会	947	xìntú	信徒	954
xiāohuà	消化	941	xiéshāng①	协商①	947	xìnxī	信息	955
xiāojí	消极	768	xiéshāng②	协商②	947	xìnxīn	信心	955
xiāomiè	消灭	941	xiétiáo	协调	947	xìnyǎng	信仰	955
xiāomó	消磨	617	xiéyì	协议	948	xìnyòngkǎ	信用卡	955
xiāoqiǎn	消遣	941	xiézuò	协作	948	xìnyù	信誉	955
xiāo·xi	消息	955	xié	邪	345	xìnzhǐ	信纸	955
xiāoxián	消闲	941	xiéjiào	邪教	948	xīngfèn	兴奋	956
Xiāo	萧	526	xiéshì	斜视	948	xīngwàng	兴旺	262
xiāohuǐ	销毁	941	xié	鞋	948	xīng	星	956
xiāo	箫	526	xiédiàn	鞋垫	948	xīngqīyī①	星期一①	956
xiāosǎ①	潇洒①	941	xiězì	写字	949	xīngqīyī②	星期一②	956
xiāosǎ②	潇洒②	1121	xiězuò	写作	949	xīng·xing	星星	956
xiǎo	小	942	xièlòu	泄漏	949	xīng·xing	猩猩	956
xiǎobiàn	小便	942	xièmì	泄密	949	xīng	腥	956
xiǎochǎn	小产	560	xiè·xie	谢谢	302	xíngchǎng	刑场	957
xiǎocōng	小葱	165	Xiè	解	463	xíngfǎ	刑法	957
xiǎo'ér mábìzhèng 小儿麻痹症		942	xīn	心	949	xíngjǐng	刑警	957
xiǎoháir	小孩儿	942	xīndiàntú	心电图	949	xíngdòng	行动	958
xiǎohán	小寒	942	xīnfú	心浮	950	xínghuì	行贿	403
xiǎokāng	小康	942	xīnhěn	心狠	372	xíngjūn	行军	957
xiǎokuòhào	小括号	524	xīnlǐ	心理	950	xíng·li	行李	957
xiǎoluó·bo	小萝卜	943	xīnlǜ	心律	950	xíngshǐ	行驶	688
xiǎomài	小麦	584	xīnlǜ	心率	950	xíngshǐzhèng	行驶证	957
xiǎomǎn	小满	943	xīnpíng-qìhé	心平气和	950	xíngshū	行书	958
			xīnqíng	心情	950	xíngwéi	行为	958
			xīnxiōng-xiázhǎi	心胸狭窄	926	xíngxīng	行星	958

拼音	词	页码	拼音	词	页码	拼音	词	页码
xíngchéng	形成	958	xūxīn	虚心	965	xuěcài①	雪菜①	972
xíng'érshàngxué	形而上学	958	xūyào①	需要①	965	xuěcài②	雪菜②	972
xíngróngcí	形容词	958	xūyào②	需要②	991	xuěgāo	雪糕	75
xíngshì	形式	988	Xú	徐	965	xuěhuā	雪花	972
xíngshì	形势	959	Xǔ	许	965	xuělǐhóng①	雪里蕻①	972
xíngxiàng	形象	959	xǔkě	许可	664	xuělǐhóng②	雪里蕻②	972
xǐng	醒	959	xǔyuàn①	许愿①	683	xuè①	血①	149
xǐngwù	醒悟	491	xǔyuàn②	许愿②	684	xuè②	血②	972
xìngqù	兴趣	959	xùhào	序号	965	xuèguǎn	血管	972
xìng	杏	959	xùlùn	序论	966	xuètánggāo	血糖高	307
xìngfú	幸福	959	xùyán	序言	694	xuèxíng	血型	972
xìngkuī	幸亏	960	Xùlìyà	叙利亚	966	xuèyā	血压	973
xìnggé	性格	960	xùmù	畜牧	966	xuèyādī	血压低	200
xìngzhì	性质	960	xuānbù	宣布	852	xuèyāgāo	血压高	308
xìng	姓	960	xuānchuán	宣传	852	xuèyājì	血压计	973
xìngmíng	姓名	960	xuānpàn	宣判	966	xuèzhīgāo	血脂高	308
xiōng'è	凶恶	960	xuānshì	宣誓	966	xūn	熏	973
xiōngměng	凶猛	961	xuánkōng	悬空	966	xūnjī	熏鸡	973
xiōngshǒu	凶手	961	xuánshū	悬殊	967	xúnzhǎo	寻找	1063
Xiōngyálì	匈牙利	961	xuánwō	漩涡	967	xúnhuí	巡回	973
xiōngyǒng	汹涌	79	xuǎnbá	选拔	845	xúnluó	巡逻	973
xiōng	胸	961	xuǎnjǔ①	选举①	845	Xúnzǐ	荀子	974
xiōngmèn	胸闷	961	xuǎnjǔ②	选举②	967	xúnmázhěn	荨麻疹	770
xiōngwéi	胸围	961	xuǎnpiào	选票	967	xúnhuán	循环	974
xiōngyǒuchéngzhú	胸有成竹	951	xuǎnxiūkè	选修课	967	xùnliàn	训练	548
xiōngzhāng	胸章	962	xuǎn	癣	967	xùnsù	迅速	520
xiōngzhào	胸罩	962	xuànyào	炫耀	931	xùnzàng	殉葬	974
xióng	雄	962	xuànlìduōcǎi	绚丽多彩	968			
Xióng'ān-Xīnqū	雄安新区	962	xuànfēng	旋风	564		**Y**	
xióngxīn	雄心	962	xuēruò	削弱	968	yā	压	975
xióng	熊	962	xuē·zi	靴子	968	yāpò	压迫	975
xióngmāo	熊猫	963	Xuē	薛	968	yāsuō	压缩	975
xiūjià	休假	963	xué'érbùyàn	学而不厌	968	yātòng	压痛	975
xiūkè	休克	403	xuéjí	学籍	968	yāyì	压抑	975
xiūtíng	休庭	963	xuéjù	学具	969	yāzhà	压榨	246
xiū·xi	休息	963	xuélì	学历	969	yājīn	押金	976
xiūxiǎng	休想	963	xuélíng	学龄	969	yāsòng	押送	976
xiūyǎng	休养	963	xuéqī	学期	969	yāyùn	押运	976
xiūcí	修辞	963	xué·shēng	学生	969	yāpiàn	鸦片	179
xiūlǐ	修理	964	xuéshēngzhèng	学生证	969	yā	鸭	976
xiūyǎng	修养	964	xuéshí	学识	970	yáchǐ	牙齿	976
xiūzhèng	修正	297	xuéshì	学士	970	yágāo	牙膏	976
xiù·cai	秀才	964	xuéshù	学术	970	Yámǎijiā	牙买加	976
xiùzhāng	袖章	1084	xuétú	学徒	970	yáshuā	牙刷	977
xiùzhēn	袖珍	964	xuéwèi	学位	970	yǎjù	哑剧	977
xiù	嗅	900	xué·wèn	学问	970	yǎlíng	哑铃	977
xūyào	须要	991	xuéxí①	学习①	970	Yàdāng	亚当	977
xūcí	虚词	964	xuéxí②	学习②	971	yàjūn	亚军	977
xūkuā	虚夸	159	xuéxiào	学校	971	yàmá	亚麻	977
xūróng	虚荣	964	xuéyǐzhìyòng	学以致用	971	Yàměiníyà	亚美尼亚	978
xūtuō	虚脱	403	xuézhì	学制	971	Yàzhōu	亚洲	978
xūwěi	虚伪	965	xuě	雪	971	yàmiáo-zhùzhǎng	揠苗助长	20
			xuěbēng	雪崩	971	yānbō-hàomiǎo	烟波浩渺	365

拼音	词	页码
yāncōng	烟囱	978
yānhuīgāng	烟灰缸	978
yānmò	淹没	978
yāncài	腌菜	978
Yán'ān	延安	979
yáncháng	延长	979
yánhòu	延后	979
yánqī❶	延期❶	979
yánqī❷	延期❷	979
Yán	闫	979
Yán	严	980
yángé	严格	979
yánlìng	严令	980
yánsù	严肃	980
yánzhòng	严重	980
yánlùn	言论	980
yányǔcánjírén	言语残疾人	980
yányǔzhàng'àizhě	言语障碍者	980
yánrè	炎热	980
yán'àn	沿岸	981
yánhǎi	沿海	981
yánjiū	研究	981
yánjiūshēng	研究生	981
yántǎo	研讨	981
yán	盐	981
Yán	阎	981
yánliào	颜料	982
yánsè	颜色	982
yǎnyǎnyīxī	奄奄一息	688
yǎngài	掩盖	982
yǎn	眼	982
yǎnhuā-liáoluàn	眼花缭乱	982
yǎnjìng	眼镜	982
yǎnkē	眼科	983
yǎnyàoshuǐ	眼药水	983
yǎnbiàn	演变	983
yǎnchū	演出	72
yǎnchūtuán	演出团	488
yǎnjiǎng	演讲	983
yǎnliàn	演练	983
yǎnxí	演习	983
yǎnyuán	演员	983
yànfán	厌烦	593
yànwù	厌恶	984
yàn·tai	砚台	984
yàn	咽	870
yànshōu	验收	984
yàn	雁	984
yànhuǒ	焰火	984
yàn	燕	984
yáng	羊	985
yánggāo	羊羔	985
yángfèng-yīnwéi	阳奉阴违	985
yánglì	阳历	319
yángtái	阳台	985
yángxìng	阳性	985
Yáng	杨	985
yángshù	杨树	985
yángtáo	杨桃	986
yángbáicài	洋白菜	1039
yángcōng	洋葱	986
yǎng	仰	13
yǎngshì	仰视	986
yǎngyǒng	仰泳	986
yǎngfù	养父	986
yǎnglǎojīn	养老金	986
yǎnglǎoyuàn	养老院	987
yǎngmǔ	养母	987
yǎngzhí	养殖	987
yǎng	氧	987
yǎngqì	氧气	987
yǎng	痒	631
yàngpǐn	样品	987
yàng·zi	样子	988
yāoqiú	要求	988
yāo	腰	988
yāodài❶	腰带❶	665
yāodài❷	腰带❷	988
yāojī láosǔn	腰肌劳损	988
yāowéi	腰围	988
yāoqǐng	邀请	671
Yáo	姚	989
yáodòng	窑洞	989
yáoyán	谣言	1053
yáo	摇	989
yáotóuwán	摇头丸	989
yáokòng	遥控	989
yáowàng	遥望	886
Yáozú	瑶族	989
yǎo	咬	990
yǎo	舀	990
yào	药	990
yàofāng	药方	990
yàofáng	药房	990
yàogāo	药膏	990
yàomián	药棉	991
yàopiàn	药片	991
yàoshuǐ	药水	991
yào	要	991
yàohài	要害	1097
yào·me…yào·me…❶ 要么……要么……❶		991
yào·me…yào·me…❷ 要么……要么……❷		991
yào·shi	钥匙	992
Yēsū	耶稣	992
yēzhī	椰汁	992
yē·zi	椰子	992
yé·ye	爷爷	992
yě	也	992
Yěmén	也门	993
yěxǔ①	也许①	508
yěxǔ②	也许②	508
yějīn	冶金	993
yěliàn	冶炼	993
yěmán	野蛮	168
yěshòu	野兽	993
yězhànjūn	野战军	993
yèwù	业务	993
yèyú	业余	993
yè①	叶①	109
yè②	叶②	994
yè	页	994
yèwǎn	夜晚	883
yèhuàqìguàn	液化气罐	994
yèyājī	液压机	994
yī	一	1133
yībǎi	一百	1136
yībān	一般	994
yībàn	一半	30
yībèi·zi	一辈子	1095
yīchànà	一刹那	994
yīchǐ	一尺	139
yīchóu-mòzhǎn	一筹莫展	795
yī dài yī lù	一带一路	995
yīdāo-liǎngduàn	一刀两断	995
yīdìng①	一定①	58
yīdìng②	一定②	490
yīduì	一对	238
yīfēn	一分	995
yīfēnzhōng	一分钟	279
yīgèyuè	一个月	995
yī guó liǎng zhì	一国两制	995
yīhuìr	一会儿	995
yījìzhīcháng	一技之长	996
yījìdù	一季度	996
yījiàn-zhōngqíng	一见钟情	996
yījiǎo	一角	996
yījiè	一届	465
yījǔ-liǎngdé	一举两得	996
yīmiǎozhōng	一秒钟	607
yīnián	一年	638
yīqǐ	一起	367
yīqiān	一千	1136
yīqiào-bùtōng	一窍不通	996
yīshēng	一生	1095
yītiān	一天	839
yīwàn	一万	1136

yīxiē① 一些①	997	
yīxiē② 一些②	997	
yīxīngqī 一星期	997	
yīyǎnghuàtàn 一氧化碳	997	
yīyàng 一样	934	
yīyuán 一元	997	
yīyuè 一月	997	
yīyuèfèn 一月份	997	
yīzhī-bànjiě 一知半解	998	
yīzhí 一直	998	
yīzhōu 一周	997	
yīzhōunián 一周年	1099	
Yīlākè 伊拉克	998	
Yīlǎng 伊朗	998	
Yīsīlánjiào 伊斯兰教	998	
yīchú 衣橱	998	
yī·fu 衣服	999	
yīguì 衣柜	998	
yījià 衣架	999	
yīxiāng 衣箱	999	
yībǎokǎ 医保卡	999	
yīliáo 医疗	999	
yīshēng 医生	999	
yīxué 医学	1000	
yīyòng jiāodài 医用胶带	939	
yīyòng jiǔjīng 医用酒精	1000	
yīyòng shābù 医用纱布	1000	
yīyuàn 医院	1000	
yīzhǔ 医嘱	1000	
yīcì 依次	93	
yījiù 依旧	726	
yīkào 依靠	1000	
yītuō 依托	1000	
yī 壹	1133	
yíbiǎo 仪表	1001	
yíqì 仪器	1001	
yízhàngduì 仪仗队	1001	
yí·fu 姨父	1001	
yímā 姨妈	1001	
yímǔ 姨母	1001	
yíxiàn 胰腺	1001	
yídòng 移动	1002	
yízhí 移植	1002	
yíchǎn❶ 遗产❶	1002	
yíchǎn❷ 遗产❷	1002	
yíchuán 遗传	1002	
yícún 遗存	1002	
yíhàn 遗憾	1003	
yíliú 遗留	1002	
yíshū 遗书	1003	
yítǐ 遗体	1003	
yíwàng 遗忘	886	
yíwù 遗物	1002	
yíxiàng 遗像	1003
yíyán 遗言	1003
yízhǐ 遗址	1003
yízhǔ① 遗嘱①	1003
yízhǔ② 遗嘱②	1003
Yíhéyuán 颐和园	1004
yíwèn dàicí 疑问代词	1004
Yízú 彝族	1004
yǐ 乙	1004
yǐchún 乙醇	1004
yǐ 以	1020
yǐhòu 以后	1004
yǐlái 以来	1005
yǐqián 以前	1005
yǐqiáng-língruò 以强凌弱	1005
Yǐsèliè 以色列	1005
yǐshǎo-shèngduō 以少胜多	1005
yǐshēn-zuòzé 以身作则	1005
yǐyī-dāngshí 以一当十	1005
yǐzhìyú 以至于	1128
yǐzhàng 倚仗	505
yǐ·zi 椅子	1006
yì 亿	1136
yìwù 义务	1006
yìshù 艺术	1006
yì'àn 议案	835
yìhuì 议会	1006
yìjià 议价	1006
yìlùnwén 议论文	1006
yìcháng 异常	263
yìduān 异端	416
yìyùzhèng 抑郁症	1007
yìzhì 抑制	1007
yìmiáo 疫苗	1007
yìchóng 益虫	1007
yìyè 肄业	161
Yìdàlì 意大利	1007
yì·jiàn 意见	1007
yìliàozhīzhōng 意料之中	1008
yì·shí❶ 意识❶	491
yì·shí❷ 意识❷	1008
yì·shí xíngtài 意识形态	1008
yì·si 意思	1008
yìwài 意外	1008
yìyì 意义	1008
yìzhì 意志	1009
yìlì 毅力	1009
yīncǐ① 因此①	817
yīncǐ② 因此②	818
yīn'ér① 因而①	817
yīn'ér② 因而②	818
yīnsù 因素	540
yīn·wèi① 因为①	1009
yīn·wèi② 因为②	1009
yīn 阴	1009
yīnlì 阴历	644
yīnmóu 阴谋	1009
yīnxiǎn 阴险	1009
yīnxìng 阴性	1010
yīnxiǎng 音响	1010
yín❶ 银❶	1010
yín❷ 银❷	1010
Yínchuān 银川	1010
yín'ěr 银耳	1010
yínháng 银行	1010
yínhángkǎ 银行卡	1011
yínmù 银幕	1011
yínpái 银牌	1011
yínhuì 淫秽	1011
Yǐn 尹	1011
yǐn 引	1011
yǐndǎo❶ 引导❶	937
yǐndǎo❷ 引导❷	1029
yǐndù 引渡	1012
yǐnhào 引号	1012
yǐnjìn 引进	1012
yǐnlì 引力	1012
yǐnyòu 引诱	1011
yǐnliào 饮料	1012
yǐnshuǐjī 饮水机	1012
yǐnbì 隐蔽	1013
yǐncáng 隐藏	1013
yǐnhuàn 隐患	1013
yǐnmán 隐瞒	1013
yǐntòng 隐痛	1013
yǐnxíng fēijī 隐形飞机	1013
yǐn① 瘾①	1013
yǐn② 瘾②	1014
yìn 印	1015
Yìndù 印度	1014
Yìndùníxīyà 印度尼西亚	1014
Yìndùyáng 印度洋	1014
yìnní 印泥	1014
yìnrǎn 印染	1014
yìnshuā 印刷	1015
yìnxiàng 印象	1015
yìnzhāng 印章	1015
yīnggāi 应该	1015
yīngbàng 英镑	1015
Yīngguó 英国	1015
yīngjùn 英俊	1016
yīngmíng 英明	1016
yīngxióng 英雄	1016
yīngyǒng 英勇	1019
yīng'ér 婴儿	1016

拼音	词	页码
yīng·táo	樱桃	1016
yīng	鹰	1016
yínglì	盈利	1017
yínghuǒchóng	萤火虫	1017
yíng	营	1017
yíngyǎng	营养	896
yíngyǎng bùliáng	营养不良	1017
yíngyǎng guòshèng	营养过剩	1017
yíngyè	营业	1017
yíng①	赢①	765
yíng②	赢②	766
yǐngdié	影碟	1018
yǐngxiǎng	影响	1018
yìngyāo	应邀	671
yìng	硬	1018
yìngjiàn	硬件	1018
yìngpán	硬盘	1018
yìngwò	硬卧	1018
yōnghù	拥护	1019
yōngjǐ	拥挤	1019
yōngsú	庸俗	1019
yōngyú	鳙鱼	657
yǒngchuí-bùxiǔ	永垂不朽	1019
yǒnggǎn	勇敢	1019
yǒngshì	勇士	1019
yǒngyú	勇于	1019
yǒng	蛹	1020
yǒngyuè①	踊跃①	1020
yǒngyuè②	踊跃②	1020
yòng	用	1020
yòngjīn	佣金	42
yōudài	优待	1020
yōudiǎn	优点	1020
yōuhuà	优化	1021
yōupán	优盘	1021
yōushèng-liètài	优胜劣汰	1021
yōushì	优势	1021
yōuxiān	优先	1021
yōuxiù	优秀	1021
yōuyǎ	优雅	1022
yōuchóu	忧愁	1022
yōumò	幽默	1022
yōujiǔ	悠久	1022
yōuyáng	悠扬	1022
yóuyú①	由于①	1009
yóuyú②	由于②	1009
yóudìyuán	邮递员	1022
yóujú	邮局	1023
yóupiào	邮票	1023
yóuzhèng biānmǎ	邮政编码	1023
yóuyù	犹豫	1023
yóu①	油①	1023
yóu②	油②	1023
yóubǐng	油饼	1024
yóucài	油菜	1024
yóuhú	油壶	1024
yóuhuà	油画	1024
yóuhuàbàng	油画棒	527
yóuqī	油漆	1024
yóutiáo	油条	1024
yóu	铀	1025
yóubiāokǎchǐ	游标卡尺	1025
yóujīduì	游击队	1025
yóulǎn	游览	572
yóuxì	游戏	1025
yóuxíng	游行	1025
yóuyì	游艺	1025
yóuyǒng	游泳	1025
yǒushàn	友善	1026
yǒuyì	友谊	1026
yǒu	有	1026
yǒuguǐ-diànchē	有轨电车	1026
yǒulìyú	有利于	1026
yǒumíng	有名	901
yǒuqī túxíng	有期徒刑	1026
yǒuxiàn①	有限①	1027
yǒuxiàn②	有限②	1027
yǒuxiàn diànshì	有线电视	1027
yǒuxiào①	有效①	1027
yǒuxiào②	有效②	1027
yǒuyì	有意	333
yǒuyòng①	有用①	1027
yǒuyòng②	有用②	1028
yòu	又	1028
yòu	右	1028
yòu·bian	右边	1028
yòumiàn	右面	1028
yòu'éryuán	幼儿园	1028
yòuzhì①	幼稚①	1028
yòuzhì②	幼稚②	1028
yòudǎo	诱导	1029
Yú❶	于❶	1029
yú❷	于❷	1050
Yú	余	766
yú	鱼	1029
yúchā	鱼叉	1029
yú'ěr	鱼饵	1029
yúgōu	鱼钩	1029
yúléi	鱼雷	1030
yúlǒu	鱼篓	1030
Yú	俞	1029
yúwǎng	渔网	1030
yúyè	渔业	1030
yúqī	逾期	354
Yú	渝	143
yúkuài	愉快	307
yúlùn	舆论	1030
yǔ	与	367
yǔhángyuán	宇航员	1030
yǔzhòu	宇宙	1031
yǔzhòu fēichuán	宇宙飞船	1031
yǔmáoqiú	羽毛球	1031
yǔróngfú	羽绒服	1031
yǔ	雨	1031
yǔpī	雨披	1031
yǔshuǐ	雨水	1032
yǔyī	雨衣	1032
yǔfǎ	语法	1032
yǔqìcí	语气词	1032
yǔwén	语文	1032
yǔyán	语言	804
yù	玉	1032
yùmǐ	玉米	1032
yùnǎi	芋艿	1033
yù·tou	芋头	1033
yùrén	育人	1033
yùzhǒng	育种	1033
yùyè	浴液	1033
yùbèiyì	预备役	1033
yùcè	预测	1033
yùfáng	预防	1034
yùfángzhēn	预防针	1007
yùjǐngjī	预警机	1034
yùsài	预赛	1034
yùsuàn	预算	1034
yùxí	预习	1034
yùyán	预言	1034
yùyuē	预约	1035
Yùchí	尉迟	1035
Yù	遇	934
yùcì	遇刺	1035
yùnàn	遇难	919
yùyán	寓言	1035
Yùgùzú	裕固族	1035
Yù	豫	1035
yuān·yāng	鸳鸯	1036
yuān'àn	冤案	1036
yuān·wang	冤枉	1036
Yuándài	元代	1036
Yuándàn	元旦	1036
yuánshǒu	元首	1036
yuánshuài	元帅	1037
yuánsù	元素	1037
yuánxiāo	元宵	1037

Yuánxiāo Jié	元宵节	1037	yuè…yuè…②			Zàngzú	藏族	1052
yuán	园	342	越……越……②		1044	zāoyù	遭遇	1052
yuándīng	园丁	1037	Yuènán	越南	1044	zāopò	糟粕	525
yuángào	原告	1037	yuèyěchē	越野车	1044	záo·zi	凿子	1052
yuánlái	原来	1038	yuèyù	越狱	1045	zǎochǎn	早产	1052
yuánláirúcǐ	原来如此	1038	Yuè	粤	343	zǎo·shang①	早上①	1052
yuánlǐ	原理	1038	yūn	晕	1045	zǎo·shang②	早上②	1052
yuánliàng	原谅	35	yún①	云①	1045	zǎotuì	早退	1053
yuánliào	原料	1038	yún②	云②	1045	zǎowǎn	早晚	1053
yuánshǐ	原始	1038	yúncéng	云层	1045	zàojù	造句	1053
yuánxíng-bìlù	原形毕露	1038	yúncúnchǔ	云存储	1045	zàoxíng	造型	1053
yuányīn	原因	1039	yúnhǎi	云海	1045	zàoyáo	造谣	1053
yuánzé	原则	1039	Yúnnán	云南	1045	zàozhǐ	造纸	1053
yuánzǐ	原子	1039	yún·chèn①	匀称①	607	zàoyīn	噪音	1054
yuánzǐdàn	原子弹	1039	yún·chèn②	匀称②	1046	zébèi	责备	1054
yuán	圆	1039	yǔnxǔ	允许	664	zéguài	责怪	1054
yuánbáicài	圆白菜	1039	yùnfù	孕妇	1046	zérèn	责任	725
yuánguī	圆规	1040	yùndòng	运动	1046	zěn·me	怎么	1054
yuánlǐngshān	圆领衫	1040	yùndòngyuán	运动员	1046	zěnyàng	怎样	1054
yuánmǎn	圆满	1040	yùnhé	运河	1046	Zēng	曾	1054
Yuánmíngyuán	圆明园	1040	yùn·qi	运气	1046	zēngjiā	增加	1054
yuánxíng	圆形	1039	yùnshū	运输	1047	zēngqiáng	增强	428
yuánzhūbǐ	圆珠笔	1040	yùnsuàn	运算	420	zēngzhí	增值	760
yuánzhù	援助	1079	yùnniàng①	酝酿①	947	zēnghèn	憎恨	373
yuángù	缘故	1039	yùnniàng②	酝酿②	981	zhā	扎	164
yuánrén	猿人	1040	yùncáng	蕴藏	1047	zhā·shi	扎实	532
yuǎn	远	1041	yùndǒu	熨斗	1047	zhágāng	轧钢	1054
yuǎnjiàn	远见	1041				zhá	炸	1055
yuǎnshì	远视	1041		**Z**		zhádāo	铡刀	1055
yuǎnshìyǎn	远视眼	1041	zārǎn	扎染	1049	Zhàdé	乍得	1055
yuànqiáng	院墙	1041	zá	杂	295	zhàpiàn	诈骗	1055
yuàn·zi	院子	1041	zájì	杂技	1049	zhàdàn	炸弹	514
yuànyì	愿意	923	zájiāo	杂交	1049	zhàcài	榨菜	1055
Yuēdàn	约旦	1041	záwén	杂文	1049	zhàzhī	榨汁	1055
yuē·huì	约会	1042	zázhì	杂志	1049	zhāi	摘	1056
yuēshù	约束	1042	zá	砸	1050	zhāiyào	摘要	1056
yuèbǐng①	月饼①	1042	zāi	灾	90	zhǎi	窄	1056
yuèbǐng②	月饼②	1042	zāimín	灾民	1050	zhài	债	1056
yuèjìhuā	月季花	1042	zǎixiàng	宰相	339	zhàiquánrén	债权人	1056
yuèjīng	月经	1042	zài	再	1028	zhàiquàn	债券	1056
yuèlì	月历	336	zàihūn	再婚	1050	zhàizhǔ	债主	1056
yuè·liang	月亮	1043	zàijiàn	再见	1050	zhān	沾	1057
yuèshí	月食	1043	zàisù	再诉	755	zhānguāng	沾光	1057
Yuè	岳	1043	zài	在	1050	zhānrǎn	沾染	1057
yuèfù	岳父	1043	zān·ba	糌粑	1050	zhāntiē	粘贴	1057
yuèmǔ	岳母	1043	zánliǎ	咱俩	1051	Zhān	詹	1057
yuèbīng①	阅兵①	1043	zán·men	咱们	1051	zhānqián-gùhòu	瞻前顾后	1057
yuèbīng②	阅兵②	1044	zànshí	暂时	1051	zhānyǎng	瞻仰	1057
yuèdú	阅读	232	Zànbǐyà	赞比亚	1051	zhǎnlǎnguǎn	展览馆	1058
yuèlǎnshì	阅览室	1044	zànyáng	赞扬	131	zhǎnshì	展示	1058
yuè	越	520	zànzhù	赞助	1051	zhǎnwàng	展望	886
yuè…yuè…①			zāngwù	赃物	1051	zhànlǐng	占领	1058
越……越……①		1044	zāng	脏	1051	zhànchǎng	战场	1058

拼音	词	页码
zhàndòu	战斗	1059
zhànlüè	战略	1058
zhànqū	战区	1058
zhànshì	战士	1059
zhànshù	战术	1059
zhànxiàn	战线	1070
zhànyì	战役	1059
zhànzhēng	战争	1059
zhàn	站	1059
zhàngǎng	站岗	1059
zhàntái	站台	1059
Zhāng	张	1086
Zhāng	章	1015
zhāngchéng	章程	491
zhāngyú	章鱼	1060
zhāngnǎoqiú	樟脑球	894
zhāngshù	樟树	1060
zhāngláng	蟑螂	1060
zhǎngbèi	长辈	1060
zhǎngnǚ	长女	1060
zhǎngsūn❶	长孙❶	1060
Zhǎngsūn❷	长孙❷	1061
zhǎngxiàng	长相	1061
zhǎngzǐ	长子	1061
zhǎngcháo	涨潮	125
zhǎngshuǐ	涨水	1061
zhǎngwò	掌握	1061
zhàng·fu	丈夫	6
zhàngmǔniáng	丈母娘	1043
zhàng·peng❶	帐篷❶	1061
zhàng·peng❷	帐篷❷	1062
zhàng	账	520
zhànghù	账户	1062
zhàng	胀	1062
zhàng'ài	障碍	1062
zhāobiāo	招标	1062
zhāodài	招待	709
zhāodàisuǒ	招待所	572
zhāo·hu	招呼	1062
zhāopìn	招聘	1063
zhāoshōu	招收	1063
zhāoqì-péngbó	朝气蓬勃	1063
zháojí	着急	1063
zhǎo	找	1063
zhǎoqì	沼气	1063
zhǎozé	沼泽	1064
zhàojí	召集	1064
zhàojiàn	召见	1064
zhàoshū	诏书	765
Zhào	赵	1064
zhào·li	笊篱	1064
zhàogù	照顾	338
zhàohuì	照会	1064
zhàopiàn	照片	1065
zhàoshè	照射	211
zhàoxiàng	照相	1065
zhàoyàng❶	照样❶	615
zhàoyàng❷	照样❷	726
zhàoshì	肇事	148
zhē·teng	折腾	208
zhēyǎn	遮掩	982
zhé	折	34
zhédié	折叠	1065
zhéjià	折价	1065
zhézhōng	折中	1065
zhéxué	哲学	1065
zhě·zi	褶子	1066
zhè·lǐ	这里	1066
zhèshí	这时	1066
Zhè	浙	1066
Zhèjiāng	浙江	1066
zhēn	针	1066
zhēnduì	针对	1066
zhēnfēng-xiāngduì	针锋相对	1067
zhēnjiǔ	针灸	1067
zhēnzhī	针织	1067
zhēnchá	侦察	1067
zhēntàn	侦探	1067
zhēnguì	珍贵	346
zhēnxī	珍惜	1067
zhēn❶	真❶	1068
zhēn❷	真❷	1068
zhēnkōng❶	真空❶	1068
zhēnkōng❷	真空❷	1068
zhēnlǐ	真理	1068
zhēnshí❶	真实❶	1068
zhēnshí❷	真实❷	1068
zhēnxīn	真心	1068
zhēnzhuó	斟酌	1069
zhěnduàn	诊断	1069
zhěntào	枕套	1069
zhěn·tou	枕头	1069
zhèndì	阵地	1069
zhèntòng	阵痛	1069
zhènxiàn	阵线	1070
zhènyǔ	阵雨	1070
zhèndòng	振动	1070
zhènxīng	振兴	1070
zhènzuò	振作	13
zhènzāi	赈灾	1070
zhèndòng	震动	1070
zhèn	镇	1070
zhènjìng	镇静	129
zhènyā	镇压	1071
zhēngyuè	正月	1071
zhēng	争	697
zhēngbiàn	争辩	1071
zhēngduān	争端	1071
zhēngduó	争夺	1071
zhēngqǔ	争取	697
zhēngyì	争议	1071
zhēngfú❶	征服❶	1071
zhēngfú❷	征服❷	1071
zhēngqiú	征求	1072
zhēngyòng	征用	1072
zhēngzhá	挣扎	1072
zhēng	蒸	1072
zhēngfā	蒸发	1072
zhěngdùn	整顿	1073
zhěngfēng	整风	1072
zhěnggǎi	整改	1073
zhěnglǐ	整理	1073
zhěngqí	整齐	1073
zhěngtǐ	整体	1073
zhěngtiān	整天	839
zhěngzhī	整枝	1073
zhèng	正	1073
zhèngcháng	正常	1074
zhèngfāngxíng	正方形	1074
zhèngguī	正规	1075
zhènghǎo	正好	1046
zhèngmiàn❶	正面❶	1074
zhèngmiàn❷	正面❷	1074
zhèngnéngliàng	正能量	1074
zhèngpài	正派	1074
zhèngquè	正确	33
zhèngshì	正式	1075
zhèngyì	正义	1075
zhèngzhí	正直	1075
zhèngjù❶	证据❶	1075
zhèngjù❷	证据❷	1075
zhèngmíng❶	证明❶	1075
zhèngmíng❷	证明❷	1076
zhèngquàn	证券	1076
zhèng·rén	证人	1076
zhèngshū	证书	1076
zhèngzhòng	郑重	1075
Zhèngzhōu	郑州	1076
zhèngbiàn❶	政变❶	1076
zhèngbiàn❷	政变❷	1077
zhèngcè	政策	1077
zhèngfǔ❶	政府❶	1077
zhèngfǔ❷	政府❷	1077
zhèngquán❶	政权❶	1077
zhèngquán❷	政权❷	1077
zhèngwěi	政委	1078
zhèngzhì❶	政治❶	1078
zhèngzhì❷	政治❷	1078

Pinyin	Word	Page
zhèngzhì xiéshāng huìyì	政治协商会议	1078
zhèngzhuàng	症状	1078
zhībù	支部	1078
zhīchí	支持	1079
zhīchū①	支出①	461
zhīchū②	支出②	1079
zhīfùbǎo	支付宝	1079
zhīliú	支流	1079
zhīpiào	支票	1079
zhīyuán①	支援①	1079
zhīyuán②	支援②	1080
zhīzhù	支柱	1080
zhī·ma	芝麻	1080
zhī·dào	知道	1080
zhījué	知觉	1080
zhīliǎo	知了	114
zhī·shi	知识	1080
zhī·shi fènzǐ	知识分子	1081
zhīcánrén①	肢残人①	100
zhīcánrén②	肢残人②	1081
zhītǐcánjírén	肢体残疾人	1081
zhīfáng	脂肪	1081
zhīzhū	蜘蛛	1081
zhífǎ	执法	1081
zhíxíng	执行	1081
zhízhào	执照	1082
zhízhèng	执政	1082
zhí	直	1082
zhíchǐ	直尺	1082
zhíjiē	直接	1082
zhíjìng	直径	1082
zhíliúdiàn	直流电	1082
zhíshēng fēijī①	直升飞机①	1083
zhíshēng fēijī②	直升飞机②	1083
zhíshuài	直率	826
zhíshuǎng	直爽	1083
zhíxì	直系	1083
zhíxiáshì	直辖市	1083
zhíxiàn	直线	1083
zhí·nǚ	侄女	1084
zhí·zi	侄子	1084
zhí	值	432
zhíbān	值班	1084
zhíqín	值勤	1084
zhírì	值日	1084
zhíchēng	职称	1084
zhíquán	职权	1084
zhíwèi	职位	1085
zhíwù	职务	1085
zhíyè	职业	1085
zhíyè xuéxiào	职业学校	1085
zhíyuán	职员	1085
zhízé	职责	1085
zhíbèi	植被	1085
Zhíshù Jié	植树节	1086
zhíwù	植物	1086
zhímíndì	殖民地	1086
zhímín zhǔyì	殖民主义	1086
zhǐyào①	只要①	730
zhǐyào②	只要②	1086
zhǐ	纸	1086
zhǐlǒu	纸篓	1087
zhǐzhāng	纸张	1086
zhǐbiāo	指标	1087
zhǐdǎo	指导	1088
zhǐhuī❶	指挥❶	1087
zhǐhuī❷	指挥❷	1087
zhǐ·jia	指甲	1087
zhǐnánzhēn	指南针	1087
zhǐshǐ	指使	455
zhǐshì	指示	1088
zhǐshì dàicí	指示代词	1088
zhǐshìdēng	指示灯	1088
zhǐzé	指责	1054
zhì·qì	志气	1088
zhìyuàn	志愿	1088
zhìyuànjūn	志愿军	1088
zhìdìng	制订	1089
zhìdìng	制定	1089
zhìdù❶	制度❶	421
zhìdù❷	制度❷	1089
zhìfú	制服	1089
zhìtú	制图	1089
zhìzào	制造	1089
zhìzhǐ	制止	472
zhìbiàn	质变	1089
zhìliàng	质量	1090
zhìwèn	质问	1090
zhìxún	质询	1090
zhì'ān	治安	1090
zhìlǐ	治理	340
zhìliáo	治疗	1090
Zhìgōngdǎng	致公党	1090
zhìjìng	致敬	480
zhìxiè①	致谢①	302
zhìxiè②	致谢②	480
zhìxù	秩序	421
zhìchuāng	痔疮	1090
zhìxī①	窒息①	1091
zhìxī②	窒息②	1091
zhìhuì	智慧	166
zhìlì	智力	1091
zhìlìcánjírén	智力残疾人	1091
zhìlìzhàng'ài	智力障碍	1091
Zhìlì	智利	1091
zhìshāng	智商	1092
zhìyù	智育	1092
zhìyí	置疑	390
zhōngdàng	中档	1092
zhōng'ěryán	中耳炎	1092
Zhōngfēi	中非	1092
Zhōngguó	中国	1092
zhōngjiān	中间	1093
zhōngqī	中期	1093
Zhōngqiū Jié①	中秋节①	1093
Zhōngqiū Jié②	中秋节②	1093
Zhōngshāqúndǎo	中沙群岛	1093
zhōngshānzhuāng	中山装	1089
zhōngwǔ①	中午①	1093
zhōngwǔ②	中午②	1094
zhōngxué	中学	1094
zhōngxún	中旬	1094
zhōngyāng	中央	1094
zhōngyào	中药	1094
zhōngyī	中医	1094
zhōngyīkē	中医科	1095
zhōngyóu	中游	1095
zhōngzhuān	中专	1095
zhōngchéng	忠诚	1095
zhōngshí	忠实	1095
zhōngshēn	终身	1095
zhōngshēn jiānjìn	终身监禁	1095
zhōngyú	终于	1128
zhōng❶	钟❶	1096
zhōng❷	钟❷	1096
zhōngdiǎngōng	钟点工	943
zhōngdǐngwén	钟鼎文	468
zhōngrǔshí	钟乳石	728
zhōngxīn	衷心	1068
zhǒnglèi	种类	1096
zhǒng·zi	种子	1096
zhǒngzú	种族	1096
zhòngfēng	中风	1096
zhòngshǔ	中暑	1097
Zhòng	仲	1097
zhòngcái	仲裁	1097
zhòngzhí	种植	1097
zhòng❶	重❶	1097
zhòng❷	重❷	1097
zhòngliàng	重量	1098
zhòngshì	重视	1098
zhòngtīng	重听	1098
zhòngyào	重要	1097

拼音	词条	页码
zhòngzhèngjiānhùshì	重症监护室	1098
zhōu	州	1098
Zhōu	周	1098
zhōudào	周到	880
zhōunián	周年	1099
zhōuqī	周期	1099
zhōuwéi	周围	1099
zhōuzhuǎn	周转	1099
zhōu	洲	1099
zhōujì	洲际	1099
zhōu	粥	1100
zhóuchéng①	轴承①	1100
zhóuchéng②	轴承②	1100
zhǒu	肘	1100
zhòuyè	昼夜	1100
zhòu	皱	1100
zhòubiàn	骤变	861
Zhū	朱	1101
Zhūhǎi	珠海	1101
Zhūmùlǎngmǎfēng	珠穆朗玛峰	1101
Zhūgě	诸葛	746
zhū	猪	1101
zhú	竹	1101
zhúbù	逐步	1101
zhújiàn①	逐渐①	1044
zhújiàn②	逐渐②	1101
zhǔbàn	主办	1102
zhǔchí	主持	1102
zhǔdòng	主动	1102
zhǔfàn	主犯	1102
zhǔguān	主观	1102
zhǔjué	主角	1102
zhǔliú①	主流①	302
zhǔliú②	主流②	1103
zhǔquán	主权	1103
zhǔrèn	主任	1103
zhǔxí	主席	1103
zhǔyǎn	主演	1102
zhǔyào	主要	1103
zhǔyì	主义	1103
zhǔyǔ	主语	1104
zhǔzhāng	主张	1007
zhǔ	煮	1104
zhǔ·fù	嘱咐	1104
zhǔmù	瞩目	1104
Zhùcánrì	助残日	1104
zhùcí	助词	1104
zhùdòngcí	助动词	1105
zhùjiào	助教	1105
zhùlǐ	助理	1105
zhùtīngqì	助听器	1105
zhùyuàn①	住院①	1105
zhùyuàn②	住院②	1105
zhùcè	注册	692
zhùjiě	注解	1106
zhùshè	注射	1106
zhùshì	注释	1106
zhùxiāo	注销	1106
zhùyì①	注意①	1106
zhùyì②	注意②	1106
zhù·zi	柱子	1106
Zhù	祝	710
zhùyuàn	祝愿	1107
zhùmíng	著名	1107
zhùzuò	著作	1107
zhùyá	蛀牙	1107
zhùzào	铸造	1107
zhuā	抓	1107
zhuājǐn	抓紧	427
zhuǎ·zi	爪子	1108
zhuài	拽	1108
zhuānhèng	专横	585
zhuānjī	专机	1108
zhuānjiā	专家	1108
zhuānmén	专门	1108
zhuānxīn	专心	1108
zhuānyè	专业	1109
zhuānzhèng	专政	1109
zhuānzhì	专制	231
zhuān	砖	1109
zhuǎn	转	574
zhuǎndá	转达	1109
zhuǎngào	转告	1109
zhuǎnhuà	转化	1109
zhuǎnjī	转机	1109
zhuǎnjīyīn	转基因	1110
zhuǎnràng	转让	1110
zhuǎnyè	转业	1110
zhuǎnzhé	转折	1110
zhuàn	转	574
zhuànyǐ	转椅	1110
zhuàn	赚	1110
zhuànkè	篆刻	217
zhuànshū	篆书	1111
Zhuāng	庄	895
zhuāng·jia	庄稼	1111
zhuāng·jiadì	庄稼地	645
zhuāngyán	庄严	1111
zhuāngzhòng	庄重	1111
Zhuāngzǐ	庄子	1111
zhuāng	装	153
zhuāngdìng	装订	1111
zhuāngjiǎchē	装甲车	1112
zhuāngpèi	装配	1112
zhuāngshì	装饰	1112
zhuāngxiè	装卸	1112
zhuāngxiū	装修	1112
zhuàng	壮	696
zhuànglì	壮丽	1112
zhuàngzhì	壮志	1113
Zhuàngzú	壮族	1113
zhuàngtài	状态	988
zhuàngyǔ	状语	1113
zhuàng·yuan	状元	1113
zhuàng	撞	1113
zhuīhuǐ-mòjí	追悔莫及	1113
zhuīqiú	追求	1114
zhuīwěi	追尾	1114
zhuìluò	坠落	1114
zhǔnbèi	准备	1114
zhǔnkǎozhèng	准考证	1114
zhǔnquè	准确	1114
zhǔnzé	准则	1115
zhuō·zi	桌子	1115
zhuótòng	灼痛	1115
zhuózhuàng	茁壮	1115
zhuóyuè	卓越	862
zhuómùniǎo	啄木鸟	1115
zhuózhònghào	着重号	1115
zīxún	咨询	902
zītài	姿态	988
zīběn	资本	1116
zīběnjiā	资本家	1116
zīběn zhǔyì	资本主义	1116
zīchǎn jiējí	资产阶级	1116
zīgé	资格	1116
zījīn	资金	694
zīyuán	资源	1116
zīyuán jiàoshì	资源教室	1117
zīzhù	资助	1117
zīzhǎng	滋长	606
zǐdàn	子弹	1117
zǐgōng	子宫	1117
zǐxì	仔细	925
zǐ	紫	1117
zǐcài	紫菜	1117
zì	自	166
zìbēi	自卑	1118
zìbìzhèng	自闭症	327
zìháo	自豪	1118
zìjǐ	自己	1118
zìláishuǐ	自来水	1118
zìlì-gēngshēng	自力更生	1118
zìlì	自立	1118
zìpāi	自拍	1119
zìpāigān	自拍杆	1119
zìqiáng	自强	1119

汉语拼音索引 1219

拼音	词条	页码	拼音	词条	页码	拼音	词条	页码
zìrán	自然	1119	zǔzhǎng	组长	1126	zuòjī	座机	1108
zìránduàn	自然段	1119	zǔzhī❶	组织❶	417	zuòtán	座谈	1132
zìshā	自杀	1119	zǔzhī❷	组织❷	1127	zuò	做	1132
zìshí-qílì	自食其力	1120	zǔchuán	祖传	1127			
zìshǒu	自首	1120	zǔfù	祖父	992		**其他**	
zìsī	自私	1120	zǔguó	祖国	1127	0		1133
zìwèifǎnjīzhàn	自卫反击战	1120	zǔmǔ	祖母	627	1		1133
zìxièchē	自卸车	1120	zǔxiān①	祖先①	1127	2		1133
zìxìn	自信	1120	zǔxiān②	祖先②	1127	3		1133
zìxíngchē①	自行车①	1121	zuān kòng·zi	钻空子	859	4		1133
zìxíngchē②	自行车②	1121	zuāntàn	钻探	1127	5		1134
zìxiū	自修	1121	zuānyán	钻研	1128	6		1134
zìxué	自学	1121	zuànchuáng	钻床	1128	7		1134
zìyóu	自由	1121	zuànjǐng	钻井	175	8		1134
zìyóuyǒng	自由泳	1121	zuànshí	钻石	467	9		1134
zìyuàn	自愿	1121	zuàntóu	钻头	1128	10		1134
zìzhìqū	自治区	1122	zuǐ	嘴	516	20		1135
zìzhùcān	自助餐	1122	zuì①	最①	1128	30		1135
zìzūn	自尊	1122	zuì②	最②	1128	40		1135
zì	字	1122	zuìhòu	最后	1128	50		1135
zìdiǎn	字典	1122	zuìjìn	最近	303	60		1135
zìmù	字幕	1122	zuì'è	罪恶	372	70		1135
zìtiè	字帖	1123	zuìfàn	罪犯	266	80		1136
zōngjiào	宗教	1123	zuìkuí-huòshǒu	罪魁祸首	1102	90		1136
zōngpài	宗派	1123	zuìxíng	罪行	1129	100		1136
zōngzhǐ	宗旨	622	zuì	醉	1129	3D		1137
zōnghé	综合	1123	zūnjìng	尊敬	1129	B chāo	B超	1137
zōngsè	棕色	495	zūnzhòng	尊重	1129	CT		1137
zǒng	总	228	zūnshǒu	遵守	1129	ICU		1098
zǒngcái	总裁	1123	zūnxún	遵循	1129	KTV		1137
zǒngjié	总结	1123	zūnzhào	遵照	1130	K fěn	K粉	1137
zǒnglǐ	总理	1124	zuótiān	昨天	1130	PPT		512
zǒngtǒng	总统	1124	zuǒ	左	1130	QQ		1137
zǒngwù	总务	1124	zuǒ·bian	左边	1130	T xù	T恤	1138
zǒngzé	总则	1124	zuǒmiàn	左面	1130	U pán	U盘	1021
zònghéng	纵横	1124	zuǒyòu-wéinán	左右为难	1130	UFO		273
zòng·zi	粽子	1124	zuǒliào	佐料	1130	WIFI		1138
zǒu	走	1125	zuòbà	作罢	814	X guāngkē	X光科	272
zǒugǒu	走狗	1125	zuòbì	作弊	1130			
zǒu hòumén	走后门	1125	zuòfēng	作风	1131			
zǒusī	走私	1125	zuòjiā	作家	1131			
zòuyuè	奏乐	1125	zuòpǐn	作品	1131			
zū	租	466	zuòwén	作文	1131			
zúqiú	足球	1125	zuòxiù	作秀	1131			
zú	族	28	zuòyè	作业	1131			
zǔzhòu①	诅咒①	1126	zuòyòng	作用	1132			
zǔzhòu②	诅咒②	1126	zuò	坐	1132			
zǔjī	阻击	1126	zuòbiànqì	坐便器	583			
zǔlán	阻拦	191	zuòchán	坐禅	177			
zǔlì	阻力	1126	zuòdiàn	坐垫	1132			
zǔ	组	28	zuòjǐng-guāntiān	坐井观天	1132			
zǔchéng	组成	1126	zuòzhuāng	坐庄	223			

笔画索引

一画

一	1133
一刀两断	995
一万	1136
一千	1136
一个月	995
一天	839
一元	997
一见钟情	996
一分	995
一分钟	279
一月	997
一月份	997
一尺	139
一生	1095
一半	30
一对	238
一百	1136
一年	638
一会儿	995
一技之长	996
一角	996
一直	998
一些①	997
一些②	997
一国两制	995
一知半解	998
一季度	996
一刹那	994
一周	997
一周年	1099
一定①	58
一定②	490
一届	465
一带一路	995
一星期	997
一秒钟	607
一举两得	996
一起	367
一样	934
一氧化碳	997
一般	994
一窍不通	996
一辈子	1095
一筹莫展	795

乙	1004
乙醇	1004

二画

二	1133
二十	1135
二手市场	849
二奶	251
二胡	381
二氧化碳	251
二婚	1050
二维码	251
十	1134
十项全能	770
丁	220
丁字镐	220
丁克	220
丁香	220
厂长	119
七	1134
七十	1135
七星瓢虫	681
卜	83
八	1134
八一节	17
八一建军节	17
八十	1136
八角茴香	178
八卦	17
八宝粥	17
八路军	17
人	721
人力三轮车	722
人工耳蜗	722
人工流产	722
人生观	723
人们	722
人民	722
人民币	723
人民代表大会	723
人行横道	28
人质	724
人参	723
人类	722
人造卫星	723
人称代词	721

人道	722
人数	723
入迷	731
儿子①	248
儿子②	627
儿科	248
儿童	942
儿媳	248
匕首	54
几内亚	418
几内亚比绍	418
几何	418
九	1134
九十	1136
九三学社	481
刁	216
刁难	216
了	535
了不起	33
了解①	551
了解②	551
刀	192
刀削面	192
力	541
力不从心	138
力量	541
又	1028

三画

三	1133
三十	1135
三八节	735
三八妇女节	735
三心二意	736
三伏	735
三合板	735
三级跳远	736
三足鼎立	736
三角形	736
三轮车	736
三国	735
三胞胎	735
三厢车	736
三脚架	736
干	299
干扰	175

干净	299	大	177	万岁	883
干枯	299	大人	133	万众一心	884
干脆	353	大义凛然	642	上	747
干部	302	大开眼界	178	上车	748
干涉	299	大夫	999	上午①	749
干流	302	大无畏	181	上午②	1052
于❶	1029	大专	182	上边	747
于❷	1050	大方	177	上台	749
亏本	522	大失所望	180	上当	748
工厂	315	大头针	181	上吊	453
工人	316	大西洋	181	上旬	750
工人阶级	316	大年	732	上访	748
工艺	316	大伙儿	178	上级	749
工艺品	317	大后天	178	上告	749
工业	316	大杂烩❶	182	上诉	749
工伤	316	大杂烩❷	182	上学	749
工会	315	大名鼎鼎	1107	上官	748
工作①	317	大米	179	上面	747
工作②	1089	大约	182	上钩	748
工作服	317	大豆	396	上帝	748
工序	316	大张旗鼓	182	上班①	317
工具	315	大陆	179	上班②	748
工具栏	315	大陆架	179	上海	749
工钱	317	大纲	177	上课	511
工资	317	大势所趋	180	上辈	1060
工读学校	315	大雨	182	上税	626
工程	315	大使❶	180	上游	750
土	741	大使❷	180	上瘾①	1013
土地	865	大使馆	180	上瘾②	1014
土耳其	865	大学	181	小	942
土豆	582	大便	177	小儿麻痹症	942
土库曼斯坦	865	大前天	179	小心	944
土鸡	865	大洋洲	181	小产	560
土家族	865	大致	182	小米	943
土族	866	大料	178	小麦	584
土葬	623	大家	178	小时	943
士兵	775	大理石	178	小时工	943
才能	422	大排档	179	小学	945
下	927	大雪	181	小括号	524
下午①	928	大麻	179	小品	943
下午②	928	大惊小怪	178	小便	942
下边	927	大趋势	180	小说	944
下旬	928	大雁	984	小孩儿	942
下拉菜单	98	大暑	180	小萝卜	943
下降	400	大寒	177	小雪	945
下面	927	大概	182	小康	942
下班①	927	大腿①	868	小提琴	944
下班②	927	大腿②	868	小葱	165
下载	928	大意	168	小暑	944
下流①	927	丈夫	6	小寒	942
下流②	928	丈母娘	1043	小腿	944
下课	927	与	367	小数	944
下游	928	万	1136	小满	943
寸土必争	171	万一①	883	小熊猫	945
寸头	234	万一②	884	口	516

口水	874	门	598	马赛克	583		
口号	517	门卫	599	乡	933		
口诀	517	门巴族	599	乡亲	933		
口红①	161	门诊	599				
口红②	517	门牌	599	**四画**			
口供	516	义务	1006	丰收	281		
口语	517	子宫	1117	丰富	281		
口琴	517	子弹	1117	丰满	281		
口腔科	517	卫	894	王	884		
口罩	518	卫生	894	王子	884		
山①	743	卫生巾	894	开门	497		
山②	743	卫生间	105	开车	688		
山东①	569	卫生球	894	开水	498		
山东②	743	卫星	894	开户	497		
山西	744	也	992	开头	498		
山羊	744	也门	993	开发区	497		
山里红	744	也许①	508	开会	497		
山沟	926	也许②	508	开创	496		
山药	744	女	646	开关	497		
山脉	744	女儿①	646	开拓	499		
山洞	743	女儿②	646	开放❶	497		
山峰	743	女士	647	开放❷	497		
山崖	744	女表	523	开学	499		
山楂	744	女孩	646	开始	498		
千	1136	女婿	647	开垦	537		
千分尺	690	飞扬跋扈	273	开除	496		
千方百计	690	飞机	273	开朗	498		
千米（km）	690	飞吻	273	开展	486		
千克	319	飞跃	69	开阔❶	498		
千钧一发	690	飞碟❶	272	开阔❷	551		
乞丐	684	飞碟❷	273	开幕	498		
乞讨	684	飞镖	272	开辟	499		
川流不息①	154	习	921	开端	498		
川流不息②	721	习近平	921	井	477		
亿	1136	习惯	921	井冈山	477		
个	312	叉	106	天	839		
个别	312	叉车	107	天天	596		
个别化教育计划	312	马	581	天车	530		
个体户	312	马术	583	天气	841		
勺	750	马甲	499	天气预报	841		
凡人	262	马尔代夫	581	天文	842		
丸药	880	马耳他	581	天平	840		
及时①	415	马达	211	天生	841		
及时②	415	马达加斯加	581	天主教	842		
及格	414	马戏	583	天安门	840		
及格线	414	马克思	582	天坛	842		
广东	343	马来西亚	582	天使	841		
广场	342	马里	582	天空	840		
广西	343	马拉松	582	天线	842		
广州	343	马拉维	582	天津	840		
广告	343	马虎①	581	天真	1028		
广角镜头	343	马虎②	581	天堂	842		
广泛	679	马绍尔群岛	583	天涯海角	842		
广播	342	马铃薯	582	天赋	841		
亡羊补牢	884	马桶	583	天鹅	840		

词条	页码	词条	页码	词条	页码
天然	841	木偶❶	523	不是	88
天然气	841	木偶❷	622	不是……就是……	89
天窗	840	五	1134	不信	90
元帅	1037	五一节	910	不信任	90
元旦	1036	五一劳动节	910	不结盟	87
元代	1036	五十	1135	不速之客	89
元首	1036	五四青年节	909	不称心	86
元素	1037	五代	909	不值	91
元宵	1037	五香粉	910	不般配	85
元宵节	1037	五湖四海	909	不准	472
无	594	支付宝	1079	不能❶	90
无人机	907	支出①	461	不能❷	90
无力	257	支出②	1079	不理睬	87
无中生有	908	支持	1079	不符合	86
无记名	638	支柱	1080	不偏不倚	88
无轨电车	907	支部	1078	不够	86
无产阶级	906	支流	1079	不粘锅	91
无论	88	支票	1079	不惧	1019
无所谓①	907	支援①	1079	不堪回首	87
无所谓②	907	支援②	1080	不喜欢	89
无限①	908	厅长	850	不敬	92
无限②	908	不	85	不景气	87
无线电话	908	不一定①	91	不尊重	92
无线路由器	908	不一定②	91	不置可否	92
无党派	906	不一样	89	不辞而别	85
无家可归	907	不干胶	86	不像话	89
无聊	907	不久	303	不满	88
无期徒刑	907	不及格	86	不愿意	89
无障碍车	908	不毛之地	395	不管	88
无稽之谈	394	不公平	86	不懂	91
云①	1045	不丹	85	太①	1128
云②	1045	不可逾越	87	太②	1128
云存储	1045	不平等	107	太子	884
云层	1045	不同	89	太平间	823
云南	1045	不行❶	90	太平洋	823
云海	1045	不行❷	90	太阳	823
专门	1108	不会	91	太阳镜	823
专心	1108	不合算	91	太极	822
专业	1109	不安	85	太极图	822
专机	1108	不论	88	太极拳	822
专制	231	不好意思	86	太空	1031
专政	1109	不孝①	90	太空行走	822
专家	1108	不孝②	890	太原	823
专横	585	不求甚解	88	太监	822
扎	164	不听话	89	区	712
扎实	532	不利于	87	区划	712
扎染	1049	不言不语	128	区域	712
艺术	1006	不言而喻	90	历史	541
木①	290	不幸	90	历来	541
木②	621	不明白	91	歹徒	46
木瓜	622	不知道①	91	友谊	1026
木头	621	不知道②	91	友善	1026
木地板	621	不卑不亢	85	厄瓜多尔	246
木耳	622	不屈不挠	88	车号	126
木刻	622	不要紧	592	车次	126

车床	126	中风	1096	水彩画	800		
车间	126	中央	1094	水族	803		
车轮	126	中耳炎	1092	水渠	802		
车闸	741	中旬	1094	水獭	802		
车胎	575	中医	1094	见义勇为	439		
车站	127	中医科	1095	见多识广	439		
车厢①	127	中间	1093	见利忘义	439		
车厢②	127	中沙群岛	1093	见面	439		
车牌	126	中非	1092	牛	642		
牙买加	976	中国	1092	牛仔服	643		
牙齿	976	中学	1094	牛仔裤	643		
牙刷	977	中药	1094	牛奶	643		
牙膏	976	中秋节①	1093	手	783		
比	54	中秋节②	1093	手工	784		
比划	785	中档	1092	手风琴	783		
比如	55	中期	1093	手术	785		
比利时	55	中暑	1097	手电筒	783		
比例❶	55	中游	1095	手册	783		
比例❷	55	贝	49	手机	784		
比较	55	贝宁	49	手杖	786		
比基尼	54	贝壳	49	手表	783		
比喻	55	贝雷帽	49	手势	785		
比赛	55	冈比亚	303	手枪	785		
互相	384	内	632	手帕	784		
互联网	383	内卡钳	633	手刹	785		
切	700	内外交困	634	手闸	785		
切削	700	内存	632	手指字母	786		
瓦	875	内因	634	手指语	786		
瓦刀	876	内行	633	手语	785		
瓦努阿图	876	内忧外患	634	手套	785		
瓦斯	876	内疚	633	手绢	784		
瓦解	876	内科	633	手铐	784		
少	751	内阁	632	手续	785		
少年	942	内容	634	手雷	784		
少年之家	751	内裤	633	手榴弹	784		
少年宫	751	内蒙古	633	手镯	786		
少先队	751	水①	799	气功	687		
少将	443	水②	800	气场	687		
少数民族	751	水车	800	气压	688		
日子	761	水龙头	801	气表	686		
日元	728	水平	801	气氛	687		
日历	727	水平面	802	气垫船	686		
日内瓦	727	水仙花	802	气候	688		
日本①	726	水产	800	气息奄奄	688		
日本②	726	水库	801	气瓶	994		
日记	727	水灾	802	气球	687		
日光灯	727	水表	800	气象	688		
日食	728	水果	801	气喘	946		
日积月累	727	水闸	803	气喘吁吁	946		
日期	727	水泥	801	气筒	687		
日程	726	水泵	144	气愤	281		
中山装	1089	水缸	801	气概	687		
中专	1095	水笔	800	气管炎	687		
中午①	1093	水球	802	毛	589		
中午②	1094	水银	324	毛巾	589		

毛衣	590	反应	265	分娩	762
毛里求斯	589	反驳	263	分裂	277
毛里塔尼亚	589	反败为胜	262	分割	277
毛泽东	590	反革命	263	分解	729
毛线	590	反面❶	264	分数❶	132
毛南族	590	反面❷	264	分数❷	278
毛笔	589	反省	265	乏力	257
毛毯	590	反映❶	265	乏味	593
毛裤	589	反映❷	266	公	962
升	760	反思	265	公开	317
升值	760	反复	263	公元	321
长	116	反差	890	公历	319
长子	1061	反恐	264	公仆	319
长女	1060	反倒	890	公斤	319
长方形	117	反射	265	公公	318
长江	117	反悔	264	公文	320
长孙❶	1060	反常	263	公正	322
长孙❷	1061	反馈	264	公布	317
长沙	118	反腐倡廉	263	公平	319
长征	118	介词	464	公务员	321
长春	117	介绍	464	公主	322
长项	422	父亲	292	公司	320
长城	116	父亲节	292	公民	319
长相	1061	从	166	公出	318
长途汽车	118	从犯	166	公式	320
长廊	117	从而①	817	公交车	318
长颈鹿	117	从而②	818	公交卡	319
长辈	1060	从此	166	公关	318
长筒袜	118	从严	167	公安局	317
长焦镜头	117	从来	1005	公孙	320
仁慈	724	从轻	166	公约	321
什么	757	从重	167	公里	690
什么样	1054	从宽	166	公园	321
片面	667	从容	167	公证	322
仆人	40	今天	467	公社	320
化石	389	凶手	961	公诉人	320
化妆	389	凶恶	960	公函	318
化纤	389	凶猛	961	公积金	318
化肥	388	分子	280	公益	321
化学	389	分开❶	276	公益金	321
化验	389	分开❷	277	仓库	102
化简	389	分贝（dB）	276	仓促	1063
仇	145	分手	276	仓储	102
仇人	146	分布	276	月历	336
仇恨	145	分号	277	月季花	1042
仍然	726	分米（dm）	278	月经	1042
斤斤计较	419	分别	276	月食	1043
爪子	1108	分析	278	月饼①	1042
反义词	265	分歧	278	月饼②	1042
反击	392	分明	278	月亮	1043
反扒	265	分居	277	氏族	775
反对①	263	分钟	279	勿	85
反对②	472	分配	278	欠条	696
反而	890	分离	277	欠缺	717
反抗	264	分流	277	欠债	1056

风	281	文莱	899	心电图	949
风车	282	文胸	962	心律	950
风采	281	文章	900	心狠	372
风油精	283	文雅	900	心胸狭窄	926
风俗	283	文静	899	心浮	950
风度	282	方	268	心理	950
风格	282	方式	269	心率	950
风流	282	方向	269	心情	950
风景	282	方向盘	688	心愿	951
风筝	283	方针	269	尹	1011
风湿病	283	方法	268	尺	139
风貌	282	方便	438	尺子	1082
风趣	1022	方便面	268	引	1011
风靡	283	方案	268	引力	1012
丹麦	186	火	719	引号	1012
丹顶鹤	186	火山	407	引导❶	937
匀称①	607	火车	406	引导❷	1029
匀称②	1046	火化	406	引进	1012
乌	904	火龙果	407	引诱	1011
乌干达	904	火炬	407	引渡	1012
乌克兰	905	火炬手	407	丑	146
乌龟	905	火柴	406	丑恶	147
乌孜别克族	906	火烧	750	巴士	19
乌鸡	905	火葬	406	巴巴多斯	17
乌拉圭	905	火锅	406	巴布亚新几内亚	18
乌鸦	905	火箭	406	巴西	19
乌兹别克斯坦	906	火箭军	406	巴拉圭	18
乌贼	906	火箭炮	407	巴林	19
乌鲁木齐	905	为	894	巴哈马	18
勾引	1011	为了	894	巴结	18
勾兑	325	为什么	895	巴拿马	19
勾结	326	斗争	229	巴基斯坦	18
凤凰	286	斗笠	228	巴勒斯坦	18
卞	64	计划	419	巴黎	19
六	1134	计较	419	孔子	515
六一儿童节	563	计谋	420	孔雀	515
六一节	563	计酬	419	队长	237
六十	1135	计算	420	队伍	237
文艺	900	计算机	420	办公	30
文不对题	658	计算器	420	办公室	30
文化①	898	订户	221	办法	30
文化②	898	订书机	1111	以	1020
文化衫	1040	订正	297	以一当十	1005
文化馆	898	订婚	221	以少胜多	1005
文件①	898	户口	384	以至于	1128
文件②	900	户口簿	384	以后	1004
文件夹①	898	户型	384	以色列	1005
文件夹②	898	户籍	384	以来	1005
文身	899	讣告	292	以身作则	1005
文具盒	691	认为	725	以前	1005
文明	899	认识	724	以强凌弱	1005
文物	900	认真	725	允许	664
文凭	899	心	949	邓	199
文盲	899	心中有数	951	邓小平	200
文学	900	心平气和	950	劝告	717

双	798	正月	1071	本	789
双杠	799	正方形	1074	本分	7
双层汽车	798	正式	1075	本末倒置	52
双面胶	799	正好	1046	本事	422
双胞胎	798	正规	1075	本质	53
书	789	正直	1075	本科	52
书包	789	正面❶	1074	本职	52
书记	790	正面❷	1074	本领	422
书记员	790	正派	1074	本着	12
书名号	68	正能量	1074	可以	509
书柜	789	正常	1074	可怜	508
书店	789	正确	33	可是	508
书法	789	扑	651	可信	509
书房	789	扑克牌	677	可能①	508
幻灯片	512	扒鸡	651	可能②	508
幻想	393	功臣	322	可惜	508
		功劳	322	可靠①	507
五画		功勋	323	可靠②	508
玉	1032	功能	323	丙	76
玉米	1032	功率	322	左	1130
刊物	499	功绩	322	左右为难	1130
末班车	617	扔	726	左边	1130
示众	776	去	714	左面	1130
示范	776	去污剂	714	厉害	542
示威	776	去污粉	714	石	770
打	174	甘	299	石头子儿	771
打工	174	甘肃	299	石灰	771
打井	175	甘蓝	1039	石油	771
打车	149	甘蔗	299	石家庄	771
打火机	174	甘愿	1121	石榴	771
打卡①	495	世纪	776	右	1028
打卡②	495	世界①	776	右边	1028
打印机	176	世界②	776	右面	1028
打字	176	世界观	777	布	999
打字员	790	艾	3	布告	92
打扰	175	艾滋病	4	布谷	233
打折	176	古巴	329	布局	92
打扮	389	古书	329	布依族	93
打听	176	古代	329	布朗族	92
打坐	177	古典①	329	布基纳法索	92
打的	149	古典②	329	布隆迪	93
打官司	174	古物	330	布置	92
打架	175	古迹	329	龙	563
打桩	176	古董	330	龙井	564
打猎	175	古籍	329	龙卷风	564
打麻将	175	节日	459	龙虾	564
打量	175	节气	459	龙眼	564
打赌	174	节目	459	平	671
打算	176	节目单	459	平刀	672
打糕	174	节约①	459	平凡	679
巧克力	699	节约②	459	平反	672
巧妙①	165	节余	460	平方	672
巧妙②	166	节奏	460	平行	674
正	1073	节俭①	459	平均	673
正义	1075	节俭②	459	平均数	673

平时	673	目中无人	14	号召	365
平板电脑	671	目的	622	号码	365
平易近人	674	目空一切	14	田	843
平鱼①	116	目录	623	田径	843
平鱼②	116	目标	622	田埂	843
平视	500	目前	932	田野	843
平面	673	目瞪口呆	131	田螺	843
平原	674	叶①	109	由于①	1009
平息	673	叶②	994	由于②	1009
平常	671	甲	430	只要①	730
平等	672	甲虫	430	只要②	1086
平衡	672	甲鱼	72	史	541
平衡木	673	甲骨文①	430	叨	217
平衡车	672	甲骨文②	430	叫❶	362
灭虫	608	申	755	叫❷	453
轧钢	1054	申办	755	叫苦	454
东①	223	申诉	755	另外	559
东②	223	申请	755	叹气	3
东乡族	224	叮	901	叹词	826
东方	223	叮嘱	1104	凹	13
东西①	912	电	745	囚犯	711
东西②	912	电子	215	四	1133
东沙群岛	224	电子邮件	215	四十	1135
东京	224	电子邮箱	215	四川	808
东帝汶	223	电子商务	215	四边形	808
东郭	224	电水壶	214	四面八方	808
东海	224	电风扇	212	生	760
东道主	223	电动机	211	生日①	761
卡①	495	电动自行车	212	生日②	762
卡②	495	电动汽车	211	生气	281
卡车	496	电动剃须刀	212	生长	763
卡拉OK	496	电压	214	生动	761
卡塔尔	496	电冰箱	210	生产①	760
北①	48	电灯	211	生产②	760
北②	48	电池	211	生词	952
北马其顿共和国	49	电报	210	生态	762
北斗星	48	电饭锅	212	生物①	762
北冰洋	48	电阻	215	生物②	762
北极	48	电表	210	生命	405
北京	48	电闸	214	生育①	262
北美洲	49	电波	211	生育②	762
占领	1058	电视台	213	生前	761
凸	861	电视机	213	生活	761
卢	567	电视塔	213	生理①	761
卢布	567	电话	213	生理②	761
卢沟桥	568	电话机	213	生硬	762
卢旺达	568	电烙铁	213	生疏	762
卢森堡	568	电流	213	生意	591
业务	993	电梯	214	失业	768
业余	993	电焊	212	失足❶	768
旧	482	电磁炉	211	失足❷	769
帅	797	电磁波	211	失利	767
帅哥	798	电镀	212	失败①	767
归纳	344	电影	214	失败②	767
归侨	344	电影院	214	失信	768

失误	172	丛	166	冬瓜	225
失眠	767	丛书	167	冬令营	225
失恋	767	令狐	554	冬至	225
失职	185	用	1020	冬奥会	225
失望	768	甩	668	鸟	641
失联①	767	印	1015	务工	174
失联②	767	印泥	1014	包❶	34
失落	768	印刷	1015	包❷	34
失聪①	564	印度	1014	包子	36
失聪②	564	印度尼西亚	1014	包扎	114
失踪①	768	印度洋	1014	包产	34
失踪②	768	印染	1014	包围	36
乍得	1055	印象	1015	包含	35
丘陵	710	印章	1015	包庇	34
付	683	尔虞我诈①	248	包间	34
代	183	尔虞我诈②	249	包房	34
代办	183	乐观	535	包括①	35
代词	183	句子	487	包括②	524
代表	183	句号	487	包容	44
代理	184	册	789	包涵①	35
代替	394	犯人	266	包涵②	35
代数	184	犯浑	168	包袱①	34
仟	1136	犯罪	267	包袱②	47
亿佬族	309	犯罪嫌疑人	267	包揽	35
仫佬族	623	外	877	包装	34
仪仗队	1001	外公	877	包装箱	36
仪表	1001	外卡钳	878	包裹❶	35
仪器	1001	外汇	877	包裹❷	35
白	22	外因	879	饥寒交迫	409
白天	24	外行	877	主义	1103
白木耳	1010	外交	877	主办	1102
白内障	24	外孙子	879	主犯	1102
白手起家	24	外孙女	879	主动	1102
白头偕老	24	外卖	878	主权	1103
白板笔	22	外国人永久居留证	573	主任	1103
白茫茫	22	外面	877	主观	1102
白面儿	358	外科	878	主角	1102
白俄罗斯	23	外语	879	主张	1007
白费	23	外婆	878	主持	1102
白酒	23	外甥	878	主要	1103
白萝卜	23	外甥女	878	主语	1104
白菜	22	处	153	主席	1103
白皑皑	22	处长	153	主流①	302
白族	24	处分	152	主流②	1103
白薯	24	处方	990	主演	1102
白鱀豚	23	处处	194	市①	777
白露	23	处罚①	151	市②	777
仔细	925	处罚②	151	市民	777
他	819	处理❶	151	市场	777
他人	73	处理❷	463	立	1059
他们	819	处暑	152	立方	542
他俩	637	处置	463	立正	543
斥资	149	处境	152	立冬	542
瓜子	512	冬①	224	立场	542
瓜分	334	冬②	225	立交桥	543

立刻	520	议案	835	出轨❷	872		
立法	542	必定	58	出血	149		
立定跳远	848	必要	58	出现❶	149		
立春	542	必修课	58	出现❷	749		
立秋	543	必须	58	出其不意	862		
立夏	543	必然	58	出事	148		
立陶宛	543	必需	58	出版	147		
冯	285	记分牌	420	出差	318		
闪电	745	记忆	421	出租	149		
闪光灯	745	记牢	532	出租车	149		
闪耀	746	记者	421	出息	694		
兰州	529	记账	421	出席	99		
兰花	529	记录❶	420	出资	149		
半	30	记录❷	421	出勤	148		
半导体	30	记叙文	421	辽	551		
半夜	31	永垂不朽	1019	辽宁	551		
半夜三更	31	司	805	辽阔	551		
半圆仪	550	司马	805	奶奶	627		
半途而废	31	司长	806	奶酪	627		
汇合	401	司令	805	奴才	1125		
汇报	309	司机	688	奴役	646		
汇率	402	司法	805	奴隶	645		
汇款	402	司徒	805	召见	1064		
头	859	尼日尔	635	召集	1064		
头发	859	尼日利亚	636	加工	427		
汉代	362	尼龙	635	加刑	428		
汉奸	1125	尼加拉瓜	635	加纳	427		
汉语拼音	362	尼泊尔	635	加法	427		
汉族	362	尼姑	635	加油	428		
汉堡包	362	民主	609	加班	427		
宁	551	民主同盟	609	加紧	427		
宁死不屈	642	民主建国会	609	加拿大	427		
宁夏	641	民主促进会	609	加湿器	428		
宁静	393	民主党派	609	加强	428		
它	819	民进	609	加蓬	428		
它们	819	民兵	608	加塞儿	108		
讨厌	984	民间	608	皮尺	664		
讨价还价	830	民国	608	皮皮虾	925		
讨论	831	民法	608	皮肤	665		
讨论课	831	民建	609	皮肤科	665		
写字	949	民政①	608	皮试	665		
写作	949	民政②	609	皮带❶	665		
让	709	民革	351	皮带❷	665		
让步	719	民族	610	皮蛋	809		
礼节	537	民族舞	610	边	61		
礼仪	537	民盟	609	边关	62		
礼花	984	弘扬	120	边防	61		
礼物	538	出	714	边界	61		
礼炮	537	出口	148	边陲	62		
礼堂	538	出示	148	边缘	61		
礼貌	537	出生	762	边境	62		
训练	548	出尔反尔①	147	边疆	62		
议价	1006	出尔反尔②	148	孕妇	1046		
议会	1006	出让	1110	发	253		
议论文	1006	出轨❶	148	发小儿	260		

发生	255	对立	239	刑警	957	
发动❶	254	对讲机	908	动车①	226	
发动❷	254	对抗	239	动车②	226	
发扬	255	对应	240	动机	227	
发达	253	对证	1075	动员	227	
发行①	253	对话	238	动作	228	
发行②	256	对面	239	动词	226	
发芽	599	对虾	925	动画片	226	
发呆	254	对峙	239	动态	227	
发财	253	对待	238	动物	227	
发言①	256	对称	238	动脉硬化	227	
发言②	983	对准	607	动漫	227	
发现❶	256	对流①	239	圭亚那	344	
发现❷	256	对流②	239	扛	845	
发表	253	对象❶	240	寺庙	808	
发妻	260	对象❷	240	吉布提	415	
发明	255	对着干	239	吉尔吉斯斯坦	415	
发育	257	对联	239	吉林	415	
发炎	256	对焦	238	吉祥	415	
发怵	253	对照	1075	吉普车	1044	
发挥	255	台❶	821	扣除	518	
发音	257	台❷	1115	扣留	483	
发射	406	台历	821	扣帽子	1036	
发射塔	255	台风	521	扣题	518	
发胶	260	台北	820	考分①	503	
发烧	255	台灯	820	考分②	503	
发祥地	256	台阶	821	考古	503	
发展	257	台床	1128	考卷	503	
发展观	257	台钳	821	考试①	55	
发掘	97	台球	821	考试②	504	
发票	255	台湾	821	考核	503	
发廊	260	台湾民主自治同盟	821	考虑	503	
发愤图强	254	台盟	821	考验①	504	
发源地	256	矛盾❶	590	考验②	504	
发福	254	矛盾❷	591	考勤	504	
发誓	135	纠正	297	考察	99	
发髻	197	纠纷	125	托	870	
发糕	254	纠缠	114	托儿	871	
发憷	253	母	621	托儿所	871	
圣女果	765	母亲	621	托运	871	
圣马力诺	765	母亲节	621	托养	871	
圣文森特和格林纳丁斯	765	幼儿园	1028	托辞	828	
圣卢西亚	764	幼稚①	1028	老	532	
圣地	764	幼稚②	1028	老人	533	
圣旨	765	丝❶	806	老丈人	1043	
圣多美和普林西比	764	丝❷	933	老子	534	
圣诞节	764	丝瓜	806	老乡	534	
圣经	764	丝绸	806	老百姓	532	
对	238	丝糕	254	老师	533	
对于	240			老农	534	
对不起①	44	**六画**		老花眼	533	
对不起②	238	匡	521	老板	533	
对手	240	邦交	32	老实	534	
对勾	664	刑场	957	老练	533	
对仗	240	刑法	957	老挝	534	

老家	533	耳钉	249	协议	948
老鼠	794	耳坠	250	协会	947
巩	324	耳环	249	协作	948
巩固	324	耳旁风	250	协定	947
执行	1081	耳模	250	协调	947
执法	1081	耳鼻喉科	249	协商①	947
执政	1082	耳膜	250	协商②	947
执照	1082	芋艿	1033	西①	915
扩大	177	芋头	1033	西②	915
扩印	271	共同	325	西门	917
扩展①	177	共产主义	325	西瓜①	916
扩展②	524	共产党	324	西瓜②	916
扫一扫	739	共青团	325	西宁	917
扫地	739	共享单车	325	西安	915
扫兴	739	芒果	587	西红柿	916
扫盲	738	芒种	587	西医	917
扫帚	739	亚当	977	西沙群岛	917
扫荡	738	亚军	977	西服	916
扫描仪	739	亚美尼亚	978	西药	917
地（de）	191	亚洲	978	西班牙	915
地（di）	927	亚麻	977	西葫芦	916
地下室	203	芝麻	1080	西蓝花①	916
地下通道	205	朴素	679	西蓝花②	917
地下停车场	205	机场	409	西餐	915
地方	203	机会	409	西藏	918
地主	206	机关	409	压	975
地名	204	机枪	410	压抑	975
地形	206	机构	409	压迫	975
地址	206	机制	410	压痛	975
地位	205	机械	410	压榨	246
地库	203	机密	602	压缩	975
地沟	203	机遇	409	厌恶	984
地势	206	机智	410	厌烦	593
地板革	203	机器	410	在	1050
地图①	205	权力	715	百分率	25
地图②	205	权利	715	百分数	25
地质	206	权势	715	百叶窗	26
地砖	207	权限	715	百合	25
地狱	206	权威	715	百合花	25
地热	204	权益	715	百花齐放	25
地铁	205	过山车	354	百姓	532
地球	204	过去	1005	百闻不如一见	26
地理	204	过失	172	百家争鸣	25
地毯	204	过敏①	354	百家姓	25
地窖	203	过敏②	423	有	1026
地雷	203	过期	354	有用①	1027
地暖	204	过程	353	有用②	1028
地貌	206	过街天桥	353	有轨电车	1026
地震	206	过滤	353	有名	901
场合	342	臣	339	有利于	1026
场面	120	再	1028	有限①	1027
耳	249	再见	1050	有限②	1027
耳目一新	250	再诉	755	有线电视	1027
耳机	249	再婚	1050	有效①	1027
耳麦	250	协办	947	有效②	1027

词条	页码	词条	页码	词条	页码
有期徒刑	1026	毕恭毕敬	58	同学②	856
有意	333	此外	559	同房	855
存折	171	此时	1066	同居	855
存档①	170	师范	769	同胞①	854
存档②	170	师傅	769	同胞②	854
存盘	170	尖	433	同班	854
存款	152	尖锐	433	同情	855
存储	170	尖端	433	同辈	854
页	994	劣	552	同窗	856
夸张	520	劣势	552	同盟	855
夸奖	131	劣迹	552	同意①	856
夺	697	光❶	211	同意②	856
灰尘	741	光❷	341	吊车	218
灰色	398	光头	839	吊灯	218
达标	173	光明	342	吊环	218
达斡尔族	173	光荣	342	吊唁	620
列支敦士登	552	光圈	342	吃	267
列宁	551	光盘	342	吃一堑，长一智	138
列席	551	光辉	211	吃力	138
死亡	919	光滑	341	吃亏	138
死刑	808	当	1050	吃不消	788
死板①	807	当之无愧	611	吃饭	267
死板②	808	当天	191	吃药	990
成长	763	当代	932	因为①	1009
成心	333	当时	625	因为②	1009
成功①	132	当面	190	因而①	817
成功②	765	当选	191	因而②	818
成本	132	早上①	1052	因此①	817
成立	133	早上②	1052	因此②	818
成年人	133	早产	1052	因素	540
成年累月	133	早退	1053	吸	918
成交	132	早晚	1053	吸气	918
成员	133	吐司	866	吸引	1011
成员国	134	吓唬	515	吸尘器	918
成果	132	虫	142	吸收	918
成品	133	曲❶	712	吸顶灯	918
成语	133	曲❷	713	吸毒	918
成都	132	曲艺	713	吸烟	936
成效	132	曲折	713	岁月	815
成绩	132	曲别针	713	帆	260
成就	132	曲线	713	帆船	260
成熟	793	团	866	回忆	401
成瘾①	1013	团体	867	回归主流	399
成瘾②	1014	团结①	866	回扣	400
夹	428	团结②	866	回形针	713
夹克	429	团结一心	884	回报	399
轨道	345	吕	571	回味	400
邪	345	同义词	856	回购	399
邪教	948	同乡	856	回首	400
划不来	91	同化	855	回家①	400
划分	390	同舟共济	857	回家②	400
迈	584	同志	857	回族①	401
毕业	58	同时	855	回族②	401
毕业证	899	同事	855	回落①	400
毕生	1095	同学①	856	回落②	446

词条	页码	词条	页码	词条	页码
回锅肉	399	传说	155	华盛顿	387
回想	401	传统	155	仰	13
回避	399	传真	156	仰泳	986
刚才	303	传递①	154	仰视	986
刚果（布）	303	传递②	155	仿佛	938
刚果（金）	303	传票	155	仿制	271
网	589	传销	156	伙伴	662
网页	886	传媒	155	伪造	892
网址	886	传播	852	伪装	892
网拍	885	乒乓球	671	自	166
网购	885	休克	403	自力更生	1118
网店	885	休庭	963	自己	1118
网络	885	休养	963	自卫反击战	1120
网球	885	休息	963	自由	1121
网兜	885	休假	963	自由泳	1121
肉	730	休想	963	自立	1118
肉夹馍	730	伍	1134	自行车①	1121
肉肠	730	伏法	696	自行车②	1121
年	638	伏笔	287	自杀	1119
年三十	150	优化	1021	自闭症	327
年号	639	优先	1021	自来水	1118
年代	638	优秀	1021	自助餐	1122
年岁	639	优势	1021	自私	1120
年级①	639	优点	1020	自拍	1119
年级②	639	优待	1020	自拍杆	1119
年青	703	优胜劣汰	1021	自卑	1118
年限	640	优盘	1021	自治区	1122
年轻	703	优雅	1022	自学	1121
年龄	639	延长	979	自卸车	1120
年糕①	639	延后	979	自修	1121
年糕②	639	延安	979	自信	1120
朱	1101	延期❶	979	自食其力	1120
先生❶	533	延期❷	979	自首	1120
先生❷	628	佤族	876	自然	1119
先后	930	仲	1097	自然段	1119
先兆	930	仲裁	1097	自尊	1122
先进	930	任	724	自强	1119
先前	1005	任务	725	自愿	1121
先期	150	任何	725	自豪	1118
先辈	693	任命	725	伊拉克	998
先锋	930	任性①	492	伊朗	998
丢	222	任性②	882	伊斯兰教	998
丢脸	223	任期	725	血①	149
舌	752	伤口	746	血②	972
竹	1101	伤心	630	血压	973
乔	699	伤脑筋①	524	血压计	973
乔木	698	伤脑筋②	524	血压低	200
伟大	892	伤害	887	血压高	308
传讯	156	价格	432	血型	972
传达	154	价值	432	血脂高	308
传导	154	价值观	432	血管	972
传承	154	伦敦	574	血糖高	307
传送	29	华	97	向	937
传染❶	155	华氏度（°F）	387	向日葵	937
传染❷	301	华侨	387	向导	937

笔画索引　1235

词	页码	词	页码	词	页码	词	页码
向往	919	合法	366	多米尼加	242		
似	938	合适①	289	多米尼克	243		
后①	377	合适②	366	多余	243		
后②	378	合格	366	多重残疾人	242		
后天	379	合资	367	多哥	242		
后代	378	合算	432	多媒体	242		
后妈	425	企业	685	争	697		
后爸	425	企图	685	争议	1071		
后视镜	379	企鹅	684	争夺	1071		
后面	264	爷爷	992	争取	697		
后顾之忧	378	伞	737	争端	1071		
后悔	15	创刊	158	争辩	1071		
后悔莫及	1113	创可贴	158	色拉油	739		
后期	378	创汇	157	色彩	982		
后辈	378	创举	158	色情	1011		
后勤	378	创造	158	壮	696		
行	487	创新	158	壮志	1113		
行为	958	肌肉	410	壮丽	1112		
行书	958	肋骨	653	壮族	1113		
行业	363	杂	295	冲击	141		
行动	958	杂文	1049	冲动	140		
行列①	237	杂交	1049	冲床	144		
行列②	1124	杂技	1049	冲刺	140		
行军	957	杂志	1049	冲突	141		
行李	957	危地马拉	887	冲锋	141		
行驶	688	危机①	887	冲锋枪	141		
行驶证	957	危机②	887	冰①	74		
行星	958	危险①	887	冰②	549		
行贿	403	危险②	887	冰岛	74		
全	715	危害	887	冰毒	75		
全运会	716	负责	292	冰挂	75		
全纳教育	716	负担	292	冰壶	75		
全国工商业联合会	715	负荷	292	冰凉	549		
全国工商联	715	负债	1056	冰球	75		
全国运动会	716	刎	901	冰淇淋	75		
全面	716	匈牙利	961	冰棍儿	75		
全部	228	名义	612	冰雹	74		
全球	776	名片	611	冰镇	76		
会	402	名声	901	冰箱	210		
会见	402	名利	611	庄	895		
会计	520	名词	610	庄子	1111		
会议	497	名胜	611	庄严	1111		
会议室	402	名副其实	611	庄重	1111		
会员	403	名望	611	庄稼	1111		
会诊	403	名牌	611	庄稼地	645		
会话	238	名誉	612	庆	710		
会客室	458	名额	723	庆祝	710		
会谈	402	各	595	庆祝会	710		
会堂	402	各个	595	刘	559		
杀	740	各自	313	齐	682		
杀人	740	各行各业	363	齐心协力	682		
合同	366	各尽所能	313	交代❶	447		
合作	367	多	242	交代❷	447		
合金	366	多少	796	交际	447		
合肥	366	多少钱	432	交际舞	447		

交易	591	问候	896	字帖	1123
交往	447	问答	902	字幕	1122
交点	451	问题	902	安	7
交待	447	闯	157	安分	7
交换	447	闯荡	157	安分守己	7
交涉	448	羊	985	安心	10
交流	448	羊羔	985	安全	9
交流电	448	并列	77	安全带①	9
交通	449	并轨	76	安全带②	9
交通卡	319	并排	77	安定	7
交通信号灯①	375	并联	77	安详	10
交通信号灯②	449	关	59	安居乐业	8
交接	448	关于	338	安哥拉	7
交情	448	关心	337	安顿	10
交税	626	关节	337	安眠药	8
交警	448	关节炎	337	安息	10
衣柜	998	关系	546	安理会	8
衣服	999	关怀	337	安排	9
衣架	999	关押	435	安检	8
衣箱	999	关照	338	安提瓜和巴布达	9
衣橱	998	关键	1097	安插	107
次	163	关键词	337	安装	10
次品	163	米❶	601	安道尔	7
产生	255	米❷（m）	602	安置	10
产妇	114	米老鼠	602	安静	8
产品	115	米饭	601	安慰	9
产科	115	灯罩	198	安徽	8
产值	115	州	1098	讲师	444
产假	114	汗	720	讲究	444
产量	115	汗衫	1040	讲学	444
决口	490	污染	906	讲话	804
决心	491	江❶	442	讲座	444
决议	491	江❷	442	讲课①	444
决定	490	江西	443	讲课②	444
决堤	490	江米	648	军	492
决裂	490	江苏	443	军区	493
决策	490	池塘	382	军队	492
决算	490	汤	827	军乐队	494
决赛	490	汤加	827	军训	493
充公	618	汤药	827	军事	493
充电	141	汤圆	1037	军事装备	493
充电宝	141	忏悔	116	军阀	492
充电桩	141	忙	587	军舰	492
充耳不闻	142	兴奋	956	军衔	493
充足	326	兴旺	262	军属	493
充满	142	兴趣	959	祁	682
妄图	886	宇宙	1031	许	965
妄想	886	宇宙飞船	1031	许可	664
闫	979	宇航员	1030	许愿①	683
闭合	59	守口如瓶	786	许愿②	684
闭关自守	59	守则	786	讹诈	1055
闭幕	59	守法	786	论文	575
闭路电视	1027	守株待兔	787	论述	575
问	902	字	1122	农	314
问号	902	字典	1122	农工民主党	644

词条	页码	词条	页码	词条	页码
农历	644	收据	782	欢聚	391
农业	645	收割机	782	买	584
农田	645	阶级	457	买单	461
农民	644	阶层	457	红	374
农场	644	阶段①	457	红十字会	375
农村	644	阶段②	681	红叶	375
农作物	1111	阴	1009	红包	374
农具	644	阴历	644	红丝带	375
讽刺①	285	阴性	1010	红军	374
讽刺②	285	阴险	1009	红豆	374
设计	753	阴谋	1009	红枣	376
设立	133	防止	270	红果儿	744
设备	689	防虫丸	894	红酒	374
访问	902	防汛	269	红领巾	375
寻找	1063	防守	270	红绿灯	375
那天	191	防空	270	红提	375
那时	625	防空识别区	270	红蜘蛛	376
那里	625	防洪	269	驮	874
那些	194	防盗门	269	纤维	930
迅速	520	防暴警察	269	约旦	1041
尽力	469	丞相	339	约会	1042
尽心	470	如今	932	约束	1042
尽收眼底	469	如何	1054	级别	457
尽情	469	如果	730	纪	421
导师	193	如期	11	纪念	422
导体	193	妇女联合会	293	纪录❶	420
导致	1018	妇科	293	纪录❷	421
导航①	192	妇联	293	纪律	421
导航②	192	好	364	驰名	901
导弹	192	好不好	36	巡回	973
导游❶	193	好处	544	巡逻	973
导游❷	193	好转	364		
导演	193	好看	596	七画	
异常	263	好像	938	寿命	405
异端	416	她	819	弄虚作假	645
孙	816	她们	819	麦	584
孙子	816	妈妈	621	麦子	584
孙女	816	戏①	924	麦当劳	584
孙中山	816	戏②	924	麦克风	390
孙悟空	377	戏弄	124	玖	1134
阵地	1069	戏剧①	924	形式	988
阵雨	1070	戏剧②	924	形而上学	958
阵线	1070	羽毛球	1031	形成	958
阵痛	1069	羽绒服	1031	形势	959
阳历	319	观光电梯	338	形容词	958
阳台	985	观念	339	形象	959
阳奉阴违	985	观点	338	进	470
阳性	985	观音菩萨	339	进士	471
收入	782	观察	99	进口	470
收条	782	观察室	338	进行	998
收拾	782	观摩	338	进攻	141
收复	782	欢迎①	332	进步①	470
收音机	783	欢迎②	392	进步②	470
收获	782	欢欣鼓舞	392	进修	471
收益	782	欢送	391	进度	470

戒心	465	赤手空拳	140	护士节	385
戒毒	464	赤字	140	护工	384
戒指	465	赤胆忠心	139	护肤霜	384
吞	870	赤道	139	护送	385
远	1041	赤道几内亚	139	护理	164
远见	1041	赤裸	140	护照	385
远视	1041	赤膊上阵	139	志气	1088
远视眼	1041	折	34	志愿	1088
违反①	890	折中	1065	志愿军	1088
违反②	890	折价	1065	块	520
违法①	890	折腾	208	扭伤	817
违法②	890	折叠	1065	扭转	643
韧	726	抓	1107	声明	71
运气	1046	抓紧	427	声波	763
运动	1046	扳	27	声音	763
运动员	1046	扮酷	31	把	20
运河	1046	扮演	31	把手	21
运输	1047	抢	697	把关	21
运算	420	抢劫	698	把守	270
扶持	287	抢购	697	把持	1061
扶梯	287	抢险车	698	把握	1061
扶植	287	孝子	945	报仇	42
抚养	290	孝顺	945	报名	692
抚恤	290	孝敬	1129	报告	309
坛子	825	坎肩	499	报社	42
技术	422	抑郁症	1007	报纸	43
技术好	422	抑制	1007	报到	42
技术员	422	抛	657	报复	42
技术差	422	抛砖引玉	657	报亭	43
技师	422	投入❶	705	报效	43
技校	423	投入❷	860	报案	42
坏	391	投机	859	报销	43
扼杀	246	投产①	760	报答	42
扼守	270	投产②	760	报摊	43
扼要	246	投诉	686	报酬	42
拒绝	487	投奔	859	报警	42
找	1063	投降	860	拟人	637
批示	664	投标	859	抒情	790
批发	663	投资	860	苋菜	931
批判	664	投掷	68	花	385
批评	664	投票	860	花甲	385
批改	663	投弹	374	花生	386
批准	664	投影仪	860	花园	387
扯皮	868	坟墓	623	花纹	386
走	1125	坑	875	花卷	386
走后门	1125	坑害	676	花洒	386
走私	1125	抗日战争	502	花菜①	98
走狗	1125	抗议	502	花菜②	98
抄写	121	抗拒	502	花圈	386
抄近儿	462	抗旱	501	花椰菜①	98
抄题	121	抗战	502	花椰菜②	98
贡献	325	抗战胜利纪念日	502	花蕾	386
汞	324	抗美援朝	502	芹菜①	702
攻关	323	抗洪	501	芹菜②	702
攻势	323	护士	385	芥菜	465

词条	页码	词条	页码	词条	页码
芬兰	279	豆浆	230	时期	772
芬芳	279	豆腐①	229	时装	772
苍老	532	豆腐②	229	吴	909
苍蝇	102	两面派	550	助动词	1105
严	980	两厢车	550	助听器	1105
严令	980	医生	999	助词	1104
严肃	980	医用纱布	1000	助残日	1104
严重	980	医用胶带	939	助理	1105
严格	979	医用酒精	1000	助教	1105
芦苇	568	医疗	999	县	932
劳务费	42	医学	1000	里弄	538
劳动	531	医保卡	999	里面	632
劳动改造	531	医院	1000	里程①	488
劳驾	532	医嘱	1000	里程②	488
克	509	否认	286	呆	183
克罗地亚	510	否定	286	呆板①	807
克服①	509	还（hái）	1028	呆板②	808
克服②	724	还（huán）	392	呆傻	183
克隆	509	还手	392	呕吐	650
芭蕾舞	19	还击	392	园	342
苏	811	还账	392	园丁	1037
苏丹	811	还原	398	旷工	522
苏打	827	还钱	392	围巾	890
苏里南	812	还债	392	围绕	36
杠杆	306	来	528	围棋	890
杜	233	来不及	528	围裙	891
杜绝①	472	来得及	528	围嘴儿	891
杜绝②	472	连	546	吨	241
杜鹃❶	233	连衣裙	546	足球	1125
杜鹃❷	233	连词	546	邮局	1023
杜鹃花	233	连环画	546	邮政编码	1023
材料①	912	连续	546	邮递员	1022
材料②	912	连锁店	546	邮票	1023
村	170	步枪	93	男	627
杏	959	步骤	93	男士	628
杉树	745	坚贞不屈	642	男孩	627
极①	1128	坚决	433	困难①	524
极②	1128	坚守	434	困难②	524
极限	416	坚韧	532	困惑	523
极端	416	坚固	532	吵架	125
李	538	坚定	433	串通一气	157
李子	538	坚持	433	串联	156
杨	985	坚持不懈	433	听	851
杨树	985	坚强	434	听人	851
杨桃	986	肖	940	听力	851
求	712	旱冰	574	听力残疾人①	851
更①	1128	旱灾	363	听力残疾人②	851
更②	1128	时代	772	盼咐①	279
更年期	314	时机❶	409	盼咐②	1104
更新	314	时机❷	772	呛	698
束手无策	795	时间	772	吻	901
束缚	1042	时尚	952	吹牛	159
豆①	229	时刻	772	吹毛求疵	159
豆②	229	时差	771	吹风机	158
豆芽儿	230	时候	772	吹嘘	526

吼声	377	体会	474	近义词	471
囤	241	体系	838	近代	471
别	85	体现	838	近视	471
别人	73	体制	839	近视眼	471
别出心裁	72	体质	839	彻底	127
别名	73	体征	1078	彷徨	653
别扭	73	体育	838	返工	266
别针	73	体育场	838	返老还童	266
别具一格	72	体育馆	839	返修	266
别墅	73	体积	838	返聘	266
岗位	305	体验	474	余	766
帐篷①	1061	体裁	837	希望	919
帐篷②	1062	体温计	838	希腊	918
财务	95	体操	837	坐	1132
财产	95	佐料	1130	坐井观天	1132
财物	95	但是①	189	坐庄	223
财政	96	但是②	189	坐垫	1132
针	1066	作风	1131	坐便器	583
针对	1066	作文	1131	坐禅	177
针灸	1067	作业	1131	谷	330
针织	1067	作用	1132	谷子	330
针锋相对	1067	作秀	1131	谷雨	330
钉子	220	作品	1131	妥协	719
钉子户	221	作罢	814	妥当	366
牡丹花	621	作家	1131	含蓄	360
告别	1050	作弊	1130	邻居①	553
告状	309	伯父	81	邻居②	553
告诉	854	伯母	81	岔气	111
我	903	伯利兹	81	岔路	111
我们	903	佣金	42	肝	300
乱	573	低	3	肛门	303
利比亚	544	低血压	200	肘	1100
利比里亚	543	低档	200	肠	118
利用①	544	低烧	200	肠梗阻	118
利用②	545	你	637	免疫力	604
利索	610	你们	637	免费	604
利息	544	你俩	637	免职①	604
利益	544	住院①	1105	免职②	604
利润	544	住院②	1105	狂犬病	522
利率	544	位	895	狂风	521
秃	861	位置❶	895	犹豫	1023
秃顶	839	位置❷	895	角	452
秀才	964	伴侣	31	删改	745
私下	12	伴郎	31	删除	830
每	595	伴娘	32	条	184
每个	595	身份	755	条文	845
每天	596	身份证	756	条件	845
每月	596	身体	756	条约	846
每年	596	伺机	809	条例	845
每周	596	伺候①	164	条理	845
兵	492	伺候②	164	条款	845
兵马俑	76	佛经	286	卵巢	573
邱	710	佛教	286	岛	193
估计	327	佛得角	286	岛屿	194
估算	327	近	471	刨	657

词条	页码	词条	页码	词条	页码
刨子	44	灼痛	1115	完了（wánle）	535
刨床	43	弟弟	207	完了（wánliǎo）	880
饭	267	弟媳	207	完成	880
饭店	775	汪	884	完全❶	228
饭碗	267	沏茶	681	完全❷	880
饮水机	1012	沙子	741	完美	880
饮料	1012	沙发	740	完善	880
系列	924	沙画	740	完整	881
系统	924	沙特阿拉伯	741	完整无缺	880
言论	980	沙眼	741	宋	810
言语残疾人	980	沙漠	741	宋代	810
言语障碍者	980	汽车①	688	宏伟	376
冻疮	228	汽车②	688	宏观	376
状元	1113	汽水	689	牢记	532
状态	988	汽油	689	牢固	532
状语	1113	汽缸	689	牢骚	532
亩	621	汹涌	79	究竟	1128
床	157	泛滥	267	穷	710
床单	157	没用①	593	灾	90
床垫	731	没用②	593	灾民	1050
床罩	157	没必要	592	良心	549
庇护	59	没有①	593	良好	549
疗养	963	没有②	594	证人	1076
吝啬	554	没关系❶	592	证书	1076
应该	1015	没关系❷	592	证明❶	1075
应邀	671	没兴趣	593	证明❷	1076
这时	1066	没收	618	证券	1076
这里	1066	没戏	592	证据①	1075
冷	225	没希望	592	证据②	1075
冷却	536	没事	592	启示	685
冷淡	535	没羞	593	启发	685
冷落	87	没落	797	启事	685
冷静	536	没想到	1008	启智学校	659
序号	965	没意思	593	评比	674
序论	966	沟通	326	评议	675
序言	694	沪	749	评价	674
辛	535	沈	758	评估	674
辛亥革命	951	沈阳	758	评委	674
辛苦	951	沉住气	129	评定	442
弃权	688	沉重	1097	补助	84
冶金	993	沉迷	128	补贴	84
冶炼	993	沉冤	129	补选	84
忘记	886	沉着	129	补种	84
忘恩负义	886	沉淀	128	补语	84
闰年	732	沉默	128	补偿	83
间作	440	怀孕	391	初	787
间苗	440	怀念	937	初中	150
间接	440	怀疑	390	初期	150
间谍	440	忧愁	1022	初赛	1034
羌族	696	快	520	初稿	149
判刑	655	快乐	307	社区	754
判决	655	快递	812	社会①	753
判断	655	快递员	812	社会②	753
兑现	241	快餐	521	社会主义	753
灿烂	101	忸怩	450	诅咒①	1126

诅咒②	1126	阿昌族	1	驴	571		
识别	772	阿姨	2	纽扣	643		
诈骗	1055	阿根廷	1	纽约	643		
诉讼	174	阿曼	2				
罕见	683	阿富汗	1	**八画**			
诊断	1069	阿塞拜疆	2	奉承	324		
词	161	陈	129	奉献	325		
词汇	162	陈旧	482	玩①	881		
词典	161	陈列	129	玩②	881		
词组	162	陈设	129	玩弄	881		
诏书	765	陈述	607	玩具	881		
君主	494	阻力	1126	玩忽职守	185		
灵车	555	阻击	1126	玩笑	881		
灵芝	555	阻拦	191	环节	393		
灵柩	555	附则	293	环境	342		
灵堂	74	附件	293	武	911		
灵敏	555	附近	471	武术	910		
灵魂	555	附和	293	武汉	910		
层次	457	附录	293	武昌鱼	63		
层级	457	附庸	293	武装	911		
屁	666	附属	293	武器	910		
尿	942	坠落	1114	武警	910		
尿不湿	641	妓女	423	青	703		
尿素	641	妨碍	1018	青年	703		
尾气	892	努力	646	青鱼	704		
尾巴	762	邵	751	青春期	703		
迟	188	忍	724	青海	703		
迟早	1053	忍让	724	青菜	703		
迟到①	138	忍耐	724	青稞	703		
迟到②	883	邰	822	责任	725		
局	484	鸡	410	责备	1054		
局长	485	鸡尾酒	411	责怪	1054		
局势	959	鸡蛋	411	现代	932		
局限	1042	纬线	893	现在	932		
局面	485	驱逐	713	现实	932		
局部	485	纯洁	706	现象	932		
改正	297	纯棉	161	玫瑰花	594		
改判	297	纯碱	827	表示	71		
改良	297	纲目	836	表扬	131		
改变	65	纲要	304	表达①	69		
改革	297	纲领	303	表达②	71		
改善	297	纳入	626	表决	70		
改锥	298	纳西族	626	表决器	70		
改签	297	纳米（nm）	626	表里如一	70		
张	1086	纳米比亚	626	表弟	69		
忌口	423	纳闷儿①	683	表现①	71		
忌讳	423	纳闷儿②	683	表现②	71		
忌妒	423	纳税	626	表述	69		
陆（liù）	1134	纳粹	259	表态	71		
陆（Lù）	569	驳斥	263	表明	71		
陆地	569	纵横	1124	表妹	70		
陆军	569	纸	1086	表姐	70		
阿尔及利亚	1	纸张	1086	表面	71		
阿尔巴尼亚	1	纸篓	1087	表格	70		
阿拉伯联合酋长国	2	纺织	271	表哥	69		

表象	72	拖拉	872	拨弄是非	847
表率	33	拖拉机	872	拨款	78
表情	71	拖累	872	抬	822
表演	72	拖鞋	872	其次	683
规划	345	拍	652	其实	772
规则	345	拍卖	652	耶稣	992
规范❶	68	顶	221	取	625
规范❷	1073	顶风作案	221	取证	1075
规定❶	344	顶替	394	取消	128
规定❷	344	拆❶	22	取款	714
规律	421	拆❷	112	取景	714
规格	345	拆台	113	茉莉花	618
规程	344	拆迁	112	苦①	519
规模	345	拆线	113	苦②	519
抹布	579	拆封	112	苦瓜	519
拔	20	拆除	112	苦闷	519
拔尖儿	862	拆解	112	茂盛	662
拔苗助长	20	拥护	1019	苹果	675
拔河	20	拥挤	1019	苗	606
拔罐子	20	抵抗	202	苗条	607
拣	436	抵押	202	苗圃	606
坦白	447	抵制	202	苗族	607
坦克	826	抵挡	202	英国	1015
坦桑尼亚	826	抵赖	202	英明	1016
坦率	826	抵触	202	英俊	1016
担	845	拘束	484	英勇	1019
担心	187	拘留	483	英雄	1016
担当	135	势力	777	英镑	1015
担任	135	抱	44	范	267
担负	135	抱怨	44	范围	268
担忧	187	抱养	44	直	1082
担保①	186	抱歉	44	直升飞机①	1083
担保②	186	垃圾	525	直升飞机②	1083
担保人	186	拉	525	直尺	1082
担架	186	拉力	525	直系	1083
坤表	523	拉肚子	296	直径	1082
押运	976	拉拢	525	直线	1083
押金	976	拉面	606	直流电	1082
押送	976	拉祜族	525	直接	1082
押面	606	拉萨	526	直爽	1083
抽	845	拉脱维亚	526	直率	826
抽水机	144	拦截	191	直辖市	1083
抽血	145	幸亏	960	茁壮	1115
抽油烟机	145	幸福	959	茄子	700
抽屉	144	拌	32	茎	472
抽查	144	拧	642	茅塞顿开	398
抽样	145	拂晓	555	林	554
抽象	145	招收	1063	杯子	47
抽筋	144	招呼	1062	枢纽	790
抽搐	208	招标	1062	柜台	346
抽签	144	招待	709	柜员机	346
拐卖	337	招待所	572	杵	164
拐弯	1110	招聘	1063	板书	29
拖车	871	披肩	664	板块❶	29
拖把	871	拨	78	板块❷	29

板报	29	奋不顾身	280	肾	759
松	809	奋斗	229	贤惠	931
松花蛋	809	态度	988	尚	750
松树	810	欧元	649	具体	487
松鼠	809	欧阳	649	味精	895
松懈	809	欧洲	649	果断	353
枪决	696	欧盟	649	果然	353
枫树	283	殴打	649	昆明	523
构成	1126	垄	843	国书	352
构思	326	垄断	566	国务院	352
构架	432	妻子	6	国民	351
杭州	363	轰炸机	374	国民党革命委员会	351
枕头	1069	顷	709	国名	351
枕套	1069	转	574	国庆节①	352
丧失	222	转化	1109	国庆节②	352
或者	407	转业	1110	国防	349
画室	390	转让	1110	国库	351
画家	390	转机	1109	国库券	351
卧	903	转达	1109	国际①	350
卧底	904	转折	1110	国际②	776
卧室	904	转告	1109	国际残疾人日	350
卧倒	904	转基因	1110	国际象棋	350
卧铺	904	转椅	1110	国画	349
事业	778	轮作	575	国界	351
事件①	778	轮胎	575	国泰民安	352
事件②	778	轮班①	574	国债	351
事物	778	轮班②	574	国家	350
事例	778	轮换	574	国家公祭日	350
事实	778	轮流	574	国家宪法日	350
事情①	778	轮船	156	国宴	353
事情②	778	轮椅	575	国宾	348
刺	164	轮滑	574	国歌	349
刺刀	164	软①	605	国旗	352
刺绣	165	软②	731	国徽	349
刺猬	165	软件	731	国籍①	349
刺痛	165	软卧	731	国籍②	349
刺鼻	164	到	194	畅所欲言	120
刺激	164	到处①	194	畅通	853
雨	1031	到处②	195	畅销	120
雨水	1032	到底	1128	明天	612
雨衣	1032	非典	273	明代	612
雨披	1031	非典型肺炎	273	明白	1080
卖	585	非法	273	明知故犯	613
卖淫	585	非洲	274	明知故问	613
矿工	522	叔父	790	明显①	612
矿石	522	叔叔❶	790	明显②	612
矿藏	522	叔叔❷	790	明星	613
码头	305	歧视	58	明信片	613
厕所	105	肯尼亚	513	明确	706
奔腾	79	肯定	513	昂扬	13
奇妙	683	肯德基	512	昂贵	346
奇怪①	683	齿轮	410	昂首	13
奇怪②	683	卓越	862	迪士尼乐园	201
奇迹	683	虎	383	迪斯科	201
奄奄一息	688	虎头蛇尾	383	典礼	710

词条	页码	词条	页码	词条	页码	词条	页码
典当	209	垂直	159	侨眷	699
典范	615	垂线	159	佩服	660
典型	209	牧民	623	货车	496
固执	492	牧师	623	货币	694
固定	333	物业	912	依旧	726
忠实	1095	物价	911	依托	1000
忠诚	1095	物色	911	依次	93
呻吟	756	物质①	912	依靠	1000
呼	379	物质②	912	帛画	81
呼气	379	物资①	912	卑鄙	552
呼叫	80	物资②	912	的	191
呼吁	380	物理	911	迫不及待	676
呼吸	380	乖	337	迫害	676
呼延	380	刮	335	质问	1090
呼和浩特	379	刮风	281	质变	1089
呼唤	380	刮宫	722	质询	1090
咖啡	495	刮脸	335	质量	1090
咖啡色	495	和	367	欣赏	951
岸	11	和平共处	367	征用	1072
罗	576	和尚	367	征求	1072
罗马尼亚	576	和面	405	征服❶	1071
帕劳	651	和谐	368	征服❷	1071
败诉	27	和睦	368	爬	651
账	520	和蔼	367	彼此	637
账户	1062	季	423	彼岸	55
贩卖	268	季节	424	所以①	817
贬义词	63	季军	424	所以②	818
贬值	63	季度	424	所有	228
贬职	64	委内瑞拉	893	所罗门群岛	817
图瓦卢	864	委托	893	舍己救人	753
图片	863	委任	725	舍不得	752
图书馆	864	委员	893	舍生忘死	753
图示	863	委员长	893	舍弃	271
图形	864	委屈	630	金①	467
图钉	863	秉性	960	金②	467
图画	403	岳	1043	金文	468
图案	863	岳父	1043	金丝猴	468
图像	864	岳母	1043	金刚石	467
钎子	690	供应	323	金色	468
钓	218	使命	725	金字塔	2
钓鱼岛	218	佰	1136	金花菜	467
制止	472	例子	545	金库	351
制订	1089	例句	545	金钱豹	44
制图	1089	例假	1042	金牌	468
制服	1089	侠客	926	金属	467
制定	1089	侥幸	960	金额	432
制度❶	421	版权	30	金融	1010
制度❷	1089	侄子	1084	刹车①	741
制造	1089	侄女	1084	刹车②	741
知了	114	侦探	1067	命令	613
知识	1080	侦察	1067	命名	614
知识分子	1081	侗族	228	命运❶	614
知觉	1080	侧身	105	命运❷	614
知道	1080	侧面	105	命题❶	614
垂头丧气	768	凭证	1075	命题❷	614

斧子	290	鱼饵	1029	刻苦	510
丛恿	455	鱼雷	1030	刻录机	510
爸爸	292	鱼篓	1030	育人	1033
采	96	兔①	866	育种	1033
采访	96	兔②	866	闹心	632
采纳	458	狐狸	380	闹事	738
采取	96	忽视	380	郑州	1076
采矿	97	忽然	862	郑重	1075
受不了	788	狗①	326	卷	489
受贿	788	狗②	326	卷尺	489
受累	788	备忘录	50	卷叶虫	489
乳房	731	饱①	37	卷笔刀	489
乳罩	962	饱②	586	单 (dān)	187
贪吃	824	饱经风霜	37	单 (Shàn)	188
贪污	824	饱经沧桑	37	单元	188
贪婪	824	饲养	809	单反相机	187
念念不忘	640	饲料	809	单引号	188
贫血	669	变化	65	单句	188
贫农	669	变幻莫测	65	单价	187
贫困	669	变压器	65	单杠	187
贫苦	669	变现	65	单位	188
肺	275	变法	64	单纯①	187
肺活量	275	变脸	65	单纯②	438
肢体残疾人	1081	变焦	65	单独	187
肢残人①	100	京	48	单调	189
肢残人②	1081	京剧	472	单据	668
胀	1062	京族	473	炖	1104
朋友	662	享受	936	炒	125
股	330	庞	656	炒作	125
股长	331	夜晚	883	炒股	125
股东	330	庙宇	808	炒菜锅	125
股市	331	底片	451	炒鱿鱼	463
股份	330	疟疾	647	炊事员	159
股息	331	疙瘩	310	炊帚	159
股票	331	郊区	449	炎热	980
肥	274	废物	275	浅❶	695
肥沃	274	废品	275	浅❷	695
肥胖症	274	废除	128	法①	257
肥料	274	净水器	479	法②	258
服从	287	盲人	779	法人	259
服务	287	盲目	588	法令	258
服务员	288	盲肠炎	529	法西斯	259
服务器	288	盲校	588	法则	259
服药	990	放	271	法规	259
周	1098	放大	271	法国	258
周年	1099	放心	272	法制	259
周围	1099	放疗	272	法治	260
周转	1099	放弃	271	法官	258
周到	880	放屁	666	法律	259
周期	1099	放学	272	法庭	259
昏迷	404	放映	214	法院	259
昏倒	403	放哨	1059	法槌	258
鱼	1029	放射科	272	法警	258
鱼叉	1029	放假	271	泄密	949
鱼钩	1029	刻舟求剑	510	泄漏	949

河	368	学术	970	实习	773
河川	368	学生	969	实行	773
河马	368	学生证	969	实词	773
河北	368	学而不厌	968	实际①	1068
河南①	368	学问	970	实际②	1068
河南②	1035	学位	970	实现	773
沾	1057	学识	970	实事求是	773
沾光	1057	学具	969	实质	774
沾染	1057	学制	971	实验①	774
油①	1023	学校	971	实验②	774
油②	1023	学徒	970	实惠	544
油条	1024	学期	969	实践	773
油画	1024	学龄	969	试制	779
油画棒	527	学籍	968	试卷	503
油饼	1024	宝贝	37	试验	779
油壶	1024	宝石	37	试管	779
油菜	1024	宝宝	1016	诗	769
油漆	1024	宝贵	346	诗歌	769
泊位	81	宗旨	622	肩章	434
沿岸	981	宗派	1123	房	429
沿海	981	宗教	1123	房子	429
泡菜	658	定局	222	房顶	270
注册	692	定居	221	房梁	270
注射	1106	定律	222	房檐	271
注销	1106	定语	222	诚心	134
注释	1106	定期	222	诚实	134
注解	1106	定量	222	诚信	134
注意①	1106	宠物	143	诚恳	134
注意②	1106	宠爱	143	衬托	129
泌尿科	602	审计	759	衬衣	129
泥石流	636	审议	759	视力	779
泥板	636	审问	902	视力残疾人	779
泥俑	636	审判长	759	视屏	213
泥鳅	636	审判员	759	视频	779
沸腾	276	审查①	758	视察	99
沼气	1063	审查②	758	祈祷①	683
沼泽	1064	官①	339	祈祷②	684
波兰	79	官②	558	祈福	684
波动	288	官僚	339	话剧	390
波多黎各	79	官僚主义	339	话筒	390
波浪	79	空	513	诞生	762
波斯尼亚和黑塞哥维那	79	空中加油机	514	诞辰	761
波黑	79	空气	841	建立	133
治安	1090	空心菜①	514	建交	440
治疗	1090	空心菜②	514	建设	440
治理	340	空竹	515	建筑❶	440
性质	960	空军	513	建筑❷	441
性格	960	空投	514	肃清	706
怜悯	855	空间①	513	录入	569
怪不得	630	空间②	840	录用	570
学士	970	空调	514	录取①	191
学习①	970	空袭	514	录取②	570
学习②	971	帘子	547	录音笔	570
学历	969	实①	772	录像	755
学以致用	971	实②	1068	隶书	545

居中	484	虱子	769			
居民	484	驾驶	688		九画	
居住	803	驾驶证	432	契机		409
居住证	484	驾照	432	契约		689
届	465	叁	1133	贰		1133
刷	796	参加	99	奏乐		1125
刷子	796	参考	99	春①		160
刷牙	977	参考书	99	春②		160
刷卡①	495	参军	99	春分		160
刷卡②	495	参观	99	春节		160
屈服	860	参差不齐①	106	春秋战国		160
弧	380	参差不齐②	106	春意盎然		161
承上启下	135	参谋	99	帮助		32
承认	135	参照	12	珍贵		346
承办	134	参照系	100	珍惜		1067
承包	134	参照物	100	珊瑚		745
承担	135	参赞	100	玻利维亚		79
承受	135	艰苦	434	玻璃		79
承前启后	425	艰难①	524	毒品		231
承诺	135	艰难②	524	毒辣		231
承接	135	线	933	拭目以待		780
孟	600	练习	548	挂①		335
孟子	600	练习题	549	挂②		336
孟加拉国	600	组	28	挂历		336
陌生	618	组长	1126	挂号		336
孤儿	327	组成	1126	挂号信		336
孤立❶	328	组织❶	417	挂失		336
孤立❷	328	组织❷	1127	挂面		336
孤独	187	绅士①	756	封		284
孤独症	327	绅士②	1022	封闭		40
孤僻	328	细	925	封建		40
陕	746	细胞	925	封建主义		284
陕西	746	细致	925	封面		284
降	446	细菌	925	封锁		284
降水量	446	终于	1128	拮据		460
降价	446	终身	1095	项目		938
降职	64	终身监禁	1095	项链		937
降落伞	446	绊	32	挎		113
函授	360	经历❶	474	城区①		135
限制	1042	经历❷	474	城区②		136
限期	682	经过	474	城市		777
限额	932	经纪人	473	挠		631
妹夫①	598	经线	474	政权①		1077
妹夫②	598	经济	473	政权②		1077
妹妹	598	经费	473	政委		1078
姑父	328	经络	474	政变①		1076
姑母	328	经验	474	政变②		1077
姑妈	328	经理	473	政府①		1077
姑娘	646	经营	474	政府②		1077
姐夫①	462	经常	119	政治①		1078
姐夫②	462	经销	585	政治②		1078
姐姐	462	贯彻	340	政治协商会议		1078
姓	960	贯穿	340	政策		1077
姓名	960			赵		1064
始终	775			挡		191

拽	1108	草书	104	南美洲	629	
括号	524	草拟	104	南海	629	
郝	365	草坪	104	药	990	
拴	114	草鱼	104	药水	991	
拾❶	436	草莓	104	药片	991	
拾❷	1134	草原	104	药方	990	
拾金不昧	774	草案	103	药房	990	
挑	845	草率	581	药棉	991	
挑拨	847	草帽	103	药膏	990	
挑战	847	草稿	103	标本	67	
挑选	845	茴香	401	标价	68	
挑逗	847	茶	109	标志	68	
挑剔	834	茶几	109	标兵	67	
挑唆	847	茶叶①	109	标枪	68	
挑衅	847	茶叶②	110	标点符号	67	
垛	243	茶壶	109	标语	68	
指示	1088	荀子	974	标准	68	
指示代词	1088	荠菜	424	标榜	931	
指示灯	1088	茭白	449	标题①	68	
指甲	1087	荒地	394	标题②	487	
指导	1088	荒唐	395	标题③	837	
指责	1054	荒野	395	枯竭	518	
指使	455	荒谬	394	柯尔克孜族	505	
指挥❶	1087	茫然	383	相反	890	
指挥❷	1087	荣	342	相对	934	
指南针	1087	荤菜	404	相当	934	
指标	1087	荨麻疹	770	相同	934	
垫子	215	故乡	429	相向	934	
挣扎	1072	故事	333	相声	938	
挤	419	故事片	333	相信	934	
拼命	669	故宫	333	相遇	934	
拼音	786	故意	333	相等	199	
拼凑	668	故障	333	查处	110	
拼搏	668	胡	381	查收	984	
挖	875	胡子	382	查账	110	
挖掘	97	胡同	382	查询	110	
挖潜	875	胡思乱想	382	查封	110	
按时	11	胡说①	381	柏林	82	
按钮	497	胡说②	381	柏树	26	
按照	12	胡说八道	381	柳	563	
按摩	11	胡萝卜	381	柳树	563	
挥发	398	胡琴	381	柱子	1106	
挥霍	398	胡椒粉	381	柿子	780	
挪用	648	荔枝	545	柿子椒	780	
挪威	648	南①	628	栏杆	529	
某①	620	南②	629	柠檬	642	
某②	799	南北朝	628	树①	795	
革命	311	南瓜	628	树②	796	
巷	538	南宁	629	树木	795	
带❶	184	南极	628	要	991	
带❷	625	南极洲	629	要么……要么……①	991	
带子	184	南沙群岛	630	要么……要么……②	991	
带鱼	184	南非	628	要求	988	
带领	184	南昌	628	要害	1097	
草	103	南京	629	柬埔寨	435	

咸	931	背包	789	昨天	1130
威风	887	背地里	12	畏缩	895
威严	888	背面	264	趴	651
威武	888	背诵	50	胃	895
威胁	888	背景	50	贵	346
威信	888	背影	50	贵州	347
威望	888	战士	1059	贵阳	346
威慑	888	战区	1058	贵妃	346
歪	877	战斗	1059	贵族	347
甭	85	战术	1059	界限	465
研讨	981	战场	1058	界面	465
研究	981	战争	1059	虹	376
研究生	981	战役	1059	虾	925
砖	1109	战线	1070	虾皮	926
厘米（cm）	536	战略	1058	虾米	925
厚	379	点心	209	虾蛄	925
砂纸	742	点名	209	思考	806
砂轮	742	点缀	1112	思念	937
砚台	984	点赞	209	思维	806
砍价	500	虐待	648	思想	806
面巾纸	606	临时	1051	蚂蚁	583
面包	605	临近	471	品质	670
面条①	606	临摹	554	品尝	670
面条②	606	竖	796	品种	670
面积	605	省	763	品酒	670
面粉	605	省会	763	品德	670
面貌	606	省略	764	咽	870
耐火砖	627	省略号	764	骂	584
耐心	627	削	940	剐蹭	335
耍滑头	797	削弱	968	咱们	1051
牵连	691	尝试	474	咱俩	1051
牵线	691	是	780	响应	936
牵挂	690	是……还是……①	780	响亮	377
牵涉	754	是……还是……②	991	哈尔滨	355
残疾人①	100	是不是	781	哈尼族	355
残疾人②	100	是否	781	哈达	356
残疾人代步车	100	是非①	780	哈萨克族	355
残疾人证	101	是非②	781	哈萨克斯坦	355
残疾预防日	101	盼望	656	哈密瓜	355
残奥会	100	哄	377	咯血	496
残酷	231	哑铃	977	哆嗦	116
轴承①	1100	哑剧	977	咬	990
轴承②	1100	显著	931	咳嗽	507
轻	704	显眼	612	哪	757
轻生	1119	显摆	931	哪几个	625
轻轨	704	显微镜	389	哪里	757
轻视	704	冒号	591	哪些①	625
轻浮①	815	冒死	591	哪些②	625
轻浮②	1121	冒险	591	峡谷	926
轻率①	815	冒烟	978	贴	849
轻率②	1121	冒牌	591	贴心	849
鸦片	179	星	956	贴近	458
韭菜	481	星星	956	骨	331
背	47	星期一①	956	骨灰盒	331
背心	50	星期一②	956	骨科	332

幽默	1022	香槟酒	934	顺手	793
钙	298	香蕉	935	顺利	804
钙片	298	种子	1096	顺序	93
钝	241	种类	1096	顺叙	804
钟❶	1096	种族	1096	顺差	804
钟❷	1096	种植	1097	修正	297
钟乳石	728	秋①	711	修养	964
钟点工	943	秋②	711	修理	964
钟鼎文	468	秋千	711	修辞	963
钢	304	秋分	711	保卫	40
钢轨	305	科	505	保加利亚	39
钢材	304	科长	507	保守	40
钢板	304	科目	506	保安	37
钢笔	304	科学	506	保安族	38
钢琴	305	科威特	506	保护①	39
钢锉	304	科研	506	保护②	39
钢筋	305	科索沃	506	保证	41
钠	626	科特迪瓦	506	保底	38
钥匙	992	科摩罗	505	保育员	41
钦佩	480	重❶	1097	保单①	38
拜托	712	重❷	1097	保单②	38
拜师	27	重庆	143	保姆	40
拜年	710	重阳节	143	保持	38
拜访	27	重听	1098	保养	41
看①	500	重视	1098	保险	41
看②	500	重要	1097	保险丝	41
看口	500	重复	263	保值	41
看不起	500	重峦叠嶂	142	保健	39
看守所	499	重症监护室	1098	保留	39
看话	500	重婚	142	保密	602
看得起	500	重量	1098	保释	40
看望	501	复习	294	保暖裤	40
氢	704	复印	295	保障①	39
氢气	705	复句	294	保障②	39
氢弹	704	复议	294	保管	39
怎么	1054	复合板	294	保鲜膜	40
怎样	1054	复杂	295	保镖	38
选拔	845	复兴	294	促进	168
选修课	967	复员	869	促销	168
选举①	845	复制	271	俄罗斯	245
选举②	967	复活	294	俄罗斯族	245
选票	967	复原	398	侮辱	92
适当	366	复辟	293	信	953
适时	781	笃信	232	信心	955
适应	781	段	236	信号	954
秒钟	607	段落	236	信用卡	955
香	934	便衣	66	信任	934
香水	935	便池	66	信仰	955
香火	935	便利	438	信访	953
香皂	936	便条	66	信纸	955
香油	936	便服	66	信念	954
香烟	936	便宜	667	信封	954
香菜	935	便秘	66	信息	955
香港	935	便捷	438	信徒	954
香椿	935	贷款	184	信鸽	954

信赖	954	独龙族	232	差（chà）	111
信誉	955	独立	231	差不多	111
皇后	395	独创	231	差价	107
皇帝	395	独揽	231	差别	107
皇宫	395	独裁	231	差劲	112
泉	716	狡猾	452	差点儿❶	111
鬼	345	狠	372	差点儿❷	112
鬼鬼祟祟	346	狠心	372	差距	107
侵犯	701	贸易	591	差额	107
侵吞	701	急于求成	416	养父	986
侵蚀	291	急忙	416	养母	987
侵害	701	急诊室	416	养老金	986
侵略	701	急救	416	养老院	987
侯	377	急躁	1063	养殖	987
追求	1114	饺子	452	美	596
追尾	1114	饼	76	美元	597
追悔莫及	1113	饼干	76	美术❶	597
盾牌	241	弯	879	美术❷	597
待业	185	孪生	798	美发	596
待遇	185	将军	443	美国	597
律动	573	将来	1004	美育	597
律师	573	奖励①	445	美洲	598
很①	1128	奖励②	445	美容	597
很②	1128	奖状	445	姜	443
须要	991	奖金	445	叛变	656
叙利亚	966	奖章	445	叛徒	656
俞	1029	哀叹	3	送	810
剑	441	哀乐	2	送行	811
逃跑	829	哀求	513	送别	811
逃避	1013	哀悼	620	送教上门	811
食物	775	亮	342	迷信	601
食品	774	度假	233	迷惑	383
食品搅拌机	775	疯①	284	前①	692
食堂	775	疯②	284	前②	693
食道	774	疫苗	1007	前夕	694
盆地	662	疤	20	前天	693
胚胎	658	咨询	902	前列腺	693
胆	188	姿态	988	前兆	930
胆怯	484	亲切	701	前进	141
胆战心惊	189	亲近	701	前言	694
胆量	1019	亲爱	701	前赴后继	693
胜地	765	亲戚	702	前面	1074
胜任	766	亲密	701	前科	693
胜利①	765	亲属	702	前途	694
胜利②	766	音响	1010	前期	150
胜诉	766	帝国主义	207	前輩	693
胖	657	施工	770	前景	1041
胖头鱼	657	施压	975	前程	694
脉搏	585	施肥	770	首长	558
葡萄	678	闺蜜	701	首尔	787
勉强	605	闻	900	首先	787
狭小	1056	闻名	901	首创	787
狭隘❶	926	闽	610	首府	763
狭隘❷	1056	闾丘	571	首相	788
狮	769	差（chā）	107	首要	788

首班车	787	洋白菜	1039	冠心病	339
首都	787	洋葱	986	冠军	341
首恶	1102	洲	1099	诬蔑	275
首脑	1036	洲际	1099	语气词	1032
逆差	637	浑身是胆	404	语文	1032
总	228	浑浊	404	语言	804
总务	1124	浓	645	语法	1032
总则	1124	浓度	645	扁豆	64
总结	1123	浓缩	817	扁担	64
总统	1124	津	840	扁桃体	64
总理	1124	津巴布韦	468	祖父	992
总裁	1123	津贴	84	祖母	627
炸	1055	恒心	373	祖先①	1127
炸弹	514	恒星	373	祖先②	1127
炮	658	恢复	398	祖传	1127
炫耀	931	恍惚	397	祖国	1127
剃头	839	恍然大悟	398	神气	757
剃头刀	839	恰当	366	神父	757
洼地	875	恼火	631	神仙	758
洁厕灵	460	恨	373	神圣	758
洪水	79	举	485	神甫	757
洪亮	377	举一反三	486	神经	757
洪都拉斯	376	举办	486	神经科	757
洒水车	733	举行	486	祝	710
柴	1134	举报	436	祝愿	1107
浇	449	举证	486	误工①	912
浇水	449	举例	486	误工②	912
洞房	228	举重	486	误会	913
测听	106	举措	958	误差	912
测绘	105	觉悟	491	误解	913
测验	504	宣布	852	诱导	1029
测量①	105	宣传	852	说	804
测量②	105	宣判	966	说明	804
洗	921	宣誓	966	说明文	804
洗手液	922	宦官	822	说课	444
洗头	922	宫	323	退①	869
洗衣机	923	宫殿	324	退②	869
洗衣皂	923	宪法	933	退让	869
洗衣粉	922	突击	862	退休	870
洗衣液	923	突尼斯	862	退伍	869
洗洁精	921	突出	862	退却	869
洗脸	922	突发	862	退步①	577
洗脸盆	922	突围	863	退步②	869
洗碗机	922	突变	861	退学	870
洗澡	923	突查	862	退潮	869
活	405	突破	863	昼夜	1100
活动	405	突袭	863	屏风	675
活泼	405	突然	862	费	461
活该	405	穿	589	费力	276
派出所	654	窃窃私语	700	费心	102
派遣	654	客人	511	陡峭	229
洽谈	947	客厅	510	眉	594
染料	719	客气	511	除了	150
浏览	559	客户	510	除夕	150
济南	419	客观	510	除外	150

除法	150	统率	858	损失	817
院子	1041			损伤	817
院墙	1041	十画		损耗	816
姥爷	534	耕地❶	314	捌	1134
姥姥	534	耕地❷	314	都	228
姨父	1001	耙	651	哲学	1065
姨母	1001	泰国	823	逝世	919
姨妈	1001	秦	702	捡	436
娇气	450	秦代	702	挫折	172
娇惯	450	秦始皇	702	挫败	171
姚	989	珠海	1101	捋 (lǚ)	678
怒族	646	珠穆朗玛峰	1101	捋 (luō)	567
架构	432	珞巴族	577	换	394
贺	710	班①	27	换气扇	394
贺卡	370	班②	28	挽	113
盈利	1017	班长	28	挽救	482
勇于	1019	素质	812	挽联	882
勇士	1019	素描	812	热①	647
勇敢	1019	素菜	812	热②	720
怠工	185	匿名①	638	热水	721
柔和	731	匿名②	638	热水瓶	647
垒球	33	蚕	806	热气球	721
绑	523	蚕丝	806	热心	721
绑架	32	蚕豆	101	热狗	720
结业	461	顽皮	882	热闹❶	720
结束	880	顽抗	882	热闹❷	721
结社	461	顽固①	882	热带	720
结尾	1128	顽固②	882	热带鱼	720
结构	460	顽强	882	热烈	720
结果	460	捞	531	热爱	720
结账	461	捞取	531	热情	720
结实	532	捕	84	恐龙①	516
结核病	461	振动	1070	恐龙②	516
结婚	461	振兴	1070	恐吓	515
结盟	547	振作	13	恐怖	515
结算	461	赶走	713	恐怖分子	515
绕	114	赶集	417	恐怕	516
骄傲❶	450	起义	311	捣乱	194
骄傲❷	450	起立	686	捅	858
绘画	403	起名	614	埃及	2
给	313	起来	686	埃菲尔铁塔	19
绚丽多彩	968	起身	685	埃塞俄比亚	3
骆驼	577	起床	685	挨个儿	3
绝交	236	起诉	686	耻辱	139
绝收	491	起诉书	686	耻笑	124
绝育	491	起征点	686	耿耿于怀	314
绝密	602	起哄	685	耽误①	188
绝缘体	491	盐	981	耽误②	1018
绞	642	捏	641	聂	641
绞刑	453	埋	844	荸荠	54
绞痛	453	埋伏	584	恭维	324
统一	858	埋单	461	恭敬	1129
统计	857	埋怨	44	莱索托	528
统帅	858	捆	523	莲雾	547
统治	858	捐献	489	莫	618

莫名其妙①	683	索性	353	顾客	511		
莫名其妙②	683	哥伦比亚	310	顾虑	334		
莫桑比克	618	哥哥	310	轿车	688		
莫斯科	618	哥斯达黎加	310	顿号	242		
莴苣	902	速度	813	顿时	520		
荷兰	369	速递	812	致公党	1090		
荷花	368	速递员	812	致敬	480		
晋	472	豇豆	443	致谢①	302		
恶化	246	逗	230	致谢②	480		
恶心	245	逗号	230	柴刀①	290		
恶劣①	372	贾	430	柴刀②	664		
恶劣②	552	配件	660	柴鸡	865		
恶毒	246	配合	289	桌子	1115		
恶意	246	配角	660	虔诚	694		
真①	1068	配套	660	监考	435		
真②	1068	翅膀	140	监护人	434		
真心	1068	唇膏	161	监视	434		
真空①	1068	夏①	720	监狱	435		
真空②	1068	夏②	929	监禁	435		
真实①	1068	夏令营	929	监督	434		
真实②	1068	夏至	929	监察	434		
真理	1068	夏侯	929	紧	468		
桂	343	夏娃	929	紧张	469		
桂花	347	砸	1050	党❶	191		
桂圆	564	破	676	党❷	966		
档次	192	破产❶	676	逞能	138		
档案①	191	破产❷	676	晒	743		
档案②	191	破坏①	676	哮喘	946		
桥	699	破坏②	677	唠叨	575		
桥牌	699	破获❶	677	鸭	976		
桥墩	699	破获❷	677	剔	834		
桦树	390	破案	677	晕	1045		
桃	829	原子	1039	蚌	33		
桃酥	829	原子弹	1039	蚊子	901		
格林纳达	311	原因	1039	蚊帐	901		
格鲁吉亚	311	原则	1039	哨兵	751		
校	945	原形毕露	1038	哭	518		
校长	946	原来	1038	恩怨	591		
校对	454	原来如此	1038	恩爱	247		
校服	946	原告	1037	恩情	248		
核心	370	原始	1038	恩赐	248		
核对	1075	原料	1038	唉叹	3		
核实	369	原谅	35	罢工	21		
核查	369	原理	1038	罢免	604		
核桃	369	逐步	1101	罢官①	21		
核辐射	369	逐渐①	1044	罢官②	604		
核磁共振	369	逐渐②	1101	峰	743		
核潜艇	369	烈士	552	圆	1039		
样子	988	烈士纪念日	552	圆白菜	1039		
样品	987	烈属	553	圆形	1039		
根❶	313	殊荣	791	圆规	1040		
根❷	463	殉葬	974	圆明园	1040		
根据	313	顾	334	圆珠笔	1040		
根源	313	顾名思义	334	圆领衫	1040		
索马里	818	顾问	334	圆满	1040		

贿赂	403	乘客	136	借条②	467
赃物	1051	乘凉	136	借贷	466
钱	694	乘船	136	借款	466
钳子	694	敌人	201	借鉴	466
钻井	175	秤	138	值	432
钻石	467	租	466	值日	1084
钻头	1128	积木	411	值班	1084
钻床	1128	积压	411	值勤	1084
钻空子	859	积劳成疾	411	倚仗	505
钻研	1128	积极	1020	倾向	705
钻探	1127	秩序	421	倾诉	705
钾	431	称心	130	倾注	705
钾肥	431	称心如意	130	倾家荡产	705
铀	1025	称号	130	倾斜	877
铁	849	称兄道弟	130	倾销	705
铁观音	850	称呼	130	倒	195
铁饼	850	称职	130	倒车	195
铁链	850	称谓	130	倒计时	195
铁路	850	称赞①	131	倒立	195
铁锨	850	称赞②	131	倒休	194
铁锹	850	称霸	130	倒闭	194
铃	1096	秘书	602	倒叙	196
铅	691	秘密	602	倒插门	195
铅笔	691	秘鲁	59	倒霉	90
铅笔盒	691	透彻	860	俱乐部	487
铅球	691	透析	861	倡议	121
缺	717	透明	861	倡导	120
缺点	717	透视	861	候机楼	379
氧	987	透露	860	倪	636
氧气	987	笔	56	俯冲	290
特务	833	笔记	56	俯视	291
特立尼达和多巴哥	832	笔记本	56	俯首帖耳	287
特色	832	笔记本电脑	56	倍	50
特别	833	笔划	56	健全❶	441
特别行政区	831	笔名	57	健全❷	441
特快专递	832	笔芯	57	健壮	442
特征	833	笔直	57	健身房	441
特性	833	笔画	56	健康	441
特点	831	笔供	56	臭	147
特种兵	833	笔挺	57	臭虫	147
特殊	833	笔谈	57	臭豆腐	147
特赦	832	笔帽	57	射击	93
特教学校	832	笑	946	射程	754
特教班	831	笊篱	1064	射箭	754
特奥会	831	笋	817	倔强	492
特意	1108	债	1056	徒弟	970
特警	832	债主	1056	徐	965
牺牲❶	919	债权人	1056	舱位①	102
牺牲❷	919	债券	1056	舱位②	102
造句	1053	借①	466	般配	28
造纸	1053	借②	466	航天飞机	364
造型	1053	借口	828	航空	273
造谣	1053	借代	466	航空母舰	364
乘机	136	借用	545	航标	363
乘法	136	借条①	466	航班号	363

航站楼	379	留学生	560	脊椎	419
拿	625	留恋	559	效果	132
耸立①	810	鸳鸯	1036	效益	946
耸立②	810	皱	1100	离休	536
舀	990	饿	247	离别	276
爱	4	凌晨①	555	离婚	536
爱人	6	凌晨②	556	唐	828
爱不释手	4	恋爱	549	唐人街	827
爱尔兰	4	桨	445	唐代	827
爱耳日	5	衰老	797	凋谢	217
爱护	5	衰退	797	瓷器	162
爱沙尼亚	6	衰落	797	资本	1116
爱国①	5	衷心	1068	资本主义	1116
爱国②	5	高	306	资本家	1116
爱莫能助	5	高山族	307	资产阶级	1116
爱眼日	6	高中	308	资助	1117
爱情	6	高尔夫球	306	资金	694
爱惜	6	高压锅	308	资格	1116
爱搭不理	4	高血压	308	资源	1116
爱慕	5	高血脂	308	资源教室	1117
爱憎分明	6	高血糖	307	凉	549
爱戴	4	高兴	307	凉席	550
豹	44	高低杠	306	站	1059
颁布	852	高尚	143	站台	1059
颁发	28	高贵	307	站岗	1059
颁奖①	28	高档	306	剖析	677
颁奖②	445	高原	308	竞争	479
颂扬	131	高铁①	226	竞走	479
胰腺	1001	高铁②	307	竞选	479
脆	170	高雅	308	部	93
脂肪	1081	高跟鞋	306	部长	94
胸	961	高粱	307	部分	94
胸有成竹	951	郭	348	部队	93
胸围	961	席梦思	921	部首	94
胸闷	961	准考证	1114	部落	94
胸章	962	准则	1115	部署	92
胸罩	962	准备	1114	旁边	656
胳膊	310	准确	1114	旅	571
脏	1051	座机	1108	旅行	572
胶水	451	座谈	1132	旅行社	572
胶卷	451	症状	1078	旅客①	136
胶带	450	病	77	旅客②	572
胶棒	450	病历	78	旅馆	572
胶囊	451	病史	78	旅游	572
脑	859	病危	78	旅游团	572
脑血栓	632	病房	77	畜牧	966
脑积水	631	病毒	77	阅兵①	1043
脑梗	632	病案	78	阅兵②	1044
脑膜炎	631	病假	78	阅览室	1044
脑瘫	631	疾驰	69	阅读	232
逛街	343	疼爱	833	瓶	675
狼	531	疼痛①	834	拳击	716
鸵鸟	874	疼痛②	834	粉丝	280
留守	559	疲倦	535	粉红色	279
留学	559	脊柱	419	粉条	280

粉笔	279	海狮	358	家	429
粉碎❶	280	海洛因	358	家乡	429
粉碎❷	280	海洋	356	家园	1041
益虫	1007	海豹	356	家具	429
兼并	435	海浪	356	家庭	429
兼职	435	海啸	359	家眷	429
烤串	504	海豚	359	家禽	429
烤鸡	504	海象	359	家属	429
烤鸭	505	海盗	356	宾语	73
烤箱	505	海棠	359	宾馆	572
烦闷	262	海蜇	360	窍门	30
烧饼	750	海滩	358	窄	1056
烟灰缸	978	海燕	359	容光焕发	728
烟囱	978	海螺	357	容易	728
烟波浩渺	365	涂改带	864	容积	728
烙饼	76	涂鸦	865	宰相	339
递进	207	涂料	864	案犯	266
浙	1066	浴液	1033	案板	12
浙江	1066	浮动	288	请	709
酒	481	浮肿	289	请示	710
酒吧	481	浮莲	288	请客	709
酒店	572	浮萍	288	请教	971
酒窝	482	浮想联翩	288	请假	709
酒精	1004	浮躁	950	诸葛	746
涉及	754	涣散	394	读书	232
消化	941	流水线	562	扇子	746
消灭	941	流血	149	诽谤	275
消防①	940	流行	562	袜子	876
消防②	940	流产	560	袒护	59
消防车	941	流畅	560	袖珍	964
消极	768	流氓①	561	袖章	1084
消闲	941	流氓②	561	被	51
消毒	940	流线型	562	被子	52
消毒柜	940	流星	562	被动	51
消费①	461	流星雨	562	被告	51
消费②	1079	流浪①	561	被告人	51
消耗	437	流浪②	561	被迫①	51
消息	955	流通	562	被迫②	51
消遣	941	流量❶	561	被罩	51
消磨	617	流量❷	561	课	511
浩浩荡荡❶	365	流程❶	560	课本	511
浩浩荡荡❷	365	流程❷	560	课件	512
海	356	流感	560	课间	512
海口	357	润滑油	732	课表	511
海地	357	浪费	531	课标	511
海关	357	涨水	1061	课堂	512
海米	925	涨潮	125	课程	511
海军	357	烫	829	课题	512
海防	357	烫发	596	冥思苦想	613
海拔	356	涩	740	谁	799
海参	358	害虫	360	调出	218
海带	356	害怕	887	调皮	846
海南	358	害羞	360	调动①	218
海鸥	358	宽	521	调动②	219
海峡	359	宽广	521	调休	194

调戏	846	难听	630	排队	653
调剂	1099	难免	630	排场❶	652
调查	436	难受	630	排场❷	652
调度	219	难怪	630	排骨	653
调酒	846	预习	1034	排涝	653
调理	847	预防	1034	排球	653
调控	846	预防针	1007	排演	653
调解	846	预约	1035	掉队	219
调整	847	预言	1034	掉头	219
冤枉	1036	预备役	1033	捶	159
冤案	1036	预测	1033	赦免	754
谈判	947	预算	1034	堆积	237
剥夺	80	预赛	1034	推	867
剥削①	80	预警机	1034	推土机	868
剥削②	80	桑树	738	推广	867
恳求	513	桑拿	737	推子	539
恳请	513	验收	984	推介	867
展示	1058	继父	425	推进	168
展览馆	1058	继母	425	推迟	979
展望	886	继往开来	425	推荐	867
剧团	488	继承❶	424	推选	868
剧烈	487	继承❷	424	推测	867
剧痛	488	继续	998	推拿	11
弱	732			推诿	868
弱视	732	**十一画**		推理	867
弱智人	1091			推算	420
陶	829	彗星	403	推翻	208
陶器	830	理由	540	掀	458
陶罐	830	理发	539	授粉	788
陪	659	理论	539	捻	640
陪审员	659	理财	538	教训❶	456
陪葬品	659	理财金	538	教训❷	456
通用	853	理疗	539	教师	455
通讯	853	理直气壮	540	教师节	455
通过❶	473	理事	539	教会	454
通过❷	852	理事长	540	教导	454
通行证	853	理事会	539	教材	454
通奸	853	理性	540	教条主义	456
通告	852	理顺	540	教具	454
通知①	854	理想	540	教育	457
通知②	854	理解	539	教学	456
通顺	853	麸子	287	教练	455
通俗	853	捧	663	教室	455
通信	853	堵	734	教唆	455
通常	671	堵车	232	教徒	456
通缉	852	措施	30	教案	454
能	509	描述	607	教授	455
能力	634	描图	607	教堂	456
能够	509	掩盖	982	掏	829
能量①	509	捷报	462	掐	689
能量②	634	捷克	462	掠夺	1071
能源	635	捷径	462	据	208
难为情	360	排	652	掂量	208
难民	1050	排比	652	培训	659
难产	630	排水	653	培养	659
		排风扇	394		

培智学校	659	黄河	396	救助	482		
接力	458	黄酒	397	救灾	482		
接见	458	黄海	396	曹	103		
接头	190	黄鼠狼	397	副	683		
接收	458	黄鼬	397	副业	295		
接近	458	菲律宾	274	副词	295		
接受	458	萌芽	599	票	668		
接待	709	萝卜	576	酝酿①	947		
接待室	458	萎缩	893	酝酿②	981		
接触	457	菜	97	戚	702		
控告	309	菜花①	98	硒鼓①	919		
控制	516	菜花②	98	硒鼓②	919		
探讨	981	菜园	98	硕士	805		
探寻	1063	菜单❶	98	奢侈	531		
探究	826	菜单❷	98	爽	799		
探测	1127	菜谱	98	爽快	799		
探索	1063	菜薹	98	聋①	564		
探照灯	826	菊花	485	聋②	564		
掺杂	113	菠萝	80	聋人①	851		
掺假	113	菠菜	80	聋人②	851		
职业	1085	萤火虫	1017	聋人节	565		
职业学校	1085	营	1017	聋校	565		
职务	1085	营业	1017	聋奥会	565		
职权	1084	营养	896	袭击	862		
职员	1085	营养不良	1017	盛大	766		
职位	1085	营养过剩	1017	盛产	766		
职责	1085	萧	526	雪	971		
职称	1084	萨尔瓦多	733	雪花	972		
基本	412	萨摩亚	733	雪里蕻①	972		
基本法	411	彬彬有礼	74	雪里蕻②	972		
基因	413	梦	601	雪菜①	972		
基里巴斯	413	梦想	601	雪菜②	972		
基围虾	413	梗塞	734	雪崩	971		
基层	412	梧桐树	909	雪糕	75		
基金	412	梅	594	辅导	291		
基金会	412	梅花	594	辅助	291		
基肥	412	梅花鹿	594	辅读学校	659		
基础	412	梅雨	594	虚心	965		
基诺族	413	检讨	437	虚夸	159		
基督教	412	检录处	436	虚伪	965		
勘探	1127	检查	436	虚词	964		
聊天儿	785	检修	437	虚荣	964		
娶	714	检举	436	虚脱	403		
著名	1107	检索	437	彪悍	69		
著作	1107	检察长	436	常识	119		
菱形	556	检察官	436	常委	119		
菱角	556	检察院	436	常常	119		
勒令	980	梳头	791	眺望	886		
黄①	396	梳理	791	眼	982		
黄②	396	梯田	834	眼花缭乱	982		
黄瓜	396	梯形	835	眼药水	983		
黄花鱼	397	桶	858	眼科	983		
黄豆	396	救	482	眼镜	982		
黄昏	33	救火车	941	悬空	966		
黄鱼	397	救护车	482	悬殊	967		

词	页	词	页	词	页	词	页
野战军	993	银❷	1010	偏袒	667		
野兽	993	银川	1010	偏偏	492		
野蛮	168	银耳	1010	偏僻	449		
晚了	188	银行	1010	偏瘫	667		
晚上	883	银行卡	1011	假	431		
晚会	883	银牌	1011	假设	431		
晚到	883	银幕	1011	假定	431		
晚婚	883	甜	828	假话	398		
晚辈	378	甜瓜	844	假冒	431		
啄木鸟	1115	甜菜	843	假期	432		
距离❶	488	甜蜜	844	假释	431		
距离❷	488	梨	536	徘徊	653		
略微	750	犁	537	得	191		
蚶	360	移动	1002	得罪	890		
蛊惑	332	移植	1002	得意	197		
蚯蚓	711	笨	53	得意忘形	197		
蛀牙	1107	笸箩	675	得意洋洋	197		
蛇	752	笼头	565	盘子	655		
累	535	笼屉	565	盘问	1090		
累心	102	笼络	525	盘羊	655		
鄂伦春族	247	笼统	565	盘旋	654		
鄂温克族	247	笛子	201	船	156		
唱片	121	符合	289	船袜	156		
唱反调	121	第一①	207	舵	243		
唱歌	121	第一②	787	斜视	948		
患得患失	394	第一名	341	盒子	370		
啰唆	575	第一次	208	鸽子	954		
啰嗦	575	第一届	208	悉尼	919		
唾液	874	第二①	683	彩云	97		
唯一	891	第二②	977	彩色	982		
唯心论	891	第二名	977	彩灯	637		
唯物论	891	第三	424	彩笔	97		
啤酒	665	第三名	424	彩票	97		
崎岖	684	敏捷	610	领土	558		
逻辑	576	敏锐①	555	领队	557		
崔	169	敏锐②	610	领会	539		
崩盘	53	做	1132	领导❶	557		
崩溃	53	袋鼠	185	领导❷	558		
崇山峻岭	142	悠久	1022	领事馆	180		
崇拜	143	悠扬	1022	领空	558		
崇高	143	偶尔①	650	领带	557		
崛起	492	偶尔②	650	领奖	558		
赈灾	1070	偶然①	650	领结	558		
婴儿	1016	偶然②	650	领班	557		
赊欠	752	偶像	143	领海	557		
圈养	809	傀儡	523	领袖	558		
铝	571	偷	196	领域	342		
铝合金	572	您	637	领章	558		
铜	857	停车场①	851	脚①	453		
铜牌	857	停车场②	852	脚②	453		
铡刀	1055	停止	852	脚镣	453		
铣床	923	停机坪	852	脖子	82		
铲子	115	偏	666	脸	548		
铲车	115	偏心	667	脱	872		
银❶	1010	偏向	705	脱节	873		

脱轨	872	章鱼	1060	清醒❷	707
脱贫	873	章程	491	添油加醋	908
脱钩	873	竟然	1008	淋浴	554
脱离	873	商	591	渎职	185
脱粒	873	商业	747	淹没	978
脱落	873	商店	747	渐变	442
脱销	873	商法	747	渐渐①	1044
象	938	商标	747	渐渐②	1101
象征	938	商品	747	混合	405
象棋	938	商量①	947	混合动力车	405
够	326	商量②	981	混纺	404
够不着	327	族	28	混淆	405
够得着	327	旋风	564	淫秽	1011
猜	95	望	886	渔业	1030
猜测	95	望远镜	887	渔网	1030
猪	1101	阁	981	淘气	846
猎人	553	阐明	804	淘米	830
猎手	553	着重号	1115	淘汰	830
猎枪	553	着急	1063	淘宝❶	830
猫	588	羚羊	556	淘宝❷	830
猫头鹰	588	盖	298	液化气罐	994
猫步	588	粘贴	1057	液压机	994
猖狂	284	粗①	167	淡	189
猝发	862	粗②	167	淡定	189
猕猴桃	601	粗心	168	淀粉	216
祭祀	425	粗壮	1115	深	756
祭品	425	粗鲁	168	深入	756
祭奠	620	粗糙	168	深圳	757
馄饨	404	断	236	深刻	756
馅儿饼	933	断交	236	深奥	756
凑合	605	断定	236	涮	798
减少	437	断绝	236	涮锅	798
减刑	437	断章取义	237	涵养	964
减法	437	断断续续	236	婆婆	675
毫米	364	断然	353	渗透	760
烹饪	662	剪子	438	情人	708
烹调	662	剪纸	438	情人节	709
麻	579	剪彩	438	情节	708
麻花	579	剪辑	438	情妇	708
麻药	580	焊接	363	情报	708
麻将	580	焕发	13	情况	708
麻疹	580	清欠	707	情绪	950
麻烦	579	清代	706	惬意	700
麻雀	580	清明	707	惭愧	101
麻婆豆腐	580	清明节	707	惊叹号	475
麻痹	579	清查	706	惊动	475
麻醉	580	清洁	299	惊讶	475
痔疮	1090	清洁车	707	惊奇	475
痒	631	清除	706	惊蛰	475
康	441	清真寺	708	惦记	216
康复	501	清凉油	283	惋惜	508
庸俗	1019	清淡	706	惨景	101
鹿	570	清楚	706	惯性	341
盗窃	196	清澈	706	寄生	426
章	1015	清醒❶	707	寄生虫	426

寄托	426	绳子	763	提拔	835	
寄存	425	维也纳	892	提供	836	
寄信	426	维护①	39	提前①	836	
寂寞	426	维护②	39	提前②	837	
寂静	393	维吾尔族	891	提炼	836	
宿舍	904	维持	38	提倡	835	
窒息①	1091	维修	892	提高	836	
窒息②	1091	绵羊	603	提案	835	
密洞	989	绷带	53	提醒	854	
密	602	综合	1123	博士	82	
密克罗尼西亚	603	绿	109	博士后	83	
密码	603	绿卡	573	博物馆	1058	
密度	603	绿豆	573	博采众长	82	
密集	602	巢	123	博茨瓦纳	82	
谎话	398			博览会	82	
祷告①	683	**十二画**		博客	889	
祷告②	684			揭	458	
祸	90	琵琶	666	揭发	458	
谓语	896	琼	358	揭晓	317	
谜语	601	斑马	28	揭幕	459	
逮捕	185	斑马线	28	喜欢	923	
尉	896	搽	110	喜悦	924	
尉迟	1035	塔	820	喜鹊	924	
弹力	825	塔吉克族	820	彭	332	
弹劾	825	塔吉克斯坦	820	揣	153	
弹簧	825	塔塔尔族	820	揣摩	1069	
隋	815	搭	173	插	107	
隋代	815	搭车	748	插队	108	
堕落	243	搭建	173	插头	108	
随时	815	搭配	1112	插花	108	
随便①	815	揠苗助长	20	插话	108	
随便②	1121	越	520	插叙	108	
随班就读	815	越……越……①	1044	插班生	108	
随着	314	越……越……②	1044	插秧	109	
蛋白	189	越南	1044	插秧机	109	
蛋白质	190	越狱	1045	插座	109	
蛋糕①	190	越野车	1044	插销	108	
蛋糕②	190	趁机	136	揪	481	
蛋羹	190	趋势	959	揪心	481	
隆重	566	超	122	搜查	811	
隐形飞机	1013	超支❶	123	煮	1104	
隐患	1013	超支❷	123	援助	1079	
隐痛	1013	超市	123	搀	113	
隐蔽	1013	超过	122	裁决	655	
隐瞒	1013	超负荷①	122	裁判	96	
隐藏	1013	超负荷②	122	裁减	96	
娼妓	423	超产	122	裁缝	96	
婚姻	461	超导	122	搁浅	310	
婶母	759	超越	122	搁置	39	
婶婶	759	超额	122	搓	171	
婉转❶	713	堤坝	201	搓板	171	
婉转❷	731	提	835	搂	44	
颈椎	477	提升	837	壹	1133	
骑术	583	提议	837	搔	631	
		提成	836	揉	729	
		提纲	836			

斯里兰卡	807	辜负	328	喷泉	661	
斯威士兰	807	棒	33	喷壶①	661	
斯洛文尼亚	807	棒球	33	喷壶②	661	
斯洛伐克	807	椰子	992	喷雾器	661	
期间	681	椰汁	992	喷漆	661	
期货	681	植物	1086	喇叭	526	
期限	682	植树节	1086	喇嘛	526	
期待	681	植被	1085	遇	934	
期望	656	森林	740	遇刺	1035	
欺负	682	椅子	1006	遇难	919	
欺骗	452	棍棒	348	喊	362	
联邦	547	棉花	604	遏止	191	
联合会	547	棉蚜虫	604	遏制	472	
联合国	547	棚子	662	景颇族	477	
联欢会	547	棕色	495	跌	219	
联系	548	逼真	54	跑	657	
联盟	547	厨师	151	跑步	657	
葫芦	382	厨房	150	跑道❶	658	
散文	737	厦门	929	跑道❷	658	
散步	737	硬	1018	跑题	658	
散热	737	硬件	1018	遗书	1003	
散漫	737	硬卧	1018	遗存	1002	
募捐	623	硬盘	1018	遗传	1002	
董	225	雁	984	遗产❶	1002	
董事	226	殖民主义	1086	遗产❷	1002	
董事长	226	殖民地	1086	遗址	1003	
葡萄	678	裂缝	553	遗体	1003	
葡萄牙	678	雄	962	遗言	1003	
葡萄糖	678	雄心	962	遗忘	886	
敬业	480	雄安新区	962	遗物	1002	
敬礼	480	暂时	1051	遗留	1002	
敬老院	479	辍学	161	遗像	1003	
敬佩	480	斐济	275	遗嘱①	1003	
敬畏	480	悲观	47	遗嘱②	1003	
葱①	165	悲惨	630	遗憾	1003	
葱②	165	悲痛	630	蛙	875	
葱头	986	紫	1117	蛙泳	1025	
蒋	445	紫菜	1117	蛐蛐儿	920	
落	577	凿子	1052	蛤蜊	49	
落马	578	辉煌	101	喝	365	
落地窗	577	敞开	120	喝彩	370	
落后	577	敞篷车	120	喂	896	
落实	578	掌握	1061	喂养①	896	
落选	578	晴	709	喂养②	896	
韩	361	暑假	793	喉	377	
韩国	361	最①	1128	喀麦隆	495	
朝	937	最②	1128	帽子	592	
朝气蓬勃	1063	最后	1128	赌气	232	
朝代	123	最近	303	赌博	232	
朝廷	395	量角器	550	赎	792	
朝拜	123	量词	796	赔本	522	
朝鲜①	124	量变	550	赔礼	44	
朝鲜②	124	鼎立	736	赔偿	660	
朝鲜族①	124	喷	661	黑	371	
朝鲜族②	124	喷头	386	黑山	372	

黑龙江	371	等级	457	腌菜	978
黑米	371	等候	199	脾	666
黑匣子	372	策划	106	脾气	666
黑社会	372	策略	420	腔骨	696
黑板	371	筛	742	鲁❶	568
黑窝点	372	筛子	742	鲁❷	569
黑暗	371	筛查	742	猩猩	956
铸造	1107	筛选	742	猥亵	846
铺	678	答应	856	猴	377
铺张	652	答案	173	飓风	521
铺垫	678	答辩	902	然而①	189
链	393	傣族	183	然而②	189
链接	549	傲慢①	14	馊	811
销毁	941	傲慢②	450	馋	113
锁	818	傅	683	装	153
锄	151	傈僳族	545	装订	1111
锂	541	牌子	654	装甲车	1112
锅	348	牌匾	654	装饰	1112
锅炉	348	集中	418	装卸	1112
锅盖	348	集市	417	装修	1112
锋芒	284	集团	417	装配	1112
锋利	433	集团军	417	蛮横	585
掰	22	集会	417	就	483
短	234	集合	367	就义	919
短见	235	集邮	418	就业	483
短句	235	集体	417	痢疾	296
短发①	234	集思广益	417	痛快	799
短发②	235	集资	367	痛苦	859
短信	235	焦	935	痛恨	373
短语	235	焦点	451	童	942
短焦镜头	235	焦炭	451	童话	857
短裤	235	焦距	451	竣工	494
智力	1091	傍晚	33	阑尾炎	529
智力残疾人	1091	储备	152	阔气	524
智力障碍	1091	储蓄	152	善良	746
智利	1091	粤	343	羡慕	113
智育	1092	奥地利	14	普及	679
智商	1092	奥运会	14	普米族	679
智慧	166	奥林匹克	14	普查	679
氮肥	190	奥秘	14	普通	679
鹅	245	街道	197	普遍	679
剩余	766	惩罚	152	粪	177
稍息	752	循环	974	尊重	1129
稍微	750	舒畅	791	尊敬	1129
程	137	舒服	791	奠定	216
程序	93	畲族	752	奠基	216
程度	137	逾期	354	道士	197
稀	920	番茄	916	道具	196
税务局	803	释放	781	道理❶	196
税收	803	释迦牟尼	781	道理❷	540
税款	803	禽流感	702	道教	196
筐	521	貂皮	217	道路	197
等	199	腊八节	526	道歉	44
等于	199	腊八粥	526	道德	196
等同	934	腊月	527	曾	1054

曾用名	73	寒潮	361	登机	199
曾经	1005	寒露	361	登报	198
焰火	984	富	296	登陆	199
焙	52	富饶	296	登岸	199
港	935	富翁	295	登账	421
港口	305	富裕	296	登船	136
港币	305	富强	295	缅甸	605
湖	382	寓言	1035	缆车	530
湖北	382	窝	123	缉私	413
湖南	383	窝头	903	缉查	811
湘	383	窝藏	902	缓刑	393
渤海	83	窝囊	903	缓和❶	393
湿	770	窗	157	缓和❷	393
湿地	1064	遍地	679	缓期	393
湿疹	770	雇员	334	缓解	393
温和	897	裕固族	1035	编写	62
温带	897	裤子	519	编码	365
温度	897	裤衩儿❶	235	编制	63
温度计①	897	裤衩儿❷	633	编织	62
温度计②	897	裙子	717	编辑	62
温室	897	禅院	808	编撰	62
温柔	897	谢谢	302	骚扰	738
温暖	647	谣言	1053	骚乱	738
渴	509	谦让	537	缘故	1039
滑冰	387	谦和	367		
滑坡	388	谦虚	692	十三画	
滑板	387	犀牛	920	瑞士	732
滑轮	388	属于①	794	瑞典	732
滑梯	388	属于②	794	遨游	654
滑雪	388	属于③	794	瑙鲁	632
滑稽	388	属性	793	肆	1133
渝	143	属实	793	摄氏度（℃）	754
湾	879	屡次	669	摄像	755
渡	233	强	696	摄像机	755
渡口	305	强奸	697	摄影	1065
游艺	1025	强迫①	51	摸	614
游击队	1025	强迫②	698	摸索	615
游行	1025	强烈	487	填	844
游戏	1025	强调	697	填表	844
游泳	1025	强盗	697	填鸭❶	844
游标卡尺	1025	粥	1100	填鸭❷	844
游览	572	疏	791	搏斗	83
滋长	606	疏导	791	搏击	716
愤怒	281	疏远	792	塌陷	819
慌	395	疏松	791	塌棵菜	819
愣神儿	254	疏忽	581	摁钉儿	863
愉快	307	隔开	312	鼓	332
割	311	隔断	697	鼓动	332
割据	311	隔壁	312	鼓励	332
寒心	362	媒介	595	鼓掌	332
寒冷	225	媒体	595	鼓舞	332
寒带	361	嫂子	739	摆❶	26
寒流	361	嫂嫂	739	摆❷	26
寒假	361	登山	199	摆布	103
寒酸	361	登记	692	摆设	129

笔画索引 1267

摆架子	26	概括	298	鄙视	58
摆脱	27	衮	712	暖	647
摆摊儿	824	赖	528	暖水瓶	647
搬	29	赖皮	528	暖气	647
搬运	29	酬谢	146	暖和	647
搬家	29	感化	300	盟	547
摇	989	感动	300	暗示❶	13
摇头丸	989	感受	301	暗示❷	13
搞活	309	感性	302	暗地	12
搪塞	828	感冒	301	暗杀	12
摊贩	824	感染❶	301	暗访	12
摊派	824	感染❷	301	暗堡	217
聘书	671	感觉	300	暗箱操作	13
聘用	671	感恩	300	暗礁	12
聘请	671	感情	301	照片	1065
斟酌	1069	感慨	476	照会	1064
蒜	814	感谢	302	照相	1065
蒜苗❶	814	感想	301	照样❶	615
蒜苗❷	814	感激	300	照样❷	726
蒜薹	814	碘	209	照顾	338
勤劳	531	碘酊	210	照射	211
勤奋	646	碘盐	210	畸形	413
靴子	968	碘酒	210	跨	520
蓝①	111	碑	47	跨栏	520
蓝②	529	碉堡	217	跳	847
蓝牙①	529	碰巧①	663	跳马	848
蓝牙②	530	碰巧②	663	跳水	848
墓葬	623	碰头	190	跳台跳水	848
蓬勃	662	碰壁	663	跳伞	446
蒲公英	679	碗	267	跳远	848
蒙	588	鹌鹑	10	跳板跳水	848
蒙古	600	鹌鹑蛋	11	跳闸	849
蒙古族	600	雷	535	跳蚤	849
蒙混过关	600	雷达	535	跳蚤市场	849
蒙蔽	599	零	1133	跳高	848
颐和园	1004	零件	556	跳舞	911
蒸	1072	零拒绝	556	跳槽	848
蒸发	1072	零售	557	踩	97
献血	933	雾	913	跪	347
禁不起	788	雾霾	913	跪拜	347
禁止①	472	输①	767	路过	570
禁止②	472	输②	767	路线	570
禁毒	472	输入	792	跟	314
楚	152	输出	792	跟随	314
楷书	499	输血	792	遣词造句	695
想	806	输液	792	遣送	976
想念	937	督导	230	蜈蚣	909
想象	937	督促	230	蜗牛	903
槐树①	391	频率	670	蛾	245
槐树②	391	频繁	669	蜂窝煤	285
楼	810	鉴于	313	蜕化	870
楼层	566	鉴定	442	蜕皮	870
楼房	566	瞄准	607	蛹	1020
楼梯	566	睡觉	803	嗅	900
概念	298	嗑	512	署	794

置疑	390	微风	281	新②	952
罪犯	266	微生物	889	新四军	953
罪行	1129	微米（μm）	889	新加坡	952
罪恶	372	微观	889	新西兰	953
罪魁祸首	1102	微波炉	888	新词	952
蜀	794	微信	889	新郎	952
错字	172	微博	889	新闻	953
错别字	172	遥控	989	新娘	953
错误	172	遥望	886	新鲜	952
锛	52	腻❶	593	新潮	952
锡	920	腻❷	638	新疆	952
锡伯族	920	腰	988	意大利	1007
锣	576	腰肌劳损	988	意义	1008
锤子	160	腰围	988	意见	1007
锦纶	635	腰带❶	665	意外	1008
锦标赛	469	腰带❷	988	意志	1009
键入	569	腼腆	605	意识❶	491
键盘	442	腥	956	意识❷	1008
锯	488	腹	296	意识形态	1008
锯子	488	腹泻	296	意思	1008
锯床	488	腿①	868	意料之中	1008
矮	3	腿②	868	粮食	601
辞典	161	詹	1057	数	796
辞退	463	鲇鱼	640	数九	795
辞职①	162	鲈鱼	568	数叨	456
辞职②	162	鲍	45	数词	796
稠	146	鲍鱼	45	数码	365
颓废	868	肄业	161	数学	796
愁眉苦脸	146	猿人	1040	数落	456
筹备	1114	触目惊心	153	数量	796
签订	692	触电	153	数数	795
签发	692	触犯	890	数额	796
签字	692	触景生情	153	煎	435
签证	692	解	463	塑料	813
签到	42	解压缩	464	塑料袋	813
简化	389	解决	463	慈爱	162
简单	438	解放	463	慈祥	367
简陋	439	解放军	463	慈善	163
简练	438	解放战争	463	煤	595
筷子	521	解除	236	煤气	595
毁约	401	解剖	463	煤块	595
舅父	483	解脱	27	煤球	595
舅母	483	解散	464	满	586
舅妈	483	解释	464	满足	586
舅舅	483	解雇	463	满族	586
鼠	794	解聘	463	满意	586
鼠标	795	雏形	151	滥用	530
煲	36	酱	446	滚	347
催	169	酱豆腐	446	滚梯	287
催促	169	酱油	447	溶洞	728
像	938	痱子	276	溶解	729
像……一样	939	痰	825	溺爱①	143
像……似的	939	廉政	548	溺爱②	638
躲避	1013	廉洁	706	塞	734
魁梧	523	新①	951	塞子	734

塞内加尔	734	慕容	624	稳健	901		
塞尔维亚	734	蔡	512	熏	973		
塞舌尔	734	模式	615	熏鸡	973		
塞拉利昂	734	模仿	615	算了	814		
塞浦路斯	734	模拟	615	算账	520		
窟窿	518	模范	615	算命	814		
寝室	904	模具	620	算盘	814		
谨慎	469	模型	616	算子	59		
裸体	140	模特儿❶	615	管制	340		
裸露	140	模特儿❷	615	管理	340		
福州	290	模糊	383	管道	340		
福利	289	榴莲	563	箫	526		
福利会	289	榜样	33	舆论	1030		
福利院	289	榨汁	1055	鼻	54		
福建①	289	榨菜	1055	鼻涕	301		
福建②	610	歌颂	311	魄力	677		
福音	290	歌唱	121	魅力	598		
群发	717	遭遇	1052	膀胱	656		
群众	717	酵母粉	457	鲜于	931		
辟邪	59	酷	519	鲜艳	930		
障碍	1062	酸	168	鲜嫩	634		
媳妇	6	酸奶①	813	疑问代词	1004		
嫉妒	423	酸奶②	813	馒头①	585		
嫉恨	423	酸痛	813	馒头②	585		
嫌疑	390	碱	439	敲	698		
嫁	433	碳酸钠	827	敲诈	1055		
嫁接	433	磁	163	豪华	364		
叠❶	34	磁铁	163	膏药	309		
叠❷	219	磁悬浮列车	163	遮掩	982		
缝	285	愿意	923	腐朽	292		
缝纫机	285	殡仪馆	74	腐败	291		
缝补	285	需要①	965	腐乳	446		
缝隙	553	需要②	991	腐蚀	291		
缠	114	裹	660	腐烂	291		
缠绵	114	雌	621	瘦	789		
		踌躇不前	146	辣	527		
十四画		踊跃①	1020	辣椒	527		
静止	480	踊跃②	1020	竭力	469		
瑶族	989	蜻蜓	708	端	233		
熬	1104	蜡染	527	端木	234		
熬夜	13	蜡笔	527	端午节	234		
墙壁	697	蜡烛	527	端正❶	234		
嘉峪关	430	蜘蛛	1081	端正❷	1073		
摧残	169	蜷曲	716	端庄	234		
摧毁	170	蝉	114	端阳节	234		
赫兹（Hz）	370	蝉联	546	旗	684		
赫哲族	370	赚	1110	旗袍	684		
摘	1056	锻压	237	精力	476		
摘要	1056	锻炼❶	237	精子	507		
摔倒	219	锻炼❷	838	精华	475		
摔跤	797	舞台	911	精美	476		
撇	668	舞蹈	911	精神	476		
聚居	489	舔	845	精神残疾人	476		
聚精会神	725	稳妥	902	精神障碍者	476		
慕	624	稳定	333	精益求精	476		

精彩	475	撒	733	辘轳	570
精确	1114	撒拉族	733	瞌睡	507
精湛	422	撒娇	450	题目①	68
粽子	1124	撩	550	题目②	487
歉收	696	趣味	959	题目③	837
弊端	717	撑	131	题材	837
熔化	729	撑杆跳高	131	暴力	46
熔岩	729	撑腰	131	暴风骤雨	45
煽动	745	撮	171	暴发户	45
潇洒①	941	撬	700	暴利	46
潇洒②	1121	播种	81	暴君	45
漆画	682	播音	80	暴雨	182
漆器	864	撸	567	暴徒	46
漂白	668	墩布	871	暴跌	45
漂亮	596	撞	1113	暴富	45
漫画	586	撤诉	128	暴躁	46
漫游	587	撤退	869	暴露	46
滴	567	撤换①	127	瞎吹	159
滴灌	201	撤换②	127	瞎话	926
漩涡	967	撤资	128	瞎说	926
演习	983	撤销	128	嘲弄	124
演出	72	增加	1054	嘲笑	124
演出团	488	增值	760	影响	1018
演讲	983	增强	428	影碟	1018
演员	983	聪明①	165	踢	835
演变	983	聪明②	166	踏实	819
演练	983	鞋	948	踩	97
漏	567	鞋垫	948	跷	210
漏电	567	鞍子	11	蝶泳	220
慢①	587	鞍马	11	蝴蝶	383
慢②	587	蔬菜	97	蝎子	946
慷慨	501	蕴藏	1047	蝌蚪	507
赛跑	735	横	373	蝗虫	397
寡不敌众	335	横式	487	蝼蛄	566
寡妇	335	横幅	373	蝙蝠	63
蜜月	603	樱桃	1016	嘱咐	1104
蜜蜂	603	樊	262	墨	619
肇事	148	橡皮	939	墨子	619
褐色	495	橡皮筋	939	墨水	619
暨	367	橡皮膏	939	墨汁	619
隧道	816	橡胶	939	墨西哥	619
嫩	634	樟树	1060	墨盒	619
嫖客	668	樟脑球	894	墨镜	823
嫖娼	668	橄榄	302	镇	1070
嫦娥	119	敷衍	581	镇压	1071
嫦娥奔月	119	豌豆	880	镇静	129
熊	962	飘	667	靠	505
熊猫	963	飘扬	667	稻子	197
凳子	200	醋	168	黎巴嫩	537
骡	576	醉	1129	黎明	555
缩	817	磕	507	黎族	537
		磅	33	稿纸	309
十五画		碾子	640	篓	521
撕	807	震动	1070	篇	667
撕票	740	霉雨	594	篆书	1111

篆刻	217	褥子	731	螃蟹	656
僵持	443	谴责	1054	器材	689
躺	828	鹤	371	噪音	1054
僻静	666	熨斗	1047	默认	620
德国	198	慰问	896	默写	620
德昂族	198	劈	290	默许	620
德育	198	劈柴	664	默契	620
德高望重	198	履历	474	默哀	620
膝盖	920	豫	1035	默剧	977
膝	834			镜子	480
鲢鱼	548	十六画		赞比亚	1051
鲤鱼	541	擀面杖	302	赞扬	131
鲫鱼	426	操心	102	赞助	1051
熟	793	操场	838	穆	624
熟练	793	操劳	531	穆斯林	624
熟能生巧	793	操作	103	篮子	530
熟悉	793	操纵	103	篮球	530
摩尔多瓦	616	操持	1089	篡夺	169
摩托车	616	擅长	422	篡改	169
摩纳哥	616	燕	984	篱	309
摩肩接踵	721	薛	968	篱笆	529
摩洛哥	616	薄	37	儒学	730
摩擦	171	颠三倒四	208	翱翔	654
褒义词	36	颠倒	208	邀请	671
褒贬	36	颠覆	208	衡量	373
瘤	563	噩梦	247	雕	483
瘫痪	824	橱窗	151	雕刻	217
颜色	982	橹	569	雕塑	217
颜料	982	橙子	137	鲳鱼①	116
毅力	1009	橙汁	137	鲳鱼②	116
糊涂	383	橙色	137	鲸	476
糌粑	1050	橘子	485	鲸鱼	476
遵守	1129	整天	839	磨	616
遵循	1129	整风	1072	磨床	617
遵照	1130	整齐	1073	磨蹭	617
憋气	724	整体	1073	瘾①	1013
憋闷	72	整改	1073	瘾②	1014
憋屈	72	整枝	1073	凝固	642
潜力	695	整顿	1073	凝视	642
潜伏	695	整理	1073	凝聚	642
潜艇	695	融化	729	辩护人	66
潮水	125	融合教育	729	辩证法	67
潮流	562	醒	959	辩解	67
鲨鱼	742	醒悟	491	糖	828
澳	15	飙车	69	糖尿病	828
澳大利亚	14	飙升	69	糖葫芦	828
澳门	15	霓虹灯	637	燃气灶	719
潘	654	霍	407	燃料	719
澄清	137	冀	48	燃烧	719
懂	1080	餐巾纸	606	濒临	471
憔悴	699	餐厅	775	激动	414
懊悔	15	瞠目结舌	131	激光	414
憧憬	142	踹	154	激励	414
憎恨	373	嘴	516	激素	414
额度	932	蟒	588	懒	530

褶子	1066	赢②	766	鳗	586		
壁报	60	糟粕	525	鳙鱼	657		
壁虎	60	糠	501	颤抖	116		
壁垒森严	60	懦弱	648	癣	967		
避让	60	豁然开朗	398	鳖	72		
避孕	61	臀围	870	爆发	47		
避孕套	61	臂章	61	爆竹	47		
避免	270	臂膀	310	爆米花	46		
避险	61	骤变	861	爆炸	47		
避难所	60						
避雷针	60	**十八画**		**二十画**			
避嫌	399	藕	650	鬓角	74		
缰绳	444	鞭子	63	蠕动	730		
		鞭策	414	嚼	452		
十七画		藤	834	嚼子	452		
戴	185	覆盖	296	巍峨	889		
擦	95	瞿	713	籍贯	418		
擦子	95	瞻仰	1057	鳝	746		
擦地	871	瞻前顾后	1057	魔术①	617		
鞠躬	484	蹦极	53	魔术②	617		
藏族	1052	蹦迪	201	魔鬼	345		
礁石	452	镰刀	548	糯米	648		
磷肥	554	翻	261	灌	449		
霜	799	翻车	261	灌木	341		
霜降	799	翻斗车	1120				
霞	927	翻译	261	**二十一画**			
霞光	927	翻领	261	霸气	888		
瞩目	1104	翻脸	261	霸占	22		
瞪	200	翻越	261	霸权	21		
曙光	795	鳏夫	340	霸道	21		
蹒跚	655	鹰	1016	露	571		
螳螂	828	癞蛤蟆	114	露马脚	567		
螺丝刀	298	瀑布	679	露骨	571		
螺丝钉	576	戳	164	露馅儿	567		
螺丝帽	577	彝族	1004	癫痫	208		
蟋蟀	920			赣	443		
蟑螂	1060	**十九画**					
黏	640	警卫❶	478	**二十二画**			
黏米	648	警卫❷	479	镶牙	936		
魏	896	警车	478				
魏碑体	897	警灯	478	**二十三画**			
簇拥	169	警告	478	罐	830		
繁杂	295	警备	477	罐头	341		
繁荣	262	警惕	478				
繁琐	295	警棍	478	**二十四画**			
繁殖	262	警察	477	矗立	810		
徽章	399	蘑菇	617				
膜	738	蘑菇云	1039	**二十五画**			
鳄鱼	247	攀	651	馕	631		
鳊鱼	63	攀比	55				
鹭	483	蹲	241	**其他**			
癌	3	蹭	106	0	1133		
麋鹿	601	蟾蜍	114	1	1133		
辫子	67	镲	111	2	1133		
赢①	765	簸箕	83	3	1133		

4	1133
5	1134
6	1134
7	1134
8	1134
9	1134
10	1134
20	1135
30	1135
40	1135
50	1135
60	1135
70	1135
80	1136
90	1136
100	1136
3D	1137
B超	1137
CT	1137
ICU	1098
KTV	1137
K粉	1137
PPT	512
QQ	1137
T恤	1138
UFO	273
U盘	1021
WIFI	1138
X光科	272